LES GRANDS ARTICLES DU RECUEIL DALLOZ

LES GRANDS ARTICLES DU RECUEIL DALLOZ

Bicentenaire
(1824-2024)

Lefebvre Dalloz

DALLOZ

Tour Lefebvre Dalloz – 10, place des Vosges – CS 90358 –
92072 Paris La Défense Cedex

ISBN : 978-2-247-23148-5

SOMMAIRE

PRÉFACE

Le temps du *Recueil*

Qu'il est bon de s'arrêter un peu ! Le juriste, comme tout le monde, est devenu cet homme pressé, sans cesse bousculé par l'adoption d'un texte nouveau, happé par une actualité frémissante. Le moyen de s'en sortir ? L'hyperspécialisation. Mais il s'agira toujours de traquer le dernier arrêt rendu dans sa matière... Ainsi condamné à d'impatientes recherches, il court sans relâche dans la cage qu'il se construit peu à peu.

Pour son 200e anniversaire, le *Recueil Dalloz* propose à ce juriste un temps d'arrêt. Il l'invite à se soustraire un moment à la frénésie de l'instant en redécouvrant certaines de ses plus belles pépites.

Voici donc cent articles.

Il fallait bien fixer un nombre symbolique qui restât raisonnable.

Plus ou moins datés, ils valent qu'on s'y attarde. Tous ne sont pas historiques, encore moins fondateurs. Chacun illustre cependant, à sa manière, la richesse d'un *Recueil* qui ne cesse jamais d'être de son temps.

Tel est d'ailleurs le grand secret de ce chef-d'œuvre éditorial : par l'actualité, mais au-delà de l'actualité, offrir à la communauté des fidèles un lieu de réflexions sur toutes sortes de thèmes juridiques, pourvu que la pensée soit tout à la fois solide et stimulante. De telle sorte que les cahiers hebdomadaires soient voués à la reliure et garnissent, année après année, les meilleures bibliothèques.

Sans doute objectera-t-on que le numérique change la donne. Qui consulte encore le *Dalloz* dans sa version papier ? Le support n'a pourtant pas grande importance. Même absorbé dans les bases de données qui l'englobent, le *Recueil* conserve son identité propre, fondée en grande partie sur la sélection d'études dont l'intérêt consiste moins à transmettre des informations qu'à les analyser, les critiquer, les comprendre en somme.

Les voies du passé dévoilent ainsi souvent des voies pour le futur.

En entendant celles retenues ici, des oreilles vont siffler, c'est sûr. Henri Mazeaud est-il lisible à l'époque de la théorie du genre ? Et ceux qui honnissaient le concubinage, méritent-ils de sortir de l'ombre ? Quant à Ripert, n'en parlons pas. Peut-on l'honorer encore ?

Impossible néanmoins de rester éveillé si l'on fait taire tous ceux qui nous dérangent.

Les grincheux le concéderont d'ailleurs volontiers : de nombreux articles visionnaires font contrepoids aux réactionnaires. C'est Donnier, mettant en lumière l'intérêt de l'enfant, devenu un standard incontournable du droit de la famille; Nerson, analysant l'animal comme un être sensible bien avant que le législateur ne le consacre; Delmas-Marty, évoquant la logique floue des droits de l'homme en passe de bouleverser les méthodes du droit; Edelman, sondant la logique du vivant, etc.

Et puis toutes ces voix, quel qu'en soit le timbre, font écho à la célèbre question du doyen Gény : « De quelle façon, jurisconsultes, travaillons-nous en fait ? De quelle façon devons-nous travailler ? »[1]. Elles donnent une image de ce qu'un juriste doit faire, des questions qu'il se pose et du rôle qu'il assume. Partant, tout le monde devrait y trouver son compte.

À ce propos, comment avons-nous travaillé sur ce recueil du *Recueil* ? Quels critères pour ce florilège ?

Inutile de nier la part de subjectivité du compilateur.

Tout de même, deux types de facteurs plus objectifs ont guidé les choix.

Les uns ont trait aux auteurs, dont il fallait, pour entrer ici, dans ce lieu de mémoire, qu'ils parlassent d'outre-tombe. Certains s'imposaient. Ils reviennent même parfois à plusieurs reprises afin de rendre compte d'une prolixité exceptionnelle. Réduire la participation d'un Josserand ou d'un Savatier à un ou deux textes, qui l'aurait osé ? Encore fallait-il aussi ménager une place à d'autres noms moins évidents, plus oubliés.

D'autres facteurs tiennent aux articles, dont il fallait cette fois refléter l'inégalable variété.

Facteurs stylistiques d'abord. Le génie de certains titres participe d'une culture générale du droit. Même au Palais-Royal, un huron connaît Le silence et la gloire. Quant au nez de Cléopâtre, il évoque pour lui tout autant Pascal que les affres de la causalité décrites par Esmein.

Facteurs historiques ensuite. Des études importantes ont accompagné de grandes évolutions sociales, philosophiques et technologiques. Quelques-unes devaient en témoigner.

Facteurs scientifiques enfin. Par leur puissance de synthèse, leur force de pénétration ou leur pouvoir corrosif, d'autres textes continuent de susciter l'admiration et d'alimenter les cogitations.

Tout cela en gardant à l'esprit l'extraordinaire diversité des matières traitées. Il fallait des articles de droit civil bien sûr, mais aussi de procédure, de droit pénal, de droit constitutionnel, de droit administratif, de droit international, de philosophie, d'histoire, de pédagogie, etc.

Des lacunes, il y en a forcément.

Si quelqu'un s'amuse à les relever, c'est toutefois qu'il aura pris soin de fouiller le *Recueil*. Il serait donc injuste d'y insister, puisque ce travail de compilation n'aura pas alors été totalement inutile.

Nicolas Dissaux
Membre du conseil scientifique du *Recueil Dalloz*
4 octobre 2024

1. F. Gény, *Science et technique en droit privé positif*, t. I, Paris, 1914, p. 3.

LES RAPPORTS DU DROIT FISCAL ET DU DROIT PRIVÉ

1926

Louis Trotabas

Professeur agrégé à la Faculté de droit de Nancy

Chacun sait combien l'application des impôts nouveaux, constamment remaniés par le Parlement, soulève de difficultés. Noyé sous l'abondance des textes, le contribuable ne peut arriver bien souvent à débrouiller son compte vis-à-vis du fisc, tandis que celui-ci, pour les besoins du Trésor, devient sans cesse plus exigeant. Il en résulte un contentieux fiscal qui, de jour en jour plus touffu, amène l'éclosion d'une jurisprudence tellement spéciale et si éloignée des solutions du droit commun, que le contribuable, et parfois même le juriste le plus averti, en demeurent étonnés. Il suffit de rappeler les derniers arrêts du Conseil d'État, qui ont considéré comme des revenus soumis à l'impôt non seulement les réserves distribuées par les sociétés anonymes[1], mais même la constitution des réserves dans les sociétés en nom collectif[2], – ou encore la jurisprudence la plus récente de la Cour de cassation, qui, au regard de l'impôt sur le revenu des valeurs mobilières élabore « une théorie de la vie des sociétés tout à fait originale et indépendante de celle qu'elle avait élaborée en droit privé[3] », pour mesurer toute la distance qui sépare le droit fiscal de notre droit commun. C'est cette jurisprudence, dissidente en apparence, mais, au fond, très normale, que nous voudrions tenter d'expliquer, en recherchant la place que doit occuper le droit fiscal dans l'ensemble de nos disciplines juridiques. L'importance pratique que les lois d'impôt ont prise dans notre droit positif exige en effet que le juriste, au regard de cette législation, définisse son attitude.

*
* *

Il est assez difficile, à première vue, d'assigner au droit fiscal une place bien déterminée, car on ne peut aborder l'étude de la législation financière sans être frappé du désaccord qui oppose deux conceptions bien différentes de ce droit. Il y a d'abord la conception que l'on peut appeler constitutionnelle. Elle tend à faire du droit fiscal, et des lois d'impôt ou plus généralement des lois de finances par lesquelles il s'exprime, quelque chose de supérieur, de particulièrement important, et à lui assurer dans le monde du droit une place privilégiée. En face, il y a la conception privée, qui tend, au contraire, à traiter ces lois avec un certain mépris, à en faire comme une législation de seconde zone. Cette antinomie, surprenante au premier abord, sinon inexplicable, repose sur les textes les plus formels et sur la jurisprudence la plus nette, c'est-à-dire sur des règles positives de notre droit, qu'il ne sera pas inutile, dès lors, de rappeler.

1. Cons. d'Ét. 15 févr. 1923, D. P. 1923. 3. 9 et notre note.
2. Cons. d'Ét. 5 févr. 1925, D. P. 1925. 3. 25 et notre note.
3. V. la note de M. Charles-Ambroise Colin sous Cass. civ. 1er juill. 1925, D. P. 1926. 1. 19.

Dans l'ordre constitutionnel, on relèvera tout d'abord, en faveur de la prééminence des lois fiscales, la règle de la primauté de la Chambre des députés, posée par l'art. 8 de la loi constitutionnelle du 24 févr. 1875. Cette règle, qui soumet les lois de finances à une procédure spéciale, décèle leur importance dans un régime démocratique. On la retrouve, d'ailleurs, dans l'art. 8 de la loi constitutionnelle du 16 juill. 1875, qui enlève à la compétence exclusive du Président de la République la ratification des traités « qui engagent les finances de l'État ». À côté de ces textes constitutionnels, il y a dans notre droit public toute une série de textes, ou de coutumes, qui accusent encore le régime privilégié des finances publiques; les plus importants sont ceux qui dénotent une tendance très nette à faire de notre ministre des finances une sorte de « super-ministre », comme l'on dit aujourd'hui. Il est à peine besoin d'indiquer le renversement de la hiérarchie ministérielle qui a fait de ce ministre, un peu comme en Angleterre, la pièce essentielle du cabinet; mais il n'est pas indifférent d'observer que ce mouvement politique est conforme à des règles juridiques nouvelles, et notamment à la loi du 10 août 1922, qui, en organisant le contrôle des dépenses engagées, place tous les ministres sous la surveillance de leur collègue des finances.

Mais, en face de cette conception constitutionnelle, la jurisprudence de nos tribunaux révèle une certaine analyse juridique des lois financières, à propos de leur application privée, qui tend, au contraire, à les « minimiser ». C'est ainsi que la Cour de cassation décide que les lois fiscales ne lèvent pas les prohibitions de la loi pénale en assujettissant à l'impôt des faits illicites : les congrégations demeurent prohibées, malgré les lois qui les imposent[4], tout comme les courses de taureaux[5]. C'est ainsi que le Conseil d'État, de son côté, se refuse à appliquer les dispositions d'une loi de finances relatives à la mise à la retraite des fonctionnaires, parce qu'elles lui paraissent inférieures à la loi organique de la magistrature[6]. C'est ainsi encore que le Conseil d'État, à propos des caisses départementales d'assurances, a jugé que des dispositions législatives « de caractère purement fiscal » ne pouvaient avoir pour effet de modifier la compétence du conseil général fixée par la loi du 10 août 1871[7]. Pour justifier cette conception péjorative des lois fiscales, qui devant les lois de droit commun se trouvent ainsi inappliquées, on pourrait peut-être invoquer des lois comme celle du 30 juill. 1913, art. 105, interdisant toutes adjonctions extra-budgétaires aux lois de finances, ou celle du 7 août 1919, art. 2, qui, complétant cette défense, interdit aux lois de finances de modifier les cadres de l'armée; ces dispositions peuvent en effet s'entendre dans le sens que ces lois votées trop vite, sinon bâclées, ne constituent pas une législation de droit commun.

Les explications qui précèdent, et l'antinomie qu'elles révèlent, mettent en lumière le malentendu qui pèse sur le droit fiscal. À son égard, ceux qui se

4. V. not. Cass. Req. 21 nov. 1898. D. P. 1899. 1. 41.

5. Cass. Crim. 8 avr. 1922, – D. P. 1922, 1. 125. – *Adde*, dans le même sens, à propos des spécialités pharmaceutiques, G. Renard, *Le Droit de la Profession pharmaceutique*, p. 104-105.

6. Cons. d'Ét. 25 nov. 1921, *Philipon*, D. P. 1922. 3. 25.

7. Cons. d'Ét. 21 janv. 1921, *Syndicat des Agents généraux des Compagnies d'Assurances du terr. de Belfort*, D. P. 1922. 3. 4 avec les conclusions de M. Corneille. *Add.* Cons. d'Ét. 23 déc. 1921, *Union départ. des Assurances du Nord, Rec. Arrêts, Cons. d'Ét.*, p. 1100.

lamentent de la méconnaissance qu'il a du droit privé ont tort, car ils négligent l'aspect privilégié que le droit constitutionnel, notamment, lui assure. Mais une conception trop fiscale, au contraire, serait tout aussi fausse, car elle ne tiendrait aucun compte, à son tour, de la subordination où les lois financières doivent parfois être tenues, par rapport au droit privé. En réalité, les difficultés d'application du droit fiscal ne peuvent être résolues simplement à la faveur de l'une ou l'autre des conceptions qui viennent d'être exposées et qui coexistent dans notre droit positif; le droit fiscal ressortit à la fois des disciplines de droit public et de droit privé, qui dominent tour à tour ces règles d'application. C'est ce qui doit résulter de la recherche de la place qu'occupe ce droit original vis-à-vis du droit public et vis-à-vis du droit privé.

*
* *

La situation du droit fiscal dans l'ensemble du droit public se dégage de la définition suivante : *le droit fiscal est une branche du droit public qui détermine les droits du fisc et règle leurs privilèges d'exercice.* Nous n'insisterons pas sur ces privilèges d'exercice : par les pouvoirs de réquisition, de décision exécutoire et d'exécution d'office qu'ils attribuent au fisc, comme par le caractère *a posteriori* de l'intervention du juge, ils rappellent trop, en effet, les privilèges administratifs. De même, nous n'insisterons pas sur la détermination des droits du fisc, ce qui nous obligerait à présenter une théorie de l'État-fisc et la conception subjective du droit fiscal : celui-ci doit être considéré, en effet, comme établissant un *pouvoir* fiscal, et non pas comme déterminant d'une manière objective la *fonction* fiscale de l'État[8]. Au contraire, il convient de préciser l'allégeance du droit fiscal au droit public.

Il ne peut être contesté, d'abord, que le droit fiscal relève bien du droit public, étant admis que celui-ci règle les rapports des particuliers avec la puissance publique. À ce titre, le droit fiscal est tout voisin d'autres branches de notre droit public interne, comme le droit constitutionnel, auquel il s'unit par le budget, et le droit administratif, auquel il s'unit notamment par ses procédures d'exécution. Mais, ceci posé, il faut se garder de croire que le droit fiscal ne constitue qu'un aspect du droit constitutionnel, ou du droit administratif surtout, auquel on est parfois tenté de le subordonner. Ce qui caractérise en effet une discipline juridique indépendante, comme notre droit administratif, c'est qu'elle possède des règles de droit qui lui sont propres et un contentieux qui lui est propre. Or, le droit fiscal n'est pas inclus dans la sphère d'application des lois administratives, et il ne relève pas directement de la compétence des juridictions administratives. Au contraire, il possède, vis-à-vis du droit administratif des sources de droit qui lui sont propres[9] et un ordre de juridiction, sinon une juridiction, qui lui est propre. Ces observations suffisent pour se convaincre que, s'il faut placer le droit fiscal dans le droit public, il faut se garder toutefois de l'incorporer purement et simplement

8. De même, d'ailleurs, que le droit administratif se construit autour de l'idée de pouvoir administratif et non de fonction administrative selon les formules du doyen Hauriou.
9. Il existe, en effet, des lois fiscales qui sont différentes des lois administratives : la jurisprudence précitée (et notamment l'arrêt du Cons. d'Ét. du 21 janv. 1921) l'établit surabondamment.

au droit administratif, et de transposer des règles d'application ou d'interprétation qui peuvent être différentes.

*

* *

Pour comprendre, en effet, la manière dont le juge doit appliquer la loi fiscale, il ne suffit pas de mettre en lumière, par le droit public, les privilèges de cette loi; il faut encore définir sa position vis-à-vis du droit privé, que le contribuable aura une tendance marquée à invoquer pour se défendre du fisc. À cet égard, le droit fiscal apparaît très nettement comme un droit autonome, mais exceptionnel.

Il est autonome, – parce que, vis-à-vis du droit privé, plus encore que vis-à-vis du droit administratif, il est déterminé par des règles de droit et par une juridiction spéciales. Il résulte de cette autonomie que, dans l'ensemble, le droit fiscal doit s'appliquer et s'interpréter d'une manière spéciale, et qu'il est vain de vouloir définir une attitude vis-à-vis du fisc en usant des analyses juridiques du droit privé. C'est que, selon les observations présentées par M. Corneille dans ses conclusions sous l'arrêt du Conseil d'État du 21 janv. 1921[10], « la loi fiscale frappe des états de fait et non des situations de droit... Elle saisit la matière imposable là où elle se trouve, sans s'inquiéter, de façon primordiale, des conditions où elle s'y trouve..., sans se préoccuper de savoir ce qu'elle vaut en droit ». Cette autonomie du droit fiscal explique seule un grand nombre de décisions de jurisprudence que l'on ne comprendrait pas sans cela, et notamment que les congrégations, comme les courses de taureaux, illégales au regard de la loi pénale soient légales au regard du fisc, ou que les distributions de réserves puissent être qualifiées capital au regard des particuliers et revenu au regard du fisc ainsi qu'on l'a vu. C'est elle encore qui explique que le juge fiscal puisse établir l'impôt sur une *société de fait* que le droit commercial ne reconnaîtrait pas[11] et que les qualifications de droit privé données par les parties à des actes juridiques ne soient pas opposables au fisc, selon une jurisprudence constante, pour l'assiette des droits d'Enregistrement.

Mais le droit fiscal est aussi un droit d'exception, et, dès lors, d'application stricte. Cela résulte de ce que le droit privé constitue réellement le droit commun, que toutes les branches du droit public doivent recouvrir pour l'abriter et non pour le réduire. Il en résulte que, malgré l'autonomie du droit fiscal, celui-ci devra tenir compte, dans une mesure que la science de l'interprète devra justement préciser, de l'esprit, sinon de la lettre du droit privé[12]. Il en est ici comme en matière de responsabilité en droit administratif où le juge, tout en ayant la liberté voulue pour construire des théories spéciales, applique toutefois un fonds commun juridique qui met en lumière la prééminence du droit privé. Ce caractère exceptionnel du droit fiscal se traduit notamment, dans notre jurisprudence positive, par la qualification de « loi spéciale » attribuée à la loi fiscale. Il en résulte, les lois spéciales, ou d'exception, ne dérogeant pas aux lois générales, que les lois fiscales, d'après une jurisprudence solidement établie, doivent être

10. D.P. 1922. 3. 34.

11. V. L. Michoud, *la Théorie de la Personnalité morale*, 2e édit., 1924, t. I, p. 31, note 1.

12. V. comme exemple de jurisprudence fiscale interprétant une loi d'impôt en faisant expressément application du code civil Cons. d'Ét., 31 mars 1925, Ve *M.*, 2e espèce, D.P. 1925. 3. 57.

interprétées restrictivement, et ne peuvent être étendues « ni par parité de raisons, ni par *a fortiori* ».

*
* *

Les explications précédentes, et les aspects divers du droit fiscal qu'elles révèlent, montrent avec quel soin on devra rechercher l'application et l'interprétation des lois d'impôt. Le développement d'une jurisprudence purement fiscale, loin d'être hérétique, est au contraire le reflet, la mesure, du développement d'un droit fiscal, autonome et exceptionnel à la fois du droit public et du droit privé. Par rapport à ces deux grandes disciplines juridiques, on pourrait résumer, semble-t-il, les caractères du droit fiscal en évoquant l'exemple analogue du droit international privé, qui, lui aussi, relève de l'une et de l'autre. On peut dire, en effet, que le droit fiscal a pour but la solution des conflits qui, mettant aux prises le fisc et le contribuable, opposent ses deux conceptions, constitutionnelle et privée, précédemment dégagées. Et, de même que la science du droit international privé, qui, pour résoudre un conflit de lois, conduit fatalement à sacrifier une loi, ou un caractère de la loi, est nécessairement « un peu boiteuse », – de même, notre droit fiscal a dans ses deux aspects un « vice congénital » qui doit se traduire par la préférence donnée à une loi, ou à l'un des caractères de la loi, sur l'autre. Mais il n'y a là rien qui puisse rebuter le juriste, car cette préférence peut et doit être déterminée d'une manière juridique. Et pour conclure, nous dirons que la solution de ces conflits de droit fiscal, aussi délicate au moins qu'en droit international privé, et chaque jour d'une importance pratique plus grande, exige et révèle une spécialisation juridique indispensable.

1382 CONTRE 1165
ou la responsabilité délictuelle des tiers à l'égard d'un contractant et d'un contractant à l'égard des tiers

1928

Henri Lalou

Professeur à la Faculté libre de droit de Paris, Avocat à la Cour d'appel

Parmi les adages juridiques, il n'en est peut-être pas de plus égoïste que la vieille maxime : « *res inter alios acta aliis neque prodest neque nocet* », maxime transposée presque littéralement dans l'art. 1165, c. civ. : « Les conventions n'ont d'effet qu'entre les parties contractantes ; elles ne nuisent point au tiers et elles ne lui profitent que dans le cas prévu par l'art. 1121 ». Ainsi le contrat paraît voué à un splendide isolement ; le législateur, méconnaissant la réalité des faits, semble lui dénier toute répercussion en dehors de ce groupe assez restreint que constituent les ayants cause des parties contractantes. Toute personne étrangère à ce groupe pourra-t-elle donc notamment méconnaître le contrat en plaidant le défaut de lien de droit ?

Par exemple un patron débauche un ouvrier qu'il sait lié par un contrat avec un autre patron ; un acheteur traite avec le commissionnaire d'une marchandise au-dessous du prix minimum connu de tous auquel le fabricant a subordonné la vente quand il a fait marché avec son commissionnaire, il s'associe ainsi à une pratique qu'on nomme souvent « la gâche » ; une prohibition d'exportation dont un industriel frappe ses produits par des mentions apparentes est méconnue par des sous-acquéreurs. Le patron qui débauche ; l'acheteur qui profite sciemment de la « gâche » du prix ; le sous-acquéreur qui s'associe à la violation d'une prohibition d'exportation ont-ils agi correctement sous prétexte que les contrats liant un ouvrier avec un patron, ou bien fixant un prix minimum pour une marchandise ou bien encore prohibant son exportation sont pour eux « *res inter alios acta* » ou que les conventions ne peuvent leur nuire ? En d'autres termes, la conception égoïste du contrat, telle qu'elle paraît résulter de l'art. 1165, ne peut-elle pas être corrigée par une conception de portée plus sociale ?

Le problème n'est neuf ni en doctrine, ni en jurisprudence. Depuis longtemps les auteurs ont posé en principe que le tiers qui s'associe sciemment à la violation d'un contrat encourt une responsabilité ; des arrêts nombreux et même anciens, sans toujours formuler avec pareille netteté ce principe, l'ont appliqué dans de multiples espèces. Cette doctrine et cette solution ont pour fondement l'art. 1382 c. civ. En effet, sans doute le tiers qui s'associe sciemment à la violation d'un contrat ne peut encourir aucune responsabilité contractuelle parce que le contrat ne le lie pas ; mais ce tiers, par son attitude, commet une faute extra-contractuelle ou quasi-délictuelle, la faute étant un acte soit contre la légalité, soit contre l'habileté, soit contre l'honnêteté. Or il y a faute contre l'honnêteté à s'associer en connaissance de cause à la violation d'un contrat.

I. Quelles applications ont été faites de cette proposition ?

II. Quel est le fondement du principe que le tiers associé sciemment à la violation d'un contrat est responsable ?

III. Y a-t-il solidarité entre le contractant, coupable d'une faute contractuelle et le tiers coupable d'une faute délictuelle ou extra-contractuelle ?

Telles sont les trois questions d'ordre pratique ou doctrinal à envisager. Nous nous demanderons, pour conclure, si l'art. 1382 c. civ., en dehors de la violation consciente d'un contrat par un tiers, n'est pas susceptible dans une autre hypothèse, de restreindre encore l'application de l'art. 1165 c. civ.

I.

Les applications les plus fréquentes du principe de la responsabilité délictuelle du tiers qui s'associe sciemment à la violation d'un contrat ont été faites en matière de débauchage d'ouvriers, ou d'employés, d'engagement théâtral et de marchés commerciaux.

Le débauchage d'ouvrier est pour le moins un quasi-délit (v. Henri Lalou : *La responsabilité civile*, n°s 314 et 423, note 1). S'agit-il d'un ouvrier ou d'un employé lié à un patron par un contrat à durée déterminée, le quasi-délit existe dès que l'embauchage illicite qui cause la rupture du précédent contrat est fait en connaissance du contrat préexistant (Civ. 27 mai 1908, D. P. 1908.1.459). S'agit-il d'un salarié lié par un contrat à durée indéterminée, le quasi-délit est constitué par des manœuvres de débauchage; notamment par des suroffres de salaires (Paris, 1re ch, 18 mars 1927, D. H. 1927.308). Le débauchage pourra même constituer dans certaines hypothèses un délit pénal par application de deux lois récentes. Il constituera le délit de corruption d'employé dans le cas prévu et puni par les art. 177 et 179, c. pén. modifiés par la loi du 16 févr. 1919 (v. Crim. 22 mars 1928, D. H. 1928.273). Il constituera l'infraction prévue et punie par les art. 64 et 172 du livre II c. trav. quand il aura été, à l'égard d'un travailleur étranger introduit en France, pratiqué avant que soit expiré le contrat de travail en vertu duquel ce travailleur avait été introduit (L. 11 août 1926) (v. Trib. corr. de Riom, 9 févr. 1927, *Gaz. Pal.*, 8-9 mai 1927; *Rev. pénitentiaire et de droit pénal*, 1927, p. 265). Du débauchage de salarié il faut rapprocher l'emploi illicite d'associé. Un arrêt a consacré la responsabilité d'une société qui emploie l'ex-associé d'une maison rivale contrairement à l'engagement pris par celui-ci à l'égard de cette maison de ne pas faire un commerce similaire (Req. 8 nov. 1904, D. P. 1906.1.489 et la dissertation de M. Lacour).

Des jugements récents ont condamné à des dommages-intérêts des directeurs de théâtre qui avaient engagé des acteurs de la Comédie Française tenus, en vertu de leurs contrats, à ne pas jouer sur une autre scène. Ce n'était plus le débauchage proprement dit que sanctionnent ces jugements : c'est un fait beaucoup moins caractérisé, le fait de s'associer à la violation de l'engagement contracté par l'acteur de ne pas jouer sur une scène autre que celle de la Comédie Française

(v. Trib. civ. de la Seine, 23 nov. 1927, *Rec. Gaz. Trib.* 1927. 2.706; 13 juin 1928, *Gaz. Trib.* 26 juill. 1928). Ce dernier jugement rappelle même formellement le principe « qu'il est communément admis qu'un tiers qui, par un délit ou quasi-délit participe à l'inexécution d'une obligation contractuelle peut être condamné à des dommages-intérêts en même temps que la personne à laquelle incombait cette obligation ». Les jugements cités ne sont pas les premiers qui aient été rendus en matière de responsabilité délictuelle du directeur de théâtre qui engage un acteur en contravention d'un contrat antérieur. Cette solution a été consacrée depuis longtemps (Paris, 29 nov. 1904, *Rec. de Sirey*, 1905.2.284).

Les marchés commerciaux contiennent fréquemment des restrictions aux droits de l'acheteur. Le sous-acquéreur qui enfreint ces restrictions en connaissance de cause a été déclaré responsable vis-à-vis de celui qui les a imposées. Ainsi en est-il en cas de violation d'une clause fixant l'observation d'un prix minimum de revente (Trib. com. Seine, 3 mai 1911, *Gaz. Pal.* 11 mai 1911; Toulouse, 15 nov. 1904, D. P. 1905.2.397).

De même le sous-acquéreur qui livre à l'exportation des marchandises que le fabricant a frappées, dans ses rapports avec ses acheteurs directs, d'une prohibition d'exportation, encourt à l'égard du fabricant une responsabilité délictuelle (Rouen, 29 févr. 1928, *Gaz. Pal*, 1928.1.677).

II.

Pour des motifs diversement nuancés, les auteurs qui ont mis en lumière la responsabilité délictuelle encourue par le tiers complice de la violation d'un contrat, approuvent toutes ces solutions. On pourra, à cet égard, se reporter d'abord et surtout à la thèse maîtresse qu'en 1910 M. Hugueney (*La responsabilité du tiers complice de la violation d'une obligation contractuelle*) a présentée devant la faculté de Dijon, puis aux multiples notes de jurisprudence de M. Demogue dans la *Revue trimestrielle de droit civil* (1905, p. 330; 1906, p. 158, 163 et 896; 1907, p. 97; 1908, p. 536; 1911, p. 436; 1912, p. 167; 1925, p. 118; 1927, p. 979); ensuite aux récents ouvrages de MM. Ripert (*La règle morale dans les obligations civiles*, n° 170) et Josserand (*De l'esprit des droits*, n° 108).

Dans le conflit entre l'art. 1382 et l'art. 1165, les raisons de faire prévaloir le premier abondent. On peut mettre en avant que « le droit de faire des actes juridiques est, comme tous les autres droits, susceptible d'abus, et qu'il y a abus quand l'acte est accompli dans l'intention de nuire à autrui ou tout au moins que la conscience de cette action nuisible est entrée dans la volonté de l'une des parties » (Ripert). Sans recourir à la théorie de l'abus du droit, on peut encore se prévaloir de la règle de morale que la fraude vicie tout. Mieux encore, on peut invoquer les principes qui régissent l'action paulienne et l'art. 1167 que le législateur lui-même présente comme une exception à l'art. 1165. On sait que les actes susceptibles d'être attaqués par l'action paulienne sont ceux accomplis par un débiteur avec un tiers en fraude des droits du créancier. Si le tiers a pour titre un contrat à titre onéreux, l'action paulienne ne réussira contre lui que s'il est *conscius fraudis*, c'est-à-dire si le créancier demandeur prouve sa collusion avec le débiteur. Or, qui ne voit que, dans cette hypothèse, l'action du créancier n'a pas d'autre fondement que l'art. 1382. Comme l'écrit M. Planiol (*Traité élém. de dr. civil*, 10e édit., t. 2, no 327), l'action paulienne est « une action en indemnité naissant d'un fait illicite ». L'action contre le tiers, complice de la violation d'un contrat, a le même caractère. Sa recevabilité est, du reste, assujettie à la même condition ; il faut que le tiers soit *conscius fraudis*, c'est-à-dire qu'il connaisse le contrat à la violation duquel il participe. La complicité civile de la violation d'un contrat ressemble à ce point de vue à la complicité pénale. Sa sanction apparaît comme la sanction d'une loi morale. Dans chaque espèce, par conséquent, le demandeur en dommages-intérêts devra prouver que le tiers connaissait le contrat à la violation duquel il s'est associé et les juges devront scruter les intentions du tiers.

III.

Si la preuve est faite et si la fraude est démontrée, la condamnation encourue par le tiers pourra-t-elle être assortie de solidarité avec la condamnation du débiteur contractuel ? On a objecté qu'il n'y avait pas de solidarité possible entre le contractant, coupable d'une faute contractuelle et le tiers, complice de la violation du contrat, coupable d'une faute quasi-délictuelle. L'objection a été accueillie en certaines matières : c'est ainsi que la solidarité n'a pas été admise, au profit d'un voyageur victime d'un accident entre le transporteur, responsable contractuellement, et les tiers, auteurs de l'accident, responsables délictuellement (Riom, 21 oct. 1926, *Gaz. Pal.*, 14 janv. 1927 ; Henri Lalou, *op. cit.*, no 37). Mais dans cette espèce, il n'y avait pas participation consciente du responsable délictuellement à la violation du contrat de transport. Quand, au contraire, la participation consciente du tiers à la violation du contrat existe, la solidarité est admise. À l'objection que cette solidarité ne serait pas possible à cause de la nature différente de la faute du contractant et de la faute du tiers, le tribunal civil de la Seine (13 juin 1928, précité) dans un procès intenté par la Comédie Française contre un directeur de théâtre ayant engagé un acteur malgré son engagement de ne pas jouer sur une autre scène, a répondu à l'objection en décidant « qu'il importe peu que les deux fautes soient définies par des textes différents, la personne lésée ayant droit à la réparation intégrale du préjudice qui lui a été causé ; qu'en pareil cas, la solidarité peut et doit être prononcée toutes les fois qu'il est constaté en fait que chaque faute a concouru à produire l'entier dommage ». Théoriquement, la réponse justifierait mieux une condamnation indivisible qu'une condamnation solidaire, de telle sorte que la prétendue solidarité devrait être écartée quand la mesure de la participation de chacun à l'acte dommageable est possible. Pratiquement, il vaut mieux dire que ceux qui s'associent à une fraude se placent l'un et l'autre sur le terrain extra-contractuel (Comp. : Henri Lalou, *op. cit.*, no 277), de telle sorte que la solidarité entre eux est justifiée par cette tradition coutumière qui, comme l'ont exposé certains juriconsultes (v. Colin et Capitant, *Cours élém. de dr. civil français*, 4e édit., t. II, p. 183) apparaît comme seul fondement acceptable de la solidarité qu'une jurisprudence inébranlable admet, au mépris de l'art. 1202, entre les auteurs d'un quasi-délit.

* * *

La thèse de la responsabilité délictuelle du tiers qui s'associe à la violation d'un contrat ne met en opposition l'art. 1382 c. civ. qu'avec la première partie de l'adage classique et n'aboutit qu'à la formule : *res inter alios acta aliis nocet*.

Faut-il aller plus loin et admettre, pour retourner même dans sa deuxième partie, l'adage classique que *res inter alios acta aliis prodest* ? C'est un aspect du problème que n'avaient pas à envisager les auteurs qui n'ont étudié que la responsabilité du tiers complice de la violation d'un contrat. Mais cet aspect du problème n'a pas été négligé en jurisprudence. Logique avec elle-même, celle-ci, dans ce second cas comme dans le premier, a fait prévaloir la règle d'élémentaire équité et d'ordre public inscrite dans l'art. 1382 sur le principe égoïste formulé dans l'art. 1165 quand la violation d'un contrat constitue de la part d'un des contractants une faute à l'égard d'un tiers, reconnaissant ainsi à un non-contractant une action en responsabilité délictuelle contre un contractant, par exemple dans l'hypothèse du consommateur qui demande à un marchand une marque déterminée lorsque le marchand, méconnaissant le contrat qu'on lui propose et auquel il adhère, livre un autre produit. Dans ce cas, le propriétaire de la marque demandée, quoique étranger au contrat, peut agir en responsabilité délictuelle contre le marchand. (Rennes, 18 juin 1906, *Rev. trim.*, 1907, p. 97; Crim. 3 mai 1913, D.P. 1916.1. 77). De même le patron qui subit un dommage parce que les échantillons de son représentant ont été avariés, a été admis quoiqu'étranger au contrat de transport à agir contre le transporteur (Demogue, *Traité des obligations en général*, p. 5, n° 1247). De même encore la personne qui demande des renseignements sur un client à son banquier peut agir en responsabilité délictuelle contre le correspondant du banquier qui les a donnés faux à celui-ci (Rouen, 13 mai 1924, *Gaz. Trib.*, 16 nov. 1924). En somme, de même que le contractant qui subit du fait conscient d'un tiers un dommage de l'inexécution du contrat a une action en responsabilité délictuelle contre ce tiers, de même le tiers, non contractant, qui subit un dommage du fait de l'inexécution d'un contrat auquel il n'a pas été partie peut avoir contre le contractant en faute une action en responsabilité délictuelle. Dans les deux cas, l'art. 1382 bouleverse l'art. 1165, de sorte que, par un renversement de la maxime formulée par ce dernier texte, on se trouve en présence de l'adage tout opposé : *res inter alios acta aliis prodest aut nocet* : une convention peut être invoquée contre un tiers comme source de responsabilité délictuelle de celui-ci; elle peut être invoquée par un tiers comme source de responsabilité délictuelle d'un des contractants à son égard. L'existence d'un contrat n'exclut donc pas l'existence d'un quasi-délit. En d'autres termes, un même fait, le contrat, source de responsabilité contractuelle *inter partes* peut devenir une source de responsabilité délictuelle contre des tiers ou à leur profit. Ainsi l'art. 1165 ne peut mettre en échec cet article-roi qu'est l'art. 1382.

L'ATTRIBUTION INTÉGRALE DES POURBOIRES AUX SALARIÉS

1930

Pierre Voirin

Professeur de droit civil à la Faculté de droit de l'Université de Nancy

La proposition de loi Justin Godart, adoptée par le Sénat, le 19 nov. 1929 (*Journ. off.* déb. parl., Sénat, p. 1078-1082) pose en principe que les pourboires collectifs, centralisés entre les mains du patron doivent être *intégralement* répartis entre les seuls salariés qui, mis par leur emploi en contact avec la clientèle, eussent été, à défaut de cette centralisation, gratifiés de pourboires individuels et directs. Les autres dispositions du texte, relatives tant au contrôle qu'à la répartition des pourboires, ne sont que de simples moyens agencés en vue de réaliser au profit des ayants droit salariés l'attribution intégrale du pourboire qui constitue ainsi l'idée maîtresse dont il importe de préciser la portée pour éviter que le vote à intervenir de la Chambre des députés soit donné « dans la nuit ».

Constatons d'abord que la classification des pourboires peut s'établir soit d'après leur mode de payement, soit d'après leur nature juridique. Le premier classement oppose les pourboires individuels et directs aux pourboires collectifs et centralisés entre les mains du patron. De notables intérêts pratiques s'attachent d'ailleurs à la distinction : ainsi les difficultés d'évaluation sont spéciales aux pourboires individuels et directs (v. notre chronique, D.H. 1929, p. 45), tandis que seuls les pourboires collectifs et centralisés pourraient donner prise, si l'on n'y prenait garde, à l'impôt sur le chiffre d'affaires; seuls aussi ils nécessitent une réglementation du contrôle et de la répartition. À ce dernier point de vue le Sénat a donc eu raison d'affirmer nettement sa volonté de légiférer exclusivement pour cette forme moderne du pourboire[1]. Mais en se haussant jusqu'au but des mesures de contrôle et des méthodes de répartition qu'il organise, en posant en conséquence la règle de l'attribution intégrale des pourboires aux salariés d'une certaine catégorie, le Sénat a-t-il pu légitimement faire abstraction des autres sortes de pourboires ?

---

1. Observons que M. Godart entend assujettir à la réglementation qu'il propose tous les pourboires centralisés, de quelque façon que s'opère leur centralisation. Or, celle-ci peut se réaliser par deux modes distincts :
Soit par un *mode immédiat*, lorsque les clients remettent eux-mêmes le pourboire au patron, spontanément ou en vertu d'une clause du contrat qu'ils ont passé : c'est le cas le plus fréquent, aussi est-ce le seul que, dans un but de simplification et de clarté, nous envisageons au texte;
Soit par un *mode médiat*, lorsque les salariés sont tenus par une clause du contrat de travail de verser intégralement à leur patron, à charge de répartition, tous les pourboires que leur a directement alloués la clientèle : c'est le cas notamment pour certains porteurs que les compagnies de chemins de fer, traitant à cet effet avec des entreprises spéciales, mettent gracieusement à la disposition des voyageurs dans les gares – V. le rapport de M. Godart, *Journ. off.*, doc. parl., Sénat, 1929, annexe n° 811, p. 298-301 –; à notre avis, les clauses de ce genre sont une duperie pour la clientèle; elles devraient être prohibées.

C'est qu'en effet un deuxième classement, opéré d'après leur nature intrinsèque, distingue le pourboire-don du pourboire-dette, étant entendu qu'il y a place pour un groupe mixte (donation de la part du client et salaire pour le préposé qui le reçoit). Or cette classification ne coïncide pas toujours avec la précédente : un pourboire peut être spontanément versé entre les mains du patron à charge de répartition sans que cette remise collective en altère la gratuité (le cas est d'ailleurs prévu par l'article 1 du texte du Sénat) ; inversement un pourboire peut être directement payé par le client, en exécution d'une clause du contrat passé avec le patron, à chacun des préposés auxquels il a eu affaire, sans que la nature onéreuse de la remise soit aucunement modifiée. Or ne serait-il pas pour le moins déconcertant que le mode de versement, c'est-à-dire un élément contingent, d'ordre purement formel, servît à fixer les droits respectifs des employeurs et de leurs préposés sur les pourboires ?

Interdire aux patrons de retenir tout ou partie des pourboires centralisés entre leurs mains, c'est bien ; mais à quoi cela servirait-il si on leur laissait par ailleurs le moyen de tirer profit des pourboires qu'encaissent directement leurs employés ? Les patrons renonceraient bientôt à percevoir sur les notes de leurs clients un tant pour cent « pour le service ». Malgré les avantages sociaux et économiques du procédé, ils le dédaigneraient, comme le renard de la fable dédaignait les raisins qu'il ne pouvait atteindre. Le retour aux anciens errements leur permettrait de rançonner leurs salariés : « Vous me remettrez, leur diraient-ils, telle fraction de vos pourboires évalués d'après les barèmes établis pour l'application de la loi sur les assurances sociales », ou bien « votre engagement sera subordonné au payement anticipé de telle somme représentant une portion des pourboires que votre emploi vous procurera », etc. Réserver l'application de la loi en voie d'élaboration aux pourboires collectifs et centralisés, c'est risquer de « torpiller » l'idée généreuse qui l'inspire.

À notre avis le patron n'a aucun droit sur les pourboires, quels qu'en soient la nature juridique et le mode de versement ; cette absence de droits est évidente dans le silence du contrat de travail ; et nous croyons que les conventions passées avec le personnel doivent être impuissantes à légaliser la mainmise de l'employeur sur les pourboires. La question doit être examinée sous ces deux aspects, abstraction faite du mode de payement du pourboire qui intervient seulement accessoirement pour cantonner les règles de contrôle et de répartition.

I.

Un préposé ayant été embauché moyennant un salaire fixe pour tenir un emploi qui lui rapportera en outre, suivant un usage courant, des pourboires participant eux-mêmes à la nature du salaire, on n'aperçoit pas de quel droit le patron prétendrait tirer directement ou indirectement un profit personnel desdits pourboires.

En vain songerait-il à réduire le salaire fixe en proportion de l'importance des pourboires sous prétexte que ceux-ci étant un salaire doivent s'imputer sur le salaire fixe dont le taux librement déterminé par le contrat de travail ne doit pas être dépassé ; une telle interprétation du contrat de travail choque le bon sens :

mieux que personne les patrons sont au courant des habitudes de la clientèle; ils ignorent si peu la pratique du pourboire qu'en fait ils ont convenu avec les employés susvisés d'un salaire inférieur à celui qu'ils allouent à d'autres préposés de la même catégorie tenus par leur emploi à l'écart de la clientèle. En réalité le salaire convenu est constitué par la réunion des pourboires et des appointements fixes : il comporte à la fois un élément invariable et un élément sujet à des fluctuations : telle est la loi du contrat. Si nous insistons sur ce point, c'est parce que, dans la pensée de M. Godart – développée dans son rapport (*Jour. off.*, doc. parl., Sénat, 1929, annexe n° 811, p. 302, col. 2 et p. 303 col. 3) – le dernier article de sa proposition n'aurait pas d'autre but que d'exprimer cette règle évidente. Il ferait donc double emploi avec l'article 1134 c. civ. s'il n'avait reçu au cours de son élaboration une adjonction sur laquelle nous reviendrons.

Le patron ne pourrait pas davantage se tailler directement une part dans les pourboires. La stricte application du contrat de travail dispense le préposé de lui rendre compte des pourboires qu'il reçoit; en revanche elle oblige le patron à rendre compte à ses préposés des sommes qu'il prélève « pour le service » : il a fait une stipulation pour autrui; une fois qu'elle est exécutée il ne peut plus en modifier le bénéficiaire; ayant perçu la somme pour le compte du tiers bénéficiaire désigné il perd la qualité de stipulant et le droit de révocation qui en résulte pour n'être plus que le gérant d'affaires de ce tiers (v. notre *Étude juridique du pourboire*, 1929, p. 22-23). Tout au plus pourrait-il retenir sur les sommes perçues « pour le service » le supplément de taxe sur le chiffre d'affaires qu'il aurait dû acquitter du fait de cette perception : mais précisément l'Administration l'autorise à la déduire de sa déclaration (P. Voirin, *op. cit.*, p. 31-32; rapport précité de M. Godart, p. 305, col. 2).

II.

Si la proposition Godart n'avait pas d'autre signification elle laisserait aux patrons le moyen de s'attribuer des droits sur le pourboire, par des clauses précises introduites à cet effet dans le contrat de travail et dont la jurisprudence a admis la validité sous le couvert du principe de la liberté des conventions (Trib. de paix de Paris, 16e arr. 7 nov. 1902, *Gaz. Pal.* 1902. 2. 704; Trib. de paix de Paris, 5e arr., 11 sept. 1908, D. P. 1908. 5. 62; Trib. civ. d'Hanoï, motifs sous Req. 11 déc. 1893, *Rec. de Sirey* 1895. 1. 247). Il s'agissait de procès mettant aux prises patrons et préposés; or les tribunaux ont débouté ceux-ci en se bornant à constater que le salaire est souverainement fixé par la convention des parties, que le pourboire est un salaire et que le contrat de travail a donc pu en régler l'attribution. Ce raisonnement nous paraît exact dans l'état actuel de notre droit positif (P. Voirin, *op. cit.*, n° 19, p. 26-27); mais *de lege ferenda*, il nous inspire des doutes sérieux, car il ne tient pas compte de la situation complexe créée par le pourboire. Il opère arbitrairement la dissociation de deux rapports juridiques noués l'un entre le patron et son personnel, l'autre entre ces personnes et les clients; il retient le premier et exclut le second, bien que tous deux soient en réalité indissolublement liés. Sans doute en versant un pourboire destiné à tenir lieu de salaire ou à compléter le salaire que le patron prend à sa charge, le client acquitte la dette d'autrui (le patron étant seul débiteur du salaire); mais il l'acquitte tantôt *animo solvendi* et tantôt *animo donandi*. – Il agit *animo solvendi* lorsqu'un pourboire tarifé lui a été imposé comme condition du contrat qu'il a conclu avec le patron; si ce patron exige alors, au titre du pourboire, une somme supérieure à celle qui reviendra à son personnel, il induit le client en erreur; il y a payement de l'indu et donc possibilité d'agir en répétition. Peu importe qu'en fait les clients se soucient peu d'intenter l'action : sa seule possibilité démontre péremptoirement l'absence de tout droit pour les patrons sur les pourboires ainsi payés *animo solvendi*; les clauses contraires du contrat de travail n'y sauraient rien changer, car elles sont inopposables à la clientèle (art. 1165 c. civ.). – Le pourboire-salaire spontanément payé *animo donandi* présente une particularité remarquable : d'ordinaire lorsqu'on paye la dette d'autrui dans une intention libérale on fait une donation indirecte au débiteur; or, dans le cas particulier du pourboire, le client qui acquitte la dette du salaire, sans y être aucunement tenu, entend gratifier non pas le patron, véritable débiteur, mais le salarié. Telle est la réalité qui s'impose à la considération de l'interprète bien qu'elle dérange quelque peu l'ordre préétabli des concepts juridiques. Si donc, par le moyen d'une clause insérée dans le contrat de travail le patron s'attribue une partie du pourboire le client ne pourra pas agir en répétition de l'indu, car il n'a pas eu, à proprement parler, l'intention de faire un payement; le patron ne pourra pas davantage être inquiété du chef de l'enrichissement sans cause car le profit qu'il tire du pourboire trouve juridiquement sa justification dans les clauses du contrat de travail; du moins le client pourrait-il sans doute invoquer l'erreur sur la cause, car il avait voulu gratifier – suivant que la remise était individuelle ou collective – tel employé ou l'ensemble des employés avec lesquels il était entré en relation, mais non pas certainement le patron. Cette possibilité d'annulation suffit encore à démasquer l'absence de droits des patrons sur les pourboires.

Seulement, ces possibilités demeurent théoriques (quel client intentera jamais un procès en nullité ou en répétition de l'indu après avoir donné ou payé un pourboire dont le patron a profité ?). Elles révèlent du moins la nécessité d'une réforme législative imprimant un caractère impératif à la règle de l'attribution intégrale des pourboires aux ayants droit salariés, de façon à paralyser les clauses contraires insérées dans les contrats de travail. En frappant de nullité ces clauses, on donnerait aux salariés pour la défense de leurs pourboires un droit d'action propre qu'ils ne possèdent pas encore et qui ne manquerait pas de se révéler à l'usage autrement énergique que le droit d'action platonique de la clientèle : en même temps, on protégerait celle-ci contre une sorte d'abus de confiance – le mot est du ministre du travail (*Journ. off.*, déb. parl., Sénat, 1929, p. 1080, col. 3) – dont elle est trop souvent la victime.

Or, le caractère impératif de la règle n'apparaît pas avec une netteté suffisante dans la proposition Godart; peut-être cependant réussirait-on avec de la bonne volonté à découvrir une indication dans une modification apportée au texte initial par la commission du commerce et du travail et adoptée par le Sénat. Le dernier article, aux termes duquel les pourboires « ne doivent pas être confondus avec le salaire fixe ni lui être substitués » a reçu l'addition suivante : « sauf dans le cas où un salaire *minimum* a été garanti à l'employé ». – Soulignons d'abord la rédaction vicieuse de cette disposition. Littéralement, elle signifie que les pourboires peuvent être confondus avec le *salaire fixe* lorsque celui-ci est un *salaire minimum*. Or, la notion de salaire *minimum* exprime, croyons-nous, la limite inférieure d'un salaire qui, pouvant s'élever au-dessus de cette limite, n'est donc pas nécessairement un salaire fixe; on conviendra d'ailleurs qu'en l'espèce la notion de salaire *minimum* exclut toute idée de fixité. Pour que la phrase soit correcte il faudrait substituer aux mots « salaire fixe » l'expression « salaire à la charge de l'employeur » ou quelque autre locution analogue. – Sans insister sur cette chicane de pure forme, on peut tirer du texte un argument favorable au caractère impératif de l'attribution légale du pourboire. En effet, si le législateur juge opportun d'autoriser expressément les parties à convenir d'un salaire variable selon l'importance des pourboires, ne doit-on pas en conclure qu'il restreint à la mesure de son autorisation leur liberté ? Les parties auront donc la faculté de stipuler un salaire *minimum*, mais, à l'inverse, la clause qui établirait un salaire *maximum* serait inopérante. En d'autres termes, le salaire qui demeure à la charge du patron pourra, conformément aux clauses arrêtées entre les parties, varier suivant l'importance des pourboires, mais ceux-ci seront toujours acquis en totalité à l'employé sans qu'on ait le droit de fixer une limite au-dessus de laquelle ils reviendraient à l'employeur. Ainsi interprété, l'article final éclaire la portée de la règle énoncée dans l'article premier : les pourboires centralisés « doivent être intégralement versés au personnel ». La règle est impérative. Pourtant, le conseil supérieur du travail avait émis un vœu plus nettement formulé (*Bull. du ministère du travail*, 1928, p. 391-394; Oualid, dans *Rev. d'économie politique* 1929, p. 914) : les pourboires « doivent être intégralement versés au personnel, sans que l'employeur puisse effectuer de prélèvements pour quelque cause que ce soit », fût-ce même, par conséquent, en vertu d'une clause du contrat de travail.

Faut-il ajouter que la règle de l'attribution intégrale ne sera, à notre avis, nullement incompatible avec le jeu des amendes infligées aux salariés, en vertu d'un règlement d'atelier, conformément aux dispositions légales dont le projet semble sur le point d'aboutir, car le patron ne tirera aucun avantage de ces amendes dont le produit doit être versé à une caisse de secours au profit du personnel (cons. P. Voirin *Notes parlementaires de droit civil*, dans *Rev. trim. de droit civil*, 1928, p. 534, n° 57 et 1929, p. 260, n° 40). Ainsi comprises, les amendes intéressent les méthodes de répartition du pourboire plutôt que le principe même de son attribution (v. notre *Étude juridique du pourboire* précitée, p. 36-37).

Conclusion

La proposition Godart adoptée par le Sénat contient deux dispositions capitales : l'affirmation d'un principe – le principe de l'attribution intégrale des pourboires aux salariés – et l'aménagement de moyens propres à assurer l'application du principe – l'organisation du contrôle et de la répartition des pourboires centralisés.

Tel qu'il est formulé, le principe prête à une double critique. D'abord, il est désirable de lui imprimer un caractère impératif; or, si telle est la volonté du Parlement, il doit s'en expliquer sans ambages, en prononçant par exemple la nullité des clauses contraires, de façon à couper court à toute interprétation et par là même à toute surprise. Ensuite, l'application du principe devrait être étendue à toutes les sortes de pourboires, sinon la réforme qui se prépare inciterait les patrons à ramener le pourboire à sa forme originaire, individuelle et directe qui continuerait à se prêter à des spoliations trop facilement réalisables sous le voile du contrat ; l'évolution du pourboire dans le sens de la centralisation serait en outre enrayée, or tant au point de vue social qu'au point de vue économique ce résultat constituerait une véritable régression. Seules, les règles de contrôle et de répartition, telles que les a sagement conçues l'auteur de la proposition, doivent être réservées au pourboire collectif et centralisé.

Il appartient à la Chambre des députés de prendre parti. Autant il serait ridicule de notre part de prétendre lui dicter sa décision, autant nous demeurons dans notre rôle en dégageant les éléments de la discussion en vue de l'orienter vers une solution rationnelle et conforme surtout aux aspirations de la Justice.

LA RESPONSABILITÉ DU FAIT DES CHOSES INANIMÉES D'APRÈS L'ARRÊT DES CHAMBRES RÉUNIES DU 13 FÉVRIER 1930

1930

Henri Capitant

Membre de l'Institut,
Professeur à la Faculté de droit de Paris

Dans une récente et brillante chronique, (D. H. 1930, p. 5), notre ami le doyen Josserand déplorait ce qu'il appelait « le travail de refoulement de la responsabilité des choses inanimées ». Au lieu, disait-il, d'en reconnaître le véritable fondement qui est le risque, la jurisprudence s'obstine à la rattacher à l'idée d'une faute présumée du propriétaire ou du gardien de la chose ; au lieu de l'appliquer à tous les dommages causés par une chose, meuble ou immeuble, elle en limite le plus qu'elle peut l'application.

Aussi, l'arrêt des Chambres réunies du 13 février dernier est-il salué par lui comme « un arrêt de principe-type » (D. H. 1930, chronique, p. 28) ayant « le grand mérite de restituer à la théorie de la responsabilité du fait des choses inanimées et sa véritable nature juridique et le vaste domaine qui lui est dévolu par la lettre de la loi ».

Cet arrêt vaut donc d'être examiné de très près, et, sans empiéter sur le domaine de mon savant collègue Georges Ripert, qui l'annotera au *Recueil mensuel*, il est bon ; croyons-nous, de le soumettre à un nouvel examen ; pour rechercher si cette appréciation est tout à fait exacte, et s'il n'y a pas quelque critique à joindre à ces éloges.

Rappelons d'un mot la question qui se posait à la Cour. Un camion automobile ayant renversé et grièvement blessé un enfant, il s'agissait de savoir à qui incombait la charge de la preuve. La Chambre civile avait, le 21 févr. 1927, (D. H. 1927. 133, D. P. 1927. 1.97), note de M. Georges Ripert, cassé l'arrêt de la cour de Besançon qui lui était déféré et décidé que l'art. 1381, 1er alin., qui établit une *présomption de faute* à l'encontre de celui qui a sous sa garde une *chose mobilière* inanimée, ne distingue pas suivant que la chose est ou non actionnée par la main de l'homme, et s'applique aux choses *mobilières soumises à la nécessité d'une « garde » en raison des dommages qu'elles peuvent faire courir à autrui.*

Ainsi, la Chambre civile affirmait que l'art. 1384, 1er alin., édicte une présomption de faute et elle en limitait prudemment le domaine d'application aux choses mobilières nécessitant une garde par Suite du danger qu'elles présentent.

La cour de Lyon, choisie comme cour de renvoi, ayant, le 7 juill. 1927, D. H. 1927. 423, jugé comme la cour de Besançon, que le dommage avait été causé par l'automobiliste et non par l'automobile, et qu'il fallait en conséquence prouver la faute du conducteur, son arrêt a été, par un nouveau pourvoi, déféré aux Chambres réunies. Sur le fond, les Chambres réunies ont confirmé le système de la Chambre civile et rattaché la responsabilité à l'art. 1384, pour la raison que la loi ne distingue pas suivant que la chose qui a causé le dommage est ou n'est pas actionnée par la main de l'homme, mais la rédaction de la première phrase de leur arrêt : « Attendu que la *présomption de responsabilité* établie par l'art. 1384, 1er alin., à l'encontre de celui qui a sous sa garde la *chose inanimée* », fait ressortir deux différences entre cet arrêt et celui de 1927 : l'une, clairement exprimée par la substitution du mot de responsabilité à celui de faute, l'autre, résultant du fait que les Chambres réunies passent sous silence les deux restrictions établies par la Chambre civile et visent simplement la « chose inanimée ».

Que signifient exactement ce changement de mot et cette prétérition ?

*
* *

Et d'abord, la nouvelle expression employée par la Cour de cassation manifeste-t-elle sa volonté d'abandonner l'interprétation traditionnelle des articles 1382 à 1386, d'après laquelle tous ces articles reposent sur l'idée de faute commise ou présumée par la loi, et de se rallier au système de la responsabilité objective, si brillamment exposé, il y a déjà longtemps, par Saleilles et par Josserand, et que le doyen de Lyon n'a cessé depuis lors de défendre ?

Pour l'annotateur, toujours si précis, de la *Gazette du Palais* (20 févr. 1930, no 51), il n'y a aucun doute : cet arrêt « constitue une véritable révolution dans la théorie de la responsabilité ». Et M., Josserand, de son côté, déclare que la Cour « a fait un pas dans le sens de l'objectivation de la responsabilité du fait des choses inanimées, sur la voie de la substitution de la notion de risque au concept traditionnel et vieilli de la faute ».

Tel n'est cependant pas notre sentiment. Une lecture attentive du texte nous conduit à penser qu'il ne faut pas attacher tant d'importance à cette nouvelle expression. D'abord, ce n'est pas la première fois que la Cour l'emploie; on la trouve déjà, ainsi que le signalent les observations au D.H., 1930. 129, dans un arrêt de la Chambre des requêtes du 16 juill. 1928, (D.P. 1929. 1.33) et, à ce moment, elle a passé inaperçue. S'il n'en a pas été de même cette fois-ci, c'est qu'à la fin de ses remarquables conclusions, M. le Procureur général Matter a cité cette phrase empruntée à une note de Saleilles, publiée sous le fameux arrêt de la Chambre civile du 11 juin 1896, (D.P. 97. 1. 433), dans lequel les promoteurs de la théorie objective avaient cru voir une consécration de leur thèse : « L'art. 1384 est fondé sur cette idée simple, équitable, que celui qui a le fonctionnement d'une entreprise doit en supporter les risques. » Mais le savant magistrat n'a fait cette citation que pour bien dégager de l'art. 1384, 1er alin. le principe de la responsabilité du fait des choses inanimées et, à diverses reprises, il affirme dans ses conclusions que ce principe repose sur une présomption de faute ou, dit-il, prenant les deux expressions comme équivalentes, sur une présomption de responsabilité qui rattache l'art. 1384 à l'art. 1382. Que dit, d'autre part, le rédacteur de l'arrêt ? Il déclare que l'art. 1384 rattache la responsabilité à la garde de la chose, non à la chose elle-même. Il écarte par là formellement l'idée de responsabilité objective : ce n'est pas l'objet qui engendre la responsabilité, c'est la garde. Qu'est-ce à dire sinon que c'est la conduite du gardien ? La garde suppose la surveillance. Le gardien est responsable parce que, devant veiller sur la chose, il est présumé avoir manqué à cette obligation. C'est la même idée que celle qui explique la responsabilité contractuelle. Le débiteur qui n'exécute pas son obligation est tenu de dommages-intérêts, à moins qu'il ne justifie que l'inexécution provient d'une cause étrangère qui ne peut lui être imputée (art. 1147, c. civ.).

Au surplus, il paraît impossible de soutenir que les rédacteurs du code aient rattaché au risque de la chose la responsabilité du gardien, alors que les autres présomptions énoncées dans le même article à l'encontre des père et mère, artisans, instituteurs, maîtres et commettants, reposent indiscutablement sur l'idée de faute, comme le prouve le texte de l'article qui autorise les père et mère, artisans et instituteurs à prouver qu'ils n'ont pu empêcher le fait dommageable. Serait-il vraisemblable que les rédacteurs du code qui, du reste, n'ont à aucun moment fait allusion à l'idée de risque, eussent, dans un même article, adopté deux conceptions opposées ?

D'après nous, l'arrêt des Chambres réunies ne marque pas, à ce point de vue, un revirement dans la jurisprudence de la Cour suprême; il substitue seulement une expression nouvelle à l'ancienne, et rien de plus. Mieux eût valu, du reste, conserver celle de présomption de faute, plus claire, plus précise, et qui ne prête pas à équivoque. La rigueur dans la terminologie est nécessaire.

Mais, pourrait-on nous objecter, cette discussion n'a pas grand intérêt. Peu importent les mots, ce qu'il faut voir c'est la réalité des choses. Or, il y a longtemps que la Cour s'est ralliée à la théorie du risque. Cela date du fameux arrêt précité du 11 juin 1896. Car, depuis cette époque, bien que continuant à employer l'expression de présomption de faute, la Cour impose au gardien de la chose l'obligation de prouver, non seulement qu'il n'a commis aucune faute, mais que le dommage a été causé non par la chose, mais par un fait étranger à celle-ci qu'il n'a pu ni prévoir, ni empêcher (cas fortuit, force majeure, faute exclusive de la victime ou d'un tiers). En lui imposant cette preuve si difficile à administrer, qui laisse à sa charge tous les cas où la cause du dommage reste inconnue, la jurisprudence va bien au-delà de l'obligation de garde, car cette obligation suppose seulement qu'on s'est conduit en gardien vigilant et attentif[1].

Certes, il y a du vrai dans cette observation, et il faut reconnaître qu'en exigeant du gardien une preuve aussi difficile, souvent impossible, la Cour de cassation a inconsciemment glissé vers la théorie de la responsabilité objective. Mais ce n'est qu'un glissement, et si, comme on le prétend, elle substituait à la conception traditionnelle celle du risque, bien autrement redoutables seraient les conséquences de cette révolution. En effet, la conception nouvelle ferait tache d'huile et ne tarderait pas à envahir le terrain de l'art. 1382. Car, quelle raison y aurait-il de distinguer entre le dommage causé par le fait des choses et celui qui

1. Ainsi, un arrêt de la Chambre civile du 18 juill. 1928. (*Gaz. Pal.* 1928. 2.610), a déclaré l'exploitant d'un tir forain responsable de la blessure causée à un spectateur par le ricochet d'une balle. La cour de Rennes avait débouté la victime pour la raison que l'accident était dû à un cas fortuit ou de force majeure dépassant les prévisions humaines. La Chambre civile a cassé cet arrêt parce que, a-t-elle dit, ce motif ne saurait équivaloir à la constatation d'un fait provenant d'une cause étrangère et non imputable au tenancier. Cela ne revient-il pas à dire que tout dommage, même inévitable, même imprévisible, causé par une chose est imputable à son gardien. (V. dans le même sens, Civ. 25 juill. 1927, D. H. 1927. 477; 5 nov. 1928, D. H. 1928. 608. – Voir aussi notre chronique au D. H. 1927, 49.)

est causé par le fait de l'homme ? On arriverait donc à effacer de l'art. 1382 le mot de faute et à affirmer que tout fait quelconque de l'homme qui cause dommage à autrui oblige son auteur à le réparer.

Ainsi, la faute serait rapidement éliminée de la responsabilité extracontractuelle, et, quoiqu'en pensent certains auteurs, cette évolution ne marquerait pas un progrès. Le risque ne peut être le fondement unique de la responsabilité. Qu'on l'applique, dans certains cas, par exemple en matière d'accidents du travail, même en matière d'accidents d'automobiles, cela peut se concevoir, mais l'étendre à tous les dommages que l'activité de l'homme peut causer à autrui serait fort dangereux. Ce serait faire peser sur les hommes une responsabilité écrasante; ce serait paralyser l'esprit d'initiative. Personne n'oserait plus rien faire, puisque la plus grande diligence ne mettrait pas à l'abri de la responsabilité. Aussi, aucune législation, à l'exception du code civil soviétique, n'a-t-elle adopté cette thèse; et encore, le code civil soviétique, lui-même, n'a-t-il pas pu proscrire cette notion de faute, laquelle reparaît fréquemment, soit dans les textes législatifs, soit dans les décisions de la jurisprudence[2]. En effet, le risque exige un contrepoids, qui est l'assurance. Or, on peut bien s'assurer contre un risque déterminé, par exemple, l'accident du travail, l'accident d'automobile, mais on ne le peut pas contre toute espèce de risques.

*
* *

Si, comme nous le croyons, l'arrêt du 13 février dernier ne modifie pas la base sur laquelle repose la responsabilité délictuelle, en revanche, il consacre implicitement deux innovations dans la jurisprudence de la Cour suprême. Il résulte, en effet, de son texte, et ici aucune divergence d'interprétation ne paraît possible, qu'il n'y a plus lieu, pour l'application de l'art. 1384, 1er alin., de distinguer entre les choses inertes ou dangereuses, mobilières on immobilières. Rien n'obligeait la Cour à se prononcer sur ces deux questions, car elles dépassent le cadre de l'arrêt qu'elle avait à apprécier, et il n'est pas, on le sait, dans ses habitudes, de se lier pour l'avenir. Si donc elle a jugé bon de passer sous silence les prudentes restrictions que la Chambre civile avait formulées en 1927, c'est que sa volonté bien formelle était d'élargir le domaine de l'art. 1384.

Ce sont là de graves innovations. Voyons-en les conséquences :

C'est tout d'abord qu'il n'y a plus à distinguer entre les divers instruments de locomotion dont l'homme peut se servir, automobile, bicyclette, et, pourquoi pas, patin à roulettes. Voilà donc les bicyclistes assujettis à la même responsabilité que les automobilistes; comme ces derniers, ils feront bien désormais de s'assurer contre les dommages qu'ils peuvent causer aux tiers.

C'est ensuite que l'art. 1384 s'appliquera dans tous les cas où le dommage aura été causé non directement par la main de l'homme, mais par l'intermédiaire d'un objet. Ainsi se trouve consacrée la solution admise par un arrêt de la cour de Paris du 16 novembre dernier déclarant responsable un chasseur qui, en tirant un coup de fusil sur un merle, avait blessé un individu caché dans un buisson, alors pourtant que le tribunal correctionnel l'avait relaxé du chef de la poursuite

2. *Traité de droit soviétique*, t. II, p. 299. (Librairie générale de droit et de jurisprudence, sous presse.)

intentée contre lui pour blessures involontaires, comme n'ayant commis ni faute, ni imprudence. Qu'importe, en effet, ce n'est pas lui, c'est son fusil qui a causé le dommage ! Et demain, les tribunaux n'hésiteront pas à appliquer l'art. 1384 à l'individu qui, ayant un bâton à la main, blesse un tiers involontairement.

L'extension de la présomption aux immeubles n'est pas moins critiquable. Sans doute la Chambre des requêtes avait déjà affirmé, dans une formule élargie à dessein, car il s'agissait d'un ascenseur, c'est-à-dire d'un immeuble par destination, que l'art. 1384 ne comportait pas de distinction entre les Meubles et les immeubles (6 mars 1928, D. P. 1928. 1.97, note de M. Josserand). Mais la Chambre civile avait toujours eu soin de limiter aux choses mobilières le champ de la présomption (Civ. 21 févr. 1927, précité; 14 mai 1928, *Gaz. Pal.* 1928, 2.123; 11 juin 1928, D. H. 1928. 414; 27 févr. 1929, D. H. 1929. 201 ; 5 mars 1929, *Gaz. Pal.* 1929. 1.107; 12 mars 1929, D. H. 1929, 234).

L'arrêt des Chambres réunies est moins explicite, il est vrai, que celui de la Chambre des requêtes, – ce qui peut s'expliquer puisqu'il avait, lui, à statuer sur un accident d'automobile, – mais la suppression de l'épithète « mobilière » est certainement intentionnelle.

Cette nouvelle extension se justifie mal en présence de l'art. 1386, texte restrictif, d'après lequel le propriétaire d'un bâtiment est responsable du dommage causé par sa ruine, lorsqu'elle est arrivée par suite du défaut d'entretien ou par le vice de sa construction. D'après la nouvelle jurisprudence, au contraire, le propriétaire devient responsable de tout dommage causé par l'immeuble, quelle qu'en soit la cause. À quoi sert alors l'art. 1386 ?

Notons enfin que l'esprit qui inspire cette jurisprudence est en opposition avec celui de la loi du 7 novembre 1922, relative aux dommages causés aux tiers par l'incendie. Il est bon de préciser cette opposition en rappelant en quelques mots les circonstances qui ont provoqué alors l'intervention du législateur.

Un incendie, dont la cause était demeurée inconnue, avait éclaté à la gare maritime de Bordeaux et, alimenté par les tonneaux de résine déposés dans la gare, avait causé des dommages aux propriétaires voisins, La Chambre civile décida que la Compagnie était responsable en vertu de l'art. 1384 (16 nov. 1920, D. P. 1920. 1. 169; 15 mars 1921, D. P. 1922. 1. 25, note de M. Ripert). Quelques tribunaux ayant, logiquement d'ailleurs, étendu cette solution au cas où le feu avait pris naissance dans un immeuble[3], les compagnies d'assurances contre l'incendie s'inquiétèrent de la répercussion que ces arrêts pouvaient entraîner pour elles, car les primes exigées pour l'assurance contre le recours du voisin auraient dû être considérablement augmentées si cette jurisprudence avait triomphé. Elles s'adressèrent au Parlement et c'est à la suite de leur intervention que fut voté et inséré dans l'art. 1384 un alinéa nouveau d'après lequel celui qui détient tout ou partie de l'immeuble ou des biens mobiliers dans lesquels un incendie a pris naissance n'est responsable, vis-à-vis des tiers, des dommages

3. Cette extension fut du reste repoussée à la fois par la Chambre civile, le 26 juin 1924, (D. P. 1924. 1. 159) et par la Chambre des requêtes (quel changement depuis lors !) le 10 févr. 1925, (D. P. 1925. 1. 97, note de M. Josserand), pour le motif que la responsabilité du propriétaire d'un bâtiment avait sa source seulement dans l'article 1386, et qu'en dehors de ce cas, elle restait soumise à la règle de l'art. 1382.

causés par cet incendie que s'il est prouvé qu'il doit être attribué à sa faute ou à la faute des personnes dont il est responsable.

Ainsi, en 1922, le législateur intervient pour corriger l'extension qu'il estime excessive de l'art. 1384 à l'incendie. Cette interprétation restrictive donnée par lui, car on a admis que la loi de 1922 était interprétative, se concilie difficilement avec l'évolution actuelle de la jurisprudence de la Cour suprême ; il y a opposition entre les deux tendances.

Quoi qu'il en soit, les compagnies d'assurances ont été bien inspirées en s'adressant au législateur et les locataires et propriétaires d'immeubles peuvent leur en savoir gré. Car, si la loi de 1922 n'avait pas été votée, il n'est pas douteux que la Cour suprême appliquerait aujourd'hui l'art. 1384 aux dommages causés aux voisins par l'incendie d'un immeuble, ce qui rendrait à peu près impossible en fait la preuve de la non-responsabilité, et les compagnies seraient obligées d'élever très sensiblement le taux des primes de cette assurance. Ainsi, les locataires, dans les locaux desquels naît un incendie, se trouveraient à l'égard des propriétaires voisins dans une situation aussi rigoureuse que celle qui leur est faite par les art. 1733 et 1734 à l'égard du bailleur. Et pourtant, tout le monde s'accorde à critiquer la sévérité de ces articles qui n'existent guère que dans notre code civil. On voit à quelle exagération conduirait ici la doctrine actuelle de la Cour de cassation.

*
* *

Cette nouvelle doctrine a pour résultat de déplacer le centre de la responsabilité délictuelle ; elle le transporte de l'art. 1382 à l'art. 1384, 1er alin. ; elle vide le premier au profit du second.

La fortune de ce lambeau d'article si longtemps ignoré est vraiment singulière ; voilà qu'il devient le texte fondamental du chapitre des délits et des quasi-délits.

Cette évolution ne constitue pas, à notre avis, un progrès. L'équilibre, si sagement établi par le code civil est rompu ; son système est vraiment bouleversé. En décidant que l'individu est responsable de plein droit de tout dommage qui paraît causé par le fait d'une chose inanimée, quelle qu'elle soit, la Cour de cassation fait peser sur l'homme un risque trop lourd, contre lequel il ne peut se prémunir par l'assurance. Il ne lui suffit plus de se comporter en homme très diligent, de prendre toutes les précautions qu'exige la prudence. Si attentivement qu'il veille sur ses choses, sa responsabilité peut être engagée et il lui sera presque impossible de s'en décharger. La juste mesure est dépassée. Au fond, M. Josserand a raison ; la notion de faute n'est plus qu'une fiction. Sans bien s'en rendre compte, la jurisprudence lui substitue celle de risque. Nous ne serions pas étonnés qu'un jour prochain le législateur dût intervenir pour remettre les choses au point[4].

4. Il serait intéressant de rechercher les causes qui ont amené cette évolution de la jurisprudence ; elles sont, nous semble-t-il, au nombre de trois. La première a été la question des accidents du travail, la deuxième celle des accidents causés aux tiers par les automobilistes, la troisième, enfin, le besoin d'échapper à la règle d'après laquelle l'individu, poursuivi pour homicide ou blessures involontaires et acquitté par la juridiction pénale, ne peut plus être déclaré responsable, en vertu des mêmes faits, devant les tribunaux civils.

LE SECRET PROFESSIONNEL DES FONCTIONNAIRES

1930

Marcel Waline

Professeur agrégé à la Faculté de droit de l'Université de Poitiers

Que pouvons-nous cacher à l'État ? Par les enquêtes de sa police, il peut connaître toute notre vie privée et notre conduite; par ses agents du fisc, il sait notre fortune, nos revenus et nos dépenses, connaît le chiffre d'affaires des commerçants, leurs clients et leurs fournisseurs; par ses magistrats il connaît les différends qui divisent les familles; par ses médecins – ceux de l'armée, ceux de l'assistance et des hôpitaux, demain peut-être ceux des assurances sociales – il connaît jusqu'à nos tares physiologiques les plus secrètes. Ses professeurs connaissent l'intelligence et l'âme des enfants mieux parfois que les parents eux-mêmes. Il n'est pas jusqu'aux conversations les plus intimes dont il ne puisse percer le mystère par ses téléphonistes. Quel terrible dossier pourrait-il constituer sur chacun de nous si tous ces renseignements étaient coordonnés ! Et l'on sait qu'ils commencent à l'être, en matière fiscale, depuis la loi du 4 avr. 1926[1].

Tout cela serait singulièrement inquiétant si, heureusement, la discrétion n'était pour les divers agents de l'État une véritable obligation de leur fonction. On voit par là toute l'importance du secret professionnel des fonctionnaires, éminemment protecteur des administrés – comme il l'est en d'autres cas, de l'État lui-même, lorsqu'il s'agit, par exemple, du secret des négociations diplomatiques (d'ailleurs bien critiqué aujourd'hui, et à juste titre), du secret militaire, et enfin, du secret professionnel des membres du Parlement quant aux communications faites en commission ou en comité secret.

Quels fonctionnaires sont astreints au secret professionnel ? Quels sont les effets et les conséquences juridiques de celui-ci ?

I.

Le secret professionnel est prévu, à l'égard de certaines catégories de fonctions, par des textes formels : art. 78 à 82 c. pén. et loi du 18 avr. 1886 pour les militaires et les diplomates; loi du 15 juill. 1914, art. 23, loi du 1er juill. 1916, art. 18, loi du 31 juill. 1917, art. 51, pour les agents du fisc; loi du 19 déc. 1917, art. 21, pour les inspecteurs des établissements dangereux, insalubres et incommodes. Pour certains autres, il résulte des textes mêmes de leur serment professionnel (magistrats, agents des postes). Mais, pour la plupart, les fonctionnaires ne sont astreints au secret professionnel qu'en vertu du seul art. 378 c. pén. Quelle est la portée de cet article quant aux fonctionnaires ? Les arrêts de la Cour de cassation sur ce

1. D. P. 1926. 4. 145.

point témoignent d'une tendance à admettre plus ou moins facilement l'application de cet art. selon la catégorie de fonctionnaires en cause : s'agit-il d'agents du fisc, la Cour de cassation semble limiter l'obligation du secret professionnel aux fonctionnaires pour lesquels une loi fiscale l'a spécialement édictée : c'est ainsi qu'elle s'est autorisée de ce que la loi organique de l'impôt sur le chiffre d'affaires avait omis de rappeler l'obligation résultant de l'art. 378 c. pén. pour déclarer que les agents chargés d'établir cet impôt n'étaient pas tenus au secret professionnel – jurisprudence à vrai dire assez singulière et quelque peu inquiétante pour les contribuables[2]. Mais, pour la plupart des autres fonctionnaires, la jurisprudence judiciaire distingue, selon que les faits dont la révélation est en cause sont parvenus à la connaissance du fonctionnaire à la suite de confidences reçues des particuliers précisément à raison de ses fonctions, ou qu'au contraire il s'agit de faits que, sans doute, il n'a pu connaître que par l'exercice de ses fonctions, mais qui n'intéressent pas les administrés. Ainsi, l'obligation du secret professionnel n'existerait, à la charge des fonctionnaires que par égard pour les particuliers, et non pas dans l'intérêt de l'Administration elle-même : celle-ci doit être une maison de verre, car, comme la femme de César, elle ne doit même pas être soupçonnée, et elle pourrait l'être si elle s'entourait de secret. Ce principe a été affirmé avec force, à l'occasion d'une affaire qui avait fait grand bruit à l'époque[3]. C'est par lui que l'on peut expliquer la contradiction apparente de deux arrêts de la Chambre criminelle relatifs au secret professionnel des directeurs d'hôpitaux, le premier condamnant l'un de ceux-ci, pour avoir refusé de déposer sous prétexte de secret professionnel, le second approuvant un semblable refus; c'est que, dans le second cas, à la différence du premier la sécurité des malades et l'honneur des familles étaient en jeu (il s'agissait de révéler le nom des femmes qui étaient venues accoucher à la maternité pendant une certaine période)[4].

Cette interprétation de l'art. 378 c. pén. paraît très exacte : l'art. 378 suppose un secret confié, c'est-à-dire une confidence expressément faite par une tierce personne, et non la simple connaissance fortuite d'événements plus ou moins secrets, en dehors de toute confidence.

Sous cette réserve, qu'il n'y a de secrets que ceux qui intéressent les particuliers, la jurisprudence applique l'art. 378 aux magistrats[5], aux greffiers[6], aux inspecteurs de la sûreté[7], aux commissaires de police[8], aux directeurs d'hôpitaux[9], aux agents des postes[10] et même aux sous-préfets, maires et secrétaires de mairie[11].

---

2. Crim. 18 mai 1923 (D. P. 1925. 1. 41); 18 janv. 1924, *ibid.*, note, G. L.
3. L'affaire *Arton*, Trib. corr. de la Seine, 25 mars 1896 (D. P. 96. 2. 391).
4. Crim. 16 mars 1893 (D. P. 94. 1. 137), 14 mars 1895 (D. P. 99. 5. 614).
5. Crim. 5 nov. 1903 (D. P. 1904. 1. 25).
6. Crim. 9 juill. 1886 (D. P. 86. 1. 475).
7. Crim. 30 août 1906 (D. P. 1907. 1. 419), 4 avr. 1924 (D. P. 1925. 1. 10).
8. Crim. 6 juill. 1894 (D. P. 99. 1. 171); Haute-Cour, 6 déc. 1899 (D. P. 1903. 2. 345).
9. Arrêts cités à la note 2.
10. Crim. 21 nov. 1874 (D. P.75.1. 234) et sur renvoi, Rouen, 12 févr. 1875 (D. P. 76. 5. 341); Crim. 5 nov. 1903 (D. P. 1904. 1. 25), 14 mars 1885 (D. P. 85. 1. 425).
11. Crim. 13 mars 1897 (D. P. 97. 1. 233).

II.

L'effet principal du secret professionnel est d'engager la responsabilité, même pénale, de celui qui le révèle. Mais il est loin d'en être la seule conséquence juridique.

La révélation du secret engagera la responsabilité de l'indiscret, sous trois formes : disciplinaire, civile, pénale. Il ne paraît pas douteux, en premier lieu, que la discrétion constitue l'une des obligations fonctionnelles du fonctionnaire, et que tout manquement à cette obligation rendrait son auteur passible de sanctions disciplinaires. Il n'y aurait même pas à faire, à ce point de vue, la distinction indiquée plus haut, et le fonctionnaire pourrait être puni disciplinairement même pour les indiscrétions qui, sans nuire aux administrés, ne sont gênantes que pour l'Administration elle-même. Celle-ci est en effet en droit d'attendre de ses agents un loyalisme, un esprit de corps, qui n'est guère compatible avec ces indiscrétions. En second lieu, toute indiscrétion ayant causé à un administré un préjudice certain, même purement moral, engage la responsabilité civile du fonctionnaire par la faute duquel elle s'est produite, à la seule condition qu'elle constitue de la part de celui-ci une faute personnelle détachable de l'exercice de ses fonctions. En cas contraire, seule la responsabilité civile de la personne administrative au nom de laquelle agissait le fonctionnaire pourrait être mise en jeu. D'ailleurs, cette hypothèse est peu vraisemblable, car la révélation d'un secret constituera presque toujours de la part du fonctionnaire une faute personnelle : c'est, en effet, une faute pénale; et nous arrivons ainsi au troisième et principal aspect de la responsabilité, qui consistera dans l'application pure et simple de l'art. 378 c. pén., c'est-à-dire dans la condamnation du délinquant à un emprisonnement d'un mois à six mois, et à une amende de 100 à 500 fr., sans préjudice des dommages-intérêts à la partie lésée. De telles condamnations sont nombreuses, et il serait sans intérêt de les énumérer. Nous préférons nous attacher aux autres conséquences du secret professionnel.

La principale, et celle qui soulève les questions les plus délicates est la dispense de témoigner en justice : dans quelle mesure les fonctionnaires tenus au secret professionnel peuvent-ils s'autoriser de cette obligation pour refuser de répondre aux questions du juge d'instruction ou de déposer à la barre ? L'art. 378 dit lui-même que les détenteurs de secrets peuvent les révéler dans « le cas où la loi les oblige à se porter dénonciateurs ». N'est-ce pas dire qu'il n'y a pas de secret professionnel à l'égard de la justice ? C'est effectivement ce que juge la Chambre criminelle à l'égard notamment des agents des postes, par exemple dans un arrêt longuement et fortement motivé du 5 nov. 1903[12]. Cette décision fait très ingénieusement dériver l'obligation pour ces fonctionnaires de ne rien cacher à la justice, du droit général de perquisition que le code d'instruction criminelle accorde au juge d'instruction : l'art. 88 de ce code lui donne le pouvoir « de faire saisir, même dans un bureau de poste, et ouvrir les lettres et paquets pouvant contenir des pièces et effets utiles à la manifestation de la vérité. Ce droit de perquisition dans un bureau de poste implique pour le magistrat qui l'exerce celui d'interpeller les agents dépositaires des papiers et objets recherchés et pour

12. D. P. 1904. 1. 25. – Cf. également, Crim. 14 mars 1885 (D. P. 85. 1. 425).

ceux-ci l'obligation de répondre à ses interpellations. Les considérations d'ordre public et d'intérêt moral qui exigent que le secret des correspondances ne soit pas un obstacle à la recherche des crimes et des délits s'imposent avec la même force quand il s'agit de les punir. » Mais cette obligation de déposer nonobstant tout secret professionnel pourrait avoir des conséquences dans certains cas, si fâcheuses que leur crainte doit faire fléchir même l'intérêt de la répression des crimes et délits. Quant au juge d'instruction, tout d'abord, la Chambre criminelle admet que la dispense de déposer est la règle, et que si ce juge peut par exception être entendu comme témoin à l'audience où est jugée l'affaire qu'il a instruite, la dispense et même l'interdiction de témoigner reprennent tout leur empire quand il s'agit d'une autre procédure[13]. Mais les questions les plus intéressantes que soulève la dispense du témoignage sont relatives au secret professionnel des policiers, d'une part, des directeurs d'hôpitaux d'autre part. Dans le premier cas, nous trouvons l'intérêt de la recherche de la vérité, en matière répressive, en conflit avec lui-même : supposons, en effet, que les commissaires de police et inspecteurs de la sûreté soient tenus, quand ils déposent à la barre, d'indiquer la source de leurs renseignements et de livrer le nom des personnes de qui ils les tiennent : celles-ci, par peur des représailles de la part des criminels, ou simplement par répugnance à voir leur nom mêlé à une affaire criminelle, ne diront plus rien et la méfiance générale des témoins rendra les enquêtes de police très difficiles ; beaucoup de personnes ne consentent à donner des renseignements à la police que sous la promesse que leur anonymat ne sera pas trahi. À côté de ces auxiliaires bénévoles, chacun sait que la police a des « indicateurs » permanents dans tous les milieux ; que cela est sans doute profondément regrettable, mais que c'est une nécessité qui paraît, en pratique, absolument inéluctable. Il va de soi que la publication de leurs noms à l'audience aurait pour effet immédiat de les « brûler » et de rendre leurs services radicalement inutilisables par la suite. La police ne peut naturellement pas se résigner à changer ses indicateurs après chaque affaire criminelle. Mais supposons maintenant que, sous l'empire de ces considérations, les policiers soient dispensés d'indiquer de qui ils tiennent leurs renseignements : le juge n'aura plus aucune garantie de la sincérité de ceux-ci, si ce n'est la valeur professionnelle des policiers eux-mêmes ; surtout, il ne pourra apprécier la valeur de ces renseignements, même supposés sincères ; et les prévenus risqueront d'être condamnés sur la foi de renseignements anonymes, invérifiables, émanant de personnes irresponsables, dont on ne peut apprécier la valeur morale et la perspicacité. Il est inadmissible, a-t-on dit souvent, et pour cette raison, dans la presse et au Parlement, qu'il puisse être fait état, dans une instruction criminelle, de rapports de police. On voit que la question, qui met en jeu la liberté individuelle, est particulièrement grave. La Cour de cassation n'a pas hésité à la trancher, à plusieurs reprises, dans le sens de la dispense pour les fonctionnaires de la police, d'indiquer le nom de ceux qui les ont renseignés[14]. Quant au danger que cette dispense fait courir aux inculpés, la Chambre criminelle ne pense pas qu'il soit bien grave, car, fait-elle remarquer, le juge garde toute liberté pour apprécier si le témoignage incomplet ainsi fourni peut être

13. Crim. 5 nov. 1903 (D. P. 1904. 1. 25, affaire *Thérèse Humbert*).

14. Crim. 6 juill. 1894 (D. P. 99. 1. 171), 30 août 1906 (D. P. 1907. 1. 419), 4 avr. 1924 (D. P. 1925. 1. 10), Haute-Cour, 6 déc. 1899 (D. P. 1903. 2. 345).

retenu comme un élément de sa conviction[15]. Nous estimons, pour notre part, qu'il reste à craindre, même avec ce correctif, que le juge n'accorde encore trop de créance à un tel témoignage, surtout s'il s'agit de jurés facilement influençables et qui manquent de l'esprit critique nécessaire pour apprécier la valeur exacte d'une déposition. La solution actuelle nous paraît donc assez inquiétante pour les justiciables. Mais il faut avouer qu'on ne voit guère le moyen de l'abandonner sans entraver d'une façon inadmissible l'action de la police.

Envisageons maintenant l'hypothèse où la recherche de la vérité, au cours d'une instruction criminelle, amène le magistrat instructeur à demander au directeur d'un hôpital de lui révéler le nom des malades soignés à une certaine époque : l'intérêt de la répression des délits exige que ce directeur fournisse les renseignements demandés ; mais si les malades savent que leur nom risque d'être livré à la publicité, peut-être hésiteront-ils à se faire hospitaliser (par exemple, s'il s'agit d'une femme qui veut cacher son accouchement, ou d'un homme atteint d'une maladie vénérienne) ; un intérêt social, grave, celui de la santé des malades, entre alors en conflit avec celui de la justice ; lequel doit être sacrifié ? La Cour de cassation, à juste titre, a préféré l'intérêt des malades ; les directeurs d'hôpitaux et d'hospices doivent garder le secret, même en face de la justice, dès que la sécurité des malades ou l'honneur des familles est en jeu, c'est-à-dire dès que leur déposition risquerait de révéler la nature des maladies ou d'une façon plus générale des causes de l'hospitalisation[16].

Une autre conséquence du secret professionnel est que la rémunération d'un médecin attaché à l'Assistance publique ne peut pas être subordonnée à l'indication, par ce médecin, de la nature des maladies pour lesquelles il a soigné les indigents. L'intérêt de la santé publique est ici en conflit avec les nécessités du contrôle des dépenses de l'assistance médicale gratuite. En faveur de l'indication du diagnostic, on pouvait faire remarquer qu'elle n'aurait jamais été donnée, en tout état de cause, qu'à des agents administratifs eux-mêmes liés par le secret professionnel ; néanmoins, le Conseil d'État, au mois de novembre 1928, a jugé, sur la requête du docteur B..., qu'en l'état actuel de la législation, il ne saurait être dérogé à la règle absolue établie par le code pénal, et que ses honoraires devaient être réglés au requérant sans qu'il eût à indiquer de diagnostics sur ses bulletins de visite[17].

Enfin, le secret professionnel a des conséquences particulières en matière fiscale. C'est un singulier et bien triste signe des temps, que l'intérêt fiscal paraisse aujourd'hui au législateur le plus pressant des intérêts publics, et qu'il lui donne le pas même sur l'intérêt de la justice, En effet, le secret professionnel, qui dispense parfois de témoigner en justice, devant lequel la justice elle-même est ainsi parfois obligée de s'incliner, est au contraire sacrifié par nos lois à l'intérêt fiscal. Il y a plus : ces mêmes lois obligent en quelque sorte les magistrats à se faire les auxiliaires des agents du fisc, leurs rabatteurs. La loi du 31 juill. 1920, art. 31, alin. 2, déclare en effet que « dans le cas d'information ouverte par l'autorité judiciaire, celle-ci devra donner connaissance à l'Administration des finances de

15. Crim. 4 avr. 1924, précité.
16. Crim. 16 mars 1893 et 14 mars 1895, précités.
17. *Le Temps* du 11 nov. 1928.

toute indication qu'elle pourrait recueillir au cours de la procédure et de nature à faire présumer une fraude commise en matière fiscale, ou une manœuvre quelconque ayant eu pour objet ou ayant eu pour résultat de frauder ou de compromettre un impôt ». Ainsi l'intérêt fiscal fera fléchir jusqu'au secret professionnel des magistrats. On ne doit pas s'étonner, dans ces conditions, que les diverses administrations fiscales n'aient pas de secret l'une pour l'autre, ni pour la justice quand celle-ci exerce des poursuites ayant leur origine dans une fraude fiscale; et en effet, « lorsqu'une plainte régulière aura été portée par l'Administration contre un redevable et qu'une information aura été ouverte, les agents de l'Administration ne pourront opposer le secret professionnel au juge d'instruction qui les interrogera sur les faits faisant l'objet de la plainte ». C'est également par dérogation au secret professionnel et à l'art. 378 c. pén. que la loi du 31 juill. 1920 (art. 31) a institué au profit du fisc le droit de communication : « En aucun cas, les administrations de l'État, des départements et des communes, ainsi que les entreprises concédées ou contrôlées par l'État, les départements et les communes ne pourront opposer le secret professionnel aux agents de l'Administration des finances ayant au moins le grade de contrôleur ou d'inspecteur adjoint, qui, pour établir les impôts institués par les lois existantes, leur demanderont communication des documents de service qu'elles détiennent. » Ce caractère exceptionnel, et dérogatoire au droit commun du secret professionnel, ne doit pas être perdu de vue, car il permet d'interpréter *stricto sensu* toutes ces dispositions fiscales. Deux principes, notamment, posés par la jurisprudence et l'Administration elle-même avant ces lois, nous paraissent subsister encore aujourd'hui : tout d'abord, en dehors d'un texte exprès l'y autorisant, un agent du fisc ne peut dresser procès-verbal des infractions à certaines lois fiscales que lui révèle l'examen de livres opéré au cours de la recherche d'infractions à d'autres lois fiscales[18]. Et surtout, les règles nouvelles ne doivent sous aucun prétexte faire fléchir le secret professionnel que dans l'intérêt fiscal de l'État, à l'exclusion de ses autres intérêts financiers, et notamment dans un intérêt purement domanial[19].

Cette rapide revue de jurisprudence montre combien le principe tutélaire du secret professionnel est aujourd'hui menacé. En cette matière, comme en bien d'autres, l'individu est de plus en plus sacrifié à l'intérêt public, ce qui paraît bien être dans le sens d'une évolution inéluctable. Il est permis toutefois de le regretter, tout au moins quand l'intérêt public en jeu n'est qu'un intérêt fiscal.

18. Crim. 11 déc. 1919 (D. P. 1925. 1. 41), note G. L.; 4 avr. 1924, *ibid.*

19. Décision du ministre des Finances, 18 sept. 1883; solution de l'Admin. de l'enregistrement, 1er sept. 1886, 13 janv. 1892.

LA DOCTRINE CONTRE LA JURISPRUDENCE
Sur le problème de la responsabilité du fait des choses inanimées

1931

Louis Josserand

Doyen de la Faculté de droit de Lyon

Dans une récente préface, M. Georges Ripert, en reconnaissant à la jurisprudence la valeur d'une source essentielle de notre droit positif, déclarait que « nul professeur de la Faculté ne se permettrait aujourd'hui d'opposer sa doctrine personnelle aux arrêts de la Cour de cassation ». (*Préface à la Table quinquennale du Recueil des sommaires*, p. 1).

Nous craignons fort qu'il ne faille voir dans cette déclaration optimiste l'expression d'un vœu plutôt que la constatation d'une réalité. Certes, le divorce qui sévissait jadis entre la doctrine et la jurisprudence et qui avait été dénoncé vigoureusement par A. Esmein dans le bel article inaugural de la *Revue trimestrielle de droit civil* (*La jurisprudence et la doctrine*, 1902, p. 5, notamment p. 9 et suiv.), semblait devoir s'atténuer grâce à une plus juste compréhension de la réalité juridique; mais voilà que les problèmes ardus de la responsabilité imposent à cette entente cordiale, si nécessaire et si féconde, une dure et persistante épreuve, et surtout, parmi eux, celui que soulève l'interprétation de l'art. 1384, § 1er, c. civ. en matière de responsabilité du fait des choses inanimées, plus spécialement du fait des automobiles : autant que par le passé et aux plus beaux jours des « interprètes du Code Napoléon », une incompatibilité d'humeur s'affirme, dans ce domaine embroussaillé, entre les deux grandes forces d'interprétation juridique qui ne paraissent pas faire très bon ménage.

Au vrai, dans ce différend, c'est la doctrine, ou du moins une partie de la doctrine, qui montre de l'humeur; l'arrêt que les Chambres réunies ont rendu à la date du 13 févr. 1930, pour décider que la responsabilité de plein droit incombe au gardien, aussi bien pour les accidents survenus en cours de route que pour les dommages causés par une voiture au repos, aussi bien dans l'ordre dynamique que dans l'ordre statique (D. P. 1930. 1. 57, note de M. Georges Ripert), cet arrêt a eu le don de chagriner pour des raisons diverses, plusieurs civilistes des plus autorisés, qui ne trouvent pas, pour le critiquer ou pour le minimiser, des termes assez sévères, des procédés techniques assez ingénieux. Les moyens de réaction dont ils usent à cette occasion sont très variés et, si on les confronte les uns avec les autres, assez contradictoires; tantôt on s'efforce de réduire la portée de cette décision capitale, de l'amenuiser, de la diluer; elle devient alors un souffle, un rien; c'est ainsi que M. Ripert s'écrie : « Qu'y a-t-il de nouveau dans l'arrêt des Chambres réunies ? Peu de chose à la vérité, et cet arrêt est plus remarquable par ce qu'il ne dit pas que par ce qu'il dit » (D. P. 1930. 1. 57, col. 2); et MM. Henri et Léon Mazeaud, dans leur remarquable *Traité théorique et pratique de la responsabilité civile*, émettent une opinion à peu près semblable (t. I, n°s 1309 et 1310), comme aussi notre très distingué collègue, M. Maurice Picard (*Rev. générale des assurances*, 1930, p. 259 et suiv.). Mais, tout au contraire, M. Henri Capitant estime que cet arrêt n'en dit que trop, qu'il ne contient que trop de nouveautés, ayant pour résultat de déplacer le centre de la responsabilité délictuelle, de vider l'art. 1382 au profit de l'art. 1384, § 1er, de substituer à la notion de faute la notion de risque (D. H. 1930, *Chronique*, p. 3, *La responsabilité du fait des choses inanimées d'après l'arrêt des Chambres réunies du 13 février 1930*) ; et l'éminent civiliste estime qu'on s'en repentira, que force sera au législateur d'intervenir pour remettre les choses au point (*eod. loc.*). Dans deux autres chroniques il s'efforce de démontrer que ce malencontreux arrêt de 1930 recèle en lui des conséquences imprévues et intolérables (D. H. 1930, *Chronique*, p. 61 : *Une conséquence imprévue du système de la jurisprudence sur la responsabilité du fait des choses inanimées*) ; et il propose de faire machine arrière, de dépasser par une marche rétrograde, le *statu quo ante*, en admettant le gardien de la chose dommageable, par exemple d'une automobile, à se libérer en administrant la preuve négative de l'absence de faute (D. H. 1931, *Chronique*, p. 53 : *De la preuve que doit administrer le gardien d'une chose au cas où il est actionné en responsabilité*) ; ainsi, non seulement le risque serait écarté en tant que source de la responsabilité, mais la présomption de faute que la jurisprudence lit ou lisait dans la disposition de l'art. 1384, § 1er, serait ravalée au rang d'une présomption simple, *juris tantum*.

Donc, tandis que, pour les uns, la Cour suprême n'a rien dit de nouveau[1], d'après d'autres, elle aurait beaucoup trop parlé et bouleversé fâcheusement la matière de la responsabilité ; ici, on veut destituer l'arrêt solennel de sa haute signification ; là, on dénonce la fausseté de sa doctrine et on le cloue au pilori.

Dans une précédente chronique (D. H. 1930, *Chronique*, p. 25. *La responsabilité du fait des automobiles devant les Chambres réunies de la Cour de cassation*), nous avons tenté d'analyser et d'apprécier objectivement cet important monument judiciaire, de le situer exactement dans le cadre qui lui convient ; à cette place, nous voudrions seulement examiner les deux thèses récemment présentées par notre savant collègue M. Capitant, thèses séduisantes au premier contact et qui seraient de nature, si elles étaient fondées, à impressionner, beaucoup d'esprits et à faire naître des scrupules de conscience que nous estimons injustifiés.

I.

M. Capitant a tenté de réfuter la doctrine des Chambres réunies par les conséquences mêmes auxquelles elle aboutirait fatalement selon lui, conséquences tellement inadmissibles, tellement monstrueuses qu'elles vaudraient condamnation des prémisses ; il en résulterait, en effet, pour les victimes qui, antérieurement à l'arrêt de 1930, n'avaient pu obtenir la réparation du dommage subi, n'ayant pas

1. Il convient d'opposer à cette appréciation les paroles prononcées, par une autorité particulièrement qualifiée, lors de la dernière séance solennelle de rentrée de la Cour de cassation : « L'arrêt de vos Chambres réunies du 13 février 1930, a déclaré M. l'avocat général Edmond Durand, a marqué une étape décisive ». (*Gaz. Pal.*, 16 oct, 1931, p. 2, col. 1).

réussi à prouver la faute du défendeur, la possibilité de tout recommencer, d'assigner le gardien de la chose inanimée, et, par exemple, de l'automobile, en étayant cette fois leur demande sur l'art. 1384, § 1er, ce qui leur garantirait le succès à coup sûr, ou à peu près : *uno avulso non deficit alter.* Vainement leur objecterait-on le principe de l'autorité de la chose jugée, de l'article 1351, c. civ. ; elles riposteraient que les deux demandes ne procèdent pas de la même cause ; la première s'appuyait sur la faute effective, sur la faute à prouver, des art. 1382 et 1383 ; mais la deuxième est étayée, avec l'art. 1384, § 1er, sur la faute présumée, sur le fait de la chose – et non plus de l'homme – sur la notion de garde. Ainsi, tous les demandeurs en indemnité, déboutés au cours des trente années précédentes, vont pouvoir revenir à la charge, car c'est seulement par trente ans que se prescrit l'action étayée sur le fait de la chose, laquelle est indépendante de l'action publique (Req. 9 juin 1928, D. P. 1928. 1. 153, note Savatier) ; vaincus dans le premier combat, ils triompheront vraisemblablement dans le deuxième. Il faut bien convenir que la possibilité est grave, redoutable même, notamment pour les compagnies d'assurances qui, suppose M. Capitant, « doivent trembler devant une pareille éventualité » ; on verrait des centaines de procès renaître de leurs cendres et l'autorité même de la chose jugée en serait assurément ébranlée.

Mais, c'est précisément pourquoi les compagnies d'assurances, auraient bien tort de s'alarmer : on ne verra pas le concept, le standard de l'autorité de la chose jugée faillir à sa mission qui est justement de conjurer le renouvellement des mêmes procès et aussi de prévenir des contradictions entre décisions judiciaires dont la solidité, dont l'autorité s'en trouveraient compromises ; que l'action de la victime du dommage soit étayée sur une faute effective, ou sur une faute présumée, ou même sur la notion objective du risque créé, elle n'en procède pas moins, invariablement, de l'accident qui était survenu (André Besson, note D. P. 1928. 1. 123, col. 1) ; et il n'est pas admissible qu'après avoir abouti à une décision négative, elle puisse être à nouveau introduite, devant le même tribunal et aux mêmes fins civiles, en vue du même but indemnitaire, dans une seconde instance qui ne serait, vis-à-vis de la première, qu'une nouvelle mouture : *non bis in idem;* la cause est entendue et jugée ; il serait dérisoire, contraire aux nécessités de l'ordre social (même note D. P. 1828. 1. 121, col. 2) que la victime, après avoir choisi une première position juridique qui ne lui a point réussi, prétendît recourir à une nouvelle tactique avec laquelle elle sera, pense-t-elle, plus heureuse. S'il en était ainsi, elle ne s'arrêterait plus en si beau chemin, et, ayant été battue sur le terrain de l'art. 1382, puis sur celui de l'art. 1384, peut-être songerait-elle à adopter une troisième attitude en faisant jouer la responsabilité contractuelle de son adversaire, à supposer que les circonstances se prêtent à cette nouvelle volte-face ; c'est tout l'arsenal juridique qui serait ainsi utilisé à l'encontre d'un défendeur qui, considéré successivement et pour les besoins de la cause, comme « *l'homme* », de l'art. 1382, ou le *gardien* de l'art. 1384, ou le *contractant* des art. 1134 et suiv., aurait à subir une série d'assauts qui constitueraient, dans leur ensemble, un des plus criants *abus des voies de droit* qui se puisse imaginer ; il faut en terminer une fois pour toutes et rompre cette chaîne sans fin de la procédure : *res judicata pro veritate habetur.*

On objecte une définition prétendument classique de la *cause* qui, sous l'angle de l'autorité de la chose jugée, serait « le fait juridique ou matériel qui est le fondement du droit réclamé ou de l'exception opposée ». (Planiol et Ripert, *Traité élémentaire de droit civil*, t. II, n° 54 *bis*). Mais précisément le fait *matériel* qui est à la base de l'action intentée par la victime d'un accident d'automobile, n'est autre que l'accident survenu, ou, si l'on veut, le dommage qui en est résulté : et c'est justement ce que reconnaissent MM. Planiol et Ripert dans le passage précité : pour la créance, écrivent ces auteurs, la cause « sera un prêt, un cautionnement, une vente dont le prix est encore dû, un *dommage causé par un délit*, etc. ». Or, le dommage causé par un accident de locomotion est un fait identique à lui-même, qui ne se modifie point selon les moyens employés par la victime pour obtenir réparation ; car c'est bien de moyen qu'il s'agit ici, et suivant le point de vue auquel se place la Cour de cassation, les différences qui séparent deux demandes successives laissent fonctionner l'exception de chose jugée, lorsqu'elles ne « portent que sur des points secondaires qui rentrent dans un *ensemble commun...* » (Req. 21 déc. 1897, D.P. 98. 1. 487). « Cet ensemble commun » se retrouve dans les instances successives qui seraient engagées par la victime d'un même accident; il suffit à réaliser l'identité de cause de l'article 1351 et à placer la première décision sous l'autorité de la chose jugée.

Au reste s'il fallait donner une nouvelle preuve du caractère illusoire du danger signalé par M. Capitant, on la trouverait soit dans la jurisprudence relative aux nullités de forme (la chose jugée pour telle nullité de forme s'oppose à ce qu'une autre nullité de forme soit proposée à l'encontre du même acte : Paris, 10 mai 1850, D.P., 51. 2. 125; Pau, 21 avr. 1868, D.P. 70. 1. 124) soit surtout dans *l'histoire récente de la responsabilité*. L'arrêt du 13 févr. 1930 n'est pas le premier qui consacre une évolution ou un affermissement de jurisprudence : en 1911, la Chambre civile proclamait pour la première fois que la responsabilité du transporteur en cas d'accident de personnes, se rattache, non pas à la faute délictuelle, mais au contrat de transport lui-même, générateur d'une obligation absolue de sécurité dont l'accident survenu dénonce l'inexécution (Civ. 21 nov. 1911, D.P. 1913. 1. 249, note Sarrut); c'était une véritable révolution, puisque désormais, la responsabilité du voiturier changeait de source et de nature, et que le fardeau de la preuve incombait non plus à la victime, mais au transporteur responsable jusqu'à plus ample informé. Les voyageurs blessés, ou leurs héritiers, déboutés de l'instance en responsabilité au cours de laquelle ils n'avaient pas réussi à prouver la faute du défendeur, avaient désormais intérêt à renouveler leur offensive en se présentant comme des créanciers contractuels de sécurité; ils auraient ainsi pris une revanche à peu près assurée. Mais nous ne sachons pas que la question ait été posée dans ces termes et à cette occasion ; c'est qu'on considérait que la cause était entendue, qu'il y avait chose jugée et définitivement jugée ; c'est qu'il y avait non pas *fait nouveau*, mais *droit nouveau;* or, une règle de droit nouvelle, si urgente soit-elle, respecte les décisions judiciaires antérieurement rendues; même les lois interprétatives ne touchent pas aux *causae finilae* (Paul Roubier, *Les conflits de lois dans le temps*, t. I, n° 61) et il faut en dire autant des lois exceptionnellement rétroactives, au moins si elles consacrent une rétroactivité ordinaire et non point restitutive (*op. cit.*, n° 64, p. 539); à plus forte raison en va-t-il de même des simples changements de jurisprudence, lesquels agissent à la manière des lois interprétatives (*op. cit.*, p. 538) : une jurisprudence qui s'attaquerait à ses propres décisions, qui les renverserait rétrospectivement comme des châteaux de cartes, serait douée d'une force comique irrésistible;

mais elle ne serait point juridique, et elle se suiciderait de propos délibéré : les Chambres réunies, en rendant leur arrêt du 13 févr. 1930, n'ont point voulu cela.

II.

La seconde thèse soutenue par M. Capitant soulève, de son côté, des objections très fortes, que nous considérons même comme décisives : au dire de son auteur, la présomption de faute qui pèse sur le gardien d'une chose inanimée, lorsqu'un dommage vient à être causé à autrui, ne serait qu'une présomption simple, *juris tantum*, qui céderait devant la preuve contraire : il appartiendrait au défendeur de se libérer en démontrant qu'il n'avait point commis de faute, mais qu'il s'était comporté, dans la circonstance, correctement, avec prudence.

Cette théorie, que la jurisprudence répudie constamment en n'attribuant de valeur exonératoire qu'à la faute de la victime et à la force majeure (arrêt précité des Chambres réunies; Civ. 21 janv. 1919, Req. 28 juin 1920, Civ. 15 mars 1921, D. P. 1922. 1. 25, notc Ripert), vient se briser contre le texte même de l'art. 1384 qui, après avoir institué la responsabilité du fait des choses, puis celle du fait des enfants, ensuite celle du fait des préposés, enfin celle du fait des élèves et apprentis, n'admet le bénéfice de la preuve contraire que pour les père et mère, instituteurs et artisans (avant-dernier alinéa). Si une facilité du même genre était reconnue au gardien d'une chose, force serait d'en faire profiter également les commettants, solution contraire à la tradition comme au texte de l'art. 1384 et qui n'est, croyons-nous, plus admise par personne.

Au vrai, les cas prévus dans l'art. 1384 sont des cas de responsabilité sans faute (v. L. Josserand, *Cours de droit civil positif*, t. II, n° 513) : le gardien, les parents, les maîtres et commettants, les instituteurs et artisans sont considérés par la loi comme les *représentants juridiques* de la chose, de l'enfant, du domestique ou du préposé, de l'élève ou apprenti; le fait de ces derniers est traité comme leur propre fait; il y a au fond du système parfaitement cohérent de l'art. 1384, un phénomène d'appropriation de la responsabilité du fait de la chose ou de la personne (v. les conclusions de M. le procureur général Paul Matter, D. P. 1930. 1. 65); et, pour la responsabilité du commettant, Henri et Léon Mazeaud, *op. cit.* t. I, n° 935; le gardien devient l'éditeur responsable des dommages causés par la chose dont il est le représentant juridique, le répondant; dès lors, il ne saurait se libérer qu'en démontrant la faute de la victime ou la force majeure; alors seulement il échappe à la responsabilité puisque ce n'est plus *par* la chose que le dommage avait été causé. Hors de là, il demeure responsable parce que subsiste le lien juridique que la loi a voulu indestructible entre lui-même et sa chose, prolongement de sa personnalité et de son activité.

LA PERSONNE HUMAINE DANS LE COMMERCE JURIDIQUE

1932

Louis Josserand

Doyen de la Faculté de droit de Lyon

Les vérités premières sont peut-être celles qui appellent le contrôle le plus rigoureux : leur souveraineté est due, pour une bonne part, à une longue accoutumance et à la paresse de l'esprit humain, enclin à suivre le sillon déjà tracé plutôt qu'à en creuser un nouveau : examinés de près, certains axiomes séculaires perdent beaucoup de leur évidence et de leur ampleur ; la présente chronique en fournira, pensons-nous, la démonstration.

Il est entendu, depuis des siècles, que la personne humaine est en dehors du commerce juridique ; elle est placée, avec ses différents attributs, au-dessus des conventions. Son intégrité, physique et morale, son indépendance, sa dignité sont d'ordre public ; ce ne sont point là des valeurs patrimoniales ; et d'ailleurs, comment les estimerait-on ? Le droit ne s'occupe d'elles que pour les mettre à l'abri du droit en les soustrayant à toutes combinaisons, à toutes compromissions possibles.

Nous ne sommes plus au temps où des êtres humains – esclaves, fils ou filles de famille, femmes mariées. – étaient l'objet d'un *dominium* analogue à celui qui portait sur les choses (puissance dominicale, *patria potestas, manus*), où un père de famille pouvait vendre, manciper son enfant, où un créancier était fondé à réduire son débiteur en esclavage ou même à le mettre à mort ; sous l'influence de la civilisation et du christianisme, une évolution s'est poursuivie qui a consacré la dignité, l'indépendance, l'intangibilité de la personne humaine ; la contrainte par corps elle-même a disparu en matière civile et commerciale, par l'effet de la loi du 22 juillet 1867 ; depuis longtemps, le droit établit un départ rigoureux entre le patrimoine, projection de la personne dans le domaine pécuniaire, et cette personne elle-même qui plane au-dessus des intérêts matériels, dans les régions supra-patrimoniales.

C'est un point de vue ; de nos jours encore, il est en grande faveur ; mais il faut bien reconnaître que le législateur et, plus encore, la jurisprudence, ont pris avec lui quelques libertés : entre le patrimoine et la personne humaine, envisagée sous ses différents aspects et ses multiples attributs, des points de contact s'établissent, de plus en plus nombreux ; ces deux concepts antithétiques voisinent volontiers, et, dans cette fréquentation, la personne humaine laisse, à chaque fois, un peu de son intégrité et de son intangibilité ; sans pénétrer tout à fait dans le commerce juridique, elle voit s'atténuer le splendide isolement où l'avait placée une longue évolution ; descendue du piédestal où l'avaient hissée la déclaration des Droits de l'homme et le code civil de 1804, elle devient volontiers matière à tractations, à abandons, à réparations, à combinaisons ; parfois, elle est traitée comme une valeur économique et juridique, voire comme un colis ; elle se hausse – ou elle s'abaisse, au niveau d'une chose; elle se commercialise, elle se patrimonialise; nous serions tentés d'écrire qu'elle s'américanise.

La constatation vaut et pour l'intégrité physique de la personne, et pour son intégrité morale, et aussi pour ses divers attributs juridiques, par exemple pour sa capacité, à laquelle peuvent s'attaquer des clauses d'inaliénabilité auxquelles notre jurisprudence fait produire effet, dans de certaines conditions, depuis le milieu du siècle dernier (v. L. Josserand, *Cours de droit civil positif français*, t. I, n° 1835) ou aussi des conventions restrictives de la liberté du commerce, de l'industrie, du travail, pourvu qu'il n'en résulte pas une interdiction générale et absolue (Civ. 26 mars 1928, D. P. 1930. 1.145, note de M. Pic).

Pour nous en tenir à l'intégrité physique, nous rappellerons l'évolution qui s'est produite pour les assurances sur la vie qui, jadis proscrites comme dangereuses, immorales et odieuses, ont pris une brillante revanche et ont pénétré profondément dans nos mœurs : le jeu de la vie et de la mort, autrefois interdit est devenu licite; le législateur, l'opinion publique y voient, avec raison, un acte de sage prévoyance.

Mais c'est dans le domaine de la responsabilité que les nouveautés sont les plus nombreuses et les plus saisissantes. Sans doute, le code civil admettait déjà que des arrangements intervinssent entre l'auteur responsable du délit ou du quasi-délit, et la victime ou ses héritiers; l'art. 2046 permet de « transiger sur l'intérêt civil qui résulte d'un délit »; mais des tractations de cette sorte ne pouvaient intervenir qu'après coup, une fois que le dommage a été réalisé. Jusque-là, aucun arrangement, aucun abandon ne pouvaient être consentis, par anticipation, en vue d'une lésion future, d'une atteinte possible à l'intégrité de la personne; notamment, les clauses de non-responsabilité sont nulles, comme tendant à écarter l'application des art. 1382 et suivants du code civil, qui intéressent l'ordre public. (Req. 27 juill. 1925, D. P. 1926. 1.5, note Ripert; Paris, 10 juin 1926, D. H. 1926, 397) : ainsi, lorsque l'accident survient, la situation doit être entière, telle qu'elle est réglementée par la loi; elle ne saurait être compromise, aménagée, conditionnée par la volonté des intéressés ou de l'un d'eux; l'intégrité de la personne physique est au-dessus des volontés privées.

Mais ce postulat n'est plus aussi vrai de nos jours qu'il l'était voilà une vingtaine d'années; le législateur et la jurisprudence le battent en brèche, d'un commun accord.

1° Les clauses de non-responsabilité, toujours nulles en thèse générale, ont cependant conquis droit de cité dans la locomotion aérienne : le transporteur est admis à s'exonérer, partiellement ou totalement, du moins en ce qui concerne les risques de l'air et les fautes commises par toute personne employée à bord pour la conduite de l'appareil, et cela sans distinguer entre les dommages causés aux marchandises et ceux qui atteignent les voyageurs : en prenant place dans un aéronef, le passager peut renoncer, par une convention licite, sinon à toute la protection juridique, du moins à une partie de cette protection; il consent un abandon portant sur l'intégrité de sa personne physique (L. 31 mai 1924, art. 42 et 48).

2° D'une façon plus générale, cet abandon résulte de la connaissance que nous avons du péril auquel nous nous exposons volontairement, sciemment; lorsqu'on prend part à un jeu, on doit savoir qu'on perdra, peut-être; tout ce que le joueur peut exiger, c'est qu'on observe la règle du jeu; de même, lorsqu'une personne prend place dans une automobile ou, dans un avion, lorsqu'elle prend part à un sport, à des jeux forains, plus ou moins violents, elle s'expose de gaîté de cœur à des risques dont elle connaît l'existence; ces risques, elle les accepte, librement; la responsabilité de l'automobiliste, de l'organisateur du *match* ou du tenancier des jeux forains ne sera donc engagée envers elle qu'à raison d'une faute caractérisée et démontrée; ce n'est plus la responsabilité du fait des choses qui va jouer en l'occurrence, mais la responsabilité du droit commun qu'on sera même tenté d'atténuer en ne retenant, comme l'ont fait certaines juridictions, que la faute lourde, inexcusable. Ici encore, la victime avait renoncé à l'avance, sinon par une clause de non-responsabilité, du moins par une acceptation du risque envisagé, à une partie de la protection juridique que lui conférait le droit commun de la responsabilité.

Ce concept du *risque accepté* a pris un essor remarquable; la jurisprudence l'utilise pour le *transport bénévole* effectué, soit dans une automobile (Civ. 27 mars 1928, D.P. 1928. 1. 145, note Ripert; Req. 9 juin 1928, D.P. 1928. 1.153, note Savatier; 21 juill. 1930, *Rec. de Sirey*, 1931. 1. 15; 26 mars 1912, *Le droit* du 12 juin; Lyon, 28 janv. 1913, *Gaz. Pal.* 1913. 1.308; Trib. civ. de Compiègne, 10 mars 1920, *Gaz. Pal.* 1920. 1.507; Paris, 9 mai 1925, Lyon, 23 mai 1925, Douai, 30 nov. 1925, D.P. 1926. 2.121, note Ricol), soit dans une voiture attelée (Req. 11 mai 1931, *Rev. générale des assurances, terrestres*, 1931, p. 852); pour les *jeux forains* (Paris, 5 avr. 1913, *La loi* du 28 août; Rouen, 17 mai 1924, D.P. 1927. 2. 25, note Lalou); pour les *sports* (v. pour la boxe), les conclusions du commissaire du Gouvernement Cahen-Salvador (D.P. 1924. 3.58; Bordeaux, 14 avr. 1931, motifs, D.P. 1931. 2. 45 note Jean Loup; Comp. P. Garraud, *Les sports et le droit pénal*, dans la *Rev. internationale de droit pénal*, 1924, p. 212); et aussi dans le *domaine médical*, pour le traitement radiothérapique (Trib. civ. des Bouches-du-Rhône, 5 mai 1930, D.H. 1930. 389), comme pour la chirurgie dite esthétique (Paris, 12 mars 1931, D.H. 1934. 259, *Rec. de Sirey*, 1931. 2.129, note Et. Perreau). Dans de telles éventualités, la victime de la locomotion, du jeu forain, de l'exercice sportif, du traitement médical ou de l'intervention chirurgicale avait pris à son propre compte un risque auquel elle avait consenti; l'événement qui s'est produit, elle l'avait bien voulu; elle serait mal venue à récriminer aujourd'hui, à chercher un responsable en dehors d'elle-même : *volenti non fit injuria*.

Cette jurisprudence, de plus en plus ferme pour le transport bénévole, suscite un certain nombre de réflexions qui, pour la plupart, équivalent à des critiques.

D'abord, on peut être surpris que le « risque accepté » soit retenu par ceux-là mêmes qui repoussent le concept du « risque créé » : les partisans de la responsabilité objective, fût-elle cantonnée dans les limites des art. 1384 à 1386, sont une minorité; et l'on sait que notre jurisprudence explique les solutions contenues dans ces textes par une présomption de faute ou, plus récemment, par une présomption de responsabilité (Ch. réunies, 13 févr. 1930, D.P. 1930. 1. 57, note Ripert). Voilà donc que le risque, impuissant à faire naître la responsabilité, va pouvoir, en revanche, l'atténuer ou même l'éliminer ! Inapte à jouer un rôle positif, il va remplir la fonction d'un frein ; c'est à peu près comme si la faute en était réduite à éteindre ou à atténuer la responsabilité, sans être à même de la faire naître.

Et puis, pour que la notion du risque accepté trouvât son emploi, du moins faudrait-il qu'un risque plus ou moins exceptionnel, de quelque gravité, eût été couru, donc prévu par l'acceptant ; or, si l'on distingue bien ce risque au cas d'opération chirurgicale, et aussi, bien que moins sûrement, dans l'éventualité d'un traitement médical ou de la participation à un sport, on ne le découvre plus du tout dans l'utilisation d'une voiture, attelée ou automobile. En montant dans un véhicule de ce genre, le voyageur bénévole ne pense pas faire preuve d'héroïsme ou même de témérité ; il n'aggrave pas sensiblement le risque inhérent à l'existence, à la vie en société ; peut-être même pourrait-on soutenir qu'il l'allège, car, dans une ville à circulation intense, comme Paris, mieux vaut être à l'intérieur d'une voiture que sur la chaussée, et l'automobile peut apparaître comme une sorte de refuge contre les dangers de la rue ; en y prenant place, le piéton éprouve un sentiment de sécurité plutôt que de péril ; il n'envisage ni une aggravation de risque, ni, par conséquent, une acceptation de cette aggravation.

D'ailleurs, comment concevoir au juste cette prétendue acceptation ? À quelle catégorie juridique convient-il de la ramener ? On a parfois émis l'idée d'une convention intervenue entre les deux intéressés, par exemple entre le gardien de la voiture et la personne à qui il rend un service gratuit ; un accord tacite serait passé entre eux en vue d'exclure la responsabilité de plein droit des art. 1384, § 2, et 1385. (*Sic*, note Ricol, précitée ; Trib. civ. des Bouches-du-Rhône, 5 mai 1930, D. H. 1930. 389, pour le cas de traitement radiothérapique). Mais cette thèse a été réfutée victorieusement par M. Ripert (note précitée, D. P. 1928. 1. 146, col. 1 et 2) : il est divinatoire de supposer, de la part du patient, une renonciation, même partielle, à la responsabilité du gardien ; de plus, au cas de transport bénévole, il n'est nullement certain qu'un contrat quelconque soit intervenu entre les deux intéressés (L. Josserand, *Le transport bénévole et la responsabilité des accidents d'automobile*, D. H. 1926, Chronique, p. 21) ; dès lors, comment imaginer un accord problématique venant se greffer sur une convention inexistante ?

Aussi M. Ripert préfère-t-il expliquer l'acceptation du risque par *la participation de la victime à l'usage de la voiture* ; la règle de l'art. 1384, § 1, a été écrite en faveur des tiers, mais non de ceux qui se servent eux-mêmes de la chose et qui se sont ainsi exposés volontairement aux risques que comporte son utilisation : le concept du risque accepté se trouve ainsi objectivé, intégré dans l'utilisation du véhicule. Mais cette explication a contre elle, et la lettre de l'art. 1384, § 1, qui ne distingue pas selon la position de fait que la victime occupe par rapport à la chose, et la jurisprudence qui fait jouer couramment la présomption de responsabilité au profit de personnes participant cependant à l'usage de la chose (v. pour une canalisation de gaz, Req. 27 nov. 1924, D. P. 1925. 1.12 ; pour un ascenseur, Req. 6 mars 1928, D. P. 1928. 1.97, note L. Josserand), et alors même qu'elles seraient unies, par un contrat relatif à la chose dommageable, avec le gardien de la dite chose (Civ. 27 févr. 1929, D. P. 1929. 1.129, note Ripert, Trib. civ. de Lille, 24 déc. 1929, D. H. 1930. 159).

Au reste, et même avec la conception de M. Ripert, on peut s'étonner de ce que l'utilisation de la chose produise des effets qui seraient refusés à une clause de non-responsabilité; là où une convention est impuissante, il est singulier qu'une réserve unilatérale, ou, à plus forte raison, la simple participation à l'usage d'une chose aient cette vertu d'atténuer, d'énerver la responsabilité du gardien.

Et il faut se demander, en toute occurrence, si l'acceptation du risque peut être mise au compte d'un incapable : même si on ne lui reconnaît pas une origine contractuelle, on y voit du moins un effet de la volonté de l'usager; qu'arrivera-t-il si cet usager est un enfant, ou un aliéné ? Faudra-t-il donc distinguer selon que le voyageur transporté gracieusement est ou non capable de discernement, selon qu'il a atteint ou non l'âge de la majorité ? Et une femme mariée pourra-t-elle accepter un risque, sans l'autorisation de son mari, à supposer qu'elle ne soit pas séparée de corps ? On en peut douter; le consentement donné par la victime éventuelle implique chez elle une pleine capacité (v. Demogue, *Traité des obligations*, t. III, n° 234). Parmi les divers occupants de la voiture accidentée, il y aurait donc lieu d'établir des discriminations tirées de leur âge, de leur sexe, de leur état d'esprit; cette justice, par trop distributive, est la condamnation, sur le terrain pratique, de la thèse trop ingénieuse du risque accepté qui tend, d'autre part, à faire pénétrer plus profondément, dans le cadre du patrimoine, l'intégrité physique de la personne humaine.

3° Le même résultat est encore commandé par une autre jurisprudence, plus connue que la précédente, qui a consacré pratiquement la théorie dite de la *responsabilité contractuelle*. Dans le transport de personnes, notamment, on sait que, depuis 1911, la Cour de cassation estime que le transporteur assume vis-à-vis de ses clients, par application de l'art. 1147, c. civ., une obligation contractuelle de sécurité absolue; il doit conduire le voyageur jusqu'au point de destination, non pas mort ou vif, mais sain et sauf, et cela indépendamment de toute stipulation expresse, et, sans doute, nonobstant toute clause contraire sauf cependant pour les transports aériens. (Civ. 21 nov. 1911, D. P. 1913. 1.249, note Sarrut). Le voyageur est ainsi assimilé, ou à peu près, à un colis; le voiturier répond de son intégrité physique, au cours du transport, comme il répond de la conservation d'une expédition de fruits, ou d'un convoi de bétail : le transport de personnes doit être « soigné » comme le transport de marchandises; la personne humaine est élevée, pour les besoins de la cause, à la dignité d'un ballot de marchandises et son intégrité physique se trouve déduite dans une obligation issue d'une convention.

Cette assimilation de l'homme à la chose ne va pas toute seule : on peut contester qu'elle soit voulue par les parties, surtout par le voiturier. À la différence du colis, le voyageur a la liberté de ses mouvements; il va et il vient; il prend des initiatives. En réalité, l'obligation de sécurité prétendument contenue dans l'accord des parties, est une obligation forcée; ce n'est pas d'une obligation contractuelle, à proprement parler, qu'il s'agit, mais d'une obligation jurisprudentielle, prétorienne. Le but poursuivi par la Cour de cassation est d'ailleurs fort louable; elle veut assurer la réparation de l'accident de locomotion; seul, le procédé technique auquel on a recours, pour atteindre cet objectif, est discutable; avec lui, l'intégrité de la personne physique pénètre plus profondément encore dans le domaine obligatoire, dans le cadre patrimonial. Et la constatation est d'autant plus importante que la théorie de la responsabilité contractuelle ne se limite pas au transport de voyageurs; elle est utilisée, par la jurisprudence, pour faire face à d'autres situations, par exemple pour assurer une réparation aux victimes d'accidents survenus dans des jeux forains (Paris, 22 févr. 1926, D. P. 1927. 2. 23, note Lalou; Lyon, 7 déc. 1928, D. P. 1929. 2. 17; Trib. civ. de Nantes, 28 janv. 1931, *Rec. général des assurances terrestres* 1931, p. 837), ou dans un manège (Lyon, 1er avr. et 20 oct. 1922, D. P. 1924. 2. 51).

Ainsi, l'intégrité de la personne physique devient, de plus en plus, matière à tractation, à abandon, et les procédés techniques utilisés en vue de cette commercialisation ne sont pas tous à l'abri de la critique; certains d'entre eux sont néanmoins admissibles comme tendant à assurer l'indemnisation de la victime; la fin poursuivie justifie alors le moyen employé. Mais il en est d'autres – notamment celui du risque prétendument accepté – qui ne sauraient se réclamer de cet objectif, puisqu'ils tendent, non pas à assurer la praticabilité des règles de la responsabilité, mais, bien au contraire, à les éliminer plus ou moins complètement, à les énerver; il n'est point du tout certain que la « patrimonialisation » de la personne humaine, envisagée dans son intégrité physique ou morale, soit un bienfait sans mélange; mais c'est dans ce sens que s'oriente le droit commun législatif; il serait vain de le nier et il est utile de s'en rendre compte; les tendances et les influences les plus pernicieuses sont celles qui, agissant insidieusement, demeurent inaperçues.

L'ABOLITION DE L'INCAPACITÉ DE LA FEMME MARIÉE

1932

Henri Capitant
Membre de l'Institut,
Professeur à la Faculté de droit
de l'Université de Paris

Dans un article de la *Gazette Dalloz* du 10 janv. 1924, nous disions qu'avant de donner le droit de vote aux femmes, il convenait de supprimer l'incapacité de la femme mariée, mais que cette suppression resterait sans effet si l'on ne transformait en même temps le régime de la communauté qui fait du mari le seigneur et le maître des biens communs, transformation d'ailleurs ébauchée déjà par la loi du 13 juill. 1907 sur le libre salaire de la femme mariée. Il serait certes plus simple, ajoutions-nous, de faire de la séparation de biens le régime du droit commun; c'est celui qui s'accorde le mieux avec l'égalité des droits des époux, puisqu'il laisse à chacun l'administration et la jouissance de ses biens, mais la tradition joue en la matière un rôle trop important pour que l'on puisse rompre brusquement avec elle. Outre que depuis des siècles elle s'est implantée dans nos mœurs et cela aussi bien dans le Midi que dans le Nord, l'association pécuniaire des époux, quoique sa liquidation entraîne des complications qu'on lui a souvent reprochées à l'étranger, est plus conforme au but du mariage que la séparation d'intérêts, et ce serait faire payer trop cher à la femme l'octroi de la capacité que de la priver de tout droit sur les acquêts réalisés par le mari, le plus souvent du reste grâce à l'esprit d'économie de la femme française.

C'est pourquoi nous proposions d'instituer un régime mixte inspiré du code civil suisse, combinant à la fois les avantages de la séparation de biens et ceux de la communauté et consistant à laisser à chaque époux durant le mariage l'administration et la jouissance de tous ses biens, à charge de contribuer aux dépenses communes, mais à partager entre eux ou leurs héritiers, au moment de la dissolution du mariage, les acquêts gagnés par chacun d'eux :

Le projet de loi déposé par M. René Renoult, garde des Sceaux, ministre de la Justice, le 23 juin dernier[1], réalise cette double réforme en même temps qu'il modifie la réglementation des régimes matrimoniaux organisés par le code civil.

*
* *

Il n'est pas besoin d'insister sur les considérations qui justifient l'abolition de l'incapacité de la femme mariée; elles sont du reste fort bien expliquées dans l'exposé des motifs du projet. Cette vieille institution tombe en ruines. Vestige de l'antique tutelle perpétuelle des femmes, fondée à l'origine sur l'infériorité et la subordination de la femme, elle s'est déformée plus tard sous l'influence de l'idée

1. Sénat, 1932, Session ordinaire, n° 594, annexe au procès-verbal de la séance du 23 juin 1932.

de protection due à sa faiblesse et à son inexpérience qu'y a introduite une interprétation inexacte des textes du Digeste relatifs à l'incapacité velléienne. Elle peut être considérée comme une survivance attardée de conceptions sociales à jamais disparues[2]. Je ne crois pas qu'il en reste aujourd'hui un seul défenseur parmi les juristes. Comme l'observe l'exposé des motifs, elle ne subsiste plus qu'en France, en Belgique, en Portugal, en Roumanie. C'est bien le cas de redire avec Montaigne que certaines lois se maintiennent en crédit non parce qu'elles sont justes mais parce qu'elles sont lois. Pourtant à voir, chez nous comme en Belgique, l'indifférence des femmes mariées à son sujet, on pourrait croire que l'incapacité ne les gène pas et qu'elles s'en accommodent fort bien[3]. Mais ce n'est là qu'une apparence créée à leurs yeux par le palliatif du mandat domestique. Si la femme n'en souffre guère quand il y a entente dans le ménage, elle en sent tout le poids au cas de mésintelligence. Séparée de fait ou abandonnée, sa condition s'en trouve singulièrement aggravée ; elle ne peut plus faire d'acte juridique sans recourir à la justice. Et même en cas d'accord entre les époux, n'est-il pas excessif que la femme ne puisse se faire ouvrir un compte en banque, placer ses économies, vendre une valeur lui appartenant, se faire délivrer un passeport, sans être munie de l'autorisation maritale ? N'est-il pas excessif que ni l'absence, ni la folie, ni la prodigalité constatée du mari n'y mettent fin ? Et le mari lui-même ne laisse pas d'en pâtir, car, par sa seule autorisation, il engage ses propres ; de plus, l'hypothèque légale, contre-partie de l'incapacité, pèse lourdement sur ses immeubles et complique toutes les opérations immobilières qu'il veut faire. Enfin par cette incapacité la femme n'est pas même protégée contre les dilapidations du mari car il lui est permis de s'obliger au profit de celui-ci avec sa seule autorisation. On ne peut donc qu'applaudir à son abolition.

Le projet de loi comprend sept articles. Les quatre premiers sont des cadres renfermant tous les articles du code civil intéressés par la réforme. L'art. 1er développe les conséquences de la suppression de l'incapacité quant aux actes de la femme et aux rapports des époux. Les art. 2 à 4 modifient les régimes matrimoniaux. L'art. 5 énumère les articles abrogés du code civil[4] ; enfin les art. 6 et 7 contiennent les dispositions transitoires.

*
* *

De la puissance maritale, le projet ne laisse subsister aucune trace. « La femme aura, sous tous les régimes matrimoniaux et à peine de nullité de toute clause contraire, le plein exercice de sa capacité civile, sans avoir besoin de recourir à l'autorisation de son mari ou de justice » (art. 215, c. civ. modifié). Elle pourra donc librement plaider, s'obliger, aliéner, entreprendre une profession, ouvrir un commerce.

2. Ambroise Colin et Capitant. *Cours élém. de droit civil*, 7e édit., t. 3, nos 599 et suiv.
3. On a eu la preuve de cette indifférence lors de l'introduction du code civil dans les trois départements recouvrés du Haut-Rhin, du Bas-Rhin et de la Moselle, par la loi du 1er juin 1924. Les femmes mariées alsaciennes et lorraines ont perdu de ce fait la capacité dont elles jouissaient auparavant, et nous ne sachons pas qu'il se soit élevé de leur part de protestations.
4. Pour les articles des autres codes et les lois spéciales, l'exposé des motifs annonce (p. 17) qu'ils feront l'objet d'un projet complémentaire.

Toutefois, le mari pourra demander au tribunal civil d'apporter à l'exercice de la capacité de la femme les restrictions justifiées par l'intérêt du ménage. « Le tribunal statuera en chambre du conseil en présence de la femme ou elle dûment appelée, le ministère public entendu. En cas d'urgence, le président du tribunal pourra, par ordonnance de référé, donner au mari l'autorisation de s'opposer aux actes que la femme se propose de passer avec un tiers (art. 216, c. civ. modifié). »

« Il faut tenir compte, dit l'exposé des motifs pour justifier ce droit de contrôle du mari, de ce que toutes les femmes ne sont peut-être pas encore aptes à jouir de la plénitude de leurs droits. La mesure envisagée permettra de corriger en pratique les abus révélés par l'expérience. »

Certains féministes protesteront peut-être et demanderont pourquoi l'on ne donne pas à la femme le même droit quant aux actes du mari. L'égalité absolue n'est pas toujours la meilleure solution; il y a des cas graves où, dans l'intérêt même de la famille, il convient de réserver la prépondérance à l'un des époux et il semble naturel de la conférer au mari.

Le projet lui confie également l'exercice de la puissance paternelle et lui donne le droit de choisir le lieu où sera le domicile commun des époux; toutefois, si la femme exerce un commerce ou une profession, il lui sera permis d'avoir un domicile distinct.

*
* *

La réforme des régimes matrimoniaux a consisté principalement à construire un nouveau régime légal et à adapter à la capacité de la femme le régime de la communauté de biens.

I. Le régime de droit commun

Les époux qui se marieront sans faire de contrat de mariage seront mariés sous le régime de la *participation aux acquêts* qui, comme il a été dit ci-dessus, est une combinaison de la séparation de biens et de la communauté et paraît s'accorder mieux que cette dernière avec la capacité de la femme et la mieux protéger. Il trouve du reste un précédent significatif dans la loi du 13 juill. 1907, relative au libre salaire de la femme mariée.

Durant le mariage, il n'y aura pas de biens communs. « Le droit aux acquêts ne présente son véritable intérêt que le jour où cesse le régime. Pendant toute la durée de la vie conjugale, il est plus simple de laisser les acquêts confondus avec les propres. Par là le régime légal est très simplifié, car la distinction des biens propres et communs disparaît en tant qu'elle est actuellement nécessaire pour déterminer les pouvoirs des époux[5]. » Chaque époux conservera donc la propriété et l'administration de ses biens, y compris bien entendu ceux qu'il acquerra par son industrie. Il pourra les vendre, les hypothéquer, en disposer par testament, mais, si le legs porte sur des acquêts, le légataire n'aura droit qu'à leur valeur pour le cas où ils tomberaient au lot du conjoint. Pourtant, le pouvoir de l'époux subit

5. Exposé des motifs p. 12.

quelques restrictions en vue d'empêcher qu'il ne compromette par la dissipation ou la dissimulation des acquêts le droit éventuel de son conjoint. C'est pourquoi il ne lui sera pas permis, sans le consentement de son conjoint, de faire des donations entre vifs, sauf au profit des enfants; et même le conjoint pourra s'opposer à la vente et à l'hypothèque ou en demander la nullité, pour sauvegarder ses droits.

Pour la même raison, chaque époux sera, sous ce régime, autorisé à réclamer en justice la séparation de biens lorsque le désordre des affaires de l'autre lui donnera lieu de craindre que sa part dans les acquêts ne soit compromise.

Au jour de la dissolution de *la participation aux acquêts* (mort de l'un des époux, divorce, séparation de corps ou de biens seulement, déclaration d'absence de l'un des conjoints) s'ouvrira le droit au partage des acquêts, c'est-à-dire des biens provenant tant de l'industrie des époux que des économies faites sur les fruits et revenus de leurs biens. De même que, sous le régime de communauté, tous les biens sont présumés communs, de même ici ils seront réputés acquêts, sauf preuve contraire que chaque époux pourra faire, à l'égard des tiers, conformément au droit commun, et dans ses rapports avec son conjoint, par tous les moyens, même par témoins ou présomptions, mais non par commune renommée.

De la masse des acquêts, on déduira les dettes relatives à ces acquêts, les dépenses usufructuaires des biens des époux, les dettes pour les aliments des époux, les frais d'éducation et d'entretien des enfants et toute autre charge du ménage; on réglera les récompenses dues entre les deux patrimoines, après quoi l'excédent sera partagé par moitié entre les époux ou leurs héritiers. Chaque conjoint ayant le droit de conserver sur estimation ses acquêts meubles ou immeubles, le partage se fera le plus souvent en valeur.

Les époux pourront par contrat de mariage modifier le partage par moitié, comme ils peuvent le faire actuellement pour la communauté (art. 1515 et suiv., c. civ.).

II. La communauté de biens

Il est probable que la communauté de biens gardera, au moins pendant un certain temps, la faveur des époux qui feront un contrat de mariage. Il s'agissait donc de la mettre en concordance avec le principe de la capacité de la femme. Cet aménagement exigeait une refonte complète du régime traditionnel qui, plus que tout autre, est imprégné par l'idée de l'incapacité de la femme. En conséquence, un certain nombre des articles du code civil relatifs à la communauté de biens (1400 à 1528) ont été l'objet d'une nouvelle rédaction.

Les principaux changements concernent l'administration des biens communs et les effets des actes de chacun des époux quant aux biens communs.

La question se posait d'abord de savoir auquel des époux devait être confiée l'administration des biens communs. À l'un et à l'autre des époux concurremment? Le projet n'a pas admis cette solution, car elle eût été fort gênante dans certains cas. Dans l'intérêt même de la bonne gestion, il faut remettre à un seul le soin de faire les actes courants d'administration, et désigner à l'avance celui auquel cette mission est conférée. Dans la société conjugale, les mœurs autant que la nature ont fait entre les deux époux une répartition des fonctions. À la femme, la conduite du ménage, c'est-à-dire, l'entretien, l'alimentation ; au mari la direction des affaires extérieures. Il n'y a pas de raison de modifier ce départ si raisonnable des attributions. La femme continuera à s'occuper de la direction intérieure du ménage, mais dorénavant les actes qu'elle passera l'obligeront en même temps qu'ils obligeront les biens communs et les propres du mari. De même aussi, la femme qui exerce une profession distincte gardera l'administration de ce qu'elle gagnera et des économies en provenant.

Sous ces deux réserves, le mari administrera seul les biens de la communauté ; mais ses pouvoirs seront limités aux actes proprement dits d'administration. Il perdra le droit, qu'il a aujourd'hui, et ce nonobstant toute clause contraire, de disposer des biens communs. Tout acte de disposition à titre onéreux ou à titre gratuit des immeubles communs, du fonds de commerce exploité par le mari et la femme, des meubles meublants nécessaires à la vie courante du ménage ou à l'exercice de la profession de la femme exigera le concours de celle-ci. Pour les autres effets mobiliers, le mari n'en pourra disposer qu'à titre onéreux, à moins que ce ne soit pour l'établissement d'un enfant commun. Si la femme refuse son consentement, le mari pourra se faire habiliter par le tribunal.

Le mari aura, en outre, l'administration de tous les biens personnels de la femme comme actuellement. Certains féministes protesteront peut-être contre cette solution, mais on leur répondra que les revenus des biens propres font partie de la communauté, qu'administration et jouissance vont naturellement ensemble, et en outre qu'il dépend de la femme de choisir un autre régime.

Enfin les créanciers du mari conserveront le droit de poursuivre les biens communs.

Quant à la femme, ses actes n'engageront les biens de la communauté que s'ils ont été faits avec le consentement spécial et exprès du mari ou son concours dans l'acte, ou, à défaut, avec le consentement de la justice. Le mari pourra, du reste, donner à la femme l'autorisation générale d'engager les biens de la communauté. Ainsi, point à noter, la femme commerçante n'obligera les biens communs que si le mari lui en accorde l'autorisation générale, ce qui sera le plus souvent le cas, car, si elle n'a pas cette autorisation, elle pourra bien faire le commerce, mais ses créanciers n'auront pour gage que la nue-propriété de ses biens propres et les biens réservés à son administration. Tenant compte de cette différence de droits entre mari et femme relativement aux biens communs, le projet conserve à la femme le droit d'accepter la communauté ou d'y renoncer et, si elle accepte, le bénéfice d'émolument.

Cette nouvelle réglementation de la communauté de biens est fort plausible ; elle se rapproche beaucoup au surplus de celle qui est en vigueur dans les pays où la femme mariée n'est plus incapable.

III. Les conventions exclusives de communauté

Ce sont le régime sans communauté, presque inemployé, dont la réglementation reste inchangée, et le régime de séparation de biens. Il a presque suffi, pour ce dernier, d'abroger l'art. 1538, c. civ., qui refusait à la femme le droit d'aliéner ses immeubles sans autorisation. En outre, le projet décide que la femme séparée de biens contribuera aux charges communes proportionnellement à ses revenus et non plus, comme aujourd'hui, jusqu'à concurrence du tiers de ceux-ci.

IV. Régime dotal

Rien n'est changé aux droits du mari sur les biens dotaux. Il n'y avait pas lieu non plus de toucher au principe de l'inaliénabilité, à ses conséquences et aux tempéraments qu'il comporte. La seule modification concerne les paraphernaux dont la femme aura désormais non seulement l'administration et la jouissance mais la libre disposition. À défaut de biens dotaux, elle devra contribuer aux charges du ménage comme il a été dit ci-dessus pour la femme séparée de biens.

Telle est en gros et sans entrer dans des détails que ne comporte pas cette chronique, la réforme que réalise cet important projet de loi.

Ajoutons qu'il laisse subsister l'hypothèque légale de la femme mariée dans son état actuel. La logique eût voulu qu'on la supprimât ou du moins qu'on en modifiât les règles. Si le projet n'y touche pas, c'est qu'il estime qu'elle peut garder son utilité pour les femmes mariées sous les régimes de communauté ou sous le régime dotal, le mari conservant l'administration de tout ou partie des biens de la femme ; c'est ainsi que, même sous le nouveau régime de droit commun, la femme continuera sans doute, au moins pendant un certain temps, à laisser au mari l'administration de ses biens. Enfin, il faut ajouter que le projet de réforme du régime hypothécaire préparé par la Société d'études législatives prévoit une nouvelle réglementation de l'hypothèque légale qui en supprime les énormes inconvénients actuels, car aujourd'hui cette institution qui protège si mal la femme constitue une gêne intolérable pour le commerce juridique.

Au surplus, l'heure ne tardera pas où il faudra s'occuper enfin de la révision totale du code civil. Pour conserver l'ordre des articles actuels, les rédacteurs du projet ont dû insérer cinquante-deux articles 1398, distingués les uns des autres par des chiffres romains ; ils ont, d'autre part, abrogé un certain nombre d'articles. Le temps est venu de remettre de l'ordre et de l'harmonie dans notre vieux code, de l'alléger des très nombreux articles abrogés, d'y introduire les lois spéciales qui n'y ont pas encore été insérées, enfin et surtout de rajeunir certaines de ses parties. Le travail est aujourd'hui du reste plus qu'à moitié préparé par le projet franco-italien de code des obligations et des contrats et les divers projets étudiés par la Société d'études législatives. Notre code comptera bientôt cent trente ans d'existence ; il faut lui infuser un sang nouveau.

LA DÉFINITION DU SALARIÉ ET LE CRITÉRIUM DE LA DÉPENDANCE ÉCONOMIQUE

1932

Paul Cuche

Professeur à la Faculté de droit de Grenoble

Tout le monde sait que l'application de la législation des assurances sociales s'est heurtée à de nombreuses difficultés pratiques, mais il ne convient pas d'ignorer qu'elle a fait aussi surgir un important débat doctrinal. Puisqu'il faut être salarié pour être assuré obligatoire, les diverses autorités qui ont à intervenir dans le fonctionnement des assurances sociales doivent être en possession d'une définition précise du salarié. Or cette définition en postule une autre, ainsi que j'ai essayé de le montrer il y a près de vingt ans[1]. Pour définir le salarié, il faut s'être mis d'accord sur la définition du contrat de travail, car c'est ce contrat qui, seul, donne naissance à une créance de salaire.

On en déduit alors facilement la formule suivante :

« Dans le contrat de travail le salarié est la partie contractante qui fournit le travail, l'autre partie, celle qui rémunère le travail et en tire profit, s'appelle l'employeur. »

Telle est, à mon sens, la marche à suivre. Il ne me semble pas qu'elle puisse soulever aucune critique. J'ai donc le droit d'affirmer que si actuellement les juristes sont en désaccord sur la définition du salarié, c'est qu'ils n'ont pas réussi à s'entendre sur les éléments constitutifs du contrat de travail.

À quoi tiennent ces divergences, il n'est pas inutile de le rappeler. C'est seulement au début de ce siècle que le vocabulaire juridique a accueilli le terme « contrat de travail ». Il l'a bien fallu, puisque le législateur lui-même avait commencé à s'en servir[2]. Mais du jour où les juristes ont été contraints de faire cet emprunt au langage moins précis des économistes, il devenait nécessaire de définir le contrat de travail en fonction des catégories juridiques existantes.

Et c'est là qu'ils se sont trouvés embarrassés.

Il y avait pourtant un point qui, en droit positif français, ne pouvait faire aucun doute, c'est que le contrat de travail était un louage d'ouvrage. Mais ceci reconnu, la difficulté principale n'était pas résolue, car il restait à savoir dans quel compartiment du louage d'ouvrage il fallait classer le contrat de travail ? Traditionnellement en doctrine et en pratique, on distingue deux sortes de louage d'ouvrage; le louage de services, *locatio operarum*, où l'on s'engage à fournir le travail, et le louage d'ouvrage proprement dit, *locatio operis faciendi*, où

1. V. Paul Cuche, *Du rapport de dépendance, élément constitutif du contrat de travail, Rev. critique*, 1913, p. 412.

2. Loi du 18 juill. 1901 devenue l'art. 25 c. trav., livre I; c'est le premier texte législatif qui ait employé le terme contrat de travail.

l'on s'engage à fournir les résultats du travail. À quelle catégorie le contrat de travail appartenait-il ?

La première idée qui est venue à l'esprit, c'est de prendre comme critérium le mode de rémunération du travail. Et alors, tantôt, suivant les cas, le contrat de travail devait être qualifié louage de services et tantôt, louage d'ouvrage proprement dit ou contrat d'entreprise : louage de services, quand l'ouvrier était payé au temps, louage d'ouvrage proprement dit, quand il était payé aux pièces. On arrivait ainsi à créer entre deux masses de salariés – car dans les deux cas, économiquement et socialement, c'est à des salariés que l'on avait affaire – des différences profondes et injustifiables. On pouvait soutenir par exemple, qu'en cas d'accident du travail, la loi du 9 avr. 1898 n'était pas applicable à l'ouvrier payé aux pièces, qui jouissait, dans l'exécution du travail, d'une autonomie exclusive de la responsabilité patronale. À plus juste titre encore, on pouvait lui refuser la garantie du délai-congé réservée aux salariés du louage de service à durée indéterminée.

Mais l'inégalité la plus choquante eût été assurément de priver les salariés aux pièces du bénéfice de la législation sur les accidents du travail.

Aussi la jurisprudence n'a-t-elle pas voulu l'admettre. Elle a donc abandonné – tout au moins pour ce qui concerne l'application de cette législation – le critérium tiré du mode de rémunération du travail et lui a substitué celui de la dépendance technique que devait remplacer – peu d'années après – celui de la subordination.

Que résultait-il de cette évolution jurisprudentielle ? C'est que ce lien de subordination, étant ordinairement absent dans les rapports des travailleurs à domicile avec ceux qui leur donnent des objets à confectionner, les tribunaux se sont refusé à faire à cette catégorie de travailleurs l'application de la loi du 9 avr. 1898, en cas d'accident survenu par le fait ou à l'occasion de ce travail de confection.

En d'autres termes, sous l'angle de la loi du 9 avr. 1898, les travailleurs à domicile n'étaient pas considérés, comme pouvant se réclamer d'un contrat de travail générateur de responsabilité patronale.

Tel fut le régime pratiquement en vigueur jusqu'à la loi du 5 avr. 1910 sur les retraites ouvrières et paysannes. Les rapporteurs de cette loi à la Chambre des députés et au Sénat ont expressément déclaré qu'elle avait comme champ d'application « le monde du travail ». Or les travailleurs à domicile figuraient parmi les assurés obligatoires; ils eurent même les honneurs d'un règlement d'administration publique spécial. Dès lors, il devenait impossible de leur refuser la qualification de salariés : les travailleurs à domicile venaient officiellement grossir la clientèle du contrat de travail.

Il fallait se résigner désormais à reconnaître dans le contrat de travail un autre élément constitutif que la subordination de celui qui fournit le travail à celui qui le paie. Au critérium de la subordination, il fallait, non pas substituer, mais juxtaposer celui de la dépendance économique.

C'est la solution que la jurisprudence paraît avoir admise dans les premières années d'application de la loi du 5 avr. 1910 et les représentants de la doctrine ne semblent pas avoir fait moins bon accueil que les milieux judiciaires à cette notion nouvelle, si bien que rien alors ne faisait prévoir le conflit actuel.

Cette carence de contradiction s'explique aisément si l'on veut bien se rappeler que la loi de 1910 a abouti rapidement à une faillite lamentable, accélérée encore par la tourmente de la grande guerre : il eut paru oiseux d'ouvrir un débat sur la zone d'application d'une loi qui ne s'appliquait pas.

Mais l'émotion, jusqu'alors contenue, de quelques juristes s'est déchaînée depuis la mise en vigueur de la législation sur les assurances sociales et il faut croire que cette émotion était communicative, puisqu'elle a gagné la Cour de cassation qui à plusieurs reprises au cours des années 1931 et 1932 s'est refusé à définir la condition juridique du travailleur en fonction de sa dépendance économique[3].

« Attendu, dit la Chambre civile, que la condition juridique d'un travailleur à l'égard de la personne pour laquelle il travaille ne saurait être déterminée par la faiblesse ou la dépendance économique dudit travailleur et ne peut résulter que du contrat conclu entre les parties : que la qualité de salarié implique nécessairement l'existence d'un lien juridique de subordination du travailleur à la personne qui l'emploie » (arrêt du 6 juill. 1931).

En 1932, la Cour suprême trouve, pour exprimer sa pensée une formule plus précise encore et qui doit sans doute la satisfaire, puisqu'elle a jugé bon de reproduire littéralement dans une série d'arrêts l'attendu qui la contient[4].

D'après cette formule, les obligations, que la loi du 5 avr. 1928 impose à l'employeur sont *attachées à la qualité de chef*. Il faut donc qu'il résulte « des dispositions contractuelles » que « l'assuré est soumis pour son travail à l'autorité de celui qui l'emploie ».

Et l'un des arrêts plus haut cités complète cette déclaration de principe par une disqualification sommaire de la notion de dépendance économique « qui ne saurait, dans l'état actuel de notre législation, servir de critérium pour déterminer les obligations que la loi met à la charge de l'employeur ».

Je sais bien que la Cour de cassation a pris soin de limiter la portée de ses décisions à l'application de la législation sur les assurances sociales. Dans les arrêts de 1932 tout au moins, la question de la nature juridique du contrat de travail et de ses éléments constitutifs n'est pas abordée. Précaution bien inutile à mon avis, car, indiscutablement, les lois sur les assurances sociales ont été votées, dans le même esprit que la loi de 1910 sur les retraites ouvrières; comme elle, elles doivent s'étendre au « monde du travail » de telle sorte que la liste des assurés obligatoires représente exactement toute la clientèle du contrat de travail.

Donc si l'on raye de cette liste un travailleur, fut-il en état de dépendance économique envers un employeur, pour cette seule raison qu'il n'est pas soumis à son autorité, on aboutit qu'on le veuille ou non à écarter la dépendance économique comme élément constitutif du contrat de travail pour n'admettre que le lien de subordination.

3. V. ces arrêts dans le *Bulletin mensuel des allocations familiales el des assurances sociales* 1932, p. 110 et 133.

4. Cass. civ. 22 juin 1932 (trois arrêts), 30 juin 1932 *loc. sup. cit.*

Tout ceci est hors de contestation et il ne me reste plus qu'à rechercher les motifs qui ont pu déterminer la Cour de cassation à se rallier à cette solution.

J'hésite à y voir, comme certains, une jurisprudence tendancieuse, inspirée par le parti pris de rétrécir le champ d'application des assurances sociales et d'en alléger le fardeau pour les employeurs. Mais j'imagine que parmi les « juristes de l'entourage du ministre du Travail »[5] il en est qui n'éprouvent pas cette hésitation et qui ne considèrent pas comme la moins plausible cette explication de la solution jurisprudentielle. En tout cas, plausible ou non, le texte des arrêts – est-il besoin de le dire – ne lui fournit aucun appui.

Il n'en est pas de même d'une autre explication tirée des exigences de la technique juridique. La Cour de cassation se serait refusée à admettre que la nature juridique d'un contrat put dépendre de la situation économique respective des contractants et en particulier du besoin plus ou moins pressant que l'une des parties peut avoir de la contreprestation à laquelle elle a droit. Quelques citations d'arrêts rapportées plus haut autorisent à penser que, si cette objection d'ordre technique n'a pas été complètement déterminante, elle a pu être utilisée pour colorer juridiquement une solution vers laquelle inclinait déjà la Cour suprême. Mais ce résultat ne saurait être atteint, si l'objection est sans valeur, ce qui est le cas à mon avis. En quoi est-il plus choquant de faire découler des conséquences juridiques de l'inégalité économique des intéressés que de leur bonne ou de leur mauvaise foi ? Oublie-t-on que toute la réglementation du contrat de travail est dominée par l'obsédante préoccupation du caractère alimentaire du salaire. C'est elle qui inspire et qui explique les multiples institutions juridiques qui assurent à la créance de salaire des garanties exorbitantes du droit commun. Comment s'étonner dès lors que la nature du contrat soit appelée à se modifier, quand, par suite de circonstances de fait, la créance à laquelle il donne naissance n'a plus le caractère alimentaire d'où procèdent les particularités juridiques les plus importantes du contrat générateur de salaire ? Serait-ce la première fois que l'on ferait confiance à la jurisprudence pour dégager un critérium d'un ensemble d'éléments de fait ? N'est-ce point, par exemple, le cas du critérium de l'abus de droit ? Pourquoi prononcer l'exclusive contre le critérium de la dépendance économique ? Le droit ne peut avoir la prétention de réglementer les rapports sociaux qu'à condition de s'adapter aux faits d'où ces rapports ont surgi et parmi ces faits, le plus évident, le plus considérable n'est-il pas l'inégalité de puissance économique entre les hommes que les nécessités de la vie contraignent à mettre leurs activités en collaboration ?

Si donc la disgrâce de la notion de dépendance économique ne peut s'expliquer par le désir de dresser un barrage opportun devant l'envahissement d'une législation nouvelle, elle devient inintelligible, si on prétend l'attribuer à des raisons de pure technique.

J'incline vers une autre interprétation de cette jurisprudence qui m'est suggérée par cette formule de l'arrêt de 1932 que « les obligations que la loi impose à l'employeur sont attachées à la qualité de chef ». Dans cette formule, se manifeste une tendance qui a une étroite affinité avec une conception nouvelle de

5. Expression employée par Me Antonelli, dans son rapport sur le projet de loi tendant à définir le salarié au point de vue des assurances sociales.

la nature juridique des indemnités pour accidents du travail. Dans cette conception, dont mon ami André Rouast s'est fait l'habile défenseur[6], l'obligation imposée à l'employeur de réparer les conséquences de l'accident est présentée comme une charge de l'autorité et non plus comme un risque de la profession ou plus exactement encore comme une rançon de son profit. Comment s'étonner que cette conception ait été accueillie avec faveur dans les milieux judiciaires où l'on s'est toujours obstiné à étriquer l'application de la loi de 1898 et à méconnaître son esprit par l'exigence d'un lien de subordination entre la victime et son employeur. Et aujourd'hui voici que cette tendance gagne encore du terrain, elle pénètre dans le domaine des assurances sociales. C'est *comme chef* que l'employeur doit réparer le préjudice causé par les accidents du travail, c'est également *comme chef* qu'il sera tenu des contributions que lui impose la législation des assurances, dès lors il n'en sera tenu qu'à l'égard de ceux dont il est le *chef*. Il ne devra rien par contre à tous ces humbles collaborateurs qui vivent au jour le jour de son activité économique, comme il vit de la leur, mais qui ne sont point placés sous son autorité. La grande pensée de fraternité humaine qui inspire la législation des assurances est écartée. Dans l'œuvre de la production ce n'est plus la solidarité qu'il faut prendre en considération mais la hiérarchie, c'est à elle que tout doit être rattaché. L'employeur a des devoirs envers le travail, non point parce qu'il en profite, mais parce qu'il le commande.

Telle est la conception sociale impliquée dans les arrêts de juin 1932.

6. V. un article d'André Rouast : *Caractère alimentaire des indemnités d'accidents du travail, Annales de l'Université de Paris*, 1930, et la réponse que j'ai faite dans la *Rev. critique*, 1930, p. 199.

LA RESPONSABILITÉ GÉNÉRALE DU FAIT DES CHOSES QUE L'ON A SOUS SA GARDE A-T-ELLE POUR PENDANT UNE RESPONSABILITÉ GÉNÉRALE DU FAIT DES PERSONNES DONT ON DOIT RÉPONDRE ?

1933

René Savatier

Professeur à la Faculté de droit de Poitiers

I.

L'art. 1384 c. civ. débute ainsi : « On est responsable non seulement du dommage que l'on cause par son propre fait, mais encore de celui qui est causé par le fait des personnes dont on doit répondre ou des choses que l'on a sous sa garde. »

Jusqu'à la fin du XIXe siècle, ce texte a été universellement entendu comme un simple et imprécis exorde aux dispositions postérieures. Celles-ci, c'est-à-dire la suite de l'art. 1384, et les art. 1385 et 1386, étaient conçues comme se suffisant à elles-mêmes, et contenant tous les cas de responsabilité légale. – Et cela pour la responsabilité du fait des choses comme pour la responsabilité du fait d'autrui, sans que personne crût possible de distinguer, à l'intérieur de la même phrase, entre l'une et l'autre.

Mais depuis la fin du XIXe siècle, et sur un terrain de plus en plus large, l'art. 1384, alin. 1er, a pris figure, dans les arrêts comme dans la doctrine, d'une disposition indépendante, règle générale et absolue édictant la responsabilité de toute personne quant au fait des choses qu'elle a sous sa garde.

Or, point extrêmement curieux, alors que l'alin. 1er de l'art. 1384 contient, dans un même membre de phrase, deux dispositions jumelées, l'une sur la responsabilité du fait des choses, l'autre sur la responsabilité du fait d'autrui, la jurisprudence n'a utilisé, sur ce terrain nouveau, que l'une d'elles, celle qui touche la responsabilité du fait des choses. Quant à la responsabilité du fait d'autrui, ce même texte est toujours traité comme s'il annonçait seulement les dispositions ultérieures, sans avoir la vertu d'y rien ajouter.

L'idée que l'art. 1384, alin. 1er, pourrait rendre, pour la responsabilité du fait d'autrui, le même service de généralisation et de synthèse que pour la responsabilité du fait des choses n'est venue qu'à quelques rares interprètes, de qualité, il est vrai. (Matter, conclusions sous Ch. réun. 13 févr. 1930, D. P. 1930. 1. 57 ; Demogue, *Obligations*, IV, n° 819 *bis*). La plupart des auteurs, sans penser même encore à la discuter, affirment catégoriquement que l'on doit considérer comme limitatifs les cas, énumérés par la loi, de responsabilité du fait d'autrui (Planiol, Ripert et Esmein, *Obligations*, I, n° 626 ; H. Lalou, *La responsabilité civile*, 2e édit., n° 971 ; Josserand, II, n° 490 ; A. Colin et H. Capitant, II, 7e édit., n° 202 ; Planiol, note D. P. 92. 1. 5 ; Louis Lucas, *Un arrêt récent sur la responsabilité civile du fait d'autrui* dans la *Semaine juridique*, 1933, p. 105. Rappr. aussi notes Thomas, D.P. 1912. 2. 385 ; R.D., D.P. 1927. 1. 123 ; Waline, D.P. 1929. 1. 153). MM. H. et L. Mazeaud dans leur récent traité de la responsabilité civile, discutent bien la thèse qui vient d'être esquissée ; mais pour la rejeter (t. I, n° 714). La plupart des tribunaux ne paraissent pas encore la soupçonner. Plusieurs affirment, du reste, expressément, à la suite des auteurs, que les cas légaux de responsabilité pour autrui sont limitatifs (v. Dijon, 18 nov. 1932, D.H. 1933. 28 ; Trib. Fontainebleau, 9 déc. 1932, *Gaz. Pal.* 1933. 1. 370).

II.

Est-ce à dire que la jurisprudence n'ait pas subi, dans la responsabilité légale du fait d'autrui, le contrecoup de l'expansion moderne de l'idée de responsabilité ? Il ne faudrait pas le croire.

1° D'abord, un assez grand nombre de décisions admettent sans doute la nécessité de prouver leur faute propre pour mettre des dommages-intérêts à la charge des personnes qui ne sont pas expressément désignées par la loi comme répondant de la faute d'autrui ; mais elles montrent une facilité de plus en plus grande à reconnaître ou à présumer en fait cette faute, en partant d'une obligation de surveillance (v. par exemple Paris, 9 déc. 1922, D.P. 1923. 2. 40 ; Trib. Montluçon, 20 juin 1929, *Gaz. Pal.* 1929. 2. 294 ; Paris, 28 nov. 1931, *Gaz. Pal.* 1932. 1. 241). L'arrêt de Dijon du 18 nov. 1932 que nous avons cité comme maintenant la règle de l'interprétation limitative des cas de responsabilité, est tout à fait remarquable à ce sujet. Il sauvegarde en apparence et avec beaucoup de soin les principes : il admet d'abord que le père d'un mineur cesse d'être légalement responsable du fait de celui-ci lorsqu'il l'a mis au service d'un maître chez lequel habite l'enfant ; d'autre part, il déclare que le maître n'est responsable de l'enfant que pendant son service. Et il en résulte, en principe, que personne ne répond de l'accident causé par un mineur ainsi placé chez autrui, en dehors de ses heures de service. Seulement ce n'est qu'un principe : la cour de Dijon ajoute en effet qu'il en sera autrement en cas de faute du père, laquelle pourra résulter de sa négligence, s'il ne s'est pas assuré, par contrat, que le tiers chez lequel le mineur était placé le surveillerait en dehors même des heures de travail. Ainsi, on élargit si bien cette idée de faute que le père ne répond pas seulement du fait du mineur habitant avec lui, cas formellement visé par la loi, mais encore du fait du mineur habitant ailleurs, *toutes les fois qu'il n'a pas donné à ce mineur un autre gardien responsable*. Dès lors, à supposer du moins l'un des parents en vie, le fait du mineur entraînera nécessairement la responsabilité d'un majeur.

C'est une évolution analogue que l'on trouve en jurisprudence au sujet de la garde des aliénés. Alors qu'un arrêt de la Chambre des requêtes du 21 oct. 1901 (D.P. 1901. 1. 524) s'était refusé à mettre, même en fait, une présomption de faute à la charge du mari d'une femme aliénée, lorsque celle-ci causait un accident, on voit au contraire, le 30 juill. 1906 (D.P. 1906. 1. 315), la même Chambre des requêtes considérer comme en faute le père d'un aliéné majeur auteur d'un accident, parce qu'il avait fait sortir le dément de l'asile où celui-ci était interné, pour le laisser habiter avec lui.

2° Le même mouvement d'idées s'est manifesté sous un second aspect : lorsqu'aucune faute n'est supposée démontrée, les tribunaux s'en tiennent, en apparence, aux seules responsabilités légales énumérées dans la loi : celles des père et mère, des instituteurs et artisans, des maîtres et commettants. Mais chacun de ces cas est interprété de plus en plus largement.

Cela est tout à fait frappant pour les instituteurs. Malgré la résistance de nombreux auteurs, pour lesquels l'instituteur, au sens de l'art. 1384, est seulement la personne chargée de l'*éducation* d'un mineur (note Planiol, D. P. 92. 1. 5; note signée R. D., D. P. 1927. 1. 123; Planiol, Ripert et Esmein, *Obligations*, II, n° 634; H. et L. Mazeaud, *op. cit.*, I, n°s 793 et suiv.), la jurisprudence, revenant sur ses premières solutions (Bordeaux, 29 juill. 1910, D. P. 1912. 2.385; Paris, 28 avr. 1913, D. P. 1913. 2. 278), se montre de plus en plus portée à assimiler aux instituteurs les patronages et colonies de vacances (v. notamment, Rouen, 5 nov. 1924, et Caen, 28 janv. 1926, D. P. 1927. 2. 123; rappr. Esmein, *Rev. critique de législation et de jurisprudence*, 1928, p. 519). Elle tend ainsi à présumer la responsabilité de toutes les personnes chargées de la surveillance d'un enfant. (Comp. pour l'Assistance publique Req. 4 juin 1929, D. P. 1929. 1. 153, avec la note de M. Waline).

De même, parallèlement à la notion d'instituteur, s'étire celle de préposé : le fils, l'ami, le beau-frère, la femme, la concubine d'un automobiliste ont été considérés comme ses préposés, de manière à le rendre personnellement et de plein droit responsable (v. notamment Crim. 14 déc. 1928, D. H. 1928. 36; Req. 1er mai 1930, D. P. 1930. 1. 137; 15 juill. 1930, D. H. 1930. 458; Paris, 14 mars 1930, D. P. 1930. 2. 115; Crim. 6 mars 1931, *Gaz. Pal.* 1931. 1. 537; rappr. notre note D. P. 1931. 1. 49). C'est toujours la même tendance vers l'élargissement de la responsabilité du fait d'autrui.

III.

Malgré tout, il ne s'agit que de jalons plantés un peu en avant de principes que l'on continue théoriquement à respecter. Mais ne verrons-nous pas bientôt ces jalons eux-mêmes emportés par le flot montant de la responsabilité civile, celle-ci devant être admise à jouer, de plein droit, pour le fait d'autrui comme pour le fait des choses ? L'élargissement des responsabilités civiles (v. notre chronique : *Vers la socialisation de la responsabilité et des risques individuels*, D. H. 1931. 9) suit en effet l'évolution de la conscience moderne, qui tend de plus en plus à réclamer d'instinct, pour tous les dommages qui surviennent à une personne quelconque, un instrument de réparation, le plus souvent par l'intermédiaire d'une responsabilité. Le système qui s'instaure veut que cette responsabilité soit utile, et puisse s'appuyer soit sur une assurance, soit sur une personne solvable.

Or, pour prendre un exemple, si le mineur, qui est souvent irresponsable, presque toujours insolvable, et qui ne s'assure guère contre ses fautes, vient à causer un accident, une telle conception exige impérieusement que quelqu'un réponde de lui. La nécessité en est aussi grande que lorsque le mal est causé, par exemple, par une chose ou par un préposé. Autrement, il y aurait un espace bizarrement inabrité dans la construction moderne des responsabilités civiles.

Il y aurait même, pour le cas particulier du mineur, une lacune dans le système logique du code civil. En déclarant, d'une part, que les parents répondraient du mineur s'il habitait avec eux, et que, d'autre part, s'ils se séparaient de lui pour le confier à un patron, à un maître d'apprentissage, ou à un instituteur, la responsabilité du fait du mineur, sans disparaître, changerait simplement de tête, le législateur n'a-t-il pas paru construire un système où, de même que les choses dommageables, le mineur aurait toujours un gardien responsable et n'en aurait jamais qu'un. C'est bien cette conception qu'on entrevoit à travers certaines décisions (Req. 22 juill. 1891, D. P. 92. 1. 5 ; Trib. Fontainebleau, 9 déc. 1932, *Gaz. Pal.* 1933. 1. 370). Il s'ensuivrait que le père ou la mère ne pourraient perdre leur qualité de répondant du mineur, qu'en lui assurant une autre garde responsable. Solution que semblent nier, jusqu'ici, certains arrêts de la Cour de cassation (Civ. 7 nov. 1921, D. P. 1922. 1. 12). Mais d'autres ne disent-ils pas que l'absence, même légitime, du père ne suffit pas à l'exonérer de sa responsabilité légale du fait du mineur (Req. 31 août 1921, D. P. 1922. 1. 12) ? Et, si le père reste alors responsable, n'est-ce pas faute d'avoir assuré au mineur une autre garde ?

On comblerait donc une lacune certaine en reconnaissant franchement aujourd'hui qu'il existe, de même qu'une responsabilité générale du fait des choses, une responsabilité générale du fait d'autrui. Et l'art. 1384, alin. 1er, paraît présenter pour cela l'instrument tout préparé. Il a été fait cependant trois objections contre une semblable utilisation de ce texte (H. et L. Mazeaud, *op. cit.*, n° 714).

La première est historique. Les auteurs du code civil ont voulu, dit-on, faire de l'art. 1384, alin. 1er, une simple introduction, sans valeur législative propre, aux dispositions des textes suivants. Problème historique qui se pose, en réalité, de la même façon pour la responsabilité du fait des choses et pour la responsabilité du fait d'autrui. La jurisprudence l'a donc déjà résolu contrairement à la thèse de MM. Mazeaud.

Une seconde objection est purement exégétique : elle souligne que l'art. 1384, alin. 1er, ne rendrait responsable que du dommage causé par le fait *des personnes dont on doit répondre*, sans déterminer ces personnes. La loi ne dirait donc rien d'utile, car c'est une pure tautologie que d'affirmer qu'on est *responsable* des gens dont on doit *répondre*. Et MM. Mazeaud d'opposer cette redondance à la disposition disant qu'on est responsable des choses *que l'on a sous sa garde* : cette seconde expression serait, affirment-ils, beaucoup plus claire que l'autre. Affirmation qui ne nous a nullement persuadé. Il paraît bien plutôt que c'est un pur motif d'élégance de style qui a déterminé les auteurs du code à ne pas répéter la même expression de *garde* à la fois pour les personnes et pour les choses dont on doit répondre. Mais les termes utilisés semblent bien avoir, dans les deux cas, le même sens. Du reste, quoi qu'en pensent MM. Mazeaud, celui qui doit répondre d'une personne, comme on va le voir, ne paraît pas plus difficile à déterminer que celui qui doit répondre d'une chose.

Enfin la dernière objection de MM. Mazeaud est tirée de cette constatation que la responsabilité du fait d'autrui, dans les cas où le code la reconnaît expressément, manque d'unité. En ce qui concerne les parents, les instituteurs et les maîtres d'apprentissage, elle crée seulement une présomption de faute admettant la preuve contraire, tandis que dans le cas des commettants, elle établit une responsabilité irréfragable, s'appuyant, en réalité, plutôt sur une idée de risque. Si donc la responsabilité du fait d'autrui manque ainsi d'unité dans les cas mêmes où la loi la réglemente, comment y voir une idée générale gouvernant même les hypothèses où la loi est silencieuse ? Mais la responsabilité légale expresse du fait des choses manque, elle aussi, d'unité, puisque les conditions d'application de l'art. 1386 ne sont pas les mêmes que pour l'art. 1385. Cela n'a pas arrêté la jurisprudence, car pour la garde des personnes comme pour celle des choses, il appartient à l'interprète de discerner, dans les dispositions légales, une sorte de droit commun de la responsabilité.

En définitive, les cas énumérés à la fin de l'art. 1384 sont trop schématiques pour valoir réglementation complète et limitative de la responsabilité du fait d'autrui. Les mêmes auteurs qui se refusent à le reconnaître n'hésitent guère cependant à restreindre, sur le fondement de simples arguments de raison, ces mêmes textes trop laconiques ; on les voit, par exemple, quoique l'art. 1384 ne fasse nullement cette distinction, écrire que les parents cessent d'être responsables des enfants mineurs habitant avec eux, du moment que ces enfants sont mariés (H. et L. Mazeaud, *op. cit.*, n° 755 ; Planiol, Ripert et Esmein, *op. cit.*, n° 629). Si la notion rationnelle de garde peut ainsi réduire le sens naturel du texte, pourquoi lui refuser le pouvoir de donner à ce texte une interprétation large ?

IV.

Mais, si les objections de MM. Mazeaud n'empêchent pas de reconnaître une responsabilité générale du fait d'autrui, elles correspondent cependant à des obstacles assez forts pour amortir sérieusement le courant qui entraîne vers cette responsabilité. Elle nous parait, en effet, devoir rester à la fois plus fragile et moins large que la responsabilité générale du fait des choses inanimées.

Plus fragile, car la responsabilité du fait d'autrui semble bien admettre en principe une preuve contraire moins difficile que la responsabilité du fait des choses. Cette dernière ne peut être écartée par la preuve de l'absence de faute chez le gardien. Il semble bien, au contraire, que les personnes responsables du fait d'autrui soient admises, en principe, par le code, à s'exonérer en prouvant qu'elles n'ont pas commis de faute. La loi ne fait exception à cette règle que pour la responsabilité des maîtres et commettants.

Mais surtout, la responsabilité générale du fait d'autrui, telle que nous la concevons, sera nécessairement d'un champ moins large que la responsabilité du fait des choses. Car toute chose a un gardien, mais non toute personne. Le principe de la liberté de la personne humaine empêche, le plus souvent, de lui reconnaître un gardien. La garde responsable des personnes ne se conçoit donc que pour celles qui manquent de liberté. Tels sont, en dehors des préposés, les mineurs et les aliénés.

C'est surtout pour les mineurs qu'il convient, nous l'avons dit, de trouver toujours un gardien responsable. D'une part, si, les parents étant morts, le mineur dépend d'un tuteur, ce dernier répondra de plein droit des délits du mineur, sauf à se couvrir par une assurance dont les primes seraient au compte de la tutelle. D'autre part, le même principe exige que le père ou la mère vivants ne puissent cesser d'être gardiens responsables que dans la mesure où ils assurent au mineur une autre garde également responsable (v. *supra*, II, 1°, et III), Si donc ils placent l'enfant, soit chez un instituteur, soit chez un maître d'apprentissage, soit chez un patron, soit même ailleurs, le mineur continue à posséder un gardien, et cela, même en dehors de ses heures de travail. Il se déterminera par un procédé analogue à celui qu'on emploie pour connaître le gardien d'une chose.

Lorsque le mineur est émancipé, sa personne devenant libre, il n'a plus de gardien.

Quant à l'aliéné, s'il est interné, le gardien responsable sera l'asile. Au cas contraire, on considérera généralement comme gardienne la personne qui fait vivre cet aliéné chez elle et se charge ainsi implicitement de sa surveillance. Cette personne, en cas d'interdiction, est le tuteur. Dans les autres cas, elle se détermine en fait. Si l'aliéné vit dans une famille, la responsabilité du dommage commis par lui pèsera, en l'absence de preuve de vigilance, sur son époux, s'il en a un, sinon, sur le chef de famille.

Faut-il rapprocher ici du mineur ou de l'aliéné la femme mariée, et dire que le mari doit répondre de plein droit des actes de son épouse ? Nous ne le croyons pas possible. L'expansion des responsabilités légales arrive, en quelque sorte, trop tard pour cela. Si elle s'était produite à l'époque où la puissance maritale empêchait véritablement la femme d'être une personne libre, il eût été logique d'aboutir à la responsabilité légale du mari pour ses actes. Mais les choses ont changé : l'indépendance conquise dans les mœurs par la femme moderne ne permet plus de considérer son mari comme gardien responsable. L'assouplissement et souvent le desserrement des liens de la famille est, avec l'élargissement des responsabilités, un des traits les plus marquants de l'évolution moderne du droit ; il est curieux de constater comment le premier de ces mouvements aboutit ici à réduire l'importance pratique de l'autre.

LE CONTRAT DIRIGÉ

1933

Louis Josserand

Doyen de la Faculté de droit de Lyon

Il est beaucoup question, depuis quelques années, d'« économie dirigée », de « monnaie dirigée » ; peut-être le moment est-il venu de parler aussi du « contrat dirigé », car la méthode, ou la mystique du « dirigisme » sévit, non seulement dans le monde économique, mais aussi, de façon aussi pressante encore que plus sournoisement, dans le domaine juridique.

Certes, le législateur ne s'est jamais désintéressé de ce concept fondamental qu'est le contrat ; de tout temps, il s'est réservé en cette matière un droit de regard, une superintendance, mais c'était dans le triple but d'assurer la liberté contractuelle, l'observation de la parole donnée et le respect de l'ordre public, donc en vue d'atteindre des fins pleinement justifiées, des fins de conservation sociale ; le code civil veut que les conventions tiennent lieu de loi à ceux qui les ont faites ; qu'elles ne puissent être modifiées que par le consentement mutuel de leurs auteurs, enfin qu'elles soient exécutées de bonne foi (art. 1134). En un mot, dans la conception traditionnelle, le contrat, œuvre privée, était affaire entre particuliers ; il constituait le domaine d'élection de l'autonomie de la volonté et les pouvoirs publics n'intervenaient guère que pour en assurer le pouvoir astreignant, la force obligatoire, presque illimitée ; on était libre de donner ou non sa parole et à telles ou telles conditions, mais qui l'avait donnée devait la tenir : le législateur veillait à ce qu'elle fût observée, non à ce qu'elle fût violée.

Cet âge d'or du droit contractuel menace de prendre fin ; déjà, il avait été quelque peu troublé par le développement des contrats dits « d'adhésion » dans lesquels l'une des parties joue un rôle prépondérant tandis que l'autre se borne à accepter une formule, une prérédaction dont il est tiré, à son usage, un exemplaire, entre des milliers ou des centaines de milliers. Mais du moins cette sorte de dirigisme est-elle dévolue à l'une des parties ; c'est dans l'intérieur du contrat qu'elle se réalise ; l'égalité juridique, sinon l'égalité économique, règne entre les parties ; si l'une d'elles tient les leviers de commande, l'autre accepte et suit l'impulsion donnée à l'opération dans laquelle elle entre en connaissance de cause, sans tomber dans un piège dissimulé sous ses pas.

Bien différent est le dirigisme exercé par les pouvoirs publics, car il vient de l'extérieur et il est singulièrement plus oppressif, plus destructif de l'autonomie de la volonté, plus anticontractuel ; avec lui, c'est une socialisation, une étatisation du contrat qui se poursuit sans relâche, surtout depuis la guerre, et qui devient fort inquiétante, car, en faisant échec à la libre volonté des parties et surtout en faisant bon marché de l'engagement pris, de la parole donnée, elle menace de déplacer l'axe contractuel, d'ébranler les fondements millénaires du droit et de le « démoraliser » en l'asservissant à l'économie politique et à la politique tout court, en substituant l'emprise de la raison d'État à celle de la raison, sans qualificatif.

*
* *

L'interventionnisme des pouvoirs publics, dans le domaine contractuel, par l'intermédiaire du législateur ou par celui du juge, s'affirme depuis la guerre, dans tous les pays (v. dans la *Rivista di diritto privato*, 1933, p. 117, un article de Costantino Stoicesco, sur *L'intervento dello stato nei rapporti giuridici tra privati*) ; il se manifeste tant dans la genèse, dans la *formation* de la convention, que dans les *effets* qui y sont attachés et surtout dans sa *force obligatoire*.

I.

Dans le premier ordre d'idées, le législateur intervient de plus en plus pour multiplier les prohibitions, pour porter des exclusives définitives contre des clauses de plus en plus nombreuses ; l'ordre public se montre toujours plus exigeant et vient s'opposer à la liberté contractuelle qu'il poursuit dans ses retranchements ; il est rare qu'une loi récente intéressant le droit privé ne renferme pas une formule générale conçue approximativement dans les termes suivants : « Toutes dispositions contraires sont nulles et de nul effet ». On trouvera des précautions législatives de ce genre, pour les biens réservés de la femme, dans l'art. 1er de la loi du 13 juill. 1907 ; pour le transport, dans la loi du 17 mars 1905 (c. com., art. 103, § 3) ; on en rencontre dans la législation afférente au contrat de travail (c. trav., livre 1, art. 23 § 3, 28, 29 § 2, 319) ; dans les nombreuses lois relatives aux baux et à la propriété commerciale (v. par exemple, L. 30 juin 1926, modifiée par les lois du 22 avr. 1927, du 27 mars 1928 et du 13 juill. 1933, art. 13, § 1) ; ou au contrat d'assurance (L. 13 juill. 1930, art. 2, 26) ; ou aux assurances sociales ; aux États-Unis, une décision récente a prohibé et frappé de nullité la « clause-or » dans les contrats. C'en est fait de l'ancien libéralisme ; le législateur se défie des stipulations qui viendraient contrecarrer son œuvre ; à l'avance, il stérilise les clauses de style, contractuelles, au moyen d'une clause de style, législative ; il ne pratique plus le « laisser-faire, laisser-passer », mais il devient de plus en plus autoritaire et prohibitif, et c'est autant de perdu pour le champ d'action des volontés contractuelles : sous ce premier aspect, le dirigisme s'affirme *compressif*.

II.

Il devient au contraire *expansif* lorsqu'il s'attaque aux *effets des contrats* dont il s'applique à développer, à hypertrophier le contenu obligatoire ; sous son action, plus précisément sous celle de la jurisprudence, les conventions engendrent des obligations jadis insoupçonnées, notamment, chez nombre d'entre elles, une obligation de sécurité, implicite et indéfinie : lorsqu'un accident de personne survient, à l'occasion d'un contrat et au cours de son exécution, on considère que le dommage subi se rattache à l'inexécution d'une obligation de sécurité qui avait été assumée envers l'actuelle victime et par l'autre contractant, obligation que l'on fait découler implicitement de toute une série de conventions, soit du transport de personnes (Civ. 21 nov. 1911, 27 janv. et 21 avr. 1913, D.P. 1913. 1. 249, note Sarrut ; 6 déc. 1932, D.H. 1933. 35), ou, de l'accord intervenu entre le tenancier de jeux forains et les clients de son établissement (Nancy, 26 juin 1925,

Paris 22 févr. 1926, D. P. 1927. 2.25, note Lalou; Lyon, 7 déc. 1927, D. P. 1929. 2.17, note Josserand; Trib. civ. de Chambéry, 7 mars 1933, D. H. 1933. 328); entre le propriétaire d'un manège et ses élèves (Lyon, 1er avr. et 21 oct, 1922, D. P. 1924. 2. 51); entre l'hôtelier et les voyageurs « qui se confient à ses soins » (Lyon, 24 juin 1920, D. P. 1922. 2.40); entre le bailleur d'un immeuble et son locataire (Rouen, 4 juin 1919, motifs, *Rec. de Sirey,* 1913. 2. 145, note Charmont; Nîmes, 2 juill. 1929, *Semaine juridique,* 1929, p. 1216; Colmar, 29 avr. 1930, *Rev. d'Alsace et de Lorraine,* juin 1930); entre le directeur d'une ménagerie et un spectateur (Trib. civ. de Boulogne-sur-Mer, 25 mars 1932, D. H. 1932. 391), etc.

Cependant, la volonté, chez les parties, d'exiger une telle obligation de sécurité ou d'y souscrire, est singulièrement hypothétique et divinatoire; si l'on consultait le débiteur, il se défendrait d'avoir jamais songé à garantir d'une façon absolue l'intégrité corporelle du voyageur, du client, du locataire, du spectateur; et il est fort douteux que ces derniers eux-mêmes aient songé, lorsqu'ils prenaient un billet de chemin de fer, ou bien lorsqu'ils pénétraient dans une foire, dans une ménagerie, à faire endosser à l'entrepreneur la responsabilité de tous les accidents pouvant survenir au cours du transport, de la récréation, de la représentation; ni le débiteur n'a eu la générosité imprudente que la jurisprudence veut bien lui prêter, ni le créancier n'a songé à formuler les exigences qu'on lui suppose. En réalité, l'obligation de sécurité absolue n'a rien de sincèrement conventionnel : il s'agit là d'une obligation légale, ou plutôt jurisprudentielle, que le juge insère de vive force dans le contrat : on considère et on retient, non pas la volonté effective des parties, mais bien celle qu'elles auraient dû avoir; on fait du socialisme juridique, du dirigisme contractuel.

La jurisprudence va tellement loin dans la voie où elle s'est engagée en 1911, qu'elle prête au voyageur la volonté de stipuler, non pas seulement pour lui-même, mais aussi pour sa femme ou pour ses enfants : en prenant place dans une automobile, dans un train ou dans un tramway, nous stipulons, tacitement et sans nous en douter, pour notre proche famille qui aura donc à sa disposition, un accident survenant, l'action directe née de cette prétendue stipulation pour autrui (Civ. 6 déc. 1932, D. H. 1933. 35); c'est tout juste si l'on ne nous prête pas cet état d'esprit précautionneux vis-à-vis et en faveur de nos collatéraux (Civ. 24 mai 1933, D. H. 1933. 394).

Évidemment, l'objectif poursuivi par la Cour de cassation, lorsqu'elle amplifie ainsi le contenu obligatoire, mérite d'être approuvé, puisqu'il ne s'agit de rien d'autre que d'assurer l'indemnisation de la victime ou de ses proches et la mise en jeu de la responsabilité du transporteur; mais il n'en reste pas moins que ce résultat est obtenu par un moyen technique des plus discutables, grâce à un procédé de forçage qui est la négation même de la règle de l'autonomie de la volonté contractuelle : les contractants ne sont plus maîtres chez eux; le contenu obligatoire n'est plus tel qu'ils l'ont voulu, mais tel qu'on le leur impose; leur volonté privée est dominée par une volonté supérieure devant laquelle ils doivent s'incliner; elle est dirigée.

III.

Mais c'est surtout à propos de la *force obligatoire* des contrats que s'affirme l'ingérence, la tutelle des pouvoirs publics, et ici son action est constamment émolliente, dissolvante, néfaste. Les textes se multiplient de nos jours qui tendent soit à relâcher le lien obligatoire ; soit même à le rompre tout à fait ; le temps n'est plus où, suivant la comparaison du vieux Loysel, on liait les hommes par les paroles aussi solidement qu'on lie les bœufs par les cornes ; le *vinculum juris* a cessé d'être une chaîne étroite ; fréquemment, le législateur, bien loin d'intervenir pour assurer, comme autrefois, le respect de la convention, vient au secours du débiteur et l'autorise, on serait tenté de dire l'encourage à ne pas payer ses dettes : cette fois, le contrat est dirigé vers sa ruine ou du moins sur une voie de garage où le débiteur pourra attendre la suite des événements, cependant que le créancier sera spolié de son dû ou devra se contenter d'un payement partiel différé.

C'est à cette méthode d'énervement de la force obligatoire des contrats que se rattache la loi Faillot du 21 janv. 1918, et surtout la récente législation des loyers ; les lois qui se sont succédé, depuis celle du 9 mars 1918 jusqu'à celles du 30 juin, du 12 et du 13 juill. 1933, sont autant de lois anticontractuelles, comme aussi la loi du 5 juill. 1933 relative au règlement des billets de fonds de commerce ; et la théorie de l'imprévision, repoussée par la jurisprudence judiciaire mais consacrée par le Conseil d'État (30 mars 1916, *Rec. de Sirey*, 1916. 3. 17, note Hauriou) relève des mêmes préoccupations ; il y a là autant d'offensives menées à coups de moratoires ou sous couleur de révision, contre la force obligatoire des contrats qui sont égalés, ou peu s'en faut, à des chiffons de papier : jadis, c'était une maxime qu'on s'enrichissait en payant ses dettes ; de nos jours, on s'enrichit plus sûrement et à meilleur compte en ne les payant point.

Et cependant, la force obligatoire des contrats est à la base même de la vie en communauté ; de tout temps, on a considéré que le respect dû à la parole donnée, est un des axiomes fondamentaux qui, issus du droit naturel, ont passé dans toutes les législations : « l'obligation qui résulte de tout contrat, écrit Larombière, est préexistante à la loi civile. Le législateur l'a trouvée toute créée et n'a eu qu'à en régler les détails d'exécution et le mode de poursuite… Tout contrat reçoit sa première sanction de la conscience, de même qu'il puise toute sa force dans la volonté des contractants » (Larombière, *Théorie et pratique des obligations*, t. I, p. 379). La vertu astreignante des conventions est un de ces « rapports nécessaires qui dérivent de la nature des choses » ; si elle s'affaiblit, le droit lui-même perd de son autorité ; si elle disparaît, il s'écroule avec elle. La vie en communauté implique une certaine confiance mutuelle ; suivant la formule classique et la terminologie si expressive, le créancier a fait *créance*, a fait confiance à son débiteur ; si cette confiance peut être trompée, fût-ce légalement, c'en est fait de la sécurité juridique, c'en est fait du droit lui-même qui manque à sa mission primordiale : qui consentira à entrer dans un lien précaire pouvant être rompu, relâché ou modifié d'un moment à l'autre, de par la toute-puissance législative ?

Il est bien vrai que de tout temps les pouvoirs publics sont intervenus dans la vie contractuelle ; mais ils y mettaient une certaine discrétion, et surtout c'était au juge qu'incombait effectivement cette mission ; c'est lui qui est qualifié pour accorder au débiteur un délai de grâce ; il le fait à titre personnel, en s'inspirant des circonstances de la cause, et notamment de la moralité dudit débiteur.

Bien différentes sont les mesures législatives intervenues au cours et à la suite de la guerre ; c'est par larges touches, par doses massives qu'elles opèrent ; elles prennent ainsi l'allure de mesures tendancieuses destinées à favoriser une catégorie de citoyens à l'encontre d'une autre : c'est l'employé que l'on défend contre l'employeur, le locataire ou le fermier contre le bailleur, le commerçant contre le propriétaire, et cela sans réciprocité effective ; un *droit de classe* se constitue ainsi progressivement ; l'équilibre juridique que le code civil s'était efforcé de réaliser entre les contractants se trouve rompu de nos jours par les pouvoirs publics ; les hommes ne sont plus égaux devant le contrat, donc devant la loi.

On ne saurait exagérer la gravité de cette politique ; de plus en plus, l'économique et le politique dominent et bousculent le juridique. Il serait grand temps de se souvenir que le droit, s'il a des attaches avec l'économie politique et avec la politique tout court, en a aussi et de plus étroites, de plus nécessaires encore, de plus anciennes, avec la morale et avec la justice. Nous assistons de nos jours à un duel tragique entre le droit et la légalité ; de plus en plus, celle-ci se sépare de celui-là ; le moment est venu de songer qu'au-dessus des lois positives, souvent si imparfaites, si malencontreuses, il existe un droit supérieur préexistant, le *verum jus* de Cicéron, « la raison primitive », « les rapports d'équité antérieurs à la loi positive » de Montesquieu, « la raison naturelle en tant qu'elle gouverne tous les peuples de la terre » des rédacteurs de notre code civil, le « droit pur » d'Edmond Picard. La notion du droit naturel, trop volontiers décriée, a du bon ; lorsqu'on la néglige, lorsqu'on la méconnaît, elle ne manque pas de se venger, et le chaos législatif dans lequel nous nous embourbons en constitue la plus décisive, la plus attristante démonstration.

*
* *

Cette situation paradoxale et dangereuse est durement ressentie par les praticiens ; nous n'en voulons d'autre témoignage qu'une lettre qui nous fut adressée par un avocat, inscrit à un important barreau et dans laquelle nous relevons les lignes suivantes :

« C'est toute la vie sociale, toute la sécurité juridique qui est en jeu… mais, chose étrange, je n'ai guère vu de protestation émanant des professeurs de droit. S'ils, ont foi dans leur mission sociale, s'ils croient que le respect des contrats est une nécessité de la vie sociale, comment peuvent-ils rester impassibles, devant un mouvement qui détruit leur raison d'être ? Le jour où il n'y aura plus de droit, mais seulement des lois absurdes et incohérentes, il pourra y avoir encore des professeurs de législation, il n'y aura plus de professeurs de droit. »

La leçon est dure, excessive peut-être ; mais elle vaut d'être méditée ; il appartient aux juristes, à l'heure trouble que nous vivons, de demeurer fidèles aux principes permanents qui constituent l'armature du droit, de les opposer fermement, en toutes circonstances, aux errements législatifs transitoires et de hâter ainsi le retour à la normale, à la tradition et au bon sens : c'est à de telles sources surtout que le dirigisme contractuel doit puiser ses inspirations et c'est en elles qu'il trouvera sa justification, comme aussi les frontières qu'il ne saurait raisonnablement franchir sans arbitraire et sans danger.

L'« ABSORPTION » DES RÈGLES JURIDIQUES PAR LE PRINCIPE DE RESPONSABILITÉ CIVILE

1935

Henri Mazeaud

Professeur à la Faculté de droit de l'Université de Lille

L'un de ceux, parmi les juristes, qui connaît le mieux les questions de responsabilité civile, a pu très justement écrire que ce problème « tend à occuper le centre du droit civil, donc du droit tout entier ; en chaque matière, dans toutes les directions, c'est à lui que l'on aboutit, dans le droit public comme dans le droit privé, dans le domaine des personnes ou de la famille comme dans celui des biens ; il est de tous les instants et de toutes les situations ; il devient le point névralgique commun à toutes nos institutions »[1]. La constatation vaut qu'on s'y arrête. Auteurs et tribunaux prennent de plus en plus l'habitude, – certes commode, – de tout résoudre par l'application des art. 1382 et suiv., c. civ.[2]. Qu'il s'agisse de recherches de filiation, de conflits nés d'un divorce, ou de toute autre difficulté, on a bien vite recours à la responsabilité civile : on constate un préjudice, une faute et l'on accorde au demandeur des dommages-intérêts. Ainsi, non seulement la responsabilité civile devient « le centre du droit », mais elle est en train d'« absorber » le droit tout entier.

Cette « absorption » est un phénomène qui mérite d'être signalé, car la tendance est dangereuse.

Le principe énoncé par l'art. 1382, c. civ. est l'une, de ces grandes règles d'équité qui peuvent, à elles seules, résumer le droit tout entier. Le droit ayant pour but de permettre à chacun d'exercer son activité sans nuire à la sphère d'activité de ses voisins, il va de soi qu'un législateur paresseux pourrait se contenter de rédiger un code dont l'article unique serait ainsi conçu : « Chacun doit réparer le dommage qu'il cause, par sa faute, à autrui » ; il pourrait d'ailleurs tout aussi bien, substituant au principe de responsabilité celui tout aussi général d'enrichissement sans cause, se contenter d'écrire : « Nul ne peut s'enrichir injustement aux dépens d'autrui ». Mais ce législateur manquerait à une partie de sa tâche, qui est non seulement d'assurer le libre jeu des activités, mais aussi et surtout de donner la sécurité à ceux qui agissent, en leur permettant de connaître exactement les conséquences de leurs actes, en leur précisant ce qui est permis et ce qui ne l'est pas, ce qui est licite et ce qui est illicite. Voilà pourquoi le législateur

1. Josserand, préface à l'excellent ouvrage de M. André Brun, *Rapports et domaines des responsabilités contractuelle et délictuelle*, p. V.

2. Il ne sera pas question ici du rôle que joue la responsabilité délictuelle en matière de contrats : sur cette question dite du cumul des responsabilités délictuelle et contractuelle, conf. H. et L. Mazeaud, *Traité théor. et prat. de la responsabilité civile délictuelle et contractuelle*, 2e édit., t. I, nos 96 à 207, spécialement nos 173 à 207.

est obligé de descendre dans les détails, de poser une quantité de règles particulières.

Mais alors si, à côté des règles particulières, il maintient l'un de ces principes susceptibles de se suffire à eux-mêmes, que va-t-il se passer ? Le principe général pourra-t-il être invoqué pour compléter les règles particulières, pourra-t-il même être invoqué à leur encontre ?

Le problème s'est posé devant la jurisprudence lorsqu'elle a voulu tirer parti du principe d'enrichissement sans cause. Les tribunaux n'ont pas tardé à s'apercevoir que le droit tout entier risquait d'être « absorbé » par l'action *de in rem verso*. Aussi la Cour de cassation s'est-elle empressée d'écarter ce danger, en faisant de cette action une action « subsidiaire », c'est-à-dire une action qui ne peut se cumuler avec aucune autre : le principe d'enrichissement sans cause ne peut être invoqué que là où n'existe aucune règle particulière; il ne peut jamais servir à tourner une pareille règle.

Eh bien ! la question qui s'est posée quant à l'enrichissement injuste, elle se pose aujourd'hui quant à la responsabilité civile. Il est urgent de la résoudre en précisant le rôle exact du principe de responsabilité.

Ce rôle, un esprit distingué s'est efforcé de le définir. Dans un ouvrage qui est celui d'un juriste averti ayant profondément creusé les problèmes de responsabilité, M. Jean Van Ryn[3] relève que le rôle de la responsabilité civile est triple : tantôt, la responsabilité joue un rôle « sanctionnateur » : elle est la sanction normale de la violation des règles juridiques. Tantôt elle remplit un rôle « régulateur » : elle permet de régulariser, de tempérer l'exercice des droits, d'y apporter un frein; c'est essentiellement par la théorie de l'abus des droits qu'elle est à même de jouer ce rôle. Tantôt enfin sa fonction est « complémentaire » et c'est la légitimité de cette fonction qui paraît discutable. Là où le législateur a tracé une réglementation et organisé une sanction, peut-on permettre à la victime, que cette réglementation et cette sanction ne satisfont pas, d'invoquer le principe général de responsabilité civile[4] ?

Certes, le principe est facile à poser; encore n'est-il pas inutile de le rappeler aux tribunaux qui ont tendance à l'oublier : l'action en réparation du préjudice fondée sur les art. 1382 et suiv. comme l'action *de in rem verso* n'est qu'une action « subsidiaire ». Nous pouvons demander réparation du préjudice qui nous a été causé fautivement, mais à la condition que le législateur n'ait pas spécialement prévu le dommage que nous subissons, soit pour nous contraindre à le supporter sans indemnité, auquel cas nous ne pouvons rien réclamer, soit pour soumettre à certaines conditions plus ou moins strictes sa réparation ou le quantum de l'indemnité, auquel cas nous sommes tenus de nous incliner devant cette réglementation. Les articles 1382 et suiv. ne peuvent pas servir à tourner la loi.

Principe évident, si évident qu'il n'a pas été souvent nettement dégagé !

Son application ne fait pas difficulté dans les situations où le législateur, en réglementant une institution particulière, a nettement marqué sa volonté de

3. Responsabilité aquilienne et contrats en droit positif (*Rec. de Sirey*, 1933), n°s 91 et suiv.
4. Sur ce problème, conf. outre l'ouvrage précité de M. Van Ryn : Lucienne Ripert, *La réparation du préjudice dans la responsabilité délictuelle*, n° 6; H. et L. Mazeaud, *op. cit.*, 2e édit., t. I, n° 15-2.

soumettre à cette réglementation et à elle seule tous les conflits susceptibles de s'élever dans ce domaine[5]. Mais il est d'autres situations où la difficulté est grande parce qu'on hésite sur la portée des règles particulières édictées par le législateur.

L'examen des quelques situations délicates dans lesquelles le problème s'est posé aux tribunaux fait suffisamment apparaître la tendance dangereuse déjà signalée, qui est aujourd'hui celle de la jurisprudence française et qui consiste à se servir des art. 1382 et suiv., c. civ., non seulement pour « compléter » les règles de droit, mais même, pour les « corriger », autant dire pour les tourner.

---

5. Voici par exemple l'art. 1167, c. civ. Un créancier, par l'action paulienne, attaque le tiers qui a traité avec le débiteur. Il ne peut réussir, faute de démontrer la fraude exigée par l'art. 1167, c. civ. Nul ne doit hésiter alors à lui refuser de se prévaloir contre le tiers de l'art. 1382, c. civ., quand même il démontrerait une imprudence à la charge de ce dernier.
Et voici l'acquéreur d'un immeuble auquel un second acquéreur oppose le défaut de transcription de la première vente. Pourra-t-il éviter que jouent ainsi contre lui les dispositions de la loi de 1855, en invoquant l'art. 1382, c. civ., même s'il prouve une imprudence à la charge du second acquéreur ? Certes non. Et cependant, ici, on voit déjà peut-être la jurisprudence aller timidement vers le cumul, puisqu'elle décide que si la faute du second acquéreur est, non une simple imprudence, une faute quasi délictuelle, mais une faute délictuelle (fraude commise sciemment contre le premier acquéreur), celui-ci sera préféré, solution dans laquelle d'éminents auteurs (Colin et Capitant, *Cours élém. de droit civil français*, 7e édit., t. I, nº 933) voient une application de l'art. 1382, dans laquelle nous voyons plutôt l'application d'un autre de ces principes généraux dont le domaine exact est si délicat à préciser : l'adage *fraus omnia corrumpit*.
Si le législateur a nettement manifesté sa volonté de soumettre à la seule réglementation qu'il édicte les situations précédentes, il en est d'autres dans lesquelles, à l'inverse, il est certain que son intention a été de laisser subsister, à côté des règles spéciales, le principe général de responsabilité civile.
C'est, par exemple, le cas de la loi du 25 ventôse an II (art. 68), qui réglemente la responsabilité des notaires. Comme l'affirme la Cour de cassation « en dehors des responsabilités spéciales qui leur sont imposées par l'art. 68 de la loi du 25 ventôse an II, les notaires sont soumis aux règles du droit commun et doivent répondre des fautes commises, dans l'exercice de leur profession conformément aux art. 1382 et 1383, c. civ. » [Req. 28 déc. 1910 (D. P. 1911. 1. 451), cité par Van Ryn, *op. cit.*, nº 95. *Contra* : Trib. civ. de Saint-Malo, 11 mai 1907 (*Rev. trim. de droit civil*, 1907, p. 604) et observations tiques de M. Demogue. – La responsabilité devrait d'ailleurs ici être contractuelle : conf. H. et L. Mazeaud, *op. cit.*, 2e édit., t. I, nos 148, 513].
La question se pose d'ailleurs pour toutes les « responsabilités professionnelles » auxquelles le législateur a consacré des dispositions spéciales. La jurisprudence fait ici jouer l'art. 1382 à côté de ces dispositions, en distinguant, ce qui ne laisse pas d'être parfois subtil, l'activité professionnelle de l'activité ordinaire [Pour les administrateurs de sociétés anonymes, l'art. 44 de la loi du 24 juill. 1867 prend soin de préciser qu'ils restent soumis à la responsabilité de droit commun outre la responsabilité spéciale édictée contre eux dans certains cas. Pour les fondateurs, conf. : Van Ryn, *op. cit.*, nº 94 et Cass. Belgique, 27 oct. 1927, *Pas.* 1927. 1. 316, qui admettent la même solution].
Le problème est plus délicat à résoudre quand on se trouve en face de textes qui posent une règle de réparation, mais se contentent de proclamer l'obligation de réparer, sans en préciser les conditions. Ainsi l'art. 1178, c. civ. qui rend le débiteur responsable de l'inaccomplissement de la condition à laquelle était subordonnée son obligation lorsque c'est lui qui a empêché cet accomplissement. En résulte-t-il qu'il est toujours responsable dans cette situation ? N'est-il au contraire tenu, selon les principes généraux de l'art. 1382, c. civ., que s'il a commis une faute ? On se prononce en général dans ce dernier sens. [Van Ryn, *op. cit.*, nº 93, p. 121, note 1 ; Baudry-Lacantinerie et Barde, *Obligations*, t. II, nº 803, et les références données p. 34 note 1.] Il semble bien en effet que les rédacteurs de l'art. 1178, c. civ. aient voulu seulement appliquer ici le principe général de responsabilité civile et non l'exclure. [Comp. pour l'art. 42 de la loi du 24 juill. 1867 (responsabilité des administrateurs et des fondateurs d'une société anonyme en cas de nullité de la société), qui soulève le même problème : H. et L. Mazeaud, *op. cit.*, 2e édit., t. I, nº 650-2.]

Ainsi, dans le domaine de la recherche de la paternité naturelle. L'art. 340, c. civ. soumettait à des conditions très rigoureuses la recherche de la paternité naturelle; la loi de 1912, en modifiant l'art. 340, a adouci ces conditions qui, cependant, demeurent encore strictes. Voilà pourquoi, avant 1912, un enfant naturel ne pouvait presque jamais rechercher sa paternité; voilà pourquoi, aujourd'hui encore, il sera, très souvent, dans l'impossibilité de le faire. Le législateur a évidemment voulu, par cette réglementation, mettre le père à l'abri de toute action hors les cas qu'il prend soin d'énumérer. Or, on sait comment, avant la loi de 1912 – et cette jurisprudence s'est maintenue malgré le vote de la loi – les arrêts sont arrivés, en faisant appel à l'art. 1382, à tourner au moins indirectement la prohibition : sans doute, l'enfant, ou la mère en son nom, ne peut pas intenter l'action en recherche, du moins la mère peut-elle obtenir des dommages-intérêts. La séduction est une faute, au moins si elle s'accompagne de manœuvres frauduleuses[6]; un préjudice en résulte; ce préjudice doit donc être réparé. Mais quel est ce préjudice ? Certes, la Cour de cassation dispense, avec prudence, les juges du fait de s'expliquer sur ce préjudice, sur la nature des charges qui incombent à la mère du fait de la séduction[7]; mais les juridictions inférieures ne peuvent pas toujours être aussi discrètes : il faut bien qu'elles déclarent que la pension qu'elles allouent à la mère a pour but non seulement de réparer le préjudice moral subi par la mère du fait de la séduction, mais aussi et surtout le préjudice matériel qui consiste dans l'obligation d'entretenir l'enfant[8]; certains affirment même que le dommage réparé est celui causé à l'enfant[9]. Ainsi, celui dont la paternité ne peut pas être recherchée est condamné à entretenir un enfant auquel le législateur a cependant refusé toute action. C'est bien tourner l'art. 340, c. civ., créer une sanction dont le législateur n'a pas voulu[10].

Il faut en dire autant des décisions qui condamnent le père d'un enfant adultérin à verser des dommages-intérêts à la mère malgré la prohibition de la recherche[11].

La filiation adultérine soulève un autre problème très voisin. Le législateur, dans les art. 762 et suiv. c. civ., accorde aux enfants adultérins et incestueux un droit à des « aliments », droit qui est réglementé d'une manière très stricte. Va-t-on alors pouvoir permettre à l'enfant d'obtenir une condamnation, distincte des « aliments », en se fondant sur l'art. 1382, c. civ., sur la faute (adultère, inceste)

6. Il y a sur ce point des divergences en jurisprudence : la plupart des décisions exigent des manœuvres frauduleuses considérant que la séduction sans manœuvres n'est pas une faute; mais plusieurs décisions récentes condamnent même en l'absence de pareilles manœuvres. Conf. sur cette question : Capitant, *Le permis de séduire* (D. H. 1933, Chronique, p. 1); H. et L. Mazeaud, *op. cit.*, 2e édit., t. II, n° 1494.

7. Civ. 21 juin 1933 (*Gaz. Pal.*, 1933. 2. 539).

8. Conf. notamment, outre les décisions signalées par les auteurs cités *supra*, Trib. civ. de Bourg, 21 nov. 1933 (*Gaz. Pal.*, 1934. 1. 284).

9. Poitiers, 8 janv. 1932 (D. P. 1933. 2. 99) et note critique Lalou.

10. Aussi l'embarras de la jurisprudence est-il très grand pour préciser le caractère juridique de la pension allouée à la mère : conf. notamment Crim., 27 mars 1934 (*Gaz. Pal.*, 1934. 1. 725); l'arrêt est obligé de déclarer que le père qui refuse de payer cette pension ne peut pas être poursuivi pour délit d'abandon de famille, puisque sa paternité n'étant pas établie, son obligation n'est pas fondée sur « un devoir de famille », condition évidemment nécessaire pour qu'il y ait délit d'abandon *de famille*.

11. Dans ce sens : Montpellier, 2 juin 1932 (*Rec. de Sirey*, 1933. 2. 48).

commise par le parent qu'il actionne ? C'est évidemment tourner l'art. 762, c. civ.; l'intention de ses rédacteurs est aussi nette que possible : limiter les droits de l'enfant adultérin ou incestueux aux « aliments ». Cela n'empêche pas quelques décisions d'accorder à cet enfant des dommages-intérêts fondés sur l'art. 1382, c. civ.[12].

Que, du domaine de la filiation, on passe à celui du mariage et l'on est encore en présence de la même difficulté. Il s'agit cette fois de la réparation du préjudice causé à l'un des époux par la rupture du lien conjugal résultant du divorce[13]. Le législateur a spécialement réglementé la réparation de ce préjudice dans l'art. 301, c. civ. : la pension alimentaire que ce texte accorde à l'époux innocent et dont il limite le quantum est en effet considérée par la jurisprudence comme la réparation mise à la charge de l'époux fautif du préjudice qu'il cause à son conjoint par la dissolution prématurée du mariage[14], encore que le caractère alimentaire de la condamnation donne à celle-ci une nature un peu spéciale[15]. Mais alors, l'un des conjoints ne pourra rien demander à l'autre en dehors de la pension alimentaire de l'art. 301, c. civ. Il ne pourra pas exiger un capital, puisque le texte veut que la réparation revête la forme d'une pension. Il ne pourra pas réclamer une pension dépassant le maximum prévu par l'art. 301 (le tiers des revenus de l'époux coupable). Il ne pourra rien obtenir s'il ne remplit pas les conditions exigées par le texte, par exemple s'il est lui-même coupable. Sans discuter ces solutions, la jurisprudence est arrivée à les tourner en se servant une fois de plus de l'art. 1382, c. civ. Sans doute, elle ne permet pas de réclamer en vertu de ce texte réparation du préjudice même dont elle affirme que la pension de l'art. 301 constitue l'indemnisation : le préjudice causé par la dissolution prématurée du lien conjugal. Mais elle déclare que le divorce entraîne d'autres préjudices matériels et moraux que celui-là; l'époux victime peut alors obtenir en réparation des dommages-intérêts distincts de la pension alimentaire[16].

D'autre part, les tribunaux relèvent que certains préjudices résultent de faits différents de ceux qui ont entraîné le prononcer du divorce, et ils accordent ici encore une réparation fondée sur l'art. 1382[17]. Enfin, si le divorce a été prononcé contre un époux à la suite d'une fraude pratiquée contre lui par son conjoint, bien que légalement « époux coupable », le premier pourra obtenir des dommages-intérêts[18]. Certes, si les tribunaux respectaient strictement la distinction ainsi établie, ils n'auraient guère l'occasion de s'en servir pour faire jouer l'art. 1382; il est en effet fort difficile de découvrir des dommages causés par un divorce qui ne

12. Trib. civ. de Marseille, 28 oct. 1932 (*Gaz. Pal.*, 1932. 2. 946). – Comp. : Trib. civ. de Marseille, 24 févr. 1931 (*Gaz. Pal.*, 1932. 2. 946, sous-note sous Trib. civ. de Marseille 28 oct. 1932).

13. Conf. sur cette question : Ripert, *Le caractère de la pension alimentaire allouée au cas de divorce* (D.H. 1927, Chronique, p. 5 et suiv.); Ripert, note D.P. 1928. 1. 5; Van Ryn, *op. cit.*, n° 95; H. et L. Mazeaud, *op. cit.*, 2e édit., t. I, n° 15-2.

14. Conf. notamment : Req., 12 févr. 1934 (*Gaz. Pal.*, 1934. 1. 666).

15. Conf. Civ. 28 juin 1934 (*Gaz. Pal.*, 1934-2-399).

16. Civ. 28 juin 1927 (D.P. 1928. 1. 5) et note Ripert, (*Rec. de Sirey*, 1927. 1. 299), (*Gaz. Pal.*, 1927. 2. 343); Paris, 23 mars 1928 (*Gaz. Pal.*, 1928. 1. 685); Trib. civ. de la Seine, 3 mars 1933 (*Gaz. Pal.*, 1933. 1. 757).

17. Req. 27 juill. 1931 (*Gaz. Pal.*, 1931. 2. 675).

18. Trib. civ. de la Seine, 15 mars 1934 (*Gaz. Pal.*, 1934. 1. 951).

résultent pas de la rupture du lien conjugal[19]; mais, comme ils le font en matière de rupture de promesse de mariage[20], ils se montrent fort ingénieux pour distinguer ce qui n'est guère séparable. Nul doute qu'ils arriveraient plus vite à leurs fins, si, comme le leur suggère M. Ripert[21], ils déclaraient que la pension de l'art. 301, c. civ. a pour but, non pas la réparation de tous les dommages résultant de la rupture prématurée du lien conjugal, mais seulement du préjudice découlant de la cessation de l'obligation de secours qu'entraîne le divorce.

On rencontre une jurisprudence analogue en matière de séparation de corps[22]; mais, ici, les tribunaux échappent à la critique de s'être servi du principe général de responsabilité civile pour tourner la loi. La pension alimentaire de l'art. 212, c. civ. allouée à l'un des époux en cas de séparation de corps constitue en effet simplement l'exécution de l'obligation de secours, obligation qui, cette fois, subsiste en même temps que le mariage. On peut donc concevoir la réparation d'un préjudice distincte de l'allocation de la pension.

Un dernier exemple : Le législateur décide (art. 252, § 6, c. civ.) que la communauté est censée être dissoute au jour de la demande en divorce. Cette rétroactivité a pour but de protéger la femme contre les actes par lesquels le mari, au cours de l'instance, chercherait à dilapider les biens communs. L'art. 243 déclare donc nulle toute obligation contractée par le mari à la charge de la communauté et toute aliénation d'immeubles communs faite « en fraude des droits de la femme ». Mais, à cette sanction, la jurisprudence en ajoute une autre : si l'opération frauduleuse a profité au mari (il a par exemple acheté un fonds de commerce, l'a exploité et l'a revendu avec bénéfice), la femme peut obtenir, à titre de dommages-intérêts, la moitié du bénéfice réalisé. N'est-ce pas tourner les art. 243 et 252, § 6 ?

Où s'arrêtera la jurisprudence ? Il est bien difficile de le prévoir. Du moins est-il nécessaire que les tribunaux prennent au plus tôt conscience de la voie dangereuse dans laquelle ils s'engagent aujourd'hui.

19. Conf. Req. 27 juill. 1931, précité, qui invoque la résistance abusive opposée par l'époux coupable à l'action en divorce formée contre lui par son conjoint.
20. Conf. H. et L. Mazeaud, *op. cit.*, 2e édit., t. I, n° 125.
21. Note (D.P. 1928. 1. 5).
22. Civ. 10 mai 1933 (*Gaz. Pal.*, 1933. 2. 260) et la note.

L'INTERPRÉTATION DES LOIS D'APRÈS LES TRAVAUX PRÉPARATOIRES*

1935

Henri Capitant

Membre de l'Institut,
Professeur à la Faculté de droit
de l'Université de Paris

Doit-on recourir aux travaux préparatoires d'une loi pour en interpréter les dispositions ? Cette question paraîtra peut-être oiseuse à bien des juristes : « Où donc, répondront-ils, irait-on chercher la pensée du législateur si ce n'est dans les travaux : exposé des motifs, rapports, délibérations devant les Chambres, qui ont précédé le vote de la loi ? » Et pourtant qu'ils y réfléchissent et ils seront bien obligés de convenir que cette méthode est condamnée par l'expérience, car jamais elle n'a donné de bons résultats. Du reste, les juristes anglais répondraient, avec autant d'assurance que les nôtres, mais en sens contraire. C'est en effet un principe unanimement reconnu par eux que la loi, une fois votée, se suffit à elle-même. Jamais il ne viendrait à l'idée d'un juge anglais de consulter les travaux préparatoires pour y chercher des éclaircissements. « Les juges n'ont pas à se livrer à des spéculations sur la recherche des motifs qui ont guidé le Parlement, disait Lord Haldane à la Chambre des Pairs en 1912. Leur domaine est tout à fait différent; c'est celui de l'interprétation des termes dans lesquels le législateur a finalement exprimé ses conclusions. S'ils empiètent sur l'œuvre de ceux auxquels il incombe d'exprimer en légiférant les désirs du pays, ils risquent de se perdre dans un labyrinthe pour lequel ils n'ont pas de guide suffisant. » « C'est une règle fondamentale de la loi anglaise, disait de son côté Sir Douglas Hogg devant la Cour permanente de justice internationale, le 26 oct. 1925, à propos de l'interprétation du traité de Lausanne, qu'un document écrit doit être interprété selon l'intention des parties, telle qu'elle a été exprimée dans ce document ou qu'elle peut être déduite de ses termes actuels. Cette règle s'applique aussi bien aux actes législatifs qu'aux contrats ou accords de toute sorte. Elle est fondée sur la raison et le bon sens. » « Nous n'avons pas à nous soucier des intentions du Parlement si la loi est claire. Et l'histoire de son élaboration est rationnellement inadmissible pour l'interpréter, si elle ne l'est pas. »[1] L'illustre jurisconsulte Dicey jugeait ainsi ce système : « Il en résulte sans doute, disait-il, que l'interprétation des lois est un peu étroite. Mais cela augmente de beaucoup l'autorité des juges et la fixité du droit[2]. »

Ainsi, c'est au nom de la raison que les anglais repoussent l'opinion qui, au nom de la même raison, est adoptée par les juristes du continent.

---

* D'après un article publié dans *Le Recueil d'études sur les sources du Droit en l'honneur du doyen François Gény*, t. II, p. 204 à 216, Librairie du Recueil Sirey, 1935.

1. Attendu de la cour d'appel de Londres dans le procès *Queen* v. *Hertford College*, *Law Journal Reports in England*, vol. 47, p. 649.

2. *Introduction to the study of the law of the constitution*, 8e édit., p. 403, 404.

Avant de dire quels sont les motifs qui nous font préférer le système anglais, commençons par bien préciser la portée de la question. Il est admis qu'on ne doit recourir aux travaux préparatoires que lorsque le texte est obscur, susceptible de plusieurs sens, ou qu'il y a contradiction au moins apparente entre telle ou telle de ses dispositions, ou encore lorsque l'on espère y trouver des indications sur une hypothèse non expressément prévue dans la loi. Quand, au contraire, les termes employés sont clairs et précis et que leur signification ne prête à aucun doute, l'interprète est lié par le texte; il n'a pas le droit d'en modifier le sens et la portée sous le prétexte que les déclarations qui ont été faites, soit dans l'exposé des motifs, soit dans les rapports ou lors de la discussion, ne concordent pas avec lui. Un texte clair n'a pas besoin d'être interprété. La Cour de cassation a affirmé à maintes reprises que les termes précis de la loi doivent être appliqués tels qu'ils sont. « Si, en principe, lit-on dans un arrêt de la Chambre civile du 22 nov. 1932 (D.H. 1932.2), le recours aux travaux préparatoires est permis lorsqu'un texte nécessite une interprétation, le juge doit au contraire se l'interdire lorsque le sens de la loi, tel qu'il résulte de sa rédaction, n'est ni obscur, ni ambigu et doit par conséquent être tenu pour certain. » Aussi, dans cette affaire, la Cour suprême s'est-elle décidée d'après le texte de la loi, bien que les explications présentées au cours des travaux préparatoires en faveur d'une interprétation différente eussent paru convaincantes à certains tribunaux et à certains auteurs (v. aussi, Civ., 31 mai 1934, *Gaz. Pal.*, 27 juill. 1934).

La question étant ainsi bien précisée, la conception anglaise nous paraît bien mieux fondée que la nôtre. Sans doute, et les Anglais le reconnaissent comme nous, la loi est l'expression de la volonté de ses auteurs. « Les lois sont des volontés », a dit Portalis dans l'exposé des motifs du titre préliminaire du Code civil. Mais nous contestons qu'on puisse découvrir cette volonté dans les discussions d'assemblées composées d'un grand nombre de personnes, où toutes les opinions sont exprimées, où les orateurs affirment des idées sans avoir suffisamment étudié et approfondi l'esprit et l'économie des projets. La dualité des Chambres, la diversité des avis énoncés, les contradictions dont fourmille la discussion enlèvent toute autorité aux opinions qui sont exposées, quant à l'interprétation du texte qui en sortira. Chacun n'y exprime que ses vues personnelles; personne ne peut se flatter d'exprimer le sentiment général ou ce qu'on appelle l'esprit de la loi. Les obscurités, les contradictions que l'on rencontre trop souvent dans les lois récentes, car jamais le travail législatif n'a été aussi imparfait qu'aujourd'hui, résultent justement de la confusion de la discussion, des opinions divergentes qui sont défendues, des modifications insuffisamment étudiées qui sont apportées aux textes au cours des débats. Comment pourrait-on trouver des éclaircissements ou des directions dans des délibérations d'où sortent des textes obscurs ou contradictoires ? L'expérience prouve que les documents parlementaires ne servent qu'à appuyer les opinions divergentes des interprètes. Avec la même conviction, chacun les invoque à l'appui de l'interprétation qu'il défend.

Les auteurs les plus sages, les plus réputés, le reconnaissent. Planiol, toujours si pondéré, si modéré dans ses observations, s'exprime comme suit : « L'orateur, l'auteur du rapport a pu se tromper, commettre un oubli, avoir mal lu un texte. Nos archives parlementaires fourmillent d'exemples de bévues de ce genre.

Ensuite, les discussions, surtout dans une assemblée un peu nombreuse, reflètent souvent des opinions individuelles en contradiction avec la pensée vraie de la loi. Aussi est-ce une remarque souvent faite que les travaux préparatoires fournissent des armes à tous les partis et que les diverses opinions en présence y trouvent des arguments qui s'annulent réciproquement[3]. » Voici, d'autre part, comment s'exprimait, il y a près de quarante ans, un éminent magistrat de la Cour de cassation, le conseiller Crépon, à propos de l'interprétation de la fameuse loi du 28 mars 1885, sur les marchés à terme, dont l'interprétation a soulevé une longue controverse bien connue des juristes sur le point de savoir si l'exception de jeu devait être refusée même dans le cas où il était démontré que les parties s'étaient uniquement proposé de spéculer sur la différence des cours[4] : « S'il est vrai de dire que, la plupart du temps, dans ces sortes de documents (les documents parlementaires) on trouve tout excepté ce qu'on cherche, l'obscurité et l'équivoque quand on cherche la pleine lumière, cela est surtout vrai pour la loi que vous avez à interpréter. Et cela ne surprendra personne si l'on songe que l'on a discuté pendant près de trois ans; que le projet de loi est allé plus d'une fois d'une chambre à l'autre; qu'au cours de ce long débat, bien des points, de vue ont dû se faire jour, de telle sorte que, dans ce heurt d'opinions multiples, de rapporteurs tenant un langage différent suivant qu'ils parlent dans l'une ou l'autre Chambre, il serait extraordinaire que chacune des opinions en présence ne pût invoquer quelques-unes des appréciations émises par les éminents rapporteurs chargés de porter la parole au nom de leurs commissions respectives[5]. »

On abuse dans le langage courant de cette expression « le législateur ». Il y a des législateurs, c'est-à-dire des hommes chargés de discuter et de voter les lois, mais il n'y a pas « un législateur ». Comment chacun de ces hommes pourrait-il prétendre exprimer l'opinion commune et représenter la volonté collective de l'assemblée ? Cette volonté abstraite contient quelque chose de plus, comme l'a dit le doyen Gény[6], qu'une simple juxtaposition des volontés individuelles et ne doit pas être confondue avec celles-ci.

L'exploration minutieuse des travaux préparatoires du code civil eux-mêmes n'a jamais conduit à des déductions assez nettes, assez précises pour trancher d'une façon décisive un point discuté. Je me demande si l'on trouverait des cas où leur examen a projeté la lumière sur une question controversée. Et pourtant quelle différence entre eux et ceux des assemblées parlementaires actuelles ! La discussion avait lieu au Conseil d'État où siégeaient des jurisconsultes particulièrement qualifiés; le Corps législatif, l'assemblée des muets, comme on l'a surnommé, n'y participait pas, il écoutait simplement les représentants du Conseil d'État et ceux du Tribunat et ne faisait que voter. Malgré cela, parlant des discussions qui avaient lieu au Conseil d'État, Napoléon a dit qu'elles étaient vagues, parce que tous les membres n'étaient pas des jurisconsultes. Tronchet qui y prit une part active se servait d'une expression plus dure; il parlait des « divagations » des orateurs[7].

3. *Traité élémentaire de droit civil*, t. I, n° 218.
4. V. Colin et Capitant, *Cours élémentaire de droit civil*, 8e édit., t. II, n° 916.
5. Civ. 22 juin 1898 (D. P. 99. 1. 5.).
6. *Méthode d'interprétation et sources du droit*, 2e édit., t. I, p. 295, note 3.
7. Locré, *Législation civile, Prolégomènes*, ch. VI, t. I, p. 49.

Il est étonnant que, malgré les leçons de l'expérience, les auteurs et les tribunaux continuent à chercher des éclaircissements là où règne la confusion. Ils cèdent à la force de la routine et à la persistance de l'espoir toujours déçu d'y trouver la pensée du législateur[8].

La conception anglaise est certainement beaucoup plus proche que la nôtre de la réalité des choses. Elle considère que la loi est un organisme qui forme un tout et se détache de la volonté de ceux qui l'ont élaborée le jour où elle est votée. C'est en elle et en elle seule qu'il faut chercher l'esprit et la raison d'être de ses prescriptions, non dans les déclarations divergentes des hommes qui ont collaboré à sa confection. La loi est ce qu'elle est; elle n'est pas ce que l'on aurait voulu qu'elle fût. C'est de l'ensemble de ses dispositions et d'elles seules qu'il faut déduire les règles qui permettent de l'adapter aux faits. L'argument que les Anglais font valoir pour justifier leur méthode est très probant. Il est tiré de l'interprétation des actes juridiques et spécialement des contrats qui sont les plus importants d'entre eux. L'interprétation d'un texte législatif ressemble de fort près à celle d'un acte juridique, car l'un et l'autre sont l'expression de la volonté de ses auteurs. Or, les règles admises pour la recherche de la volonté des contractants sont contraires à celles que l'on suit pour les actes législatifs. C'est dans l'écrit dressé par les contractants, uniquement dans cet écrit, que l'on doit chercher la solution des difficultés que soulève son interprétation. La règle est énoncée chez nous dans l'art. 1341, c. civ., lequel ne se contente pas d'imposer la rédaction d'un écrit pour tout contrat excédant aujourd'hui la somme ou la valeur de cinq cents francs, mais ajoute cette prescription essentielle : « Il n'est reçu aucune preuve par témoins contre et outre le contenu aux actes, ni sur ce qui serait allégué avoir été dit avant, lors ou depuis les actes, encore qu'il s'agisse d'une somme ou valeur moindre de cinq cents francs. » Vieille disposition, expression de la sagesse populaire, fruit de l'expérience tirée de l'observation de la vie. Elle remonte à l'ordonnance de Moulins de 1566 qui a introduit la nécessité de l'écrit, par méfiance contre la fragilité, la variabilité des témoignages. Les déclarations verbales qui précèdent ou accompagnent la conclusion d'un contrat ne comptent pas; la consécration de la volonté dans l'acte écrit compte seule. « Quand les parties consignent leur accord dans un écrit, la loi, d'après le bon sens, doit présumer qu'elles ont inséré dans cet écrit tout ce qu'il était nécessaire d'y inclure et qu'il contient l'expression exclusive et appropriée de leurs volontés respectives[9]. » Sir Pollock, le grand jurisconsulte anglais, a dit de son côté : « Il serait contraire à l'intérêt général et, dans la plupart des cas, à l'intention actuelle

8. La circulaire du garde des Sceaux sur le décret-loi du 16 juill. 1935, réduisant de 10 pour 100 le prix des loyers, est la preuve de la persistance de cet état d'esprit, à moins qu'elle ne contienne une pointe d'ironie : « *Les difficultés qui peuvent se présenter dans l'interprétation d'un texte législatif trouvent généralement leur solution dans les indications que donnent les travaux préparatoires.* Mais lorsqu'il s'agit d'un décret pris en vertu de la délégation donnée au Gouvernement par le Parlement et dont l'étude est poursuivie en dehors de toute publicité, il ne me paraît pas inopportun de préciser la pensée qui a présidé à son élaboration et la portée que l'on a voulu fixer à ses dispositions. Sans doute les explications ainsi données ne s'imposeront-elles pas au juge; mais celui-ci, en présence de certaines difficultés d'application pourra du moins y trouver des éléments de nature à le guider, à l'éclairer, à parer aux insuffisances inévitables d'un texte qui ne peut prévoir à l'avance la multiplicité et la variété des cas auxquels il doit s'appliquer ».

9. Dalloz, *Jur. gén.*, v° *Obligations*, n° 4717.

des parties, qu'une preuve fût admise pour contredire les termes du contrat tels qu'ils ont été exprimés par elles. L'interprétation doit rechercher non l'intention présumée, mais l'intention manifestée. L'intention supposée que les parties n'ont pas exprimée dans une forme manifeste ne doit pas être retenue. » Les instructions que le code civil donne aux juges dans les art. 1156 et suiv. pour l'interprétation des contrats, sont en pleine concordance avec cette règle. « On doit, dans les conventions, dit l'art. 1156, rechercher quelle a été la commune intention des parties contractantes, plutôt que de s'arrêter au sens littéral des termes. » C'est dans la convention qu'il faut rechercher la commune intention des contractants.

Comment se fait-il donc que l'on n'applique pas les mêmes principes à l'interprétation des lois ? Comment ce qui est conforme au bon sens quand il s'agit de préciser la volonté des auteurs d'un acte écrit ne l'est-il plus pour la recherche de l'esprit de la loi ? Les points de ressemblance sont cependant nombreux entre la loi et le contrat et ce n'est pas sans raison que l'art. 1134 proclame que les conventions tiennent lieu de loi à ceux qui les ont faites. Il y a même des raisons majeures qui commandent d'appliquer aux lois les mêmes règles d'interprétation qu'aux contrats, car s'il est relativement aisé de rechercher la volonté de l'auteur d'un acte, il est impossible, comme nous l'avons dit, de reconstituer la volonté collective d'une assemblée.

Ces considérations démontrent, nous semble-t-il, la supériorité de la conception anglaise ; elle est plus large, plus conforme à la raison et à l'observation des faits. Comme le dit Dicey, *loc. cit.*, elle accroît l'autorité des juges et la fixité du Droit, garantie du justiciable. En outre, elle exerce une heureuse influence sur le Parlement en l'obligeant à donner plus d'attention à la rédaction de la loi pour éviter les formules ambiguës ou équivoques et les contradictions. Elle provoque un travail législatif plus soigné, plus sérieux et partant de meilleure qualité. Qu'on n'objecte pas qu'elle a le défaut de faire prévaloir la lettre sur l'esprit. L'interprète sait bien qu'il doit toujours sous la lettre rechercher l'esprit qui l'a inspirée. Et en restant, pour le dégager, sur le terrain solide du texte, il aboutit à des conclusions plus sûres, mieux fondées que celles qu'il peut tirer des opinions exprimées dans les délibérations parlementaires.

En résumé, l'interprétation des lois deviendrait plus simple, plus forte si l'on faisait abstraction complète des travaux préparatoires.

LE DROIT DE NE PAS PAYER SES DETTES

1936

Georges Ripert

Professeur à la Faculté de droit de Paris et à l'École des Sciences politiques

I.

Quand on arriva dans la discussion du Code civil au titre du payement, la disposition qui devait être l'art. 1244 parut difficile à justifier. L'ancienne jurisprudence admettait les délais de grâce, mais pouvait-on, maintenant que la séparation des pouvoirs législatif et judiciaire était acquise, donner au juge un droit si manifestement contraire à la force obligatoire des conventions ? Bigot-Préameneu justifie le projet parce que la loi peut autoriser le juge à faire acte d'humanité et il insinue habilement que ce peut être dans l'intérêt du créancier lui-même. Jaubert invoque l'équité naturelle et les droits de l'humanité; il a confiance dans la conscience des juges et leur responsabilité morale. L'art. 1244 traduit ces préoccupations : les juges doivent prendre en considération la *situation du débiteur;* ils doivent accorder des *délais modérés;* ils ne peuvent user de ce pouvoir qu'*avec la plus grande réserve*. Le Code de commerce se montra moins libéral encore : il exclut la possibilité du terme de grâce pour le payement des lettres de change et des billets à ordre (anciens art. 157 et 158). Plus tard, le décret du 28 février 1852 sur le Crédit foncier vint également enlever aux emprunteurs la possibilité d'obtenir du juge un délai de payement (art. 26).

Pendant un siècle, les débiteurs poursuivis se sont présentés humblement devant le tribunal, sollicitant délais pour payer et, si les décisions favorables étaient nombreuses, elles étaient dictées par le sentiment de pitié qui empêche qu'une suprême injustice ne résulte de l'application stricte du droit.

La guerre, les bouleversements économiques qui l'ont suivie, la crise morale qui en a été la conséquence ont détruit le respect de l'échéance. Le législateur a prétendu régler lui-même le payement des dettes. Mais le législateur, sous un régime démocratique, n'est que le fidèle serviteur des intérêts du nombre. Chaque mesure qu'il prend en faveur des uns motive les réclamations des autres et impuissant à créer la prospérité, il ne peut que répéter la même décision d'atermoiement. Il permet aux débiteurs de ne pas payer. La dispense est toujours déclarée temporaire; on attend le miracle ou la catastrophe qui permettra ou évitera le règlement.

II.

Les commerçants qui étaient étreints par la législation la plus rigoureuse ont été les plus ardents dans leurs réclamations. Leur force politique est grande et le législateur a cédé. Par les lois des 5 juillet 1933, 19 mai et 6 juillet 1934, il a effacé la stricte obligation de respecter l'échéance dans le payement des billets à ordre et permis au juge d'accorder des délais pour les billets de fonds. Puis, sous le prétexte que le prix de la vie ne baisserait pas tant que les commerçants seraient accablés par la charge que représente pour eux le prix d'achat trop élevé de leurs fonds, la grande *loi du 29 juin 1935*, modifiée sur un point par la loi du 9 janvier 1936, est venue régler le mode de payement du prix des fonds de commerce achetés avant le 1er juillet 1933.

Le président du tribunal de commerce a le droit d'accorder des délais de payement à tout débiteur du prix, à tout souscripteur de billets de fonds, même s'il y a eu une décision judiciaire antérieure. Le débiteur n'a pas à se déranger : le tribunal compétent est celui du lieu de son exploitation. Il n'a rien à craindre : l'action résolutoire est suspendue jusqu'à l'expiration des délais accordés, la capitalisation des intérêts est interdite ; le vendeur doit lui dénoncer les cessions de créance et de billets.

Le président du tribunal de commerce statue souverainement. Il peut accorder des délais au débiteur, fixer des échéances, réduire les intérêts conventionnels ou moratoires, ordonner le sursis à l'exécution de toutes décisions de justice. Pour une telle décision, le législateur ne lui donne aucune indication. La loi de 1925 se garde bien de reproduire les expressions restrictives de l'art. 1244. Elle ne dit qu'une seule chose, et elle est grave : le président doit statuer *compte tenu de la situation économique*. Voilà donc un juge commerçant substitué au tribunal, jouissant d'un pouvoir absolu pour décider si les commerçants de son ressort doivent payer leurs fonds et les dispensant de payer à raison de la situation économique !

III.

La procédure instituée par la loi du 29 juin 1935 a excité l'envie de tous les débiteurs qui rêvent d'obtenir des délais. La *loi du 25 mars 1936* leur donne satisfaction en ajoutant un nouveau paragraphe à l'art. 1244 c. civ. « En cas d'urgence, la même faculté appartient en tout état de cause au juge des référés. »

La loi est intitulée : « Loi tendant à accorder des délais aux débiteurs malheureux et de bonne foi. » Nous rentrons dans l'esprit du Code civil. C'est la situation personnelle du débiteur qui doit être prise en considération par le juge. Il y a seulement simplification de la procédure. La loi suspend les délais fixés pour la validité des procédures d'exécution en ajoutant cette règle à l'art. 1244.

Les débiteurs du Crédit foncier ne sont pas oubliés. L'art. 2 de la loi déroge aux dispositions du décret du 28 février 1852. Le juge des référés pourra suspendre pour eux toute mesure d'exécution et accorder toute remise d'adjudication. Toutefois, le législateur croit devoir ici excuser son intervention : il déclare que le juge interviendra « à titre exceptionnel » ; il réserve la faveur « au débiteur malheureux et de bonne foi » ; il ne l'accorde pas à celui qui a bénéficié d'un délai amiable au moins égal à un an ; il ne permet pas d'accorder un délai supérieur à une année.

IV.

Voici l'été 1936. Que faisiez-vous aux temps chauds ? pourra dire l'hiver prochain le créancier à son débiteur. La fourmi apprendra que la cigale a suffisamment chanté de refrains révolutionnaires pour avoir obtenu le droit de ne pas payer.

Une *loi du 20 août 1936* est intitulée : « Loi tendant à accorder des délais aux producteurs agricoles pour le payement des dettes qu'ils ont contractées pour les besoins de leur exploitation. » Que les civilistes ne passent pas dédaigneusement devant cette mesure exceptionnelle. L'art. 1er de la loi modifie l'art. 1244 du Code civil. Il n'y a pas à s'y tromper. Le titre de la loi ne compte pas, il n'a pas de valeur juridique. C'est bien une modification générale de la loi civile qui se trouve dans ce texte qui paraît ne viser que l'agriculture. On a depuis longtemps tout dit sur cette méthode de légiférer.

Il faut lire avec soin ce nouvel art. 1244, il reproduit une grande partie de l'ancien et pourtant il en change complètement le sens.

Le législateur efface tout d'abord la formule « et en usant de ce pouvoir avec une grande réserve ». C'est l'esprit scrupuleux des juristes de 1804 qui s'exprime ainsi. Il ne s'agit plus maintenant d'inviter le juge à la réserve. Le bon juge doit, bien au contraire, avoir l'esprit de décision. Cette phrase est remplacée par une autre : « compte tenu de la situation économique. » Nous la reconnaissons : c'est celle qui se trouve dans la loi du 29 juin 1935. Le juge moderne est un expert en matière économique; il doit décider si nous sommes à une époque où il est facile de payer. Mais on pense bien que le législateur l'incite à la solution favorable au débiteur. On ne parle dans les lois de la situation économique que lorsqu'elle est mauvaise.

D'autre part, la loi nouvelle efface dans l'art. 1244 l'expression *délais modérés.* Elle y substitue cette magnifique expression : *délais qui emprunteront leur mesure aux circonstances.* Voilà le juge bien avancé. En revanche, le Code fixe maintenant à une année le maximum du délai accordé. La loi ne dit pas si on pourra, par une nouvelle procédure, solliciter un renouvellement.

Quant aux producteurs agricoles qui ont contracté des dettes pour les besoins de leur exploitation, quel est le régime spécial qui leur est promis par le titre de la loi ? Il n'en est plus question dans le texte. La loi prévoit seulement qu'après avoir obtenu un délai de payement ou un sursis d'exécution, ils pourront emprunter à la Caisse de crédit agricole la somme nécessaire pour payer leur dette sans spécifier d'ailleurs comme dans le titre de la loi la nature de la dette. En somme, c'est leur défaillance au payement qui les désigne spécialement à la bienveillance des caisses de crédit agricole. Il faut commencer par ne pas payer pour pouvoir emprunter !

V.

La *loi du 21 août 1936* est plus digne encore d'appeler l'attention des juristes encore que sa portée d'application soit plus restreinte, car elle ne s'applique qu'aux commerçants, industriels et artisans.

Le titre est modeste et pitoyable : « Loi tendant à permettre l'octroi de délais. » Ne nous fions pas au titre. La loi débute ainsi : « À titre transitoire et à dater de la promulgation de la présente loi, *seront suspendues de plein droit...* toutes poursuites et mesures conservatoires. » Il ne s'agit en aucune façon de délais de grâce, c'est un moratoire légal.

Les Français sont par l'effet de cette loi classés en deux catégories : ceux qui ne sont pas inscrits au rôle de l'impôt général sur le revenu en l'an 1936 et les autres. Les premiers bénéficient du moratoire; les autres sont exclus du bénéfice de la loi. L'assujettissement à l'impôt devient le signe d'une discrimination dans l'application des lois civiles. La loi du 21 août 1936 est une loi de classe. C'est une loi pour les prolétaires et non pour les bourgeois. L'idée d'égalité civile va rejoindre dans la réserve des conceptions surannées le principe du respect des contrats.

En passant, le législateur marque son animosité à certaines formes d'exploitation. Il exclut du bénéfice de la loi les établissements à succursales multiples, les magasins à prix unique, les établissements de crédit.

Les dettes qui ne seront pas payées sont énumérées par la loi :

1° Les dettes contractées antérieurement au 1er janvier 1935 à l'occasion de l'*acquisition d'un fonds de commerce* ou d'un fonds artisanal; la loi nouvelle plus large et plus énergique que la loi du 29 juin 1935, permet aux petits commerçants de ne pas payer sans avoir à demander des délais et elle s'applique également aux artisans;

2° Les *engagements locatifs* de nature commerciale, industrielle ou artisanale contractés antérieurement au 1er janvier 1935 et échus avant la promulgation de la loi.

3° Les *emprunts* contractés avant la promulgation de la loi pour l'acquittement des dettes précédentes.

La loi suspend les poursuites et mesures conservatoires « qui seraient susceptibles d'*empêcher l'exercice normal de la profession* ». C'est une expression bien mystérieuse. Étant donnée la nature des dettes énumérées, la poursuite du créancier ne manquera pas de troubler le débiteur. Au surplus, comme il s'agit d'une suspension de plein droit, le créancier ne se hasardera pas à entamer une poursuite.

Voilà donc les débiteurs tranquilles, ils ne seront plus troublés par leurs créanciers. Il n'est plus question de l'humiliation du délai de grâce. Le législateur leur a donné le droit de ne point payer.

Mais le vendeur qui comptait sur le prix de vente, le bailleur qui vivait de ses loyers, le prêteur qui a besoin de son capital, que vont-ils devenir ? Le législateur place à sa droite ceux qui ne payent pas l'impôt sur le revenu pour leurs revenus de 1935; parce qu'il a pour eux toute tendresse, il place à sa gauche les réprouvés, ceux qui payent l'impôt et qui n'ont rien à attendre de lui.

Que faire pour les petits vendeurs, les petits bailleurs, les petits prêteurs ? Ils ne sont pas payés; eh bien ! qu'ils ne payent pas les autres. L'art. 4 de la loi suspend contre eux de plein droit toutes poursuites et mesures d'exécution. Leurs créanciers porteront le poids de la remise accordée à leurs débiteurs. Il n'y a pas de raison de s'arrêter. Le législateur aurait pu s'intéresser aux créanciers du vendeur, du bailleur, du prêteur. Il ne l'a pas fait.

Cette disposition de l'art. 4 est d'ailleurs à peu près incompréhensible. Le législateur a repris dans cet article la formule de l'art. 1er. Il vise les poursuites susceptibles d'empêcher l'exercice normal de la profession. De quelle profession s'agit-il ? Le vendeur du fonds de commerce, le bailleur, le prêteur n'ont pas nécessairement une profession. D'autre part, comment le créancier poursuivant, peut-il savoir que son débiteur est lui-même victime du moratoire ?

La disposition est si singulière que la loi prévoit une limitation à son application. Mais cette nouvelle disposition ne fait qu'aggraver l'incohérence. Le créancier peut être dans le besoin, le débiteur peut être de mauvaise foi ; le créancier demandera alors au juge des référés l'autorisation de poursuivre. Il ne pourra l'obtenir que s'il n'est pas inscrit au rôle de l'impôt général sur le revenu (cette fois-ci, la loi oublie de dire si c'est au rôle de 1936) et s'il justifie qu'il est dans le besoin.

Il y a dans ce droit nouveau, improvisé au gré des demandes intéressées, une force comique. J'ai prêté une somme d'argent à un commerçant ou à un artisan et, le terme étant arrivé, je désire la recouvrer. Mon débiteur a vendu son fonds, mais il n'est pas entièrement payé ; il ne me payera donc pas. Il n'a plus de profession, mais la loi m'ordonne de ne pas le troubler dans l'exercice de sa profession. J'ai un besoin urgent de cette somme ; le juge me demande sévèrement de justifier non pas seulement que j'en ai besoin, mais que je suis dans le besoin. Et dans cette dispute judiciaire, les plaideurs se jettent à la tête les rôles d'impositions, tout contribuable étant jugé trop riche pour avoir le droit de réclamer sa créance.

Tout cela sans doute est temporaire, l'art. 1er de la loi dit transitoire. C'est le passage vers un droit nouveau. L'art. 5 dispose que les dispositions de la loi cesseront de produire effet pour chacune des catégories de dettes qui y sont visées « le jour où seront publiées au *Journal officiel* (il y a donc des lois qui ne le sont pas, ou bien est-ce une nouvelle date d'application des lois ?) les lois fixant définitivement le mode de règlement de chacune de ces catégories et au plus tard le 1er décembre 1936 ». Il faut donc nous attendre à de nouvelles lois.

VI.

Ces lois sont-elles la première ébauche d'un droit nouveau ? Faut-il y deviner l'ordre qui remplacera celui que le Code civil établissait ? On voudrait le croire, mais à la vérité, rien n'apparaît ici qui soit nouveau et qui promette l'ordre.

La faveur que la démocratie n'a jamais cessé de témoigner aux faibles lui fait depuis longtemps considérer le débiteur comme le seul digne de la protection des lois (v. Georges Ripert, *Le régime démocratique et le droit civil nouveau*, 1936, nos 69 et suiv., p. 133 et suiv.). La crise économique est le motif ou le prétexte qui est invoqué pour accentuer cette protection. Il est si simple de faire taire les plaintes des malheureux en les dispensant de payer. L'atermoiement est devenu pour tous les gouvernements le procédé usuel. Quand la passion démocratique devient plus vive, la révolte du débiteur est officiellement encouragée. C'est un désordre d'où rien d'utile ne peut sortir.

La seule chose vraiment nouvelle qu'il y ait dans ces lois, c'est la classification des sujets de droit d'après leur fortune. Nous avions déjà des lois qui subordonnaient la recevabilité de certaines réclamations à la qualité de non-contribuable, mais il s'agissait de l'octroi de faveurs publiques. C'est la première fois que le législateur a inscrit dans une loi civile une division des sujets en deux classes, pour faire dépendre le droit du créancier de la classe sociale à laquelle appartient le débiteur.

De telles lois sont des sources d'injustice. Elles peuvent être tolérées quand un intérêt économique supérieur prescrit pour le salut du pays le sacrifice de certains droits. Mais c'est tuer le contrat que de libérer légalement le débiteur chaque fois qu'il éprouve une difficulté de payement. La disparition du crédit ne manque pas de suivre de telles mesures.

On voudrait croire qu'elles sont inspirées par un souci d'humanité pour des débiteurs malheureux. Il faudrait alors laisser le juge libre de décider et lui imposer la prudence. La loi qui édicte un moratoire de droit au profit d'une classe sociale, n'est plus que le butin de victoire d'un parti vainqueur.

SUR LA RECONSTITUTION D'UN DROIT DE CLASSE

1937

Louis Josserand

Doyen honoraire de la Faculté de droit de Lyon

Le code Napoléon, qui tournait la page sur l'ancien régime et sur les convulsions dont la France avait été secouée pendant les années révolutionnaires, avait pour inestimable mérite et pour raison suffisante de consacrer enfin, dans la Nation une et indivisible, l'unité de législation ; œuvre à la fois individualiste et égalitaire, libérale et profondément humaine, il faisait table rase des distinctions sociales et de hiérarchies périmées, qu'elles fussent terriennes ou nobiliaires, religieuses ou laïques, financières ou bourgeoises, corporatives ou individuelles ; il s'était attaché à ne connaître ni classes, ni privilèges ; celles de ses dispositions qui prennent en considération la situation sociale ou professionnelle des personnes – art. 1326, 1781 par exemple – sont en nombre infime ; avec sa protection et sous son égide, les Français pouvaient se dire véritablement égaux devant la loi, puisque chacun d'eux était à même de se réclamer, quelles que fussent sa condition, sa profession ou sa fortune, d'un même statut uniforme qui avait été établi pour tous et qui, intervenu à la suite des renoncements de la nuit du 4 août 1789, et en application de la loi Chapelier, abolitive du droit corporatif, comme aussi et surtout de la fameuse Déclaration du 3 sept. 1791, était véritablement le code des Droits de l'homme et du citoyen ; c'est pourquoi, suivant une juste appréciation, la plus élogieuse que l'on puisse faire de ce monument législatif, il « procura la paix sociale comme une bonne hygiène procure la santé ». (G. Sorel, *Livre du centenaire du code civil, Introduction*, p. XXIX.)

* * *

Mais l'histoire se recommence sans cesse, et c'est de cette hygiène salutaire que notre pays s'écarte depuis un demi-siècle, timidement d'abord, puis délibérément, enfin dans un transport d'euphorie qui menace de tout emporter, pour nous ramener, sur un plan nouveau, à un lointain passé que l'on croyait à jamais aboli. Dans les lignes d'un mouvement contre-révolutionnaire, on voit se développer, par opposition à la notion d'un droit commun, la conception d'une législation de classe, plus précisément d'un droit professionnel qui se subdivise naturellement en une série de compartiments correspondant aux diverses activités humaines et aux différentes positions que chacun de nous peut occuper dans la société ; ce n'est plus en tant qu'homme ou en tant que Français que notre droit nous est octroyé et mesuré, mais bien en qualité de commerçant, d'industriel ou de fonctionnaire, d'employeur ou d'employé, d'artisan ou de cultivateur, d'ancien combattant ou de père de famille, de propriétaire ou de locataire, de contribuable ou de non-assujetti, de syndiqué ou d'isolé. De toutes parts surgissent ou resurgissent des catégories sociales qui sont, non pas toujours, mais le plus souvent, des catégories professionnelles et qui suscitent autant de catégories juridiques, régies par des statuts appropriés; d'où une dispersion, une fragmentation du droit qui s'oppose de plus en plus vigoureusement à la conception unitaire de notre code civil; le droit commun, découpé en tranches, fait place à une série de droits spécialisés; un travail de stratification s'opère qui superpose des couches juridiques correspondant aux diverses classes sociales ou professionnelles; un droit de classe supplante le droit unitaire, en sorte que, contrairement à la règle fondamentale posée dans l'art. 6 de la Déclaration des droits de l'homme, la loi a véritablement cessé d'être la même pour tous (v. G. Ripert, *Le régime démocratique et le droit civil moderne*, 1936).

*
* *

Sans doute serait-il superflu de noter ici, par le menu, les multiples affirmations de ce mouvement politique, juridique et social, de cette marche triomphale à la pluralité des statuts et des droits : chacun sait que le droit *commercial* s'est enrichi de tels apports et manifeste une idiosyncrasie tellement poussée que le *commerçant* est véritablement un autre homme juridique que le non-commerçant; que, soumis à des obligations particulières, il bénéficie en revanche de facilités et de privilèges qui constituent, dans leur ensemble, tout un statut spécial, tout un droit professionnel, un droit de classe, le *droit commercial*, dans lequel pullulent quantité d'institutions plus ou moins exorbitantes du droit commun : la révision des baux commerciaux et la réduction des loyers; une action en réduction pour cause de lésion; la réglementation des « billets de fonds »; et ce droit singulier à qui l'on a décerné le nom plus singulier encore de « propriété commerciale » et qui se résume, en définitive, dans un cadeau offert aux commerçants, par le législateur, avec l'argent des propriétaires fonciers.

Le même cadeau fut consenti, du même coup, à une autre classe professionnelle, celle des *artisans* (L. 30 juin 1926, art. 18 *in fine*), laquelle bénéficia rapidement d'avantages assez nombreux et importants pour constituer, dans leur ensemble, un véritable *droit artisanal* auquel se rattachent quantité d'institutions, spéciales ou spécialisées : propriété artisanale, crédit à l'artisanat, registre des métiers, chambres des métiers, exemptions fiscales, etc.

Quant à la classe *ouvrière*, elle possédait, dès auparavant, son statut spécial qui trouve place dans le *Code du travail et de la prévoyance sociale;* avec les lois relatives au contrat de travail, aux accidents du travail, au payement du salaire, aux allocations familiales devenues obligatoires, aux assurances sociales, le *droit ouvrier* a pris un développement qui lui confère une réelle autonomie et qui fait de lui, très légitimement d'ailleurs, une des branches les plus importantes de notre moderne législation.

Mais les *agriculteurs* ont conquis, eux aussi, leur droit de classe, avec l'élaboration et la promulgation successive d'un *code rural* et de diverses lois qui abritent quantité d'institutions nouvelles ou adaptées aux besoins de la profession : crédit agricole, warrantage des récoltes, protection des appellations d'origine, révision du bail, voire réduction de plein droit du fermage stipulé, et bientôt, sans doute « propriété culturale », etc. Ainsi s'élabore, à côté du droit commercial, du droit artisanal et du droit ouvrier, un *droit rural*, à allure professionnelle, qui consacre un nouveau démembrement du code civil et une nouvelle rupture juridique de la communauté.

La profession *médicale* est également dotée d'un statut particulier ; il existe un droit *médical*, comme nous possédons un droit *associationnel*, un droit *syndical*, un droit pour les *marins*, pour les *pilotes*, pour les *retraités*, pour les *anciens combattants*, pour les *pères et mères de familles nombreuses*. De tous les points de l'horizon juridique surgissent ainsi des disciplines nouvelles, spécialisées, qui, en s'instituant à l'intérieur ou en marge du vieux droit commun, viennent en consacrer le démembrement, la dissociation, presque la faillite ; la condition juridique de l'homme est fixée, non plus abstraitement, mais en fonction de sa position sociale, de sa profession, des services qu'il rend ou qu'il est considéré comme devant rendre à la société ; c'est seulement *ès qualités* que chacun de nous peut désormais prétendre à la protection de la loi et des pouvoirs publics.

*
* *

Il n'en est que plus intéressant de constater que ce mouvement de dissociation du droit commun qui se poursuit à l'intérieur de notre pays trouve son complément, à la fois, et sa contre-partie, dans un mouvement de concentration et d'unification qui se réalise sur le plan international : sans aucun doute et de plus en plus, la tendance est ici à l'uniformisation, alors que, dans le domaine interne, elle est à la division et à la spécialisation : le droit de classe veut devenir un droit international, plus exactement un droit mondial.

Ce phénomène, complémentaire du précédent et qui lui donne sa pleine valeur en même temps que sa signification exacte, se réalise sous l'action de forces multiples et très diverses qui concourent au même but.

I. C'est d'abord l'intensification des relations à longue distance qui, sous l'impulsion des découvertes et des progrès scientifiques, devait nécessairement élargir l'horizon du législateur et du juriste et faire se poser sur le plan mondial des problèmes qui, jusqu'alors, étaient résolus à l'intérieur des frontières de chaque pays, pour son propre compte. Depuis un assez long temps déjà, le *droit des transports* tend à s'unifier, à s'uniformiser soit en ce qui concerne les communications postales, soit pour ce qui est des transports effectués par la voie ferrée (Convention de Berne de 1890, remplacée par les conventions plus complètes et plus larges de 1924), soit encore en matière de navigation aérienne (Convention de Varsovie de 1928 ; Convention de Rome, du 29 mai 1933) ; opération devenue internationale, le transport devait évoquer une réglementation également internationale.

II. La *Société des Nations* a apporté à cette œuvre d'unification du droit une contribution importante, ainsi qu'en portent témoignage les conventions signées, sous ses auspices, à Genève, par vingt-six États, le 7 juin 1930 et le 19 mars 1931, portant loi uniforme, la première sur les lettres de change et les billets à ordre, la deuxième sur les chèques, et qui ont déterminé, dans notre pays, le remplacement du titre huitième du livre Ier du code de commerce, ainsi que celui de la loi du 14 juin 1865 concernant les chèques (Décrets-lois du 30 oct. 1935, unifiant le droit en matière de lettres de change et de billets à ordre, ainsi qu'en matière de chèques. – V. Lescot, *Les effets de commerce*, t. 1er, p. 112 et suiv. ; Bouteron, *Le statut international du chèque* ; Hamel, *Banques et opérations de banque*, t. 1er,

p. 1002 et suiv.; J.-L. Bayalovitch, *L'unification du droit du change*, thèse, Lyon, 1934).

D'autre part, *l'Institut international de Rome pour l'unification du droit privé*, qui ressortit à la Société des Nations, élabore en ce moment, sous la direction du premier président d'Amelio, deux projets de lois uniformes, l'un concernant la responsabilité civile des automobilistes, l'autre l'assurance obligatoire.

Enfin, on sait quelle contribution est apportée par le Bureau international du travail à l'étude et à la confrontation des jurisprudences qui se sont instituées, dans les différents pays, en ce qui concerne le droit ouvrier : le *Recueil international de jurisprudence du travail* est une œuvre féconde, qui doit avoir pour résultat, un rapprochement progressif des statuts nationaux, une unification plus ou moins poussée de la réglementation du travail.

III. L'effort purement doctrinal n'est pas moins remarquable, qui tend à rapprocher et à uniformiser les droits des différents pays, au moins en certaines matières et réserve faite des institutions qui touchent à l'organisation de la famille : la création récente, dans les facultés de droit, d'enseignements et d'instituts de droit comparé a exercé, dans cette direction, une influence décisive ; de plus en plus volontiers, les juristes de chaque nation s'intéressent à l'œuvre législative des autres pays et s'efforcent de dégager un droit commun législatif mondial. À cet égard, il convient de signaler tout spécialement l'œuvre réalisée par *l'Union législative entre les nations amies et alliées* dont les deux comités, français et italien, ont réussi à mettre debout un *projet de code franco-italien des obligations*, dont le texte, arrêté définitivement à Paris, en octobre 1927, n'attend plus, pour entrer en vigueur, que la ratification des Parlements des deux pays intéressés.

IV. Enfin, il ne faut pas omettre de signaler la participation de tout premier ordre qui est apportée à la cause de la concentration du droit, sur le plan des relations internationales, par l'élément *corporatif* : les règles qui se dégagent à l'intérieur d'une profession, d'une corporation, voire d'un service public, par le jeu des contrats collectifs, des organismes paritaires, des arbitrages professionnels, des usages et des errements constamment observés, sont douées d'une force d'expansion mondiale et tendent à la constitution d'un *droit corporatif international* (v. dans la Bibliothèque de l'Institut de droit comparé de Lyon, les tomes 18, 19 et 20 : Ishizaki, *Le droit comparatif international de la vente des soies;* Ces. Vivante, *La penetrazione dell'ordinamento corporalivo nel diritto privato*, dans le *Diritto del Lavoro*, 1931, fasc. 8-9).

Grâce à l'action de ces différents facteurs, nous assistons, sur le plan international, à un phénomène diamétralement opposé à celui qui se manifeste à l'intérieur du pays : le mouvement juridique qui s'effectue, en droit interne, sous le signe de la dissociation et de la spécialisation, se poursuit, au-delà de nos frontières, sous celui de la concentration et de l'unification : la loi de l'unité et de l'uniformité change ainsi d'incidence et de signification : elle trouve son centre de gravité, son point d'application, non plus à l'intérieur de chaque pays et pour toutes les disciplines juridiques, mais bien pour chacune de ces disciplines et sur le théâtre mondial; elle se trouve déportée du plan national sur le plan international ; à la pluralité de droits communs nationaux tendent à se substituer des droits de classe internationaux.

*
* *

Contre un mouvement législatif et juridique de cette envergure, il serait vain de récriminer : le mot profond de Portalis qui notait qu'à vrai dire les codes ne sont point faits par le législateur, mais qu'ils se font eux-mêmes avec le temps – ce mot est vrai, d'une vérité accrue, multipliée par le nombre des facteurs, lorsqu'on l'applique au phénomène mondial à double action que nous venons de noter en quelques mots ; tout au plus est-il permis à l'observateur impartial d'enregistrer les impressions qu'il ressent, en s'efforçant de porter, sur le drame juridique actuellement en cours, un jugement aussi objectif que possible.

Le sens de ce jugement ne saurait faire doute en ce qui, concerne la tendance à l'unification internationale de différentes parties du droit privé : chacun se rend compte, dans le monde des praticiens comme parmi les juristes purs, de l'intérêt que présenterait, pour les relations commerciales comme pour celles de la vie courante, l'uniformisation du droit des obligations, de la législation du travail, de la responsabilité civile des automobilistes ; il en résulterait plus de facilité et plus de sécurité dans les transactions, dans l'industrie, dans les rapports du capital et du travail, dans la circulation des véhicules ; c'est vers la conquête d'un progrès certain et définitif qu'un tel mouvement est orienté.

On ne saurait être aussi affirmatif en faveur du travail de dissociation qui s'accomplit à l'intérieur du pays et qui tend à la substitution d'un droit professionnel, d'un droit de classe, à l'harmonieuse unité du droit commun institué par le Consulat et le Premier Empire : outre que le mouvement est susceptible de porter un coup fatal à la grande codification, et spécialement au code Napoléon qui a répandu si loin dans le monde la pensée juridique française, il faut bien comprendre qu'il est de nature, en intégrant l'homme à sa classe, en l'identifiant à sa profession, à relâcher le lien qui l'unit à son pays et à obscurcir, dans sa pensée et dans son cœur, l'idée même de patrie.

Et surtout, il est à craindre qu'une telle conception du droit soit impuissante à assurer cette paix sociale dont Georges Sorel attribuait justement le mérite au code civil : l'établissement de rapports équitables entre les différentes classes de ressortissants s'avère infiniment délicat ; l'équilibre des statuts corporatifs restera toujours d'une réalisation difficile ; fatalement, et quoi qu'on fasse, il adviendra constamment que telle classe s'estimera désavantagée par rapport à telle autre et qu'elle entreprendra, aux dépens de sa voisine, une lutte juridique en vue de réaliser de nouvelles conquêtes ; ce déchaînement des appétits professionnels, ce combat pour le droit, où la victoire sera assurée à la classe la mieux armée, la plus nombreuse et, par suite, la plus influente, ne sera pas précisément un gage d'harmonie entre les hommes ni de tranquillité sociale ; le duel qui se poursuit entre la propriété foncière, défavorisée par son caractère statique, et la propriété dite commerciale, forte de son dynamisme, illustre depuis quelques années cette vérité et ce péril ; plus que jamais, le droit appartiendra au plus fort ; suivant la définition qu'en donnait un philosophe allemand, il sera vraiment « la mesure de la puissance de chacun », plus exactement de chaque profession, de chaque classe ; ce sera une nouvelle interprétation de la vieille formule du droit romain « *suum cuique tribuere* » ; il est douteux qu'elle constitue, par rapport à l'interprétation qui avait prévalu jusqu'alors, plus élevée à la fois et plus humaine, un progrès moral ou social ; le droit de classe n'est autre que la projection, dans le domaine juridique, des luttes de classes ; il est doué d'un dynamisme permanent et implacable, qui en fait un instrument, non de paix sociale, mais de guerre civile.

LA LOI DU 18 FÉVRIER 1938 SUR LA CAPACITÉ DE LA FEMME MARIÉE

1938

Léon Julliot de la Morandière

Professeur à la Faculté de droit de Paris

Notre vieux Code civil est l'objet de transformations de plus en plus profondes. C'est ainsi que le *Journal officiel* du 19 février a publié une loi du 18 février portant modification des textes du Code civil relatifs à la capacité de la femme mariée et supprimant la vieille règle de la puissance maritale.

Cette loi, on le sait, est issue d'un projet déposé au Sénat par le Gouvernement le 23 juin 1932 (voir chronique de H. Capitant, au *Dalloz hebdomadaire* 1932, p. 97). On aurait mauvaise grâce à reprocher au Parlement d'avoir mis cinq années à réaliser la réforme, étant donné que la commission extra-parlementaire, chargée par le ministre de la Justice de préparer le projet, a elle-même, sous l'active présidence de M. Matter, alors avocat général à la Cour de cassation, travaillé de décembre 1925 à juin 1932. Il faut observer d'ailleurs que le texte promulgué est celui qui est sorti des délibérations sénatoriales en décembre 1936 et mars 1937; la Chambre l'a adopté sans débat sur le rapport de M. Delattre (annexe à la 1re séance du 23 déc. 1937, session ordinaire 1937, nº 3.331).

Ce que l'on peut regretter davantage, c'est que le Parlement n'ait pas cru devoir adopter dans son ensemble, sinon dans son intégralité, le projet qui lui avait été soumis, qu'il l'ait scindé en deux, et surtout qu'il ait effectué la séparation dans des conditions telles qu'elle soulèvera inévitablement en pratique de nombreuses complications. Le cadre restreint de cette chronique ne nous permet pas de signaler toutes les conséquences de la loi nouvelle. Nous tenons seulement à faire ressortir l'importance des principes nouveaux qu'elle consacre.

* * *

La loi nouvelle supprime d'abord la *puissance maritale*. Cette suppression dérive de l'abrogation de l'ancienne formule de l'art. 213. Le rapporteur à la Chambre dit nettement : « Cela signifie tout simplement qu'il ne sera plus question des conséquences légales et abusives qu'on prétendait tirer du devoir d'obéissance. » Toutefois, sur ce point déjà, si l'on examine les textes en eux-mêmes, des doutes pourraient naître concernant l'efficacité de la réforme.

L'art. 1388, au titre du contrat de mariage, qui interdit de déroger aux droits résultant de la puissance maritale sur la personne de la femme n'a pas été modifié. En outre, le nouvel art. 213 nous dit : « Le mari, chef de la famille, a le choix… » N'est-ce pas, avec des mots différents, le maintien de l'autorité du mari ? Les travaux préparatoires nous montrent que telle n'a pas été la volonté du législateur. En première lecture, avait été adopté au Sénat un alinéa premier de l'art. 213 : « Le mari est le chef de la famille » ; mais précisément on a craint de ressusciter ainsi la puissance maritale : il a été décidé alors que les mots « chef de famille » seraient placés entre virgules, formeraient une proposition incidente, pour bien marquer qu'ils ne conféraient au mari aucun pouvoir général, mais étaient seulement la justification des prérogatives précises que les textes nouveaux lui conservaient.

On doit donc considérer comme disparu le droit de surveillance que le mari avait sur la conduite en général et spécialement sur la correspondance de sa femme. Par contre, la plupart des autres prérogatives que les auteurs rattachaient à la puissance maritale sont maintenues expressément, bien qu'avec des réserves importantes. Il n'y a pas de doute que la femme continuera à prendre le nom de son mari. Le mari conserve « le choix de la résidence du ménage; la femme est obligée d'habiter avec son mari et celui-ci est tenu de la recevoir ». C'est à ce propos qu'est affirmée la qualité de chef de famille qui appartient au mari. Toutefois, cette qualité cesse d'exister : 1° dans les cas d'absence, d'interdiction, d'impossibilité pour le mari de manifester sa volonté, et de séparation de corps; 2° lorsqu'il est condamné même par contumace à une peine criminelle, pendant la durée de sa peine. Et surtout la femme n'est plus obligée de suivre le mari partout où il juge à propos de résider : un droit de recours lui est ouvert devant la chambre du conseil contre une fixation abusive par le mari de la résidence du ménage.

La femme peut choisir librement, en principe, une profession. Cependant, le texte nouveau, issu des délibérations du Sénat, a apporté à ce droit des restrictions importantes. D'abord, il a été convenu que l'on ne toucherait pas à l'art. 4 du Code de commerce; la femme a donc toujours besoin du consentement marital (qui peut d'ailleurs, on le sait, être tacite) pour exercer une profession commerciale. Cette exception, au premier abord illogique, se justifie si l'on songe que la loi récente a conservé le régime légal de communauté et ne laisse par suite à la majorité des femmes la jouissance d'aucun bien : pour que la femme commerçante puisse trouver du crédit, il fallait lui permettre, par le jeu de l'autorisation maritale, de continuer à engager les biens de la communauté et du mari.

Ensuite, l'on a admis (nouvel art. 216) que, sauf s'il n'a pas la qualité de chef de famille, le mari peut s'opposer à l'exercice par la femme d'une profession séparée, sous le contrôle toutefois de la chambre du conseil, qui peut, si l'opposition du mari n'est pas justifiée par l'intérêt du ménage ou de la famille, autoriser la femme à passer outre à cette opposition. Ce droit d'opposition est certes très admissible en soi. Mais le texte qui l'établit serait susceptible de soulever de grosses difficultés s'il devait être appliqué souvent, hypothèse heureusement peu vraisemblable. Certes, il a été dit dans les travaux préparatoires qu'il ne peut s'agir que d'une opposition à une profession nouvellement prise par la femme… « … Si la femme exerçait la profession antérieurement, soit avant le mariage, soit depuis, il y a eu, au moins de la part du mari, consentement tacite, et dans ces conditions son opposition ne paraîtrait pas recevable… » Mais cela ne figure pas dans le texte légal et l'on sait que les travaux préparatoires ont souvent peu d'autorité auprès des tribunaux.

Le mari garde sur les enfants communs l'exercice de la puissance paternelle. Sont abrogés seulement les art. 381, 399, 400, limitant les droits de la mère survivante dans l'exercice du droit de correction ou du droit de choisir un tuteur.

La loi nouvelle maintient également les devoirs réciproques de fidélité, de secours et d'assistance (art. 212). Toutefois, le mari reste tenu comme avant de fournir à la femme tout ce qui est nécessaire pour les besoins de la vie, selon ses facultés et son état. Le maintien de cette règle (art. 214, 1er alin.) a le gros avantage de conserver le fondement juridique de la théorie jurisprudentielle du mandat tacite, si utile pour le crédit ordinaire du ménage. Mais bien entendu, dans leurs rapports entre eux, les époux doivent supporter des charges du ménage une part proportionnelle à l'importance des biens dont ils ont l'administration (sauf application des art. 1537 et 1575) et le nouvel art. 214 reproduit dans leur ensemble les dispositions, jusqu'ici insérées dans la loi du 13 juill. 1907 et relatives au droit, pour chacun des époux, d'opérer une saisie-arrêt sur les salaires ou revenus de l'autre.

*
* *

Le texte le plus important de la loi nouvelle est celui du nouvel art. 215 : « *La femme mariée a le plein exercice de sa capacité civile.* » La femme mariée n'a donc plus besoin, en principe, pour accomplir un acte juridique quelconque, d'autorisation de son mari. Elle pourra librement, comme le précise le rapporteur à la Chambre, « s'inscrire dans une Faculté, se présenter à un examen, avoir un compte en banque, signer et recevoir un chèque, accepter une succession, une donation, un legs, être subrogée tutrice, exécuteur testamentaire, contracter une assurance, vendre ou faire une donation. »

Elle cesse d'être rangée parmi les incapables, à côté des mineurs et des interdits. Elle pourra librement ester en justice, soit comme demanderesse, soit comme défenderesse. Sont abrogés en conséquence les anciens art. 215 à 225 inclus, 905, 934, 1929 alin. 2 du Code civil; sont effacées toutes allusions à la femme mariée et à l'autorisation maritale dans les art. 420, 776, 1096, 1124, 1125, 1304 et 1312 du même Code.

Mais ici encore l'importance pratique de la réforme est bien atténuée par les réserves apportées par le second alinéa de l'art. 215 : « Les restrictions à cet exercice ne peuvent résulter que de limitations légales ou du régime matrimonial qu'elle a adopté. »

1° *Les limitations légales.* – Le projet initial du Gouvernement disait seulement : « Sous réserve des dispositions légales relatives aux divers régimes matrimoniaux. » L'on avait, à juste titre, estimé que la proclamation du principe de la capacité de la femme mariée devait abroger tacitement toutes les dispositions légales, contenues dans les Codes autres que le Code civil et dans les lois spéciales, rappelant la nécessité de l'autorisation du mari ou de justice. L'exposé des motifs annonçait le dépôt d'autres projets de loi qui, avant le vote du projet général, devaient mettre les principaux Codes et les principales lois spéciales en accord avec la réforme en voie de réalisation. Rien de cela n'a été fait. Bien au contraire, l'on a songé tout d'abord à insérer dans l'art. 215 nouveau une réserve concernant le maintien de l'art. 4 du Code de commerce, puis cette réserve a été généralisée dans le texte promulgué. On devrait logiquement en conclure que le législateur a voulu maintenir tous les textes (sauf ceux du Code civil qu'il a expressément abrogés) parlant d'autorisation maritale. Cela est certain pour l'art. 4 du Code de commerce; la femme a toujours besoin du consentement du mari pour être commerçante[1]. On ne comprend plus alors l'abrogation totale des articles relatifs à l'autorisation de justice. Doit-on en conclure à la consécration de la doctrine, d'après laquelle, au refus du mari, le tribunal ne pourra autoriser la femme à faire le commerce ou admettre, ce qui nous semble plus conforme à l'esprit de la réforme (arg. du nouvel art. 216) la possibilité d'un recours au tribunal ? De toute façon d'ailleurs, on ne comprend pas que l'on ait abrogé l'art. 220 prévoyant que la femme, si elle est marchande publique (sous-entendu : du consentement du mari) peut, sans autorisation de celui-ci s'obliger pour ce qui concerne son négoce et que dans ce cas elle oblige aussi son mari, s'il y a communauté, car ces solutions doivent être considérées comme maintenues.

Que doit-on décider pour les autres textes ? Les textes du Code de procédure ? Les art. 861 à 864 garderont leur utilité, puisque, au moins pour la femme commerçante, et aussi dans d'autres hypothèses, l'autorisation de justice est encore concevable; en vertu de l'art. 83 du Code de procédure, les causes des femmes mariées resteront communicables au ministère public. Les dispositions des lois spéciales, notamment celles de la loi du 20 juill. 1895 sur les caisses d'épargne, sont, à mon avis, maintenues en vigueur.

2° *Le régime matrimonial adopté.* – Cette réserve, nous l'avons vu, existait dans le projet initial. Mais celui-ci, pour assurer une portée pratique véritable à la réforme, modifiait profondément les textes relatifs aux régimes matrimoniaux. Le régime légal proposé n'était plus le régime de communauté, mais un régime de séparation de biens avec participation aux acquêts; le régime de communauté lui-même, maintenu comme régime conventionnel, subissait d'importantes transformations. Tout cela a disparu. Le Sénat a disjoint tout ce qui avait trait aux régimes matrimoniaux et maintenu intégralement les textes actuels du Code en ces matières. Or, le maintien de ces textes enlève beaucoup de portée pratique à la reconnaissance de la capacité de la femme et ne peut manquer de susciter des controverses.

Pour la plupart des femmes, mariées sous le régime de communauté, la réforme n'aura guère d'intérêt. Le mari conserve tous ses pouvoirs de chef sur les biens communs; il conserve même l'administration des propres de sa femme et l'exercice des actions mobilières et possessoires. Sur quels biens la femme pourra-t-elle donc exercer sa capacité nouvelle ? Pour engager les biens de la communauté, il lui faudra toujours, conformément à l'article 1426, le consentement du mari, ou dans les cas prévus à l'art. 1427 l'autorisation de justice. Pour aliéner ses propres, il semble qu'elle n'ait plus besoin de l'autorisation du mari, mais l'acte accompli ne peut avoir effet que sur la nue-propriété de ces biens et doit respecter le droit de jouissance de la communauté. Les obligations contractées par la femme seule seront valables, mais ne donneront action au créancier que sur la nue-propriété des propres.

En ce qui concerne les femmes séparées de biens, ont été maintenus sans changement les art. 1449 et 1536. Mais le rapporteur à la Chambre fait observer

1. Mais la femme pourra accomplir un acte de commerce isolé, son incapacité à cet égard dérivant jusqu'ici des anciens articles 217 à 219 du Code civil.

que la condition de ces femmes a été sensiblement améliorée. On sait, en effet, que, la jurisprudence, malgré la formule de l'art. 1449, qui permet à la femme séparée d'aliéner son mobilier, a décidé que cette permission ne valait que dans la mesure où l'aliénation pouvait être considérée comme constituant un acte d'administration (vente de récoltes par exemple). Cette limitation, dit le rapporteur à la Chambre, doit disparaître désormais : la femme capable pourra en tous les cas disposer de son mobilier. Mais le même rapporteur admet que reste en vigueur le troisième alin. de l'art. 1449, qui défend à la femme d'aliéner ses immeubles sans autorisation du mari ou de justice ; il semble cependant que le principe nouveau de la capacité de la femme mariée, qui impose un changement d'interprétation de l'alin. 2, devrait entraîner abrogation tacite de l'alin. 3 ? Ce serait la solution logique. Il est cependant difficile de l'admettre en présence des travaux préparatoires, qui sont formels en sens inverse. Mais on aboutit alors à ceci que la femme commune peut aliéner seule au moins la nue-propriété de ses immeubles, tandis que la femme séparée ne le peut pas[2] ; à ceci encore que la femme séparée peut engager par ses dettes ses immeubles, tandis qu'elle ne peut consentir sur eux une hypothèque.

L'on constate des inconséquences du même ordre si l'on examine la question de savoir dans quelle mesure les stipulations du contrat de mariage pourront modifier les pouvoirs de la femme.

Il ne sera pas possible certes par convention de rétablir l'incapacité de la femme mariée, mais il reste en principe possible de modifier les règles du régime matrimonial (art. 1387).

Si l'on adopte le régime de communauté, on ne peut toucher aux droits du mari comme chef, mais l'on peut décider que la femme aura l'administration de ses propres. Pourra-t-elle alors aliéner librement la pleine propriété de ses immeubles ? L'admettre, n'est-ce pas paradoxal, alors qu'au cours des travaux préparatoires il a été formellement reconnu que l'on maintenait l'art. 1538, en vertu duquel sous le régime de séparation de biens il ne peut être convenu que la femme aura sans autorisation le droit d'aliéner ses immeubles et que toute autorisation générale d'aliéner des biens de cette nature est nulle.

La vérité est qu'il était illogique de supprimer l'incapacité de la femme et de ne pas faire une adaptation, au moins sommaire, aux nouvelles règles, des textes des régimes matrimoniaux.

L'effet principal de la réforme sera peut-être de donner plus de vitalité à la loi du 13 juill. 1907. Les hommes d'affaires seront sans doute plus enclins désormais à respecter les droits des femmes exerçant une profession. Ces droits fonctionneront en effet dans le cadre général de la capacité de la femme, ils n'auront plus une nature exceptionnelle. On a en outre abrogé l'art. 2 de la loi de 1907 ; il n'y a plus à craindre que les pouvoirs accordés par la loi à la femme lui soient retirés par jugement. N'oublions pas toutefois que la plupart des femmes vivent sous le régime de communauté, qu'en principe par suite elles n'ont aucun

2. Malgré l'abrogation ou la modification des textes généraux relatifs au fonctionnement de l'autorisation du mari ou de justice et à la nullité des actes de la femme non autorisée, nous pensons que les solutions antérieures doivent s'appliquer si la femme séparée ou dotale fait sans autorisation un acte qui lui est interdit.

bien à administrer : pour celles qui voudront invoquer la loi de 1907, il y aura toujours lieu de prouver qu'elles exercent une profession séparée et qu'elles font un acte portant sur un bien réservé. On se demande alors pourquoi la loi nouvelle a abrogé l'alin. 5 de l'art. 1er de la loi de 1907, alinéa prévoyant que la responsabilité du tiers qui a traité avec la femme, n'est pas engagée, lorsque celle-ci lui a fourni, par un moyen mentionné dans la convention, la justification qu'elle exerce une profession distincte de celle de son mari.

Malgré les imperfections qu'elle présente, je ne puis accueillir qu'avec faveur la loi nouvelle. Ayant été rapporteur devant la commission extra-parlementaire de l'avant-projet qui a servi de base ultérieure aux discussions, j'applaudis à la réforme réalisée. La plupart des législations étrangères ont donné à la femme son indépendance juridique. Or, la femme française jouit d'une influence considérable. L'heure était venue de mettre le droit d'accord avec les faits. Le juriste, que je suis, aurait souhaité une réforme sinon plus complète, du moins plus harmonieuse. Mais il ne faut peut-être pas trop demander à la fois. Le principe de la capacité de la femme est consacré. Et déjà les réformes complémentaires sont amorcées puisque la commission du Sénat, saisie d'un nouveau rapport de M. René Renoult, va délibérer sur la refonte des régimes matrimoniaux.

VERS L'UNION LIBRE
ou le crépuscule du mariage légal

1938

Marcel Nast

Professeur à la Faculté de droit de Strasbourg

Il serait puéril – et hypocrite – de le nier : le mariage légal est à son crépuscule. Dans les mœurs, d'abord : la nuptialité diminue, les réfractaires au mariage (hommes ou femmes) se font plus nombreux et ceux qui ne peuvent pas vivre en ascètes préfèrent l'union de fait à l'union légale. Dans la législation, ensuite : le mariage moderne n'est plus celui de 1804, Son accès est plus facile, sa stabilité est devenue un souvenir du passé, et, sous l'influence d'un certain féminisme individualiste et égalitaire, – qui ne représente cependant l'opinion que d'une faible minorité de femmes, – la société qu'il créait entre les époux est en voie de disparition. La loi du 18 févr. 1938 a détruit la société de personnes qu'il engendrait : il n'est plus vrai de dire, avec la Genèse, que *duo sunt in carne una*, ni, avec le Digeste, que *justæ nuptiæ sunt consortium omnis vitæ*. À l'ancienne société de personnes, la loi de 1938 a substitué une union de fait, qui ressemble, à plusieurs égards, à l'union libre. Et la société de biens, dite communauté, est menacée, elle aussi, de mort, comme l'a fait prévoir ici M. Julliot de la Morandière. Si cette mort est ordonnée, sans se préoccuper des intérêts des femmes rurales et des classes moyennes, tous les intérêts des conjoints, moraux et patrimoniaux, seront légalement dissociés : il n'y aura plus, aux yeux de la loi, d'intérêts communs entre les époux, qui seront désormais dans une situation analogue à celle des concubins. Pendant ce temps, le mariage de fait se hausse vers le mariage légal (conf. Josserand, *L'avènement du concubinat*, D. H. 1932, Chronique, p. 45 et suiv.). Si donc le législateur se décidait à substituer, ainsi que certains l'y invitent, comme régime légal, la séparation de biens à la communauté, il n'y aurait plus guère de différences essentielles entre le mariage légal et le mariage de fait. Et comme, du point de vue individualiste, égalitaire et de la liberté, le mariage de fait présente des avantages sur l'union légale, il serait à prévoir que celle-ci s'effacerait peu à peu devant les progrès du concubinat. Tel est l'aboutissement logique et inéluctable d'un certain féminisme. Je ne prétends pas juger ce résultat du point de vue moral ou religieux; mais, au moment où le Parlement est saisi de la réforme des régimes matrimoniaux, j'ai estimé utile et même nécessaire d'appeler l'attention sur ces deux faits éventuels : le crépuscule du mariage légal, l'ascension du mariage de fait.

*
* *

L'évolution législative du mariage, depuis une cinquantaine d'années, a comporté trois étapes : on a supprimé l'indissolubilité du mariage, on en a rendu l'accès plus facile, on l'a dépouillé d'une partie de ses effets. Réformes qui, toutes trois, ont été réalisées sous le signe de l'individualisme et de la liberté : tandis que la plupart des institutions civiles ont été « socialisées », le mariage a été « individualisé » (conf. Ripert, *Le régime démocratique et le droit civil moderne*, n°s 61-63).

I.

La loi a d'abord, en 1884, établi la dissolubilité du mariage par divorce et, en admettant « l'injure grave » comme cause de divorce, elle a ouvert toute grande la porte de sortie du mariage : les époux ou l'un d'eux peuvent à leur guise recouvrer leur liberté. Sans doute, le divorce par consentement mutuel ou par répudiation n'est-il pas légalement autorisé. Mais, en fait, quand deux époux sont d'accord pour rompre la chaîne conjugale, rien ne leur est plus facile que d'obtenir un « jugement d'accord », en simulant une injure grave ou une tentative d'adultère ; et, si l'un des époux veut recouvrer sa liberté et « vivre sa vie », il lui est aisé d'imposer à l'autre le divorce en lui rendant la vie commune infernale ou en le quittant pour toujours, ou de lui imposer une séparation de corps qu'il fera lui-même convertir en divorce. Il ne leur en coûte que de recourir à une procédure lente et chère ; mais, s'ils sont riches, cet ennui est bénin, et, s'ils sont pauvres, l'assistance judiciaire vient à leur secours. Seuls, les époux des classes moyennes peuvent en souffrir, mais rien n'arrête des époux ou un époux qui veulent rompre le mariage. Pratiquement, le divorce par consentement mutuel ou par répudiation existe donc : l'union légale est aussi fragile que l'union de fait et peut se dissoudre de la même manière.

D'autre part, les époux, tout comme les concubins, peuvent se remarier ensemble, puis redivorcer, se remarier une deuxième fois, re-redivorcer, et ainsi de suite. Enfin, le remariage étant permis avec le complice adultère, la polygamie, qui est interdite quand elle est simultanée, est au contraire licite quand elle est « successive ».

II.

Après avoir ouvert à deux battants la porte de sortie du mariage, le législateur a pensé qu'il serait logique et équitable d'ouvrir toute grande sa porte d'entrée. Depuis 1896, de multiples lois ont facilité l'accès au mariage, en simplifiant ses formalités, en en diminuant les conditions de validité (Capitant, *Rev. critique*, 1930, p. 31 et suiv.). D'une part, on a retiré au mariage son caractère de pacte de famille, en ramenant la majorité matrimoniale à 21 ans, en facilitant le mariage des mineurs et en restreignant le droit d'opposition. D'autre part, on a réduit à l'extrême le nombre des empêchements à mariage, en ne conservant comme tels que l'existence d'un mariage non dissous, la parenté entre parents en ligne directe ou entre frères et sœurs (art. 164 modifié par la loi du 10 mars 1938) et le délai de viduité (et encore la femme peut-elle se faire dispenser de le respecter).

Encore ici, le mariage légal s'est rapproché du mariage de fait : il n'en diffère que par la nécessité d'une célébration par l'officier de l'état civil et par celle d'une publication préalable, dont d'ailleurs les fiancés peuvent être dispensés dans certains cas.

III.

Enfin, après avoir facilité la formation et la dissolution du mariage, le législateur s'est attaqué à ses effets, c'est-à-dire à tout ce qui en constituait l'originalité et le distinguait de l'union libre. Le code de 1804 avait conçu et organisé le mariage comme une véritable société de personnes et de biens. Comme une société de personnes, d'abord, et sous l'autorité d'un chef : d'où l'unité de nom, de nationalité et de domicile, avec l'obligation de cohabiter, d'être fidèle, de se secourir et de s'assister mutuellement; d'où aussi l'autorité du mari, chef de famille. Comme une société de biens gérée par le chef de la famille, ensuite : d'où, comme régime légal, la communauté de biens. Le mariage était réellement un *consortium omnis vitæ* et les époux *duo erant in carne una*. Mais, sous l'influence de certains féministes et au nom des principes de la Révolution de 1789 (v. l'exposé des motifs du projet du 23 juin 1932 sur la capacité de la femme mariée), le législateur a relégué au musée des souvenirs la « société conjugale » et est sollicité d'y envoyer aussi la « société de biens ». Le mariage de 1938 n'est plus un *consortium vitæ* et les époux ne sont plus *duo in carne una*, du moins au point de vue légal et laïque.

1° L'unité de nationalité est devenue facultative (L. 10 août 1927, art. 8). L'unité de domicile n'est plus obligatoire : la femme peut être judiciairement autorisée à résider séparément (art. 213 nouveau) et, si le mari veut avoir un domicile distinct, il lui est désormais possible d'offrir à sa femme un domicile tel que celle-ci ne puisse l'accepter. Donc, le devoir de cohabitation est devenu facultatif; cela était déjà vrai en fait; aujourd'hui ce l'est en droit. Quant à l'unité de nom, elle subsiste encore en droit; mais, outre que certains féministes en ont déjà demandé la suppression, en fait beaucoup de femmes ajoutent leur nom personnel à celui de leurs maris.

2° La loi de 1938, il est vrai, a laissé subsister les devoirs de secours, d'assistance et de fidélité. Mais, seul, le premier est, en droit et en fait, sérieux et effectif, car il comporte une sanction directe et énergique (art. 213 nouveau). Au contraire, les devoirs d'assistance et de fidélité sont purement platoniques, et la loi de 1938 aurait pu les supprimer sans inconvénient; car la loi civile est impuissante à les sanctionner et, en les édictant, on peut penser que le législateur s'occupe de ce qui ne le regarde pas. Cela est vrai pour le devoir d'assistance; comment obliger un époux à soigner son conjoint ? Sa seule sanction est le divorce ou la séparation de corps; mais quelle étrange sanction que celle qui consiste à libérer l'époux récalcitrant du devoir qu'il se refuse à accomplir ! Cela est vrai aussi du devoir de fidélité. Sans doute est-il encore sanctionné pénalement; mais combien de poursuites y a-t-il pour adultère ? Quelles peines sévères sont-elles prononcées par les tribunaux ? Et le législateur lui-même ne s'est-il pas montré indulgent pour l'adultère, en autorisant le mariage de l'époux adultère avec son complice et la légitimation des enfants adultérins ? Aussi bien, nombre d'époux savent-ils que le mariage « est une institution nécessaire tempérée par l'adultère ». La répression pénale de l'adultère est devenue un anachronisme légal.

3° L'autorité maritale a été supprimée par la loi du 18 févr. 1938. Il est vrai que, pour donner aux maris comme un dernier coup de chapeau au moment où on les en destituait, la loi de 1938 leur a attribué la qualité de « chef de famille » (art. 213 nouveau). Mais ce ne fut qu'avec regret et non sans hésitation, et seulement pour permettre aux maris de choisir la résidence commune (Julliot de la Morandière, *loc. cit.*).

*
* *

L'union personnelle que créait le mariage est donc morte légalement. Les époux sont dans une situation analogue à celle des concubins, qui, comme eux, sont libres de porter le même nom, d'avoir la même nationalité, de cohabiter, d'être fidèles, de s'assister et se secourir mutuellement, et même de désigner le « compagnon » pour chef de famille. Et, si le législateur venait à faire de la séparation de biens le régime légal, la dissociation légale des intérêts patrimoniaux compléterait celle des intérêts personnels et moraux des époux : comme la société de personnes que faisait naître le mariage de 1804, la société de biens qu'il engendrait aurait disparu.

Ce jour-là, il n'y aurait plus guère de différence entre le mariage et l'union libre. L'un et l'autre se ressembleraient étrangement, le mariage nouveau ayant été copié sur l'union libre et celle-ci étant devenue en fait le sosie du mariage. Mais il faudrait avoir alors la franchise de reconnaître que, du point de vue liberté individuelle et égalité, le mariage de fait présenterait de sérieux avantages sur le mariage légal. Pour sa formation, d'abord, puisqu'aucun des empêchements à mariage ne s'opposerait à son établissement et que, surtout, les « fiancés » ne seraient pas astreints à la cérémonie, que d'aucuns estiment un peu risible, de la « célébration » par l'officier de l'état civil. Pour sa dissolution, ensuite, puisque les concubins pourraient se séparer ou se répudier, sans être obligés de suivre une procédure lente et coûteuse et d'offrir leurs misères intimes à la curiosité des juges, des avocats et de leurs secrétaires, et du public habituel des audiences. Enfin, le mariage extra-légal présenterait encore cet avantage que, la jurisprudence admettant facilement l'existence, entre concubins, d'une société universelle ou particulière de biens, l'union personnelle que crée le concubinat se doublerait d'une société de biens; en sorte que les « faux » ménages seraient plus solides souvent que les « vrais ». Mais il ne faudra plus alors parler, comme le font encore certains apôtres d'un féminisme individualiste, égalitaire et « émancipateur », de la « dignité » ou « sainteté » du mariage, puisque son modèle, l'union libre, ne saurait être moins digne ni moins sainte que lui.

Il est vrai que, même alors, l'union libre présenterait deux infériorités par rapport au mariage de 1938. L'une proviendrait de l'absence de devoir de secours entre les concubins; l'autre, la plus grave, de l'inégalité des enfants nés hors mariage eu égard aux enfants légitimes. Mais l'équité, et aussi la logique, imposeraient la suppression de cette inégalité : pourquoi traiter différemment les enfants, suivant que leurs parents auraient consenti ou non à « passer » devant le maire, et alors que mariage de droit et mariage de fait produiraient sensiblement les mêmes effets ? Quant au devoir de secours, il conviendrait de l'étendre aux faux ménages; ou, plus exactement, la conséquence logique du rapprochement qui se serait réalisé entre les deux formes d'unions sexuelles devrait être l'assimilation légale de celles-ci. On devrait, comme l'ont fait certaines lois étrangères, supprimer la « célébration » par l'autorité publique, les deux mariages pouvant s'établir légalement par le seul échange des consentements. On devrait aussi, comme l'avait fait le code de 1804, autoriser le divorce par consentement mutuel, plus digne et moins scandaleux que le divorce judiciaire. En un mot, du point de vue laïque et civil, le respect de la liberté individuelle, d'une part, la logique des faits résultant des réformes législatives réalisées depuis cinquante ans, et aussi le principe d'égalité, imposeraient l'assimilation légale de toutes les unions sexuelles, hors les passagères, comme dans la Rome impériale ; d'autant plus qu'il y a des unions libres qui sont aussi honorables et aussi durables que les mariages légaux. Les auteurs de la loi du 18 févr. 1938, et surtout leurs inspirateurs, y ont-ils songé ?

UNE NOUVELLE PROPRIÉTÉ INCORPORELLE
La clientèle des représentants de commerce

1939

Georges Ripert
Membre de l'Institut,
Doyen de la Faculté de droit de Paris

C'est dans les lois réglant des situations jusqu'alors contractuelles qu'il faut surprendre les ébauches d'institutions nouvelles. Là où il n'y a pas de modèle antérieur, on a plus de chance d'apercevoir les lignes d'un droit qui se forme. La notion de fonds de commerce est née juridiquement de la nécessité où l'on a été d'assurer le crédit des commerçants, et elle est restée d'une analyse indécise. Voici dans la loi du 18 juill. 1937 établissant le statut légal des représentants et voyageurs de commerce une nouvelle propriété incorporelle qui ressemble par certains côtés à la propriété du fonds de commerce. La loi reconnaît au représentant de commerce un droit à la clientèle qu'il a créée. Elle admet qu'étant au service d'autrui, il a pu pourtant constituer par son travail une clientèle sur laquelle il a un droit personnel et elle détermine l'étendue de ce droit. On y verra très certainement une sorte de reconnaissance du droit sur le produit du travail, et ainsi cette réforme, inspirée certainement par le désir de donner satisfaction à des syndicats actifs, apparaîtra comme importante dans l'histoire des institutions juridiques.

*
* *

Les représentants de commerce exercent une profession dont les modalités sont très variées. Les uns, les placiers, visitent la clientèle de la ville où se trouve le siège de l'exploitation, apportant chaque jour à leur maison les ordres reçus ; les autres, les représentants proprement dits, s'installent au centre d'une région qui est donnée à leur activité ; d'autres, les voyageurs de commerce, ou commis voyageurs, se déplacent sans cesse pour visiter la clientèle.

Que sont-ils au juste ces représentants ? des employés, des mandataires, des commissionnaires, des associés ? Sont-ils commerçants ou ne le sont-ils pas ? Tout a été soutenu et a pu l'être ; car il s'agissait d'interpréter des contrats infiniment variés dans leur rédaction.

La loi s'est occupée d'eux, sur leur demande et par suite en leur faveur, pour leur accorder le privilège des commis et ouvriers (loi du 17 juin 1919), pour assurer le règlement périodique de leurs commissions (loi du 23 avr. 1934), pour les exempter de la patente (loi du 30 juin 1923), pour les faire bénéficier des assurances sociales (décret du 28 oct. 1935, art. 1er, § 3), pour prévoir la rupture de leur contrat et leur assurer une indemnité de résiliation (loi du 5 févr. 1932).

La loi du 18 juill. 1937, introduite dans le code du travail (livre 1er, titre II, art. 29 *k* à 29 *r*) et complétée par le décret du 7 avr. 1938, a voulu préciser la nature du contrat liant les voyageurs, représentants ou placiers, aux industriels et commerçants qui les emploient. C'est un louage de services, décide la loi, que l'employé soit rémunéré par des appointements fixes ou des remises proportionnelles, qu'il soit au service d'une maison ou de plusieurs, mais à la condition qu'il ne fasse aucune opération pour son compte personnel et que le contrat indique la nature des marchandises à vendre, la région dans laquelle le représentant doit exercer son activité et le taux de la rémunération. Le contrat doit être rédigé par écrit. Il peut être conclu soit pour une durée déterminée, soit pour une durée indéterminée ; dans ce cas, il doit stipuler un délai-congé dont la durée ne sera jamais inférieure à celle qui a été fixée par les conventions collectives et les usages, ni inférieure à un mois la première année, à deux mois la seconde, à trois mois la troisième et les suivantes.

Puisqu'il y a louage de services, il était naturel que la loi s'occupât des conséquences de la rupture abusive du contrat. Elle le fait dans les articles 29 *m* et 29 *n*, que nous n'avons pas l'intention d'étudier.

Après avoir réglé cette rupture abusive, le code du travail (art. 29 *o*), prévoyant quatre cas de rupture, décide que dans ces quatre cas le voyageur, représentant ou placier, « aura droit à une indemnité pour la part qui lui revient personnellement dans l'importance en nombre et en valeur de la clientèle apportée, créée ou développée par lui, compte tenu des rémunérations spéciales accordées au cours du contrat pour ce même objet, ainsi que des diminutions qui pourraient être constatées dans la clientèle préexistante et provenant du fait du voyageur, représentant ou placier ».

Cette indemnité ne pourra pas être déterminée forfaitairement à l'avance. Elle ne se confondra pas avec l'indemnité pour rupture abusive du contrat, ni avec celle qui pourrait être due pour rupture anticipée du contrat.

Elle est due dans les contrats sans détermination de durée lorsque la résiliation provient de l'employeur sans qu'il y ait faute de l'employé ou lorsque la cessation du contrat provient d'un accident ou d'une maladie entraînant incapacité permanente totale de travail. Si le contrat est à durée déterminée, elle est due si le contrat est rompu par l'employeur sans qu'il y ait faute de l'employé ou si, arrivé à expiration, ce contrat n'est pas renouvelé.

En somme dans tous les cas où le contrat est rompu ou vient à cesser, sans qu'il y ait faute de la part de l'employé, une *indemnité de clientèle* est due par l'employeur. C'est dire que l'employé a un *droit sur la clientèle* qu'il a créée ou augmentée, droit dont la perte forcée se traduit pour lui par une indemnité. C'est ce droit dont il faut examiner la nature.

*
* *

La loi nouvelle a été votée pour donner satisfaction aux réclamations des voyageurs. Nous commençons à être habitués à ces victoires syndicales. On a dénoncé à la tribune du Sénat les renvois abusifs. Lorsque le représentant ou le voyageur a prospecté une région et créé une clientèle, il est renvoyé au profit d'un autre, et il arrive aussi qu'un représentant engagé pour apporter sa clientèle de parents et amis se voit congédié lorsqu'il n'y a plus rien à attendre de lui, procédé appelé parfois plaisamment le « presse-citron ». C'est avec de tels arguments qu'on détermine le vote du Parlement. Le juriste est plus difficile ; il n'accepte pas qu'une règle générale soit créée pour remédier à quelques abus. Il est expressément indiqué dans la loi que l'indemnité de clientèle ne se confond pas avec l'indemnité pour rupture abusive du contrat. Il faut donc trouver un fondement juridique à cette indemnité de clientèle.

Si le représentant doit être indemnisé pour un apport de clientèle à la maison qui cesse de l'employer, c'est qu'il a un certain droit sur cette clientèle. Le droit à la clientèle existe ; il y a des clientèles civiles que la jurisprudence déclare cessibles et peut-être le fonds de commerce se résume-t-il dans un droit à la clientèle. M. Roubier dans une étude récente a montré que les propriétés dites intellectuelles étaient des droits de clientèle. (*Droits intellectuels et droits de clientèle*, Rev. trimestrielle 1935). Il n'y a donc rien de singulier à dire qu'un représentant de commerce a droit à la clientèle qu'il a créée par son activité. D'ailleurs, dans la pratique, quand un commerçant cède « sa carte », avec l'agrément de la maison, il cède à un acquéreur la possibilité d'exploiter une clientèle.

Seulement il ne faut pas oublier qu'il est un représentant. Il a cherché des clients non pour lui, mais pour la maison qu'il représentait. Il a agi pour autrui, et s'il a constitué une clientèle, c'est parce que sa maison offrait des produits ou des services propres à satisfaire le public. Comment peut-on dire alors qu'il a acquis un droit sur une clientèle qui en réalité n'est pas la sienne ? Cette clientèle ne fait que passer entre ses mains. Elle s'attache au fonds de commerce de l'employeur et elle est prise en considération dans la valeur de ce fonds.

Pour donner au représentant un droit sur la clientèle qu'il a créée, il faut donc procéder à une nouvelle analyse de la représentation commerciale. Le placier ou le voyageur ne doit pas être considéré comme un simple employé, mettant son activité au service d'un patron moyennant une rémunération fixe. C'est un professionnel dont l'activité a un caractère propre. Il agit pour autrui, mais avec initiative et indépendance. L'analyse juridique de la représentation est encore rudimentaire malgré de bonnes études sur ce sujet (v. Madray : *De la représentation en droit privé*, thèse Bordeaux 1931). Il y a des façons très différentes de représenter une personne. On ne saurait confondre celui qui exprime la volonté du mandant, celui qui se substitue à cette volonté, celui qui agit dans l'intérêt d'autrui, celui qui stipule au profit d'autrui, celui qui apporte à autrui un bien qu'il a créé pour lui. Il n'est donc pas impossible d'admettre qu'un représentant de commerce agisse à la fois dans son propre intérêt et dans l'intérêt d'autrui et qu'il acquière ainsi un droit sur une clientèle qu'il a créée par son activité.

Reste une autre difficulté. Cette clientèle est apportée à la maison au fur et à mesure qu'elle est créée. Elle ne demeure donc pas dans le patrimoine du représentant. Cet apport d'autre part n'est pas gratuit ; le commerçant paye à son représentant les commissions afférentes aux affaires traitées. La clientèle a si bien passé du patrimoine du représentant dans le patrimoine du commerçant que le représentant n'a aucun moyen de la retirer et de l'emporter avec lui. Aussi certains auteurs ont-ils proposé de voir dans l'attribution d'une indemnité de clientèle une application de la théorie de l'enrichissement sans cause.

Il faut admettre que la clientèle appartient à la fois au commerçant et au représentant. Le commerçant a apporté son installation, le représentant son activité. Ils se sont associés pour la constitution de la clientèle. Cette association est une *collaboration* et non une société. La collaboration crée une œuvre commune. Chacun d'eux est titulaire d'un droit à la clientèle et on ne peut dire à l'avance dans quelle proportion, car tout dépend des circonstances. Dans les cas où le commerçant garde pour son seul profit la clientèle créée par l'effort commun, il doit indemniser le représentant qui n'a pas le moyen de conserver son droit.

Il faudrait, à côté du contrat de travail et du contrat de société, étudier le contrat de collaboration. On ne l'a jamais fait. Il n'y a pas véritable société quand il n'y a aucun apport, et que les collaborateurs ne sont pas sur le pied d'égalité. Mais il n'y a pas non plus véritable contrat de travail quand le travailleur acquiert un certain droit sur les produits de son travail. Dans la représentation commerciale existe une collaboration entre le représentant et l'employeur en vue de la constitution d'une clientèle. La part qui revient à l'employeur s'incorpore dans son fonds de commerce qui augmente de valeur. Reste à déterminer la part qui revient au représentant.

*
* *

C'est en partant de cette idée qu'on peut essayer de déterminer le droit reconnu au représentant par la loi.

Il faut tout d'abord qu'il ait été privé de ce droit par la volonté du commerçant ou par cas fortuit et non pas qu'il l'ait détruit lui-même. Si le contrat prend fin par le fait de l'employeur, par l'expiration normale du temps convenu, par l'incapacité de travail résultant d'un accident ou d'une maladie, cette condition se trouve réalisée. Si au contraire la résiliation du contrat est provoquée par la faute du représentant, la loi décide qu'il n'aura aucun droit à indemnité parce qu'il a dans ce cas détruit lui-même le droit qui lui appartenait.

Le cas du décès n'a pas été prévu et la solution est douteuse. Le contrat se trouve rompu par cas fortuit, tout comme dans le cas d'accident ou de maladie et il y aurait par conséquent même raison d'accorder l'indemnité aux héritiers. Cette solution a pourtant été combattue (Jean Guyon, *Le statut légal des représentants et voyageurs de commerce*, thèse Paris 1938, p. 170) sous le prétexte que l'article 29 *o* vise la part revenant *personnellement* au représentant. L'argument du reste est assez mauvais. Il s'agit bien de la clientèle créée personnellement par le représentant, mais le droit à cette clientèle peut figurer dans la succession. La loi a-t-elle voulu en faire un droit personnel ? Il est difficile de le savoir. Il paraîtrait équitable de maintenir à ce droit le caractère général de droit patrimonial transmissible et de donner aux héritiers du représentant décédé la même indemnité qui serait accordée au représentant malade ou victime d'un accident.

Il faut calculer la valeur du droit. La loi vise l'importance de la clientèle créée ou apportée ou développée *en nombre et en valeur*. Le calcul sera très difficile. Une vérification du chiffre d'affaires réalisé par le représentant permettra de reconnaître assez aisément ce qu'il a apporté à la maison. Mais comment en déterminer la valeur pour l'employeur ? Il faudrait connaître la stabilité de cette clientèle, savoir si elle restera attachée à la maison après la disparition du représentant.

La loi prévoit aussi que le représentant a pu par son fait diminuer la clientèle qui existait au jour où il est entré dans la maison. Elle permet de tenir compte par compensation de cette diminution de clientèle préexistante. Il sera d'ailleurs difficile de savoir si elle a disparu par le fait du représentant. Il faut remarquer que le texte vise le *fait* et non la faute. Si le représentant par exemple a laissé tomber la clientèle existant dans telle ville pour la remplacer par une clientèle d'une autre ville plus commode à atteindre, il n'y aura pas faute de sa part, mais dans ce cas, il n'a rien apporté à son employeur.

Il faudrait donc logiquement ajouter que si la clientèle créée par le représentant ne reste pas fidèle à la maison pour laquelle il travaillait, l'employeur ne doit aucune indemnité. La loi ne le dit pas et elle ne pouvait pas le dire, car il aurait fallu fixer la durée de cette fidélité. Il avait été proposé, dans les milieux patronaux, de subordonner l'octroi de l'indemnité à la condition que le représentant cessât de prospecter la clientèle au profit de toutes autres maisons. L'idée n'a pas été retenue, étant contraire à la liberté du travail. Mais la possibilité pour le représentant de continuer à exercer sa profession au cas de renvoi ou à la fin du contrat, posera avec acuité la question de la conservation de la clientèle par l'employeur.

Enfin l'apport de la clientèle à une maison a déjà pu être payé au représentant et en général il le sera sous la forme de commissions largement calculées. La loi prescrit de tenir compte « des rémunérations spéciales accordées en cours de contrat pour ce même objet. » Il sera prudent, si on veut faire état de ces rémunérations, de les distinguer des commissions, et de spécifier qu'elles sont destinées à payer la clientèle apportée.

Dans quelle mesure le juge peut-il en faire état ? La loi ne le dit pas. Les dispositions légales sont d'ordre public, elles s'appliquent de plein droit aux contrats en cours (art. 29 *p*). D'autre part, une disposition légale expresse interdit de déterminer forfaitairement à l'avance l'indemnité (art. 29 *o in fine*). On peut donc se demander si le juge aurait le droit de supprimer toute indemnité à raison des rémunérations spéciales reçues par le représentant. Le texte légal laisse supposer qu'il ne s'agira jamais que d'une réduction d'indemnité. En effet, la rémunération spéciale payée par le patron sera toujours fixée d'après les affaires traitées et l'arrêt brusque du contrat privera le représentant de ces rémunérations pour l'avenir. Il en serait autrement si la clientèle lui avait été payée comptant, mais il y aurait alors indemnité forfaitaire et cette indemnité est interdite par la loi.

*
* *

La loi du 18 juill. 1937 est une contribution au statut des travailleurs. Elle a été introduite dans le code du travail et les litiges relatifs à l'application de la loi sont déclarés de la compétence du conseil des prud'hommes (art. 25 *q*).

C'est une erreur et une contradiction. Si le représentant de commerce a un droit sur la clientèle qu'il crée, c'est qu'il n'est pas un simple employé, et que sa profession lui donne une certaine indépendance dans l'action. Si la loi lui accorde une indemnité pour l'apport de cette clientèle à son employeur, c'est qu'il a une propriété incorporelle dont le sort ne dépend pas complètement du sort du contrat de travail.

Le droit professionnel se crée ainsi pièce à pièce, et il est curieux de surprendre dans des lois diverses les manifestations de cette création. Le législateur les abrite timidement dans la réglementation du contrat de travail. Il faudra les en dégager un jour pour établir le code des professions.

LE FONDS DE COMMERCE, PATRIMOINE D'AFFECTATION ?
Propos sur le contrat de gérance libre

1939

Paul Chauveau

Doyen de la Faculté de droit d'Alger,
Avocat à la Cour d'appel

De récentes décisions de jurisprudence permettent de se demander si la condition juridique du fonds de commerce ne s'oriente pas vers celle d'un patrimoine d'affectation; orientation pour partie inconsciente, peut-être, car la notion de patrimoine d'affectation ne nous est plus aujourd'hui très familière[1]. En tout cas, on doit constater un effort intéressant pour organiser le crédit non seulement sur la base courante et habituelle de la foi accordée à la personne du commerçant, mais sur la base réelle d'un crédit accordé à une masse de biens, le fonds de commerce; technique dont le droit maritime a fait un large usage dans l'organisation du crédit maritime, sous la pression de considérations analogues à celles auxquelles cèdent certaines cours ou tribunaux (v. P. Chauveau, *Études de droit maritime*, édit. techn. 1938, art. 190, n° 55. *Adde :* n°s 44 et suiv.; art. 191, n° 5, 10 et suiv., 18). La consécration définitive de cette jurisprudence rapprocherait encore la condition du fonds de commerce et celle du navire, dont les ressemblances sont déjà nombreuses.

*
* *

La jurisprudence qui nous intéresse s'est affirmée à l'occasion du problème de la responsabilité du propriétaire d'un fonds donné en gérance libre, c'est-à-dire, donné à bail à un locataire qui l'exploite pour son propre compte. Ses sentences dévoilent une extension actuelle de cette convention sous l'influence de divers facteurs; l'un des moindres n'est pas le désir d'éviter le payement des taxes excessives qui frappent les mutations de fonds. Cette gérance libre soulève un important problème de crédit; il embarrasse fort la jurisprudence; pour le résoudre l'intervention législative s'imposera peut-être.

Normalement, lorsqu'un créancier traite avec un commerçant, le fonds de commerce est le principal élément de crédit en considération duquel il consent une fourniture. D'un point de vue commercial c'est le plus, et peut-être le seul, visible, connu et facilement appréciable. En cas de défaillance du débiteur le fonds de commerce est le gage normal des fournisseurs; son importance comme élément de crédit est telle que la loi du 17 mars 1909 a pris des mesures contre sa vente inopinée qui en consommerait la disparition subreptice. Le droit maritime

1. Sur l'historique de cette notion, v. Saleilles, « Étude sur l'histoire des sociétés en commandite », *Annales de droit commercial*, 1895 p. 10 et 49; 1897, p. 28. Sur son rôle actuel en droit maritime, Bonnecase, *Traité*, n°s 218-464 *bis* et suiv.

protège pareillement, et pour les mêmes raisons, les créanciers du vendeur du navire (v. P. Chauveau, *op.* et *loc. cit.*).

Si le fonds a été donné en gérance libre, continuera-t-il à répondre des dettes nées pour les besoins de son exploitation ?

Dans une législation comme la nôtre, où la personne du débiteur est à la base de l'organisation générale du crédit, les principes ordinaires paraissent conduire à une réponse négative. Sauf exception, le créancier n'acquiert de droit qu'à l'encontre de son débiteur personnellement, c'est-à-dire de l'ensemble de son patrimoine, expression de sa personnalité juridique. Les dettes du gérant ne peuvent donc faire naître un droit sur le fonds demeuré la propriété du bailleur[2].

Cependant ici les principes paraissent en conflit avec les besoins de la pratique; ceux-ci ont été plus vivement ressentis par les juges consulaires, dont l'esprit objectif devait facilement combattre un principe fâcheux par ses résultats. Les premiers, ils ont donné aux créanciers de l'entreprise une action sur le fonds; des cours d'appel les ont bientôt suivis[3].

Tout le crédit commercial parait menacé si le fonds cesse de répondre des dettes de son exploitation, pour ce seul motif que cette exploitation est assurée par un locataire au lieu du propriétaire. Le créancier ignore à quel titre le commerçant exploite le fonds; il peut le croire propriétaire; il peut confondre ce gérant libre avec un gérant salarié, mandataire du propriétaire. Il se voit brusquement privé du gage sur lequel la pratique commerciale lui permet légitimement de compter, et réduit à une action contre un gérant sans fortune personnelle. Des fraudes sont à craindre dont les créanciers seront les dupes : le soi-disant gérant libre sera, dans la réalité, l'homme de confiance du propriétaire, qui, dans la coulisse, conservera la direction de l'entreprise, mais arrêtera toute action des créanciers sur le fonds en excipant d'un bail dûment enregistré. La preuve de la fraude sera malaisée.

Désireuse de conserver en fait aux créanciers le bénéfice de leur gage normal, la jurisprudence marque toutefois un certain embarras dans la justification juridique de sa solution; il se manifeste à la diversité des motifs invoqués et des techniques utilisées. Il faut choisir : les résultats ne sont pas identiques.

Un premier lot de décisions demeurent fidèles au principe de la responsabilité personnelle. Elles s'efforcent alors de trouver une source d'obligation personnelle du propriétaire envers les créanciers du locataire; ceux-ci y puiseront le droit de saisir le fonds. La majorité retient l'idée d'une obligation délictuelle. Le propriétaire est en faute d'avoir créé une apparence trompeuse pour les tiers; leur légitime confiance étant ainsi abusée, le propriétaire doit répondre des dettes du locataire si celui-ci ne paie pas, ou souffrir la vente de son fonds[4].

Toutefois la faute ne saurait résider dans le fait de la location du fonds qui constitue un droit incontestable pour le propriétaire, mais seulement dans le fait

2. Trib. com. de Roubaix, 12 oct. 1932, *Gaz. Pal.* 1932.2.959; Paris, 23 févr. 1932, *Gaz. Pal.* 1932.1.250.
3. Trib. com. de la Seine, 30 déc. 1930, *Gaz. Pal.* 1931.1.111; Trib. com. de Toulouse, 3 déc. 1930, *Gaz. Pal.* 1931.1. 355; Paris, 23 janv. 1931, *Gaz. Pal.* 1931.1.110; Rennes, 30 nov. 1937, *Rec. Rennes* 1938.15.
4. Trib. com. de la Seine, 30 nov. 1930; Trib. com. de Toulouse, 3 déc. 1930, précités; Trib. com. de Nevers, 18 nov. 1931; Bourges, 12 avr. 1932, *Gaz. Pal.* 1932.1.948 et 945.

de consentir le bail dans des conditions de nature à tromper les tiers. Dès lors, si le propriétaire a pris les mesures en son pouvoir pour les avertir, au moyen d'une publicité appropriée du contrat de gérance, son obligation disparaît[5].

Seulement on se demande aussitôt en quoi doit consister cette publicité. Une simple insertion dans les journaux, dont certains juges se sont contenté[6], est manifestement insuffisante pour éclairer sûrement les tiers et éviter les fraudes. Aussi beaucoup de décisions exigent-elles une publicité large et complète[7]. Mais alors comment savoir si les juges estimeront que la publicité a été suffisamment large et complète; le crédit peut-il se satisfaire d'une règle aussi imprécise ?

On peut même se demander s'il existe un mode de publicité susceptible de renseigner efficacement les tiers. Le souvenir des annonces légales s'efface. On songe au registre du commerce. Mais la pratique peut-elle s'accommoder de la nécessité où elle se trouverait placée de consulter le registre du commerce pour se renseigner sur tout client éventuel avant d'accepter sa commande ?[8]

Ajoutons que cette publicité est impuissante à empêcher les fraudes comme la simulation de gérance. Au contraire la publicité doit donner à l'acte fictif une apparence accrue d'authenticité.

*
* *

Sous l'influence de ces considérations un mouvement se manifeste en jurisprudence qui tend à rendre le propriétaire responsable dans tous les cas, malgré la publicité effectuée. À cet effet la théorie de l'enrichissement sans cause est parfois utilisée; les fournitures accroissent la valeur du fonds; ainsi son propriétaire s'enrichit aux détriments des fournisseurs[9]. Le procédé a une valeur très relative. Les conditions d'exercice de l'action *de in rem verso* ne seront pas toujours réunies[10].

D'autres ont voulu trouver dans les termes très larges de l'art. 18 de la loi du 17 mars 1909 la source légale d'une obligation personnelle du propriétaire du fonds au payement des fournitures faites au locataire. La Cour suprême vient de condamner cette thèse[11].

Une technique toute différente et, à la fois, beaucoup plus intéressante et originale est utilisée dans plusieurs décisions. Elles abandonnent l'idée trop classique d'une responsabilité personnelle du propriétaire, qui, tiers, ne peut répondre des dettes du locataire. Elles font appel à la notion de crédit *réel*. Les magistrats observent la pratique : les fournisseurs, constatent-ils, font confiance en considération du fonds plutôt que de la personne de son gérant. Dès lors, pour que leur confiance ne soit pas trompée, le fonds lui-même doit répondre des dettes de son exploitation; et ils reconnaissent aux créanciers un droit de gage

---

5. Paris, 26 janv. 1932, S. 1932.2.62; Paris, 10 mars 1932, *Gaz. Pal.* 1932.1.950.
6. Paris, 26 janv. 1932 et 10 mars 1932, précités.
7. Paris, 25 mars 1933, *Gaz. Pal.* 1933.2.133; Nancy, 15 janv. 1929, S. 1929.2.26; Paris, 21 avr. 1932, *Gaz. Trib.* 1932.2.1.
8. V. A. Buisson : *Le statut légal du fonds de commerce.*
9. Trib. com. de Marseille, *Som. Marseille*, n° 288.
10. Paris, 7 janv. 1933, *Gaz. Trib.* 1933.2.116.
11. Req. 6 déc. 1938, (D. H. 1939.99).

spécial sur lui. En d'autres termes ils *affectent* le fonds au payement des dettes nées pour les besoins de son exploitation[12].

Ce droit de gage spécial est actuellement appuyé sur l'art. 18 de la loi du 17 mars 1909 et les termes absolus dans lesquels il permet aux créanciers de demander la vente du fonds. L'arrêt de la chambre des requêtes du 6 déc. 1938 ne statue pas sur cette action réelle ; il décide seulement que l'art. 18 ne permet pas de poursuivre le propriétaire personnellement. Il n'en demeure pas moins que la nouvelle interprétation de l'art. 18 est osée, si ingénieuse, et sans doute un peu forcée. Mais n'a-t-on pas déjà vu la jurisprudence édifier d'importantes théories juridiques sur des textes qui ne les contenaient pas, en utilisant la lettre pour en forcer l'esprit ? Avant de condamner cette interprétation voyons si ses résultats pratiques ne seraient pas les meilleurs.

*
* *

Sa solution est efficace, nette et certaine, qualités appréciées du commerce. Elle évite les discussions sur la forme de la publicité et les incertitudes sur la valeur de celle effectuée ; elle dispense les fournisseurs de recherches pratiquement impossibles à réaliser.

Elle déjoue par avance toute velléité de fraude aux droits des créanciers par le moyen d'une convention fictive de gérance libre, et dispense de la preuve difficile de cette simulation.

Elle donne aux prétentions légitimes des fournisseurs une satisfaction au total plus juste. Leur reconnaître une action personnelle contre le propriétaire du fonds, c'est leur accorder un droit de poursuite sur tout son patrimoine ; ils ne peuvent équitablement prétendre à autant, car ils n'ont pu compter sur les ressources patrimoniales ignorées d'un propriétaire en principe inconnu. L'affectation donne action sur le fonds seulement tout en laissant au propriétaire la possibilité d'en éviter la vente, s'il préfère désintéresser le créancier.

Or, l'action sur le fonds est, elle, équitable ; le mouvement de jurisprudence en faveur des créanciers en serait presque une preuve suffisante. Ils ont vu le fonds en la possession de leur débiteur ; ils ont normalement tablé sur sa valeur de gage ; on ne saurait les priver du bénéfice de cette apparence, ni leur refuser une action sur le bien en considération duquel ils ont fait crédit, pour les contraindre à se contenter de la responsabilité personnelle, souvent inconsistante et illusoire du gérant, car on n'aperçoit pas de publicité qui puisse sûrement les atteindre, et la pratique commerciale s'accommoderait mal de recherches constantes relatives aux droits de chaque client éventuel sur son fonds. Le propriétaire a, lui, au contraire, tous loisirs et possibilités pour se renseigner sur le futur gérant avant de traiter avec lui.

Dans ces conditions n'est-ce pas une idée satisfaisante de voir le fonds répondre des dettes nées pour les besoins de son exploitation ? La technique n'est pas courante en droit positif français ; elle n'y est pas totalement ignorée. Le

12. Paris, 23 janv. 1931, *Sem. jur.* 1931.260, note Guilhot ; Trib. com. de la Seine, 19 juill. 1933, *Gaz. Trib.* 1934.2.149, 13 janv. 1934, *Gaz. Pal.* 1934.1.633 ; Paris, 13 juin 1933, *Gaz. Pal.* 1933.2.496 ; Paris, 18 janv. 1934, *Sem. jurid.* 1934.314 ; Seine, 20 juin 1932, *Gaz. Pal.* 1932.2.960.

navire répond des dettes contractées pour les besoins du voyage, et les créanciers maritimes acquièrent sur lui droit de suite et droit de préférence (art. 190 et 191 c. com.). La marchandise transportée est affectée aux dettes nées à l'occasion du transport (art. 95 et 280 c. com., 2102-6° c. civ.). L'application de cette idée au fonds de commerce apparaît encore plus heureuse, si l'on considère sa nature particulière. À la différence d'un bien ordinaire qui se peut conserver longtemps sans être utilisé, le fonds de commerce, dont l'élément essentiel est la clientèle[13], a besoin d'être constamment exploité, faute de quoi il dépérit et disparaît. Toutes les dettes contractées pour les besoins de son exploitation concourent donc à son entretien et à sa conservation et profitent à son propriétaire. Ainsi, l'art. 2102-3° c. civ. vient fournir une nouvelle assise à l'affectation du fonds aux créanciers de son exploitation.

13. Req. 15 févr. 1937 (D. P. 1938.1.13).

UNE PERSONNE MORALE MÉCONNUE
La famille en tant que sujet de droit

1939

René Savatier

Professeur à la Faculté de droit de Poitiers

Où s'arrête exactement la liste des personnes morales ? Si comme il semble bien, la notion de personne morale se confond avec celle de sujet de droit, c'est-à-dire avec une idée aussi diverse dans ses aspects que les différents droits existant dans le monde juridique, la personnalité morale apparaît singulièrement souple, Il y a des êtres moraux qui ont capacité pour jouir de presque tous les droits susceptibles d'appartenir à des personnes physiques. D'autres ne peuvent posséder que des droits légalement limités. D'autres enfin, comme les associations non déclarées, n'ont que certains droits élémentaires, tels que le droit au nom.

C'est en présence de cette conception nuancée de la personnalité morale qu'il convient de se placer pour comprendre la situation juridique de la famille en tant que sujet de droit. Car la famille reste, croyons-nous, dans la France d'aujourd'hui, un sujet de droit ; elle est donc, dans le sens que nous venons de dire, une personne morale. Il y a plusieurs catégories de droits subjectifs qui n'appartiennent, à proprement parler, à aucune des personnes physiques composant une famille, mais à la famille considérée comme corps.

Nous essaierons d'abord d'en retrouver quelques-uns, puis de déterminer l'étendue de la famille érigée ainsi en titulaire de ces droits ; enfin, de rechercher les organes chargés de représenter cette famille, personne morale.

I. Quelques-uns des droits appartenant à la famille, personne morale

C'est une glane riche et variée. Nous la poursuivrons d'abord en dehors du patrimoine, puis à l'entrée de celui-ci.

A.

Plusieurs des droits appartenant à la famille comme tels sont franchement extrapatrimoniaux.

Au premier rang de ces droits on rencontre le nom patronymique, avec ses accessoires, le titre nobiliaire et les armoiries. M. E. H. Perreau (*Le droit au nom*, p. 30) indique bien « qu'il appartient à la personne, non pas tant comme individualité mais comme membre d'une famille ». Et nous avons nous-mêmes (Planiol, Ripert et Savatier, *Les personnes*, n° 114) résumé la jurisprudence, en disant qu'elle traitait le nom en « propriété de la famille ». En effet, sans retenir avec elle le mot de propriété qui est équivoque et impropre, il reste exact que c'est bien à la famille qu'appartient le droit au nom familial, et non pas aux individus qui la composent. Tous les membres de la famille sont, sans doute les organes de celle-ci dans l'usage, et la défense du nom. Mais c'est la famille qui en est titulaire. D'ailleurs, cette conception explique que les représentants de la famille qui n'ont pas, eux-mêmes, droit au port du nom puissent, cependant, défendre ici le droit familial (v. Req. 20 avr. 1868, D. P. 68. 1. 292; Civ. 10 nov. 1892, D. P. 1904. 1. 851; Planiol, Ripert et Savatier, *op. cit.*, n° 116).

Les droits de puissance, leurs attributs et leurs diminutifs n'appartiennent pas non plus à un homme ou à une femme en tant qu'individus. La puissance paternelle repose sur la tête du chef de famille. C'est seulement *l'exercice* de ce droit de puissance que l'article 373 reconnaît au père comme organe qualifié du groupe familial dont il est le chef. Et c'est encore un chef de famille que retrouve l'art. 213 actuel du code civil, modifié par la loi du 18 févr. 1938. Les attributs que le père ou le mari, ou à défaut, la mère ou l'épouse, exercent comme chef de famille, ne sont, entre ses mains qu'ès qualité, c'est-à-dire *par représentation d'une personne morale dont il est l'organe*. Cela se sent de la manière la plus évidente lorsqu'on examine, dans les articles 148 et suiv. c. civ., la méthode suivie par le législateur pour déterminer *qui représentera la famille* dans le consentement à donner par elle au mariage d'un mineur. La même remarque peut-être faite pour la détermination du représentant de la famille appelé à consentir à une émancipation ou à une adoption. On y constate qu'à la puissance paternelle succède une puissance tutélaire dont l'organe s'appelle précisément *conseil de famille* (v. Planiol. Ripert et Savatier, *op. cit.*, n° 444).

Ce ne sont pas les seuls droits extrapatrimoniaux reposant sur la famille, véritable sujet de droit. On peut citer encore, pour la défense de la mémoire des morts, les droits reconnus par l'art. 34 de la loi sur la presse du 29 juill. 1881. C'est encore d'une idée analogue que s'inspirait, dans la procédure des actions d'état, la théorie du contradicteur légitime, d'après laquelle le procès concernant une filiation devait se poursuivre exclusivement contre un parent déterminé, qualifié pour y représenter la famille entière (v. Planiol, Ripert et Savatier, *op. cit.*, n° 32). Et si cette thèse est aujourd'hui abandonnée, il n'en est pas moins vrai que certaines actions d'état, comme la recherche de paternité doivent nécessairement se poursuivre, en cas de mort du défendeur naturel, et si sa succession a été répudiée, contre des parents dont la qualité n'est autre que celle de représentants de la famille (v. Paris, 27 oct. 1925, D. P. 1926. 2. 61; Paris, 11 févr. 1933, D. H. 1933. 209; Planiol, Ripert et Rouast, *La famille*, n° 221; Savatier, *La recherche de paternité*, n° 77; Lagarde, *Rev. trim. de droit civil*, 1933, p. 863).

B.

Les droits familiaux dont l'existence vient d'être rappelée sont entièrement hors du patrimoine; mais, les biens n'étant que l'instrument d'intérêts moraux et sociaux, la personnalité morale de la famille se traduit aussi sous des aspects qui touchent le patrimoine.

a) Il en est ainsi, d'abord, pour les biens constituant des souvenirs de famille. M. Demogue (*Rev. trim. de droit civil*, 1928, p. 27 et suiv.) en a marqué les caractères jurisprudentiels, en apparence singuliers (v., dans le même sens, Req. 14 mars 1939, D. H. 1939. 260). Mais il n'a pas, croyons-nous, mis en lumière l'explication générale qui éclaire ces singularités. Le véritable maître du droit moral qui s'exerce sur ces souvenirs, ce ne sont pas tels ou tels membres particuliers de la famille à qui la possession en est conférée. La famille entière en est le véritable titulaire ; et elle le possède en tant que famille. Il peut arriver que le détenteur qualifié des souvenirs n'ait rien d'un propriétaire, et continue seulement la représentation du corps familial dans la détention de ces objets : ce cas se présente surtout pour les papiers n'ayant pas de valeur vénale. Même si la propriété d'objets constituant des souvenirs de famille est attribuée à un des membres de celle-ci, la famille, comme telle, continue à posséder, sur ces souvenirs, des droits éminents, dans l'exercice desquels tous les autres membres peuvent la représenter.

b) La sépulture de famille donne un autre exemple de la même situation. Nous avons montré (*La transmission des sépultures*, étude au *Rép. prat. du notariat*, p. 192, art. 21707) le caractère essentiellement familial des droits qui s'exercent sur ces biens *sui generis*. Les membres de la famille du fondateur ne sont, à l'égard du tombeau familial, que les organes des droits appartenant, en tant que telle, à la famille.

c) Il semble qu'il faille aller beaucoup plus loin et reconnaître la famille personne morale au centre même de notre droit matrimonial. Ainsi que l'a bien montré M. Carbonnier dans sa thèse *Le régime matrimonial*, tout mariage a pour conséquence l'établissement d'une sorte de patrimoine particulier, qui est tenu des dettes de ménage inséparables de la vie commune, et pourvu de ressources déterminées propres à y faire face. Quel que soit celui des conjoints qui administre ce patrimoine à destination familiale, il agit ès qualité, comme représentant de la famille, du ménage.

d) Ne peut-on pas dire aussi que la réserve héréditaire, du vivant même de la personne à laquelle elle s'impose, apparaît comme un droit dévolu à sa famille. Ce n'est qu'à la mort du propriétaire que les réservataires seront des individus possédant une réserve personnelle. Encore faut-il remarquer l'écho d'une conception différente dans la jurisprudence, lorsque celle-ci admet, même après le décès du déposant, une sorte d'indivisibilité dans la réserve globale, indivisibilité qui se manifeste, par exemple, dans l'hypothèse de renonciation d'un des réservataires. En tout cas, du vivant du disposant, où trouver le titulaire actif du rapport de droit que la réserve impose passivement au père de famille, sinon dans la famille même. La réserve coutumière n'est-elle pas, d'ailleurs, historiquement, une manifestation du droit virtuel de la famille entière sur les biens de chacun de ses membres ?

e) Enfin, la législation sociale et familiale moderne, du bien de famille, des allocations familiales, des primes à la natalité, n'ouvre-t-elle pas des droits à la famille comme telle ?

Dans tous ces cas, on est en plein droit des biens. C'est sur des objets patrimoniaux que la famille possède des droits. Et cependant, on ne saurait dire exactement que les droits qui lui appartiennent sont des droits patrimoniaux, tant la notion de patrimoine apparaît liée à l'idée de personnes indépendantes. Les droits, même pécuniaires, qui sont le bien de la famille, ont toujours des caractères spéciaux, qui se reflètent sur leur régime et sur leurs modes de transmission (v. notamment l'étude précitée de M. Demogue sur *Les souvenirs de famille*, notre article précité sur la *transmission des sépultures*, la thèse précitée de M. Carbonnier, et les développements jurisprudentiels et doctrinaux sur la jouissance légale, et les droits du mari usufruitier).

Il ne s'agit pas, d'ailleurs, d'une simple affectation sans personnalité civile. Dans presque tous les cas qui précèdent, la personnalité s'atteste par l'existence d'organes. Car, pour qu'une collectivité soit juridiquement représentée et puisse agir comme telle, il ne suffit pas qu'elle soit simplement la bénéficiaire d'une affectation déterminée ; si dans ce bénéfice, elle a, en outre, qualité pour être représentée et agir, c'est qu'elle possède des droits sur sa tête, c'est qu'elle est une personne morale. Il n'en reste pas moins que des affectations d'intérêt familial peuvent être données à un bien, par un acte quelconque (v. Cassin, *La libéralité à destination familiale* aux *Mélanges Capitant*, p. 115). De tels actes ouvrent virtuellement un droit à la famille profitant de l'affectation, qu'il s'agisse, par exemple d'une substitution non ouverte, ou des charges familiales d'un legs. Mais selon les cas, les représentants de la famille pourront, ou non, être appelés ès qualité, à exercer les droits de celle-ci. À cela, on reconnaîtra selon les cas, l'existence de la personnalité civile de la famille.

II. L'étendue de la famille conçue comme titulaire des droits

Si, dans toutes les hypothèses précédentes, c'est une famille qui est, comme telle, titulaire de certains droits, la construction juridique qu'elle se donne reste fonction des buts divers auxquels s'adaptent, naturellement, l'étendue et le caractère de la personne morale.

En particulier, l'étendue qui sera donnée à la famille dépend de la durée que le but poursuivi lui prête. Certains droits familiaux n'ont qu'une utilité temporaire. Ce sont ceux qui reposent sur la famille considérée comme groupe domestique. Tels sont les droits exercés, dans les divers régimes matrimoniaux, par le chef du ménage, au nom de celui-ci. Ils n'ont que la durée du ménage. De même, dans une matière voisine, le droit de puissance paternelle ou tutélaire attribué à une famille, et placé entre les mains de son organe légal, ne subsiste que pendant la minorité.

Déjà différents sont les droits tels que la réserve héréditaire, qui appartient à la famille conçue comme se perpétuant dans la génération suivante. Mais il n'est encore question que d'une famille à deux générations, car, si la réserve réapparaîtra pour la génération suivante, l'objet de cette nouvelle réserve ne sera plus la même. Une règle analogue concerne d'ailleurs aussi la substitution qui, comme on le sait, se limite aujourd'hui à un seul degré.

C'est, au contraire, une véritable perpétuité qu'on rencontre dans la conception de la famille en tant que sujet de certains autres droits. Il n'y a pas de limite à la transmission descendante du nom de famille, de la sépulture familiale, de souvenirs de famille, du droit de défendre la mémoire d'un ancêtre. Sans doute, ces droits ne remontent pas au-delà d'un fondateur déterminé. C'est de celui-ci : le premier porteur du nom, le créateur de la sépulture, l'auteur des souvenirs de famille, que part le bien familial. Ses descendants seuls sont compris, avec les conjoints, dans la famille sujet de droit. Mais ils sont appelés indéfiniment à en faire partie. Si, en fait, les droits subjectifs de la famille peuvent cependant dépérir à la longue, comme il arrive, par exemple, pour les souvenirs de famille, cela tient à leur nature, et non aux règles de leur vocation.

Enfin, très exceptionnellement, et à défaut de descendants, la famille sujet de droit peut s'étendre à des collatéraux. Cela se produit dans le cas où des raisons techniques impérieuses exigent qu'on trouve, à toute force, des représentants à une famille éteinte. Par exemple, des collatéraux pourront être, comme représentants de la famille d'un père naturel, défendeurs à l'action en recherche de paternité (v. notre Traité de *La recherche de la paternité*, n° 77).

La famille envisagée comme titulaire d'un droit familial est, d'ordinaire, la famille légitime fondée sur le mariage, lequel est précisément l'institution propre à en assurer la solidité et la publicité. La famille légitime seule, en particulier, peut engendrer juridiquement un ménage, avec tous les droits associés à cette construction familiale (v. R. Savatier, *Le Droit, l'amour et la liberté*, n° 56).

Cependant, d'autres droits, tels que le nom patronymique et la réserve successorale ont été étendus, par un mouvement relativement récent, à la famille naturelle (v. le même ouvrage, n° 85).

III. Détermination des organes du groupe familial

Si les droits examinés plus haut reposent sur le groupe familial, celui-ci, comme toute personne morale, ne peut les exercer que par des organes, c'est-à-dire par des personnes physiques aptes à représenter. Ici encore, la diversité du choix des organes répond à la variété des buts à atteindre.

Il arrive que tous les membres de la famille ou d'une certaine génération de celle-ci aient également qualité pour exercer et défendre les droits familiaux. Ainsi pour le nom patronymique, les tombeaux de famille. Il y a alors égalité des membres du groupe, dans la représentation de celui-ci.

Mais, plus souvent, la nature du droit commande la désignation d'une personne physique déterminée, chargée de l'exercer ès qualité au nom de la famille. Cet organe est désigné soit par des arrangements familiaux, soit par un arbitrage judiciaire, soit enfin par des règles d'ordre public.

Lorsque l'ordre public n'est pas en question, des arrangements familiaux peuvent intervenir. Ainsi, pour les souvenirs de la famille, et, d'une manière assez large, pour les tombeaux.

Mais il arrive que les membres de la famille ne puissent s'entendre. Dans ce cas, les tribunaux y suppléent en s'attachant à la nature des choses et à l'usage.

Enfin, c'est la loi elle-même qui, impérativement, désigne souvent le représentant qualifié de la famille. Cela se passe, notamment, en matière de titres nobiliaires, de puissance ou de tutelle.

Il faut remarquer d'ailleurs que les usages, ou même les règles d'ordre public, rejoignent souvent ici de vieilles institutions, par ailleurs disparues. On le constate pour le droit d'aînesse. Le fils aîné, qui, sur le plan des droits individuels, ne possède aujourd'hui aucune prérogative qui n'appartienne également à ses frères, conserve, au contraire, par une coutume traditionnelle, une certaine vocation préférentielle pour représenter la famille. Elle se manifeste particulièrement, en matière de titres nobiliaires et aussi d'attribution des souvenirs de famille ou du bénéfice légal d'exemptions militaires.

Enfin, dans certaines hypothèses, les droits familiaux, tout au moins pendant un temps déterminé, sont dépourvus d'organe pour les exercer. Au fond, selon la distinction faite plus haut, il y a plutôt alors une simple affectation familiale qu'un droit accordé à une personne morale constituée par la famille. Ainsi pour la réserve héréditaire, tant que celui auquel elle s'impose n'est pas décédé.

On voit que les institutions épousent, suivant des procédés variés, les besoins qu'elles sont destinées à satisfaire. Mais cette variété même ne doit pas faire illusion. À travers tout cela, sauf peut-être dans la dernière hypothèse examinée, apparaît un sujet de droit, une personne morale, que les interprètes ne semblent pas avoir suffisamment dégagée jusqu'ici, méconnaissant ainsi, à notre avis, l'existence juridique propre de la famille.

Si l'on commençait par poser en principe que c'est cette dernière qui se trouve, comme être juridiquement indépendante, aux pôles des rapports de droits analysés, et que les membres de la famille, qui exercent les droits subjectifs correspondants, sont simplement les organes de cette personne morale, bien des singularités apparentes disparaîtraient, bien des obscurités seraient, croyons-nous, éclaircies.

LES DERNIÈRES ÉTAPES DU DIRIGISME CONTRACTUEL
Le *contrat forcé* et le *contrat légal*

1940

Louis Josserand

Doyen honoraire de la Faculté de droit de Lyon

Nulle époque, plus que la nôtre, n'aura été fertile en transformations et en évolutions sur le plan juridique; sous l'irrésistible poussée des événements sociaux, politiques et militaires, nos institutions fondamentales changent de configuration, de comportement et d'esprit : État, famille, propriété, responsabilité, contrat, autant de concepts soumis à une dure épreuve, à une révision incessante, et dont parfois, comme c'est le cas du contrat, l'existence même est en question; car la lutte qui a mis aux prises les démocraties de l'Occident avec le Reich a pour origine et pour enjeu le grand principe de la force obligatoire des contrats : il s'agit de savoir si, comme le pensent les Alliés, la convention fait toujours la loi des parties et si les *engagements* continuent à *engager* véritablement ceux qui les ont librement assumés, ou bien si les traités, publics ou privés, sont à considérer comme de simples « chiffons de papier » que « la volonté de puissance » du plus fort utilisera, tantôt en s'en réclamant, tantôt en les déchirant, au gré de ses intérêts du moment et pour l'assouvissement de ses appétits : ainsi, le grand drame qui se déroule actuellement n'est point seulement politique et militaire; il est aussi un drame juridique, un drame contractuel.

Mais ce n'est pas seulement dans les relations internationales que se joue le sort du contrat; voilà longtemps déjà qu'à l'intérieur de nos frontières et dans le cadre du droit privé, ce concept subit une évolution qui s'accomplit sous la pression de nombreux facteurs et qui se réalise dans maintes directions, conformément à une série de tendances que nous avons tenté de noter : multiplication et diversification des contrats; standardisation du concept et déclin de la règle traditionnelle de l'autonomie des volontés privées; développement du contenu obligatoire et accentuation du dynamisme contractuel; à l'inverse, énervement de la force obligatoire du contrat immixtion des pouvoirs publics dans sa vie, et, brochant sur le tout, constitution ou reconstitution d'un droit de classe (v. L. Josserand, *Cours de droit civil positif français*, 3e édit., t. II, nos 402 et suiv.; *Aperçu général des tendances actuelles de la théorie des contrats*, dans la *Rev. trim. de droit civ.* 1937, p. 1; *Le contrat dirigé*, Chronique, D. H. 1933, p. 89; *Sur la reconstitution d'un droit de classe*, Chronique, D. H. 1937, p. 1).

Ces différents aspects de l'évolution du droit des contrats se relient, pour la plupart, à un même phénomène qui en représente le dénominateur commun et qui est celui du « *dirigisme* »; de plus en plus, les pouvoirs publics interviennent dans la naissance, dans la vie et dans la mort du contrat, tandis qu'à l'inverse le rôle joué par les volontés des parties devient de plus en plus secondaire et effacé; par un paradoxe singulier, *le contrat devient de moins en moins contractuel;* en lui, le côté social tend à prédominer sur le tempérament individuel; sous le contrôle du législateur et du juge, il obéit à une discipline toujours plus stricte; il devient de plus en plus effectivement dirigé; « *l'affaiblissement contractuel* », qui a été exactement noté en ce qui concerne l'assurance (Maurice Picard, *Recueil d'études en l'honneur d'Édouard Lambert*, t. III, p. 159), s'affirme également pour ce qui est du contrat de travail ainsi que dans le louage d'immeubles; il tend à revêtir la valeur d'un phénomène général, plus accusé sans doute dans certains types de conventions, mais dont l'emprise s'élargit sans cesse et qui fait tache d'huile.

*
* *

Cet affaiblissement contractuel et ce dirigisme qui en constitue à la fois la contrepartie et le facteur déterminant, sont particulièrement graves et saisissants lorsqu'ils affectent la formation même de l'accord qui va se réaliser en dehors de la pleine et libre volonté des parties, lesquelles se trouveront liées plus ou moins à leur corps défendant, sans l'avoir vraiment voulu, parfois même sans l'avoir su; la volonté légale supplantera plus ou moins complètement leur assentiment, soit qu'elle le provoque, qu'elle le sollicite, soit même qu'elle l'évince pour le suppléer intégralement, en sorte qu'on est fondé à parler alors de contrat plus ou moins forcé, plus ou moins légal, puisque né *ex lege*, plutôt qu'*ex consensu*.

À vrai dire, la notion de la convention plus ou moins forcée, plus ou moins légale, n'est pas entièrement nouvelle; on pourrait, en cherchant bien, en découvrir un exemple dans le code civil lui-même qui, dans l'art. 2082, § 3, consacre l'extension du gage à la dette intercalaire, née, entre les mêmes parties, postérieurement au nantissement et devenue exigible avant l'acquittement de la dette initiale en sûreté de laquelle le gage avait été établi.

Mais ce sont surtout des lois récentes qui, dans des conditions et sous une forme d'ailleurs très différentes, ont préparé la voie au contrat légal et forcé en pesant sur la volonté de l'une des parties pour l'inciter à renouveler un contrat venu à expiration; sans doute, cette volonté demeure théoriquement libre, puisque le patient conserve la faculté de se soustraire au renouvellement qu'on attend de lui, mais ce sera au prix d'un sacrifice qui sera peut-être assez onéreux pour lui, car il devra alors servir à son ex-contractant une sorte d'indemnité d'éviction d'un contrat qui a cependant cessé d'exister : cette manière de pénalisation l'incitera parfois à accepter un nouvel accord, conclu sous les auspices et à l'instigation de la loi, et qui sera donc, en quelque mesure, un contrat forcé et un contrat légal : deux législations, on le sait, ont ainsi établi une limite effective au droit sacré de ne pas contracter, l'une pour le bail intéressant un immeuble ou un local à usage commercial, ou industriel, ou artisanal (L. 30 juin 1926, interprétée, modifiée et complétée par plusieurs lois et décrets-lois), l'autre pour le contrat intervenu entre industriels et commerçants d'une part, et leurs voyageurs, représentants et placiers d'autre part (L. 18 juill. 1937; c. trav., livre Ier, art. 29 *o*, instituant *l'indemnité de clientèle*).

Parfois, et depuis la dernière guerre, le législateur est allé plus loin encore dans la même voie en imposant, par le jeu des prorogations, la continuation du bail d'immeubles venu à expiration, de plein droit et aux conditions fixées par le contrat originaire; c'est bien alors la reconduction forcée et légale qui se réalise en dehors de la volonté des parties pour les baux à usage d'habitation ou à usage professionnel (L. 9 avr. 1918, lois subséquentes et Décr.-L. 26 sept. 1939) : la situation juridique, *contractuelle* à l'origine, devient *légale* dans sa prorogation ; la notion du contrat forcé réalise, de ce chef, un nouveau et sensible progrès.

*
* *

Seulement, il faut bien observer que ces divers progrès sont d'un ordre tout particulier : dans tous les cas de contrat plus ou moins forcé, plus ou moins légal que nous venons de rappeler, le législateur propose ou impose aux parties ou à l'une d'elles, non pas la conclusion d'une opération nouvelle, mais le renouvellement, ou, ce qui est assez différent, la continuation, la prorogation d'une convention qui avait été antérieurement conclue en toute liberté ; qu'il s'agisse de la disposition de l'art. 2082 c. civ. ou bien des mesures inscrites dans la législation exceptionnelle des loyers, ou dans les textes qui ont institué ce qu'on est convenu d'appeler improprement la propriété commerciale ou artisanale, ou encore dans ceux qui ont aménagé le statut des voyageurs, représentants et placiers, le législateur s'est borné à maintenir ou à développer une situation juridique préexistante, à accroître le rayonnement, dans l'espace ou dans le temps, d'un accord vraiment contractuel ; ce qui est forcé et légal, ce n'est nullement l'accord originaire, la convention-base ; c'est seulement son extension, son renouvellement, sa prorogation : le législateur a opéré dans une matière contractuelle qui lui était fournie par les parties elles-mêmes.

Mais il appartenait au nouveau *Code de la famille* d'aller plus loin en construisant sur un terrain libre de toute opération contractuelle préalable et en décidant que des intéressés, entre lesquels aucun accord préalable n'était intervenu, seraient cependant liés d'autorité par un contrat dont la conclusion leur est obligatoirement imposée, sans qu'ils aient à manifester en ce sens aucune volonté et quand bien même ils exprimeraient une volonté contraire.

Le décret-loi du 29 juill. 1939 *relatif à la famille et à la natalité françaises* décide, en effet, dans son article 63, que « les descendants d'un exploitant agricole qui, âgés de plus de dix-huit ans, participent directement et effectivement à l'exploitation, sans être associés aux bénéfices ni aux pertes et qui ne reçoivent pas de salaire en argent en contre-partie de leur collaboration, *sont réputés légalement bénéficiaires d'un contrat de travail à salaire différé* ».

Voilà donc un contrat auquel les parties n'avaient, peut-être, sans doute même jamais songé, qui ne se rattache à aucune convention antérieure, et qui va cependant se former, puis dérouler ses effets au cours des années, conformément au statut que lui assigne le décret-loi et qui est, en principe, celui du contrat de travail. M. Jourdain faisait de la prose sans le savoir ; les agriculteurs concluront maintenant des contrats sans s'en douter, ou plutôt les pouvoirs publics les concluront pour eux, d'autorité : c'est bien là le triomphe et la consécration du contrat légal et forcé, du contrat de travail existant de plein droit, de par la toute-puissance des pouvoirs publics, du contrat *ex lege*.

Certes, il faut convenir que jamais occasion plus favorable ne pouvait s'offrir à la consécration du contrat légal : d'une part, l'état de choses existant, le comportement réciproque de l'exploitant agricole et de son descendant se prêtent assez bien à la version du contrat de travail à laquelle s'arrête le législateur du code de la famille qui se contente de dégager l'interprétation assez plausible d'une situation de fait apparente; et par là ce genre de contrat se relie à la théorie générale de l'apparence; d'autre part et surtout, les auteurs du décret-loi, lorsqu'ils ont consacré le concept du contrat de salaire différé, poursuivaient les buts les plus élevés et les plus louables, puisqu'ils se proposaient de lutter contre la dépopulation de nos campagnes, de retenir à la terre ceux qui la cultivent en assurant au travail agricole une juste rémunération, même lorsqu'il se présente sous la forme d'une collaboration familiale; par là, la nouvelle institution se relie à toute une série de dispositions législatives ou quasi législatives qui l'ont précédée de bien peu et qui tendent, par des moyens divers, à réagir contre la désertion de la terre et la désaffection dont elle est l'objet : lois facilitant le remembrement de la propriété; dispositions tendant à conjurer le partage du domaine, à la mort du propriétaire et à la demande d'un seul des ayants droit; extension donnée à la réduction en moins prenant (Décr.-L. 17 juin 1938); réforme du partage d'ascendant (L. 7 févr. 1938) : les pouvoirs publics pratiquent une politique rurale susceptible d'avoir les plus heureux effets et dont le décret-loi du 29 juill. 1939, avec le contrat légal qu'il institue, n'est qu'une des manifestations les plus originales et les plus caractéristiques.

Car ce nouveau contrat présente des aspects singuliers, dont certains ont déjà été soulignés; dont d'autres encore sont à signaler.

1° Il est un *contrat légal*, ainsi qu'il ressort du texte même de l'art. 63, § 1er, du décret-loi; il est évident que les deux mots qui composent cette formule jurent d'être accouplés, le contrat étant traditionnellement, et par définition même, le produit, la fusion de deux volontés qui en constituent l'âme et l'essence même; ici, le législateur décide d'autorité que cette fusion s'est bien produite, que les deux volontés se sont bien rencontrées en vue de conclure un contrat de travail.

2° Comme cette interprétation est, pour une bonne part, risquée et divinatoire et qu'elle peut fort bien ne pas correspondre à la mentalité, au désir des intéressés, il est permis de considérer que ce contrat légal est aussi *un contrat forcé*, et ces deux mots ne sont pas moins incompatibles entre eux que les deux précédents, puisque, traditionnellement, le grand principe de l'autonomie des volontés préside à l'élaboration et à la conclusion des accords, lesquels sont librement consentis.

3° Pour la même raison, le nouveau contrat ressortit, comme nous l'avons noté, à la théorie générale de *l'apparence* : les auteurs du décret-loi ont interprété à leur manière et fort librement une situation apparente, pour eux révélatrice de la volonté, chez les intéressés, de se comporter comme s'ils étaient liés par un contrat de travail.

4° Cette interprétation comporte évidemment une bonne part de fiction : le contrat de travail, qui est bien une *réalité* s'imposant à tous, puisque ainsi en a décidé le législateur, dérive, en dernière analyse, d'une *fiction légale*.

5° Cette origine, cette filiation entraînent pour lui cette conséquence qu'il ne saurait produire des effets immédiats et pendant la vie de l'ascendant : ses effets pratiques sont différés jusqu'au jour du décès de l'exploitant, non pas seulement, comme il ressort du nom même du contrat, l'exercice du droit au salaire, mais celui de tous les droits découlant éventuellement de la situation juridique nouvelle, mais toutes les conséquences qui y sont normalement attachées, ce qui revient, pour nombre d'entre elles, à une exclusion définitive : aux termes de l'art. 73 du décret-loi, « les règles spéciales régissant le contrat de travail ainsi que toutes les dispositions de la législation du travail ne sont pas applicables dans les cas prévus par la présente section... ». Ainsi, non seulement le descendant devra attendre, pour faire valoir son droit à un salaire, le décès de l'exploitant, son ascendant, mais encore les rapports existant entre les deux parties, à raison du contrat légal, échapperont au droit du travail; notamment, si le descendant est victime d'un accident, la législation du 9 avr. 1898 ne jouera pas.

Le contrat de salaire différé se présente donc, en définitive, comme un *contrat en puissance*, un contrat lui-même *différé*, plutôt que comme un accord dès maintenant en vigueur : c'est une opération d'attente, *à retardement*.

6° En revanche, au décès de l'ascendant, le contrat produira tous ses effets avec une intensité pour ainsi dire accrue par la période d'attente : le descendant va pouvoir exiger, d'un seul coup, l'acquittement de l'intégralité du salaire qui lui est dû et dont le bénéfice constitue pour lui un bien propre, qui n'entrera donc pas dans la communauté conjugale et « dont la dévolution, par dérogation aux règles du droit civil et nonobstant toutes conventions matrimoniales, est exclusivement réservée à ses enfants vivants ou représentés » et « est dispensée de tout droit de mutation par décès » (art. 64 du décret-loi).

Le descendant, bénéficiaire du contrat légal, n'aura donc rien perdu pour attendre : l'opération dont il est le bénéficiaire va développer, lors du décès de l'exploitant, tous ses effets, dans le climat le plus favorable pour lui-même et pour sa descendance : le contrat de salaire différé est un véritable *contrat privilégié* qui, après avoir traversé une période d'attente, manifeste un dynamisme exceptionnel.

On peut juger, par ces brèves explications, de l'originalité d'une réglementation qui réussit cette gageure de réaliser le type d'un contrat hors série, à la fois légal et forcé, issu d'une fiction, mais interprétant à sa façon un état de choses apparent, contrat à retardement, dont l'exécution, différée pendant un temps plus ou moins long, se réalisera lors du décès de l'employeur, donc à une date indéterminée mais dont l'arrivée est certaine, avec une particulière intensité, en faisant échec, à l'occasion, et au droit matrimonial et au régime successoral, voire aux prétentions du fisc (art. 64 et 67 du décret-loi).

Tant de particularités, et si inédites, constituant, dans leur ensemble, une organisation juridique sans précédent, méritaient bien d'être fixées en ces quelques lignes.

LA GAMME DES FAUTES

1940

Henri Lalou

Avocat à la cour d'appel de Paris,
Doyen de la Faculté libre de droit de Paris

« Ainsi que la vertu le vice a ses degrés. »

Cet alexandrin exprime une vérité non seulement dans le domaine moral ou pénal, mais encore dans le domaine du droit civil. Le degré de gravité des fautes influe sur leur régime et sur leur sanction. Telle faute bénigne sera sans influence sur la responsabilité de son auteur. Telle faute grave entraînera pour lui l'obligation de fournir à la victime une indemnité plus importante. Il faut donc qualifier les fautes. La nécessité de cette qualification aboutit à les présenter comme une espèce de gamme.

De quelles variétés se compose cette gamme ?

Théoriquement, la faute soulevant un problème d'ordre moral, on concevrait qu'il n'y eût que deux espèces de fautes : la faute commise de bonne foi, sans intention de nuire, et la faute commise de mauvaise foi avec intention de nuire. C'est à cette division très simple que paraissent correspondre les deux expressions quasi-délits et délits employées d'abord dans l'art. 1370 c. civ. et ensuite dans la rubrique du chapitre II du titre IV du livre III du même code. Mais, après avoir employé ces deux expressions, le code civil ne les a pas définies; à plus forte raison n'a-t-il pas marqué leur régime respectif; il semble même que les art. 1382 à 1386, qui sont sous la rubrique délits et quasi-délits et qui s'abstiennent d'user de ces expressions, les assujettissent au même régime.

Pratiquement, le problème de la variété des fautes est beaucoup plus nuancé. Mais quelles sont ces nuances; à quel critérium s'attacher pour les marquer; quelle est leur utilité ? Sur tous ces points l'accord a été sinon impossible, du moins très difficile.

Sans remonter au droit romain, et pour ne prendre que l'état du droit sur la question à la veille du code civil, il suffit de rappeler la controverse entre Pothier et Lebrun exposée en appendice au *Traité des obligations* de Pothier (*Œuvres*, édition Bugnet, t. 2, p. 497 et suiv.). Lebrun avait envoyé à Pothier un « Essai sur la prestation des fautes », travail que Pothier s'applique à réfuter par le détail dans l'Appendice que nous venons de rappeler.

Pothier y justifie sa théorie des trois fautes : la faute lourde, « qui consiste à ne pas apporter aux affaires d'autrui les soins que les personnes les moins soigneuses et les plus stupides ne manquent pas d'apporter à leurs affaires : cette faute est opposée à la bonne foi »; la faute légère est celle que ne commettrait pas dans l'administration de ses affaires un bon père de famille (soit le bon père de famille idéal : faute légère *in abstracto;* soit un bon père de famille déterminé : faute légère *in concreto*)*;* enfin la faute très légère est commise en cas d'omission d'attention exemplaire. Cette division tripartite des fautes, dont on a cru trouver une trace dans l'art. 1137 c. civ. à propos des fautes contractuelles, n'est pas plus nette que la distinction des délits et des quasi-délits en matière de fautes extra-contractuelles.

Actuellement, il est admis que le système de la division tripartite des fautes en matière contractuelle n'a pas été consacré par le code civil au moins avec la rigidité primitive, pas plus que, en matière extra-contractuelle, la distinction des délits et des quasi-délits.

La gamme des fautes d'abord est plus complexe; en outre, elle trouve son fondement non dans une systématisation d'ensemble résultant d'un texte unique, mais dans des textes épars soit du code civil, soit des lois étrangères au code civil, et aussi dans la pratique et la jurisprudence.

Cette gamme moderne des fautes peut être constituée par les fautes suivantes :

- la faute très légère;
- la faute légère;
- la faute volontaire;
- la faute inexcusable;
- la faute lourde;
- la faute intentionnelle;
- le dol.

À propos de chacune de ces fautes il faut rechercher en quoi elle consiste et quels sont ses effets. On examinera ensuite si la Cour de cassation peut exercer son contrôle sur le degré de gravité des fautes. Enfin il faudra se demander si l'abstention d'un devoir moral ou d'un acte de simple complaisance peut prendre place dans la gamme des fautes.

Faute très légère. – C'est la faute constituée par une simple négligence, inattention ou imprudence. Elle suffit pour entraîner la responsabilité en matière extra-contractuelle dès lors qu'il en résulte un préjudice. À cet égard, l'art. 1383 c. civ. est des plus nets. « Chacun est responsable du dommage qu'il a causé non seulement par son fait, mais encore par sa négligence ou par son imprudence ». Comme on l'a fait remarquer maintes fois ce texte est l'écho de la règle romaine : « *In lege Aquilia et levissima culpa venit* ».

Faute légère. – C'est la faute que ne commettrait pas un administrateur diligent, ou, suivant la formule employée par l'art. 113,7 c. civ., un « bon père de famille ». D'après le même article, cette faute entraîne la responsabilité d'un débiteur devant « veiller à la conservation de la chose, soit que la convention n'ait pour objet que l'utilité d'une des parties, soit qu'elle ait pour objet leur utilité commune ». L'obligation qui pèse ainsi sur le débiteur est ce qu'on a appelé une obligation de moyen (Claude Thomas, *La distinction des obligations de moyen et des obligations de résultat, Revue critique de législ. et de jurispr.*, 1937, p. 640). Dans l'obligation de moyen, le juge doit apprécier si la conduite du débiteur est celle d'un homme intelligent. À l'obligation de moyen on oppose l'obligation de résultat, dont le domaine est l'art. 1147 c. civ. Dans l'obligation de résultat le débiteur a promis une prestation déterminée. Si elle n'est pas fournie, il est responsable, sans que le juge ait à apprécier sa conduite. Sa responsabilité n'est écartée que s'il prouve que « l'inexécution provient d'une cause étrangère qui ne peut lui être imputée, encore qu'il n'y ait aucune mauvaise foi de sa part ».

Mais revenons aux obligations de moyen, dont un des types est l'obligation de garde. En ce qui les concerne, l'art. 1137. § 2, ajoute que l'obligation du débiteur d'apporter tous les soins d'un bon père de famille « est plus ou moins étendue relativement à certains contrats, dont les effets à cet égard sont expliqués sous les titres qui les concernent ». Dérogation peu importante, qui concerne seulement, d'une part, le dépositaire (art. 1927), lequel, en principe, et sauf les exceptions énumérées dans l'art. 1928, n'est tenu d'apporter à la garde du dépôt que « les soins qu'il apporte dans la garde des choses qui lui appartiennent », et, d'autre part, le mandataire gratuit, à qui la responsabilité, d'après l'art. 1992, « est appliquée moins rigoureusement qu'à celui qui reçoit un salaire ».

Faute volontaire. – La notion de faute volontaire ne paraît pratiquement visée que dans les polices d'assurances d'officiers ministériels pour exclure ce genre de fautes de la garantie de l'assureur. Elle ne se confond pas avec la notion de faute intentionnelle ou dolosive dont nous parlerons *infra*. D'abord l'assurance ne couvre pas les conséquences des fautes intentionnelles ou dolosives; l'art. 12, § 2, de la loi du 13 juill. 1930 sur le contrat d'assurance, sanctionnant la pratique antérieure, est formel et impératif sur ce point; s'il y avait équivalence entre les fautes intentionnelles et les fautes volontaires, il ne serait pas besoin d'une stipulation formelle de la police pour exclure ces dernières de l'assurance. En outre, le dol ou l'intention de nuire comportent une appréciation d'ordre moral, tandis que la volonté pose un problème d'ordre psychologique. Ce qui caractérise, en effet, la faute intentionnelle ou dolosive, c'est le but poursuivi, la recherche du dommage; au contraire, ce qui caractérise la faute volontaire, c'est non pas la recherche du dommage, mais le fait que ce dommage, quoique non recherché, est prévu comme possible.

Il y a faute volontaire, porte un arrêt (Req. 17 janv. 1912, D. P. 1913. 1. 84), « quand un notaire a aperçu le risque et l'a volontairement bravé », ou encore, suivant un autre arrêt (Req. 8 mai 1939, *Rec. Gaz. du Palais*, 1939. 2. 262), quand un notaire « n'ignorait pas qu'il engageait sa responsabilité par le fait d'omissions grossières de formalités préalables à la remise des fonds prêtés (dans l'espèce, la délivrance d'un état hypothécaire), et qu'il allait ainsi volontairement au devant d'un risque dont il faisait son œuvre personnelle ». Inversement, d'après un troisième arrêt (Civ. 3 janv. 1923, *Rec. Gaz. du Palais*, 1923. 1. 401), n'est qu'une omission involontaire « une abstention qui n'a pas été commandée par la volonté de négliger délibérément un risque possible ». En bref, la faute volontaire, c'est la faute par excès de confiance ou par témérité. L'excès de confiance ou la témérité pourront résulter soit de la gravité de la faute, soit de la conscience chez l'agent de l'irrégularité ou de l'omission qui lui sont reprochées.

Des fautes volontaires pourront donc être légères : telles de simples imprudences ou omissions. Mais inversement, quoique plus rarement, des fautes lourdes pourront être involontaires quand il sera établi que l'agent n'avait pas conscience du risque couru.

Faute inexcusable. – L'expression « faute inexcusable » ne se trouve que dans la législation des accidents du travail. L'art. 20, § 3, de la loi du 9 avr. 1898, modifiée par la loi du 1er juill. 1938, dispose qu'en cas de faute inexcusable de l'ouvrier « le tribunal a le droit de diminuer la pension fixée au titre Ier », et qu'en cas de faute inexcusable du patron ou de ceux qu'il s'est substitués dans la direction, il a le droit de majorer « l'indemnité, mais sans que la rente ou le total des rentes allouées puisse dépasser soit la réduction, soit le montant du salaire annuel ».

De même, l'art. 11, § 2, de la loi du 29 déc. 1905 sur la Caisse de prévoyance des marins français, après avoir déclaré l'armateur ou le propriétaire du navire affranchi de la responsabilité civile des fautes du capitaine ou de l'équipage en ce qui concerne les accidents du travail dont sont victimes les marins, ajoute que cet armateur ou propriétaire du navire « ne répond que de sa faute personnelle, intentionnelle ou inexcusable, et sous déduction des indemnités ou pensions dues par la Caisse de prévoyance ».

Il est constant en jurisprudence que la faute inexcusable est conditionnée par trois éléments : 1° la volonté d'agir ou d'omettre; 2° la connaissance du danger pouvant résulter de l'action ou de l'inaction; 3° l'absence d'excuse ou de cause explicative, c'est-à-dire d'ordre, d'autorisation, de nécessité ou d'utilité (v. Sachet et Gazier, *Traité théor. et prat. de la législation sur les accidents du travail*, 8e édit., t. 2, no 1407; Rouast et Givord, *Traité du droit des accidents du travail*, no 136.)

La faute inexcusable s'identifie-t-elle avec la faute lourde ? Nous ne le croyons pas. La faute lourde, en effet, est la faute la plus rapprochée du dol, auquel beaucoup, comme nous l'indiquerons plus loin, tendent à l'assimiler. Or la faute inexcusable ne suppose pas d'élément dolosif. Il faut cependant reconnaître que certains arrêts considèrent la faute inexcusable comme plus grave que la faute lourde parce qu'elle dénote chez son auteur une insouciance déraisonnable du danger certain auquel il s'expose volontairement (Rennes, 18 mai 1933, *Rec. Rennes*, 1933. 337). Voir aussi Civ. 15 et 28 févr. 1938 (D. H. 1938. 181 et 261), qui, pour caractériser la faute inexcusable du patron ou de l'ouvrier, en matière d'accidents du travail, écartent l'élément volontaire et s'attachent à la conscience que l'auteur de la faute devrait avoir du danger résultant de son acte ou de son omission (sur cette jurisprudence, v. Rouast et Givord, *Supplément* au *Traité* précité, 1939, nos 135-136).

Pas davantage, la faute inexcusable ne s'identifie avec la faute intentionnelle, celle-ci consistant non pas seulement dans la connaissance qu'une action ou une omission serait susceptible de causer un dommage, mais dans la volonté même de le causer. La distinction de la faute inexcusable et de la faute intentionnelle semble même ressortir de l'art. 11, § 2, précité, de la loi du 29 déc. 1905 ce texte visant la première et la seconde séparément, et surtout de l'art. 20 de la loi du 9 avr. 1898, dont il va être parlé.

Faute intentionnelle. – La faute intentionnelle est visée dans l'art. 12 de la loi du 13 juill. 1930; qui l'assimile à la faute dolosive pour l'exclure de la garantie de l'assureur. La loi du 9 avr. 1898 la vise également dans son art. 20, § 1er (qui est devenu le paragraphe 2 depuis la loi du 1er juill. 1938), en disposant qu'« aucune des indemnités déterminées par la présente loi ne peut être attribuée à la victime qui a intentionnellement provoqué l'accident ». Par « intention », il faut entendre non seulement la volonté d'accomplir l'acte qui détermine le dommage, mais encore le fait d'en vouloir les conséquences. On peut citer comme fautes intentionnelles le suicide conscient ou la mutilation volontaire, la malveillance, la simulation d'un accident pour obtenir une indemnité d'assurance.

Faute lourde. – À première vue, la notion de faute lourde paraît assez simple. On pourrait dire avec les jurisconsultes romains qu'elle consiste dans « le fait de n'avoir pas compris et de n'avoir pas prévu ce que tout le monde aurait compris et prévu », ou, avec Pothier, comme nous le rappelions au début, « dans le fait de ne pas apporter aux affaires d'autrui le soin que les personnes les moins soigneuses et les plus stupides ne manquent pas d'apporter à leurs affaires ». Mais cette notion est plus difficile à dégager quand on recherche s'il y a identité entre la faute lourde et des fautes autrement qualifiées (faute volontaire, faute inexcusable, faute intentionnelle).

La faute volontaire n'est pas nécessairement une faute lourde, pas plus qu'une faute inexcusable ne s'identifie nécessairement avec une faute lourde. Nous venons de nous expliquer sur ces nuances. Reste à distinguer la faute lourde de la faute intentionnelle. Celle-ci apparaît plus grave que celle-là ; car il peut y avoir faute lourde sans mauvaise foi de son auteur, c'est-à-dire sans que celui-ci ait voulu les conséquences dommageables de l'acte ou de l'omission.

Cette discrimination entre la faute lourde et la faute intentionnelle commande logiquement une conséquence : la discrimination de la faute lourde et du dol. Contre cette discrimination il ne peut, être fait qu'une objection, tirée de l'adage : « *culpa lata dolo æquiparatur* », règle traditionnelle qui s'expliquerait par cette idée que l'intention de causer le dommage peut rarement être prouvée directement ; qu'elle ne peut s'induire que de l'existence d'une faute lourde ; que, de plus, le fait de causer un dommage consciemment et non intentionnellement peut difficilement être distingué du dol proprement dit ; qu'enfin il est le plus souvent impossible de savoir si la faute lourde est consciente ou non (v. Planiol et Ripert, *Traité prat. de droit civil français*, t. 6, *Obligations*, par Esmein, n° 409).

Sans doute la faute lourde peut valoir à titre de présomption de fait du dol ; mais il n'est pas possible, sauf disposition formelle, de l'ériger en présomption légale, alors surtout que l'art. 2268 c. civ. édicte la présomption contraire de bonne foi. Il y a en effet une différence essentielle entre la faute lourde et le dol, différence qui tient, à ce que ce dernier suppose nécessairement un élément intentionnel que la faute lourde ne suppose pas (v. André Lecomte, *La responsabilité du plaideur envers son adversaire en matière civile et commerciale*, *Revue crit. de législ. et de jurispr.*, 1938, p. 513 et suiv.). Voilà pourquoi l'assimilation du dol et de la faute lourde ne paraît pas admissible, sauf dispositions contraires. Cette assimilation a été condamnée par la Cour de cassation (v. Civ. 3 août 1932, D. P. 1933. 1. 49), laquelle a décidé que la clause limitative de responsabilité peut couvrir toutes les fautes du débiteur, y compris sa faute lourde, alors que la même chambre de la Cour de cassation avait, quelques semaines plus tôt (Civ. 29 juin 1932, D. P. 1933. 1. 49), décidé en sens contraire que la clause limitative de responsabilité insérée dans un connaissement ne couvre pas la faute lourde du transporteur.

M. Josserand a relevé magistralement sous ces deux arrêts (D. P. 1933. 1. 49) leur contradiction et marqué que c'était l'arrêt du 3 août 1932, condamnant l'équipollence de la faute lourde et du dol, qui avait ses préférences. Cette condamnation avait déjà été faite par Thaller (*Annales de droit commercial*, t. 1er, p. 256). Capitant, dans un article qu'il consacrait à la loi du 13 juill. 1930 (*Revue gén. des assurances terrestres*, 1930, p. 755), écrivait, avec sa netteté habituelle :

« Le projet de 1904 interdisait l'assurance de la faute lourde; au contraire la loi l'autorise. Elle a raison. Psychologiquement, l'adage « *culpa lata dolo æquiparatur* » est faux. Entre la faute involontaire, si lourde soit-elle, et le dol, c'est-à-dire l'acte dicté par la méchanceté, *l'animus nocendi*, il y a un abîme. Il serait immoral d'assurer une personne contre le dommage causé par le dol; il ne l'est pas de l'assurer contre sa faute lourde ». En fait, la loi sur le contrat d'assurance a condamné l'équipollence de la faute lourde au dol.

La non-équivalence de la faute lourde et du dol est également consacrée dans les matières ou la loi exige la bonne foi. C'est ainsi que la faute lourde n'empêche ni l'application de la théorie du mariage putatif, ni l'acquisition des fruits, ni l'usucapion de dix à vingt ans.

Pour qu'il y ait mariage putatif, il suffit de la bonne foi, c'est-à-dire de l'ignorance dans laquelle l'un des époux se trouve de l'empêchement ou du vice qui entache le mariage. Le code civil n'a pas reproduit l'ancienne condition du juste motif d'erreur; il s'en tient à la bonne foi, c'est-à-dire à un état d'esprit personnel à l'époux, cette bonne foi étant toujours appréciée *in concreto* et non *in abstracto* (*Nouveau Code civil annoté*, art. 202, n° 59; Planiol et Ripert, *op. cit.*, t. 2, *La famille*, par Rouast, n° 317. Cf. Req. 14 mars 1933, D.P. 1933. 1. 28, et le rapport de M. le conseiller Pilon, p. 29-30).

De même, le possesseur acquiert les fruits s'il est de bonne foi, c'est-à-dire s'il ignore les vices de son titre; et la bonne foi est admise même quand le vice de son titre était facile à découvrir (*Nouveau Code civil annoté*, art. 550, n° 41; Paris, 10 janv. 1863, D.P. 63. 2. 110). Même conception de la bonne foi pour conduire à la prescription de 10 à 20 ans (*Nouveau Code civil annoté*, art. 2265, n°s 33 et suiv.). Preuve que la faute lourde ne s'identifie pas, en principe, avec le dol.

Des textes formels semblent faire cette identification. On pourrait citer le nouvel art. 505 c. pr. civ. (loi du 7 févr. 1933), qui admet la prise à partie contre les juges pour « dol, fraude, concussion ou faute lourde professionnelle »; l'art. 120 c. com., modifié par le décret-loi du 30 oct. 1935, qui dispose que « si une personne a été dépossédée d'une lettre de change par quelque événement que ce soit, le porteur justifiant de son droit de la manière indiquée à l'alinéa précédent n'est tenu de se dessaisir de la lettre que s'il l'a acquise de mauvaise foi ou si, en l'acquérant, il a commis une faute lourde ».

Mais l'identification faite par ces textes entre la faute lourde et le dol n'est qu'une identification de régime, non de nature. Cela est si vrai que l'art. 505 c. pr. civ., avant sa modification par la loi du 7 févr. 1933, n'admettait pas la faute lourde du juge comme cas de prise à partie. C'est la loi du 7 févr. 1933 qui, pour essayer de mieux protéger la liberté individuelle, a mis, au point de vue de la recevabilité de la prise à partie, la faute lourde au même régime que le dol. Quant à l'art. 120 c. com. il différencie si bien le dol de la faute lourde qu'il a dû viser formellement cette dernière pour qu'elle puisse, au point de vue qu'il envisage, être traitée comme la mauvaise foi.

La jurisprudence refuse d'appliquer à la faute lourde la sanction que l'art. 108, § 1er, c. com. édicte « en cas de fraude ou d'infidélité » du voiturier, lequel, dans ce cas, ne peut plus opposer la prescription annale à l'action pour avaries, pertes ou retard (Req. 8 avr. 1879, D.P. 79. 1. 364; *Nouveau Code de commerce annoté*, art. 108, n°s 32 et 33; Josserand, *Les transports*, 2e édit., n° 696, p. 705, note 3; Roger, *Manuel jurid. des transports*, 2e édit., t. 2, n° 821).

Cependant la jurisprudence admet l'équivalence de la faute lourde au dol en deux matières : d'abord la matière des clauses de non-responsabilité (Req. 31 mai 1938, D. H. 1938. 452), ensuite la matière de l'abus du droit d'ester en justice (Civ. 2 mars 1937, *Rec. Gaz. du Palais*, 1937. 1. 859; 23 mars 1937, D. H. 1937. 301 ; 4 avr. 1939, D. H. 1939. 385).

Reste à déterminer les cas dans lesquels la faute lourde est exigée pour engager la responsabilité de son auteur. Primitivement il semble bien qu'il n'y avait qu'un cas, celui de l'héritier bénéficiaire, que l'art. 804 ne déclare tenu que « des fautes graves dans l'administration (de la succession) dont il est chargé », disposition empruntée à Pothier, qui l'expliquait par cette idée que l'héritier bénéficiaire administre sa propre chose et qu'on ne peut pas exiger de lui une diligence dont il n'est pas capable.

Mais, comme l'a montré M. Josserand (*La renaissance de la faute lourde sous le signe de la profession*, D. H. 1939, Chronique, p. 31), des lois récentes ou la jurisprudence, dans le but de « reculer les frontières de l'immunité au-delà de la faute courante pour les reporter à la faute exceptionnelle qualifiée », ont eu recours à la *culpa lata* et décidé que, seule, elle engagerait la responsabilité de son auteur. M. Josserand cite dans cet ordre d'idées la loi du 28 mars 1928 (D. P. 1928. 4. 248) sur le régime du pilotage dans les eaux maritimes, dont l'art. 7 dispose que, « sauf le cas de faute lourde du pilote, les avaries survenues au bateau-pilote, au cours des opérations de pilotage, au cours des manœuvres d'embarquement du pilote, sont à la charge du navire » ; le décret-loi du 1er août 1936 (D. P. 1937. 4. 127) sur les congés payés, dont l'art. 5 donne au travailleur droit à indemnité lorsqu'il a au moins 6 mois de services continus, mais que son contrat est résilié par le fait de l'employeur « avant qu'il ait pu bénéficier d'un congé annuel payé et sans que cette résiliation soit provoquée par une faute lourde du travailleur » ; la loi du 18 juill. 1937 (art. 29 *m*, livre 1er, c. trav.) sur les voyageurs de commerce (D. P. 1938. 4. 185), qui, en cas de rupture d'un contrat par la volonté d'une des parties, donne droit à l'autre à une indemnité, sauf « faute grave de l'autre partie » ; la loi du 13 janv. 1939 (B. L. D. 1939, p. 22) sur les concierges, dont l'art. 4, § 2, ne permet qu'« en cas de faute grave » commise par le concierge dans l'exercice de ses fonctions son renvoi immédiat, lequel pourra être ordonné par le juge des référés ; la jurisprudence administrative ou judiciaire sur la responsabilité du fonctionnaire, du médecin, du chirurgien, de l'agence de renseignements, responsabilité qui n'est admise, en général, qu'en cas de faute lourde.

Cette jurisprudence, qui constitue pour ces catégories de professionnels un allègement de la responsabilité de droit commun, doit être mise en parallèle avec une jurisprudence tout opposée concernant les autres professionnels, jurisprudence aux termes de laquelle, au contraire, toute faute, même légère, d'un professionnel serait une faute lourde, pour le motif que le professionnel « *spondet peritiam artis* », comme le rappelait Pothier (*Traité de la vente*, n° 213), et que si un non-professionnel s'adresse à un professionnel, c'est dans la confiance que l'ouvrage ou le travail de celui-ci répondront aux règles de l'art. C'est ainsi que la Cour de cassation n'admet pas qu'un vendeur puisse se soustraire à une responsabilité pour dommages causés par les vices de la chose vendue sous prétexte que ces vices étaient ignorés de lui (Req. 21 oct. 1925, D.P. 1926. 1. 9). Professionnellement il aurait dû les connaître.

Dol. – Le dol, synonyme de faute dolosive, consiste dans le fait d'agir avec le dessein de porter préjudice à autrui. Le dol est exigé :

1° Pour engager, en matière contractuelle, la responsabilité des dommages non prévus (art. 1150 c. civ.) ;

2° Pour rendre recevable la requête civile (art. 480, n° 1, c. pr. civ.) ;

3° Pour rendre inefficace une assurance de pertes ou dommages (art. 12, L. 13 juill. 1930) ;

4° Pour engager la responsabilité de l'héritier du dépositaire qui a vendu la chose déposée (art. 1935 c. civ.) ;

5° Pour engager la responsabilité de celui qui a reçu l'indu (art. 1380 c. civ.)

6° Pour rendre non recevable le voiturier à opposer la prescription annale à l'action pour avaries, pertes ou retard (art. 108, § 2, c. com.) ;

7° Peut-être aussi, pour ceux qui repoussent en toutes matières l'assimilation de la faute lourde au dol, pour caractériser l'abus des droits, et pour faire échec à une clause de non-responsabilité.

Contrôle de la Cour de cassation sur le degré de gravité des fautes. – Pendant longtemps la Cour de cassation a décidé que la question de la qualification des fautes était laissée à l'appréciation souveraine des juges du fait ; c'était à eux qu'il appartenait de décider si une faute était lourde ou inexcusable (Civ. 21 janv. 1903, D.P. 1903. 1. 105 ; Req, 4 mars 1903, D.P. 1903. 1. 105) ou intentionnelle (Req. 18 avr. 1882, D.P. 83. 1. 260 ; Civ. 27 mars 1922, *Rec. Gaz. du Palais*, 1922. 2. 73).

Mais, comme l'a remarqué M. Rouast (dissertation sous Req. 22 févr. 1932, D.P. 1932. 1. 25), « depuis un certain temps on peut relever une tendance de la Cour suprême à étendre son contrôle ». De nombreux arrêts, dans ces dernières années, manifestent l'exercice de ce contrôle sur le point de savoir si une faute doit être considérée comme lourde (Civ. 15 janv. 1929, D.H. 1929. 204 ; 11 janv, 1932, D.H. 1932. 131 ; 29 juin 1932, D.P. 1933. 1. 49 ; 30 janv. 1935, *Rec. Sirey*, 1935. 1. 152 ; 11 mars 1935, *ibid.*, 1935. 1. 131 ; 16 mars 1936, *Rec. Gaz. du Palais*, 1936. 1. 892 ; Savatier, *Traité de la responsabilité civile en droit français*, t. 1er, n° 178) ou comme inexcusable (Req. 22 févr. 1932, D.P. 1932. 1. 25 ; 2 mai et 21 juill. 1932, D.H. 1932. 317 et 507 ; Civ. 24 mai 1933, D.H. 1933. 410 ; 26 mars 1934, D.H. 1934. 269 ; Sachet et Gazier, *Traité de la législation des accidents du travail*, 8e édit., t. 2, n° 1427 *bis* ; Rouast et Givord, *Traité du droit des accidents du travail*, nos 133, 137 ; *Supplém.* 1939, nos 135-136).

Ce revirement dans la jurisprudence de la Cour de cassation s'imposait. La Cour de cassation, en effet, a un pouvoir de censure sur les décisions qui violent la loi. Or, en appréciant la qualification d'une faute, la Cour de cassation se prononce sur une question de droit, parce qu'elle apprécie ainsi l'existence d'une obligation de nature à imprimer à un acte un caractère illicite.

Abstention d'un devoir moral ou d'un acte de simple convenance. – C'est intentionnellement que l'abstention d'un devoir moral ou d'un acte de simple convenance, n'a pas été située dans la gamme des fautes, d'abord parce qu'il eût été difficile de comparer sa gravité avec le degré de gravité des différentes fautes, ensuite et surtout parce qu'une question de pure morale ou de simple convenance dépasse une étude de droit positif.

Non que les abstentions ne puissent constituer des fautes très légères, légères, inexcusables, lourdes ou même dolosives. Mais encore faut-il que celui qui s'abstient ait l'obligation légale ou conventionnelle d'agir. Les exemples de fautes d'abstention abondent. C'est le cas de l'association sportive qui, organisant des courses d'automobiles ou de bicyclettes, s'abstient de prendre certaines précautions pour la sécurité des habitants des villages traversés (v. note de M. Jean Loup sous Orléans, 19 avr. 1937, D. P. 1938. 2, 68), ou de l'entrepreneur qui, ayant ouvert une tranchée dans une rue, ne signale pas aux usagers de la rue cette tranchée par des procédés suffisamment apparents (Civ. 8 janv. 1923, D. P. 1923. 1. 33), ou du chef de gare qui omet de couvrir une équipe d'ouvriers travaillant sur la voie ferrée (Comp. Poitiers, 1er avr. 1925, *Rec. Gaz. des Tribunaux*, 1925. 2. 625 ; Angers, 16 mars 1932, *Revue gén. assur. terrestres*, 1932, p. 894), ou même du notaire, dépositaire d'un testament, qui omet d'avertir un légataire d'un legs à lui fait (Caen, 17 févr. 1908, D. P. 1908. 2. 245).

Mais, comme l'ont fait remarquer des auteurs (v. notamment Ambroise Colin et H. Capitant, *Cours élém. de droit civil français*, 8e édit., t. 2, no 191), si la loi prescrit de se comporter envers le prochain avec prudence, elle n'impose pas la charité. Voilà pourquoi, légalement, à notre sens, l'abstention d'un devoir de charité ne prend pas place dans la gamme des fautes que le droit sanctionne. La loi ne nous oblige ni au dévouement ni à la complaisance. Cela est si vrai qu'il a fallu des textes spéciaux, comme la loi du 29 avr. 1916 (D. P. 1919. 4. 285) sur l'assistance et le sauvetage maritimes, ou la loi du 28 mars 1928 (D. P. 1928. 4. 248) sur le régime du pilotage dans les eaux maritimes, pour sanctionner dans certains cas particuliers le devoir de secours, textes à rapprocher de l'art. 1882 c. civ., qui rend responsable l'emprunteur qui s'abstient de sauver la chose empruntée pour sauver la sienne propre.

Voilà pourquoi la jurisprudence refuse de retenir la responsabilité d'un médecin qui s'abstient de répondre à l'appel d'un malade, lequel n'est pas son client (Trib. civ. de Grasse, 27 mai 1935, *Gaz. du Palais* du 27 sept. 1935), ou d'un père naturel qui s'abstient de reconnaître son enfant (Civ. 30 oct. 1935, D. H. 1935. 537).

Cependant des auteurs (Paul Appleton, *L'abstention fautive en matière délictuelle, civile et pénale*, *Revue trim. de droit civil*, 1912, p. 593 ; Savatier, *Traité de la responsabilité civile*, t. 1er, no 47 ; H. et L. Mazeaud, *Traité théor. et prat. de la responsabilité civile*, 3e édit., t. 1er, no 537. – Comp. Planiol et Ripert, *Traité prat. de droit civil français*, t. 6, *Obligations*, par P. Esmein, no 508), et des décisions (Trib. civ. de la Seine, 11 mai 1935, *Gaz. Trib.*, 11 oct. 1935 ; Poitiers, 12 nov. 1935, D. P. 1936. 2. 25, et la dissertation de M. Sallé de la Marnierre) ont, en dehors même du cas où une obligation d'agir existait, fait de l'abstention un quasi-délit quand l'acte qu'une personne aurait pu accomplir pour éviter un dommage à autrui ne lui coûtait aucune peine. Avec une pareille théorie il faudrait déclarer responsable le passant qui omet de tirer en arrière la personne se trouvant au bord d'un trottoir qui va être happée par une automobile. Qu'elle soit tenue du devoir de charité d'agir, c'est ce qui est évident. Mais il semble difficile de sanctionner civilement ce devoir.

Même raisonnement pour le silence de celui qu'aucun texte n'oblige à parler et qui, en s'abstenant de parler, laisse un grave dommage s'accomplir : tel ce cas, soumis à la cour de Poitiers dans l'espèce de l'arrêt du 12 nov. 1935, précité, d'une personne qui, sachant qu'un animal est mort de fièvre charbonneuse, s'abstient d'en aviser le boucher mandé pour le dépeçage et assiste, sans protester, à l'assertion mensongère du propriétaire que la bête est morte d'une piqûre de vipère. Silence coupable, évidemment. Mais comment le sanctionner, alors qu'il a fallu des textes pour sanctionner certains silences, tel l'art. 727 c. civ., sur l'indignité de l'héritier qui, connaissant le meurtre du défunt, ne l'a pas dénoncé ; tels encore les art. 103 à 107 c. pén., sur la non-dénonciation de crimes contre la sûreté de l'État, abrogés par la loi du 28 avr. 1832, mais rétablis par l'art. 3 du décret-loi du 29 juill. 1939 (D. P. 1939. 4. 382). De même, on ne peut pas déclarer responsable le promeneur qui, voyant une allumette enflammée jetée dans une forêt par un autre promeneur, s'abstient de mettre le pied sur cette allumette qui peut risquer de causer un incendie (P. Appleton, *op. cit.*, p. 597).

À plus forte raison le refus d'un acte de simple complaisance ou courtoisie qu'aucun texte n'oblige d'accomplir ne peut pas figurer dans la gamme des fautes. C'est ainsi que la Cour de cassation (Civ. 24 mars 1936, D. H. 1936. 249) a eu l'occasion de juger que ne commet aucune faute le propriétaire qui refuse de délivrer un certificat de domicile au fils d'un de ses locataires qui avait besoin de cette pièce pour se marier. Solution contraire à celle qu'enseignent certains auteurs (Perreau, *Courtoisie, complaisance et usages non obligatoires devant la jurisprudence, Revue trimestr. de droit civil*, 1914, p. 503 ; Ripert, *La règle morale dans les obligations civiles*, n° 156), pour le double motif d'abord que l'obligation de délivrer le certificat ne serait que la consécration d'un devoir d'assistance dans un cas où une personne en est nécessairement constituée débitrice puisqu'elle est seule en mesure de rendre le service demandé, et ensuite que ce service est sans risque ni dommage pour celui de qui il est sollicité.

Mais le problème, situé sur les confins du droit et de la morale ou des obligations mondaines, ne semble-t-il pas placé au-delà du terrain du droit ? Dès lors, ne fallait-il pas exclure de la gamme des fautes l'abstention d'un devoir moral ou d'un acte de simple convenance ?

L'« INCAPACITÉ » DE L'HOMME MARIÉ

1941

Henri Lalou

Doyen de la Faculté libre de droit de Paris,
Avocat à la cour d'appel de Paris

La loi du 18 févr. 1938 (D. P. 1939. 4. 1), « portant modification des textes du code civil relatifs à la capacité de la femme mariée », abroge l'art. 381 c. civ., qui ne permettait à la mère survivante et remariée d'exercer le droit de correction, même à l'égard d'enfants du premier lit de moins de 16 ans, qu'après décision du conseil de famille prise à l'unanimité et seulement en agissant par voie de réquisition, de telle sorte qu'aujourd'hui, par suite de cette abrogation, la mère survivante et remariée peut, semble-t-il, exercer à l'égard d'enfants de moins de 16 ans le droit de correction par voie d'autorité. Mais la loi du 18 févr. 1938 n'a pas touché à l'art. 380 c. civ., aux termes duquel « si le père est remarié, il sera tenu, pour obtenir le placement de son enfant du premier lit, lors même qu'il serait âgé de moins de 16 ans, de se conformer à l'art. 377 », c'est-à-dire d'agir par voie de réquisition. D'où inégalité entre la mère remariée et le père remarié, inégalité au profit de la première et au détriment du second. Que cette inégalité ait été voulue par le législateur de 1938, on peut, sans crainte d'être démenti, soutenir que non et qu'elle a été le résultat d'une inadvertance. Entraîné par le nouveau principe de la capacité de la femme mariée, le législateur a abrogé les textes qui entravaient la liberté de celle-ci, sans se préoccuper si des textes analogues concernaient le mari. On était saisi de revendications féministes et les hommes se taisaient. Il n'y avait lieu que de faire droit aux premières et de laisser les hommes dans le *statu quo*.

Mais ce *statu quo* n'aura-t-il pas pour conséquence l'infériorité de l'homme ou, en détournant le mot « incapacité » de son sens juridique, ce *statu quo* n'établira-t-il pas le régime de « l'incapacité de l'homme marié » ?

Il faut reconnaître que sur certains points la condition de la femme mariée est meilleure que celle de son mari, soit que la femme ait plus de liberté que l'homme, soit qu'elle ait plus de droits que lui.

S'agit-il pour le mari d'aliéner un de ses immeubles propres, il ne pourra pratiquement le faire qu'avec le concours de sa femme, de manière à obtenir de celle-ci la renonciation à son hypothèque légale. Aucun acquéreur, en effet, ne voudra courir le risque d'acheter un immeuble sur lequel la femme du vendeur peut prétendre une hypothèque que, jusqu'à la dissolution du mariage et l'année qui suit, elle est dispensée d'inscrire. Au contraire, aujourd'hui, depuis la loi du 18 févr. 1938, la femme commune en biens peut librement aliéner la nue-propriété de ses propres. Elle n'aurait besoin du concours de son mari à l'aliénation que s'il s'agissait d'en aliéner la pleine propriété, parce que la loi du 18 févr. 1938 (nouvel art. 215 c. civ.) ayant laissé subsister les restrictions à l'exercice de la capacité de la femme qui résultent du régime matrimonial, le régime de communauté a transféré au mari, chef de la communauté, la jouissance des propres de la femme. Il n'en reste pas moins que si la femme peut, sans le concours du mari, aliéner la nue-propriété de ses immeubles propres, pareille liberté, pratiquement, est interdite au mari s'il n'obtient le concours de sa femme.

Autre inégalité. La loi française, à la différence de certaines lois étrangères, notamment du code civil allemand (art. 1464)[1], ne permet qu'à la femme de demander la séparation de biens. Le mari ne le peut pas. On a expliqué cette inégalité en disant que le mari étant seul administrateur de la dot de sa femme et de la communauté, il n'y a que lui qui puisse mettre en péril par le désordre de ses affaires les reprises de la femme, les revenus de ses biens ou les produits de son travail qui tombent en communauté. L'explication pouvait suffire à l'époque où le mari seul avait qualité pour administrer la communauté. Mais aujourd'hui, depuis la loi du 13 juill. 1907 sur le libre salaire de la femme mariée, la situation a changé. Cette loi, en effet, confère à la femme les pouvoirs les plus étendus, sauf peut-être celui d'aliénation à titre gratuit, sur les produits de son travail et les économies qui en résultent. Or, ces produits du travail de la femme et les économies qui en résultent font partie de la communauté, sauf dans l'hypothèse où soit la femme, soit ses héritiers en ligne directe, renoncent à la communauté (art. 5, L. 13 juill. 1907). Supposons que la femme abuse des pouvoirs que lui confère la loi de 1907 sur ses biens réservés; supposons par exemple qu'elle gaspille les produits de son travail, ou les économies qui en résultent, en folles dépenses, en pertes au jeu, en spéculations boursières, etc. Quelles mesures peut prendre le mari ? Avant la loi du 18 févr. 1938, l'art. 2 de la loi du 13 juill. 1907 lui permettait d'obtenir du tribunal le retrait de tout ou partie « des pouvoirs conférés à la femme dans l'intérêt du ménage, notamment en cas de dissipation, d'imprudence ou de mauvaise gestion ». Mais l'art. 2 de la loi du 13 juill. 1907 a été abrogé par la loi du 18 févr. 1938, de telle sorte que le mari n'aurait comme ressource que la mesure de droit commun contre les dissipateurs, c'est-à-dire la dation de conseil judiciaire. La femme est mieux traitée, puisque, contre le mari dissipateur, elle aurait à sa disposition non seulement cette mesure, mais aussi la séparation de biens.

Autre inégalité. D'après l'art. 2256 c. civ., la prescription est suspendue pendant le mariage au profit de la femme « dans le cas où le mari, ayant vendu le bien propre de la femme sans son consentement, est garant de la vente, et dans tous les autres cas où l'action de la femme réfléchirait contre son mari ». On donne pour raison à cette cause de suspension que la femme hésitera à interrompre la prescription par une action en justice contre le tiers dans la crainte de mécontenter son mari. Mais la réciproque n'est-elle pas possible ? Est-il bien osé de supposer un mari hésitant à agir contre un tiers dans la crainte de mécontenter sa femme ? Si la disposition de l'art. 2256 n'a pour cause que la crainte des querelles de ménage, pourquoi gratuitement admettre qu'il n'y ait que le mari qui puisse chercher querelle à sa femme ? La femme, aujourd'hui capable, ne pourrait-elle pas vendre un propre de son mari en se portant garante, tout comme le mari

---

1. L'art. 1464 du c. civ. allemand est ainsi conçu :
« Le mari peut agir en dissolution de la communauté lorsque, par suite d'obligations de la femme qui, dans les rapports des époux entre eux, ne sont pas à la charge des biens communs, ceux-ci sont obérés à tel point que les gains ultérieurs du mari soient gravement mis en péril. »

est envisagé par l'art. 2256 comme vendant le propre de sa femme en s'en portant garant ?

Ces diverses inégalités entre l'homme et la femme au profit de cette dernière se comprenaient avec le principe de l'incapacité de la femme mariée et l'existence de la puissance maritale. Puisqu'on abroge l'incapacité de la femme mariée et qu'on supprime la puissance maritale, pourquoi, par voie de conséquence, ne pas établir l'égalité des droits dans le ménage ? La disparition de l'hypothèque légale de la femme est à l'ordre du jour ; la faculté pour le mari de demander la séparation de biens serait logique ; les causes de suspension de prescription pendant le mariage seraient les mêmes pour les deux époux. Cette liste de revendications masculines pourrait-elle en comporter d'autres ?

Parmi les inégalités entre mari et femme, il y a encore le droit pour la femme d'exercer lors du partage de la communauté ses prélèvements avant ceux du mari (art. 1471 c. civ.), le droit pour la femme de renoncer à la communauté (art. 1492), le bénéfice d'émolument (art. 1483), la responsabilité subsidiaire du mari des récompenses dues à la femme par la communauté (art. 1472, § 2). De ces inégalités le motif est que, si la communauté a des dettes ou si elle est insuffisante pour remplir la femme de ses reprises, la faute en est au mari. Mais aujourd'hui la faute n'en pourrait-elle pas être aussi à la femme ? La question revient à savoir si, depuis l'avènement du régime du libre salaire, la femme qui bénéficie de la loi du 13 juill. 1907 peut, par ses actes, non seulement empêcher la communauté de s'enrichir en gaspillant ses biens réservés, mais encore l'obérer de dettes autres que celles nécessitées par les besoins du ménage, par exemple de dettes commerciales. D'éminents auteurs (v. Planiol et Ripert, *Traité prat. de droit civil français*, t. 9, *Régimes matrimoniaux*, par Marcel Nast, n° 1367) enseignent l'affirmative pour le motif que si « les biens réservés sont une masse spéciale qui a son passif propre…, et s'il est juste d'établir une corrélation entre l'actif et le passif, cela n'intéresse que la répartition du passif entre les époux », c'est-à-dire la contribution aux dettes, mais non le droit de poursuite des créanciers ou obligation aux dettes. Il ne semble pas que cette thèse soit conforme au texte de la loi de 1907. L'art. 3, § 4, de cette loi dispose, en effet, que le mari « n'est responsable ni sur les biens ordinaires de la communauté, ni sur les siens, des dettes et obligations contractées autrement que dans l'intérêt du ménage par la femme, même lorsqu'elle a agi dans la limite des droits que lui confère l'art. 1er, mais sans autorisation maritale ». Durant la communauté, ce texte met donc les biens communs ordinaires à l'abri des poursuites des créanciers ordinaires de la femme. À la dissolution de la communauté, ce même texte établit, sans le dire expressément, au profit du mari, en ce qui concerne les dettes ordinaires de la femme, un bénéfice d'émolument parallèle au bénéfice d'émolument reconnu à la femme en ce qui concerne les dettes du mari. En d'autres termes, le mari n'est tenu des dettes de la femme autres que celles ayant pour cause l'intérêt du ménage que dans la limite des biens réservés mis dans son lot au partage de la communauté, de même que la femme n'est tenue des dettes de communauté que dans la limite de l'émolument qu'elle recueille dans le partage de cette communauté.

Cela étant, il semble qu'il faille maintenir les prérogatives de la femme commune d'exercer ses prélèvements avant ceux du mari, de les exercer subsidiairement sur les propres du mari et de renoncer à la communauté. Peut-être, à la rigueur, pourrait-on proposer que le mari puisse renoncer aux biens réservés de sa femme pour être à l'abri des créanciers ordinaires de celle-ci, même dans la limite des biens réservés.

Il y aurait ainsi égalité entre époux, égalité que, sur un point, la jurisprudence a consacrée en décidant qu'en cas de procédure en divorce le mari pouvait, pour la garantie de ses droits, prendre des mesures conservatoires, notamment requérir l'apposition des scellés sur les biens réservés ou les faire administrer par un séquestre, tout comme la femme pouvait prendre les mêmes mesures à l'égard des biens communs ordinaires (Paris, 8 juin 1923, *Rec. Gaz. du Palais*, 1923. 2. 360; *Rev. trim. dr. civil*, 1923, p. 975; Trib. civ. de Bayeux, 30 juin 1932, D.P. 1933. 2. 13). Cette jurisprudence n'est pas audacieuse, puisque l'art. 242 c. civ. reconnaît le droit de prendre les mesures conservatoires à « l'un ou l'autre des époux ». Mais il faudrait aller plus loin et permettre au mari de faire déclarer nulles les obligations frauduleuses à la charge des biens réservés ou les aliénations frauduleuses de biens réservés consenties par la femme après l'ordonnance prévue à l'art. 235 au début de la procédure de divorce, bien que l'art. 243 suppose la nullité de ces obligations ou aliénations demandées seulement par la femme en fraude des droits de qui elles seraient intervenues.

Malgré les réserves faites ci-dessus sur les inégalités à maintenir ou la constatation qui vient d'être signalée d'une égalité établie en pratique, il est facile d'apercevoir que le nouveau régime de la capacité de la femme mariée, qu'il résulte de la réforme partielle de la loi du 13 juill. 1907 ou de la réforme plus complète de la loi du 18 févr. 1938, crée au préjudice des hommes mariés des inégalités qui n'ont plus leur raison d'être. Faut-il répéter ici avec tant d'auteurs que quand le législateur touche à certains articles et surtout à certains principes du code civil, ces modifications ont des répercussions multiples ? La suppression de l'incapacité de la femme mariée doit avoir pour conséquence la suppression des prérogatives de la femme qui étaient la compensation de cette incapacité. Il ne faudrait pas après avoir supprimé cette incapacité, laisser subsister des institutions qui, pour des esprits simplistes et peu versés dans la terminologie juridique, feraient figure d'un régime d'« incapacité » de l'homme marié.

UNE ORIENTATION NOUVELLE DU DROIT DU TRAVAIL

L'ordre économique et le droit du travail

1941

Paul Durand

Professeur à la Faculté de droit de Nancy

La direction par l'État de l'activité économique appelle la formation d'un droit nouveau[1].

Déjà, pour le droit civil, les premiers éléments en ont été décrits. Tandis que M. Josserand révélait l'apparition d'un *dirigisme contractuel*[2], M. le doyen Ripert montrait, dans une large synthèse, combien l'institution d'un ordre économique transforme les règles des contrats et le régime des nullités[3].

L'évolution est plus sensible encore dans le droit du travail. C'est tout un vaste ensemble de dispositions contractuelles et réglementaires qui subit aujourd'hui l'emprise d'une économie dirigée.

Le phénomène est d'ailleurs naturel. La plupart des lois du travail exercent une influence sur la vie économique. À s'en tenir aux conséquences immédiates, elles agissent sur la production, sur les prix, l'emploi de la main-d'œuvre, le pouvoir d'achat des masses salariées. Ces répercussions ont toujours été au centre des controverses qui ont opposé les libéraux aux partisans d'une intervention de l'État. Elles n'ont jamais pu être négligées.

L'économie dirigée ne se borne pas à observer ces phénomènes pour les mieux contrôler. Elle ne se contente même pas de définir le cadre économique où le droit du travail pourra se former. Plus profondément, elle utilise ce droit aux fins d'une politique économique. Puisque les lois du travail peuvent exercer de telles influences, elles constitueront l'une des armes de la *stratégie économique*[4].

Ce mouvement mérite d'être décrit (I), car il aboutit à la formation d'un droit de caractère original dont il faudra définir les rapports avec le droit du travail d'inspiration traditionnelle (II).

---

1. L. Josserand, *Un ordre juridique nouveau*, Chron. D.H. 1937, p. 41 ; *Comment les textes de lois changent de valeur au gré des phénomènes économiques, Études de droit civil à la mémoire de Henri Capitant*, Dalloz, 1939, p. 369-380. – V. également dans l'*Introduction à l'étude du droit comparé, Recueil d'études en l'honneur d'Édouard Lambert*, Sirey-Librairie générale de droit, 1938, les études groupées dans la table générale du tome I, p. L et LI, sous le titre : *L'adaptation du droit aux évolutions économiques.* L'étude des *répercussions de l'économie dirigée sur les institutions de droit privé* a été portée au programme du Congrès international de droit comparé. V. Jean van Houtte, *Les répercussions de l'économie dirigée sur les institutions de droit privé, Rev. écon. intern.*, déc. 1936 (4) p. 561-580.
2. L. Josserand, *Le contrat dirigé*, Chron. D.H. 1933, p. 89, et *Aperçu général des tendances actuelles de la théorie des contrats, Rev. trim. dr. civ.*, 1937, p. 1-30.
3. G. Ripert, *L'ordre économique et la liberté contractuelle, Recueil d'études sur les sources du droit en l'honneur de Fr. Gény*, Sirey 1936, t. II, p. 345 et s. ; *Le régime démocratique et le droit civil moderne*, Libr. gén. de droit, 1936, n°s 137-166, p. 269-325.
4. E. Wagemann, *La stratégie économique*, Payot, 1938.

I.

L'orientation nouvelle du droit du travail est relativement récente.

Que l'on prenne la limitation de la durée du travail, où l'évolution est particulièrement nette, et l'on constatera qu'en 1919 l'institution de la journée de huit heures a été justifiée par une considération d'intérêt social. « En faveur de la limitation du travail industriel des hommes adultes, l'on ne fait valoir qu'un seul argument, décisif d'ailleurs... Tout travail manuel excessif et prolongé outre mesure aboutit à l'épuisement physique, à l'atrophie morale et intellectuelle de celui qui s'y livre »[5].

Les premiers signes de l'évolution apparaissent avec les lois de 1926 et de 1932 sur l'emploi des travailleurs étrangers, où les règles restrictives de l'embauchage servent à exercer une action sur le marché du travail. En 1936, avec la pénétration des doctrines d'économie dirigée, le mouvement devient manifeste.

L'exposé des motifs de la loi du 21 juin 1936 (D. P. 1937. 4. 305), par exemple, révèle les préoccupations nouvelles auxquelles répondait la réduction de la durée du travail.

C'était d'abord la lutte contre le chômage. L'institution de la semaine de quarante heures devait obliger le patronat à employer un personnel plus nombreux. D'après les indications données au Parlement, trente millions d'heures de travail par semaine devaient être redistribuées entre les chômeurs.

D'autre part, il s'agissait de stimuler l'activité économique en accroissant le pouvoir d'achat des masses ouvrières. La réduction de la durée du travail ne pouvait s'accompagner d'aucune diminution correspondante de la rémunération. À la masse des salaires ainsi conservée devait donc s'ajouter celle gagnée par les travailleurs nouvellement embauchés.

De même, l'augmentation des salaires dans les accords Matignon a été justifiée moins par d'insuffisantes rémunérations que par la volonté d'étendre la capacité de consommation des salariés.

Peu importe ici l'inexactitude de ces prévisions. L'essentiel est d'y saisir un état d'esprit bien différent de celui qui inspirait le législateur quand il réprimait l'exploitation du travail des enfants ou prescrivait des règles d'hygiène ou de sécurité dans les établissements industriels.

Depuis 1936, cette tendance n'a plus disparu de notre droit. Et l'on peut ainsi discerner un double courant dans nos lois du travail.

Certaines répondent à des préoccupations sociales (L. 20 juin 1936 instituant un congé annuel payé; L. 2 avr. 1937 interdisant aux employeurs d'exiger de leur personnel des versements et retenues d'argent à l'occasion de l'embauchage, du débauchage ou de l'exercice normal du travail; Décr.-L. 29 juill. 1939 sur les allocations familiales).

Mais la plupart ont pour fin d'organiser l'économie. Le souci d'accroître la production conduit à un allongement de la durée du travail (Décr.-L. 12 nov. 1938; Décr.-L. 30 mars 1939; Décr.-L. 1er sept. 1939; L. 13 août 1940, art. 2;

5. P. Pic, *Traité élém. de législ. industr.*, Rousseau, 1931-1933, 6e édit., no 704, p. 486.

L. 25 mars 1941) ou à l'assouplissement des règles sur l'emploi de la main-d'œuvre étrangère (Décr.-L. 11 sept. 1939). La fixité des prix impose la stabilisation des salaires (Décr.-L. 1er sept. 1939 ; Décr.-L. 10 nov. 1939 ; Décr.-L. 1er juin 1940). L'organisation du placement permet d'orienter la main-d'œuvre selon les besoins de l'économie (art. 5 de la loi du 11 oct. 1940). Veut-on procurer à l'agriculture les travailleurs qui lui sont nécessaires ? On provoque le licenciement des ouvriers d'industrie provenant des campagnes ou l'on interdit l'emploi de la main-d'œuvre agricole pour des travaux industriels (L. 9 mars 1941). Dans la lutte contre le chômage, toutes les ressources du droit du travail sont utilisées : réduction de la durée du travail (L. 13 août 1940, art. 1er), réglementation du travail féminin (L. 11 oct. 1940), interdiction du travail noir (L. 11 oct. 1940 sur les cumuls d'emplois).

Si le droit du travail participe ainsi à l'organisation de l'économie, tous les organes directeurs de la vie économique vont contribuer à la réglementation du travail.

Le fait apparaît déjà avec discrétion dans la répartition des produits industriels (L. 10 sept. 1940). Le répartiteur est parfois conduit à autoriser la fabrication d'objets (dont l'utilité finale est faible) parce qu'elle comporte une faible consommation de métaux et une forte proportion de travail et de talent. C'est le cas de la bijouterie de fantaisie. Le répartiteur prend alors l'aspect de répartiteur d'heures de travail[6]. Sans doute ne s'agit-il pas ici d'une réglementation directe du travail. Du moins la décision traduit-elle un choix entre deux exigences d'ordre économique : une répartition des matières limitée aux besoins essentiels de la production, une politique d'emploi de la main-d'œuvre.

Mais, avec la loi du 16 août 1940, sur l'organisation provisoire de la production industrielle, un pouvoir réglementaire nouveau est créé dans le droit du travail. Cette loi donne aux Comités d'organisation le droit de fixer les règles de recrutement et d'emploi de la main-d'œuvre. Formule générale que précisent parfois les décrets portant création de comités d'organisation. En vertu du décret du 26 oct. 1940, par exemple, le directeur responsable du *Comité d'organisation du matériel de transport ferroviaire* peut « prendre toute mesure qu'il juge utile en matière sociale, en particulier pour le recrutement, l'emploi, la formation et la répartition du personnel de la profession, sa meilleure utilisation ou, éventuellement même, sa réutilisation dans une autre branche de l'activité économique ». Les décisions du Comité d'organisation des assurances (du 26 déc. 1940)[7] montrent la variété et l'importance des mesures qui peuvent être prises : la limitation des recrutements, la suspension des licenciements, le régime des mises en disponibilité, le reclassement des licenciés et des disponibles, la réglementation des heures supplémentaires.

Les pouvoirs des organes de direction de l'économie sont encore élargis dans la loi du 2 déc. 1940 relative à l'organisation corporative de l'agriculture. À

6. V. l'analyse de la conférence de M. Bédier, chef de la section technique de la Section de répartition des métaux non ferreux à l'*Office central de répartition des produits industriels*, Annexe au *Bulletin* bi-mensuel du C. C. O. P. du 10 avr. 1941, p. 5.
7. Ces décisions ont été publiées dans *L'organisation de la production industrielle* (1er fascicule), t. VII de la *Collection Droit social*, Libr. soc. et écon., 1941, p. 24.

l'intérieur du syndicat agricole local, des commissions paritaires fixent le régime du travail. L'Union corporative agricole règle, « dans le cadre de la législation, les questions relatives au travail, à l'organisation de la prévoyance, de l'assurance et de l'assistance… à l'allègement du travail des femmes et, d'une manière générale, à toutes les conditions de la vie paysanne ».

Les règlements des comités d'organisation et de l'organisation corporative agricole sont devenus une nouvelle source du droit du travail.

Ainsi, par son contenu comme par ses sources, le droit du travail se rattache à l'organisation de l'économie. Il cesse d'avoir une finalité sociale pour devenir un moyen d'action économique.

II.

L'existence de cette tendance une fois constatée, il est nécessaire de déterminer les rapports entre les deux formations qui constituent aujourd'hui le droit du travail, pour marquer tant les différences qui les opposent que les liens qui peuvent les unir.

Entre les deux formations les différences sont frappantes :

1° La plus évidente tient à *la nature de la réglementation.* – Suivant la fin que l'on donne au droit du travail, l'organisation d'un même rapport du travail obéira à des règles distinctes. S'agit-il de déterminer la durée du travail ? Le choix du moment opportun, l'importance de la réduction à opérer dans la durée du travail, les modalités d'application dans les diverses professions dépendent entièrement du fondement, social ou économique, que l'on donne à l'intervention législative.

2° Mais cette première opposition en implique une seconde, moins apparente, *quant au domaine personnel d'application du droit du travail.*

Ce droit est traditionnellement limité au travail dépendant : il protège des individus placés dans un état de subordination. La nouvelle formation du droit du travail a un domaine plus large. Puisqu'elle saisit d'une manière générale le travail comme facteur de la production, son empire peut s'étendre au-delà des limites habituelles du droit du travail.

Il n'en est pas habituellement ainsi, parce que le travail dépendant est pratiquement le plus important et qu'il suffit de le réglementer pour disposer d'une pression suffisante sur l'économie. Mais il peut en être autrement et la réglementation du travail dépendant ne représente plus qu'un simple cas particulier dans un aménagement général du travail. Telle est la situation rencontrée dans la réglementation des cumuls d'emplois. Déjà, l'art. 7 du décret du 1er août 1936 interdisait aux travailleurs d'exécuter pendant la période de congé payé des travaux *rétribués* (et non pas seulement salariés) en privant, de ce fait, des chômeurs d'un travail qui pourrait leur être confié. La loi du 11 oct. 1940 va plus loin. L'art. 3 de la loi décide qu'aucun salarié des professions industrielles, commerciales ou artisanales ne peut effectuer des travaux rémunérés relevant de ces professions au-delà de la durée maxima du travail, telle qu'elle résulte des lois et règlements en vigueur dans sa profession. Le décret du 22 janv. 1941 tire une conséquence normale de cet élargissement du droit du travail en étendant les prérogatives des inspecteurs du travail à tous les établissements dont le chef exerce habituellement une profession industrielle, commerciale ou artisanale, *même s'il s'agit d'établissements de famille et d'établissements n'occupant pas de salariés*. La politique d'économie dirigée est l'un des facteurs qui contribuent à l'expansion du droit du travail.

3° Le droit du travail à finalité économique accepte des mesures auxquelles répugnait jusqu'à présent le droit du travail.

La loi du 2 déc. 1940 interdit toute grève ou tout lock-out au sujet de l'exécution des règlements adoptés par l'organisation corporative (art. 5, alin. 4, L. 2 déc. 1940). L'exercice du droit de réquisition permet au Secrétaire d'État à la production industrielle de courber les volontés individuelles devant les décisions des comités d'organisation (art. 6 de la loi du 16 août 1940).

Tout aussi significative est l'évolution du droit de placement. En régime libéral, le bon fonctionnement du marché du travail ne suppose pas seulement l'organisation de services centralisant les offres et les demandes d'emploi. Encore faut-il que la main-d'œuvre consente soit à des déplacements géographiques, soit à l'acceptation d'une nouvelle activité professionnelle. Si cette condition n'est pas remplie, le marché du travail est troublé. Le manque de fluidité de la main-d'œuvre engendre à la fois, le chômage dans certaines professions et une pénurie de main-d'œuvre dans d'autres. Or l'expérience montre que, de lui-même, le travail n'a pas une mobilité suffisante. L'attachement au métier et à la région, les difficultés d'une rééducation professionnelle entravent l'adaptation spontanée du marché du travail.

Une économie dirigée cherche à plier la main-d'œuvre aux nouvelles conditions du marché. Elle utilise à cette fin des procédés divers, depuis les pressions indirectes jusqu'à la contrainte.

La loi du 11 oct. 1940 sur le placement témoigne précisément de l'évolution de notre droit. Dans la rédaction initiale, l'art. 5 se bornait même à poser le principe que « le refus par un travailleur d'un emploi procuré par l'office auquel il est inscrit, *quels que soient la nature professionnelle de cet emploi et le lieu où il doit être rempli*, entraînera sa radiation et son exclusion du bénéfice des dispositions sur l'aide aux travailleurs sans emploi ». Devant l'inquiétude des milieux ouvriers, un libéralisme plus grand a été introduit. Le texte a été modifié sous le couvert d'un rectificatif au *Journal officiel*[8]. La radiation sera subordonnée à l'avis du comité consultatif de l'Office et l'Administration devra examiner, pour L'application de cette mesure, la situation de famille des intéressés.

4° Plus large dans son domaine, plus autoritaire sans ses prescriptions, le droit du travail à finalité économique est cependant d'une plus grande fragilité.

Élément d'une politique d'économie dirigée, il varie avec les fluctuations des données économiques et souffre des erreurs de prévision dans la direction de l'économie. On ne peut manquer d'être frappé par l'évolution de la législation sur la durée du travail depuis 1936; elle est marquée par d'incessantes

8. *J. O.* du 28 oct. 1940, p. 5453; D. P. 1940. 4. 335.

modifications des textes et, surtout, par de brusques revirements de tendance : les mesures sur l'allongement et sur la réduction de la durée du travail se succèdent, alternent, se combinent, créant un système d'une extrême complication[9]. Le droit du travail traditionnel donnait au contraire l'impression d'un développement continu, les réformes sociales gagnant sans cesse en profondeur et s'étendant progressivement à d'autres travailleurs, à de nouveaux domaines professionnels.

Cependant, malgré ces oppositions, les deux courants du droit du travail se forment à l'intérieur d'une même branche du droit, et des liens existent entre eux.

Parfois la combinaison entre les deux tendances est réalisée dans une même réforme. Il en est ainsi dans la détermination de la durée du travail. Si la limitation de la durée *hebdomadaire* répond essentiellement, de nos jours, à des fins économiques, la répartition *journalière* de la durée du travail fait surtout place à des préoccupations d'ordre social. Mais le plus souvent, il s'agit moins de coordination que d'incidences. La loi du 11 oct. 1940 sur les cumuls d'emplois a modifié d'une manière indirecte les principes fondamentaux sur la limitation de la durée du travail. Jusqu'à cette loi, notre droit interdisait seulement au salarié de travailler chez un même employeur au-delà de la durée légale du travail. Rien n'empêchait l'embauchage par un autre employeur ou l'accomplissement d'un travail indépendant. Ces possibilités ont aujourd'hui disparu.

*
* *

Ainsi la finalité donnée aux lois du travail modifie profondément la physionomie de ce droit.

Les problèmes du travail que l'on avait pendant un siècle isolés rentrent de nouveau, pour une large part, dans l'organisation générale de l'économie. Dans cette mesure au moins, le rapprochement est saisissant entre le droit moderne et l'organisation de l'économie et du travail dans notre ancienne France.

---

9. Réduction de la durée du travail : L. 21 juin 1936. Assouplissement de la semaine de quarante heures : Décr.-L. 21 déc. 1937 et 24 mai 1938. Allongement de la durée du travail : Décr.-L. 1er sept. 1939. Un même texte prévoit parfois la possibilité d'une réduction et d'un allongement de la durée du travail. L'art. 1er de la loi du 13 août 1940 donne aux préfets le droit de fixer par arrêté une limitation de la durée du travail inférieure à celle qui résulte de la réglementation générale en vigueur. Mais l'art. 2 facilite le recours à des heures supplémentaires.

LE STATUT DU FERMAGE
Du droit contractuel au droit de l'entreprise
1946

Georges Ripert
Membre de l'Institut,
Professeur à la Faculté de droit de Paris

Le contrat de bail à ferme sort du Code civil. Il faut maintenant en chercher les règles dans l'ordonnance du 17 octobre 1945. Il reste bien encore dans le code quelques textes oubliés ou modifiés. Ils n'ont presque aucune importance en présence des cinquante-deux articles d'une loi nouvelle au caractère impératif. D'ailleurs, l'un après l'autre, les contrats les plus usuels et les plus sensibles aux considérations politiques ou économiques reçoivent une réglementation détaillée, que le législateur ne se soucie pas d'insérer dans le code, et il faudra se demander, dans l'œuvre générale de révision qui est projetée, s'il ne conviendrait pas de codifier seulement les règles générales des contrats et des obligations, cependant que chaque grand contrat aurait désormais sa loi propre.

Mais, en disant que le contrat de bail à ferme quitte le Code civil, je ne songe pas seulement à la disposition matérielle des textes. La loi nouvelle est intitulée : « loi sur le statut juridique du fermage ». On peut dans ces simples mots découvrir une intention que le législateur n'a pas autrement exprimée. *Statut* et non plus *contrat*. Le droit statutaire s'oppose au droit contractuel. Le fermage, c'est, pour le civiliste, le prix payé par le preneur dans le bail à ferme; pour l'économiste, c'est un mode d'exploitation de la terre. Le législateur abandonne la terminologie juridique. Il entend donner le statut d'une certaine forme d'exploitation. Les conventions particulières viendront désormais se briser contre ces règles qui font partie de l'ordre public économique.

Bien que l'ordonnance ait été prise à la veille du jour où le Gouvernement allait perdre son droit de légiférer, il faut se garder d'y voir la manifestation d'un pouvoir politique souverain. Il y a longtemps que l'on a demandé la réglementation légale du bail à ferme, et beaucoup de pays étrangers l'ont réalisée avant nous. Déjà en France une loi du 15 juill. 1942 (D.C. 1943. L. 20, commentaire de M. Voirin) avait modifié l'art. 1776 c. civ.; et une autre loi du 4 sept. 1943, complétée par celle du 17 avr. 1944 (D.C. 1944. L. 21 et 33, commentaires de M. Voirin), avaient donné un statut au fermage. La nullité de ces textes, qui émanent du Gouvernement de fait de 1940, est expressément constatée. Leur esprit n'en passe pas moins dans l'ordonnance du 17 oct. 1945, car les gouvernements ont beau se succéder et s'opposer, ils sont également sensibles aux revendications des groupements qui représentent de puissants intérêts.

Une victoire des fermiers, cela peut étonner à une époque où les fermiers n'ont pas été précisément les victimes de la situation économique créée par la guerre et l'occupation. Le bail à ferme ne saurait être rangé dans la catégorie indécise des contrats d'adhésion. Le fermier ne subit pas la loi du propriétaire tout-puissant; il peut et sait discuter et il discute. Pourtant cette victoire des fermiers est bien dans la ligne générale de notre législation démocratique qui veut assurer la prédominance de l'élément travail sur l'élément capital. Le fermier travaille personnellement, bien que souvent aussi il soit un entrepreneur employant des salariés. Le propriétaire qui n'exploite pas fait figure de rentier. C'en est assez pour que le législateur accorde aux fermiers l'appui de la force politique.

Au surplus, il y a un précédent. Les commerçants, par la loi du 30 juin 1926, ont triomphé des propriétaires en se faisant accorder une indemnité au cas de refus de renouvellement de leur bail, et, pour marquer fortement le caractère de leur droit, ont inventé l'expression inexacte de *propriété commerciale*, qui a fait fortune. Les fermiers ont à leur tour réclamé la *propriété culturale*. Si l'on veut mesurer le progrès de certaines idées dans ces vingt dernières années, il n'y a qu'à comparer ces deux propriétés. En 1926, on éprouve le besoin de justifier le droit du commerçant par l'application des grands principes du droit civil : l'abus du droit, l'enrichissement sans cause ; et on n'ose pas maintenir un contrat contre la volonté de l'une des parties. En 1945, le droit du fermier se dresse dans toute sa force, sans autre justification que l'utilité de l'exploitation ; il pèse sur la propriété, il a un caractère réel. Il tend à faire reparaître la division ancienne du domaine de propriété en *domaine éminent* et en *domaine utile*.

Il ne peut être question dans cette chronique d'analyser toutes les dispositions de l'ordonnance du 17 octobre 1945. Je veux seulement essayer de marquer le sens profond de cette ordonnance en montrant ce qu'elle détruit dans le *droit contractuel*, ce qu'elle crée dans le *droit de l'entreprise*.

I.

Ce que l'ordonnance de 1945 détruit, c'est le contrat de bail à ferme, j'entends le contrat tel que le Code civil l'avait admis dans la grande classe des conventions librement formées entre deux parties qui règlent elles-mêmes la durée, l'étendue, les conditions, le prix de leurs prestations réciproques. Dans une étude récente, présentée avec une remarquable finesse d'analyse et une grande science des choses juridiques, le professeur Paul Durand a appelé l'attention sur la contrainte légale dans la formation du rapport contractuel (*Rev. trim. dr. civ.*, 1944, p. 73). Il a montré qu'il existe aujourd'hui, à côté de l'antique concept du contrat libre, des *contrats forcés*, et qu'il existe aussi des *rapports contractuels d'origine légale*. On peut ajouter le bail à ferme aux exemples qu'il donne. Il ne reste du concept contractuel que l'acte initial, la rencontre des deux parties, la décision prise par le propriétaire d'affermer sa terre, l'acceptation du fermier qu'il a choisi. À partir de ce moment-là, tout va se dérouler suivant les règles du Statut. Au bout de quelques années, il peut ne rien rester du contrat primitif, ni les parties, ni les conditions, ni la durée, et même pas la nature, car un métayage primitif a pu se transformer en bail à ferme. Ces modifications seront intervenues par l'effet de la volonté unilatérale qui est presque toujours celle du fermier. L'autorité judiciaire ne veille plus sur la valeur et la sainteté du contrat. Elle ne veille même pas sur l'application du statut. Tous les litiges sont soumis à des commissions paritaires, créées par l'ordonnance du 4 déc. 1944. L'arbitre a remplacé le juge.

Essayons de classer les dérogations au droit contractuel.

1° Sans doute, à l'origine, il y a contrat, et ce contrat doit être rédigé par écrit. Si aucun acte n'a été dressé, le contrat n'est pas pour autant frappé de nullité, mais le bail verbal est censé conclu aux clauses et conditions du *contrat type* établi par la commission consultative du fermage (art. 20). Cette disposition légale semble bien dans la ligne générale du Code civil : elle fait appel à l'idée de volonté tacite. Mais c'est là un sacrifice apparent à la technique ancienne. Le contrat type ne prend pas sa force dans le consentement tacite des parties; c'est le règlement corporatif qui a force de loi.

Aussi le bail écrit qui sera rédigé ne pourra-t-il déroger au statut du fermage et aux clauses, du contrat type que sur des points de détail. Toute disposition des baux restrictive des droits des parties inscrits dans l'ordonnance est réputée non écrite (art. 46). La loi fixe la durée minima du bail, qui ne peut être inférieure à neuf ans (art. 21). Elle fixe le mode de calcul du fermage, qui ne peut plus être une somme déterminée, mais doit être établi sur le prix des denrées, et encore des denrées choisies par la commission, et il ne peut y en avoir plus de quatre (art. 22). Elle interdit le bail global portant sur plusieurs exploitations (art. 44). Elle défend d'insérer dans le contrat une clause de résiliation au cas de vente (art. 44). Elle ne permet pas au propriétaire d'exiger des redevances ou services qui ne soient estimés dans le contrat (art. 22). Elle l'oblige à supporter lui-même le payement des primes d'assurance, de l'impôt foncier et des grosses réparations, sans qu'il ait le droit d'y faire contribuer son fermier (art. 41).

2° Le propriétaire a choisi le fermier. On sait quelle est pour la bonne exploitation des terres l'importance des qualités de l'homme. La loi marque le *caractère personnel du contrat* en défendant au fermier de céder le bail, en imposant l'agrément du propriétaire pour une sous-location dont le prix ne peut d'ailleurs être supérieur au fermage (art. 25), en autorisant les ayants droit du fermier décédé à résilier le bail dans les six mois (art. 24). Mais si le propriétaire prétend de son côté faire résilier le bail au cas de décès du fermier, tout change. Il ne peut user de cette faculté, il ne peut pas se la réserver par le contrat s'il y a dans la proche famille du fermier quelqu'un qui désire garder la ferme. Le conjoint du fermier, un ascendant (l'ordonnance ajoute « en ligne directe » !), un descendant âgé de 16 ans, peut être candidat, à la seule condition d'avoir habité la ferme, ou cultivé l'exploitation avec le défunt, ou de justifier de connaissances agricoles dans les conditions qu'un décret aura à fixer. Le propriétaire ne peut refuser à la femme du fermier, ou à son vieux père, ou à son jeune fils la conduite de la ferme, et il est fort à craindre pour lui que s'il refuse, la commission paritaire ne le condamne à l'accepter. Les propriétaires éprouveront probablement, en même temps qu'une peine certaine, quelque inquiétude en apprenant la mort de leur fermier.

3° À la date d'expiration du bail, le fermier peut reprendre sa liberté à la condition d'avoir prévenu le propriétaire dix-huit mois à l'avance, et il exigera le payement des indemnités prévues par la loi. Mais le propriétaire ne peut user du même droit. Le fermier a *droit au renouvellement de son bail* (art. 26), et ce droit ne s'épuise pas par un premier usage. En dehors des justes causes de résiliation et du droit de reprise réglementé par la loi, le fermier a la certitude de conserver l'exploitation. C'est là la réforme capitale. Le législateur n'a pas voulu en 1926 donner un tel droit au commerçant. La propriété commerciale ne consiste que dans un droit personnel à recevoir une indemnité d'éviction. La propriété culturale, au contraire, est le droit de conserver la jouissance de la terre. Ce droit n'est pas une propriété, mais il est, comme le droit de propriété, un *droit privatif* portant sur l'exploitation d'un bien.

Le propriétaire qui s'oppose au renouvellement doit avoir un motif de résiliation du bail, ou bien il doit reprendre la propriété pour l'exploiter lui-même, en faire valoir direct, pendant cinq ans, ou la faire exploiter par ses proches ou par une coopérative de culture (art. 33) ; s'il ne le fait pas, le fermier aura le droit de se faire réintégrer dans l'exploitation. Au cas où le refus du propriétaire apparaît injustifié, la commission paritaire accorde elle-même le renouvellement du bail pour une durée de neuf ans aux conditions du contrat type, et elle fixe le prix du bail (art. 31). Voilà donc le fermier maintenu dans l'exploitation contre la volonté du propriétaire, maintenu indéfiniment si cela lui plaît ; sa mort même ne libérera pas le propriétaire, car le droit de renouvellement passe aux descendants. Mais qu'arrivera-t-il si propriétaire et fermier ne peuvent plus s'entendre ? Il se peut que le propriétaire n'ait pas de causes de résiliation à faire valoir et ne puisse pratiquement user du droit de reprise ; il sera obligé de supporter son fermier. M. P. Esmein (*Gaz. Pal.* 21-23 nov. 1945) suppose que le fermier a rossé le propriétaire ou (par une revanche sans doute sur l'ancien droit du seigneur) séduit sa femme, et il se demande si la commission paritaire résiliera le bail. Que de griefs seront ainsi invoqués devant une commission trop curieuse, que de rancunes et de conflits futurs au cas de maintien du bail !

4° Il existe enfin dans la loi une atteinte plus directe au droit contractuel par la possibilité offerte à chaque partie de *transformer le métayage en fermage*. Tant qu'il y a renouvellement du bail primitif, on peut encore couvrir du manteau contractuel la situation imposée par la commission paritaire. Il est difficile de le dire encore quand le contrat change de nature. Chacun des contractants peut à chaque règlement de compte d'exploitation demander que le métayage soit remplacé par un bail à ferme. En fait, la demande sera toujours formée par le métayer. Si le propriétaire refuse, le métayer fera prononcer cette transformation par la commission paritaire et celle-ci a même le droit de forcer le propriétaire à céder à l'ancien métayer devenu fermier tout ou partie du capital d'exploitation et d'en fixer le prix.

Tout cela aurait profondément étonné les juristes qui ont écrit dans le Code civil les articles relatifs au bail à ferme. Ils les écrivaient pourtant à une époque où il y avait plus de stabilité qu'à la nôtre dans l'exploitation des biens et plus d'attachement des fermiers aux terres exploitées. Ils comptaient sur l'entente des parties pour le maintien prolongé des situations contractuelles. La technique juridique moderne connaît le contrat provoqué, forcé, contrôlé, dirigé, la situation légale d'origine ou de forme contractuelle. Il est facile de tout justifier par la technique. Il est plus difficile de changer les antiques notions juridiques qui ont été créées sur la connaissance des esprits et des cœurs. Le contrat, ce n'est pas seulement la rencontre de deux déclarations unilatérales dont la forme et l'objet auront été fixés par la loi, c'est le *consentement*, c'est-à-dire le sentiment commun, l'accord volontaire, et, quand il s'agit d'un contrat à exécution successive, l'union pour la réalisation d'une œuvre. Propriétaire et fermier devaient s'entendre pour l'exploitation du sol, rester d'accord pour la poursuivre, et chacun d'eux faisait un effort pour maintenir l'entente. Nous allons connaître maintenant le *fermier imposé*, que la commission paritaire maintiendra à la tête de l'exploitation. La contrainte va remplacer l'exécution volontaire. Tout déclin du contrat librement débattu, volontairement exécuté, marque un recul de l'idée du droit.

II.

Il nous faut donc trouver la conception nouvelle qui justifie la création et le maintien de la situation légale à forme contractuelle qui est celle du fermage. L'ordonnance du 17 octobre 1945 a voulu, dans un intérêt public, donner au fermage un statut qui permette la meilleure exploitation des terres, et l'intervention du pouvoir politique se justifie par le mauvais état de beaucoup d'exploitations rurales.

L'exploitation agricole est une *entreprise* : le fermier est l'entrepreneur; le propriétaire fournit le capital, et il y a aussi les ouvriers agricoles, dont l'ordonnance ne dit rien et dont elle aurait dû s'occuper. Tous ces hommes sont unis par une *communauté d'intérêts*. Ils doivent donc avoir l'esprit communautaire. La loi peut le leur imposer pour assurer l'exploitation.

Le droit de l'entreprise est un droit en formation. Déjà dans certaines lois étrangères relatives au travail on voit apparaître la notion de l'entreprise. Elle a été mise en pleine lumière par MM. A. Rouast et P. Durand pour les rapports des patrons et des salariés (*Précis de législation industrielle*, 1943, n°s 77 et s.). Mais il faut aussi établir ce droit pour les rapports entre le capitaliste et l'entrepreneur, et dans l'exploitation agricole comme dans l'exploitation industrielle. Ce droit consiste dans la conciliation nécessaire entre l'intérêt de l'exploitation et les intérêts individuels engagés dans cette exploitation. Le statut du fermage est une remarquable contribution au droit de l'entreprise agricole. Voici la part qu'il fait à chacune de ces idées.

1° L'exploitation agricole reçoit de la loi nouvelle son *individualité juridique*. En défendant le fermage général des biens (art. 42), en excluant de l'application du statut les parcelles de terre qui ne constituent pas un corps de ferme (art. 20), en obligeant le propriétaire à vendre séparément chacune des exploitations affermées pour que le preneur puisse exercer son droit de préemption (art. 5), le législateur marque l'autonomie de chaque exploitation. Il exclut de l'application du statut les locations de jardins, les baux de chasse et de pêche, parce que ce ne sont pas des exploitations agricoles. Il y soumet les baux d'élevage avicole, des étangs servant à la pisciculture, des établissements horticoles, des cultures maraîchères, des cultures de champignons, formes presque commerciales de l'exploitation rurale.

C'est la nécessité de la bonne exploitation des terres qui justifie la durée minima des baux et le droit du fermier au renouvellement de son bail. Occupant temporaire, il ne songerait qu'à la jouissance immédiate. En prolongeant son droit on lui donne l'esprit du propriétaire. Le propriétaire a choisi une fois pour toutes l'entrepreneur; c'est désormais celui-ci qui doit être maintenu à la tête de l'exploitation tant qu'il sera capable de la gérer, tant qu'il y aura dans sa famille quelqu'un qui pourra la gérer après lui. C'est également cette nécessité de la bonne exploitation qui justifie le pouvoir de la commission paritaire d'établir un contrat type, de déterminer les conditions du nouveau bail au cas de renouvellement et d'en fixer le prix. L'ordonnance précise que le fermier peut être congédié s'il compromet la bonne exploitation du fonds ou s'il ne dispose pas d'une main-d'œuvre suffisante (art. 28).

Bien exploiter comporte l'*amélioration du fonds*. Le fermier ne fera pas ces améliorations, malgré la perspective du renouvellement, s'il n'a pas la certitude d'être indemnisé au cas de départ. Aussi la loi contient-elle une réglementation des indemnités dues au fermier sortant, et la convention des parties ne peut ni l'écarter ni la modifier (art. 35-40). Pour les bâtiments construits et les plantations faites, le fermier peut demander une indemnité fixée d'après la valeur des travaux en fin de bail, sous réserve du coefficient de vétusté. C'est une règle fort avantageuse pour lui, étant donnée la hausse constante des prix. L'indemnité pour les améliorations culturales est égale à la plus-value procurée au fonds par la bonne culture du fermier; c'est la règle de l'enrichissement sans cause qui reparaît : le fermier a profité lui-même de ces améliorations.

Il y a des réparations, constructions et améliorations que le fermier ne fera pas lui-même. Elles sont pourtant indispensables à la bonne exploitation. On a constaté le mauvais état actuel des bâtiments ruraux, sans parler des destructions dues à la guerre. La loi nouvelle crée pour chaque exploitation affermée un *compte d'amélioration de l'habitat rural* (art. 13). Le crédit en est constitué par les versements des cotisations obligatoires du propriétaire et du fermier, le fermier ne payant que la moitié de la cotisation versée par le propriétaire. Le chiffre est fixé par la commission paritaire; il varie de 5 à 25 p. 100 (art. 14). Une commission peut donc forcer un propriétaire à verser au compte le quart du fermage. Le propriétaire gère le fonds, mais il doit justifier de l'emploi. L'entreprise n'ayant pas la personnalité morale, le caractère communautaire du fonds est marqué seulement par sa destination et par l'obligation de rendre compte.

2° Le droit de l'entreprise a un autre objet : faire respecter dans la communauté d'intérêts créée en vue de l'exploitation les *droits légitimes de chacun des intéressés*. Ce respect est d'autant plus utile que la communauté se forme volontairement. Si les droits de chacun ne sont pas assurés, elle ne se formera pas. La loi peut bien imposer le maintien du fermier sur les lieux loués; elle ne peut pas imposer la conclusion du bail primitif.

Les *droits du fermier* sont considérablement accrus par la loi nouvelle. Le fermier qui se consacre à une exploitation a la certitude d'en conserver la direction tant qu'il accomplira ses obligations. Il sait qu'il obtiendra le renouvellement de son bail, car le propriétaire ne pourrait exercer le droit de reprise qu'en exploitant lui-même pendant cinq ans. Il sait que la commission paritaire ne lui imposera pas un prix en disproportion avec le rendement. S'il améliore l'exploitation, il a droit à l'indemnité de plus-value. S'il fait des constructions et plantations il est mieux traité encore. Il peut même se faire autoriser par la commission paritaire à faire ces travaux et plantations malgré le refus de consentement du propriétaire (art. 38). Le prix de ces travaux monte nécessairement avec la dépréciation de la monnaie. Comme il est calculé en fin de bail, le fermier a fait un excellent placement, et si par hasard les prix ont baissé de plus de moitié, la commission paritaire a le droit de les réviser (art. 36). Enfin après cinq ans d'exploitation le fermier a le droit de préemption dont nous allons parler. À la vérité, le lendemain de la conclusion du bail à ferme, il est presque chez lui.

Les *droits du propriétaire* souffrent naturellement de cette emprise. En affermant sa terre, le propriétaire se place sous un régime légal qui amoindrit son droit. Tout ce qu'on peut dire, c'est qu'il s'y place volontairement et qu'il a le droit de reprise, à la condition d'exploiter directement. Ce qu'il y a de plus inquiétant pour lui, c'est que la commission paritaire fixera les conditions et le prix du bail, autorisera les constructions et plantations, et surtout qu'en fin de bail il va être obligé de payer des indemnités au fermier sortant sans jamais obtenir un délai supérieur à une année (art. 39). Le législateur a dû prévoir le cas où le prix des travaux en fin de bail dépasserait du double le coût initial, mais il n'a trouvé d'autre solution que la décision arbitraire de la commission paritaire (art. 36). On a sacrifié le droit du propriétaire à la nécessité de l'exploitation ; il faut espérer que ce ne sera pas au caprice du fermier entériné par la commission. En revanche, la disposition légale qui fixe le prix du bail soit en nature, soit d'après le prix des denrées me paraît entièrement favorable au droit du propriétaire (art. 22). Celui-ci perd sans doute la possibilité de compter sur un prix déterminé ; mais il est bien dans l'esprit du droit de l'entreprise qu'il ait droit aux profits et supporte les risques. Le fermier seul pourrait se plaindre ; car si la hausse du prix des denrées est due aux mauvaises récoltes, l'événement qui l'appauvrira enrichira le propriétaire.

3° Ce dernier trait marque l'infériorité de ce régime d'exploitation. Il associe deux hommes qui ne courent pas le même risque. Le législateur juge meilleure l'exploitation directe. Il donne au fermier le droit d'acquérir l'exploitation si le propriétaire la met en vente.

Ce *droit de préemption*, établi par le chapitre Ier de la loi, est une remarquable innovation. Le législateur lui donne une place capitale, il le déclare d'ordre public en défendant toute convention contraire (art. 3). Il n'ose pas donner au fermier le droit d'acquérir la terre contre la volonté du propriétaire, mais déjà il lui accorde un droit de caractère réel qui pèse sur la propriété foncière et l'affaiblit. Jusqu'ici le droit de préemption n'était établi qu'au profit de l'État ou ne résultait que d'une convention privée. Le voici maintenant établi dans un statut légal. Son aspect ne laisse pas d'être inquiétant.

Le propriétaire ne peut plus vendre un ensemble de biens pour un prix global. Il doit vendre séparément chaque exploitation afin que le droit de préemption du fermier puisse s'exercer (art. 5). S'il veut céder son exploitation à un de ses parents ou alliés, il faut que celui-ci soit son parent ou allié au troisième degré pour pouvoir écarter le fermier. Le droit de préemption existe, que la vente soit volontaire ou forcée. Il aura sans doute pour effet de peser sur le prix de vente.

Si le bien est vendu sans qu'il soit tenu compte de l'existence du droit du fermier, la vente est frappée de nullité, aurait-elle été faite aux enchères publiques (art. 9). Ce droit n'a donc pas le caractère d'un droit personnel. C'est une *charge réelle* qui pèse sur la propriété, charge qui n'est pas publiée d'ailleurs, car les baux de moins de dix-huit ans ne le sont pas ; mais le danger n'est pas grand, car le bail à ferme ne peut guère être dissimulé.

Le législateur veut que la terre soit donnée à celui qui l'exploite. La pensée est louable. Mais il n'impose au fermier qui a usé du droit de préemption que cinq ans d'exploitation, après quoi le bien pourra être vendu librement et le propriétaire aura l'amertume de constater que son fermier a fait une meilleure affaire que lui. Ne va-t-on pas augmenter ainsi la désaffection pour la propriété immobilière ? Le propriétaire qui afferme ses terres les livre désormais pour un temps indéterminé à un fermier qui, appuyé sur l'autorité de la commission paritaire, sera le possesseur et le futur acquéreur. Nouvelle rivalité entre des hommes que le contrat autrefois unissait, nouvelles interventions de justice, et d'une justice exceptionnelle. Tout cela peut être supporté si l'exploitation agricole bénéficie de ce statut légal. Mais déjà de jeunes fermiers protestent contre le maintien de possédants vieillis et satisfaits. Il n'est pas dit que le statut légal, imposé par la contrainte, donne de meilleurs résultats que le contrat. Il ne faut certes pas critiquer la réforme avant qu'elle ait pu être éprouvée ; il ne faut pas non plus la considérer comme un progrès du seul fait qu'elle détruit le droit contractuel. C'est une expérience. Le malheur est que, dans les sciences sociales, les expériences qui ne réussissent pas sont dangereuses.

DÉFENSE DU DROIT PRIVÉ*

1946

Henri Mazeaud

Professeur à la Faculté de droit de l'Université de Paris

Aimez-vous la chasse à l'autruche ? Alors faites-vous « publiciste » et partez en campagne contre le droit privé !

Les naturalistes enseignent que l'autruche, quand elle se sent menacée, commence par dissimuler sa tête derrière un caillou. Bientôt elle entr'ouvre un œil. Elle prend alors le caillou pour une montagne, craint d'être écrasée, et s'enfuit vers les filets que les chasseurs ont tendus.

Longtemps les « privatistes » sont demeurés sereins dans leur conception du droit privé et de sa primauté. Ils fermaient les oreilles au murmure timide, puis de plus en plus insistant. Et lorsque le bruit est devenu menaçant, ils ont pris la fuite en criant plus fort que l'assaillant : « Le droit public pénètre le droit privé ! ». « Le droit public envahit le droit privé ! ». « Le droit public submerge le droit privé ! ».

Qui de nous n'a proféré de pareils slogans ? Faisons notre examen de conscience en grande sincérité; nous pouvons tous passer au *mea culpa*[1]. Sans doute, un slogan couvre toujours une idée fausse, car si l'idée était juste, elle s'imposerait d'elle-même. Mais un slogan fait toujours du mal, parce que la formule demeure dans les esprits désormais tout prêts à recevoir la contre-vérité qu'il dissimule.

Aussi est-il grand temps de faire le point. L'envahissement du droit public par le droit privé ? Que veut-on dire par là ? La montagne n'est-elle pas simple caillou ?

La délimitation des domaines respectifs du droit privé et du droit public, telle qu'elle a toujours été enseignée, est simple : le droit privé règle les rapports des individus entre eux; le droit public, ceux des individus avec l'État. Opposition fondamentale, qui justifie des méthodes et des solutions distinctes, car les mêmes problèmes vus sous l'angle du droit privé et du droit public revêtent des aspects tout à fait différents : en droit public, la collectivité tient le rôle de l'un des partenaires; voilà qui suffit à changer toutes les données.

Sans doute, comme tout critère de démarcation, il comporte des régions frontières qui demeurent incertaines; il est des matières qui peuvent être revendiquées par le droit privé comme par le droit public. Telle la nationalité (Ch. réun. 2 févr. 1921, D.P. 1921. l. 1, et note Ambroise Colin) ou le régime des

---

* Cette défense du droit privé a été écrite avant que n'eût été présenté à l'Association Henri Capitant (séance du 26 janvier 1946) le très remarquable rapport de notre collègue Flour « L'influence du droit public sur le droit privé ». Elle ne l'aurait pas été après, car il n'y a rien à ajouter au plaidoyer plein de mesure et de finesse que constitue le rapport de M. Flour.

1. Cf. par exemple : Henri Mazeaud, Cours de droit civil, 1re année, 1945-1946, p. 88 : « C'est ce qu'on exprime en disant que le droit public pénètre le droit civil. »

ex-« Comités d'organisation » (Cons. d'Ét. 31 juill. 1942, D.C. 1942. J. 138). Mais il n'est pas de délimitation sans zones incertaines.

Est-ce donc à ce critère que l'on se réfère quand on prétend que le droit public submerge le droit civil ? Est-il vrai qu'il n'y a plus de rapports juridiques entre les individus, mais seulement des rapports entre l'État et les individus ?

Il est certain qu'on assiste à une évolution dans ce sens avec le mouvement des nationalisations. Quand une entreprise privée, une personne morale privée, se trouve nationalisée, l'État prend sa place. De telle sorte que les particuliers qui traitaient avec la personne morale privée, donc avec un particulier, vont maintenant traiter avec l'État : ainsi les clients des banques nationalisées. Mais alors l'État se camoufle en personne privée. Le loup a pénétré dans la bergerie; mais il s'y cache sous la peau d'un agneau. Il va traiter comme un particulier traite avec des particuliers. Qui parle alors d'un envahissement du droit public ? C'est bien plutôt le droit privé qui pénètre le droit public.

Aussi n'est-ce pas cela que visent les champions de l'expansion du droit public, ni même les privatistes qui crient au déluge.

Ce qu'ils veulent dire, mais ils le disent mal, c'est tout simplement que, de plus en plus, le législateur (il ne faut pas écrire : l'État) édicte dans les rapports de droit privé des règles impératives. Pour eux, là où il y a loi impérative, là il y a droit public.

Nul ne saurait nier que les rapports entre particuliers sont de plus en plus souvent régis par des dispositions impératives. À vrai dire, depuis toujours, une immense partie du droit civil fait l'objet de lois impératives : famille, incapacités, biens, successions; il est bon de le rappeler, car beaucoup sont tentés de l'oublier; personne cependant n'a jamais prétendu que ces matières faisaient partie du droit public. Mais le domaine des obligations était en 1804 le terrain d'élection des lois supplétives; là régnait comme un dogme la règle de l'autonomie de la volonté, encore que les rédacteurs du Code civil n'aient pas donné cette liberté sans y mettre aucun frein. Or, aujourd'hui, les lois impératives se multiplient dans le domaine des contrats. Phénomène qu'on peut nommer phénomène de socialisation du droit, si l'on veut entendre par là que notre liberté individuelle subit chaque jour des atteintes plus nombreuses.

Voilà ce que l'on constate. Et voilà ce dont on se prévaut pour prétendre que le droit privé disparaît derrière le droit public. Où est le rapport ? En quoi, édicter dans une matière une réglementation impérative, est-ce faire de cette matière une matière de droit public ? Il s'agissait de relations entre particuliers, relations que les intéressés pouvaient régler à leur guise. Aujourd'hui, ces relations sont définies selon des règles qui sont imposées aux parties. Mais les parties n'ont pas disparu pour autant. L'État n'est pas pour autant devenu contractant. Où est le droit public dans tout cela ? Même si le législateur impose à un particulier de passer un contrat avec une autre personne, il ne fait que rendre obligatoires des rapports entre particuliers, édicter des obligations légales, faussement alors qualifiées contractuelles, mais la question reste de droit privé.

Ne nous payons donc pas de mots et tâchons d'employer les termes du langage juridique avec leur véritable sens. Disons que, dans le domaine des contrats, les lois impératives se font de plus en plus nombreuses; encore ne faut-il rien exagérer et ne pas oublier, d'une part, que les relations de travail ne sont pas véritablement contractuelles, car le travail n'est pas une marchandise, d'autre part que toute une partie de la réglementation impérative des contrats est due à la raréfaction des produits et disparaîtra avec elle. Mais n'allons pas proclamer que le droit public pénètre et asservit le droit privé.

La primauté de celui-ci demeure nécessairement. Car le droit a pour seul but de régler les rapports des hommes entre eux, afin de leur permettre de vivre en commun. Sans doute, cette vie en société n'est pas possible si les individus ne forment pas un groupement soumis à une autorité, s'il n'y a pas un État. Mais un tel groupement n'est pas une fin en soi ; il n'est qu'un moyen pour les particuliers d'entretenir les uns avec les autres des relations juridiques. Le moyen ne doit pas faire oublier la fin. Le droit public ne peut pas prétendre se substituer au droit privé.

LE DÉCLIN DE LA NOTION JURIDIQUE DE SERVICE PUBLIC

1947

Georges Morange

Professeur agrégé à la Faculté de droit de Caen

La notion de service public déborde, aujourd'hui, le domaine traditionnel de l'Administration. Elle est invoquée, à tout moment, par nos hommes politiques, pour justifier l'intervention plus ou moins poussée de l'État dans des secteurs qui lui demeuraient jusqu'alors étrangers. C'est en se fondant sur elle que le Conseil d'État a pu étendre, au cours des dernières années, le champ d'application de son contrôle.

Le titre de cette chronique n'a cependant rien de paradoxal. Le concept « service public », dont nous venons de reconnaître l'ampleur, présente un caractère plus économique ou politique que juridique. Un concept juridique doit, par définition même, déterminer l'application d'un certain régime de droit. De ce point de vue, la notion de service public n'est plus susceptible de jouer le rôle fondamental qui a été le sien.

I.

L'apparition de cette notion juridique, dans laquelle M. le professeur Jèze voyait la pierre angulaire du droit administratif, est relativement récente. L'expression « Service public » se trouve, sans doute, dans les ouvrages de nos anciens auteurs. Elle n'y revêt, semble-t-il, aucune signification juridique précise. À cette époque, le droit administratif repose sur l'idée de puissance publique. En principe, c'est le droit privé qui s'applique, aussi bien aux relations de l'Administration avec les particuliers qu'aux rapports de ces derniers entre eux. Il n'est écarté, pour faire place à quelques théories spéciales, que dans les hypothèses où l'Administration agit comme puissance commandante, par voie d'autorité.

C'est le célèbre arrêt *Blanco*, rendu en 1873 par le Tribunal des conflits, qui marque le déclin de ce premier fondement du droit administratif et qui tend à lui substituer l'idée de service public. L'espèce est trop connue pour avoir besoin d'être rappelée. Rendue sur une question de responsabilité, cette décision implique la soumission du service public à un régime juridique spécial, différent du droit privé, dont le Conseil d'État devait, au cours des années suivantes, préciser les grandes lignes. Sans aller jusqu'à suivre M. Jèze quand il affirme que « le droit public et administratif est l'ensemble des règles relatives aux services publics », il faut bien reconnaître qu'avec cet arrêt *Blanco* la notion de service public devient fondamentale. Elle sert à déterminer la plus grande partie du domaine du droit administratif et, il n'est pas exagéré de l'affirmer, son domaine par excellence, l'existence d'un service public entraînant, en principe, l'application intégrale d'un régime de droit public, à l'exclusion de toute règle de droit privé.

Une définition précise du service public s'imposait dès lors impérieusement. Il serait très exagéré de prétendre, près de quatre-vingts ans après l'arrêt *Blanco*, qu'elle ait jamais été fournie. La doctrine et la jurisprudence témoignent à l'égard de ce concept, dont elles s'accordent à souligner l'extrême importance, une incertitude dont le caractère anormal devait, bien souvent être souligné. Il est toujours possible de déceler, en marge de la tendance dominante, l'existence d'opinions, voire même d'arrêts dissidents.

Sous cette réserve, la conception française du service public semble avoir revêtu successivement trois formes. Une conception organique a prévalu tout au début. Elle devait rapidement perdre sa rigueur primitive et, par l'adjonction d'un élément matériel, donner naissance à un concept mi-organique mi-matériel qui a longtemps inspiré la jurisprudence et la partie de la doctrine qui s'attache à être sa fidèle interprète. Depuis une dizaine d'années, enfin, le point de vue matériel paraît seul retenu pour caractériser le service public.

Le déclin de la notion juridique de service public se présente comme une simple conséquence de cette évolution.

II.

C'est une conception organique que la jurisprudence va adopter, d'instinct peut-on dire, au moment de l'arrêt *Blanco*. Elle considère comme service public l'entreprise placée sous la direction des gouvernants et dont le fonctionnement est assuré par un personnel purement administratif. Certains considérants de l'arrêt *Blanco* lui-même et les conclusions du commissaire du Gouvernement ne peuvent laisser aucun doute à cet égard. Le fonctionnement du service public ne peut être assuré, pour le Tribunal des conflits, que par des agents de l'État. Il l'exprime très nettement en parlant de « … la responsabilité qui peut incomber à l'État pour les dommages causés aux particuliers par le fait des personnes qu'il *emploie dans le service public…* ». Le commissaire du Gouvernement David était plus net encore : « … Le service des tabacs, quelque ressemblance que son exploitation puisse offrir avec l'industrie privée, n'en est pas moins un service public, comme tous les autres services dont l'ensemble constitue notre système financier. *Or, tous ces services sont des branches de l'Administration;* l'État, dans leur gestion, agit toujours comme puissance publique et, à ce titre, il n'est justiciable à leur égard que de la justice administrative… ».

Le critère est donc simple. Les conséquences de l'existence d'un service public ne le sont pas moins et leur importance extrême ne saurait échapper. S'il y a service public, c'est tout un régime juridique spécial, différent du droit privé, qui va s'appliquer. Ce régime de droit public, que l'arrêt *Blanco* et les arrêts postérieurs du Tribunal des conflits et du Conseil d'État devaient préciser, comprend notamment : une situation spéciale pour le personnel du service, – la possibilité d'acquérir par voie d'expropriation les immeubles nécessaires à son fonctionnement, – la protection des deniers par les règles de la comptabilité publique et celle des biens par la théorie de la domanialité publique, – l'application du régime d'exception, dit des travaux publics, pour l'aménagement des immeubles et celle d'un régime spécial pour les contrats (contrats dits administratifs), – la mise en jeu de la responsabilité suivant des règles spéciales, – la compétence des tribunaux administratifs pour juger les litiges les opposant aux particuliers. Ce n'est qu'à titre exceptionnel que certaines de ces règles peuvent être écartées au bénéfice des principes du droit commun.

Ce critère purement organique s'expliquait par les circonstances politiques, économiques et sociales de l'époque. Le domaine de l'activité publique et celui de l'activité privée sont délimités d'une manière très nette. Dans son domaine, l'État agit par le moyen d'organismes, d'ailleurs en petit nombre, qui lui sont propres. L'activité de ces organismes ne paraît avoir aucune identité de nature avec celle des particuliers, tout au moins dans l'immense majorité des cas. L'application *en bloc* d'un régime juridique très différent du droit privé se conçoit dès lors fort bien.

Cette situation devait très rapidement se modifier :

L'apparition de certaines inventions (gaz et électricité), le développement des chemins de fer, vont poser aux collectivités publiques de difficiles problèmes. La frontière, nettement établie jusqu'alors, entre les activités privée et publique n'y résistera pas. Les nouveaux services ne paraissent pas susceptibles, en raison de leur nature, d'être gérés par des organismes publics. Par contre, il paraît indispensable de les soustraire, tout au moins partiellement, à l'application du droit privé. La fortune du procédé dit de la concession en fut la conséquence. Or, l'entreprise concédée ne rentrait pas dans la conception organique du service public.

Au même moment, les idées dominantes sur le rôle de l'État commencent à évoluer. Des activités, considérées comme privées par nature, entrent désormais dans le champ d'action des collectivités publiques.

Enfin, le critère primitif, qui, pour les motifs sus-indiqués, apparaissait dans l'ensemble comme trop étroit, se révèle, à l'expérience, trop large sur certains points. Il tendrait à faire bénéficier d'un régime spécial les administrations chargées de la gestion du domaine privé. La jurisprudence estimera qu'il n'y a aucune raison pour soustraire de telles administrations à l'application des règles de droit commun à raison de la nature de leur activité.

Toutes ces considérations expliquent la substitution à ce premier critère d'un second plus complexe, d'ordre à la fois organique et matériel. Il est difficile de situer avec exactitude la date de la transformation. Elle paraît se placer quelques années seulement après l'arrêt *Blanco*.

III.

Le critère d'ordre semi-organique semi-matériel a inspiré la plupart des décisions jurisprudentielles rendues jusqu'à la période qui précède immédiatement la guerre de 1939-1945. C'est lui que devaient adopter les interprètes les plus autorisés de la jurisprudence Hauriou, hier, les professeurs Rolland et Waline, aujourd'hui. La qualification que nous lui avons attribuée se justifie par l'appel, dans cette seconde notion du service public, à deux éléments essentiels, dont l'un est d'ordre organique, l'autre d'ordre matériel.

Il faut, d'abord, que le service fonctionne sous la direction ou la haute direction des gouvernants. L'élément organique qui servait seul à distinguer primitivement le service public s'est donc atténué. Ce dernier ne s'identifie plus avec l'organisme public proprement dit. Il suffit que la haute direction de l'entreprise appartienne à l'Administration.

Par contre, un second élément est venu s'ajouter au premier, dont nous venons de marquer l'affaiblissement. Il est nécessaire que l'entreprise en cause fonctionne en vue de donner satisfaction à un besoin collectif du public. Elle doit remplir une tâche d'intérêt public. C'est l'apparition du point de vue matériel.

L'adoption de ce nouveau critère avait un double avantage. Il permettait, tout d'abord, de considérer comme un service public l'entreprise concédée. Il était désormais possible de faire bénéficier cette entreprise des prérogatives de puissance publique, inséparables, depuis l'arrêt *Blanco*, de l'existence d'un service public.

En second lieu, certains organismes publics, dont le but n'était pas, pensait-on, de donner satisfaction à des besoins collectifs du public, se trouvaient *ipso facto* exclus de la catégorie service public. C'était notamment le cas pour le service de gestion du domaine privé.

Ces avantages immédiats de la nouvelle conception avaient malheureusement une contre-partie. La notion de service public devenait moins précise ; elle perdait, en outre, une partie de son utilité juridique.

L'arbitraire de ce nouveau critère se manifeste dans ses deux éléments. Il était très facile de savoir, avec la conception organique, si on se trouvait ou non en présence d'un organisme public, c'est-à-dire fonctionnant sous l'autorité effective de l'État, avec le concours de ses agents. Il devient beaucoup plus délicat de déterminer si une entreprise quelconque fonctionne sous la haute direction des gouvernants, ou si elle ne constitue pas, simplement, une entreprise réglementée, restant en dehors du cadre du service public. Les difficultés ne furent pas trop graves tant que les entreprises fonctionnant sous la haute direction des gouvernants revêtirent le type de l'entreprise concédée, bien connue et bien délimitée. Elles se multiplièrent dès le moment où l'intervention de l'État devait se manifester sous les formes les plus diverses.

L'élément matériel de la définition n'était guère susceptible de pallier l'incertitude de l'élément organique. Quant la tâche poursuivie peut-elle être considérée comme étant d'utilité publique ? Question dont la réponse sera toujours essentiellement subjective et, par voie de conséquence, variable.

Devenu ainsi d'une application délicate, le concept « Service public », et ceci est sans doute plus grave, perdait en même temps une partie de son utilité primitive. Lors de son apparition, la situation était claire : s'il y avait service public, le régime juridique spécial, que nous avons succinctement rappelé, s'appliquait intégralement (sauf exceptions négligeables) ; si l'entreprise en cause ne constituait pas un service public, l'application pure et simple du droit commun s'imposait, un texte précis pouvant seul la faire bénéficier, à titre exceptionnel, d'une ou plusieurs prérogatives de puissance publique.

La situation est désormais beaucoup moins simple. Pour certains services publics, le régime de droit public continuera à s'appliquer intégralement. Il en est d'autres, au contraire, pour lesquelles le régime sera mixte. Ce sont les entreprises concédées. Elles peuvent exproprier, leurs travaux s'effectueront sous le régime des travaux publics. Par contre, leur personnel n'est pas, en principe, placé dans une situation spéciale, les règles de la comptabilité publique ne s'appliquent pas pour la gestion de leurs deniers.

Des complications nouvelles devaient surgir avec la distinction, apparue en jurisprudence peu après la guerre de 1914-1918, exactement en 1921, entre les services publics que l'on qualifie désormais de proprement administratifs et ceux qui présentent un caractère industriel et commercial. C'est en vue de soustraire ces derniers à une partie du régime de droit public que la distinction a été établie. Leurs relations avec les tiers sont régies par le droit privé, leur responsabilité doit être appréciée suivant les règles du code civil, les tribunaux judiciaires deviennent compétents dans la plupart des cas. Certaines règles de droit public leur restent cependant applicables.

Dans la période qui précède immédiatement la guerre de 1939-1945, la notion de service public a donc perdu une partie de sa portée juridique. L'existence d'un service public n'entraîne plus, *ipso facto*, l'application d'un régime juridique uniforme. Il faut distinguer, pour déterminer le régime applicable, entre les diverses modalités de gestion (régie ou concession) et suivant la nature de l'activité gérée (service public proprement administratif et service public à caractère industriel et commercial).

Avec le troisième concept, le régime se diversifie à l'infini.

IV.

Le troisième concept, d'ordre purement matériel, a eu des précurseurs en doctrine. L'un des auteurs qui fut parmi les premiers à le proposer est certainement Duguit, qui écrivait, dans son *Traité de droit constitutionnel* (t. 2, p. 61), que le service public « c'est toute activité dont l'accomplissement doit être assuré, réglé et contrôlé par les gouvernants, parce que l'accomplissement de cette activité est indispensable à la réalisation et au développement de l'interdépendance sociale, et qu'elle est de telle nature qu'elle ne peut être réalisée complètement que par l'intervention de la force gouvernante ». Autrement dit, il y a ou non service public suivant la nature de l'activité gérée. Aucun autre élément, notamment d'ordre organique, n'intervient plus dans la définition.

C'est cette notion matérielle de service public que le Conseil d'État devait, après un certain nombre d'arrêts précurseurs, adopter d'une manière très nette dans son arrêt *Caisse primaire* du 13 mai 1938 (D.P. 1939. 3. 65). Dans cette décision, le Conseil d'État affirme, à la fois, que les assurances sociales constituent un service public, et que l'un des organes de gestion, la caisse primaire, est un organisme privé. Sans doute, avec la concession, nous étions déjà en présence d'une entreprise privée. Mais cette entreprise était choisie par l'Administration, elle gérait le service sous sa haute direction. Ici, rien de semblable. C'est en vertu de la loi elle-même que les caisses primaires participaient à la gestion du service. Cette participation s'effectuait dans les conditions prévues par le législateur. Autrement dit, l'élément organique atténué de la définition précédente est absolument abandonné. La conception du service public devient purement matérielle.

L'arrêt *Caisse primaire* ne constitue pas un « accident » dans la jurisprudence du Conseil d'État. Cette nouvelle orientation de notre haute juridiction administrative devait se confirmer dans les décisions ultérieures. Les célèbres arrêts *Monpeurt* (D.O. 1942. 138) et *Bouguen* (D.C. 1944. 52) en sont inspirés. Nous nous bornerons à citer, en outre, un arrêt du 10 avr. 1946, *Labeylonie et C*[ie], où le Conseil d'État est amené à rechercher si un organisme purement privé, le « Front national », est, ou non, appelé à gérer un service public.

La cause essentielle du glissement jurisprudentiel vers le critère purement matériel nous paraît tenir à la situation de fait devant laquelle nous place, depuis un certain nombre d'années, la multiplication des interventions de l'État, interventions auxquelles la guerre de 1939-1945 devait donner l'occasion de se manifester dans d'immenses domaines, jusqu'alors étrangers à son activité. Pour des raisons diverses (caractère provisoire de ces interventions, – difficultés budgétaires – incompétence des fonctionnaires de carrière, et, surtout, incapacité de préciser exactement le rôle nouveau de l'État), le législateur s'est souvent adressé, pour les réaliser, à des organismes d'un caractère hybride, qui ne pouvaient se ranger dans les catégories juridiques dégagées jusqu'à ce jour. Ces organismes se sont vu accorder, pour accomplir leur mission, des moyens d'action puissants, traditionnellement réservés aux administrations, tel que le pouvoir d'émettre de véritables réglements. Des abus très graves étaient dès lors à craindre, et un contrôle sérieux des moyens d'action qui leur étaient conférés à l'encontre des particuliers s'avérait indispensable. Ce contrôle, seuls les tribunaux administratifs étaient susceptibles de l'exercer avec une force et une autorité suffisantes. Mais, pour justifier sa compétence, le Conseil d'État était obligé de décider qu'il y avait service public. Or, il ne pouvait le faire qu'en retenant, à titre exclusif, l'élément matériel de la définition. Il devait s'attacher seulement au caractère de l'activité gérée, lesdits organismes n'étant pas toujours sous la direction ou la haute direction des gouvernants, au sens traditionnellement attaché à ces expressions.

Si les causes profondes de l'adoption par le Conseil d'État d'un critère purement matériel du service public sont faciles à comprendre, et révèlent même l'idée très élevée que notre haute juridiction administrative se fait de la légalité, il n'en est pas moins vrai que cette nouvelle notion du service public présente des défauts identiques à la précédente, mais beaucoup plus accusés.

Elle est tout d'abord extrêmement imprécise. Il semble désormais qu'il y ait service public dès qu'une activité est d'intérêt général. C'est la pure conception « duguiste ». Mais, à vrai dire, toutes les activités privées, presque sans exception, sont d'intérêt général. Elles répondent même parfois à des besoins tellement vitaux de la Nation que le législateur était intervenu depuis longtemps pour en réglementer certaines. Le Conseil d'État nous dira-t-il demain que le boulanger, le médecin, le pharmacien gèrent un service public ? Certainement pas. Il y a une raison de fait pour en décider ainsi : l'initiative privée, contrôlée par l'Administration, a toujours donné et continuera à donner satisfaction sur ces points aux besoins collectifs. Il n'en est pas moins vrai que, d'après le critère même retenu par le Conseil d'État, il s'agit là d'activités d'intérêt général qui devraient être considérées comme des services publics. Il n'y a aucune différence de nature entre les activités qualifiées de « services publics » et de telles activités. La conséquence, c'est que, dans chaque cas, le Conseil d'État décide aujourd'hui souverainement sur le point de savoir s'il y a ou non service public. Nous ne doutons pas qu'il le fasse avec un sens aigu des réalités. Il n'en reste pas moins vrai que, désormais, il est très difficile de dire s'il y a ou non service public tant que la juridiction administrative ne s'est pas prononcée. Le caractère extrêmement vague de cette notion, dont on avait voulu faire la « pierre angulaire » du droit administratif, est totalement incompatible avec le rôle que l'on entend lui faire jouer.

Plus graves encore se révèlent les conséquences de la nouvelle conception dès que l'on aborde l'étude du régime juridique du service public ainsi compris. Déjà, dans la période précédente, la détermination du caractère public ou non d'un service donné ne suffisait plus à caractériser entièrement le régime applicable. Il fallait, nous l'avons vu, distinguer suivant le mode de gestion adopté et la nature de l'activité. Le choix n'existait, toutefois, qu'entre un petit nombre de catégories. Il n'est pas exagéré de dire que, maintenant, les régimes juridiques applicables aux services publics se diversifient à l'infini. Dans certains cas, l'existence du service public entraîne l'octroi de certaines prérogatives de puissance publique à l'organisme gestionnaire. Dans un autre cas, ces prérogatives seront différentes. Tout ce que l'on sait, lorsqu'il y a service public, c'est que certaines règles de droit public seront applicables. Mais le nombre et la nature de ces règles varient suivant les cas d'espèce.

Cette diversité est d'ailleurs voulue par le Conseil d'État pour lui permettre d'adapter à chaque cas d'espèce le régime le plus adéquat. Ainsi, M. Segalat, dans ses conclusions sous l'arrêt *Monpeurt*, nous affirme que « les comités (d'organisation) ne peuvent pas être soumis – et, en fait, ne sont pas soumis – au régime juridique des établissements publics. Qu'il s'agisse des agents, des deniers, des travaux, leur caractère professionnel exige, sur tous ces points, des solutions plus nuancées et plus souples ». M. le professeur Mestre, dans sa note sous l'arrêt *Bouguen* (*Rec. Sirey*, 1944. 3. 1), justifiait par des arguments identiques la décision de la haute juridiction administrative.

Ce n'est pas méconnaître les motifs profonds de cette « politique jurisprudentielle » que de constater qu'elle a enlevé toute valeur juridique à la notion de service public qui devait pourtant sa fortune à la jurisprudence administrative elle-même. Il est facile de comprendre l'embarras que ressent, devant l'évolution récente, M. le professeur Waline. Il ne peut s'empêcher de constater que « la notion de service public est en voie de perdre son unité traditionnelle, et tend à devenir une notion générique recouvrant des réalités spécifiques différentes » (M. Waline, *Manuel élém. de droit administr.*, 4e éd., p. 274).

V.

Un problème très grave, que nous nous bornerons à indiquer, se pose dès lors en droit administratif. Cette branche du droit ne s'est certes jamais identifiée complètement, même depuis 1873, au service public. Certaines institutions du droit public (réglementation de police, expropriation, domanialité publique) ou s'appliquaient en dehors de l'idée de service public, ou tout au moins la débordaient. Le service public n'en était pas moins devenu la notion fondamentale, puisque son existence déclenchait automatiquement, et dans son intégralité, l'application d'un régime de droit public.

Nous pensons que le service public doit retrouver ce rôle demain.

Il est difficile, en effet, de reconstruire le droit administratif sur d'autres bases. L'idée de puissance publique, dont la vogue fut grande jadis, ne saurait aujourd'hui renaître de ses cendres; personne n'en tirerait profit. Celle d'utilité publique est beaucoup trop vague pour la remplacer avec succès.

Surtout, la décadence de la notion « service public » tient, non à sa valeur intrinsèque, mais à la crise de l'État, phénomène autrement grave, qui la domine.

Depuis une cinquantaine d'années, sous la pression de courants divers, le champ d'action de l'État s'est considérablement accru, ses interventions se sont multipliées. Les gouvernants, dans l'incertitude souvent des frontières exactes des nouvelles activités étatiques, n'ont pas toujours osé réaliser ces interventions sous une forme franche, par l'institution de nouvelles administrations. Ils ont eu recours à des procédés hybrides. La jurisprudence a dû suppléer à la carence du législateur et rechercher, dans chaque cas, s'il y avait lieu ou non de soumettre ces nouvelles activités à un régime juridique spécial. La substitution d'un concept purement matériel du service public au concept organique primitif devait être d'un grand secours à cet effet. Dans l'état anarchique des interventions législatives, réalisées sans plan d'ensemble, sans idées générales, elle a seule permis au Conseil d'État de maintenir un certain lien entre elles. Mais cette construction jurisprudentielle, intervenant sur un plan subordonné, présente les inconvénients que nous avons relevés.

Le seul moyen d'empêcher le droit administratif de sombrer dans une anarchie grandissante est de « repenser » l'État. Seul le législateur peut le faire. Après avoir éliminé toutes les interventions dues aux circonstances, et qui se révèlent désormais inutiles, il doit déterminer en fonction des nouvelles conceptions politiques, économiques et sociales, le secteur public de l'activité générale. Dans ce secteur, l'intervention doit se réaliser par le moyen d'entreprises placées sous la direction effective des gouvernants, de services publics au sens organique du terme, soumis *ipso facto* à un régime juridique spécial. Dans les cas exceptionnels où des entreprises privées seraient admises à collaborer avec l'État, elles ne devraient jouir de l'exercice de privilèges exorbitants du droit commun que dans les limites prévues par les textes.

Pour conclure, le service public doit retrouver son rôle fondamental, grâce à une conception purement organique, dans un État juridiquement reconstruit. Là, comme ailleurs, les conceptions matérielles, par nature vagues et imprécises, ne peuvent s'introduire dans le droit positif sans le dégrader. Elles doivent simplement constituer la « nappe sous-jacente » où le droit positif puise son inspiration.

PROLÉTARISATION DU DROIT CIVIL ?

1947

René Savatier

Professeur à la Faculté de droit de Poitiers

Au risque de multiplier la redoutable faune des néologismes, le temps n'est-il pas venu de compléter la triade des métamorphoses du droit civil ? On a parlé de sa « socialisation »[1], de sa « publicisation »[2]. Et voici qu'il faudrait en considérer la « prolétarisation ». En quoi il ne s'agit point seulement de résumer les deux autres aspects de son évolution, mais de souligner un renversement d'équilibre de caractère différent.

À vrai dire, on pourrait comprendre de deux manières la « prolétarisation » du droit civil.

L'une d'elles a fait l'objet d'une pénétrante analyse de M. Ripert dans la dernière partie de son ouvrage sur *Le régime démocratique et le droit civil moderne* : c'est l'avènement d'un droit de classe[3]. Il se ramène, pour employer les expressions de M. Ripert, à « l'idée que la législation civile doit essayer de corriger, par une inégalité de traitement, les inégalités sociales ». Idée que font progressivement pénétrer dans notre droit privé les poussées des classes sociales les plus déshéritées, mais les plus nombreuses, fortes d'une mystique qui s'indigne devant certaines injustices, mais qui s'appuie aussi sur les intérêts, aveugles parfois, d'une masse électorale.

Ce n'est pas sous cet aspect que nous scruterons ici la prolétarisation du droit civil.

Opposant, dans leur ensemble, les conceptions « prolétariennes » aux conceptions « bourgeoises », il s'agit bien plutôt de montrer, à travers l'architecture de notre droit civil, le déclin des institutions qui s'y inspiraient des conceptions et des modes de vie « bourgeois » et, parallèlement, l'avènement d'un droit nouveau, empreint du mode de vie et des conceptions « prolétariennes ».

*

* *

a) Il suffit de prendre, du code civil, une vue panoramique pour y mesurer l'importance prépondérante de la fortune acquise. Le domaine du droit civil étant double : d'une part, les personnes, et, d'autre part, les biens, c'est, en réalité, de ceux-ci qu'il s'occupe surtout. Le volume respectif des 515 articles relatifs aux

1. V. nos chroniques : *Vers la socialisation de la responsabilité et des risques individuels*, D.H. 1981, p. 9 ; et *Vers la socialisation du contrat de louage d'industrie*, D.H. 1984, p. 37. – *Adde* : Mignon, *La socialisation du risque, supra*, p. 37 ; P. Durand, *Le particularisme du droit du travail*, dans *Droit social*, 1945, p. 298.

2. V. notre chronique : *Droit privé et droit public*, D. 1946, p. 25, avec les références ; la chronique de M. Rivero : *Droit public et droit privé. Conquête ou statu quo ?, supra*, p. 69 ; et notre ouvrage : *Du droit civil au droit public*, 1945.

3. V., outre le livre de M. Ripert, la chronique de Josserand ; *Sur la reconstitution d'un droit de classe*, D.H. 1987, p. 1.

personnes, et des 1766 articles consacrés aux biens, tant en eux-mêmes que dans la manière de les acquérir ; est révélateur. D'ailleurs, même à l'intérieur des 515 premiers articles, ce déséquilibre est sous-jacent. Il s'atteste, en particulier, par la réglementation des incapacités. Qu'il s'agisse de la tutelle ou de l'interdiction, ce sont beaucoup plus les biens de l'incapable que sa personne qui préoccupent le législateur. Et, pour le mineur émancipé et le faible d'esprit, le code se désintéresse entièrement de la protection de la personne, tandis qu'il continue à prendre un soin jaloux de la fortune de l'incapable. À plus forte raison le même déséquilibre éclate-t-il dans les 1766 articles consacrés aux biens. N'est-il pas révélateur que le contrat de mariage y soit classé, non dans le droit des personnes, mais dans les « manières d'acquérir la propriété » ? Et quant au testament, acte de dernière volonté, dont les dispositions peuvent être si variées, le code civil n'en retient-il pas seulement celles consacrées aux biens : le legs ?

b) Dans ces « biens », dans cette « propriété », qui formaient la préoccupation principale du code civil, la meilleure part revient aux *immeubles*, parce qu'ils y représentaient une fortune *particulièrement solide et durable*. Car le droit civil ne se plaisait pas seulement à régir les fortunes ; *il les voulait stables*. Sans doute, il atténue, à la suite de la Révolution française, les anciennes conceptions féodales sur le maintien nécessaire du rang et de la fortune des familles. Il réduit les substitutions et le domaine des inaliénabilités. Mais la famille bourgeoise, à son tour, y aspire à une large stabilité des fortunes. Et beaucoup d'institutions du code l'attestent : la rescision pour lésion des ventes d'immeubles défavorables au vendeur, l'inaliénabilité dotale, l'immutabilité des conventions matrimoniales, le budget de la tutelle (art. 454).

c) Enfin, la conception bourgeoise de la fortune privée n'aspirait pas seulement à la rendre stable, mais *considérait comme normal de la grossir progressivement et indéfiniment par des économies*. L'épargne capitalisée, et *indéfiniment* productrice de revenus nouveaux, faisait partie, en quelque sorte, du droit naturel de la bourgeoisie. Minutieusement, le code voulait que le tuteur plaçât, au fur et à mesure, suivant un programme fixé par le conseil de famille, l'excédent des revenus du mineur sur sa dépense (art. 455). Il mettait fin à la jouissance légale des parents quand le mineur atteignait dix-huit ans, afin que ses revenus soient capitalisés avant sa majorité. Il abandonnait définitivement les anciennes préventions du droit canonique contre le prêt à intérêt, qui cessait d'être le privilège des juifs ou des usuriers. Car il paraissait naturel aux auteurs du code que tout capital se grossît automatiquement de revenus, indépendamment du travail et de l'activité de son propriétaire. Idée qui inspirait aussi la législation des baux à ferme et à loyer.

*
* *

Et certes, à peu près toutes les dispositions que nous venons de citer subsistent. Mais comment ne pas leur reconnaître, dans le monde actuel, une saveur un peu désuète, et des couleurs de plus en plus passées. Cette prédominance de la fortune immobilière, cette stabilité institutionnelle des fortunes familiales, cette préoccupation légale de les rendre automatiquement frugifères et de les accroître progressivement par l'épargne privée, suscitent aujourd'hui le sourire désabusé du sociologue. C'est comme si la sève sociale cessait d'alimenter ces institutions bourgeoises, qui, progressivement, s'étiolent ou se transforment.

Or, parallèlement à ce déclin, des constructions juridiques d'un autre caractère apparaissent et grandissent. Des institutions tutélaires se font jour, dont la préoccupation essentielle n'est plus les biens, mais la vie civique et morale des enfants. L'organisation actuelle de la tutelle des enfants naturels et des enfants assistés, et surtout le contrôle, de plus en plus général, de la puissance paternelle[4], sont révélateurs de cette tendance. La tutelle cesserait ainsi d'être comme dans le code, cette institution si bourgeoise qu'on ne la constituait guère si les mineurs n'avaient pas de fortune[5].

De même, le droit familial, dans ses aspects pécuniaires, a changé de figure, avec les prestations familiales, et, particulièrement, les allocations familiales. Dans la masse des familles françaises, combien plus grande est l'importance du régime de ces allocations que celle du régime matrimonial régi par le code civil ! Car ce sont les caisses d'allocations familiales qui déterminent, à la vérité, l'attributaire effectif des ressources affectées à l'entretien de la famille, en versant les allocations soit au père, soit à la mère. Et la possibilité d'instituer un tuteur aux allocations familiales détournées de leur but, exerce sur les parents une pression plus réaliste que les institutions civiles sur la déchéance ou le contrôle de la puissance paternelle[6].

D'ailleurs, dans l'ensemble du droit patrimonial, qu'est, maintenant, la fortune acquise, objet des soins du code, au regard de la masse des produits du travail ? Combien de Français vivent de ces biens minutieusement et savamment réglementés par 1 700 articles du code, auprès de ceux qui tirent l'essentiel de leur vie de ce contrat de louage de services auquel se référaient seulement les art. 1780 et 1781 ? Encore faut-il ajouter que, dans les ressources des Français de demain, même non salariés, la législation de sécurité sociale s'efforce d'accomplir un nouveau pas en avant d'un droit pécuniaire prolétarien, un nouveau recul du droit de la fortune acquise. Se pourrait-il que le droit civil, consacré à la vie privée des personnes, des familles et des biens, restât étranger à cette métamorphose ? Elle s'opère, en réalité, sur son propre terrain.

D'ailleurs, tout s'y tient si bien que, finalement, un effort s'esquisse pour tenter de substituer à la stabilité civile d'une famille fondant l'avenir des enfants sur le mariage indissoluble[7], d'autres institutions, axées sur une prétendue sécurité sociale où la collectivité s'imaginerait pouvoir suppléer à la tâche des père et mère. Ainsi disparaîtrait le dernier et le plus solide fondement de la propriété : la sécurité pécuniaire qu'elle donne à la famille, comme moyen d'élever ses enfants.

4. V. notre chronique sur *Le contrôle de la puissance paternelle, suprà*, p. 21, et les travaux de la session de l'Association H. Capitant tenue à Paris à la fin de 1946.

5. V. Planiol, Ripert et Savatier, *Les personnes*, n° 422, avec les références.

6. V. nos articles intitulés : *L'affectation des allocations familiales*, J. O. P. 1941. I. 227, et *Le détournement des allocations familiales et ses remèdes*, dans *L'Actualité sociale*, févr. 1942, p. 45 et s. ; Rodière, *Les fondements et les sources des allocations familiales*, Chronique D. 1946, p. 73.

7. V., dans notre livre, *Le droit, l'amour et la liberté*, le chapitre intitulé « L'enfant, la fille-mère et l'amant ».

Comment ces transformations profondes ne donneraient-elles pas parfois au professeur de droit civil, s'il vit, en même temps, sa vie de Français actif, plongé en plein climat national, l'impression d'une certaine désuétude de son enseignement ? Celui-ci épouse-t-il, aussi étroitement qu'autrefois, les réalités essentielles de l'existence privée ? En particulier, tout le droit réuni dans le programme de troisième année : le contrat de mariage, les successions, les libéralités, ne perd-il pas de son intérêt effectif ? Car ce droit, assurant savamment la transmission du patrimoine familial, pour fonder sur lui la vie du ménage, n'était-il pas, par excellence, construit sur le postulat de la fortune acquise ?

*
* *

Est-ce à dire que la prolétarisation du droit civil soit chose achevée, et que les fortunes privées, dont le statut était si cher au code civil, se trouvent désormais nivelées par les institutions nouvelles ? Non certes ! Pour avoir changé de place, l'argent n'en est peut-être que plus roi. Et il a beau se déprécier, on le désire aussi passionnément. Non plus comme un élément de stabilité, de sécurité, d'épargne, mots auxquels on ne croit plus guère, mais comme moyen de jouissance, si l'on peut, et, à tout le moins, comme nécessité de vie alimentaire. Le droit de la propriété, le droit des biens n'a donc certes pas terminé sa carrière. Non seulement des inégalités subsistent, mais des fortunes s'établissent. Il est vrai qu'elles ne s'établissent plus de manière à fonctionner pour des générations, mais pour une vie, ou une fraction de vie.

La masse des grosses fortunes change de nature. Car à la dépréciation des biens durables, des biens en soi, indépendants du travail et de l'activité de leurs propriétaires, s'oppose la multiplication et la valorisation de biens nouveaux, dont le code civil, – et même le droit civil d'avant le XXe siècle, – n'avaient guère idée : les fonds de commerce, les exploitations rurales, les fonds artisanaux, les cabinets des professions libérales[8]. Bref, les *entreprises* et les *métiers*[9]. Ceux qui peuvent vivre largement, ce ne sont plus les propriétaires de fortunes autrefois réputées stables, mais les maîtres de ces nouveaux biens, faits d'un mélange indivisible de capital investi et d'activités actuelles. Le capital ne garde son prix que s'il sert d'instrument à l'activité productrice de son propriétaire. Mais le mélange de ce capital et de cette activité possède alors une valeur pécuniaire considérable, qui en fait le plus désirable de tous les biens d'aujourd'hui. Autrefois, l'immeuble dans lequel s'exerçait un commerce profitait de toute la valeur de la clientèle du locataire commerçant. Il était le seul bien que connût le droit positif, comme base de l'activité commerciale exercée dans cet immeuble. Et ce bien n'appartenait pas à l'auteur de cette activité, au commerçant, mais à la fortune acquise du propriétaire de l'immeuble. Aujourd'hui, que représente souvent la valeur de l'immeuble, au regard de la valeur du fonds de commerce ? Semblablement, dans

8. V. Jean Savatier, *La profession libérale*, p. 139 et s.
9. V. Paul Durand, *Les fonctions publiques de l'entreprise privée*, dans *Droit social*, 1945, p. 246, ainsi que le rapport de M. P. Durand, les autres rapports et la discussion à la session de l'Association H. Capitant tenue à Luxembourg en juin 1947 ; P. Durand et Jaussaud, *Traité de droit du travail*, n°s 335 et s.

combien de fermes le fermier, maître de l'exploitation agricole, n'est-il pas devenu plus riche que le propriétaire du fonds ?

*
* *

Dans cette évolution, tout n'est pas à condamner. Sans doute, il n'est pas certain que les nouveaux riches soient de meilleurs riches que les anciens. Sans doute aussi, la dépréciation massive de cette fortune acquise est dure aux nouveaux faibles, auxquels font défaut les forces pour travailler : aux malades, qui vivaient sur des économies familiales, aux vieillards qui vivaient des biens acquis par leur travail. Déchus au degré d'« économiquement faibles », ils végètent aujourd'hui, chichement, des secours de la collectivité, et risquent, hélas, de « mourir à l'hôpital », si leur famille n'assure pas leur existence. Mais une valorisation du travail par rapport au capital pur répond pourtant, en soi, à une idée de justice. En se refusant à reconnaître la légitimité du prêt à intérêt, l'Église avait, depuis longtemps, affirmé, dans sa morale, que la possession d'un capital ne confère nullement un droit naturel et automatique à toucher des revenus, ceux-ci n'étant produits que par le travail qui met en œuvre ce capital. Même le propriétaire n'a moralement de droits que dans la mesure où sa propriété remplit un service social. Que l'élément travail soit aujourd'hui réhabilité, non seulement par l'accroissement des salaires, mais par la reconnaissance, au premier rang des fortunes, de biens nouveaux, l'associant étroitement au capital, c'est, abstraction faite d'injustices imputables à l'inflation, un progrès.

Ce progrès pose des problèmes juridiques non encore résolus. Notre régime des successions, des partages et des régimes matrimoniaux était fait pour des biens représentant, à l'état pur, des capitaux, sans incorporation de travail actuel. Il s'adapte mal à des biens inséparables de l'activité personnelle de leur propriétaire[10], qui disparaissent en grande partie avec lui, dont la licitation est un non-sens, et avec lesquels jure la prétendue co-propriété d'un ex-conjoint divorcé ou séparé de corps. Problèmes dont les solutions boiteuses mettent un malaise général dans l'application des règles traditionnelles des régimes matrimoniaux, du partage et des successions aux droits d'auteur, aux fonds artisanaux, aux fonds de commerce, aux exploitations agricoles.

Quand ces dernières se lient à un droit au bail, le statut des baux ruraux a fait faire un pas légal à l'évolution que nous venons de décrire[11]. Seulement, il ne s'est pas rendu compte que les caractères nouveaux du droit au bail rural commandaient toute une réadaptation du droit des successions et du contrat de mariage. Jetant quelques jalons vers une conception, en quelque sorte patriarcale, de la transmission du droit au bail rural[12], il n'a pas méthodiquement recherché ce que

10. V. notre note, J. C. P. 1947. II. 3876.
11. V. la chronique de M. Ripert : *Le statut du fermage; du droit contractuel au droit de l'entreprise*, D. 1946. p. 1 ; notre chronique : *La nature juridique et les caractères nouveaux du droit d'un bail rural*, D. 1946, p. 41 ; Vitu, *Propriété commerciale et propriété culturale*, à la *Revue trim. de droit civil*, 1946, p. 273 ; et notre *Manuel juridique des baux ruraux*, n° 17.
12. V. notre chronique précitée et notre *Manuel juridique des baux ruraux*, n°s 78, 82, 96 et s.

ce droit, voulu par lui incessible et hors de commerce, deviendrait dans le régime de communauté et dans les partages[13].

*
* *

En outre, ces biens nouveaux que constituent les *entreprises* et les *métiers* sont menacés d'un double péril qui rend précaire toute la construction juridique nouvelle. Appuyés simultanément sur le capital et sur le travail, ils supposent le maintien d'un équilibre difficile entre l'un et l'autre. Ils risquent donc, à la fois, et dans le mauvais sens de ces deux termes, de souffrir d'une « capitalisation » ou d'une « prolétarisation ».

Le premier péril, celui d'une capitalisation[14], se réalise lorsque ces biens prétendent rester des instruments de gain une fois séparés de l'activité et du travail personnel de leur propriétaire. Ce mal ne s'instaure que trop souvent. Quand un fonds de commerce, par exemple, est mis en gérance libre, l'ex-créateur de ce commerce, qui ne travaille plus et ne rend aucun service à la société, se fait cependant payer tribut, du simple fait qu'il a autrefois réuni une clientèle et acquis un droit au bail. Ce tribut, exigé de l'exploitant actuel du fonds, est payé par lui, d'abord sur la légitime rémunération de son travail propre, mais, plus encore, rattrapé sur sa clientèle et sur la rémunération donnée à sa main-d'œuvre. Il pèse donc à la fois sur les consommateurs et sur les travailleurs, sans correspondre à aucun service réel. Il en est de même quand un représentant de commerce vend sa carte de représentant à un acquéreur. Car toutes les fois qu'on négocie une clientèle, qu'on la convertit en capital, on continue à faire peser sur les clients le poids de services qui leur sont devenus entièrement inutiles. On oblige l'acquéreur de cette clientèle à gagner, à la fois, sa vie et les moyens de faire vivre un prédécesseur rendu à l'oisiveté.

Et cette constitution, aux dépens des consommateurs et des travailleurs, d'un capital fictif et socialement improductif, s'appesantit encore lorsque l'État, comme il arrive trop souvent, accorde un monopole aux détenteurs actuels d'entreprises ou de métiers. Une valeur particulièrement artificielle est ainsi prélevée gratuitement, aux dépens de la collectivité, pour les « *beati possidentes* »[15] de ces biens. Biens dont la justification primitive était attachée au travail personnel de leur propriétaire, mais dont la valeur nouvelle est faite du privilège donné à celui-ci. Or, toute la législation récente ne s'oriente que trop vers un privilège mettant les entreprises existantes à l'abri de la concurrence d'entreprises nouvelles.

Ici encore, la législation récente des baux ruraux est pleine de suggestifs enseignements. Elle a en quelque conscience du péril consistant à faire, des fermiers en place, de nouveaux capitalistes, du fait de l'espèce de monopole qui résulte, à la fois, pour eux, de leur droit de renouvellement et de leur droit de préemption. Monopole qui accroît brusquement la valeur de leur droit au bail. Elle a donc voulu mettre celui-ci hors de commerce. C'est pourquoi elle l'a déclaré

13. V. notre *Manuel juridique des baux ruraux*, n°s 17, 82 et 83.
14. Comp. Ripert, *Aspects juridiques du capitalisme moderne*, n° 120.
15. V. la chronique que nous avons publiée sous ce titre au D.H. 1937, p. 61. *Adde* : Ripert, *Aspects juridiques du capitalisme moderne*, n°s 85, 89 et 90.

absolument incessible[16], afin d'éviter que les preneurs à bail fassent, de ce privilège, un moyen de spéculation, une source d'enrichissement injuste pesant sur leur successeur, et, par son intermédiaire, sur tous les consommateurs de produits agricoles. Mais cette incessibilité n'est qu'une disposition platonique. Un usage illégal, mais déjà solidement établi, montre l'impossibilité d'empêcher les fermiers de négocier leur droit de renouvellement, leur droit de préemption et, d'une façon générale, leur droit au bail. Ainsi, la législation nouvelle fait peser sur les produits de la terre la rente d'un nouveau capital, celui que le droit au bail est censé représenter. Ce capital, prélevé à titre de tribut sur le nouvel exploitant, s'ajoute à la charge du fermage, c'est-à-dire de la rente que prélevait déjà le propriétaire du fonds sur les produits agricoles du domaine.

Or, donner à ce nouveau capital droit de cité dans les institutions civiles est une particulière injustice sociale. Car la rente qu'il prélève ne s'appuie sur aucun service. L'ancien capital, celui du propriétaire de l'immeuble où est installé le fonds de commerce, celui de la terre et des bâtiments qu'exploite le fermier, correspond à une richesse durable, dont le propriétaire a aliéné la jouissance, richesse qui subsiste au profit de l'entreprise, et dont la clientèle, comme l'exploitant, tire bénéfice. Il reste donc normal que la jouissance de ces immobilisations soit rémunérée par ceux qui en profitent. Mais l'ancien fermier (dont toutes les améliorations ont déjà fait l'objet d'une indemnisation spéciale), mais l'ancien commerçant qui met son fonds en gérance libre, n'ont rien sacrifié de leur fortune, rien créé d'utile pour la clientèle de leur successeur. On ne peut considérer comme une épargne productive le fait d'avoir, simplement loué autrefois l'immeuble, ou acquis précédemment une clientèle. Ériger cela en capital, par des institutions civiles frustratoires, est du plus mauvais *capitalisme*.

Au péril de « capitalisation » des entreprises et des métiers, s'oppose le péril de leur « prolétarisation ». À l'inverse du précédent, il se réalise lorsque les entreprises et les métiers prétendent s'attribuer juridiquement les caractères et les avantages de simples salariés. Car, dans le louage de services, la condition juridique de prolétaire se manifeste, croyons-nous[17], par l'exemption juridique des risques, rejetés sur un patron ou sur la collectivité. Ce qui caractérise l'entrepreneur, c'est, au contraire, un capital risqué par lui dans son entreprise, c'est sa clientèle perdue par sa négligence, sa réputation à la merci de sa faillite, tandis que l'ouvrier ou l'employé, trop faible économiquement pour rien risquer, se fait donc garantir un salaire fixe, indépendant de la prospérité de l'entreprise et du profit tiré par elle de ses services. Or, bien des commerçants, bien des métayers, bien des artisans, n'entendent-ils pas aujourd'hui profiter d'une condition juridique aussi sûre ? Par une manifeste contradiction, ils veulent jouir, en tant que capitalistes, de tout le profit de leur entreprise, et bénéficier de toute la sécurité de simples salariés.

Dans l'industrie et le commerce, les chefs d'entreprise ne se font-ils pas maintenant garantir, par une coutume de droit positif, des marges bénéficiaires les préservant des risques et expliquant la quasi-disparition des faillites ? Car c'est

16. V. notre *Manuel juridique des baux ruraux*, n°s 17, 80, 93, 180.
17. V. nos notes D. P. 1923. 1. 5, D. P. 1924. 2. 73, et notre chronique : *Vers la socialisation du contrat de louage d'industrie*, D. H. 1934, p. 37.

presque à cela que se résume le contrôle des prix. Situation accentuée encore par l'existence des privilèges, dénoncés plus haut, libérant légalement de la concurrence tant de commerçants en place, et obligeant la clientèle à rémunérer indifféremment leurs services, bons ou mauvais. Quand ces commerçants se plaignent d'être, en quelque sorte, « fonctionnarisés » au service de l'État, n'est-ce pas la contre-partie normale d'avantages qu'eux-mêmes sollicitent ? Visant à exempter leur profit de tout risque, ne le rapprochent-ils pas, en quelque sorte, du traitement d'un fonctionnaire ?

Et, dans le secteur agricole, n'est-ce pas une équivoque analogue que le statut des baux ruraux fait peser sur la condition du métayer, en lui accordant la direction et les profits de l'exploitation, comme à un capitaliste, et en mettant, en même temps, une grande partie de ces risques sociaux à la charge du bailleur, comme si le métayer avait la condition d'un prolétaire salarié ?[18].

*

* *

C'est pourquoi l'on ne peut dire que les nouvelles institutions civiles aient créé, dans les *entreprises* et les *métiers*, un compromis définitif entre les conceptions capitalistes et bourgeoises du code et la prolétarisation vers laquelle s'oriente le droit présent. Ce qui reste sûr, c'est que toute l'évolution actuelle du droit civil tend à minimiser la vieille fortune acquise, dont le statut était la grande préoccupation de notre droit traditionnel. L'ensemble de nos institutions est traversé par un courant qui, valorisant, contre elle, le travail actuel, crée dans notre droit un climat nouveau. Tels sont les horizons devant lesquels il faut bien que se place le civiliste d'aujourd'hui.

Nourri d'un code empreint de conceptions maintenant qualifiées de capitalistes et de bourgeoises, il lui appartient de ne pas se laisser déborder par l'éclosion d'institutions nouvelles, qui peuvent, à la fois, porter en elles le meilleur et le pire.

18. V. notre *Manuel juridique des baux ruraux*, n°s 53 et 164.

LA RÉFORME DU CODE CIVIL*

1948

L. Julliot de La Morandière

Membre de l'Institut,
Doyen de la Faculté de droit de Paris

La pensée de réviser le Code civil n'est pas nouvelle. Napoléon lui-même devinait que l'expérience révélerait les imperfections de son œuvre et qu'il serait nécessaire de les corriger.

La première grande œuvre effective de révision est d'ailleurs celle, que la Hollande elle-même a entreprise. Le Code civil des Français avait été étendu à la Hollande le 1er mai 1809. Mais après 1814, on décida de le remplacer par un autre Code, qui fit l'objet d'une série de lois adoptées de 1822 à 1829. Toutefois, le Code nouveau, qui garde largement trace de l'influence du Code Napoléon, mais donne satisfaction aux aspirations nationales, ne devint obligatoire dans les Pays-Bas qu'en 1838, après la séparation qui fit de la Belgique de 1830 un État indépendant.

En France, dès 1837, Rossi signalait dans un mémoire présenté à l'Académie des sciences morales et politiques, que la société nouvelle ne se sentait plus complètement à l'aise dans les limites posées par nos Codes. On peut également signaler l'article publié en 1865 et en 1866 par Batbie et Duverger dans la *Revue critique de législation*. En 1866, Accollas proclame la nécessité de refondre l'ensemble de nos Codes, et notamment le Code Napoléon, au point de vue démocratique. Il réclame l'abolition de l'autorité maritale, de l'indissolubilité du mariage, de la puissance paternelle, des différences entre les enfants naturels et les enfants légitimes, la liberté d'association, la réfection du régime hypothécaire. Un comité, qui se tenait chez Jules Favre, chargeait également Hérold de proposer un plan de refonte du Code, contenant des dispositions sur la propriété littéraire et artistique, les brevets d'invention, les personnes morales, les assurances… D'autres essais sur la révision du Code civil parurent en 1873 sous la signature de Joubaire, en 1886 sous celle d'Ambroise Colin.

La mise en vigueur du Code civil allemand en 1900 et le centenaire du nôtre en 1904 furent l'occasion d'études sur ce sujet. Dans le *Livre du Centenaire*, MM. Larnaude, Pilon se prononçaient pour, Planiol et Gaudemet contre la promulgation d'un nouveau Code. Le ministre de la Justice nomma une commission extraordinaire pour préparer un avant-projet. Mais cette commission était beaucoup trop nombreuse, elle travailla dans une indifférence assez générale et ne termina pas ses travaux.

Après la guerre de 1914-1918, l'idée fut reprise d'une révision générale du Code, mais elle ne trouva pas encore d'écho favorable. Le Code civil français fut réintroduit dans les départements d'Alsace et de Lorraine par la loi du 1er juin 1924; seules quelques institutions du droit local furent maintenues en vigueur

* Cette chronique reproduit une conférence faite à La Haye le 8 mai dernier en présence de M. le ministre de la Justice et des représentants des Cours et des Universités des Pays-Bas.

dans ces départements. Ce maintien en vigueur devait être provisoire et dura dix ans; on espérait que, dans cet intervalle, il serait possible d'étudier la réforme générale du Code français et de tenir compte alors de l'expérience résultant du maintien de quelques institutions allemandes estimées *a priori* supérieures. Mais rien ne fut fait... et le provisoire, conservé jusqu'en 1939, dure encore.

Après la Libération, dès les derniers mois de 1944, l'Association Henri Capitant, sur l'initiative du bâtonnier Charpentier et de M. Niboyet, suggéra au garde des Sceaux d'entreprendre la révision du Code. Et M. de Menthon en fit adopter le principe par le Gouvernement provisoire de la République. Un décret du 7 juin 1945 institua auprès du ministère de la Justice une commission chargée de préparer cette révision générale.

I.

Pourquoi cette refonte ? Celle-ci est-elle nécessaire ou utile ?

Les arguments pour et contre ont été bien souvent exposés. Ceux que l'on peut présenter à l'heure actuelle sont encore ceux qu'échangeaient dans le *Livre du centenaire* partisans ou adversaires de la révision générale.

En faveur de la révision, les raisons invoquées peuvent être groupées sous deux chefs principaux, comme l'a fait M. le professeur E. Meijers, de l'Université de Leyde, dans la belle conférence qu'il a bien voulu nous faire l'honneur de prononcer à la Faculté de droit de Paris sur la réforme du Code civil néerlandais : des motifs d'ordre technique, des motifs d'ordre social.

Les motifs d'ordre technique, tout d'abord.

Notre Code a maintenant bientôt cent cinquante ans d'existence. Il est non seulement vieux, mais vieilli. Et en réalité, il n'est plus qu'en apparence le Code civil des Français. Quand il a paru, c'était un splendide monument, sobre de lignes, d'une noble ordonnance, logique, clair, complet. Il assurait l'unité législative de la France, faisait disparaître une multitude de législations locales, complexes, confuses, incertaines, dans lesquelles les particuliers non spécialistes ne pouvaient démêler leurs droits et leurs devoirs. Il offrait à tous un ensemble de règles simples, cohérentes, s'appliquant à tous les rapports des citoyens entre eux, fixant pour tous une ligne de conduite nette, facile à comprendre.

Mais le temps a passé, la société a évolué, mille besoins nouveaux sont apparus, la manière de vie des hommes s'est profondément modifiée, leurs intérêts multiples et divergents se sont fait jour en sens contraires. Qu'en est-il résulté ?

Le Code est toujours là; sur son fronton il est toujours écrit « Code civil ». En réalité, il est comme ces vieux palais qui, dans le quartier Saint-Germain, sont toujours en apparence le siège d'un ministère... Mais leur façade a été mutilée, déformée par mille réparations, leur intérieur a été bouleversé sans ordre et sans plan, et surtout les services du ministère ne peuvent plus s'y loger; il n'en reste que quelques-uns, les autres ont essaimé, à droite, à gauche, se sont logés dans d'autres rues, dans d'autres bâtiments, où le particulier doit aller les chercher, au risque de perdre son temps en démarches et en allées et venues.

Depuis 1804, des milliers et des milliers de lois ont été votées. Certaines ont été introduites dans le Code; mais elles sont souvent mal rédigées, et surtout elles ont été insérées dans le vieux Code sans en respecter l'harmonie et l'unité de conception; elles en ont détruit l'ordonnance. La plupart d'entre elles sont demeurées en dehors du Code, par exemple la loi du 23 mars 1855 sur la transcription en matière immobilière, la loi du 24 juillet 1889 sur la déchéance de la puissance paternelle, la loi du 13 juillet 1930 sur le contrat d'assurance, les innombrables lois et règlements sur les rapports des employeurs et des travailleurs. Il s'est édifié des bâtiments nouveaux, comme le Code rural, le Code du travail, qui tendent à acquérir leur autonomie et font sortir du Code une partie des rapports sociaux qu'il réglementait.

Au travail du législateur s'est ajouté celui de la jurisprudence et de la doctrine. Le Droit a dû suivre l'évolution des techniques et des mœurs; il a dû apporter sa solution à mille problèmes nouveaux. Toutes les lacunes du Code n'ont pas été comblées par le législateur; toutes ses obscurités n'ont pas été éclaircies par de nouveaux textes. Les juges ont dû statuer. Et l'on sait l'œuvre magnifique d'adaptation faite par la jurisprudence française. Mais les éloges que l'on peut adresser à cette œuvre ne peuvent masquer la réalité. Nos textes ne traduisent plus aujourd'hui la vérité de notre droit civil. Qui se contenterait de les lire ne connaîtrait pas cette vérité. Il lui faut étudier la jurisprudence à laquelle a donné lieu chacun d'eux. Sur notre droit écrit s'est greffé un droit coutumier, avec les défauts de celui-ci, sa complexité, son manque de précision, son obscurité pour les non initiés. Le particulier qui se fie au Code pour agir, risque de se mettre en contradiction avec le droit, en fait appliqué. Pour se renseigner, il faut manier nos recueils abondant de jurisprudence, connaître les derniers arrêts, et encore... est-on sûr que les tribunaux jugeront demain comme ils ont jugé hier ? Ai-je besoin de donner des exemples ? Il y en a de fameux. Notre Code interdit en principe la stipulation pour autrui (art. 1119); nos tribunaux, par une interprétation habile des exceptions limitées que le texte prévoyait, la valide pratiquement dans tous les cas. Le Code exige dans l'art. 1382 la preuve de la faute de l'auteur du dommage pour que soit mise en jeu sa responsabilité; on sait comment, par une interprétation, subtile et remarquable, de l'art. 1384, nos tribunaux, depuis la fin du XIXe siècle, ont généralisé les présomptions de faute et dispensé la victime de prouver la faute dans tous les accidents où intervient une chose ou un animal dont on a la garde. Jurisprudence bienfaisante, mais qui applique le Code dans un sens contraire, ou presque, à celui que ses auteurs avaient envisagé.

Il est nécessaire, au point de vue technique, de remettre de l'ordre dans cette complexité, d'accorder la loi et le droit appliqué. Pour que les citoyens s'y reconnaissent, pour redonner stabilité et sécurité à leurs rapports, il faut mettre bas ces vieilles constructions, les annexes intempestives, il faut reconstruire un Code civil, clair, aéré, moderne.

Et l'on ajoute que le rayonnement français est à ce prix. La France est vraiment le pays des juristes de droit civil. C'est la simplicité, la clarté, l'harmonie du Code français qui au début du XIXe siècle a fait son succès, assuré son influence dans le monde. Ce rayonnement s'est affaibli, parce que les Français n'ont pas eu le courage de renouveler leur Code. Les étrangers, moins encore que nos concitoyens, ne peuvent se reconnaître dans la complexité de nos lois et de nos arrêts. L'influence juridique française se heurte au succès de codifications étrangères plus récentes, plus modernes, plus accessibles.

À ces arguments, avec Planiol, Gaudemet, l'on essaie, aujourd'hui encore, de répondre. On ne nie pas qu'il soit nécessaire d'apporter à notre Code quelques retouches de détail, pour harmoniser les atteintes portées parfois imprudemment et sans plan au Code, pour accorder certains textes avec les solutions acquises en jurisprudence. Mais les défauts de plan ne sont pas graves dans une œuvre pratique. Un vieux palais garde son charme et sa solidité malgré quelques raccords ou quelques mutilations baroques apportées à sa façade. Une réfection d'ensemble est inutile; il est surtout inutile d'envisager l'abrogation du vieux Code et son remplacement par un Code nouveau. Inutile et dangereux. La simplification obtenue ne sera qu'apparente et temporaire : la société est en perpétuelle évolution; dès le lendemain de la promulgation du Code revisé, on commencera à publier de nouvelles lois et la jurisprudence entreprendra à nouveau son œuvre d'adaptation. Conservons le vieux bâtiment, auquel notre public, nos citoyens, nos praticiens, nos juges, nos avocats sont habitués... La promulgation d'un nouveau Code créera de l'incertitude, par le bouleversement qu'elle apportera dans notre pratique. Il faudra attendre des années pour que s'épuisent les controverses d'interprétation.

Il est possible que la rédaction d'un Code produise quelque effet à l'étranger. Mais sommes-nous certains de faire mieux que notre vieux monument qui garde du prestige et qui a permis la naissance d'une doctrine et d'une jurisprudence, dont l'autorité s'étend bien au-delà de nos frontières.

Mais les partisans de la révision adressent au Code civil des critiques plus graves, invoquent des motifs plus profonds; ils s'attaquent à ses fondements mêmes. Le Code, disent-ils, repose sur des *conceptions sociales périmées*. Il est mauvais de le conserver, car il gêne le progrès social, il le contredit. Le Code civil, dit-on, fut le code de la bourgeoisie, de la bourgeoisie qui prit la tête de la Révolution de 1789 mais en confisqua les résultats à son profit. Il a pour base des principes qu'elle considérait comme des dogmes. D'une part, le libéralisme et l'individualisme politiques et économiques; d'autre part, l'autorité et la conservation des biens dans la famille. Dans le domaine économique, le plan du Code repose sur les postulats libéraux et individualistes : toutes les règles sont promulguées en fonction de l'individu (sans qu'il soit question, si ce n'est par allusion, des personnes collectives) et de la propriété individuelle. On proclame la souveraineté du propriétaire et aussi la liberté quasi absolue des contractants, cette liberté n'ayant pour contrepoids que la responsabilité individuelle en cas d'atteinte portée au droit d'autrui. Par contre, sur le plan familial, le Code restaure l'autorité, ébranlée par la Révolution, du père à l'égard des enfants, du mari à l'égard de la femme; et si l'on proscrit les institutions aristocratiques, telles que le droit d'aînesse et les substitutions, on se préoccupe dans l'organisation de la tutelle, du contrat de mariage, de la protection de la fortune immobilière, de la conservation des biens immeubles dans la famille.

Si de nombreuses lois sont intervenues, si des codes nouveaux comme le Code du travail ont été promulgués, si la jurisprudence, par son interprétation a complété et souvent corrigé les solutions du Code, c'est qu'une évolution profonde s'est accomplie. Non seulement ce que l'on est convenu d'appeler la révolution industrielle a amené la transformation des fortunes, accordé aux biens mobiliers une importance ignorée en 1804, mais les abus du libéralisme et du capitalisme, qui en ont été la conséquence, ont favorisé le développement d'idées sociales, socialistes. Sur le terrain économique, l'État a été appelé à sortir du rôle où l'on voulait le confiner, de soldat ou de gendarme, pour essayer de diriger l'économie; il est de plus en plus intervenu dans la production et la répartition des richesses, limitant l'exercice du droit de propriété, contrôlant la liberté contractuelle en vue d'assurer plus de justice sociale. Les faibles, écrasés par les forts, se sont groupés. Les personnes juridiques, les personnes collectives ont pris de plus en plus d'importance. Dans le domaine familial, par contre, la vie moderne, en favorisant les déplacements individuels, en substituant le travail dans les grandes usines au travail domestique et artisanal, a compromis la cohésion familiale telle que la concevait le Code civil, rendu nécessaire l'émancipation de la femme mariée, la protection de l'enfance, entraîné des modifications profondes dans les relations entre parents et enfants, et entre époux. L'État, là aussi, a dû intervenir pour la protection des intérêts généraux.

De façon générale, le Droit se socialise. On tend à effacer les différences traditionnelles entre le Droit public et le Droit privé et à admettre que, lorsque l'homme agit, même à l'égard d'un simple particulier, son acte n'est pas indifférent à la société, bien au contraire, il remplit là encore une fonction sociale, ce qui donne à l'État, représentant les intérêts généraux, le droit et le devoir d'intervenir pour contrôler l'acte accompli, ses buts, et en diriger les conséquences. La responsabilité elle-même se transforme : à son fondement ancien, la faute individuelle, on tend à substituer d'autres fondements plus sociaux, le risque objectif, on tend même à remplacer la responsabilité individuelle par un système de garantie collective, de sécurité sociale.

La jurisprudence, la loi ont enregistré cette évolution. C'est pourquoi, à côté du Code, vieux bâtiment aux fondements désuets, on a dû édifier d'autres édifices, construire d'autres théories, adopter des solutions plus modernes, plus justes, plus conformes aux nécessités actuelles. Mais cette évolution nécessaire, inspirée par les faits, n'a pu se faire que malgré le Code, contre lui. Celui-ci est en fait ruiné par elle. Il importe donc de le remplacer. Il ne s'agit pas d'une mise au point, mais de l'adoption d'un nouveau Code adapté aux besoins et aux aspirations d'une société moderne, utilisant les nouvelles techniques de l'électricité, de l'avion, de la désintégration de l'atome, d'une société dans laquelle les progrès des sciences sociales dans le domaine de l'observation et de la statistique ont rendu possible une action efficace sur l'économie, dans laquelle les progrès des sciences biologiques ont permis un accroissement considérable de la population et une prolongation constante de la vie humaine.

Évidemment, contre ces arguments et la conclusion que l'on en tire, bien des résistances se font jour. Tous n'admettent pas le bien-fondé et même la réalité de l'évolution ainsi présentée. L'on ne peut nier l'emprise de l'État et le progrès de la socialisation, mais beaucoup ne veulent y voir que des phénomènes temporaires, nés des guerres. Ne touchez pas, dira-t-on, au Code civil; ses fondements ont assuré les immenses progrès faits au cours du XIXe siècle. Il n'est pas vrai que les principes qu'il proclame soient périmés. En le faisant disparaître, vous risquez d'ébranler notre société jusque dans ses bases les plus solides et d'amener un écroulement de notre civilisation.

D'autres, partisans du socialisme, diront que le moment n'est pas venu de faire un nouveau Code. Un code se promulgue, non au début d'une révolution mais à la fin, pour en consolider les conquêtes. Promulguer un code civil aujourd'hui, c'est risquer d'arrêter l'évolution, de la figer avant qu'elle ait donné tous ses fruits.

En face de ces mouvements contradictoires, notre Gouvernement a pensé que, tout bien pesé, l'heure était venue de refaire le Code civil. Il est certain, d'une part, que notre vieux Code ne correspond plus à notre vrai droit civil, qu'il y a une œuvre de mise au point importante à faire. Il est certain aussi que l'évolution sociale a amené une transformation dans les conceptions traditionnelles de la famille, de la propriété, des contrats, et que les textes du Code sont en contradiction avec les principes inspirant beaucoup de lois spéciales, promulguées récemment. Il faut chercher à refaire un tout harmonieux permettant à la France meurtrie d'assurer sa renaissance sur des bases solides et modernes. Et c'est ainsi que notre Gouvernement, après la Libération, décida de faire préparer un projet de Code civil nouveau, en même temps d'ailleurs qu'il décidait de préparer un nouveau projet de Code de commerce et de reprendre l'étude des propositions de réformes du Code de procédure civile, du Code pénal et du Code d'instruction criminelle.

Quelle méthode a-t-on choisie ? Quel plan de travail a-t-on adopté ?

II.

C'est le 7 juin 1945 que M. Teitgen, garde des Sceaux, reprenant le projet de son prédécesseur M. de Menthon, fit prendre par le général de Gaulle, chef du Gouvernement provisoire, un décret portant création d'une commission de réforme du Code civil.

C'est donc à une commission qu'a été confiée cette tâche. Le système suivi contraste avec celui que le Gouvernement néerlandais a adopté, puisque celui-ci a chargé une seule personne, M. le professeur E. M. Meijers, dont la science et l'autorité personnelle sont reconnues de tous, de rédiger l'avant-projet du nouveau Code hollandais. La Hollande a suivi ainsi des exemples célèbres, notamment celui du Chili chargeant Andres Bello, au début du XIXe siècle, de la rédaction du Code de ce pays, celui de la Suisse avec le professeur Huber, celui du Liban s'adressant au professeur Josserand pour son code des obligations. En France, à vrai dire, la question n'a pas été discutée. Le recours à une commission est, pour ainsi dire, instinctif et traditionnel. C'est une commission à qui le Premier Consul demanda de préparer l'avant-projet du Code civil ; c'est une commission qui fut réunie en 1900 pour étudier la révision du Code. Le procédé peut se défendre. Il risque de donner moins d'unité aux textes présentés ; mais peut-être offre-t-il la garantie que les problèmes ne seront pas envisagés unilatéralement. Quoi qu'il en soit, deux observations doivent être faites.

Notre commission, tout d'abord, est beaucoup moins nombreuse que celle qui fut constituée en 1900. Celle-ci comprenait, outre des techniciens, magistrats, avocats, professeurs, des parlementaires, des représentants du monde économique, des littérateurs. Mais l'expérience ne fut pas heureuse. La commission se perdit dans de longues et oiseuses discussions et n'aboutit pas.

Aussi, en 1945, s'est-on prononcé pour une commission restreinte, moins restreinte cependant que celle de 1804, qui ne comprenait que quatre noms glorieux. Nous sommes douze.

Il faut souligner, en second lieu, que tous nos membres sont des techniciens choisis au sein des professions juridiques : trois conseillers d'État, trois hauts magistrats, trois professeurs de droit, un avocat, un avocat à la Cour de cassation, un notaire. On a pensé, en s'adressant à des spécialistes du droit, d'une part que le travail de rédaction serait techniquement mieux et plus rapidement fait, d'autre part que l'unité de vues serait plus facile à réaliser. Un secrétariat a été constitué, comprenant à sa tête un professeur des Facultés de droit, deux magistrats et un avocat.

La *méthode de travail choisie* vise à la simplicité et à la rapidité. Les membres de la commission ont été répartis en quatre sous-commissions : Partie générale, Personnes et famille, Obligations, Biens. Les avant-projets sont préparés et les rapports présentés à une sous-commission par un de ses membres, un membre du secrétariat ou telle personnalité étrangère, spécialiste, à laquelle la commission peut toujours faire appel. Les textes, adoptés en sous-commission, sont ensuite soumis à la commission plénière, qui se réunit en principe tous les quinze jours.

Nos travaux n'ont pas cependant pris le rythme accéléré que nous espérions. Ils se sont heurtés à de grosses difficultés, qu'il était d'ailleurs facile de pressentir. Ces difficultés sont, comme nous l'a fait remarquer M. Meijers dans sa conférence parisienne, de deux ordres, technique d'une part, politique et social d'autre part, comme l'étaient les critiques faites au Code civil par les partisans de sa révision.

Elles se sont présentées devant notre commission dès le premier jour, lors de la séance d'ouverture devant le garde des Sceaux. Elles ont été mises en relief par les deux rapports préliminaires, de notre premier secrétaire général, le professeur Coste-Floret, sur le Code civil et les codifications étrangères, et d'un de nos secrétaires, M. Mallet, sur le Code civil et la Doctrine.

Nous nous sommes immédiatement demandé quel *plan* nous adopterions pour notre nouveau Code. Mais ce plan doit être fonction des conceptions que nous mettrons à la base du Droit civil. Laisserons-nous leur place prépondérante à la personne individu, à la propriété individuelle, à la liberté contractuelle ? Ne devrons-nous pas, au contraire, placer au premier plan la notion de fonction sociale, l'organisation de la propriété collective, le principe de la direction par l'État ou les organes corporatifs des rapports à caractère collectif, au concept du contrat substituer celui de l'entreprise dans les rapports des employeurs et des travailleurs ?

Il était évident que la solution de ces questions fondamentales ne dépendait pas de nous... principalement. C'est aux personnes responsables de la conduite du pays, au Parlement et au Gouvernement, à décider en ces matières. Plus particulièrement, puisque c'est le Gouvernement, le ministre de la Justice, qui prend l'initiative de préparer une refonte de notre législation civile, c'est à lui de dire aux techniciens sur quelles bases cette législation doit être préparée, quelles conceptions de la famille, de la propriété, des échanges, il compte défendre devant le Parlement. Sans doute, nous, membres de la commission, nous ne devons pas restreindre notre rôle et nous considérer comme de purs exécutants de la volonté gouvernementale, nous devons en être les conseillers, nous ne devons pas abdiquer nos propres conceptions et il nous appartient, nous appuyant sur notre expérience, de présenter des suggestions. Toutefois nous ferions œuvre vaine si nous établissions un Code sur des bases politiques et sociales opposées aux vues du Gouvernement ; notre avant-projet ne serait pas retenu. Nous n'avons chance d'aboutir que si nous nous tenons en liaison constante avec les autorités responsables et connaissons les directions dans lesquelles ils souhaitent nous voir nous orienter.

Aussi, dès la séance d'ouverture, avons-nous demandé au garde des Sceaux qui nous faisait l'honneur de la présider, quel était sur les problèmes sociaux fondamentaux le point de vue gouvernemental. La réponse n'a pas été très nette. Et depuis ce moment, nous n'avons pas reçu davantage de précisions. Le Gouvernement respecte notre indépendance, il nous laisse travailler en paix. Sans doute attend-on de nous un Code nouveau, tenant largement compte de l'évolution, de ce que l'on a pu appeler la socialisation du Droit. Mais jusqu'où devons-nous pousser cette socialisation ? On ne nous l'a pas dit et on nous fait confiance.

Et, entre nous, nous n'avons pas encore osé traiter à fond ce problème. Nous avons commencé nos travaux dans l'atmosphère créée par la Libération, alors que le Parlement paraissait s'engager nettement dans une voie socialiste en votant des lois sur les nationalisations, sur les comités d'entreprises, sur le statut du fermage, alors que l'économie dirigée inspirait une réglementation chaque jour plus étroite. Mais ce mouvement devait-il s'accentuer ou au contraire être temporaire et suivi d'un retour à plus de libéralisme ? Quelle forme devait prendre dans l'avenir l'influence collective, à forme syndicale, corporative, étatique ? La réponse à ces questions était impossible à donner. Aussi avons-nous décidé d'attendre. On ne nous a pas fixé de délai pour aboutir. Peut-être a-t-on bien fait. Il ne faut pas se hâter, mais laisser se décanter le bouillonnement de faits et d'idées qui a suivi la grande crise de la guerre. Nous avons décidé de renvoyer à plus tard l'examen des questions, cependant essentielles, impliquant des réformes de structure et de commencer par l'étude des parties du droit civil ne soulevant que des problèmes de mise au point et de technique. C'est pourquoi l'œuvre accomplie par notre commission peut apparaître comme étant jusqu'ici un peu fragmentaire et décousue.

Et cependant, même ainsi restreinte pour le moment, elle ne se poursuit pas sans heurts et sans difficultés. Il est difficile de séparer le technique du social. Telle question, qui au premier aspect paraît être de pure mise au point, suppose, pour être résolue, que l'on prenne parti sur un problème fondamental. Et, au sein même de notre commission, des divergences apparaissent, car nos tendances politiques et sociales ne sont pas identiques. Même au point de vue technique, nous sommes loin d'être toujours du même avis. Nous appartenons tous aux professions juridiques, mais certains ont l'esprit synthétique et s'inspirent de tendances théoriques, les autres ont des vues plus pratiques, plus analytiques : les premiers d'ailleurs ne sont pas toujours les professeurs et les seconds les magistrats, comme on pourrait le penser. Ajoutons que parmi nos membres, les uns sont des conseillers d'État, habitués à se mouvoir sur le terrain du droit public ; les autres, la plupart, raisonnent en familiers du droit privé. Nos tendances se heurtent, et la majorité n'est souvent acquise qu'au prix de concessions réciproques.

Je ne puis, dans le cadre de cette conférence, vous dire par le menu toutes les controverses qui nous ont opposés, toutes les solutions que nous avons jusqu'ici adoptées. Je me contenterai de dégager les résultats essentiels de l'œuvre accomplie, marquant les points principaux sur lesquels nos discussions ont été les plus vives, indiquant pour conclure le chemin qu'il nous reste à parcourir. Aussi bien le Gouvernement a-t-il décidé de publier le compte rendu de nos travaux[1].

III.

C'est de la sous-commission *Personnes et famille* que sont sortis jusqu'ici les projets les plus nombreux. C'est que sur ces questions les membres de la commission ont des vues peu divergentes : ces questions d'ailleurs n'opposent pas les uns aux autres, comme les problèmes économiques, les partis politiques. Tous reconnaissent la nécessité de la famille et le maintien des bases fondamentales sur lesquelles elle repose dans notre civilisation : le mariage, l'autorité paternelle, la tutelle. Les difficultés que je signalais tout à l'heure apparaissent donc ici moins redoutables, bien que de temps en temps elles se manifestent.

Notre commission n'a d'ailleurs pas travaillé dans un ordre logique. Les circonstances l'ont amenée à s'occuper d'abord de certaines questions spéciales : la tutelle, l'adoption, l'absence, les actes de naissance de certaines catégories d'individus. C'est que la constitution de la commission n'a pas arrêté l'activité législative de la France : le Gouvernement, le Parlement, mettent à leur ordre du jour certaines réformes de détail. La commission doit être tenue au courant, et souvent on lui demande son avis.

Ainsi fonctionne au ministère de la Justice une autre commission, chargée d'achever l'unification législative entre les départements d'Alsace et Lorraine recouvrés de l'Allemagne et les autres départements français. Sur l'initiative de cette commission nous avons été saisis d'un projet de réforme de la tutelle, que nous avons étudié en accord avec elle. Nous avons d'ailleurs proposé de conserver dans notre Code et d'étendre aux départements recouvrés le système français qui fait reposer la protection du pupille sur la famille et non sur un juge spécialisé ; mais les textes par nous adoptés, d'une part simplifient grandement les formalités longues et coûteuses prévues par le Code Napoléon, d'autre part tendent à donner plus d'efficacité à la protection du pupille, en renforçant le contrôle du juge de paix et du subrogé tuteur.

Notre commission a ensuite, à la demande du Gouvernement, étudié la réforme des textes sur l'adoption. Le grand nombre d'orphelins de guerre, l'augmentation générale de la natalité, la politique suivie pour la protection de l'enfance ont amené le droit français dans ces toutes dernières années à réviser les

1. *Travaux de la commission de réforme du Code civil*, t. 1er paru (année 1945-1946), Librairie du *Recueil Sirey*. Le tome 2 est sous presse.

textes sur l'adoption. Cette institution est maintenant assez largement pratiquée dans notre droit. Les textes actuels du Code datant de 1923, 1939 et de 1944, il ne pouvait être question de les bouleverser : seules des retouches de détail ont été apportées en vue de faciliter l'adoption principalement des enfants du premier âge.

Nous avons ensuite mis au point quelques projets de détail, urgents en raison des problèmes soulevés par la guerre, sur l'absence, les personnes disparues, les actes de naissance des enfants abandonnés ou adoptés.

Mais surtout la commission a adopté de nouveaux textes concernant le mariage. Il ne s'est agi et il ne pouvait s'agir que d'une mise au point. Ainsi nous avons comblé une lacune du Code en consacrant les solutions de notre jurisprudence en matière de rupture de fiançailles; nous avons simplifié encore les formalités de célébration, notamment de publication, et supprimé les dispositions périmées et peu usitées sur les oppositions; nous avons donné de nouvelles précisions en matière de nullité, conféré l'autorité absolue aux jugements en cette matière, complété les règles du Code sur les effets du mariage putatif.

Sur tous ces points l'entente fut facile. Des divergences plus grandes sont apparues sur deux points.

La commission d'union législative avec l'Alsace-Lorraine nous avait saisis d'un projet tendant à introduire dans le droit civil français la disposition du droit local d'après laquelle la filiation adultérine et incestueuse peut être légalement établie par voie de reconnaissance ou d'action en justice, mais ne confère à l'enfant que le droit à des aliments. La sous-commission avait donné, sous certaines réserves, un avis favorable. Mais la commission plénière a été d'un autre avis. Beaucoup de ses membres ont estimé qu'il y aurait là une atteinte portée à la dignité du mariage et de la famille légitime. En tout cas, l'examen de la question a été ajourné jusqu'au moment où la commission étudiera dans son ensemble le problème de la filiation. Déjà se sont heurtés ceux qui sont partisans de règles strictes défendant le mariage et les enfants légitimes et ceux qui voudraient une législation plus humaine, plus pitoyable à l'égard de l'enfant.

Des heurts du même genre se sont produits à propos de l'étude des textes sur le divorce. Tous les membres de la commission sont d'accord pour admettre que le divorce est un mal funeste à la famille, et qu'il faut essayer d'enrayer la progression, inquiétante dès avant la guerre, du nombre des divorces. Mais les moyens à employer pour atteindre ce but diffèrent selon les opinions. La sous-commission avait pensé qu'il faudrait s'adresser pour ces procès non au tribunal civil, mais à un juge spécialisé, qui pourrait être le juge des enfants, dont la compétence serait étendue aux questions familiales; elle avait pensé aussi que, pour éviter la multiplication des jugements d'accord, où les conjoints, de complicité avec leurs conseils, inventent de faux motifs de divorce, il valait mieux rétablir le divorce par consentement mutuel, sous certaines conditions. Ces innovations ont effrayé la majorité de la commission, qui a craint que l'opinion publique n'y voie un encouragement au divorce. Elle s'est contentée d'adopter quelques réformes de détail donnant au tribunal des pouvoirs plus étendus dans la recherche des preuves.

La sous-commission chargée de l'étude des *Biens* a d'abord été saisie d'un projet de la commission d'Alsace et Lorraine tendant à réformer le régime de publicité foncière. Dans les territoires recouvrés, le livre foncier serait supprimé, de même que l'institution du juge foncier. Le système français de la conservation des hypothèques serait introduit, mais perfectionné à l'aide de certaines institutions de droit local. La commission de réforme du Code civil a estimé ces solutions prématurées. Il est douteux qu'en Alsace et Lorraine la suppression du livre foncier soit bien accueillie. Dans le reste de la France, beaucoup de compétences demandent la révision de notre régime. Une étude plus approfondie a paru nécessaire.

La sous-commission des Biens n'est parvenue à faire adopter par la commission plénière que certains textes sur la distinction des biens et la possession. Trois points méritent ici d'être soulignés, qui touchent avant tout à la technique : 1° la suppression de la catégorie dite des immeubles par destination ; 2° les précisions apportées à la notion de domaine public ; 3° l'extension de la notion de possession, que l'on déclare applicable non seulement aux choses corporelles, mais aussi aux biens incorporels, aux droits.

La sous-commission des *Obligations* s'est occupée de projets accessoires, tels que la responsabilité du locataire en cas d'incendie, ou l'assurance obligatoire contre les accidents. Surtout elle avait entrepris la refonte des textes sur les contrats et obligations, mais très vite elle a été entravée dans sa tâche par une divergence d'opinions qui l'a opposée à la sous-commission *Partie générale*. Celle-ci a été chargée de préparer des textes contenant une théorie générale de la loi : promulgation et publication des lois et règlements (le projet est prêt, mais n'a pas encore été discuté en réunion plénière), application de la loi, rôle du juge ; domaine de la loi, conflits de lois dans l'espace et dans le temps. Le professeur Niboyet vient de lui présenter un projet préliminaire sur les conflits de lois dans l'espace.

Mais, dès l'ouverture de nos débats, s'est posée la question de savoir si la Partie générale ne devrait pas contenir également des textes de principe dominant toute la matière du Code civil, sur les personnes sujets de droit, sur les biens, sur les droits ou sur les situations juridiques, les modes d'acquisition ou d'extinction des droits. Certains codes plus récents que le nôtre contiennent une partie générale ainsi comprise ; celle du Code allemand est célèbre, et son exemple a été suivi par le Code brésilien.

Dès nos premières séances, certains de nos membres, composant précisément la sous-commission *Partie générale*, ont défendu ce point de vue. Tout d'abord, cela leur paraît la seule méthode scientifique. Il y a certaines règles qui dominent l'ensemble ou une partie importante des solutions du Code ; ces règles, à l'heure actuelle, on les trouve éparses ou posées à propos de certaines situations juridiques, on les étend par analogie à d'autres cas. Il est plus scientifique et aussi plus logique et plus pratique de les grouper au début du Code. Ainsi il y a des règles générales sur l'acte juridique qui s'appliquent non seulement aux contrats matrimoniaux, mais aux actes du droit de famille, au mariage, à l'adoption et aussi aux actes à cause de mort, aux testaments ; il y a des règles générales s'appliquant à toutes les prescriptions acquisitives ou extinctives, à tous les délais, à toutes les nullités.

Une seconde raison a été invoquée. C'est qu'une telle partie générale sera fort utile pour le développement du droit public aussi bien que du droit privé. Le droit public évolue certes dans un cadre qui lui est propre. Les juridictions administratives, et principalement le Conseil d'État, chargées de veiller à son application, ne se considèrent pas comme liées par les textes du Code civil, applicables aux rapports entre particuliers. Et cependant les règles du droit civil ne manquent pas d'influence sur l'évolution du droit public. Il en est surtout ainsi lorsque ces règles se présentent comme des formules de portée générale. Après tout, il n'y a pas de fossé entre droit public et droit privé : de grandes notions leur sont communes. N'y aurait-il pas intérêt à insérer dans le Code civil une partie générale sur l'acte juridique, sur les nullités, sur la prescription ? Il est certain que des textes de cette nature, précisant des notions restées vagues en doctrine, auraient une grosse action sur le juge administratif, domineraient les deux disciplines et serviraient à leur rapprochement. Ceci paraît d'autant plus utile qu'avec les nationalisations actuelles les frontières sont de plus en plus difficiles à tracer entre les deux domaines.

À ces arguments, il a été répondu qu'un code n'était ni un cours de droit, ni un livre de science, mais une œuvre pratique devant offrir des solutions aussi concrètes que possible ; que l'exemple du Code allemand n'était pas à suivre, qu'au Brésil on songeait à amputer le Code de sa Partie générale, inutile et même dangereuse, car les formules et les définitions théoriques, par leur vaste portée insoupçonnée de ses auteurs, gênaient souvent le juge ; qu'en réalité, la réglementation des actes juridiques était pratiquement bien différente en matière familiale et en matière économique, en droit public et en droit privé.

La commission, cependant, a hésité et a finalement adopté une solution transactionnelle. Il n'y aura pas dans le Code une Partie générale développée. Toutefois un livre ou un chapitre sera consacré à l'acte juridique et à sa réglementation. La grande majorité d'entre nous, même des praticiens, ont été influencés par l'appel des conseillers d'État et séduits par l'argument tiré de la nécessité de donner un guide commun au droit public et au droit privé. Mais notre examen actuel des textes montre la difficulté d'aboutir dans cette voie.

IV.

Tel est l'essentiel de ce que nous avons fait. Nous avons encore beaucoup de chemin à parcourir pour arriver au but. De graves questions restent à trancher.

Nous avons déjà abordé l'une d'elles. Elle intéresse à la fois la sous-commission Famille et la sous-commission Biens, qui se sont réunies pour en préparer la solution. C'est celle du régime matrimonial, et principalement du statut à donner à la femme mariée. Notre Constitution proclame l'égalité de droits de l'homme et de la femme. Les femmes ont obtenu depuis la Libération l'égalité politique ; elles mêlent désormais leurs bulletins de vote à celui des hommes. Mais certaines d'entre elles prétendent qu'elles n'ont pas l'égalité civile. Certes, la loi du 18 février 1938 a fait disparaître la puissance maritale et la vieille incapacité de la femme mariée. Toutefois le régime matrimonial de droit commun reste celui de la communauté, régime dans lequel le mari, chef de la communauté, a un pouvoir de disposition presque absolu sur les biens communs et l'administration du patrimoine propre de sa femme. Certes encore, une loi du 13 juillet 1907 a donné à la femme qui exerce une profession la libre disposition des biens provenant de l'exercice de cette profession. En 1942, une autre loi a sur certains points encore élargi les droits de la femme. Le moment n'est-il pas venu d'aller plus loin et de remplacer le vieux régime de communauté par un régime laissant à chacun des époux la liberté d'agir seul durant le mariage sur les biens qu'il possède ou acquiert, quitte à prévoir lors de la dissolution du régime un partage des acquêts ? Mais les tenants du vieux régime de communauté conservent leur foi en ce régime, au nom des traditions françaises, au nom de la cohésion de la famille. L'opinion publique, jusqu'ici assez indifférente, paraît cependant s'émouvoir et réclamer un régime tenant davantage compte de l'émancipation moderne de la femme, un régime plus simple aussi, éliminant les formalités bureaucratiques qui ne profitent en fin de compte qu'aux hommes d'affaires. Nous n'avons pas encore pris parti, et je ne puis dire en quel sens sera notre conclusion.

D'autres problèmes, plus importants encore, ont été réservés.

Comment définirons-nous la propriété ? Notre nouvelle Constitution se réfère à la Déclaration des Droits de l'homme, d'après laquelle le droit de propriété est inviolable et sacré... mais elle proclame aussi dans son préambule que « tout bien, toute entreprise dont l'exploitation a ou acquiert les caractères d'un service public national ou d'un monopole de fait, doit devenir la propriété de la collectivité ». Quelles conséquences tirer de ce texte ? Ne pourrait-on pas en déduire la suppression de la propriété privée, puisque, par définition, la propriété sur un bien consiste précisément dans un monopole d'exploitation. Notre Constitution manque donc, pour le moins, sur ce point, de précision. Le problème demeure pour nous : jusqu'où doivent aller dans l'intérêt social les limitations au droit de propriété ? La question est d'importance. Il faudra que nous lui donnions une solution.

Elle se pose même, de façon plus générale, à propos de tous les droits. L'évolution des mœurs et des idées ne doit-elle pas nous conduire à abandonner la notion même de droits subjectifs, considérés comme des pouvoirs d'agir attribués à l'individu pour la satisfaction de ses propres intérêts et plus ou moins inhérents à sa nature d'homme ? Ne faut-il pas considérer que les prétendus « droits » ne sont que des « fonctions sociales », définies par le Droit objectif en raison des intérêts généraux et limitées nécessairement par le but social qui leur sert de fondement ? Cette conception est très largement admise dans le droit de famille; les prérogatives attribuées au mari, au père, au tuteur sont reconnues comme dérivant de fonctions familiales, qui comportent autant de devoirs que de droits. Ainsi l'art. 213 du Code civil, modifié par la loi du 22 sept. 1942, dit expressément, en parlant de la qualité de chef de famille reconnue au mari, qu'il s'agit là d'une « fonction » que celui-ci « exerce dans l'intérêt commun du ménage et des enfants ».

Cette notion ne doit-elle pas être étendue au Droit économique ? La propriété, l'usufruit, les droits du créancier, de l'associé, etc., ne doivent-ils pas être traités et réglementés comme des fonctions sociales ? Mais une pareille conception offre des dangers. Nier le droit subjectif, n'est-ce pas méconnaître la valeur de l'individu en tant que sujet de droit, n'est-ce pas contraire à la préoccupation essentielle de notre civilisation, de notre Constitution, à la préoccupation de conserver sa place et sa dignité à l'homme et à ses facultés individuelles essentielles ? N'est-ce pas favoriser le développement de régimes totalitaires aboutissant à l'écrasement de l'individu par l'État ? La vérité paraît aux membres de notre commission, au moins à la majorité d'entre eux, se situer dans un équilibre, dans un juste milieu. Je crois que nous ne nous laisserons pas entraîner à adopter des formules dangereuses ; que, sans en bouleverser le fondement, nous conserverons les droits dans leur aspect subjectif traditionnel, tout en nous efforçant de les réglementer dans un esprit social. Le difficile est toutefois de traduire en textes précis cet équilibre souhaité.

Il en est de même pour les limitations à reconnaître à la liberté contractuelle. Dans quelle mesure les expériences interventionnistes, faites sous l'influence des théories d'économie dirigée, doivent-elles nous amener à la réforme des règles du Code civil ? En particulier, il est un point qui nous préoccupe. Certains rapports juridiques, dans lesquels le législateur est intervenu de façon étroite, doivent-ils apparaître encore dans le nouveau Code comme régis par le contrat ? N'est-il pas contraire à la vérité juridique de dire que les rapports entre propriétaires de locaux d'habitation et locataires sont régis par le contrat de louage, alors qu'impérativement sont réglés et le prix de la location et sa durée et les conditions du bail, que le propriétaire ne peut obtenir l'expulsion des locataires même à l'expiration de la location ? Ne peut-on pas en dire autant des rapports entre propriétaires de terres et cultivateurs ? Les lois récentes du fermage ne tendent-elles pas à donner un statut impératif à cette situation juridique ? Peut-on encore parler de contrat de travail, alors que tout dans les rapports entre employeurs et travailleurs est régi par la loi, les arrêtés ou les conventions collectives ?

Mais quelles notions mettre à la place de l'idée de contrat ? Peut-on reconnaître au locataire un droit réel sur les choses ? Doit-on décider que son statut prend naissance du fait de l'occupation des lieux ? Doit-on reconnaître que c'est la *relation de travail* qui fait naître les liens juridiques entre l'employeur et le travailleur ? Ne doit-on pas se rallier à des notions nouvelles traduisant la solidarité de fait, la communauté qui lie les participants à une même exploitation, construire la réglementation juridique sur la base de la notion non plus de contrat, mais d'*entreprise* ?

Je crois bien que ces idées effrayeront un peu la majorité de nos membres. Peut-être, en effet, ne sont-elles pas encore mûres, n'ont-elles pas suffisamment subi l'épreuve du temps pour pouvoir passer dans les codes. Il faut laisser à l'expérience des faits le soin de les préciser et de démontrer si vraiment elles correspondent à des besoins nouveaux. Mais nous ne pourrons éviter de les discuter.

Sans doute, nous pourrions esquiver la difficulté et nous retrancher derrière l'idée que nous sommes chargés de faire un Code civil applicable aux rapports normaux des citoyens, sans avoir à nous préoccuper des situations particulières. La réglementation des rapports des employeurs et des travailleurs ne fait-elle pas l'objet d'un code distinct, le Code du travail ? Ne peut-on alors laisser à d'autres le soin de rédiger un Code de l'agriculture, comme il y a un Code de commerce ? N'a-t-on pas créé pour les travailleurs, pour les agriculteurs en matière de baux, des juridictions spéciales, à caractère professionnel et paritaire ? Mais qui ne voit le danger de cette méthode ? Sans doute, traditionnellement, nous avons en

France un Code de commerce distinct du Code civil, des tribunaux de commerce spécialisés. Mais il est admis que les règles commerciales sont largement dominées par les principes du Code civil et ne leur dérogent que sur certains points. C'est là l'avis de la commission chargée de préparer la refonte du Code de commerce. Elle tient essentiellement à travailler en liaison avec nous, et elle cherche plutôt à restreindre son domaine.

Il peut certes y avoir aussi un Code du travail, un Code de l'agriculture. Mais là encore les solutions admises doivent être fonction des principes du Code civil. Admettre l'autonomie de ces codes par rapport au Code civil, c'est au fond ruiner le Code civil lui-même. Si vous faites échapper à ce code toutes les situations spéciales dans lesquelles peuvent se trouver les particuliers, que lui restera-t-il comme champ d'application ? La vérité est qu'il a fallu faire des codes spéciaux parce que les principes du Code n'étaient plus adaptés à la vie moderne. Si cette vie nous oblige, dans les principaux domaines de l'activité économique, à adopter des règles différentes de celles du Code civil, c'est que celles-ci ne sont plus satisfaisantes et doivent être modifiées.

La réglementation de détail des rapports entre employeurs et travailleurs, propriétaires et locataires ou fermiers, assureurs et assurés, entre associés, peut se trouver dans des lois spéciales. Mais les principes généraux qui dominent cette réglementation doivent être affirmés par le Code civil : sinon, à mon avis, celui-ci ne méritera plus ce nom. Il ne sera plus le Code de la cité, il ne sera plus que l'exception et non la règle.

Je ne me dissimule donc pas les difficultés de la tâche que notre commission a encore à accomplir. Mais j'ai confiance que nous saurons la mener à bonne fin.

Laissez-moi dire en terminant que nous tenons essentiellement à demeurer en contact avec vous, juristes hollandais. La Hollande a été la première à réviser le Code Napoléon; la Hollande est un pays énergique, travailleur, à la tête froide, de bon sens. Si, elle aussi, sent le besoin de refaire son Code, c'est vraiment qu'elle y est poussée par des nécessités économiques et sociales analogues à celles qui nous pressent nous-mêmes. Elle a confié ce soin, à un homme estimé de tous et dans son pays et au-delà de vos frontières. Le fruit de ses réflexions, nous voulons le connaître. Les solutions qu'il proposera ne nous laisseront pas indifférents et seront d'un grand poids dans nos propres décisions. Ces contacts, vous me permettrez, d'ailleurs, de les placer dans un cadre plus large, le cadre que s'efforce de construire, dans cette salle même, le Congrès qui s'y déroule, le cadre d'une Europe unie et organisée. L'Europe ne sera vraiment unie que si, à côté d'une unification politique et économique, on poursuit une unification juridique, même sur le terrain du droit privé. Il n'est pas question pour chacun des peuples constituant l'Europe de renoncer aux traditions qui font sa physionomie propre. Mais, au-dessus des différences qui nous distinguent, il y a les principes généraux fondamentaux qui nous unissent : respect de la famille et de la personne. Il y a, pour faciliter les relations économiques, à unifier le droit des échanges; il y a à prévoir des règles communes de conflits de lois. C'est un pas dans cette voie que font actuellement les pays du Benelux. Permettez que les juristes français soient dès maintenant sinon associés à cette œuvre, du moins informés de son développement. Et ainsi nous ferons ensemble ce premier pas vers une Europe juridiquement organisée, c'est-à-dire vers l'Europe, au sens vrai du mot.

LA NOTION JURIDIQUE DE LAÏCITÉ

1949

Jean Rivero

Professeur à la Faculté de droit de Poitiers

Laïcité : le mot sent la poudre; il éveille des résonances passionnelles contradictoires; et la contradiction n'est pas seulement celle, normale, qui oppose les esprits pour ou contre une notion claire; elle porte sur le contenu même de la notion, et le sens du mot.

Ces désaccords ne sauraient surprendre; la notion de laïcité, en effet, s'est formée dans le tumulte : conflits d'idées, et surtout luttes des partis; elle traduit des intuitions, des tempéraments, des mystiques, plus encore qu'elle ne procède d'une élaboration sereine et d'un effort de définition. Née dans le domaine de la libre discussion, elle continue d'y vivre, soumise au contrecoup des mouvements d'opinion.

Mais parallèlement à cette vie houleuse, la laïcité, depuis longtemps déjà, en connaît une autre plus sereine; le législateur lui a donné droit de cité dans le monde juridique; elle est devenue règle de droit positif; elle régit des institutions, elle fonde des recours. Elle a changé de nature.

Ce passage d'un ordre à un autre, du domaine de la libre discussion au plan du droit, posait, et pose encore, un problème difficile. Le cas n'est pas isolé, d'ailleurs; chaque fois que le droit est appelé à adopter des concepts nés de la controverse politique ou philosophique, la même difficulté surgit; les deux mondes, en effet, n'obéissent point à la même loi; l'un autorise toutes les disputes, et, pour le même mot, la pluralité des définitions. Le droit veut plus de rigueur; il donne aux mots un sens, et un seul; s'il les abandonnait au jeu des élaborations subjectives, il trahirait sa mission, qui est de créer l'ordre et la sécurité pour l'homme.

Concept juridique, la laïcité appelait donc une définition certaine; cependant, les controverses qui se poursuivent ailleurs débouchent sur ce terrain, inspirant aux autorités administratives des solutions contradictoires. Or, toutes ces solutions ne peuvent être valables aux yeux du droit; si elles se contredisent, il faut que l'une soit vraie, et l'autre fausse.

Dira-t-on qu'il s'agit là de vieux débats, et que les esprits, peu à peu, se détachent d'une querelle presque séculaire ? Sans doute, dans bien des secteurs de la vie publique, l'accord, aujourd'hui, s'est fait sur une conception de la laïcité autour de laquelle la polémique a cessé; mais il en est d'autres où elle subsiste; c'est principalement le cas en ce qui concerne l'enseignement public, berceau du concept. Dans les dernières années, le Conseil d'État a dû, à plusieurs reprises, statuer sur la question, précisant ainsi les contours de la laïcité conforme au droit positif français.

C'est cette conception juridique de la laïcité, trop souvent méconnue, que l'on voudrait schématiser ici.

I.

Le seuil du droit franchi, les disputes s'apaisent; pour le juriste, la définition de la laïcité ne soulève pas de difficulté majeure; des conceptions fort différentes ont pu être développées par des hommes politiques dans le feu des réunions publiques; mais une seule a trouvé place dans les documents officiels; les textes législatifs, les rapports parlementaires qui les commentent, les circulaires qui ont accompagné leur mise en application ont toujours entendu la laïcité en un seul et même sens, celui de neutralité religieuse de l'État.

On ne s'attardera pas, pour le démontrer, sur des formules anciennes, et maintes fois citées[1]. Le rappel des définitions données lors de l'élaboration de la Constitution du 27 octobre 1946 paraîtra sans doute plus actuel et plus probant : le dernier état de la pensée du législateur s'y exprime.

C'est un amendement communiste qui proposa d'adjoindre à l'art. 1er le mot « laïque » pour qualifier la République; l'exposé des motifs en est sobre : il affirme seulement que « la laïcité de l'État se traduit par la séparation de l'Église et de l'État et le principe qu'il ne reconnaît ni ne protège aucun culte »; sur l'observation de M. Coste-Floret, qui acceptait l'amendement, la laïcité « étant entendue au sens de neutralité », l'unanimité se fit. À l'Assemblée, aucun des quatre orateurs qui intervinrent ne s'écarta de cette idée de neutralité : M. Fajon, au nom du parti communiste, se référa « aux luttes nombreuses et ardentes en faveur de la laïcité » pour affirmer qu'« il ne pouvait y avoir dans l'esprit des Français aucun doute sur ce que signifie l'introduction de ce mot dans la Constitution », mais précisa sa pensée en invoquant, lui aussi, « la neutralité de l'État à l'égard de toutes les religions »[2]. Ainsi, quelles qu'aient pu être les arrière-pensées de tel ou tel, jamais la laïcité n'a été officiellement présentée comme une doctrine positive à laquelle l'État adhère et qu'il entreprend de propager. Au plan juridique, la notion a pris un sens précis et défini, sur lequel s'accordent la loi, la jurisprudence et la doctrine[3].

Il n'en pouvait être autrement. L'État français qui avait adopté la laïcité en 1882 était un État libéral, qui, au premier rang des libertés, proclamait celle des consciences; la laïcité se relie étroitement à ce libéralisme; elle est entrée dans le droit contre la religion d'État; elle a toujours conservé la marque de cette origine, et ne pourrait changer de sens qu'au prix d'un bouleversement total de nos conceptions essentielles. Si la « vraie laïcité » devait s'entendre comme une doctrine adoptée et enseignée officiellement, l'État qui la consacrerait opterait *ipso facto* contre l'ordre libéral, pour l'ordre totalitaire.

1. Cf. notamment les déclarations de Paul Bert et de Jules Perry lors des débats relatifs à la loi de 1882 sur l'enseignement primaire, la lettre de Jules Perry aux instituteurs du 17 nov. 1883, la circulaire du 9 avr. 1903, et, pour les hôpitaux, celle du 17 juin 1937.

2. Devant la première Constituante, la même unanimité s'était faite : cf. les art. 13 et 20 du projet de Constitution, et la discussion de ces textes devant la commission.

3. Pour la doctrine, v. son expression la plus récente dans le remarquable *Manuel de droit constitutionnel* de M. Vedel, p. 318 : « la laïcité correspond à l'affirmation que l'État considère la croyance ou l'incroyance comme affaire privée ».

De ce libéralisme originel, et maintenu en 1946, découle tout le droit positif de la laïcité ; il s'organise en deux grands groupes de principes, dont le premier est le mieux connu, dont le second n'est pourtant pas moins important.

Parce que l'État entend respecter, en chaque homme, le droit, qui lui est essentiel, de choisir la vérité qui orientera sa vie, il renonce à se faire le propagandiste d'aucune foi : c'est le premier aspect de la laïcité.

Il implique d'abord que le pouvoir n'impose aucun credo par la contrainte, et que l'ordre public se vide de tout contenu doctrinal. En outre, l'État, par les organes qui l'incarnent, ne saurait faire lui-même acte de croyant ; la suppression, lors de la révision de 1884, des prières publiques à la rentrée des Chambres, est révélatrice de cet aspect de la laïcité. Enfin, l'État ne saurait donner à aucune religion en tant que telle l'appui moral d'une reconnaissance, l'appui matériel d'une aide pécuniaire : la liberté d'option de l'individu exige que les diverses doctrines se présentent à lui fortes de leur seul contenu, sans aucun concours officiel qui fausserait le jeu.

Telle est la signification première de la laïcité dans l'État libéral : une limitation volontaire de compétence dans le domaine métaphysique, qu'il abandonne à la libre recherche des consciences.

Mais si la neutralité interdit à l'État toute pression qui pourrait déterminer l'option d'une conscience, elle lui prescrit aussi le respect des libres options. Libéral, il accepte les conséquences de la liberté dans l'ordre religieux comme dans les autres ; la conscience de l'incroyant n'a à ses yeux ni moins ni plus de prix que celle du croyant ; tant que leurs exigences ne troublent pas l'ordre public, l'un et l'autre doivent être également libres d'y satisfaire. Dès lors, il ne serait pas laïque, au sens juridique, l'État qui mettrait obstacle, pour ceux qui se trouvent placés sous sa dépendance, à la pratique de leur foi. Le législateur de 1905, conscient de cette évidence, a autorisé, à l'art. 2 de la loi de séparation, l'inscription aux budgets des collectivités publiques « des dépenses relatives à des services d'aumôneries et destinées à assurer le libre exercice des cultes dans les établissements publics tels que lycées, collèges, écoles, hospices, asiles et prisons ».

Il ne serait pas davantage laïque, l'État qui attacherait, aux options métaphysiques des individus, des conséquences discriminatoires quant à l'admission aux emplois publics. Là encore, les textes positifs sont formels : « Nul, dit le Préambule de la Constitution, ne peut être lésé dans son travail ou son emploi, en raison de ses origines, de ses opinions ou de ses croyances » ; et la loi du 19 octobre 1946, relative au statut général des fonctionnaires, dispose dans son art. 16 : « Ne pourra figurer au dossier aucune mention faisant état des opinions politiques, philosophiques ou religieuses de l'intéressé ».

Enfin, dès lors que l'État abandonne à la liberté de chacun le domaine religieux, il doit accepter le fait religieux tel qu'il se présente à lui, déterminé par les règles des Églises et les impératifs des consciences ; la laïcité ne saurait donc exiger des fidèles une vie religieuse au rabais ; elle condamne toute immixtion du pouvoir dans un domaine dont elle affirme qu'il échappe à sa compétence ; dans cette perspective, la laïcité fournit à la liberté d'enseignement sa base la plus sûre : elle commande en effet, pour autant que l'ordre public n'est pas en jeu, de respecter les consciences qui ne pensent pas pouvoir se satisfaire de la neutralité dans l'éducation scolaire.

Ainsi définie dans son principe et dans ses conséquences, la laïcité n'apparaît plus que comme une application d'un principe plus général; il n'y a aucune raison, en effet, de distinguer entre les options de l'homme selon qu'elles aboutissent à un engagement religieux ou à des adhésions philosophiques ou politiques; l'homme peut trouver un sens à sa destinée aussi bien dans le service d'une cause temporelle que dans la pratique d'une foi; le problème de sa liberté spirituelle forme donc un tout, et c'est ce que consacrent expressément les textes récents déjà cités : préambule de la Constitution, art. 16 de la loi du 19 octobre 1946, qui ne distinguent pas entre les options de l'homme selon qu'elles sont politiques, philosophiques ou religieuses.

II.

Pour l'application des principes qu'on vient de rappeler, le domaine litigieux, on l'a dit, reste celui de l'enseignement, et plus spécialement de l'enseignement du premier degré : sur les six arrêts par lesquels le Conseil d'État, depuis 1938, a sanctionné de fausses interprétations de la laïcité, cinq intéressent l'enseignement. Le rappel des textes, les censures juridictionnelles, ne semblent pas prévaloir contre une doctrine de la laïcité différente, en ce domaine, de celle qui s'applique au reste de la vie publique.

Il est inutile de s'attarder à dénoncer, au plan du droit, le principe de cette dualité : rien ne l'autorise; la laïcité est une parce que l'État est un; l'école de l'État ne peut admettre une autre laïcité que l'État; la solution contraire serait un paradoxe d'autant moins soutenable que c'est précisément à propos de l'école qu'a été définie avec le plus de netteté la position de respect de toutes les consciences rappelée ci-dessus.

Mais si la laïcité est une dans son principe, ses exigences pratiques varient de service à service, selon la nature de la tâche assumée et son rapport plus ou moins direct avec la conscience[4]; et en ce sens il est très exact de dire que, s'il n'y a pas une doctrine de la laïcité propre à l'enseignement, il y a une pratique de la laïcité qui lui est spéciale, et qui pose des problèmes plus délicats que dans la plupart des services. Ici comme ailleurs, le respect des consciences doit s'étendre également au croyant et à l'incroyant; ici comme ailleurs, l'usager, d'une part, le fonctionnaire d'autre part, peuvent s'en prévaloir; mais ici, l'usager, c'est l'enfant; et ceci crée une double difficulté; rien n'est plus délicat, tout d'abord, qu'une conscience d'enfant; la neutralité doit se faire à son égard particulièrement attentive; l'enfant, d'autre part, n'est pas maître de ses déterminations; notre droit consacre la mission éducatrice du père et de la mère; la neutralité de l'école ne peut pas ne pas tenir compte de leur autorité. Difficulté nouvelle : le scrupule à l'égard de la conscience de l'enfant peut majorer, à l'égard du maître, les exigences ordinaires de la laïcité envers les agents publics, il ne saurait cependant aboutir à sacrifier le droit du maître; citoyen et fonctionnaire, celui-ci peut réclamer le bénéfice des mêmes principes qu'il applique à ses élèves, et des garanties accordées par la loi à

4. Sur l'unité du principe de laïcité, et les nuances qu'exige son application selon les domaines, v. l'étude de M. Savatier, *Cahiers de la Paroisse universitaire*, 1948, p. 24.

tous les citoyens, à tous les fonctionnaires. Le droit de la laïcité doit imposer à sa liberté tous les sacrifices qu'exige le respect de la liberté de l'enfant, mais ceux-là seuls; si, pour mieux protéger l'une, elle sacrifiait l'autre, la laïcité se détruirait elle-même; tout doit donc être ici dosage, et équilibre : c'est dire que la tâche n'est pas aisée, et que les altérations, en pratique, sont faciles; la récente jurisprudence en fournit malheureusement trop d'exemples en sanctionnant des décisions dans lesquelles la laïcité en vient à renier elle-même ses maximes essentielles, ou, plus simplement, porte son scrupule à un point qui frise l'absurde.

La laïcité se retourne, en quelque sorte, contre elle-même, et finit par se renier, lorsque, distinguant parmi les consciences enfantines, auxquelles elle doit un respect égal, elle sacrifie la liberté de ceux qui croient à la peur de froisser ceux qui ne croient pas. En décidant, par sa circulaire du 30 juillet 1946, la suppression pure et simple des services d'aumônerie institués dans les lycées et collèges, le ministre pensait prendre une mesure authentiquement laïque; il perdait de vue, simplement, cet aspect essentiel de la laïcité, consacré par la loi de séparation, selon lequel « la République assure la liberté de conscience. Elle garantit le libre exercice des cultes »; omission d'autant moins excusable que l'art. 2 de la loi du 9 décembre 1905, on l'a vu, tire de ce principe les conséquences pratiques qu'il implique quant au libre exercice des cultes dans les établissements publics, et la possibilité d'y maintenir des services d'aumônerie. Or, la mesure prise risquait « de priver les élèves internes de la possibilité de continuer librement les pratiques de leur culte et de recevoir l'enseignement religieux »; elle était donc, au sens propre du mot, anti-laïque au premier chef, et ne pouvait échapper à l'annulation (Cons. d'Ét. 1er avr. 1949, *Chaveneau et autres*); c'était le même vice qu'avait sanctionné l'arrêt du 6 juin 1947, *Union catholique des hommes du diocèse de Versailles* (*Rec. Sirey*, 1948. 3. 27), relatif à l'interdiction de tout office religieux dans les établissements hospitaliers de la Seine-et-Oise, édictée par le conseil général : bien qu'il ne vise pas l'enseignement, cet arrêt contient un considérant très important pour la neutralité scolaire : il consacre le droit d'éducation des parents auquel on faisait allusion plus haut, en dénonçant l'atteinte grave apportée à ce droit par une décision qui met en échec la volonté exprimée par eux de voir leurs enfants, privés par les règlements du droit de sortir des préventoriums où ils étaient hospitalisés, prendre part dans ces établissements aux cérémonies de leur culte et y recevoir l'enseignement religieux.

La laïcité se renie elle-même, en second lieu, dans les décisions sanctionnées par les arrêts *Demoiselle Beis*, du 25 juillet 1939 (D.H. 1940. 20), et *Demoiselle Pasteau*, du 8 déc. 1948 (*Rev. dr. publ.* 1949, p. 75, et la note de M. Waline); ici, c'est dans la personne des agents que, par scrupule peut-être envers les enfants, les principes de la neutralité se trouvent violés. La première des deux requérantes a vu sa candidature à un emploi d'institutrice suppléante écartée pour l'unique motif qu'elle avait poursuivi ses études dans des établissements privés; la seconde n'a été éliminée du cadre des assistantes sociales de l'hygiène scolaire qu'au vu de ses croyances religieuses. Ici encore, le ministre a sans doute pensé qu'une catholique déclarée, ou présumée en raison de l'enseignement suivi par elle, ne pouvait pas pratiquer une neutralité totale; et c'est une considération analogue qui, dans l'affaire *Connet* (Cons. d'Ét. 4 mai 1948), l'avait amené à exclure du concours de l'inspection primaire un candidat catholique, comme si les enseignants d'une certaine obédience religieuse ne pouvaient prétendre à des postés de direction ; mais il n'avait pas le droit de penser ainsi, car la laïcité exclut toute discrimination entre les individus au vu de leurs opinions et de leurs croyances. La mesure « laïque » était, là encore, anti-laïque au premier chef.

Le scrupule de laïcité ne doit pas, d'autre part, céder à la pente naturelle qui risque de porter tout scrupule jusqu'à l'absurde. C'est ce dernier reproche qu'encourent notamment les décisions sanctionnées dans les arrêts *Demoiselle Weiss*, du 28 avr. 1938 (D. P. 1939. 3. 41), et *Connet*, précité : les « manquements à la laïcité » qui y sont dénoncés se ramènent tous à ceci que, par les actes incriminés, l'enfant a pu savoir qu'il existe des religions : on ne voit pas quelle autre incidence pourrait avoir sur sa conscience le fait de visiter la chapelle du château d'Amboise, de voir son institutrice porter au cou une médaille discrète, ou d'entendre son maître utiliser l'harmonium de l'église pour accélérer la préparation de l'épreuve de chant du certificat d'études.

Seulement, l'école ne peut prétendre faire ignorer à l'enfant un phénomène sur lequel l'angélus de son clocher, la croix du carrefour, l'informent à longueur de journée ; le pourrait-elle, et serait-elle en mesure de le faire vivre dans un univers vidé de tout signe religieux pour que fussent plus libres ses options, que le souci de la vérité, règle d'or de tout enseignement, le lui interdirait ; fait historique, fait actuel, le fait religieux n'a pas à être systématiquement passé sous silence : et ce silence même, à le supposer possible, ne serait-il pas une option ?

III.

À juxtaposer ainsi les décisions censurées par le Conseil d'État, une inquiétude vient à l'esprit.

La laïcité, on l'a dit, c'est, pour certains, une doctrine de l'homme et du monde ; non pas, comme l'admet notre droit, refus d'opter entre les diverses croyances, mais prise de position pour certaines n'est pas aisé de serrer le contenu de la doctrine laïque ; mais, spiritualiste ou matérialiste, marquée tantôt par Kant, tantôt par Comte, tantôt par Dürkheim ou par Marx, elle trouve son unité dans une certaine foi en l'homme, en la raison, au progrès humain, et surtout dans son refus essentiel : celui de la doctrine chrétienne, principalement sous sa forme catholique. L'État laïque, dans cette conception, c'est celui qui dénie au dogme chrétien toute valeur de vérité, et qui s'efforce d'en affranchir l'homme.

N'est-ce pas une conception analogue qui transparaît dans les décisions analysées ci-dessus ? Le seul respect scrupuleux de la liberté de conscience peut-il inspirer la suppression de toute pratique religieuse et de toute présence sacerdotale, contre le vœu des parents, dans les lycées ou les hôpitaux ? La seule crainte de voir les catholiques violer la neutralité explique-t-elle la barrière qu'on prétend élever devant eux à l'entrée de l'enseignement primaire ou de ses postes de direction ? La question se pose d'autant plus nettement que, d'une part, les discriminations évoquées jouent à l'égard d'une seule option idéologique, l'option catholique ; elle seule semble de nature à compromettre la neutralité ; dans le domaine politique, notamment, la liberté de l'instituteur est entière ; si militante que soit son activité, si conquérante la foi qui l'anime, on ne les suspecte pas de donner à son enseignement une coloration idéologique ; la seule foi catholique encourt ce soupçon ; seuls ceux qui la professent tombent sous le coup d'une sorte de présomption de non-neutralité. L'expérience a beau opposer son démenti à cette inquiétude, les maîtres catholiques ont beau apporter au respect de la neutralité la même conscience que, tous leurs collègues, toujours la suspicion renaît, et envers eux seuls.

L'inquiétude s'accroît lorsqu'on rapproche les mesures censurées par le Conseil d'État de beaucoup d'autres qui n'ont jamais fait l'objet d'un débat contentieux ; la présomption de non-laïcité tirée du fait que le candidat aux fonctions d'instituteur a fréquenté l'enseignement libre est d'une application fréquente : le fils paie les erreurs idéologiques de ses parents, qui ont choisi son école : « Nul, dit cependant le Préambule, ne peut être lésé dans son travail… en raison de ses origines ». Parfois la présomption déborde la seule personne du candidat, et les relations de ses proches avec l'école privée suffisent à le faire écarter : résurrection inattendue de la responsabilité collective des vieux droits primitifs ; on a même vu la commission paritaire d'un département rejeter *a priori* les candidatures des anciennes élèves du collège de jeunes filles du chef-lieu : la foi de la directrice lui rendait suspecte la pureté laïque de celles qui s'étaient trouvées sous son autorité.

On pourrait multiplier les exemples : instituteurs catholiques maintenus dans des postes subalternes, entraves apportées à la liberté religieuse dans quelques écoles normales, distinctions imposées aux maîtres croyants entre les pratiques permises par la laïcité et celles qu'elle réprouve, – la messe du dimanche étant moins condamnable que la messe en semaine, et la messe tardive moins que la messe matinale, – interdiction aux enfants de porter à l'école des croix et des médailles. La liste serait longue ; il ne faut certes pas l'allonger à plaisir ; les autorités universitaires ont souvent de la laïcité une exacte notion ; mais c'est déjà trop que l'instituteur se trouve parfois, au nom de la laïcité, exclu des garanties que la loi accorde à tous. Lorsqu'une telle conception prétend inspirer des solutions positives, force est au juriste, non de la condamner en tant que doctrine, mais de relever qu'elle n'est pas celle du droit français.

IV.

Quelle est donc, en droit positif, l'exacte mesure des droits et des obligations que la laïcité emporte pour l'instituteur, et quelles sont les directives de la jurisprudence en ce qui concerne le délicat équilibre qu'elle implique entre les droits de l'enfant et ceux du maître ?

Première règle, affirmée avec un relief particulier par l'arrêt *Demoiselle Pasteau* : les principes ne sont pas différents pour les membres de l'enseignement et pour les autres agents publics : le même « devoir de stricte neutralité » s'impose « à tout agent collaborant à un service public ». La règle est importante : il n'est que de comparer, pour s'en rendre compte, la situation de la quasi totalité des fonctionnaires et celles des instituteurs du point de vue de la liberté religieuse.

Deuxième directive : la distinction entre « l'exercice des fonctions » et la vie privée : c'est « dans l'exercice de ses fonctions », relève le même arrêt, que s'impose à l'agent le devoir de stricte neutralité. De même, l'arrêt *Connet* met en relief le fait que « l'enseignement du requérant n'a donné lieu à aucune critique ». Hors de l'exercice de la fonction, l'instituteur redevient un citoyen libre dans ses opinions, dans leur expression, dans le comportement qu'elles lui dictent, et même dans leur diffusion, en dehors, bien entendu, de ses élèves; l'arrêt *Demoiselle Weiss* consacre ce dernier point : en invitant un élève-maître à assister à certaines conférences, la requérante n'a pas violé le principe de la neutralité scolaire, « en admettant même que lesdites conférences dussent avoir un caractère religieux. » La liberté d'action qui existe dans le domaine politique ne saurait, en droit, être réduite dans le domaine religieux, puisque la loi, on l'a vu, ne met entre eux aucune distinction.

La troisième directive jurisprudentielle concerne l'exercice de la fonction : elle insère l'obligation de neutralité dans le cadre du respect de la vérité, et dans les limites du bon sens, qui ne permettent pas de passer sous silence, lorsqu'il se présente, le fait religieux plus que le fait économique ou militaire, ni de lui accorder un autre traitement que la plus honnête objectivité.

Quatrième règle enfin : la non-laïcité, c'est-à-dire le manquement à la neutralité dans l'exercice de la fonction, ne peut, par définition, se présumer; elle se prouve; en dehors des interdictions édictées par la loi, nul ne peut, à partir d'une présomption de non-laïcité, se voir refuser l'accès de la fonction enseignante sans que se trouvent violées quelques-unes des règles les plus certaines et les plus essentielles de notre ordre juridique.

Les principes sont donc nets; leur application est affaire de tact; dans l'usage de sa liberté, l'instituteur n'en saurait trop avoir; mais l'instituteur catholique n'est pas plus mal armé qu'un autre pour résoudre les difficultés liées à la vie, si du moins il est familier avec l'enseignement de Saint Paul, selon lequel « tout est permis, mais tout n'est pas expédient », et s'il entend son avertissement : « Prenez garde que cette liberté dont vous jouissez ne devienne pour les faibles une occasion de scandale »[5].

Au reste, ce ne sont plus là problèmes juridiques; la tâche du juriste, en la matière, est achevée lorsqu'il a rappelé des principes certains, sur lesquels peuvent s'accorder le croyant, qui y reconnaît un écho du « Rendez à César… », et l'incroyant, pour autant qu'ils restent l'un et l'autre fidèles au respect de la personne humaine, et qu'ils voient, dans la conscience, une valeur contre laquelle ne sauraient prévaloir ni les contraintes ni les propagandes.

5. Saint Paul, IIe Épître aux Corinthiens.

LE BILAN D'UN DEMI-SIÈCLE DE VIE JURIDIQUE

1950

Georges Ripert
Membre de l'Institut,
Ancien Doyen de la Faculté de droit de Paris

Que cette année 1950 termine la première moitié du XXe siècle ou commence la seconde, son avènement est une occasion de réfléchir sur l'évolution des sciences et des mœurs. On n'y a pas manqué, et dans tous les domaines des hommes, se considérant comme les plus qualifiés, s'offrent à penser pour les autres. Un grand journal fait établir le bilan d'un demi-siècle. Il n'a pas songé à la science juridique. Il faut pourtant essayer de l'établir aussi pour elle. Je n'ai d'autre titre à le faire que celui d'avoir très exactement poursuivi pendant ce laps de temps des études juridiques. Je voudrais essayer de donner l'impression générale qu'un juriste peut avoir sur le droit de ces cinquante dernières années. Il ne s'agit pas d'énumérer les réformes réalisées : elles ont été nombreuses et variées. L'essentiel est d'en dégager l'esprit.

I.

Dès le premier article publié sur le bilan du demi-siècle éclate le cri joyeux, et presque féroce, de la conquête : l'homme a transformé le monde par ses découvertes ; le passé est détruit ; la tradition est rompue ; tout est changé, tout est neuf. « Le monde est plein de valeurs désaffectées… Tout présage un changement profond de nos manières d'être et de connaître… Au-dessus, la science nouvelle dans son inhumanité. Allons, Auguste Comte le dirait lui-même, c'est bien l'entrée dans le quatrième âge, celui de l'universalité »[1].

Notre science à nous n'est pas une science inhumaine. Elle régit l'activité physique et morale des hommes. Si l'activité physique change d'intensité et de direction, les passions humaines ne changent guère. Que le droit soit une science ou un art, c'est une controverse ancienne et qui importe peu. L'essentiel est de bien marquer son caractère normatif. Il doit diriger et non pas obéir. Il ne s'incline pas nécessairement si les mœurs changent, car il crée les mœurs pour au moins autant qu'il les suit. Il évolue sans doute, mais il faut se garder de croire à son évolution par cela seul qu'il est temporairement méconnu.

Tout est changé, dit-on. J'entre à la Faculté de droit et lis l'affiche qui annonce le programme des cours. N'est-ce pas celle que j'ai lue il y a cinquante ans quand j'étais étudiant ? Trois semestres de droit romain, six semestres de droit civil. Comme autrefois. Le plan général de l'enseignement est le même. S'il y a des livres nouveaux, les anciens restent valables. Les traités portent les mêmes noms.

1. L. Febvre, *Continuité ou rupture de tradition* (*Le Monde* du 19 déc. 1949).

Les recueils de jurisprudence célèbrent leur centenaire et publient les décisions de justice rendues dans la même forme par les mêmes tribunaux. L'étudiant qui se serait endormi sur le banc de son amphithéâtre en 1900 et se réveillerait en 1950 croirait entendre la fin du même cours. Rien n'est changé.

Le centenaire du Code civil a été fêté en 1904. Dans quatre ans ce Code aura un siècle et demi. On peut dire de lui, comme de certains vieillards, qu'il ne porte pas son âge. Ses quatre frères, nés après lui sous l'Empire, sont peut-être moins bien portants. Ils vivent pourtant toujours. Vieilles maisons un peu lézardées qui abritent nos vies juridiques. Elles restent habitables et nous les aimons pour y avoir passé notre jeunesse.

Pour pouvoir les démolir il faudrait en construire de nouvelles. Qui les construira et dans quel style ? Les essais ne sont pas encourageants. En 1904 une commission, qui réunissait les plus grands juristes du temps et dont Saleilles était le secrétaire général, commença un travail de révision et perdit au bout de quelques mois sa force de vivre. En 1945 un Gouvernement, qui avait annoncé avec quelque éclat son désir de faire du nouveau, créa deux commissions chargées de réviser le Code civil et le Code de commerce. Il réduisit le nombre de leurs membres, peut-être pour suivre la méthode consulaire; mais, pas plus qu'en 1904 on ne l'avait fait, il ne leur a soumis un programme de réformes. Le travail de ces commissions se poursuit dans l'indifférence de l'opinion publique. Seuls les juristes de profession portent intérêt à la publication de leurs débats. On ne révise pas des codes pour le simple plaisir d'avoir des textes plus parfaits.

Or toucher à nos institutions juridiques, il n'en est pas question, du moins pour l'instant. Elles restent telles qu'elles étaient en 1804. Les mêmes règles qui se sont appliquées pendant cent cinquante ans nous, régissent encore. Et au-delà de nos codes, elles étaient déjà connues de la France d'Ancien Régime. Et au-delà même de notre Ancien Droit, certaines nous viennent du droit romain et nous les citons encore dans leur formule latine.

Sans doute il y a des nouveautés et on en a, vu déjà dans le siècle précédent. Mais ce qu'il y a de remarquable c'est que pour s'introduire dans le monde juridique, elles prennent des vêtements usagés. Quand les commerçants veulent faire reconnaître leur droit sur le fonds qu'ils exploitent, ils disent qu'ils en ont la propriété, et ils appellent aussi « propriété commerciale » un droit à indemnité au cas de défaut de renouvellement du bail qui n'a nullement le caractère juridique impliqué par son titre. Quand des entreprises sont nationalisées elles conservent la forme et le statut des sociétés commerciales. Quand la loi prescrit la vente ou l'achat des produits et des denrées, elle ne détruit pas le caractère contractuel de cet acte obligatoire. Quand elle impose la garantie de certains risques, elle le fait par une extension des présomptions de faute.

La seule nouveauté c'est que certains hommes ont perdu leurs droits et que d'autres ont acquis ce qui leur a été enlevé. Le vainqueur porte les dépouilles du vaincu. C'est un transfert, ce n'est pas une transformation. Les propriétaires, les bailleurs, les patrons, les créanciers ont vu leur droit restreint, cependant qu'augmentait celui des fermiers, des locataires, des salariés, des débiteurs. C'est toujours un conflit de droits individuels. Tous ces droits nouveaux sont créés sur le modèle des anciens.

Faut-il donc reconnaître que les juristes, pendant ce dernier demi-siècle, n'ont rien créé, rien construit ? Faut-il les accuser d'avoir perdu l'esprit d'invention ou d'avoir volontairement arrêté par intérêt de classe tout progrès du droit ? S'il en était ainsi notre science immobile serait justement méprisée par ceux qui décrivent complaisamment le rapide progrès des sciences physiques. Certains juristes redoutent ce jugement. Il leur déplaît d'être considérés comme des conservateurs. Ils présentent les métamorphoses du droit civil et gémissent qu'elles ne soient pas plus rapides[2]. Impétuosité qui d'ailleurs n'est souvent que verbale, car ces juristes sont aussi conservateurs que les autres dès qu'ils sentent une menace pour les institutions traditionnelles.

La vérité est que les physiciens et les juristes n'ont pas la même mesure du temps. Un demi-siècle c'est un long temps pour des savants qui, en quelques années, bouleversent l'étude de la matière et chaque jour inventent des machines nouvelles qui suppriment les anciennes. Un demi-siècle c'est aussi un long temps pour le moraliste qui analyse l'esprit, les mœurs et les modes de deux générations. Mais pour les juristes, quel court espace de temps qu'un demi-siècle ! Il faut bien plus d'années pour rendre sensible la lente évolution des institutions, pour modifier le sens d'une règle qui nous vient d'un droit ancien. À peine est-il possible d'apercevoir dans certaines réformes la promesse d'un droit nouveau. Encore ne sait-on pas s'il s'agit d'une nouveauté qui durera ou d'une fantaisie passagère. Si on entend quelques craquements dans le vieil édifice juridique, il est difficile de dire si le vice de construction sera mortel. Si on signale quelque embellissement, on ne sait si ce n'est pas seulement un caprice de la mode. Constatons que pendant ce demi-siècle, dont la moitié fut presque occupée à soutenir deux guerres et à en réparer les ruines, notre droit traditionnel n'a pas été profondément ébranlé et réjouissons-nous de le constater.

II.

Il est pourtant facile de dresser autrement le bilan. Il suffit de faire le tableau des réformes réalisées pendant ce demi-siècle. On peut d'ailleurs à son gré exalter le progrès du droit pour cette abondance ou en dénoncer le déclin pour l'abus de tant de lois.

Cette grande production législative a commencé après la guerre de 1914-1918. Elle a continué durant la crise économique qui a suivi cette guerre. Elle s'est intensifiée sous le régime des décrets-lois à partir de 1935. Une seconde guerre a entraîné, dans une confusion des pouvoirs, une grande production de textes. Un nouveau régime a supprimé tout ce qu'avait fait le précédent, puis en a donné une nouvelle édition revue et augmentée. C'est un débordement législatif, suivant l'expression de M. Lacour-Gayet, qui a eu la patience de dénombrer, de 1945 à 1948, 10 514 lois et décrets[3]. On a dû les numéroter pour ne pas les confondre ! Chaque année un gros volume du *Bulletin législatif Dalloz* permet d'engranger la

2. R. Savatier, *Les métamorphoses économiques et sociales du droit civil d'aujourd'hui*, 1948, n° 38, p. 28.
3. Lacour-Gayet, *Revue des Deux-Mondes* du 15 juin 1949.

récolte. Mais celle des années précédentes n'a pas disparu. La mortalité des lois est faible et, si quelques-unes ne vivent que d'une vie obscure ou incertaine, le juriste n'a tout de même pas le droit de les ignorer.

Quel magnifique bilan de ce demi-siècle si on classe les réformes réalisées par tant de lois : la protection de l'enfance, la suppression de l'incapacité de la femme mariée, la réforme de la légitimation et de l'adoption, la tutelle des enfants naturels et, dans un autre ordre, la réglementation de l'énergie hydroélectrique et des exploitations minières, la réforme de la transcription, le statut du fermage et du métayage. Pendant le même temps le commerce obtenait le statut du fonds de commerce, les sociétés à responsabilité limitée, l'amélioration de la lettre de change et bien d'autres avantages. Mais il faut surtout citer la législation du travail, qui est presque tout entière postérieure à 1900; elle est d'une telle importance qu'elle est devenue sous le nom de « droit social » une branche nouvelle du droit.

Cette abondance législative est assurément un caractère essentiel du demi-siècle écoulé. On serait tenté de louer cette activité si l'analyse ne révélait pas qu'elle tient à deux causes, l'une qui lui est antérieure, l'autre qui est accidentelle.

La cause ancienne et permanente c'est le régime politique de la France. Une démocratie du type représentatif est nécessairement vouée à une incessante « légifération ». Elle ne saurait redouter la loi puisqu'elle y voit l'expression de la volonté générale. Elle la désire puisqu'elle la considère comme la protectrice des droits. Il s'agit d'obtenir la loi favorable. Il suffit pour cela de peser sur la volonté des législateurs. L'élection est le moyen de les tenir sous la dépendance des citoyens. Dès qu'un groupement d'intérêts est assez puissant pour imposer aux élus la satisfaction de ses demandes, il peut être assuré d'obtenir la loi qu'il désire. Il arrive d'ailleurs que les intérêts se heurtent et se combattent. Il arrive que la loi soit obtenue par surprise ou se révèle nocive. On en est quitte pour la remplacer quelques mois plus tard. Sur le même objet, nous avons dans ces dernières années quatre ou cinq lois. L'activité législative est d'autant plus intense qu'il y a plus d'appétits déchaînés. Comment choisir dans cette abondance de textes les réformes durables et les lois temporairement imposées ? Comment affirmer qu'un droit nouveau se crée alors qu'aucune idée générale ne préside à cette création ?

La cause accidentelle est le bouleversement apporté par deux grandes guerres dans la vie de la nation. On n'avait jamais rien vu de pareil dans le passé. Il a fallu, pour un temps de disette et de misère, régler la production et la répartition des denrées et des produits industriels. L'État a assumé la tâche de diriger l'économie. Il lui était presque impossible de le faire par de grandes lois d'un caractère permanent. Il a donc été contraint de prendre une série de mesures temporaires. D'ailleurs, au même temps où il prétendait tout diriger, il détruisait lui-même, par la dépréciation de la monnaie, l'équilibre qu'il voulait établir. Il a donc été contraint de régler à la fois les salaires, les prix et les changes. Malheureusement il a pris goût à cette besogne, nouvelle pour lui, et il perpétue une réglementation devenue souvent inutile. Puis, pour des raisons politiques, il s'est lancé dans une expérience de nationalisation. Ce grand tumulte commence à s'apaiser. Mais l'État ne renonce pas au rôle qu'il s'est donné. Cette seconde cause d'une législation abondante ne disparaîtra donc pas entièrement. Retenons dans le bilan de ce demi-siècle cette exubérante floraison de lois nouvelles. Que l'on puisse y trouver des règles bienfaisantes, on ne saurait sans injustice le nier. Mais l'abondance des lois ne saurait à elle seule caractériser une évolution. Il faut voir quelle est la conception nouvelle du droit qui naît de cette législation intense et mouvante.

III.

Qui veut être protégé doit être décidé à perdre sa liberté. Il s'y résigne pour les avantages qu'il pense retirer de la protection de l'État. Du même coup ceux contre lesquels l'État le protège perdent également leur liberté, et pour eux il n'est pas de compensation. Le dirigisme étatique ne peut se concilier avec le libre exercice des droits individuels. Il n'est donc pas conciliable avec un droit privé qui repose sur la liberté d'agir et de contracter.

Le XIXe siècle avait proposé aux hommes un idéal de liberté. La conquête des libertés publiques, liberté de l'enseignement, liberté de la presse, liberté de réunion et d'association, paraissait définitive à une démocratie libérale. Les droits individuels en étaient renforcés, la propriété assurait l'indépendance, le contrat garantissait la justice dans le jeu de l'économie. La loi restrictive n'était admise que pour prévenir les atteintes à l'ordre public et les abus de la liberté. La démocratie était individualiste et libérale parce qu'elle admettait que l'État doit être au service des hommes. Elle ne tolérait pas qu'on puisse violer leur liberté dans le dessein, ou sous le prétexte, de les rendre plus heureux.

Dans une étude pénétrante, M. Vedel a récemment montré comment s'est constituée en face de cette démocratie *classique* une démocratie nouvelle qu'il dénomme *marxiste*, encore qu'il en reconnaisse d'assez lointaines origines dans le Rousseauisme et le Jacobinisme[4]. Il ne s'agit pas seulement d'un sacrifice des droits individuels à l'État souverain, mais d'une philosophie du pouvoir destinée à transformer la conception de la société pour détruire par une harmonie sociale la lutte des intérêts et assurer le travail en commun dans une unanimité des croyances.

De ce devenir hypothétique notre droit ne retient pour l'instant qu'une seule chose, c'est que le droit subjectif est une simple affirmation des intérêts individuels et ne mérite donc qu'un respect limité. On disait autrefois que son exercice peut être abusif; on dit maintenant que tout droit est relatif, qu'il ne saurait donner ni indépendance, ni sécurité, qu'il ne peut être exercé que dans un but social[5].

Notre droit privé reposait sur trois solides piliers : la propriété individuelle, la liberté contractuelle, la responsabilité délictuelle. Chacun a reçu des coups tels qu'il en est ébranlé. Des conceptions nouvelles sont proposées : la propriété privée ne serait plus admise que comme une fonction sociale; la liberté contractuelle, pour ne pas consacrer la loi du plus fort, devrait être restreinte à l'acceptation d'un contrat surveillé ou dirigé; la responsabilité serait dépassée par la garantie des risques et diluée par l'assurance.

4. Vedel, *Manuel de droit constitutionnel*, 1949, p. 14 et s.
5. Josserand, *De l'esprit des droits et de leur relativité*, 2e éd., 1927.

Tout cela sans doute n'est pas coordonné. Souvent même le rapport n'est pas aperçu entre la réforme partielle et son destin. Il n'en est pas moins vrai que la confiance de l'homme dans la valeur de ses droits est ébranlée et que s'affaiblit jusqu'à disparaître le désir de la liberté.

Dans les démocraties libérales de l'Occident on dénonce volontiers les régimes dits fascistes ou les démocraties populaires pour le sacrifice des libertés qu'elles exigent. Mais, on ne s'aperçoit pas toujours que beaucoup de petites mesures, que nous prenons au gré des événements et sans en comprendre le sens profond, nous mènent nous aussi sur « la route de la servitude »[6].

Il faudrait citer ici les atteintes aux droits acquis par les restrictions de la propriété, la confiscation des biens, la nationalisation des entreprises, l'inégalité des charges, la rétroactivité des lois. Et si les plus puissants ont été les victimes désignées d'un État souverain, les plus faibles, « les économiquement faibles », ont dû eux aussi abandonner une partie de leur liberté pour être protégés. De leur naissance à leur mort, ils sont devenus clients d'un État patron, sans avoir d'ailleurs la certitude de trouver la sécurité absolue et le bonheur dans le sacrifice de leur liberté.

Je sais bien que ce dirigisme étatique a rencontré souvent sa justification dans l'état de guerre et de détresse et que déjà se produit une réaction contre son emprise. Les échecs des entreprises publiques ont fait douter des qualités de l'État organisateur. Mais il est à craindre que, contraint d'abandonner ce rôle, l'État ne devienne un contrôleur plus strict encore des activités individuelles. En tout cas, dans ce dernier demi-siècle il a singulièrement renforcé sa contrainte. C'est le trait dominant de notre législation.

IV.

Aussi la question qui se pose aujourd'hui à ceux qui sont encore épris de liberté est celle-ci : comment protéger l'homme contre la toute-puissance de l'État ?

Le droit public a su le protéger, contre les actes arbitraires et illégaux. En France, le Conseil d'État a été le gardien vigilant des droits violés. Le développement du recours pour excès de pouvoir est une page magnifique dans notre histoire juridique contemporaine. Mais qui protégera l'homme contre la *violation légale* de ses droits ? Aucune juridiction n'est instituée pour annuler les lois, seraient-elles contraires à la Constitution. Aucun juge ne peut se permettre de ne pas appliquer une loi sous prétexte d'inconstitutionnalité. Et encore faudrait-il trouver dans une Constitution des règles précises que le législateur ne saurait enfreindre.

Mais avant même ce problème constitutionnel s'en pose un autre. Y a-t-il des droits de l'homme que le législateur ne saurait violer ? Contre l'absolutisme royal les hommes de la Révolution l'avaient affirmé en 1789. Faut-il l'affirmer de nouveau contre l'absolutisme du législateur moderne ?

6. Hayek, *La route de la servitude*, 1945.

Après la guerre de 1914-1918, on a assisté en France à la renaissance d'un idéalisme juridique. La vieille idée du droit naturel a été l'objet de nombreuses études historiques et critiques. Mais, à l'exception de ceux qui trouvent dans une raison inspirée par la foi le fondement de ce droit, la doctrine n'a pu lui rendre sa force perdue.

La Constitution française de 1946 a réaffirmé solennellement la Déclaration des droits de l'homme et l'a rajeunie par quelques affirmations nouvelles. Après quoi le législateur ne s'est nullement considéré comme lié par les principes proclamés dans le préambule de la Constitution.

Le problème dépasse l'ordre constitutionnel français. Il s'agit du fondement même du droit. Le 10 décembre 1948, l'Assemblée générale des Nations-Unies a adopté une *Déclaration internationale des droits de l'homme* proclamant l'idéal à atteindre par tous les peuples. Le préambule de cette Déclaration dit que le respect de ces droits fondamentaux constitue un fondement de la liberté, de la justice et de la paix dans le monde[7].

La plupart des trente articles de cette Déclaration commencent par les mots : « Toute personne a droit... ». Droit contre qui ? Il n'y a pas de droit sans obligation. Et comme aucune personne n'est désignée pour jouer le rôle du débiteur, il faut en déduire que ces droits doivent être exercés contre la communauté, sans quoi ils ne seraient pas des droits individuels. L'article 29 déclare que l'individu a des devoirs envers la communauté, et comme il ajoute que les droits et libertés ne pourront en aucun cas s'exercer contrairement aux buts et aux principes des Nations Unies, il ne s'agit évidemment que d'une communauté d'ordre politique.

Il ne semble pas que cette Déclaration internationale ait beaucoup intéressé l'opinion française. Elle est en réalité le simple tableau d'une vie sociale désirable. Il est tant de façons d'appliquer les principes généraux que ce plan de vie laisse indifférente une opinion devenue sceptique sur les promesses législatives.

Ce qu'il faut retenir pourtant c'est le sens général de la Déclaration. Il s'agit de faire pénétrer dans l'esprit de tous les hommes cette idée que le pouvoir politique n'est pas souverain, que la personne humaine a des droits et que la société n'est organisée que pour en assurer l'exercice.

Mais une telle affirmation n'est pas nouvelle et notre siècle ne saurait tirer grand orgueil de redire ce qui a été dit avant lui. Il ne saurait d'ailleurs le redire lui-même qu'en reniant une partie des prétentions qu'il a commencé à manifester.

Les hommes ont perdu la confiance qu'ils avaient dans le régime légal protecteur des droits individuels. Une sourde inquiétude est née d'un affaiblissement sinon d'une disparition de la sécurité assurée par la loi. Il ne suffit pas d'une affirmation théorique des droits de l'homme. Ce qui importe à l'homme c'est que ses droits soient respectés et que lui soit donné le moyen de les faire respecter. L'État, qui a détruit toutes les forces rivales de son autorité, prétend aujourd'hui régler par la toute-puissance de la loi l'activité physique et même, dans certains pays, la vie morale des hommes. Comment limiter cet absolutisme étatique ?

7. M.G. Vedel a consacré à la Déclaration universelle des droits de l'homme une étude remarquable dans la Revue *Droit social*, 1949, p. 372.

Le demi-siècle qui vient de s'écouler a rencontré ce problème devenu angoissant. Il a accepté l'intervention de l'État législateur et administrateur dans l'espérance d'un ordre meilleur et d'une justice plus grande. Nous ne pouvons juger encore son œuvre. Ce que nous en avons vu nous inspire des doutes sur la réussite. Alors il faudra bien reconnaître que ce siècle a imprudemment abandonné les notions essentielles qui auraient permis le progrès du droit, et, s'il en est temps encore, les reprendre.

APOLOGIE POUR LES « FAISEURS DE SYSTÈMES »

1951

Jean Rivero

Professeur à la Faculté de droit de Poitiers

L'histoire des rapports entre Jurisprudence et Doctrine dans le domaine du droit administratif reste à faire; il semble bien, pourtant, qu'elle révélerait, dans l'ensemble, plus de cordialité que n'en rencontrerait une étude symétrique pour le droit privé. La Doctrine, en droit civil, forte d'une longue tradition intellectuelle, put parfois, au XIXe siècle surtout, opposer avec quelque hauteur sa vérité à la vérité du juge; en droit administratif, dès le moment où elle conçut sa tâche sous un angle plus large que le simple commentaire des lois et règlements, la Doctrine s'est mise à l'école du juge; le juge, ici, c'était le Conseil d'État; la Doctrine a subi son prestige; il n'est pas injuste de dire qu'elle y a ajouté, et qu'il y eut peu d'épines mêlées aux fleurs des couronnes qu'elle lui tressa. Mais, en sens inverse, le Conseil n'a point ignoré la Doctrine; pour ne citer que les cas les plus saillants, on retrouve, à l'origine des conclusions fameuses de M. Romieu dans l'affaire *Terrier*[1], la pensée du Doyen Hauriou dans sa brochure sur *La gestion administrative*, et la pensée de M. Jèze a inspiré maint commissaire du Gouvernement[2]. Sans doute la Jurisprudence demeurait-elle concise dans les considérants de ses arrêts, ennemie des explications et des généralisations qu'elle réservait à ses commissaires du Gouvernement, plus sensible aux nécessités concrètes de la vie administrative qu'à la rigueur logique. Entre elle et la Doctrine, pourtant, il ne semble pas qu'il y eût de malentendu fondamental. De part et d'autre, on s'accordait sur les bases d'une collaboration jugée nécessaire : au juge de dire le Droit à travers les cas d'espèce; au commentateur de systématiser des solutions particulières, de les coordonner en un tout organisé, d'en éclairer les formules les unes par les autres, de les transformer ainsi en une matière intelligible. Dans une discipline touffue, neuve, mouvante, et qui, pourtant, devait être rendue accessible au commun des citoyens, puisqu'elle mettait en jeu leurs rapports avec le pouvoir, l'effort pour systématiser, c'est-à-dire pour ramener à des lignes simples le chaos des espèces, répondait à une nécessité.

Or, voici qu'au sein de la Haute Assemblée, une voix autorisée, et qui ne semble pas isolée, s'est élevée récemment pour railler « les faiseurs de systèmes »[3] et pour opposer, à l'élaboration des « notions » qui assurent « la tranquillité des professeurs », une méthode soucieuse des seules « réalités concrètes », renonçant à toute recherche sur « l'essence des institutions » pour s'attacher seulement aux

1. Cons. d'Ét. 6 févr. 1903, concl. Romieu, D. P. 1904. 3. 65.
2. Cf. par exemple les conclusions de M. Corneille dans l'affaire *Astruc*, Cons. d'Ét. 7 avr. 1916, *Rev. dr. publ.*, 1916, p. 363.
3. Cf. les conclusions de M. Chenot dans l'affaire *Gicquel* (Cons. d'Ét. 10 févr. 1950, *Rec. Cons. d'Ét.*, p. 100).

actes qui manifestent « leur existence sociale »[4]. Le Palais-Royal semble se détourner de la Montagne Sainte-Geneviève, hantée de fantômes aristotéliciens, pour nouer avec le quartier Saint-Germain-des-Prés, sous le signe de l'existentialisme juridique, un flirt imprévu.

Or, le débat est grave; les « faiseurs de systèmes » sont trop conscients du rôle capital que joue, dans l'élaboration et la régulation de notre droit administratif, le Conseil d'État, pour ne point attacher à tout ce qui émane de la Haute Assemblée une importance primordiale. Il serait à peine excessif de dire que l'édifice du droit administratif, c'est-à-dire l'ensemble des solutions données en France au problème des rapports de l'homme avec le Pouvoir en tant qu'il intervient dans sa vie quotidienne, repose, pour l'essentiel, sur la tradition intellectuelle et sur l'éthique du grand corps qui l'a construit. Est-ce une force, est-ce une faiblesse ? C'est, en tout cas, un fait. Et c'est pourquoi, en présence des critiques qui mettent en cause l'essentiel de son rôle traditionnel, la Doctrine, dès lors qu'elles lui viennent de membres éminents de notre haut Tribunal administratif, ne peut pas, laissant de côté tout amour-propre, ne pas faire un retour sur elle-même, et se soumettre à l'austère discipline de l'examen de conscience.

Faut-il l'avouer ? L'examen de conscience n'a point engendré la contrition, mais, tout à l'opposé, le ferme propos de persévérer dans la voie traditionnelle. Que les « systèmes » soient indispensables au droit administratif, qu'en fait, d'ailleurs, les contempteurs des « systèmes » tombent eux-mêmes sous la condamnation qu'ils portent, et apparaissent comme des « faiseurs de systèmes », parce qu'ils sont de remarquables juristes, et que tout juriste est faiseur de systèmes, c'est ce que l'on voudrait tenter de démontrer ici.

I.

Pour ne point risquer de faire porter la défense à faux, il convient tout d'abord de préciser exactement le terrain sur lequel semble se situer la critique.

La systématisation, en droit, se rencontre à plusieurs plans. Au degré supérieur, elle produit les grandes synthèses qui s'efforcent de donner, du phénomène juridique, une explication totale : ainsi de la construction kelsénienne, ou du positivisme juridique. À un plan plus humble, le « faiseur de systèmes », remontant du concret à l'abstrait, passant du multiple à l'un, va s'efforcer de ramener la pluralité des solutions données par la loi ou la jurisprudence à quelques formules qui en dégagent les aspects fondamentaux; dans cet effort encore, il y a des degrés, selon qu'il s'attache à un domaine plus ou moins vaste; l'essai d'un Hauriou ou d'un Jèze systématisant, autour des notions de puissance publique ou de service public, l'ensemble des règles du droit administratif, se situe évidemment à un autre plan que celui de l'auteur qui s'efforce de dégager, à partir des espèces, une notion précise du contrat administratif ou de l'établissement public.

4. Chenot, *La notion de service public dans la jurisprudence économique du Conseil d'État, Études et Documents*, 1950, p. 77.

C'est dans ce dernier aspect, – le plus modeste, et, pense-t-on, le plus nécessaire, – que l'esprit de système se voit aujourd'hui critiqué. Tenter de définir *le* contrat administratif, ou *le* service public, ce serait perdre de vue la réalité, qui ne connaît que *des* contrats administratifs, *des* services publics, des situations concrètes, toutes différentes ; ce serait s'efforcer d'atteindre à un monde de formes existant en soi, se mouvoir dans un univers d'Idées et de Notions sans rapport avec l'univers où l'homme vit et agit ; ce serait opter pour l'essence, contre l'existence. Or, « le juge est ennemi de la chose en soi. Il ne cherche pas à connaître l'essence des institutions pour en classer les diverses variétés dans un herbier » ; ainsi peut-il « suivre l'évolution des faits économiques et sociaux », et demeurer fidèle « aux réalités concrètes »[5]. Dès lors, l'effort de la Doctrine pour synthétiser les solutions qu'il donne dans chaque cas est vain, et quelque peu dérisoire ; lorsqu'elle tente, par exemple, de donner une définition de l'intérêt requis pour former le recours pour excès de pouvoir, elle trahit l'esprit d'une jurisprudence « diverse…, plus ou moins accueillante… »[6], et qui ouvre ou ferme le prétoire au vu des seules circonstances de l'espèce.

Telle est l'attaque. La défense voudrait citer, tout d'abord, comme témoins à décharge, quelques-uns des hommes dont l'autorité demeure entière au sein de la Haute Assemblée. Car la Doctrine, en droit administratif, c'est le Conseil d'État lui-même qui l'a fondée, dans une très large mesure. Faut-il évoquer Laferrière ? Qu'a-t-il fait, sinon réduire en système des solutions d'espèce ? Incompétence, vice de forme, violation de la loi, détournement de pouvoir, ces « catégories », dans lesquelles s'analyse l'excès de pouvoir, pour ne citer que celles-là, sont nées au sein du Conseil ; la volonté de systématiser autour de quelques grandes notions simples une matière complexe et confuse, éclate à chaque page au *Traité de la juridiction administrative*. Elle éclate aussi dans les grandes conclusions de M. le Président Romieu : qu'on relise, pour s'en convaincre, les formules classiques par lesquelles, sous l'arrêt *Terrier*, il fondait sur « le service public » la compétence administrative. Tout le droit jurisprudentiel s'est fait par ces systématisations successives, « toujours recommencées » comme la mer valéryenne, dont tant de commissaires du Gouvernement ont, tour à tour, dégagé les formules.

Il n'en pouvait être autrement, pour des raisons qui tiennent à la définition même du Droit, et à sa fonction. Quelle que soit la définition que l'on choisisse pour la règle de droit, on retiendra comme un de ses traits constants la, généralité. La règle ne peut régir les espèces qu'en les réunissant dans le cadre d'une catégorie ; tous les fonctionnaires accomplissent des tâches différentes dans des lieux divers, avec des états d'âme singuliers. La loi qui les régit ignore ce qui fait, de chacun d'eux, « le plus irremplaçable des êtres » ; elle les réunit sous un schéma abstrait, qui ne retient que les traits communs à la situation de chacun d'eux ; elle élabore, de ces traits juxtaposés, l'image du Fonctionnaire ; et c'est cette image, ou plutôt cette notion, qui seule lui permet de régir les situations particulières de tous les fonctionnaires.

5. Chenot, *La notion de service public dans la jurisprudence économique du Conseil d'État, Études et Documents*, 1950, p. 77.
6. Conclusions précitées de M. Chenot, dans l'affaire *Gicquel*.

Parce que la règle de droit est générale, et ne peut pas ne pas l'être, il faut bien qu'elle soit abstraite; il faut qu'elle recherche *le* contrat sous *les* contrats, qu'elle définisse *le* détournement de pouvoir pour être sûre de frapper les mille manières qu'a l'Administration d'oublier la fin qui lui est assignée. Qu'il y ait, dans ce passage inévitable du concret à l'abstrait, des risques, Gény l'a dit, et Duguit; la tentation du juriste est de considérer les notions auxquelles il aboutit, non comme l'expression momentanée de solutions appelées à se modifier, mais comme des réalités objectives douées d'une vie propre; mais, s'il lui appartient de se tenir en garde contre ces risques, il n'est pas en son pouvoir de les refuser : car ils sont inhérents à la nature de la règle de droit.

C'est que le Droit – on s'excuse de rappeler ces évidences, après celles qui précèdent – a, dans la vie sociale, une fonction à remplir. Fonction de stabilité, fonction de sécurité. L'individu ne se sent protégé par le Droit que lorsqu'il peut prévoir à l'avance quelle règle régira la situation dans laquelle il envisage de se placer. C'est pourquoi il a, des siècles durant, lutté pour faire sortir du secret des Temples la Règle qui le condamnait sans qu'elle lui eût été révélée. C'est pourquoi il s'est détourné du règne du Juge, préférant la sécurité de la règle à un arbitraire qui, si excellentes qu'en pussent être les manifestations lorsque le juge était sage, présentait le risque minimum de tous les arbitraires : l'imprévisibilité.

L'homme a besoin de connaître la règle; il ne peut, d'ailleurs, la respecter qu'à ce prix. Encore faut-il que la règle soit connaissable. Ceci implique une certaine précision, et une certaine permanence. Ce sont là des vertus qui ne sont nullement incompatibles avec une élaboration jurisprudentielle; elles ne s'opposent pas davantage aux impératifs auxquels est soumise, de par son objet, la règle administrative; « règles... qui varient suivant les besoins du service », sans doute, et la souplesse de la règle, la part de pouvoir discrétionnaire qui subsiste pour l'Administration dans l'application de la directive, doivent, être respectées; mais pour qu'une règle soit souple, il faut d'abord qu'elle soit règle. Un juge « ennemi de la chose en soi », dosant et nuançant, selon l'appréciation qu'il ferait « des circonstances concrètes », les éléments de sa solution, glisserait vite de l'existentialisme à l'impressionnisme; or, s'il est attachant de retrouver, fixée sur la toile, la vision subjective qui fut celle d'un grand peintre, par contre, l'impressionnisme juridique, le jugement rendu au seul vu de l'ambiance d'une affaire, aboutissent à la mort du Droit. À tout le moins, des formules ondoyantes et chatoyantes à l'excès, où la nuance ne permettrait plus de discerner la couleur, où la part laissée à l'appréciation subjective du juge étoufferait la part de « l'objectivement connaissable » par l'assujetti, feraient reprendre au Droit le chemin des sanctuaires et le ramèneraient à sa forme première : l'ésotérisme aristocratique. S'il existe un lien entre « la tranquillité des professeurs » et « la stabilité des catégories juridiques »[7], la tranquillité des professeurs devient l'un des biens les plus précieux de la vie en société; car la stabilité des catégories juridiques, c'est la possibilité, pour l'homme, de connaître la règle et de prévoir les effets de ses actes, donc d'entreprendre dans l'ordre, et d'exercer une liberté qui n'existe plus dès que celui qui prétend en user ignore les conséquences du geste qu'il pose. Dans l'univers du « Procès » de Kafka, il n'y a pour les professeurs

7. Article précité de M. Chenot.

aucune tranquillité ; il n'y a pas non plus de catégories juridiques stables ; il n'y a point de règle connaissable, il n'y a que la pesée, sur l'homme, d'une loi ignorée de lui, qui n'est que le masque mystérieux du Pouvoir.

II.

Aussi bien, les actuels contempteurs de la systématisation du Droit sont-ils pleinement conséquents avec leur doctrine ? On a cité l'arrêt *Gicquel*[8] ; le commissaire du Gouvernement se trouvait aux prises, en l'occurrence, avec une délicate question de recevabilité : le requérant avait-il un intérêt suffisant pour contester la légalité d'un décret ? Or, quelle est la méthode suivie pour trancher la question ? C'est la méthode classique de tous ceux dont les conclusions ont tissé la trame de notre droit administratif, c'est la systématisation de la jurisprudence. Qu'elle soit « fluide, subjective, presque arbitraire », cela n'empêche pas l'éminent commissaire du Gouvernement d'en proposer une synthèse aux termes de laquelle un requérant est considéré comme apte à former le recours, dès lors qu'il appartient à une catégorie d'intéressés définie avec une suffisante netteté. L'appartenance à une catégorie « nettement délimitée », voilà le critère de la recevabilité ; on peut le juger imprécis, et craindre que la formule ne donne au requérant éventuel qu'une sécurité bien incertaine au moment où il envisage de saisir le Conseil. Mais, au plan de la méthode juridique, c'est bien une systématisation qui est proposée ; on ne voit pas, d'ailleurs, comment il eût été possible de ne pas recourir à ce procédé, à moins de dire : « Sont admis à former le recours les individus que le juge déclare tels », ce qui semble difficilement acceptable.

Il n'en va pas autrement lorsque l'on tente, dans une perspective existentialiste, de définir le nouveau critère de la compétence administrative. Le remarquable article publié, sur ce sujet, dans *Études et Documents*[9], constate à juste titre le déclin de la notion de service public dans cette fonction capitale, et apporte un confirmateur particulièrement autorisé à la formule par laquelle on avait, dès 1946, cru pouvoir schématiser l'évolution en cours : « La compétence suit le fond »[10]. Au juge administratif la connaissance des situations de droit public, au juge judiciaire l'application des règles du droit privé. Dans le même sens, l'auteur de l'article précité écrit : « Dans l'état actuel du droit, il n'est plus possible de dire que telle ou telle institution administrative est un service public. On peut seulement rechercher si telle ou telle catégorie d'actes juridiques ont été accomplis… sous l'empire de règles qui dérogent au droit commun ».

L'analyse est exacte ; mais on doute qu'elle soit, du point de vue de la méthode, autre chose qu'un système nouveau substitué au système ancien. Car enfin, pour dire si « tel litige concernant l'employé d'une Administration ressortit ou non au droit public », le juge, qui va chercher un critère de compétence dans le contenu même du statut de l'agent, est bien obligé de se référer à des « notions », à des

8. Cons. d'Ét. 10 févr. 1950 (*Rec. Cons. d'Ét.*, p. 100, concl. de M. Chenot).

9. V. *supra*, p. 100, note 4.

10. Cf. notre note sous un arrêt de la cour d'appel d'Aix du 4 déc. 1945, *C*[ie] *Gén. Transatlantique C. Tournel* (*Rec. Sirey* 1946. 2. 129).

« choses en soi » : les notions de « statut de droit public » et de « statut de droit privé » ; on reste à la surface des choses lorsqu'on prétend résoudre le problème par l'examen des seules « réalités concrètes » ; car cet examen ne peut emporter de conclusion juridique que parce qu'il est conduit à partir d'une notion abstraite, et aboutit à réintégrer dans la catégorie qui correspond à cette notion la situation particulière considérée. « Situation de droit public », « clause dérogatoire au droit commun » sur le terrain contractuel, tels sont les concepts nouveaux auxquels se réfère le juge pour trancher le problème de sa compétence. On avoue ne pas voir en quoi ces notions seraient plus concrètes, et, si l'on ose dire, moins notionnelles que la notion de service public. La vérité est que ce n'est pas la méthode qui a changé, mais l'objet dont elle se saisit : pour trancher le problème de sa compétence, le juge, à partir du début de ce siècle, s'est principalement attaché à la nature juridique de l'organisme en cause ; aujourd'hui, il pousse l'examen plus avant, et s'attache à la nature juridique de la situation dont il est saisi, opérant le partage des compétences, selon la formule de M. Odent, « d'après la nature juridique propre des questions soulevées »[11] ; mais, aujourd'hui comme hier, c'est toujours un problème de nature juridique qui est en jeu ; et le mot même de nature éveille, au plan philosophique, des résonances plus aristotéliciennes que sartriennes. Qu'il le veuille ou non, le juriste n'échappe pas à la notion, parce qu'il est condamné à l'abstraction ; le juge ne peut se refuser à considérer « la chose en soi », car c'est à elle qu'il lui faut référer, pour en déterminer le statut juridique, la multiplicité des situations que lui propose la vie. Il demeure, même contre son gré, un « faiseur de systèmes ».

III.

Puisqu'il ne peut pas ne l'être point, puisqu'un Droit privé de « notions » est proprement impensable, et apparaîtrait, au demeurant, comme socialement catastrophique, on souhaite qu'il accepte la règle du jeu en pleine conscience, et en pleine clarté.

C'est un fait : au droit administratif français, construction intellectuelle merveilleusement excitante pour l'esprit, avec son jeu de nuances et la subtilité de ses distinctions, il a toujours manqué, il manque aujourd'hui encore une vertu pratique éminente : la simplicité. Qu'il s'agisse des règles de compétence ou des règles de fond, l'hésitation est trop souvent la seule attitude offerte à l'assujetti. Que cette structure réponde, dans une large mesure, à « la nature des choses », qu'elle soit inhérente à une règle qui entend discipliner l'action du pouvoir, c'est un fait. Encore convient-il de ne pas en aggraver systématiquement les conséquences. C'est seulement dans la mesure où il demeurera fidèle à la tradition des Laferrière et des Romieu – à sa tradition – et où il aura perpétuellement ce souci du justiciable qui conduit à la clarté dans les formules, que le juge administratif pourra donner, au droit qu'il élabore, une efficience accrue. « Contrarier des théories générales, démentir des notions fondamentales »[12], que le juge le fasse, certes, lorsqu'un jugement équitable est à ce prix. Mais qu'il ne le

11. Cons. d'Ét. 14 juin 1946, *Soc. financière de l'Est* (*Rec. Sirey* 1947. 8. 82).
12. Cf. l'article précité de M. Chenot.

fasse pas de gaîté de cœur ! Qu'il ne soit pas trop sensible à la part de vérité que contient l'affirmation selon laquelle « l'évolution sociale commande souvent aux constructions de l'esprit et bien rarement les suit » ! L'évolution sociale est un complexe de faits, privé en lui-même de toute signification. C'est l'esprit qui en dégage les divers sens possibles ; et, par là, ses constructions sont lourdes d'avenir. Le juriste se doit de croire que la règle dont il est le gardien n'est pas le simple enregistrement des faits, alors qu'elle a pour raison d'être de les discipliner ; il se doit de ne pas abandonner, à la première pointe offensive dirigée par « les faits » contre ses règles et ses notions, la ligne qu'il a mission de tenir, car rien n'est plus ambigu qu'un fait, et rien ne prête davantage à l'incertitude que son interprétation. Qu'il y ait des évolutions nécessaires, c'est l'évidence. Que le système d'aujourd'hui soit appelé à céder quelque jour la place à une systématisation nouvelle, comment le nier ? Mais, encore une fois, la mission du Droit, la mission du juge, est avant tout de créer de la sécurité par la stabilité et la généralité de la règle. Puisse le Conseil d'État, dans son écrasant et magnifique labeur, ne point prêter, à la voix des sirènes existentialistes, une oreille trop attentive, et demeurer fidèle à la leçon plus austère des « faiseurs de systèmes », qui, dans son sein, ou en étroite communion de pensée avec lui, ont amorcé l'élaboration – qui reste à parfaire – de notre droit administratif.

LE SILENCE ET LA GLOIRE

1951

Jean Carbonnier

Doyen de la Faculté de droit de Poitiers

Si l'arrêt *Branly C. Turpain* (Civ., sect. civ., 27 févr. 1951, D. 1951. 329, note de M. Desbois) n'avait été commenté dans un sens uniformément favorable (v. Desbois, *loc. cit.*; Mihura, note J.C.P. 1951. II. 6193; H. et L. Mazeaud, chronique *Rev. trim. dr. civ.*, 1951, p. 246), il serait inutile d'y revenir. Mais, dans les sciences juridiques plus que dans les autres, seule la discussion est féconde, parce que, seule, elle permet de faire sortir de la loi ou de la sentence, les contraires dont elles ne sont que le provisoire repos. La Cour de cassation avait probablement de fortes raisons morales pour décider comme elle l'a fait. Ce serait, pourtant, manquer aux devoirs que l'on a envers elle, que de lui cacher les doutes et les craintes qui surgissent à la lecture de son arrêt.

Nous savons bien qu'elle s'est bornée à affirmer des principes de droit, à l'intérieur desquels il serait loisible à la cour de renvoi de reprendre, au fond, l'essentiel de la décision cassée (Poitiers, 2 févr. 1943, D.C. 1944. 44, note de M. Desbois). Mais le public des non-juristes, en particulier celui des écrivains et des savants, ne voit pas si loin : il voit seulement que le professeur Turpain a été condamné pour n'avoir pas, dans un article, cité Branly parmi les inventeurs de la T.S.F., et il se dit que la liberté d'opinion est bien menacée si un auteur n'a plus le choix de ses silences, et si, pour les gloires nationales, les dommages-intérêts établissent un culte d'État.

I.

Il serait hors de saison de rouvrir le débat sur l'abstention fautive. Contre la négation, exagérément individualiste, du XIXe siècle, la réaction de notre époque a été légitime. Peu d'esprits refuseront, aujourd'hui, de souscrire aux motifs généraux que la section civile a placés en tête de son arrêt : que la faute prévue par les art. 1382 et 1383 peut consister aussi bien dans une abstention que dans un acte positif, que l'abstention peut engager la responsabilité de son auteur même quand elle n'a pas été dictée par la malice et l'intention de nuire. Mais de ces motifs généraux à l'application qui suit, le passage n'est guère convaincant.

On a mentionné comme un précédent (v. Mihura, *loc. cit.*) qu'une commune ait été rendue responsable d'un emprunt qui avait mal tourné, parce qu'elle n'avait pas opposé de démenti aux prospectus la présentant mensongèrement comme l'émettrice (Req. 16 avr. 1894, D.P. 94. 1. 340), et l'on aurait pu y ajouter toute la jurisprudence sur l'apparence, puisqu'elle sous-entend qu'il y a faute à laisser créer autour de soi, sans la démentir, une apparence contraire à la réalité (v. par ex. Req. 20 févr. 1922, D.P. 1922. 1. 201, note de M. Savatier. Comp. J.-Ch. Laurent, note D.P. 1931. 1. 41). Mais, pour arriver à identifier ce silence-là avec celui de l'historien supprimant une célébrité qui lui déplaît, il ne faut rien de moins que la puissance d'abstraction des juristes, – même si nous considérons qu'ils sont, l'un et l'autre, la violation d'un devoir de renseigner autrui (Comp. Savatier, *Traité de la responsabilité civile*, 2e éd., t. 1, nº 46), car les renseignements destinés à l'enrichissement des connaissances ne ressemblent guère à ceux qui sont requis en vue de l'action. Dans un cas, si le silence attire l'attention du droit, c'est parce qu'il est dangereux, dangereux pour ceux qui auraient dû être renseignés et qui ne l'ont pas été; dans l'autre, c'est parce qu'il est offensant, offensant non pas pour le lecteur qui aurait dû être renseigné, mais pour un tiers. Jamais le sens commun ne confondra le silence-piège avec le silence-injure. De l'un à l'autre, il n'y a pas à conclure. Ce que l'on peut critiquer dans l'arrêt de la section civile, ce n'est pas qu'il ait fait du silence un délit, c'est qu'il en ait fait un délit de presse, un délit de la parole.

Notre système de responsabilité civile, fondé sur la *clausula generalis*, on ne peut plus *generalis*, de l'art. 1382, a un don d'ubiquité qui, à nos yeux prévenus, passe pour un incomparable avantage. L'inadaptation humaine qui en est la rançon pourrait bien, cependant, le compenser, et au-delà. Un système de délits spéciaux, concrets, fragmentaires, comme en a connu le droit romain, comme en connaît encore le droit anglais, permet de traiter plus exactement les divers types sociologiques et psychologiques de fautes civiles, et se trouve ainsi, malgré son apparent archaïsme, plus proche des préoccupations scientifiques modernes. Il permet, du moins, de ne pas noyer dans une notion générale vague ces délits civils qui, transportés en droit pénal, prennent nom de délits de presse ou de la parole, d'atteintes à l'honneur et à la considération, et de construire pour eux une théorie particulière (*actio injuriarum, libel and slander*), où soit préservée leur originalité certaine, traditionnelle, postulée par la nature des choses. On pourrait se demander, du reste, si les rédacteurs du Code Napoléon ont réellement songé, en écrivant l'art. 1382, à faire disparaître le trésor de solutions équitables auquel l'ancien Droit était parvenu par l'étude des délits spéciaux, et notamment du délit d'injures (v. par ex. le *Traité des injures* de Dareau, 1775). Ce serait aussi une question que de savoir si les lois sur la liberté de la presse (en dernier lieu, la loi du 29 juillet 1881) n'avaient pas entendu instituer, pour toutes les manifestations de la pensée, un système juridique clos, se suffisant à lui-même, arbitrant une fois pour toutes tous les intérêts en présence, y compris les intérêts civils – et enlevant, du même coup, à l'art. 1382 une portion de sa compétence diffuse. Sans préjudice des indications de certains textes, comme l'ancien art. 58 de la loi de 1881[1], la considération du but poursuivi par le législateur suggérait cette interprétation : si la liberté de la presse doit être garantie, ne faut-il pas qu'elle le soit au regard des actions en dommages-intérêts autant que de la répression pénale ? La question, pourtant, sans avoir été sérieusement examinée, a été tranchée en faveur du droit

1. Ce texte, qui a disparu depuis l'ordonnance du 13 sept. 1945, avec la compétence de la cour d'assises en matière de délits de presse, disposait que, dans le cas d'acquittement par le jury, le prévenu devait être renvoyé de la plainte sans dépens *ni dommages-intérêts* au profit du plaignant (contrairement au droit commun des art. 358 et 366 c. instr. crim.). C'était nier que pût exister, en notre matière, une faute civile distincte de la faute pénale (Comp. G. Le Poittevin, *Traité de la presse*, t. 2, nº 794). Au même esprit, nous rattacherions l'art. 6-3° de la loi du 12 juill. 1905 (disposition traditionnelle dans la réglementation de la compétence des juges de paix), dont le langage paraît bien impliquer une unité substantielle entre toutes les diffamations et injures, entre celles qui peuvent être poursuivies par la voie criminelle et celles qui ne peuvent donner lieu qu'à la voie civile.

commun niveleur : la pratique admet que l'art. 1382 demeure partout sous-jacent à la loi du 29 juillet 1881, et des faits qui ne sont pas, à défaut d'un élément constitutif, pénalement répréhensibles comme diffamations ou injures, peuvent encore être saisis comme délits civils, en vertu des principes généraux de la responsabilité (v. par ex., en l'absence de l'élément de publicité, Req. 2 déc. 1946, D. 1947. 110). Ce qui ne veut pas dire que, dans l'appréciation de ces délits civils, la jurisprudence n'ait pas été fortement influencée par la théorie pénale (Comp. Savatier, *op. cit.*, t. 1, n° 94). Comment aurait-il pu en être autrement ? Dans la théorie pénale de la diffamation et de l'injure, elle trouvait une philosophie toute élaborée, le produit de réflexions séculaires sur les bienfaits et les méfaits de la langue des hommes, sur les aveuglements respectifs de l'envie et de l'amour-propre, etc., tandis que l'art. 1382 ne pouvait lui offrir qu'un schéma sec, dépouillé, visiblement conçu pour d'autres hypothèses, pour des blessures, des homicides, des dégâts matériels. Heureusement, il se rencontrait dans cet art. 1382 des parties assez plastiques – et, tout le premier, le concept même de faute – pour que, sans faire violence à la légalité, les tribunaux pussent y accueillir quelques-unes des nuances venues du droit pénal.

Il nous semble que c'est précisément ce que, dans un style trop discret peut-être, la cour de Poitiers avait voulu faire, en relevant que le professeur Turpain n'avait pas agi *de mauvaise foi*, n'avait pas agi *par malice et avec l'intention de nuire*. Certes, confrontées avec les seuls art. 1382 et 1383, de telles constatations étaient inopérantes : partout où la faute intentionnelle est concevable, il y a place pour la faute d'imprudence ou de négligence ; le quasi-délit est l'ombre portée du délit. Mais référons-nous à la loi du 29 juillet 1881 : une jurisprudence constante, et qui n'est pas toute pénale, décide que la diffamation et l'injure supposent essentiellement l'intention de nuire, la malice, la mauvaise foi (v. Req. 8 févr. 1909, D.P. 1909. 1. 535 ; 24 avr. 1914, D.P. 1918. 1. 96 ; Crim. 28 janv. 1916, D.P. 1920. 1. 95 ; 27 oct. 1938, D.P. 1939. 1. 77, note de M. Mimin ; 7 févr. 1945, D. 1945. 254 ; 1er juill. 1949, D. 1949. 447. Comp. la note de M. Nast sous Trib. civ. Seine, 29 mars 1926, D.P. 1928. 2. 68). C'étaient les propositions mêmes de la cour de Poitiers.

Cette jurisprudence a été contestée (v. G. Le Poittevin, *Traité de la presse*, t. 2, nos 729 et s.). Elle repose, cependant, sur une donnée très solide de l'expérience ; c'est que, pour l'offenseur comme pour l'offensé, l'offense n'est pas dans la matérialité des gestes ou des mots, mais tout entière dans l'intention qui les anime. Le principe, qu'enseignaient nos vieux jurisconsultes, est qu'« il n'y a d'injure qu'autant qu'il y a de l'affectation et un dessein marqué d'injurier » (Dareau, *op. cit.*, p. 94). « Point d'injure sans esprit d'injure », répétait Portalis. L'intention coupable exigée en matière d'injure et de diffamation, ce n'est pas, d'ailleurs, exclusivement cet élément intentionnel par lequel le délit civil se définit, en contraste avec le quasi-délit. La notion est plus vaste, prend une coloration morale, qui explique que les tribunaux parlent également de mauvaise foi. On a pu leur reprocher, à cette occasion, de ne pas séparer intention et mobiles. Mais le vrai est qu'il s'agit toujours, pour eux, de rechercher si l'offense, physiquement réalisée, n'est pas psychologiquement vide de signification offensante, comme ils le font, sans que l'on s'en étonne, pour l'injure grave, cause de divorce. Cette appréciation morale dépend d'une foule de circonstances.

Néanmoins, ainsi que le soulignait M. Mimin dans une pénétrante analyse (D. P. 1939. 1. 79), il est trois critères auxquels on peut tout ramener, trois critères de la mauvaise foi dans les délits de presse – ou, plutôt, de la bonne foi, car il sied d'inverser les termes et, puisque l'intention coupable se présume ici (v. Crim. 27 oct. 1938, 7 févr. 1945, 1er juill. 1949, précités), d'énoncer plutôt ce qui pourra justifier le défendeur : sa sincérité, la légitimité de son but, la correction de ses moyens.

La Cour de cassation a voulu ignorer ce particularisme de la matière. Rien de plus caractéristique que sa surprise en voyant la cour de Poitiers attacher des conséquences à la sincérité de l'historien. Surprise qui redouble, à constater que cette sincérité n'était même pas toute pure, puisqu'il pouvait bien s'y mêler un grain d'orgueil ou d'ambition. Il y a de quoi être surpris, en effet, au regard des principes généraux de la responsabilité : nos défauts ne sauraient justifier nos mauvaises actions (Comp. H. et L. Mazeaud, *Rev. trim. dr. civ.*, 1943, p. 111). On conçoit, au contraire, dans l'atmosphère particulière des délits de presse, que la sincérité ne coïncide pas nécessairement avec l'impartialité, et qu'une dose de passion y soit excusable et excusante, que ce soit la passion partisane des luttes électorales (Comp. Crim. 29 juill. 1899, D. P. 1902. 1. 118; Req. 24 avr. 1914, précité), ou celle des débats que l'on dit scientifiques.

Mais, pourrait-on objecter, cette question de sincérité n'a pas été décisive dans la cassation; ce qui a déterminé la section civile, c'est *l'incorrection des moyens* employés envers Branly, motif qui avait tout autant de poids dans le droit spécial de la presse que dans le droit commun de la responsabilité civile. De fait, tout l'arrêt suggère, s'il ne l'exprime formellement, cette idée que la faute a tenu, en l'espèce, à l'emploi du silence comme moyen de critique : l'historien pouvait contester que Branly fût l'inventeur de la T.S.F., mais à condition de s'en expliquer; il n'avait pas le droit de le laisser seulement entendre en se taisant. Nous voici de nouveau au silence-injure.

Remarquez que la théorie pénale admet qu'il puisse y avoir des silences injurieux ou diffamatoires. Mais ce sont des silences qualifiés, circonstanciés : des points de suspension habilement semés (Comp. Le Poittevin, *op. cit.*, t. 2, n° 732), des réticences évocatrices (« X… ne fait plus partie de ma maison pour des raisons que je tairai ». Comp. Req. 16 janv. 1914, D. P. 1918. 1. 11. V. cep. Paris, 6 mars 1844, *Jur. gén.*, v° *Presse-outrage*, n° 822), ou encore, ainsi que les appelait l'ancien Droit, des injures obliques (« Moi, je ne suis pas un voleur ». Comp. *Jur. gén.*, *ibid.*, n° 820), – toutes insinuations que la théorie frappe au même titre que l'allégation directe (v. l'art. 29 de la loi de 1881, dans la rédaction de l'ordonnance du 6 mai 1944). Si ces silences sont jugés coupables, ce n'est point, – comme on serait tenté de l'imaginer, dans l'esprit des doctrines générales de la responsabilité, – parce qu'ils constituent des omissions dans l'action; c'est tout simplement qu'ils ne sont pas de véritables silences. La suspension, la réticence, la prétérition sont des figures classées de rhétorique. Ce sont des façons de parler; elles font partie du discours, comme, dans un tableau, les ombres font partie de la peinture aussi bien que les couleurs.

À côté de cela, il y a des silences absolus, des silences parfaits. Ils peuvent être éloquents, avoir un sens pour qui sait ou qui conjecture, parce qu'il est toujours possible, avec un minimum de pénétration, de deviner la pensée d'autrui. Mais rien ne les matérialise, et c'est pourquoi ils n'engagent pas la responsabilité. Peu importe qu'une abstention pure, en général, puisse l'engager. La question n'est pas la responsabilité en général, mais cette responsabilité spéciale que nous assumons pour nos paroles ou nos écrits, et le silence absolu n'est ni parole ni écrit, il est pensée pure. Nous nous faisons scrupule de reprendre contre la solution de la Cour de cassation ce que l'individualisme a trop dit, chaque fois qu'a été sanctionnée une responsabilité pour abstention fautive : que c'est mettre en péril la liberté. La liberté finira par devenir un vocable abusif. Il est beaucoup de libertés, et toutes ne sont pas également précieuses. Même la liberté de communiquer ses pensées ne peut être sans limite. Mais c'est la liberté de la pensée *intérieure* qui est ici en cause, et il n'est pas de valeur qui soit supérieure à celle-là.

Et puis, le silence a des vertus pratiques. La sociabilité est faite de silences. Le silence est respectueux, religieux, charitable. Il procède de la défiance de soi, du doute méthodique. Je suis, par intuition, persuadé qu'une assertion courante est fausse, sans être encore à même de le démontrer; serai-je forcé, en attendant, de faire semblant d'y croire ? Le silence est l'issue honnête. Il est des mutismes officiels (on en entendra sur Verdun); il en est de laïques; certains interviennent *ad usum Delphini*[2], d'autres *brevitatis causa*. Apparemment, la Cour de cassation consentirait à admettre qu'il y eût ici des buts justificatifs. Mais le silence, par essence, est un vide, où tout, n'importe quel but, peut entrer; et quelle besogne inquisitoriale, peu digne de ce qu'il y a de positif, d'agnostique dans le droit, si les tribunaux doivent passer les silences au crible de l'art. 1382 !

II.

À quoi bon instruire plus avant le procès de tendance fait au silence ? Il n'est pas sûr que l'historien se serait sauvé en parlant. Plus que de certaines armes, c'est peut-être de certaines cibles que la section civile a voulu lui interdire le choix. L'article incriminé n'aurait pas davantage trouvé grâce si, au lieu de se taire complètement sur Branly, il avait lapidairement déclaré : Branly n'a pas inventé la T.S.F. Il y aurait fallu des explications, et d'une ampleur suffisante, et, raisonnablement, pas n'importe lesquelles. De proche en proche, la Cour de

2. Nous n'aurions pas osé troubler la mémoire du P. Loriquet, si une allusion n'y avait déjà été faite (v. H. et L. Mazeaud, *Rev. trim. dr. civ.*, 1951, p. 247). On sait que ce jésuite, qui semble avoir été, au demeurant, un esprit fort distingué, devint célèbre, sous la Restauration, pour avoir, dans un manuel d'histoire de France, – du moins à ce que l'on raconte, car les historiens de cet historien ne sont point unanimes, – retracé toute la période de 1800 à 1815 sans mentionner Napoléon (sauf peut-être, selon une variante, en le présentant comme un général des armées de Louis XVIII). L'exemple, en effet, paraît frappant, d'une improbité intellectuelle par voie de silence. Mais qui peut juger ? Une pédagogie de nos jours très prônée aimerait, sans doute, cet éducateur soucieux de ne pas déposer de germes guerriers dans l'âme enfantine. En tout cas, si faute il y avait, ce ne pouvait être qu'à l'égard des acheteurs du livre. Aussi bien, on n'a jamais entendu dire que la famille Bonaparte ait réclamé des dommages-intérêts.

cassation ne peut éviter d'instaurer un contrôle judiciaire de la manière d'écrire l'histoire[3].

Ce contrôle serait encore relativement aisé si l'histoire n'était composée que de faits simples, dont l'existence pût se vérifier par oui ou par non. Mais l'histoire ne se contente plus d'enregistrer les événements; elle se préoccupe d'en découvrir les causes. Or, les causes sont complexes, enchevêtrées, obscures. Le consensus que l'on peut normalement espérer sur la description des événements ne se retrouve plus dans la reconstitution des causalités. Entre les deux, s'interpose un écran d'interprétation, donc de subjectivité. Ainsi en va-t-il pour la paternité des inventions, si souvent controversée, et pas seulement d'un pays à un autre : c'est qu'elle ne se déduit pas uniquement de la chronologie des expériences qui y ont conduit, point de fait, mais d'une appréciation du rôle respectivement joué par ces expériences dans le résultat final. Les civilistes devraient bien savoir à quoi s'en tenir : s'ils constatent tous que Bonaparte a participé aux travaux du Conseil d'État, ils ne sont point d'accord sur la part qu'il convient de lui attribuer dans l'œuvre de codification.

On entrevoit, dès lors, les réserves suscitées par les formules où la section civile, – combinant du reste, avec quelque éclectisme, deux doctrines différentes de la responsabilité, – s'est efforcée de définir la responsabilité de l'historien. Que l'on déclare qu'un historien est en faute pour avoir violé un devoir professionnel d'objectivité, ou pour ne s'être pas comporté comme un historien prudent, avisé et objectif, c'est toujours méconnaître l'existence de tout un secteur immense des sciences historiques où la subjectivité est légitime, parce qu'elle est inévitable. Avec la première formule, on raisonne comme s'il y avait une corporation des historiens, chargée de dresser pour eux un code de déontologie; avec la seconde, on paraît supposer un type abstrait, là où il serait souhaitable de ne trouver que des individualités irréductibles les unes aux autres. Observons-le, au risque de nous éloigner beaucoup de l'arrêt : plus un historien aura de génie, plus il tombera dans ce péché de subjectivité que la Cour de cassation tend sous ses pas. Michelet y aurait succombé à tous les coups. Veut-on le triomphe de l'histoire plate ? C'est-à-dire de l'histoire conformiste. Car le signe le plus clair de l'objectivité pourrait bien être, aux yeux de la Cour de cassation, une certaine conformité aux opinions assises. L'historien ne serait pas obligé de discuter *toutes* les versions qui ont pu être proposées d'un même fait; du moins, il serait tenu de faire un sort à la version que l'on pourrait qualifier de principale, celle-ci se reconnaissant à ce qu'elle a été adoptée par la *major et sanior pars* des historiens antérieurs. Les doctrines consacrées par le succès emporteraient ainsi avec elles une présomption de vérité. Pas irréfragable, il faut le concéder. Mais, même réfragables, les présomptions de vérité sont fort gênantes pour la libre recherche scientifique.

3. C'est ce que la cour de Paris avait refusé de faire, au siècle dernier, dans un arrêt rendu au profit d'Alexandre Dumas père (Paris, 26 avr. 1865, *Rec. Sirey*, 65. 2. 289). Les motifs de cet arrêt contrastent vigoureusement avec ceux de l'arrêt *Branly* : « *l'histoire n'est pas tenue*, lorsqu'elle rencontre un point obscur ou diversement raconté par les relations du temps, *de rapporter les différentes versions* auxquelles il a donné lieu, mais seulement de choisir avec impartialité celle qui lui paraît la plus sûre, et si ce point vient à soulever une controverse, *ce n'est pas devant les tribunaux qu'elle peut trouver ses juges...* ».

Que la recherche ait pour objet la grandeur d'un homme, l'importance de son rôle dans un événement, et le bénéfice de la présomption va fonctionner pour la conservation des gloires acquises. C'est peut-être la leçon la plus remarquable de l'arrêt *Branly* que cette invitation faite à l'histoire de se montrer circonspecte dans la discussion des grands hommes, à tout le moins tant que le temps ne les a pas fait sortir, eux et leurs héritiers, de la zone de protection de l'art. 1382. On peut ne pas éprouver beaucoup de sympathie pour cet exercice de virtuosité historique qu'est le « déboulonnage » des statues. Mais, dans la réalité, ce ne sont pas les historiens qui réussissent à jeter à bas les statues, pas plus qu'à les ériger ; c'est l'opinion publique.

Par là jaillit une nouvelle objection contre l'intervention de l'art. 1382, non plus du côté de la faute, mais à l'autre bout, du côté du préjudice. L'art. 1382 protège incontestablement l'honneur et la considération des individus (Comp. L. 29 juill. 1881, art. 29). Seulement, affirmer, au rebours de la croyance commune, qu'un savant n'est pas l'auteur d'une invention déterminée, ce n'est s'attaquer ni à son honneur ni à sa considération. Certainement pas à son honneur : on ne prétend pas qu'il ait plagié, usurpé. Mais même pas à sa considération : ses talents professionnels ne sont pas déniés, ni ses qualités scientifiques. Ce qui est visé, c'est sa célébrité, sa gloire. Or, la gloire n'est pas un capital que les grands hommes se sont constitué une fois pour toutes et sur lequel ils ont désormais un droit acquis. Ce n'est pas davantage une parcelle de leur personnalité, qu'ils pourraient défendre *erga omnes*. Leur honneur, leur considération, ils pourraient les défendre ainsi. Ce sont des valeurs qui leur appartiennent, et que le sentiment coalisé de tous leurs semblables ne saurait leur ravir, tandis que leur gloire, c'est entièrement dans ce sentiment des autres hommes qu'ils la trouvent. Ils en sont enveloppés, mais elle est en dehors d'eux[4]. On a souvent parlé du soleil de la gloire. Cette image usée a au moins le mérite de faire sentir ce qu'il y a, dans la gloire, de commun, de public, d'inappropriable, et combien est juridiquement vaine la prétention de l'homme célèbre qui se plaint que sa gloire ait été lésée : c'est un préjudice impossible.

Un préjudice impossible, venu d'une faute impalpable : à cela se réduisait, sans doute, en termes de droit, cette trop fameuse affaire. Le droit ne gagne rien à s'annexer ces domaines chimériques, où l'opinion, autrefois, régnait seule, qui juge mieux et plus vite que lui, et plus délicatement, ayant à sa disposition le moyen subtil de l'oubli.

4. C'est en quoi se justifie, nous semble-t-il, une décision récente (Trib. civ. Chaumont, 13 mai 1946, D. 1947. 53, note critique de M. Lalou), qui n'a pas accepté de garantir ne disons pas la gloire, mais, plus modestement, la célébrité d'un avocat de province contre le silence systématique d'un journal local. Nous ne pensons pas, malgré les motifs du jugement, que la solution aurait dû être différente en l'absence des règlements corporatifs interdisant aux avocats la réclame individuelle. La vérité, c'est que la célébrité, par définition, est un concert spontané, et que nul ne peut être contraint à unir sa voix à ce concert.

UNE FAMILLE SANS CHEF

1951

Henri Mazeaud

Professeur à la Faculté de droit
de l'Université de Paris,
Ancien membre de la Commission
de réforme du Code civil

Quand, par malheur, une famille se trouve privée de son chef… Est-il permis d'écrire encore ces lignes ? Certainement pas sans braver l'opinion de la majorité des membres de la Commission de réforme du Code civil. Le compte rendu des travaux de cette Commission pour l'année 1949-1950[1] révèle en effet à ceux qui n'ont pas participé aux délibérations que, les 2 et 16 mars 1950, la mort du chef de la famille a été décidée[2]. Faut-il en vouloir à ces hommes mûrs, oublieux de l'émotion qu'ils éprouvaient dans leur enfance à la lecture du *Petit chef de famille* ?

En 1938, le législateur, résolu à supprimer de l'art. 213 du Code civil le mot « obéissance » qui sonnait désagréablement à l'oreille de certaines femmes mariées, avait du moins qualifié le mari de « chef de la famille », quitte à prévoir des situations dans lesquelles cette prééminence disparaissait. Après lui, les rédacteurs de la loi du 22 septembre 1942 avaient affirmé (art. 213 actuel) que « le mari est le chef de la famille ». Ils ajoutaient qu'« il exerce cette fonction dans l'intérêt commun du ménage et des enfants » (ce qui était assurer la protection de la femme en cas d'abus de pouvoirs commis par le mari), que « la femme concourt avec le mari à assurer la direction morale et matérielle de la famille, à pourvoir à son entretien, à élever les enfants et à préparer leur établissement » (ce qui était faire de la femme l'associée du mari), qu'enfin, dans certaines circonstances, non seulement la qualité de chef de famille est perdue par le mari, mais est acquise par la femme (ce qui était faire de la femme la suppléante du mari).

Ainsi la famille apparaissait comme une association des époux avec prééminence contrôlée du mari, exceptionnellement de la femme.

Rien ne permettait de penser, quand les projets relatifs aux devoirs et droits respectifs des époux vinrent en discussion devant l'assemblée plénière de la Commission de réforme du Code civil, qu'il serait porté atteinte à cette conception : la sous-commission qui avait préparé les textes, avait estimé qu'il n'y

1. Travaux de la Commission de réforme du Code civil, année 1949-1950 (Libr. du *Rec. Sirey*, 1951), p. 13 et s., 16 et s., 33 et s., 41 et s., 45 et s., 64 et s., 86 et s., 88 et s.

2. Sur le chef de la famille, Cf. : *Le maintien et la défense de la famille par le droit* (conférences par des professeurs de la Faculté de droit de Nancy, *Sirey*, 1930), spécialement Simonnet, *Le mariage et l'union libre* (p. 77 et s.) ; Rouast, rapport *Bull. Soc. Études législ.* 1934, p. 86 et s. ; 1935, p. 44 et s. ; Julliot de la Morandière, *La loi du 22 septembre* 1942, J. C. P. 1943. I. 304, n°s 7 et s. ; Solus, *Mari et femme selon la loi du 22 septembre 1942*, n°s 5 et s., *Rev. trim. dr. civ.* 1943, p. 81 et s. ; Pierre Savinand, *Le chef de famille* (thèse, Paris, 1948, dactylographiée) ; Thomas Kallai, *La notion de chef de famille* (thèse, Paris, 1950, dactylographiée).

avait pas lieu de « modifier sensiblement les dispositions actuelles du Code »[3]. Mais, à peine la séance plénière du 2 mars 1950[4] est-elle ouverte que l'un des membres de la Commission se sent incommodé : « À la lecture de ce projet, déclare-t-il, j'ai éprouvé un certain sentiment de malaise; je trouve qu'il sent trop le passé, qu'il n'est pas assez dans le présent, et pas assez dans l'avenir... Le projet qui nous est soumis aurait presque pu être fait en 1804... Il s'agit ici d'un texte qui ne passera pas inaperçu au Parlement, car il contient des dispositions d'ordre social qui, certainement, attireront l'attention et, peut-être, jetteront une certaine défaveur sur l'esprit dans lequel nous avons orienté nos discussions »[5]. Aussitôt, plusieurs des membres de la sous-commission, qui avaient approuvé l'avant-projet, se déjugent : « si, disent-ils, nous avons maintenu le titre de chef de famille au mari, c'est parce que nous avons pensé qu'au lendemain de la loi de 1942, et dans l'état actuel des esprits, il valait peut-être mieux le maintenir, mais nous n'en étions pas partisans »[6]. Un premier vote a lieu : par 6 voix contre 2 la suppression du chef de la famille est décidée[7]. La question est reprise le 16 mars 1950[8] sur un contre-projet présenté à titre transactionnel par l'un des membres de la Commission[9] : si la majorité est résolue à modifier l'art. 213 du Code civil dans ses dispositions relatives au chef de la famille, ne conviendrait-il pas, au lieu de supprimer cette institution, de la calquer sur l'autorité paternelle que l'art. 373 confère au père et à la mère, mais dont il réserve l'exercice au père durant le mariage; on écrirait alors dans l'art. 213 : « Les époux, chefs de la famille, concourent à assurer sa direction morale et matérielle, à élever les enfants et à préparer leur établissement. Durant le mariage, les fonctions de chef de la famille sont exercées par le mari ». Et, afin de satisfaire la majorité, l'auteur du contre-projet prévoyait la possibilité pour le tribunal d'accorder à la femme l'exercice des fonctions de chef de la famille « chaque fois que l'intérêt de la famille l'exige ». Concession inutile : par 6 voix contre 3, la Commission décide à nouveau qu'il n'y aura pas de chef de famille[10].

Ainsi, pour ne pas sentir le moisi, pour que le Parlement ne risque pas de juger avec « une certaine défaveur » « l'esprit » de la Commission, que fait-on ? On vote un texte que Cambacérès avait en vain présenté aux Assemblées révolutionnaires, on consacre le principe de l'égalité absolue des époux.

Du moins s'imagine-t-on que revenir en arrière, c'est tout de même aller de l'avant. La Commission croit être « dans la ligne ». Sans doute les codes civils allemand[11] suisse, italien (pour ne parler que des législations de nos voisins), en supprimant l'incapacité de la femme mariée et la puissance maritale, ont affirmé que le mari restait le chef de la famille ou lui ont reconnu le pouvoir de décision.

3. P. 45 des Travaux 1949-1950. Cf. p. 13 et s., 15 et s., 33 et s., 41 et s.
4. Travaux, p. 45 et s.
5. Travaux, p. 46.
6. Travaux, p. 50.
7. Travaux, p. 53.
8. Travaux, p. 64 et s.
9. Travaux, p. 68, 86 et s.
10. Travaux, p. 78.
11. Cf. Dölle, *L'égalité de l'homme et de la femme dans le droit de la famille, Rev. intern. droit comparé*, 1950, p. 250 et s.; Grouber, *L'évolution du droit de la famille en U.R.S.S.*, n°s 2, 11, *Bull. Soc. législ. comparée*, 1946, p. 115 et s.

Mais ne convient-il pas de regarder plus loin ? L'égalité absolue des époux est affirmée par le code soviétique[12] et par les législations nouvelles des pays satellites : Bulgarie[13], Tchécoslovaquie[14], Pologne[15], etc., qui mettent en application la doctrine socialiste de Karl Marx.

D'aucuns s'étonneront de voir des pays où le principe d'autorité est établi dans le gouvernement de l'État avec tant de force que la liberté individuelle a été ruinée, prétendre assurer la liberté de la femme en proclamant l'égalité totale des époux. La contradiction n'est qu'apparente, car le but de la doctrine marxiste est de laisser l'individu seul face à l'État; il s'agit donc de supprimer une famille solidement organisée, défenseur naturel contre l'État; solidement organisée, c'est-à-dire fondée sur un principe d'autorité.

Là réside effectivement le nœud du problème, et c'est sur ce terrain qu'il faut d'abord se placer si l'on veut juger la décision de la Commission de réforme du Code civil.

* * *

Les promoteurs de la réforme ont pu, de bonne foi, affirmer qu'ils entendaient, en refusant toute prépondérance au mari, défendre *la famille*[16], comme Staline a pu, lui aussi, écrire que « s'occuper de la consolidation de *la famille* a toujours été l'une des tâches les plus importantes de l'État soviétique »[17]. Mais ils ne parlent pas le langage de leurs contradicteurs. La « famille » que défendent les uns n'est pas celle que défendent les autres. Et c'est ce qui fait la gravité du problème.

Nombreuses sont les conceptions que l'on peut se faire de ce groupe humain nommé « famille », et nombreuses celles qui, au cours des siècles, ont été successivement sanctionnées. Dans les pays de civilisation chrétienne a prévalu une organisation de la famille qui trouve ses bases dans l'enseignement donné par le Christ et les Apôtres pour faire régner la justice et la charité. La justice, qui veut une association entre les époux fondée sur les qualités naturelles respectives du mari et de la femme. La charité qui est l'amour réciproque des époux. Ainsi s'est édifié ce type de famille qu'on appelle la famille chrétienne ou, plus simplement, dans les pays de civilisation chrétienne, la famille tout court[18].

La femme est l'associée de l'homme. Dans cette association indissoluble, chacun a ses attributions propres, fixées par la nature elle-même. La puissance

12. Cf. Dölle, *op. cit., Rev. intern. droit comparé,* 1950, p. 252.
13. Tchirkovitch, *Un nouveau code de la famille en Bulgarie, Rev. intern. droit comparé,* 1951, p. 304 et s.
14. C. P., *Un nouveau code de la famille en Tchécoslovaquie, Rev. intern. droit comparé,* 1950, p. 701 et s.
15. Jodlowski, *Le nouveau droit de la famille en Pologne,* p. 71, *Rev. intern. droit comparé,* 1949, p. 67 et s. : « Le nouveau droit polonais a définitivement écarté les anachronismes des législations antérieures à la lumière desquelles l'époux était le chef de famille. Le nouveau, droit matrimonial n'emploie même plus la terminologie "mari" et "femme"; il n'emploie plus que l'expression "époux"... ». Cf. également : Stiften, *Le nouveau code polonais des mariages,* p. 95-96, *Bull. Soc. législ. comparée,* 1947, p. 86 et s.
16. Travaux, p. 69-70.
17. Préambule à l'oukase du 8 juill. 1944 sur la famille. Cf. Grouber, *op. cit.,* n° 12, *Bull. Soc. législ. comp.* 1946, p. 115 et s.
18. Cf. Senn, *La famille antique et la famille moderne,* p. 18, 21, dans *Le maintien et la défense de la famille par le droit,* p. 1 et s.

n'appartient pas à l'homme, mais à Dieu, qui en confère seulement l'exercice. C'est dire dans quel esprit celui dont Dieu a fait son délégué doit agir. Celui-là, c'est le mari, parce que la nature l'a rendu plus apte à assumer les responsabilités et à remplir les lourdes tâches qu'exige la direction de la famille. Les deux époux sont donc associés dans le gouvernement de la famille; cette association a pour chef le mari; celui-ci doit exercer son autorité en s'oubliant lui-même et dans l'amour de sa femme et de ses enfants[19].

Conception qu'il fallut beaucoup de temps à l'Église pour faire pénétrer dans la société antique comme dans la société barbare, l'une et l'autre imbues de la puissance sans contrôle du *pater familias* ou du *mundium* du mari.

Conception qui, dès le XVIIIe siècle, fut l'objet d'attaques incessantes et à laquelle la Commission de réforme du Code civil prétend aujourd'hui donner le coup de grâce.

Entre la famille qu'elle nous propose et la famille chrétienne, il faut choisir, comme l'heure est venue d'opter dans tous les domaines entre la civilisation chrétienne et un mode de vie réglé selon les normes marxistes.

Sans doute le choix n'est pas laissé à ceux qui ont la foi. Pour eux, les enseignements du Christ sont enseignements de Dieu, les écrits des Apôtres sont inspirés par Dieu.

Mais les autres, faute d'avoir rencontré la Vérité, doivent la chercher dans leur « raison ».

*
* *

Leur choix dépendra du parti qu'ils prendront sur trois problèmes. Une autorité est-elle nécessaire dans la famille ? À qui doit-elle être confiée ? Appartient-il au législateur d'intervenir en la matière ?

1° À la première question certains répondent par la négative pour ne pas avoir à trancher la seconde : ne sachant auquel des époux donner l'autorité, ils trouvent plus simple d'en nier la nécessité. Mauvaise méthode. Chacun des deux problèmes mérite d'être examiné séparément et successivement.

Est-elle donc viable la famille dans laquelle personne, ni le mari, ni la femme, ne commande, ou – et c'est la même chose – dans laquelle le mari et la femme commandent l'un et l'autre ?

Tout groupement humain a besoin, non seulement pour être efficace, mais pour pouvoir durer, d'une autorité. La famille plus que n'importe quel autre. Si

---

19. Saint Paul, Épître aux Éphésiens, V, 21 à 33 : « Soumettez-vous les uns aux autres dans la crainte du Christ. Femmes, soyez soumises à vos maris, comme au Seigneur; car le mari est le chef de la femme *(caput mulieris)*, tout comme le Christ est le chef de l'Église, lui, le Sauveur du corps. De même donc que l'Église est soumise au Christ, que les femmes aussi le soient en tout à leur mari. Maris, aimez vos femmes, tout comme le Christ a aimé l'Église et s'est livré pour elle… Que chacun de vous aime sa femme comme soi-même, et que la femme ait pour son mari du respect ».
Saint Pierre, 1re Épître, III, 1 à 7 : « Pareillement, vous les femmes, soyez soumises à vos maris, afin que, même s'il en est qui ne croient pas à la Parole, ils soient, sans paroles, gagnés par la conduite de leur femme… Vous, maris, de même : sachez comprendre dans la vie commune que la femme est un être plus faible; traitez-la avec déférence, puisqu'elle est comme vous héritière de la grâce de Vie ».

l'un des époux ne sait pas qu'en définitive il doit s'incliner, il n'y a de solution aux inévitables divergences de vues que dans le recours au tribunal et la séparation, à moins qu'aucune décision ne soit prise. Rupture ou paralysie.

D'autre part, si nul ne commande, le sens de la responsabilité s'émousse. Personne ne veut plus prendre les décisions graves. Paralysie encore.

Nécessaire à la durée et au sain gouvernement de la famille, la prééminence de l'un des époux s'impose tout particulièrement en face des enfants. Qui ne connaît le sort des enfants de parents séparés ? Cette fois chacun des parents commande ; qu'en résulte-t-il ?

Le président de la Commission de réforme du Code civil relevait il y a quelques années, sans élever là-contre la moindre protestation, que « le Parlement, en supprimant par la loi du 18 février 1938 la puissance maritale, avait reconnu que l'association conjugale, le ménage, composé du mari, de la femme et de leurs enfants mineurs, a besoin d'une direction »[20]. Le rapporteur de la loi de 1938, René Renoult, avait en effet affirmé qu'il était impossible de créer l'égalité complète des époux dans le ménage, « sous peine de dislocation de la famille »[21].

2° Étant admis qu'une autorité, sans doute fondée sur l'affection, sans doute contrôlée, mais tout de même une autorité, est nécessaire pour permettre à la famille de jouer à plein son rôle, reste à savoir auquel des deux époux cette autorité doit être confiée.

Les Apôtres Pierre et Paul n'ont pas été les seuls à donner la prééminence au mari. La règle a été généralement suivie avant la Chrétienté ; elle l'est encore hors Chrétienté. La raison en est dans la condition physique et intellectuelle des époux. Il ne s'agit pas d'affirmer par là que, si l'homme commande, c'est parce que, étant le plus fort, il impose sa volonté à la femme, incapable de lui résister. Il ne s'agit pas non plus de rechercher qui, de l'homme ou de la femme, est le plus intelligent. Il s'agit de constater que l'homme est généralement, par sa force plus grande et son caractère plus ferme, mieux apte que la femme à porter le fardeau des charges familiales et la responsabilité de la direction.

La Commission de réforme du Code civil a donc été logique avec elle-même lorsque, refusant au mari la qualité de chef de famille, elle a rayé de l'art. 214 le principe qui fait peser l'obligation d'assumer les charges du mariage « à titre principal » sur le mari[22]. Certes, aujourd'hui, dans bien des foyers, la femme, exerçant une profession, pourvoit en partie aux charges du mariage. Mais, d'une part, il n'en reste pas moins vrai que l'obligation de faire vivre la famille incombe d'abord au mari : notre société est trop (ou pas assez) évoluée pour admettre que l'homme puisse se faire entretenir par la femme. D'autre part, s'il est malheureusement vrai que, dans bien des cas, le mari ne peut plus, par son seul salaire,

20. *La loi du 22 septembre* 1942, n° 7, J. O. P. 1943. I. 304.

21. Exposé des motifs, doc. parl. Sénat, séance du 23 juin 1932, annexe n° 594, p. 948.
Dans le code tchécoslovaque de la famille, « les affaires importantes sont décidées d'un commun accord et, à défaut d'accord, par voie judiciaire, tandis que les affaires ordinaires sont réglées indifféremment par l'un ou l'autre des époux » ; O. P., *op. cit.*, p. 702, *Rev. intern. dr. comparé*, 1950, p. 701 et s.

22. Cf. l'art. 4 du premier avant-projet, Travaux, p. 23-24 ; l'art. 12 du deuxième avant-projet, *ibid.*, p. 43 ; l'art. 9 du projet, *ibid.*, p. 116.

assurer la vie des siens, il y a là une situation intolérable à laquelle le législateur doit mettre fin et qu'on ne saurait consolider en fondant sur elle l'organisation de la famille.

À ceux qui doutent que l'homme soit mieux fait que la femme pour supporter le fardeau des charges et des responsabilités du ménage, il est simplement demandé de considérer le sort des familles où la femme, devenue chef de famille par la mort du mari, reste seule en face des durs problèmes que posent la subsistance et le gouvernement des siens.

Sans doute, si la nature a fait l'homme plus apte que la femme à la direction du foyer, il existe des ménages où le sexe faible est le sexe fort. Mais la loi est faite pour la situation normale et elle prévoit, pour les cas exceptionnels, la possibilité de dérogations.

Ainsi, même dans une famille « laïcisée », c'est-à-dire dans laquelle on ferait par principe table rase des règles chrétiennes, la « raison » conduirait à donner au mari la qualité de chef de l'association conjugale.

3° À moins qu'il ne soit vain d'inscrire une pareille règle dans la loi. Et c'est la dernière question qu'il faut examiner.

Voilà bien l'argument le plus souvent invoqué par les adversaires de la prééminence du mari : *quid leges, sine moribus ?* Que peut faire le mari lorsque son droit de décision est bafoué ?

Au cours des débats de la Commission, il a été affirmé à plusieurs reprises[23] que la femme l'emporte toujours : « Je n'ai jamais vu, ni dans ma famille, ni chez mes proches, l'avis du mari prévaloir ; j'ai toujours vu prévaloir l'avis de la femme. Par conséquent votre solution (prééminence du mari) est absolument contraire à la réalité et aux faits »[24]. Si c'était vrai, cela prouverait la démission du mari moderne, et il appartiendrait au législateur de ne pas consacrer cette fuite de l'homme devant ses responsabilités. Ou alors, si l'on croit vraiment que la femme est plus apte que son mari à diriger, il faut être logique et en faire le chef de la famille. Mais laissons là le paradoxe et demandons-nous s'il est exact que l'action du législateur soit nécessairement sans portée dans le domaine de l'autorité familiale.

Il ne le semble pas, aussi bien quant à la stabilité et à la paix de la famille que quant à la réalité des prérogatives que confère la qualité de chef de la famille.

L'existence d'un texte faisant du mari le chef de la famille doit avoir une influence heureuse sur la bonne entente des époux.

Contestera-t-on la valeur d'un principe en lui-même, c'est-à-dire en dehors des sanctions qui peuvent en imposer le respect, donc bien qu'il soit dépourvu de sanctions efficaces ? N'allons pas suivre Helvetius[25], qui n'avait trouvé d'autre remède à l'adultère que de « supprimer la loi qui le défend, en rendant les femmes

23. Travaux, p. 51, 52, 74.

24. Travaux, p. 74. – Il était plus spécialement question du droit de décision relativement à l'éducation des enfants.

25. *De l'homme, de ses facultés intellectuelles et de son adaptation*, sect. VIII, chap. XI ; cité par Michon, *La famille et le mariage au temps de la Révolution*, p. 58, dans : *Le maintien et la défense de la famille par le droit*, p. 47 et s.

communes ». Sous prétexte que la qualité du mari chef de la famille risque d'être méconnue, faut-il donc la supprimer ? Même si le principe de la prééminence du chef de la famille est dépourvu de sanctions, il a une valeur en soi, comme celui du respect dû par les enfants à leurs parents, que les rédacteurs du Code civil n'ont pas hésité à inscrire dans l'art. 371, en tête du titre *De la puissance paternelle*. Valeur d'autant plus grande qu'on a prétendu laïciser le droit civil. Comme le remarque très justement M. Rouast[26], si l'enfant n'a plus de catéchisme, du moins faut-il qu'il en trouve un succédané dans les codes. Le rôle de l'éducation est ici considérable[27]. Qui ne voit la différence entre le ménage où la femme a été élevée dans l'assurance de l'égalité absolue de ses droits et celui où l'épouse a, dès son plus jeune âge, appris qu'associée à son mari dans le gouvernement de la famille, elle a, en cas de désaccord, le devoir de s'incliner ?

Si d'aucuns consentent à reconnaître une certaine efficacité au principe de prééminence du mari sur le climat moral de la famille, du moins affirment-ils que cette prééminence ne dépasse pas ce domaine : les prérogatives du chef de la famille seraient inexistantes, en tout cas si peu nombreuses qu'elles pourraient être négligées.

C'est aller beaucoup trop loin.

Faut-il parler d'abord de la nationalité des époux ? L'égalité des conjoints ne doit-elle pas entraîner le droit pour le mari de prendre la nationalité de sa femme et la suppression, dans l'attribution de la nationalité aux enfants, de toute prépondérance accordée à la nationalité du père ? Est-ce l'avis de la Commission ?

Faut-il parler du nom des époux ? En U. R. S. S., chacun des conjoints a le droit de porter son nom[28]. Est-ce à ce système logique que se ralliera la Commission de réforme du Code civil ?

Il appartient au chef de la famille de fixer la résidence des époux. En U. R. S. S.[29], en Bulgarie[30], chacun réside où bon lui semble. Que devient alors l'obligation de cohabitation ? La Commission de réforme du Code civil a éprouvé sur ce point, quelque embarras[31]. Son projet maintient l'obligation de cohabitation, mais permet au tribunal, soit de fixer la résidence, soit d'autoriser chacun des époux à avoir une résidence séparée.

Il appartient au chef de la famille de décider de l'activité professionnelle des époux. Sur ce point, ni en U. R. S. S.[32], ni en Bulgarie[33], le mari n'a le moindre droit de contrôle. Mais la Commission de réforme du Code civil n'a pas osé supprimer la possibilité pour le mari de faire interdire à sa femme l'exercice d'une profession séparée[34]. Alors, en vertu de quel pouvoir agit le mari ? La question se pose, puisque la femme n'a pas un droit corrélatif.

26. Rapport, *Bull. Soc. Études législ.*, 1935, p. 72.
27. Cf. Simonnet, *op. cit.*, p. 89, dans : *Le maintien et la défense de la famille par le droit*, p. 77 et s.
28. Grouber, *op. cit.*, n° 11, *Bull. Soc. législ. comp.*, 1946, p. 115 et s.
29. Dölle, *op. cit.*, p. 252, *Rev. intern. dr. comp.*, 1950, p. 250 et s.
30. Tchirkovitch, *op. cit.*, p. 305, *Rev. intern. dr. comp.*, 1951, p. 304 et s.
31. Travaux, p. 54 et s., 80 et s.
32. Dölle, *op. et loc. cit.*
33. Tchirkovitch, *op. et loc. cit.*
34. Travaux, p. 113-114.

Il appartient au chef de la famille d'exercer l'autorité paternelle (art. 373, § 1er, c. civ.). Non pas que les deux parents ne doivent ensemble assurer l'éducation de leurs enfants. Mais si un conflit s'élève, que l'amour ne suffit pas à résoudre, par exemple sur l'institution d'enseignement à laquelle l'enfant sera confié ou la carrière vers laquelle il sera orienté, la décision doit appartenir au chef de la famille. Supprimer le chef de la famille, c'est placer les deux parents sur le même rang. Alors quelle autre solution que le recours au tribunal et la rupture du foyer ? Cela n'inquiète guère la Commission de réforme du Code civil, dont la majorité entend donner au père et à la mère des droits absolument égaux comme en U. R. S. S.[35] et en Pologne[36], et dont certains membres estiment que l'enfant est très capable de départager ses parents[37].

Il appartient au chef de la famille d'assurer la direction pécuniaire du ménage, c'est-à-dire de fixer en dernier ressort le montant des dépenses et leur ordre de priorité. La Commission a préféré ne pas préciser ce qu'il adviendra quand il n'y aura plus de chef de famille.

Profitant de la réforme des régimes matrimoniaux, n'eût-il pas été souhaitable de donner au chef de la famille les pouvoirs qui sont conférés au mari dans les régimes de communauté ? Quel fondement la Commission pourra-t-elle proposer à la prépondérance nécessaire de l'un des époux dans la gestion de la communauté ?

Maintenant l'institution du chef de la famille, la Commission ne pouvait-elle accomplir une réforme d'ensemble : faire du chef de la famille le représentant de la famille ? L'intérêt de cette réforme pour les tiers a été souvent signalé[38]. Sur bien d'autres terrains, le législateur s'est engagé dans cette voie. Ainsi les textes sur le rôle du chef de la famille dans les associations familiales et les caisses de prestations familiales; ceux qui font peser l'impôt sur le chef de la famille (art. 6, § 1er, c. gén. imp.); ceux qui donnent mission au chef de la famille de remplir les formalités nécessaires pour obtenir les avantages accordés aux familles en matière de transports, etc. La Commission de réforme du Code civil a oublié que l'institution du chef de la famille est une réalité qui a pénétré notre droit positif.

*
* *

Que les membres de cette Commission veuillent donc bien amender un projet qui va à l'encontre des efforts réalisés depuis 1938 par le législateur pour protéger la « famille » au sens où l'entendent les Français. Qu'ils laissent subsister l'art. 213, § 1er, du Code civil : qu'ils fassent grâce au chef de la famille ! Et, s'ils éprouvent quelque difficulté à se déjuger, qu'ils se rappellent les paroles de Bonaparte, qui, lui aussi, prit part à certains travaux de codification : « J'ai pu dire dans la discussion des choses que j'ai trouvées mauvaises un quart d'heure après. Mais je ne veux pas passer pour plus que je ne vaux ». Aussi Bonaparte avait-il interdit la publication officielle des discussions auxquelles il avait participé[39]. Nos codificateurs modernes ont-ils eu raison d'être moins prudents ?

35. Dölle, *op. et loc. cit.*
36. Jodlowski, *op. cit.*, p. 75, *Rev. intern. dr. comp.*; 1949, p. 67 et s.
37. Travaux, p. 51, 69, 74, 77, 78.
38. Cf. notamment Lefas, *J. O.*, débats parl., Sénat, séance 8 déc. 1936, p. 1564.
39. Cf. Savatier, *Bonaparte et le Code civil.*

LE CONTRÔLE JURIDICTIONNEL DE LA CONSTITUTIONNALITÉ DES LOIS

1952

Maxime Mignon
Docteur en droit,
Lauréat de l'Université

Dans un régime où est proclamée et sanctionnée la hiérarchie des actes législatifs en parallélisme avec celle de leurs auteurs et avec la solennité de leurs formes d'édiction ; où la Constitution, voulue et enseignée rigide, se définit loi suprême du pays, fondement et limite des pouvoirs des organes qu'elle institue, – le principe de légalité, dogme premier de notre droit public, conduirait à tenir pour dépourvues de validité les lois édictées au mépris des stipulations constitutionnelles : or la logique de ce raisonnement n'a pas recueilli l'audience unanime de la doctrine et elle se heurte à une jurisprudence constante.

* * *

Deux axiomes, cristallisant la conception française du principe démocratique, sont opposés à l'institution légale ou à la reconnaissance jurisprudentielle d'un contrôle juridictionnel de la constitutionnalité de la loi : celui de la souveraineté de la loi et celui de la subordination du juge au législateur.

I. Expression de la volonté générale, la loi est souveraine et ne supporte aucun contrôle

L'art. 6 de la Déclaration des droits de 1789 stipule que « la loi est l'expression libre et solennelle de la volonté générale ». Or, dans l'esprit des doctrinaires de la Révolution, cette volonté est souveraine par essence et par sa nécessaire conformité au bien : « La volonté générale ne peut errer » ; « Le Souverain, par le seul fait qu'il est, est toujours ce qu'il doit être ». Dès lors, le Parlement, auteur de la loi, est souverain, et ses actes échappent à toute idée de contrôle.

En outre, du moins sous l'empire de la Constitution de 1875, on fit observer que les lois constitutionnelles comme ordinaires étaient l'expression de la volonté d'un même organe : le Parlement, car si leur procédure d'élaboration n'était pas identique, l'organe de décision demeurait, chaque fois, le Parlement statuant à la majorité simple. Manifestations d'une même volonté, normes constitutionnelles ou ordinaires ne pouvaient être hiérarchisées et, partant, aucun contrôle n'avait raison d'être[1].

Argumentation qui n'est pas sans réplique.

1. V. notamment Carré de Malberg, *La loi, expression de la volonté générale*, 1931.

a) La souveraineté absolue de l'État n'est plus aussi évidente qu'elle le fut. L'État, de plus en plus, est soumis au droit, dans l'ordre interne comme dans l'ordre international. Le Préambule de la Constitution de 1946 énonce expressément que « la France consent aux limitations de souveraineté nécessaires à l'organisation et à la défense de la paix », et que « la République française, fidèle à ses traditions, se conforme aux règles du droit public international ». De ce fait la souveraineté absolue de la loi s'éclaire d'un jour nouveau qui révèle des atténuations possibles.

b) La souveraineté des décisions parlementaires, présumées expression de la volonté générale, n'était, sous le régime des Constitutions qui ont précédé celle de 1946, qu'un aspect de la souveraineté nationale, exercée en fait par les élus du peuple. Thèse qui n'allait pas, sur le plan de la théorie, sans soulever de sérieuses critiques[2].

Avec la Constitution du 27 octobre 1946, elle devint insoutenable. Désormais, « *la souveraineté nationale appartient au peuple français* », qui l'exerce, en matière constitutionnelle, par le vote de ses représentants et par le référendum, et, en toute autre matière, par ses députés à l'Assemblée nationale.

Dès lors le Parlement, mandataire provisoire du peuple, ne saurait violer des règles ratifiées par celui-ci dans l'exercice direct de sa souveraineté[3].

Simultanément s'effondre l'argumentation tirée de l'identité des organes édictant les règles constitutionnelles et les règles ordinaires, et qui était déjà très contestable[4].

c) Le Parlement, organe institué, n'a que la compétence que le législateur constituant lui a reconnue. Lorsqu'il édicte des règles inconstitutionnelles, il ne fait pas œuvre législative. Ses décisions ne sont plus des lois. Elles n'en ont que l'apparence. Elles ne sauraient en acquérir ni l'autorité ni la portée juridique : « Le Parlement statuant irrégulièrement n'est pas organe, mais pseudo-organe législatif; objectivement, il n'exerce pas alors la fonction législative, il ne fait pas acte de législation »[5].

La souveraineté prétendue de la loi ne saurait être reconnue à des actes qui en portent indûment la dénomination.

d) Si le refus d'admettre le contrôle juridictionnel de la constitutionnalité de la loi était réellement fondé sur l'idée qu'elle est l'expression d'une volonté générale rigoureusement souveraine, on ne comprendrait pas quel serait le

---

2. J. Laferrière, *Manuel de droit constit.*, 2e éd., p. 334.

3. Cf. Rapport de M. Coste-Floret annexé au procès-verbal de la séance du 2 août 1946 de la 2e Assemblée nationale constituante (*Rec. Sirey*, Lois annotées, 1947, p. 556, note 25).

4. V. la dissertation de M. Eisenmann sous Cons. d'Ét. 6 nov. 1936, *Arrighi* et *Dame Coudert* (D.P. 1938.3.2 et 3).

5. Eisenmann, *eod. loc.*, p. 4. – Cf. H. Marmier, *L'indépendance de la magistrature et la constitutionnalité de la loi* (*Gaz. Pal.* 1946.1, Doctr., p. 32). Si la loi « fait échec aux principes proclamés par la Constitution, lesquels ne doivent pouvoir être abrogés que par une nouvelle Constitution rendue dans les formes requises, alors elle n'est plus la loi, mais un acte arbitraire du pouvoir législatif qui devient une funeste source d'erreurs judiciaires ».

fondement de la jurisprudence[6] se refusant à un tel contrôle alors qu'il s'agissait d'un texte œuvre du seul Pouvoir exécutif et non du Parlement et n'émanant, ni directement, ni indirectement, à aucun titre que ce soit, du peuple : « Toute la démonstration de l'impossibilité du contrôle basée sur la souveraineté de la volonté générale s'effondre »[7].

II. Subordonné au législateur, le juge ne peut apprécier la validité de la loi

En raison, tant du caractère absolu du cloisonnement entre le Législatif, l'Exécutif et le Judiciaire, qu'elles déduisaient du principe de la séparation des pouvoirs, conçu plus comme un dogme que comme une simple recette d'art politique, que de la méfiance ressentie à l'égard de l'autorité judiciaire au souvenir de la résistance des Parlements aux réformes sociales et politiques, les Assemblées révolutionnaires interdirent aux juges toute immixtion directe ou indirecte dans l'élaboration et l'application de la loi et, partant, tout contrôle de la constitutionnalité de celle-ci.

Conception dont la survivance en notre droit public est liée à celle de la législation par laquelle elle s'exprima : « Les tribunaux ne pourront prendre directement ou indirectement aucune part à l'exercice du pouvoir législatif, ni empêcher ou suspendre l'exécution des décrets du Corps législatif sanctionnés par le Roi, à peine de forfaiture » (L. 16-24 août 1790, tit. II, art. 10). « Seront coupables de forfaiture et punis de la dégradation civique : 1° Les juges qui se seront immiscés dans l'exercice du pouvoir législatif… soit en arrêtant ou en suspendant l'exécution d'une ou de plusieurs lois, soit en délibérant sur le point de savoir si les lois seront publiées ou exécutées » (C. pén., art. 127).

Certes, après ses échecs, consacrés par de violentes crises de régime, l'idée d'une séparation tranchée des pouvoirs a fait place, avec le régime parlementaire, à celle d'une collaboration entre pouvoirs séparés, et peu à peu s'est amenuisée la défiance à l'égard d'une autorité judiciaire qui s'est reconnu, avec l'abrogation du référé législatif, de larges pouvoirs d'interprétation.

Mais, d'une part, on souligne que l'extension des prérogatives de l'autorité judiciaire n'a pas dépassé une certaine limite, ainsi qu'en témoignent les domaines réservés des actes de gouvernement, des actes parlementaires, des actes relatifs aux rapports entre l'Exécutif et le Législatif, et la jurisprudence *Septfonds* qui interdit aux tribunaux judiciaires l'appréciation de la validité des règlements[8].

D'autre part, l'appréciation de la constitutionnalité de la loi suppose la comparaison de plusieurs textes. Tâche juridique certes, mais qui, spécialement lorsque la Constitution est précédée d'un Préambule ou d'une Déclaration énonçant des droits sociaux et politiques, suppose une interprétation du but et de l'intention du législateur qui atteint à l'ordre politique. De là un véritable « *gouvernement des juges* », auquel on reproche de donner le pas sur le Parlement,

6. Cons. d'Ét. 22 mars 1944, *Vincent* (D. 1945.62).
7. Charlier, dissertation sous Cons. d'Ét. 22 mars 1944, *Vincent* (*Bec. Sirey*, 1946.3.53).
8. Trib. confl. 16 juin 1923 (D.P. 1924.3.41, concl. Matter).

mandataire du peuple, à des magistrats qui ne tiennent pas leur autorité du peuple; d'aboutir, dans certaines hypothèses, à une stagnation sociale[9]; et, enfin, de supposer pour le pouvoir judiciaire un prestige, un crédit et une indépendance de premier ordre qui ne sont peut-être pas suffisamment réalisés en l'état actuel de l'opinion et du droit positif français.

Par ailleurs, l'institution par les constituants de 1946 d'un Comité constitutionnel, chargé d'examiner si les lois votées par l'Assemblée nationale supposent une révision de la Constitution, et le rejet, concomitant, de plusieurs propositions tendant à la reconnaissance expresse du contrôle juridictionnel de la constitutionnalité de la loi, sont interprétés comme la confirmation de l'interdiction faite au juge d'apprécier la validité de la loi.

Enfin, sur un plan pratique, on observe « qu'à heurter de front ces idées reçues on risquerait le pire sous prétexte d'obtenir le mieux, et un mieux en tout état de cause assez modeste, sans avoir même l'excuse d'une chance de victoire »[10].

« À supposer même que le juge vainque sa timidité et cherche à mettre effectivement en mouvement le contrôle, la chose n'irait pas sans inconvénient. Les juges – et spécialement les juges suprêmes – prendraient la responsabilité avec le pouvoir, et ils seraient mêlés, surtout à propos des lois sociales, à nos luttes politiques comme les parlementaires. La politique au prétoire est une chose détestable à tous égards »[11].

*
* *

Malgré la très grande autorité qui s'attache aux auteurs qui l'enseignent, cette théorie n'est pas dirimante et supporte une critique sérieuse ou tout au moins de larges atténuations.

a) Même tenu pour acquis, le principe de la subordination du juge au législateur n'est pas un obstacle insurmontable à l'admission du contrôle juridictionnel de la constitutionnalité de la loi.

Sans doute les textes qui le sous-tendent ont conservé une rigueur d'expression telle que d'éminents auteurs estiment tâche délicate d'en édulcorer la portée[12].

Mais on ne peut nier que la subordination du juge au législateur se soit très largement atténuée. Depuis les imprécations révolutionnaires contre l'immixtion du Judiciaire dans le Législatif, la défiance à l'égard du juge judiciaire s'est fort amenuisée : le référé législatif qui consacrait la dépendance du juge a disparu depuis près d'un siècle; les méthodes d'interprétation de la loi se sont assouplies et étendues au point que les tribunaux apparaissent presque comme des collaborateurs de l'œuvre législative[13]. Enfin, on s'est habitué à voir les tribunaux

9. On rappelle l'exemple de la Cour suprême américaine qui paralysa à maintes reprises la volonté des Assemblées législatives, des juges irresponsables et inamovibles tenant en échec souvent tout un ensemble de réformes sociales *(New Deal)*. V. J. Lambert, *Histoire constitutionnelle américaine*, t. 2, chap. « Contrôle de la constitutionnalité des lois ou gouvernement des juges ».

10. Eisenmann, dissertation précitée.

11. Barthélemy et Duez, *Traité de droit constitutionnel*, 1933, p. 226.

12. Laferrière, *op. cit.*, p. 337.

13. Eisenmann, *op. cit.;* et concl. de M. le commissaire du Gouvernement Latournerie sous Cons. d'Ét. 6 nov. 1936, *Arrighi* et *Dame Coudert* (D.P. 1938.3,1).

administratifs, par la voie de l'action, et les tribunaux répressifs, par celle de l'exception, apprécier la validité d'actes législatifs qui, sans être la loi elle-même, ont la portée juridique considérable du règlement d'administration publique ou du décret-loi[14].

Lorsque le juge, dans un régime où les actes législatifs sont hiérarchisés, fait céder le cas échéant la loi inférieure à la loi supérieure, il ne fait que « statuer sur un conflit de lois qui ne diffère guère par nature d'autres conflits qui se présentent devant lui entre lois égales : conflits dans le temps (théorie de l'abrogation et de la rétroactivité) ; conflits dans l'espace (théorie de la personnalité ou de la territorialité de la loi). Si le juge ne refusait pas en pareil cas à la loi inférieure la sanction de son autorité, ne renverserait-il d'ailleurs pas l'ordre de la hiérarchie légale en permettant à la loi inférieure d'offusquer la loi supérieure, et en réglant la force exécutoire des lois non d'après leur nature, mais seulement d'après leur date ? »[15].

« Il n'y a dans notre cas aucun empiètement... de l'autorité judiciaire sur le terrain législatif. Placé en face de deux lois qu'il (le juge) estime contradictoires et dont une seule doit être appliquée, il choisit la loi dont la valeur est supérieure comme loi constitutionnelle, de même qu'en d'autres cas il aurait à faire un choix entre une loi ancienne et une loi nouvelle ou entre une loi française et une loi étrangère. Pareil choix rentre évidemment dans son rôle de juge et ne peut être critiqué comme un empiètement sur le domaine législatif : il est simplement une justification de la loi appliquée »... « Du moment que l'on reconnaît à un individu ou à un corps le pouvoir de juger, il s'ensuit qu'il aura nécessairement le droit et le devoir d'apprécier tous les éléments susceptibles de fonder son jugement, et avant tout la validité de la loi qu'il aura à appliquer »[16].

b) En l'état actuel du droit existe une technique procédurale pour apprécier la constitutionnalité de la loi : l'exception d'illégalité.

Un point est certain : le seul contrôle par la voie d'action ouvert par le droit public français, le recours pour excès de pouvoir, ne peut être utilisé contre la loi. Il n'existe que dans la mesure de ses conditions légales de recevabilité. Or, l'art. 32 de l'ordonnance du 31 juillet 1945 ne l'a pas étendu à la loi.

Doctrine[17] et jurisprudence[18] sont unanimes.

---

14. Eisenmann, *op. cit.*
15. Latournerie, *op. cit.*
16. François Gény, *De l'inconstitutionnalité des lois ou des autres actes de l'autorité publique et des sanctions qu'elle comporte dans le droit nouveau de la IV*^e^ *République française* (J.C.P. 1947.I.613).
17. Barthélemy et Duez, *op. cit.*, p. 220 ; concl. de M. le commissaire du Gouvernement Detton sous Cons. d'Ét. 22 mars 1944, *Vincent* (*Rec. Sirey*. 1945.3.54) ; concl. de M. le commissaire du Gouvernement Latournerie sous Cons. d'Ét. 6 nov. 1936 (D.P. 1938.3.4) ; note de M. Eisenmann sous cet arrêt (*ibid.*, p. 6).
18. Cons. d'Ét. 22 mars 1944, *Vincent* (D. 1945.62) : « Les actes accomplis par les autorités investies du pouvoir constituant ou du pouvoir législatif ne peuvent pas faire l'objet d'un recours pour excès de pouvoir devant le Conseil d'État » ; – Cons. d'Ét. 3 janv. 1945, Vincent (*Rec. Sirey*, 1945.3.65) ; – Cons. d'Ét. 22 févr. 1946, *Botton* (*Rec. Cons. d'Ét.*, p. 58), s'agissant d'une ordonnance prise par le Comité français de la Libération nationale ; – Cons. d'Ét. 9 nov. 1948, *Woelky* (*ibid.*, p. 523), s'agissant d'une ordonnance du Gouvernement provisoire de la République française.

En revanche, rien ne paraît s'opposer à l'admission du contrôle de la constitutionnalité de la loi par la voie de l'exception[19].

La doctrine admet facilement que le juge, dont la mission est de trancher des conflits de lois, choisisse, entre deux lois contradictoires et de force inégale, la loi supérieure au préjudice de l'autre. Au point de vue politique cette forme du contrôle est modérée : l'acte inconstitutionnel n'est pas annulé; l'action du juge n'est qu'incidente, assortie de l'autorité relative de la chose jugée et subordonnée à l'initiative du défendeur.

c) L'examen de la constitutionnalité extrinsèque ou formelle, défini, par certains, de l'existence de la loi, présenté comme une première étape vers l'admission du contrôle intégral de la constitutionnalité de la loi par voie d'exception.

Si, en droit, aucun obstacle ne s'oppose à l'examen par voie d'exception de la constitutionnalité de la loi, en fait l'état actuel des rapports entre le Législatif et le Judiciaire semble interdire à ce dernier une comparaison du contenu de la loi ordinaire à celui de la Constitution. Considérées sur le plan politique, les conséquences pratiques des décisions jurisprudentielles risqueraient de provoquer une réaction parlementaire qui ne rencontrerait probablement qu'une faible résistance dans une opinion publique mal informée et, au surplus, assez indifférente au problème de la légalité.

Cette idée a incité les milieux juridiques à renoncer provisoirement au contrôle de la constitutionnalité *intrinsèque ou matérielle* de la loi.

En revanche, celui de la constitutionnalité *extrinsèque ou formelle* de celle-ci est proposé d'ores et déjà.

Pour certains, une telle vérification ne serait même pas un aspect du contrôle de la constitutionnalité de la loi, mais simplement *la constatation de l'existence de la loi.* Une prétendue loi, élaborée dans des conditions irrégulières (majorité insuffisante, absence d'avis du Conseil de la République, défaut de promulgation, etc.) n'est qu'une *loi inexistante.* Elle ne peut bénéficier de la protection dont jouit la loi. Le juge a le devoir de se refuser à l'appliquer.

Malgré l'autorité des auteurs qui l'ont soutenue[20] cette opinion ne paraît plus retenue par la majorité de la doctrine. Selon M. Eisenmann, « cette opinion n'est au fond qu'une tentative pour échapper à certaines conséquences de la négation du contrôle de constitutionnalité... Ce qu'elle veut appeler et appeler seul *l'existence de la loi* n'est autre chose que sa régularité constitutionnelle sous un certain rapport, précisément la conformité de la procédure qui a été suivie pour poser ce qui se prétend *loi*, aux règles constitutionnelles sur la procédure législative... Soit qu'elles règlent les formes à suivre pour légiférer, soit qu'elles fixent de façon ou d'autres le contenu obligatoire ou possible des normes législatives, ces prescriptions, au fond, définissent ce qui est, et donc ce qui n'est pas règle législative, ce qui peut et doit être considéré comme tel, et par là même ce qui ne peut ni ne doit l'être... Peu importe la nature des règles enfreintes :

19. Laferrière, *op. cit.*, p. 330; Eisenmann, *op. cit.*, p. 6; Gény, *op. cit.*

20. Duez, *Le contrôle juridictionnel de la constitutionnalité des lois en France*, dans *Mélanges Hauriou*, 1929; Barthélemy et Duez, *op. cit.*, p. 221 et 222.

règles sur la procédure législative ou règles sur le contenu des lois. Il n'y a nulle différence théorique à établir entre ces deux catégories de règles. Il faut donc rejeter… la thèse… qui prétend distinguer entre l'observation des règles de forme et celle des règles de fond… et qui soutient que la loi *existerait* dès lors et par cela seul que *l'organe législatif* aurait suivi les règles de la procédure législative, même au cas où il aurait posé une règle contraire à une règle constitutionnelle »[21].

Opinion que partage M. Charlier, selon lequel « l'existence des actes juridiques ne consiste qu'en validité et dépend donc en principe de tous les éléments de leur régularité. Il semble déraisonnable à première vue de sanctionner plus rigoureusement celles des conditions de leur validité qui n'intéressent que leur aspect extérieur (compétence et procédure pour les faire) que celles qui concernent leur substance »[22].

Il semble, en effet, que l'existence juridique d'un acte tient à sa validité au fond comme en la forme et que l'on ne puisse arbitrairement discerner, entre les stipulations constitutionnelles, une différenciation et une hiérarchie juridiques que rien n'autorise.

En réalité la limitation des pouvoirs du juge à l'examen des formes n'est qu'une première étape dans le jeu complet du contrôle par voie d'exception, selon un procédé très général du droit public. Dans une matière aussi grave et importante que le contrôle de la validité de la loi, on conçoit aisément que le juge se résigne à cette attitude, qui ne contrarie en rien la souveraineté du Parlement, n'implique en rien une appréciation politique du contenu de la loi, se limite à des données simples, précises, très faciles à constater, et aboutit à des décisions dont la motivation appelle, psychologiquement, une adhésion aisée de l'opinion.

Conçu non comme la constatation de l'existence de la loi, mais comme un premier pas vers l'admission du contrôle intégral de la constitutionnalité de la loi, l'examen de sa validité en la forme s'autorise de décisions jurisprudentielles qui en sont la timide préface. On admet que le juge décide de la *valeur juridique de l'intitulé de la loi*[23]; qu'il *rectifie par voie d'interprétation judiciaire un texte* en se servant de lui et de son contexte, sauf à recourir à des éléments extrinsèques[24]; qu'il apprécie *la valeur juridique de la rectification de la loi au moyen d'errata* publiés au *Journal officiel*, qu'il s'agisse d'erreurs de promulgation ou d'erreurs de publication[25]. Sous prétexte de vérifier si l'auteur anonyme de *l'erratum* ne commet pas un abus de pouvoir, on cherche quel est le texte réel de la loi, on vérifie les conditions de sa promulgation et parfois de son élaboration au vu des règles constitutionnelles. C'est déjà un contrôle de la constitutionnalité en la forme.

*

* *

21. Eisenmann, *op. cit.* (D. P. 1938.3.2 et 4).
22. Charlier, *op. cit.* (*Rec. Sirey* 1945.3.53).
23. Civ. 20 avr. 1920 (D. P. 1923.1.87).
24. Crim. 7 juill. 1854 (D. P. 55.5.266).
25. Civ. 18 déc. 1933 (D. P. 1934.1.17); Crim. 15 oct. 1941 (D. A. 1942.38); Ch. réun. 5 févr. 1947 (D. 1947.177); Cons. d'Ét. 26 mai 1937, *Commune de Beaumont-sur-Oise* (*Rec. Cons. d'Ét.*, p. 516); 24 juin 1938, *Syndicat nat. des experts comptables* (*ibid.*, p. 580); 31 janv. 1945, *Varlet-Citerne et Topin* (*ibid.*, p. 23).

Face aux discussions doctrinales, quel est le droit positif consacré à la jurisprudence ?

Les tenants du contrôle invoquent à l'appui de leur thèse un certain nombre de décisions.

Leur examen critique est bien décevant. Pas un arrêt n'écarte l'application d'une loi pour cause d'inconstitutionnalité. Plusieurs n'abordent même pas l'examen du problème[26], ou s'appliquent non à la loi, mais à un acte administratif[27], ou se limitent à l'examen d'un conflit de lois dans le temps[28]. D'autres se bornent à des affirmations laconiques et indémontrées de la conformité de la loi à la Constitution, dont il serait téméraire d'inférer l'admission du recours au cas où cette conformité eût été discutable dans l'esprit des juges[29].

Si l'arrêt de la chambre des requêtes du 15 avril 1863[30] énonce le principe qu'une loi inconstitutionnelle est nulle, il n'y a là qu'une référence tacite au système de contrôle politique par le Sénat conservateur. Restent les arrêts de la chambre criminelle des 15 mars[31] et 17 novembre 1851[32], rendus sur une espèce identique et constatant la conformité de la loi du 9 août 1849 avec l'art. 4 de la Constitution : décisions trop isolées et trop anciennes pour que la tentative esquissée puisse avoir valeur jurisprudentielle.

En revanche, *nombreuses, récentes* et *formelles sont les décisions refusant d'admettre le contrôle juridictionnel de la constitutionnalité de la loi.*

Qu'il s'agisse d'un « *acte constitutionnel* »[33], d'une « *loi* » *du Gouvernement de Vichy*[34], d'une *ordonnance du Comité de Libération nationale*[35] ou du *Gouvernement provisoire de la République française*[36] ; de *recours en annulation*[37] ; d'*exception d'illégalité* devant les tribunaux répressifs[38], ou d'une *question préjudicielle* soulevée devant un tribunal judiciaire[39], ou d'un *recours en appréciation de validité* posé sous forme de *question préalable* devant les

26. Trib. confl. 30 juill. 1873, *Pelletier* (D. P. 74.3.5) ; Cons. d'Ét. 7 août 1909, *Rosier et Winkel* (D. P. 1911.3.17) ; 1er mars 1912, *Tichit* (D. P. 1914.3.48) ; 28 juin 1918, *Heyriès* (D. P. 1920.3.31).
27. Cons. d'Ét. 7 juill. 1950, *Desplanques* (*Gaz. Pal.* 1950.2.139).
28. Orléans, 9 janv. 1838, et Civ. 12 avr. 1838 (*Jur. gén.*, vo *Associations illicites*, no 37, p. 296, note 1).
29. Crim. 11 mai 1833 (*Jur. gén.*, vo *Lois*, p. 206, note 1) ; 3 janv. 1834 (*Jur. gén.*, vo *Garde nationale*, p. 323, note 2) ; Cons. d'Ét. 2 déc. 1854, *Vve Massois* (D. P. 54.5.568) ; Crim. 11 juin 1926 (D. H. 1926.178).
30. Req. 15 avr. 1863 (D. P. 63.1.400).
31. Crim. 15 mars 1851 (D. P. 51.1.142).
32. Crim. 17 nov. 1851 (D. P. 51.1.333).
33. Cons. d'Ét. 22 mars 1944, *Vincent* (D. 1945.62).
34. Cons. d'Ét. 2 juin 1948, *Thomas* (*Rec. Cons. d'Ét.* p. 242).
35. Cons. d'Ét. 22 févr. 1946, *Botton* (*Rec, Sirey*, 1946.3.56).
36. Crim. 17 juill. 1947 (*J.C.P.* 1947.IV.169) ; 24 juill. 1946 (*J.C.P.* 1946.IV.150) ; Cons. d'Ét. 9 nov. 1948, *Woelky* (*Rec. Cons. d'Ét.*, p. 523).
37. Cons. d'Ét. 22 mars 1944, *Vincent*, précité ; 3 janv. 1945, *Vincent* (*Rec. Sirey* 1945.3.65) ; 22 févr. 1946, *Botton*, et 9 nov. 1948, *Woelky*, précités.
38. Crim. 18 fruct. an 5 (*Jur. gén.*, vo *Lois*, p. 196, no 478, et note 1) ; 24 juill. 1946, préc. ; Trib. corr. Chalon-sur-Saône, 18 févr. 1950, et, sur appel, Dijon, 11 mai 1950 (D. 1950, 294 et 387) ; Trib. corr. Seine, 27 mars 1950 (*Gaz. Pal.* 1950. 1. 277).
39. Civ. 25 mai 1814 (*Jur. gén.*, vo *Lois*, no 186, p. 98) ; 1er flor. an 10 (*ibid.*, p. 197).

juridictions administratives[40], le refus d'admettre le contrôle s'exprime en formules incisives : « En l'état actuel du droit public français, ce moyen n'est pas de nature à être discuté devant le Conseil d'État statuant au contentieux »[41] ; « la constitutionnalité de la loi échappe à l'appréciation des tribunaux »[42]; « il ne saurait entrer dans les attributions du pouvoir judiciaire de contrôler la constitutionnalité de la loi »[43] ; « en vertu d'un principe trop longtemps consacré pour être utilement combattu, la fonction de l'autorité judiciaire est limitée à l'application et, le cas échéant, à l'interprétation des textes législatifs... ; dès lors qu'ils ont été régulièrement proclamés, ceux-ci s'imposent aux tribunaux, qui ne sauraient, en conséquence, sans méconnaître la règle fondamentale de la séparation des pouvoirs, rechercher si la loi est conforme à la Constitution »[44].

La jurisprudence est tellement ferme que bien qu'acceptant, dans certaines hypothèses, d'apprécier la constitutionnalité d'un acte administratif[45], elle se refuse à procéder à son examen lorsque cet acte est édicté en application d'une loi, car le contrôle l'amènerait alors, indirectement, à apprécier la constitutionnalité de la loi elle-même[46].

Tout au plus trouve-t-on, dans certaines décisions, l'indication qu'une loi « *délibérée et promulguée dans les formes constitutionnelles* », ou « *régulièrement promulguée* », fait la règle des tribunaux[47], et que « le contrôle de l'existence de la loi ne peut porter sur le contenu mais *comporte l'examen de la régularité extérieure de la loi* »[48] : ainsi se marque l'intention des juges d'admettre au moins un contrôle de la régularité extérieure de la loi. Mais il ne passe pas dans les faits. Tout au moins aucun cas d'inconstitutionnalité en la forme n'a été constaté par le juge par voie d'exception, entraînant le refus d'application du texte.

*
* *

Les pétitions de la logique juridique sont formelles. La loi doit respecter la Constitution. L'absence de contrôle est une altération et – à vrai dire – un échec grave du principe de légalité.

Les faits, en l'espèce, priment les pétitions du droit.

D'une part, de nombreux membres des deux Assemblées nationales constituantes n'ont pas caché la faveur qu'ils portaient à une modification coutumière, par désuétude ou pratique contraire, des règles constitutionnelles.

---

40. Cons. d'Ét. 6 nov. 1936, *Arrighi* et *Dame Coudert*,; précités; 23 juill. 1938, *Soc. Burrus* (*Rec. Cons. d'Ét.*, p. 721); 4 févr. 1949, *Chambre synd. agents gén. d'assur. de la Martinique* (*ibid.*, p. 49).
41. Cons. d'Ét. 6 nov. 1936, préc.; 22 mars 1944, préc.; 30 juill. 1949, *Vve Bobinée de Plas* (*Rec. Cons. d'Ét.*, p. 416); 23 juill. 1938, *Soc. Burrus*, préc.
42. Trib. corr. Nantes, 17 nov. 1936 (D. H. 1937.63).
43. Trib. corr. Seine, 23 oct. 1925.
44. Paris, 23 mai 1951 (*Gaz. Pal.* 1951.1.396).
45. Cons. d'Ét. 7 juill. 1950, *Desplanques*, préc.
46. Trib. corr. Nantes, 17 nov. 1936, préc.; Cons. d'Ét. 10 nov. 1950, *Fédér. nat. d'éclairage et de force motrice* (*Gaz. Pal.* 1950.2.427); Paris, 26 juill, 1950 (*ibid.*, 1950.2.176); Cons. d'Ét. 23 mai 1901, *Delarue* (D. P. 1902.3.87).
47. Crim. 11 mai 1833, préc.; 3 janv. 1834, préc.; Cons. d'Ét. 2 déc. 1854, *Vve Massois*, préc.; Trib. corr. Seine, 27 mars 1950, préc.; Paris, 23 mai 1951, préc.
48. Trib. corr. Chalon-sur-Saône 18 févr. 1950, préc. (Encore observera-t-on qu'il s'agissait, en l'espèce, de l'examen de la légalité d'un décret-loi et non d'une loi).

Ils ont pensé que la Constitution cristallisait à un moment donné la pensée politique du pays et qu'il était sage qu'un contrôle juridictionnel étroit ne vînt pas entraver l'évolution sociale et politique traduite par le Parlement, le recours à la révision constitutionnelle n'étant qu'un palliatif lourd et dont le maniement à reprises fréquentes leur paraissait plus pernicieux que pratique.

D'autre part, la faiblesse du juge, face au Législatif, est patente en l'état actuel du droit positif et de l'opinion publique. À critiquer, même dans l'exercice de sa fonction juridictionnelle, l'action législative, le juge craint d'entraîner une réaction parlementaire qui brise non seulement son effort nouveau, mais remette en jeu une lente conquête jurisprudentielle qui se définit la défense des droits et des libertés individuelles face à toutes les formes du détournement de pouvoir et de l'illégalité.

De ces vérités de fait les juristes conviennent. « Il faut se résigner... tout au moins provisoirement, même aux dépens de l'harmonie des plus belles constructions juridiques, même aux dépens de l'apparente équité, à ce que certaines parties du droit restent à l'état de droit imparfait, à l'état de droit sans sanction »[49]. « Qui niera que, fondées ou non en droit, heureuses ou regrettables, les idées qui prévalent en France ne sont pas favorables au contrôle juridictionnel de la constitutionnalité des dispositions législatives, tout au moins que ce contrôle se heurte, sinon au droit public, du moins à l'esprit public; sinon à des règles juridiques, du moins à des opinions très fermement et traditionnellement établies ? À heurter de front ces idées reçues, on risquerait le pire sous prétexte d'obtenir le mieux, et un mieux en tout état de cause assez modeste, sans avoir même l'excuse d'une chance de victoire »[50]. « Le pouvoir judiciaire n'a pas dans notre pays le prestige nécessaire pour entreprendre la censure du Parlement, fût-ce sur le simple terrain de la légalité »[51].

En France, « le respect de la Constitution n'a d'autre sanction que la bonne volonté du législateur »[52].

L'effort proposé n'est cependant pas vain. Toute idée a sa puissance d'irradiation. En incitant les juridictions, par la voie prudente de l'exception d'illégalité, bornée provisoirement, si besoin est, à l'examen des formes extérieures de la loi, à affirmer la prééminence du principe de légalité dans notre droit et la soumission de tous les organes de l'État au droit en général, c'est tout le fondement juridique de notre société, de sa structure et de sa discipline, que l'on défend.

49. Concl. de M. Latournerie sur Cons. d'Ét. 6 nov. 1936, *Arrighi* et *Dame Coudert*, préc.
50. Eisenmann, dissertation sous Cons. d'Ét. 6 nov. 1936, préc.
51. Barthélemy et Duez, *op. cit.*, p. 226.
52. J. Barthélemy, *Rev. dr. publ.* 1003, p. 209.

Y A-T-IL UNE RESPONSABILITÉ CONTRACTUELLE DU FAIT D'AUTRUI ?

1952

René Rodière

Professeur à la Faculté de droit d'Alger

1. – *L'affirmation de la doctrine.* – Longtemps ignorée, la matière de la responsabilité contractuelle du fait d'autrui a été, en 1914, révélée à la doctrine française par une remarquable étude de M. Becqué (*Rev. trim. dr. civ.*, 1914, p. 251-320). Les travaux, depuis, se sont succédé (v. surtout V. Renaud, thèse, Paris, 1923; H. et L. Mazeaud, *Traité de la responsabilité civile*, 4e éd., t. 1, nos 965 et s.; P. Esmein, *Le fondement de la responsabilité contractuelle*, *Rev. trim. dr. civ.*, 1933, nos 23-24, p. 674-680), mais, à l'imitation de l'étude qui les a inspirés, ils se sont préoccupés davantage du fondement de cette responsabilité que de la question pourtant préalable de son existence. La doctrine vit ainsi sur la croyance générale en certaine règle au terme de laquelle le débiteur d'une obligation contractuelle peut être déclaré responsable et tenu à ce titre de réparer le dommage causé par la faute d'une autre personne. Certaines discussions n'existent que parce que l'on croit à cette règle : ainsi la controverse sur le point de savoir si la limitation légale des dommages-intérêts dus par le fréteur est écartée par la faute lourde de ses préposés (v. la note de M. le doyen Ripert, D. 1951. 606), les contestations sur l'effet de la faute lourde des préposés du fermier sur sa responsabilité en cas d'incendie de la chose louée (v. la note de M. Lalou, D. 1951.561), ou la discussion sur l'incidence de la faute des préposés sur la responsabilité de l'exploitant aérien (v. l'étude de M. François, J. C. P. 1951.1.946).

La doctrine s'accorde sur le principe. Elle écarte préalablement : *a*) les cas où le débiteur est expressément chargé des cas fortuits par la loi ou par la convention; *b*) ceux où le débiteur répond de son fait personnel (faute de choix, de surveillance ou de direction et faute consistant à se faire aider là où il devait agir seul). Il n'y a pas à proprement parler de responsabilité contractuelle du fait d'autrui dans ces deux séries d'hypothèses; dans la première, il n'y a pas responsabilité, mais *garantie;* dans la seconde, il y a bien responsabilité, mais *du fait personnel.* Jusqu'ici, nous approuvons pleinement. Mais voilà où nous ne sommes plus d'accord : en dehors de ces deux séries de cas, les principes généraux commanderaient de déclarer le débiteur contractuel *responsable du fait des préposés* auxquels il a confié la mission d'exécuter son obligation.

Quels sont ces principes généraux ? Ici l'accord cesse. Pour les uns, comme M. Becqué, la faute de ces préposés exclut toute idée de force majeure; l'événement lui reste imputable parce qu'il ne lui est pas étranger (arg. art. 1147 c. civ.). Pour d'autres (v. V. Renaud, après Saleilles, *Théorie de l'obligation*, p. 16-17), la faute d'autrui peut bien répondre aux traits caractéristiques de la force majeure, mais le débiteur reste tenu parce qu'il entre dans l'intention vraisemblable des parties que le débiteur réponde des fautes de ceux qu'il emploie même de façon correcte à l'exécution de ses obligations personnelles; il y aurait assomption tacite de la charge de certains cas fortuits. Selon une troisième opinion, le débiteur endosserait la faute de ses préposés parce que ceux-ci le représentent (L. Hugueney, note *Rec. Sirey* 1915.1.113; H. et L. Mazeaud, *op. cit.*, t. 1, n° 992). Une dernière fraction de la doctrine pense que le débiteur assume alors la charge d'un résultat (Planiol et Ripert, *Traité prat. de droit civil*, t. 7, *Obligations*, par Radouant, n° 845).

2. – *Critique de ces explications.* – Pour une règle prétendument imposée par les principes généraux, la variété même de ces propositions est troublante. Aucune n'est satisfaisante.

Quoique son auteur s'en défende (E. Becqué, *op. cit.*, p. 287, n° 2), la première est une déduction de la théorie selon laquelle le cas fortuit et la force majeure ne s'identifient point. Cette théorie a été ici même suffisamment défendue (L. Josserand, chron. D. H. 1934, p. 25) et critiquée (P. Esmein, chron. D. H. 1934, p. 53) pour nous dispenser d'en reprendre l'exposé et la discussion. Nous avons tenté de montrer ailleurs (*Le régime légal de l'obligation de sécurité due par le transporteur de personnes*, J. C. P. 1952.1.997, n° 42) comment cette prétendue dualité, présentée d'abord en matière de transports, était contraire aux principes du droit français et en opposition avec les solutions de notre jurisprudence. Il n'y a point de solution de continuité entre la faute et la force majeure, et celle-ci ne se distingue pas par une certaine extranéité, inconnue du cas fortuit. La force majeure atteste de façon péremptoire que le débiteur n'a point commis de faute. Ce serait une pétition de principe de soutenir que tout ce qui touche à l'entreprise du débiteur lui est imputable, de telle sorte que l'absence de faute serait *a priori* exclue dès que l'inexécution de l'obligation mettrait en cause cette entreprise.

Comme toutes les explications fondées sur l'intention vraisemblable des parties, la seconde relève de la divination avec tous ses aléas. Il est certes raisonnable de penser que le client qui s'adresse à un garagiste ou à un chirurgien n'entend connaître que son cocontractant. Quoiqu'il sache pertinemment que le tailleur ne coudra pas jusqu'à ses derniers boutons et que le chirurgien ne procédera pas lui-même à tous les soins pré ou post-opératoires, il ignore l'aménagement intérieur que le débiteur donne à son affaire. Celui-ci d'ailleurs ne songera jamais à prétendre que le seul fait de l'intervention de ses employés dans l'inexécution de l'obligation le libère de toute dette. Mais il serait abusif de conclure de ces observations que le créancier a entendu rendre le débiteur responsable du fait de ses préposés en dehors de toute faute de sa part, et que le débiteur l'a admis. Il est faux que le débiteur accepte de couvrir des fautes qui ne supposent de sa part ni erreur, ni négligence d'aucune sorte. En dehors d'une stipulation expresse, on ne saurait dire que tout contrat implique la garantie tacite des faits de leurs préposés par les débiteurs.

L'idée de représentation n'ajoute à la description du phénomène qu'une explication verbale où les mots sont employés dans une acception incorrecte. La représentation donne à une personne le pouvoir de passer un acte juridique pour le compte d'autrui ; une infirmière ne représente pas son patron, ni un mécanicien le garagiste qui l'emploie. Entraînés par cette erreur de terminologie, certains de ceux qui soutiennent cette idée ont été jusqu'à dire que les ouvriers sont des « mandataires » (H. et L. Mazeaud, *op. cit.*, t. 1, n° 997). D'ailleurs, si les nécessités de politique civile peuvent faire endosser par quelqu'un les *conséquences pécuniaires* des fautes d'autrui, c'est une hérésie morale que *d'imputer à faute* à quelqu'un le manquement de son prochain. La fiction d'identification, admise malgré sa monstruosité en matière de mandat et plus généralement chaque fois qu'il y a représentation au sens rigoureux des mots, doit en dehors de là être bannie des constructions juridiques.

Enfin, l'idée que le débiteur promet un résultat, exprimée déjà lors des travaux préparatoires du B. G. B. (v. E. Becqué, *op. cit.*, p. 278-280), est dangereuse d'abord par l'amphibologie qui l'entoure, car l'obligation de moyen assumée par tel entrepreneur (celle du médecin par exemple) ne devient évidemment pas une obligation de résultat par le seul fait que l'exécution en est partiellement confiée à des sous-ordres. D'ailleurs, l'explication est insuffisante, car, si lourde que soit la responsabilité du débiteur d'une obligation de résultat, elle ne s'identifie pas à la garantie ; si le débiteur rapporte la preuve de la force majeure, il est, en effet, libéré.

3. – *Critique du principe.* – Les auteurs se sont efforcés de rendre compte d'une règle qui n'existe pas. Si l'on excepte certaines dispositions particulières, les débiteurs contractuels ne sont pas, en droit français, responsables du fait de ceux qu'ils associent à l'exécution de leurs obligations. Et encore, pour ne pas affaiblir la thèse courante, je ne dis pas, comme y convie pourtant le mélange des préposés, des auxiliaires, des membres de la famille… (V. E. Becqué, p. 291 et s.), que l'on a soutenu l'idée d'une responsabilité générale du fait d'autrui en matière contractuelle (Cf. en matière, délictuelle, R. Savatier, *La responsabilité générale du fait des choses que l'on a sous sa garde a-t-elle pour pendant une responsabilité générale du fait des personnes dont on doit répondre ?* D. H. 1933, Chron., p. 81).

Le fait d'un tiers n'est pas *a priori* différent d'une autre cause d'inexécution de l'obligation. La distinction des cas fortuits dus à des phénomènes de la nature, des faits du Prince, des cas fortuits d'origine collective, du fait des tiers…, cette distinction est d'intérêt purement descriptif. Qu'il s'agisse d'un éboulement de terrain, d'un incendie, d'un décret étranger ou de la faute d'un tiers, la question est toujours la même : cet événement était-il imprévisible et ses conséquences étaient-elles insurmontables *pour le débiteur ?* Dans l'affirmative, le débiteur prouve qu'il n'a pas commis de faute, entendons bien de *faute personnelle.* Au cas contraire, si ce fait derrière lequel le débiteur s'était abrité pour expliquer et justifier sa défaillance n'était pas imprévisible pour lui ou si les suites en étaient surmontables, ce fait n'empêche pas (ou même révèle quelquefois) la faute du débiteur[1].

L'erreur de la doctrine est d'ailleurs attestée par elle-même lorsqu'elle cite la grève parmi les cas possibles de force majeure. La grève n'est-elle pas autre chose que le fait collectif des préposés ? Pourquoi ce qui est possible pour ce fait de l'ensemble du personnel ne le serait-il pas lorsque l'inexécution tient à un préposé donné ? La grève ou le fait d'un préposé ne peut pas *a priori* être distinguée de la guerre, du pillage ou d'un vol particulier.

Les auteurs trouvaient pourtant un bon guide dans la jurisprudence. Les arrêts sont rares, mais d'une précieuse netteté. Ils marquent unanimement qu'il

1. Ou, dans un système de présomption, cela prouve que le débiteur est impuissant à démontrer qu'il n'a pas commis de faute.

n'y a pas de responsabilité du fait d'autrui sans faute personnelle du débiteur, en d'autres termes que la catégorie juridique de la responsabilité contractuelle pour autrui n'existe pas. Une brève analyse de ces arrêts le montrera.

L'acquéreur d'une coupe de forêt installe sur le fonds, sans avoir pris l'avis de son propriétaire, un tâcheron qui met le feu à la forêt. La responsabilité de l'acquéreur est reconnue sur la base de l'art. 1135 c. civ. : l'usage de se substituer des tâcherons ne saurait « impliquer, de la part du propriétaire, l'abandon de ses garanties, s'il plaît à l'acquéreur de se substituer un nombre plus ou moins considérable de sous-acquéreurs de solvabilité variable et plus ou moins douteuse » (Poitiers, 12 déc. 1904, D. P. 1905.2.454). Le pourvoi contre cet arrêt est rejeté : « Le sous-traité dont l'acquéreur entendait se prévaloir... n'était pas de nature à l'exonérer de la responsabilité *personnelle* qui dérivait de son contrat d'acquisition » (Req. 30 janv. 1907, D. P. 1910.1.432).

Un malade payant entre à l'hôpital. À son entrée, le médecin le place dans une salle qui ne convient pas à son état et où il reste 28 jours sans être examiné. Le malade demande réparation à la commission de l'hospice. « Les faits dommageables ne sont pas des manquements à l'exercice technique de la médecine que la commission n'aurait pu complètement empêcher, ni même critiquer, mais des négligences auxquelles une surveillance plus vigilante n'aurait pas permis de se produire. » C'est donc une faute personnelle de la commission, et non la faute de son médecin, dont on lui fait endosser les conséquences. « Attendu, poursuit l'arrêt, qu'il s'est créé une obligation contractuelle qui donnait à la commission le devoir d'assurer les visites et les soins que nécessitait l'état de B... ; que cette commission est donc sans droit à prétendre que le fait par son médecin de ne pas examiner et de ne pas même visiter le malade provient d'une cause qui lui soit étrangère... » (Dijon, 18 mars 1903, D. P. 1904.2.134).

Un bijoutier confie les joyaux qui lui sont remis à un commissionnaire qui les perd. « Sa responsabilité personnelle est engagée » déclare la cour de Besançon, 27 janv. 1911 (D. P. 1913.2.115), car il a commis ainsi une faute grave. Ce n'est pas la faute du commissionnaire qui est prise en considération, mais celle du débiteur lui-même.

Une automobile, remisée dans un garage, est volée par un apprenti du garagiste et endommagée. Le propriétaire de la voiture réclame réparation au garagiste et l'obtient, mais sur la base suivante : « Attendu que si le garagiste ne peut, en tant que commettant, être rendu responsable des conséquences d'un accident causé par son préposé en dehors de ses fonctions et après ses heures de travail, il répond néanmoins du défaut de surveillance de l'automobile remisée en dépôt dans son garage » (Montpellier, 30 janv. 1941, *Gaz. Pal.* 1941.1.479). Le vol aurait-il été commis par un étranger à l'entreprise que la solution eût été la même.

Une patiente est endormie en vue d'une opération à l'utérus, En élevant la table d'opération, une infirmière lui fracture une jambe fixée « en rectitude » par suite d'une ankylose du genou. La patiente réclame réparation au chirurgien et obtient satisfaction, « attendu qu'il appartenait au praticien de *veiller personnellement* à ce que les manœuvres qui allaient imposer à la malade une certaine position sur la table d'opération ne puissent présenter de danger et occasionner d'accident... ; le Dr X... devait d'autant moins négliger un détail quelconque qu'il reconnaît lui-même ne pas avoir antérieurement examiné sa cliente et être resté dans l'ignorance des infirmités qu'elle pouvait avoir » (Paris, 5 janv. 1945, D. 1945.242). D'une façon générale, la responsabilité contractuelle des médecins du fait de leurs auxiliaires n'est jamais reconnue sur la seule démonstration qu'une faute a été commise par l'un de ces auxiliaires; c'est une faute personnelle de choix ou de surveillance qui est relevée contre le praticien (Bourges, 2 févr. 1938, *Gaz. Pal.* 1938.1.723; Trib. civ. Saumur, 29 nov. 1945, J. C. P. 1946.11.3044). Les solutions peuvent être divergentes, un arrêt reconnaissant la faute du praticien (Paris, 25 juin 1920, *Gaz. Pal.* 1920.2.341), un autre la niant (Paris, 1er juin 1935, *ibid.*, 1935.2.316); l'appréciation est alors différente au fond, mais la démarche juridique aura été la même : on aura recherché si *le praticien* avait commis une faute personnelle.

Cependant, quelques rares décisions emploient un langage plus contestable. Ne parlons pas de cet arrêt rendu à une époque où le non-concours des responsabilités délictuelle et contractuelle n'était pas dégagé parce que les deux ordres de responsabilité restaient confondues, et qui avait déclaré qu'un débiteur contractuel « était responsable de sa faute personnelle ou des personnes dont il doit répondre dans les termes des art. 1382 et s. » (Bordeaux, 20 mai 1893, D. P. 93.2.182). On s'inquiétera davantage de cet arrêt récent (Civ., sect. civ., 7 août 1951, D. 1951.682), aux termes duquel le bailleur est responsable des voies de fait par lesquelles des tiers sans prétention juridique troublent la jouissance du preneur, s'il y a « faute déterminée dudit bailleur ou de ses préposés ». Il est vrai que l'arrêt ne précise pas de quelle responsabilité il s'agit, si le bailleur est tenu contractuellement ou dans les termes des art. 1382 et s. Inexacte au premier cas, sa formule serait correcte dans le second. Il aurait fallu au préalable décider si le bailleur contracte par le seul fait du bail l'obligation de prendre les mesures propres à assurer la sécurité des choses du preneur (v. R. Rodière, *Études sur la dualité des régimes de responsabilité*, J. C. P. 1950.I.861, n° 22)[2].

4. – *Dommage causé par autrui et faute personnelle du débiteur.* – Ainsi, contrairement aux auteurs qui, pour circonscrire le problème de la responsabilité contractuelle du fait d'autrui, en écartent tous les cas où il y a faute personnelle du débiteur, nous dirons avec la jurisprudence que la responsabilité contractuelle suppose toujours une faute personnelle du débiteur. Cette faute est au regard du créancier la cause directe du dommage causé par autrui.

Étant donnée cette dernière circonstance, la faute du débiteur affecte l'une des formes suivantes :

a) Ou bien elle consiste dans le fait que le débiteur s'est substitué un tiers ou qu'il s'est fait assister par un tiers dans l'exécution d'une obligation à laquelle il devait satisfaire personnellement.

2. Nous écartons du débat les arrêts rendus en matière délictuelle et qui sont cités pêle-mêle avec ceux qui sont analysés *infra*. Ainsi, dans Req. 22 juill. 1891 (D. P. 02.1.335), Civ. 21 juill. 1938 (D. H. 1938.466), Aix, 17 févr. 1938 (D. H. 1938.296), Paris, 15 févr. 1944 (J.C.P. 1946.II.2942, 2e esp.), il n'y avait pas d'obligation contractuelle violée et la responsabilité ne pouvait donc pas être contractuelle. Quant aux arrêts cités en matière de chemins de fer (v. E. Becqué, *op. cit.*, p. 295), ils n'ont pas posé la question.

Cette substitution ou cette assistance n'est généralement pas en elle-même une faute. La provenance de la satisfaction que le créancier attend n'a couramment pas d'intérêt à ses yeux; que ma voiture soit réparée par le garagiste lui-même ou par son mécanicien, cela m'est indifférent, pourvu que la réparation soit bien faite; et si le garagiste auquel je me suis adressé envoie mon automobile à un tôlier ou à un électricien pour certaines parties de la réparation, voilà encore qui m'est indifférent.

La faute apparaît lorsque l'obligation résiste à cette facilité, soit par la volonté expresse des parties, soit parce que sa nature y répugne. L'art. 1994-1° y fait allusion, car le mandat suppose une confiance personnelle du mandant dans son mandataire. Les circonstances commandent chaque espèce. Ainsi le locataire, considéré comme débiteur de l'obligation de restituer la chose en bon état, ne jouit normalement pas seul de la maison louée, mais il en serait autrement du contrat de bail à un célibataire ayant promis de vivre seul; le fait que le dommage ait été causé par une personne vivant chez ce célibataire sera considéré comme témoignant d'une faute personnelle de celui-ci.

b) Ou bien, dans les cas où cette substitution ou cette aide est en elle-même correcte, le débiteur aura commis une faute de choix, de surveillance ou d'instructions.

La première s'entend d'elle-même, encore qu'elle dépende de la nature des obligations et des circonstances. L'art. 1994-2° c. civ. voit une faute dans le choix, par le mandataire, d'un substitut notoirement incapable ou insolvable. L'insolvabilité de ceux que le locataire aura installés dans sa maison ne manifesterait pas à elle seule la faute de ce débiteur. La faute de surveillance doit être pareillement accréditée par les circonstances; on remarquera comment, dans l'arrêt précité de Dijon du 18 mars 1903, la faute reprochée à la commission administrative de l'hospice méritait enquête parce qu'il s'agissait non de manquements à l'exercice technique de la médecine (que cette commission eût été impuissante à contrôler ou à déceler), mais d'un manque personnel de surveillance. Enfin, la *culpa in instruendo* sera réalisée par l'impropriété ou l'insuffisance des instructions données par le débiteur à ses auxiliaires ou par la défectuosité des outils qu'il leur aura fournis.

5. – *La personnalité et la conduite du tiers* auteur du dommage sont sans intérêt direct. Peu importe qu'il soit préposé, parent, étranger, ou qu'il reste inconnu. Peu importe que sa conduite ait été, appréciée de son point de vue, correcte ou sujette à critique. Plus exactement, on n'accordera à ces deux points qu'un intérêt limité et orienté vers la seule recherche : le débiteur a-t-il commis une faute personnelle ? Il n'est pas indifférent à cet égard de constater par exemple que les pertes souffertes par le créancier proviennent de vols répétés commis par les préposés du débiteur, car on reprochera à ce dernier de n'avoir pas prévenu le retour de pareils agissements en congédiant son personnel ou en le surveillant mieux. La mauvaise organisation d'une entreprise, qui est une faute personnelle de son chef, sera plus vite reconnue si les fautes de ses employés sont lourdes et répétées que s'ils se rendent coupables de rares négligences. La qualification de la faute du débiteur en dépendra pareillement : le dépositaire qui ne remédie pas aux nombreux vols commis dans ses entrepôts par son propre personnel sera plus aisément convaincu de faute lourde que si les vols sont perpétrés par des étrangers (Cf. Paris, 12 mars 1951, D. 1951.606, 1re esp., note de M. Ripert).

On notera avec soin que la qualification de la faute du débiteur résulte d'une appréciation de sa seule conduite. Il n'y a pas entre la faute lourde du préposé et celle du débiteur un *emprunt* de qualification. Il peut seulement y avoir un rapport de causalité ou d'indication ; de causalité, lorsque la gravité des fautes du préposé imprime un caractère de lourde négligence à la faute que commet le débiteur en ne le congédiant pas ou en ne le surveillant pas plus étroitement ; d'indication, lorsque cette même gravité manifeste la grossièreté des choix du débiteur.

Mais en dehors de cet effet réflexe possible, il est indifférent que la faute du préposé soit lourde ou légère. C'est l'évidence puisqu'il pourrait n'avoir pas commis de faute du tout. La jurisprudence n'en a pourtant pas été frappée lorsqu'on a porté devant les tribunaux la question de l'interprétation de l'art. 41 de l'ordonnance du 17 octobre 1945 sur le fermage. Suivant ce texte, le bailleur et les compagnies d'assurances n'ont de recours contre le preneur, en cas d'incendie des lieux loués, « que s'il y a faute grave de sa part ». La question s'est alors posée de savoir si la faute lourde de ses préposés engageait la responsabilité du fermier, et la Cour de cassation l'a admis (Civ., sect. soc., 15 juin et 2 août 1951, D. 1951.561, 2e et 3e esp., note de M. Lalou). Cette solution a été fondée sur ce que l'ordonnance de 1945 avait seulement supprimé la présomption de responsabilité de l'art. 1733 c. civ. et requis l'existence d'une faute grave et prouvée du débiteur ; ceci dit, il était évident que la faute grave des personnes de la maison devait emporter le même effet aux termes de l'art. 1735 c. civ. Les auteurs ont approuvé cette manière de voir (H. Lalou, note précitée ; J. Lacoste, *La responsabilité du preneur d'un bien rural en cas d'incendie*, J. C. P. 1951.1.943, n° IV), que je crois mauvaise non point par les libertés apparentes qu'elle prend avec la lettre de l'art. 41, mais parce qu'elle assimile la faute lourde des préposés à celle du débiteur. En requérant une faute grave de la part du preneur, l'ordonnance de 1945 a marqué clairement qu'elle abandonnait le système de garantie qui seul, dans l'art. 1735, soutient la dette du preneur en cas de dégradations commises par d'autres personnes (*infra*, n° 8).

6. – *Objection tirée de l'existence des clauses de non-responsabilité du fait d'autrui.* – Comment les expliquer si la conduite du tiers auteur du dommage est en elle-même indifférente ? Les *négligence clause* des transports maritimes ne sont pas mortes des critiques qu'on aurait pu leur adresser sur le plan théorique, mais d'une répartition nouvelle et autoritaire des risques maritimes et commerciaux entre le fréteur et l'affréteur. Le seul fait de leur existence n'a-t-il pas définitivement contredit d'avance et ruiné mon opinion ? Non, et il suffit de restituer à ces clauses leur nature juridique pour s'en convaincre. Ces clauses ont pour objet de donner aux agissements des préposés du débiteur la valeur d'événements de force majeure ; les contractants conviennent de traiter comme tels les agissements fautifs ou non de certaines catégories du personnel du débiteur.

Mais, dira-t-on, le débiteur ne peut pas avec cette facilité et cette plénitude d'efficacité échapper à sa responsabilité. S'il suffisait de dire que les clauses d'irresponsabilité valent transformation conventionnelle de certains faits en cas fortuits, toutes ces clauses seraient efficaces, ce qui n'est pas. C'est exact, mais aussi ne s'agit-il pas de responsabilité à proprement parler dans les cas qui nous occupent, mais de garantie. Je m'explique : les *négligence clause* suppriment la garantie légale que l'art. 1797 c. civ. (*infra*, n° 10) fait peser sur ces entrepreneurs que sont les fréteurs. Si ceux-ci avaient dû être tenus comme responsables, ces clauses n'auraient pas eu d'autre effet que de renverser la charge de la preuve. Mais comme on se trouvait en matière de garantie, ces clauses de non-garantie n'offraient aucun des inconvénients d'ordre moral qui fondent l'attitude de la jurisprudence (surtout avant 1949 et plus encore avant 1874) à l'égard des clauses d'irresponsabilité.

Libéré de cette garantie légale exceptionnelle, mais qui sans la clause aurait joué contre le transporteur (argt. art. 1797 c. civ.), celui-ci restait tenu de ses fautes personnelles. Le fréteur pouvait en effet demander à faire cette preuve pour obtenir réparation malgré la clause (G. Ripert, *Droit maritime*, n° 1758, et la jurisprudence qu'il cite).

L'objection se retourne contre la théorie classique : s'il existait une responsabilité contractuelle générale du fait d'autrui, on ne s'expliquerait pas l'efficacité reconnue aux clauses de non-responsabilité du fait d'autrui. Elle ne s'explique que parce que ces clauses n'ont jamais écarté que des règles exceptionnelles de garantie.

7. – *Présomption de faute en cas de dommage causé par autrui.* – La loi peut présumer la faute du débiteur, sans pour autant offusquer les principes de la responsabilité classique. Ce qui est possible lorsque l'acte dommageable est dû au débiteur lui-même l'est pareillement lorsque le dommage est matériellement dû à l'intervention d'un tiers. L'effet de la présomption est alors le suivant : la démonstration par, le débiteur que l'inexécution de son obligation a pour origine l'intervention (ou l'abstention) du tiers ne produit à elle seule aucun effet; alors que cette démonstration a généralement pour conséquence de renverser la charge de la preuve, le créancier devant faire à son tour la preuve que, derrière cette défaillance matérielle du tiers, se dissimule une faute personnelle du débiteur lui-même, ici, ce renversement ne se produit pas et le débiteur reste tenu de réparer s'il ne démontre pas que cette intervention du tiers réalise pour lui un événement de force majeure.

Mais cette preuve doit lui rester ouverte. Si elle lui était fermée, s'il lui était impossible d'échapper à la dette de réparation du seul fait que le dommage a été causé par ce tiers, il ne serait pas seulement sous le coup d'une présomption de faute et une véritable dette de garantie pèserait sur lui. On ne se trouverait plus sur le domaine de la responsabilité.

8. – *Garantie contractuelle du fait d'autrui.* – De pareilles dettes sont parfois édictées par la loi. L'art. 1735 c. civ. en propose un exemple sûr : le preneur est tenu des dégradations et des pertes qui arrivent par le fait des personnes de sa maison et de ses sous-locataires. Pour les personnes de la maison la règle est tirée de l'ancien droit qui avait modifié la disposition du droit romain. Suivant le Digeste, le preneur n'était tenu des dégradations commises par ses esclaves, ses parents ou ses hôtes que si on pouvait lui reprocher d'avoir admis, introduit ou conservé chez lui des personnes qu'il savait – ou devait savoir – capables de commettre de pareils dégâts (*Loc. cond.*, 30, § 3). Le preneur n'était donc responsable que de sa faute personnelle; une présomption aidait seulement le bailleur. L'ancienne jurisprudence repoussa cette distinction du Digeste, et le Code Napoléon l'a suivie. Le preneur, comme tel, est indistinctement tenu de réparer les dommages causés aux biens loués par les personnes qu'il admet dans sa maison.

Il y a eu franchissement de la frontière de la responsabilité et passage sur le terrain de la garantie. Le débiteur ne peut plus se libérer en prouvant que sa diligence a été parfaite. Du moment que la dégradation est le fait d'une personne de sa maison ou d'un sous-locataire, il est tenu. Il endosse, au moins provisoirement, la charge de la réparation. C'est bien de réparation pour autrui qu'il s'agit, mais il y a garantie et non plus responsabilité. La Cour de cassation a interprété le texte avec netteté : « Le preneur... est responsable des dégradations ou soustractions commises dans les lieux loués par les personnes de sa maison au même titre que si elles étaient son fait personnel, *alors même qu'il n'aurait pu ni prévoir, ni empêcher la faute de ces personnes* » (Civ. 13 déc. 1927, D. P. 1928.1.102).

Cette rigoureuse garantie répond à une idée de bonne politique civile, en engageant les locataires à faire soigneusement la police de l'immeuble de leur bailleur. La loi ne s'est pas bornée à édicter une présomption de faute; elle les a chargés de tout un ordre de dommages causés par d'autres qu'eux-mêmes. Une pareille dette est exorbitante du droit commun; l'art. 1148 c. civ. libère les débiteurs qui ne se sont pas exécutés par suite d'un cas de force majeure; la disposition de l'art. 1735 est donc exceptionnelle.

Une question dès lors se pose, qui n'a point son pendant dans la pseudo-responsabilité pour autrui : de quelles personnes le débiteur va-t-il ainsi répondre ? La maîtresse du locataire (v. Civ. 13 déc. 1927, précité), les clients d'un hôtel dont le tenancier est lui-même locataire (v. Guillouard, *Du contrat de louage*, t. 1, n° 248) sont-ils des personnes de sa maison ? Les solutions au fond ne nous intéressent pas. Il suffit de constater que ces questions se posent, alors qu'en matière de responsabilité on ne pouvait pas énumérer limitativement les personnes dont le fait donnait naissance à la dette de réparation du débiteur, puisque l'identité de ce facteur de dommage était indifférente.

9. – *Présomption de faute et garantie dans la réparation du fait d'autrui.* – Les textes relatifs à la réparation par les débiteurs contractuels des dommages résultant de l'inexécution de leurs obligations par suite de l'intervention d'un tiers, ces textes relèvent de deux catégories distinctes : les uns édictent une présomption de faute, les autres une dette de garantie. Mais à quel signe les reconnaître ? Si la distinction avait été clairement aperçue des rédacteurs de nos codes, ils auraient manifesté leurs intentions par une sélection rigoureuse des mots employés. Ils auraient déclaré le débiteur *responsable* dans le premier cas et *tenu* ou *garant* dans le second. Malheureusement la terminologie des textes obéit à une fantaisie qui déroute l'interprète. Celui-ci est cependant aidé parfois par les solutions de fond de la loi; ainsi, il suffit de comparer l'art. 1735 à l'art. 1732 pour voir que le preneur ne peut pas se libérer en prouvant que les dégradations dues aux personnes de sa maison sont intervenues sans sa faute, donc que la règle édictée par l'art. 1735 est une règle de garantie.

Mais plus souvent l'interprète est abandonné aux lumières des principes généraux. Puisque la garantie est l'exception, il est donc engagé à n'admettre de garantie que là où la loi est explicite, comme dans l'art. 1735, et là où les intentions de police civile du législateur sont certaines.

Suivant l'art. 99 c. com., « le commissionnaire de transport est garant du fait des commissionnaires intermédiaires auxquels il adresse les marchandises ». Lorsque l'expéditeur a traité pour le voyage entier avec un seul commissionnaire, mandaté pour conclure les contrats qui achemineront la marchandise à destination, il peut ainsi en cas d'avaries obtenir pleine réparation de ce commissionnaire; celui-ci ne peut pas, dans ses rapports avec son client, se dégager en prouvant que l'avarie est due à la faute de tel voiturier qu'il désigne; il ne peut pas davantage se dégager en montrant qu'il n'avait pas le choix du voiturier et qu'il lui fallait forcément, étant données les circonstances (lieu de départ et d'arrivée et nature de la marchandise), s'adresser à tel voiturier, hypothèse de plus en plus courante à notre époque de distribution autoritaire du trafic. Il est garant comme dit la loi, ou ducroire légal comme dit Thaller (*Traité élém. de droit commercial*, t. 1, n° 1225). La jurisprudence, après quelques brefs tâtonnements, a très vite interprété ainsi l'art. 99 (Metz, 18 janv. 1815, *Jur. gén.*, v° *Commissionnaire*, n° 393; Civ. 28 oct. 1885, D. P. 86.1.73).

S'il s'agissait de responsabilité, la mesure serait injuste. Mais il s'agit de garantie, de « responsabilité absolue » comme l'a dit l'arrêt précité de la Cour de cassation de 1885, ou encore de « garantie pure et simple » (Paris, 2 févr. 1944, *Gaz. Pal.* 1944.1.111). La mesure est intentionnellement partiale : la loi a voulu éviter aux expéditeurs d'être renvoyés de voiturier en voiturier et d'être exposés aux roueries de professionnels, habiles à dissimuler leurs fautes derrière de prétendues nécessités techniques de métier. Il ne suffit pas de dire avec Thaller qu'il y a là un phénomène de délégation, car il s'agirait de dire pourquoi la loi l'impose. On est en présence d'une mesure de police civile.

10. – *Les art.* 1245 *et* 1797 *c. civ.* édictent deux règles dont les domaines sont vastes. Le premier concerne les obligations de livrer un corps certain. Il s'applique notamment aux obligations de restitution du dépositaire et du commodataire, aux obligations de livrer des vendeurs… Il est tenu de tout ce qui vient « de son fait ou de sa faute ou de celle des personnes dont il est responsable ». La formule est ambiguë et laisse croire à une délimitation du cercle de ces personnes qui n'est donnée nulle part. Il ne paraît pas abusif d'y lire une dette de garantie du fait de tous ceux auxquels le débiteur a donné accès à la chose qui forme l'objet de son obligation de livrer.

La formule de l'art. 1797 est plus nette et plus brutale à la fois : « L'entrepreneur répond du fait des personnes qu'il emploie ». Ce texte a donné lieu à divers contresens : Aubry et Rau y ont vu une application de l'art. 1384; Baudry-Lacantinerie et Wahl en ont limité la portée au fait des sous-traitants. Il est pratiquement ignoré de tous, au point qu'il n'est jamais invoqué en justice et que la seule décision citée sous cet article par les Codes civils annotés ne l'a point visé !

Il est vrai que son origine est obscure. L'idée se trouve bien dans Pothier, mais elle y est mal exprimée : le conducteur dans le louage d'ouvrage est tenu, disait-il, si la malfaçon « provient des ouvriers qu'il a employés, car quiconque se charge d'un ouvrage s'oblige à le bien faire… et c'est de sa part une faute que de se charger d'une chose qui dépasse ses forces ou d'employer de mauvais ouvriers » (*Du contrat de louage*, n° 425). La malfaçon due aux ouvriers était mal dégagée de la mauvaise exécution de l'obligation de bien faire l'ouvrage. L'imprécision durera au point que l'on citera à l'appui de la prétendue responsabilité du fait d'autrui la règle antique *Imperitia culpae adnumeratur* (Dig., *De div. reg. jur.*, 132), qui ne traite pas précisément de la question. Une fois de plus, Domat s'était montré plus profond : « Les voituriers par terre ou par eau… sont tenus de la garde, voiture et transport des choses dont ils se chargent… Et si quelque chose périt on est endommagé par leur faute, ou *des préposés qu'ils emploient*, ils en doivent *répondre* » (*Lois civiles*, liv. I, tit. IV, sect. VIII, n° V). On y trouve dans une syntaxe différente les éléments de la formule incisive du code civil. Le texte de référence qui inspire Domat est d'ailleurs autrement topique que celui de Pothier; c'est la loi 25, § 7 du titre *De lege aquilia* au Digeste : « *Qui columnam transportandam conduxit, si ea, dum tollitur, aut portatur, aut reponitur, fracta sit, ita id periculum praestat, si qua ipsius eorumque quorum opera uteretur, culpa acciderit. Culpa autem abest, si omnia facta sunt, quae diligentissimus observaturus fuisset.* »

Mais le *conductor* avait-il la faculté de se libérer en montrant qu'il avait été surpris par la faute inattendue de son ouvrier ? La même question se pose sur l'art. 1797, et il ne suffit pas de répondre que le débiteur promet un résultat (*supra*, n° 2). Il faut à mon sens lire ce texte comme édictant une véritable dette de garantie à la charge des débiteurs liés par des contrats d'entreprise. L'entrepreneur n'est pas seulement une caution légale, comme l'est le commettant pour ses préposés. Il est débiteur principal; le maître de l'ouvrage a entendu ignorer l'organisation intérieure donnée par son débiteur à son affaire. Celui-ci ne peut jamais s'abriter derrière le fait ou la faute de ceux qu'il charge d'exécuter en tout ou en partie l'obligation qu'il a personnellement assumée. Dans la mesure où les faits de ces ouvriers pourraient être présentés par l'entrepreneur comme des cas fortuits, celui-ci en est chargé par la loi dans ses rapports avec le maître de l'ouvrage. On conclura de cette analyse que la brusque folie de l'employé ne libère pas l'entrepreneur; la solution contraire donnée sur l'art. 1384, al. 5, se justifie en cette matière parce que le commettant joue le rôle de caution; or, l'engagement de la caution suppose au préalable que la dette du débiteur principal est née et la dette du préposé ne naît pas du fait de son aliénation mentale; dans la situation de l'art. 1797, c'est l'entrepreneur qui est le débiteur principal et la construction précédente serait sans fondement. On devrait également conclure de notre analyse que la grève du personnel du débiteur n'est jamais pour les entrepreneurs une cause d'exonération.

En l'absence de principes généraux de responsabilité et de garantie contractuelles du fait d'autrui, l'art. 1797 édicte une règle d'autant plus importante que le champ d'application du contrat d'entreprise est vaste; il comprend tous les contrats de construction et de réparation, les divers contrats de transport[3], les contrats conclus par les médecins et les avocats avec leurs clients.

3. La loi du 2 avr. 1936 y apporte une exception en matière de transport maritime.

11. – *Conclusion.* – Résumons à la manière des thèses d'autrefois les propositions de cette chronique :

1. Il n'existe en matière contractuelle ni principe général de responsabilité du fait d'autrui, ni règle générale de garantie du fait d'autrui.

2. La preuve que le dommage est dû à un tiers a pour effet courant de libérer le débiteur, quel que soit ce tiers. C'est alors au créancier de prouver que, derrière cette intervention dommageable du tiers, il y a faute personnelle du débiteur.

3. Le débiteur d'une obligation contractuelle inexécutée par le fait d'un tiers n'est tenu de réparer le dommage que s'il a commis une faute personnelle, sauf convention contraire ou sauf disposition contraire de la loi.

4. En matière de responsabilité pour faute prouvée, la personne du tiers auteur du dommage est indifférente. L'appréciation de sa conduite ne présente pas d'intérêt direct.

5. Les agissements du débiteur n'empruntent pas directement leur qualification (faute, faute lourde…) à la qualification des agissements de ses préposés.

6. Les règles légales de garantie sont spéciales. Elles ne concernent que certains contrats et ne font pas couvrir par leurs débiteurs les conséquences dommageables des agissements de tous ceux qui ont empêché l'exécution correcte de leurs obligations ; seuls les dommages causés par certaines personnes, différentes selon les contrats, ouvrent aux créanciers leur droit à garantie.

DE LA CONNAISSANCE PRATIQUE DU DROIT ET DE SES DIFFICULTÉS

1952

Jean Brethe de la Gressaye

Professeur à la Faculté de droit de Bordeaux

Dire le Droit – ce qui est le propre du juriste – est chose fort malaisée, qu'il s'agisse de résoudre un cas particulier, et, plus encore, de dresser le tableau du Droit positif à un moment donné, fût-ce pour une institution déterminée.

La règle de Droit prend-elle sa source dans la loi écrite, – ce qui est aujourd'hui le cas le plus fréquent, – quel chemin compliqué il faut parcourir pour passer du texte à la solution pratique, réellement appliquée ! Il est indispensable, d'abord, de connaître la manière dont la jurisprudence interprète la loi, ce qui révèle déjà bien des surprises. Mais il faut prendre garde à la pratique extra-judiciaire, administrative ou professionnelle. La pratique administrative joue un grand rôle, non seulement en droit public, mais aussi en droit privé où la loi exige de plus en plus l'accomplissement de formalités de publicité, de déclarations, de dépôts d'actes dans les bureaux de l'état civil, les conservations des hypothèques, les greffes des tribunaux civils et des tribunaux de commerce. Cette pratique administrative est réglée dans le détail par des décrets, des arrêtés ministériels et des circulaires qui ajoutent encore à la loi, et il s'y mêle parfois des usages locaux. En droit civil et en droit commercial règne la pratique des professionnels (notaires, agents de change, banquiers, assureurs), qui met en forme les actes juridiques, qui choisit entre plusieurs procédés, qui accumule les précautions, et qui est variable suivant les professions, les lieux, les circonstances, comme l'usage dont elle est une forme.

La règle de Droit est-elle d'origine coutumière – ce qui demeure aujourd'hui encore dans le domaine du commerce, – le rôle de la pratique dans son élaboration est encore plus décisif, sous le contrôle de la jurisprudence. Et si l'on saisit le Droit à sa source, sa connaissance n'en est pas pour autant plus claire ni plus sûre, car les praticiens inventent souvent des combinaisons compliquées qui résistent à la logique et sont des nids à procès.

Pour ces raisons, il est difficile de connaître le Droit tel qu'il est vécu, en quantité et en qualité, en nombre et en valeur.

De quelle manière une règle ou une institution juridique est-elle comprise, sentie, éprouvée, et par quels procédés est-elle réalisée, voilà pour la qualité.

Dans quelle mesure y recourt-on, l'utilise-t-on, quel est son volume, l'ampleur de ses applications, voilà pour la quantité, le nombre.

Et cependant, le Droit étant une règle de vie, il importe de savoir comment il est vécu, pour juger, pour conseiller, pour réformer.

Il est intéressant d'abord de savoir si une règle est utilisée ou non, et pour quelles raisons elle est plus ou moins usitée. À quoi bon étudier en détail dans nos traités de droit civil le bien de famille insaisissable, qui est presque inconnu en

France ? Le notaire, consulté sur un contrat de mariage ou un acte de société, doit savoir quel est le régime matrimonial ou le type de société le plus employé, et pour quels motifs il prédomine. Le législateur, saisi de projets de réforme de l'entreprise, ne doit pas ignorer l'échec de la loi de 1917 sur les sociétés anonymes à participation ouvrière. La statistique révèle l'utilité d'une institution et ouvre la voie à la recherche de la psychologie qui l'explique.

Il n'est pas moins utile de débrouiller les diverses modalités d'application des règles juridiques : la complication des formalités à remplir qui décourage les contractants ou les plaideurs, le temps requis pour achever une opération, les frais entraînés par une procédure, la difficulté de la preuve, bref tout ce qui concerne le rendement, l'efficacité d'une institution juridique. On y peut découvrir l'un des facteurs – le facteur technique – de l'insuccès de la loi.

Notre propos est d'attirer l'attention sur la difficulté qu'il y a à connaître la manière et la mesure suivant lesquelles le Droit est pratiqué, et les causes de ces usages. Nous essaierons de le montrer, pour le Droit privé, en passant en revue les modes de connaissance du Droit pratique : d'abord, les modes traditionnels, la jurisprudence et la pratique extrajudiciaire; ensuite, des moyens plus modernes, encore trop peu appliqués au Droit, la statistique et l'enquête.

I.

Il est inutile de s'attarder au plus connu d'entre eux : la jurisprudence. Surtout lorsque l'on écrit dans un de ces recueils spécialisés depuis longtemps dans la publication des arrêts et la systématisation de leurs solutions. Grâce aux notes et aux tables, il est facile de connaître les règles de Droit telles qu'elles sortent de l'interprétation judiciaire des lois, des coutumes, des actes juridiques, ainsi que les règles nouvelles forgées par les tribunaux pour répondre aux besoins sociaux et combler les lacunes du Droit positif.

Mais il sera bien permis d'observer que l'étude de la jurisprudence ne nous renseigne pas exactement sur la pratique du Droit.

Elle ne révèle rien de précis sur le nombre des litiges auxquels donne lieu l'application d'une règle, encore moins sur la diffusion réelle d'une institution.

Hormis certaines matières où, visiblement, le nombre des décisions rapportées est élevé (naguère, les accidents d'automobiles, aujourd'hui les baux ruraux), il est impossible de se faire une idée, d'après les recueils de jurisprudence, de la fréquence des cas d'application d'un texte ou d'un usage. Les arrêtistes s'attachent soit à des arrêts de principe, soit à des espèces curieuses. Il n'est d'ailleurs pas possible de publier toutes les décisions relatives au même sujet; il y a en France – à la différence de l'Angleterre – trop de tribunaux de droit commun et surtout de tribunaux d'exception. Il n'en reste pas moins qu'il ne faut pas chercher dans les recueils de jurisprudence les éléments d'une statistique.

D'autre part, il est bien difficile de découvrir à travers les arrêts les causes expliquant l'usage plus ou moins large qui est fait d'une institution, ou la manière dont elle est utilisée par les particuliers. Elles sont visibles lorsque ce sont des causes économiques très fortes, telles que la dépréciation de la monnaie qui multiplie actuellement les clauses d'échelle mobile dans les contrats. Autrement, les commentateurs essaient de les discerner afin d'expliquer un revirement de jurisprudence. Dans l'ensemble, les causes psychologiques, économiques, sociales, qui influent sur la pratique du Droit, n'apparaissent qu'imparfaitement dans les recueils de jurisprudence, collections incomplètes de cas particuliers qui ne permettent que des sondages. Au surplus, le juriste, par habitude, est plus attentif à la solution positive elle-même et aux conséquences à en déduire, qu'aux raisons d'ordre général qui ont impressionné les magistrats, et surtout à celles qui ont déterminé les parties. Il est un peu psychologue, il n'est guère économiste ou sociologue.

*
* *

C'est la pratique extra-judiciaire surtout qui pourrait être révélatrice de la façon dont le Droit est vécu, puisque c'est elle qui rédige les actes ou conseille les parties.

De fait, elle nous offre (le notariat et l'enregistrement tout particulièrement), avec ses dictionnaires, ses formulaires, ses traités pratiques, tout un arsenal de formules d'actes ou de procédures qui sont comme le condensé de son expérience, le meilleur moyen d'agir correctement au regard de la loi civile et de la loi fiscale. Avec ses revues, elle nous apporte des études pratiques qui justifient les formules proposées, ainsi que des commentaires de lois ou d'arrêts inspirés d'un souci d'efficacité et de prudence. Il y a là un trésor dont usent quotidiennement les praticiens, et que les professeurs auraient intérêt à utiliser davantage.

Mais la pratique extra-judiciaire n'est pas sans défauts. Quant à la valeur des solutions dont elle répand l'usage, un souci légitime mais exclusif de ses responsabilités professionnelles la conduit à exiger des formalités ou des preuves qui gênent les particuliers (la formalité du « bon pour » étendue à tous les contrats sous seing privé) ou restreignent considérablement la portée des réformes législatives (l'autorisation du mari requise là où la loi du 13 juillet 1907, puis celle du 22 septembre 1942 l'ont supprimée). À cet égard, le contentieux des banques se montre encore plus rigoureux que le notariat. Quant aux questions qui nous préoccupent, – savoir dans quelle mesure une institution juridique est vivante, et pourquoi elle réussit ou échoue, – la pratique ne s'en soucie guère, du moins à en juger par ses revues et ses traités. Individuellement, tel notaire a son opinion là-dessus, d'après les observations qu'il a pu faire sur sa clientèle, mais le Congrès des notaires de France n'a jamais publié, à notre connaissance, la statistique des divers régimes matrimoniaux, ou des types de sociétés commerciales. Et on ne sait pas encore quelle est la portée pratique des réformes de 1938 et 1939 sur le salaire différé et l'attribution préférentielle à un héritier de l'exploitation agricole.

La pratique commerciale est encore plus importante que la pratique notariale. C'est elle qui invente les modes de contracter, qui les perfectionne à l'expérience, qui les rectifie, s'il y a lieu, selon les décisions de la jurisprudence.

De tout temps elle a été créatrice de droit. Notre vieux Code de commerce est la cristallisation d'usages anciens en matière de sociétés, de lettre de change, d'affrètement. Les procédés modernes de crédit, de vente, de transport, d'assurance, ont rendu caduques beaucoup de ses dispositions, en marge desquelles s'est établi un droit professionnel nouveau constitué par des usages, par les règlements des

Bourses de commerce et des Bourses de valeurs, et par les contrats-types. Ceux-ci ont pris la première place parmi les sources du droit commercial dans le domaine des transports et des assurances maritimes (J. Bonnecase, *Précis de pratique judiciaire et extra-judiciaire*, 1927, n°s 100-104). Il en est de même pour les opérations de banque, et spécialement les diverses formes de crédit, avances sur titres, crédit documentaire. Ces règles, nées des besoins du commerce et forgées par les professionnels eux-mêmes, sont en général bien adaptées à leur but et donnent de bons résultats. Cependant, les contrats-types, contrats d'adhésion établis par le syndicat professionnel des armateurs, des assureurs ou des banquiers, sont imposés aux clients et contiennent souvent des clauses par trop défavorables à ces derniers.

La pratique commerciale est aisée à connaître : les usages locaux ou professionnels sont constants et bien établis, les règlements des Bourses sont précis et détaillés, les contrats-types revêtent la forme de documents imprimés qu'il est facile de se procurer.

Il est plus difficile d'en comprendre les raisons, surtout quand elle est d'origine étrangère et a une portée internationale, telles que les ventes maritimes *caf* ou *fob*. Sans doute existe-t-il des traités pratiques des ventes commerciales, des assurances, de l'affrètement; mais les praticiens ont assez à faire en exposant la suite complète des opérations, et les juristes en essayant d'expliquer leur nature et leurs effets, pour qu'on puisse leur demander de rendre compte des raisons économiques qui ont déterminé ces pratiques. Les économistes seraient mieux placés pour le dire, puisque leur science a pour objet d'expliquer les faits. Mais ils sont plus soucieux du fait économique en lui-même (vente, crédit, transport) que des formes juridiques qu'il revêt. Ils ne cherchent pas à retracer le mécanisme juridique d'une opération commerciale, et à faire retrouver les règles du prêt et du gage dans les diverses sortes de crédit, ou celles de la compensation dans les Offices des changes et les banques chargées de régler les payements internationaux. C'est ainsi encore que les procédés juridiques pour la réalisation du plan Marshall n'ont pas été clairement décrits et expliqués.

Enfin, s'il est un domaine où la statistique devrait régner, c'est celui des opérations commerciales. Or, si elle apporte des renseignements précis et réguliers sur les recettes des chemins de fer, par exemple, ou encore les importations et exportations des marchandises, il est beaucoup d'autres opérations juridiques à caractère commercial qui ne sont comptabilisées nulle part.

Les faits ne sont pas mesurés, les causes ne sont pas recherchées. Ajoutons que nous ne connaissons pas davantage avec précision les résultats pratiques, d'ordre économique et social, produits par le fonctionnement des institutions juridiques. Ainsi, on a beaucoup critiqué les lois d'imprévision qui, à plusieurs reprises, sont intervenues pour modifier l'exécution des contrats à long terme : mais personne n'a tenté d'étudier scientifiquement leurs effets.

Il paraît donc bien établi que pour parvenir à une connaissance sûre du Droit vivant, il est indispensable de compléter l'étude de la jurisprudence et les enseignements de la pratique en recourant aux méthodes de la statistique et de l'enquête.

II.

La valeur de ces méthodes, pour la connaissance des faits économiques et sociaux et de leurs causes, est indéniable.

La statistique repose sur la loi des grands nombres, aussi bien pour les faits volontaires de l'homme que pour les événements de la nature ou les accidents. Portant sur un grand nombre de faits semblables, autant que possible tous ceux qui peuvent être observés, elle permet de découvrir des constantes, des lois générales expliquant le comportement des hommes en société. Les variations en quantité du fait examiné ne sont pas brusques, irrégulières, incohérentes, elles peuvent se traduire par des courbes sinueuses mais continues. Cela paraît signifier que les faits économiques et sociaux sont soumis à la fois à des facteurs variables et à des facteurs permanents, ou plutôt que les hommes agissent en vertu de mobiles constants dont les effets dépendent des circonstances. L'étude de la statistique permet des prévisions sérieuses et peut même, par des comparaisons et des recoupements, réussir à isoler un facteur et à en mesurer l'importance. Elle vérifie les impressions superficielles, les observations partielles, les sondages limités. Elle offre une certitude mathématique, malgré la liberté humaine et les circonstances imprévues.

La statistique doit être complétée par l'enquête afin de découvrir les causes, permanentes ou temporaires des faits. En face de statistiques régionales, dressées dans un cadre territorial où les mêmes causes peuvent jouer, l'enquêteur, par des questions posées aux intéressés, cherche à savoir les mobiles de leurs actions. Il va au-delà des chiffres, afin de découvrir ce qu'ils ne disent pas, ou, s'ils révèlent déjà l'influence d'un facteur, afin d'en expliquer le jeu par les réactions psychologiques qu'il a déterminées.

Les actes et faits juridiques – mariages et divorces, ventes et prêts, régimes matrimoniaux et testaments – peuvent faire l'objet d'enquêtes auprès des praticiens du droit, et même de statistiques lorsque, par les instruments de preuve ou de publicité qui les constatent, ils peuvent être comptés. Par là, on pourrait connaître l'importance réelle d'une institution juridique, et même les raisons pour lesquelles elle est plus ou moins usitée.

Malheureusement, à l'heure actuelle, en France, les statistiques relatives aux actes et aux faits juridiques sont fort incomplètes. La source principale est le *Compte général de l'administration de la justice civile et commerciale et de la justice criminelle*, publié chaque année par le ministère de la Justice, non sans retard puisque le dernier compte, paru en 1949, se réfère à l'année 1943. Les sources complémentaires sont les statistiques de l'Administration de l'enregistrement, celles du ministère des Finances, et surtout les publications de la Statistique générale de la France, aujourd'hui *Institut national de la statistique et des études économiques*. On passera brièvement en revue ces documents afin de préciser les renseignements qu'ils apportent, et les lacunes qu'ils contiennent, pour les principales parties du Droit privé.

La statistique du ministère de la Justice rend compte des actes de juridiction contentieuse et gracieuse. Elle renseigne tout naturellement surtout sur les procédures, l'activité des divers tribunaux, mais globalement, sans distinction suivant l'objet des litiges de sorte qu'il est impossible de savoir le nombre de procès auxquels donnent lieu les loyers, les baux ruraux, les ventes commerciales, les testaments, etc. Une distinction poussée dans le détail serait irréalisable ; du moins pourrait-elle être établie pour certaines catégories d'affaires particulièrement importantes. Par exception, le Compte général dresse la statistique annuelle des divorces et séparations de corps, avec des précisions intéressantes sur le nombre des demandes, la qualité du demandeur (mari ou femme), la cause de la demande, et sur le nombre des divorces ou séparations prononcés. Cette statistique est à rapprocher de celle des divorces transcrits, qui est tenue par la Statistique générale de la France d'après les renseignements fournis par les officiers de l'état civil, et que l'on trouve dans le Mouvement de la population, ainsi que dans l'Annuaire statistique. Bien entendu, c'est là aussi que se trouve la statistique des mariages ; mais aucun document ne renseigne sur le nombre des oppositions ni des nullités.

En ce qui concerne la filiation, la Statistique générale de la France précise le nombre d'enfants légitimes et d'enfants naturels, mais elle ne donne que le chiffre des enfants reconnus par leur père dans l'acte de naissance, de sorte qu'on ignore le nombre total d'enfants reconnus soit par leur père, soit par leur mère, volontairement ou judiciairement. Le ministère de la Justice ne compte ni les recherches judiciaires de paternité ou de maternité, ni les désaveux de paternité, alors que ce calcul serait possible à faire. Il tient la statistique des adoptions, avec des précisions sur le nombre d'adoptants et d'adoptés de diverses qualités (parents, alliés ou étrangers), mais il ne met pas à part les légitimations adoptives.

Quant à la puissance paternelle et à la tutelle, il chiffre le nombre de déchéances facultatives prononcées par les tribunaux civils, mais il néglige complètement de recueillir le nombre des tutelles d'enfants légitimes et d'enfants naturels organisées par les juges de paix.

Pour les biens, le Compte général de la justice n'a qu'une rubrique, celle des ventes judiciaires d'immeubles (licitations, ventes de biens de mineurs, ventes sur saisies). Malgré les ressources qu'offriraient les registres des conservateurs des hypothèques, on ignore le volume des ventes volontaires d'immeubles, tout comme celui du passif hypothécaire grevant la propriété foncière. Il n'est que de lire les chiffres péniblement réunis par M. Becque (Planiol et Ripert, *Traité prat. de droit civil français*, t. 13, n° 1433) pour essayer de figurer l'importance du crédit hypothécaire en France, et l'on est convaincu de l'inexistence de la statistique à cet égard.

L'enquête agricole organisée de loin en loin par le ministère de l'Agriculture (1866-1892-1929) donne des renseignements intéressants sur la répartition de la propriété foncière agricole, sur le nombre d'exploitations, sur l'importance relative du faire-valoir direct, du fermage et du métayage. Mais, faute de précisions parallèles sur les ventes, les remembrements, les partages de succession, il est impossible de résoudre la question célèbre soulevée il y a près de cent ans par Le Play : le morcellement de la propriété foncière en France est-il la conséquence du régime successoral du Code civil ?

Sans doute, l'Administration de l'enregistrement est-elle diligente à chiffrer le rendement de l'impôt sur les mutations par décès, qu'elle publiait autrefois dans son bulletin, et qui paraît aujourd'hui dans les annuaires de la Statistique générale. Mais ces chiffres sont présentés surtout de manière à faire apparaître le montant et la composition des fortunes. Ils ne nous disent rien du nombre de fois où les héritiers recourent au partage judiciaire, où le défunt a utilisé la quotité disponible pour grossir la part d'un de ses enfants, de sorte que nous ne pouvons mesurer l'influence du partage égal et forcé sur l'exploitation agricole. Les réformes de 1938-1939 ont été faites sans l'appui de statistiques; et pas davantage il n'y a de moyens d'en mesurer maintenant l'efficacité. Les renseignements sinon les plus significatifs, du moins les plus faciles à recueillir, sont négligés, comme les renonciations à succession et les acceptations sous bénéfice d'inventaire dans les greffes des tribunaux civils, qui ne figurent pas dans les Comptes de la justice.

C'est surtout pour les régimes matrimoniaux que la faiblesse de notre documentation est décevante. Depuis l'enquête opérée par l'Administration de l'enregistrement en 1898, aucune statistique n'a suivi la proportion des régimes de communauté et des séparations de biens dans les contrats de mariage. Il aurait été facile cependant aux chambres des notaires de tenir à jour cette statistique.

Le droit commercial est mieux servi que le droit civil, en ce sens qu'il peut utiliser les nombreuses statistiques de caractère économique sur le volume des échanges et les variations de prix. Il suffit, cependant, de consulter l'Annuaire de la vie économique française publié périodiquement par la *Revue d'économie politique*, en dernier lieu *La France économique de 1948 à 1950*, pour constater que ces statistiques ne sont pas conçues pour mesurer les rapports entre les procédés juridiques employés par les commerçants, et les résultats économiques qui peuvent en découler.

Des statistiques plus directement établies sur une base juridique existent pour les sociétés. Le Compte général de la justice dénombre les actes de société déposés chaque année dans les greffes des tribunaux de commerce, mais il ne fait pas périodiquement la récapitulation du nombre des sociétés de chaque sorte. L'Administration de l'enregistrement a publié un tableau complet des diverses formes de société, établi au 1er janvier 1941, qui a été reproduit par M. Escarra dans son *Traité théor. et prat. de droit commercial*, t. 2 (1950). Ce tableau devait être mis à jour par la Statistique générale de la France : dix ans ont passé sans que cette révision ait été faite.

Les ventes de fonds de commerce sont dénombrées dans le Compte général de la justice, les mutations de fonds et les cessions de droit au bail par l'Annuaire statistique; mais ni les nantissements de fonds de commerce, ni les warrants sur marchandises ne sont pris en considération.

Les opérations de crédit public sont connues par *Statistiques et études financières*, bulletin mensuel du ministère des Finances, mais les opérations de banque ne font pas l'objet de statistiques permettant de mesurer l'étendue d'application et l'importance des résultats de tel ou tel procédé juridique.

Les enquêtes sur l'application pratique du Droit ne font pas défaut, en ce sens que les auteurs de monographies ne manquent pas de se renseigner auprès des praticiens sur l'usage qui est fait d'une institution juridique. On peut citer en exemple, pour les régimes matrimoniaux, l'enquête faite jadis par J. Bonnecase, *La réforme du régime de communauté légale et les enseignements de la pratique* (*Rev. trim. dr. civ.*, 1911). Tout récemment, le *Journal de la Société de statistique de Paris* (1951, p. 137-142) publiait les résultats d'une enquête faite par J. Poisson dans l'étude d'un notaire parisien sur le nombre des contrats de mariage adoptant soit la communauté, soit la séparation de biens, à l'effet de savoir si les jeunes ménages d'aujourd'hui restent encore attachés au régime traditionnel ou s'ils préfèrent assurer à la femme mariée plus d'indépendance. Mais ces enquêtes individuelles sont partielles, n'ont qu'une portée très limitée, et sont menées suivant des méthodes personnelles dont la valeur peut être discutée, et dont les résultats, en tout cas, sont difficilement comparables.

Il y a eu jadis de grandes enquêtes officielles menées par une Administration : l'enquête de 1841 sur le régime hypothécaire, qui a préparé la loi du 23 mars 1855 sur la transcription; le rapport de Massigli, en 1905, sur l'institution des livres fonciers. Nous avons déjà signalé les enquêtes agricoles.

Actuellement, des instituts scientifiques se proposent de conduire suivant des méthodes éprouvées appliquées par des équipes de chercheurs, des enquêtes sur l'application du Droit dans la pratique. Un essai du plus haut intérêt, correspondant à ce que nous souhaitons, a été tenté par le Centre d'études sociologiques créé en 1946 sous les auspices du Centre national de la recherche scientifique. Cette enquête, annoncée par M. Henry Lévy-Bruhl (*Rev. trim. dr. civ.*, 1946, p. 298), a été dépouillée pour la région de Toulouse par M. Hébraud (*Rec. de l'Académie de législation de Toulouse*, t. 19, 1949, p. 77), et pour l'ensemble de la France par M. Roger Houin (*Rev. trim. dr. civ.*, 1950, p. 18 et s.). Elle avait pour objet la situation juridique de l'enfant, c'est-à-dire l'établissement de la filiation, la protection de la personne et du patrimoine de l'enfant, légitime ou naturel. Elle tendait à déceler l'écart entre la loi et la pratique, en montrant comment les règles légales sont comprises et admises par les parents, comment les formalités légales sont remplies par les officiers de l'état civil, les notaires, les juges. La lecture des résultats de cette enquête est des plus suggestives, et elle fait souhaiter que ce procédé soit perfectionné et devienne d'un usage courant.

*
* *

Nous avons voulu montrer que la connaissance scientifique du Droit nécessite des recherches sur son application dans la pratique, qui ont été jusqu'ici trop négligées. Il faudrait développer et améliorer les méthodes de la statistique et de l'enquête, avec le concours d'institutions comme l'Institut national de la statistique et le Centre national de la recherche scientifique.

L'ACTION COLLECTIVE

1952

Henry Dupeyron

Docteur en droit,
Bâtonnier de l'Ordre des avocats à la cour d'appel de Toulouse

Un syndicat intervient à la barre d'une juridiction répressive. Il demande et obtient des dommages-intérêts contre l'auteur d'un délit qui a porté atteinte aux intérêts collectifs qu'il représente. Il exerce ainsi l'action syndicale, que nous nommerons mieux action collective, car elle n'est point l'apanage exclusif des syndicats ; d'autres groupements sont habilités par des textes spéciaux à l'exercer ; c'est le cas notamment, pour n'en citer que quelques-uns, de l'Union nationale et des unions départementales d'associations familiales (art. 6 de l'ordonnance du 3 mars 1945), des ligues antialcooliques reconnues d'utilité publique (art. 136 du décret du 29 juillet 1939), de l'Institut national des appellations d'origine (art. 23 du décret du 30 juillet 1935).

Cette action collective voit son domaine s'accroître sans cesse ; cependant, elle demeure mal connue, voire méconnue, et trop souvent confondue, alors qu'elle s'en distingue fortement, avec l'action civile ordinaire que les personnes physiques ou morales peuvent exercer, à titre individuel, sur le fondement de l'art. 3 du Code d'instruction criminelle. C'est l'objet de cette étude d'en rappeler les origines, d'en fixer les traits originaux et d'en montrer la fécondité et les perspectives d'avenir.

*
* *

L'action collective a dû, pour triompher, remonter le courant individualiste qui a entraîné tout notre droit à la suite de la Révolution ; elle doit encore vaincre certaines tendances de notre tempérament national qui, si légitime qu'en soit le principe, ne sont plus en harmonie avec les exigences actuelles de la vie en société. C'est ce qui explique sans doute les résistances auxquelles elle continue de se heurter et l'accueil tout au moins réservé qu'elle reçoit parfois des tribunaux.

On sait que la loi du 9 juin 1791 avait prononcé la dissolution des corporations et des jurandes, et que la loi du 14 juin 1791 avait interdit aux citoyens d'un même état ou d'une même profession de délibérer, de tenir des registres et de former des règlements sur leurs « *prétendus intérêts communs* ». On sait aussi que les art. 291 et suiv. du Code pénal, aggravés par la loi du 10 avril 1834, interdisaient, quels qu'en fussent la forme et l'objet, et sauf le cas d'une autorisation gouvernementale, les associations de plus de vingt personnes. Cependant, il fut bientôt manifeste que cet individualisme jaloux, loin de protéger la liberté, la stérilisait et la réduisait à un vain symbole ; l'individu isolé se trouvait à la merci non seulement du pouvoir politique, mais aussi des puissances économiques qui s'édifiaient grâce aux progrès de la science et de la grande industrie. Il fut alors évident qu'entre les hommes d'un même métier ou d'une même condition, existaient ces intérêts communs que le législateur de 1791 avait niés avec quelque mépris et que, pour les défendre et exercer efficacement leurs libertés, il était nécessaire qu'ils puissent se grouper. C'est ainsi que, renversant une tendance législative remontant à près d'un siècle, intervint la loi du 21 mars 1884 sur les syndicats. Son art. 3 précisait qu'ils avaient pour objet l'étude et la défense des intérêts économiques, industriels, commerciaux et agricoles. Son art. 6 leur reconnaissait le droit d'ester en justice. Ce droit ne pouvait se limiter à leur patrimoine ; il visait, à l'évidence, ces intérêts communs dont l'étude et la défense leur étaient confiées et qui constituaient leur objet et leur raison d'être. Cependant, il fallut encore près de trente ans pour faire prévaloir ce point de vue en jurisprudence. Longtemps, en effet, il fut soutenu que ces intérêts collectifs se confondaient, pour chaque syndicat, avec la somme des intérêts individuels de ses membres. Longtemps aussi il fut soutenu qu'à leur supposer une existence propre, l'atteinte qui leur était portée ne constituait point, pour le syndicat, un préjudice direct justifiant, de sa part, une action en dommages-intérêts.

Ce fut l'arrêt des Chambres réunies du 5 avril 1913[1] qui consacra l'action collective. Nous rappelons l'espèce sur laquelle il eut à se prononcer. Un marchand de vins avait additionné d'eau le vin qu'il vendait. Le Syndicat général de défense de la viticulture s'était porté partie civile en alléguant que ce délit portait atteinte aux intérêts collectifs de la viticulture. Il faisait valoir que le mouillage provoquait à la fois la déconsidération du vin et l'avilissement des cours. Son intervention, admise par la cour d'appel de Paris, avait été repoussée par la chambre criminelle[2], mais cette dernière ne fut pas suivie par la cour de Rouen, cour de renvoi, et l'affaire revint devant les Chambres réunies. Celles-ci, s'écartant de la doctrine de la chambre criminelle, rejetèrent le pourvoi par un arrêt qui s'exprime dans les termes suivants : « Attendu, d'une part, que l'action civile exercée par le Syndicat général de défense de la viticulture n'avait pas pour objet de donner satisfaction aux intérêts individuels d'un ou de plusieurs de ses membres, mais bien d'assurer la protection de l'intérêt collectif de la profession envisagée dans son ensemble et représentée par le syndicat dont la personnalité juridique est distincte de la personne de chacun de ceux qui le composent ; – Attendu, d'autre part, que les deux causes de préjudice retenues par l'arrêt attaqué étaient de nature à atteindre directement les intérêts économiques, commerciaux et agricoles dont la défense rentre essentiellement dans la mission légale des syndicats professionnels ».

À son tour, la chambre civile de la Cour de cassation, par son arrêt du 28 novembre 1916[3], proclame « que l'action syndicale et l'action individuelle, quoiqu'elles puissent procéder du même fait dommageable, n'ont ni la même cause juridique, ni le même objet ; que l'action syndicale créée par la loi du 21 mars 1884 dans un but d'utilité générale pour la protection de l'agriculture, de l'industrie et du commerce, vise l'atteinte portée aux intérêts collectifs de la profession, tandis que l'action individuelle ne poursuit, dans le fait illicite, que l'atteinte au droit d'une propriété particulière ; qu'ainsi, ces deux actions ne peuvent ni s'exclure, ni se confondre ; que le syndicat du Haut-Médoc articulait

1. D.P. 1914. 1. 65 ; *Rec. Sirey* 1920. 1. 49.
2. Arrêt du 10 févr. 1911 (D.P. 1911. 1. 218).
3. D.P. 1922. 1. 165 ; *Rec. Sirey* 1920. 1. 49.

contre S., des faits qui, s'ils étaient établis, seraient susceptibles de causer un préjudice direct à la viticulture en général et à la collectivité des viticulteurs de la région du Médoc que ledit syndicat avait pour mission de représenter et de défendre ».

Ainsi, la Cour de cassation avait balayé les deux arguments tirés soit de la prétendue inexistence d'intérêts collectifs distincts des intérêts individuels, soit de l'absence de préjudice direct. Elle avait ainsi frayé la voie au législateur. Celui-ci, à son tour, consacrait cette jurisprudence par la loi du 12 mars 1920, qui modifie l'art. 5 de la loi du 21 mars 1884 et dispose désormais que les syndicats « peuvent devant toutes les juridictions exercer tous les droits réservés à la partie civile relativement aux faits portant un préjudice direct ou indirect à l'intérêt collectif de la profession qu'ils représentent ». Aussi bien, de nombreuses lois ont-elles plus ou moins repris les formules de la jurisprudence de la Cour de cassation (v. notamment l'expression « de nature à nuire », dans l'ordonnance du 3 mars 1945 concernant les associations familiales). Notons même que dès le 10 juillet 1915 la loi sur le travail des ouvrières à domicile donne action au syndicat en cas de violation de ses dispositions, sans qu'il ait à justifier d'un préjudice. Notons également que d'autres textes ont, sans aucune référence à la notion de préjudice, armé certains groupements de l'action collective, comme, par exemple, l'art. 23 du décret du 30 juillet 1935 qui habilite l'Institut national des appellations d'origine à ester en justice pour la défense de ces appellations.

Il est donc clair que l'action collective existe, qu'elle protège des intérêts collectifs distincts des intérêts individuels, que les syndicats et certains autres groupements sont habilités à l'exercer et enfin qu'il ne leur est point nécessaire pour la faire triompher de justifier d'un préjudice répondant aux exigences qui s'imposent, suivant les principes de l'art. 1382 du Code civil, à l'action civile ordinaire ou, si l'on veut, à l'action individuelle.

C'est qu'à la vérité, il y a entre l'action individuelle et l'action collective une différence de nature. L'action individuelle suppose un certain nombre de conditions bien connues qu'il suffit de rappeler. Elle tend à la réparation adéquate d'un dommage personnel, actuel et déterminé, résultant de l'atteinte directe à un droit formé, c'est-à-dire à un intérêt juridiquement protégé. Or, ces conditions ne se trouvent nullement réunies dans le cas de l'action collective. Le syndicat ou le groupement qui l'exerce ne subit point un préjudice personnel. Il n'éprouve aucun dommage dans sa personne ou dans ses biens. S'agit-il, comme dans l'espèce sur laquelle a statué l'arrêt des Chambres réunies, d'un mouillage de vin ? Le syndicat étudie et défend les intérêts collectifs de la viticulture, mais il ne produit ni n'achète lui-même du vin. Ce préjudice n'est point davantage actuel et déterminé. Le mouillage poursuivi, considéré en lui-même, ne cause aucun préjudice appréciable aux intérêts de la viticulture et ne suffit ni à déconsidérer sérieusement la cause du vin pur, ni à entraîner un avilissement des cours : ce résultat ne sera atteint que par le concours de multiples infractions analogues à celle qui donne lieu, à l'occasion de chaque affaire, à l'exercice, par le syndicat intervenant, de l'action collective et qui ne contribue elle-même à cette déconsidération et à cet avilissement que pour une part infime. Pour les mêmes raisons, ce préjudice n'est point direct. Enfin, s'il lèse un droit formé, un intérêt juridiquement protégé, ainsi qu'il résulte de la loi du 21 mars 1884, ce droit se situe en dehors de la personne et du patrimoine du syndicat; cet intérêt – l'intérêt collectif de la profession – est extérieur à son intérêt propre. Par suite, la « réparation » due à cette lésion est elle-même, au moins pour la plus large part, étrangère à la notion d'un dommage éprouvé. Elle dérive donc nécessairement d'un autre principe et obéit à d'autres règles de mesurage qui procèdent moins de l'idée de réparation que des idées de prévention et de répression.

À la vérité, si l'on veut analyser positivement l'action collective, il faut y voir la manifestation d'institutions nouvelles qui ont acquis désormais droit de cité dans la société. Sans doute s'agit-il là d'une révolution de notre droit antérieur, marqué d'un libéralisme excessif et parfois paradoxalement tyrannique, et l'on comprend qu'elle ait eu et ait encore quelque peine à s'imposer, tant il est vrai que les esprits, même les plus ouverts, ne s'accommodent que difficilement de nouveautés auxquelles ils n'étaient point préparés. « Cette législation nouvelle, disait M. le procureur général Sarrut dans ses conclusions devant les Chambres réunies, nous surprend et nous trouble; on redoute des abus et par suite on est enclin à en restreindre l'application »; mais il ajoutait aussitôt : « Il faut réagir contre cette tendance. Au législateur seul incombe la responsabilité des innovations. Il n'est point douteux, l'ensemble des lois le démontre, qu'il veut ouvrir un large domaine à l'activité des syndicats professionnels en particulier, des associations en général. Ne vous arrogez pas le droit de paralyser sa volonté, de gêner le développement de son œuvre, vous, magistrats de la Cour suprême dont la mission consiste à assurer l'application stricte des lois, quel qu'en soit le caractère et la portée ». Un peu plus haut il s'était écrié : « Pourquoi... de vives objections, des résistances ? Assurément surtout parce que toute question de droit donne lieu à des divergences, mais peut-être aussi parce que, en général, notre mentalité ne s'adapte que lentement à un état de chose nouveau ».

Cependant, si la forme de ces institutions est nouvelle, leur nécessité est depuis longtemps reconnue, puisqu'elles ne sont, comme le soulignait déjà M. Mestre dans la note magistrale qu'il publiait au *Sirey* (1920, 1. 49) sous l'arrêt des Chambres réunies, que ces « *corps intermédiaires entre l'individu et l'État* » dont parlait déjà Montesquieu. Ces corps intermédiaires ont en commun des intérêts, professionnels ou autres, qui débordent la zone d'action de l'individu, sans se confondre nécessairement avec les intérêts généraux et permanents dont la gestion appartient sans partage à l'État. Ils jouent un rôle salutaire dans la vie publique en se chargeant de la défense et de la protection de ces intérêts que chacun de leurs membres, pris isolément, serait impuissant à assurer, et en apportant une aide précieuse aux pouvoirs publics dans une tâche accablante par sa diversité et sa complexité. Un grand nombre d'infractions – en matière de fraude notamment, – si elles retentissent sur l'intérêt général de la société en jetant le trouble dans la régularité et la sincérité des transactions, et justifient ainsi l'exercice de l'action publique et l'application des peines prévues par la loi, ont cependant, avant tout, une incidence directe sur certaines professions ou certaines catégories sociales, celles qui se trouvent normalement et habituellement associées à des transactions du même ordre. On peut donc dire qu'elles sont, par opposition aux délits naturels, des délits artificiels, à la répression desquels il est logique que ces « corps intermédiaires » soient associés puisqu'ils y sont les plus directement intéressés. Or, il n'est pas douteux que c'est bien cette mission que remplissent les syndicats et autres groupements habilités à exercer l'action collective. Il n'est besoin, pour s'en convaincre, que de se reporter aux termes dont se sont servis, pour la caractériser, la jurisprudence et la loi elle-même. L'arrêt des Chambres réunies souligne que la défense des intérêts économiques, commerciaux et agricoles rentre essentiellement dans la *mission légale* des syndicats professionnels. L'arrêt de la chambre civile du 28 novembre 1916 proclame que le syndicat du Haut-Médoc « a pour mission de représenter et de défendre la collectivité des viticulteurs de la région du Médoc » et rappelle que l'action syndicale a « *un but d'utilité générale* » qui ne se confond donc point avec la satisfaction d'intérêts privés et apparente cette action à l'action publique. La loi du 12 mars 1920 précise, à son tour, que les syndicats « *représentent* la profession pour la défense de ses intérêts collectifs », et cette volonté de conférer à certains groupements une mission légale d'intérêt public apparaît à nouveau et plus nettement encore dans l'ordonnance du 3 mars 1945 relative aux associations familiales, dont l'exposé des motifs souligne la nécessité d'esquisser « la constitution d'un corps familial qui constituera le plus ferme soutien du Gouvernement dans l'œuvre courageuse de redressement qu'il a résolu d'entreprendre ».

Il faut donc retenir que le législateur a érigé un certain nombre de groupements, au premier rang desquels figurent les syndicats, en « corps intermédiaires entre l'individu et l'État » auxquels il confie la mission légale et d'utilité générale de défendre certains intérêts collectifs, et que, pour l'accomplissement de cette mission, il a créé et mis à leur disposition une action propre qui est précisément l'action collective. Ici, d'ailleurs, une double observation s'impose. D'une part, c'est l'évidence, tous les groupements ne disposent point de cette action collective. Il faut, pour qu'ils puissent l'exercer, qu'ils soient érigés en corps intermédiaires et aient reçu de la loi cette mission légale de représentation ; notons pour mémoire que – sauf texte spécial, comme c'est le cas des associations familiales, – les simples associations ne peuvent point exercer cette action, car la loi du 1er juillet 1901 ne leur confère point une telle mission. D'autre part, il est possible que deux ou plusieurs groupements – notamment des syndicats – représentant concurremment les mêmes intérêts collectifs, interviennent en justice à l'occasion d'un même délit, pour l'exercice de l'action qui leur est réservée. En ce cas, la jurisprudence est fixée en ce sens que la règle *non bis in idem* n'est point applicable dans cette hypothèse, car, a dit la Cour de cassation (Crim. 21 nov. 1913, D. P. 1914. 1. 297), il y a lieu d'envisager les intérêts collectifs dans la mesure où ils sont représentés par chaque syndicat, et cette formule souligne encore la notion de représentation qui est à la base de l'action collective et l'impossibilité de ramener celle-ci aux principes régissant l'action individuelle, puisque, en vertu de ces principes, l'atteinte portée aux intérêts collectifs apparaîtrait comme indivisible et par suite sa « réparation » ne pourrait être réclamée simultanément et cumulativement par plusieurs personnes.

Au point où nous voici parvenu, nous sommes donc conduits à reconnaître que l'action collective déroge aux règles du droit privé et procède d'une nature propre qui l'apparente à l'action publique. C'est une action, a dit le Doyen Magnol[4], « quasi-publique ». Elle se présente en auxiliaire du ministère public à

4. Vidal et Magnol, *Cours de droit criminel*, 9e éd., t. 2, no 627-2.

l'occasion de délits qui atteignent plus directement certains intérêts collectifs que l'intérêt général de la société et s'adapte à eux plus étroitement que l'action du parquet. Elle met à la disposition des syndicats et des groupements intéressés un instrument qui leur permet d'obtenir, à l'occasion de ces délits, indépendamment de la sanction pénale édictée par la loi, l'application d'une sorte de peine privée, exactement appropriée à l'infraction et analogue à celle qui frappait en droit romain les *delicta privata*. C'est pourquoi d'ailleurs M. Magnol suggérait une évolution de l'institution qui armerait les syndicats et associations du droit d'intenter eux-mêmes, concurremment avec le ministère public ou à son défaut, l'action publique, sous certaines garanties destinées à éviter des poursuites abusives ou multiples et successives pour un même délit.

Quoi qu'il faille penser de cette suggestion, il reste donc que l'action collective, ainsi fixée dans ses contours, aboutit par sa nature propre à des sanctions pécuniaires ou publicitaires (ces dernières généralement fort efficaces) sans relation nécessaire avec le préjudice subi et le plus souvent lui-même très difficile à dégager et à préciser. Sans doute retrouve-t-on, dans la jurisprudence et la loi, la notion de préjudice, encore que, on l'a vu, celle-ci soit expressément exclue par certains textes et notamment par la loi du 10 juillet 1915 citée plus haut et que d'autres n'en fassent aucune mention, comme l'art. 23 du décret du 30 juillet 1935 sur la protection des appellations d'origine. Il importe cependant de remarquer que les arrêts que nous avons rappelés et la loi du 12 mars 1920 ne lient nullement la sanction de l'action collective à la mesure d'un dommage. Déjà, la jurisprudence avait eu, soin, dès les premiers arrêts de la Cour de cassation, d'user des formules les plus souples. L'action était fondée, aux termes de ces arrêts, sur des faits « de nature à atteindre les intérêts » défendus par le syndicat, notion plus large que celle de préjudice (arrêt du 5 avril 1913), sur des faits « susceptibles de leur causer un préjudice » (arrêt du 28 novembre 1916), ou encore, suivant une jurisprudence rassemblant les deux expressions, sur des faits qui étaient, « par leur nature, susceptibles de leur causer un préjudice » (arrêt du 5 novembre 1918, D. P. 1922. 1. 165; *Rec. Sirey* 1920. 1. 49), formules qui englobent les préjudices éventuel et présumé[5]. À son tour, la loi du 12 mars 1920 se contente désormais du préjudice indirect, c'est-à-dire encore d'un préjudice éventuel qu'il s'agit beaucoup plus de prévenir que de réparer. D'ailleurs, comment pourrait-on considérer par exemple que les ligues antialcooliques assureraient un rôle de réparation du dommage causé par l'alcoolisme, alors que c'est manifestement par une action préventive que leur activité s'exerce dans le cadre du décret du 29 juillet 1939, dont la section qui les concerne s'intitule « lutte contre l'alcoolisme » et vise, par ses art. 131, 132, 133, les débits de boissons, par ses art. 134 et 135 la vente des spiritueux titrant plus de 30° ? En réalité, la notion de préjudice s'identifie, pour tout ce qui touche

5. Citons Puzier-Herman, *Répertoire, Suppl.* 1935, v° *Syndicat*, n°s 248-249 : « Les Chambres réunies n'ont pu abandonner les exigences de la chambre criminelle qu'en s'écartant des principes du droit commun. Elles ne demandent plus la preuve que le délit a directement lésé les intérêts collectifs de la profession, elles se contentent que les faits soient de nature à porter préjudice à ces intérêts, simple présomption. Mais alors, l'action syndicale est recevable, alors même que le préjudice causé à la profession par le délit, n'est ni direct ni actuel : en l'espèce il était indirect et éventuel, car la déconsidération jetée sur la profession et surtout la hausse du prix du vin, pouvaient résulter, non pas du seul délit poursuivi, mais d'un ensemble de délits semblables qui risqueraient d'être commis si le délinquant n'était pas sévèrement condamné ».

à l'action collective, à la notion de trouble apporté aux intérêts collectifs. C'est ce trouble, considéré en lui-même et non dans ses conséquences dommageables directes et actuelles, qui en justifie l'exercice et fournit la mesure de la sanction qui la consacre[6].

L'action collective se manifeste généralement dès la première atteinte, sans attendre qu'elle s'amplifie, dès « la première goutte » dirons-nous, en songeant aux fraudes si fréquentes par mouillage de lait ou de vin. Sa mission est beaucoup plus préventive que répressive. C'est donc qu'elle ne joue pas un rôle de réparation directe et adéquate, moins encore, contrairement à ce qu'ont pensé parfois certains tribunaux[7] dont les décisions ne sont que des accidents de jurisprudence, un rôle de réparation d'un préjudice moral. Il est bien évident en effet que ce n'est point d'un préjudice moral et personnel que peut se prévaloir un syndicat qui l'exerce, mais du trouble apporté aux intérêts collectifs qu'il représente. Il convient de dénoncer fermement cette hérésie, car elle conduit les magistrats qui la professent à n'accorder aux groupements intervenants, qui exposent pour leur intervention des frais appréciables, que des sommes dérisoires, ramenées parfois au franc symbolique, ce qui équivaut pratiquement à les pénaliser pour avoir rempli leur mission légale et à leur en interdire l'exercice. Fort heureusement, la jurisprudence la plus autorisée et la plus abondante a su se garder, dès l'origine, de cette erreur. Qu'on songe en effet que dans l'espèce qui a donné lieu à l'arrêt de la chambre criminelle du 21 novembre 1913 les syndicats intervenants avaient obtenu 6 500 fr. de dommages-intérêts en francs de germinal, représentant – il n'est point inutile de le rappeler aux magistrats qui perdent parfois de vue l'ampleur des réévaluations exigées par la diminution du pouvoir d'achat – plus d'un million de francs en notre monnaie.

*
* *

En résumé, l'action collective diffère radicalement par sa nature de l'action individuelle, pour se rapprocher de l'action publique dont elle apparaît comme l'auxiliaire spécialisée. Son but et son objet en font une action quasi-publique et objective tendant à protéger les intérêts collectifs contre le trouble que leur apportent certains délits et d'en prévenir le développement, susceptible, par la généralisation de délits du même genre, de causer un préjudice que ne suffit évidemment pas à consommer chaque infraction considérée isolément. Elle permet donc aux groupements qui en sont armés d'obtenir la sanction de ce trouble, même s'il n'est encore que virtuel et ne correspond pas à un dommage éprouvé, et la mesure de cette sanction, apparentée à la notion de peine privée, dépend, pour chaque affaire, de la gravité objective des faits à propos desquels elle est requise et arbitrée.

6. V. Crim. 20 déc. 1951 (*Gaz. Pal.* 1952. 1. 92).
7. V. Trib. corr. Chambéry, 10 mars 1950 (J.C.P. 1951. II. 6258, et la note de M. Magnol; D. 1950. Somm. 53).

LE FONDEMENT DE LA GESTION D'AFFAIRES SOURCE AUTONOME ET GÉNÉRALE D'OBLIGATIONS

1953

François Goré

Professeur à la Faculté de droit de Grenoble

En précisant, d'une façon sommaire, dans les art. 1372 à 1374 du Code civil, les effets de la gestion d'affaires, les rédacteurs du Code désignent, sous le nom de propriétaire, le maître de l'affaire : ils semblent ainsi avoir eu en vue l'exemple classique du voisin charitable qui fait lui-même, ou fait faire, une réparation indispensable à une maison en l'absence du propriétaire. On est loin aujourd'hui de ce cas typique : la gestion d'affaires est devenue une institution juridique dont le champ d'application est vaste et varié. Elle peut avoir pour objet des actes de toute nature accomplis au profit d'autrui. C'est une personne qui met spontanément son activité professionnelle au service d'autrui, tel le notaire qui, sans en avoir été requis, prend l'initiative de faire des placements pour le compte de ses clients[1]; l'avoué qui occupe pour une personne dans un procès, sans en avoir été prié[2]; le généalogiste qui révèle à un héritier une succession ouverte à son profit[3]. C'est un tiers qui acquitte sciemment la dette d'autrui, ainsi la caution qui paie pour le débiteur principal quand elle s'est engagée spontanément[4]; le codébiteur solidaire qui solde toute la dette dans tous les cas où il ne s'est pas engagé par un acte volontaire[5]; la femme qui fournit des aliments dont la charge incombe à son père ou à son époux[6]. C'est également celui qui accomplit des actes d'ordre économique utiles à autrui : l'entrepositaire qui prend l'initiative de vendre des blés entreposés chez lui pour éviter qu'ils ne se détériorent[7]; le copropriétaire qui fait des travaux sur un immeuble indivis[8]. Il peut s'agir encore d'actes d'assistance : c'est le cas de l'individu qui arrête un cheval emballé[9], de l'hôtelier qui héberge la victime d'un accident[10], du directeur d'une clinique qui fait appel au concours d'un spécialiste dans l'intérêt d'un malade[11]. Toutes ces personnes sont considérées par la jurisprudence

1. Req. 2 mai 1892 (D. P. 93.1.316).
2. Bordeaux, 26 nov. 1895 (D. P. 96. 2. 103).
3. Poitiers, 2 déc. 1907 (D. P. 1908. 2. 332).
4. Ripert et Boulanger, *Traité de droit civil de Planiol*, t. 2, n° 1951 ; Req. 21 mars 1855 (D. P. 56. 1. 258).
5. Ripert et Boulanger, *op. cit.*, n° 1887.
6. Besançon, 15 juill. 1874 (*Rec. Sirey* 75. 2. 9). Comp. Civ. 21 mai 1890 (*Rec. Sirey* 91. 1. 81, note Bourcart).
7. Civ. 18 juin 1872 (D. P. 72. 1. 471).
8. Civ. 1er juill. 1901 (*Rec. Sirey* 1905. 1. 510) ; Paris, 1er févr. 1910, sous Req. 20 déc. 1910 (D. P. 1911. 1. 377, note Planiol).
9. Trib. com. Seine, 3 janv. 1900 (*Rec. Sirey* 1902. 2. 217, note Perreau).
10. Req. 28 févr. 1910 (D. P. 1911. 1. 137, note Dupuich).
11. Civ. 17 mai 1939 (*Gaz. Pal.* 1939. 2. 245).

comme ayant géré l'affaire d'autrui et ont droit d'exiger, leur gestion étant utile, le remboursement de leurs dépenses et une juste rémunération de leur travail.

Ces diverses extensions ont entraîné, dans la construction technique de l'institution, une crise grave à laquelle la doctrine s'est efforcée de remédier en déterminant d'une façon précise les conditions d'efficacité de la gestion d'affaires. Mais, malgré plusieurs études remarquables[12], celles-ci demeurent encore, dans notre Droit, quelque peu incertaines.

Bien plus, le fondement de cette notion est encore, à l'heure actuelle, très discuté. C'est que, dans la technique du Code civil de 1804, la gestion d'affaires est un quasi-contrat. Ce classement n'a pas facilité la recherche de la nature juridique; il l'a, au contraire, entravée de difficultés. Les uns voient dans la gestion d'affaires une sorte de mandat imparfait et l'étudient à propos de ce contrat. D'autres, revigorant la notion de quasi-contrat, y voient des obligations quasi-contractuelles à caractère propre. Certains préfèrent ne parler que d'obligations légales, tandis que d'autres combinent plusieurs sources d'obligations : l'engagement unilatéral et l'enrichissement sans cause[13].

Cette incertitude doit disparaître cependant, car elle nuit fortement à la construction technique. À notre avis, la gestion d'affaires est simplement une source autonome d'obligations. Rationnellement elle se justifie d'elle-même : c'est une sanction du devoir moral d'entraide.

I. L'autonomie de la gestion d'affaires

Les obligations qui naissent de la gestion d'affaires résultent d'un fait de l'homme qui n'est pas une faute mais un acte de volonté licite, analogue à celui qui intervient dans un contrat. D'où l'idée qu'elles prennent naissance comme s'il y avait eu contrat, *quasi ex contractu*. On a songé ainsi à rapprocher, d'abord, la gestion d'affaires de la source type d'obligations qu'est le contrat. Caïus déjà faisait observer que le débiteur des obligations de la gestion d'affaires, rangées dans la classe des *variae causarum figurae*, était tenu comme s'il avait passé un contrat, *quasi ex contractu*[14]; et Justinien, dans ses Institutes, parlait d'obligations qui naissent comme elles naîtraient d'un contrat, *quae quasi ex contractu nasci videntur*[15]. Dans l'ancien Droit, la théorie dominante essayait de justifier la gestion d'affaires par l'idée d'un consentement fictif, et celle-ci a été reprise par des auteurs modernes[16]. On ne comprend plus aujourd'hui cette fiction de consentement, tout accord de volonté étant par hypothèse exclu entre les parties à la gestion d'affaires. Le législateur commande; il n'a pas besoin de fiction; en l'absence de consentement il peut créer des obligations de sa seule autorité. Mais

12. Maurice Picard, *La gestion d'affaires dans la jurisprudence contemporaine*, *Rev. trim. dr. civ.* 1921. 419 et s., et 1922. 5 et s.; Sinay, *La fortune nouvelle de la gestion d'affaires*, *Gaz. Pal.* 1946. 2. Doctr. 43; Guillot, *Essai critique sur la gestion d'affaires*, thèse, Rennes, 1928; Maruitte, *La notion juridique de gestion d'affaires*, thèse, Caen, 1931.

13. V. *infra*.

14. Dig., XLIV, VII, I, V.

15. Inst., L. III, t. XXVII et I, IV, t. V.

16. V. Vizioz, *La notion de quasi-contrat*, thèse, Bordeaux, 1912, p. 113 et s.

on a soutenu que la gestion d'affaires produisait des effets juridiques analogues à ceux que produit un contrat. « Un quasi-contrat », a affirmé Demolombe, « mais c'est quasi un contrat »[17]. La gestion d'affaires, en particulier, serait un mandat improvisé auquel ne manquerait que le consentement du mandant. On invoque les liens qui ont existé en droit romain entre la gestion d'affaires et le mandat, les termes de l'art. 1372 du Code civil, selon lequel le gérant d'affaires est tenu de toutes les obligations qui résulteraient d'un mandat exprès du propriétaire. Le droit civil contemporain connaît de telles obligations légales construites à l'image d'un contrat[18].

Même sous cette forme moderne, la thèse est certainement inexacte. Le mandat est un contrat en vertu duquel le mandataire accomplit des actes juridiques et non des actes matériels. Or, la jurisprudence admet que la gestion d'affaires peut s'appliquer aussi bien à des actes matériels qu'à des actes juridiques[19]. L'art. 1375 du Code civil n'indique-t-il pas d'ailleurs que le maître doit, non seulement remplir les engagements que le gérant a contractés en son nom et l'indemniser de tous les engagements personnels qu'il a pris, mais, aussi lui rembourser toutes les dépenses utiles ou nécessaires qu'il a faites ?

Bien plus, en dépit de l'art. 1372 du Code civil, *in fine*, les obligations qui naissent de la gestion d'affaires ne sont pas exactement celles qui résultent d'un mandat. Certes, celui qui gère volontairement la chose d'autrui est tenu, comme tout mandataire, de rendre compte. Mais, en prescrivant au gérant de continuer la gestion commencée, l'art. 1372 du Code civil est plus rigoureux que l'art. 1991, qui met une obligation semblable à la charge du mandataire. Le gérant doit se charger de toutes les dépendances de l'affaire commencée, alors que le mandant peut exclure les dépendances de l'affaire pour s'en charger lui-même. Il doit poursuivre sa gestion jusqu'à ce que le maître soit en état d'y pourvoir lui-même; il ne peut pas y renoncer, comme le mandataire, qui doit seulement, en cas de décès du mandant, veiller à ce qu'il n'y ait pas péril en la demeure (arg. art. 2007 c. civ.). Aux termes de l'art. 1374 du Code civil, le gérant « est tenu d'apporter à la gestion de l'affaire tous les soins d'un bon père de famille ». Il se trouve ainsi assimilé au mandataire salarié, eût-il même entrepris sa gestion dans un esprit complètement désintéressé (art. 1992 c. civ.). Certes « les circonstances qui l'ont conduit à se charger de l'affaire peuvent autoriser le juge à modérer les dommages et intérêts qui résulteraient des fautes ou de la négligence du gérant ». Il n'en reste pas moins que la directive générale donnée au juge est plus sévère. En ce qui concerne les obligations du maître, l'art. 1999 du Code civil, relatif au remboursement des dépenses du mandataire, est écarté par l'art. 1375, qui fixe les indemnités dues par le maître au gérant; il s'agit du remboursement non pas des frais engagés, mais seulement des dépenses utiles ou nécessaires. Sans doute la jurisprudence a admis, par analogie avec le mandat, que le maître était tenu également de rembourser les intérêts des avances, de rémunérer le gérant de ses frais professionnels, de l'indemniser des dommages subis par lui dans sa

17. Demolombe, *Cours de Code Napoléon*, t. 31, n° 53.

18. V. Paul Durand, *La contrainte légale dans la formation du rapport contractuel*, *Rev. trim. dr. civ.* 1944, p. 93.

19. V. *supra*, notes 9 et 10.

gestion[20]. Mais quand l'affaire est commune à plusieurs personnes le gérant n'a pas contre elles une action solidaire. La jurisprudence a refusé d'étendre à la gestion d'affaires l'art. 2002 du Code civil, qui édicte la solidarité entre comandants[21].

En tout état de cause, il n'y a donc qu'une certaine analogie entre le mandat et la gestion d'affaires. Celle-ci n'est pas « un quasi-mandat ».

S'il n'y a pas un contrat ou un quasi-contrat, n'y a-t-il pas du moins un acte juridique à formation unilatérale ? Pour Josserand, dans la gestion d'affaires, le gérant assume des obligations de par sa seule initiative; c'est sa volonté qui se lie elle-même, mais elle lie aussi autrui envers elle, car diverses obligations incombent au maître. « Il faut donc envisager la gestion d'affaires comme un acte juridique unilatéral dans sa formation et synallagmatique dans ses effets »[22].

Cette conception suppose l'admission de l'engagement unilatéral comme source d'obligations en droit français. Or, la doctrine moderne a tendance à expliquer les prétendus cas d'engagement unilatéral par d'autres principes fondamentaux[23]. Il paraît difficile de soutenir que les obligations du gérant résultent de sa seule volonté : la personne qui accomplit une gestion d'affaires n'agit pas en vue de se créer des obligations, mais pour sauvegarder les intérêts d'autrui. S'il y avait engagement unilatéral il faudrait admettre que le gérant peut se dégager de ses obligations; or, celles-ci sont considérées par les art. 1372 et s. comme impératives.

On s'est également efforcé de rattacher la gestion d'affaires à la source autonome et générale d'obligations qu'est « l'enrichissement sans cause »[24]. Mais on a dû reconnaître immédiatement que si, dans les deux cas, une personne a fait bénéficier autrui de son activité et peut, en conséquences demander une indemnité à celui qui s'est ainsi enrichi, les effets de ces deux situations ne sont pas absolument identiques. Alors que l'appauvri ne peut réclamer à l'enrichi sans cause que le montant de l'enrichissement dans la mesure de son appauvrissement, le gérant peut se faire rembourser toutes ses dépenses utiles, même si, en définitive, le maître ne s'en trouve pas enrichi. De plus, le gérant est tenu d'obligations qui n'ont pas leur équivalent dans la théorie de l'enrichissement sans cause. Aujourd'hui la jurisprudence et la doctrine séparent nettement les deux sources d'obligations; la gestion d'affaires suppose une manifestation de volonté du gérant son dessein a été de procurer un profit au maître de l'affaire; son intention a été altruiste; il a eu conscience d'agir pour le compte d'autrui, pour rendre service; l'enrichissement sans cause est un simple déséquilibre que ne justifie pas le Droit et qui ne provient pas d'un fait volontaire imputable à l'appauvri; celui-ci n'a pas voulu procurer un profit à l'enrichi[25]. À vrai dire les auteurs qui rattachent la gestion d'affaires à l'enrichissement sans cause envisagent par là un principe vague d'équité aux termes duquel, quand une personne a souffert d'un événement

20. V. *Rép. de droit civil Dalloz*, v° *Gestion d'affaires*, n°s 184 et s.
21. V. *ibid.*, n° 198.
22. *Cours de droit civil*, t. 2, 3e éd., n° 1448.
23. Ripert et Boulanger, *op. cit.*, n°s 1194 et s.
24. V. sur ce point, Goré, *L'enrichissement aux dépens d'autrui*, Paris, Dalloz, 1949, n°s 38 et s.
25. V. Goré, *op. cit.*, n°s 255 et s.

et que d'autres en ont profité, il y a lieu d'organiser un certain recours. Mais c'est là une notion très générale, susceptible de résumer tout le Droit et qui n'a rien à voir avec l'enrichissement sans cause, source autonome et générale d'obligations.

Certains auteurs ont essayé de décomposer la gestion d'affaires en deux institutions accolées. Pour M. Savatier, les obligations qui en résultent « procèdent, les unes de l'autonomie de la volonté du gérant, les autres d'un enrichissement sans cause »[26]. Mais combiner ces deux sources d'obligations c'est cumuler la plupart des griefs qu'on leur adresse séparément.

On a été ainsi conduit à voir dans la gestion d'affaires une application pure et simple des obligations légales[27].

On groupe sous ce vocable les obligations qui, suivant la formule du Code civil, résultent « de l'autorité seule de la loi ». Ce sont, dit l'art. 1370, § 3, « les engagements formés involontairement, tels que ceux entre propriétaires voisins ou ceux des tuteurs et des autres administrateurs qui ne peuvent refuser la fonction qui leur est déférée ». On peut ajouter, en droit civil, les obligations qui incombent aux parents vis-à-vis de leurs enfants, ou, inversement, à ceux-ci envers ceux-là, l'obligation alimentaire entre parents, les obligations de l'usufruitier, etc. En droit social ou fiscal, les obligations légales abondent.

Mais qui dit obligation légale, dit obligation strictement déterminée. Le législateur précise d'une manière rigoureuse leurs conditions d'existence et leur étendue. Ainsi le domaine, l'objet et l'étendue de l'obligation alimentaire sont réglementés d'une façon précise, Il en est de même pour les obligations du propriétaire immobilier, de l'usufruitier, etc. Tel n'est pas le cas des obligations nées de la gestion d'affaires, dont les applications sont très variées. Le Code civil se contente d'indiquer d'une façon très générale les conditions de la gestion d'affaires.

De plus, les obligations légales ne présentent pas un caractère de nécessité absolue. Elles n'existent pas toujours dans les autres pays dont la civilisation est analogue à la nôtre. La gestion d'affaires, en revanche, est une institution ancienne : on la rencontre déjà en droit romain, dès la fin de la République, avec l'action *negotiorum gestorum contraria*, qui est celle du gérant contre le maître, et l'action *negotiorum gestorum directa*, qui est celle du maître contre le gérant. Elle existe également dans la plupart des législations.

Il est donc impossible de rattacher la gestion d'affaires à une institution juridique connue : c'est une source générale et autonome d'obligations.

II. La gestion d'affaires, sanction du devoir moral d'entraide

Certains auteurs se contentent de constater le caractère propre des obligations nées de la gestion d'affaires. Celles-ci, affirment MM. Ripert et Boulanger, résultent d'un même acte, un fait de l'homme qui n'est pas une faute mais un acte

26. *Cours de droit civil*, t. 2, n° 218.
27. En ce sens, Vizioz, *op. cit.*, p. 234; Maruitte, *op. cit.*, n°s 18 et s.

de volonté semblable à celui qui intervient dans le contrat. C'est cet acte qui est leur cause juridique. « La formule de l'art. 1371 du Code civil n'est donc pas fausse »[28]. Mais c'est là revenir à la notion du quasi-contrat que nous avons critiquée. C'est aussi constater un résultat sans l'expliquer; ne faut-il pas savoir encore pourquoi la loi crée ces obligations ?

L'on peut, semble-t-il, assigner à la gestion d'affaires un fondement moral et social. Institution altruiste, elle est fondée sur le devoir moral d'entraide qui nous incite à venir en aide à nos semblables. Le fait juridique est l'accomplissement par une personne de ce devoir qui incombe à chacun de nous.

Pour qu'il y ait gestion d'affaires efficace il faut, en effet, une immixtion utile dans les affaires d'autrui avec l'intention ou la conscience d'agir pour le compte d'autrui, sans opposition de la part du maître de l'affaire. Ce sont les conditions mêmes d'exécution du devoir moral d'entraide. Une personne doit avoir accompli utilement et volontairement un acte d'entraide à l'égard d'une autre. Ainsi s'explique l'interprétation large de la jurisprudence. Pour les tribunaux l'immixtion comprend tous les actes qui procurent à autrui quelque avantage, même purement moral, qu'il s'agisse d'actes juridiques d'administration ou de disposition, ou d'actes matériels[29]. Il faut qu'elle ait été utile, c'est-à-dire bien faite et profitable au moment où elle a eu lieu. L'utilité est le fondement de l'obligation, imposée par l'art. 1375 du Code civil au maître de l'affaire, de remplir les engagements que le gérant a contractés en son nom. Certains auteurs vont plus loin et exigent qu'il y ait urgence et nécessité de gérer. Les obligations rigoureuses qui résultent de la loi à la charge du maître de l'affaire, affirment-ils, ne sont admissibles que dans les cas urgents[30]. Cette condition paraît être comprise dans celle d'utilité requise par l'art. 1375. Comme le dit M. Paul Lerebours-Pigeonnière, « il ne suffit pas qu'une initiative soit pécuniairement avantageuse au maître de l'affaire pour qu'on puisse la qualifier d'utile; il faut qu'elle soit jugée opportune »[31]. L'opportunité de la gestion sera appréciée par les juges du fait selon les circonstances. La jurisprudence ne se montre pas sévère pour apprécier l'intention : il suffit que le gérant ait eu conscience d'agir pour le compte d'autrui, que la cause de son acte d'entraide contienne une parcelle d'altruisme[32]. Enfin il ne peut y avoir exécution du devoir moral d'entraide que si le maître ne s'oppose pas à l'action. D'où la condition de l'absence d'opposition du maître. Il s'agit d'assurer l'indépendance juridique des personnes et d'éviter que cette institution altruiste ne se prête à toutes les indélicatesses.

Toutefois une difficulté subsiste : nul n'est tenu de gérer l'affaire d'autrui. Le devoir moral de prêter assistance à autrui n'est pas devenu, à cet égard, obligation légale. Aussi a-t-on voulu ramener la gestion d'affaires à une institution dont le rôle est d'inciter les personnes à assister autrui en leur assurant le remboursement de leurs dépenses et la confirmation de leurs actes. Telle est la thèse de Domat. « La loi », écrit-il, (entendez la loi morale), « qui nous commande de faire pour les

28. *Op. cit.*, t. 2, n°s 1179.

29. V. les arrêts précités; la gestion d'affaires peut même jouer entre contractants : V. Tunc, note D. 1947. 386.

30. Aubry et Rau, 6e éd., par Esmein, t. 6, p. 365.

31. Note sous Civ. 28 oct. 1942 (D.C. 1943. 29).

32. V. Esmein, *op. cit.*, et les arrêts cités à la note 13.

autres ce que nous voudrions qu'ils fissent pour nous, oblige ceux qui se trouvent dans des conjonctures où l'intérêt des personnes absentes est abandonné, de prendre soin d'y pourvoir ». Et il ajoute : « ... Les lois civiles invitent toutes sortes de personnes à ce devoir, donnant à ceux qui prennent soin des affaires des personnes, l'assurance que ce qu'ils auront fait raisonnablement sera confirmé et qu'ils seront remboursés des deniers qu'ils auront fournis pour un emploi utile »[33]. Cette conception a été reprise par M. Rouast[34].

Est-il cependant interdit d'aller plus loin ? Ne peut-on se placer du côté du géré et envisager la gestion d'affaires comme la sanction même du devoir moral d'entraide ? L'exécution volontaire du devoir moral d'entraide par le gérant entraîne à la charge du géré un devoir moral d'assistance : le géré doit exécuter les engagements du gérant à l'égard des tiers et l'indemniser de ses dépenses personnelles. Les obligations du géré sanctionnent ce devoir moral d'assistance.

L'analyse juridique confirme, semble-t-il, cette interprétation. Les seules obligations qui naissent de la gestion d'affaires sont celles du géré. En réalité on ne saurait dire que les obligations du gérant en soient de véritables au sens strict du terme. D'un point de vue technique, en effet, le mot obligation peut avoir deux sens. Au sens large l'obligation est la situation d'une personne astreinte à une prestation positive ou négative. Ainsi comprise, son rôle dans la vie juridique est capital. Les rapports du droit des personnes font naître des obligations : les époux se doivent fidélité ; les parents sont tenus d'entretenir, d'élever leurs enfants ; le tuteur est obligé de gérer en bon père de famille le patrimoine de son pupille. Mais le titulaire du droit réel est également soumis à des obligations, tel l'usufruitier ou le propriétaire. De même le droit réel impose des obligations à tous les membres de la collectivité qui doivent le respecter. On peut ainsi dire que tout droit est générateur d'obligations.

Dans un sens plus précis, l'obligation ne désigne plus la situation d'une personne, mais un rapport de droit particulier qui va créer cette situation. Ce n'est plus à l'effet d'une situation juridique, mais à la cause efficiente elle-même qu'on donne ce nom. L'obligation est alors le lien de droit en vertu duquel une personne est tenue à une prestation envers une autre. Ce rapport obligatoire constitue le droit personnel qui existe entre deux personnes ou deux groupes de personnes ; il s'oppose au droit réel qui est donné contre toute personne.

Peut-être cette précision terminologique permet-elle de mieux comprendre la gestion d'affaires. Les obligations du gérant ne sont pas de véritables obligations *stricto sensu* ; elles déterminent seulement la conduite qu'il doit tenir dans le cas où il exécute volontairement le devoir moral d'entraide ; ce ne sont pas des droits personnels. Mais seules sont de véritables obligations celles dont est tenu le maître de l'affaire vis-à-vis du gérant et des tiers. Il peut y avoir gestion d'affaires avec ou sans représentation[35]. Quand le gérant agit au nom du maître, le contrat produit effet à l'égard du géré, qui est tenu d'exécuter l'acte juridique conclu. Au contraire, quand le gérant a agi en son propre nom il est seul obligé et le maître doit l'indemniser de toutes ses dépenses utiles.

33. Domat, *Lois civiles*, liv. 2, tit. 4.
34. Cours de doctorat 1933-1934 (*Les Cours de droit*).
35. V. Ripert et Boulanger, *op. cit.*, t. 2, n°s 1204 et s.

La gestion d'affaires apparaît ainsi comme l'une des plus anciennes institutions qui sanctionnent le devoir d'assistance. Le fait juridique est l'exécution volontaire de ce devoir; l'obligation qui surgit alors sanctionne le devoir d'assistance dont est tenu le maître. C'est là une des applications les plus vieilles de la règle morale dans le droit des obligations.

LES CONTRATS ADMINISTRATIFS TIENNENT-ILS LIEU DE LOI À L'ADMINISTRATION ?

1953

Jean L'Huillier

Professeur à la Faculté de droit de Poitiers

Il est devenu aujourd'hui presque banal de voir enseigner que les contrats dits administratifs n'emportent pas des effets identiques pour les sujets qu'ils lient. S'ils obligent, au même titre qu'un contrat de droit privé, le cocontractant de l'Administration, celle-ci ne serait pas tenue d'en observer strictement les dispositions. Elle conserverait le pouvoir d'apporter, à toute époque et par voie de décision unilatérale, telles modifications qu'elle jugerait nécessaires à la bonne marche des services publics aux rapports juridiques établis par le consentement des parties. La seule obligation impérative que cette sorte de contrats mettrait à sa charge serait celle de respecter et, le cas échéant, de rétablir par une indemnité allouée à la partie privée ce que l'on a appelé l'« équation financière » de l'opération qu'ils tendent à réaliser, c'est-à-dire l'équivalence patrimoniale des prestations réciproques des parties, telle que celles-ci l'avaient envisagée lors de leur accord.

Cette conception unilatérale des effets du contrat administratif est le résultat d'une curieuse évolution doctrinale. Dès 1910, le doyen Hauriou et M. Jèze avaient cru, dans les notes qu'ils avaient consacrées au célèbre arrêt dit des Tramways de Marseille (Cons. d'Ét. 11 mars 1910, *Min. Trav. publ. C. Cie gén. française de tramways*, *Rec. Sirey*, 1911. 3. 1, note Hauriou; *Rev. dr. publ.*, 1910, p. 270, note Jèze), pouvoir déduire de cet arrêt que la concession de service public ne constitue pas, dans tous ses éléments, une opération contractuelle. Seules les conditions financières de cette opération constitueraient l'objet du contrat intervenu entre l'Administration et son concessionnaire et demeureraient, comme telles, immuables. Les dispositions du cahier des charges relatives à l'organisation du service concédé devraient, au contraire, être considérées comme présentant un caractère réglementaire et, comme telles, seraient susceptibles d'être modifiées unilatéralement à toute époque par l'autorité concédante, nonobstant leur incorporation dans un acte d'aspect contractuel. « Le contrat de concession, écrivait Hauriou, n'est plus l'instrument régulateur du service concédé ; il n'est plus que l'instrument compensateur des pertes que le concessionnaire pourrait subir du fait que la réglementation du service est passée aux mains de l'Administration ».

Sous ce premier aspect, la théorie de l'« équation financière » ne niait aucunement la valeur obligatoire des contrats administratifs à l'égard des autorités publiques. Elle se bornait à dénier – ce qui est tout autre chose – un caractère contractuel à certains des éléments d'une opération administrative particulière, la concession de service public. Mais, dans des écrits ultérieurs, M. Jèze devait lui donner une signification entièrement différente en affirmant l'existence d'un pouvoir général de modification unilatérale au profit de l'Administration contractante. « L'Administration, écrivait-il dans ses *Principes généraux du droit administratif* (t. 4, p. 224), a le pouvoir d'augmenter ou de réduire, en cours de contrat, l'étendue des prestations à effectuer par le contractant. Le principe est général et vaut pour tous les contrats administratifs. »

Sans doute M. Jèze est-il, par la suite, revenu sur ces formules absolues. Critiquant une thèse[1] dans laquelle la théorie du pouvoir de modification unilatérale de l'Administration contractante était développée brillamment, mais non sans quelque intransigeance, il admettait, en 1945, que ce pouvoir est particulier à certains contrats administratifs, à savoir la concession de service public et le marché de travaux publics, et s'explique « par la nature propre de ces contrats ». Envisageant plus spécialement le cas de la concession, « il est inexact, écrivait-il, que le contrat de concession peut être modifié par l'Administration. *Ce n'est pas le contrat qui est modifié, c'est l'organisation du service* » (*Rev. dr. publ.*, 1945, p. 257). Mais, en dépit de l'autorité qui aurait dû s'attacher à un tel désaveu, la conception qui limite à une simple équivalence pécuniaire l'effet des contrats administratifs à l'égard des autorités publiques devait continuer à gagner du terrain dans la doctrine. À la suite de la thèse précitée de M. Péquignot, elle a récemment trouvé place, pour la première fois, dans des manuels d'enseignement destinés aux étudiants de seconde année.

« Tous les contrats administratifs, écrit M. Debeyre (Duez et Debeyre, *Traité de droit administr.*, n° 1262), loin d'assurer un lien intangible, sont, au contraire, des liens souples qui peuvent être modifiés ou déliés, sans qu'un *mutuus dissensus* intervienne, par la volonté unilatérale de l'Administration ». « Une des particularités les plus remarquables du contrat administratif, enseigne par ailleurs M. de Laubadère (*Traité elém. de droit administr.*, n° 801), est que l'Administration peut, en cours d'exécution, *modifier l'étendue des prestations à effectuer par le cocontractant...* Le fondement (de ce pouvoir) se trouve dans les *exigences du service public;* ces exigences étant variables, l'intérêt général peut, à un moment donné, nécessiter que soient imposées au prestataire des obligations qui n'avaient pas été prévues au contrat (*ibid.*, n° 802)... Le pouvoir de modification est très général... Sa généralité consiste en ce qu'il existe à l'égard de *tous les contrats administratifs* (n° 803) ».

À l'appui de ces affirmations, les auteurs cités ici n'apportent guère de références de jurisprudence d'apparence pertinente autres que celle de l'arrêt des *Tramways de Marseille*. C'est, en somme, une sorte de dogme qu'ils proposent à la foi des futurs juristes.

Il n'est heureusement pas interdit de discuter ce dogme. On n'hésitera pas à affirmer ici qu'il s'agit, en réalité, de l'un de ces faux dogmes dont l'histoire de notre droit public offre plus d'un exemple et dont il est aisé de constater qu'ils sont démentis par les solutions du droit positif. Le soi-disant pouvoir général de modification unilatérale qui appartiendrait à l'Administration contractante n'est aucunement consacré par la jurisprudence du Conseil d'État. Les arrêts qui admettent, à titre de solution d'espèce, la possibilité d'une telle modification, s'expliquent sans qu'il soit besoin d'admettre que les contrats administratifs

1. Péquignot, *Contribution à la théorie générale du contrat administratif*, thèse, Montpellier, 1945.

dérogent à cette règle fondamentale d'après laquelle « les conventions légalement formées tiennent lieu de loi à ceux qui les ont faites » et en dehors de laquelle il paraît difficile de concevoir une notion plausible du contrat.

I.

Si l'on relit l'arrêt des *Tramways de Marseille* (D. P. 1912. 3. 49) en faisant abstraction des gloses dont ses interprètes l'ont entouré, mais en le confrontant avec les conclusions du commissaire du Gouvernement Léon Blum (D. P. *ibid.*) conformément auxquelles il a été rendu, on ne peut que constater que cet arrêt n'avait aucunement la portée que la doctrine lui attribue communément.

Sans doute décidait-il, contrairement à une jurisprudence antérieure (Cons. d'Ét. 23 janv. 1903, *Chem. de fer économiques du Nord*, D. P. 1904. 3. 59), que le préfet des Bouches-du-Rhône avait légalement pu imposer à la société concessionnaire des tramways de Marseille un horaire comportant un nombre de services supérieur au minimum prévu par son cahier des charges. Mais il est essentiel d'observer que le Conseil d'État ne motivait nullement cette solution par l'existence d'un pouvoir général qui aurait appartenu à l'Administration concédante de modifier unilatéralement les clauses des cahiers des charges relatives à l'organisation du service concédé. Il lui donnait pour unique fondement *un texte* propre à la matière des chemins de fer d'intérêt local, l'art. 33 du décret du 6 août 1881, portant règlement d'administration publique pour l'application de la loi du 21 juin 1880, aux termes duquel il appartenait aux préfets de déterminer, sur la proposition du concessionnaire, « le tableau du service des trains ». Le Conseil d'État a considéré que ce texte impliquait, pour l'Administration concédante, « le pouvoir non seulement d'approuver les horaires des trains au point de vue de la sécurité et de la commodité de la circulation, mais encore de prescrire les modifications et les additions nécessaires pour assurer, dans l'intérêt du public, la marche normale du service ».

Ce n'est également pas sur le pouvoir général que la doctrine combattue ici attribue à l'Administration que le commissaire du Gouvernement s'appuyait pour conclure, devant le Conseil d'État, à la légalité de l'arrêté du préfet. Non seulement il n'en faisait pas état, mais encore relève-t-on, dans ses conclusions, un passage dont il est permis de s'étonner qu'il soit passé inaperçu de la plupart des interprètes et dans lequel ce pouvoir général *était formellement dénié à l'autorité administrative*. Le préfet, écrivait Léon Blum, a usé « du pouvoir réglementaire… qui lui appartient légalement ». Mais, ajoutait-il, « il est bien certain que, contrairement à la thèse qui a été développée dans les mémoires produits pour le ministre, ce pouvoir n'est pas sans limites. Ses limites tiennent à son origine même, et c'est parce qu'en cette matière procède de la loi qu'il ne peut se mouvoir que dans les limites qui lui ont été fixées par la loi ou les règlements prévus par la loi… *L'État ne possède que les droits qui lui sont conférés par un texte.* »

Rapproché des motifs de l'arrêt du 11 mars 1910, qui, comme il vient d'être observé, reposaient uniquement sur l'interprétation donnée par le Conseil d'État au règlement d'administration publique dont le préfet tenait ses pouvoirs, ce passage en éclaire entièrement la portée. Le seul principe général qui puisse, sans ajouter à ses termes, se déduire de l'arrêt des *Tramways de Marseille*, est que les stipulations d'un contrat administratif ne peuvent mettre obstacle à l'exercice des pouvoirs reconnus aux autorités publiques par les dispositions impératives des lois organiques qui régissent la catégorie de services publics que ce contrat concerne, ou des règlements pris en application de ces lois. Les clauses d'un contrat administratif qui prétendraient déroger à de telles dispositions ne seraient pas « légalement faites » et ne seraient ainsi pas susceptibles de lier l'Administration, par application des règles générales du droit des contrats et non d'un principe qui serait propre au droit administratif[2].

Si l'arrêt des *Tramways de Marseille* ne consacre pas ce soi-disant principe, plusieurs arrêts ultérieurs, dont le caractère commun est qu'ils dénient à l'Administration contractante un pouvoir de modification unilatérale qu'elle s'était crue autorisée à exercer, en démentent formellement l'existence. Sans doute ces arrêts sont-ils peu nombreux : on en verra plus loin la raison. Ils sont surtout peu connus, peut-être parce que leur caractère apparemment hétérodoxe a porté la plupart des arrêtistes à les tenir sous le boisseau.

Le seul d'entre eux qui ait acquis quelque notoriété, pour avoir été publié, malgré les difficultés de l'époque à laquelle il est intervenu, par les principaux recueils de jurisprudence (D. A. 1942. 39; *Rec. Sirey*, 1942. 3. 15), est un arrêt *Hôpital-hospice de Chauny*, rendu le 11 juill. 1941 par le Conseil d'État statuant en assemblée plénière du contentieux et qui, comme tel, doit être considéré comme une décision de principe.

Un sieur R..., architecte, avait, en 1922, été chargé d'établir les plans et de diriger la reconstruction de l'hôpital de Chauny. Ayant été conduit, au cours de l'exécution de ce travail public, à s'établir à Bourges, il avait soumis à l'agrément de l'Administration contractante le choix qu'il avait fait de l'un de ses confrères, résidant sur place, qu'il s'était alors adjoint comme collaborateur. La commission administrative de l'hôpital-hospice avait accordé cet agrément, mais en spécifiant qu'à l'avenir les honoraires stipulés au profit du sieur R... seraient partagés par moitié entre les deux architectes. Le Conseil d'État a décidé qu'il n'appartenait pas à cette autorité administrative de « modifier unilatéralement les conditions (du) mandat » qu'elle avait accordé à son cocontractant, et il a condamné l'hôpital-hospice à payer à ce dernier la totalité des honoraires convenus.

Cet arrêt ne pouvait manquer de causer quelque embarras aux partisans de la théorie qui reconnaît à l'Administration un pouvoir général de modification

2. *A fortiori*, les clauses d'un contrat administratif ne peuvent-elles pas mettre en échec les pouvoirs du législateur lui-même. Le contrat est, en droit français, une source de relations juridiques subordonnée à la loi, dont il tient son caractère obligatoire. Aussi le législateur peut-il toujours – qu'il s'agisse de contrats de droit privé aussi bien que de contrats administratifs – intervenir pour retirer à des conventions « légalement faites » certains des effets qu'elles comportaient lors de leur conclusion. On ne saurait donc, comme l'ont fait certains auteurs et notamment M. Péquignot, tirer argument, en faveur de la théorie de la mutabilité des contrats administratifs, des lois qui sont fréquemment intervenues pour modifier les rapports de droit établis par ces contrats. Il est, au contraire, à remarquer que certaines au moins de ces interventions législatives auraient été inutiles si les autorités exécutives qui avaient apporté leur consentement aux contrats qu'elles concernaient avaient eu, en vertu d'un principe général du droit administratif, le pouvoir de modifier unilatéralement ces contrats.

unilatérale de ses contrats. M. Péquignot, dans sa thèse[3], a cru cependant pouvoir le concilier avec cette théorie en observant que la décision de la commission administrative avait porté atteinte à l'« équation financière » réalisée par le contrat initial, c'est-à-dire au seul élément de ce contrat dont le maintien fût strictement obligatoire pour l'Administration.

Cette explication serait, en toute hypothèse, contestable, car la décision de la commission administrative ne portait nullement atteinte à l'équivalence patrimoniale réalisée par les parties entre la prestation que le contrat avait mise à la charge du seul sieur B... et que celui-ci était désormais autorisé à faire exécuter partiellement par un tiers, et le montant global de la rémunération qui en était la contrepartie. Mais elle est surtout inconciliable avec les termes mêmes de l'arrêt du Conseil d'État, dont elle minimise arbitrairement la portée.

En effet, dans cet arrêt qui, on le répète, revêt le caractère d'une décision de principe, le Conseil d'État a pris soin de définir d'une manière particulièrement précise les pouvoirs qui appartenaient à l'Administration contractante. « Si la commission administrative, écrit-il, avait, sous le contrôle du juge compétent, le pouvoir de révoquer le mandat du sieur R... au cas où celui-ci aurait commis la faute grave d'abandonner la surveillance personnelle et continue des travaux, il ne lui appartenait pas de modifier unilatéralement les conditions dudit mandat, comme elle l'a fait par sa délibération... ».

La généralité de la formule reproduite ici et surtout l'opposition qu'elle établit entre la révocation du mandat de l'architecte, qui n'était pas en question dans les circonstances de la cause, et la modification des conditions de ce mandat, montrent clairement que le Conseil d'État a entendu exclure toute possibilité, pour l'Administration contractante, d'apporter à un tel mandat *quelque modification que ce soit* et non pas seulement la modification particulière que la commission administrative de l'hôpital de Chauny avait cru, en l'espèce, pouvoir faire subir au mode de rémunération de son cocontractant.

Bien qu'ils n'aient pas le même caractère de décisions de principe, les deux arrêts *Commune du Vésinet*, du 23 mai 1936 (*Rec. Cons. d'Ét.*, p. 591), et *Ville de Limoges*, du 19 janv. 1946 (*ibid.*, p. 15), sont, à certains égards, plus décisifs encore que l'arrêt de l'hôpital de Chauny. Ils concernent l'un et l'autre, en effet, le cas particulier des concessions de service public et reconnaissent aux clauses des cahiers des charges de ces concessions relatives à l'organisation du service concédé un caractère obligatoire pour l'autorité concédante. Ils démentent ainsi non seulement la théorie qui reconnaît à l'Administration contractante un pouvoir général de modification unilatérale, mais encore la thèse intermédiaire d'après laquelle ce pouvoir serait limité aux éléments réglementaires d'opérations administratives complexes, telles que la concession de service public, qui ne présenteraient que sous certains de leurs aspects le caractère d'un contrat.

Dans la première de ces deux espèces, un avenant conclu en février 1923 entre la ville du Vésinet et la société à laquelle elle avait concédé le service de la distribution du gaz contenait une formule de tarification conformément à laquelle le prix du gaz fourni aux particuliers devait être calculé à partir du 31 décembre

3. *Op. cit.*, p. 409.

suivant. À cette date, l'autorité concédante exigea l'application de prix quelque peu inférieurs à ceux auxquels aurait conduit ce calcul. La société concessionnaire s'inclina, tout d'abord, devant cette prétention, et c'est seulement en 1928 qu'à l'occasion d'un différend relatif à l'application d'une clause de révision contenue dans l'avenant, elle s'avisa de demander aux tribunaux administratifs la réparation du préjudice que lui avait causé la décision du concédant.

Or, au lieu de motiver la très modeste indemnité qu'il allouait à cette société par la nécessité de rétablir l'« équation financière » du contrat de concession, rompue par une décision qui, en elle-même, aurait échappé à toute critique, – comme il l'eût fait s'il avait admis l'une des thèses qui reconnaissent à l'Administration concédante le pouvoir de modifier unilatéralement l'organisation du service concédé, – le Conseil d'État, après avoir constaté dans son arrêt que les éléments de la formule de tarification contenue dans l'avenant de 1923 « pouvaient être chiffrés sans le concours de la Ville », déclarait que celle-ci avait sans doute le pouvoir, « au cas où les usagers auraient contesté les bases du calcul, d'intervenir dans leurs rapports avec le concessionnaire *en vue de faire respecter le contrat, mais non celui d'imposer un tarif non conforme à cette formule* ». Il qualifiait, d'autre part, du terme quelque peu insolite de « faute extra-contractuelle » le fait d'avoir exigé du concessionnaire l'application d'un semblable tarif.

Le Conseil d'État admettait, par ailleurs, que la responsabilité encourue par la ville à raison de cette faute était partagée, la société concessionnaire ayant aggravé de son propre fait le dommage qu'elle lui avait causé, en ne tentant pas « de recouvrer sur les abonnés les sommes qu'elle estimait lui être dues ». Il admettait implicitement, par là même, que les décisions « extracontractuelles » de l'autorité concédante sont inopposables au concessionnaire; qu'en particulier, le cahier des charges, tel qu'il a obtenu le consentement commun des parties au contrat de concession, constitue le statut du service concédé et que le concessionnaire n'a pas à tenir compte, dans ses rapports avec les usagers, des prétentions contraires manifestées unilatéralement par le concédant. Solutions dont il n'est pas besoin de souligner qu'elles sont aux antipodes des théories que l'on combat ici.

Pour être moins net, l'arrêt *Ville de Limoges* n'en demeure pas moins conforme à la jurisprudence antérieure. Un décret-loi du 16 juill. 1935 ayant imposé une réduction de 10 p. 100 aux prix de « première tranche » de l'énergie électrique fournie aux particuliers, la Ville de Limoges avait prétendu exiger de son concessionnaire qu'il apportât une réduction identique au prix de l'énergie qu'il lui fournissait pour l'éclairage public. Le Conseil d'État a rejeté cette prétention. Après avoir, dans son arrêt, analysé les clauses du cahier des charges relatives aux tarifs de l'éclairage public, il en déduit que si ce tarif « doit subir les variations et les révisions prévues au contrat pour les tarifs de l'éclairage privé, il n'en résulte pas que ledit tarif doive subir des réductions non prévues par les parties contractantes, telles que celles qui seraient imposées par le législateur au concessionnaire pour l'éclairage particulier ». Il constate, d'autre part, qu'en appliquant un abattement de 10 p. 100 au seul prix de vente de la « première tranche » et en décidant qu'il ne peut avoir pour effet de réduire ce prix au-dessous d'un certain chiffre, « le législateur a marqué son intention de n'atteindre que les tarifs de l'éclairage particulier ».

Cette décision se situe exactement dans la ligne des conclusions de Léon Blum. Lorsqu'il s'agit de modifier unilatéralement le statut d'un service concédé, l'Administration « ne possède que les droits qui lui sont conférés par un texte ». Or, en l'espèce, le droit de modifier les tarifs de l'éclairage public ne découlait, pour la ville, ni du décret-loi du 16 juill. 1935, ni des termes du contrat de concession.

II.

Cette seconde hypothèse est, en fait, la plus habituelle. S'il est vrai que l'Administration peut, comme dans le cas de l'arrêt des *Tramways de Marseille*, tenir de la loi organique d'un service public ou de ses règlements d'application le pouvoir de modifier unilatéralement les contrats qui concernent l'organisation de ce service, ce pouvoir, lorsqu'il existe, trouve le plus souvent son fondement dans *une clause explicite ou implicite de ces contrats eux-mêmes.*

a) Les clauses explicites de modification unilatérale stipulées au profit de l'Administration se rencontrent trop fréquemment dans les contrats administratifs pour qu'il soit nécessaire de leur consacrer de longs développements. On connaît le luxe de précisions que contiennent, à cet égard, les cahiers des clauses et conditions générales des grands services techniques qui constituent le plus souvent l'ossature de ces contrats. C'est, d'ailleurs, par cette précision habituelle des contrats administratifs que s'explique la rareté des décisions de jurisprudence qui ont dénié à l'Administration contractante un pouvoir de modification unilatérale qu'elle avait prétendu exercer sans que ce pouvoir ait été stipulé à son profit.

Les clauses de cette sorte revêtent, comme l'a observé M. Waline[4], le caractère de conditions potestatives. Mais, à l'inverse de celles qui figureraient dans un contrat de droit privé, ces conditions ne détruisent pas le consentement qu'elles affectent, car leur réalisation ne peut être, en fait, la manifestation d'un simple caprice de la part de leur bénéficiaire. Elle sera déterminée par des considérations d'intérêt général qui s'imposeront pratiquement à ce dernier avec tout autant de force que le fait constitutif d'une condition casuelle.

Les conditions de cette sorte n'en sont pas moins étrangères aux relations mutuelles des particuliers, et les clauses dans lesquelles elles sont stipulées constituent par là un exemple particulièrement caractéristique de ces clauses exorbitantes du droit commun qu'une jurisprudence de plus en plus constante tient pour le critère du contrat administratif. L'Administration peut, dans l'intérêt du service, stipuler dans un tel contrat des pouvoirs qui ne trouveraient pas leur place dans un contrat de droit privé. Mais ce contrat n'en constitue pas moins la loi commune des parties et non pas celle de la seule partie privée.

b) Malgré l'extrême fréquence de ces clauses, la jurisprudence paraît avoir été parfois conduite à les suppléer et à admettre, dans le silence du contrat, l'existence d'un pouvoir de modification unilatérale au profit de l'Administration contractante. On peut notamment citer en ce sens un certain nombre d'arrêts qui font état du

4. *Traité élém. de droit administr.*, 6e éd., p. 615.

« pouvoir général » qui appartient à l'Administration de résilier unilatéralement les marchés de travaux publics, à charge d'indemniser l'entrepreneur[5].

Mais cette solution, dont M. Jèze reconnaît aujourd'hui qu'elle est particulière à certaines variétés de contrats administratifs, peut aisément s'expliquer sans qu'il soit besoin de faire appel à un prétendu principe dérogatoire au droit commun des contrats. Elle n'est, en réalité, qu'une application de cette règle générale formulée, pour les contrats de droit privé, par l'art. 1135 c. civ. et d'après laquelle « les conventions obligent non seulement à ce qui y est exprimé, mais encore à toutes les suites que l'équité, l'usage ou la loi donnent à l'obligation d'après sa nature ». Ce que le code appelle l'usage porte ici le nom de pratique administrative. Lorsque la pratique généralement suivie par les administrations publiques comporte l'insertion systématique, dans une certaine variété de contrats, de clauses réservant à l'autorité contractante le pouvoir de mettre fin au contrat ou de modifier l'étendue des prestations stipulées à son profit par une décision unilatérale, ces clauses doivent être considérées comme sous-entendues lorsque, dans un cas particulier, l'Administration a omis de les faire figurer dans l'un de ces contrats.

Rien ne paraît d'ailleurs s'opposer à ce que ces pouvoirs implicites de modification ou de résiliation unilatérales soient exclus, le cas échéant, par une clause expresse du contrat. Dès lors, en effet, qu'ils trouvent leur source dans la pratique administrative, c'est-à-dire, en définitive, dans le consentement présumé des parties, on ne peut les considérer comme étant d'ordre public. L'opinion contraire, professée par M. Jèze sur la base de cette idée que « l'exercice de la compétence de l'Administration pour le bon fonctionnement du service public est inaliénable »[6], ne trouve aucun soutien dans la jurisprudence.

*

* *

La conclusion que comportent ces quelques observations est que le principe fondamental du droit des contrats d'après lequel « les conventions légalement formées tiennent lieu de loi à ceux qui les ont faites » vaut, malgré les exceptions purement apparentes qu'il peut sembler comporter à son profit, pour l'Administration contractante aussi bien que pour les particuliers. Il est surprenant que la thèse contraire obtienne aujourd'hui un crédit que rien ne justifie, car elle ne peut trouver de soutien que dans des vues doctrinales purement théoriques. Les *responsa prudentium* ne sont cependant plus une source du droit. S'il est permis à la doctrine de suggérer des solutions *de lege ferenda*, encore faut-il se garder de l'erreur qui consiste à confondre ces suggestions avec les règles du droit positif.

5. La jurisprudence paraît d'ailleurs assez indécise quant au fondement de ce pouvoir. Certains arrêts le reconnaissent à l'Administration « en vertu du droit commun », c'est-à-dire du principe formulé par l'art. 1794 c. civ. en matière de louage d'ouvrage (Cons. d'Ét. 13 févr. 1930, *Min. Trav. publ. C. Soc. centrale d'entreprise, Rec. Cons. d'Ét.*, p. 180). D'autres, au contraire, déclarent les règles du droit commun inapplicables aux marchés de travaux publics et donnent au pouvoir de résiliation unilatérale de l'Administration un caractère autonome (Cons. d'Ét. 18 févr. 1925, *Demouchy*, *ibid.*, p. 121).

6. *Principes généraux du droit administr.*, t. 4, p. 223.

LA DOULEUR MORALE DEVANT LES TRIBUNAUX ADMINISTRATIFS
Conclusions et note sur CE, 29 octobre 1954, *Bondurand*

1954

Conclusions par
Louis Fougère
Commissaire du Gouvernement

et note par
André de Laubadère
Professeur à la Faculté de droit de Paris

La douleur morale, n'étant pas appréciable en argent, ne constitue pas un dommage susceptible de donner lieu à réparation;

Mais un fils dont le père et la mère ont trouvé la mort dans un accident imputable à l'Administration est en droit d'obtenir la réparation du préjudice subi par lui à raison des troubles de toute nature apportés dans ses conditions d'existence par le décès simultané de ses deux parents.

Extrait des conclusions de M. Louis Fougère, commissaire du Gouvernement

… Le pourvoi nous paraît vous fournir une occasion particulièrement favorable de reconsidérer votre jurisprudence relative à la réparation du préjudice moral.

On résume parfois cette jurisprudence en disant que vous n'acceptez d'indemniser que le préjudice matériel ou patrimonial. C'est une erreur. Depuis longtemps vous réparez les dommages qui atteignent ce qu'on a appelé la partie sociale du patrimoine moral : atteinte à l'honneur, à la réputation, au crédit, aux sentiments moraux et religieux. Mais il est vrai que vous vous êtes refusés jusqu'ici à réparer le préjudice résultant d'une atteinte aux sentiments d'affection, à la partie affective du patrimoine moral. Vos décisions en ce sens sont innombrables et il en est de toutes récentes.

L'attitude que vous avez ainsi adoptée vous met en opposition avec la jurisprudence judiciaire, approuvée par la quasi-unanimité de la doctrine. Elle vous met en opposition avec la plupart des droits étrangers. Elle introduit dans notre système juridique une divergence choquante pour la logique et l'équité. Comment faire admettre par les parents d'une personne victime d'un accident de la circulation qu'ils ont droit ou non à une indemnité selon que cette personne a été écrasée par un véhicule privé ou par une voiture militaire ?

Et cependant votre jurisprudence, apparemment au moins, ne s'est jamais départie de sa rigueur sur ce point. Quelles sont donc les raisons d'une attitude aussi rigoureuse et ces raisons sont-elles valables ?

Vous ne niez pas la possibilité de l'existence d'un préjudice moral. Vos décisions la reconnaissent au contraire de manière implicite, lorsqu'elles affirment que ce préjudice n'est pas susceptible d'être réparé. Nous ne croyons pas d'autre part que vous vous refusiez à l'indemniser en raison des règles particulières de la responsabilité administrative : la spécialité du régime de la responsabilité administrative réside en effet dans les sources de cette responsabilité, qui est fondée tantôt sur le risque, tantôt sur la faute appréciée selon des critères originaux en fonction des nécessités particulières du service public. Nous n'apercevons pas quelles raisons permettraient d'introduire dans ce régime une notion du préjudice qui lui serait propre ; le préjudice s'apprécie dans la victime et non pas au regard de l'auteur du dommage. Il y a longtemps d'autre part que les réparations administratives ont perdu tout caractère gracieux : lorsque vous condamnez l'État à verser une indemnité à ses victimes, c'est en vertu d'une obligation qui pèse sur lui, et on ne voit pas pourquoi il serait tenu de réparer le préjudice matériel et non pas le préjudice moral.

Nous ne pensons pas non plus que votre jurisprudence puisse s'expliquer par cette idée que le préjudice moral ne peut se compenser. Vous réparez déjà des dommages que l'allocation d'une somme d'argent ne pourra jamais effacer ; c'est donc que vous admettez que le véritable rôle des dommages-intérêts est un rôle « satisfactoire » et, si tel est leur rôle, le versement d'une indemnité peut aussi bien compenser le préjudice résultant d'une atteinte aux affections que celui qui provient de souffrances très vives, d'une blessure qui défigure ou d'un acte qui compromet l'honneur ou la réputation.

Faut-il alors faire appel à cette considération que le versement d'une indemnité pour un préjudice moral constituerait en réalité une véritable peine privée infligée à l'auteur du dommage et qui n'aurait pas de sens à l'égard d'une personne morale de droit public ? Nous ne croyons pas possible de retenir une telle considération. Le caractère pénal des condamnations à dommages-intérêts pour préjudice moral n'est, s'il existe, que complémentaire. On n'aperçoit pas d'autre part pour quelle raison les personnes morales de droit public échapperaient à des condamnations que les tribunaux judiciaires prononcent chaque jour à l'encontre de personnes morales de droit privé et qui pourraient jouer, aussi utilement à leur égard qu'à l'égard de ces dernières, le rôle d'une sanction destinée à réprimer leurs manquements et à prévenir le retour de ceux-ci.

C'est donc ailleurs qu'il faut chercher la raison de votre jurisprudence. Cette raison, vos arrêts l'ont formulée maintes fois en disant que le préjudice moral ne peut être réparé, parce qu'il n'est pas susceptible d'être apprécié en argent. Ainsi ce ne sont pas des raisons de principe qui vous interdisent de réparer le préjudice moral, mais une difficulté technique, matérielle : l'impossibilité de fait où vous vous trouveriez de traduire par des chiffres l'importance de la douleur éprouvée. Cette difficulté est incontestable : qui pourrait affirmer avec certitude que le chagrin d'un père ou d'une mère vaut telle ou telle somme ? Mais s'ensuit-il que le préjudice moral ne peut et ne doit jamais être réparé ? Faut-il se résigner, parce qu'on ne peut rendre une justice parfaitement exacte, à ne pas la rendre du tout ?

Il est permis d'en douter lorsque l'on voit les tribunaux judiciaires procéder chaque jour à l'évaluation de dommages-intérêts destinés à compenser une douleur morale ou lorsqu'on voit le Conseil d'État lui-même accorder pour des atteintes à l'honneur ou à la réputation des réparations qui ne se limitent pas toujours, qui se limitent même de moins en moins souvent au franc symbolique de dommages-intérêts ou à la condamnation de l'État aux dépens de l'instance. Nous ne pensons pas d'ailleurs que lorsque les tribunaux judiciaires ou vous-mêmes procédez ainsi, vous décidiez en plein arbitraire. L'allocation d'une indemnité pour préjudice moral a pour objet de replacer dans le patrimoine de la victime une valeur qui lui permettra de se procurer des satisfactions susceptibles sinon d'effacer, du moins d'atténuer la douleur qu'elle ressent. Il appartient à la victime de choisir ces satisfactions, mais n'est-il pas possible le plus souvent pour le juge d'en mesurer le coût probable, en tenant compte notamment de l'âge de la victime, de sa situation de famille, de son genre de vie, de l'importance de ses revenus ? Évaluation approximative sans doute, mais qui n'est pas totalement arbitraire, qui ne l'est pas plus peut-être que celle à laquelle vous procédez lorsque vous appréciez l'importance des troubles entraînés par un accident dans les conditions d'existence de la victime de celui-ci.

Nous en aurions fini si l'examen de votre jurisprudence ne nous conduisait à nous demander si votre refus de réparer le préjudice moral n'est pas inspiré par un autre motif, dont la valeur nous paraît très grande. Lorsque vous affirmez que la douleur morale ne peut être réparée parce qu'elle n'est pas susceptible d'être appréciée en argent, ne voulez-vous pas dire en réalité qu'elle ne peut être réparée parce que son existence n'est jamais certaine et que seul un préjudice certain peut ouvrir droit à réparation ? Il existe, en effet, à première vue une différence essentielle entre le préjudice matériel et le préjudice moral. Le premier est un préjudice objectif; il se traduit aux yeux de tous par une lésion physique ou une perte de revenus, un certificat médical ou une feuille de paye en fournissent la preuve et en mesurent en même temps l'importance exacte. Rien de tel pour le préjudice moral : il est essentiellement subjectif, et la preuve de son existence et de son importance ne peut être d'habitude rapportée. Si la perte d'un parent proche cause ordinairement une vive douleur, il est aussi des décès qui laissent indifférents; il en est même dont on se réjouit. Ne risquerait-on pas, dès lors, en prenant en considération l'atteinte aux sentiments d'affection, de réparer des préjudices inexistants, ou d'allouer des indemnités sans aucun rapport avec la gravité de la douleur éprouvée ?

Cette objection est très sérieuse. Nous ne la croyons pas décisive, car nous ne pensons pas que l'appréciation du préjudice moral ne relève que de vagues conjectures ni qu'elle diffère dans son principe de celle que vous faites bien souvent du préjudice matériel. La distinction que nous avons établie tout à l'heure entre ces deux sortes de préjudice n'est pas en effet aussi tranchée qu'il peut sembler au premier abord. Certes, le préjudice matériel est habituellement un préjudice objectif, qu'il est possible de constater et d'évaluer en lui-même d'après des signes extérieurs. Mais il n'en est pas toujours ainsi. Vous devez bien souvent, pour déterminer les conséquences futures et même la réalité et l'importance actuelle d'un préjudice, recourir à des présomptions, vous décider d'après des probabilités. Tel est notamment le cas lorsque vous appréciez les troubles dans les conditions d'existence. Ainsi, à une femme de milieu modeste qui demande réparation des troubles de cette nature que lui a causés la mort de son mari, vous allouerez une indemnité qui sera calculée en tenant compte du fait que dans son milieu social un époux exécute *habituellement* à la maison de multiples petits travaux qui dispensent d'utiliser les services de corps de métier coûteux; de même, pour un étudiant, même majeur, qu'un accident a privé du soutien de ses parents, vous admettrez *qu'il est d'usage* qu'un étudiant passe de longues vacances dans sa famille. Nous pourrions multiplier les exemples. Lorsque vous raisonnez de la sorte, vous cessez de considérer uniquement en lui-même le dommage dont réparation vous est demandée; vous appréciez la situation de la victime en fonction d'une situation type à laquelle vous le rattachez, en tenant compte du milieu social du requérant, de son genre de vie présumé, du déroulement probable de son existence. C'est dire que dans de nombreux cas, votre décision est fondée sur un ensemble d'hypothèses que vous formez en utilisant non seulement les éléments propres de chaque espèce, mais encore un certain nombre de données sociales qui vous permettent de présumer la réalité et l'importance du préjudice subi. Vous entrez ainsi dans le domaine des conjectures et des probabilités, et vous n'hésitez pas à le faire. Pourquoi vous y refuseriez-vous lorsqu'il s'agit d'une atteinte aux sentiments d'affection et que l'opération à laquelle vous devriez vous livrer pour apprécier celle-ci n'est pas différente dans son principe ? Les requérants qui se plaignent d'une pareille atteinte sont presque toujours des parents ou des alliés de la personne décédée. Les liens de famille dont ils se prévalent constituent souvent une présomption valable de la réalité de la douleur, qu'ils invoquent, et l'étroitesse de ces liens mesure habituellement l'importance du chagrin éprouvé. Il peut certes exister, en dehors de ces cas, des douleurs morales qui méritent réparation : nous songeons à celle d'un fiancé; inversement, un requérant peut être mal fondé à réclamer une indemnité pour la mort d'un proche parent avec lequel il avait cessé depuis longtemps toutes relations. Mais ce sont là des cas d'espèce, et, en règle générale, les rapports de parenté permettent de présumer et l'existence et l'importance de l'atteinte aux sentiments d'affection. Le juge judiciaire s'y réfère depuis longtemps. N'appliquez-vous pas d'ailleurs un principe analogue, dans un domaine voisin, lorsque vous réparez l'atteinte causée à l'honneur, à la réputation, ou lorsque vous accordez une indemnité pour un préjudice esthétique ou des souffrances exceptionnelles ? Dans tous ces cas, un doute peut bien souvent subsister sur la réalité ou l'importance exacte du préjudice subi. Vous n'en assurez pas moins la réparation de ces dommages.

Nous vous proposerons d'adopter la même solution en ce qui concerne le préjudice moral résultant d'une atteinte aux sentiments d'affection : il ne se présente pas au juge sous un aspect essentiellement différent et son appréciation ne relève pas de méthodes différentes.

Nous vous le proposerons avec d'autant moins d'hésitation que nous avons le sentiment que déjà, sans vous l'avouer peut-être, vous tenez compte de la douleur morale lorsque vous allouez d'importantes indemnités pour troubles dans les conditions d'existence. Sous le couvert de ceux-ci, ne réparez-vous pas déjà le préjudice moral, dont on n'ose pas encore prononcer le nom ? Nous pensons qu'il vaudrait mieux, à tous égards, que, menant à son terme l'évolution de votre jurisprudence sur ce point, vous déclariez que le préjudice moral sous toutes ses formes ouvre droit à réparation au même titre que le préjudice matériel.

*
* *

Il nous reste à évaluer l'indemnité due à ce titre au sieur Bondurand. La somme de 1 million qu'il réclame en réparation des troubles éprouvés dans ses conditions d'existence et de la douleur morale ne nous paraît nullement exagérée, lorsqu'on songe que, tout jeune encore, il a perdu, dans le même accident, son père, sa mère et l'une de ses deux sœurs.

Arrêt

Le conseil d'État ; – Vu la requête sommaire et le mémoire ampliatif présentés pour le sieur Bondurand Alain, étudiant en médecine, ... ladite requête et ledit mémoire... tendant à ce qu'il plaise au Conseil annuler une décision en date du 8 févr 1952 par laquelle le secrétaire d'État à la Guerre a rejeté sa demande en indemnité en réparation du préjudice subi par lui du fait de l'accident mortel dont ont été victimes son père, sa mère, et une de ses sœurs ; – Vu l'ordonnance du 31 juill. 1945 ; le décret du 30 sept. 1953 ;

– Considérant que le secrétaire d'État à la Guerre ne conteste pas l'entière responsabilité de l'État dans l'accident qui a causé la mort du père, de la mère et d'une des sœurs du requérant, mais soutient que l'indemnité à laquelle pouvait prétendre le sieur Bondurand Alain personnellement serait entièrement couverte par les sommes qui lui ont été versées par l'Administration des eaux et forêts ; – Considérant que si l'Algérie a versé à l'intéressé une somme de 946 000 fr. en raison de la mort de son père, le sieur Bondurand René, conservateur des eaux et forêts, la somme ainsi allouée au requérant ne saurait lui être opposée à titre de forfait par l'État français, responsable de l'accident, mais est seulement susceptible d'entrer en compte dans le calcul des réparations à allouer au requérant ; – Considérant que si la douleur morale, n'étant pas appréciable en argent, ne constitue pas un dommage susceptible de donner lieu à réparation, il résulte de l'instruction qu'il sera fait une juste appréciation des circonstances particulières de l'affaire en évaluant le préjudice total subi par le requérant à raison des troubles de toute nature apportés dans ses conditions d'existence par le décès simultané de ses deux parents à la somme de 2 000 000 de fr., y compris tous intérêts échus au jour de la présente décision ; que, déduction faite de la somme de 946 000 fr., l'État doit être condamné à verse : au sieur Alain Bondurand une indemnité de 1 054 000 fr.

Art. 1er. – La décision susvisée du secrétaire d'État à la Guerre, en date du 8 févr. 1952, est annulée en tant qu'elle a rejeté la demande d'indemnité présentée à titre personnel par le sieur Bondurand Alain.

Art. 2. – L'État payera au sieur Bondurand Alain une somme de 1 054 000 fr.

Art. 3. – Le surplus des conclusions de la requête est rejeté.

Du 29 oct. 1954. – Cons. d'Ét., ass. plénière. – MM. Bouffandeau, pr. – Duraffour, rap. – Fougère, comm. du Gouv. – Morillot, av.

Note

I. – Vous rencontrez un « homme de la rue » et qui vous sait « homme de droit ». Il aimerait savoir à quelles indemnisations il pourrait éventuellement prétendre si par malheur son père, sa mère et sa sœur venaient à périr dans un accident d'automobile provoqué par un chauffard.

« Cela dépend, Monsieur, de la question de savoir si l'automobile qui aura ainsi causé votre deuil est un véhicule appartenant à un simple particulier ou à une administration publique. – Voilà qui est singulier; ainsi mes droits dépendraient d'une circonstance apparemment aussi indifférente à la nature de mon malheur ? Bien sûr, je conçois que l'État traite ses propres victimes avec plus de largesse qu'il n'en exige de ses sujets puisqu'aussi bien il lui arrive d'octroyer spontanément des secours lors d'inondations ou de tremblements de terre dont ses fonctionnaires ne sont point responsables; néanmoins la différence me choque. – Vous vous trompez fort; c'est dans le cas où des agents de l'État écraseraient votre famille que vous risqueriez de percevoir les indemnités les moins élevées. – Comment, Monsieur le juriste ? Vos lois sont ainsi faites qu'elles ne craignent pas d'ajouter un tel privilège à tous ceux que nous connaissons bien et dont l'État bénéficie déjà ? – Vous vous trompez encore; il ne s'agit là nullement d'un privilège délibérément reconnu à l'État; la raison de ce que vous croyez être le résultat d'un système organisé par nos lois est seulement que nous avons en France deux sortes de tribunaux; les uns disent que « les larmes ne se monnayent point »; les autres pensent qu'elles le peuvent. – Ces tribunaux dont vous parlez ne manqueront pas de s'apercevoir de l'iniquité que leur différence de sentiments entraîne pour les piétons; ils ne manqueront pas d'harmoniser ce que vous appelez, je crois, leurs jurisprudences. – N'y comptez guère pour le moment; chacun pense que l'autre a tort, et ces jours-ci encore notre plus haut tribunal administratif a réuni son assemblée plénière pour rappeler que, le chagrin n'ayant point de prix, il convient de n'en accorder aucun à celui qui le supporte. »

II. – N'était une circonstance très particulière, – mais d'importance, – l'arrêt du Conseil d'État *Bondurand* ne mériterait à coup sûr aucun commentaire. Car il ne fait, dans la matière de la responsabilité de l'Administration pour les « atteintes aux sentiments d'affection », que renouveler une fois de plus un refus d'indemnisation cent fois déjà opposé par le Conseil d'État et toujours pour le même motif : « La douleur morale, n'étant pas appréciable en argent, ne constitue pas un dommage susceptible de donner lieu à réparation ».

Par ailleurs cette jurisprudence et le problème de principe auquel elle répond ont déjà suscité tant d'études approfondies, à l'occasion desquelles aucune donnée n'a été laissée dans l'ombre, que le sujet peut vraiment être considéré comme épuisé (v. notamment : F. de Baecque, *Règles de la jurisprudence administrative relatives à la réparation du préjudice*, *Rev. dr. publ.* 1944, p. 197; R. Chapus, *Responsabilité publique et responsabilité privée*, thèse, Paris, 1944; S. Hosny, *L'attitude des tribunaux administratifs vis-à-vis du préjudice moral*, thèse, Paris, 1953; G. Morange, *Le préjudice moral devant les tribunaux administratifs*, D. 1948, Chron., p. 105, et *La réparation des accidents de personnes imputables à l'Administration*, D. 1953, Chron., p. 91).

Mais une circonstance remarquable vaut bien à l'arrêt *Bondurand* d'être soigneusement extrait de la masse des décisions identiques qui l'ont précédé; nous voulons parler de l'effort – dont nous ignorons s'il est sans précédent tenté en l'occurrence par le commissaire du Gouvernement pour inciter l'Assemblée plénière du Conseil à abandonner sa jurisprudence habituelle et à admettre désormais, comme le font les tribunaux judiciaires, l'indemnisation pure et simple de la douleur morale.

On pourrait dire, si l'expression ne risquait de paraître déplacée eu égard au drame qu'elle évoque, que l'occasion était belle : un jeune homme de vingt ans voit disparaître dans un accident dû à la faute d'un conducteur d'auto militaire ses deux parents et sa sœur; n'y a-t-il pas là de quoi ébranler l'opinion de ceux pour lesquels le dommage d'affection ne serait pas réparable pour la raison qu'il ne serait jamais *certain* ? Il n'est pas exceptionnel qu'un enfant soit brouillé avec son père. Maints romans modernes étalent volontiers la description de haines conçues par des fils pour leur mère. On ne chérit pas toujours sa sœur. Mais est-il vraiment si fréquent de détester tout ce monde à la fois que l'on ne puisse au moins retenir une présomption contraire ?

Par ses remarquables conclusions, M. Louis Fougère a donc tenté d'interrompre une jurisprudence aussi fermement obstinée que généralement critiquée. Il n'a point réussi. Mais son effort montre du moins qu'au sein même de la Haute Assemblée la grande idée que la douleur morale n'a point de prix rencontre des sceptiques; elle ne fait pas l'unanimité; on se met à l'y discuter, plus encore, à lancer contre elle des assauts en règle. Et si l'on songe aux secteurs voisins ou attenants dans lesquels le Conseil a, peu à peu, selon sa méthode habituelle, fait évoluer sa jurisprudence, – à l'abandon, par exemple, au cours de ces dernières années, de la condition du droit à pension alimentaire pour réclamer indemnité au cas d'accident mortel (Cons. d'Ét. 28 juill. 1951, *Bérenger*, D. 1952. 22; *Rec. Cons. d'Ét.* 1951, p. 473, concl. Agid; 25 janv. 1952, *Simon*, D. 1952. 549, note de M. Morange), – on est en droit de penser qu'un jour viendra peut-être où la jurisprudence administrative et la jurisprudence judiciaire, sur le problème de la réparation de la douleur morale, se rejoindront complètement.

III. – Pour le moment, le problème des réparations susceptibles d'être réclamées à l'auteur d'un accident mortel par les ayants droit de la victime reste dominé par quelques règles dont le professeur Morange a récemment dressé dans ce *Recueil* un tableau très complet, illustré de toute la jurisprudence désirable (chron. précitée, D. 1953, p. 91), et que nous nous bornerons à rappeler brièvement en soulignant seulement les quelques points sur lesquels notre affaire apporte des précisions. Dans l'hypothèse envisagée le réclamant peut invoquer essentiellement trois chefs de réparation :

1° Le remboursement des frais (médicaux, funéraires, etc.) occasionnés par l'accident;

2° La diminution de ressources consécutive à l'accident, diminution qui proviendra principalement du fait que la victime subvenait aux frais d'entretien du réclamant; c'est là un préjudice matériel dont le principe d'indemnisation est incontesté et n'a pu donner lieu à des discussions et changements de jurisprudence que sur la question connexe, mais distincte et que nous n'évoquerons pas ici, de savoir *quelles catégories de personnes* peuvent réclamer à ce titre.

Dans un tel domaine l'évaluation du dommage est naturellement commandée par des considérations de fait. Dans notre affaire le requérant, étudiant en médecine, évaluait à 560 000 fr. par an le coût des études médicales; le ministre fixait celui-ci à 227 000 fr. et n'admettait l'indemnisation que jusqu'à la majorité du requérant, alors que celui-ci, qui venait à peine de commencer ses études, était âgé de vingt ans. Sur ce dernier point le commissaire du Gouvernement a soutenu que rien dans la jurisprudence ne permet de poser en règle absolue que les enfants ne peuvent plus prétendre à indemnisation au-delà de leur, majorité; il a proposé en conséquence d'étendre l'indemnisation à la durée des études de médecine; en revanche, il a estimé que le chiffre de l'allocation annuelle ne pouvait être fixé, comme l'eût voulu le requérant, en fonction d'un quelconque budget-type d'étudiant, – notion relative et variable, – mais d'après les sommes que la victime aurait pu vraisemblablement consacrer à l'entretien de son fils en tenant compte de ses propres revenus, de ses probabilités d'avancement dans un proche avenir, etc. Rien ne permet d'affirmer que le Conseil d'État n'ait point, dans ces domaines, adopté ces conclusions;

3° Les « troubles apportés aux conditions d'existence ». Nous aurons à revenir plus loin sur cette notion. Notons seulement pour l'instant que, reprenant une fois de plus sa formule habituelle, le Conseil d'État a évalué le « préjudice total subi par le requérant à raison des troubles de toute nature apportés dans ses conditions d'existence par le décès simultané de ses deux parents à la somme de 2 000 000 de fr. »;

4° Par contre, le Conseil d'État se refuse à indemniser la douleur morale pure et simple, la seule atteinte aux sentiments d'affection. Dans notre affaire le commissaire du Gouvernement proposait de fixer cette partie de l'indemnisation à un million. Le Conseil d'État s'est borné à rappeler que « la douleur morale ne constitue pas un dommage susceptible de donner lieu à réparation » et, dans l'allusion qu'il fait aux « troubles de toute nature » subis par le requérant, il n'évoque que le décès de ses parents et garde le silence sur celui de sa sœur.

C'est sur ce point, rappelons-le, que la jurisprudence du Conseil d'État se sépare de celle des tribunaux judiciaires; ceux-ci n'hésitent pas à réparer le *pretium doloris* causé par la mort d'un être cher ou même par la vue des souffrances et infirmités de celui-ci lorsqu'il survit (v. la jurisprudence citée, par exemple, par MM. H. et L. Mazeaud, dans leur *Traité théor. et prat. de la responsabilité civile*, t. 1, n°s 316 et s., et par M. Chapus dans son ouvrage précité, n° 417. *Adde* : G. Ripert, *Le prix de la douleur*, D. 1948, Chron., p. 1, et les références).

IV. – La divergence des jurisprudences administrative et judiciaire est fâcheuse en elle-même. Nul ne conteste qu'il serait très souhaitable qu'elle disparût. Mais laquelle des deux jurisprudences devrait s'aligner sur l'autre ?

La question de principe a été si fréquemment discutée, elle a donné lieu de la part des spécialistes les plus autorisés du droit de la responsabilité à des examens tellement approfondis des divers arguments opposés en la matière, enfin, dans ses conclusions ci-dessus reproduites, M. Fougère en analyse les données essentielles avec tant de netteté, que nous ne saurions mieux faire que de renvoyer à ces diverses études. Nous nous contenterons de dire que nous partageons l'opinion de la grande majorité des auteurs (qui est aussi celle de M. Fougère), selon laquelle les arguments essentiels exposés par les adversaires de l'indemnisation de la douleur morale ne résistent pas à un examen sérieux.

Dire, comme le fait le Conseil d'État, que « la douleur morale n'est pas appréciable en argent », pourrait peut-être constituer un argument valable si le Conseil d'État n'admettait pas par ailleurs à réparation, lorsque le réclamant est la victime elle-même d'un accident qui n'a pas été mortel, les « souffrances physiques exceptionnelles » ; malgré les explications que certains auteurs ont données sur ce point (v. par ex. Bonnard, note dans la *Rev. dr. publ.* 1943, p. 81, sous l'arrêt *Morell* du 24 avr. 1942 ; Morange, chronique précitée), on serait curieux de savoir comment le Conseil d'État, qui se déclare incapable d'évaluer en argent la douleur morale, procède pour chiffrer la douleur physique, même lorsqu'elle dépasse une certaine intensité.

En réalité on se défend difficilement de penser que la raison plus ou moins reconnue pour laquelle existe encore une répugnance à indemniser la douleur morale est l'idée qu'il y aurait quelque chose d'indécent, d'inconvenant, à faire argent d'une souffrance de cet ordre, que la souffrance morale est noble en elle-même alors que l'argent est sordide en lui-même, que si « rien ne nous rend si grands qu'une grande douleur », rien ne nous rendrait si petits que d'accepter de l'argent à son occasion ; malheureusement – ou heureusement – ces considérations ne prouvent rien, même sur le plan de la morale, car l'emploi que l'on peut faire d'une somme d'argent ne relève pas nécessairement d'un matérialisme déplaisant, et l'on voit mal en quoi le geste d'un bénéficiaire d'indemnité qui affecterait par exemple celle-ci, par un sentiment de piété filiale, à des fins qui étaient chères au défunt ou à la continuation d'une œuvre qu'il avait entreprise, n'aurait pas sa noblesse.

Dans le sens de la justification de l'indemnisation de la douleur morale constituée par l'atteinte aux sentiments d'affection, v. notamment, chez les civilistes, H. et L. Mazeaud, *op. cit.*, et les références citées, p. 332, n° 315, note 2 ; chez les publicistes, R. Chapus, *op. cit.*, n° 418.

V. – Si nous ne jugeons pas utile – sauf les remarques sommaires que nous venons de proposer – de reprendre après tant d'autres un plaidoyer en faveur de l'indemnisation du préjudice d'affection, il ne nous paraît pas en revanche inopportun d'examiner une question que notre arrêt contribue à éclairer :

Tout ce débat a-t-il un intérêt pratique ? Derrière les mots employés et les affirmations divergentes de principe, n'est-ce pas aux mêmes solutions qu'aboutissent les jurisprudences judiciaire et administrative ? Le refus d'indemniser l'atteinte aux sentiments d'affection est-il, dans la jurisprudence du Conseil d'État, autre chose qu'une pure manifestation de verbalisme ?

Ce qui provoque une telle question c'est l'emploi que fait le Conseil d'État de la fameuse notion du « trouble apporté aux conditions d'existence du requérant ». Le Conseil d'État répare ce trouble. Or n'aboutit-il pas par ce biais à réparer sans le dire l'atteinte aux sentiments d'affection ? On pourrait le penser pour deux raisons :

La première est le caractère très compréhensif – et aussi très vague – de cette notion du trouble aux conditions d'existence que le professeur Chapus qualifie, dans son ouvrage précité, de « notion-protée » et dont l'imprécision est encore accrue par l'utilisation que fait quelquefois le Conseil de l'expression plus vague encore de « trouble causé dans la famille du requérant » (16 oct. 1936, *Époux Erny*, *Rec. Cons. d'Ét.*, p. 883). Malgré les observations très intéressantes développées par M. Morange (chron. précitée, p. 97) en vue de distinguer un tel trouble de la douleur morale, il ne nous parait pas que cette distinction soit toujours bien claire; il est en tout cas un domaine où, comme le montre fort pertinemment M. Chapus (*op. cit.*, n° 417), cette clarté s'éteint tout à fait, c'est celui où le requérant obtient réparation pour le décès d'un jeune enfant dont l'existence ne pouvait être pour ses parents une source d'avantages matériels, mais au contraire ne pouvait être qu'une charge (v. entre autres : Cons. d'Ét. 19 janv. 1934, *Époux Salvador*, D.H. 1934. 184; 16 oct. 1936, *Époux Erny*, précité; 20 nov. 1953, *Mélani*, *Rev. dr. publ.* 1954, p. 810. *Adde* les nombreux arrêts cités par M. Chapus, *loc. cit.*).

La seconde raison pour laquelle en peut se demander si le biais du « trouble aux conditions d'existence » ne conduit pas à réparer l'atteinte aux sentiments d'affection est la méthode employée par le Conseil d'État dans les hypothèses où il y a à la fois préjudice matériel incontestable (par exemple privation des revenus que le requérant tenait du disparu) et trouble aux conditions d'existence. En pareil cas, en effet, le Conseil d'État n'opère pas une ventilation entre les deux chefs d'indemnisation; il apprécie globalement « l'ensemble des troubles » ou encore le « préjudice total subi par le requérant à raison des troubles de toute nature apportés dans ses conditions d'existence » (formule de l'arrêt rapporté); il est évident qu'à l'occasion d'une telle addition dont le Conseil ne nous révèle que le total, il lui est possible de « forcer » sur l'élément « trouble aux conditions d'existence » plus qu'il ne pourrait le faire s'il isolait ce dernier; et il n'est pas douteux qu'il le fasse; pour ne citer que notre arrêt, si l'on essaie de reconstituer la ventilation que le Conseil d'État masque dans l'allocation globale de 2 000 000 de fr. on s'aperçoit qu'en admettant (et il n'y a pas de raison d'en douter) qu'il ait octroyé, comme le lui suggérait le commissaire du Gouvernement, 1 500 000 fr. pour la privation des moyens d'existence, il a accordé 500 000 fr. pour des « troubles » supplémentaires dont on peut se demander en quoi ils pouvaient bien consister une fois réparé le premier élément.

Ce sont ces considérations qui conduisent à se demander si, malgré l'affirmation de principe que le Conseil d'État croit devoir reproduire dans tous ses arrêts, il n'indemnise pas en réalité purement et simplement la douleur morale et si la jurisprudence administrative n'aboutit pas, tout compte fait, au même résultat que la jurisprudence judiciaire. Certains commentateurs inclinent nettement à le penser.

Cette conclusion nous paraît cependant excessive. Nous pensons que s'il existe, depuis le développement de la jurisprudence sur le trouble aux conditions d'existence, un rapprochement incontestable entre les deux jurisprudences, l'indemnisation du « trouble » n'équivaut pas à celle de l'« atteinte aux sentiments » et ne la remplace pas.

Il nous semble d'abord que, dans les hypothèses où il y a à la fois privation de ressources et « trouble », si le Conseil force sur l'élément trouble, il ne va pas jusqu'où il irait probablement s'il prenait franchement en considération l'atteinte aux sentiments; on notera par exemple, dans notre affaire, que le commissaire du Gouvernement proposait 1 500 000 fr. pour la privation de ressources et 1 000 000 de fr. pour l'atteinte aux sentiments; comme il est absolument invraisemblable que le Conseil ait, dans ses calculs, octroyé 1 000 000 de fr. pour le « trouble » et 500 000 fr. seulement pour la privation de ressources, il faut bien en conclure que la réparation du trouble aux conditions d'existence n'a pas été l'équivalent de celle d'un *pretium doloris* franchement reconnu.

Même si l'on avait encore des doutes à ce sujet, ils seraient certainement levés par une seconde observation : lorsque le Conseil d'État ne découvre pas l'existence de préjudices matériels quelconques et qu'il ne peut ainsi masquer l'indemnisation de dommages plus ou moins moraux dans une indemnisation globale, il n'accorde plus rien et rejette purement et simplement la réclamation (sauf le cas, signalé plus haut, de décès de jeunes enfants); les exemples sont nombreux. V., entre autres, Cons. d'Ét. 26 juin 1939, *Zuschrott*, *Rec. Cons. d'Ét.*, p. 418 (« Il n'est pas établi par la requérante qu'elle ait subi, du fait de la mort de sa mère, soit un préjudice matériel, soit un trouble dans ses conditions d'existence; dès lors, la douleur éprouvée ne constituant pas un préjudice susceptible d'être évalué en argent et aucune indemnité ne pouvant lui être accordée de ce chef, il y a lieu de rejeter sa requête »). Cf. les nombreux arrêts cités par M. Morange, chron. précitée, p. 98, *in fine*.

Dans ses conclusions M. Fougère s'est ainsi exprimé sur ce point : « Nous avons le sentiment que déjà, sans vous l'avouer peut-être, vous tenez compte de la douleur morale lorsque vous allouez d'importantes indemnités pour troubles dans les conditions d'existence. Sous le couvert de ceux-ci ne réparez-vous pas déjà le préjudice moral, dont on n'ose pas encore prononcer le nom ? ». On ne saurait mieux dire, mais nous ajouterons que parce que le Conseil ne veut pas « prononcer le nom » de la douleur morale, le système d'indemnisation reste finalement en deçà, quoi que l'on puisse dire, de ce qu'il devrait être; c'est pourquoi nous ne saurions qu'approuver le commissaire du Gouvernement d'avoir poursuivi son raisonnement : « Nous pensons qu'il vaudrait mieux à tous égards que, menant à son terme l'évolution de votre jurisprudence sur ce point, vous déclariez que le préjudice moral sous toutes ses formes ouvre droit à réparation au même titre que le préjudice matériel ».

Il est regrettable, beaucoup le penseront, que le Conseil d'État n'ait pas saisi l'occasion qui lui était ainsi offerte de corriger dans ce domaine l'un des inconvénients que présente en France, à côté de ses mérites et de ses avantages certains, la dualité de juridictions, et de reconnaître en même temps aux victimes d'accidents provoqués par le fonctionnement des services publics une réparation vraiment intégrale. Il y a pire, il est vrai, sur ce dernier chapitre : que dire, en effet, lorsque le véhicule qui a causé le désastre appartient par malheur, non plus à une simple administration, mais aux services d'une Assemblée parlementaire ! (Sur cette pénible situation juridique et le véritable déni de justice qui lui tient lieu de solution, v. l'arrêt du Conseil d'État du 15 déc. 1952, *Cie d'Assurances générales*, D. 1953. 718, avec une note de M. Morange)... Mais ceci est une autre question.

LA LÉSION D'UN « INTÉRÊT LÉGITIME JURIDIQUEMENT PROTÉGÉ », CONDITION DE LA RESPONSABILITÉ CIVILE

1954

Henri Mazeaud

Professeur à la Faculté de droit de l'Université de Paris

On a toujours enseigné que trois conditions, et seulement trois conditions, doivent être réunies pour qu'il y ait responsabilité civile : un dommage, une faute, un lien de causalité entre la faute et le dommage. Mais voici qu'apparaît une condition nouvelle : la lésion d'un « intérêt légitime, juridiquement protégé ».

Formule générale, dont le succès était assuré en jurisprudence. Les tribunaux adoptent avec empressement tout principe dont la souplesse les rend maîtres des procès en leur laissant le contrôle de l'application des règles juridiques. Moyen commode de prendre leur revanche sur l'interdiction qui leur est faite de statuer en équité. Ils font au principe nouveau un accueil d'autant plus empressé qu'il leur permet mieux de « moraliser » le droit. Ainsi s'explique la faveur que rencontrèrent par exemple l'abus des droits, l'enrichissement sans cause, la cause immorale, les règles *Fraus omnia corrumpit, Nemo auditur*... La jurisprudence entend exercer, à l'aide de ces principes, non seulement la police des contrats, mais la police de toutes les relations juridiques.

Le dernier né, utilisé jusqu'ici surtout dans le domaine de la responsabilité civile, mais qui peut permettre de contrôler toute action en justice, a déjà fait l'objet de travaux de premier plan[1]. La qualité de ces études autant que la portée pratique du principe qu'elles commentent, méritent que les juristes considèrent quelques instants le « chapeau » sous lequel s'abrite la Cour suprême pour casser les décisions déférées à sa chambre civile ou à sa chambre criminelle : « Attendu que le demandeur d'une indemnité délictuelle ou quasi-délictuelle doit justifier non d'un dommage quelconque, mais de la lésion certaine d'un intérêt légitime, juridiquement protégé ».

La Cour de cassation paraît avoir eu recours à cette formule d'abord pour limiter les actions fondées, non sur un intérêt pécuniaire, mais sur un intérêt moral[2]. Elle s'en sert aujourd'hui dans l'un et l'autre domaine.

---

1. Cf. notamment : Hauriou, note *Rec. Sirey* 1928. 3. 98; Pilon, rapport (III et s.) D.P. 1931. 1. 38; Marty, notes *Rec. Sirey* 1931. 1. 145, et 1938. 1. 321; Flour, note D. 1945. 293; Rodière, note J.C.P. 1953. II. 7592; Morange, *La notion de situation illégitime dans le contentieux de la responsabilité administrative*, D. 1953, Chron., p. 27. – Sur la règle en matière de responsabilité administrative, Cf., outre Morange, *op.* et *loc. cit.*; Waline, *Traité élém. de droit admin.*, 6ᵉ éd., p. 582; Colliard, *Le préjudice dans la responsabilité administr.*, p. 88.
2. Cf. H. et L. Mazeaud, *Traité théor. et prat. de la responsabilité civile délictuelle et contractuelle*, 4ᵉ éd., t. 1, nº 327 et note 5.

Une formule aussi souple et aussi générale n'est pas sans danger. Certes l'effort des juges qui veulent être des « ministres d'équité » est louable, mais l'arbitraire menace à la fois la justice et la sécurité. Il est donc nécessaire de préciser le sens exact de la règle, ce qui permettra de porter un jugement sur sa valeur.

On cherchera ensuite dans quels domaines de la responsabilité civile cette règle est susceptible de s'appliquer; il faudra, pour y parvenir, préciser son fondement.

I. Sens et valeur de la règle

Que faut-il entendre par « intérêt légitime, juridiquement protégé » ?

C'est un principe fondamental de notre droit, encore qu'il ne soit formulé dans aucun texte, que, pour agir en justice, il faut y avoir un intérêt : « Pas d'intérêt, pas d'action ». Le principe une fois posé, on s'est efforcé de qualifier cet intérêt qui est nécessaire pour s'adresser aux tribunaux : il doit être certain; il doit être personnel. Et voici qu'on ajoute : il doit être « légitime et juridiquement protégé ». Mais il ne s'agit plus cette fois de préciser l'existence d'un intérêt chez le demandeur; il s'agit de bien autre chose.

Si l'on s'en tient au domaine de la responsabilité civile, on constate que l'exigence d'un « intérêt » pour agir en justice est généralement traduite par la nécessité d'un dommage. Or le principe nouveau entend fermer l'action en responsabilité à quelqu'un qui subit un dommage[3], à, quelqu'un qui a donc un « intérêt » à agir. On exige de lui plus qu'un dommage, autre chose qu'un « intérêt » au sens de la maxime « pas d'intérêt, pas d'action ». Quoi donc ? Quel est le sens nouveau que prend le mot « intérêt » quand on le transforme en « intérêt légitime, juridiquement protégé » ?

A. La règle dans la jurisprudence

L'examen des espèces dans lesquelles la jurisprudence a eu recours à la règle nouvelle permet d'affirmer que la Cour de cassation la prend dans deux sens très différents, encore qu'elle les mélange volontiers. En exigeant un « intérêt légitime juridiquement protégé », les arrêts veulent tantôt que la situation lésée soit conforme aux règles générales du droit et de la morale, tantôt qu'un lien juridique existe entre le demandeur et celui dont le décès ou les blessures lui causent un dommage[4].

3. Il « doit justifier non d'un dommage quelconque, mais de la lésion certaine d'un intérêt légitime, juridiquement protégé ».

4. Cf. les conclusions assez proches auxquelles est parvenu M. Morange (*op. cit.*, II, D. 1953, Chron., p. 27).

1. La situation lésée doit être conforme aux règles générales du droit et de la morale

Ici l'accent est sur l'adjectif « légitime », et l'on pourrait être tenté de se contenter d'affirmer que la situation lésée doit être conforme à la morale, sans ajouter : au droit. Ce serait pourtant inexact, car si, dans les espèces tranchées par les arrêts, la morale paraît déborder le droit, il n'y a là – et il ne peut y avoir là – qu'une illusion : quand les juges ont recours à la règle pour rejeter l'action en dommages-intérêts, la morale sans doute y trouve son compte, mais le droit du même coup : le dommage a consisté dans la lésion d'une situation que réprouve la morale, mais aussi qui est contraire à la règle de droit[5].

On peut rattacher à l'interdiction de se prévaloir de la lésion d'une situation qui n'est pas conforme aux règles générales du droit et de la morale, toute la jurisprudence qui, invoquant l'adage *Nemo auditur*, repousse les demandes en exécution ou en dommages-intérêts pour inexécution d'un contrat immoral. L'adage n'est que la localisation de la règle dans un domaine particulièrement marqué. Mais quand cet adage est à la disposition de la jurisprudence, elle se contente de s'y référer : elle n'éprouve pas le besoin de poser la règle sous une autre forme, en exigeant un « intérêt légitime, juridiquement protégé ».

Elle recourt au contraire à cette formule, là où l'immoralité ne lui paraît pas suffisante pour être qualifiée de « turpitude ». C'est le cas de la concubine.

D'abord, quand la concubine demande réparation du dommage matériel et moral que lui cause le décès accidentel de son concubin. On sait comment, par un arrêt du 27 juillet 1937[6], rendu au rapport du conseiller Josserand, la chambre civile a rompu avec une jurisprudence[7] qui accordait ou refusait des dommages-intérêts à la concubine selon qu'on pouvait supposer que les relations se seraient ou non poursuivies. Désormais, l'action de la concubine sera toujours repoussée. L'arrêt porte en exergue la formule « que le demandeur d'une indemnité délictuelle ou quasi-délictuelle doit justifier non d'un dommage quelconque, mais de la lésion certaine d'un intérêt légitime, juridiquement protégé », et il constate « que les relations établies par le concubinage ne peuvent, à raison de leur irrégularité même, présenter la valeur d'intérêts légitimes, juridiquement protégés ». Malgré quelques différences de rédaction[8], les arrêts postérieurs ont affirmé la même règle[9]. Le Conseil d'État avait précédé la Cour de cassation : dès le 11 mai 1928[10], il avait repoussé l'action de la concubine, affirmant que « pour obtenir en

5. Ce qui ne signifie pas qu'elle est, pour autant, toujours réprimée par la loi pénale : les règles du droit civil, ainsi les règles d'organisation de la famille, sont des règles de droit même lorsque leur violation n'est pas sanctionnée par une peine.

6. D.P. 1938. 1. 5, et note de M. Savatier; *Rec. Sirey* 1938. 1. 321, et note de M. Marty; *Gaz. Pal.* 1937. 2. 376. – Un arrêt de la chambre criminelle du 13 févr. 1937 (*Cabassut* C. *Bourret*, D.P. 1938. 1. 5, et note de M. Savatier) s'était déjà prononcé en ce sens, mais sans recourir à la formule étudiée.

7. Cf. notamment : Crim. 28 févr. 1930 (D.P. 1930. 1. 49, et note de M. Voirin; *Rec. Sirey* 1931. 1. 145, et note de M. Marty); Crim. 27 avr. 1934 (D.H. 1934. 302).

8. Cf. *infra*, note 21.

9. Civ. 20 avr. et 23 mai 1939 (*Gaz. Pal.* 1939. 2. 268); Civ. 22 févr. 1944 (D. 1945. 293, et note de M. Flour).

10. D.P. 1929. 3. 6, et concl. Andrieux; *Rec. Sirey* 1928. 3. 97, concl. Andrieux et note Hauriou.

justice la réparation d'un préjudice, il ne suffit pas d'un intérêt, mais qu'il faut pouvoir justifier d'un droit lésé ».

C'est encore la règle de la nécessité d'un intérêt légitime qui gouverne la Cour de cassation lorsqu'elle interdit à la concubine de demander réparation à son concubin du dommage que ce dernier lui cause par la rupture du concubinage[11]. Non seulement l'auteur de la rupture n'est pas responsable parce que le seul fait de rentrer dans le droit chemin ne constitue pas une faute, mais parce que la victime de cette rupture ne peut pas se prévaloir de la lésion portée à sa situation illégitime et immorale de concubine.

Invoquant la nécessité d'un « intérêt légitime, juridiquement protégé », la chambre civile, le 21 octobre 1952[12], a cassé une décision qui avait reçu l'action en dommages-intérêts formée par un enfant naturel, en l'espèce adultérin, à la suite du décès accidentel de son père, alors que le lien de filiation n'était pas légalement établi.

Mais, cette fois, du premier sens de la règle, on glisse déjà vers une autre signification : ce qu'on reproche à l'enfant, même adultérin, ce n'est pas tant l'immoralité ou l'illégitimité d'une situation dont il n'est en rien responsable, que l'absence d'un lien juridique avec celui dont la disparition lui cause un dommage, lien qui d'ailleurs faisait également défaut entre la concubine et son concubin.

2. *Un lien juridique doit exister entre le demandeur et la personne dont le décès lui cause un dommage*

Tel est le deuxième sens que de nombreux arrêts de la Cour de cassation attachent à la nécessité d'un « intérêt légitime, juridiquement protégé ». Cette fois la morale n'est plus en cause, ni de près, ni de loin.

Ainsi comprise, la règle ne joue que dans un domaine restreint, celui des actions en responsabilité intentées par ceux qui subissent un préjudice matériel ou moral du fait du décès (ou des blessures) d'une autre personne.

Quel est ce « lien juridique » exigé ?

Il n'est pas le même selon qu'il s'agit de préjudice moral ou de préjudice matériel.

Lorsque le demandeur réclame réparation du *préjudice moral*, c'est-à-dire du chagrin que lui cause le décès d'une personne pour laquelle il avait de l'affection, la Cour de cassation, depuis un arrêt de la chambre des requêtes du 2 février 1931[13], rendu au rapport du conseiller Pilon, exige « *un intérêt d'affection, né du lien de parenté ou d'alliance* ». Du moins l'arrêt ne fait-il pas directement appel au principe de la nécessité d'un « intérêt légitime, juridiquement protégé », encore

11. Civ. 17 juin 1953 (D. 1953. 596; *Gaz. Pal.* 1953. 2. 231).
12. D. 1952. 793; J.C.P. 1953. II. 7592, et note de M. Rodière; *Gaz. Pal.* 1952. 2. 375.
13. D.P. 1931. 1. 38, et rapport Pilon.

que ce soit en partant de ce principe que le conseiller rapporteur ait cherché à justifier l'exigence d'un lien de parenté ou d'alliance[14].

Il en est de même d'un arrêt de la chambre criminelle qui, le 16 mars 1950[15], a rejeté l'action formée par une fiancée en réparation du préjudice moral que lui causait le décès accidentel de son fiancé[16].

Lorsqu'il s'agit d'une demande en réparation du *préjudice matériel* subi du fait d'un décès, la position de la jurisprudence est plus difficile à déterminer. Du moins est-il certain que le lien juridique qu'elle exige ici n'est pas un lien de parenté ou d'alliance.

Le Conseil d'État s'est d'abord montré extrêmement restrictif. Il voulait un *lien d'obligation alimentaire* : le demandeur devait être créancier alimentaire du défunt. Et il fallait non seulement qu'il ait été susceptible de le devenir, mais encore qu'il le soit réellement au moment du décès, c'est-à-dire qu'il se trouve dans le besoin et que le défunt ait eu les ressources nécessaires. On sait que, pour rejeter l'action de la concubine, le Conseil d'État proclamait « qu'il ne suffit pas d'un intérêt, mais qu'il faut pouvoir justifier d'un droit lésé » ; or, pour constater l'absence d'un tel droit, il relevait l'absence d'un lien d'obligation alimentaire entre les concubins[17]. Un revirement complet s'est produit dans la jurisprudence du Conseil d'État : statuant sur la demande en dommages-intérêts formée par un frère à la suite du décès accidentel de sa sœur, un arrêt du 25 janvier 1952[18] a reconnu la possibilité d'une indemnisation malgré l'absence de tout lien d'obligation alimentaire[19].

C'est une évolution inverse qu'a subie la jurisprudence de la Cour de cassation. Après avoir accueilli Sans distinction toutes les actions formées par ceux auxquels le décès causait un dommage matériel certain[20], elle paraît vouloir exiger aujourd'hui un lien d'obligation alimentaire, se contentant d'ailleurs que le demandeur figure dans la liste des parents ou alliés créanciers alimentaires éventuels du défunt, encore que les conditions exigées pour qu'il puisse faire valoir son droit ne soient pas remplies au moment du décès se fondant sur l'absence de « *lien de droit* », c'est-à-dire de « créance alimentaire », la Cour de

14. Rapport (III et s.). – Cf. dans le rapport (V-VI) l'analyse de la jurisprudence antérieure à 1931 qui se montrait moins restrictive. Cf. également sur cette jurisprudence : H. et L. Mazeaud, *op. cit.*, 4e éd., t. 1, nos 325, 326. – Comp. Req. 10 avr. 1922 (D. P. 1923. 1. 52, et note de M. Lalou; *Gaz. Pal.* 1922. 2. 26) qui relevait un « intérêt légitime d'affection ».

15. *Rec. Sirey* 1950. 1. 182; D. 1951. Somm. 7.

16. Dans le même sens : Civ. 19 oct. 1943 (D. C. 1944. 14, et note de M. Lalou; *Rec. Sirey* 1945. 1. 1, et note de M. Chartrou; *Gaz. Pal.* 1944. 1. 5; J. C. P. 1945. II. 2893, et note de M. Rodière); cet arrêt relève que la fiancée n'est pas « juridiquement protégée » contre la rupture des fiançailles (elle l'est pourtant contre une rupture abusive). – *Contra* : C. d'assises Seine, 5 janv. 1951 (motifs) (D. 1951. Somm. 40). – Le Conseil d'État refuse de réparer le préjudice moral.

17. Cons. d'Ét. 11 mai 1928 (D. 1929. 3. 6, et concl. Andrieux; *Rec. Sirey* 1928. 3. 98, mêmes concl. et note Hauriou).

18. D. 1952. 549 (*Simon*), et note de M. Morange. – Sur la jurisprudence du Conseil d'État, Cf. Morange, *op. cit.*, D. 1953, Chron., p. 27.

19. L'arrêt rejette d'ailleurs la demande, la preuve d'un préjudice n'étant pas apportée en l'espèce. – Comme notre Conseil d'État, la Cour de cassation de Belgique refuse d'exiger un lien d'obligation alimentaire (11 janv. 1939, *Pasicr.*, 1939. 1. 25).

20. Cf. H. et L. Mazeaud, *op. cit.*, 4e éd., t. 1, nos 277-4, 277-5.

cassation a rejeté l'action en réparation du préjudice matériel subi par une fiancée : arrêts de la chambre civile du 22 février 1944[21] et de la chambre criminelle du 16 mars 1950[22]. Le même arrêt de la chambre civile du 22 février 1944 a refusé toute réparation à un enfant adultérin dont la filiation n'était pas légalement établie. Du moins ces décisions ne se réfèrent-elles pas au principe de la nécessité d'un « intérêt légitime juridiquement protégé ».

Il n'en est pas de même de la plupart des arrêts repoussant les demandes formées par les concubines en réparation du dommage matériel que leur cause la mort de leur concubin. Ils se fondent tous sur le défaut d'« intérêt légitime juridiquement protégé », et ils justifient ce défaut à la fois par l'irrégularité des relations de concubinage et par le fait que la créance alimentaire de la concubine n'est pas une créance civile[23]. La règle de la nécessité d'un intérêt légitime juridiquement protégé est ainsi prise à la fois dans deux sens différents.

Quant à l'arrêt de la chambre civile (1re section civile) du 21 octobre 1952[24], qui refuse des dommages-intérêts à un enfant adultérin dont la filiation n'était pas judiciairement établie, s'il pose le principe de la nécessité d'un intérêt légitime juridiquement protégé, c'est pour relever l'absence de « lien de droit », c'est-à-dire d'obligation alimentaire civile[25].

Quel jugement porter sur cette jurisprudence ?

---

21. D. 1945. 293, et note de M. Flour. – La chambre civile, le 19 oct. 1943 (cité *supra*, note 14), avait déjà repoussé l'action d'une fiancée, mais en se fondant d'une part sur l'absence de lien de parenté ou d'alliance, d'autre part sur le fait que la fiancée n'est pas « juridiquement protégée » contre la rupture des fiançailles (l'arrêt statuait à la fois sur le préjudice moral et sur le préjudice matériel).

22. *Rec. Sirey* 1950. 1. 182; D. 1951. Somm. 7. – *Contra* : Rouen, 9 juill. 1952 (D. 1953. 13).

23. Civ. 27 juill. 1937 (D.P. 1938. 1. 5, et note de M. Savatier; *Rec. Sirey* 1938. 1. 321, et note de M. Marty; *Gaz. Pal.* 1937. 2. 376); Civ. 20 avr. 1939 (*Gaz. Pal.* 1939. 2. 268, sous Civ. 23 mai 1939); Civ. 23 mai 1939 (*Gaz. Pal.* 1939. 2. 268). On lit dans ces deux derniers arrêts : « Attendu que les relations établies par le concubinage ne peuvent, à raison de leur irrégularité même, *en l'absence de toute obligation alimentaire civile*, présenter la valeur d'intérêts légitimes juridiquement protégés ». – L'arrêt de la chambre civile du 22 févr. 1944 (D. 1945. 293, et note de M. Flour) a, au contraire, pris soin de s'en tenir au premier sens de la règle : « Attendu que les relations établies par le concubinage ne peuvent, à raison de leur irrégularité même, présenter la valeur d'intérêts légitimes juridiquement protégés ».
Il paraît difficile de reconnaître à la concubine même une créance naturelle d'aliments : une obligation naturelle ne peut pas être fondée sur une situation immorale (Cf. Ripert et Boulanger, *Traité élém. de droit civil de Planiol*, 4e éd., t. 2, no 1335). La jurisprudence admet seulement l'existence d'une obligation naturelle de réparer le dommage résultant de la rupture du concubinage (Cf. Ripert et Boulanger, *op.* et *loc. cit.*, no 1345).

24. D. 1952. 793; J.C.P. 1953. II. 7592, et note de M. Rodière; *Gaz. Pal.* 1952. 2. 375.

25. Lorsque le lien de filiation n'est pas légalement établi, les tribunaux admettent l'existence d'une obligation naturelle d'aliments, que la filiation soit simple ou adultérine. La Cour de cassation a condamné la thèse selon laquelle une obligation civile existerait à l'encontre des parents adultérins (Civ., sect. civ., 17 janv. 1949, D. 1949. 136; *Gaz. Pal.* 1949. 1. 146. – *Contra* : Aix, 4 déc. 1950, D. 1951. 32; *Gaz. Pal.* 1951. 1. 206. – Cf. H. Mazeaud, note (I), J.C.P. 1954. II. 7961.
La jurisprudence qui exige aujourd'hui un lien d'obligation alimentaire veut une obligation civile. Antérieurement, des arrêts se sont contentés d'une obligation naturelle. Cf. note de M. Marty (§ 1-I), *Rec. Sirey* 1931. 1. 145.

B. Examen critique de la jurisprudence

Il faut sans aucun doute chercher l'origine de la règle jurisprudentielle dans le principe général « Pas d'intérêt, pas d'action ».

« Pas d'intérêt, pas d'action. » Qu'est-ce à dire ? Que, pour agir en justice, il faut y avoir un avantage. « Avantage », « intérêt », sont ici expressions synonymes[26]. Mais seul un dément intente un procès sans y avoir intérêt. La règle a-t-elle donc pour unique effet d'écarter les demandes formées par les maniaques et les fous ? Elle n'en aurait pas d'autre, s'il ne fallait adjoindre au mot « intérêt » l'adjectif « personnel » : l'intérêt qui pousse à l'action doit être personnel au demandeur. C'est exiger que l'action soit susceptible de se traduire pour lui-même par un avantage d'ordre pécuniaire, ou moral[27] et l'on exclura la satisfaction purement intellectuelle que pourrait éprouver un plaideur, amant du droit, en faisant trancher une question juridique dont la solution ne présente pour lui aucun autre « intérêt ». Ce qu'on analyse ici, c'est donc le but poursuivi par celui qui exerce l'action, le résultat qu'il veut atteindre.

L'« intérêt » ainsi entendu existe alors toujours dans l'action en responsabilité, même lorsque le dommage n'est pas personnel au demandeur, car ce dernier réclame pour lui-même une somme d'argent; il a donc bien un « intérêt » à agir : s'il réussit, il retirera un « avantage » de son action. Mais – et c'est ici que le sens du mot « intérêt » commence à s'infléchir – on est vite conduit à décider que celui qui demande réparation d'un dommage qui ne l'atteint pas, n'a pas d'« intérêt » : sans doute, s'il réussissait, il augmenterait son patrimoine, mais il ne peut pas réussir. D'où la règle selon laquelle, pour agir en responsabilité, il faut se prévaloir d'un dommage personnel, et l'identification de la nécessité d'un tel dommage à la nécessité d'un « intérêt » : celui qui ne subit pas de dommage n'a pas d'« intérêt » à l'action. On demeure encore sur le terrain de l'analyse du résultat cherché, du but poursuivi par le demandeur, mais on aborde déjà l'examen du pourquoi de l'action, de sa cause, ou, si l'on préfère, de son fondement.

Et c'est directement à cet examen qu'on se livre quand on recherche si le demandeur s'est prévalu d'un « intérêt légitime, juridiquement protégé ».

Que faut-il, en effet, entendre par là ? Le Conseil d'État l'a précisé quand il a posé le principe « qu'il ne suffit pas d'un intérêt, mais qu'il faut pouvoir justifier d'un *droit* lésé »[28]. « Intérêt légitime, juridiquement protégé », c'est ainsi que Ihering et, après lui, Aubry et Rau, ont défini les droits subjectifs. Ce qui est exigé du demandeur, c'est donc qu'il justifie de la lésion d'un droit. La règle édictée est la suivante : qui n'a pas de droit, n'a pas d'action.

26. *Vocabulaire juridique* de Henri Capitant, v. *Intérêt* : « Avantage d'ordre pécuniaire ou moral que présente pour une personne l'exercice d'un droit ou d'une action ».
27. Pour la Cour de cassation, mais non pour le Conseil d'État, un intérêt purement moral est suffisant. Cf. notamment : Req. 25 oct. 1921 (D. P. 1922. 1. 163); Cons. d'Ét. 25 janv. 1952 (D. 1952. 549, et note de M. Morange).
28. Cons. d'Ét. 11 mai 1928 (D. P. 1929. 3. 6, et concl. Andrieux; *Rec. Sirey* 1928. 3. 97, mêmes concl. et note Hauriou).

On examine désormais la cause de l'action, et non plus son résultat. Car la cause d'une action, c'est le droit qui a été violé. En matière de responsabilité civile comme dans tout autre domaine[29].

Le terme « intérêt » est alors pris dans un sens nouveau. Ce n'est plus l'avantage que le plaideur peut retirer de l'action. C'est la cause sur laquelle il fonde cette action. La concubine a un « intérêt » à agir contre le responsable de la mort de son concubin; la fiancée, contre le responsable de la mort de son fiancé; le frère, contre le responsable de la mort de son frère; au moins, lorsqu'ils subissent un préjudice matériel ou moral. Mais ont-ils un « intérêt légitime, juridiquement protégé » ? C'est-à-dire, peuvent-ils se prévaloir de la violation d'un droit ?

Pour répondre à cette question, la jurisprudence a dû préciser ce qu'il faut entendre par « droit » : quel est ce « droit » dont le demandeur est tenu de se prévaloir ? Ici elle a commis une confusion.

On sait que, pour limiter les actions en réparation du dommage moral causé par la mort d'un être cher, la Cour de cassation exige un lien de droit entre le demandeur et le défunt, qui soit un lien de parenté ou d'alliance, et que, pour limiter les actions en réparation du préjudice matériel causé par un décès, elle paraît vouloir aujourd'hui un lien de droit qui soit un lien d'obligation alimentaire.

Longtemps, pour justifier la nécessité d'un lien de droit entre le demandeur et le défunt, la jurisprudence a invoqué le caractère de certitude que doit présenter le dommage : elle affirmait que seul un créancier alimentaire du défunt pouvait prétendre subir, du fait du décès, un préjudice certain. Mais, d'une part, cela conduisait à exiger non seulement que le demandeur ait avec le défunt un degré de parenté ou d'alliance suffisant pour être rangé par la loi parmi les créanciers d'aliments, mais encore que les conditions nécessaires pour qu'existe la créance alimentaire soient réunies au moment du décès; seul pourtant le Conseil d'État, lorsqu'il se ralliait à la thèse du lien alimentaire, allait jusque-là; la Cour de cassation s'est contentée d'une créance éventuelle : la qualité de parent ou d'allié susceptible d'être créancier alimentaire, lui suffit; par là, sa position manque de logique. D'autre part, celui-là même qui n'est pas créancier alimentaire invoque un dommage certain lorsque le défunt, bien que n'y étant pas tenu par une obligation civile, subvenait effectivement à ses besoins; certes, cette aide aurait pu cesser; du moins y avait-il une chance (plus ou moins grande selon les espèces) pour qu'elle continuât; or la perte d'une chance constitue un dommage, non pas éventuel, mais certain, dont réparation est due[30]. Ces arguments ont inquiété la Cour de cassation. Sans doute, elle invoque encore, pour justifier la nécessité d'un droit de créance alimentaire, la raison tirée de l'incertitude du dommage, mais elle ne le fait plus que timidement, en ajoutant incidemment l'adjectif « certaine »

29. Le pourquoi de l'action en responsabilité, c'est le droit qui appartient au demandeur et qui a été violé par le défendeur. De ce droit, naît le droit d'agir; il est la cause de la demande. H. et L. Mazeaud, *op. cit.*, 4e éd., t. 3, n° 2099. – En ce sens : C. cass. Belgique, 17 nov. 1927 (*Pasicr.* 1928. 1. 13, et concl. proc. gén. Paul Leclercq). – Comp. Aubry et Rau, *Cours de droit civil*, 5e éd., t. 12, § 769; p. 440, note 86; Yves Broehen, *La notion de cause juridique dans les actions en responsabilité civile* (thèse, Lille, 1933), notamment p. 50 et 51.

30. Cf. H. et L. Mazeaud, *op. cit.*, 4e éd., t. 1, n° 210. – C'est en se fondant sur la perte d'une chance que la cour de Rouen, résistant à la jurisprudence de la Cour de cassation a décidé d'accorder des dommages-intérêts à une fiancée (9 juill. 1952, D. 1953. 13).

au nouvel argument sur lequel elle entend désormais fonder sa jurisprudence : la nécessité de « la lésion (certaine) d'un intérêt légitime juridiquement protégé ».

Que vaut ce nouvel argument ?

Exiger que le demandeur invoque la lésion d'un « intérêt légitime juridiquement protégé », c'est, on l'a précisé, exiger qu'il invoque la lésion d'un droit. Mais pourquoi ce droit lésé ne pourrait-il être qu'un droit de créance alimentaire à l'encontre du défunt ? La confusion commise par les arrêts saute aux yeux. De la nécessité d'un « intérêt » on est allé à la nécessité d'un « droit » ; de la nécessité d'un « droit », voici qu'on passe à la nécessité d'un « lien de droit ». Or, d'une part la victime d'un dommage peut être titulaire d'autres droits que d'un droit de créance alimentaire, d'autre part la violation d'un droit quelconque, lorsqu'elle cause un dommage et résulte d'une faute, donne lieu à réparation. Non seulement la violation d'un droit réel, mais aussi la violation de l'un des droits de la personnalité, droits généraux, sans doute mal étudiés et mal délimités, mais qui n'en existent pas moins : droit à la vie, droit à l'intégrité corporelle, droit aux moyens de subsister, droit à l'affection de ses semblables et à l'affection pour ses semblables, droit à la tranquillité, droit à l'honneur, etc. Celui qui se prévaut de la violation de l'un de ces droits invoque bien un « intérêt légitime, juridiquement protégé ».

Il faut donc critiquer la jurisprudence qui interprète la nécessité d'un tel intérêt comme l'exigence d'un droit de créance alimentaire[31]. Le Conseil d'État l'a compris, qui, s'il a exigé la lésion d'un droit, n'en déduit plus la nécessité d'un lien de droit, spécialement d'un lien d'obligation alimentaire. Il faut souhaiter que la Cour de cassation le comprenne à son tour[32].

Est-ce à dire que toute la jurisprudence fondée sur l'intérêt légitime juridiquement protégé doit être révisée ? D'aucuns le pensent et concluent volontiers du revirement de la jurisprudence du Conseil d'État en matière de lien alimentaire à un revirement prochain quant à l'action fermée par la concubine[33]. C'est aller trop loin, car si la Cour de cassation interprète faussement la règle quand elle oblige le demandeur à se prévaloir de la perte d'un droit de créance alimentaire, elle l'interprète exactement quand elle repousse l'action de la concubine.

Il faut, pour agir en justice, se prévaloir de la violation d'un droit. Tel est le sens de la règle jurisprudentielle. Mais d'un droit quelconque, même d'un droit de la personnalité. Doit-on en déduire que la violation de l'un de ces droits sera toujours sanctionnée ? Leur généralité oblige à poser la question, qui n'est autre que celle de leur délimitation. Même quand il s'agit des droits plus précis que sont

31. La même critique ne peut pas être adressée à la Cour de cassation de Belgique. Cf. *supra*, note 17.

32. M. Marty (note, § 1-I, *Rec. Sirey* 1931. 1. 145; note, § 1, *ibid.*, 1938. 1. 321) estime que l'erreur commise par la jurisprudence est d'exiger non seulement la lésion d'un intérêt, mais d'un droit. Cette critique ne semble pas tout à fait exacte : il faut reprocher à la Cour de cassation, non d'exiger la lésion d'un droit (intérêt légitime, juridiquement protégé), mais d'exiger un lien de droit (lien de parenté, d'alliance ou d'obligation alimentaire). M. Marty paraît croire qu'exiger la lésion d'un droit conduit nécessairement à exiger un lien d'obligation alimentaire.

33. Cf. Rodière, note (V), J.C.P. 1953. II. 7592; Waline, *Traité élém. de droit admin.*, 6e éd., p. 583. – *Contra* : Morange, *op. cit.*, I *in fine*, D. 1953. Chron., p. 27. – Comp. Morange, note (*in fine*), D. 1952. 549.

les droits dits patrimoniaux, droits mieux « définis », mieux « catalogués »[34], on a senti le besoin, pour permettre la vie en société, de réprimer les excès dans leur exercice; ainsi est née la théorie de l'abus des droits, qui repose sur un principe analogue à celui actuellement examiné : l'interdiction d'exercer un droit dans un intérêt qui n'est pas sérieux et légitime. En tout cas, pour les droits de la personnalité, encore plus que pour les autres, une limite doit être posée à leur exercice. Et c'est l'existence de cette limite qu'affirme la Cour de cassation quand elle exige, pour agir en justice, « un intérêt légitime, juridiquement protégé ». Cela signifie qu'au-delà de la limite tracée, le droit sur lequel se fondait la demande cesse d'exister; il n'est plus qu'un simple « intérêt »[35].

Mais quelle est cette limite ? Il faut essayer de la préciser, si l'on ne veut pas ouvrir trop largement la porte à l'arbitraire des tribunaux.

Alors commence la véritable difficulté. Ce qu'on peut affirmer, c'est que les droits généraux de la personnalité sont limités par le jeu des grands principes du droit et de la morale : ils s'arrêtent là où ils heurtent ces principes. Formule encore trop vague. Pour la concrétiser, on ne saurait mieux faire qu'en citer quelques applications.

Par exemple, le droit invoqué n'est pas juridiquement protégé lorsque son exercice se heurte aux règles d'organisation de la famille.

Voilà pourquoi la concubine n'invoque pas la lésion d'un « intérêt légitime ». Sur ce point, la jurisprudence mérite pleine approbation. Sans doute la concubine se prévaut de la lésion d'un droit : droit à l'existence, compromis par la mort de celui qui lui fournissait des subsides; droit réciproque à l'affection envers le disparu; mais l'exercice de ces droits se heurte aux règles morales qui président à l'organisation de la famille.

Par contre, rien de tel ne peut être opposé à la fiancée. On approuvera donc les décisions des juridictions inférieures[36] qui refusent ici de s'incliner devant la jurisprudence de la Cour de cassation[37].

La question est plus délicate pour l'enfant naturel dont le lien de filiation n'est pas régulièrement établi, spécialement pour l'enfant adultérin. On est tenté de soutenir que les règles d'organisation de la famille s'opposent à ce qu'il fasse valoir son droit à l'existence. Mais ce serait inexact, car il est, lui, sans reproche : il n'est pas responsable de la création de cette filiation illégitime qui heurte les principes du droit familial, et ce n'est pas en limitant son droit à l'existence qu'on luttera contre pareille perturbation. Son droit doit donc être juridiquement protégé[38]. C'est ce que n'a pas compris la chambre civile quand elle a repoussé

34. Hauriou, note *Rec. Sirey* 1928. 3. 98.

35. Il serait peut-être plus exact d'écrire que le droit subsiste, mais que son exercice n'est pas juridiquement protégé.

36. C. d'ass. Seine, 5 janv. 1951 (motifs) (*Gaz. Pal.* 1951. 1. 130; D. 1951. Somm. 40); Rouen, 9 juill. 1952 (D. 1953. 13).

37. Civ. 19 oct. 1943 (cité *supra*, note 14); Civ. 22 févr. 1944 (D. 1945. 293, et note de M. Flour); Crim. 16 mars 1950 (*Rec. Sirey* 1950. 1. 182; D. 1951. Somm. 7).

38. En ce sens : Marty, note (§ 1-II), *Rec. Sirey* 1931. 1. 145; Rodière, note (VI *in fine*), J.C.P. 1953. II. 7592; H. et L. Mazeaud, *op. cit.*, 4e éd., t. 1, nos 288, 328. – M. Marty invoque l'argument suivant : la filiation adultérine ne pouvant pas être établie, est, de ce fait, inopposable à l'enfant.

l'action d'un enfant adultérin pour défaut d'intérêt légitime juridiquement protégé et absence de lien de droit[39].

Non seulement les principes d'organisation de la vie familiale, mais les principes d'organisation de la vie sociale peuvent s'opposer à ce que les droits de la personnalité soient juridiquement protégés[40]. On peut notamment se référer aux arrêts rendus en matière d'« obligations de voisinage ». Notre droit à la tranquillité, bien proche d'ailleurs de notre droit de propriété, est violé par le bruit, les odeurs, les fumées, etc., qui proviennent des fonds voisins. Mais ce droit n'est pas toujours juridiquement protégé : il ne l'est que « pour ce qui dépasse les inconvénients normaux du voisinage ». Ainsi le principe nouveau dégagé par la Cour de cassation donne un fondement rationnel à toute la jurisprudence sur les troubles de voisinage.

C'est à l'occasion d'un tel préjudice que s'est posée la question du domaine d'application de ce principe.

Avant de chercher à la résoudre, on résumera le sens et la valeur qu'il convient d'attribuer à la règle étudiée :

Décider « que le demandeur d'une indemnité délictuelle ou quasi-délictuelle doit justifier non d'un dommage quelconque, mais de la lésion certaine d'un intérêt légitime, juridiquement protégé », c'est rejeter l'action lorsque la situation lésée n'est pas conforme aux principes généraux du droit et de la morale ; on ne peut que se féliciter d'un pareil rejet. Mais c'est faussement interpréter la règle, au cas particulier d'une action en réparation du dommage causé au demandeur par la mort ou les blessures d'une autre personne, que de déduire de cette règle la nécessité d'un lien de droit avec la personne tuée ou blessée, qu'il s'agisse d'un lien de parenté, d'alliance, ou d'obligation alimentaire : tout dommage personnel et certain, résultant d'une faute, doit être réparé du moment qu'il atteint une situation conforme aux principes généraux du droit et de la morale[41]. Par contre, si cette condition n'est pas remplie, l'action en justice doit être rejetée. Ainsi présenté, le principe a une portée tout à fait générale. Peut-on la lui reconnaître ?

II. Domaine et fondement de la règle

La règle n'est ici examinée que sur le terrain de la responsabilité civile délictuelle et quasi-délictuelle. Du moins convient-il de rechercher si elle peut jouer dans tous les domaines de cette responsabilité ?

La lecture d'un arrêt de la chambre civile de la Cour de cassation, rendu le 21 juillet 1953[42], suggère le problème, mais sans donner les éléments d'une solution, car la chambre civile a manifestement redouté de l'aborder.

39. Civ., 1re sect. civ., 21 oct. 1952 (D. 1952. 793 ; J. C. P. 1953. II. 7592, et note de M. Rodière ; *Gaz. Pal.* 1952. 2. 375).

40. Cf. Morange (*op. cit.*, II-B, D. 1953, Chron., p. 27), qui vise l'atteinte à une « situation contraire à la solidarité sociale ».

41. Cf. notamment en ce sens : Marty, note *Rec. Sirey* 1931. 1. 145 ; note (§ 3), *ibid.*, 1938. 1. 321.

42. Civ., 2e sect. civ., 21 juill. 1953 (D. 1953. 573).

À l'automne, les feuilles tombent, et elles tombent là où les porte le vent. Ce dont se plaignait le propriétaire d'un immeuble, obligé de faire nettoyer ses gouttières qu'encombraient les feuilles des arbres voisins. La chambre civile rejette l'action formée contre le propriétaire des arbres, en relevant que le dommage ne dépasse pas les inconvénients normaux du voisinage. Application d'un principe constant.

Mais l'arrêt cassé par la chambre civile s'était fondé sur l'art. 1384, § 1er, pour condamner, comme gardien des feuilles, le propriétaire des arbres. La chambre civile affirme « qu'en se fondant uniquement sur l'art. 1384, § 1er, c. civ., sans rechercher si, en raison de circonstances de fait, le dommage causé ne dépassait pas les inconvénients normaux du voisinage, l'arrêt attaqué n'a pas donné de base légale à sa décision ».

Quel est donc le motif sur lequel la Cour de cassation s'appuie pour refuser d'appliquer en l'espèce l'art. 1384, § 1er ?

Peut-être aurait-elle pu décider qu'il n'y avait pas « fait actif de la chose ». Pour cela il eût fallu prétendre que les feuilles, en allant engorger la gouttière du voisin, s'étaient « comportées normalement ». Sans doute, il est normal que le vent les emporte, mais il est moins normal qu'il les dépose sur un toit. La Cour de cassation a dû apercevoir la difficulté. Aussi l'arrêt ne cherche-t-il pas dans les règles propres à la responsabilité du fait des choses un moyen d'écarter la demande. Il se fonde sur les principes généraux de la responsabilité : aucune action en responsabilité ne peut être admise lorsque le dommage n'excède pas les obligations ordinaires du voisinage. C'est dire que le droit du propriétaire de l'immeuble n'est pas, dans cette limite, juridiquement protégé.

Ainsi, on peut être conduit à faire jouer le principe nouveau même sur le terrain de la responsabilité du fait des choses; la jurisprudence y trouverait un précieux moyen de tenir en bride la présomption de responsabilité de l'art. 1384, § 1er.

Mais une objection se présente : le gardien ne peut pas se libérer par la simple preuve de l'absence de faute; or n'est-ce pas lui permettre de faire cette preuve que de l'autoriser à se prévaloir du fait que l'intérêt invoqué par le demandeur n'est pas juridiquement protégé ? Si celui qui lèse un intérêt non juridiquement protégé n'est pas responsable, cela ne tient-il pas à ce qu'en agissant ainsi, il ne commet aucune faute ? En l'espèce, le gardien des feuilles ne se libère-t-il pas en démontrant l'absence de faute lorsqu'il établit n'avoir causé à son adversaire qu'un dommage n'excédant pas la mesure des obligations ordinaires du voisinage ?

Dans l'affirmative, il faudrait refuser d'appliquer la règle nouvelle dans le domaine de la responsabilité du fait des choses. Et voici les conséquences. Il serait impossible de repousser l'action de la concubine lorsqu'elle assignerait, en vertu de l'art. 1384, § 1er, le responsable du décès de son concubin. Ceux qui exigent un lien d'obligation alimentaire, ou un lien de parenté ou d'alliance, ne pourraient plus le faire quand le défendeur serait assigné comme gardien.

Pour trancher la question, on est obligé de prendre parti sur le fondement de la nécessité d'un « intérêt légitime juridiquement protégé ». Si cette exigence est la conséquence du fait que celui qui porte atteinte à un intérêt non juridiquement protégé, ne commet pas de faute, on doit refuser l'application du principe dans le domaine de la responsabilité du fait des choses. Est-ce donc là le fondement de la règle ?

Sûrement pas[43]. Le fait que le piéton renversé par un automobiliste est marié ou vit en concubinage, ne change évidemment rien à la faute que cet automobiliste est susceptible d'avoir commise. Ce n'est donc pas du côté de l'auteur du dommage qu'il faut se placer, mais du côté de la victime; c'est en raison de la situation de la victime qu'une réparation est refusée : le droit de la victime n'est pas juridiquement protégé, non parce que le défendeur n'a pas commis de faute, mais parce que ce droit, en lui-même, intrinsèquement, ne mérite pas protection.

Rien ne s'oppose donc à ce que la règle nouvelle joue dans tous les domaines de la responsabilité civile délictuelle et quasi-délictuelle. Cette règle vise non la faute, mais le dommage. Si bien qu'on a pu écrire qu'à la notion de dommage la jurisprudence avait substitué celle de préjudice, en relevant que ce dernier terme contient le mot « jus » et marque ainsi que seul le dommage qui porte atteinte à un droit peut être réparé[44].

Mais le principe posé par les arrêts ne saurait être limité au domaine de la responsabilité civile. Il y a là – et c'est ce qui lui donne toute son importance – un principe général qui domine le droit tout entier. Aucune action en justice ne peut être exercée si elle n'a pour cause la violation d'un « intérêt légitime, juridiquement protégé ». L'ampleur de la règle doit obliger la Cour de cassation[45] à en définir exactement le sens et la portée. En la ramenant à sa véritable signification, elle en fera un instrument plus solide, qui lui permettra d'exercer utilement et dans de sages limites la police des actions en justice.

43. En ce sens : Marty, note (§ 1-I), *Rec. Sirey* 1931. 1. 145; Morange, *op. cit.*, D. 1953, Chron., p. 27 (M. Morange relève très justement que le fondement de la règle n'est pas non plus dans la faute de la victime).

44. Rodière, note (VI), J.C.P. 1953. II. 7592.

45. Pour la critique d'un usage abusif de la règle par le Conseil d'État, Cf. Morange, *op. cit.*, II, D. 1953, Chron., p. 27.

LA COMMERCIALISATION DU DOMMAGE MORAL

1954

Paul Esmein

Professeur à la Faculté de droit de Paris

« Comment en un plomb vil l'or pur s'est-il changé ? »

Lorsqu'un accident du travail met en jeu la responsabilité d'un tiers, ou lorsqu'un assuré social est victime d'un accident dont un tiers est responsable, la caisse de sécurité sociale qui a fourni des prestations ou indemnités à la victime a un recours contre ce tiers.

La loi du 30 octobre 1946 sur les *accidents du travail* dit que la victime conserve contre l'auteur de l'accident le droit de demander la réparation du préjudice conformément aux règles du droit commun, dans la mesure où il n'est pas réparé par application de cette loi (art. 68). Donc, dans la mesure des indemnités et prestations qu'elle a fournies, c'est la caisse qui exerce les droits de la victime contre le tiers.

L'ordonnance du 19 octobre 1945 sur les *assurances sociales* déclare la caisse subrogée de plein droit à l'intéressé dans son action contre le tiers responsable pour le remboursement des dépenses qu'occasionne à la caisse l'accident ou la blessure (art. 95).

Les termes employés par les deux lois pour décrire le droit des caisses sont différents. Il est cependant patent que, dans les deux cas, c'est le droit de la victime qui est exercé par la caisse. Et sous le régime actuel, où, dans les deux cas, si les cotisations ont été versées, l'employeur n'a aucune obligation personnelle, il n'y a aucune raison d'aménager le recours autrement sous prétexte que la loi des accidents du travail n'emploie pas le mot subrogation (v. P. Esmein, *Le recours des caisses de sécurité sociale contre le tiers responsable d'un accident*, J. C. P. 1952. I. 964).

En tout cas, dans les deux hypothèses, c'est seulement dans la mesure de ses dépenses, suivant la formule de l'ordonnance de 1945, que la caisse peut exercer un recours contre le tiers.

Mais ce recours peut-il être exercé sur toutes les indemnités que la victime a obtenues ou est susceptible d'obtenir du tiers responsable ? La caisse peut-elle, si cela est nécessaire pour couvrir la totalité de ses dépenses, se faire attribuer même la part de l'indemnité qui est allouée à la victime en réparation d'un préjudice moral ?

À propos d'accidents du travail, la chambre criminelle de la Cour de cassation a répondu affirmativement (10 mars et 24 nov. 1953, J. C. P. 1954. II. 8007 ; *Gaz. Pal.* 1953. 2. 88 et 1954. 1. 20 ; D. 1954. Somm. 29). Il s'agissait d'une indemnité, dénommée *pretium doloris*, correspondant à la souffrance. Avec raison la Cour l'assimile à un préjudice moral dans ses motifs où, pour justifier sa décision, elle dit simplement que l'alin. 3 de l'art. 3, qui institue le droit des caisses d'exercer un recours contre le tiers responsable, « ne fait aucune distinction entre les divers éléments matériels et moraux du préjudice qu'elle a pour objet de réparer ».

De nombreuses décisions de tribunaux et de cours d'appel étaient en sens contraire. Et plusieurs cours ont persisté dans cette opinion après les arrêts de la chambre criminelle (Angers, 6 mai 1953, J. C. P. 1954. II. 8109; *Gaz. Pal.* 1953. 2. 114; D. 1954. Somm. 29; Rennes, 20 oct. 1953, *Gaz. Pal.* 1954. 1. 36; D. 1954, *ibid.*). Les caisses, dit la cour d'Angers, ne servant pas de prestations destinées à réparer un préjudice moral, n'ont pas de remboursement à prétendre sur les indemnités allouées de ce chef. Dans l'espèce le préjudice moral était la douleur éprouvée par la veuve de la victime d'un accident du travail.

Sous réserve des précisions qui vont suivre, cette résistance est, à mon avis, justifiée. La réparation du préjudice moral, dans les cas visés, ne peut être traitée comme la réparation d'un dommage matériel. Il y a entre les deux une différence qu'on ne peut refuser d'examiner. Il y a un problème qu'on ne peut supprimer en se bornant à faire une application littérale du texte de la loi. On ne supprime pas les problèmes en disant qu'ils n'existent pas. Il n'est pas davantage supprimé ici que ne l'a été celui que soulève l'art : 1743 c. civ., quand la chambre sociale a dit que cet article est étranger au débat lorsqu'il s'agit de savoir si un occupant de locaux d'habitation a droit au maintien dans les lieux (Civ., sect. soc., 11 juin 1949, D. 1949. 551; *Gaz. Pal.* 1949. 2. 328).

Il est, je crois, incontestable que la souffrance physique ou morale est un fait si personnel que l'allocation d'une somme d'argent à titre de réparation n'a de sens que si cette somme est obtenue par la personne même qui a souffert. Sans doute celle-ci emploiera la somme comme il lui plaira. Elle pourra, à son gré, se procurer des distractions, venir en aide à d'autres souffrants, payer ses dettes, faire un placement. Dans tous les cas, c'est seulement parce qu'elle pourra faire un emploi qui la satisfait qu'il y aura quelque chose qui pourra être appelé réparation de sa souffrance.

C'est ce que méconnaît complètement la chambre criminelle dans les arrêts précités. Elle n'est d'ailleurs pas seule à le méconnaître. La chambre civile a décidé que quand la victime d'un accident est morte sans avoir réclamé ou obtenu le *pretium doloris*, ses héritiers peuvent l'obtenir à sa place, parce qu'il s'agit d'une créance d'argent qui, comme toute créance de ce genre, est un élément du patrimoine du défunt (Civ. 18 janv. 1943, D. C. 1943. 45; J. C. P. 1943. II. 2203; 4 janv. 1944, D. A. 1944. 106; *Gaz. Pal.* 1944. 1. 128).

C'est là, à mes yeux, une surprenante confusion des genres. Sans doute, dès lors qu'on admet l'allocation d'une somme d'argent à celui qui a subi un dommage moral, on se trouve en présence d'un droit patrimonial. Mais il n'en résulte pas que tous les droits patrimoniaux soient à traiter de même à tous points de vue, quelle que soit leur source.

Il s'agit surtout de savoir si un droit à indemnité pourra être exercé par les héritiers ou les créanciers de la victime. Admettra-t-on les enfants d'un homme, après son décès, ou ses créanciers, de son vivant ou après sa mort, à intenter une action en dommages-intérêts contre sa femme pour adultère, injure ou diffamation ? Admettra-t-on un créancier à intenter une action en indemnité pour diffamation au nom de son débiteur ? L'admettra-t-on même à demander à sa place le *pretium doloris*, s'il est victime d'un accident corporel ? Je doute que la Cour de cassation aille jusque-là. Si elle ne le fait pas, c'est que la raison par elle donnée à la transmission de l'action aux héritiers, à savoir qu'il s'agit d'un droit qui figure dans son patrimoine, est sans valeur.

Il est vrai qu'on peut trouver une raison de traiter les héritiers autrement que les créanciers, en cas de décès dont un tiers est responsable. Elle a peut-être inspiré les juges, sans qu'ils en aient nettement conscience. Mais elle ne me paraît pas de nature à justifier la solution par eux donnée.

D'après une antique tradition, en cas de mort d'un membre de la famille par le fait d'un tiers, la famille avait le droit, et le devoir, de tirer vengeance de celui-ci. Jusqu'à la fin de l'ancien droit l'action à laquelle donnait lieu un homicide était appelée *action criminelle privée*, et pouvait être intentée par n'importe quel membre de la famille, même non-héritier, et non nécessairement par les parents les plus proches. La majorité des enfants ou des héritiers pouvait décider une transaction. Et, d'après certains auteurs, les héritiers et la veuve qui n'intentaient pas l'action perdaient leur droit de succession et leur douaire (v. les références dans la note P. Esmein, sous Req. 10 avr. 1922, *Rec. Sirey* 1924. 1. 153 ; spécialement Jousse, *Justice criminelle*, éd. 1771, t. 3, p. 539 et s.).

On conçoit qu'une action fondée sur l'idée de vengeance soit réservée à la famille et ne soit pas ouverte aux créanciers. Et, en lisant les arrêts d'aujourd'hui, on a le sentiment que cette idée d'un droit de la famille à une vengeance n'a pas disparu. On voit des arrêts allouer une somme globale à partager entre les parents (Crim. 28 juill. 1933, D. H. 1933. 527 ; *Gaz. Pal.* 1933. 2. 626 : père et mère et frères et sœurs), ou faire une répartition graduant les sommes allouées d'après la proximité de la parenté et l'alliance (Crim. 30 nov. 1934, *Gaz. Pal.* 1935. 1. 103 ; Amiens, 17 nov. 1931, *Rec. Sirey* 1932. 2. 118 ; D. H. 1932. Somm. 39).

Mais une telle conception, qui conduit à distinguer nettement les droits de la famille de ceux que peuvent exercer les créanciers du défunt, ne concorde plus avec la jurisprudence et la doctrine actuelles, qui distinguent nettement du droit à indemnité du défunt (dont la transmissibilité est en question) le droit propre des parents à une indemnité en raison du préjudice pécuniaire ou moral par eux personnellement subi (v. P. Esmein, sur Aubry et Rau, *Droit civil*, 6e éd., t. 6, § 444, notes 6 et s., 17-2 et s.). Je ne vois pas dès lors comment on peut justifier l'exercice, par les héritiers, de l'action par laquelle le défunt pouvait demander réparation d'un préjudice moral subi par lui. On ne peut y être amené que par une dénaturation de la notion même de préjudice moral, une confusion des valeurs qui s'est développée peu à peu, et qui apparaît maintenant de façon éclatante.

* * *

En allouant autrefois une indemnité à la famille de la personne morte par homicide, comme il est dit plus haut, on réalisait ce qu'on nomme aujourd'hui l'indemnisation d'un préjudice moral.

Sous l'ancien droit on allouait aussi des dommages et intérêts pour injure, laquelle comprenait toutes atteintes à l'honneur et à la réputation. Ainsi en 1677 le Parlement de Paris alloua 1 500 livres, plus 200 livres d'aumône, à un officier et à sa femme, qui avait été maltraitée par un gentilhomme parce qu'elle avait contesté le pas à la femme de celui-ci (Merlin, *Répertoire*, réédition de Guyot, 1812, v° *Injure*). Mais c'était une action de caractère surtout pénal. Il s'agissait avant tout de punir l'auteur de l'injure et de faire constater publiquement sa faute. « Autrefois, en Normandie, dit Denisart (*Collection de décisions nouvelles*, éd. 1771, v° *Injure*, n° 16), la manière d'amender une injure verbale était telle qu'à l'audience, ou dans l'église à jour solennel, celui qui avait injurié se prenait par le bout du nez, et disait : de ce que je t'ai appelé larron, homicide, etc., j'ai menti ».

Une atteinte à la réputation peut entraîner un préjudice pécuniaire, par exemple si elle fait perdre un emploi ou des clients. Mais ce n'est pas par une somme d'argent que peut être réparée l'atteinte à l'honneur et la réputation : c'est par une déclaration publique.

On en est cependant venu aujourd'hui à l'idée qu'il est permis de demander une somme d'argent non purement nominale quand on a subi, par le fait d'autrui, une souffrance, un chagrin, un ennui quelconques. Il est de ces peines pour lesquelles une compensation pécuniaire est juste. Ainsi la souffrance qui résulte d'une infirmité corporelle entravant l'activité et privant des plaisirs qui font le charme de la vie. Pour le chagrin que cause la mort d'une personne chère, je suis réticent. La douleur, certes, peut être profonde, mais on l'avilit en la monnayant. Je pense que les juges le sentent et que, s'ils allouent de l'argent, ils le font par souvenir des anciennes traditions relatées plus haut. Qu'ils le fassent à titre de peine privée, quand l'auteur de la mort est gravement répréhensible, c'est-à-dire surtout au cas d'homicide volontaire, j'y consens. Mais une peine privée n'a pas de place dans les cas de responsabilité sans faute, francs ou camouflés, qui sont fréquents aujourd'hui. J'en dirai autant des cas infiniment variés où, l'on voit aujourd'hui les tribunaux allouer une indemnité pour préjudice moral, dont je citerai plus loin quelques-uns.

Il est curieux de constater qu'une des premières affirmations de l'équivalence du préjudice moral et du préjudice matériel se rencontre à propos d'une espèce où le dommage n'était pas un dommage moral; c'était seulement un dommage impossible à évaluer, comme le dommage moral.

Il s'agissait du préjudice causé aux pharmaciens de Paris par des gens qui avaient illégalement exercé la pharmacie, et contre lesquels plusieurs pharmaciens s'étaient portés parties civiles. À l'objection qu'il est impossible de préciser le préjudice subi par les demandeurs, la Cour de cassation répondit que la difficulté de l'apprécier ne rend pas l'action irrecevable, et que la difficulté existe en d'autres cas que ceux de concurrence illicite, sans faire obstacle à une condamnation (Ch. réun. 15 juin 1833, *Jur. gén.*, v° *Médecine*, n° 162, p; 579-580; *Rec. Sirey* 1833. 1. 458).

Et le procureur général Dupin disait dans ses conclusions : « L'erreur capitale dans toute cette affaire c'est de croire qu'il n'y ait qu'un préjudice matériel et d'argent qui puisse donner lieu à une action en dommages-intérêts ». Il citait le cas de dommages-intérêts demandés à l'occasion de la mort d'un père, d'un fils ou d'un époux. Et, réfutant ceux qui disent qu'en raison de l'obligation alimentaire, en action ou éventuelle, on peut toujours parler ici de dommage pécuniaire, il disait : « Évidemment c'est ici méconnaître la morale du droit, mettre l'argent à la place des affections, à la place de l'honneur. Celui qui agit en pareille matière, selon la belle expression de la loi romaine, plaide la cause de la douleur : *Causam agit doloris*. De même, à part et avant l'intérêt pécuniaire, l'action des pharmaciens poursuit la réparation d'un préjudice tout moral, la conservation de l'honneur et de l'exercice consciencieux de la profession ».

Je pense que le procureur Dupin n'entendait pas dire qu'il est moral de monnayer sa douleur. Il voulait dire que celui qui souffre injustement dans son honneur ou dans ses affections, doit être entendu du juge quand il s'adresse à lui, comme celui qui a souffert pécuniairement. Et il songe à l'action de la famille du mort et à l'action d'injure dont j'ai parlé plus haut. On notera, d'autre part, que, depuis que les professionnels peuvent se défendre par voie judiciaire contre une concurrence illicite par l'action syndicale (Code du travail, livre III, art. 11), la Cour de cassation rejette les actions introduites de ce chef par un membre de la profession, en disant qu'il ne peut invoquer un préjudice personnel et spécial (Crim. 22 déc. 1938, *Gaz. Pal.* 1939. 1. 523 ; 16 juill. 1937, *Rec. Sirey* 1939. 1. 156).

Mais aujourd'hui on ne voit plus de limite aux genres de préjudices non évaluables en argent qui sont considérés comme susceptibles de donner lieu à des indemnités pécuniaires.

Il est vrai que, dans beaucoup de cas, il s'agit d'un dommage causé méchamment ou au moins intentionnellement. Et alors on peut penser que, dans l'esprit des juges, la condamnation constitue une peine privée.

C'est le cas du mari dont la femme a été victime d'un outrage public à la pudeur (Civ. 26 août 1857, D. P. 57. 1. 345 ; *Rec. Sirey* 58. 1. 101) ; du père devant les enfants duquel un instituteur a tenu des propos antipatriotiques, antireligieux et obscènes (Dijon, 20 déc. 1908, D. P. 1909. 2. 13 ; *Rec. Sirey* 1909. 2. 15) ; du cas de trouble causé dans une famille par des lettres anonymes (Poitiers, 29 mars 1930, *Rec. Sirey* 1930. 2. 89). La pensée qu'il convient de punir l'auteur d'un dommage intentionnel illicite, par une condamnation civile, quand une condamnation pénale n'est pas possible, cette pensée est encore vivante.

Je pense qu'il est bien qu'il en soit ainsi. Mais les tribunaux ne limitent pas l'octroi d'indemnités pour dommage moral au cas où il y a faute intentionnelle, ni même à celui où une faute est constatée, hypothèse où une peine privée peut se concevoir, une sanction civile ayant la même utilité qu'une sanction pénale. Ils ne semblent pas, quand on invoque devant eux la douleur causée par le décès d'une personne chère, songer à distinguer suivant qu'une faute est constatée ou que la condamnation est fondée sur une présomption de responsabilité, donc parfois sur une responsabilité sans faute. Alors c'est qu'on accepte ou bien de monnayer la douleur (qu'il faudrait dans ce cas vérifier), ou bien qu'on reste inspiré par l'antique vindicte familiale en la considérant comme justifiée même quand il n'y a pas de faute.

La dénaturation de la notion de préjudice moral apparaît de façon éclatante dans les arrêts qui allouent des dommages-intérêts de ce chef à des personnes morales.

Dans une espèce où un camion avait heurté un tramway et blessé un voyageur, et où la compagnie de tramways demandait une indemnité, la Cour de cassation a dit : « En dehors du dommage matériel, il convient de reconnaître avec la cour d'appel que l'accident survenu dans une gare ou sur une voie de chemin de fer, et ayant occasionné des blessures ou la mort d'une ou de plusieurs personnes, peut être de nature à causer à la compagnie un préjudice moral, direct et actuel, et donnant ouverture à l'action civile devant le tribunal de répression » (Crim. 7 nov. 1936, *Gaz. Pal.* 1936. 2. 944).

Une compagnie de chemin de fer, aux employés de laquelle un individu, se disant inspecteur de la compagnie, avait persuadé de signer des polices d'assurances désavantageuses, a obtenu des dommages-intérêts en réparation du préjudice moral consistant en ce que les agents signataires pourraient à l'avenir être tentés de mettre en doute les affirmations de leurs supérieurs, dont l'autorité ne serait plus intacte (Crim. 28 juin 1912, *Rec. Sirey* 1913. 1. 597).

On a vu encore allouer des dommages-intérêts pour préjudice moral à la Régie des douanes (Trib. corr. Avesnes, 13 août 1926, D.H. 1926. 525; *Gaz. Pal.* 1927. 1. 76) pour une accusation de versatilité à l'égard des agents rédacteurs de procès-verbaux. On a vu parler de préjudice moral de l'Administration des haras au cas de violation des lois relatives aux étalons (Trib. corr. Saint-Pol, 16 janv. 1931, *Gaz. Pal.* 1931. 1. 569).

Il est possible que, dans ces espèces, la prise en considération d'un dommage moral ne soit qu'une manière de parler en vue de justifier de l'existence d'un préjudice permettant de se porter partie civile devant la juridiction criminelle. Il n'en est pas moins vrai qu'à parler ainsi on fait de la notion de préjudice moral une fumée sans contours précis.

Elle n'a qu'un trait net c'est un prétexte à obtenir condamnation à une somme d'argent, le prétexte étant un sentiment pénible. Mais, dans la voie où l'on est entré, on voit mal les sentiments pénibles qui ne justifieraient pas une telle condamnation. Spécialement on éprouve un tel sentiment quand on est victime d'un délit, tel qu'un vol, un bris, un incendie. Pourquoi, en même temps qu'une réparation du dommage matériel, n'obtiendrait-on pas une indemnité pour préjudice moral ?

S'il n'y a là qu'un prétexte à obtenir une somme d'argent, on comprend que les héritiers du mort par accident aient été admis à demander le *pretium doloris*; on comprend que la caisse de sécurité sociale ait été admise à encaisser le *pretium doloris* et la somme allouée pour apaiser le chagrin de ceux qui pleurent le mort. L'argent n'a pas d'odeur. Il ne sent ni la souffrance ni la mort. Mais si l'on voit la peine des hommes et non l'argent, on ne comprend pas. On ne peut, avec la chambre criminelle, ne voir que des chiffres sur une page blanche, des encaissements pour couvrir des dépenses.

Et puis, jusqu'où ira-t-on ? Admettra-t-on la caisse de sécurité sociale à demander, au nom de la victime, des dommages-intérêts pour préjudice moral, que la victime ne demande pas ? Dira-t-on qu'elle a qualité pour évaluer en argent la douleur, qu'elle doit chiffrer dans sa demande ? Ne sentira-t-on pas que l'on fait fausse route ? À moins que, se plaçant sur le terrain du sentiment, qui est celui du préjudice moral, on dise que la Sécurité sociale est pour nous tous une bonne mère, et qu'une mère ressent comme la sienne, et plus que la sienne, la douleur de ses enfants.

Si on n'admet pas la caisse à demander l'indemnité pour préjudice moral que la victime ne demande pas, il arrivera que celle-ci ne demandera pas l'indemnité qui ne serait pas pour elle. Il en résulterait un recul, heureux à mon sens dans la pratique des demandes des parents du défunt insuffisamment justifiées quand il n'y a pas faute du responsable. Mais il serait fâcheux que, d'une façon ou d'une autre, celui qui, invalide par suite d'un accident, ne peut plus vivre que d'une vie diminuée, n'ait pas une compensation pour ce dommage, le plus grave qui soit pour lui.

On sait que le Conseil d'État est beaucoup plus réticent que les tribunaux civils à allouer des indemnités pour préjudice moral. Je n'ai pas besoin d'exposer sa jurisprudence. M. Morange l'a fait ici même récemment (*De la réparation des accidents de personnes imputables à l'Administration*, D. 1953 Chron., p. 91 ; et antérieurement : *Le préjudice moral devant les tribunaux administratifs*, D. 1948, Chron., p. 105).

Le Conseil d'État n'alloue pas d'indemnités pour la douleur causée par la mort d'un être cher ou par la vue de sa souffrance (D. 1953, Chron., p. 98). Mais il en alloue pour souffrances physiques exceptionnelles diminuant la vitalité (*ibid.*, p. 94). Il en alloue quelquefois pour préjudice esthétique et pour atteinte à la réputation, quand il lui apparaît qu'il y a des conséquences d'ordre pécuniaire ou que toute la vie de la victime en sera compromise (*ibid.*, p. 95, et 1948, Chron., p. 107).

Je ne suggère pas, puisque j'approuve cette réticence, qu'elle ait été inspirée par le souci de ménager les finances de l'État et des autres collectivités publiques. Mais, admettant la condamnation à titre de peine privée, je trouve, avec M. Morange (1948, p. 108), une explication dans le fait que le Conseil d'État, saisi d'action contre des collectivités publiques, rencontre rarement des circonstances permettant de prononcer une peine.

Les juges d'Angleterre font preuve d'une réserve aussi grande. À côté des dommages-intérêts réparant des préjudices évaluables en argent, ils en allouent parfois d'autres qu'ils appellent exemplaires, vindicatifs ou punitifs. Ils sont accordés seulement à l'occasion d'un fait qui comporte une atteinte insultante ou outrageante aux sentiments ou aux droits d'autrui (*Salmond of the law of torts*, 12e éd., par R. F. V. Heuston, 1953, p. 146). Cet auteur en donne pour exemple des violences légères ou de simples menaces de violence sur la personne, sans dommage physique. Il cite encore le cas du père dont la fille a été séduite. Pour obtenir quelque chose, il faut qu'il puisse faire valoir la privation de services que sa fille lui rendait, mais il suffit qu'elle rendît quelques services dans la maison ; et alors il obtient de substantiels dommages-intérêts. Les auteurs et les juges discutent d'ailleurs pour savoir s'il s'agit d'une peine ou de la réparation d'un dommage qu'on veut réparer sans pouvoir l'évaluer. Mais le fait est que les dommages-intérêts exemplaires sont limités à des cas de ce genre.

Il est d'ailleurs des cas où le juge anglais alloue une indemnité sans qu'il y ait à prouver un préjudice, et où l'on dirait en France qu'il y a préjudice moral. L'indemnité, alors minime (*nominal damages*), est moins une réparation que l'affirmation d'un droit violé. C'est le cas en particulier des différentes hypothèses de *trespass* : ainsi quand on pénètre sur le terrain d'autrui sans son assentiment (*Salmond*, p. 142).

LA LOGIQUE AU PRÉTOIRE EST UNE ÉTHIQUE

1954

J. Belin-Milleron

Docteur en droit, Docteur ès lettres,
Ancien chargé de cours des Facultés de droit,
Lauréat de l'Institut

La condition du raisonnement correct est, au prétoire comme ailleurs, le respect de la logique. Cette condition est-elle suffisante ? Nous ne le croyons pas. Nous voudrions montrer que, s'appliquant à l'homme, l'art du juge pénètre la logique de directives psychologiques et morales qui donnent aux décisions de justice la valeur d'une éthique élémentaire. Nous nous bornerons à quelques remarques empruntées à la jurisprudence récente.

I.

Le juge fait du principe de non-contradiction la règle fondamentale de sa méthode[1], car elle assure la cohérence des raisonnements; mais il y voit également une règle éthique primordiale qui bannit la duplicité. Si les conclusions des parties renferment des propositions contradictoires, le juge infère de cela seul qu'elles n'ont pas place dans un raisonnement juridique. Innombrables sont les décisions qui usent de ce critère : « qu'on ne saurait sans contradiction… »[2], « qu'en statuant par un motif dont les termes sont contradictoires… »[3], etc. L'emploi si fréquent du principe de non-contradiction est une première similitude avec le raisonnement mathématique, propre à rappeler que parmi les magistrats, nombreux furent jadis les mathématiciens.

Il est une seconde parenté, venant de la méthode d'analyse utilisée au prétoire, qui est essentiellement déductive. À partir de définitions incluses dans la loi ou élaborées par la jurisprudence[4], le juge tire des conséquences qui sont des

1. Ce principe s'énonce ainsi : on ne peut affirmer sous le même rapport que A est A et que A est non A. Dès 1925, M. le doyen Ripert a mis en lumière le rôle de l'impératif moral dans les contrats et étudié la sanction légale des devoirs moraux. V. *La règle morale dans les obligations civiles*, 1925, p. 39 et s., 231 et s., et 2e éd., 1949.

2. Civ., sect. civ., 13 déc. 1950 (D. 1951. 169).

3. Civ., sect. soc., 6 avr. 1951 (D. 1951. 541); Civ., sect. civ., 19 mars 1952 (D. 1952. 399); Crim. 4 janv. 1951 (D. 1951. Somm. 17); Civ. 15 déc. 1947 (*Gaz. Pal.* 1948. 1. 50); Colmar, 13 avr. 1951 (D. 1952. 604, note de M. Carbonnier); Rennes. 26 oct. 1950 (D. 1951. Somm. 9); Angers, 9 janv. 1952 (D. 1952. 404); Trib. corr. Cholet, 25 avr. 1952 (D. 1952. Somm. 57). – V. aussi P. Mimin, *La grève encadrée*, chron. D. 1952, p. 132.

4. Les définitions sont très fréquemment une construction jurisprudentielle. C'est le juge qui dira ce que sont : « la maison habitée » ou « servant à, l'habitation » au sens de l'art. 390 c. pén. (Crim. 13 mars 1952, D. 1952. 382), la « pluralité d'habitations » au sens de l'art. 10-3° de la loi du 1er sept. 1948, l'« hébergement » au sens de l'art. 22 de l'ordonnance du 19 oct. 1945 (Civ., 2e sect. civ., 19 mai 1953, D. 1953. 497), « l'année culturale » (Civ., sect. soc., 23 févr. 1950, J. O. P. 1950. II. 5563, note H. G.) ou le

➤

propositions elles-mêmes respectueuses du principe de non-contradiction. La Cour de cassation proclame qu'il lui appartient de « déduire » des circonstances de chaque cause les conséquences juridiques qu'elle comporte[5], car les premiers juges n'ont que « la charge de proclamer une vérité déduite de principes admis et de constatations exactes »[6]. Si l'appréciation souveraine des faits par les juges du fond aboutit à poser une hypothèse qui orientera le jugement, celle-ci doit s'accompagner d'opérations déductives correctes, au déroulement « nécessaire »[7]. Aussi le contrôle de la Cour de cassation porte-t-il souvent sur la question de savoir si les premiers juges ont dégagé exactement un rapport d'implication[8]. Le comparatiste des méthodes traduira ces différentes idées en disant que le raisonnement judiciaire, comme le raisonnement mathématique, est hypothético-déductif.

On notera que cette logique du prétoire qui, à toutes les étapes du raisonnement, astreint les débats aux règles du « discours » bien lié, a exercé et continue d'exercer une influence morale manifeste en ce sens on peut dire que la logique judiciaire est porteuse d'une éthique.

II.

Passons au *raisonnement analogique*. Celui-ci est utilisable par le juge[9]. Mais, comme les situations juridiques sont plus complexes que les nombres mathématiques, on constate que le procédé analogique est manié avec grande circonspection par les tribunaux. Leur prudence témoigne de l'habitude de considérer que les affaires sont rarement identiques, imparfaitement superposables. L'affaire *Guitry C. Dame de Séréville* illustrera notre propos : il y fut dit que si une bague offerte à l'occasion des fiançailles n'avait pas à être rapportée en cas de divorce, on ne pouvait étendre par analogie cette jurisprudence au cas d'un bracelet offert par un mari à son épouse durant le mariage, la libéralité étant soumise aux dispositions des art. 1096 et 299 c. civ.[10]. Henri Poincaré cantonnait le raisonnement analogique dans les sciences qui commencent[11] ; il conviendrait d'ajouter que, lorsqu'il est question d'agissements humains, une présomption de dissemblance existe et l'esprit de finesse intervient pour corriger l'esprit de géométrie. Or, ce changement dans la méthode, consécutif à une prise de position sur l'un des cha-

---

« corps de ferme » au sens du statut du fermage (Civ., sect. soc., 19 mai 1953, *Annales just. paix* 1953. 340), le « fermage » (Civ., sect. soc., 28 mars 1950, *Rev. fermages* 1950. 290), un « corps constitué » (Crim. 26 avr. 1952, D. 1952. 492), les « parties communes » d'un immeuble (Trib. civ. Nice, 4 avr. 1952, D. 1952. Somm. 76), etc.

5. Civ. 1er avr. 1946 (D. 1946. 285).

6. P. Mimin, *Le style des jugements*, éd. 1927, p. 154, et 3e éd., 1951.

7. Civ., 1re sect. civ., 29 oct. 1952 (D. 1953. 53).

8. Ainsi la mise en demeure de quitter les lieux, énoncée sous forme de congé, n'implique pas à elle seule l'existence d'un contrat de bail (Civ., sect. soc., 25 janv. 1952, *Rev. fermages* 1952. 91).

9. V. par ex., s'agissant de l'application de l'art. 144 c. for. à l'enlèvement de matériaux non autorisés dans les forêts : Crim. 18 oct. 1951 (D. 1951. 681, note A.-L. P.). Le critère proposé est celui de la « similitude ».

10. Civ., Ire sect. civ., 30 déc. 1952 (D. 1953. 161 ; J.C.P. 1953. II. 7475, note de M. Mihura). Cf. Req. 18 juill. 1933 (*Rec. Sirey* 1934. 1. 19), concernant une bague de fiançailles.

11. Henri Poincaré, *Dernières pensées*, éd. 1930, p. 20.

pitres fondamentaux de ce que les philosophes appellent la connaissance, est également révélateur d'un lien entre la logique judiciaire et l'éthique. La lecture des recueils de décisions montre qu'à notre siècle de la quantité et de l'homme standard le juge demeure fidèle à une esthétique de la différence, de l'individuel et de l'analyse critique.

On est frappé du soin des tribunaux à *séparer* des concepts et des situations qui semblent, au premier abord, identiques ou voisines. Séparer les mots usuels d'abord : « installer » n'est pas « établir » un enfant majeur sur une ferme[12]; un « sondage » dans le sol n'est pas le simple « grattage » de celui-ci[13]. Séparer les concepts juridiques ensuite : on distinguera la détention de la possession, le louage de services du contrat d'entreprise[14], la faute lourde du dol[15], l'escroquerie du dol[16], les manœuvres de l'art. 414 c. pén., au cas d'entrave à la liberté du travail, des propos mensongers[17], etc.

La séparation des catégories qui impose une discipline est la condition même du travail au prétoire, comme le notait jadis Troplong[18]. Elle entraîne ce corollaire qu'il appartient au juge de rétablir la qualification juridique exacte des conventions ou des agissements qui lui sont déférés : il dira qu'un bail est distinct « par sa nature » d'une promesse de vente[19], que l'exercice du droit de préemption n'est pas la déclaration de command[20], etc. Il est salutaire que cette logique des différences conduise à une discipline morale de l'esprit. Car la clarté doit régner dans le commerce juridique et dans les concepts par lesquels il s'exprime, pour que la vie sociale soit possible : voilà pourquoi est censuré tout agissement qui porte la marque de l'*équivoque*[21]. Là éclate la haute portée psychologique et morale de l'œuvre du juge en un temps où les notions qui importent à l'équilibre des esprits et au sentiment de la justice sont si souvent déviés de leur sens.

III.

Il faut, croyons-nous, aller plus loin et reconnaître que si certaines catégories juridiques s'imposent aux plaideurs et au juge, c'est qu'elles répondent encore de nos jours à une idée morale qui commande les conduites. Le refus du père de consentir au mariage de son enfant mineur n'est, pour une raison morale, susceptible d'aucun recours[22]. Dans le droit des biens, les objets d'ornement sont réputés immeubles par destination à cette seule condition que l'intention du propriétaire de les attacher au fonds à perpétuelle demeure ne soit pas douteuse :

12. Civ., sect. soc., 25 févr. 1949 (D. 1949. 265).
13. Crim. 13 mars 1952 (*Bull. crim.*, nº 127).
14. Chambéry, 28 janv. 1952 (D. 1952. 571).
15. Paris, 12 mars 1951 (D. 1951. 606).
16. Trib. corr. Lille, 18 déc. 1952 (D. 1953. Somm. 53).
17. Crim. 3 mars 1953 (D. 1953. 444).
18. Troplong, *Droit civil expliqué*, 2e éd., 1836, t. 1, p. 608, à propos des servitudes.
19. Civ., sect. civ., 16 juill. 1951 (D. 1951. 620).
20. Civ., sect. soc., 5 janv. 1951 (D. 1951. 348).
21. Civ., sect. soc., 24 avr. 1953 (D. 1953. 497), *a contrario*.
22. Sauf si l'enfant a été confié à l'Assistance publique. V. Rouen, 26 juill. 1949 (D. 1951. 532, note de M. A. Lebrun).

la raison en est encore une idée morale, à savoir que le consentement est un attribut de la personne libre. De même le juge ne saurait donner un caractère alimentaire à la rente allouée aux enfants de la victime d'un accident mortel, parce que le droit aux aliments a pour fondement un devoir de famille[23]. Dans tous ces exemples, la séparation des catégories juridiques va de compagnie avec l'idée morale. En matière de faute civile, l'œuvre du juge s'inspire quotidiennement d'une éthique favorable à la personne. Du principe que la faute ne se présume pas, il suit que celle-ci ne peut s'induire des conséquences dommageables qui résulteraient pour un tiers d'une convention licite[24]. Ici, la technique juridique s'accorde avec cette idée de morale sociale élémentaire selon laquelle quiconque agit conformément au droit bénéficie de la protection de son activité par la loi. Enfin, lors de la recherche des motifs qui ont déterminé les premiers juges, la Cour de cassation manifeste un souci logique dont la portée est morale. En effet, la Cour suprême maintient fermement une jurisprudence qui censure dans les décisions de justice tout motif qui repose sur une *hypothèse*[25] : « un tribunal paritaire ne saurait par exemple se fonder sur une appréciation future du comportement professionnel du demandeur en reprise pour exploitation personnelle »[26]. Ainsi l'équivoque est rejetée du débat judiciaire. En luttant contre l'ambiguïté[27], le juge s'efforce, pour sa part, de lutter contre le danger que représente de nos jours le « confusionnisme » intellectuel et moral[28].

Ces décisions ont un centre commun, l'individu, la protection de sa volonté; nous allons voir qu'elles lui font confiance pourvu qu'il fasse effort et agisse de bonne foi. D'abord, elles visent à maintenir une suffisante faculté de jugement chez l'agent. Quand y a-t-il cas fortuit entraînant une indemnité au profit du preneur dans un bail à ferme ? Une jurisprudence ancienne répond : lorsque la cause du dommage – le mildew par exemple – était facile à prévoir pour un homme de diligence moyenne[29]. Car cette diligence moyenne qui rejoint le critère romain du *bonus pater familias* est une qualité de l'activité en deça de laquelle il n'est plus de jugement sain. D'autre part, il est souhaitable que les hommes aient les uns dans les autres une confiance « moyenne », et il est indispensable que chaque individu ait confiance en lui-même, c'est-à-dire soit assuré que ses actes n'entraîneront pas pour lui des responsabilités illimitées. Aussi a-t-il été décidé que le commettant n'est responsable du dommage causé par son préposé dans l'exercice abusif de ses fonctions, que si celui-ci a été considéré par la victime comme agissant pour le compte du commettant[30].

Aux confins de l'illicite, le dépistage de la fraude permet de suivre cette action morale voulue par le juge. Si le juge refuse de censurer des agissements qu'on présente comme entachés de mauvaise foi, c'est qu'il fait confiance à l'homme et

23. Crim. 20 mars 1952. (D. 1952. 413, note de M. Savatier).
24. Civ., sect. soc., 5 juill. 1951 (D. 1953. Somm. 16).
25. Civ. 7 mai 1946 (D. 1946. 324).
26. Soc. 1er août 1947, cité par Ourliac et de Juglart, *Fermage et métayage*, 3e éd. 1951, p. 184 et note 214.
27. Par ex., derrière une amodiation le juge démasquera une reprise (Civ., sect. soc., 5 déc. 1952, *Rev. fermages* 1953. 244).
28. Nous nous permettons de renvoyer à notre article : *L'immoralisme contemporain et le problème de la méthode, Rev. de la Méditerr.* 1949. I. p. 159.
29. Colin et Capitant, *Cours élém. de droit civil français*, 6e éd., 1931, t. 2, p. 557.
30. Civ. 20 mai 1947 (D. 1947. 361); Douai, 17 nov. 1952 (D. 1953. Somm. 32).

désire conserver autour de l'individu un périmètre de liberté[31] ; telle est sa doctrine lorsqu'il décide que l'exercice d'un droit n'est pas frauduleux du fait que le préjudice qu'il porte à un tiers pouvait être évité ; la solution s'accorde autant avec la logique juridique qu'avec une conception morale de la personne[32].

Soulignons enfin avec quel sens des facteurs concurrents le juge a manié la théorie de la responsabilité civile pour accomplir sa tâche moralisatrice. Dans les affaires d'accidents de la circulation, la recherche du lien de causalité, qui relève de la logique juridique, interfère avec la recherche de la faute, qui intéresse un comportement et relève de la psychologie morale. Aussi le fait de la victime pourra réduire ou détruire le lien causal qui attachait la responsabilité à l'auteur du dommage[33]. Même en cette matière où le point de vue de la réparation tend à l'emporter sur celui de la responsabilité, il subsiste pour le juge un travail délicat pour apprécier une « situation » avec tout ce qu'elle comporte de facteurs interdépendants, afin que ni la machine, ni le hasard n'obscurcissent ce que l'on peut discerner dans la conduite humaine[34].

Concluons qu'au prétoire la logique ne peut s'abstraire de la morale. Là où notre civilisation menace la notion de personne, le juge contribue à la défendre. En un monde qui change, cette œuvre logique et morale affirme l'existence nécessaire de certaines constantes dans la conduite qui résultent d'observations séculaires. Parmi ces constantes le juge inscrit, plus qu'en aucun temps, cette règle d'or : il n'y a pas au prétoire de « morale de l'ambiguïté ».

IV.

Les premiers commentateurs du Code Napoléon ne s'interrogeaient pas sur la logique applicable au droit privé, il n'y avait pas de problème pour eux : ils utilisaient sans hésitation la logique traditionnelle. « Ce n'est qu'au développement logique des conséquences de chaque principe qu'il est possible de demander les vérités dont on poursuit le triomphe », écrit Demolombe dans son *Cours de Code*

31. Ainsi, n'est pas un acte de mauvaise foi le fait par un propriétaire d'avoir reloué à un tiers des locaux qu'il avait prétendu, lors d'une instance en validation de congé, vouloir occuper personnellement, quand rien ne démontre qu'à ce moment il n'avait pas l'intention de s'y installer, mais qu'au contraire il justifie que les locaux avaient cessé de lui être utiles lorsqu'ils furent libres (Montpellier, 7 janv. 1953, D. 1953. Somm. 53).

32. Civ., sect. soc., 29 mai 1953 (*Rev. fermages* 1953. 221).

33. V. Marg. Haller, *Le fait et la faute de la victime*, thèse, Paris, 1925 ; H. Capitant, *Les passages cloutés*, Chron. D.H. 1931, p. 19 : « On peut affirmer, que d'après la jurisprudence actuelle la présomption de responsabilité ne s'applique plus quand il est prouvé que l'accident a été provoqué par la faute de la victime. Celle-ci ne peut alors réussir dans sa demande en réparation du dommage qu'à la condition de prouver que le gardien de la chose a lui-même commis une imprudence ou une négligence ». V. aussi H. et L. Mazeaud, *Traité théor. et prat. de la responsabilité civile*, 4e éd., nos 1447 à 1539.

34. Notons, en matière de sociétés à responsabilité limitée, les abus commis par certains gérants qui profitent de leur qualité pour exercer, sous le couvert de la société, une activité personnelle sans contrepartie de responsabilité envers les créanciers, et l'action moralisatrice de la jurisprudence. V. par ex. Civ., sect. com., 21 juill. 1952 (D. 1952. 773, note de M. J. Copper-Royer). Cf. chron. de M. Prévost, *De la jurisprudence sur les conditions requises pour l'extension des faillites des sociétés à responsabilité limitée à leurs gérants* (*Gaz. Pal.* 11-13 févr. 1953).

Napoléon[35]. La logique juridique faisait corps avec l'idée que l'on se faisait de la vérité morale.

Aujourd'hui cette cohérence est ébranlée. L'étude comparée des sciences et de la logique du langage ont montré qu'on pouvait concevoir non pas une, mais des méthodes. En même temps, l'esprit historique nous a habitués à l'idée qu'il y a des périodes dans l'évolution des méthodes. Enfin, nous constatons que la science du droit participe du mouvement général de la connaissance.

À la lumière de ces observations, il est possible de mettre en évidence deux grands stades dans l'histoire du raisonnement jurisprudentiel : un stade traditionnel, caractérisé par la pensée conceptuelle statique : on raisonne à la manière des mathématiciens sur des objets – c'est-à-dire des concepts – qui se suffisent à eux-mêmes ; puis un stade « récent », qui emploie une technique dynamique faisant apparaître des significations opposées à l'intérieur des notions juridiques tenues jusqu'alors pour unitaires. Examinons tour à tour ces deux conceptions.

V.

L'ère de la pensée juridique conceptuelle a vu l'épanouissement de la science juridique et les grandes codifications. Les droits civils et les lois reposent sur des notions essentielles que la doctrine et la jurisprudence définissent, analysent, puis comparent. En définissant les notions juridiques et en respectant leur cohérence, théoriciens et magistrats définissent une morale des lois. À l'instar du logicien et du mathématicien, le juriste pose des principes, manie la règle de non-contradiction ; le raisonnement idéal est un syllogisme ainsi que la règle morale. Augmenter la précision des concepts en séparant ce qui est même et ce qui est autre, dire le droit à l'aide de la méthode déductive, telle est la tâche à la fois logique et éthique du juge.

L'avènement de la civilisation industrielle et l'urgence des problèmes économiques ont modifié de nos jours cet état de choses. Les concepts les plus importants du droit civil sont apparus, dans des situations neuves, pleins de composants hétérogènes dont on a relevé les oppositions et les contradictions, dans le dessein de réaliser une adaptation meilleure des théories à la réalité sociale. Pour cela, on a adjoint aux concepts traditionnels des notions nouvelles : par exemple, à côté de la faute des romanistes, on a introduit l'abus du droit, le risque. Un autre remède a consisté à user de présomptions afin de renverser la charge de la preuve : on sait, l'intérêt pratique qu'a présenté pour les victimes des accidents causés par les automobiles la présomption de garde de la chose élaborée par la jurisprudence. Ainsi sont nées des techniques correctives, destinées à arrêter le déroulement de la pure logique dans les cas où celle-ci froissait l'équité et par conséquent la morale dans un état donné de la civilisation et de la technique.

Allant plus loin, on a fait valoir que les raisonnements fondés sur la logique formelle dont usaient les commentateurs du Code civil n'étaient viables que si les prémisses reposaient sur des notions douées d'une stabilité suffisante. Dès

35. Édit. de 1854, préface, p. III.

l'instant, a-t-on dit, où les notions traditionnelles éclatent sous la pression des forces économiques, – et c'est le cas pour la plupart des chapitres du droit civil contemporain, – peut-on encore parler de logique au sens classique du terme ? De là des tentatives pour introduire au prétoire et en doctrine une logique nouvelle qui, à raison des problèmes de technique juridique qu'elle soulève et aussi des difficultés qu'elle rencontre sur le plan de la logique, est caractéristique d'une phase nouvelle dans l'histoire du raisonnement juridique. Exposons brièvement sa genèse et sa portée pratique.

VI.

À l'inverse du raisonnement juridique classique, qui manie des concepts supposés statiques, la méthode nouvelle veut être une dynamique des notions juridiques. Si deux idées opposées sont incluses dans un même concept, on empruntera alternativement à l'une et à l'autre des éléments en vue d'une solution de droit. De là un raisonnement contrasté, pendulaire, qui rompt avec le schéma linéaire classique et qu'on qualifie de « dialectique »[36].

Déjà on connaissait au XIXe siècle des notions juridiques qui obéissaient à des principes opposés ; mais l'idée ne serait pas venue aux interprètes de chercher dans cette direction une méthode de raisonnement, si des concepts fondamentaux du droit des biens ne présentaient pas, à notre époque, des caractères contradictoires au regard de la logique et de l'éthique, mais complémentaires au regard de la réalité sociale. Par exemple, le concept propriété ne confère-t-il pas à son titulaire, à côté d'un droit réel de disposition, un droit personnel de jouissance ? Inversement, le locataire ne dispose-t-il pas d'un droit réel de jouissance à certains égards, à côté d'un droit personnel de préférence en cas de vente du bien ?[37] Droits des propriétaires et droits des locataires apparaissent alors, souligne-t-on, comme « en même temps réels et personnels », les deux caractères juridiques « existent à la fois », mais « n'ont pas le même domaine d'application ». On cite à titre d'exemples illustrant ce mouvement pendulaire la matière des valeurs mobilières, de la lettre de change, du fonds de commerce, des reprises de la femme dans la communauté, qui oscillent du droit de propriété au droit de créance[38].

Ainsi se propage une expérience des dualismes et des polarités complémentaires à laquelle on refuse d'appliquer le nom de « logique juridique » et que l'on appelle une « dialectique ».

Il convient de remarquer d'abord qu'il ne s'agit pas ici de la dialectique suivie de synthèse de Hegel, ni de la dialectique métaphysique de Platon, ni non plus de la rhétorique qui se propose de convaincre ; il serait donc plus juste de qualifier la méthode proposée de critique et d'analytique. D'autre part, d'un point de vue logique, il est utile de noter que la méthode préconisée, faisant application, à

36. V. Edmond Bertrand, *Le rôle de la dialectique en droit privé positif*, chron. D. 1951, p. 151.
37. V. Ed. Bertrand, chronique précitée.
38. V., en ce qui concerne les effets de commerce, Civ. 14 oct. 1940 et 7 juill. 1942 (D.C. 1943. 70, note de M. Chéron).

l'occasion d'un même litige, de notions antinomiques, ne saurait opérer la synthèse des contraires.

Enfin, la recherche des « complémentaires » mène à des dissociations du contenu des notions juridiques qui entraîne à son tour la dissociation de l'éthique qui s'attache, comme on a essayé de le montrer plus haut, aux règles logiques de l'acte de juridiction : l'éthique au prétoire ne risque-t-elle pas de se scinder en autant de morales distinctes qu'il y aura de notions isolées par la méthode « dialectique » ?

Ces réflexions ramènent au problème de la méthode générale dans la jurisprudence. Il est permis de se demander si le juge qui fait et doit faire chaque jour application du principe de non-contradiction comme d'une règle tutélaire de rectitude, peut dans le même temps et sans commettre une erreur de raisonnement, accueillir, lors d'une dissociation « dialectique » des concepts juridiques, des notions qui sont antinomiques, même s'il les estime « complémentaires ». En bonne méthode, les deux attitudes ne s'excluent-elles pas ? D'autre part, la dissociation des concepts juridiques à laquelle on nous convie, laisse subsister les antinomies qui sont en eux, les contradictions persistent dès lors qu'aucune synthèse ne vient les surmonter.

On en vient donc à penser que, s'ils abandonnaient les règles tutélaires du raisonnement qui reposent essentiellement sur le principe de non-contradiction, les juges contribueraient, sans l'avoir désiré, à désagréger la méthode et l'éthique qui en est inséparable, à renforcer le règne de l'équivoque qui marque la crise de la pensée contemporaine. Or, il est de la mission des juges de refuser à la fois l'ambiguïté logique et l'ambiguïté morale, parce qu'elles représentent une même tare de l'esprit.

LES PRINCIPES DIRECTEURS DE LA RESPONSABILITÉ AÉRIENNE EN DROIT FRANÇAIS*

1955

Michel de Juglart

Professeur à la Faculté de droit de l'Université de Bordeaux

L'étude du droit aérien a pris maintenant en France une importance telle qu'il est permis à l'interprète de faire le point dans un certain nombre de secteurs et de dégager quelques principes généraux[1]. Il en va ainsi en particulier dans le domaine de la responsabilité aérienne. Mais avant d'entreprendre cette analyse, nous tenons à renseigner très exactement nos lecteurs sur les objectifs qu'il est dans notre pensée d'atteindre et sur la méthode dont nous tenons à nous inspirer.

Nous relèverons ainsi tout d'abord la nécessité impérieuse qui pousse aujourd'hui les juristes français à réaliser une véritable synthèse, à opérer les rapprochements qui s'imposent, à faire, en un mot, œuvre de portée générale et systématique. Le droit aérien – et en particulier celui de la responsabilité – suppose pour nous une certaine façon de penser, de réagir et de discuter, en tenant compte dans toute la mesure du possible, selon les données actuelles, des règles posées par le droit commun[2]. Peu importe, par conséquent, que nous cherchions à appliquer plus ou moins exégétiquement les principes fondamentaux de notre Code civil, peu importe que nous envisagions ou non la création d'une discipline plus ou moins particulariste. À nos yeux, il faut avant tout connaître à fond les bases de nos institutions juridiques et les conditions dans lesquelles elles sont appelées à intervenir. Ce qui est vrai pour le droit civil, l'est également pour le droit commercial, pour le droit international privé, pour le droit pénal aussi. De la même façon, quoique à un degré peut-être moins accusé, le droit public doit être analysé et dominé tant du point de vue interne que du point de vue international. Nous songeons ainsi tout d'abord à toutes les difficultés qui naissent du statut des aérodromes[3] et des taxes qui y sont perçues[4], au pouvoir de réglementation en matière de police de l'air[5]. Comment pourrait-on, d'autre part, sur le plan international, comprendre les réactions des représentants des U.S.A. lors de la discussion du problème des garanties, tel qu'il a été résolu par la Conférence de Rome le 7 octobre 1952, si l'on ignore la structure constitutionnelle

* Cette étude doit paraître dans les *Mélanges* en l'honneur du Professeur A. Ambrosini.

1. De Juglart, *L'Esprit du droit aérien français, Mélanges Ripert*, t. 2, p. 412 et s., et *Traité élém. de droit aérien*, n°s 6 et s.
2. De Juglart, *Le droit aérien actuel est-il un droit autonome ?*, D. 1954, Chron., p. 117 et s.
3. Sur ce point, v. notre *Traité* précité, n°s 102 et s.
4. Trotabas, note sous Aix, 2 mai 1952 (D. 1962. 419).
5. Bonnard, *Précis de droit administr.*, 4e éd., 1943, p. 423 ; de Laubadère, *Traité élém. de droit administr.*, 1953, n° 1019.

des États-Unis ?[6] Comment dominerait-on sur ce même plan les difficultés inhérentes au rôle de l'État en général et, plus particulièrement, de sa responsabilité ?[7] Comment pourrait-on également présenter les grandes lignes d'une convention internationale sans connaître le mécanisme d'élaboration ou les effets d'un traité, sans avoir en main les instruments susceptibles de définir et de caractériser les rouages de la Société internationale ?[8] Ainsi, nous songeons, en écrivant ces lignes, au Conseil de l'O. A. C. I., à ses fonctions judiciaires en particulier. Nous évoquons tout naturellement à ce propos l'art. 15, paragr. 5, de la Convention de Rome du 7 octobre 1952, qui vise précisément le pouvoir déféré à cet organisme de trancher certains conflits, pouvoir qui a été accepté par une résolution du 10 mai 1953[9] et se trouve soumis de ce fait à un règlement en date du 21 mai 1953[10]. Nous ne pouvons même nous empêcher de rapprocher ces dispositions des art. 84 et s. de la Convention de Chicago, selon lesquels le Conseil peut exercer également des prérogatives de cette nature en arbitrant des conflits entre les États membres[11].

Le droit aérien nous apparaît par conséquent sous un premier aspect comme se situant en quelque sorte au confluent de nombreux courants émanant des diverses disciplines juridiques. Il suppose chez celui qui l'enseigne, comme chez celui qui l'applique, la volonté de poser et de résoudre les problèmes en tenant compte des éléments les plus divers, des notions parfois les plus opposées. A. Ambrosini, bien qu'étant avant tout un juriste de droit privé, sait tout cela. Son œuvre constitue à cet égard un véritable témoignage. Il suffit, pour s'en rendre compte, de relire attentivement quelques passages particulièrement significatifs du *Corso di diritto aeronautico*[12] ou des *Istituzioni di diritto aeronautico*[13]. Mieux, il faut réaliser avec quelle maîtrise cet auteur a pu passer de l'étude de certains problèmes plutôt cantonnés, comme, par exemple, sa relation au Congrès international de Rome, en 1927, sur la *Limitazione legale del responsabilità*, à, des exposés de vaste culture générale comme la *Responsabilità aeronautica*[14], ou encore ses rapports devant le C. I. T. I. J. A. lors des travaux préparatoires de la première Convention de Borne sur les dommages causés aux tiers à la surface[15].

Mais l'étude que nous entreprenons doit se plier à d'autres impératifs. En effet, le droit aérien évolue dans une ambiance internationale; il est matière à discussion de droit comparé, à analyse de conventions, à adaptation de législations internes aux grandes voies tracées par les conférences internationales de droit

6. Cf. Rousseau, *Droit internat. public*, 1953, n° 127.
7. À ce propos, Cavaret, *Le droit internat. public positif*, 1951, t. 2, p. 291 et s.
8. Rousseau, *Principes généraux du droit internat. public*, t. 1, 1944, n°s 69 et s. (étude du traité international au point de vue formel); n°s 246 et s. (effets du traité à l'égard des parties contractantes).
9. D. O. C. O. A. C. I. 7361, C. 858.5, et C. W. P. 1369.
10. D. O. C. 7392, C. 862; C. W. P. 1457 et 1503; D. O. C. 7390, C. 861. I et C. 861. 8.
11. Sur ce même point, l'art. XV de l'Accord de Paris de 1954 sur les stations océaniques de l'Atlantique Nord, *Rev. fr. dr. aérien* 1954, p. 3 et s. – On consultera également avec profit l'étude de M. Mankiewicz sur *Le rôle du Conseil de l'O. A. C. I. comme administrateur des services de la navigation aérienne, Rev. fr. dr. aérien* 1954. 223 et s.
12. Rome, 1933 et 1935.
13. 2e éd., 1940.
14. Rome, 1930.
15. *Rev. gén. dr. aérien* 1933, t. 2, p. 484 et s.

privé ou public. Tout l'effort du juriste doit tendre à réaliser ces nécessaires rapprochements et à faire en sorte, par conséquent, que les pouvoirs publics prennent toutes dispositions utiles en vue de formuler l'indispensable unification. Ambrosini est précisément de ceux qui ont le plus et le mieux milité en faveur de cette œuvre. Dès 1927 nous voyons apparaître ses tendances profondes dans ce domaine, avec son analyse de la *Metodo di trattazione di diritto aeronautico*[16]. Nous les retrouvons, plus nettement affirmées encore, dans son étude sur *L'universalité du droit aéronautique et ses exigences sur les rapports de la législation interne*[17]. Plus récemment ses travaux sur les *Considérations relatives à la Convention de Rome* de 1933[18] ou encore sur *Le dol et la faute grave dans l'élaboration des conventions internationales*[19], témoignent de cet esprit très finement adapté aux exigences de la Société internationale et des besoins nouveaux de l'humanité.

Tels sont les quelques éléments susceptibles de nous guider dans l'interprétation des règles du droit français relatives à la responsabilité aérienne. Ainsi, il ne faut pas attendre de nous une analyse minutieuse et aride, puisque notre désir est de rechercher avant tout quelques principes assez solides pour nous fournir, dans un secteur déterminé, une vue d'ensemble sur cette discipline nouvelle. Par conséquent, c'est bien en partant des données du milieu international que nous pourrons le mieux analyser les dispositions de la loi interne française et dégager les différences qui les séparent des conventions relatives à la responsabilité, qu'il s'agisse du statut *contractuel* (I) ou du statut *délictuel* (II).

I. La responsabilité aérienne contractuelle

À cet égard, le droit positif français formule, on le sait, des règles assez différentes de celles de la Convention de Varsovie[20]. Certes, la base de départ est bien la même, puisque le transporteur aérien est considéré dans les deux cas comme étant tenu en vertu d'une présomption de responsabilité : il doit fournir un certain résultat[21] et ne peut se dégager qu'à la condition d'établir qu'il s'est heurté à la force majeure ou, tout au moins, qu'il n'a commis aucune faute, étant donné que lui et ses préposés ont vraiment fait en sorte de prendre les « mesures nécessaires » pour éviter le dommage. Mais les divergences vont bien vite apparaître lorsqu'on analyse de plus près le régime de cette responsabilité. En effet, alors que la, loi du 31 mai 1924 valide certaines clauses contractuelles d'exonération, la Convention de Varsovie interdit au contraire en principe toute stipulation de cette nature. D'autre part, la loi du 31 mai 1924 n'établit de limitation de responsabilité qu'en matière de transport de marchandises et en l'absence de déclaration de valeur, alors que la Convention de Varsovie limite, en

16. *Revista dir. aeron.* 1927, p. 241 et s.
17. *Rev. aéronautique internat.*, juin 1933.
18. *Revista del Instit. de derech. aeron. de la Naçion* 1952, n° 2, p. 163.
19. *Mélanges Meyer*, 1954, p. 14 et s.
20. De Juglart, *Traité* précité, n°s 221 et s.
21. Cf. à ce propos, Trib. civ. Seine, 16 juin 1953 (*Rev. gén. de l'air* 1953, 399); pour l'Argentine, aff. *Prielo de Fonterla* C, *F. A. M. A.*, analysée par Perucchi (*Revista del Instit. de derech. aeron. de la Naçion* 1952, n° 1, p. 32).

règle générale, la responsabilité du transporteur aérien international aussi bien, pour les personnes que pour les bagages et les marchandises. Les différences sont donc particulièrement sensibles. Malgré tout, des tendances se font jour en droit français en vue de réaliser un certain rapprochement. C'est ainsi que, pour satisfaire les besoins de plus en plus impérieux des victimes, les clauses d'irresponsabilité sont devenues un terrain d'élection où se manifeste le mieux cette évolution extrêmement intéressante, qu'il s'agisse de la *recherche de la faute personnelle du transporteur* (A) ou de la *délimitation du contrat de transport lui-même* (B). En évoquant ces efforts de nos interprètes, nous ne pourrons d'ailleurs que constater leur imperfection[22], car la consécration d'un régime exclusif de toute exonération contractuelle appelle, pour que soit vraiment réalisée l'unification du droit des transports aériens, l'établissement de justes limites de responsabilité[23].

A. La recherche de la faute personnelle du transporteur

Lorsque l'on examine en pratique l'application de la Convention de Varsovie, on est immédiatement frappé par le fait que le transporteur aérien international ne cherche pas, la plupart du temps, à démontrer, comme l'y autorise pourtant l'art. 20, « que lui et ses préposés ont pris toutes les mesures nécessaires pour éviter le dommage ou qu'il leur était impossible de les prendre » ; l'art. 20 est lui-même rarement invoqué, bien qu'il admette que « dans les transports de marchandises et de bagages, le transporteur n'est pas responsable s'il prouve que le dommage provient d'une faute de pilotage, de conduite de l'aéronef ou de navigation ». Ainsi, les compagnies de navigation ne s'emploient pas en général à dégager leur responsabilité, elles reconnaissent à leur charge l'existence d'une faute personnelle. Leur attitude se conçoit dans une certaine mesure, du fait que

22. François, *L'équivoque de la responsabilité du transporteur aérien à titre onéreux* (*Rev. gén. de l'air* 1954, 136 et s.) ; Rabut, *L'esprit du droit aérien envisagé du point de vue de la responsabilité du transporteur* (*Rev. de l'Intendance milit.*, 3e trim. 1953, p. 72).

23. Le législateur français semble bien s'orienter, il est vrai, dans cette voie. En effet, selon un projet de loi récent, relatif à la responsabilité du transporteur aérien interne, tel qu'il a été approuvé par le Conseil des ministres, comme suite au désir exprimé par le Conseil de la République dans sa résolution du 4 mars 1954 (*J. O.* 5 mars, Déb. parl., Cons. Rép., p. 301), le transporteur aérien interne serait soumis à un régime très voisin de celui qui gouverne le transporteur aérien international (ce projet n° 163, 22 mars 1955, est reproduit et analysé dans la *Rev. gén. de l'air* 1955, p. 214 et s.). Cette responsabilité serait ainsi tout d'abord présumée (art. 3), avec possibilité cependant pour le transporteur de se dégager en établissant que le dommage résulte en tout ou en partie de la force majeure, d'un vice propre à la chose transportée ou d'une faute imputable au voyageur, à l'expéditeur ou au destinataire (art. 6) (On remarquera que le projet de loi français ne retient pas la formule de Varsovie, aux termes de laquelle le transporteur peut se dégager en établissant qu'il a pris toutes les « mesures nécessaires ». Sur les « mesures raisonnables » au départ, en vue d'éviter un accident, Cf. Lyon, 12 nov. 1951, *Rev. fr. dr. aérien* 1951. 440). Mais, pour compenser l'élimination des clauses d'irresponsabilité qui figurent actuellement dans les art. 42 et 48 de la loi du 31 mai 1924, le transporteur aérien serait autorisé à invoquer, selon l'art. 4 du projet, les limites de responsabilité fixées par la Convention de Varsovie, ou par les textes la modifiant dans l'avenir. Cependant, le transporteur ne pourrait, aux termes de l'art. 6 de ce même texte, se prévaloir des dispositions qui excluent ou limitent sa responsabilité lorsque « le dommage provient de son dol ou de sa faute inexcusable ou d'un dol ou d'une faute inexcusable d'un de ses préposés agissant dans l'exercice de ses fonctions ». Cette dernière exception a déjà soulevé certaines réserves en doctrine (Cf. à ce propos, Chauveau, *Le projet de loi sur la responsabilité du transporteur par air, supra*, p. 81 et s.).

l'art. 22 consacre à leur profit une limitation de responsabilité pour les passagers, les bagages et les marchandises.

Dans le droit aérien interne, où cette limitation n'est admise que pour le transport de marchandises (art. 41, al. 2, de la loi du 31 mai 1924), les réactions du transporteur sont toutes différentes. Les clauses d'irresponsabilité constituent un rempart trop important pour qu'une indifférence puisse se manifester. Aussi, l'entrée en scène de la faute personnelle a-t-elle une autre origine. Ce n'est plus avec l'accord du transporteur, mais contre lui, que cette évolution va s'accomplir, puisque, pour ne pas courir le risque d'une responsabilité illimitée, les compagnies de navigations françaises sont inévitablement conduites à se retrancher derrière les art. 42 et 48 de la loi du 31 mai 1924, qui les autorisent, on le sait, à « s'exonérer de la responsabilité qui leur incombe, à raison des risques de l'air et des fautes commises par toutes personnes à bord dans la conduite de l'appareil ».

La première manifestation de cette tendance à faire ainsi intervenir la faute personnelle à l'encontre de l'aéronaute, consiste dans le recours aux dispositions de l'art. 42 lui-même, dont le paragr. 2 stipule que la présomption établie par la loi en faveur des certificats et brevets n'est qu'une présomption simple, présomption qui peut être combattue, par conséquent, par toute preuve contraire. L'interprète va donc pouvoir faire appel ici à un principe général selon lequel le transporteur demeure, malgré l'approbation donnée par l'Administration, responsable des défectuosités du matériel qu'il utilise. La question s'est d'ailleurs posée à plusieurs reprises dans la jurisprudence, que le moyen soit tiré de l'irrégularité des brevets[24] ou de la défectuosité du matériel[25]. Il faut reconnaître cependant que, sur ce premier point, la résistance de l'armement a eu raison la plupart du temps de l'argumentation déployée par les victimes. Aussi le procès est-il engagé plus couramment avec le secours d'un autre texte qui a reçu au cours de ces dernières années un meilleur accueil auprès des tribunaux et des auteurs.

En effet, partant de l'art. 43 *in fine*, selon lequel « est nulle toute clause ayant pour objet d'exonérer le transporteur de la responsabilité de ses fautes personnelles », les demandeurs vont rechercher tous éléments de nature à mettre en cause ce transporteur personnellement, en raison de son comportement dans telle ou telle circonstance. Ils rappelleront tout d'abord que le législateur n'a fait aucune distinction parmi les fautes susceptibles d'être relevées et que, par conséquent, la condamnation formulée par lui vaut aussi bien pour les fautes légères que pour les fautes lourdes. Ils reprocheront ainsi au transporteur d'avoir,

24. Paris, 11 déc. 1952 (J. C. P. 1953. II. 7650, note de Juglart).

25. Paris, 1er déc. 1931 (*Rév. gén. dr. aérien* 1933. 334), et Civ. 18 janv. 1937 (*ibid.* 1937. 152); Alger, 24 déc. 1943 (*Rev. gén. dr. aérien* 1948. 107); Trib. com. Seine, 12 janv. 1954 (J. C. P. 1954. II. 8061, note de Juglart); Bourges, 29 juin. 1954 (*Rev. gén. de l'air* 1954. 289, note Le Goff); Trib civ. Seine, 24 juin 1955 (inédit). À plus forte raison lorsqu'il s'agit d'un transport spécial dont les difficultés particulières doivent être connues et étudiées de très près par le transporteur en vue d'assurer, par exemple, la conservation de certains produits (Cf. à ce propos, note D. 1952. 368, sous Aix, 31 janv. 1952, rendu à propos d'un transport de ruches peuplées et confirmé par Civ. 8 juin 1955, inédit. Dans ses observations sous l'arrêt d'Aix, *Rev. fr. dr. aérien* 1952. 641, M. Lemoine indique que l'expéditeur, qui était un spécialiste et qui voyageait au surplus avec ses ruches, aurait dû prendre lui-même les précautions voulues). – Comp. Alger, 28 nov. 1952 (*Rev. fr. dr. aérien* 1953. 235).

par exemple, laissé conduire l'appareil par un pilote fatigué[26] ou imprudent[27], ou encore de ne pas avoir indiqué à ses usagers pour les baptêmes de l'air qu'ils devaient attendre le préposé de la société avant de sortir de l'hélicoptère[28]. Parfois même, les victimes n'hésitent pas à reprocher à une compagnie aérienne de ne pas avoir, au départ de l'appareil, réitéré au pilote certaines consignes relatives au trajet de sécurité sur une ligne déterminée[29]. Un arrêt a posé à ce propos un principe particulièrement rigoureux, en indiquant que « les conditions atmosphériques, que la Société X... pouvait connaître et dont le devoir consistant à veiller à la sécurité de ses passagers l'obligeait à s'enquérir, présentaient un danger particulièrement grave au-dessus du col de... ; que la Cie X... a donc commis une faute lourde en donnant à un avion l'ordre de départ dont le pilote n'avait pas à prendre seul l'initiative »[30]. Dès lors, un problème de répartition des compétences va se poser à ce propos. De toute façon, le transporteur ne peut donner des instructions au commandant de bord qu'en respectant l'indépendance de celui-ci (si relative qu'elle soit). Ce dernier ne doit donc pas prendre le départ, malgré l'ordre qui a pu lui être donné, lorsqu'il estime qu'il expose ses passagers à un danger, par exemple en raison des renseignements météorologiques qui ont pu lui être fournis. En somme, en présence de ces deux obligations contraires, l'une à l'égard de son commettant et l'autre à l'égard des personnes ou des biens qu'ils transporte, le pilote doit toujours satisfaire les exigences de la sécurité[31]. Quoi qu'il en soit, un transporteur est fautif, comme on l'a fait remarquer[32], s'il n'interdit pas le départ lorsque cette sécurité l'exige.

Sur un plan assez voisin et selon la formule d'un autre arrêt, « si le chef de bord est responsable seul de la conduite de l'aéronef et doit conserver à cet égard toute autorité, il incombe aussi au chef responsable de l'entreprise, sans entrer dans les directives techniques concernant le maniement et la direction de l'appareil, d'éviter d'imposer à son personnel une aggravation du risque incompatible avec les règles de prudence que comporte toute gestion bien comprise »[33]. Cette interprétation est d'autant plus intéressante qu'elle découvre la faute personnelle du transporteur dans des circonstances antérieures à la cause immédiate de l'accident. Le juge prend donc en considération la *causa remota*, de préférence à la *causa proxima*[34]. L'idée mérite d'être soulignée, non seulement parce qu'elle est à l'origine d'une application assez inattendue de l'art. 43, mais aussi et surtout parce qu'elle montre d'une façon saisissante combien est grande l'indépendance du juge à l'égard des clauses d'irresponsabilité et en particulier

26. Trib. civ. Cusset, 16 mars 1949 (*Rev. fr. dr. aérien* 1949. 113).
27. Trib. corr. Mantes, 15 juin. 1933 (S. 1933. 2 233).
28. Paris, 5 avr. 1954 (J. C. P. 1954, II, 8389, note de Juglart).
29. Cf. Grenoble, 11 févr. 1948 (*Rev. fr. dr. aérien* 1949. 115).
30. Orléans. 17 juill. 1945 (*Rev. fr. dr. aérien* 1947. 123; J. C. P. 1946. II. 3117).
31. Comp. Meyer, *Responsabilité de l'entreprise pour faute du personnel* (*Interavia* 1950).
32. Charlier, *Contre la négligence clause dans le transport aérien* (J. C. P. 1946. I. 532).
33. Paris, 14 févr. 1950 D. 1950 337; J. C. P. 1950. II. 587, note Rodière; *Rev. fr. dr. aérien* 1950. 97, note Lemoine; *Rev. gén. de l'air* 1951. 86, observ. J. L.).
34. Cf. à ce propos, Marty, *La relation de cause à effet comme condition de la responsabilité civile* (*Rev. trim. dr. civ.* 1939. 691 et s.).

de la negligence clause[35]. Cette indépendance va être mise en relief avec plus de netteté encore à l'examen des solutions relatives à la délimitation du contrat de transport aérien interne.

B. La délimitation du contrat de transport

À cet égard, la lecture de la Convention de Varsovie nous permet de dégager assez vite quelques règles élémentaires de nature à faciliter la comparaison avec le régime posé par la loi française du 31 mai 1924. Cherchant à élargir le plus possible le champ d'application de leur texte, les rédacteurs de la Convention ont ainsi stipulé que les règles qu'ils adoptaient doivent être appliquées à tout accident « qui s'est produit à bord de l'appareil ou au cours de toutes opérations d'embarquement ou de débarquement » (art. 17), ou encore durant « la période pendant laquelle les bagages ou marchandises se trouvent sous la garde du transporteur, que ce soit dans un aérodrome ou à bord d'un aéronef ou dans un lieu quelconque en cas d'atterrissage en dehors d'un aérodrome » (art. 18, § 2) ; il est même spécifié dans l'art. 18 (§ 3) que, lorsqu'un transport terrestre, maritime ou fluvial « est effectué dans l'exécution du contrat de transport aérien en vue du chargement de la livraison, ou du transbordement, tout dommage est présumé, sauf preuve contraire, résulter d'un événement survenu pendant le transport aérien ». D'autre part, toujours selon la même optique, l'art. 1er indique que la Convention s'applique « aux transports gratuits effectués par aéronefs par une entreprise de transports aériens ». Enfin, d'après l'art. 24, « toute action en responsabilité, à quelque titre que ce soit, ne peut être exercée que dans les conditions et limites prévues par la présente Convention ». Nous avons donc là, du point de vue très général où nous nous plaçons, trois dispositions fondamentales qui nous permettent de préciser, dans une assez large mesure, les contours du transport aérien international, tel qu'il a été réglementé à Varsovie. Il est donc particulièrement intéressant de procéder sur ce nouveau terrain à une comparaison entre la loi interne et la Convention internationale, afin de mieux démontrer que les imperfections de notre système législatif ont conduit parfois les auteurs et les juges à interpréter restrictivement les dispositions applicables à la responsabilité contractuelle de l'aéronaute.

Les premières indications susceptibles de nous éclairer sur cette façon de concevoir le problème de délimitation peuvent être relevées dans l'analyse du contrat lui-même et des dispositions qui y sont insérées[36]. Si nous analysons, en effet, les clauses d'irresponsabilité, nous nous rendons compte tout d'abord qu'elles sont en général impuissantes à dégager le transporteur pour tout dommage résultant d'un retard, auraient-elles même été expressément libellées pour cela[37].

35. On a d'ailleurs relevé à juste titre que cette clause est en voie de disparition : Lacombe et Saporta, *Le risque de l'air* (*Rev. gén. de l'air* 1952. 4).

36. Sur le sens et la portée de ces clauses : Hamel, *La loi du 1er juin 1924 sur la navigation aérienne* (*Annales dr. com.* 1925, p. 205).

37. Trib. com. Seine, 30 juill. 1948 (*Rev. fr. dr. aérien* 1949. 201), et 17 janv. 1949 (*ibid.* 1949. 204) ; Paris, 8 nov. 1951 (*ibid.* 1951. 433). Comp. Cour d'app. de Mendoza, 15 mars 1943 (*Rev. gén. de l'air* 1951. 399).

Mais c'est surtout dans l'analyse de la négligence clause que nous pouvons le mieux noter ce cantonnement du contrat de transport et, par voie de conséquence, cette élimination des exonérations contractuelles de responsabilité. C'est ainsi que la clause ne pourra pas être invoquée tout d'abord lorsque le propriétaire de l'aéronef était au poste de commande au moment de l'accident[38]. Elle ne jouera pas également pour les fautes commises par les préposés qui ne sont pas affectés à la conduite de l'appareil, par exemple par un steward[39]. D'autre part, lorsqu'il s'agit vraiment d'une personne « employée à bord dans la conduite de l'appareil », il conviendra d'opérer soigneusement certaines distinctions. C'est ainsi que, selon la formule même des art. 42 et 43, les fautes commerciales de ces personnes ne sont pas susceptibles d'exonération[40]. La faute doit donc avoir avant tout un caractère nautique[41] ; elle doit se rattacher très intimement à la navigation aérienne, à tel point qu'il a été soutenu qu'un dommage causé par un incendie qui s'est déclaré à terre au moment de l'atterrissage n'est pas soumis à la négligence clause ou à la clause des risques de l'air[42]. Enfin, parmi les fautes nautiques elles-mêmes, les fautes lourdes sont en général exclues du champ d'action de la négligence clause[43], conformément à la solution en général admise en droit maritime[44] et par application de l'adage *culpa lata dolo aequiparatur*[45].

La doctrine et la jurisprudence ne se sont pas contentées d'accomplir ce travail d'érosion à l'intérieur du contrat de transport aérien. Elles n'ont pas hésité parfois à écarter purement et simplement le contrat dans son ensemble, en vue de soumettre, le cas échéant, les victimes à un régime plus favorable pour la réparation du dommage matériel et moral par elles subi[46]. Il en va ainsi tout d'abord en matière de transport gratuit, puisque, dans l'application du droit commun, la jurisprudence de la Cour de cassation se refuse à faire intervenir ici les règles contractuelles. La doctrine[47] et la jurisprudence[48] aériennes manifestent bien

38. Trib. civ. Seine, 2 mars 1938 (*Rev. gén. dr. aérien* 1938. 93).

39. De Juglart, *Traité* précité, n° 227.

40. Alger, 28 nov. 1952 (*Rev. gén. de l'air* 1953. 276, note Tricaud; J. C. P. 1953. II. 7531, note P. C.; *Rev. fr. dr. aérien* 1953. 235).

41. Cf. à ce propos : Paris, 7 janv. 1944 (*Rev. fr. dr. aérien* 1947. 435 et s.).

42. *Contra*, Trib. civ. Cusset, 16 mars 1949, précité, qui a fait valoir que l'accident avait, en l'espèce, sa cause dans une perturbation due à un trou d'air, et que l'incendie en résultant avait commencé alors que l'appareil était encore en mouvement. Comp. Colombini, *La portée des clauses d'irresponsabilité dans le transport aérien* (*Lois nouvelles* 1947, p. 253 et s.). – Pour l'application de la Convention de Varsovie, de Juglart, *Traité* précité, n° 280.

43. Tunis, 6 avr. 1948 (*Rev. fr. dr. aérien* 1948. 327); Alger, 28 nov. 1952, précité; Trib. civ. Seine, 1er déc. 1953, précité. – À propos de poursuites pour homicide ou blessure par imprudence, Lyon, ch. corr., 14 janv. 1937 (*Rev. gén. dr. aérien* 1937. 148). – Comp, Rodière, *Une notion menacée : la faute ordinaire dans les contrats, Rev. trim. dr. civ.* 1954. 201, et plus particulièrement n° 11.

44. Ripert, *Traité de droit marit.*, 4e éd., n° 1753.

45. Comp. Ambrosini, *Mélanges Meyer*, précité; de Juglart, *Dol et faute lourde dans le transport aérien international* (J. C. P. 1952. I. 1010, et *Rev. trim. dr. com.* 1955, n° 2).

46. Sur l'évolution qui s'est accomplie dans ce domaine, Cf. Savatier, *Le dommage et la personne*, *supra*, p. 5 et s. – Comp. Meyer, *Dommages-intérêts pour accidents de voyages aériens*, 1913.

47. Georgiadès, *Les fondements de la responsabilité dans le transport aérien gratuit* (*Rev. fr. dr. aérien* 1952. 1 et s.).

48. Trib. civ. Seine, 1er déc. 1953 (*Rev. fr. dr. aérien* 1953. 489); Trib. civ. Lyon, 2 déc. 1954 (*ibid.* 1955. 86). – Mais l'unanimité est loin d'être faite dans ce domaine, comme en témoigne un jugement rendu par le tribunal civil de Roanne le 3 avr. 1947 (*Rev. fr. dr. aérien* 1947. 327) ainsi que les décisions que ➤

quelques oppositions à cet égard. La condamnation des clauses d'exonération et, en général, de tout recours au contrat dans ce domaine est cependant tellement persistante qu'elle a entraîné l'Association française de droit aérien à écarter délibérément de son projet de révision de la loi du 31 mai 1924, toute solution permettant d'accorder au transporteur bénévole la faculté de s'exonérer de la responsabilité qui lui incombe à raison des risques de l'air et des fautes nautiques[49].

Par la même occasion, la jurisprudence française mettait en relief la notion de transport intéressé, consacrant par là une nouvelle fois l'élimination des principes généraux gouvernant la théorie du contrat. Il s'agit, ici, d'un transport qui n'est ni gratuit, ni payant, mais dans l'accomplissement duquel le transporteur trouve un avantage quelconque, un profit plus ou moins lointain. Plusieurs décisions ont été rendues en ce sens au cours de ces dernières années[50].

À vrai dire, c'est dans l'examen des actions exercées par la famille du passager décédé que les tribunaux se montrent à l'heure actuelle le plus favorables à l'émancipation de la responsabilité du transporteur à l'égard des règles contractuelles. S'appuyant sur la jurisprudence de la Cour de cassation qui remonte à 1872[51] et est demeurée constante depuis cette date[52], ils considèrent que, pour la réparation du préjudice qu'ils éprouvent personnellement, les proches parents du défunt ont une action personnelle, distincte aussi bien de l'action qu'ils trouvent dans la succession de leur auteur, que de celle qu'ils auraient pu exercer en invoquant la stipulation pour autrui tacite créée de toutes pièces en leur faveur par la chambre civile les 6 déc. 1932[53] et 24 mai 1933[54]. Cette classification étant ainsi opérée[55], les familles sont invitées à n'exercer aucune des actions contractuelles qu'elles ont à leur disposition et à renoncer même expressément à celles qui découlent de la stipulation pour autrui consentie en leur faveur par le passager lorsqu'il a pris son billet. Le tribunal civil de la Seine a été la première juridiction

nous analysons dans notre *Traité* précité, n° 216. – Comp. Trib. 1re inst. Douala, 16 sept. 1954 (*Rev. fr. dr. aérien* 1955. 88, note Georgiadès), à propos d'un accident causé à des personnes transportées gratuitement, à l'occasion d'un vol d'essai et avec abus de fonction du pilote; dans cette espèce, les juges se refusent à retenir la responsabilité du commettant sous le prétexte, d'ailleurs mal établi, que la faute du préposé n'était pas prouvée (cette décision vient d'être, à juste titre, réformée en appel). La jurisprudence argentine écarte, elle aussi la théorie du contrat et se réfère même parfois expressément aux décisions françaises : Perucchi, *Revista del Inst. de derech. aeron.* 1952, n° 1, p. 26. – Comp. Gomez, *Responsabilité du transporteur en droit argentin*, thèse présentée à l'Inst. de derecho aeron. de la Naçion, 1950.

49. Sur ce point, le rapport général présenté par M. Lemoine au nom de la commission de révision de l'Association française de droit aérien (*Rev. fr. dr. aérien* 1953. 258); l'auteur abandonne d'ailleurs ici l'idée qu'il avait mise en avant quelques années auparavant dans son *Traité*, p. 580, n° 874. *Adde*, de Juglart, note J. C. P. 1954. II. 8061, sous Trib. com. Seine, 12 janv. 1954.

50. Civ. 13 mai 1947 (*Rev. gén. de l'air* 1947. 469, observ. Lacombe; *Rev. fr. dr. aérien* 1948. 103); Georgiadès, article précité, p. 19 et s.; de Juglart, *Traité* précité, n° 247; Trib. civ. Perpignan, 28 oct. 1954 (*Rev. fr. dr. aérien* 1954. 440); Paris, 1er déc. 1954 (J. C. P. 1955. II. 8626, note de Juglart).

51. Req. 4 mars 1872 (D. P. 72.1.327).

52. Civ. 28 mai 1906 (D. P. 1909. 1. 124) et 21 avr. 1913 (D. P. 1913. 1. 249); Req. 27 juill. 1925 (D. P. 1926. 1.5, note Ripert), et 8 mars 1937 (D. P. 1938.1.76, note Savatier); Civ., sect. com., 19 juin 1951, arrêts *Lamoricière* (D. 1951. 717, note Ripert; J. C. P. 1951. II. 6426, note Becqué). – Cf. de Juglart, *Les arrêts Lamoricière* (*Dr. marit. franç.* 1952. 282 et s.).

53. D. H. 1933. 36.

54. D. P. 1933. 1. 139, note Josserand.

55. Cf. pour plus de précision à ce sujet, de Juglart, note J. C. P. 1953. II. 7650, sous Paris, 11 déc. 1952.

qui ait invoqué cette interprétation[56], à laquelle s'est elle-même référée la cour de Paris, implicitement[57] ou expressément[58], tandis que le tribunal civil[59] et la cour de Bordeaux[60] en faisaient plus directement encore application. Cette jurisprudence exerce même aujourd'hui une telle attraction que les juges se trouvent invités à la faire intervenir dans le transport aérien international lui-même, sur la base de cette idée que la matière réglementée par la Convention de Varsovie ne peut être, elle aussi, que strictement contractuelle[61]. Cette menace n'a d'ailleurs pas échappé à certains membres du Comité juridique de l'O. A. C. I.[62].

Ainsi, avec cette élimination du régime contractuel, les règles de la responsabilité délictuelle prennent de plus en plus d'importance, en particulier par suite de l'introduction des dispositions de l'art. 1384, al. 1er, dans le domaine de la navigation aérienne. Le droit aérien, en l'absence de règles suffisamment souples et surtout de limitations équitables, perd de son originalité et se replie sur le droit commun. D'utiles comparaisons peuvent alors être faites entre ces solutions nouvelles et celles qu'a déjà; consacrées le législateur sur le plan délictuel. C'est ce que nous allons indiquer dans les développements qui suivent.

II. Responsabilité aérienne délictuelle

La position réservée aux familles des victimes, telle que nous venons de la décrire, se situe exactement à mi-chemin entre, d'une part, celle des *tiers à la surface* (A) et, d'autre part, celle de l'exploitant victime d'un *abordage* (B). Sur ce plan encore, il y a intérêt à confronter le droit interne français avec les solutions adoptées en droit international.

A. Responsabilité pour dommages causés par l'aéronef aux tiers à la surface

Selon l'art. 1er, al. 2, de la nouvelle Convention de Rome[63], la responsabilité objective, limitée et garantie à laquelle se trouve tenu l'exploitant en vue de

56. 24 avr. 1952, aff. *Broche-Hennessy* (D. 1952. 514, note Ripert; J. C. P. 1952. II. 6985).
57. 11 déc. 1952, précité, 1er déc. 1954, précité.
58. 25 févr. 1954 (D. 1954. 225, J. C. P. 1954. II. 8041, note de Juglart, avec les conclusions conformes de M. l'avocat général Dupin; *Rev. fr. dr. aérien* 1954. 46 et s.).
59. 29 juin 1953 (D. 1954. 83, note Ripert; J. C. P. 1953. II. 7698, note de Juglart).
60. 10 nov. 1954 (D. 1955. 32, note Ripert; J. C. P. 1955. II. 8514, note de Juglart; *Rev. fr. dr. aérien* 1954. 440, avec le rapport de M. le conseiller Nussy-Saint-Saëns *Rev. gén. de l'air* 1955. 50, note de Juglart).
61. Cf. sur ce point : Savatier, article précité; de La Pradelle, note sous Paris, 25 févr. 1954 (*Rev. gén. de l'air* 1954. 81 et s.); de Juglart, observ. précitées (J. C. P. 1954. II. 8041). – Sur le caractère contractuel du transport aérien international : Trib. civ. Seine, 2e ch., 27 nov. 1953 (*Gaz. Pal.* 1954. 1. 180).
62. Cf., lors de la discussion de Rio de Janeiro, concernant l'adoption du protocole qui doit être soumis à la Conférence diplomatique de La Haye en septembre 1955 pour la réforme de la Convention de Varsovie, l'intervention de M. Garnault (D. O. C. 7450, L. C. 136, vol. 1, p. 140). – Comp. observ. présentées par l'Angleterre, à propos du projet du s/com. Varsovie 1953 (D. O. C. 7450, I. O. 136, vol. 2, p. 99). – *Adde*, à propos de l'accident aérien qui a causé la mort d'une équipe de Turin : Marino, *Il vettore aero internaz. di fronté ai terzi assiouerazioni*, anno XX, fasc. 4-5, 1953.
63. De Juglart, *La Convention de Rome du 7 oct.* 1952, actuellement sous presse aux Éd. internat., nos 35 et s.

protéger le plus efficacement possible les tiers à la surface, ne concerne que les dommages causés par l'aéronef « depuis le moment où la force motrice est employée pour décoller jusqu'au moment où l'atterrissage a pris fin ». En somme, l'appareil envisagé ici est celui qui se trouve, selon l'expression anglaise, « *in flight, taking of or landing* », autrement dit en train de décoller ou d'atterrir.

L'interprétation donnée par nos tribunaux concernant l'art. 53 de la loi du 31 mai 1924 est très sensiblement différente. La difficulté consiste à préciser ce que le législateur a exactement voulu dire lorsqu'il a déclaré que l'exploitant de l'aéronef est « responsable de plein droit des dommages causés par les *évolutions* de l'aéronef ». Ne vise-t-il que les seules « évolutions » aériennes et, par conséquent, les seuls dangers pouvant découler de cette « situation éminente », situation qui met l'appareil « à l'abri des coups venus du sol » et lui permet de dominer à tous égards la pauvre « humanité rampante », rivée au sol ?[64]. Ne doit-on pas considérer plutôt, d'une façon plus large, que dès que l'avion est en mouvement, sans l'intervention d'une force extérieure, il est possible de faire appel à l'art. 53 ? Le problème est intéressant sur le plan théorique et pratique à la fois, puisque, nous le rappelons, la responsabilité de l'exploitant à l'égard des tiers à la surface met ici en conflit les règles du droit commun de la responsabilité délictuelle et celles d'un texte qui se révèle particulièrement redoutable, du fait qu'il ne retient pas la force majeure comme cause éxonératrice de la responsabilité de l'aéronaute.

La Cour de cassation avait déjà indiqué plus ou moins sa façon de voir sur ce point. Certes, comme on l'a fait remarquer récemment[65], il ne faut peut-être pas trop s'appuyer à ce propos sur l'arrêt rendu par la chambre criminelle le 6 mars 1931[66], puisqu'il s'agissait dans cette espèce, non pas de l'art. 53, mais de l'art. 24 de la loi du 31 mai 1924, ce dernier texte déclarant responsable pénalement le pilote qui atterrit ou prend le départ en dehors des limites d'un aérodrome. Malgré tout, la Cour suprême posait déjà ce principe que « le fait par un pilote de faire rouler sur un terrain accessible à tous un aéronef par ses propres moyens, à l'aide de la force motrice inhérente à son engin, constitue une des manœuvres dangereuses prohibées par la loi ». N'avait-elle pas d'ailleurs déjà, le 31 mars 1930[67], appliqué l'art. 53 lui-même à l'hypothèse où un cultivateur avait été grièvement blessé en se portant au secours d'un aéronef incendié qui s'était posé dans un champ ? Cette interprétation extensive annonçait la solution extrêmement nette adoptée par la Cour de cassation le 6 janvier 1955[68], où il est dit « qu'au sens de l'art. 53 de la loi du 31 mai 1924, l'exploitant d'un aéronef est responsable de plein droit des dommages causés par les évolutions de l'appareil sans qu'il y ait lieu d'opérer une discrimination entre les évolutions aériennes et les évolutions terrestres de ce dernier, préalables à son décollage ou postérieures à son atterris-

64. Ripert, rapport présenté à la Soc. d'Études législatives, *Bull. Soc. Études législ.* 1921, p. 287 à 290; Hamel, étude précitée, p. 114.

65. Georgiadès, *Rev. fr. dr. aérien* 1955. 83-84.

66. D.H. 1931. 205; *Gaz. Pal.* 1931. 1. 531; *Rev. dr. aérien* 1931. 562 et s., avec le rapport du conseiller Bourgeon.

67. *Rev. jurid. internat. de la locomotion aérienne* 1930. 364; *Rev. gén. assur. terr.* 1931, p. 91, note Picard.

68. *Rev. fr. dr. aérien* 1955. 79; *Rev. gén. de l'air* 1955. 228, note de Juglart; J. C. P. 1955. II. 8587, note de Juglart.

sage », du moment que « l'avion est en mouvement sans l'intervention d'une force extérieure ».

L'interprète est encore en difficulté avec la seule cause d'exonération ou d'atténuation admise par l'art. 53 : la faute de la victime. « Cette responsabilité ne peut être écartée ou atténuée, est-il dit dans ce texte, que par la preuve de la faute de la victime ». L'art. 6, paragr. 1er de la nouvelle Convention de Rome reproduit dans ses grandes lignes cette solution ; il s'inspire de la jurisprudence française, pour qui, lorsqu'il y a également faute de l'auteur du dommage, la faute de la victime ne doit pas aboutir à cette exonération totale de responsabilité que consacre, par exemple, le droit anglais[69]. Par conséquent, après avoir stipulé que l'exploitant n'aura pas l'obligation de réparer le dommage s'il prouve que ce dommage « est dû exclusivement à la faute de la personne ayant subi le dommage ou de ses préposés », la Convention de Rome précise que lorsque le responsable établit que ce dommage « a été causé en partie par la faute de la personne ayant subi le dommage ou de ses préposés, la réparation doit être réduite dans la mesure où cette faute a contribué au dommage ». Deux autres précisions peuvent encore être fournies : l'une est relative à l'exclusion de l'exonération ou de la réduction lorsque, « en cas de faute des préposés, la personne ayant subi le dommage prouve que ceux-ci ont agi en dehors des limites de leurs attributions » ; l'autre concerne l'exercice des actions par les héritiers de la personne décédée, en vue de permettre à l'exploitant de leur opposer l'exonération ou l'atténuation de responsabilité.

Il y a lieu de se demander maintenant quels peuvent bien être les caractères de cette « faute de la victime » et les conditions auxquelles elle est soumise pour être exonératrice[70]. Faut-il se référer à la conception subjective, selon laquelle le rôle du juge consiste ici essentiellement à apprécier les comportements fautifs de l'exploitant et de la victime, en partant par conséquent de cette idée que l'exploitant est de toute façon présumé avoir commis une faute et que c'est bien cette faute qui se trouve éliminée ou simplement atténuée par celle de la victime ? Ne faut-il pas plutôt considérer que la responsabilité de l'exploitant étant à base de risque, c'est uniquement en fonction de ce risque que doit être apprécié le comportement de la victime et retenue sa plus ou moins grande participation au danger contre lequel on cherchait à la protéger ? La jurisprudence française n'a pas pris nettement position sur ce point. Cependant, si elle a admis l'exonération pour le dommage causé à un reporter qui avait pénétré, malgré les interdictions qui lui avaient été formulées, sur un aérodrome[71], si elle a écarté au contraire cette exonération pour un automobiliste qui, circulant en pleine nuit, sous la pluie, sur une route bordant un aérodrome où le stationnement était interdit, était descendu de son véhicule pour arranger son essuie-glace[72], n'est-ce pas précisément parce que la victime s'était, dans la première hypothèse, associée au risque de la navigation aérienne, alors que, dans la seconde, elle ignorait complètement le danger auquel elle s'exposait ?

69. Hamel, article précité, p. 117.
70. Sur ce point, Lacombe, *Rev. gén. de l'air* 1950, p. 959 à 961.
71. Trib. civ. Seine, 2 déc. 1930 (*Rev. gén. dr. aérien* 1931. 297).
72. Montpellier, 30 mars 1950 (*Gaz. Pal.* 1950. 2. 43 ; *Rev. gén. de l'air* 1950. 956, observ. Lacombe).

On n'oubliera pas, d'autre part, que les tribunaux admettent, dans deux cas limités, la possibilité de faire abstraction de la faute de la victime : le premier est, celui où cette faute ne peut être considérée comme directement causale[73], le second est celui où l'auteur du dommage a agi dolosivement, alors que la faute de la victime consiste simplement à s'être imprudemment laissée tromper par lui[74]. Dans une affaire qui a été récemment soumise à la cour de Nancy[75], les deux exceptions se combinaient parfaitement : au sujet du pilote d'un avion qui s'était livré à d'impressionnants piqués sur un cycliste ayant commis la faute de circuler dans un chemin interdit en bordure d'un aérodrome, il a été admis que l'accident causé à ce cycliste ne pouvait être considéré comme lié par une relation de cause à effet avec la simple circulation sur un chemin interdit[76].

Il reste enfin à régler dans ce domaine, sans abandonner les principes généraux, le très délicat problème des rapports entre les règles de la responsabilité pour dommages causés aux tiers à la surface et celles de l'abordage. Car, à partir du moment où il est question de collision entre aéronefs, le régime juridique applicable est d'une tout autre nature : nous abandonnons la responsabilité objective pour revenir à la responsabilité subjective.

B. La responsabilité pour abordage

Selon l'art. 52 de la loi du 31 mai 1924, « au cas de dommage causé par un aéronef en évolution à un autre aéronef en évolution, la responsabilité du pilote et de l'exploitant de l'appareil est réglée conformément aux dispositions du Code civil ». Si nous prenons maintenant le projet de Convention qui vient d'être élaboré par le Comité juridique de l'O. A. C. I.[77], nous nous rendons compte qu'il y a « abordage », non seulement lorsque l'appareil est « en vol » (au sens où l'art. 1er, al. 2, de la Convention de Rome du 7 octobre 1952 entend cette expression), mais aussi lorsque, selon l'expression adoptée par les tribunaux français en matière de dommages causés aux tiers à la surface, il se déplace sur le sol par sa propre force motrice. Les rédacteurs du projet ont voulu ici soumettre à la future Convention les cas les plus fréquents de collision entre aéronefs, c'est-à-dire ceux qui se produisent au sol.

Il convient par conséquent de préciser tout d'abord que toute rencontre entre appareils en « évolution », que l'évolution soit terrestre ou aérienne, doit donner lieu à l'application des règles de l'abordage. La solution vaut aussi bien pour le projet du Comité juridique que pour le droit français. Mais il est bien entendu que lorsque l'un des appareils n'est pas en « évolution », l'autre appareil ne peut pas invoquer l'application à son profit des règles de l'abordage; il devra se soumettre soit aux règles de la responsabilité objective pour dommages causés aux tiers à la surface (lorsque la loi française est applicable), soit à celles que désignera le droit international privé (lorsqu'il s'agit d'une hypothèse qui ne tombe pas sous le coup de la Convention du 7 octobre 1952, étant donné que

73. Savatier, *Traité de la responsabilité civile*, 2e éd., t. 2, n° 472.
74. H. et L. Mazeaud, *Traité de la responsabilité civile*, 4e éd., t. 2, n° 1482.
75. 28 févr. 1951 (D. 1951. 355).
76. Cf. à ce propos, Savatier, note D. 1953. 318, sous Civ. 11 déc. 1952.
77. *Rev. fr. dr. aérien* 1954. 305 et s., avec le rapport sur ce texte, 313 et s.

l'appareil qui a causé le dommage n'était pas encore en train de décoller ou avait déjà atterri)[78]. Par conséquent, en ce qui concerne le droit français, c'est à l'art. 53 qu'il conviendra d'avoir à nouveau recours, à la suite de cette collision entre un appareil qui se déplace au sol par ses propres forces et un appareil à l'arrêt; l'art. 1384, al. 1er, n'est pas en cause ici[79].

Indiquons ensuite que cette responsabilité délictuelle pour abordage a un caractère essentiellement subjectif. Il s'agit, en effet, dans ce domaine, d'un de ces risques inhérents à l'utilisation d'un aéronef. L'aéronaute victime n'a rien de commun avec un tiers à la surface. La loi française ne le dit pas, mais, malgré l'imperfection de la formule employée dans l'art. 52, il faut décider que le « droit commun » auquel il est fait ainsi allusion ne peut être, conformément à la solution admise dans la navigation maritime, que celui de l'art. 1382 du Code civil. Tel est bien également le principe adopté par le projet de Convention.

Il reste à se demander si la responsabilité de l'exploitant doit être ou non limitée. Le droit français exclut cette limitation exactement, comme pour les dommages causés aux tiers à la surface. Le Comité juridique a adopté une solution contraire, exactement comme dans la Convention de Rome du 7 octobre 1952; mais il a estimé préférable de s'adresser au Conseil de l'O. A. C. I. en vue d'obtenir un avis précis sur ce point[80].

*
* *

Quelles conclusions tirer de ce débat, sinon qu'il est nécessaire, – et d'une nécessité impérieuse, – de réaliser l'unification dans un domaine aussi important que celui de la responsabilité. La loi française, dont nous avons fêté récemment les noces d'argent, n'est plus en mesure de résoudre les problèmes de plus en plus ardus que pose la navigation aérienne. Sur tous les plans, les besoins de réforme et surtout d'adaptation se font sentir. Qu'il s'agisse de transports, de dommages causés aux tiers, d'abordages, le fossé se creuse entre le droit aérien français et le droit aérien international. Nous sommes arrivés à ce point de la route où le public, qui fait de plus en plus confiance aux compagnies de navigation aérienne, se demande – avec une certaine inquiétude parfois – pourquoi les juristes des différents pays ne parviennent pas à s'entendre pour supprimer ces différences de régime, hélas inévitables dans l'état actuel de notre droit. Les usagers du transport aérien, les tiers lésés, les assureurs surtout appellent de tous leurs vœux l'unification à l'avènement de laquelle Antonio Ambrosini a consacré le meilleur de lui-même.

---

78. Pour un aéronef étranger qui cause un dommage sur le territoire français, la loi applicable sera d'ailleurs la loi du 31 mai 1924 en tant que *lex loci delicti*. Comp. pour l'abordage en général, de Juglart, note J. C. P. 1953. II. 7750, sous Lyon, 13 mars 1952.
79. Il est regrettable à ce propos que la Cour de cassation n'ait pas redressé l'argumentation d'un arrêt récemment soumis à son examen le 6 janv. 1955 (*Rev. gén. de l'air* 1955. 228; *Rev. fr. dr. aérien* 1955. 79; J. C. P. 1955. II. 8587, note de Juglart).
80. Cf. le mémoire établi à ce sujet par le Comité (*Rev. fr. dr. aérien* 1954. 321 et s.).

À PROPOS DE LA « CRISE » DE LA NOTION DE SERVICE PUBLIC

1955

Jean L'Huillier

Professeur à la Faculté de droit de Poitiers

Nombre d'écrits ont été consacrés, depuis quelques années, à la « crise » ou au « déclin » que subirait actuellement la notion juridique de service public. Jadis considérée par une école qui avait réussi à rallier à ses vues la majorité de la doctrine comme étant le critère non seulement de la compétence des tribunaux administratifs, mais encore du droit administratif lui-même, cette notion serait aujourd'hui périmée. « Un concept juridique, a écrit ici-même M. Morange, détermine l'application d'un certain régime de droit : la notion de service public, n'est plus susceptible de jouer ce rôle »[1]. « Dans l'état actuel du droit, écrit par ailleurs le commissaire du Gouvernement Chenot, il n'est plus possible de dire que telle ou telle institution administrative et un service public »[2]. Et l'auteur d'une thèse récente conclut en termes peut-être plus catégoriques encore : « Nous croyons pouvoir affirmer que, dans notre droit administratif, la notion de service public n'a plus valeur de notion juridique »[3].

De telles affirmations ne vont pas sans surprendre, lorsque l'on constate que certains auteurs conservent, à quelques nuances près, à la notion de service public sa place traditionnelle dans l'exposé du droit administratif[4] et que la jurisprudence elle-même paraît n'avoir aucunement renoncé à user de cette notion périmée, en la nuançant, elle aussi, de qualifications accessoires qui sont à l'origine du débat actuel et qui ont retiré au concept de service public l'aspect monolithique qu'avaient cru pouvoir lui attribuer Duguit et ses continuateurs immédiats.

Cette constatation porte à penser que la vérité pourrait se trouver dans un juste milieu; que la notion de service public n'a mérité « ni cet excès d'honneur, ni cette indignité »; que s'il n'est pas possible de lui reconnaître le rôle essentiel qui lui avait été attribué à tort par une certaine doctrine, elle n'a cependant pas cessé d'être valable et utile. C'est à cette mise au point que les quelques remarques qui suivent se proposent d'apporter une contribution.

* * *

C'est à la fois trop dire, et trop peu, que de parler d'une « crise » de la notion de service public. D'une part, en effet, le mot « crise » n'est pas assez fort pour désigner le bouleversement que les faits juridiques ont fait subir à un ensemble

1. Morange, *Le déclin de la notion juridique de service public*, D. 1947, Chron., p. 45.
2. Chenot, *La notion de service public dans la jurisprudence économique du Conseil d'État, in* Conseil d'État, *Études et documents*, 1950, p. 77.
3. De Corail, *La crise de la notion juridique de service public en droit administratif français*, p. 347.
4. V. notamment le *Traité élém. de droit administratif* de M. de Laubadère.

d'idées communément reçues. C'est, en réalité, de faillite qu'il faudrait parler. C'est même, à la vérité, de la clôture d'une faillite ouverte depuis quelque quarante ans déjà. Mais cette faillite n'est pas celle d'une notion juridique. C'est celle d'une certaine conception doctrinale de cette notion juridique, conception que son caractère arbitraire vouait, dès l'origine, à un échec dont les partisans de la doctrine adverse se réjouissent aujourd'hui comme d'une sorte de revanche posthume de leurs maîtres, les doyens Hauriou et Berthélemy.

Ce caractère arbitraire n'était, d'ailleurs, qu'une conséquence des méthodes appliquées par ce que l'on a appelé l'« école du service public » et des idées que les fondateurs de cette école professaient sur la nature et le fondement mêmes du droit.

À l'époque où Duguit entreprit l'élaboration de sa théorie du service public, celle-ci pouvait se réclamer d'un fait juridique dont nul ne pouvait contester l'importance, mais dont la portée exacte était incertaine. Ce fait était le rôle nouveau que la jurisprudence attribuait à l'idée de service public en tant que critère de la répartition des compétences entre les tribunaux administratifs et judiciaires. Depuis les arrêts *Terrier*, *Thérond* et *Feutry*[5], la règle formulée en 1873 par le Tribunal des conflits dans l'arrêt *Blanco* en matière de responsabilité de l'État apparaissait comme ayant désormais la valeur d'une règle générale : les litiges qui ont pour origine le fonctionnement d'un service public relèvent, en principe, de la compétence des tribunaux administratifs. Mais cette règle générale étant acquise, deux questions essentielles restaient à résoudre.

L'une d'elles était celle du critère du service public. Ce critère ne pouvait se déduire de décisions qui procédaient par voie de simples affirmations, voire de sous-entendus, comme c'était le cas de l'arrêt *Terrier*. En 1910, il était acquis que les opérations des manufactures des tabacs, la destruction des serpents venimeux organisée et subventionnée par un département, la capture et la mise en fourrière des chiens errants ou la garde des aliénés dans les asiles publics constituaient autant de services publics. Mais ce n'était là que le début, singulièrement incohérent, d'un simple catalogue. Sans doute, les rubriques que devait comporter ce catalogue ne pouvaient qu'être reliées par certaines idées directrices. Mais ces idées n'étaient pas exprimées par une jurisprudence qui s'embarrassait fort peu des besoins de l'enseignement du droit administratif et entendait visiblement conserver, pour l'avenir, le maximum de liberté d'appréciation.

La seconde question était celle des exceptions que, comme bien d'autres, cette règle générale pouvait comporter. La possibilité de ces exceptions avait, dès 1903, été affirmée par Romieu dans ses conclusions sur l'affaire *Terrier*. Elle était confirmée, au surplus, par une jurisprudence antérieure des tribunaux

5. Cons. d'Ét. 6 févr. 1903, *Terrier* (D. P. 1904. 3. 63, concl. Romieu ; S. 1903. 3. 25, mêmes concl. et note Hauriou) ; Cons. d'Ét. 4 mars 1910, *Thérond* (D. P. 1912. 3. 57, concl. Pichat ; S. 1911. 3. 17, mêmes concl. et note Hauriou) ; Trib. confl. 29 févr. 1908, *Feutry* (D. P. 1908. 3. 49, concl. Teissier ; S. 1908. 3. 97, mêmes concl. et note Hauriou).

judiciaires[6] qui, plus de trente ans avant les arrêts du bac d'Eloka[7], avaient admis que l'Administration accomplissait des actes de commerce soumis au droit privé et justiciables des tribunaux judiciaires en exploitant, comme l'aurait fait un concessionnaire, un réseau de chemins de fer.

L'existence de ce double point d'interrogation aurait dû inciter la doctrine à une extrême réserve. Seuls, les développements ultérieurs de la jurisprudence pouvaient lui permettre de formuler une définition valable du service public et de préciser la portée de la nouvelle règle générale de répartition des compétences que venaient d'admettre le Tribunal des conflits et le Conseil d'État.

Mais telle ne pouvait être l'attitude d'une école qui, comme celle de Duguit, considérait la formation du droit comme un phénomène de génération spontanée et attribuait ainsi à la norme juridique une existence en soi, indépendamment de toute formulation préalable par une autorité publique. Une doctrine qui enseigne l'existence d'un « droit objectif » né des réactions collectives du groupe social et obligatoire pour le législateur lui-même, dont la seule mission est d'en constater les règles préexistantes, ne pouvait manquer d'être entraînée par la tentation de rechercher, concurremment avec les « gouvernants », le contenu de ces règles, avec le seul appui de la sociologie et de la logique, et d'attribuer au fruit de cette recherche prétendue « scientifique » une valeur supérieure à celle des décisions empiriques des tribunaux. C'est à cette tentation qu'elle céda en construisant *a priori* une définition du service public et, plus encore, en considérant la notion qu'elle avait ainsi édifiée comme étant le fondement même du droit administratif et de sa distinction d'avec le droit privé.

En effet, placer ainsi une certaine conception du service public à la base de l'ensemble des règles qui constituent le droit administratif, c'était attribuer par là même à cette conception la valeur d'un postulat, c'est-à-dire d'une vérité indémontrable, mais nécessaire, absolue et définitive.

Or, une telle attitude intellectuelle était singulièrement imprudente en présence d'une jurisprudence en voie de formation, dont les décisions marquaient la ferme intention de ne pas engager l'avenir par des formules dogmatiques comparables à celles de la doctrine et dont l'évolution future était imprévisible. Elle méconnaissait la nature du rôle qui appartient à la doctrine dans un système juridique qui ne reconnaît pas aux *responsa prudentium* la valeur de règles de droit, rôle qui consiste à synthétiser et, le cas échéant, à suggérer, mais non à créer. Contrairement à une affirmation que l'on s'étonne de trouver sous la plume de l'un des adversaires de l'école du service public[8], la doctrine ne peut, dans un tel système, prétendre à une entière « liberté des définitions ». Cette liberté n'existe plus à partir du moment où la notion qu'il s'agit de définir prend la valeur d'une qualification légale ou jurisprudentielle. Jusqu'à l'arrêt *Blanco*, la doctrine

6. Req. 8 juill. 1889 (D.P. 89. 1. 353, avec le rapport du conseiller Féraud-Giraud; S. 90. 1. 473). Cet arrêt a été rendu à propos des chemins de fer de l'État, auxquels le caractère d'établissement public avait, à la même époque, été reconnu par le commissaire du Gouvernement Marguerie dans ses conclusions sur un arrêt *Vergnioux* (Trib. confl. 22 juin 1889, S. 91. 3. 78).

7. Trib. confl. 22 janv. 1921 (D.P. 1921. 3. 1, avec les conclusions du commissaire du Gouvernement Paul Matter).

8. Cf. G. Vedel, *Les bases constitutionnelles du droit administratif, in* Conseil d'État, *Études et documents*, 1954, p. 28.

était libre, sans aucun doute, d'attribuer aux mots « service public » telle signification qu'elle jugeait bon. Mais, dès l'instant où la jurisprudence a attaché des effets de droit à la qualification de « service public » reconnue à une institution ou à une activité administratives, la doctrine a été liée par l'acception que ses décisions attribuaient à ce terme[9].

Sans doute n'était-il pas possible, en 1910, de dégager de la jurisprudence une définition *complète* du service publie. Mais s'il appartenait à la doctrine de compléter les éléments de cette définition que laissaient apparaître les arrêts, elle ne pouvait se livrer à cette extrapolation qu'à titre soit de suggestion, soit d'hypothèse essentiellement et constamment révisable. En allant au-delà, en affirmant, comme s'il s'était agi d'une vérité révélée, le caractère absolu et indissoluble du lien que les arrêts *Terrier, Feutry* et *Thérond* paraissaient établir entre le service public et l'application d'un régime juridique exorbitant du droit commun – et, plus encore, en faisant de ce lien la clef du droit administratif, l'école du service public s'exposait de propos délibéré à l'échec qu'ont subi ses théories.

* * *

Si cet échec est, aujourd'hui, irrémédiablement consommé, encore convient-il d'en bien mesurer les conséquences.

Il a, incontestablement, entraîné la condamnation définitive de la notion de service, public en tant que critère du droit administratif. Il n'est plus possible aujourd'hui de définir le droit administratif comme étant le droit des services publics. À cet égard, l'édifice qu'avait cru pouvoir construire l'école de Duguit n'a pas pu résister à l'évolution, de la jurisprudence, en dépit de sa remarquable rigueur logique, – si ce n'est même à cause de cette rigueur. Car s'il est vrai que le droit soit une discipline intellectuelle astreinte à une méthode strictement logique, c'est là une qualité qui n'appartient pas toujours aux données qu'il met en œuvre.

9. À cet égard, il est permis de s'étonner qu'une partie de la doctrine persiste à ne reconnaître la qualité de service public qu'aux seules activités de l'Administration dont l'objet a le caractère d'une prestation. Cette conception restrictive du service public est en contradiction avec plusieurs décisions notoires de la jurisprudence. Il est, en particulier, impossible de discerner une prestation dans le service public qui, d'après l'arrêt *Bouguen* (Cons. d'Ét. 2 avr. 1943, D. C. 1944. 52, avec les conclusions du commissaire du Gouvernement Lagrange et la note de M. Jacques Donnedieu de Vabres; S. 1944. 3. 1, mêmes conclusions et note de M. Mestre), incombe aux conseils de l'Ordre des médecins. Dans la profession médicale, la prestation est le fait personnel du médecin et conserve, jusqu'à présent du moins, le caractère d'une activité purement privée. Quant aux conseils de l'Ordre, leur rôle consiste uniquement à veiller au respect des règles de la déontologie médicale. C'est donc *une mission de police*, caractérisée, comme toutes les missions de police, par le fait qu'elle se manifeste par des prescriptions et non par des prestations. La même observation s'applique au cas de l'arrêt *Monpeurt* (Cons. d'Ét. 31 juill. 1942, D. C. 1942. 138, avec les conclusions du commissaire du Gouvernement Ségalat et la note P. C.; S. 1942. 3. 37, mêmes conclusions). V. également, dans le même sens, l'arrêt *La Mutuelle Richelieu* du 17 juill. 1950 (D. 1951. 7), dans lequel le Conseil d'État qualifie de service public la police – au sens le plus banal du terme.

Devant la défaillance de ce critère, convient-il, comme l'a récemment proposé M. Vedel[10], de rechercher un autre critère du droit administratif dans la notion constitutionnelle de pouvoir exécutif ?

Il est permis d'en douter. On peut, tout d'abord, reprocher à ce critère de manquer de simplicité. Les actes de l'Administration ne cessent pas, en effet, d'être le fait du pouvoir exécutif lorsqu'ils relèvent du droit privé. Aussi M. Vedel doit-il, pour caractériser d'une manière complète le domaine propre du droit administratif, faire appel à une seconde idée, dont il est aisé de constater qu'elle constitue la véritable clef de voûte de sa construction et qui est celle de puissance publique.

Cette construction aboutit ainsi à une conclusion qui n'est que la constatation d'une vérité d'évidence qui n'est, en effet, le caractère le plus apparent des relations juridiques propres au droit administratif que de mettre en jeu ou d'être susceptibles de mettre en jeu certaines des prérogatives que comporte l'*imperium*, le pouvoir de commandement inhérent à toute société politique et que la doctrine française qualifie traditionnellement de puissance publique. Hauriou n'a-t-il pas, jadis, dans une page célèbre, montré que l'idée de puissance publique est à la base de la notion de service public elle-même, celle que l'avait imprudemment – disait-il – définie Gaston Jèze ?[11].

Il peut, sans doute, paraître séduisant de reconnaître ainsi la valeur d'un critère à une vérité d'évidence. Cependant, la construction de M. Vedel prête également à la critique par le lien direct qu'elle voudrait établir entre l'autonomie du droit administratif et les règles constitutionnelles dont découle la compétence des autorités exécutives. Historiquement, en effet, cette autonomie a été la conséquence immédiate de l'existence de juridictions administratives spécialisées, juridictions dont la création a elle-même eu pour antécédent l'affirmation du principe de la séparation des autorités administratives et judiciaires.

Or, ce principe n'a pas, par ses origines, la valeur d'une règle constitutionnelle, du moins si l'on donne à ce terme son sens formel qui est le seul conforme à la conception française du droit public. S'il est vrai que la Constitution des 3-14 septembre 1790 (titre II, chap. V, art. 3) contenait, à cet égard, un rappel de la règle formulée par la loi des 16-24 août 1790, ce rappel ne se retrouve pas dans les Constitutions ultérieures, de telle sorte que l'autonomie du droit administratif apparaît aujourd'hui comme étant la conséquence de l'application de simples règles légales.

Ces règles légales n'ont, au surplus, aucun caractère nécessaire. Elles ne sont nullement liées à l'attribution, par la Constitution, d'un certain ensemble de compétences communément qualifié de « Pouvoir exécutif » à un groupe d'autorités spécialisées. On sait, en effet, que certains systèmes juridiques étrangers placent, en principe, l'activité administrative du pouvoir exécutif sous le contrôle des tribunaux de droit commun.

10. G. Vedel, *Les bases constitutionnelles du droit administratif*, *loc. cit.*, p. 21 et s.
11. M. Hauriou, *Précis de droit administr.*, préface de la 11e édition.

C'est donc, en définitive, s'attacher à l'aspect superficiel des institutions sans faire état de leur origine historique ni de leur fondement juridique que d'attribuer pour critère au droit administratif les notions conjuguées de pouvoir exécutif et de puissance publique.

Au demeurant, il ne semble pas qu'un intérêt majeur s'attache à la recherche d'un tel critère. Le droit n'est pas, en effet, l'une de ces connaissances auxquelles il est possible d'attribuer une valeur en soi et au sujet desquelles la recherche abstraite se justifie par elle-même. Il n'a de valeur que par les possibilités d'application pratique qu'il comporte et en dehors desquelles il ne serait qu'un vain jeu de l'esprit. En particulier, la recherche de critères permettant de distinguer entre elles les diverses branches dont il se compose ne présente d'intérêt que dans la mesure où ce critère peut lui-même comporter des applications pratiques.

Or, la seule application pratique dont paraîtrait susceptible un critère du droit administratif serait celle qui consisterait à fournir une règle à la fois simple et sûre de répartition des compétences entre les juridictions administratives et les tribunaux de droit commun. Il pourrait en être ainsi si les règles de compétence apparaissaient comme invariablement liées aux règles de fond. Mais tel n'est pas le cas. Si un tel lien existe en règle générale, il ne s'agit cependant pas là d'une règle absolue. Qui songerait à soutenir que la juridiction civile applique des règles de droit privé lorsqu'elle participe à la procédure de l'expropriation pour cause d'utilité publique ou lorsqu'elle statue sur la responsabilité que l'État ou les communes peuvent encourir du fait des dommages causés par une émeute ?

Il importe donc assez peu que la notion de service public ait aujourd'hui cessé de pouvoir être considérée comme étant le critère du droit administratif. À cet égard, la faillite de l'école du service public n'a fait disparaître qu'un élément de simplification dans l'exposition didactique de cette branche du droit. On peut, sans doute, le regretter. Mais il n'en demeure pas moins que le droit doit être enseigné tel qu'il est appliqué.

*
* *

Mais cette faillite n'a pas, pour autant, rendu la notion de service public inopérante en ce qui concerne la répartition des compétences entre les tribunaux judiciaires et administratifs. S'il est incontestable que l'évolution de la jurisprudence ne permet plus de reconnaître à cette notion l'homogénéité et la simplicité de lignes avec lesquelles l'avaient conçue Duguit et son école, si la qualification de service public appliquée à une activité déterminée n'entraîne pas, en toute hypothèse, la dévolution aux tribunaux administratifs des litiges que cette activité a fait naître, cette qualification n'en conserve pas moins des effets de droit qui, pour être variables selon les qualifications accessoires qui lui sont associées, n'ont rien perdu de leur importance pratique.

Pour situer exactement le rôle qui appartient actuellement à la notion de service public dans la répartition des compétences entre les deux ordres de juridictions, il convient de ne pas perdre de vue que cette répartition a pour fondement non pas des règles hypothétiques de « droit objectif » ou des « principes généraux » d'origine purement jurisprudentielle, mais des textes auxquels la jurisprudence s'applique, depuis un siècle et demi, à donner une interprétation qui soit à la fois conforme à leur esprit et adéquate aux besoins de la pratique.

Ces textes, il n'est pas inutile d'en rappeler les termes essentiels. D'une part, la loi des 16-24 août 1790 interdit aux tribunaux de « troubler, de quelque manière que ce soit, les opérations des corps administratifs ». D'autre part, la loi du 16 fructidor an III leur fait défense de « connaître des actes d'administration de quelque espèce que ce soit ».

On remarquera que ces deux dispositions légales, – qui sont celles que visent ordinairement les décisions par lesquelles le Tribunal des conflits statue sur la répartition des compétences entre les juridictions qu'il a pour mission de départager, – sont rédigées dans des termes qui sont loin d'avoir la même portée. D'une part, une « opération » est autre chose qu'un « acte » ; elle peut comprendre et comprend d'ordinaire un ensemble plus ou moins complexe d'actes juridiques et de faits matériels. D'autre part, la loi de l'an III est la seule à formuler en termes absolus une règle de compétence proprement dite (« défenses… de connaître »). La loi de 1790 contient une formule moins rigide et dont les termes n'excluent pas toute intervention des tribunaux ordinaires. Ils n'interdisent cette intervention que dans la mesure où elle a ou peut avoir pour effet de « troubler » les opérations qu'elle concerne.

Il paraît peu probable que ces nuances de rédaction répondent à une intention délibérée de la part des législateurs révolutionnaires. Mais elles n'en caractérisent pas moins deux formules légales qui valent par elles-mêmes et qui, à y regarder de près, constituent les deux pôles entre lesquels ont évolué, depuis l'an VIII, les solutions de la jurisprudence. Jusqu'au revirement esquissé par l'arrêt *Blanco* et accompli par les arrêts *Terrier* et *Feutry*, c'est autour de la règle de compétence formulée par la loi de l'an III que se sont cristallisées les solutions de la jurisprudence. Les tribunaux judiciaires ne peuvent connaître des « actes d'administration ». Mais le législateur n'ayant manifestement entendu protéger l'autorité administrative contre les empiètements des juges qu'à raison de sa qualité de dépositaire de la puissance publique, seuls les actes qui constituent une manifestation immédiate de cette puissance et que la doctrine qualifiait alors d'« actes d'autorité » doivent être considérés comme des « actes d'administration » au sens de la loi.

Avec les arrêts *Blanco* et *Terrier*, c'est vers le second pôle que s'est orientée la jurisprudence. En faisant intervenir dans la répartition des compétences l'idée de service public, elle ne faisait, en effet, pas autre chose que prendre en considération le caractère administratif de l'« opération » à laquelle se rattache l'objet du litige et non plus celui de l'« acte » qui en constitue l'origine immédiate. Mais les termes mêmes de la loi des 16-24 août ne lui permettaient pas de souscrire, à cet égard, aux conclusions radicales de l'école du service public, en déférant indistinctement aux tribunaux administratifs tout le contentieux des services publics. Ils appelaient les solutions plus nuancées que devait consacrer la jurisprudence ultérieure.

D'une part, en effet, l'intervention des tribunaux judiciaires n'a pas nécessairement pour effet de « troubler » l'opération administrative qui l'a provoquée. Tout au plus doit-on attacher à cette intervention une présomption de trouble, présomption qui se trouve détruite lorsque les conditions dans lesquelles a été accompli l'acte qui est à l'origine immédiate du litige révèlent, de la part de l'Administration, l'intention de ne pas se prévaloir de ses prérogatives de puissance publique. La théorie de la gestion privée, telle que Romieu l'exposait dans ses conclusions sur l'arrêt *Terrier*, apparaît ainsi comme la résultante d'une application combinée des deux lois de 1790 et de l'an III, les caractères de l'« acte » venant contredire la présomption née de ceux de l'« opération ».

D'autre part, un service public peut ne pas constituer une « opération administrative » au sens de la loi des 16-24 août. Il est, en effet, hors de doute que si la Constituante a interdit aux juges de « troubler les opérations des corps administratifs », c'est qu'elle considérait ces opérations comme foncièrement différentes de celles que comporte l'activité des particuliers et qui constituent le domaine propre de la compétence des tribunaux judiciaires. La Constituante, comme le législateur de l'an III, a entendu protéger l'Administration en tant que dépositaire de la puissance publique. Elle n'a ni prévu ni pu prévoir que celle-ci se ferait commerçante et, si elle l'avait prévu, on peut tenir pour certain qu'elle aurait exclu ce cas de l'application de la loi.

Le caractère industriel ou commercial d'un service public a donc pour effet d'écarter la présomption de trouble qui s'attache à l'intervention des tribunaux judiciaires dans les différends qui concernent les « opérations administratives ». Mais il n'exclut pas pour autant l'application éventuelle de la loi de l'an III, lorsque le litige a pour origine immédiate un « acte » qui, malgré le caractère commercial de l'« opération », – ou, ce qui revient au même, du service public auquel il se rattache, – conserve le caractère d'un « acte d'administration ». Tel est le cas classique de l'interprétation d'un contrat de concession se posant comme question préjudicielle devant les tribunaux judiciaires.

La notion de service public demeure donc un élément de l'interprétation des textes sur lesquels repose la répartition des compétences entre les deux ordres de juridictions.

*
* *

Le rôle qu'elle joue dans cette interprétation peut toutefois paraître singulier. Ne tend-elle pas, en effet, à établir deux présomptions opposées selon la qualification accessoire qu'elle comporte ? On peut ainsi se demander si l'on ne se trouve pas, en réalité, en présence de deux notions juridiques différentes que seule une terminologie déficiente conduit à désigner par un même terme.

L'objection n'est cependant pas décisive. Malgré sa complexité actuelle, la notion jurisprudentielle de service public conserve, en effet, un élément d'unité qui consiste en la soumission des activités qu'elle englobe à un régime juridique qui, s'il peut, contrairement à ce qu'enseignait Duguit, appartenir dans une large mesure au droit commun, comprend cependant, en toute hypothèse, une part irréductible de règles de droit public[12].

Il suffit de procéder à un examen sommaire de la jurisprudence pour en dégager deux de ces règles par lesquelles le service public industriel ou commercial se distingue du commerce libre du droit privé.

La première d'entre elles est la règle de l'égalité des usagers. Que le service soit concédé ou assure en régie, l'obligation de n'établir entre les particuliers qui

12. Cf. en ce sens : de Laubadère, *Traité élém. de droit administr.*, p. 564.

entendent utiliser la prestation qu'il met à la disposition du public aucune discrimination autre que celles qui peuvent être justifiées par les conditions dans lesquelles ils utilisent cette prestation, s'impose aussi bien à l'autorité administrative compétente pour organiser ce service qu'à son exploitant[13].

La seconde de ces règles est celle de la continuité. Lorsque le service est assuré par une entreprise privée, fût-ce en vertu d'une autorisation unilatérale, le Conseil d'État admet que son interruption justifie le retrait du titre de l'exploitant, même en l'absence de toute clause imposant à ce dernier la continuité du service[14]. Quant aux services assurés en régie, on sait que jusqu'à l'arrêt *Dehaene*[15] la jurisprudence avait, en ce qui les concerne, donné à la règle de la continuité un aspect particulier en en déduisant le caractère illicite de la grève des agents de ces services. La reconnaissance du droit de grève par le préambule de la Constitution de 1946 a déterminé l'abandon de cette solution traditionnelle. Mais il serait téméraire d'en déduire que le principe dont elle était le reflet a cessé pour autant d'être valable.

*
* *

Il ne paraît donc pas possible de tenir pour périmée la notion de service public. Cette notion continue à tenir, dans le droit administratif, un rôle important. Mais il convient d'en rechercher les éléments dans une jurisprudence qui est aujourd'hui assez copieuse pour ne plus comporter qu'un minimum d'incertitude.

---

13. V. Cons. d'Ét. 6 mai 1931, *Tondul* (S. 1931. 3. 81, et la note signée P. L.) ; 10 févr. 1928, *Chambre syndic. des propriétaires marseillais* (*Rec. Cons. d'Ét.*, p. 222) ; 1er juill. 1936, *Véyre* (S. 1937. 3. 105, et notre note) ; Civ. 9 févr. 1915 (S. 1916. 1. 32) ; 3 août 1922 (S. 1923. 1. 38). On observera que dans le cas des litiges relatifs à l'exploitation du service la règle est appliquée par les tribunaux judiciaires, ce qui est un exemple de plus à l'appui de ce qui est dit ci-dessus de l'absence d'un lien indissoluble entre la compétence et le fond.
14. V. pour le cas d'un permis de stationnement, Cons. d'Ét. 4 mai 1929, *Lefebvre du Grosriez* (*Rec. Cons. d'Ét.*, p. 470) ; pour le cas d'une autorisation d'exploitation d'un poste de radiodiffusion, 6 févr. 1948, *Soc. Radio-Atlantique* (*Rev. dr. publ.* 1948, p. 244, avec les conclusions du commissaire du Gouvernement Chenot).
15. Cons. d'Ét. 7 juill. 1950 (D. 1950. 538, note de M. Gervais ; S. 1950. 3. 109, note J. D. V.).

LA FEMME DANS LA FONCTION PUBLIQUE

1955

Georges Morange

Professeur à la Faculté de droit de Caen

Les femmes ont trouvé place dans la fonction publique bien avant la première guerre mondiale, considérée, tout au moins en France, comme le point de départ de l'émancipation féminine. Sans vouloir remonter à l'Ancien Droit, où les femmes ont, à titre tout à fait exceptionnel il est vrai, occupé certaines fonctions d'autorité, une délibération du Conseil des Postes, du 17 vendémiaire an 13, autorisait l'emploi des femmes en qualité de distributrices ou de directrices de bureaux de province. La France était ainsi le premier pays du monde à ouvrir aux femmes l'Administration des Postes. Les services de l'enseignement devaient, de leur côté, pour des raisons évidentes, accueillir également les femmes. Enfin, en 1901, à l'aube de ce siècle, Millerand, alors ministre du Commerce, introduisait pour la première fois des dames employées dans l'administration centrale d'un ministère.

Il s'agissait là, toutefois, d'exceptions qui confirmaient une règle considérée comme sacro-sainte par la société d'alors : la femme devait se marier, avoir des enfants, et se consacrer à son ménage. Aucune vocation ne lui était reconnue à la fonction publique.

Ce sont donc bien, effectivement, les deux guerres mondiales qui ont permis ou, tout au moins, considérablement accéléré la promotion féminine, dans des conditions bien différentes d'ailleurs.

I.

Avec le conflit de 1914-1918, les femmes bénéficient d'une promotion de fait, réalisée dans l'empirisme, et pour laquelle les esprits n'étaient manifestement pas mûrs[1].

Dès le début des hostilités, la mobilisation générale, en vidant les services de leur personnel normal, devait rendre inéluctable l'appel à des femmes pour assurer la suppléance de ce personnel. La paix revenue, les femmes ont pu se maintenir assez facilement dans les services publics en raison de la pénurie des candidats masculins, provoquée, à la fois, par les hécatombes de la première guerre mondiale et le peu d'empressement que manifestaient les survivants pour la plupart des fonctions publiques, en ces temps de prospérité commerciale et industrielle. C'est ainsi que, dès 1919, le ministère de la Guerre et la préfecture de la Seine ouvraient aux femmes leurs concours de rédacteurs. En 1920, le ministère

1. Nous avons emprunté certains détails qui figurent dans ce bref historique au n° 67, daté de mars 1955, de la Revue *Avenirs*, consacré aux carrières féminines.

de l'Hygiène suivait l'exemple ; puis, successivement, les ministères du Commerce, de l'Industrie, du Travail, de l'Agriculture et des Travaux publics autorisaient, à leur tour, les femmes à concourir.

L'arrivée de nouvelles générations et le renversement de la conjoncture industrielle et commerciale, en ramenant les jeunes gens vers les concours de la fonction publique, ont ralenti, puis stoppé, les progrès du féminisme. Une régression s'est même manifestée parfois : au ministère de la Guerre, qui avait été le premier à accueillir les candidatures féminines, un décret du 20 août 1931 limitait à la moitié le nombre des postes de rédacteurs accessibles aux femmes ; puis, le 15 août 1934, un autre décret devait exclure entièrement les femmes de ces emplois et des emplois supérieurs ; il réservait, d'autre part, aux hommes la moitié au moins des postes de commis.

La place des femmes dans la fonction publique ne pouvait, en effet, être très solide dans une société où l'exercice de cette fonction avait toujours été lié, plus ou moins confusément d'ailleurs, depuis la Révolution, à l'accomplissement du service militaire et à l'exercice des droits politiques. C'est ce qui explique que, tout en devenant plus favorable à leurs candidatures, le Conseil d'État n'ait jamais reconnu aux femmes, entre 1918 et 1940, un véritable droit d'accès à la fonction publique.

En 1912, le Conseil d'État avait jugé que lorsqu'un texte de loi ou de règlement exige que les candidats à un poste aient satisfait à la loi sur le recrutement de l'armée, les femmes étaient, *ipso facto*, exclues de cette catégorie d'emploi. Mais, le 23 décembre 1931, dans l'arrêt *Strat* (S. 1932. 3. 46 ; *Rec. Cons. d'Ét.*, p. 1158), le Conseil d'État admettait que, sauf dispositions contraires de la loi, les jeunes gens soumis aux obligations militaires sont en règle avec les lois sur le recrutement de l'armée, et peuvent par suite obtenir un emploi, même quand ils sont exonérés du service par ajournement, sursis, ou réforme. La dissociation entre l'accomplissement *effectif* du service militaire et l'exercice de la fonction publique étant ainsi réalisée, le Conseil d'État renonçait implicitement à opposer aux femmes un argument de la nature de celui invoqué en 1912[2]. Il a eu, depuis, l'occasion de le rejeter, explicitement, à plusieurs reprises (Cf. parmi les arrêts les plus récents : Cons. d'Ét. 7 avr. 1954, *Sieur Ferrié et autres*).

Par contre, le Conseil d'État a reconnu, jusqu'en 1940, le droit aux autorités administratives d'écarter ou de limiter les candidatures féminines. Dans l'arrêt *Mahut*, du 18 février 1921 (*Rec. Cons. d'Ét.*, p. 204), il prend soin, avant de rejeter la requête tendant à l'annulation de la nomination d'une femme dans les fonctions de directrice d'un mont-de-piété, de relever que les femmes n'étaient exclues de cet emploi par aucun texte de loi ou de *règlement*. Le célèbre arrêt D^lle^ *Bobard* (Cons. d'Ét. 3 juill. 1936, D.P. 1937. 3. 38, concl. Latournerie ; *Rev. dr. publ.* 1937, p. 684, mêmes concl. et note Jèze) ne manifestait, – quoiqu'on en ait dit, – aucun progrès décisif sur ce plan. Le Conseil d'État y reconnaît, à la fois, l'aptitude légale des femmes aux emplois dépendant des administrations centrales des ministères

2. Il en irait évidemment tout autrement si la loi subordonnait l'accès de la fonction publique à l'accomplissement effectif du service militaire et, *a fortiori*, à celui d'un service supérieur à la durée légale. Tel fut l'objet de la loi du 18 juill. 1952 (D. 1952. 259). Elle vise, d'ailleurs, des emplois qui ne sauraient, en raison de la nature des fonctions, être occupés par des femmes.

et le droit, pour le Gouvernement, d'édicter, par règlement d'administration publique, des restrictions à l'admission et à l'avancement du personnel féminin, justifiées par l'intérêt du service. Or, il semble bien, à la lecture de l'arrêt, que le Conseil d'État n'était pas disposé, à l'époque, à contrôler l'appréciation du Gouvernement sur ce point, ce qui conférait à cette appréciation un caractère entièrement discrétionnaire.

La seconde guerre mondiale a donné à l'émancipation féminine la base politique qui lui manquait en France.

Le Sénat avait, sous la IIIe République, opposé des fins de non-recevoir, d'autant plus efficaces qu'elles étaient sournoises, aux propositions de loi qui, adoptées par la Chambre des députés, avaient pour but l'inclusion des femmes dans le corps électoral et la reconnaissance de leur éligibilité. L'effondrement, en 1944, de toutes les forces traditionalistes qui leur avaient été hostiles devait permettre au Gouvernement provisoire d'accorder aux Françaises, avec un long retard sur beaucoup de pays étrangers, la plénitude des droits politiques[3].

L'égale admission des sexes à la fonction publique paraissait dès lors s'imposer, aussi bien en droit qu'en fait. Tel fut, de toute évidence, le sentiment des deux Assemblées constituantes. Une loi, datée du 11 avril 1946, dispose déjà, dans son article unique : « Tout Français de l'un ou l'autre sexe, répondant aux conditions légales, peut accéder aux fonctions de la magistrature »[4]. Mais c'est la deuxième Assemblée constituante qui a donné au principe de l'égalité des sexes une formulation à la fois générale et absolue. Dans le préambule de la Constitution, il est mentionné le premier, parmi ces principes politiques, économiques et sociaux dont la proclamation apparaissait, aux Constituants, particulièrement nécessaire à notre temps : « La loi garantit à la femme, dans tous les domaines, des droits égaux à ceux de l'homme ». Il était, d'autre part, précisé, dans l'art. 7 de la loi du 19 octobre 1946, relative au statut de la fonction publique, qu'« aucune distinction, pour l'application du présent statut, n'est faite entre les deux sexes, sous réserve des dispositions spéciales qu'il prévoit » (dispositions sans intérêt du point de vue qui nous préoccupe) (D. 1947. 177, avec le commentaire de M. Gazier).

Dix ans se seront bientôt écoulés depuis la promulgation de ces textes, et une observation, de prime abord assez curieuse, s'impose : alors que la promotion de la femme sur le plan politique – la plus récente – ne soulève pratiquement aucune contestation, – aucun parti ni aucun publiciste ne mettant en doute le bien-fondé de son inclusion dans le corps électoral et le droit d'éligibilité qui lui a été reconnu, – la mise en œuvre du principe de l'égale admission des sexes aux emplois publics s'avère beaucoup plus laborieuse.

3. Il nous paraît inutile, dans cette évolution, de faire état de l'antiféminisme bien connu du Gouvernement de Vichy. Les traductions les plus claires s'en trouvaient dans la loi du 11 oct. 1940 (D. P. 1940. 4. 336) et, surtout, dans l'art. 26 de la loi du 14 sept. 1941 (D. A. 1941. 483), portant statut de la fonction publique, conçu en ces termes : « Les femmes ont accès aux emplois publics dans la mesure où leur présence dans l'Administration est justifiée par l'intérêt du service. Des lois particulières et des règlements propres à chaque administration fixent les limites dans lesquelles cet accès est autorisé ».

4. En 1934, le Conseil d'État avait encore formellement refusé aux femmes l'accès de la magistrature (Cons. d'Ét. 28 févr. 1934, *Dame Dauvel-Thiénot, Rec. Cons. d'Ét.* p. 278).

Le ministre de la France d'outre-mer contestait, dès la fin de l'année 1946, le droit pour les femmes de faire acte de candidature à l'examen ouvert pour le recrutement de la magistrature d'outre-mer. Si nos informations sont exactes, ce ministère persisterait dans une attitude que le Conseil d'État a formellement condamnée (Cons. d'Ét. 3 déc. 1948, *Dame Louys*, D. 1949. 553, note de M. Louis Rolland; S. 1949. 3. 48; *Rev. jurid. et polit. de l'Union franc.* 1949, p. 63, avec les conclusions de M. Gazier). Il est, d'autre part, de notoriété publique que certains grands corps de l'État – les Affaires étrangères, entre autres, – n'ont manifesté aucun empressement à accueillir les élèves féminines de l'École nationale d'administration, que leur rang de sortie autorisait à choisir de tels corps. L'arrêté portant création d'un concours fixe, très souvent, un pourcentage de postes – généralement très faible – réservé aux candidates. Certains événements récents conduisent même à se demander si la position des femmes n'est pas menacée dans les corps où leur admission avait été décidée, en termes formels, par le législateur lui-même. La presse s'est faite l'écho, il y a quatre mois, des vœux émis par le congrès de l'Union fédérale des magistrats, qui a tenu ses assises à Douai, puis à Lille, tendant à la limitation de l'accès des femmes dans la profession.

Le moment paraît donc venu de s'interroger sur le contenu même du principe de l'égale admission des sexes aux emplois publics, sur ses modalités d'application, et sur les moyens dont disposent les candidates à la fonction publique pour en obtenir le respect.

II.

Le principe de l'égale admission des sexes aux emplois publics proclame, comme tous les principes de cet ordre, une égalité de droit et non de fait. Il est peut-être, d'autre part, venu trop tôt, dans une société insuffisamment évoluée, et où son application intégrale risquait de se heurter à certains impératifs primordiaux de la vie sociale.

Selon l'adage devenu célèbre, le Parlement anglais peut tout faire, sauf changer un homme en femme et, bien entendu, une femme en homme. Est-il besoin de dire que le législateur français, fût-il constituant, doit nécessairement se heurter à une impossibilité du même ordre ? Ce sont ces considérations de bon sens que le rédacteur en chef de la revue *Avenirs* exprimait en ces termes dans le n° 67, de mars 1955, consacré aux carrières féminines : « Les conditions physiologiques, les aptitudes physiques aussi bien que les nécessités de la vie en société font en effet et feront peut-être toujours que les femmes présentent, dans le domaine professionnel, des qualités différentes (plus ou moins suivant les cas) de celles des hommes, et, par suite, des possibilités qui ne se superposent pas absolument aux leurs ».

L'accord se réalisera assez facilement pour réserver aux hommes les emplois qui demandent une constitution physique robuste, soit du fait de la nature même des fonctions, soit en raison du lieu dans lequel ces fonctions doivent être exercées. La revue *Avenirs* mettait, notamment, les jeunes filles en garde contre l'illusion de trouver de nombreux débouchés dans les territoires d'outre-mer : « Si les femmes peuvent réussir dans la métropole dans les fonctions d'ingénieur, écrivait l'auteur de l'article, il ne saurait être question pour elles d'exercer les mêmes fonctions, alors qu'on demande à l'ingénieur d'outre-mer de procéder à des prospections qui l'entraînent parfois dans de véritables explorations ». En vain objecterait-on qu'il existe des femmes d'un tempérament viril. Les normes de la vie en société ne sauraient être inspirées par des exceptions.

Les difficultés vont surgir au moment où il faudra ventiler les emplois en fonction des aptitudes intellectuelles et psychologiques des deux sexes. Qu'il existe sur ces deux plans, commandées par leurs physiologies respectives, de profondes différences entre l'homme et la femme, est incontestable. Mais il est bien évident qu'un antiféminisme systématique risque fort de se camoufler derrière la prétendue inaptitude des femmes à remplir telle ou telle fonction. D'où la difficulté de la tâche de l'autorité administrative, appelée à prendre la décision, et du juge, qui doit en contrôler le bien-fondé.

Il convient en tous cas de bien insister sur le fait que cette ventilation des emplois n'est nullement de nature à inférioriser le sexe féminin. Il nous paraîtrait parfaitement légitime de réserver aux femmes beaucoup de fonctions, de caractère social et humanitaire, pour lesquelles elles présentent, très généralement, des aptitudes supérieures aux hommes. Inversement, si la présence de femmes dans les plus hautes juridictions du pays (Conseil d'État, Cour de cassation, Cour des comptes) ne soulève aucune objection, lorsqu'elles présentent le niveau intellectuel nécessaire, si les femmes sont tout aussi aptes que les hommes à statuer sur les procès civils, le tempérament féminin s'accorde-t-il bien avec la juridiction pénale ? La question doit être posée, car les critiques soulevées, depuis quelques temps, par la présence des femmes dans la magistrature paraissent bien inspirées par les difficultés que beaucoup d'entre elles ont rencontrées dans l'exercice des fonctions répressives, malheureusement liées, dans notre organisation judiciaire actuelle, à la juridiction civile.

Les femmes magistrats peuvent, il est vrai, très légitimement, invoquer, à leur décharge, les obstacles d'ordre psychologique auxquels elles se heurtent dans l'exercice de leurs fonctions, beaucoup de justiciables acceptant mal, en leur for intérieur, les décisions rendues par une femme dans ce domaine.

Nous en arrivons ainsi à notre seconde observation : le pays n'était pas mûr en 1946 – il n'est pas encore mûr – pour une égalité complète, sur ce plan, entre l'homme et la femme.

En vain fait-on appel aux exemples anglo-saxons et, surtout, nordiques. L'émancipation féminine a commencé, dans ces pays, bien avant 1914; elle est donc très logiquement plus poussée. Elle ne se heurte pas, d'autre part, dans ces mêmes pays, aux préjugés et aux méfiances, séquelles inévitables d'une civilisation latine, où la place reconnue à la femme était des plus modestes.

Il en résulte que si des fonctions d'autorité peuvent, sans aucun inconvénient pratique, être confiées à des femmes en Suède ou en Norvège, il ne saurait en être de même en France. Prenons un exemple dans la carrière préfectorale : un préfet « réussit » lorsqu'il se fait « accepter » comme un conseiller naturel par toutes les autorités de son département, et, notamment, par les maires. Une femme, si éminente soit-elle, pourrait-elle, actuellement, gagner la confiance des maires des communes rurales, surtout dans les départements du Centre et du Midi ? Poser la question, c'est la résoudre. Le Gouvernement agit donc sagement en refusant l'accès de la carrière préfectorale aux femmes, mais il a eu raison de ne pas réserver expressément de telles fonctions aux hommes, dans le décret du 19 juin 1950, relatif au statut particulier du corps préfectoral. Si l'évolution des mœurs se poursuit, comme tout le fait penser, la présence d'une femme dans le corps préfectoral ne soulèvera plus, en effet, dans un certain nombre d'années, les mêmes objections qu'aujourd'hui.

Les fonctions dans lesquelles les femmes risqueraient – quelles que soient leurs qualités – de voir leur action stérilisée par l'état actuel des mœurs sont relativement rares en France. Elles sont beaucoup plus nombreuses dans nos territoires d'outre-mer, surtout dans ceux, les plus peuplés, où domine la religion islamique. Ce n'est certainement pas avant longtemps que la femme pourra, dans de tels territoires, accéder, à égalité avec l'homme, aux fonctions publiques. C'est très légitimement que le contrôle civil au Maroc et en Tunisie est fermé aux femmes par le statut de ces corps. C'est non moins légitimement que leurs candidatures devraient être écartées à l'examen de la magistrature de la France d'outre-mer. Le ministre avait raison, en 1946, en refusant d'accepter une candidature féminine à cet examen, et le Conseil d'État a eu tort, selon nous, en annulant sa décision (v. arrêt du 3 déc. 1948, précité).

D'une manière générale, c'est d'ailleurs l'état d'esprit féminin qui constitue, actuellement, le frein le plus puissant à une évolution rapide des mœurs. Admises dans la fonction publique, les femmes ont parfois tendance à s'y prévaloir, pour alléger leur tâche, des égards dus à leur sexe, ce qui est radicalement incompatible avec leurs prétentions à l'égalité, et explique, pour une large part, l'anti-féminisme latent des cadres masculins de la fonction publique. Les femmes sont loin, d'autre part, d'utiliser les possibilités qui leur sont actuellement offertes. De grands concours, tels que ceux de l'École nationale d'administration et les concours d'agrégation de l'enseignement supérieur, leur sont ouverts dans des conditions d'égalité absolue avec les candidats masculins[5]. Or, les postulantes sont en nombre dérisoire. Il semble que les jeunes filles n'ont pas confiance dans leurs aptitudes intellectuelles et ne se sont pas encore délivrées du complexe d'infériorité de leur sexe. Peut-être, il est vrai, leur abstention s'explique-t-elle par la conviction que l'exercice des fonctions auxquelles ces concours donnent accès ne leur permettrait pas de remplir une mission que notre société leur assigne, et à laquelle elles tiennent : leur mission familiale.

Notre société a attribué, jusqu'ici, à la femme un rôle primordial dans l'éducation de ses propres enfants. Or, il y a trop souvent incompatibilité entre les devoirs de la femme à ce titre et ceux qui lui incombent en sa qualité de fonctionnaire.

De ce point de vue, les fonctions publiques peuvent être classées, *grosso modo*, en trois catégories. Il en est dont l'exercice est compatible avec la mission familiale de la femme : c'est le cas de celles qui s'exercent, pour une large part, au domicile

5. Le ministère du Travail mis à part, les femmes n'occupent une place importante dans les cadres supérieurs d'aucune administration. Dans l'Administration des P. T. T., où leur admission remonte, pourtant, à un siècle et demi, elles sont restées cantonnées, à de rares exceptions près, dans les emplois subalternes.

ou à proximité, telles les fonctions enseignantes. Il en est d'autres qui sont radicalement incompatibles avec l'accomplissement des devoirs de la mère de famille, tels que notre société les entend : ce sont toutes celles qui peuvent exiger de leurs titulaires de longs et fréquents déplacements, en dehors du lieu de leur résidence, voire en dehors du territoire métropolitain. Dans la plupart des cas, la conciliation entre les devoirs de la mère de famille et ceux de la fonctionnaire est, simplement, plus ou moins difficile, les incidents inéluctables de la vie familiale risquant fort d'avoir leur répercussion sur le fonctionnement du service public. Dans son rapport à l'appui du texte qui allait devenir la loi du 11 avril 1946, Mme Poinso-Chapuis, pour prouver la vocation judiciaire de la femme, faisait état des abbesses, titulaires du droit de haute et de basse justice. Mais ces abbesses ne se sont jamais trouvées dans la situation de la femme magistrat dont l'un des enfants est gravement malade, à son domicile, à l'heure où doit s'ouvrir l'audience.

Il est à peine besoin de faire observer que de tels incidents, s'ajoutant à la succession des congés pour couches et allaitement, et aux disponibilités spéciales prévues par l'art. 120 de la loi du 19 octobre 1946, sont de nature à accroître l'hostilité des cadres masculins contre la présence d'un personnel féminin trop souvent instable, et, par voie de conséquence, d'une valeur médiocre.

La loi du 14 septembre 1941 – le statut de la fonction publique édicté par Vichy – est le seul texte qui se soit efforcé de trouver une solution à ce conflit entre la mission familiale de la femme et ses obligations au titre de la fonction publique. Partant manifestement de cette idée que la femme mère de famille se maintenait dans l'Administration pour des considérations exclusivement financières, l'art. 97 de cette loi pensait trouver la clef du problème dans l'établissement, en faveur du mari, d'un traitement essentiellement fonction de sa situation de famille. Peut-être serait-il plus judicieux, en laissant la question sur ce plan purement financier, de rechercher la solution dans l'organisation d'un travail à mi-temps en faveur des femmes mères de famille. L'organisation de ce travail à mi-temps ne soulèverait pas, quoi qu'on en dise, de problèmes insolubles, tout au moins dans la plupart des administrations.

La femme trouve, dans le rôle que lui assignent, sur le plan familial, à la fois la nature et nos traditions, le plus grave obstacle à la vocation qu'elle peut ressentir pour la fonction publique. Cet obstacle peut être très largement levé. Dans une organisation sociale, telle que celle des Kibbouts dans l'État d'Israël[6], où la collectivité prend en charge l'éducation des enfants, la femme pourrait beaucoup plus facilement satisfaire aux obligations du service public.

C'est aux Françaises à s'interroger sur le point de savoir si elles désirent, ou non, une telle évolution de nos mœurs.

6. Baruch Gabovitch : *Les sociétés communautaires à travers l'histoire et en Israël d'aujourd'hui*, thèse d'Université Caen.

III.

Le principe de l'égale admission des sexes aux emplois publics ne saurait donc être entendu dans un sens absolu, surtout dans une société comme la nôtre. Sous certaines conditions, devront être considérées comme légales :

- les décisions qui réservent certains emplois ou certains concours de recrutement aux candidats du sexe masculin ou du sexe féminin ;
- les décisions qui assignent aux candidats du sexe masculin ou du sexe féminin un pourcentage déterminé de postes dans un concours de recrutement ;
- les décisions qui réservent le recrutement de certains cadres aux femmes célibataires, veuves ou divorcées sans enfants à charge ;
- les décisions qui écartent une femme de la fonction publique en raison de l'incompatibilité qui existe entre l'exercice de cette fonction et l'exécution de ses obligations familiales.

Certains emplois peuvent être, légalement, réservé aux hommes, soit en raison de la nature des fonctions exercées – pour lesquelles les hommes présentent seuls les aptitudes nécessaires, – soit parce que, en raison de l'état actuel de nos mœurs, une femme se heurterait, dans l'exercice de telles fonctions, à des résistances ou préjugés insurmontables.

Inversement, une décision réservant aux femmes des emplois pour lesquels le sexe féminin présente une aptitude supérieure devrait être considérée comme parfaitement légale.

Il va de soi que, si tous les emplois d'un cadre doivent être occupés par des hommes ou par des femmes, le concours de recrutement qui y donne accès doit être réservé, suivant les cas, soit aux candidats du sexe masculin, soit à ceux du sexe féminin. Selon nous, le recrutement mixte doit être également exclu lorsque, dans un cadre donné, l'immense majorité des emplois est nécessairement occupée par des agents masculins ou féminins, quelques-uns seulement pouvant être confiés, sans inconvénient, à des agents de l'un ou de l'autre sexe. Le recrutement mixte pourrait, en effet, conduire ultérieurement à des problèmes insolubles pour l'avancement et l'affectation des agents. Un exemple excellent pourrait en être fourni par la magistrature d'outre-mer. Il est certains postes qui, dans ce corps, pourraient effectivement, même à l'époque actuelle, être tenus par des femmes. Ils sont en nombre très limité et c'est une erreur de se fonder sur leur existence pour admettre les candidatures féminines. L'autorité investie du pouvoir de nomination risquerait, en effet, de se trouver placée un jour devant la situation que voici : de tous les postes libres, un seul étant susceptible d'être occupé par une femme, il y aurait concurrence, pour ce poste, entre une femme magistrat et un de ses collègues masculins, dont l'ancienneté serait supérieure ; le choix n'existerait, alors, qu'entre deux solutions, également mauvaises : ou laisser la femme magistrat sans emploi ou violer délibérément les droits à l'avancement de son collègue masculin.

La formule des concours mixtes, avec détermination des pourcentages maxima de postes réservés aux candidats de l'un ou l'autre sexe, doit être, également, considérée comme légale, à une double condition :

Il faut que, dans les cadres auxquels ces concours donnent accès, un nombre déterminé d'emplois ne puissent être, pour une raison ou une autre, occupés indistinctement par des agents de l'un ou l'autre sexe.

Il est nécessaire, en second lieu, que le pourcentage retenu au concours soit établi en fonction du nombre de ces emplois par rapport aux effectifs globaux du cadre ou des cadres considérés.

C'est cette formule du concours mixte, avec pourcentage maximum de postes réservés aux candidates, qui a été retenue par la Direction générale des impôts dans le décret 51-335, du 19 mars 1951, pour le recrutement des inspecteurs-élèves, et dans le décret 54-77, du 23 janvier 1954, en ce qui concerne le recrutement des contrôleurs.

L'Administration des Postes, Télégraphes et Téléphones a, pour sa part, recherché la solution de la même difficulté dans l'organisation de concours séparés pour le recrutement d'inspecteurs-élèves masculins et d'inspecteurs-élèves féminins, dans l'art. 7 du décret 51-1284 du 6 novembre 1951. La légalité du procédé nous apparaît plus contestable.

Certains corps peuvent, en troisième lieu, être légalement réservés aux femmes célibataires, veuves, ou divorcées sans garde d'enfants mineurs, si la nature des fonctions – en raison, notamment, des déplacements nombreux et prolongés auxquels leurs titulaires peuvent être contraintes, – doit être considérée comme incompatible avec la mission familiale de la femme. C'est très légitimement que le décret 51-1197, du 15 octobre 1951, portant statut du personnel des cadres militaires féminins, précise, dans son art. 10, que le contrat ou la commission d'une convoyeuse de l'Air cesse immédiatement d'avoir effet en cas de mariage. Il est regrettable que cette solution, logique en l'état actuel de nos mœurs, n'ait pas prévalu pour les autres cadres militaires féminins. Si l'art. 8 limite le recrutement aux femmes célibataires, veuves, divorcées ou séparées de corps qui n'ont pas la garde d'enfants mineurs, il résulte d'autres articles du texte, et, notamment, des art. 6 à 9, que le contrat ou la commission n'est pas résilié de plein droit en cas de mariage ou de maternité. Pour des personnels qui peuvent être appelés à servir, aux termes de l'art. 7, sur n'importe quel territoire, dans les mêmes conditions que les personnels militaires masculins, la solution n'apparaît pas des plus heureuses.

Enfin, doivent être considérées comme légales – et même obligatoires – les décisions portant exclusion d'une femme des cadres de l'Administration en raison de l'incompatibilité entre l'exercice de ses fonctions publiques et l'accomplissement de ses obligations familiales.

Le Conseil d'État s'est prononcé dans ce sens dans le célèbre arrêt *Pagès*, du 19 février 1943 (D. 1945. 60, avec une note de M. Waline). Dans cette décision, notre haute Juridiction administrative a annulé le refus opposé par le secrétaire d'État aux Communications à une demande du mari, approuvée par la cour d'appel de Paris le 7 décembre 1940, et tendant à obtenir la cessation des fonctions de dame employée des P. T. T., exercées par sa femme, et qui avaient été jugées incompatibles avec l'exécution des obligations familiales de cette dernière. Dans son commentaire, le professeur Waline observait très justement qu'il y avait, en l'espèce, conflit entre deux intérêts publics, dont l'un – l'intérêt familial – devait être considéré comme primordial. « Le législateur, écrivait le professeur Waline, désire que la femme demeure à son foyer, tout au moins dans les cas où cette présence au foyer présente un réel intérêt social et national, ce qui est dans chaque cas une question d'espèce que le mari, et, le cas échéant, le tribunal apprécieront. Mais, lorsqu'ils se sont prononcés contre le désir de la femme d'exercer une profession, c'est un véritable intérêt public qui exige que leur volonté prédomine ».

Sous l'empire de l'art. 216 actuel du Code civil, comme il apparaît à la lecture du commentaire précité, c'est la décision du mari, éventuellement confirmée par le tribunal, qui commande la décision administrative d'exclusion prise à l'encontre de la femme. Le projet de réforme du Code civil, actuellement en cours d'élaboration, est de nature à donner, sur ce point, une satisfaction d'amour-propre aux femmes. En effet, aux termes de l'art. 326, al. 1er, « chacun des époux peut exercer la profession de son choix, à moins que l'autre époux ne demande au tribunal de lui interdire, dans l'intérêt de la famille, l'exercice de cette profession ». Mais il est bien évident que la quasi-totalité des demandes présentées à ce titre aux tribunaux émaneront, en fait, du mari.

IV.

Le principe de l'égale admission des sexes aux emplois publics est ainsi compatible avec des décisions administratives dont un examen trop superficiel pourrait faire croire, à tort, qu'elles en sont la négation même. Il ne fait malheureusement aucun doute que beaucoup de ces décisions risquent d'être inspirées par un antiféminisme plus ou moins rétrograde. Le faible pourcentage des postes réservés aux candidates, dans des concours théoriquement mixtes, la rareté et l'exiguïté des concours où les femmes sont admises à faire acte de candidature, par rapport à ceux réservés aux hommes, en donnent très nettement l'impression. Or, il serait inadmissible de fermer ainsi, plus ou moins sournoisement, la fonction publique à des jeunes filles qui n'auront peut-être pas la possibilité de se marier ou qui se sentent une vocation plus marquée pour l'exercice des fonctions publiques que pour l'accomplissement de la mission familiale traditionnelle, que notre société assigne à la femme.

Un moyen de défense doit donc être reconnu aux femmes contre les décisions administratives qui les écarteraient de la fonction publique en violation du principe de l'égale admission des sexes. Ce moyen de défense, ce sera naturellement le recours pour excès de pouvoir. Il pourra être dirigé contre :

- les décisions administratives portant ouverture d'un concours illégalement réservé aux candidats du sexe masculin, ou ne laissant à la disposition des candidates qu'un pourcentage de postes manifestement inférieur à celui auquel elles pourraient légitimement prétendre ;
- les décisions administratives refusant d'accueillir les candidatures féminines à un concours qui devrait leur être théoriquement ouvert ;
- les décisions administratives portant indûment exclusion d'une femme de la fonction publique.

La question essentielle est de savoir quels seront, sur un tel recours, les pouvoirs du juge appelé à statuer.

M. le commissaire du Gouvernement Latournerie s'exprimait, sur ce point, avec toute la clarté désirable, dans ses très remarquables conclusions sous l'arrêt *D^lle^ Bobard*. Envisageant l'hypothèse où les femmes se verraient reconnaître un véritable droit d'accès à la fonction publique, – ce qui était, à l'époque, une anticipation, – il s'exprimait en ces termes :

« Il semble qu'il y aura lieu alors d'appliquer des règles analogues à celles qui sont suivies par la jurisprudence en une matière – la police – où les droits individuels sont également en conflit avec un pouvoir de réglementation.

« Vous décidez, dans les cas de ce genre, que les limites de ce pouvoir s'établissent au point même où les sacrifices demandés aux droits individuels ne peuvent pas être évités, c'est-à-dire que les mesures prises en vertu de ce pouvoir ne sont légales qu'autant qu'elles sont nécessaires, plusieurs arrêts disent indispensables.

« Règle qui vous amène à exercer, sur l'usage de ces pouvoirs de police, un contrôle des plus étroits.

« C'est à un contrôle de ce genre que vous pourrez être conduits si vous admettez qu'à l'accès des fonctions publiques, la règle est l'aptitude des femmes. Car cette aptitude aurait alors le caractère d'un droit individuel de tous points analogues à ceux que lèsent les mesures de police. Et l'exclusion des femmes, en pareil cas, de tel ou tel emploi par voie de mesure réglementaire, ne saurait être regardée comme justifiée que si cette exclusion est motivée par les nécessités spéciales des emplois en question ».

L'attitude de notre haute Juridiction administrative fut, dans l'arrêt *D^lle^ Bobard*, beaucoup plus réservée. En dépit de l'affirmation de principe selon laquelle les femmes ont l'aptitude légale aux emplois dépendant des administrations centrales des ministères, le Conseil d'État paraît bien avoir exercé, en l'espèce, le contrôle très réduit préconisé par son commissaire du Gouvernement pour l'hypothèse où l'incapacité des femmes lui apparaîtrait être la règle :

« Il y aura lieu seulement – écrivait M. Latournerie en envisageant cette deuxième hypothèse – d'examiner le moyen de détournement de pouvoir, c'est-à-dire de rechercher si les prescriptions litigieuses ont été inspirées par des considérations étrangères à l'intérêt du service.

« Or, cet examen ne se confond pas, quant à sa nature et à son étendue, avec celui qui s'imposerait dans l'autre cas. Il n'y a pas, en effet, ici à vérifier si le rapport entre les motifs de la mesure contestée et cette mesure elle-même est tel qu'elle soit ou non conforme à la règle de droit. Ou, plus exactement, le juge a seulement à s'assurer que, dans les motifs de cette mesure, il ne s'est glissé rien d'étranger à ces buts d'intérêt général que toute décision administrative doit se proposer ».

Le Conseil d'État, en se limitant à un tel contrôle, ne pouvait, en 1936, encourir aucune critique. L'existence du principe de l'égale admission des sexes aux emplois publics était, à l'époque, des plus contestables. Il en va tout autrement aujourd'hui. Le principe a été proclamé, en termes absolus, à la fois par le préambule de la Constitution et par la loi du 19 octobre 1946, portant statut de la fonction publique. Il s'agit donc d'un droit individuel que les femmes peuvent, légitimement, revendiquer. Le conflit entre un tel droit et le pouvoir de réglementation nécessaire, reconnu à l'Administration pour lui permettre d'assurer l'organisation et le fonctionnement des services publics, doit conduire le juge au contrôle très poussé que préconisait, dès 1936, M. Latournerie. Autrement dit, le juge administratif doit pratiquer, sur toutes les décisions de nature à restreindre l'égale admission des sexes aux emplois publics, un véritable contrôle d'opportunité, les questions d'opportunité constituant, dans un tel domaine, et dans toute la force du terme, des questions de légalité.

Il ne saurait échapper que la mission du juge s'avère, dans ces conditions, particulièrement délicate. Dans un concours mixte, avec pourcentage réduit de postes réservés aux candidates, le juge aura, notamment, à rechercher si ce pourcentage est justifié eu égard au nombre d'emplois qui, dans le cadre ou les cadres auxquels donne accès le concours, ne peuvent, pour une raison ou une autre, être occupés par des femmes. Il doit, néanmoins, se livrer à ces minutieuses recherches s'il veut éviter qu'un antiféminisme latent enlève une grande partie de sa signification pratique à un principe auquel, en 1946, le législateur attachait tant de prix.

L'AUTONOMIE DU DROIT DU TRAVAIL
La prescription abrégée de la créance de salaires

1956

Guillaume-Hubert Camerlynck

Professeur agrégé à la Faculté de droit de Paris

Méconnaissant les données spécifiques du problème, trahissant de ce fait l'esprit même du droit du travail, le Code du travail, dans un unique art. 49 du Livre 1er, adopte la solution paresseuse du « renvoi » :

« La prescription de l'action en payement du salaire est réglée par les art. 2271, 2272, 2274 et 2275 du Code civil… »[1].

Rappelons brièvement ces textes, siège de la matière :

Art. 2271 (alin. 3)… « Celle (l'action) des ouvriers et gens de travail, pour le payement de leurs journées, fournitures et salaires,

« Se prescrivent par six mois ».

Art. 2272 (alin. 3)… « Celle (l'action) des domestiques qui se louent à l'année, pour le payement de leur salaire,

« Se prescrivent par un an ».

Plus généralement, l'art. 2274 vise l'interruption de la prescription par arrêté de compte ou citation en justice ; l'art. 2275, la possibilité de combattre la prescription par la délation de serment.

Ces articles, ou alinéas d'articles, concernant ainsi la prescription de l'action en payement des salaires des ouvriers, gens de travail et domestiques, font partie d'une section IV, intitulée « *De quelques prescriptions particulières* ».

On désigne couramment sous le nom de courtes prescriptions celles qui sont visées par les art. 2271 à 2275. Malgré l'extrême diversité de nature des créances, du statut de leurs titulaires – commerçants, officiers ministériels, membres des professions libérales ou simples salariés, – ainsi que du délai de la prescription – 6 mois, 1 an, 2 ans, – la doctrine et la jurisprudence ont construit une théorie d'ensemble des courtes prescriptions, genre autonome obéissant à des règles propres. Si le Code civil a prévu quant à leur organisation technique des dispositions qui leur sont communes, concernant notamment l'interruption et la délation de serment, c'est parce que traditionnellement elles reposent toutes sur un même fondement, la *présomption de payement* à l'échéance, ou dans un délai relativement bref.

Dans les ouvrages consacrés au droit du travail, les auteurs n'hésitent pas à reprendre et à expliciter ce même fondement ainsi assigné à la prescription de la créance de salaires. « Elle facilite la libération du débiteur, qu'elle protège contre le payement de sommes dont le versement a déjà vraisemblablement été effectué.

1. L'art. 49 ajoute : « … et 433 du Code de commerce », texte concernant le droit maritime, que nous laisserons en dehors du champ de notre étude.

Comme il n'est pas d'usage de recevoir quittance des règlements de salaires, les art. 2271 et suivants du Code civil permettent d'éviter des contestations portant sur le payement de salaires trop anciens »[2].

Nous voudrions démontrer qu'une telle construction, devenue *inexacte dans son fondement* même (présomption de payement), *injustifiée quant au but* qu'elle prétend poursuivre (protection de l'employeur vis-à-vis d'un salarié de mauvaise foi), méconnaît enfin la *finalité sociale et l'autonomie fondamentale* du droit du travail.

Reprenons successivement ces trois points.

I. La présomption de payement, fondement prétendu de la prescription abrégée

De prime abord, la notion de présomption de payement répond bien à une analyse concrète des données économiques et sociales du problème : « Ces créanciers (ouvriers et gens de travail) sont de ceux qui, n'ayant guère pour vivre que leurs gains journaliers, ont besoin d'être payés promptement et demandent à l'être »[3].

En définitive, la condition économique et sociale de salarié, justification habituelle d'un interventionnisme protecteur, est ici curieusement invoquée contre l'intéressé : étant pauvre, le travailleur n'a pu faire crédit, et sa survie même implique le payement du salaire par l'employeur débiteur, ainsi à bref délai libéré[4].

On conviendra qu'une telle présomption mérite un examen critique moins sommaire. Celui-ci permettra de vérifier, pensons-nous :

1° Le caractère contestable d'une telle présomption, qu'aggrave son interprétation rigoureuse par les tribunaux ;

2° Sa contradiction flagrante avec le statut juridique du salarié et son état de subordination.

1° *Le caractère contestable de la présomption de payement.* – Le fondement de la présomption ainsi tirée de la condition économique et sociale de salarié méconnaît la complexité de la notion de salaire et de ses accessoires, la variété dans les modalités de payement, enfin l'extrême diversité de situation des travailleurs auxquels on prétend étendre ainsi uniformément la prescription abrégée :

---

2. Paul Durand, *Traité de droit du travail*, t. 2, n° 404.
3. Holleaux, *De l'évolution des règles propres aux courtes prescriptions*, thèse, Paris, 1927, p. 20. Rappr. dans le même sens, l'Exposé des motifs par Bigot-Préameneu (Locré, *Travaux préparatoires du Code civil*, t. 16, p. 580).
4. Par contre, la prescription trentenaire est seule applicable aux créances que l'employeur peut avoir contre le salarié à l'occasion de la prestation de travail (ainsi le remboursement d'un trop perçu) : Paul Durand, *op. cit.*, t. 2, n° 405.

a) Si le payement à bref délai est vraisemblable s'agissant du salaire principal, assurant la subsistance quotidienne de la famille, la présomption perd singulièrement de sa force quand on l'étend, avec la jurisprudence et la doctrine, « à toutes les créances qui tiennent lieu de salaire, ou qui ont leur cause dans la prestation de travail »[5]; aux heures supplémentaires et suppléments de salaires[6]; aux pourboires[7]; aux indemnités de déplacement[8] ou de congés payés[9]; aux indemnités de délai-congé ou de licenciement prévues notamment par des conventions collectives de travail et proportionnelles à la durée des années passées par le salarié au service de l'employeur[10].

b) Quelles que soient les *modalités de payement*, notamment la *périodicité*, à la journée, à la semaine, au mois ou à l'année, la prescription abrégée est applicable[11].

Le Code du travail renvoyant aux seuls art. 2271 à 2275 du Code civil, et non à l'art. 2277, la jurisprudence a condamné la thèse bienveillante auparavant admise selon laquelle la prescription quinquennale serait seule applicable aux employés payés au mois[12].

Pour les employés, la promulgation du Code du travail s'est donc traduite par une régression. Si l'on admet la notion de présomption de payement, il devrait pourtant exister une évidente corrélation entre la fréquence des échéances de salaires – signe révélateur de la condition de prolétaire – et l'abrégement de la prescription. Plus les échéances sont espacées – mois, trimestre, année, – plus la présomption de règlement dans les six mois devient problématique.

c) Peu importe enfin l'échelon et la fonction dans la hiérarchie professionnelle, qu'il s'agisse d'ouvriers, d'employés, de cadres ou agents de maîtrise. Se verront opposer la prescription abrégée dans des conditions identiques, le manœuvre, l'ingénieur ou le directeur technique.

On voit donc en définitive combien est simpliste et fragile la présomption uniforme de payement opposée au travailleur, et qui découlerait de sa condition économique et sociale. Une telle condition, bien au contraire, – étant donné la complexité de plus en plus grande de la réglementation et des techniques de rémunération, – permet de présumer à plus juste titre l'ignorance, par le salarié, de l'étendue et du contenu exact de ses droits[13]. C'est pratiquement sous cette

5. P. Durand, *op. cit.*, t. 2, n° 405. *Adde :* J. Garay, *Prescription de l'action en payement des salaires et indemnités* (*Gaz. Pal.* 15-17 mai 1949).
6. Soc. 2 nov. 1944 (*Gaz. Pal.* 1944. 2. 175).
7. Civ. 25 janv. 1932 (D. H. 1932. 131).
8. Civ. 6 juill. 1938 (D. H. 1938. 548).
9. Civ., sect. soc., 16 avr. 1948 (J. C. P. 1949. II. 4843, note G. B.).
10. Soc. 19 juill. 1945 (D. 1946. Somm. 4; *Gaz. Pal.* 1945. 2. 126); Soc. 27 déc. 1946 (*Droit social* 1947. 78).
11. Soc. 19 juill. 1945 (D. 1946. Somm. 4; *Gaz. Pal.* 1945. 2. 126).
12. Soc. 19 juill. 1945 (D. 1946. Somm. 4; *Gaz. Pal.* 1945. 2. 126).
13. Bien que les tribunaux considèrent la maxime *Contra non valentem agere non currit praescriptio* comme toujours en vigueur, la Cour de cassation, revenant ici encore sur des solutions antérieures bienveillantes, n'admet plus de manière générale que l'ignorance d'un droit, fût-elle prouvée, constitue une impossibilité d'agir assimilable à la force majeure (Planiol et Ripert, *Traité prat. de droit civil*, t. 7, n° 1379). En matière de courtes prescriptions, la présomption de payement perd alors pourtant toute signification.

forme – contestation quant au montant du salaire versé, quant au bénéfice de telle indemnité ou prime, – que le problème se posera. On oppose alors au travailleur une présomption de *payement intégral* que rien ne justifie et que contredit au contraire, nous allons le voir, son statut juridique de salarié.

2° *La présomption de payement intégral est en contradiction flagrante avec le statut juridique de salarié.* – D'après la Cour de cassation, le trait distinctif du contrat de travail est l'état de *subordination juridique* dans lequel le salarié se trouve placé. Pendant toute la durée du contrat il demeure sous les ordres de l'employeur, dont le pouvoir disciplinaire est assorti de sanctions allant jusqu'à un renvoi en fait incontrôlé.

Comment, dans de telles conditions, interpréter l'inaction du salarié *pendant le cours de la situation contractuelle*, – puisqu'aussi bien la prescription commence à courir dès l'échéance du salaire, – comme le signe certain qu'il a été rempli de ses droits ? Dans la pratique, c'est seulement après son licenciement que le salarié se décidera à intenter tardivement son action.

En matière de salaires, de délai-congé ou d'indemnité pour rupture abusive, le législateur et la jurisprudence, tenant compte de cette étroite dépendance, ont délibérément rejeté toute perte de ses droits par le salarié qui découlerait soit de son acceptation expresse, soit même de son seul silence, d'une renonciation implicite contre laquelle il convient pour d'évidentes raisons de le protéger[14]. Ce dont ni la volonté formelle du salarié ni sa renonciation implicite ne peuvent le priver en cours de contrat, le seul écoulement d'un bref délai de six mois y parviendra, sans que puisse être apportée la preuve contraire flagrante du non-payement.

N'est-il pas curieux de constater que les Coutumes de l'Ancien Droit avaient de la situation ainsi créée entre patrons et salariés une vue à la fois plus réaliste et plus équitable ? Elles permettaient de combattre la présomption de payement toutes les fois que les circonstances de la cause leur donnaient en fait un démenti suffisamment net[15]. « On estime qu'en tel ou tel cas la différence des conditions sociales des parties en présence crée une présomption très forte que le créancier dont s'agit n'a pas dû oser exiger le prompt payement que la loi prescrit ». Un arrêt décidera que, s'agissant de l'action en payement de leurs salaires par les serviteurs, « cette prescription n'a point de lieu à l'égard de personnes puissantes et qui sont de difficile convention, comme gouverneurs de provinces, capitaines de villes ou châteaux »[16].

L'Ordonnance de 1510 ne reconnaissait-elle pas aux serviteurs le droit de réclamer les gages des trois dernières années pendant un an *à compter de leur sortie de service* ? Faveur que les auteurs justifiaient par l'impossibilité de fait où se trouvait un serviteur encore en fonction d'assigner son maître en justice pour le payement de ses gages.

Un certain libéralisme survivra d'ailleurs quelque temps, au lendemain du Code civil, en jurisprudence et en doctrine, mais sera bientôt condamné par la

14. V. notamment, sur ce point, P. Durand, *op. cit.*, t. 2, n° 408.
15. Thèse Holleaux précitée, p. 59.
16. *Op. cit.*, p. 62.

Cour de cassation. En dehors du serment et de l'aveu judiciaire, la présomption ne peut être combattue par la preuve – fût-elle formelle – du non-payement.

II. La présomption de payement est injustifiée quant à son but

Le raisonnement habituellement tenu par les auteurs pour justifier la prescription abrégée est double :

1° Le payement intégral est présumé avoir été effectué à bref délai par l'employeur : nous avons fait justice d'une telle affirmation, tout au moins avec le caractère général et absolu qu'on prétend lui conférer.

2° « Il s'agit d'autre part de dette... que l'on paye d'ordinaire *sans retirer quittance.* Cette seconde considération jointe à la première a déterminé le législateur à protéger le débiteur contre des réclamations tardives – et par là même suspectes, – contre lesquelles il ne serait peut-être pas en mesure de se défendre, et que l'habitude très générale d'effectuer un prompt règlement, et *qui ne laisse pas de traces*, autorise à considérer, *a priori*, et jusqu'à preuve du contraire, comme mal fondées et faites de mauvaise foi »[17].

La justification profonde de la prescription abrégée est donc le souci de protéger l'employeur ayant versé le salaire sans exiger de reçu contre une réclamation de mauvaise foi.

Défendable à l'origine, ce but protecteur a entièrement perdu son caractère plausible du jour de l'institution par le législateur, du *bulletin de paye* (art. 44 *a*, liv. Ier, c. trav.), – mode de constatation obligatoire du versement du salaire à tout travailleur, et dont les mentions précises sont impérativement fixées. Ce bulletin constitue désormais la preuve normale des sommes versées au titre de salaire et de ses accessoires, non seulement pour le travailleur, qui en vérifie ainsi la régularité, mais également au profit de l'employeur qui doit en reproduire les mentions sur le livre de paye.

Une telle réforme aurait dû s'accompagner de la disparition de la prescription abrégée, puisqu'elle en supprimait la raison d'être : protection de l'employeur démuni de preuve contre une demande tardive de payement de sommes déjà versées.

Aggravant une telle contradiction, la jurisprudence a refusé d'utiliser les moyens techniques qui s'offraient à elle d'articuler la nouvelle institution du bulletin de paye avec les textes traditionnels en matière de prescription abrégée.

La Cour de cassation avait pourtant admis libéralement, pour permettre au salarié de combattre la prescription, l'assimilation au serment de l'aveu judiciaire de l'employeur; aveu exprès ou même implicite et découlant de la contestation par ce dernier de l'existence de la dette[18]. La production du bulletin de paye

17. Holleaux, *op. cit.*, p. 21.

18. Civ. 6 juill. 1938 (D.H. 1938. 548); Soc. 2 nov. 1944 (*Gaz. Pal.* 1944. 2. 175); Civ., sect. soc., 19 févr. 1948 (J.C.P. 1949. II. 4843, note G.B.); 4 févr. 1954 (*Droit ouvrier* 1954. 283); 10 mars 1955 (*Inform. chef d'entreprise* 1955. 637).

aurait dû constituer de même à ses yeux la preuve flagrante du non-payement des sommes réclamées : aveu extrajudiciaire certes, mais constaté par écrit dans les formes exigées par la loi elle-même, sous peine de sanctions pénales et sous le contrôle permanent de l'inspection du travail.

Une telle jurisprudence, sauvegardant tous les intérêts en présence, aurait permis à l'employeur de contester au fond les prétentions du salarié, sans opposer à ce dernier une présomption de payement à laquelle les faits, juridiquement constatés, apportent un flagrant démenti.

Aussi bien certains juges du fond, au contact des nécessités de la vie professionnelle, n'ont-ils pas hésité à admettre une telle interprétation, à la fois conforme à la logique et à l'équité.

La Cour de cassation ne les a pas suivis sur ce terrain. Par un arrêt formel du 21 mai 1954[19] dont les attendus méritent d'être cités, elle s'est fondée sur une stricte interprétation des textes du Code civil, en refusant d'admettre une incidence quelconque de la législation récente en matière de bulletin de paye :

> « Vu les art. 49, livre Ier, du Code du travail, 2271 et 2275 du Code civil;
> « Attendu que la présomption de payement sur laquelle repose la prescription de l'action en payement des salaires n'admet d'autre preuve contraire que la délation du serment ou l'aveu;
> « Attendu que les époux Maisonneuve ayant appelé leur ancien employeur Ribeyron devant la juridiction prud'hommale, plus de six mois après leur départ de l'entreprise, en payement de compléments de salaires, le jugement confirmatif attaqué, pour écarter la prescription, a seulement retenu que le patron avait remis à ses salariés des feuilles de paye mentionnant un salaire ne correspondant pas à leur classement régulier tel qu'il résultait de la législation en vigueur, et « qu'il convenait de considérer ces feuilles de paye comme un aveu écrit et spontané émanant de Ribeyron »;
> « Or, attendu que les mentions d'un bulletin de paye établi conformément aux prescriptions de l'art. 44 *a* du livre Ier du Code du travail et par conséquent, en l'espèce, antérieurement à toute contestation, ne peuvent être considérées comme emportant aveu du défaut de payement des compléments de salaires n'y figurant pas, et comme permettant d'écarter l'exception de prescription opposée à la demande tendant au recouvrement desdits compléments;
> « D'où il suit qu'en statuant comme il l'a fait, le jugement attaqué a violé les textes ci-dessus visés;
> « Par ces motifs, et sans qu'il y ait à examiner la seconde branche du moyen, casse ».

Il suffira donc à l'employeur avisé d'invoquer purement et simplement la prescription, en refusant toute discussion quant au fond et toute production du

19. Civ., sect. soc., 21 mai 1954 (*Droit social* 1954. 411 ; *Inform. chef d'entrepr.* 1954. 798). V. également Civ., sect. soc., 28 oct. 1954 (D. 1955. 68).

livre de paye dont découlerait, sinon, pour lui, l'aveu judiciaire implicite du non-payement[20].

III. La prescription abrégée et son interprétation jurisprudentielle méconnaissent la finalité sociale et l'autonomie fondamentale du droit du travail

1° Le droit du travail constitue, tant par son origine historique et son affirmation progressive que par son contenu et sa sanction, le droit *applicable aux travailleurs* et non le statut juridique et économique de la profession – terme équivoque – dans lequel on prétend parfois l'inclure.

Suivant une heureuse définition, le droit du travail est un « droit d'inégalité »[21]. Il est placé de ce chef sous le signe impérieux de la finalité sociale ; il ne s'agit pas là d'une vague formule chargée d'une signification polémique ou affective, mais d'un principe technique précis et fécond. Même en matière de rapports individuels, le droit du travail a fini par échapper à la fiction libérale de l'autonomie de la volonté et de la liberté des conventions. S'agissant notamment du problème des salaires, son caractère vital pour le travailleur et sa famille, la violence des conflits qu'il fait naître, leur incidence sur la vie économique et sociale de la nation, ont fait éclater le cadre inadapté et trop rigide du Code civil en matière de contrats et obligations.

Progressivement s'est élaboré un système autonome, placé sous le signe bénéfique de la protection du travailleur, et dont l'unité résulte de la convergence des efforts : montant minimum fixé par la loi et la convention collective, – garanties de payement quant à la date, au lieu et à la constatation, – mesures de protection tant à l'égard du patron (restriction à la compensation) que de ses créanciers (privilège et superprivilège) ou de ceux du salarié (insaisissabilité), – primauté sur le plan des rapports collectifs, par l'inclusion nécessaire de clauses explicites dans les conventions collectives signées par les syndicats les plus représentatifs, – formule souple des accords de salaires, – système de médiation original, etc.

20. Par un arrêt du 19 févr. 1948 (J. C. P. 1949. II. 4843, note G. B.), la Cour suprême a considéré qu'il découlait des mentions du livre de paye, spontanément produit à la barre par l'employeur, que le rappel de salaires faisant l'objet de la demande n'avait pas été versé ; « qu'une telle constatation rendait l'employeur mal fondé à opposer la courte prescription de six mois, laquelle repose sur une présomption de payement ». Comme le souligne l'annotateur, « cette production inopportune valait aveu de non-payement… ».
Par contre, le refus de toute explication par l'employeur, qui se borne à répondre : « J'ai payé, c'est tout ce que j'ai à dire », n'équivaut pas à un aveu et ne le prive pas du bénéfice de la prescription (Civ., sect. soc., 9 juill. 1953, *Droit social* 1954).
On peut se demander dans ces conditions quelle est la portée de l'arrêt Civ., sect. soc., 10 déc. 1948 (J. C. P. 1949. II. 4843, note G. B. ; S. 1949. 1. 55) autorisant le recours à la comparution personnelle ordonnée par le tribunal.
21. Pierre Laroque, *Contentieux social et juridiction sociale*, paru dans la Revue *Études et documents*, reproduit dans *Droit social* 1954. 271 et *Droit ouvrier* 1954.393.

Comment admettre que le législateur, pris d'une telle sollicitude en réglementant rigoureusement les conditions de fixation et de payement de la créance de salaires, se soit désintéressé de son extinction rapide et sans contrôle par voie de prescription ?

2° Le système jurisprudentiel méconnaît en effet – en même temps que sa finalité sociale – l'autonomie fondamentale du droit du travail[22].

En cas de silence ou d'obscurité des textes, le problème de l'interprétation doit être résolu moins par l'appel à un droit civil prétendu commun et aujourd'hui largement dépassé, qu'au droit du travail lui-même, ensemble homogène dont les dispositions indivisibles se complètent et se soutiennent.

C'est dans cet esprit que la Cour suprême aurait dû résoudre le problème technique de la conciliation des règles traditionnelles en matière de prescription abrégée avec la réforme capitale opérée par l'institution obligatoire du bulletin de paye.

Conclusion

Quelques attaches secondaires relient encore – sans raison majeure particulière – le Code du travail au Code civil : Il conviendrait de les rompre. Il y a là – autant qu'un symbole – une nécessité technique : c'est dans le cadre formel du Code du travail, selon l'esprit et conformément à la lettre de l'ensemble de ses dispositions que les problèmes seront alors abordés et résolus.

Aussi bien le projet de réforme du Code civil, – après discussion assez vive entre les membres de la Commission, – a-t-il finalement laissé le contrat de travail en dehors de ses prévisions[23].

Souhaitons qu'un art. 49 nouveau du livre Ier institue prochainement une prescription autonome de la créance de salaires.

Rejetant délibérément la présomption de payement comme justification principale, elle trouverait son fondement logique, comme la prescription quinquennale, dans le souci de protéger l'employeur débiteur contre l'accumulation de sa dette, normalement acquittée de façon périodique sur les frais généraux de l'entreprise, et qui au-delà d'un certain délai consommerait sa ruine.

S'il convient de prévoir un délai relativement long de cinq ans que justifie l'état de subordination économique et juridique du travailleur, un correctif devrait être apporté : l'action du travailleur – lui permettant de réclamer cinq ans de salaires – serait prescrite au bout d'une année après l'expiration ou la résiliation du contrat. Affranchi de l'autorité patronale et de la crainte majeure de perdre son emploi, il peut et doit en effet exiger pendant ce délai raisonnable le respect de son droit; sinon l'abstention prolongée d'un homme libre prend alors sa pleine signification et la loi peut s'en saisir, sans arbitraire, pour y attacher un effet libératoire.

22. V. Paul Durand, *op. cit.*, t. 1, n°s 201 et s.
23. *Travaux de la Commission de réforme du Code civil*, t. 4, Avant-projet de Code civil, Rapport préliminaire de M. Julliot de la Morandière, p. 22.

LA CONNAISSANCE DU PHÉNOMÈNE JURIDIQUE ET LES TÂCHES DE LA DOCTRINE MODERNE DU DROIT PRIVÉ

1956

Paul Durand

Professeur à la Faculté de droit de Paris

Dans le monde enchanté de la connaissance, bien des voies s'ouvrent à la curiosité de l'esprit, et conduisent le juriste vers des buts différents : la construction d'une vaste branche du droit, l'analyse d'un cas d'espèce, l'étude des lentes évolutions, semblables aux insensibles dérives qui ravissent l'imagination du géologue, et qui donnent à la terre du droit des contours nouveaux. Mais, dans toutes ses démarches, le juriste tend toujours vers une même fin : l'exacte appréhension du phénomène juridique. Aucun doute ne l'effleure d'ordinaire sur la certitude qu'il a de le saisir. Une inquiétude s'était bien éveillée quand prit fin le culte de la loi, et qu'une école nouvelle sentit la nécessité d'incorporer dans toute construction juridique l'œuvre de la jurisprudence. Mais l'unanimité s'est faite sur les bienfaits de cette méthode, et l'on souffrirait plutôt aujourd'hui de l'excessive attention portée à des décisions d'importance secondaire. Les enseignements du droit comparé ont également élargi l'horizon du juriste : similitudes et contrastes permettent de mieux caractériser les formes spécifiques d'un droit national.

Sera-t-il permis de troubler cette calme assurance, pour poser à nouveau le problème soulevé au début de ce siècle ? Malgré un extraordinaire enrichissement de notre pensée, parvenons-nous à saisir complètement le phénomène juridique ? N'existe-t-il pas un écart, peut-être considérable, entre la vision du droit, qui nous est familière, et la réalité ? La question mérite d'autant plus d'être posée que des préoccupations voisines se font jour à l'étranger, ainsi qu'en témoignent trois études récentes de notre collègue de l'Université de Rome, M. Tullio Ascarelli. Dans ces articles (*Norme juridique et réalité sociale; Contentieux et richesse; Économie de masse et statistique judiciaire*)[1], éclairés par une vive intelligence, et riches d'une expérience de la pratique, l'auteur s'inquiète comme nous d'un *déphasage* de l'analyse juridique par rapport à la réalité sociale. Le problème est grave : l'œuvre du juriste ne risque-t-elle pas d'être décevante, si elle ne parvient pas à appréhender complètement la vie juridique de son temps ?

*

*   *

1. « Norma giuridica e realtà sociale », *Il diritto dell'economia*, t. 1, 1955, n° 10 (article reproduit dans les *Studi in onore di Francesco Messineo*) ; « Litigiosita e richezza », *Rivista di diritto processuale*, t. 10, 1955, n° 4 (article reproduit dans les *Scritti in onore di P. Colamandrei*) ; « Economia di massa e statistica giudiziaria », *Banca, borsa, titoli di credito*, 1954. 1. 84 (reproduit dans les *Saggi di diritto commerciale*, 1955, p. 521 et s.).

Dans son effort pour saisir les relations sociales, la pensée juridique risque de subir une triple déformation.

La première provient de la *loi*. Comme nous cédons encore facilement à la tentation de croire que l'ordre juridique est tout entier enfermé dans la loi, identifiant ainsi la règle de conduite sociale et la règle légale ! Nous connaissons pourtant bien les différences qui les séparent. Aux frontières du droit, un ensemble de règles ordonnent la vie en société : simples convenances, fausses croyances sur les données exactes de l'ordre juridique, obligations naturelles que dicte un devoir moral, engagements d'honneur, lois internes d'un milieu social qui s'organise en marge de la société politique.

Cet ordre n'est que rarement pris en considération par le droit, à l'exception de l'obligation naturelle. Il est le plus souvent ignoré, soit que ces règles paraissent de trop médiocre importance pour que le droit les consacre, soit que les tribunaux refusent d'en tenir compte, déniant l'accès à la vie juridique d'un ordre délibérément créé en dehors des règles légales, soit enfin que les parties qui les observent fuient l'intervention de l'autorité publique.

Il existe ainsi toute une vie juridique occulte. Elle ne concerne parfois que des actes et des intérêts d'importance secondaire, mais elle comprend aussi l'action des grandes forces qui animent la vie contemporaine : les « groupes de pression économique »[2], des associations, dont l'idéologie inspire les partis politiques, les accords qui unissent de puissantes entreprises en vue de conquérir des marchés ou d'imposer un régime de prix. Les formes juridiques de cette action demeurent secrètes : comment établir le contenu et la date d'une entente dont les parties évitent la publicité ? Les clauses les plus banales, que pourrait souscrire un modeste artisan, masquent de grandes coalitions d'intérêts. Le contrat n'est souvent qu'une vaine apparence. Devant la puissance publique, qui poursuit l'entente, des portes s'ouvriraient sur le silence et le vide, c'est l'ombre d'un fantôme que l'ombre d'une épée s'acharnerait à vouloir frapper, si la procédure d'enquête ne permettait de reconstituer les pratiques de l'entente, de distinguer les accords illicites et ceux qui ne troublent pas l'équilibre du marché ou qui rendent même à l'économie de remarquables services.

Pénètre-t-on dans le domaine du droit, l'ordre légal est souvent déformé par les textes pris pour son application. Décrets et arrêtés peuvent altérer la règle posée par le législateur. Sans doute ces textes sont-ils alors illégaux, et des recours administratifs peuvent être formés contre eux. Mais ceux-ci peuvent ne pas toujours être exercés, et ils n'aboutissent que tardivement. Le risque d'une déformation de la loi est plus grand encore lorsque des circulaires interprètent la loi, souvent mal connues, et contre lesquelles une critique contentieuse ne peut être que plus difficilement encore exercée.

Le milieu social ne subit pas docilement l'influence de l'ordre légal. La loi exige parfois des mesures de contrôle qui ne sont pas organisées : dans combien de pays d'Asie, ou d'Amérique latine, des lois sociales, parfois les plus avancées du monde, demeurent inappliquées, au moins en dehors des grandes villes, faute

2. Comp. G. E. Lavau, « Note sur un « pressure group » français. La Confédération générale des petites et moyennes entreprises », *Rev. franç. scienc. pol.* 1955, p. 370 et s.

d'un corps d'inspecteurs du travail ! La loi peut rencontrer des difficultés techniques d'application par l'effet d'autres dispositions qui la paralysent ou par suite des défiances de la pratique : les textes sur les pouvoirs de la femme mariée en ont offert des exemples trop connus. Les individus cherchent aussi à éviter l'application de la règle légale : ils se placent parfois sous un statut que la loi leur permet d'adopter, mais plus avantageux pour eux que celui qui leur serait normalement applicable; ils ourdissent une fraude à la loi, ou commettent délibérément une violation directe de la règle légale dont aucune des parties ne demande la sanction. Tous ces procédés sont connus, mais le juriste ne les considère souvent que comme des phénomènes anormaux, alors que leur somme finit par former la trame de la vie quotidienne.

À l'image infidèle de l'ordre social que nous offre la loi, s'ajoute la déformation qui résulte de la *jurisprudence*. Le propos semble paradoxal. La décision judiciaire ne nous livre-t-elle pas le témoignage le plus authentique sur la vie du droit, puisqu'elle saisit des faits et les soumet aussitôt à l'ordre juridique ? C'est pourtant d'elle que proviennent les déformations les plus profondes de la réalité sociale.

Les décisions judiciaires ne nous offrent, tout d'abord, qu'un état pathologique des rapports existant entre les membres d'un groupement humain. La déformation professionnelle, qui conduit le médecin à ne plus connaître que le malade, et à négliger l'homme sain, incline l'attention du juriste vers le phénomène anormal que constitue le litige, en lui masquant l'innombrable foule des rapports juridiques, licites ou non, qui se forment et qui vivent sans donner lieu à une décision judiciaire.

Le droit créé par les juges ne nous est d'ailleurs pas entièrement connu. Il existe de nombreuses juridictions, reliées à la Cour de cassation ou au Conseil d'État par le pourvoi en cassation, que nous devons oublier dans une description simplifiée de notre organisation judiciaire, et dont la jurisprudence n'est pas publiée : il en est ainsi de la *Commission centrale d'aide sociale*, dont l'activité intéresse pourtant directement le droit civil, par les liens, sans cesse plus forts, qui unissent l'assistance et l'obligation alimentaire. Et de grands recueils de jurisprudence n'ont-ils pas complètement négligé la jurisprudence de la *Cour supérieure d'arbitrage*, dont l'action marqua pourtant si puissamment, avant la guerre de 1939, l'organisation des rapports collectifs du travail ?

Même pour les juridictions ordinaires, des raisons d'ordre matériel ne permettent pas de publier toutes les décisions importantes : les lignes de la jurisprudence, très remarquable, de la Cour de cassation sur les relations de travail entre époux apparaissent mal dans les publications judiciaires. Le tri nécessaire, que fait le rédacteur d'un recueil, introduit encore des déformations dans la connaissance de la jurisprudence. Il dépend de préoccupations intellectuelles, tournées vers un phénomène juridique déterminé, ou par le désir, plus ou moins conscient, d'orienter la formation du droit. Il arrivera aussi qu'un arrêt mal rendu ne sera pas publié : pourquoi attirerait-on sur lui l'attention de la pratique ? Le souci est légitime; un élément d'information n'en disparaît pas moins. Des solutions contradictoires peuvent émaner de deux chambres de la Cour de cassation : la publication des arrêts, une annotation qui révélera des tendances différentes suffisent à accuser une divergence de jurisprudence; que ces décisions soient au contraire négligées, et une question de droit retrouvera la paix des choses obscures. Les grands intérêts qui s'affrontent dans la vie sociale s'efforcent de placer en pleine lumière, dans leurs publications, les décisions qui leur sont favorables, et voilent celles qui leur sont contraires. L'éternelle lutte pour le droit se poursuit sur le terrain, en apparence neutre, d'une reproduction de la jurisprudence. Comment en serait-il autrement quand on sait l'influence du précédent dans la formation du droit ? On dessinerait sans peine la discrète politique de formation du droit par la publication des décisions judiciaires[3].

De plus, la jurisprudence traduit mal l'importance respective des litiges. La vie moderne est caractérisée par la diminution du nombre des situations juridiques individuelles, irréductibles les unes aux autres, et par la fréquence des situations présentant un caractère de généralité (qu'elles résultent de contrats d'adhésion, des statuts d'un groupement, de conventions collectives, ou des rapports des particuliers avec un service public). Les intérêts mis en jeu dans un conflit ne sont souvent pas considérables ; ils ne donnent lieu qu'au jugement d'un juge de paix, à la sentence négligeable d'un conseil de prud'hommes. Mais la solution du différend commande le régime de centaines, et parfois de milliers de rapports juridiques. Des intérêts pécuniaires importants se dissimulent sous des décisions de médiocre apparence.

Combien de différends se terminent d'ailleurs sans une décision judiciaire ! Dans la vie des affaires, c'est par l'arbitrage ou la transaction que se règlent les plus grands conflits. L'effort de la pratique se porte également vers la prévention du contentieux, par une rédaction attentive des actes juridiques. L'influence du grand capitalisme aura été, sur ce point, décisive. La validité, l'interprétation des testaments soulèvent d'innombrables procès. Mais les grandes entreprises, et particulièrement celles qui imposent à leurs clients leur volonté, ne recourent qu'à des contrats établis avec soin, après des études minutieuses et précises, et qui ne laissent que peu d'occasions à la naissance d'un contentieux. L'intervention de l'avocat, celle du consultant se placent fréquemment en dehors de toute procédure. Comme l'a parfaitement observé M. Ascarelli, dans l'économie traditionnelle, caractérisée par la prépondérance de la propriété foncière et par l'influence sociale de la bourgeoisie, le litige soulevait des questions d'un prestige intransigeant ; le plaideur trouvait dans l'action en justice et dans ses péripéties un puissant intérêt ; le procès devenait parfois *la* grande question d'une vie. Dans l'économie moderne, fondée sur le travail et industrialisée, le litige ne représente qu'*une* question, souvent gênante, parce que son règlement peut faire perdre un temps plus utilement consacré aux tâches de la production, et qu'elle crée une incertitude pour la vie de l'entreprise. L'accélération du rythme de la vie industrielle tend à paralyser la formation du contentieux.

Non seulement le contentieux ne peut naître, mais il se *perd* parfois, au sens où les géographes nous décrivent la perte d'une rivière. La procédure de répression des ententes comporte un examen préalable, par une *Commission technique*, que suit éventuellement l'ouverture d'une poursuite par le ministre. L'activité de la Commission est discrète, ses membres étant tenus au secret professionnel, et le

3. On discerne très nettement, à propos de l'incorporation dans le salaire de base des primes de bilan, en vue du calcul des cotisations de sécurité sociale, l'effort alterné, et tout naturel, des organismes de sécurité sociale et des banques pour faire connaître les décisions favorables à leur prétention.

rapport annuel d'activité n'étant adressé qu'au Gouvernement. Mais, lorsqu'une procédure est ouverte, l'entente modifie sa structure. Apparence ou réalité, elle devient conforme à la loi. Aucune poursuite n'est alors engagée : de graves problèmes juridiques se sont posés; ils ont été résolus, sans que l'affaire vienne devant aucune juridiction. Le même phénomène se produit dans le régime des prix, qu'il s'agisse des majorations discriminatoires ou des clauses d'exclusivité. En pratique, lorsque paraît une difficulté, le différend est réglé amiablement, et des modalités des ventes, conformes à une interprétation, d'ailleurs large, du décret du 9 août 1953, sont arrêtées. Ici encore le différend aura pris fin sans procédure judiciaire : une perte s'est produite, qui ne donne lieu à aucune résurgence.

Sous l'influence de ces phénomènes de prévention et de perte du contentieux, ou sous celle du règlement des différends par d'autres procédés que l'instance en justice, la jurisprudence tend à ne plus nous donner un reflet fidèle des difficultés rencontrées dans l'organisation de la vie sociale. L'analyse des statistiques judiciaires pourrait être d'un puissant intérêt si elle était éclairée par un ensemble de données : l'évolution des faits démographiques, la conjoncture économique, une connaissance profonde de la sociologie. Elle révélerait sans doute, sinon une diminution du contentieux en valeur absolue, du moins celle des litiges par rapport au nombre et à l'importance des relations économiques. On comprendrait mieux alors les plaintes du barreau, la crise de la profession, et les mesures récentes qui en assouplissant l'exercice. Une inévitable évolution tend à rendre l'avocat moins souvent présent à la barre, à faire de lui un ingénieur en « machines juridiques », assistant les contentieux et les chefs d'entreprise dans la mise au point de rouages délicats. Renonçons, en tout cas, à trouver dans la jurisprudence un fidèle reflet de la vie économique d'un pays. Les statistiques italiennes révèlent que le nombre des litiges par mille habitants, élevé dans le ressort des cours d'appel de Catane et de Cagliari, dans les pauvres régions de la Sicile et de la Sardaigne, s'abaisse de moitié pour la cour d'appel de Milan, et des trois quarts pour celle de Turin, dans les régions de la grande industrie[4].

Plus forte encore que la déformation provoquée par la loi et la jurisprudence, est celle qui provient de nos *habitudes de pensée*. Dans l'évolution des sociétés humaines, le juriste aura rarement été placé dans une situation plus difficile. Il lui faut passer d'une civilisation reposant sur la fortune acquise à une civilisation du travail, d'une économie de petites entreprises au grand capitalisme moderne, d'une société libérale à une autre, marquée par la présence constante du pouvoir dans la vie économique et sociale, d'un monde dominé par l'individualisme aux formes collectives d'organisation de la vie sociale[5].

Il est aisé de prendre conscience du phénomène. Il l'est moins de déterminer dans quelle mesure nos représentations traditionnelles ne répondent plus à la nouvelle réalité sociale, et de substituer aux conceptions anciennes, affinées par une longue expérience, des concepts nouveaux. Le droit qui organisait la société du XIXe siècle tient encore, dans les exposés modernes du droit privé, plus de place que les grands phénomènes contemporains. Aucun détail n'est oublié dans la

4. T. Ascarelli, « Litigiosita e richezza », n° 3.
5. R. Savatier, *Les métamorphoses économiques et sociales du droit civil d'aujourd'hui*, 2e éd., 1952.

description de la propriété immobilière : ni les règles sur l'ouverture des vues et des jours, ni les distances à respecter pour les plantations, ni les classifications et les modes d'acquisition des servitudes, ni les subtilités d'un droit hypothécaire d'où la vie se retire. Mais il est difficile de faire prendre place aux grands phénomènes du droit contemporain : le droit de l'activité professionnelle dans les régimes matrimoniaux[6], la technique du contrat dans l'économie dirigée, l'influence de la dépréciation monétaire sur les règlements d'intérêts familiaux[7], les nouveaux aspects de la rémunération des professions libérales, l'influence de la sécurité sociale sur le régime civil[8]. Confusément, règne l'idée qu'un droit savant mérite seul de retenir l'attention du juriste, et que des branches nouvelles, manifestations d'un droit populaire, doivent être négligées. Valéry l'avait déjà écrit : nous entrons dans l'histoire à rebours.

*

* *

Si notre analyse est exacte, il est facile de pressentir l'ample tâche de la doctrine moderne dans l'appréhension du phénomène juridique.

Il lui faut d'abord incorporer dans sa construction du droit moderne les éléments importants qui forment la vie juridique, en dehors de la loi et de la jurisprudence. Cette vie se trouve en partie dans la pratique du droit : pratique notariale, dont des travaux ont déjà montré la richesse[9], mais qui demeure encore insuffisamment explorée, expérience de cabinets spécialisés (ce qui est le cas pour les brevets d'invention et les sociétés), usages des grands organismes qui animent la vie commerciale, nationale ou internationale, contrats-types[10], conventions collectives. Plus largement, la construction juridique devra faire une place plus importante à la manière dont la règle de droit est effectivement observée, ou déformée, dans la vie sociale. Les signes se multiplient de l'importance que la doctrine moderne entend attacher à cette connaissance des faits juridico-sociaux : une indispensable sociologie devra compléter la pure théorie juridique[11].

C'est ensuite dans la vie des administrations que se trouve, pour une large part, le droit moderne. Ce sont d'ailleurs des fonctionnaires qui participent seuls à l'élaboration d'une partie de ce droit; l'information, la reconstruction et l'urbanisme, le contrôle des changes. Et l'on n'oubliera pas l'œuvre des conseils qui participent auprès des ministères à l'action de la puissance publique.

6. R. Savatier, *op. cit.*, n° 351, p. 293 et s.

7. V. la belle étude de P. Hébraud, *Mélanges G. Ripert*, t. 1, p. 499, et, dans la ligne de cette recherche : A. Colomer, *L'instabilité monétaire et les régimes matrimoniaux*, 1955; P. Catala, *Les règlements successoraux depuis les réformes de* 1938 *et l'instabilité économique*, 1955.

8. V. notamment pour le droit de la responsabilité, les deux importants articles de R. Granger, « L'influence de la sécurité sociale sur la responsabilité civile », *Droit social*, 1955, p. 500 et s., et de A. Tunc, « Le recours de la Sécurité sociale et des collectivités publiques contre le responsable du dommage qui a entraîné leur intervention », *Rev. trim. dr. civ.* 1955, p. 583 et s.

9. P. Kayser, *Le régime dotal dans la pratique notariale*, 1950, et notamment les vues générales, très neuves, sur la pratique notariale, p. 13 et s.

10. J. Léauté, « Les contrats-types », *Rev. trim. dr. civ.*, 1953, p. 429 et s.

11. H. Lévy-Bruhl, *Aspects sociologiques du droit*, 1956; J. Carbonnier, *Droit civil*, t. 1, n° 8, partie. p. 31, et la bibliographie; P. Durand « L'influence du droit du travail et de la sécurité sociale sur les formes de l'activité professionnelle », *Droit social*, mars 1956.

Il suffit d'observer cet élargissement de la connaissance du phénomène juridique pour pouvoir évoquer les tâches de la doctrine moderne dans les différentes branches du droit privé. Un renouvellement profond est déjà survenu dans notre pensée juridique en droit civil, en droit commercial, en droit international privé, depuis le début de la guerre de 1939 : il est inutile de citer ici les ouvrages importants qui leur ont été consacrés, et que la doctrine française peut placer avec fierté auprès des plus grands ouvrages étrangers[12]. Ce renouvellement a été moins marqué dans d'autres branches du droit privé, où les spécialistes et les grands ouvrages demeurent encore trop peu nombreux : la philosophie du droit, le droit pénal, la procédure civile ou criminelle, le droit maritime, l'enregistrement, les voies d'exécution, certaines branches spéciales du droit commercial : les valeurs mobilières, les propriétés intellectuelles, la faillite, le droit fiscal des affaires, le droit des douanes. Quel prestige international de grandes cultures juridiques étrangères retirent pourtant de leurs écoles de procédure, de droit pénal et de criminologie, ou de philosophie du droit !

La tâche est surtout immense quand il s'agit des phénomènes qui sont, proprement, ceux de notre temps. Nos préoccupations quotidiennes nous ramènent inlassablement vers quelques grands problèmes : la monnaie et les prix, l'action de l'État dans la vie économique, l'exercice du commerce par les entreprises publiques, l'avènement du grand capitalisme, les différentes formes de l'activité professionnelle[13], la sécurité sociale, les transports, le commerce international et les changes, les grands moyens d'information et de culture, le logement et la construction, la politique des loyers, la naissance d'une communauté européenne. Ce sont aussi des branches du droit qui retiennent chaque jour l'attention de l'homme de gouvernement, et celle des administrations ou des grandes entreprises publiques. Mais quelle part leur est faite, sauf de remarquables exceptions, dans la doctrine moderne du droit privé ? C'est ici qu'éclate le divorce entre un droit noble, méritant l'intérêt du juriste, et un droit abandonné à la pratique et aux administrations, que l'on peut délaisser. Les points d'application de notre effort doctrinal n'ont peut-être pas toujours été heureusement choisis. Qui d'entre nous n'a cédé à l'attrait du droit de la responsabilité civile ? Monographies, thèses, articles, notes d'arrêts se sont succédé, aucun recoin de ce droit n'est resté inexploré ; il n'est sans doute aucun pays où l'on a dépensé dans ce domaine tant de science, de finesse et d'originalité d'esprit. Aucune situation, si étrange fût-elle, n'a été négligée[14] ; la subtilité de l'analyse juridique s'est même avancée jusqu'à un point où elle risquait de perdre tout contact avec le raisonnement logique. Ce grand effort a fini par lasser, et les meilleurs spécialistes s'en détournent. Le flot qui se retire abandonne bien des épaves. Avec un plus grand recul, la disproportion paraîtra grande entre une recherche aussi profonde,

12. P. Durand, « Der heutige Stand des Privatrechtswissenschaft in Frankreich », *Archiv für die civilistiche Praxis*, t. 152, 1952, n° 1.

13. Le peu d'intérêt manifesté au droit rural demeure surprenant dans un pays dont la structure demeure fortement agricole. V. sur ce point les justes observations de M. René Savatier dans ce Recueil : « Du particularisme du droit agraire et de la nécessité de son enseignement » (D. 1954. Chron. 91). Quant aux droits des différentes professions libérales, seuls ont été étudiés ceux de la profession d'avocat et de la profession d'architecte.

14. Avec humour, M. Esmein nous aura fait suivre *le diable* jusque *dans la bouteille* (J.C.P. 1954. I. 1163).

soutenue, méritoire et ses résultats, et l'on imagine avec regret combien eût été fécond un effort comparable, consacré aux branches négligées du droit moderne. L'œuvre de la doctrine dans la seconde moitié de ce siècle serait pourtant imparfaite si elle se désintéressait des grands phénomènes qui marquent notre temps. Le droit qui les régit ne présente pourtant pas moins d'intérêt; comme si le travail de l'esprit ne pouvait pas enrichir tout objet de notre connaissance ! On peut dire de ces branches du droit ce que nous avons écrit de la sécurité sociale toutes se trouvent dans l'état du droit administratif avant que l'œuvre de Laferrière, d'Hauriou, de Duguit et de Jèze ne lui ait apporté une pensée doctrinale et les solutions de la jurisprudence. Il nous faut avoir le courage de rompre avec un esprit d'indifférence et sortir de l'enchaînement actuel : des branches du droit sont informes parce que la doctrine les néglige, et les auteurs s'en détournent parce qu'elles sont informes. Il suffirait de les aborder pour voir s'édifier une construction nouvelle.

* * *

L'élargissement des sources et du domaine des phénomènes juridiques constitue la tâche propre de la doctrine moderne, et lui offre la possibilité d'un ample et long travail. L'observation de M. Tullio Ascarelli rejoint sur ce point encore la nôtre : « Je répète une invitation que j'ai déjà adressée à d'autres occasions à de jeunes juristes, celle de regarder autour d'eux et de se consacrer à l'étude des institutions juridiques essentielles dans le monde moderne, qui est celui d'une économie de masse, même si elles ne donnent lieu qu'à un rare contentieux judiciaire, celle aussi de ne pas perdre de vue, dans l'étude des diverses institutions, la fréquence de leurs applications, leur portée dans la structure économique et sociale du pays, et l'influence que les transformations de cette structure exercent sur les fonctions des diverses institutions. Le juriste n'a sans doute pas pour tâche la pure constatation sociologique des faits, mais sa recherche échouera si elle les néglige, et si, en plus des normes, elle ne prend pas en considération les règles de fait observées dans la vie sociale... Si nous voulons assumer notre tâche de juriste, nous devons éviter l'erreur d'élaborer une doctrine d'antiquaires et de nous réfugier dans de faux problèmes, tandis que nous devons réfléchir à ce qui constitue l'élément essentiel de la structure de notre pays »[15].

Peu de perspectives peuvent être aussi exaltantes pour les juristes de ce temps. Alors qu'ils pouvaient craindre de venir trop tard, dans une science au passé déjà long, voici que l'évolution sociale les conduit à éclairer d'une lumière nouvelle les institutions traditionnelles, à prendre conscience des traits originaux de la société contemporaine, à conquérir des terres, encore à peu près inconnues.

Loin de se replier sur elle-même, fuyant la présence du droit public[16], c'est souvent aux frontières de ce droit que doit se porter la science du droit privé, de même que c'est sur une forte connaissance des faits et des théories économiques

15. « Litigiosita e richezza », n° 9.

16. Ce sentiment a justement provoqué l'ironie de M. Henri Mazeaud (« Défense du droit privé », D. 1946. Chron. 17).

qu'elle doit s'édifier[17]. Notre temps nous offre, et le risque, et la chance, d'une difficile synthèse.

L'invitation de Savigny demeurera toujours actuelle. Oui, chaque génération a bien sa vocation propre[18], et c'est à un appel précis de son époque qu'il lui appartient de répondre.

17. V. dans cette voie, l'article de M. Michel Vasseur, « Le droit des clauses monétaires et les enseignements de l'économie politique », *Rev. trim. dr. civ.* 1952, p. 431 et s.

18. On reconnaît le titre donné par Savigny au manifeste de l'École historique : *Vom Beruf unserer Zeit für Gesetzgebung und Rechtswissenschaft.*

SORTIR DU NÉOLITHIQUE
Recherche et enseignement dans les Facultés de droit

1957

André Tunc

Professeur à la Faculté de droit de Grenoble

On ne saurait trop louer la Faculté de droit de Bordeaux et Michel de Juglart, secrétaire général du cinquième Colloque des Facultés de droit, d'avoir choisi pour thème d'étude : « Recherche et Enseignement dans les Facultés de droit. »

La réforme de l'enseignement est à l'ordre du jour, à tous les degrés et dans toutes les disciplines. Certes, les Facultés de droit ont été parmi les premières à réformer leurs programmes et leurs méthodes d'enseignement. Le décret du 27 mars 1954 apporte au régime antérieur des modifications profondes et bienfaisantes. La nouvelle préparation à l'administration des entreprises et, demain, la création d'Instituts d'études judiciaires montrent la volonté d'insertion dans la vie qui préside aux réformes[1]. En un mot, un très bel effort de renouvellement est en voie de s'accomplir. Il est permis de se demander pourtant si des réformes plus profondes encore ne sont pas nécessaires.

On envisage pour l'enseignement des sciences des mesures radicales. Elles s'imposent devant l'extraordinaire progrès scientifique et technique de ces dernières années. Mais si le droit est « l'art du bon et du juste » – *jus est ars boni et aequi*, disait Celsus, – les responsabilités des juristes ne se sont-elles pas, elles aussi, immensément accrues ? L'humanité ne subit-elle pas, du fait même du progrès scientifique, – du fait, en particulier, du développement des moyens de communication et d'information, – des transformations profondes, qui peuvent être fécondes ou tragiques selon qu'y présidera ou non « l'art du bon et du juste » ? N'est-ce pas une responsabilité des juristes de diminuer les injustices et les tensions sociales qui font souffrir la France et, d'une manière plus ou moins sensible, ralentissent son activité ? Les juristes n'auraient-ils pas dû et ne doivent-ils pas s'efforcer de trouver les relations « bonnes et justes » qui permettraient une coopération mutuellement fructueuse, sur le plan intellectuel et moral aussi bien que sur le plan économique, entre la France métropolitaine et les territoires qui relèvent de son autorité ? N'ont-ils pas une contribution à apporter à ce terrible problème de la guerre ou de la paix, que nous paraissons résignés à voir non résolu et menaçant périodiquement de nous détruire, comme un malade sans espoir vit avec sa maladie en attendant d'en mourir ?

Qu'on n'objecte pas qu'il s'agit là de problèmes politiques, dépassant compétence et responsabilité des juristes. En fait, le personnel politique de la France – administrateurs, diplomates, parlementaires – se recrute principalement parmi des personnes qui ont reçu une formation juridique. Nos Facultés de droit

1. Cf. *Revue de l'enseignement supérieur*, 1956, n° 4 : *L'Université dans la vie sociale et économique.*

et les Instituts d'Études politiques qui, heureusement, doublent nos Facultés, préparent-ils suffisamment ce personnel dirigeant à ses responsabilités ? En droit, si la définition de Celsus est exacte, droit et politique ne peuvent pas légitimement être opposés. Ils s'appliquent à la même matière, qu'ils considèrent sous des angles simplement un peu différents. Enfin, une politique satisfaisante ne se conçoit pas sans une opinion publique éclairée. Nous avons pu longtemps être fiers de notre magistrature et de notre barreau, de la culture profonde d'un grand nombre de leurs membres. Pouvons-nous être aussi fiers de la magistrature et du barreau que nous formons aujourd'hui ? Constituent-ils encore un foyer de vie intellectuelle et politique, une pépinière de dirigeants ou d'hommes susceptibles d'éclairer l'opinion publique ?

Les responsabilités actuelles de la France sont immenses et celles des juristes sont à leur échelle. Quand les problèmes politiques et sociaux menacent le monde et la France, nous ne pouvons plus cantonner nos étudiants dans « le droit des juristes »[2]. Si un doute était possible, d'ailleurs, il serait de notre devoir d'éducateurs de donner à nos étudiants une formation trop large plutôt que trop étroite. C'est leur intérêt comme celui de notre pays.

Il importe de rechercher comment former nos étudiants au monde d'aujourd'hui et à celui de demain.

I.

Le problème le plus angoissant est peut-être celui des relations entre les peuples. Si ce problème était résolu, d'ailleurs, des milliards deviendraient disponibles chaque année, qui pourraient être affectés aux taudis et aux peuples dont l'économie est sous-développée.

Il n'est pas étonnant que le problème soit angoissant. L'humanité connaît actuellement une évolution sans précédent. Laissons parler deux des plus grands spécialistes de son histoire : « Ainsi que me le disait un jour Henri Breuil, avec sa brusque intuition coutumière, ce qui nous agite en ce moment intellectuellement, politiquement, spirituellement même, est bien simple : "Nous venons seulement de lâcher les dernières amarres qui nous retenaient encore au Néolithique." Formule paradoxale, mais lumineuse. Plus j'ai réfléchi depuis à cette parole, plus j'ai cru voir que Breuil avait raison. Nous passons, en ce moment même, par *un changement d'âge* »[3]. De l'apparition de l'homme sur terre à un passé récent, l'humanité formait à la surface de la terre des nappes sans contact permanent, et dont le niveau de civilisation était comparable. La colonisation a créé des liens entre toutes les parties du monde. Au XXe siècle, la terre se trouve, pour la première fois dans son histoire, à peu près complète, en ce sens qu'aucune possibilité d'expansion ne s'offre plus aux puissances colonisatrices. Elle se trouve aussi relativement « solidarisée », en ce sens qu'aucun groupe pratiquement

2. Cf. P. Durand, *La connaissance du phénomène juridique et les tâches de la doctrine moderne de droit privé* (D. 1956. Chron. 73).
3. P. Teilhard de Chardin, *Le phénomène humain*, 1955, p. 237. – Cf. Claude Tresmontant, *Introduction à la pensée de Teilhard de Chardin*, 1956.

ne vit plus complètement à l'écart du reste du monde. Paul Valéry, déjà, avait profondément vu ce phénomène et décrit la situation d'équilibre et de réactions réciproques qui en résultait. Le phénomène s'est amplifié depuis. La guerre ou la paix, les relations entre le Nouveau Monde et l'Ancien Continent dépendent d'un petit groupe d'officiers au Caire ou d'une poignée d'hommes dans les rizières du Tonkin ou les plateaux de l'Algérie. De cette solidarité humaine, Teilhard de Chardin a dégagé une grande espérance. Constatant que la pensée humaine forme maintenant une nappe d'esprit qui couvre la terre, il a montré la possibilité d'une humanité se « soudant », se cristallisant et se dépassant elle-même[4]. L'antique rêve d'Alexandre : la réunion de l'humanité dans un ordre unique, se réaliserait à l'échelon de la terre et sans conquête, ouvrant à l'homme, sur le plan spirituel aussi bien que matériel, des perspectives que l'on ne peut envisager que par extrapolation.

Pour l'instant, à vrai dire, cette « soudure » n'est qu'une espérance. Le déséquilibre entre les peuples est plus important que jamais. Une fraction de l'humanité pénètre chaque jour plus avant dans la structure de l'atome et commence à utiliser l'énergie nucléaire. Mais, sur les bords du Gange, la faim tue chaque année un plus grand nombre d'hommes. Dans l'ensemble du monde, la faim, depuis le début du XXe siècle – le nôtre – a directement tué plus d'hommes que les guerres[5]. Des peuplades africaines vivent comme elles ont toujours vécu[6]. Certaines ignorent le mécanisme de la reproduction des espèces animales, dont l'art pariétal atteste qu'il était connu en Europe à l'époque aurignacienne (100 000 ans A.C. ?). Et pourtant, cette humanité si disparate aspire à se souder. Quelle que soit leur maturité réelle, les peuples, brutalement éveillés par la formation de la noosphère, cette nappe d'esprit que décrivait Teilhard de Chardin, veulent être reconnus majeurs. Ils ne sont pas raisonnables, pas plus que l'adolescent dans sa phase d'émancipation, faite de révolte, d'ingratitude, d'injustice, de sottises. Mais leur aspiration, dans son fondement, est justifiée. Dans un avenir sans doute assez proche, l'humanité se sera unie ou se sera détruite. Peut-être l'an 2000 sera-t-il, d'une manière ou d'une autre, le tournant dans l'histoire de l'humanité que nos ancêtres avaient attendu pour l'an 1000.

Quelle est la responsabilité des Facultés de droit devant cette situation ? Il semble que ce soit à elles surtout qu'incombe la tâche de former une génération au monde de demain[7], de former une génération capable de comprendre, d'une part, ses partenaires du monde occidental et, d'autre part, ses partenaires du monde tout entier. Notre génération n'a pas été préparée à cette tâche. Notre ignorance de l'Allemagne ou des États-Unis est affligeante, alors que, tous les jours, nos hommes d'État et nos industriels doivent négocier des questions vitales

4. V. en particulier *Le phénomène humain*, p. 281 : « La paix dans la conquête, le travail dans la joie : ils nous attendent, au-delà de tout empire opposé à d'autres empires, dans une totalisation intérieure du Monde sur lui-même, – dans l'édification unanime d'un *Esprit de la Terre*. Mais alors comment se fait-il que nos premiers efforts vers ce grand objectif semblent n'avoir d'autre résultat que de nous en éloigner ?... »
V. également : *Le phénomène humain*, p. 263 et s. ; *L'apparition de l'homme*, 1956, p. 322 et s.
5. Cf. Josué de Castro, *Géopolitique de la faim*, nouv. éd., 1056.
6. Comp. également, sur la Chine d'hier, Teilhard de Chardin, *op. cit.*, p. 233.
7. Cf. Tibor Mende, *Regards sur l'histoire de demain*, 1954.

avec des hommes d'affaires ou des chefs politiques de ces pays. Notre ignorance de l'U. R. S. S. est aussi profonde. Notre ignorance de l'Islam ou de l'Afrique est encore plus complète. Le sort de la France, celui du monde, se jouent dans la vie internationale, à laquelle nous ne formons pas nos étudiants[8].

Il semble donc indispensable d'élargir l'horizon de ceux-ci. Dans les programmes actuels, le « droit comparé » ne figure pas; le droit d'outre-mer ne bénéficie que d'un semestre d'enseignement pour les étudiants de la section de droit public et science politique; l'économie d'outre-mer ne figure pas[9], pas plus que l'Islam, l'Extrême-Orient ou l'Asie du Sud-Est. Certes, un bon nombre de nos Facultés abritent un Institut d'Études politiques – et l'on ne saurait trop souligner les services que rendent ces Instituts à notre jeunesse et à notre pays[10]. Mais ces Instituts ne sont suivis que par une minorité d'étudiants. N'est-ce pas la formation de tous qu'il importe d'élargir ?

Reconnaissons encore que nos étudiants ne peuvent être des Pic de la Mirandole. Mais, quand on constate que les étudiants de la section de droit privé, après avoir consacré quatre semestres à l'étude, fort opportune, de l'histoire des institutions et faits sociaux, devront en consacrer deux au minimum, et trois pour beaucoup, à l'étude du droit romain et de l'ancien droit des obligations, des biens, des régimes matrimoniaux, des successions et des libéralités, on se demande – je m'excuse auprès de mes amis historiens de poser cette question – si nos Facultés ont pensé à leurs responsabilités actuelles. Que faut-il souhaiter, non seulement au dirigeant d'une entreprise commerciale ou à son conseil juridique, mais au magistrat, au notaire, à l'avocat : d'avoir consacré, après quatre semestres d'études historiques générales, trois autres semestres à l'étude du droit romain et du droit privé de l'Ancienne France, ou d'avoir consacré ce temps à un territoire d'outremer, au droit et à la société américaine – ou au droit et à la société de tout autre pays occidental, – et à une civilisation profondément différente de la nôtre, – Islam, Inde, U. R. S. S., Chine ou Japon, par exemple ? De celui qui aura accompli les études historiques techniques que nous venons de rappeler[11] ou de celui qui connaîtra l'étranger, lequel sera le plus utile, dans sa profession et comme

8. Nous ne pouvons parler ici de la faim dans le monde, problème qui relève essentiellement des économistes et hommes politiques. Du moins les juristes peuvent-ils contribuer à former l'opinion publique pour que, dans un avenir aussi prochain que possible, non seulement elle accepte, mais elle demande des sacrifices au profit de cette large partie de l'humanité pour qui le problème est une angoisse quotidienne.

9. Signalons en ce domaine la récente et remarquable monographie de Mlle Huguette Durand : *Essai sur la conjoncture de l'Afrique Noire*, préface H. Bartoli, 1957.

10. Cf. Maurice Duverger, *Les Instituts d'Études politiques. Esquisse d'un bilan, Rev. de l'ens. sup.* 1956, n° 3, p. 57 et s.

11. Nous voudrions souligner que nous ne songeons pas un instant à critiquer l'étude de l'histoire des institutions et faits sociaux, ni même le fait que cette étude se voie consacrer quatre semestres (à condition que place soit faite aussi à l'étude des institutions et faits sociaux de l'Islam, de l'U. R. S. S., des États-Unis). Nous reconnaissons aussi bien volontiers que la communauté légale ou la dévolution successorale ne peuvent pas être enseignées comme nées en 1804; elles ne se comprennent que dans un cadre historique. Mais ce qui est actuellement enseigné de leur histoire par le professeur de droit civil (qui n'y consacre pas normalement plus d'une heure) ne suffit-il pas à leur compréhension ? Quel fait nouveau exige que ce qui était enseigné en une heure le soit maintenant en un semestre ? N'est-ce pas un paradoxe et un contresens que, dans la section de droit privé, ce soit l'étude de l'histoire en tant que telle qui bénéficie de la plus grande expansion ?

citoyen ? La réponse ne semble pas douteuse[12]. On déplore souvent le déclin de la culture de la bourgeoisie française. Mais le contenu même de la culture est différent de ce qu'il était au XIXe siècle. La bourgeoisie cultivée que nous pouvons reconstituer ne prendra peut-être plus son plaisir à lire Horace dans le texte. Elle ignorera même le détail de la dévolution successorale au Moyen-Âge. Mais, si elle est ouverte au monde, sa culture n'en sera pas moins estimable ni moins utile. Sa valeur technique n'en sera pas diminuée non plus. Dès la fin du XIXe siècle, Holmes avait écrit des pages profondes sur le danger des études historiques si elles ne servent pas essentiellement à mettre en lumière le caractère suranné de certaines règles, sur le danger de l'étude trop poussée des subtilités juridiques ; à ses yeux – et comment pourrait-on lui donner tort ? – l'énergie des juristes devait s'appliquer à l'étude des fins à atteindre, s'alimenter dans la statistique et la réalité sociale[13].

Ainsi, nous pensons que tous les étudiants, quelle que doive être ensuite leur spécialisation, devraient suivre un cours consacré aux grandes civilisations mondiales actuelles, et que les étudiants de droit privé, pour qui les enseignements historiques de technique juridique pourraient sans dommage devenir facultatifs, devraient suivre au moins un cours consacré au « droit comparé » ou au « droit privé des territoires d'outre-mer »[14]. Il n'y a pas, certes, de « droit comparé » : il n'y a que des droits étrangers, que personne ne peut prétendre dominer tous, et une méthode comparative dont l'emploi exige un effort considérable. Il n'y a pas davantage un droit privé des territoires d'outre-mer. Mais qu'importe si, dans une Faculté, le professeur parle surtout du droit italien et ; dans une autre, de la société américaine ? Qu'importe si, dans une Faculté, son collègue parle surtout des coutumes des Ouolofs,[15] et, dans une autre, surtout des coutumes Hovas[16]. De toute manière, la recherche dans ces domaines actuellement plus ou moins négligés en sera vivifiée, et nos étudiants seront « dépaysés », sauvés du « provincialisme » qui les menace ; ils auront appris à connaître d'autres conceptions, à comprendre d'autres peuples[17]. Ils seront les artisans, à la fois

12. Cf. Walter Lippmann, *The Public Philosophy* (1955).

13. Holmes, *The Path of the Law*, 10 Harv. L. Rev. 457-478 (1897) ; *Law in Science and Science in Law*, 12 Harv. L. Rev. 443-463 (1899).

14. On remarquera que ce dernier vœu peut être réalisé sans réforme législative. Le décret du 27 mars 1954 permet aux Facultés de faire établir une liste de matières à option, dont deux pourront être choisies par les étudiants de quatrième année. Il serait cependant souhaitable, à nos yeux, si une réforme intervenait, qu'elle impose aux étudiants de quatrième année une option entre un cours de « droit comparé » et un cours de « droit privé des territoires d'outre-mer ». Il serait également souhaitable que, dans chaque Faculté, un professeur au moins soit affecté aux études comparatives. Cf. Hessel E. Yntema, *Comparative Legal Research. Some remarks on « Looking out of the Cave »*, 54 *Mich. L. Rev.* 899 (1956).

15. Cf. J. Chabas, *Le droit de succession chez les Ouolofs*, *Annales africaines*, 1956, p. 75 et s.

16. Cf. E.-P. Thébault, *Traité de droit civil malgache. Les lois et coutumes Hovas*, 8 vol., 1951-1958.

17. Là encore, d'ailleurs, il serait souhaitable que le cours porte autant sur la société que sur le droit proprement dit. Et qu'il étudie les conséquences que présente sur les pays « sous-développés » les contacts qu'ils ont avec des nations industrialisées. Cf. Georges Balandier, *Déséquilibres socio-culturels et modernisation des « pays sous-développés »*, *Cahiers internationaux de sociologie*, vol. XX, p. 30 et s., 1956. – Sur l'utilité des études comparatives, v. en particulier : Ed. Lambert, *La fonction du droit civil comparé*, 1903, ainsi que *L'Institut de droit comparé de Lyon. Son programme, ses méthodes d'enseignement*, 1921 ; *Introduction à l'étude du droit comparé. Recueil d'études en l'honneur d'Édouard Lambert*, t. I, 1938 ; R. David, *Traité élémentaire de droit comparé*, 1950, p. 35 et s. ; H.-C. Gutteridge,

d'une renaissance de la France, qui retrouvera sa vocation à l'universalisme, et du rapprochement des peuples, qui préparera un monde de « partenaires » et peut-être, finalement, la « cristallisation » de l'humanité que Teilhard de Chardin nous permet d'espérer.

Une dernière réforme nous semble indispensable pour les préparer à ce rôle : les obliger à la pratique d'une langue étrangère. Il n'appartient peut-être pas à nos Facultés de les y préparer, mais il leur appartient d'exiger d'eux cette pratique. La France n'est plus le centre du monde, il faut reconnaître le fait. Dans les négociations commerciales comme sur la scène diplomatique ou même dans les échanges intellectuels, sa position est souvent affaiblie par la difficulté qu'éprouvent ses représentants à parler une langue étrangère.

II.

Si la vision de l'histoire du monde que nous propose Teilhard de Chardin est exacte, si notre tâche consiste à préparer la réconciliation de l'humanité, il ne suffit pas, à vrai dire, de songer aux rapports entre peuples. Il faut aussi et d'abord penser aux rapports entre les hommes à l'intérieur de notre peuple et nous demander quelle est à cet égard la tâche des juristes. La question ne se pose pas sur le plan théorique : l'établissement de rapports « bons et justes » entre les hommes est *la tâche* des juristes, par définition même du droit, du temps de Celsus comme aujourd'hui et toujours. Le problème est purement pratique : que pouvons-nous et que devons-nous faire, à l'heure actuelle, pour préparer nos étudiants à leurs devoirs à l'égard de la collectivité et, plus précisément, pour leur permettre de concevoir entre les Français des rapports plus harmonieux que ceux qui existent ?

Il faut sans doute avoir vécu quelques années à l'étranger, notamment aux États-Unis, pour sentir et pour comprendre à quel point la France et les Français souffrent profondément de leur division en classes sociales, ou même en catégories sociales. Qui n'a entendu l'industriel se plaindre du fonctionnaire, le fonctionnaire parler sévèrement de l'industriel, le commerçant les condamner les uns et les autres, l'ouvrier parler des trois avec rancune, mais le paysan exhaler son envie et son mépris tout à la fois pour les gens des villes ? Notre éducation politique est à commencer par la fable des membres et de l'estomac, ou par le sonnet de Sully Prudhomme. Puissent les États-Unis, à ce point de vue, préfigurer le monde de demain ! Le problème noir mis à part – la crise actuelle n'étant que le prix d'une évolution vers un état de choses beaucoup plus satisfaisant que la situation antérieure, – les relations s'y établissent sur un plan de profonde égalité humaine

---

Le droit comparé, 2e éd., traduit sous la direction de René David, 1953; Rodière, *Cours de droit civil comparé*, 1956-1957, p. 49 et s.; Ferdinand F. Stone, *The End to be Served by Comparative Law*, 25 *Tulane L. Rev.* 325 (1951) : Myres S. McDougal, *The comparative Study of Law for Value Clarification as an Instrument of Democratie World Order*, 61 *Yale L. Journ*, 915 (1952); Hessel E. Yntema, *op.* et *loc. cit.* Le *Chief Justice* des États-Unis, Earl Warren, a lui-même tenu à attirer l'attention des juristes et du grand public sur l'importance des études comparatives, à la fois pour l'amélioration du droit national et pour la compréhension internationale : *The Law and the Future*, 52 *Fortune* (nov. 1955) 106, 229, reproduit dans 5 *Am. Journ. Comparative Law* 1 (1956). V. aussi le Bâtonnier Collignon, *Journ, des Tribunaux* (belge) 1957, p. 189 et s.

et de respect mutuel, dont on découvre, avec le temps, qu'ils sont peut-être le facteur le plus séduisant de la vie en Amérique, aujourd'hui comme du temps de Tocqueville.

La fragmentation de la société française est trop évidente, en elle-même comme dans ses conséquences, pour qu'elle doive longtemps nous arrêter. Il faut seulement souligner qu'elle s'aggrave sans doute aujourd'hui, comme s'aggrave, on l'a vu, le déséquilibre entre les peuples. La vie intellectuelle, artistique, religieuse même, du Français qui a quelque aisance ne cesse de s'élargir. Avec un peu de chance, l'industriel ou le fonctionnaire moyen peut connaître directement l'Égypte, la Grèce, Rome, les tombeaux étrusques, Ravenne, Paris, bien sûr, Lascaux, peut-être l'art Maya ou l'art Aztec. Livres et musées lui font dominer le temps et l'espace[18]. Le microsillon vient, en dix ans, d'accomplir le même miracle. De Perotin à Varèse et à Messiaen, des chants des danseurs de Bali aux prières des lamas du Thibet, sa conception du monde sonore vient d'éclater; même dans la musique classique, il découvre toute une école française dont les œuvres n'étaient pratiquement pas jouées. Sur le plan religieux, enfin, il peut bénéficier des efforts actuellement accomplis par les différentes Églises pour rendre la vie religieuse plus réelle et plus permanente. Mais des milliers de Français, nous le savons, vivent dans la misère. Qu'on nous pardonne de prendre un exemple concret (on verra tout à l'heure qu'il doit servir, de toute manière, à diverses illustrations) : nous pensons à un enfant qui vient de naître dans une pièce où ses deux parents vivent avec ses cinq frères et sœurs; le père boit, la mère est à bout de nerfs après avoir frisé la folie; le dénuement est complet; les fournisseurs refusent de laisser les dettes augmenter. Nous aimons nous représenter comme un peuple cultivé, héritier de Racine et de Molière, des Pères de l'Église et des Encyclopédistes, et nous nous émerveillons des découvertes que nous procurent voyages, livres, musées et microsillons. Mais, si nous ne parvenons pas à transformer la société, cet enfant qui vient de naître – et qui a en France des milliers de compagnons, – de tout notre patrimoine culturel et spirituel, que recueillera-t-il ? Son « lot » sera-t-il autre que celui de son père : coups et terreur dans l'enfance, puis boisson et débauche ? Mieux eût valu pour lui, s'il doit en être ainsi, naître en plein néolithique, ou au cœur de l'Afrique noire ou de l'Asie.

Il ne s'agit pas là de propos politiques, ni d'un problème purement politique. Le droit est l'art du juste et du bon. Quelle condamnation pour nous, juristes, que cette définition simple comme toute évidence ! Refuserons-nous de considérer nos responsabilités devant la misère, alors que Louis XIV acceptait que les siennes lui soient rappelées en chaire par Bossuet ? Reconnaissons les faits. Cherchons à y porter remède en tant qu'hommes et en tant que juristes – ce n'est pas facile. Mais cherchons aussi, en tant que professeurs, comment mettre nos étudiants à l'abri de nos erreurs, comment les aider à vouloir et à réaliser une société moins choquante[19].

18. La revue *Zodiaque*, par exemple, vient de consacrer un passionnant numéro aux monnaies gauloises et un ouvrage remarquable à l'art gaulois, qui n'était guère connu que de spécialistes.

19. Nous n'envisageons ici que nos responsabilités à l'égard de nos étudiants actuels. Le problème de la « formation ouvrière » est pourtant fort important aussi. Nous ne pouvons que renvoyer aux travaux du Colloque international organisé en 1955 par la Faculté de droit de Strasbourg et son Institut du ➤

Il semble, en premier lieu, que le professeur lui-même doive accomplir un effort permanent pour connaître et exposer la réalité sociale. Quelle que soit sa difficulté, c'est là une tâche qui s'impose, ainsi que M. Paul Durand l'a récemment montré d'une manière frappante[20]. Pour ne reprendre ici que l'exemple que nous citions précédemment, quelle est l'importance des allocations familiales ? Qui les perçoit ? Comment la mère peut-elle les percevoir elle-même afin d'éviter qu'elles ne soient « bues » par le mari ? Une famille sans ressources peut-elle obtenir un logement convenable dans le cadre de la législation des H. L. M. ? Cette législation est-elle suffisante ? Combien de personnes vivent en France dans des conditions de logement gravement insuffisantes[21] ? Quelles sont les conséquences de la situation en ce qui concerne la famille et les personnes ? Voilà bien des questions auxquelles les professeurs de droit apportent, en général, peu de réponses, mais dont l'étude importerait sans doute autant qu'une étude approfondie des régimes matrimoniaux dans l'ancien droit[22].

L'effort accompli pour connaître la réalité sociale doit avoir pour corollaire un effort de recherche sur les moyens de la modifier pour l'améliorer[23]. Il faut sans cesse avoir présent à l'esprit le précepte de Holmes : appliquer son énergie à l'étude des fins à atteindre. Nous devrions, plus systématiquement que nous ne faisons normalement, juger les institutions que nous présentons à nos étudiants, et rechercher les réformes possibles. Nous-mêmes accomplirions ainsi un effort profitable. De plus, nous aiderions nos étudiants à comprendre que le droit n'est

---

Travail (*La formation ouvrière*, conclusions Marcel David, avant-propos Alex Weil, 1956), ainsi qu'aux expériences poursuivies notamment par les Facultés de Lille, Strasbourg, Grenoble, Nancy.
Il serait intéressant de s'inspirer également des efforts « d'éducation populaire » accomplis dans les pays scandinaves.

20. P. Durand, *La connaissance du phénomène juridique et les tâches de la doctrine moderne de droit privé*, D. 1956. Chron. 73. – Cf. Ascarelli, articles cités par Durand, note 1, et *Per uno studio della realtà giuridica effettuale, Il diritto dell'Economia*, 1956, n° 7; Arthur T. Vanderbilt, *The Challenge of Law Reform* 155 (1955).

21. Les romanistes, avant la guerre, avaient le privilège de montrer la décadence de la société du Bas-Empire dans des lois qui révélaient l'état lamentable du patrimoine immobilier. Ne devrions-nous pas nous inquiéter sur notre civilisation quand nous voyons des lois aussi révélatrices se multiplier aujourd'hui, malgré les progrès réalisés par l'homme dans la vie matérielle ? (V. en particulier le décret du 30 sept. 1953, sur les baux commerciaux, art. 9-2°, art. 10 et s., art. 14; la loi du 1er déc. 1951, mod. par la loi du 3 déc. 1956; – Cons. d'Ét. 22 févr. 1957 (2 arrêts), D. 1957. 197, et concl. B. Tricot. – V. également la controverse relative à l'obligation d'entretenir l'immeuble en bon état : Planiol et Ripert, *Traité prat. de droit civil français*, t. 10, 2e éd., par Hamel, Givord et Tunc, n° 509 *bis*.)

22. Ce sont là des questions, d'ailleurs, sur lesquelles le professeur ne peut guère procéder à un travail direct personnel. Il doit se borner normalement à utiliser le résultat d'enquêtes. Mais la revue *Droit social* est pratiquement seule parmi les revues juridiques à procéder à des enquêtes sur la réalité sociale. Et la documentation extra-juridique est dispersée et souvent insuffisante.
L'idée qu'avait eue M. Henri Lévy-Bruhl, faisant écho, d'ailleurs, à une précédente tentative de Thaller, de doter d'une section juridique le Centre d'études sociologiques pouvait paraître excellente. Les résultats de cette initiative semblent cependant être restés limités (Cf. Lévy-Bruhl, *Une enquête sur la pratique juridique en France, Rev. trim. dr. civ.* 1946, p. 298 et s. ; R. Houin, *Une enquête sur l'application du droit dans la pratique : la situation juridique de l'enfant, Rev. trim. dr. civ.* 1950, p. 18).
Il semble qu'il faudrait aller plus loin et créer dans chaque Faculté au moins un enseignement de sociologie (Cf. *infra*).

23. Cf. Lon L. Fuller, *On Teaching Law*, 3 *Stanf. L. Rev.* 35 (1950) ; Roscoe Pound, *A Ministry of Justice; A New Role for the Law School*, 38 *Am. Bar Ass. Journ.* 637, 705 (1952); Arthur T. Vanderbilt, *The Challenge of Law Reform* 155 (1955).

pas un bloc de règles, mais l'art du bon et du juste. Nous leur donnerions devant le droit et les réalités sociales une attitude positive et créatrice, qui les aiderait à être les artisans d'un monde meilleur. Dans cette étude critique de nos institutions, de leur valeur et de leurs faiblesses, la comparaison avec les droits étrangers devrait être un élément important[24]. Si, comme on en a émis le vœu, un professeur était, dans chaque Faculté, spécialement affecté à l'étude comparative du droit, la production scientifique en ce domaine serait suffisante, au bout de quelques années, pour permettre des comparaisons systématiques instructives.

Le professeur, à vrai dire, ne doit pas être le seul à faire effort pour connaître la réalité sociale et considérer les moyens de l'améliorer. C'est un effort auquel les étudiants devraient avoir à s'appliquer personnellement et directement. Notre société pose des problèmes; il faut qu'ils le sachent et qu'ils cherchent à les résoudre, qu'ils n'ignorent plus les taudis qui sont à la porte de nos Facultés, qu'ils voient les drames de la misère, de l'enfance délinquante, de la famille dissociée. L'institution des travaux pratiques a constitué une réforme excellente, en ce qu'elle oblige l'étudiant à un travail actif. Mais il semble que ces travaux pratiques devraient se prolonger dans des enquêtes sociales. Il ne paraît véritablement pas impossible de confier à chacun des « groupes de travail » qui fonctionnent dans nos Facultés une enquête par an, enquête qui pourrait s'étaler sur un mois, par exemple, sans nuire à l'enseignement magistral, et qui pourrait être dirigée soit par le maître habituel de ce groupe, soit par un maître spécial[25]. Il semble que l'on puisse attendre beaucoup de telles enquêtes. Quel meilleur « travail pratique », d'abord, pour l'étudiant, que celui qui consiste à voir les choses personnellement, à rechercher les remèdes qu'on peut leur apporter dans le cadre des lois existantes, à donner des conseils, après en avoir vérifié le bien-fondé près de professeurs ou de praticiens ? Ces enquêtes, d'autre part, assureraient à nos étudiants une meilleure formation humaine et politique. Connaissant la réalité par expérience directe, il nous semble impossible qu'ils n'en tirent pas à la fois une meilleure aptitude à voir les réformes possibles et utiles et une volonté plus ferme de les réaliser. Comme citoyens, comme chefs d'entreprise, avocats ou magistrats, ils auraient une valeur technique et humaine supérieure à celle des étudiants actuels, trop formés « dans » nos Facultés. De telles enquêtes, enfin, permettraient une mise à jour plus complète de la réalité sociale. La sociologie est peu développée en France et nous ignorons largement notre propre pays.[26]. L'apport qui peut venir de nos étudiants et des assistants qui les encadrent pourrait ne pas être négligeable. N'en sous-estimons pas *a priori* la qualité. Si les étudiants américains sont capables de publier des revues dont le niveau égale celui des meilleures revues françaises et anglaises, pourquoi les nôtres ne

24. Cf. H. E. Yntema, *op. cit.*, 54 *Mich. L. Rev.* 899 (1956).

25. Certaines Universités allemandes ont organisé des enquêtes sociales de ce genre et semblent très satisfaites des résultats obtenus.

Il semble également que l'offre pourrait être adressée systématiquement aux étudiants majeurs d'accepter les fonctions de délégués à la liberté surveillée. Rien n'empêche dès maintenant la magistrature de demander aux Doyens de bien vouloir faire appel à ces étudiants.

26. En attendant que soit créé dans chaque Faculté, comme nous le souhaiterions (Cf. *infra*), un enseignement de sociologie, il semble que nous gagnerions, en tant que professeurs de droit, à suivre beaucoup plus les travaux de sociologie. V. également H. Lévy-Bruhl, *Aspects sociologiques du droit*, 1955.

pourraient-ils pas nous renseigner sur l'adaptation des allocations familiales ou des H.L.M. aux besoins des destinataires[27] ? Tous les domaines du droit ne se prêtent pas également à des enquêtes sociales de ce genre. Mais, sans même parler du droit social lui-même, de telles enquêtes seraient possibles et utiles en de nombreux secteurs : la famille, les biens même, qui posent le problème du logement, le droit commercial (le petit commerce, les revendications poujadistes, les comités d'entreprise, l'organisation d'une grande entreprise, si tel ou tel industriel – et il s'en trouverait beaucoup – consent à ouvrir les portes de son entreprise, etc.).

Il semble, à vrai dire, qu'il faille aller plus loin encore. On peut envisager, d'une part, d'inscrire au programme des études juridiques un ou plusieurs enseignements de sociologie[28] et, d'autre part, de multiplier près des Facultés les Instituts d'études sociales, qui sont aujourd'hui exceptionnels. Ces Instituts amélioreraient certainement les conditions de formation des assistantes sociales. Mais ils auraient un rôle beaucoup plus vaste : ils pourraient être des centres d'enquête, de recherche et de formation, où juristes, sociologues, psychologues, économistes, médecins, syndicalistes, étudieraient ensemble les problèmes relatifs à l'enfance, au logement, à l'alcoolisme, à l'emploi. Tous les étudiants, certes, ne pourraient pas plus se voir imposer le passage dans un tel institut qu'actuellement le passage dans un Institut de sciences politiques, – à moins que les Instituts d'études sociales ne soient le cadre des enquêtes sociales que nous avons préconisées. Une fraction d'entre eux, du moins, s'y formerait directement, et leurs camarades à leur contact. De tels Instituts, d'ailleurs, attireraient non seulement des étudiants, mais des magistrats, des avocats, des médecins, qui viendraient spontanément y chercher un complément de formation en même temps qu'un moyen d'expression de leur expérience. Là encore, il est permis d'espérer que leur apport direct à certains problèmes sociaux pourrait ne pas être négligeable.

III.

Une sorte de défi amical vient de nous être adressé par un très grand juriste américain : le Doyen Roscoe Pound. L'effort actuel de codification en France, écrit-il en conclusion d'une pénétrante étude sur la philosophie de notre Code et du droit du XIXe siècle, ne peut aboutir à une codification de la valeur et de la portée de la codification napoléonienne : la France n'a plus de philosophie juridique[29].

---

27. La connaissance de la société que chaque étudiant gagnerait à cette enquête serait évidemment très limitée. Et c'est pourquoi le professeur conserverait la responsabilité de faire connaître scientifiquement la réalité sociale. Mais l'ensemble du travail des étudiants pourrait l'aider (c'est d'ailleurs ce que confirment les expériences allemandes faites en ce domaine). Et chaque étudiant tirerait de son travail une vue directe – émotionnelle – de la réalité sociale.
28. C'est aussi ce qu'ont fait récemment certaines Universités allemandes.
29. Roscoe Pound, *The French Civil Code and the Spirit of Nineteenth Century Law*, 35 *Boston Un. Law Rev.* 77-97, 97 (1955). V. aussi Roscoe Pound, *Codification in Anglo-American Law*, in *The Code Napoleon and the Common Law World*, Bernard Schwartz ed., p. 267 et s., 275-276, 292 (1956).

L'observation est certainement exacte. S'il est, à beaucoup de points de vue, un compromis entre l'ancien droit et le droit révolutionnaire, notre Code est le fruit de conceptions philosophiques très claires[30]. Ce sont les conceptions de Rousseau et de Kant, celles de la Déclaration des droits. Les hommes sont libres et égaux. Le droit est la coexistence des libertés; sa fin n'est autre que d'assurer à tous le maximum de liberté. « La liberté consiste à pouvoir faire tout ce qui ne nuit pas à autrui; aussi l'exercice des droits naturels de chaque homme n'a de bornes que celles qui assurent aux autres membres de la société la jouissance de ces mêmes droits. Ces bornes ne peuvent être déterminées que par la loi. » La vie en société suppose, bien entendu, un tissu de rapports entre les particuliers. Mais ce tissu est leur œuvre. Conclus entre individus libres et égaux, les contrats sont nécessairement justes, sauf erreur, dol ou violence : « Qui dit contractuel, dit juste », écrira encore Fouillée. C'est pour cela qu'ils peuvent « tenir lieu de loi à ceux qui les ont faits ». Le droit ne régit pas que des personnes : il régit aussi les droits des personnes sur les choses. Mais ces droits sont aussi clairs et aussi simples à manier que les droits personnels. Le fondement et le type en est le droit de propriété, « droit de jouir et disposer des choses de la manière la plus absolue, pourvu qu'on n'en fasse pas un usage prohibé par les lois ou par les règlements ».

Qu'elle était simple, la société que concevaient ou voulaient concevoir les rédacteurs du Code ! Une simplification de la société romaine. Mais comme elle est loin de nous ! Qu'est-ce que la liberté d'une femme qui vit dans un taudis, terrorisée par son mari, sans cesse harcelée par des enfants tous les ans plus nombreux ? Comment oserai-je lui dire que notre société démocratique fait d'elle mon égale, qu'elle assure l'égalité entre ses enfants et ceux que je pourrais avoir[31] ? Liberté et égalité juridiques, nous le voyons clairement, ne sont que l'ombre de cette liberté et de cette égalité en laquelle nos ancêtres croyaient, ou qu'ils voulaient réaliser, et qu'ils liaient par la fraternité. L'existence d'autres citoyens n'est pas la seule borne à notre liberté; la société n'est pas une juxtaposition de Robinson Crusoe se nourrissant des fruits qu'ils cueillent. La vie économique nous enserre à tous les échelons[32]. Beaucoup passeront leur vie à accomplir un travail subordonné. « Par ce terme, commentent MM. Rouast et Durand, il faut entendre essentiellement une subordination juridique : dans l'exécution du travail, le salarié est placé sous les ordres de l'employeur, il est soumis à sa surveillance, exposé à ses sanctions. Cette situation juridique s'accompagne habituellement d'une subordination économique, car l'individu qui fournit son travail tire généralement du salaire son principal moyen d'existence et dépend socialement du cocontractant, maître de l'emploi »[33]. Trop heureux encore s'il peut durant toute sa vie accomplir un travail subordonné et ne se trouve pas un jour, par l'effet des mécanismes économiques, en chômage. Que les contrats, en

30. Cf. Roscoe Pound, *op.* et *loc. cit.*; J. Friedrich, *The Ideological and Philosophical Background*, in *The Code Napoleon and the Common Law World*, Bernard Schwartz ed. (1956).

31. Cf. P. Laroque, *Réflexions sur le problème social*, 1955, p. 67-68. – Comp. aussi : Kenneth S. Carlston, *Law and Structures of Social Action* (1956); H. Lévy-Bruhl, *Le mythe de l'égalité juridique, Cahiers internationaux de sociologie*, vol. XVIII, p. 8 et s.; – et, sur l'idée de liberté : G. Vedel, *Existe-t-il deux conceptions de la démocratie ?, Études*, janv. 1946, p. 5 et s.; Bertrand de Jouvenel, *Du pouvoir*, 1947, p. 387 et s.; G. Burdeau, *Traité de science politique*, en particulier t. 5, 1953, n°s 205 et s., et t. 6, 1956.

32. Cf. Simone Weil, *Liberté et oppression*, 1955, particulièrement p. 107 et s.

33. A. Rouast et P. Durand, *Précis de droit du travail*, 1957, n° 1.

dehors même du contrat de travail, n'interviennent presque jamais, eux non plus, entre égaux, nous le voyons maintenant très clairement. Peut-être devrait-on seulement souligner plus souvent la renaissance du droit corporatif, droit élaboré par les professions organisées en chambres syndicales. Cette inégalité entre les hommes est l'un des facteurs qui ont le plus nécessité l'intervention du législateur dans la formation et l'exécution du contrat. Mais cette intervention est poussée au point où il ne reste à peu près rien des idées de liberté contractuelle et d'« autonomie de la volonté »[34]. Même si la réglementation du louage des choses dans le Code civil n'est que peu modifiée, n'est-il pas clair que, dans leur essence, les droits des parties à ce contrat n'ont que peu de rapports avec ce qu'avait prévu le Code ? Les dispositions relatives au renouvellement et au droit de reprise dans les différents contrats ou au droit de préemption dans le bail rural – car il y a eu « éclatement » du contrat de louage[35] – ne s'inspirent-elles pas d'une philosophie toute différente de celle de 1804 ? Quant au contenu du droit de propriété, une excellente étude récente[36] nous montre qu'il est modifié presque encore plus que nous ne pensions.

Nous avons donc rejeté la philosophie de 1804[37]. Du point de vue de la technique juridique, nous sommes aussi désorientés. Qui oserait aujourd'hui, présentant l'œuvre du législateur, écrire que « l'office de la loi est de fixer, par de grandes vues, les maximes générales du droit; d'établir des principes féconds en conséquences, et non de descendre dans le détail des questions qui peuvent naître sur chaque matière »[38] ? Nous hésitons entre les textes les plus vagues destinés à permettre au juge de statuer en équité, ou presque[39], et les textes les plus minutieusement réglementaires[40]. Nous avons donc rejeté la philosophie et la technique

34. Sur la transformation du droit dans les dernières années, en particulier du droit des contrats, v. Gaston Marin, *La révolte des faits contre le Code*, 4e éd., 1920, et *La loi et le contrat. La décadence de leur souveraineté*, 1927; E. de Gaudin de Lagrange, *La crise du contrat et le rôle du juge*, 1935; P. Esmein et P. de Harven, rapports, *Travaux de l'Association Henri Capitant*, t. 1, 1946, p. 118 et s., 134 et s.; R. Savatier, *Les métamorphoses économiques et sociales du droit civil d'aujourd'hui*, 2e éd., 1952.

35. Cf. Savatier, *op. cit.*

36. Cf. Michel Vasseur, *L'évolution du droit de propriété*, in *A la recherche du franc perdu*, t. 3 : *Fortune de la France*, 1956. V. aussi Rouast et Auby, rapports sur *L'évolution du droit de propriété* à l'Association Henri Capitant, *Travaux* de cette Association, t. 1, 1946, p. 45 et s., et t. 2, 1947, p. 110 et s. et 123 et s.; Savatier, *op.* et *loc. cit.;* H., L. et J. Mazeaud, *Leçons de droit civil*, t. 2, 1957, nos 1296 et s.; Ripert et Boulanger, *Traité de droit civil d'après le Traité de Planiol*, t. 2, 1957, nos 2246 et s., 2524 et s.; J. Carbonnier, *Droit civil*, t. 2, p. 75 et s.; André Le Paige, *Avenir de la propriété, Journ. des Tribunaux* (belge) 1946, p. 545; Walter Lippmann, *The Public Philosophy* 115 (1955).

37. Cf. Glanville Williams, cité par G. Tixier, *La règle de « reasonableness » dans la jurisprudence récente anglo-américaine, Rev. dr. publ. et sc. pol.* 1956, p. 276 et s., p. 298 : « Une nouvelle psychologie de l'homme est en train de se substituer à la vieille psychologie de la *common law*. La conception de la *common law* d'un homme résolu, indépendant, ne comptant que sur ses propres forces, est en train d'être remplacée par une nouvelle conception, celle du *statutory man* (de l'homme-secrété-par-la-réglementation), une créature dont la maturité est retardée par une masse de textes, mais dont on dit qu'elle est mieux protégée contre les chocs et les coups de l'existence ».

38. Portalis, *Discours préliminaire*, Fenet, t. 1, p. 470; Locré, t. 1, p. 258.

39. V. par exemple le décret du 8 août 1935 relatif à l'usure : « Lorsqu'un prêt conventionnel a été fait à un taux effectif dépassant de plus de moitié le taux moyen pratiqué dans les mêmes conditions par des prêteurs de bonne foi pour des opérations de crédit comportant les mêmes risques que le prêt dont il s'agit... ».

40. V. par exemple – un exemple entre mille autres – le décret no 54-1162 du 22 nov. 1954 et l'arrêté du 22 nov. 1954 sur les boulangeries. Remarquer notamment l'art. 2 de l'arrêté : « En vue d'assurer ➤

législative de 1804, mais nous n'avons rien remplacé. Si des maîtres éminents et quelques jeunes esprits de valeur se sont tournés vers la philosophie et la technique, ils n'ont créé en France ni une école, ni même un véritable mouvement de pensée.

Ce vide, cette indifférence, peuvent être interprétés comme signes de santé. Si nous ne nous posons pas de questions, n'est-ce pas que notre droit ou, en tous cas, ses techniques, nous semblent satisfaisants ? Labbé, Saleilles, Gény, ne nous ont-ils pas dégagés de la méthode exégétique d'une manière si profonde que les ouvrages de Gény, par exemple, conservent un rayonnement dans le monde entier ? Cette vue des choses, optimiste, certes, n'est pas entièrement dénuée de fondement. Si nous pouvions oublier, d'une part, toutes les injustices sociales, d'autre part, tout le droit réglementaire, et ne considérer que « le droit des juristes », nous pourrions rester satisfaits de nous. Après un siècle et demi, notre Code continue, dans l'ensemble, à régir très bien la matière qu'il couvre, même si ses solutions doivent être modifiées sur quelques points. Par sa technique, sinon par ses solutions, il mérite de rester un modèle.

Gardons-nous cependant de trop de satisfaction. Mépriser médecins et médecine est peut-être le signe de la santé; ce n'en est pas la garantie. Pouvons-nous, d'ailleurs, ne considérer que le « droit des juristes », dont l'importance relative va se rétrécissant, et oublier, d'une part les injustices sociales et, d'autre part, le droit réglementaire qui enserre tout ? Une double attitude semble nécessaire.

Il semble qu'il faille, en premier lieu, réveiller en quelque sorte l'étude de la philosophie du droit et de la technique juridique[41]. Si la philosophie est essentiellement un corps de grands principes fondés sur une vue suffisamment générale des choses, n'est-ce pas elle seule qui peut nous permettre d'effectuer un choix entre les sollicitations diverses qui s'offrent à nous quant au fond du droit et quant à sa technique ? L'entreprise peut sembler presque sans espoir, malgré les quelques travaux de valeur publiés dans ces dernières années. Pourtant, ceux de nos étudiants qui, à l'étranger, étudient la philosophie du droit, nous disent souvent l'intérêt qu'ils y trouvent, le profit qu'ils en retirent[42]. Pourtant, certaines universités étrangères inscrivent normalement à leur programme, à côté du cours

l'application des dispositions de l'art. 3 du décret..., les locaux affectés à la vente du pain doivent obligatoirement comporter les pièces ou installations suivantes : ... *b*) Une table ou comptoir, un couteau et une balance, exclusivement réservés à la vente du pain... ». Remarquer aussi que cette réglementation extraordinairement détaillée renvoie elle-même souvent à « la réglementation sanitaire en vigueur » (hauteur du magasin, conduit de ventilation, forme dans lesquelles il sera procédé à l'analyse de l'eau, etc.), ce qui doit viser quelques arrêtés du même genre. – Comp. Ripert, *Le déclin du droit. Étude sur la législation contemporaine*, 1949; René Savatier, *Du droit civil au droit public*, 2e éd., 1950; Henri Mazeaud, *Défense du droit privé*, D. 1946. Chron. 17; R. Savatier, *Droit privé et droit public*, D. 1946. Chron. 25; Flour et Pioget, rapports, *Travaux de l'Association Henri Capitant*, t. 2, 1947, p. 39 et s., 184 et s., 199 et s.

41. V. en ce sens M. R.-A. Arbus, O. P., *Droit et sagesse philosophique*, in *L'évolution du droit public. Études en l'honneur d'Achille Mestre*, 1956, p. 5 et s.; Lon L. Fuller, *The Place and Uses of Jurisprudence in the Law school Curriculum*, 1 *Journ. of Legal Educ.* 495 (1949).

42. Selon M. le Professeur Von Caemmerer, Recteur de l'Université de Fribourg-en-Brisgau, – que nous remercions ici d'avoir bien voulu nous donner diverses indications sur l'enseignement du droit en Allemagne, – l'enseignement de la philosophie du droit dans cette Université serait, de tous les enseignements juridiques, celui qui aurait le plus de succès près des étudiants.

de philosophie du droit, un cours de technique juridique, par exemple un cours où le droit législatif est systématiquement étudié dans son élaboration et son interprétation. Si un cours de philosophie du droit et de technique juridique était inscrit au programme de nos Facultés, peu de professeurs seraient sans doute désireux d'en assurer l'enseignement. Leur effort, cependant, aurait rapidement sa récompense, dans leur intérêt personnel, sans doute, et aussi dans la formation d'étudiants plus complètement qualifiés. On peut espérer, d'autre part, qu'une philosophie du droit et de la société se dégagerait de ce travail, plus nuancée, certes, que celle de 1804, mais aussi moins loin des réalités. On peut espérer, de même, que la technique législative en serait améliorée. Dans toutes ces recherches, les auteurs étrangers et les institutions étrangères devraient être largement étudiés. Nous devrions entreprendre l'étude systématique des grands auteurs de langue allemande, anglaise, italienne ou espagnole, et de la philosophie même qui a inspiré le *New Deal* ou s'en dégage. Sans doute gagnerions-nous aussi à nous inspirer d'institutions telles que *l'Office of Legislative Counsel* du Congrès américain et les *Legislative Councils* des États, ou encore du *Law Revision Committee* anglais, qu'ont imité divers États américains[43].

En attendant, d'autre part, que nous ayons pu formuler une nouvelle philosophie juridique et sociale, il nous faut au moins être pragmatiques. Nous rejoignons ici l'appel que M. Paul Durand adressait récemment à tous les juristes[44], après celui de Holmes que nous rappelions précédemment sur l'étude des fins à atteindre. Professeurs, ne restons pas prisonniers du passé ni même du présent, ayons l'esprit critique à l'égard des institutions que nous enseignons et montrons à nos étudiants comment elles peuvent être améliorées[45]; orientons nos étudiants vers les recherches qui présentent un intérêt pratique et social. Cette attitude ne nous empêchera pas de continuer à les former à un raisonnement rigoureux. Magistrats, ne soyons pas trop « légistes » : les pactes sur succession future ou, dans un autre ordre d'idées, les sociétés entre époux, présentent-ils de tels dangers réels que doivent être condamnées les multiples clauses qui le sont aujourd'hui et dont l'intérêt pratique est évident ? Soyons réalistes. Comment

43. Cf. Tunc, *Le Louisiana State Law Institute, Rev. int. dr. comparé* 1953, p. 718 et s.
44. P. Durand, *op. cit.*, D. 1956. Chr., p. 73. V. aussi les auteurs cités *supra*, note 20.
45. Faut-il donner quelques exemples de survivance regrettable de règles juridiques ?
Les droits de succession du conjoint survivant restent en France très inférieurs à ce qu'ils sont à l'étranger (le droit anglais, en particulier, nous semble avoir posé en la matière des règles fort heureuses). Nous n'avons pas pu dégager notre droit de la vieille idée de conservation des biens dans les familles. Mais cette idée est, au fond, profondément antifamiliale, puisqu'elle est un refus du mariage sur le plan patrimonial : « je vous laisse ma fille, mais non les biens dont elle héritera de moi après ma mort » (Comp. Paris, 19 févr. 1957, S. 1957. 106; *Gaz. Pal.* 12 mars 1957, où un mariage est analysé, au fond, comme un prêt du fils et des bijoux de la famille : pour qualifier de prêt, et non de donation, la remise des bijoux de famille, il faut admettre que le mariage a été considéré comme essentiellement temporaire). Aujourd'hui, les droits de succession du conjoint survivant nous semblent les plus légitimes qui existent, mais nous n'avons pas su les porter au niveau qu'ils méritent. La loi du 26 mars 1957 ne nous semble elle-même réaliser qu'une réforme très insuffisante.
Le principe de la réductibilité du salaire du mandataire est, lui, essentiellement une survivance du droit romain (Cf. en particulier Limpens et Van Damme, Examen de jurisprudence, *Rev. cric. de jurispr. belge*, 1956, p. 199 et s., n° 4). À supposer que la règle ait parfois une justification, celle-ci doit reposer sur d'autres fondements que son fondement traditionnel (Comp. A. de Bersacques, note *Rev. crit. de jurispr. belge* 1954, p. 190 et s.).

l'entreprise a-t-elle été ignorée des juristes français si longtemps et comment son statut est-il encore aussi embryonnaire, alors qu'elle est une réalité fondamentale de la vie économique et juridique et que, d'ailleurs, les auteurs allemands et italiens lui ont consacré des volumes[46] ? Comment les entreprises nationalisées peuvent-elles fonctionner sans que ni leurs chefs, ni les théoriciens de l'économie politique ou du droit, puissent expliquer à quelles fins elles fonctionnent, – car telle est l'une des conclusions qui s'est dégagée du troisième Colloque des Facultés de droit, organisé en 1955 par la Faculté de Grenoble[47] ? Comment le droit social a-t-il pu être si longtemps négligé, sauf par quelques esprits, des plus grands d'ailleurs ? Pourquoi le droit de l'énergie nucléaire n'est-il pas enseigné, alors qu'il l'est couramment dans certains pays étrangers ?

*

* *

Les réformes qui viennent d'être esquissées ne sont certes pas les seules auxquelles on puisse penser[48]. Nous-même avons dit, par exemple, pourquoi nous souhaiterions que les cours magistraux du niveau actuel soient, en troisième et quatrième année, largement remplacés par un ensemble de cours approfondis, de direction d'études, de discussions portant sur des arrêts, des cas ou des problèmes

De même, il nous semble évident que les administrateurs de société sont révocables *ad nutum*, puisqu'ils sont – dit-on – mandataires et que le mandat est essentiellement révocable. Il y a même là, pour nous, un principe d'ordre public (Civ. 23 mai 1944, D. A. 1944. 105), bien que le principe contraire soit d'ordre public en ce qui concerne les gérants de société à responsabilité limitée (Paris, 15 déc. 1952, J. C. P. 1953. II. 7763) et qu'on voie mal la raison d'une différence. Une règle romaine commande la solution du droit moderne, là encore. Mais si le Romain qui renonçait au voyage qu'il avait projeté devait pouvoir révoquer immédiatement le mandat qu'il avait donné en prévision de ce voyage, on voit mal quel rapport unit cette nécessité pratique d'il y a vingt siècles et plus, au statut des administrateurs de société. La révocabilité *ad nutum* des administrateurs de société est peut-être une règle bonne (nous en doutons fort, d'ailleurs). Mais, pour aboutir à cette conclusion, il faudrait rechercher s'il est d'une meilleure *politique* de menacer toujours les administrateurs de révocation ou de leur assurer une certaine stabilité. La question ne semble jamais avoir été vraiment étudiée en France sur ce terrain, qui pourtant est le sien. Il est frappant, d'ailleurs, de constater le petit nombre d'études publiées en France sur les problèmes d'organisation de la société commerciale, en comparaison avec l'importance et la profondeur des ouvrages publiés aux États-Unis et en Angleterre (v. en particulier : Berle, *The 20th Century Capitalist Revolution*, 1954; Gower, *The Principles of Modern Company Law*, 1954; et, sur la réglementation fédérale des sociétés aux États-Unis, Loss, *Security Regulation*, 1951 et 1955 *Supplement*).

Il ne s'agit là, bien entendu, que de trois exemples parmi beaucoup d'autres...

46. En France, à vrai dire, et sans même rappeler ici la contribution qu'ont apportée au droit de l'entreprise divers auteurs qui ont écrit à son sujet à titre accessoire (Ripert, Escarra, Hamel, Durand, Rouast, Friedel, entre autres), deux ouvrages viennent de lui être spécialement consacrés : Abeille, *Droit. capital, travail. Pour le droit de l'entreprise*, préface Ripert, 1956; M. Despax, *L'entreprise et le droit*, préface G. Marty, avant-propos H. Solus, 1956.

47. V. en particulier Rivero, *Réflexions sur le troisième Colloque des Facultés de droit, Droit social*, 1955, p. 533 et s., n° 8, reproduit dans *Le fonctionnement des entreprises nationalisées en France*, préface C.-A. Colliard, p. 399 et s., 1956.

48. Cf. Rapports et débats du Colloque organisé les 9, 10 et 11 juin 1952 par la Faculté de droit et des sciences politiques de Strasbourg, sur la question : « *L'enseignement actuel des disciplines juridiques et économiques répond-il aux besoins de la vie contemporaine ?* » Signalons aussi à tous ceux qu'intéressent les problèmes de l'enseignement juridique, les études publiées trimestriellement par l'*Association of American Law Schools* dans le *Journal of Legal Education*.

théoriques[49]. Mais l'orientation de la recherche juridique et de l'enseignement du droit vers les droits et les civilisations étrangères, vers les problèmes sociaux et la philosophie du droit, nous semble la tâche essentielle et primordiale de l'heure présente. L'effort dans chacune de ces directions facilitera d'ailleurs la marche dans les autres. Holmes, pour le citer encore, disait que le droit doit sans cesse dégager de la vie des principes nouveaux. Comment, dès lors, pourrions-nous progresser, si nous ignorons la réalité sociale ? Et comment pourrions-nous avancer utilement et en sécurité sans contrôler notre marche et la comprendre, d'une part, et sans savoir ce que font les autres ? L'humanité n'a jamais avancé que dans les périodes d'échanges intellectuels et culturels. Et c'est d'une Renaissance que nous avons besoin.

Telle est l'ambitieuse conclusion que nous nous permettons de soumettre à nos collègues pour qu'elle inspire, dans la mesure où elle le mérite, les travaux du Colloque de Bordeaux. Après tout, elle n'eût sans doute offensé ni Montaigne, ni Montesquieu.

49. Cf. *L'enseignement du droit aux États-Unis et en France du point de vue de sa méthode*, *Rev. int. dr. comparé*, 1954, p. 515 et s. – Comp. Arthur E. Sutherland Jr., *La formation du juriste américain*, à paraître dans la *Revue internationale de droit comparé*, 1957.

DE LA NOTION DE CONTRAT SUCCESSIF

1957

Georges Brière de l'Isle

Docteur en droit

Le temps n'est pas, en général, l'élément principal de l'objet des conventions, mais il joue un rôle dans l'exécution. Tantôt l'accomplissement des prestations se produit dans un laps de temps très court, en un instant ; il s'agit alors d'un contrat à exécution instantanée[1].

Tantôt, à l'opposé, les obligations des parties supposent l'écoulement d'une durée appréciable, voulue ou subie par les contractants[2] ; l'exécution est fractionnée, échelonnée. Il est convenu d'appeler cette catégorie de contrats, contrats à exécution successive ou, plus brièvement, contrats successifs[3].

On a également opposé aux contrats à exécution instantanée, où l'accomplissement des prestations coïncide toujours avec l'extinction de l'obligation, « les contrats où les prestations sont continues, occupent une période dans la durée, et dont l'essence est de remplir l'espace de temps qu'elle renferme et qui peut être limité ou illimité ; si ce laps de temps est illimité, l'obligation est alors perpétuelle, c'est le cas pour les obligations négatives » (Savigny, *op. cit.*). Von Tuhr, dans son commentaire sur le Code fédéral suisse des obligations (vol. 1, p. 43 de la traduction française), oppose aussi les prestations qui s'effectuent en une fois, par exemple la livraison d'une chose, le payement d'espèces, et « les prestations continues, c'est-à-dire une attitude ininterrompue du débiteur », et il remarque que de

1. Les prestations instantanées sont celles « qui n'ont qu'une existence d'un moment, et celles qu'on peut regarder comme ne tenant aucune place dans la durée, en ce sens que le temps si restreint, nécessaire d'ailleurs pour leur accomplissement, n'est pas pris en considération et paraît chose insignifiante » (Savigny, *Le droit des obligations*, t. 1, p. 334).

2. Il est des « conventions qui sont faites spécialement en vue d'une période déterminée, pour assurer un service ou pour procurer un avantage pendant le laps de temps convenu, de telle sorte que l'idée de temps ou de durée n'est plus qu'une condition matérielle de la réalisation d'un contrat, dont le profit serait ensuite indépendant du temps ; pour ces contrats spéciaux, la durée d'exécution fait corps avec l'objet du contrat, dont elle est un des éléments » (Planiol, note D. P. 98.1.457). Dans certains cas l'importance de la durée est telle dans l'économie du contrat que celui-ci subsistera malgré la disparition de l'un des contractants : contrat de travail, ou contrat de bail, en cas de cession de l'entreprise ou de l'immeuble.

3. « Quand on parle de contrats successifs on n'entend pas parler, en général, de plusieurs contrats se succédant l'un à l'autre, mais bien de contrats dont l'exécution est successive et ne peut se faire qu'à la condition de remplir un intervalle de temps, de telle sorte qu'un contrat unique et isolé peut posséder à lui tout seul ce caractère successif » (Planiol, note sous Civ. 4 mai 1898, D. P. 98. 1. 457). Capitant, dans son *Vocabulaire juridique*, définit les contrats successifs « contrats dans lequels les parties, ou l'une d'elles, s'obligent à des prestations périodiques. Exemple : le louage de choses, le contrat de travail, la vente à charge de rente viagère ».

Il convient donc de préciser que nous ne traitons, en dépit de l'expression de contrats successifs, que des contrats à exécution successive, quoiqu'il existe des contrats véritablement successifs. Nous écartons donc du champ de notre étude ces contrats qui se succèdent vraiment, tels que, en droit commercial, les contrats qui constituent la filière, ou encore certains contrats de transport qui intéressent divers modes de locomotion, etc., et constituent à la vérité un groupe de contrats, les parties n'étant pas les mêmes aux diverses conventions qui se succèdent.

telles prestations ne peuvent consister qu'en une abstention, car toute attitude positive, c'est-à-dire active, se divise nécessairement en actes isolés. C'est l'opinion commune qui réunit intellectuellement ces actions en une attitude unique et continue, par exemple les actes d'un employé accomplis en exécution de son contrat de travail. L'analyse est exacte, mais l'on n'aperçoit plus alors de véritable différence entre ces obligations et celles que l'on qualifie habituellement de successives et qui comportent des prestations qui se répètent; c'est pourquoi de nombreux auteurs, à juste titre, ne distinguent pas entre exécution continue ou exécution successive (Cf. Esmein, t. 6 du *Traité prat. de droit civil* de Planiol et Ripert, nº 45).

Certains ont imaginé de créer entre les contrats instantanés et les contrats successifs une catégorie intermédiaire : les contrats à exécution échelonnée, par exemple la vente d'objets à livrer par lots à différentes époques (Demogue, *Traité des obligations*, t. 2, nº 917 *quinquies*)[4]. Ces contrats se caractérisent par le petit nombre de prestations, leur quantité inégale et la variabilité des délais, tandis que pour les contrats successifs les prestations sont élevées en nombre, toutes identiques et à intervalles rapprochés.

Ces sous-distinctions ne sont pas d'une grande portée et il convient, semble-t-il, de s'en tenir à la grande division entre les contrats instantanés et les contrats successifs. Ces contrats successifs se distinguent donc des contrats instantanés par l'intervention de deux éléments, le premier étant la durée, et le second la répétition dans l'exécution de la prestation. Le temps, premier critère de la distinction des deux catégories de conventions, est un facteur d'évolution. Le second critère, la répétition, c'est-à-dire le fractionnement des prestations, suggère l'hypothèse d'une exécution incomplète. Le temps, lorsqu'il est envisagé vers l'avenir, est un facteur d'indétermination; le futur est imprévisible. Lorsqu'on considère le temps non pas dans le devenir mais dans l'accompli, dans le passé, le temps alors est ineffaçable.

Ces deux impératifs du temps tout à la fois imprévisible et irréversible, ont, pendant longtemps, et pour l'immense majorité des auteurs, constitué les deux uniques intérêts de la distinction entre contrats à exécution instantanée et contrats successifs. Mais les opinions divergent sur le sens et la portée de la distinction. Il est peut-être une raison à l'incertitude qui règne dans ce domaine, et c'est qu'au sein de la catégorie des contrats successifs il existe une sous-distinction que l'on néglige souvent. Dès lors que les prestations doivent se succéder dans la durée, il convient de savoir si cette durée est déterminée à, l'avance ou indéterminée. La situation ne sera pas la même selon qu'il s'agira d'un contrat conclu pour un laps de temps illimité ou au contraire pour une période dont le terme a été convenu entre les parties. Les contrats perpétuels sont frappés d'une nullité absolue; mais s'il est interdit de contracter pour toujours, il n'est pas imposé pour autant de fixer dans le contrat le temps pour lequel on s'engage; quand la durée n'a pas été conventionnellement déterminée, une faculté unilatérale de résiliation est donnée à chacune des parties au contrat.

4. Cf. Jean Lepargneur, *La prorogation des contrats à exécution successive après un cas de force majeure et particulièrement à la suite de la guerre de* 1914, thèse Paris, 1920.

Cette différence de situation conduit à examiner la distinction entre les contrats à exécution instantanée et les contrats successifs, non pas dans l'opposition des deux grandes catégories, mais plutôt dans une comparaison entre, d'une part les contrats à exécution instantanée et les contrats successifs à durée déterminée, d'autre part les contrats à exécution instantanée et les contrats successifs à durée indéterminée.

I. La distinction entre contrats à exécution instantanée et contrats successifs à durée déterminée

On peut facilement imaginer d'introduire ou de supprimer le temps et la répétition des prestations dans les contrats, qu'ils aient été à l'origine instantanés ou successifs[5]. Par exemple dans le contrat à exécution instantanée, le terme ou la condition rejettera l'exécution dans l'avenir. Mais existe-t-il une différence de régime entre contrats à exécution instantanée et contrats à exécution successive de durée déterminée, notamment à propos des deux grands problèmes de l'imprévision – ou l'effet du caractère imprévisible du temps, – d'une part, et de la rétroactivité de la résolution ou de la nullité du contrat – c'est-à-dire l'effet du caractère irréversible du temps, – d'autre part ?

A.

C'est évidemment à propos des contrats successifs que le problème de l'imprévision s'est posé le plus souvent[6]. Un contrat est conclu pour plusieurs années moyennant un prix calculé ou subi par chacune des parties eu égard aux conditions économiques du moment; puis survient un bouleversement imprévu dans l'économie, et l'équilibre des prestations est rompu. C'est le problème de l'imprévision. Il convient de remarquer que la situation sera la même dans le cas d'une vente où le payement du prix est retardé, que dans celui d'un bail, par exemple, dès lors qu'à la suite de l'amenuisement de la valeur des instruments monétaires la contrepartie de l'objet livré, ou de la jouissance procurée, est devenue dérisoire[7].

---

5. À cet égard, on range habituellement le contrat d'assurance dans la catégorie des contrats successifs. Cela correspond-il vraiment à une analyse exacte ? Notamment dans l'hypothèse d'un contrat d'assurance conclu pour une durée déterminée, sans spécification de reconduction tacite et pour lequel la prime est payable en une seule fois et d'avance, pour l'assuré l'exécution est évidemment instantanée; pour l'assureur, n'est-elle pas également instantanée, mais retardée seulement par l'effet d'une condition suspensive : la réalisation du risque ? On peut raisonnablement le penser.

6. Noter la loi du 22 nov. 1949 prévoyant la résiliation de certains contrats conclus avant le 2 sept. 1939; ce texte vise certes les marchés et contrats comportant des livraisons, l'exécution de travaux ou autres prestations successives, mais aussi des prestations « simplement différées ». De même l'échelle mobile, parade de l'imprévision, a un rôle à jouer, même dans les contrats instantanés tels que la promesse unilatérale de vente, le prix devant être déterminé au moment de la réalisation par une clause d'échelle mobile (Fréjaville, *Les clauses d'échelle mobile*, D. 1952. Chron., p. 31).

7. Ce problème de l'imprévision est un problème d'équité; c'est pourquoi, dans certaines hypothèses, pour certaines rentes viagères par exemple, le législateur est intervenu pour imposer révision ou ➤

Il est bien certain que le temps, mais le temps seul, – et non pas le caractère successif et fractionné de l'exécution, – a introduit dans les deux catégories de contrats le même bouleversement ; l'une des parties est lésée parce que le contrat se prolonge dans la durée. Il y aurait aussi, si l'on poussait l'analyse, imprévision dans le cas de la vente d'un immeuble en période d'instabilité monétaire : le vendeur cède un bien qui conserve sa valeur, tandis que la somme d'argent reçue, quelques mois plus tard, aura perdu une partie de son pouvoir d'achat.

B.

Imprévisible, le temps est aussi irréversible. On considère le plus souvent que, dans le contrat successif, chacune des exécutions successives est définitivement acquise et que rien ne peut l'effacer ; on oppose cette catégorie de contrats aux contrats à exécution instantanée, où, à l'inverse, la remise en état après résolution, ou constatation de la nullité, c'est-à-dire la rétroactivité, serait toujours possible[8]. Et la majorité des auteurs et quelques décisions de jurisprudence[9] déclarent que les contrats successifs ne seraient jamais susceptibles de résolution, c'est-à-dire d'anéantissement avec effet rétroactif, mais seulement de résiliation, c'est-à-dire d'annulation pour l'avenir[10]. On peut se demander cependant si le problème de la rétroactivité ne se pose pas dans les mêmes, conditions, qu'il s'agisse d'un contrat successif à durée déterminée ou d'un contrat instantané d'une part, et, d'autre part, si le contrat à exécution successive impose nécessairement de considérer que les prestations accomplies, dans le passé, de part et d'autre, doivent être jugées équivalentes en dépit des inexécutions et des annulations ultérieures.

Sur le premier point, dès lors que l'on pousse l'analyse, on aboutit à cette considération que le caractère ineffaçable du passé est absolu, tout d'abord, et, ensuite, s'étend à tous les domaines et à tous les contrats. Si l'on prend, par

résiliation de contrat. Cette intervention viole le principe de l'autonomie de la volonté et celui de la force obligatoire des contrats, mais il est choquant de voir le débiteur demeurer entravé par les liens d'un contrat devenu lésionnaire. « Le droit moderne veut introduire dans la conception du contrat plus de justice morale. Il est ainsi amené à faire une distinction entre les contrats à, exécution instantanée et les contrats à exécution successive. Dans les premiers, chaque contractant reprend son indépendance dès que le contrat est conclu ; dans les seconds, l'union persiste après la conclusion, et cette union ne peut être maintenue que dans le respect de la justice » (Ripert, *La révision des rentes viagères*, D. 1949, Chron., p. 39).

8. Req. 16 mai 1911 (*Gaz. Pal.* 1911. 1. 739) ; Req. 8 juill. 1925 (*ibid.* 1925. 2. 606).

9. Req. 8 nov. 1882 (S. 84. 1. 333) ; Req. 29 janv. 1907 (D.P. 1912. 1. 396).

10. « D'autre part, dans les contrats continus ou successifs, comme le louage de choses, le louage de services, l'assurance, où les prestations d'une des parties sont définitives et ne peuvent être restituées…, on parle plutôt de résiliation que de résolution » (*Nouv. Rép. Dalloz*, v° *Obligations*, n° 51), résumé d'une opinion commune qui a trouvé quelquefois son écho dans la jurisprudence : « Attendu que le bail est un contrat dont l'exécution est successive ; que les obligations qu'il engendre se renouvellent sans cesse pendant sa durée ; qu'en pareille matière, la condition résolutoire opère moins une résolution proprement dite que la cessation ou la dissolution du contrat qui continue de régler les faits antérieurement acquis » (Req. 8 nov. 1882, S. 84. 1. 333 ; Civ. 2 mars 1938, D.P. 1938. 1. 89 ; S. 1938. 1. 163 ; Req. 31 oct. 1923, *Gaz. Pal.* 1924. 1. 18 ; Civ. 16 févr. 1932, *ibid.*, 1932. 1. 866 ; S. 1932. 1. 163). À l'inverse, la rétroactivité est supprimée en cas de règlement judiciaire ou de faillite pour la vente de marchandises entrées dans les magasins de l'acquéreur (Décr. 20 mai 1955, art. 112), et il s'agit pourtant d'un contrat à exécution instantanée.

exemple, le cas le plus typique de contrat instantané, la vente, l'exécution par chacune des deux parties s'est accomplie à l'instant même de la conclusion; si, par la suite, survient une cause de résolution de la vente, l'immeuble pourra bien revenir entre les mains de celui qui l'a aliéné, mais rien ne pourra faire qu'il n'ait été pendant quelque temps en possession de l'acquéreur. Ce n'est que fictivement que l'on considérera que la vente n'a jamais eu lieu. Y a-t-il vraiment là une différence fondamentale avec le cas du bail ? Certes, le preneur a bien occupé les lieux, mais tout comme le propriétaire, ou plus exactement l'acquéreur; il reste simplement que cette jouissance des lieux constituait ici l'objet du contrat et devra être compensée par une allocation en argent[11] ; mais il en est de même bien souvent dans le cas d'une vente résolue : le propriétaire qui récupère son immeuble demandera et obtiendra une indemnité pour privation de jouissance, ou pour toute autre cause, telle qu'une dégradation. Il s'agira dans les deux cas de la compensation en argent du préjudice causé par l'inexécution du contrat[12].

À propos de la faillite d'une des parties, intervenant au cours de l'exécution d'un contrat successif, on décide généralement que le contrat est résilié pour l'avenir, et la défaillance du failli libère la partie *in bonis* de celles de ses obligations qui devaient naître postérieurement. Il n'y a pas là une solution propre au caractère successif d'un contrat à durée déterminée, mais application pure et simple du principe de l'équivalence des prestations.

Devra-t-on conclure que le caractère, ineffaçable du passé contraint le juge, saisi du litige, à considérer que les prestations fournies, de part et d'autre, dans un contrat successif, sont nécessairement équivalentes ? Il ne le semble pas. En effet, lorsque deux parties s'engagent pour une durée déterminée, il est indubitable que la durée, avec la sécurité qu'elle procure, – comme l'enchaînement qu'elle suppose, – est prise en considération par les parties pour la détermination de leurs engagements respectifs. Le bailleur, par exemple, consentira une réduction du prix du loyer s'il est assuré d'avoir un locataire (du moins, c'est ce qui se passait en des temps très anciens) pour une durée déterminée, lui procurant un revenu régulier et stable. Si le contrat est rompu prématurément, il subit un préjudice, puisqu'il ne bénéficie pas de cette durée sur laquelle il comptait, et qu'en outre, pour la période écoulée, il n'aura perçu qu'un prix inférieur à celui qu'il aurait stipulé s'il avait pu savoir que le contrat ne durerait point[13].

C'est ce que, dans son arrêt du 4 mai 1898 (D.P. 98. 1. 457; S. 98. 1. 281), la Cour de cassation décidait : « Attendu en droit qu'aux termes de l'art. 1183 c. civ. la résolution du contrat... opère la révocation de l'obligation et remet les choses au même état que si elles n'avaient pas existé; qu'il suit de là que les prestations déjà effectuées deviennent caduques et doivent être restituées *quand la partie qui*

11. Civ. 16 févr. 1932 (S. 1932. 1. 163); Civ. 2 mars 1938 (D.P. 1938. 1. 89; S. 1938. 1. 163).

12. Civ. 31 déc. 1856 (D.P. 57. 1. 281).

13. « Lorsqu'un contrat... a été conclu pour une durée déterminée, cette durée est un principe indispensable, pour prouver aux contractants l'avantage complet qu'ils attendent de l'exécution du contrat. Cette durée a pu... exercer une influence sur le prix des prestations... ; si le prix des prestations est fixé par unité de temps, cette fixation n'est que la détermination du mode d'exécution du contrat... » (Corenblit, *Critique de la distinction entre les contrats d'exécution instantanée et les contrats d'exécution successive du point de vue de l'application des articles* 1183 *et* 1184 *du Code civil*, thèse Grenoble, 1940, p. 105).

les a reçues n'en a pas donné d'équivalentes ». Nous nous trouverons en présence, dans les deux espèces de contrat, et toujours, du même problème de la liquidation des effets du contrat pour le passé[14]. Il est donc, en définitive, inexact d'affirmer que la rétroactivité de la résolution ne s'applique pas aux contrats successifs (Civ. 26 oct. 1925, S. 1925. 1. 242 ; Civ., sect. civ., 21 juill. 1949, D. 1950. Somm. 4). À la vérité, pour les contrats successifs à durée déterminée et les contrats à exécution instantanée se pose le même problème, et il est résolu de la même manière pour les deux catégories. Le contrat à exécution successive dont la durée est déterminée par les parties se présente dans les mêmes conditions qu'un contrat à exécution instantanée ; il s'agit bien, en effet, dans les deux cas d'un contrat unique, et c'est ce qui explique l'identité de régime.

Cependant, la Cour de cassation, dès 1838, s'était préoccupée de savoir s'il n'y avait pas lieu de distinguer parmi les contrats successifs entre le contrat dont l'exécution se prolonge dans un temps successif « et le contrat qui en renferme d'autres[15], lesquels doivent être renouvelés à des époques successives » (Req. 20 août 1838, S. 1838. 1. 973). C'était poser très finement et très justement le véritable problème, qui est celui de l'unité ou de la multiplicité des « contrats destinés à s'exécuter pendant un certain temps » (Demogue, *op. cit.*, n° 926 *ter*).

Pour le contrat successif la détermination de la durée clôt en quelque sorte le contrat et lui donne son unité. Dans cette hypothèse chacune des parties peut calculer à l'avance l'étendue de ses obligations, la valeur respective des prestations.

Il en est tout autrement pour les contrats à exécution successive dont la durée est, au contraire, indéterminée.

II. La distinction entre contrats à exécution instantanée et contrats successifs à durée indéterminée

La particularité des contrats à durée indéterminée est cette faculté laissée à chacune des parties de sortir à son gré, unilatéralement (sous la seule réserve d'un éventuel préavis), des liens du contrat dans lequel elle s'était engagée. Cette faculté exorbitante pallie le vice de perpétuité ; elle a pour but d'éviter que par le biais d'un silence sur la durée du contrat l'une des parties ne soit enchaînée définitivement (Cf. notamment Henri Capitant, *Les principes fondamentaux du droit des contrats*, *Cours de doctorat*, 1932-1933, p. 15). Ceci joue tout

14. « Le travail fourni en exécution d'un contrat de travail, la jouissance procurée en exécution d'un louage de choses, les services rendus en exécution d'un mandat ou dépôt, etc. doivent donner lieu au payement d'une somme correspondant à leur valeur. Le contrat étant nul, on pourra la qualifier indemnité plutôt que prix ou salaire, et le juge pourra en fixer le montant, autrement que l'avaient fait les parties. Mais, si le montant fixé par elles en raisonnable, il n'y a pas de raison pour qu'il ne le retienne pas, à moins qu'il l'ait été en considération d'une longue durée. » (Planiol, Ripert et Esmein, *op. cit.*, t. 6, n° 321).

15. Dans son arrêt du 4 mai 1898, la Cour de cassation précisait : « … peu importe que les effets de la convention se soient produits sous la forme de règlements périodiques, ces règlements devant être considérés non comme des contrats successifs, mais comme *le mode d'exécution d'un seul et même contrat* ».

particulièrement dans le contrat de travail. Il est évident que cette particularité ne sera pas sans entraîner de très grandes conséquences sur le régime et même la nature de ces contrats successifs à durée indéterminée[16].

Il n'y aura pas d'imprévision possible. En effet, dès lors que les circonstances économiques, en évoluant, entraîneront dans les prestations un déséquilibre qui cessera d'être accepté par l'une des parties, celle-ci dénoncera le contrat; si elle demeure au contraire dans les liens contractuels, c'est qu'elle accepte ce déséquilibre et renouvelle son consentement. Donc, le problème de l'imprévision ne se pose pas pour le contrat à exécution successive dont la durée est indéterminée, en dépit du caractère successif de son exécution.

À l'égard du second point, dont la doctrine traditionnelle a fait un intérêt majeur de la distinction entre les contrats instantanés et les contrats successifs, c'est-à-dire la prétendue impossibilité d'une rétroactivité dans le cas des contrats successifs, on constate, ici encore, que la différence est radicale entre contrats à exécution successive de durée indéterminée et contrats à durée déterminée.

Le juge, en présence d'un contrat à exécution successive de durée indéterminée, quel que soit le motif de l'annulation ou de la résolution, ne pourra, pour le passé, faire abstraction des équivalences stipulées par les parties elles-mêmes parce que l'absence de résiliation unilatérale suppose obligatoirement que la partie s'est estimée, au cours de l'exécution, satisfaite par la prestation qu'elle recevait en échange de celle qu'elle fournissait; qu'il s'agisse d'une nullité d'ordre public de la convention conclue, qu'il s'agisse d'un vice de consentement, dès lors que pour ce dernier le vice a cessé en cours d'exécution, l'équivalence des prestations est implicitement, mais nécessairement, acquise. La rétroactivité est impossible ou du moins inutile.

Ainsi, au fur et à mesure que le temps s'écoule, il se produit, d'une part, une reconduction tacite pour une durée nécessairement limitée au préavis d'usage ou légal selon le contrat, et en même temps, ratification implicite mais indiscutable du passé. Mais ce renouvellement, associé à la confirmation du passé, n'a-t-il pas quelque influence sur la nature même du contrat ?

Chacune des exécutions passées, dès lors qu'elle a trouvé dans la contre-prestation adverse sa compensation conventionnelle, parachève le contrat. Celui-ci, en conséquence, se renouvelle au rythme des prestations. Il s'éteint et renaît identique, mais cependant distinct du précédent. À la vérité le contrat à exécution successive de durée indéterminée se présente, s'analyse et se règle, non pas comme un contrat unique dont l'exécution fait l'objet seulement de certaines modalités telles que le fractionnement de l'exécution dans le temps, mais comme

16. Une espèce curieuse (Civ. 27 janv. 1947, D. 1947. 197; S. 1947. 1. 72) a été soumise à la Cour de cassation, dans laquelle se posait la question de savoir s'il y avait ou non vice de perpétuité. Il s'agissait de la vente du minerai à extraire d'un gisement de bauxite, l'extraction devant avoir lieu dans un avenir indéterminé moyennant des prix échelonnés et proportionnels à l'importance de l'extraction au gré de l'acquéreur. La Cour de cassation a considéré qu'il n'y avait point là contrat successif, Seul susceptible d'être entaché de vice de perpétuité, et que, s'agissant d'une vente, le contrat était nécessairement instantané. Le raisonnement est très discutable, mais à la vérité il n'y avait pas vice de perpétuité pour la raison que le gisement vendu était d'une quantité nécessairement finie, limitée, ainsi d'ailleurs que le relève d'autre part la Cour suprême, et il n'y avait donc qu'un problème de prise de livraison, car la tonalité du minerai avait été vendue.

une succession de contrats, ceux-ci pouvant être indifféremment des contrats instantanés ou des contrats à exécution successive de *durée déterminée* quand ils comportent une clause de tacite reconduction[17].

Dans l'exemple du bail verbal, dénonçable sous préavis d'un mois, ou encore du contrat de location d'une chambre d'hôtel à la journée, on doit considérer qu'à la fin de chaque période se forme un nouveau contrat complètement indépendant de celui qui le précède. Les conséquences de cette affirmation du caractère multiple du contrat à exécution successive de durée indéterminée, par opposition au caractère unitaire du contrat à exécution successive de durée déterminée, sont considérables et permettent de résoudre pratiquement les difficultés que soulève le caractère successif de l'exécution[18]. La réponse à la question de savoir si la durée du contrat est déterminée ou non entraînera la solution du problème posé.

Dans l'hypothèse où survient un événement qui, s'il avait existé au moment de la confection du contrat, l'aurait empêché, selon que le contrat sera à durée déterminée ou indéterminée il subsistera ou devra être annulé; c'est le cas d'une incapacité frappant un individu précédemment capable, en cas de démence par exemple (Cf. sur cette conséquence du caractère multiple du contrat successif, rapport du conseiller Lasagni, Req. 20 août 1838, précité).

Quand à l'autorité de la chose jugée, selon qu'il s'agira d'un contrat unique ou au contraire d'une succession de contrats, la décision judiciaire relative à la validité ou à l'interprétation du contrat, intervenue à propos d'une des périodes d'exécution du contrat, fera ou ne fera pas obstacle à une nouvelle action intentée à propos de l'exécution d'une autre période du contrat (*Rev. trim.* 1949, p. 552).

Dans un troisième exemple de problème, celui de l'intervention d'une loi nouvelle en cours d'exécution, il en sera de même. Le principe de la non-rétroactivité interdit l'application, théoriquement du moins, de la loi nouvelle au contrat déjà conclu; mais s'il s'agit d'un contrat qui succède à un contrat de contenu identique, mais juridiquement distinct, la loi nouvelle régira le nouveau rapport juridique.

Enfin, s'il survient un événement ayant les caractères de la force majeure et faisant obstacle à l'exécution, le débiteur est libéré pendant le temps où subsiste l'obstacle[19]; si le contrat est à durée déterminée, à la date d'expiration fixée il prendra fin, bien que l'exécution n'ait pu être reprise (Civ. 7 déc. 1909, D. P. 1910. 1. 65; S. 1911. 1. 457). À l'inverse, pour un contrat à durée indéterminée, bail verbal ou louage de services par exemple, il reprendra immanquablement son effet dès la disparition de l'obstacle, si l'une des parties n'a pas entre-temps expressément donné congé (Civ. 4 août 1915, S. 1916. 1. 17, note Wahl).

17. Cette idée avait été pressentie, mais seulement à propos du contrat de travail, par M. Corenblit, qui écrivait : « ... Le contrat de travail à durée déterminée... seul peut être considéré comme étant à exécution successive. Quant au contrat de travail à durée indéterminée, il ne forme en réalité qu'un groupe de contrats qui se succèdent et dont le sort de chacun est indépendant de celui de l'autre. » Il convient d'étendre cette idée à tous les contrats successifs à durée indéterminée.

18. Lorsque les règlements périodiques constituent le mode d'exécution d'un seul et même contrat indivisible : Civ. 4 mai 1898 (D. P. 98. 1. 457; S. 98. 1. 281); Rouen, 17 mai 1899 (S. 1900. 2. 30); Civ. 18 avr. 1905 (*Pand. pér.* 1905. 1. 522). Si chaque livraison périodique forme un contrat séparé : Alger, 19 mars 1908, sous Req. 6 déc. 1909 (D. P. 1912. 1. 92); Nancy, 13 mars 1909 (*Rec. Nancy* 1909. 115), etc.

19. Req. 12 déc. 1922 (D. P. 1924. 1. 186).

En résumé, et pour conclure, les contrats successifs à durée déterminée sont de nature unitaire comme les contrats instantanés, dont ils ne se distinguent que par certaines modalités d'exécution, tandis que les contrats successifs à durée indéterminée constituent à la vérité une succession de contrats (qui peuvent être eux-mêmes à exécution successive ou instantanée) et méritent seuls à ce titre l'appellation de contrats successifs.

LA LOI DU 11 MARS 1957 SUR LA PROPRIÉTÉ LITTÉRAIRE ET ARTISTIQUE

1957

Henri Desbois

Professeur à la Faculté de droit de Paris

Cette loi (D. 1957. 102), qui doit entrer en vigueur le 11 mars 1958 (art. 79), mettra fin à une situation singulière, qui ne laissait pas d'éveiller l'étonnement, surtout hors de France : au temps de l'« édition sonore », des écrans de cinématographie et de télévision, les tribunaux français fondaient, dans le domaine des droits d'auteur, leurs décisions sur des dispositions légales qui dataient de 1791 et de 1793 ; l'anachronisme n'aurait pas été plus surprenant si, pour résoudre les litiges provoqués par les accidents de la circulation, les magistrats avaient été contraints de feuilleter un Code de la route qui eût été rédigé au temps des diligences et des chaises de poste ! – Cependant, des voix se sont élevées, même dans l'enceinte du Parlement, pour émettre un doute sur l'opportunité d'une loi nouvelle. Le législateur, disait-on, intervenait trop tard, à un moment où la jurisprudence avait déjà résolu les questions soulevées par l'apparition des nouveaux procédés de diffusion ; des dispositions précises risqueraient d'être dépassées par le progrès technique et de susciter plus d'inconvénients que d'avantages.

Ces appréhensions étaient exagérées ; d'excellentes raisons justifiaient une action législative. La France avait assumé à Bruxelles, en 1948, lors de la Convention de Berne, et à Genève, en 1952, lors de la préparation de la Convention universelle du Droit d'auteur, un engagement moral d'adapter sa législation aux circonstances actuelles, dont ses tribunaux avaient tenu un compte si exact. Les juges anglo-saxons, malgré leur attachement à l'autorité du précédent judiciaire, avaient donné l'exemple ; les Français, qui ont rompu avec le droit coutumier, ne pouvaient demeurer insensibles à cet appel. Une loi serait la bienvenue, à condition que le législateur sût respecter la tradition et s'en tenir à des dispositions générales, que, dans l'avenir, les juges adapteraient aux données d'une évolution ininterrompue.

Ces conseils de prudence et de sagesse ont été entendus, car le Parlement s'est approprié la substance des propositions d'une commission extra-parlementaire de la propriété intellectuelle, dont les travaux ont été conduits avec autant d'autorité que de persévérance par le professeur Escarra, qu'assistaient un savant rapporteur, Me Marcel Boutet, président de l'Association littéraire et artistique internationale, et des spécialistes qualifiés. Au moment où le Gouvernement déposait le projet, le président de la commission exprimait un Vœu, inspiré par l'esprit qui avait animé ses collaborateurs : « … Saisissons l'occasion qui nous est offerte d'affirmer, par une grande loi sur le droit d'auteur, que la défense des œuvres de l'esprit ou du génie et de leurs créateurs demeure la préoccupation fondamentale de la nation idéaliste que nous voulons rester » (*Revue internat. du droit d'auteur*, oct. 1954, p. 3). Ce souhait a été exaucé, malheureusement trop tard pour que celui qui l'avait exprimé eût la satisfaction d'assister au succès de ses efforts.

La loi du 11 mars 1957 comprend 82 articles, répartis entre cinq titres : les *droits des auteurs* (art. 1-25), – *l'exploitation des droits patrimoniaux de l'auteur* (art. 26-42), – les *contrats de représentation et d'édition* (art. 43-63), – *procédure et sanctions* (art. 64-76), – *dispositions diverses* (art. 77-82).

Les esprits critiques saisiront l'occasion de passer au crible ce dispositif, auquel ils reprocheront une omission et une redondance : les rubriques ne font aucune allusion à un critère qui permette de discerner les œuvres susceptibles d'être protégées, alors que les trois premiers titres traitent des droits de l'auteur ; ils ajouteront que les titres II et III font double emploi, car les contrats de représentation et d'édition constituent les modes d'exploitation des droits du même nom. La réflexion dissipe ces objections, car plusieurs articles du titre Ier orienteront les juges dans la sélection des œuvres proposées à leur protection, et les titres II et III ne procèdent pas d'une scission arbitraire, car le premier énonce des règles communes à tous les contrats d'exploitation, le second des dispositions distinctes pour la représentation et l'édition. La lecture de ce nouveau Code permet de découvrir sans effort les lignes de force, qui s'ordonnent autour des points suivants : le *fondement des droits d'auteur,* – les *œuvres protégées,* – les *droits de l'auteur,* – les *contrats, dont l'un des droits d'auteur est l'objet* – les *sanctions et la procédure des saisies.*

I. Le fondement des droits d'auteur

Il serait malséant de reprocher au Parlement d'être demeuré fidèle à la dénomination qu'avaient choisie les rédacteurs de la loi de 1791. De toute évidence, la propriété des œuvres de l'esprit diffère de celle des biens corporels, ne serait-ce qu'en raison de la durée limitée du monopole ; elle ne s'y apparente que par l'exclusivité, c'est-à-dire le pouvoir discrétionnaire de l'auteur, et l'opposabilité à tous (art. 1er). Pour éviter un contresens, l'interprète se gardera de séparer le substantif des épithètes qui l'accompagnent : il s'agit d'une appropriation qui a pour objet une œuvre de l'esprit, littéraire ou artistique, et pour raison d'être un acte de création intellectuelle, qui en constitue la plus haute justification. Les rédacteurs de l'art. 1er se sont souvenus de la déclaration mémorable, faite par Le Chapelier, rapporteur de la loi de 1791 : « la plus vraie..., *la plus personnelle* de toutes les propriétés ». Si l'écrivain ou l'artiste revendique sur ses œuvres des droits absolus et opposables à tous, c'est qu'elles constituent l'expression, « le miroir de sa personnalité ». De là, les notions de base sur lesquelles est édifiée la loi du 11 mars 1957.

1) La propriété littéraire et artistique procède « du seul fait de la création » (art. 1er, § 1er). Le législateur français intervient, non pas pour investir les écrivains et les artistes de privilèges, inspirés par un souci d'opportunité, mais seulement pour consacrer des droits qui sont nés du seul fait de la création, et, le cas échéant, en réglementer ou en limiter l'exercice au profit de la collectivité des usagers. C'est pourquoi aucune formalité n'est exigée pour la jouissance de ces droits. L'art. 7 fait écho à l'art. 1er, § 1er, en disposant que « l'œuvre est réputée créée, indépendamment de toute divulgation publique, du seul fait de la réalisation, même inachevée, de la conception de l'auteur » ; l'exposé des motifs commente

cette proposition en des termes qui dissipent toute équivoque : « Il n'y a pas chez nous de formalité comme il en existe, par exemple, aux États-Unis (*Copyright*), qui donne une naissance légale à l'ouvrage. L'œuvre existe par le fait même qu'elle a été écrite. Sur ce point, la tradition française est moins procédurière que celle d'un certain nombre de pays américains » (Doc. parlem., Ass. nat., annexe n° 8612 à la séance du 7 juin 1954).

2) La qualité d'auteur est attachée à la personne du créateur de l'œuvre intellectuelle. Voilà pourquoi l'art. 1er, § 3, dispose que « l'existence ou la conclusion d'un contrat de louage d'ouvrage ou de service n'emporte aucune dérogation à la jouissance du droit reconnu par l'alin. 1er ». L'employeur ou le client ne peut prétendre à la paternité de l'œuvre élaborée sur commande, dans le plus strict état de dépendance; les droits patrimoniaux ne naîtront pas dans son patrimoine : ils n'y pénétreront que par l'effet d'une cession, et le créateur ne pourra être privé de la faculté indélébile d'attacher son nom au fruit de son labeur.

3) Les droits d'auteur, d'ordre pécuniaire ou moral, sont réservés aux auteurs des œuvres artistiques et littéraires, à l'exclusion de leurs auxiliaires. Il serait vain de reprocher au législateur français d'avoir refusé audience aux interprètes, aux entrepreneurs d'enregistrements phonographiques ou de radiodiffusion. Les uns consomment le destin de l'œuvre en l'interprétant par la voix et le geste, les autres fixent à travers le temps ou propagent une impression fugitive, mais ni les uns ni les autres n'ont pris part à la genèse, à l'acte de création, si bien que le statut dont ils souhaitent l'avènement ne pouvait pas prendre place dans une loi qui a pour seul objet la propriété littéraire et artistique (Cf., au sujet des « droits voisins », les travaux d'un Comité d'experts, nommés par le Bureau de Berne et l'Unesco, qui a siégé à Monaco en mars 1957, *Bull. de l'Unesco*, vol, X, n° 1, 1957, et *Rev. internat. du droit d'auteur*, avr. 1957).

II. Les œuvres protégées

Le législateur s'est contenté de procéder à des éliminations : l'art. 2 fait abstraction du mérite, car les contradictions se multiplieraient si les magistrats étaient invités à porter des jugements de valeur, inspirés par leurs préférences individuelles; il interdit encore de prendre en considération la destination des œuvres : les arts appliqués à l'industrie ne sont pas soustraits au droit commun de la propriété artistique, tout en bénéficiant d'une protection spéciale; complémentaire et facultative dans le cadre de la loi du 14 juillet 1909, qui n'a pas été abrogée.

Quant à l'aspect positif du critère, le législateur français a préféré aux formules abstraites, dont l'imperfection serait d'autant plus redoutable qu'elles tendraient à plus de précision, la voie suivie par les rédacteurs des Conventions de Berne et de Genève; il a recouru à la méthode des exemples, en dressant (art. 3) une liste non exhaustive, après avoir déclaré (art. 2) qu'il entendait assurer la protection de « toutes les œuvres de l'esprit », quels qu'en soient le genre, la forme d'expression.

Il ne saurait être ici question de suivre pas à pas l'inventaire que le législateur a établi à l'art. 3; cet effort serait d'ailleurs vain, puisque la liste n'est dressée qu'à titre d'exemple. Quelques œuvres; cependant, retiendront l'attention, en raison des controverses que leur statut soulève et de la solution que la loi française apporte : *photographies* et *œuvres cinématographiques.*

1) *Les photographies.* – Le projet du Gouvernement citait, à l'art. 3, les « œuvres photographiques », mais cette expression a paru imprécise au Parlement, qui a préféré une locution plus complexe : « œuvres photographiques de caractère artistique ou documentaire ». Le rapporteur de la commission de Législation civile de l'Assemblée nationale (Doc. parlem., annexe n° 553 à la séance du 16 févr. 1956) a déclaré, à l'appui d'une telle substitution : « Pourquoi des photographies purement commerciales (photographies d'identité) seraient-elles protégées par la propriété artistique ? ». Si la retouche n'avait d'autre raison d'être que l'exclusion des épreuves destinées aux passeports, mieux eût valu inscrire une telle réserve dans le texte de la loi : les tribunaux auront quelque peine à élucider le sens de la formule offerte à leur méditation. Les juges du fait en étaient venus, pour ne pas enfreindre la prohibition de faire état du mérite, de la valeur esthétique, à protéger à peu près indistinctement toutes les photographies. Désormais, il faudra que le cliché litigieux corresponde à l'un des deux termes de l'alternative. Mais comment entendre le « caractère artistique », qui ne doit pas se confondre avec la « valeur artistique » ? Dans le silence de la loi, l'interprète se montrerait trop sévère s'il ne retenait que les œuvres des professionnels. La tentation pourra naître de rechercher quelle intention a animé l'opérateur, et de ne l'admettre à la table des auteurs que s'il a eu le projet, non pas seulement de fixer un souvenir, mais aussi de se procurer une source de satisfactions esthétiques…, dût-il échouer dans ses efforts; mais une telle distinction paraîtra ténue et artificielle, car le novice, comme son aîné, a le ferme dessein de réussir. – La seconde branche de l'alternative n'offrira pas un appui plus solide aux tentatives de sélection : le caractère documentaire ne sera-t-il pas démontré par le fait même de la reproduction, qui implique qu'un tiers ait trouvé quelque intérêt au cliché ? Enfin, la propriété littéraire et artistique investit les formes d'expression, non les idées, les informations, la teneur des documents : c'est donc au prix d'une contradiction que le caractère documentaire est pris comme critère de l'application des droits d'auteur (Cf. deux arrêts rendus par la cour de Paris le 1er avr. 1957, D. 1957. 436, qui se sont référés par anticipation à la formule de la loi nouvelle).

2) *Les œuvres cinématographiques.* – Le législateur ne s'est pas contenté de les énoncer à l'art. 3; il a élaboré un statut qui tient compte de leur complexité.

a) Il a, tout d'abord, rejeté la thèse dite du « producteur auteur unique », car il oppose à la « personne physique ou morale, qui prend l'initiative et la responsabilité de l'œuvre » (art. 17, § 1er), « les personnes physiques qui en réalisent la création intellectuelle » (art. 14, § 1er). C'est là, d'une part, refuser aux sociétés de production, comme telles, toute vocation à la qualité d'auteur, car les personnes morales ne sont pas aptes à l'élaboration des œuvres de l'esprit, et, d'autre part, n'investir le producteur, personne physique, des droits d'auteur que s'il joint aux tâches administratives et financières l'une des activités proprement créatrices (art. 17, § 2).

b) Les œuvres de l'écran sont, le plus souvent, réalisées par la voie d'une collaboration. Quels en sont les co-auteurs ? Là encore, le législateur s'est abstenu de procéder lui-même à une sélection : il a institué une présomption en faveur de l'auteur du scénario, – de l'adaptateur, – du dialoguiste, – des compositeurs de partitions, avec ou sans paroles, spécialement réalisées pour l'œuvre, – du réalisateur, – de l'auteur d'une œuvre préexistante qui a été adaptée à l'écran. Mais les juges du fait conserveront une faculté d'appréciation, car la présomption établie par l'art. 14, § 2, est susceptible de preuve contraire, et d'autres candidatures pourront être retenues. Les acteurs ne sont donc pas exclus, *a priori*, malgré qu'ils ne soient pas nommés, car, à la différence des interprètes d'œuvres dramatiques ou musicales, ils participent à l'élaboration de l'œuvre qui sera projetée sur les écrans. L'opérateur ne figure pas non plus parmi les bénéficiaires de la présomption, mais le cercle des co-auteurs ne lui est pas fermé, car il a plus de titres à faire valoir qu'un simple photographe. C'est par une fiction que l'auteur de l'œuvre adaptée, qui, comme tel, avait terminé sa tâche quand les cinéastes ont commencé la leur, a été assimilé à l'adaptateur afin de jouir de garanties plus efficaces au cours de l'élaboration, puis de la projection du film.

Le législateur n'a pas simplifié sa tâche en traitant les productions cinématographiques comme des œuvres de collaboration, car il s'est placé dans la nécessité de pourvoir à la définition d'un statut tel que les conflits susceptibles d'opposer les co-auteurs les uns aux autres ou au producteur ne demeurent pas sans issue : les initiatives ingénieuses qu'il a prises ne peuvent être appréciées avant que soient évoqués les traits prédominants des droits d'auteur et mises en relief les règles qui président à la conclusion et à l'exécution des contrats d'exploitation.

III. Les droits d'auteur

1) *Le droit moral.* – Le législateur a porté au premier rang les « attributs d'ordre intellectuel et moral », parce qu'ils précèdent le monopole dans la vie juridique des œuvres de l'esprit, l'accompagnent, non sans en infléchir le cours, et lui survivent. Le droit moral, à la différence des droits patrimoniaux, est « perpétuel, inaliénable et imprescriptible » (art. 6, § 3), car il est attaché à la personne de l'auteur (art. 6, § 2). Ainsi, la loi du 11 mars 1957 demeure dans la ligne de la tradition française; au lieu d'abandonner, comme les pays anglo-saxons, au jeu des règles de la responsabilité civile la sauvegarde des intérêts spirituels du créateur, elle en fait l'objet principal du statut des droits d'auteur. L'écrivain et l'artiste jouissent du *droit au respect de leur nom, de leur qualité et de leur œuvre* (art. 6, § 1er). – L'auteur, qui regrette d'avoir publié son œuvre dans l'anonymat ou sous un pseudonyme, est libre de rejeter son masque, à la condition de respecter les droits acquis par des tiers qui auront traité avec son représentant, un prête-nom, pendant qu'il se confinait dans l'ombre (art. 11, § 3). – L'éditeur et l'entrepreneur de spectacles sont asservis à la lettre du texte qu'ils ont accepté de diffuser.

Il y a loin d'une conception aussi respectueuse des intentions, de l'obstination d'un auteur, à la formule si fluide de la Convention de Berne, dont l'art. 6 *bis* se contente de condamner les atteintes « qui seraient préjudiciables à l'honneur ou à la réputation de l'auteur », et à la Convention de Genève qui traite par prétérition le droit moral. – La rigueur du droit moral se plie, cependant, à certains accommodements; le romancier qui a accepté l'adaptation de son œuvre à la scène ou à l'écran a perdu la facilité de se dérober aux sollicitations que justifient les lois du genre auquel son œuvre sera adaptée.

Sous réserve de cette observation, il n'est pas surprenant que le droit moral, doué d'une aussi vive énergie, s'attaque aux institutions fondamentales et marque des points : à son contact certaines règles des contrats, de la propriété, des régimes matrimoniaux et des successions s'inclinent. Il limite la force obligatoire des contrats, car selon l'art. 32, « l'auteur, même postérieurement à la publication de son œuvre, jouit d'un droit de repentir ou de retrait vis-à-vis du cessionnaire »; mais l'exercice d'une faculté aussi anormale, qui a l'appui de précédents mémorables (Civ. 14 mars 1900, D.P. 1900. 1. 497, rapport du conseiller Rau et concl. de l'avocat général Desjardins, note M. P.; et s. 1900. 1. 489; Trib. civ. Seine, 10 juill. 1946, D. 1947. 98; S. 1947. 2. 3, et, sur appel, Paris, 19 mars 1947, D. 1949. 20, note H. Desbois), est subordonné à l'indemnisation préalable du cocontractant (art. 32, § 1er).

Le droit moral ouvre même une brèche dans les remparts de la propriété, car l'art. 29, § 3, permet aux artistes de forcer la résistance injustifiée que le propriétaire de l'une de leurs œuvres oppose à un projet de reproduction.

Il altère encore les règles des régimes matrimoniaux. L'art. 25 condamne une solution, à laquelle la Cour de cassation a attaché avec insistance son autorité et qu'elle a étendue des droits d'auteur (Civ. 25 juin 1902, D. P. 1903. 1. 5, concl. du proc. gén. Baudouin; S. 1902. 1. 305, note Ch. Lyon-Caen; 14 mai 1945, S. 1945. 1. 101, note H. Batiffol, et D. 1945. 285, note Desbois) aux œuvres d'art elles-mêmes (Civ. 4 déc. 1956, *Gaz. Pal.* 1957. 1. 56, et *Rev. trim. dr. civ.* 1957. 324, observ. Desbois) : « le droit de divulguer l'œuvre, de fixer les conditions de son exploitation et d'en défendre l'intégrité est propre à l'époux auteur ». Une telle formule associe des attributs de nature diverse, car le « droit de publication liminaire » et le droit au respect sont d'ordre moral, tandis que celui de fixer les conditions d'exploitation relève de l'ordre patrimonial. Mais c'est précisément cette alliance qui mettra obstacle à une interprétation tendancieuse selon laquelle, seul, le droit moral échapperait à l'emprise de la communauté. – Le législateur, toutefois, a renoncé à aller jusqu'au fond de sa pensée, car il n'a soustrait à la masse commune les droits d'auteur que pour les époux qui se marieront après la mise en vigueur de la loi nouvelle. Cette demi-mesure est irrationnelle, car l'exclusion se justifie par des raisons permanentes, déduites de la nature des œuvres de l'esprit et de la prépondérance du droit moral, qui assure la liaison entre l'œuvre créée et le créateur. – En sens inverse la loi nouvelle sera exposée encore à la critique pour un excès de rigueur : était-il nécessaire de prohiber toute clause qui inclurait les droits d'auteur dans le patrimoine commun ?

Le régime successoral, enfin, est soumis à son tour à l'influence du droit moral. Celui-ci, en effet, devient, après la mort de l'auteur, l'instrument d'un devoir de fidélité envers ses intentions, expresses ou implicites; il est à craindre que ses successeurs n'en fassent un mauvais usage. La loi nouvelle a conjuré ce péril en prenant une double série de mesures. Tout d'abord, les attributs du droit moral n'obéissent pas aux mêmes règles de dévolution que le patrimoine dans lequel sont inclus les droits pécuniaires; en l'absence d'exécuteur testamentaire, ils sont recueillis par les descendants, ou, à leur défaut, par le conjoint contre lequel n'existe pas un jugement définitif de séparation de corps ou qui n'a pas contracté un second mariage, *même au cas de renonciation à la succession.* Les autres héritiers *ab intestat* ne les reçoivent, au contraire, que s'ils exercent leur vocation successorale; il en est de même pour les légataires universels ou les donataires de l'universalité des biens à venir; ni les uns ni les autres n'y peuvent prétendre tant que survivent des descendants ou le conjoint. Les légataires, à titre universel ou particulier, en sont toujours privés. Cette hiérarchie est inspirée par une présomption d'attachement à la mémoire du défunt et de respect envers les œuvres. – Mais la réalité peut démentir les prévisions et les espérances : les gardiens seront rappelés à l'accomplissement de leurs devoirs par la juridiction civile, à la requête du ministre chargé des Arts et des Lettres ou des organismes qui veillent aux intérêts pécuniaires et moraux des auteurs; la même procédure est prévue au cas de vacance, de déshérence, de conflit entre personnes concurremment investies du droit moral (art. 19 et 20).

2) *Les droits patrimoniaux.* – L'art. 26, lu isolément, en donne une vue trompeuse, car « le droit d'exploitation », qui appartient à l'auteur, comprend non seulement le droit de représentation et le droit de reproduction, mais aussi le droit de suite (art. 42) et les droits dérivés des précédents, car l'art. 40, § 2, assimile aux reproductions et représentations, intégrales ou partielles, exécutées sans le consentement de l'auteur, la traduction, l'adaptation, la transformation et la transposition d'un art à un autre.

a) Le droit de représentation. – La dénomination, quoique traditionnelle, n'est pas heureuse, car ce n'est pas l'exécution, comme telle, qui donne prise au pouvoir exclusif et discrétionnaire de l'auteur, mais la communication au public de toute représentation, interprétation, récitation ou projection. L'art. 27, en effet, assimile à ces initiatives la « diffusion, par quelque procédé que ce soit, des paroles, des sons et des images », et même « la transmission de l'œuvre radiodiffusée par le moyen d'un haut-parleur et, éventuellement, d'un écran de télévision placé dans un lieu public ». L'auteur est appelé à donner distinctement trois consentements et peut prétendre à une triple redevance, lorsque l'interprétation de l'une de ses œuvres, donnée en public, fait l'objet d'une radiodiffusion, et l'émission radiophonique d'une réception publique (Cf., encore art. 45, *in fine*). Les spectateurs, réunis dans un théâtre ou une salle de concerts, constituent un public, qui ne se confond pas avec celui des auditeurs à l'écoute, chacun pour soi dans le privé, ni avec celui des consommateurs assemblés dans un café ou un restaurant, où un haut-parleur est installé : en permettant que son œuvre soit communiquée à l'un des trois, l'auteur ne permet pas implicitement la communication aux deux autres. Ces solutions étaient d'ores et déjà consacrées par la Cour de cassation (Cf. Civ. 2 janv. 1946, D. 1946. 133; S. 1946. 1. 50; 28 avr. 1947, D. 1948. 390, note H. Desbois) et incluses dans la Convention de Berne révisée à Bruxelles (art. 11 *bis*). Toutefois, l'art. 45, § 1er, apporte une dérogation pour le cas où les communications concomitantes sont aménagées par un seul et même organisme de radiodiffusion, ce qui est le cas des relais : une seule autorisation suffit.

La notion de publicité est entendue au sens le plus large, car l'art. 41-1° ne soustrait au consentement des ayants droit que « les représentations privées et gratuites effectuées exclusivement dans le, cercle de famille » ; les associations et les cercles ne bénéficient donc d'aucune dispense ; le législateur s'en est remis à la discrétion des ayants droit pour la fixation du taux des redevances en présence de manifestations inspirées par un esprit désintéressé. Toutes les fois que l'initiative est prise dans le cadre d'une activité professionnelle, en vue d'un profit direct ou indirect, le droit d'auteur entrera en jeu (Cf., *contra*, à l'égard d'un commerçant qui avait fait entendre, à titre d'essai, un disque à un client isolé dans un magasin dont les portes étaient fermées, Crim. 6 oct. 1955, D. 1955. 740). Ainsi, la « licence légale », qui comporte la liberté d'exécution moyennant une rémunération fixée, en l'absence d'accord, par une instance arbitrale ou judiciaire, n'a pas été accueillie par la loi française ; l'art. 46, § 2, réserve seulement le cas des fêtes organisées par les communes, et celui des séances aménagées par les sociétés d'éducation populaire dans le cadre de leur activité statutaire : les organisateurs « doivent bénéficier d'une réduction des redevances », mais, comme le montant n'en est pas fixé par une disposition légale ou réglementaire, il appartiendra aux intéressés de s'entendre avec les sociétés d'auteurs qualifiées, ou... d'agir en justice après la conclusion du contrat afin d'obtenir une révision judiciaire *ex aequo et bono*.

b) Le droit de reproduction. – L'art. 28, § 1er, consacre les solutions de la jurisprudence, en subordonnant au consentement des ayants droit tous les modes de reproduction. Les dispenses sont limitativement énumérées ; l'art. 41 permet : les copies strictement réservées à l'usage privé du copiste, et encore à l'exception des reproductions d'œuvres d'art, réalisées, non pas à titre d'exercice, mais pour l'agrément, « à des fins identiques à celles pour lesquelles l'œuvre originale a été créée », – les analyses et courtes citations, – les revues de presse, – la diffusion, dans les limites de l'actualité, des discours publics prononcés dans les assemblées politiques, administratives, judiciaires ou académiques, ainsi que dans les réunions d'ordre politique et les cérémonies officielles. Enfin, l'art. 45, § 3, soustrait au pouvoir discrétionnaire les « enregistrements éphémères », destinés aux émissions « décalées » d'une interprétation qui ne peut être exécutée aux « heures de pointe radiophonique » : les conditions de réalisation et d'utilisation seront, à défaut d'accord des parties, fixées par les pouvoirs publics.

c) Le droit de suite. – Le succès obtenu par la loi du 20 mai 1920 a encouragé le législateur à aller de l'avant, malgré que l'exemple de la France n'ait pas été suivi par un grand nombre de législations étrangères. Les originaux d'œuvres littéraires et musicales y seront soumis comme les œuvres d'art, et les créateurs, ou leurs ayants droit, pourront l'exercer, à l'occasion non seulement des adjudications publiques, mais de toute revente réalisée à l'amiable par l'intermédiaire d'un commerçant (art. 42).

Les règles établies par la loi du 14 juillet 1866 quant à la durée du monopole sont maintenues, si ce n'est que le délai de cinquante ans courra, non pas dès le jour du décès, mais seulement le 1er janvier de l'année suivante. De plus, pour les œuvres posthumes, la durée du monopole dévolue au « publicateur » ne sera plus que de cinquante ans à partir de la publication.

IV. Les contrats relatifs aux droits d'auteur

Maintes dispositions ont été prises afin de ménager non seulement les intérêts patrimoniaux, mais aussi le droit moral des écrivains et des artistes : nous ne retiendrons ici que les mesures de portée générale, tout en soulignant les particularités du contrat d'édition les plus frappantes et en résumant la réglementation propre aux œuvres cinématographiques, dont la complexité appelle une vigilance particulière.

1) *Notions générales*. – *a*) Comme l'exploitation des œuvres de l'esprit engage la personnalité de l'écrivain ou de l'artiste, en même temps que son patrimoine, l'art. 53, § 3, exige la présence des incapables, qui, hormis le cas d'impossibilité physique, seront assistés, et non représentés à la conclusion du contrat. – *b*) Les règles de preuve des art. 1341 et s. du Code civil sont tenues en échec. Un écrit est exigé (art. 31, § 1er, et 53, § 1er) pour les contrats d'édition et de représentation. – *c*) La portée des autorisations consenties doit être interprétée restrictivement. C'est ainsi que, non seulement l'aliénation d'une œuvre d'art n'emporte pas la cession du droit de reproduction (art. 29, § 2) et l'autorisation de reproduire n'entraîne pas celle d'exécuter en public l'œuvre (art. 30, § 2), mais encore la cession est limitée aux modes d'exploitation prévus aux contrats, ce qui exclut ceux qui, étant donné l'état de la technique des modes de diffusion, étaient imprévisibles lors de l'échange des consentements (art. 30, § 4). – *d*) L'art. 33 prohibe la cession globale des œuvres futures par exception, l'art. 34 permet aux éditeurs de stipuler un droit de préférence, qui est limité quant au nombre d'œuvres ou dans le temps et qui devient caduc après le refus de deux ouvrages nouveaux. – *e*) La *rémunération proportionnelle* est imposée (art. 35, § 1er). Toutefois, les parties peuvent recourir au forfait dans les cas, énoncés par l'art. 35, § 2, où le principe se heurterait à des difficultés d'application, et il leur est loisible de substituer, au cours du contrat, à la rémunération proportionnelle des annuités forfaitaires pour une durée déterminée (art. 35, § 3). L'*édition de librairie* bénéficie d'un régime particulier. Le forfait est admissible, non seulement dans les cas prévus par l'art. 35, mais aussi pour une série d'ouvrages, limitativement énumérés par l'art. 36 ; la liste semble hétérogène et n'échappera pas à la critique, car s'il est raisonnable que les auteurs d'articles, parus dans les journaux et recueils périodiques, se contentent d'un forfait, n'ayant pas pris part à la rédaction de l'ensemble, comme les rédacteurs de rubriques d'une encyclopédie, en revanche le maintien de la rémunération proportionnelle se justifierait, semble-t-il, pour les ouvrages scientifiques ou techniques, ainsi que pour les illustrations, qui constituent la pièce maîtresse d'une publication. Mais il convient de souligner que ces dérogations impliquent l'accord des parties et ne sont admissibles que pour la première édition ; de plus, une révision peut être demandée au cas de lésion (art. 37).

2) *Les contrats d'exploitation des œuvres cinématographiques*. – En optant pour la qualification d'œuvres de collaboration, le législateur ouvrait la porte aux plus graves difficultés, car entre les co-auteurs s'institue un régime d'indivision, si bien que toutes les décisions qui ont une portée juridique requièrent en principe l'unanimité des consentements. Mais le respect absolu de ce principe aurait conduit à des conflits insolubles. – Pendant la période d'élaboration, des sacrifices ont été imposés au droit moral de chacun des co-équipiers : selon l'art. 15, l'un

des co-auteurs, qui refuse d'achever sa contribution ou est mis, par la force majeure, hors d'état de continuer son concours, ne peut interdire que l'achèvement de sa tâche soit confié à un nouveau venu. L'œuvre achevée, il convient de faciliter la projection des films, de concentrer les pouvoirs afin d'éviter les dissensions incessantes et les discussions infinies : le producteur, qui assume les risques financiers, a paru qualifié pour prendre la direction des négociations avec les exploitants. L'art. 17 dispose : « Les auteurs de l'œuvre cinématographique, autres que l'auteur de compositions musicales, avec ou sans paroles, sont liés au producteur par un contrat qui, sauf clause contraire, emporte cession à son profit du droit exclusif d'exploitation cinématographique, sans préjudice des droits reconnus à l'auteur par les dispositions du titre II, et notamment des art. 26 à 35 ». C'est dire que la cession a un objet limité : elle ne porte que sur le droit de projection, de telle sorte que le producteur qui s'aviserait d'extraire un roman du film, devrait requérir l'assentiment des co-auteurs; de plus, la cession doit, en principe, comporter une rémunération proportionnelle, selon la règle commune à tous les contrats d'exploitation des droits d'auteur; enfin, les compositeurs de bandes sonores n'ont pas partie liée avec les autres co-auteurs, car ils ont pris l'habitude de confier à des représentants qualifiés le soin de traiter avec les exploitants des salles de projection.

V. Les sanctions et la procédure des saisies

1) La loi du 11 mars 1957 a uniformisé les sanctions, en réduisant à l'unité la contrefaçon, le délit de représentation illicite et les infractions adjacentes (art. 70 et s.) : les peines ont été aggravées; un délit d'habitude a été institué, qui entraîne l'infliction d'une amende de 80 000 F à 2 000 000 et un emprisonnement de trois mois à deux ans; et même, en cas de récidive, l'établissement peut être fermé à titre temporaire ou définitif, une indemnité étant alors due au personnel mis en chômage.

2) La compétence des commissaires de police est maintenue pour l'exécution des saisies-contrefaçon, mais c'est le président du tribunal civil qui intervient à leur place sur requête, lorsque la saisie a pour conséquence de retarder ou de suspendre les représentations ou exécutions, quand elle tend à interrompre une fabrication, ou si elle est sollicitée en dehors des heures prévues par l'art. 1037 du Code de procédure civile. De plus, le saisi a la faculté de demander la mainlevée ou le cautionnement dans une instance en référé, et le saisissant a l'obligation de saisir la juridiction compétente au fond dans les trente jours de la saisie; sinon le président pourra ordonner la mainlevée. Enfin, l'art. 72 habilite des agents, désignés par les organismes professionnels d'auteurs, agréés par le ministre chargé des Arts et des Lettres, et assermentés, à dresser des procès-verbaux, qui auront la même autorité que ceux des officiers ou agents de police judiciaire.

Telles sont les dispositions essentielles de la loi du 11 mars 1957. Ce tour d'horizon aura suffi pour justifier le souhait que le Code des droits d'auteur, qui assurera la relève des dispositions laconiques et vénérables du XVIIIe siècle, ait un heureux destin et une carrière féconde : les droits permanents des auteurs seront sauvegardés et consolidés, sans que les intérêts essentiels des exploitants soient sacrifiés.

HISTOIRE DU DROIT ET DROIT COMPARÉ DANS L'ENSEIGNEMENT DES FACULTÉS DE DROIT

1957

Henri Batiffol

Professeur à la Faculté de droit de Paris,
Directeur adjoint de l'Institut de droit comparé

Paul Ourliac

Professeur à la Faculté de droit,
Directeur de l'Institut d'études politiques
de Toulouse

Pierre-Clément Timbal

Professeur à la Faculté de droit de Paris

La réforme de la licence en droit entre à peine en application que déjà elle se trouve remise en cause par certains de ses promoteurs : on lui reproche d'être trop mesquine, de trop respecter la tradition, de « cantonner les étudiants dans le droit des juristes » au lieu de les « former au monde de demain ».

« En ces progrès d'esprit où la vertu s'excite », comme disait Corneille, les enseignements historiques sont très spécialement visés. Il y a beau temps que leur maintien dans nos programmes a été mis en question, mais l'attaque venait jadis des « utilitaires », de ceux qui ne venaient guère chercher dans nos Facultés qu'un titre et des connaissances directement utilisables dans leur art de praticiens ; elle est menée aujourd'hui par des hommes de science qui, au nom de l'humanisme juridique et de la culture moderne, veulent élargir l'horizon de nos étudiants. À cet égard, l'article dans lequel André Tunc nous invite à « sortir du néolithique » a valeur de manifeste[1] ; il s'en excuse auprès des historiens, ce qui indique bien qu'il vise directement leurs enseignements. Qu'il permette à ceux-ci de contester les motifs de son jugement pour l'amener à en réviser le dispositif.

Tous les historiens seront d'accord avec lui pour proclamer que le droit n'est pas une simple technique, que les juristes doivent être largement instruits des réalités sociales, qui sont toujours traduites, – plus ou moins parfaitement, il est vrai – par les règles de droit.

Ils sont prêts à partager la responsabilité fort lourde qu'il revendique pour les Facultés de droit en face de la complexité croissante des problèmes sociaux dans le cadre national et en dehors : « Il semble que ce soit à elles surtout qu'incombe la tâche de former une génération au monde de demain, une génération capable

1. *Sortir du néolithique (Recherche et enseignement dans les Facultés de droit)*, Chronique, *supra*, p. 71-78.

de comprendre, d'une part, ses partenaires du monde occidental et, d'autre part, ses partenaires du monde tout entier ». Approuvant les efforts qu'il sollicite pour une meilleure connaissance de la réalité sociale, ils ne peuvent accepter sans réserve la méthode qu'il préconise pour préparer les étudiants à rechercher les moyens de l'améliorer : il demande trop à des étudiants à qui il ne donne pas assez.

I. – *Il leur demande trop.* – Il reconnaît certes qu'ils ne peuvent être des Pic de la Mirandole, mais non sans une pointe de regret. Les futurs juristes devraient connaître, selon lui, l'Allemagne, les États-Unis, l'Islam, l'Asie, l'art Maya, Lascaux, Varèse, Molière et les Pères de l'Église... Mais est-ce cela la réalité sociale ? Veut-on encore fabriquer un honnête homme qui ait des clartés de tout pour pouvoir utilement se spécialiser par la suite, ou s'agit-il de former dans nos Facultés ces adolescents prodiges qui gagnent des milliers de dollars en répondant aux questions les plus saugrenues de la télévision américaine ?

La culture suppose un approfondissement des connaissances essentielles et non leur extension indéfinie; elle n'appartient pas au domaine de la quantité, mais à celui de la qualité, et, à cet égard, tous les enseignements juridiques n'ont pas le même poids. Nous craignons avec André Tunc le spécialiste qui sait de plus en plus de choses sur de moins en moins de questions, mais nous redoutons aussi l'encyclopédisme qui conduit à un résultat autrement désastreux : ne rien savoir du tout. Il faudrait renoncer à enseigner raisonnablement l'histoire des institutions et des faits sociaux à des étudiants qui commencent leurs études de licence si l'on comprenait dans son programme l'étude des institutions et des faits sociaux de l'Islam, de l'U. R. S. S. et des États-Unis; sans doute vaut-il mieux de même ne pas enseigner l'histoire de la communauté conjugale ou de la dévolution successorale que de leur consacrer seulement une heure de cours.

II. – *Il ne leur donne pas assez.* – Pour connaître le droit comparé, pour comprendre et faire progresser les droits d'outre-mer, il faut une « tête bien faite » et André Tunc a raison de prôner à cette fin l'étude de la philosophie du droit et de la technique juridique. Mais pourquoi vouloir priver l'une et l'autre recherches des leçons du passé ? « Comment pourrions-nous avancer utilement et en sécurité, écrit André Tunc, sans contrôler notre marche et la comprendre, d'une part, et sans savoir ce que font les autres ? » Mais comment le pourrions-nous aussi sans savoir ce qu'ont fait nos devanciers ? Pourquoi retenir l'expérimentation dans l'espace et écarter de propos délibéré l'expérimentation dans le temps ?

Il n'est pas concevable, dans nos Facultés d'Occident, de s'adonner à la philosophie du droit en faisant fi de la pensée grecque et du droit romain, comme l'a rappelé récemment Michel Villey dans le beau livre qu'il vient de lui consacrer[2] : ils fournissent des définitions, des catégories communes à tous les juristes occidentaux; ils leur permettent de se comprendre entre eux et de se faire comprendre aux autres. N'est-il pas symptomatique qu'au début de son article André Tunc ait jugé utile d'emprunter à Celse son éternelle définition du droit ? Plus encore que la connaissance du passé, l'esprit juridique qu'elle engendre est nécessaire au juriste qui veut s'élever de l'exégèse des règles à l'étude des concepts;

2. *Leçons d'histoire de la philosophie du droit*, 1957.

c'est à sa formation historique qu'il devra surtout cette « compréhension du monde d'aujourd'hui et du monde de demain » qu'on attend de lui. Comme l'écrit le doyen Ripert, « l'esprit juridique... ne se confond pas avec le sentiment de la justice; il consiste à savoir ce que le droit peut créer et de quelle manière. Il ne s'acquiert que par la connaissance de ce qui a été fait dans le passé, par l'étude des causes d'un échec ou d'une réussite. La "leçon de l'histoire", disait-on autrefois; il est fâcheux que beaucoup de ceux qui participent à la création du droit ne la connaissent pas »[3]. Non certes que l'histoire soit prophétie; mais elle donne à qui veut bien la pratiquer cet ordre des grandeurs, ce sens des perspectives sans lesquels il ne peut y avoir de vraie culture juridique.

L'étude de la technique juridique, de son côté, ne peut ignorer l'histoire si elle ne veut pas se limiter à l'explication littérale de la règle, si elle ne veut pas que celle-ci risque d'être jugée irrationnelle, faute d'être expliquée. La connaissance réelle des droits étrangers et des droits peu évolués et celle même de notre droit moderne requièrent du juriste une formation historique.

Les divergences que le comparatiste relève entre les droits étrangers sont particulièrement révélatrices lorsqu'ils dérivent d'une base commune, comme le droit romain en Occident, et toujours leur évolution est instructive, qu'elle reflète la persistance d'un particularisme social ou qu'elle révèle une tendance à l'unité.

On peut en dire autant, sinon davantage, des droits qui nous paraissent incomplètement évolués. Il est paradoxal de déplorer, d'une part, que les droits privés d'outre-mer ne soient pas mieux connus et d'entraver, d'autre part, leur étude en proscrivant l'histoire des droits anciens, jugée dangereuse à cause du « caractère suranné de leurs règles ». Une formation de droit moderne exclusive peut encourager à réduire ces droits coutumiers aux cadres du droit civil contemporain, c'est-à-dire à ne pas les comprendre; l'appel à l'histoire peut seul permettre de replacer leurs institutions, correspondant à des stades de civilisation différents, dans la ligne générale d'évolution que révèle l'étude des sociétés plus anciennes. Il est de mode d'ironiser sur le droit romain et nous convenons bien volontiers qu'il n'a pas toujours été enseigné dans nos Facultés comme il aurait dû l'être; mais il est irremplaçable, notamment dans la présentation qu'en fait M. Lévy-Bruhl, pour comprendre bien des aspects des droits moins évolués que le nôtre; il nous a été donné de constater que les étudiants indochinois ou malgaches s'intéressaient beaucoup moins à certaines institutions contingentes de notre droit moderne qu'à l'évolution du droit romain, dans laquelle ils retrouvaient sans peine le stade correspondant à leurs propres institutions. Le droit franc aide les Africains à penser leur organisation tribale et Jean Chabas ne nous démentira pas si nous affirmons que l'histoire du droit privé français permet seule de bien comprendre le droit matrimonial et successoral des Ouolofs.

Il n'est pas jusqu'à notre propre droit qui ne s'éclaire utilement par l'histoire, comme le dit excellemment M. Villey : « On n'accède à la connaissance du droit français contemporain que par un retour au passé; chaque ligne du Code est un renvoi à la tradition »[4]. André Tunc le remarque lui-même à propos de la législation concernant les immeubles et des droits de succession du conjoint

3. *Les forces créatrices du droit*, 1955, n° 8, p. 24.

4. *Leçons...*, p. 433.

survivant; l'autorisation préfectorale, requise il y a quelques années pour l'acquisition de la propriété immobilière, renouvelait l'ancienne distinction du contrat et du transfert de propriété et il est à peine besoin de rappeler que l'évolution contemporaine des baux urbains et ruraux ne saurait surprendre l'historien du droit médiéval. Tout notre vocabulaire, toutes les catégories qui nous sont familières trouvent leur fondement dans l'histoire; on peut contester leur pertinence, mais une étude scientifique du droit ne peut ignorer leur origine.

*

* *

Histoire et droit comparé enrichissent l'un et l'autre l'expérience. Celle que procure le second peut, paraître plus utile, parce que contemporaine; elle a, en effet, une valeur positive en droit international privé (dans un nombre de cas proportionnellement fort limité cependant, quoique en augmentation). Mais le droit comparé n'a de valeur formative que par l'histoire : l'espoir de rendre compte des divergences des systèmes contemporains par l'observation instantanée des différences d'états sociaux et économiques est une illusion; comparer entre eux les systèmes sans les comprendre préalablement par l'histoire aboutit à un échantillonnage pauvre de signification, à des rapprochements ou des oppositions superficiels ou faux. L'histoire est première par rapport à la comparaison, parce qu'elle fait corps avec le droit qu'elle a engendré; l'histoire explique parce qu'elle représente une continuité, un développement dans lequel chaque phase s'appuie sur la précédente. Le droit comparé constate une discontinuité : chaque système a évolué, en principe, séparément; contre le danger de rester à la surface des choses, le meilleur remède est d'avoir d'abord approfondi quelque peu son propre droit pour acquérir le sens de l'intelligibilité d'un système. L'acquisition d'un tel sens est inséparable d'une formation à l'étude sérieuse de l'évolution historique, quand M. et Mme Tunc ont voulu exposer aux Français les traits essentiels du système juridique américain, ils ont consacré un premier volume entier à la formation historique de ce système !

Mieux même, il est permis de contester la réponse catégorique que donne André Tunc à la question qu'il pose au sujet du comportement des praticiens : « Que faut-il souhaiter, non seulement au dirigeant d'une entreprise commerciale ou à son conseil juridique, mais au magistrat, au notaire, à l'avocat : d'avoir consacré, après quatre semestres d'études historiques générales, trois autres semestres à l'étude du droit romain et du droit privé de l'ancienne France, ou d'avoir consacré ce temps à un territoire d'outre-mer, au droit et à la société américaine – ou au droit et à la société de tout autre pays occidental – et à une civilisation profondément différente de la nôtre, Islam, Inde, U. R. S. S., Chine ou Japon, par exemple ? De celui qui aura accompli les études historiques techniques que nous venons de rappeler ou de celui qui connaîtra l'étranger, lequel sera le plus utile dans sa profession et comme citoyen ? La réponse ne sera pas douteuse ». Le démenti le plus net est apporté constamment par une des corporations visées, celle des notaires : les rapports présentés chaque année au Congrès des notaires de France, qu'ils traitent du statut de la femme mariée, de la condition de l'enfant ou du statut de la propriété immobilière, loin de trouver dangereux le recours à l'histoire, lui font une place telle que les historiens professionnels s'y réfèrent volontiers. Et ce comportement instructif est juste : il est beaucoup plus immédiatement utile à un notaire de prendre conscience des lignes d'évolution explicatives du droit qu'il applique journellement et contribue d'ailleurs à créer que de s'informer sur des droits étrangers; de ceux-ci il y a bien peu de chance qu'il ait à tenir compte et il n'en comprendra pas la signification s'il n'a pas, au préalable, acquis une connaissance historique du droit français. L'enseignement du premier degré dispense l'histoire, non les langues étrangères; cela ne signifie pas que l'étude de l'étranger, dans sa langue ou son droit, ne soit pas formatrice, mais un minimum d'intelligence de son propre milieu social par l'histoire est une condition préalable à l'intelligence de l'étranger. Et, puisqu'on met en avant le sens pratique, il oblige à constater que nous disposons d'une connaissance de l'évolution historique de notre droit qui, malgré ses lacunes et ses incertitudes, est assez mûrie pour permettre un enseignement de synthèse à des étudiants, alors que le droit comparé n'offre à ce jour que des travaux d'approche encore très partiels par rapport au monde à explorer, à comprendre, à traduire dans notre langage conceptuel. Que la tâche appelle les énergies, rien de plus sûr; mais, loin de hâter son exécution, on la compromettrait si on privait les jeunes juristes de la formation historique qui leur est immédiatement accessible et qui est préalable à toute étude sérieuse de droit comparé.

Paul Durand a exprimé récemment dans un bel article[5] le souhait que la doctrine du droit privé « ne se replie pas sur elle-même », qu'elle parvienne « à saisir exactement le phénomène juridique », bref que le fait ne soit jamais séparé du droit et qu'avec la règle de droit on étudie l'application qu'elle comporte. Or telle est bien par nécessité l'attitude de l'historien : l'histoire ne s'oppose pas aux disciplines juridiques; elle en est, en quelque sorte, le contrepoids nécessaire[6]. L'histoire, telle qu'elle est conçue et pratiquée aujourd'hui, étudie des domaines nouveaux : l'économie, les structures sociales, la démographie, les idéologies; mais surtout elle apporte au juriste une méthode et un état d'esprit qui lui permettent à la fois de mieux saisir les évolutions lentes ou longues et de mieux connaître le présent.

Certains invoquent, il est vrai, la grande espérance dégagée par le Père Teilhard de Chardin, cette « totalisation planétaire de la conscience humaine »[7]. Nous comprenons mal l'argument. Teilhard de Chardin a voulu trouver dans l'histoire « la clef du réel universel » et souder « le transformisme à l'histoire en général »; pour lui, la « découverte du temps » est justement nécessaire aux « perspectives générales »[8]. Est-on fidèle à Teilhard de Chardin – qui s'est toujours placé « du point de vue surtout paléontologique » – en donnant à sa doctrine cette saveur matérialiste qui en fait une croyance au progrès par la technique dans la ligne des XVIIIe et XIXe siècles, une mystique de la science et une affirmation de la valeur explicative des disciplines positives ? Nous n'avons

5. *La connaissance du phénomène juridique et les tâches de la doctrine moderne du droit privé*, D. 1956, Chronique, p. 73.
6. J. Hours, *Valeur de l'histoire*, 1954, p. 77, fait une remarque analogue. – Sur les rapports de l'histoire et de la sociologie et leur nécessaire « rapport dialectique », Cf. G. Gurvitch, *Annales*, 1957, p. 73, et, sur les tendances de l'histoire actuelle, Cf. le débat ouvert par H.-I. Marrou, *Rev. historique*, 1953 p. 256, et 1957, p. 270.
7. *Études*, mai 1946, p. 162.
8. *La vision du passé*, 1957, p. 179.

aucune compétence pour juger la portée scientifique de l'œuvre, mais nous avouons notre méfiance en face de « spéculations vertigineuses »[9] : passage du « biologique » au « social », gnose à prétexte biologique, croyance en une « dérive universelle » que Jean Rostand a définie comme une « logique plus affective que rationnelle ».

*
* *

La réforme de la licence en droit est maintenant entrée en application et le moment n'est pas encore venu d'en apprécier les résultats. Il faut donc l'appliquer loyalement sans la remettre en cause dans son esprit ou ses modalités; un réformisme permanent déconcerterait les étudiants et en viendrait à compromettre les assises de nos Facultés. Pour les juristes, l'histoire demeure un merveilleux instrument de culture; réduire la part qui lui est faite serait, en définitive, aller contre les principes mêmes de la réforme des études et incliner les Facultés vers la pure technique.

Les deux premières années d'études, qui mènent au baccalauréat en droit et qui sont communes à tous les étudiants, comportent quatre semestres d'enseignement consacrés à l'histoire du droit public. Les deux dernières années conduisent à l'une des licences spécialisées : droit privé, droit public, sciences économiques, et, seule, la première de ces licences est dotée, en troisième et quatrième années, d'un enseignement de droit romain et d'histoire du droit français. N'est-il pas paradoxal qu'un professeur de droit privé puisse reconnaître la bienfaisance des enseignements historiques qui montrent le développement du droit public et contester l'utilité de ceux qui permettent de comprendre l'évolution du droit privé ? Dans le système des licences spécialisées, la licence de droit privé est, en réalité, la mieux partagée, car elle garde un appui solide sur les enseignements historiques; on ne peut que regretter que les autres licences ne comportent pas une formation aussi complète et ne soient pas respectivement dotées d'un enseignement d'histoire du droit administratif et d'un enseignement d'histoire des faits économiques.

L'avenir nous apprendra si la réforme de nos études justifiait les espoirs de ses promoteurs ou les appréhensions des pessimistes; mais les vœux que nous formons pour son succès n'impliquent chez nous aucune mauvaise conscience. Le désir de mieux faire n'est pas reniement du passé et c'est ici encore l'histoire, l'histoire récente, il est vrai, qui nous donne les meilleures raisons d'espérer : comme l'a proclamé le conseiller d'État Letourneur, qui présidait la dernière séance du récent Colloque de Bordeaux, les Facultés de droit ont formé depuis cinquante ans des élèves dont elles ont le droit d'être fières et elles ont accompli une œuvre scientifique qui appelle l'éloge. Il nous est d'autant plus agréable de nous associer à cet hommage qu'il s'adresse à nos propres maîtres.

9. Le mot est de P.-H. Simon, *L'esprit et l'histoire*, 1954, p. 74.

LA FEMME MARIÉE ABANDONNÉE

1957

Emérentienne de Lagrange

Professeur à la Faculté libre de droit,
Avocat au barreau de Clermont-Ferrand

La veuve a subi, la divorcée a subi ou obtenu, la dissolution du mariage ; la séparée de corps, son relâchement. La femme abandonnée est celle que le mari a volontairement quittée, soit qu'il ait cessé de vivre au domicile conjugal et de remplir les obligations du mariage, ou qu'il ait refusé de la recevoir, ou qu'il lui ait rendu la vie impossible à ce domicile qui est le leur.

Parfois, il est vrai, elle n'est point victime mais coupable.

Elle a quitté volontairement le foyer ou y a rendu la vie commune intolérable par son inconduite. En plus du désastre moral, un danger découle pour le mari et la famille de la séparation de fait : la femme cohabite légalement avec son mari ; s'il lui naît un enfant adultérin qu'elle déclare à l'état civil issu du mariage, si la naissance n'a pas été cachée au mari, la redoutable présomption de l'art. 312 du Code civil sera le plus souvent impossible à écarter.

Mais à part ce risque grave, la séparation de fait ne soulève guère pour le mari de problèmes particuliers. Il est et demeure chef de la famille et de la communauté ; il exerce l'autorité paternelle sur les enfants et même sur les enfants adultérins de son épouse, qu'il n'a pas désavoués. Il pourvoit comme auparavant aux besoins de la famille. Tout au plus la question peut se poser pour lui de contraindre l'infidèle à contribuer pour sa part aux charges du ménage ; de l'obliger à réintégrer le domicile conjugal ; de se faire rendre les enfants qu'elle aurait, sans droit, éloignés du foyer.

Tout autre est la situation de l'épouse victime de l'abandon. Si elle répugne à recourir au divorce ou à la séparation de corps, elle ne dispose pas de nombreuses voies de droit pour faire respecter les obligations du mariage au mari qui déserte le foyer familial. La solidité même du lien matrimonial, qui n'est pas légalement rompu ni même relâché, s'opposant à un état de fait exclusif de la vie conjugale, sera source pour elle de sérieuses difficultés.

*
* *

Depuis la loi du 23 juillet 1942, l'abandon de la résidence familiale sans motif grave, impliquant le fait par le conjoint de se soustraire aux obligations d'ordre moral ou matériel qui résultent de la puissance paternelle ou de la tutelle, est une infraction punie de prison ou d'amende[1] ; de même, l'abandon volontaire d'une femme enceinte.

L'épouse sans enfants, ou dont les enfants sont majeurs, ne pourra utiliser ce texte punitif ; celle qui se trouve dans les conditions requises pour porter plainte

1. Sur les éléments du délit, v. Crim. 26 mars 1957 (*Gaz. Pal.* 6-9 juill. 1957) ; Lyon, 12 juin 1943 (D. A. 1943. 79).

ne s'y résout pas toujours. La rareté des décisions de jurisprudence sur la question constitue peut-être un témoignage éloquent des hésitations de la femme abandonnée qui répugne à traduire l'absent devant les tribunaux répressifs et, préférant attendre – ou redoutant – son retour, choisit de ne pas mettre en œuvre les poursuites qu'elle seule a le droit d'exercer.

Mais le plus souvent l'abandon est aussi pécuniaire, et la femme, pour elle ou aussi pour ses enfants, et de façon générale pour obliger le mari à assumer les charges du ménage qui, aux termes de l'art. 214 du Code civil, pèsent sur lui à titre principal, pourra se servir de la procédure de la saisie-arrêt des salaires aménagée par l'art. 864 du Code de procédure civile. Alors le mari, à condition que soient connus son emploi et ses ressources, verra rapidement vider entre les mains de l'abandonnée la part de ses gains dont le juge cantonal estime qu'il la doit au ménage.

Moins brutale dans ses conséquences que les poursuites en abandon de foyer, cette procédure expéditive et familiale devant le juge de paix est, elle, fréquemment employée; elle remédie aux conséquences pécuniaires de l'abandon sans pour autant atteindre le lien matrimonial; la décision qui en est l'aboutissement constitue un moyen de contrainte sanctionné par les peines d'emprisonnement et d'amende de l'art. 2 de la loi du 23 juillet 1942. Enfin, elle profite à toutes les femmes mariées laissées sans ressources par le mari, avec ou sans enfants à charge.

On a prétendu, il est vrai, que cette fixation, par le juge de paix, de la contribution des époux aux charges du ménage est essentiellement provisoire, qu'elle doit normalement prendre fin, soit par le rapprochement des époux, soit par une procédure de divorce ou de séparation de corps, comportant l'octroi à l'épouse d'une pension alimentaire[2].

Mais le raisonnement ne saurait être approuvé : il conduirait à obliger la femme abandonnée à recourir, lorsque l'abandon a duré un certain temps, à la séparation de corps ou au divorce pour continuer à recevoir des aliments. Or, il n'est pas possible de contraindre directement ou indirectement à la rupture légale celui des conjoints qui souffre de l'inexécution par l'autre des obligations nées du mariage : la femme abandonnée conserve son droit aux aliments quelle que soit la durée de l'abandon[3].

Somme toute l'épouse abandonnée a parfois la faculté de poursuivre le transfuge devant la juridiction pénale pour faire sanctionner sa désertion; elle peut toujours l'obliger à subvenir à la vie matérielle du ménage.

Il reste les nombreux problèmes posés par l'abandon, découlant d'une situation de fait que le Droit ne peut pas plus consacrer qu'ignorer[4].

*
* *

2. Trib. paix Lagny, 29 janv. 1956 (*Gaz. Pal.* 1956. 1. 312).
3. Lyon, 29 oct. 1953 (D. 1954. 50); Civ., sect. soc., 21 nov. 1940 (D.H. 1941. 13); Paris, 11 févr. 1954 (*Gaz. Pal.* 1954. 1. 290; D. 1955. Somm. 76).
4. V. sur ce point, H., L. et J. Mazeaud, *Leçons de droit civil*, t. 1, nos 1565 et s.

En ce qui concerne les époux, il ne faut pas perdre de vue en premier lieu que, nonobstant la capacité entière de la femme mariée et la suppression de son devoir d'obéissance inscrit au Code civil de 1804 à 1938, l'épouse se trouve juridiquement dans une position de subordination à l'égard du mari, chef de la famille. Le choix de la résidence du ménage appartient au mari. Le Code civil, art. 215, prévoit bien l'intervention de justice à la demande de la femme si cette résidence présente des dangers pour la famille, mais la désertion par le mari du foyer où sont assemblés la femme et les enfants ne correspond pas à la situation décrite par le législateur[5]. Or le cas se présente parfois du mari qui quitte sa famille pour aller vivre, près ou loin d'elle, avec une concubine. L'épouse qui veut changer de résidence est-elle justifiée de le faire sans prévenir le mari, sans autorisation de justice ? Où donc le mari est-il domicilié ? Là où il vit chez ou avec la concubine, ou là où il a laissé l'épouse et les enfants légitimes ? La femme est-elle domiciliée légalement dans la « maison du péché » si c'est la résidence principale du mari, où elle est obligée d'habiter avec lui et où il est tenu de la recevoir aux termes de l'art. 215, al. 1er[6] ? Les questions ne sont pas d'école ; elles ont un intérêt pratique, celui de la situation géographique des personnes, qui commande à leur égard la compétence des tribunaux, l'établissement de leurs obligations fiscales, la publicité de leur état, la validité des actes de procédure qui leur sont signifiés, le lieu d'ouverture de leur succession, de la tutelle de leurs enfants mineurs. Les exemples de difficultés tirés de la vie courante ne manquent pas : l'épouse veut utiliser l'art. 214 du Code civil pour contraindre le mari à assumer sa part des charges du ménage ; l'assignera-t-elle devant le juge du canton où réside la famille ou devant le juge du canton où il réside et exerce sa profession ? On répondra que le mari emporte le domicile conjugal à la semelle de ses chaussures – ce qui d'ailleurs est pour lui grave de conséquences en matière d'adultère[7] – et que la femme qu'il a abandonnée est domiciliée chez lui, même si, refusant de recourir à la procédure du divorce ou de la séparation de corps, elle a sollicité et obtenu du juge une résidence séparée en vertu de l'art. 215, al. 2, du Code civil[8]. Mais comment concilier cette persistance du domicile légal de l'épouse chez son mari, avec le fait par celui-ci d'avoir volontairement quitté sans motif le lieu d'habitation effectif de la famille pour aller installer ailleurs et le plus souvent en compagnie de la complice de l'adultère, son établissement et sa résidence ?

Le plus souvent d'ailleurs, il continue à être locataire de l'appartement familial. Peut-il donner valablement congé au propriétaire qui l'accepte ? Il est incontestable que la femme est fondée à se prévaloir de l'art. 1167 du Code civil, si une ordonnance de non-conciliation, connue du bailleur, la maintenait au domicile conjugal[9].

Mais la femme séparée de fait peut-elle également faire annuler un pareil congé ? Il faut qu'elle prouve que l'acte accompli par le mari chef de la communauté l'a été en fraude de ses droits, mais aussi, s'agissant d'un acte à titre onéreux, que

5. H., L. et J. Mazeaud, *op. cit.*, nos 1568 *c*.
6. Crim. 17 oct. 1956 (D. 1957. 245, note A. Breton ; S. 1957. 200 ; obs. H. Desbois, *Rev. trim. dr. civ.*, 1957, p. 309).
7. Crim. 17 oct. 1956, précité.
8. Civ., sect. com., 19 févr. 1952 (D. 1952. 289 ; S. 1952. 1. 204 ; *Gaz. Pal.* 1952. 1. 284).
9. En ce sens, Trib. civ. Seine, 18 févr. 1957 (D. 1957. Somm. 93 ; *Gaz. Pal.* 1957. 1. 359).

le bailleur est complice de la fraude. Preuve malaisée à rapporter alors qu'aucune instance en séparation ou en divorce n'est entreprise. La chambre civile n'a-t-elle pas récemment cassé un arrêt de la cour de Paris qui, dans une telle situation, ne s'était pas suffisamment expliqué sur le concert frauduleux entre la bailleresse et le mari locataire ?[10].

Il arrive par ailleurs que ce dernier abandonne le foyer laissant des loyers impayés et la femme dans l'impossibilité matérielle de les acquitter, en butte peut-être aux diligences des créanciers communs, qui peuvent saisir le mobilier familial : une procédure d'expulsion dirigée contre le mari peut-elle être suivie en défense par la femme, qui risque, à la suite d'une décision de défaut, et une fois passés les délais d'opposition et d'appel, la perte de son toit et au minimum la situation inconfortable et onéreuse – car elle ne se prolonge qu'au moyen de référés destinés à obtenir des délais de grâce – de l'occupant sans droit ni titre ? Certes il apparaît bien que la combinaison des art. 217 et 1426 du Code civil permettra à la femme de se faire autoriser par justice à agir aux lieu et place de son mari[11], à la condition de prouver qu'il est hors d'état de manifester sa volonté ou que son refus de se défendre va à l'encontre de l'intérêt de la famille.

Mais on voit pour l'épouse les complications provenant de ce qu'aucun texte ne lui confère la faculté de se substituer de plein droit au chef de communauté qui a déserté son foyer, dans un litige intéressant au plus haut point la famille.

La femme abandonnée continue-t-elle tout au moins à jouir du mandat de représenter le mari pour les dépenses du ménage ? Les tribunaux l'admettaient avant la loi du 22 septembre 1942, lorsque le mandat domestique était seulement tacite ; et ils ne craignaient point d'étendre le pouvoir de la femme aux emprunts, à condition que ceux-ci fussent proportionnés aux besoins du foyer[12]. Il n'y a aucune raison pour que le mandat légal de l'art. 220 nouveau du Code civil ait des effets moins étendus.

Pourtant la jurisprudence actuelle, soutenue par une partie de la doctrine[13], hésite devant un texte qui vise seulement les fonds remis par le mari à la femme et qu'elle a le pouvoir d'employer pour les besoins du ménage[14]. À quoi l'on a remarqué justement[15] que l'emprunt, auquel il faut assimiler l'achat à crédit, sont les moyens dont la femme dispose lorsque le mari l'a abandonnée sans ressources. Que l'emprunt déraisonnable, hors de proportion avec le train de vie du ménage, ne puisse engager le mari, soit[16]. Mais le « pouvoir des clefs », que la séparation de fait ne saurait enlever à la femme abandonnée, doit comprendre le recours au crédit, pourvu qu'il demeure proportionné aux besoins du foyer.

10. Civ., sect. soc., 12 oct. 1956 (D. 1956. 753 ; *Gaz. Pal.* 1956. 2. 351).

11. V. *Rép. civ.*, v° *Communauté*, par Alex Weill, n°s 1099 et s.

12. Civ. 24 déc. 1917 (D.P. 1921. 1. 13 ; S. 1920. 1. 65, note Naquet) ; 27 juin 1922 (D.P. 1922. 1. 200 ; S. 1924. 1. 182).

13. Ripert et Boulanger, *Traité élém. de droit civil*, t. 3, n° 460.

14. Trib. civ. Seine, 20 oct. 1956 (D. 1957. 174, note Martine ; obs. H. Desbois, *Rev. trim. dr. civ.* 1957. 323).

15. Desbois, *ibid.*, p. 324.

16. Cf. Trib. civ. Seine, 20 oct. 1956, précité ; obs. Nerson, *Rec. gén.* 1957. 1. 106. Cf. Carbonnier, *Droit civil*, t. 1, p. 358 ; Mazeaud, *op. cit.*, p. 1114 ; Planiol et Ripert, *Traité prat. de droit civil français*, t. 2, *La famille*, par Rouast, 2e éd., n° 394.

Il reste que l'art. 220, dans une interprétation littérale, laisse ouverte une discussion qui démontre une fois de plus l'incertitude de la situation née de la séparation de fait; elle crée une apparence, dont les tiers ne peuvent assurément souffrir[17], mais dont la femme abandonnée et le foyer supportent nécessairement les risques et le discrédit.

*

* *

Que dire des inconvénients de la situation de fait issue de l'abandon du père, au regard des enfants ?

Durant le mariage, c'est lui, chef de la famille, qui a sur eux l'exercice de la puissance paternelle. Or il est censé présent au foyer qu'il a abandonné; c'est lui seul, titulaire en exercice de la puissance paternelle, qui garde en droit les enfants, qui administre leur patrimoine, s'il en est besoin, qui touche leurs revenus dans les limites de la loi, qui doit passer tout acte juridique concernant les mineurs, leur personne ou leurs biens. Devenue, par l'abandon de poste du père, gardienne de pur fait des enfants, la mère rencontrera de sérieux obstacles chaque fois qu'une activité les concernant relève des pouvoirs du chef de famille.

La mère ne possède-t-elle pas cependant des pouvoirs de suppléance si le père est pour une cause quelconque dans l'impossibilité de manifester sa volonté ? Sans doute, mais une décision de justice est nécessaire pour que la puissance paternelle et ses attributs et prérogatives soient transférés à la mère. L'art. 373 du Code civil l'indique expressément dans trois sur quatre des cas qu'il vise : prononcé de la déchéance totale ou partielle, condamnation pour abandon de famille[18], abandon par le père de ses droits en vertu de l'art. 17 de la loi du 24 juillet 1889. Les principes généraux du droit l'imposent dans la situation de l'art. 373-2°, lequel associe l'autorité paternelle à la qualité de chef de la famille et à la règle de l'art. 213, al. 3; comment appliquer ces textes *de plano* à une séparation de fait dont sont victimes la mère et les enfants, et décider en conséquence qu'un état de fait peut faire échec aux prérogatives légales de chef de famille du père, sans l'intervention des tribunaux ?

Avant comme après les modifications apportées au Code civil par la loi du 23 juillet 1942, la jurisprudence n'a jamais hésité : le contrôle des droits du père, dans l'intérêt des enfants, appartient aux tribunaux; la femme abandonnée devra s'adresser à la justice pour faire constater, soit que son mari se trouve dans les conditions de l'art. 373-2°[19], soit qu'il exerce abusivement ses prérogatives de détenteur de la puissance paternelle[20]. Faute par elle de se faire transférer la garde des enfants, elle ne pourra être légalement substituée au père, et, par exemple,

17. Paris, 23 nov. 1932 (D. P. 1934. 2. 97, note Nast).

18. On discute sur le point de savoir s'il convient ou non de réserver l'application de l'art. 373-3° à l'abandon de la résidence familiale (Dans ce sens, Nast, commentaire de la loi du 23 juill. 1942, D. C. 1943. 19, n° 75) ou s'il doit être étendu à l'abandon pécuniaire (*Rép. civ.*, v° *Puissance paternelle*, par A. Ponsard, n° 45).

19. *Rép. civ.*, v° *Puissance paternelle*, par A. Ponsard, n° 38, et jurispr. citée.

20. Paris, 8 févr. 1912 (D. P. 1912. 2. 273, note Planiol; S. 1914. 2. 209, note L. Hugueney; *Rép. civ.*, v° cit., n°s 38-41).

confier valablement les enfants aux grands-parents, par application de l'art. 20, § 3, de la loi du 24 juillet 1889[21].

L'épouse abandonnée dispose pourtant d'une procédure simple, celle du divorce ou de la séparation de corps. Dès l'ordonnance de non-conciliation elle peut obtenir la garde des enfants et une pension alimentaire à leur profit ; cependant l'art. 238, al. 10 et 11, lui donne un délai de vingt jours pour utiliser la permission de citer accordée par l'ordonnance, ce qui veut dire que la procédure une fois déclenchée doit suivre son cours sous peine de caducité des mesures provisoires ; et certes, il convient de remarquer que la jurisprudence actuelle essaie d'écarter la déchéance automatique des mesures prises au profit de l'enfant[22] en cas de non-citation dans les vingt jours ; mais, aussi longtemps que demeurent les dispositions de l'art. 238, al. 10 et 11, une sorte de séparation de fait légalisée ne peut résulter d'une procédure de divorce ou de séparation de corps non poursuivie après l'ordonnance de non-conciliation.

*

* *

Certains auteurs ont préconisé une organisation de la séparation de fait, soit que le législateur accorde efficacité à une convention de séparation amiable entre époux[23], soit qu'il permette au juge du divorce ou de la séparation de corps, en déboutant les époux de leurs demandes respectives, de les établir dans un état temporaire de séparation qui n'aboutirait pas nécessairement au divorce, dans un terme légal, à la demande d'un des conjoints ; soit que les alin. 10 et 11 de l'art. 238 du Code civil fassent l'objet d'une abrogation[24].

Une grave objection s'élève contre la séparation décidée par contrat : on voit mal le législateur, en contradiction avec les art. 6 et 307 du Code civil, donner efficacité à un accord de volontés entre conjoints, ayant pour objet l'échec à la loi du mariage.

La faculté octroyée au juge du divorce ou de la séparation de corps d'assortir une décision de débouté d'une séparation de fait organisée, n'aurait, semble-t-il, que très peu d'applications pratiques ; l'utilisation assez rare du sursis à statuer en apporte témoignage. Le défendeur au divorce ou à la séparation de corps ne se fait pas souvent défenseur du lien matrimonial. Il demande, reconventionnellement, le relâchement ou la rupture. Et le caractère généralement passionné de ces sortes de débats a vite convaincu le tribunal de l'impossibilité de la vie conjugale ; on voit constamment les juges, saisis d'une demande principale en divorce et d'une demande reconventionnelle en séparation de corps, faire droit à la demande de chacun des conjoints, d'où résulte l'équivalent d'un divorce aux torts réciproques ; comment croire à l'utilisation fréquente d'un texte qui permettrait au tribunal de débouter les plaideurs en les proclamant temporairement séparés ?

---

21. Civ., 1re sect. civ., 5 mars 1956 (D. 1956. Somm. 115).
22. Paris, 29 nov. 1955 (D. 1956. 148 ; J.C.P. 1956. IV. 47 ; *Rev. trim. dr. civ.*, obs. Raynaud, 1956. 408 ; obs. Nerson, *Rec. gén.* 1957. 1, n° 91).
23. H., L. et J. Mazeaud, *op. cit.*, n° 1467 ; R. Savatier, *Les conventions de séparation amiable entre époux, Rev. trim. dr. civ.* 1931. 535 ; *Rép. civ.*, v° *Aliments*, n° 212.
24. Tel est l'avis de la Faculté de droit de Paris, consultée sur l'avant-projet de réforme du Code civil, lequel a maintenu la disposition en question.

Plus logique serait l'organisation de l'état de fait provisoire qui pourrait naître de l'abrogation des alin. 10 et 11 de l'art. 238.

Au moment de la requête et de la tentative de conciliation, le ménage, franchissant ce que l'on a appelé le mur de la vie privée, introduit dans le secret du cabinet du juge conciliateur le secret de son désaccord. Le juge peut par ordonnance séparer provisoirement les époux et prendre les mesures nécessaires aux conjoints et aux enfants; pourquoi donc en subordonner le maintien au déroulement presque immédiat de la procédure de divorce ou de séparation de corps ? Pourquoi ne pas admettre la possibilité pour les conjoints de laisser les choses en l'état, une fois l'ordonnance rendue ? La femme abandonnée y gagnerait le remède aux désavantages et aux risques de la séparation de fait; le mari fidèle, l'affaiblissement de la présomption *pater is est;* l'un et l'autre, la survivance plénière des chances de restauration de la vie conjugale.

Il appartient au législateur d'adapter les dispositions du droit civil aux réalités des dissociations familiales, dans un esprit de protection des foyers abandonnés par leur chef et aussi de respect de la liberté des époux : ceux-ci ont le droit de choisir entre une situation de fait qui laisse entier l'avenir, mais dont il convient d'atténuer pour eux et surtout pour la femme et pour la famille les inconvénients et les dangers, et la dissolution à plus ou moins brève échéance de leur mariage.

LA RÉSURGENCE DES ARRÊTS DE RÈGLEMENT

1958

Hélène Sinay

Professeur agrégé à la Faculté de droit et des sciences politiques et économiques de Strasbourg

Célèbre par l'histoire, la prohibition solennelle des arrêts de règlement énoncée en l'art. 5 du Code civil semblait n'avoir, présentement, plus d'histoire[1]. Éclatante mise en garde, rappel des errements du passé, invite à ne pas les renouveler, elle apparaissait tellement efficiente qu'aucune transgression ne se concevait, à une époque où les fastes des Cours souveraines n'étaient plus qu'un très lointain souvenir. Et de fait, rare était la jurisprudence qui y avait trait. Il est intéressant de noter la courbe décroissante des espèces jurisprudentielles les concernant. De 1804 à 1897, d'assez nombreux arrêts; puis le pli est pris; les tribunaux ne rendent presque plus d'arrêts de règlement : entre 1897 et 1907, un seul arrêt; de 1907 à 1911, deux; de 1912 à 1916, un; de 1917 à 1933, deux. De 1933 à 1955, soit en plus de vingt ans, aucun arrêt de règlement ne fut rendu par nos cours et tribunaux.

Mais voici qu'en moins de trois ans quatre arrêts sont déférés à la censure de la Cour suprême ou d'une cour d'appel pour avoir contrevenu à la disposition de l'art. 5[2].

À quoi tient ce surprenant regain ? Vaut-il reprise de la lutte séculaire entre les pouvoirs judiciaire et législatif, et, par là même, remise en question du principe de séparation des pouvoirs ? Non pas. Rien ne serait plus éloigné des réalités.

Mais l'histoire est une merveilleuse façonnière. Reprenant les anciens matériaux, elle les dispose de nouvelle façon, les remanie de manière à les faire servir à de nouvelles fins, conformes à l'esprit du siècle.

1. V. pour l'étude des arrêts de règlement sous l'Ancien Régime : Olivier Martin, *Histoire du Droit français des origines à la Révolution*, n° 299, note 1, n° 400; La Roche Plavin, *Les Parlements de France*, p. 142; Deteix, *Les arrêts de règlement du Parlement de Paris*, thèse Paris 1930; H. Lévy-Bruhl, *Histoire de la lettre de change*, 1933, p. 305 et s. – V. textes prohibitifs : loi des 16-24 août 1790, titre II, art. 12; Constitution du 5 fruct. an III, art. 203; Code civil, art. 5. – V. pour l'étude de la prohibition : Gény, *Méthode et sources*, t. 2, n° 146; E. Lambert, *La fonction du droit civil comparé*, t. 1, p. 166; Maury, *Observations sur la jurisprudence en tant que source de droit*, dans *Mélanges Ripert*, p. 28 et s.; Boulanger, *Rép. civ. Dalloz*, v° *Jurisprudence*, n° 20; Valine, *Mélanges. Scelle*, t. 2, p. 613 et s.; Ripert et Boulanger, *Traité de droit civil*, t. 1, n° 237; Carbonnier, *Droit Civil*, t. 1, p. 112; Mazeaud, *Leçons de droit civil*, t. 1, n°s 106 et 114; Marty et Raynaud, *Droit civil*, t. 1, n°s 67 et 119. – V. surtout les observations de M. Hébraud à la *Rev. trim. dr. civ.* 1955, p. 696; 1956, p. 583, 763; et M. R. Savatier, note au D. 1956. 557.

2. Civ., 2e sect. civ., 16 juin 1955, Dr. *soc.* 1955. 526, et les observations de M. Hébraud à la *Rev. trim. dr. civ.* 1955, p. 696; Paris, 23 mars 1956, J. C. P. 1956. II. 9332, avec les conclusions de M. l'avocat général Turlan, et *Rev. trim.* 1956, p. 583; Crim. 3 nov. 1955, D. 1956. 557, avec une note de M. R. Savatier; S. 1956. 89; *Rev. trim.* 1956, p. 763; enfin, tout récemment, Civ., 1re sect. civ., 22 oct. 1957, D. 1057. 732; J. C. P. 1957. II. 10278.

Des quatre arrêts de règlement récents, un seul, le dernier en date, est une réplique assez exacte des arrêts d'antan : un tribunal de commerce, par délibération générale, prend une mesure d'administration judiciaire pour l'étendue de son ressort[3]. Le tribunal décide d'une manière générale du sens de l'art. 2 du décret du 25 août 1937, relatif au recouvrement simplifié des petites créances commerciales. Il oblige les demandeurs en injonction de payer à présenter requête, soit en personne, soit par mandataire. Il estime qu'il est de l'intérêt des requérants étrangers à la ville de Bordeaux et qui n'ont pas de mandataire sur place, de faciliter les formalités. En conséquence, il ordonne au greffe d'adresser aux demandeurs en injonction de payer un extrait de la délibération avec une circulaire de la Compagnie des agréés donnant, avec la liste de ses membres, le tarif (homologué) établi par cette compagnie. Cette délibération fut déférée à la Cour de cassation, aux fins d'annulation, par le procureur général, agissant en vertu de l'art. 52 de la loi du 23 juillet 1947. Elle fut annulée pour avoir « outrepassé les limites du pouvoir juridictionnel dévolu au tribunal et entrepris sur les attributions des pouvoirs législatif et réglementaire »[4]. Les trois autres, en revanche, sont d'un autre type : leurs *caractères* spécifiques sont quelque peu altérés, ce qui dénote une modification certaine du *sens* qu'il convient de donner à la prohibition persistante. Mais avant tout, il nous faut rechercher pourquoi resurgissent, quoique différentes de leurs devancières, les dispositions générales et réglementaires, condamnées par l'art. 5 du Code civil.

I.

Si les juges sont parfois tentés à nouveau de se prononcer par voie générale et réglementaire, c'est la standardisation des rapports de droit qui les y incite.

---

3. Civ., 1re sect. civ., 22 oct. 1957, précité.

4. V. d'autres pourvois du procureur général contre des délibérations valant arrêts de règlement :
– *du tribunal de commerce* : Req. 25 juin 1850 (D. P. 50. 1. 228) : est annulée comme contraire à l'art. 5 la délibération prise en assemblée générale, par un tribunal de commerce, dans le but de créer un corps d'agréés près ce tribunal, de régler leur nombre, leurs attributions, l'organisation de leur chambre syndicale, leur costume, le serment qu'ils doivent prêter et le tarif de leurs émoluments; Req. 16 mars 1852 (D. P. 52. 1. 127) : est annulée la délibération d'un tribunal de commerce qui détermine les droits à allouer aux agréés ou défenseurs qui représentent les parties devant lui. Cette délibération est nulle, soit comme entachée d'excès de pouvoir en ce que, d'une part, elle statue par voie de disposition générale et réglementaire, et en ce que, d'autre part, elle reconnaît l'existence officielle de défenseurs en titre auprès des tribunaux de commerce, soit pour empiètement sur les attributions de l'autorité administrative, seule compétente pour faire un règlement de dépens;
– *du conseil des prud'hommes* : Req. 19 juin 1929 (D. H. 1929. 377) : Attendu qu'aux termes du paragr. 2 de l'art. 23, liv. Ier, du code du travail, l'existence et la durée du délai-congé sont fixés en conformité des usages pratiqués dans la localité et la profession ou, à défaut de ces usages, par des conventions collectives. Attendu que le conseil des prud'hommes de Tourcoing a pris une délibération par laquelle, en dehors de toute contestation portée ou discutée devant lui, il a fixé ces usages et décidé que la réglementation par lui édictée et publiée s'imposerait à l'avenir tant aux parties qu'aux ouvriers;
– *du tribunal correctionnel* : Req. 29 juill. 1851 (D. P. 51. 1. 202) : délibération d'un tribunal portant qu'en matière correctionnelle le ministère des avoués représentant les parties civiles est nécessaire.
Et, plus généralement, sur les arrêts d'Ancien Régime relatifs à l'organisation judiciaire, Deteix, thèse précitée, p. 27, 48, 114; et Olivier-Martin, *op. cit.*, n° 325.

L'apparition et la stupéfiante prolifération des contrats-type[5], des clauses de style[6], la production en série du droit contractuel ne pouvaient manquer de retentir sur la vie juridictionnelle. À une matière judiciaire constituée de litiges nivelés, uniformes, il pouvait être pourvu de deux manières : soit par une multiplicité de décisions similaires, soit par une décision unique et globale. Dans un but de simplification, pour éviter aussi d'éventuelles contrariétés de décisions concernant des rapports de droit et de fait identiques, les juges ont parfois recours à la décision unique.

Jadis les arrêts de règlement exprimaient la toute-puissance des organes dont ils émanaient; à présent c'est l'uniformité des litiges qui les engendre. Du plan des organes, l'explication s'est déplacée au plan, de la substance de leurs activités.

Très caractéristique à cet égard apparaît le premier en date des arrêts de règlement récents[7]. Au lieu d'envisager la situation individuelle des divers représentants de commerce de la Société Linvosges pour déterminer s'ils doivent ou non être affiliés à la Sécurité sociale, la commission de sécurité sociale de Nancy se prononce sur la question de principe : ces représentants étaient-ils salariés ou mandataires ? Et cette décision est prise au vu des clauses – toutes identiques – des contrats unissant pareillement tous les représentants de la Société Linvosges à leur employeur. Et la commission d'ajouter : « Ce n'est qu'en suite de la décision de principe qui interviendra que la caisse d'allocations familiales sera en droit ou non de formuler des réclamations précises s'appliquant à tel ou tel représentant ».

Le procédé était séduisant et certes fait pour plaire aux justiciables désireux de s'épargner l'accumulation des instances et d'être fixés sur leur situation juridique, face à la complexité croissante des lois.

Il n'est pas jusqu'aux auxiliaires de justice et, jusqu'aux officiers ministériels qui n'appellent de leurs vœux l'arrêt de règlement. N'avons-nous pas été nous-même témoin, au cours d'un congrès de praticiens, de sollicitations en ce sens auprès d'un haut magistrat auquel on demandait, sans ambages, pour couper court aux embarras et hésitations qui se manifestaient dans le ressort, de se prononcer par voie réglementaire !

Certes, un arrêt de principe peut aussi faire l'affaire, créant un précédent dont, bien souvent, la juridiction postérieure s'inspirera. Mais la simple autorité de fait du précédent n'est pas sûre. Il n'est nullement certain que les arrêts postérieurs statueront dans le sens tracé par « le précédent ». Et l'on a déjà décrit la stupéfaction irritée des justiciables arrivant difficilement à comprendre pourquoi l'arrêt sur lequel ils comptaient n'avait pas été rendu[8].

Quelle supériorité présente l'arrêt de règlement ! En résolvant la difficulté non seulement pour le cas présent, mais pour tous les cas juridiquement similaires, il garantit l'identité de solution, il est le gage de l'égalité de traitement. Il tranche

5. V. l'article de M. Léauté à la *Revue trimestrielle* 1953, p. 429 et s.

6. Lecomte, *Rev. trim. dr. civ.* 1935, p. 304 et s.; Roger, *La clause de style*, dans *Gaz. du Palais* 1938, 1. Doctr., p. 50; Zacheta, *Les clauses de style et l'acte notarié*, thèse 1943, p. 67.

7. Civ., 2e sect. civ., 16 juin 1955, précité.

8. Tony Sauvel, *La notion de précédent*, D. 1955, Chron., p. 93. – V. aussi Hébraud, obs. à la *Rev. trim. dr. civ.* 1956, p, 584 et 585.

non le litige individuel, mais un groupe de litiges identiques. C'est à cette certitude, à cette suprême garantie d'identité, que les justiciables semblent aspirer.

Et la justice est ainsi sollicitée de se conformer à la ligne d'évolution générale qui, de plus en plus, fait prédominer le collectif sur l'individuel.

II.

Si néanmoins de telles décisions restent entachées de nullité, c'est que la justice française doit précisément rester à l'écart, d'aucuns diront même à l'abri de cette tendance à tous autres égards victorieuse. Elle reste tenue de demeurer à l'échelle de l'individuel. Le principe fondamental de la *relativité de la chose jugée* le lui commande[9]. Et c'est bien en effet ce principe qui constitue la justification majeure de l'art. 5 du Code civil. Car « disposer de manière générale et réglementaire », c'est, directement, contredire la portée relative de la chose jugée. Même si, en raison de la standardisation, les cas concrets litigieux sont identiques, les juridictions françaises sont dans l'obligation de rendre autant de jugements qu'il y a d'espèces. Il n'est d'ailleurs pas certain, *a priori*, que l'application du même contrat type ou de la même clause de style à plusieurs parties contractantes conduise à la même décision juridictionnelle précise. Nos tribunaux doivent, à cet égard, rester en état de totale et constante *disponibilité. Il y a des contrats-type, mais non des jugements-type.*

La décision, non plus que générale, ne saurait être permanente. Le juge ne peut statuer pour l'avenir[10]. Pas davantage il ne saurait faire état d'une décision antérieure prise par lui, décision par laquelle il s'estimerait lié. Suggestive est à cet égard la décision de la cour de Poitiers[11]. Celle-ci n'avait alloué que 2 500 000 F à la victime d'un accident, tout en reconnaissant l'importance du préjudice subi, car « la cour ne croit pas pouvoir aller au-delà de son appréciation maximum habituelle en cette matière ». Formule d'une naïveté assez surprenante de la part de magistrats professionnels ![12]

L'arrêt est cassé pour violation de l'art. 5 du Code civil. La référence à cet article est d'autant plus significative que l'arrêt était de toute façon voué à la cassation, soit pour violation de l'art. 1382 comme n'établissant pas une rigoureuse égalité entre le préjudice réel et sa réparation, soit pour violation de l'art. 7 de la loi du 20 avril 1810, car, au lieu de donner des motifs propres à l'appui de sa décision, il se bornait à se référer à une décision antérieure. Il est même très

9. V. Roger Perrot, v. *Chose jugée à l'Encyclopédie Dalloz, Rép. pr. civ.*, n°s 88 et s. ; Foyer, thèse Paris 1954, *De l'autorité de la chose jugée en matière civile. Essai d'une définition.*

10. Rappr. Trib. com. Seine, 16 juill. 1872, D. P. 74. 1. 185. – Pourtant, en matière de contrat à exécution successive, v. Req. 6 mai 1862, D. P. 62. I. 482, et surtout Civ. 21 févr. 1866, D. P. 66. 1. 104 ; Req. 24 nov. 1873, D. P. 74. 1. 125.

11. Cassé par la chambre criminelle (arrêt du 3 nov. 1955, précité).

12. Rappr. de Req. 12 juill. 1847, D. P. 47. 1. 255, et de Civ. 16 juill. 1867, D. P. 67. 1. 255 : est déclarée nulle la décision d'un tribunal de commerce qui condamne la partie perdante au payement des honoraires dus au défenseur de l'autre partie, en énonçant que « *tel est l'usage constant suivi par le tribunal* ».

caractéristique de noter qu'après la longue lignée d'arrêts cassés pour s'être référés à des motifs antérieurs[13], notre arrêt soit le seul à être qualifié d'arrêt de règlement. Sans doute est-ce dû au fait de la référence, non pas à une décision unique, mais à sa jurisprudence « habituelle ». Le juge affirmait ainsi être lié par tous ses jugements antérieurs. Régir l'avenir en même temps que le présent ou revenir sur le passé, c'est tout un pour la Cour de cassation. Car le problème, quoique déplacé dans le temps, est le même : les décisions jurisprudentielles sont-elles indépendantes les unes par rapport aux autres ou sont-elles liées « à la manière anglaise » ? Le législateur français veut un juge totalement libre, et par rapport à lui-même et par rapport aux autres juges. Chaque décision est un tout séparé et indépendant.

Ainsi, dans notre monde gagné par la norme et le standard, la relativité de la chose jugée s'est acquise un rôle nouveau, elle est le rempart contre l'uniformité, le refuge d'une irréductible individualisation.

Puisque, désormais, le respect du principe de relativité de la chose jugée est le seul fondement de la prohibition persistante, c'est également à la lueur de ce principe qu'il convient d'établir la frontière entre l'arrêt de règlement prohibé et la proposition générale mais licite. Pour établir ce départ, on a quelquefois songé à examiner la place qu'occupait dans l'arrêt la proposition générale. Était-elle insérée dans le dispositif, elle conférait à l'arrêt le caractère d'arrêt de règlement; prenant place parmi les motifs, elle étayait seulement la conviction du juge et n'avait pas de valeur en soi. C'était une simple appréciation jurisprudentielle. Mais cette opinion fut vite abandonnée. L'arrêt de la cour de Paris en date du 23 mars 1956[14] refusa de considérer comme un arrêt de règlement une décision qui pourtant contenait, en son dispositif, une mention susceptible de généralisation. Mettant à la charge du concessionnaire d'un embranchement de ligne de chemin de fer (la Compagnie des Wagons-Citernes) les frais d'électrification de cette ligne, l'arrêt avait jugé que « les travaux d'aménagement électrique de l'embranchement constituent non une adjonction à la voie, mais une modification dans l'établissement de la voie, et par suite les paragr. 2 et 4 de l'art. 62 du cahier des charges lui sont applicables ». L'Association nationale des propriétaires et usagers d'embranchements particuliers avait fait tierce opposition, estimant que l'arrêt contenait une disposition d'ordre général interprétative du cahier des charges. Lesdits propriétaires et usagers s'estimaient donc liés par une telle disposition, leur cahier des charges étant identique à celui de la Compagnie des Wagons-Citernes. Et pourtant leur tierce opposition fut déclarée irrecevable, faute d'intérêt de leur part. « Considérant qu'une telle appréciation n'a pas d'autre portée que celle d'une opinion jurisprudentielle… ; qu'ainsi l'arrêt attaqué n'a privé les propriétaires et usagers d'embranchements autres que la Compagnie des Wagons-Citernes d'aucun droit et n'en a créé aucun contre eux ». La proposition litigieuse n'avait donc aucune valeur obligatoire à leur égard.

13. V. Civ., sect. com., 28 mai 1956, *Bull.* civ. 1956. III, p. 135, n° 161 ; 27 janv. 1954, *Bull. civ.* 1954. III, p. 33, n° 41 ; Civ., sect. soc., 14 oct. 1954, *Bull. civ.* 1954. IV, n° 602, p. 445 ; Civ., 2e sect., civ., 18 juin 1953, *Bull. civ.* 1953. II, p. 123, n° 198 ; Civ., sect. com. 24 févr. 1953, *Bull. civ.* 1953. III, p. 58, n° 85 ; Civ., sect. soc., 31 juill. 1950, *Bull. civ.* 1950. III, p. 479, n° 714 ; 3 mars 1949, *Bull. civ.* 1949, p. 298, n° 184.
14. J. C. P. 1956. II. 9332, précité.

Pourquoi n'était-ce qu'une simple appréciation jurisprudentielle, bien qu'insérée dans le dispositif ? La raison doit en être trouvée dans la distinction qu'établit M. Hébraud « entre les décisions concrètes par lesquelles le jugement a tranché le litige et fixé les droits des parties, et les propositions abstraites de droit sur lesquelles il repose ou qui s'en dégagent. Les premières seules sont revêtues de l'autorité de chose jugée et limitées par sa relativité ». Ainsi la formule de l'arrêt interprétant les paragr. 2 et 4 de l'art. 62 du cahier des charges était une proposition abstraite de droit sur laquelle l'autorité de chose jugée et sa relativité n'avaient pas prise. Hors de l'atteinte de ce principe de relativité, elle était donc étrangère au jeu de l'art. 5 du Code civil. Très remarquable à cet égard apparaît un ancien arrêt de 1882 (Req. 1er févr. 1882, D. P. 82. 1. 113), lequel décide que « n'est pas un arrêt de règlement le jugement qui indique les principes généraux sur lesquels reposent les dispositions qu'il consacre, bien que cette indication se trouve dans le dispositif, si elle n'a d'autre but que de justifier les décisions qui la suivent et qui statuent exclusivement sur les différends des parties en cause ».

Ainsi la prohibition de l'art. 5 épouse fidèlement les contours du principe de relativité de la chose jugée. Elle en est le corollaire nécessaire, l'auxiliaire indispensable.

Si donc la prohibition de l'art. 5 demeure, c'est dans un contexte neuf. Il ne faut plus désormais l'analyser par rapport au principe institutionnel de séparation des pouvoirs dont elle avait pour mission d'assurer le respect, mais par rapport à un principe essentiellement procédural.

III.

Une telle modification du sens de la prohibition ne pouvait manquer de rejaillir sur le *concept* même d'arrêt de règlement.

Jadis, seules étaient susceptibles d'être qualifiées telles des décisions réglementaires et générales, car seules elles pouvaient empiéter sur le pouvoir législatif. Désormais de simples décisions *collectives*, et non générales, tombent sous le coup de la prohibition. C'est ainsi qu'une seule entreprise était englobée dans l'arrêt censuré de la commission de sécurité sociale de Nancy. Elle ne statuait qu'à l'égard des représentants de commerce de la seule Société Linvosges et ne prétendait nullement décider du sort de tous les représentants de commerce quels qu'ils soient. Mais elle est condamnée néanmoins pour avoir englobé *tous* les représentants de ladite entreprise. C'est désormais la généralité à l'intérieur du groupe qui est prohibée, « le général dans le collectif », une fraction de généralité si l'on peut dire.

De même, lorsque la cour de Paris met à la charge du concessionnaire d'un embranchement de ligne de chemin de fer les frais d'électrification de cette ligne, le tiers opposant (l'Association des concessionnaires et propriétaires d'embranchements) y voit un arrêt de règlement parce que, prétend-il, le jugement a disposé pour *tous* les usagers d'embranchements particuliers (tel n'était pas le cas, en l'occurrence, puisque le jugement, rendu à propos d'un cas litigieux concret, n'avait émis qu'une appréciation d'ordre général pour étayer sa décision particulière)[15]. Mais, en admettant même qu'il eût contenu une disposition générale prohibée, il n'eût visé qu'un groupe assez restreint de personnes : les seuls propriétaires et concessionnaires de tels embranchements.

La prohibition se fait donc plus rigoureuse que jadis, à mesure qu'elle traduit non plus l'ancienne lutte, dirigée contre l'empiétement d'un pouvoir sur l'autre, mais un nouvel effort, celui conduit contre la prépondérance du collectif sur l'individuel.

Ainsi, la prohibition gagne en étendue. Mais l'on remarquera qu'elle perd corrélativement en rigueur.

À l'ancienne défense aux juges de statuer par voie générale, il n'existait pas de substitut. L'art. 5 a effectivement privé les juges d'un pouvoir qu'ils avaient autrefois et ils ne l'ont pas retrouvé. Leurs velléités récentes échouent contre l'obstacle de la loi. Tel est bien le cas du tribunal de commerce[16] qui a voulu donner aux auxiliaires de justice et aux justiciables des instructions sur la manière de présenter les requêtes en injonction de payer. La cassation de sa décision est sans remède.

Rien de plus aisé, en revanche, pour la pratique, que d'esquiver la prohibition dans son application nouvelle. Comme des décisions simplement collectives peuvent désormais tomber sous le coup de l'art. 5, il est simple pour le juge de rendre une série de décisions identiques mais individuelles au lieu d'une décision globale et collective sujette à censure. Encore faut-il que les parties l'y aient convié. Si, dans le litige qui les opposait, caisse de sécurité sociale et employeur avaient englobé nominativement tous les représentants de commerce, la commission de sécurité sociale de Nancy[17] n'aurait pas été amenée à rendre une décision abstraite et unique ; elle se serait prononcée sur l'éventuelle affiliation de chaque représentant de commerce et tous ces jugements identiques eussent été pareillement valables. Ainsi l'aspect procédural de l'action, aspect jadis étranger à la prohibition, conditionne-t-il aujourd'hui sa portée[18].

La prohibition devient donc essentiellement formelle. Que permet de censurer l'art. 5, sinon un certain libellé de la sentence, une certaine forme d'expression juridictionnelle. Pour un arrêt de règlement prohibé, combien pourrait-il y en avoir d'implicites, de latents, d'inexprimés, mais qui révéleraient une démarche d'esprit analogue : statuer « en série », par des jugements standards ?

Il serait néanmoins excessif de conclure à l'inefficacité de l'art. 5. L'existence même de la prohibition, en obligeant les juges à statuer espèce par espèce, conduit, la plupart du temps, à l'individualisation et à la diversification réelle des solutions. Car le juge ne peut se dispenser d'entrer dans l'examen des circonstances

15. L'arrêt indique au surplus que la recevabilité de la tierce opposition aboutirait précisément « à faire prononcer la cour sur une question de pur principe par voie de disposition générale et réglementaire prohibée par la loi » ; en effet, la décision rendue sur le litige particulier conservant toute son autorité de chose jugée à l'égard des parties primitivement en cause, il ne resterait à débattre que la question purement juridique et abstraite de l'obligation aux charges d'électrification de tous les membres de l'Association tierce opposante.

16. V. sous Civ., 1re sect. civ., 22 oct. 1957, précité.

17. V. sous Civ., 2e sect. civ., 16 juin 1955, précité.

18. V. Hébraud, observ. sous Civ., 2e sect. civ., 16 juin 1955, précité, à la *Rev. trim. dr. civ.* 1955, p. 696.

propres aux espèces, même, si leur similitude extérieure pouvait l'inciter à une généralisation hâtive.

Sous son aspect d'apparence négative, la prohibition de l'art. 5, rarement enfreinte, mais toujours suspendue comme une menace latente sur les activités judiciaires, se résout en un effet très positif : maintenir les tribunaux dans le respect très strict de leur mission.

L'INTÉRÊT DE L'ENFANT

1959

Marc Donnier

Chargé de cours à la Faculté de droit et des sciences économiques de Toulouse

Il est incontestable que le Législateur et la Jurisprudence font souvent appel aujourd'hui à cette formule nouvelle : « *L'intérêt de l'enfant* ». Et la Doctrine, soucieuse de ne point rester à l'écart, a dû faire une place à ce nouveau phénomène (notamment Carbonnier, *Droit civil*, t. 1, p. 437). Or de quoi s'agit-il exactement ? Est-ce là une idée superficielle « mise à la mode » par une formule heureuse ou bien y a-t-il quelque chose de plus profond ? En réalité, on ne saurait dissimuler que les structures des relations familiales sont ici en cause et que la chose est de la plus grande importance.

Sans doute ces mots, « l'intérêt de l'enfant », sont-ils restés durant fort longtemps ignorés des juristes, mais c'est précisément parce que lesdites relations familiales étaient alors conçues sous un aspect autoritaire qui ne laissait point de place à de telles préoccupations... *La famille* est un organisme social, l'embryon de la cité et donc une structure politique... ; on ne saurait y porter atteinte dans un but de protection individuelle de certains de ses membres.

Il faut également dire que le droit de la famille est alors constitué par un faisceau de « droits-pouvoirs » conférés au chef de famille pour lui permettre de veiller à la solidité et à la cohésion du groupe.

Telle est la conception romaine, celle de l'ancienne France aussi et, également, celle qui inspira très largement les rédacteurs du code civil.

Sans doute y a-t-il eu, dès l'origine, certaines émergences de l'idée d'une protection due aux enfants. N'est-ce pas dans le Digeste lui-même que l'on trouve la célèbre maxime : « *Infans conceptus pro nato habetur...* » ? Et le code civil ou des lois postérieures n'ont pas hésité à parler parfois de « l'avantage des enfants » comme ce fut le cas dans l'art. 302 originaire du code civil, relatif à l'attribution des enfants après le divorce de leurs parents.

Mais ce n'étaient là que des exceptions..., les exceptions qui confirmaient la règle. Cependant toute une évolution devait suivre, laquelle fut d'ailleurs la conséquence de deux révolutions distinctes.

La première fut la révolution individualiste du XIXe siècle, créatrice d'un courant qui vint multiplier *les mesures favorables à l'enfant*. Et ce courant, ne se limitant point aux rives du droit civil, n'hésita pas, bien au contraire, à envahir de nombreuses autres disciplines parmi lesquelles nous citerons *le droit pénal*, à l'ombre duquel s'est développée toute une législation très protectrice de l'enfance, ou encore *le droit de la Sécurité sociale* et, plus particulièrement, la branche des prestations familiales. Sur ce plan, il n'est pas exagéré de dire que l'ensemble du droit privé est intéressé et lourde serait la tâche de celui qui prétendrait dresser un tableau d'ensemble de cette action d'ailleurs essentiellement législative.

Mais il y eut, nous l'avons dit, une *autre révolution*... que nous pourrions appeler « téléologique » parce qu'elle a été dominée par le but de remplacer les « *droits-pouvoirs* » par les « *droits-fonctions* ».

Ce fut, contrairement au précédent, un phénomène essentiellement jurisprudentiel et c'est à lui qu'est consacrée cette étude. Grâce à lui et tel un fleuve souterrain qui finit par surgir à la lumière, l'intérêt de l'enfant, longtemps tenu en échec par l'intérêt égoïste du chef de famille, est venu inonder les institutions familiales. Il est devenu une notion-clé, une sorte de nouveau principe de droit et cela, conformément à la tendance de la méthodologie moderne de situer les problèmes juridiques moins sur le plan des *concepts* que sur celui des *intérêts*.

L'intérêt de l'enfant va d'ailleurs se manifester sous les formes les plus diverses. *Tantôt* il interviendra comme principe d'interprétation du droit positif, présidant, par exemple, à l'utilisation par l'enfant de la présomption de paternité de l'art. 312 c. civ. *Tantôt* il deviendra la cause de certains droits conférés à l'enfant : ce qui justifie, notamment, l'interprétation jurisprudentielle de la maxime. « *Minor restituitur non tanquam minor sed tanquam laesus.* » *Tantôt*, enfin, l'intérêt de l'enfant sera le principe de solution d'un conflit de droits... notamment dans l'hypothèse d'un conflit entre plusieurs filiations, ou encore entre plusieurs religions, auxquelles l'enfant est susceptible d'être soumis.

« L'ascension » de cette notion nouvelle ne saurait d'ailleurs nous surprendre dans le contexte social contemporain.

L'enfant n'est-il pas devenu la grande préoccupation de notre pays comme de la plupart des pays du monde ?... et comment s'en étonner alors qu'il est l'*avenir* et qu'il est le seul moyen dont l'homme dispose pour façonner quelque peu cet avenir d'où il sera exclu ?

Que l'on s'attache avant tout à la personnalité de l'enfant ou, au contraire, aux perspectives futures de la nation, l'intérêt de l'enfant est toujours au premier plan.

C'est là un souci qui ne parvient pas à sortir de l'esprit de ceux qui songent à nos institutions futures et l'on comprend parfaitement que les rédacteurs de l'avant-projet de code civil y aient été particulièrement sensibles.

Seulement, la difficulté est de dire ce qu'est exactement cet « intérêt de l'enfant », de dire comment il est possible de le rechercher et de le définir.

C'est cette tâche que nous entreprendrons tout d'abord (I).

Tâche délicate, sans aucun doute, car l'intérêt de l'enfant est une notion fluide et variable. Cependant, nous pourrons peut-être éclaircir ce problème si nous présentons ensuite certaines directives qui se dégagent de la jurisprudence (II).

I. Recherche et définition de l'intérêt de l'enfant

Si l'intérêt de l'enfant est difficile à définir c'est parce qu'il s'agit d'une matière en contact étroit avec la vie. Or la vie, faite de nuances et de relativité, s'adapte mal à un cadre préétabli. Mais, ceci dit, deux problèmes se présentent successivement à l'esprit : *tout d'abord* qui va être chargé de dire l'intérêt de l'enfant, d'en révéler le contenu ? *Et ensuite* comment va-t-on pouvoir définir cet intérêt ?

A.

Sur le premier plan on peut tout d'abord songer à éviter la difficulté en déclarant que c'est le législateur lui-même qui est chargé de dire l'intérêt de l'enfant... et, effectivement, il paraît l'avoir fait fréquemment comme, par exemple, dans l'art. 340 c. civ. où il indique dans quelles hypothèses l'enfant naturel pourra faire déclarer judiciairement sa filiation à l'égard de son père. Mais ne nous y trompons pas ; il s'agit beaucoup plus ici de mesures favorables à l'enfant que de « l'intérêt de l'enfant » pris dans le sens déjà indiqué. Celui-ci est en réalité un principe essentiellement jurisprudentiel.

Sans doute ce rôle incombera-t-il alors aux parents que, dans les situations normales, la nature a fait les meilleurs juges de l'intérêt de leurs enfants... Mais est-il nécessaire d'ajouter que les difficultés apparaissent presque toujours dans les situations anormales ? Le seul procédé possible est alors *le recours au juge*. On a pu contester le bien-fondé de cette intervention du juge dans les rapports de famille, intervention qui devient de plus en plus profonde et qui n'est pas sans danger ; mais, en vérité, qui est mieux placé que lui lorsque, en cas de conflit, les parents cherchent à faire prévaloir leur intérêt égoïste sur l'intérêt de l'enfant ? Cela peut poser au juge de difficiles cas de conscience, puisqu'il ne s'agit pas pour lui de dire le droit mais d'appliquer des solutions justes et humaines aux situations d'espèce les plus variables. Et son pouvoir est d'autant plus redoutable qu'il est souverain puisque statuant en fait.

Cependant le juge pourra être secondé dans cette délicate mission par les conseils et les avis autorisés que lui prodigueront les services sociaux placés près des tribunaux. Il disposera également des solutions déjà dégagées par la pédagogie nouvelle et par la psychopédagogie.

B.

Quoi qu'il en soit, chargé de dire quel est l'intérêt de l'enfant, le juge peut hésiter entre deux méthodes : ou bien définir l'intérêt de l'enfant *in abstracto*, ou bien le définir *in concreto*.

Une définition générale et abstraite de « l'intérêt de l'enfant » faciliterait sans doute énormément la tâche du juge puisqu'il lui suffirait de se reporter à quelques catégories simples et précises pour trouver la solution qu'il recherche. Mais cette attitude est-elle acceptable au regard de la relativité qui, nous l'avons dit, « baigne » toute cette matière ? *Si les doutes les plus formels sont autorisés*, on ne peut omettre cependant de signaler ici certaines tentatives faites en faveur d'une telle conception et plus particulièrement la jurisprudence qui s'est développée il y a quelques années en matière de conflits de filiation, jurisprudence selon laquelle l'intérêt de l'enfant, clé du problème, est d'être toujours considéré comme légitime et qui a été notamment illustrée par un arrêt de la chambre civile de la Cour de cassation en date du 27 mars 1950 (D. 1951. 435 ; S. 1952. 1. 12 ; J. C. P. 1950. II. 5561 ; Dans le même sens, Trib. civ. Rennes, 18 juill. 1945 et Paris, 8 mai

1947, D. 1948. 6, note G. Holleaux; S. 1947. 2. 81; Amiens, 20 janv. 1948, *Gaz. Pal.* 1948. 1. 105). Il y a là, à notre avis, une grave confusion : il est bien certain, nous l'admettons volontiers, que sur le plan de la théorie abstraite il est plus avantageux d'être un enfant légitime que d'être un enfant naturel puisque les droits accordés aux premiers sont supérieurs à ceux accordés aux seconds; mais, dès que l'on pénètre dans la vie, cela n'est plus du tout certain car bien d'autres considérations peuvent entrer en ligne de compte, ne serait-ce, par exemple, que la réalité de la filiation. C'est ce qu'a d'ailleurs admis la jurisprudence dominante qui, dans l'hypothèse d'un conflit entre une filiation naturelle et une filiation légitime établie postérieurement, donne la préférence à la filiation naturelle dès lors que le parent naturel a démontré l'impossibilité de la filiation légitime (Req. 6 mai 1941, D.C. 1941. 108; S. 1947. 2. 82, en sous-note; Paris, 8 mai 1947, D. 1948. 6, note G. Holleaux; J.C.P. 1947. II. 3770). Il est extrêmement dangereux de poser ici des règles abstraites et *a priori*. Nécessairement, en effet, les circonstances de la vie se chargeront de mettre en défaut la règle la mieux pensée et le juge devra alors soit violer la règle qu'il a pour mission d'appliquer, soit vider de sa substance la notion même d'intérêt de l'enfant.

Une interprétation « in concreto » apparaît donc infiniment préférable malgré tout ce qu'elle peut avoir d'imprécis, de contingent et de variable. Un exemple significatif est ici fourni par la jurisprudence relative au droit de visite qu'il convient d'accorder ou de refuser aux personnes qui ont élevé l'enfant alors que, par la suite, celui-ci a été restitué à ses parents. Les parents nourriciers, selon la terminologie traditionnelle, ont-ils le droit de conserver des relations suivies avec leur ancien protégé ? tout dépend de l'intérêt de l'enfant, mais précisément, cet intérêt consiste-t-il dans le maintien de liens d'affection, d'ailleurs parfaitement légitime, ou bien dans une rupture totale ?... Il n'y a point de réponse de principe.

C'est ainsi que, dans un arrêt rendu le 2 avr. 1957 (D. 1958. 211, note E. de G. de Lagrange; S. 1958. 165), la cour d'appel de Paris a estimé « être de l'intérêt de l'enfant qu'il continue à entretenir avec ses parents nourriciers des relations étroites » et elle précise que « dans un semblable domaine l'intérêt de l'enfant est seul en vue ». Déjà la cour d'Amiens, le 7 juill. 1953 (J.C.P. 1953. II. 7758, note Granier) s'était prononcé dans le même sens.

Mais la chambre civile de la Cour de cassation a adopté la solution contraire dans un arrêt rendu le 10 mars 1958 (D. 1959. 29; S. 1959. 32); elle estime en effet que lorsque, comme c'était le cas en l'espèce, les véritables parents ne se sont jamais complètement désintéressés de leur enfant, les juges du fait ont pu, dans l'intérêt même de celui-ci, écarter tout droit de visite au profit des parents nourriciers. À circonstances de fait différentes solutions différentes.

Il est d'ailleurs concevable que, dans certaines hypothèses exceptionnelles, l'enfant soit à l'origine même de ces circonstances de fait qui vont permettre de déterminer son intérêt... c'est ainsi que, dans l'attribution de la garde après divorce, le juge pourra tenir compte d'une violente aversion que l'enfant éprouve à l'égard de l'un de ses auteurs. Mais il faut être extrêmement prudent en la matière car le juge, en donnant trop de place aux sentiments personnels de l'enfant, ne doit pas lui permettre d'apprécier son propre intérêt.

Une appréciation *in concreto* de l'intérêt de l'enfant ne saurait tout de même aller jusqu'à prendre en considération *le sentiment que l'enfant a de son propre intérêt*. Ce ne serait point là un critère raisonnable, puisque, par hypothèse même, un incapable n'est point en mesure de porter un jugement de valeur... et cela d'autant plus que, ne l'oublions pas, l'intérêt de l'enfant est *un problème d'avenir*, ce qui complique sérieusement la difficulté. L'adulte existe pour ce qu'il est actuellement; son intérêt peut donc être défini en fonction du présent; mais *l'enfant existe surtout pour ce qu'il deviendra;* pour lui le présent compte peu à côté de l'avenir...; son intérêt est donc essentiellement mobile et, par là même, beaucoup plus difficile à définir.

On comprend dès lors encore mieux que la volonté personnelle de l'enfant doit rester étrangère à l'appréciation de son intérêt; *il ne faut pas confondre « intérêt de l'enfant »* et *« caprice de l'enfant »*. On sait d'ailleurs que dans une matière voisine, la jurisprudence criminelle décide que le délit de non-représentation d'enfant est consommé même si la personne coupable n'a fait que suivre les sentiments personnels de l'enfant... ce qu'a eu l'occasion de préciser à nouveau la chambre criminelle de la Cour de cassation dans un arrêt du 5 févr. 1958 (D. 1958. 325; S. 1958. 237).

Ainsi, malgré la place prépondérante qu'elle occupe progressivement dans notre droit contemporain, la notion « d'intérêt de l'enfant » demeure difficile à déterminer. Ne pouvons-nous, tout au moins, essayer d'éclaircir un peu les choses en présentant maintenant certaines directives jurisprudentielles ?

II. Directives jurisprudentielles relatives à l'intérêt de l'enfant

Dans sa difficile progression vers la découverte de l'intérêt de l'enfant le juge pourra tout de même trouver un appui solide dans certaines constantes inscrites dans la nature humaine et redécouvertes par la jurisprudence. Bien des courants tentateurs pourraient ici nous entraîner, mais deux seulement retiendront notre attention. Il s'agit, d'une part, de la *prédominance de l'intérêt moral de l'enfant* en cas de conflit avec son intérêt matériel et, d'autre part, de la *stabilité* indispensable à l'enfant.

A.

La première de ces directives est issue de notre civilisation spiritualiste, qui répugne à la prédominance de principe du matériel sur le moral. L'enfant n'est pas seulement un corps, il est aussi un esprit et une âme et le bien-être du premier n'est qu'une condition du développement et de l'élévation des deux autres. On comprend, dès lors, que nos tribunaux aient refusé, dans leur très grande majorité, d'adopter une solution qui a prévalu en droit civil soviétique et que de rares décisions françaises (notamment Pau, 4 avr. 1949, *Gaz. Pal.* 1949. 2. 40) avaient faite leur : à savoir que dans l'hypothèse d'un conflit entre plusieurs paternités naturelles la préférence doit être nécessairement donnée au père qui se trouve dans la meilleure situation de fortune. Il y a là quelque chose qui choque notre sens moral.

Et l'on sait que lorsque le juge hésite sur le parent auquel il va confier la garde de l'enfant, ce sont les garanties morales offertes de part et d'autre qui retiennent au plus haut point son attention. Cependant, ici comme ailleurs, il ne faudrait point faire de cette directive une règle de portée absolue car, à la limite, les intérêts matériels de l'enfant ne sont tout de même pas négligeables étant la condition d'un épanouissement ultérieur de toute sa personnalité. Lorsque le parent le moins sûr sur le plan moral n'est tout de même pas susceptible de présenter un danger pour son enfant, ne pourra-t-on lui donner la préférence si, par ailleurs, il est en mesure de donner à celui-ci des conditions d'existence et de travail incomparablement supérieures à celles qui pourraient lui être fournies de l'autre côté ? La cour de Paris l'a pensé dans un récent arrêt rendu le 30 janv. 1959 (D. 1959. 97). Il s'agissait de l'attribution provisoire de deux fillettes pendant la procédure de divorce. Or la cour, malgré le jeune âge des intéressées et toute l'affection d'une mère digne de ce nom, a préféré les confier au père dès lors que les conditions d'entretien et d'éducation sont, au domicile du père, très supérieures à celles que la mère peut leur assurer. Ainsi la prédominance de l'intérêt moral de l'enfant ne signifie pas la complète ignorance de son intérêt matériel, mais au contraire une combinaison appropriée des deux.

B.

Mais il convient de signaler surtout ici le besoin de stabilité et de paix ressenti par l'enfant, besoin bien souvent observé et mis en lumière par les décisions judiciaires. Lorsque l'enfant ne peut bénéficier de la chaude atmosphère d'un foyer qui lui assure la stabilité de vie matérielle comme de direction morale ce qu'il faut surtout éviter ce sont les luttes d'influence dont il est l'innocent enjeu et la malheureuse victime car il n'y a rien de plus nuisible pour lui que cette instabilité et cette agitation. Ce besoin de calme, on le retrouve partout plus ou moins clairement exprimé tant il est décisif pour la bonne santé morale et physique de l'enfant… aussi nous bornerons-nous, pour terminer, à signaler deux domaines où cette influence est particulièrement sensible sur le plan jurisprudentiel.

Il s'agit, tout d'abord, de l'hypothèse dans laquelle un enfant, remis au service de l'assistance à l'enfant, est plus tard réclamé par ses parents qui n'avaient pas été déchus du droit de garde. Il semblerait qu'en vertu de ce droit les parents puissent exiger et obtenir nécessairement la remise de l'enfant. Or, il n'en est pas ainsi. La Cour de cassation l'avait déjà pensé dans un arrêt du 10 janv. 1912 (*Rev. trim. dr. civ.* 1912. 160) et la cour de Paris vient de le réaffirmer, le 19 mars 1959, dans l'affaire Élizabeth Irr. Puisque l'enfant vit depuis douze ans dans un foyer où elle est entourée de soins et d'affection comme dans son véritable foyer, pourquoi tout remettre en question parce que son père, fût-il nanti du droit de garde, cherche à la reprendre après l'avoir ignorée durant de longues années ?… « Attendu » pouvons-nous lire notamment dans l'arrêt, « que remettre à présent l'enfant à son père constituerait une atteinte à sa personnalité qui laisserait craindre un *traumatisme moral* capable de nuire à son développement harmonieux ».

Et ce même souci de stabilité, on le retrouve, identique, dans la jurisprudence relative au délicat problème de l'éducation religieuse de l'enfant. Là aussi ce qu'il faut avant tout éviter, c'est de bouleverser ce qui existe actuellement et l'arrêt rendu par la cour de Paris, le 14 févr. 1957 (D. 1957. 214; S. 1957. 185) l'affirme expressément à propos d'une enfant qui, bien que baptisée dans la religion protestante, avait été élevée depuis plusieurs années dans la religion catholique... « Attendu que tout changement dans le mode de vie et d'éducation d'une fillette que tout le monde s'accorde à tenir pour sensible, émotive et scrupuleuse, risquerait d'entraîner pour elle une crise psychologique douloureuse dont le père doit comprendre combien elle lui serait néfaste... »

Ainsi « l'intérêt de l'enfant », notion nouvelle de notre droit, trouve peu à peu sa voie, mais tout le poids de cette difficile progression pèse sur les épaules du juge qui, tout en restant en étroite liaison avec les réalités quotidiennes, s'efforce cependant, nous avons essayé de le montrer, de fixer certains points de repère destinés à faciliter la marche de ceux qui suivront... tâche obscure peut-être mais fondamentale cependant puisqu'elle pose les fondations de notre droit de demain.

CENTENAIRE[1]

1959

Gérard Cornu

Professeur à la Faculté de droit et des sciences économiques de Poitiers

Sans annoncer à grand fracas un réveil spectaculaire des nullités de mariage, la chronique matrimoniale des dernières années suggère qu'en dépit du divorce « aux mille bras », l'annulation, plus radicale en ses effets, moralement plus satisfactoire et moins marquée socialement, conserve quelques fidèles, au moins parmi les catholiques que des scrupules religieux empêcheraient de demander le divorce. Défrayée par quelques cas de violence en mariage dont l'Île de Beauté ou l'armée furent le théâtre[2], elle, s'est encore illustrée par l'annulation, désormais bien connue, de mariages fictifs, pour cause d'absence de consentement[3].

1. De l'affaire *Berthon*, d'abord jugée par le tribunal de la, Seine, le 29 juin 1859, et par la cour de Paris le 4 févr. 1860 (D. P. 60. 2. 87; S. 60. 2. 71). – *Adde* Civ. 11 févr. 1861 (D. P. 61. 1. 49; S. 61. 1. 241); Orléans, 6 juill. 1861 (S. 61. 2. 485); Ch. réunies, 24 avr. 1862 (D. P. 62. 1. 153; S. 62. 1. 342).

2. Au XIXe siècle, les victimes de la violence étaient plutôt de sexe faible et d'âge tendre (Trib. civ. Tarbes, 26 août 1822, sous Agen, 14 juin 1890, D. P. 91.2. 153 : jeune fille contrainte, à coups de bâton, par son père, à contracter un mariage, d'ailleurs célébré en la maison paternelle; Civ. 4 nov. 1822, S. 23. 1. 150 : jeune fille de 14 ans à peine, battue et traînée par sa mère à la mairie). Dans ces récentes affaires corses ou militaires (affaires d'honneur), c'est l'homme qui subit la violence : le subordonné contraint par son supérieur hiérarchique à réparer par mariage (v. par ex. un mariage, célébré à la clinique d'accouchement, sous les menaces du père et du colonel d'un jeune militaire et annulé par Montpellier, le 16 juill. 1946, *Gaz. Pal.* 1946. 2. 183). Si Rodriguez, lui, n'obtint pas l'annulation de son mariage prétendument contracté, dans les trois jours, sur l'ordre de ses chefs militaires, c'est que, selon la cour de Paris (5 nov. 1954, D. 1955. 43), il y avait eu de sa part confirmation tacite du mariage, en dehors même de l'application de l'art. 181 c. civ. et qu'en réalité Rodriguez s'était laissé faire une douce violence. En Corse, on voit plutôt le séducteur volage en butte aux parents mâles de la fille séduite, veillant (au besoin) revolver au poing jusqu'à ce qu'elle ait la bague au doigt (Bastia, 27 juin 1949, D. 1949. 417; S. 1950. 2. 39; Bastia, 24 oct. 1955, D. 1956. Somm. 87; *Gaz. Pal.* 1956. 1. 78; Bastia, 16 oct. 1956 et Civ., 1re sect. civ., 17 nov. 1958, D. 1959. 18, note G. Holleaux; S. 1959. 33).

3. L'absence de consentement ne tient pas ici à l'état d'un époux lors de la célébration du mariage (altération de ses facultés mentales ou de ses facultés d'expression) mais à l'analyse intime du « pseudo consentement » émanant d'une personne normale. C'est le vide du « oui », formellement prononcé, qui fait l'absence du consentement, ou plus exactement, c'est parce que le « oui » est vide de toute intention conjugale que le mariage est pure apparence, union fictive, simulacre, mariage sans consentement. Cet élément négatif paraît subordonné à deux conditions : 1° Il faut que l'union ait été contractée pour une raison absolument *étrangère* aux fins essentielles du mariage : le dessein, pour une fille de rendre exigible une dot à elle constituée par testament mais qui ne devait lui être acquise que par mariage (Aix, 4 mars 1813, *Jur. gén.*, v° *Mariage*, n° 443, note 1); le désir d'échapper à une incorporation militaire (Lyon, 10 avr. 1858, D. P. 57. 2. 54); le souci, pour une Française résidant en Turquie pendant la guerre de 1914-1918, d'éviter par son mariage avec un sujet américain, un internement menaçant les Français (Trib. civ. Grenoble, 11 juill. 1923, *Journ. de Grenoble* 31. XI. 1924, p. 121); le désir, pour une jeune allemande, fuyant en 1945 la zone orientale, de franchir la ligne de démarcation en obtenant la nationalité française par son mariage avec un prisonnier français en voie de rapatriement (Trib. civ. Seine, 7 janv. 1948, J. C. P. 1948. II. 4430, note J. Mazeaud); la volonté d'une Polonaise vivant en France et désireuse de se rendre au chevet de sa mère mourante, d'acquérir la nationalité italienne lui facilitant l'accès de son pays d'origine, en lui évitant des représailles (Paris, 16 oct. 1958, J. C. P. 1958. II. 10897). Et c'est, sans doute, parce que les époux ne manquaient pas absolument d'intention conjugale « ayant ➤

Entre toutes ces nouvelles perspectives, c'est pourtant la vieille notion d'erreur dans la personne et le dol en mariage qui sollicitent notre réflexion parce qu'on y sent plus qu'ailleurs le poids de maximes traditionnelles sur lesquelles le temps est venu de jeter, au moins, un doute. Avant de comparer, en législation, les mérites respectifs des diverses conceptions de l'erreur dans la personne, il n'est pas inutile de rechercher, en droit positif, celle de notre jurisprudence.

I.

Est-il bien vrai que la notion d'erreur dans la personne au sens de l'art. 180 du Code civil soit fixée en jurisprudence depuis le très notable arrêt *Berthon* des Chambres réunies (24 avr. 1862) et que le dol, en France, ne soit point cause de nullité de mariage ? Chez ceux mêmes qui les critiquent, ces deux propositions passent pour l'expression traditionnelle du droit positif français. Oserait-on soutenir qu'elles reflètent mal, au moins la première, l'état de notre jurisprudence ?

*
* *

L'analyse de celle-ci semble justifier le dessein si présomptueux de dépouiller la décision bientôt centenaire des Chambres réunies de l'autorité qu'on lui reconnaît généralement.

Il y a bien eu, sans doute, une « jurisprudence Berthon » très vivace au moins jusqu'aux lendemains de la première guerre mondiale. De nombreuses décisions se référant à l'arrêt des Chambres réunies, reproduisant au besoin des formules, quand elles ne célèbrent pas avec emphase la stabilité d'une jurisprudence définitivement fixée (Montpellier, 1er févr. 1866, S. 66. 2. 325 ; Trib. civ. Strasbourg, 21 déc. 1920, D. P. 1923. 2. 161, note Nast ; Trib. civ. Rochefort, 26 avr. 1926, *Gaz. Pal.* 1926. 2. 299 ; Angers, 6 déc. 1928, D. H. 1929. 154), affirment que, si la nullité de l'art. 180 ne doit pas être restreinte au cas unique de l'erreur provenant d'une substitution frauduleuse de personne (erreur dite sur la personne physique), elle

---

le sentiment qu'ils allaient contracter une union produisant ses effets habituels » que le tribunal de Bayonne (9 avr. 1936, S. 1938. 2. 124) a refusé d'annuler le mariage contracté pour l'honneur de la jeune épousée (enceinte) et l'état civil de l'enfant à naître, motifs qui ne sont pas absolument étrangers aux fins matrimoniales. 2° Encore faut-il que cette *cause étrangère* ait été *l'unique cause* du mariage. La preuve de cette exclusivité résultera, en dehors de circonstances particulières (la différence d'âge entre les pseudo-époux, par ex. : elle 68 ans, lui 23 ans, Lyon, 10 avr. 1856, précité ; ou le fait d'épouser par procuration sans jamais le rencontrer, un mendiant de profession, hospitalisé et moribond, Aix, 4 mars 1813, précité), d'éléments antérieurs à la célébration (une contre-lettre), ou concomitants (complicité des autorités et des tiers) mais surtout de circonstances postérieures (absence de consommation charnelle du mariage, de cohabitation, de possession d'état d'époux) que visent la plupart des décisions, non pas évidemment comme susceptibles d'entraîner, par elles-mêmes, la nullité du mariage, mais de prouver « a posteriori » que les contractants n'avaient en aucune façon l'intention de se prendre réellement pour époux. C'est, sans doute, en pensant à cette nécessaire exclusivité de la cause étrangère, que, non sans maladresse, la cour de Paris (16 oct. 1958, précité) réserve le cas où le mari aurait obéi à un intérêt de lucre (ce n'est pourtant pas une intention matrimoniale, en général). V. encore Trib. civ. Meaux, 23 mai 1951 (*Gaz. Pal.* 1951, 1. Tables, v° *Mariage*, n° 3) ; Trib. civ. Lyon, 16 juin 1952 (*Gaz. Pal.* 1953, 1. Tables, v° *Mariage*, n° 1) ; Trib. civ. Melun, 20 janv. 1954 (D. 1954. Somm. 43) et pour les droits belge et suisse : Gand, 25 févr. 1956, obs. P. Graulich (*Rev. crit. jur. belge*, 1957, 184) ; Chron. dr. Suisse, *Rev. trim. dr. civ.* 1949. 311.

ne peut, en dehors de ce cas, être admise que pour erreur sur l'identité de la personne (sur la personne civile), et reste sans extension possible aux simples erreurs sur les qualités.

Fidèles à l'arrêt *Berthon*, ces décisions le sont, selon toute apparence, soit en annulant un mariage pour une cause par lui admise[4] soit en refusant de prononcer la nullité pour des causes par lui exclues (erreurs sur des qualités).

En réalité, leur conformité à l'arrêt *Berthon* laisse quelques doutes. Dans tel cas, le refus d'annuler s'imposait parce qu'en fait l'impuissance alléguée n'était nullement établie (Riom, 2 espèces, 7 juin et 2 août 1876, D.P. 77. 2. 32 ; S. 77. 2. 153) ou qu'il n'était pas sûr que le mari, qui s'était présenté comme musulman, fût juif (Paris, 20 juill. 1943, D.A. 1944. 7 ; S. 1943. 2. 56 ; les juges ont eu à honneur, pour cette erreur prétendue sur la race, de ne pas céder à un antisémitisme de mauvais aloi), ou enfin que l'ardent fiancé avait quelque raison de ne pas se méprendre sur l'âge de Thérésa Cinotti (23 ans au lieu de 35, qu'il eût fallu qu'elle ait pour être légitime : Bordeaux, 21 mars 1866, D.P. 66. 2. 87 ; S. 66. 2. 209). Bien mieux, dans les motifs des décisions, apparaissent des considérations nouvelles, comme le dol ou le caractère déterminant de l'erreur, dont l'arrêt *Berthon* ne faisait nul cas. Ainsi pour annuler le mariage, le juge vise volontiers la tromperie d'un époux et le caractère déterminant de l'erreur chez l'autre (très net dans l'arrêt *Savine*, précité) ; ou à l'inverse, en rejetant la nullité, l'absence de dol et le caractère non déterminant de l'erreur[5].

Enfin, comme le suggère cette dernière observation, la plupart des solutions rattachées à l'arrêt *Berthon* n'eussent pas été différentes dans une autre conception de l'erreur, celle de l'erreur déterminante, ou celle adoptée par la chambre civile dans l'affaire *Berthon* (11 févr. 1861, D.P. 61. 1. 49 : elle admet toutes les erreurs sur des conditions substantielles, constitutives de la personne civile)[6]. S'il y a

4. L'erreur sur l'identité civile que, par exemple Savine avait provoquée chez Clémence Vervoort, en se faisant agréer sous le faux nom de Nicolas Erasme de Toulouse-Lautrec, et le faux titre de comte : Paris, 12 mars 1903 (D.P. 1903. 2. 191 ; S. 1904. 2.47) ; la même cause fut fatale, pour les premiers juges seulement, au mariage de M. Cathignol et de celle qu'il croyait être Olga Rodinson, fille légitime de Rodinson, native de Vitebsk, Russie, et qui était en réalité Olga Rubinstein, fille naturelle de Rubinstein, née tout prosaïquement dans le 13e. – V. pour une autre erreur sur l'identité civile : Trib. civ. Seine, 9 mars 1923 (S. 1923.2. 16).

5. Bordeaux (21 mars 1866, précité) note ainsi que la filiation véritable de la femme dont il est si ardemment épris, n'avait pour le fiancé, nulle importance ; le tribunal civil de Rochefort (26 avr. 1926, précité) que le demandeur n'avait pas épousé sa femme pour le seul motif qu'il la croyait enceinte de ses œuvres – alors qu'elle ne l'était pas du tout –, mais comme femme qu'il affectionnait, innocente, au surplus, de tout calcul, s'étant elle-même abusée de son état. Selon la cour d'Angers (6 déc. 1928, D.H. 1929. 154), la nullité ne pouvait être prononcée que si l'erreur avait été le résultat, non d'une erreur de rédaction de l'acte de mariage, mais de manœuvres dolosives de la part de l'épouse. De plus, celle-ci soutenait que son troisième mari avait été au courant de ses deux premiers mariages.

6. Il n'était pas nécessaire de s'en référer à la conception si restrictive des Chambres réunies pour écarter une erreur sur le prénom de l'époux (Trib. civ. Seine, 2 mai 1912, D.P. 1912. 5. 20), ses mauvaises mœurs (Montpellier, 1er févr. 1866, précité), son âge (Trib. civ. Seine, 28 déc. 1907, *Gaz. Pal.* 1908. 1. 185 et *Rev. trim. dr. civ.* 1908. 97, obs. Josserand), sa filiation naturelle (Bordeaux, 21 mars 1866, précité), son état de grossesse (Trib. civ. Rochefort, 26 avr. 1926, précité), son impuissance (Riom, 2 arrêts précités), son passé judiciaire (Trib. civ. Strasbourg, 21 déc. 1920, précité). Il eut été possible pour un même résultat, de constater que ces qualités ne sont pas des conditions substantielles, constitutives de la personne civile, ou encore par une appréciation de fait, de relever qu'elles n'avaient pas été déterminantes dans la pensée du conjoint.

donc une jurisprudence *Berthon*, l'autorité des Chambres réunies n'est pas aussi forte qu'on le dit dans l'esprit des juges qui l'ont souvent suivie par facilité ou par prudence et non sans retouches.

Encore est-ce la moindre atteinte à son prestige car, si la Cour suprême n'a, l'occasion manquante, ni désavoué, ni confirmé sa jurisprudence, la tendance dominante des cours et tribunaux a marqué, dès après la guerre 1914-1918 et surtout dans les dernières années, un net revirement. Amorcé par deux décisions charnières[7], il s'est depuis consolidé autour de deux propositions complémentaires, également opposées à l'arrêt *Berthon*.

D'une part, il n'est plus nécessaire pour obtenir la nullité, que l'erreur ait porté sur l'identité civile d'un conjoint et fait naître une confusion de personnes civiles; il suffit qu'elle ait eu pour objet une qualité – jugée déterminante – de la personne[8].

D'autre part (et c'est le contre-pied le plus net de l'arrêt *Berthon*), il n'est plus suffisant que l'erreur ait porté sur l'identité civile[9]; il faut encore que l'erreur sur l'identité civile elle-même ait été déterminante pour entraîner la nullité.

Ce revirement n'instaure pas nécessairement, on le voit, une jurisprudence plus libérale, puisque, paradoxalement, la nouvelle tendance est tout à la fois plus extensive que la thèse des Chambres réunies lorsqu'elle se contente d'une erreur déterminante sur les qualités, et plus restrictive lorsqu'elle ne se contente pas d'une erreur non déterminante sur l'identité civile.

Ce n'est pas à dire que le caractère déterminant de l'erreur soit devenu l'unique condition de la nullité. L'erreur doit encore porter sur la personne (admettre une erreur déterminante sur le patrimoine, par exemple, serait violer

7. En dépit d'une allusion à l'arrêt *Berthon*, le système de l'erreur déterminante y apparaît nettement, puisqu'il est affirmé que la nationalité peut devenir en certaines circonstances – la guerre – un élément essentiel de la personnalité civile et l'erreur sur la nationalité être retenue sur la preuve qu'un époux n'aurait pas consenti au mariage, s'il avait connu la nationalité véritable de son conjoint (Trib. civ. Seine, 4 avr. 1918, S. 1920. 2. 129, note II. Rousseau; Trib. civ. Seine, 2 janv. 1920, D.P. 1920. 2. 78, 2e espèce). Il reste qu'en fait l'erreur fut jugée déterminante par la première décision (mariage célébré le 25 août 1914 entre une Française et un Allemand qui s'était fait passer pour Alsacien), mais non par la seconde (mariage célébré le 20 déc. 1906 entre un Allemand pris pour un Alsacien et une Française d'origine alsacienne).

8. Ainsi pour avoir épousé sans le savoir un homme divorcé père d'un enfant (Trib, civ. Bordeaux, 9 juin 1924, *Gaz. Pal.* 1924. 2. 201), ou un homme qui, s'avouant divorcé, avait faussement prétendu n'avoir pas contracté d'union religieuse (Trib. civ. Seine, 4 avr. 1951, J.C.P. 1953. II. 7408), ou un « voleur assassin » qu'elle croyait paisible cultivateur (Trib. civ. Bressuire, 26 juill. 1944, D. 1945. 94), la femme, en chacun de ces cas, ne s'était nullement méprise sur la véritable identité civile de son époux, mais obtint chaque fois la nullité du mariage en démontrant qu'elle n'y eût pas consenti en connaissance de cause. Le jugement du tribunal civil de la Seine du 28 nov. 1930 (*Gaz. Pal.* 1930. 2. 947), est moins significatif, bien qu'il se rallie au système de la cause impulsive, parce que l'erreur portait sur l'état civil.

9. V. Bordeaux, 21 déc. 1954 (D. 1955. 242, note Esmein) : erreur jugée indifférente parce que non déterminante bien que portant sur divers éléments de l'état Civil dont le nom; et surtout Paris, 12 juin 1957 (D. 1957. 571, J.C.P. 1957. II. 10110, note Lindon) : erreurs sur divers éléments de l'état civil dont le nom, le lieu de naissance, la qualité de la filiation, non retenues parce que non déterminantes. D'autres décisions ont moins de portée bien qu'ayant aussi rejeté la nullité faute d'erreur déterminante, parce que celle-ci n'avait pour objet que l'âge de la femme (Trib. civ. Seine, 6 déc. 1949, D. 1950. 103) ou la date et le lieu de naissance du conjoint (Trib. civ. Grenoble, 7 mai 1958, D. 1959. Somm. 6; *Gaz. Pal.* 1958. 2. 82). La solution n'eut pas été différente dans le système des Chambres réunies.

l'art. 180). Mais l'objet de l'erreur a perdu de son importance au profit de son caractère déterminant, et la notion de personne s'est élargie jusqu'à comprendre les qualités de la personne et pas seulement l'identité civile ou physique. Enfin le dol, si souvent relevé par nos juges, joue, semble-t-il, aussi, un rôle à préciser, en dépit de l'adage fameux.

*
* *

Toute vigilance est de rigueur pour qui s'en prend à une maxime aussi puissamment enracinée que l'exclusion du dol en mariage, réaffirmée par quelques décisions[10], par tous les auteurs français, seulement en désaccord, parfois, sur sa raison d'être[11], et solidement fondée sur la règle « pas de nullité sans texte en mariage ». Comment expliquer pourtant que le dol de l'époux objet de l'erreur, forme, en fait, depuis le début du XIXe siècle, un facteur non négligeable de décision ? Certains jugements d'annulation font état soit expressément d'un dol[12], soit d'une tromperie, d'une dissimulation[13]. Dans certains autres, validant le mariage au contraire, il est précisément relevé qu'aucune tromperie ne pouvait être reprochée à l'époux objet de l'erreur, ou, à tout le moins, le juge ne fait nulle mention d'un dol qui n'apparaît pas davantage dans les faits de l'espèce[14].

Faut-il donc, contre tout ce qui a été dit à ce jour, tenir le dol pour une cause de nullité distincte de l'erreur dans la personne, en mariage comme en droit commun ? Aucune des décisions citées ne l'affirme. Aucune ne l'implique même. On le comprend. Faire en effet du dol (erreur provoquée, comme on sait) une cause de nullité distincte de l'erreur dans la personne, signifierait que le dol suffirait à lui seul à faire annuler le mariage alors même que l'erreur provoquée n'aurait point porté sur la personne de l'autre époux, mais sur un autre objet (le patrimoine, la richesse du conjoint, ou tel autre fait extérieur à la personne même du conjoint, la religion des parents, l'honorabilité de la famille, la maladie d'une

10. Trib. civ. Rochefort, 26 avr. 1926, précité; Trib. civ. Seine, 22 mars 1956, précité.

11. V. par ex. Planiol et Ripert, *Traité prat. de droit civil français*, t. 2, par Rouast, n° 99; Glasson, *Du consentement des époux au mariage*, 1866, n° 135; Aubry et Rau, *Droit civil français*, 6e éd., par Esmein, § 462, texte et notes 1 et 14; Carbonnier, *Droit civil*, t. 1, p. 96; Costalat, *L'erreur dans le mariage*, thèse Paris 1952, p. 12 et s.

12. Colmar, 6 déc. 1811 (S. et P. chron. : l'homme avait dissimulé qu'il avait été frère lai capucin avant la Révolution); Bourges, 6 août 1827 (*Jur. gén.* v° *Mariage*, n° 71, note (1); insiste beaucoup sur le dol); Trib. civ. Chaumont, 9 juin 1858 (D.P. 61. 5. 305 : la future avait dissimulé à son futur qu'elle était enceinte avant le mariage des œuvres d'un tiers); Trib. civ. Seine, 4 avr. 1918, précité (manœuvres frauduleuses de l'Allemand se faisant passer pour Alsacien); Trib. civ. Bordeaux, 9 juin 1924, précité (vise plusieurs fois le consentement obtenu par dol); Trib. civ. Bressuire, 26 juill. 1944, précité; Trib. civ., Seine, 4 avr. 1951, précité.

13. Trib. civ. Agen, 6 juill. 1860 (S. 60. 2. 353 : dissimulation par le mari de sa qualité de prêtre espagnol); Paris, 12 mars 1903, précité; Trib. civ. Seine, 28 nov. 1930, précité : dissimulation par le mari de sa qualité d'ancien détenu libéré sur parole).

14. Orléans, 6 juill. 1861 (S. 61. 2. 485); Trib. civ. Rochefort, 26 avr. 1926, précité; Trib. civ. Seine, 2 janv. 1920, précité : dol de l'Allemand non établi. – *Adde* entre beaucoup d'autres, Riom, 2 arrêts précités. – V. pourtant : Trib. civ. Avignon, 3 avr. 1905 (*Gaz. Trib.* 11 oct. 1906 : mariage validé en dépit d'un dol caractérisé, avec falsification d'un acte de l'état civil).

sœur, etc.)[15]. Nos juges n'auraient pu le faire sans violer, outre la maxime « pas de nullité sans texte », l'essence même du mariage, union de personnes, qui ne peut être laissée à merci de considérations étrangères à la personne des époux. Ce n'est donc que dans le cadre de l'erreur dans la personne (de l'art. 180) que le dol est pris en considération, comme élément d'une erreur touchant à la personne d'un conjoint[16].

En forme-t-il, pour autant, un élément constitutif et toujours nécessaire[17] ? On aurait beau jeu de montrer qu'en fait l'erreur d'un époux résulte presque toujours d'une dissimulation de la part de l'autre. Néanmoins pour les cas, plus rares, où l'erreur aurait été commune (v. Trib. civ. Rochefort, 26 avr. 1926, précité : la fiancée avait pu de très bonne foi se croire enceinte sans l'être), le mariage n'en serait pas moins annulable, toutes autres conditions de la nullité étant, d'ailleurs, réunies. En décider autrement serait ajouter une condition à l'art. 180, ce que notre jurisprudence n'a jamais prétendu.

Élément contingent, le dol, en définitive, peut être considéré comme une circonstance aggravante de l'erreur dans la personne. Demolombe l'avait dit (*Traité du mariage*, t. 1, n° 252), saluant encore dans le dol une des meilleures preuves de l'erreur, et c'est bien dans cet esprit que, sans le dire, nos tribunaux font état du dol.

Reste à savoir en quoi le dol aggrave la sanction de l'erreur. Il semble que ce soit par un élargissement de la notion de « personne ». Si, en effet, le caractère déterminant de l'erreur permet au juge de prendre en considération de simples erreurs sur les qualités, il peut, à défaut de dol, hésiter à le faire, ou y être encouragé par la preuve d'un dol. De fait, la notion de personne paraît plus étroite dans l'erreur spontanée que dans l'erreur provoquée, comme si, de celle-là à celle-ci, le centre de gravité se déplaçait de l'objet de l'erreur à son origine : il est tout naturel que le dol d'un époux rende le juge moins exigeant sur la définition de personne au sens de l'art. 180[18]. Le dol trouve ainsi sa place naturelle de circonstance aggravante dans le cadre de l'erreur dans la personne. Nos juges cherchent avant tout si l'erreur dans la personne a été déterminante et se font d'autant plus larges sur l'objet de l'erreur (la notion de personne) qu'elle aura eu pour cause un dol plus caractérisé.

15. Par ex., le Code civil allemand (a. 1334) retient comme cause de nullité, le dol sur des faits (en général, et, donc pas nécessairement relatifs à la personne des époux) à la condition qu'il soit prouvé que l'époux se serait abstenu en connaissance de la situation réelle. Toutefois, suivant le même article, le dol sur la circonstance du patrimoine ne donne pas lieu à annulation. Finalement les faits qui ne concerneraient ni la personne ni le patrimoine des époux ne paraissent pas très nombreux.

16. C'est pourquoi le tribunal civil de la Seine, le 4 avr. 1951 (J.C.P. 1953. II. 7408), a pu accorder l'exequatur à une décision américaine annulant un mariage pour dol, sans violer la maxime française, parce que celle-ci exclut seulement le dol qui n'engendrait pas une erreur dans la personne et qu'en l'espèce il y avait une erreur dans la personne, provoquée par le dol.

17. Bonaparte aurait voulu qu'on admît l'erreur sur la personne physique en toute hypothèse et l'erreur sur la famille au cas de fraude seulement, et en l'absence d'enfant (v. Fenet, t. 9, p. 44, 45, 105).

18. Le Code civil suisse suit une inspiration analogue, en distinguant l'erreur spontanée (art. 124, 2°) et l'erreur provoquée (art. 125). La première ne permet l'annulation que si elle est relative à des qualités si essentielles du conjoint que leur défaut lui rend la vie commune insupportable. La deuxième peut ne porter que sur l'honorabilité du conjoint ou une maladie grave par lui cachée. Cf. en jurisprudence française, Trib. civ. Bordeaux, 9 juin 1924, précité, et Trib. civ. Bressuire, 26 juill. 1944, précité.

En fin de compte, si, pour le dol, notre jurisprudence n'a pas renié le vieil adage, pour l'erreur dans la personne, l'autorité de l'arrêt *Berthon* n'y paraît plus qu'un mythe.

On pourrait se demander si son orientation est conforme à la loi. Elle semble ne l'être ni plus ni moins que les autres, dès lors que nos juges continuent à exiger que l'erreur déterminante porte sur la personne (qualité ou identité) et que l'art. 180 du Code civil se borne à exiger une erreur dans la personne. Pour soutenir le contraire, il faudrait démontrer que la notion de personne dans ce texte est une notion précise. Or elle n'apparaît telle ni dans les travaux préparatoires, à en juger par l'incroyable diversité des opinions[19], ni en elle-même, si l'on suit en doctrine les variations d'interprétations et les flottements de la terminologie (personnalité morale, physique, civile, sociale, identité civile, individualité complète, etc. : on a tout dit). En réalité, la notion de personne dans l'art. 180 étant une notion vague qu'il faut nécessairement interpréter, la conception de l'erreur déterminante dans la personne n'en est qu'une des interprétations possibles.

Aussi bien est-ce en législation qu'il faut remettre en cause le principe même de cette interprétation et se demander si le législateur doit ôter au juge tout pouvoir d'appréciation en déterminant davantage la notion d'erreur, ou s'il est opportun de laisser au juge un pouvoir d'appréciation et dans quelle mesure.

II.

La trilogie traditionnelle (identité physique, identité civile, qualités) n'exprime qu'imparfaitement le véritable conflit de tendances qui s'établit, de plus haut, entre une (ou plusieurs) conception de l'erreur que nous nommerions volontiers déterminée et la thèse, elle-même diversifiée, de l'erreur déterminante.

*
* *

Dans le système de l'erreur dite *déterminée*, les seules erreurs dirimantes sont déterminées par le législateur et le sont dans leur objet seulement, selon une méthode comparable à celle des causes péremptoires de divorce. La loi fournit une énumération limitative des cas d'erreurs et retient chacune d'elles en fonction de son objet qui s'impose ainsi au juge (erreur sur l'appartenance familiale, la nationalité, la religion, etc.). Détermination légale limitative, détermination objective péremptoire en forment les traits spécifiques.

Pareil système peut, à l'évidence, être plus ou moins restrictif suivant la liste retenue. Tel n'admettra que l'erreur sur l'identité physique, tel autre y ajoutera l'erreur sur l'identité civile. En comptant aussi l'erreur sur la nationalité, l'avant-projet de réforme du Code civil (art. 271) suit le même procédé, et c'est encore la

19. V. Fenet, t. 9, p. 43 s. (1re discussion), p. 99 s, (2e discussion), et p. 167 (exposé des motifs par Portalis qui présente l'opinion la plus restrictive de l'erreur sur l'identité physique, à peine évoquée pourtant, lors des discussions, auxquelles, il est vrai, il paraît ne pas avoir assisté).

méthode anglo-saxonne[20] ou celle de certains auteurs, en dépit d'un allongement très net de la liste proposée[21]. Et, bien sûr, pour apprécier les mérites respectifs de chaque variante, il serait essentiel de les opposer par leur tendance plus ou moins libérale[22].

Pour s'en tenir à une appréciation générale, le système de l'erreur déterminée se caractérise (et, selon nous, se condamne) par son excessive rigidité. Limitatif, il exclut, toujours la prise en considération par le juge d'erreurs que le législateur n'aurait pas prévues. Or il se peut qu'une erreur ordinairement anodine et par le fait exclue de l'énumération légale, devienne capitale par l'effet de circonstances que le législateur ne peut toutes prévoir. Péremptoire, le système ôte au juge la faculté de ne pas prononcer la nullité lorsque l'erreur porte sur un objet prévu par la loi. Or, telle erreur, grave à l'ordinaire, peut, à l'occasion, cesser de l'être. Dans l'un et l'autre cas le juge est sans pouvoir.

Objecte-t-on que cette rigidité n'est pas de l'essence d'un système que le législateur peut assouplir ? Les assouplissements ne vont pas sans danger : 1° La loi peut laisser une part d'indétermination dans la définition de l'erreur et retenir à côté de causes spéciales d'erreur dont l'objet est très précisément déterminé (erreur sur le nom, l'âge, la qualité de la filiation) des causes génériques aux plus larges virtualités d'application, l'erreur étant encore déterminée par son objet mais l'objet restant assez vague : ainsi l'erreur sur l'identité civile[23]. Deux inconvénients apparaissent alors. D'abord le critère de l'erreur déterminée y perd sa précision sinon sa clarté. De fait, sous son apparente netteté, la notion d'identité civile s'est toujours illustrée par les confusions qu'elle a provoquées. Sans évoquer

20. V. Costalat, thèse précitée, p. 76 s., citant le *Matrimonial causes Act* de 1937 et l'ouvrage de Lachenal « Le mariage et le divorce en droit interne et en droit international privé anglais », thèse Genève 1941.

21. M. Rouast, *in* Planiol et Ripert, *op. cit.*, t. 2, n° 104.

22. Tout le monde (sauf Trib. civ. Bourges, 17 août 1826, *Jur. gén.* v° *Mariage*, n° 71, note 1) reproche ainsi à la thèse qui s'en tiendrait au seul cas d'erreur sur la personne physique, d'être restrictive jusqu'à l'absurde, la substitution frauduleuse d'un tiers à l'élu, lors de la célébration, ne pouvant s'accomplir qu'à la faveur d'un mariage nocturne ou voilé, de la cécité du conjoint, d'une ressemblance à se méprendre, d'un mariage convenu à l'avance entre personnes ne se connaissant point jusqu'alors, ou d'autres circonstances aussi peu banales (Cf. Esmein, note au D. 1955. 243). Un exemple biblique, le mariage de Jacob et de Lia, substituée à Rachel, *Genèse*, 29, 20-28 un autre, tiré de la jurisprudence canonique, cité par Cangardel, *Le consentement des époux au mariage*, thèse Toulouse, 1934, p. 134. On sait, au contraire, que la thèse également très étroite de l'identité civile rencontre l'approbation des uns, en hommage à l'institution du mariage et à la paix des familles (v. ce thème *in* Paris, 4 févr. 1860, aff. *Berthon*; et le morceau de bravoure sur l'âme et les diverses parties du corps, Trib. civ. Rochefort, 26 avr. 1926, précité), et la critique des autres (très bien menée par Trib. civ. Chaumont, 9 juin 1858, D. P. 61. 5. 305 et surtout Trib. civ. Boulogne, 26 août 1853, D. P. 53; 2. 56. – *Adde* Trib. civ. Bordeaux, 9 juin 1924, précité, et Trib. civ. Bressuire, 26 juill. 1944, précité).

23. Un autre système d'erreurs déterminées par directives souples pourrait encore retenir les erreurs portant sur un des éléments constitutifs de la personne civile, de l'état des personnes, ou, au moins, sur les principaux d'entre eux. Les mêmes inconvénients apparaissent : à supposer que l'on puisse s'entendre sur la notion d'état et ses éléments, une erreur sur un élément de l'état n'est pas toujours grave (il peut être sans importance d'épouser un Basque espagnol au lieu d'un Basque français) et réciproquement, une erreur ne portant pas sur un élément de l'état peut l'être (dissimulation d'une grossesse).

l'une d'elles désormais historique[24], la distinction de l'identité civile et des qualités manque de clarté, puisque l'erreur dite sur la personnalité complète (autre nom de l'erreur sur l'identité civile) ne porte pas nécessairement sur tous les éléments de l'état du conjoint (ni même sur plusieurs), mais peut résulter d'une erreur partielle, sur un seul de ces éléments, de sorte que, comme le notait déjà Demolombe (*Traité du mariage*, t. 1, n° 253), l'erreur sur la personne civile ne constitue elle-même qu'une erreur sur les qualités.

Bien mieux, une erreur d'identité, une confusion de personnes civiles peut résulter non seulement d'une erreur sur le nom, l'appartenance familiale (hypothèse admise par les Chambres réunies), mais aussi bien d'une confusion portant sur un élément secondaire de l'état devenu, par aventure, le seul point de différenciation (civile) de deux personnes (le prénom qui distingue deux homonymes ; la date de naissance, deux cousines aux mêmes noms et prénoms, etc.)[25]. Faudrait-il dans ces cas prononcer la nullité pour erreur sur l'identité civile (et alors, bien entendu que celle-ci ne se doublerait d'aucune confusion de personnes physiques et que, par exemple, en épousant Delphine qui se serait présentée à lui sous le prénom de sa sœur Marinette, le fiancé aurait parfaitement connu et distingué les deux sœurs, et choisi l'une d'elles *corpori et animo*) ? La conséquence est inadmissible.

2° Le législateur peut encore laisser au juge un certain pouvoir d'appréciation, dans le cadre de causes facultatives et non péremptoires de nullité : c'est, en vérité, la négation même du système. Ou bien, en effet, le législateur laisse entièrement libre l'appréciation du juge (ce qui est trop), et le système légal de l'erreur déterminée se dissout dans l'arbitraire judiciaire, ou bien, le législateur indique au juge les critères de son appréciation, les poids et mesures de l'erreur (ce qui est heureux) : il tombe alors, presque inévitablement, dans le système de l'erreur déterminante.

*
* *

Dans ce système, l'erreur sur la personne n'emporte nullité que si le juge l'a qualifiée de déterminante. À la détermination légale et objective des cas d'erreurs se substitue une détermination judiciaire – marque essentielle du système – qui n'est plus fondée, au moins principalement sur l'objet de l'erreur, mais sur son

---

24. Pendant la première moitié du XIXe siècle, certains auteurs paraissent n'avoir admis l'erreur sur l'identité civile (on disait alors sur la personne sociale) qu'au cas où elle se serait doublée d'une erreur sur la personne physique, hypothèse qui se réalise lorsqu'un tiers se fait passer pour le fiancé inconnu avec lequel le projet de mariage avait été formé. Il y a tout à la fois substitution de personnes physiques (rendue possible par le projet de mariage conclu entre personnes ne se connaissant pas) et emprunt d'état civil (v. Costalat, thèse précitée, p. 44 s.) ; Demolombe lui-même s'y est trompé (*Traité du mariage*, t. 1, n° 261, p. 382). La cause de la confusion vient du droit canonique qui, n'admettant en principe que l'erreur sur la personne (physique), y ajoutait par exception l'*error qualitatis « si redundet... in errorem pérsonae »*, pratiquement lorsqu'une erreur sur l'identité civile se résout en erreur sur la personne physique (v. canon 1083. § 1 et § 2 ; Cangardel, thèse précitée, p. 137, toujours des mariages convenus entre personnes ne se connaissant point). On a reconnu par la suite que l'erreur sur l'identité civile suffit même lorsqu'elle ne se double d'aucune substitution corporelle ; l'arrêt *Berthon* est en ce sens.

25. V. en dernier Costalat, thèse précitée, p. 64. 66, 67 s., citant Ed. Levy, critiquant, l'un et l'autre, cette solution.

caractère déterminant. Les limites d'un tel pouvoir, pour beaucoup si redoutable, forment le point délicat. De fait, la valeur du système diffère de l'une à l'autre de ses variantes car la notion d'erreur déterminante peut être plus ou moins subjective, la qualification judiciaire d'erreur déterminante psychologique ou sociologique.

Elle est *psychologique* lorsque le juge se demande si le conjoint victime de l'erreur eût ou non contracté mariage en connaissance de cause. Le juge se livre (au conditionnel passé) à une recherche d'intention probable, dans la psychologie même du conjoint abusé, fondant ses investigations sur les opinions, les croyances, les convictions personnelles de celui-ci, sa situation individuelle, sa vie, son passé, etc., appréciation « in concreto » qui, d'un même type d'erreur, peut faire une erreur déterminante ou indifférente d'un individu à l'autre.

Ce parti psychologique n'est pas nouveau. Il peut même s'autoriser d'une tradition prétorienne fort ancienne[26], d'opinions doctrinales éminentes[27], et de l'exemple de certaines législations étrangères[28].

En France même, il apparaît comme une tendance presque naturelle du juge[29], parfaitement conforme à la notion générale de vice du consentement (quand fera-t-on de la psychologie, sinon dans la théorie des vices du consentement ?) et, spécialement, à la notion d'erreur sur la substance ou la personne, suivant le droit commun de l'art. 1110 du Code civil.

Il est cependant trop évident qu'à l'état brut, la thèse purement psychologique de l'erreur déterminante conduit à des conséquences inadmissibles : non point lorsqu'elle affirme qu'une erreur déterminante est toujours nécessaire (elle est, alors, plus restrictive que beaucoup d'autres), mais lorsqu'elle pose qu'une erreur déterminante suffit toujours à fonder la nullité, quel qu'en soit l'objet. Elle se fait alors beaucoup trop extensive, englobant jusqu'à tous ces défauts physiques ou moraux qui, mieux connus, feraient obstacle à tant d'unions. Le mariage ne peut dépendre des mauvaises surprises des lendemains de noces ou de la vie conjugale[30].

Aussi bien pareil excès peut-il être évité dans le cadre d'une conception psychologique tempérée (celle de beaucoup de nos juges)[31] dont le caractère

26. Avant l'arrêt *Berthon*, la tendance dominante de notre jurisprudence était d'admettre l'erreur sur « la personne morale », c'est-à-dire sur les qualités (qualité de frère capucin : Colmar, 6 déc. 1811, précité; d'enfant adultérin : Trib. civ. Boulogne, 26 août 1853, précité; grossesse des œuvres d'un tiers : Trib. civ. Chaumont, 9 juin 1858, précité), mais à la condition que la qualité soit « substantielle », c'est-à-dire (ici) telle que si elle avait été connue du conjoint, il n'aurait point consenti au mariage; le jugement du tribunal de Boulogne est remarquable parce qu'il reconnaît que la tâche d'adultérinité n'eut point été pour le fiancé un obstacle au mariage. En somme, la jurisprudence moderne ne fait que renouer avec cette très ancienne conception psychologique de l'erreur déterminante.

27. Celles de Thibaudeau de Tronchet et de Regnier lors des Travaux préparatoires du Code civil, Fenet, t. 9, p. 45 et 103).

28. Allemande (art. 1333 et 1334 B. G. B.) et autrichienne (art. 37 c. civ.).

29. Puisqu'on la retrouve sous-jacente à la jurisprudence dite *Berthon* elle-même (v. 1re partie, notes 4 et 5).

30. V. la diatribe déjà citée du Trib. civ. Rochefort, 26 avr. 1926.

31. On y retrouve les deux tempéraments : c'est très visible pour le dol, on l'a vu; pour l'autre aussi à en juger par l'usage modéré que notre jurisprudence a fait de la théorie de l'erreur déterminante. Les jugements précités des tribunaux de Boulogne, 26 août 1853, et de Chaumont, 9 juin 1958, sont pleins de sagesse.

déterminant de l'erreur ne formerait plus la seule considération, mais à titre d'appoint, sa cause, ou de limite, son objet. Ainsi, telle erreur déterminante ne serait retenue qu'à la condition d'avoir été provoquée par dol, accent délictuel donné à la théorie psychologique; ou encore, une erreur déterminante serait jugée indifférente dès lors qu'elle porterait sur des qualités purement physiques ou morales, dans lesquelles la conscience populaire refuse de voir des causes possibles de nullité. La théorie psychologique est alors cantonnée par un critère sociologique qui, d'accessoire, peut devenir principal.

La qualification d'erreur déterminante peut être dite *sociologique* lorsque le juge, sans souci de la pensée individuelle du conjoint se demande si la qualité en cause eût fait obstacle au mariage « de la part de toute personne placée dans les mêmes conditions ». L'appréciation du caractère déterminant se fait impersonnelle, *in abstracto*, par référence aux sentiments supposés d'un type imaginaire d'homme, vivant aux mêmes temps et lieux que les juge et parties (on n'oserait pas dire d'un bon père de famille mais d'un fiancé moyen), au fond, par référence à l'opinion du milieu (il faudrait même préciser, en pays de pluralisme, du milieu du demandeur et de sa famille spirituelle). Un jugement isolé s'explique bien là-dessus (Trib. civ. Seine, 18 janv. 1938, D. P. 1939. 2. 32; S. 1938. 2. 119). Mais le système, plus répandu, de l'erreur sur les qualités « substantielles » illustre surtout cette conception, l'appréciation du caractère substantiel étant beaucoup plus coutumière que subjective[32].

Une telle thèse paraît présenter beaucoup d'avantages. Plus souple que le système limitatif et péremptoire de l'erreur déterminée puisque le juge y conserve la mission de qualifier une erreur de déterminante (ou substantielle), il est moins anarchique que la conception purement psychologique de l'erreur déterminante parce que le juge n'y est pas l'interprète de caprices et de dépits individuels, mais l'oracle de la sagesse populaire. (comme le juge des bonnes mœurs, ou du bon père de famille).

Les non-conformistes ou les « asociaux » risqueraient il est vrai d'en tirer avantage. Telle qualité réprouvée du commun ne les offusque pas. Le Français moyen n'épouserait pas un bagnard, mais un autre bagnard ? Une erreur sociologiquement déterminante peut être psychologiquement indifférente et la théorie sociologique plus large, dans ces cas atypiques, que l'autre.

Pour finir, une combinaison des critères psychologique et sociologique serait peut-être la plus heureuse[33]. Le juge ne tiendrait pour déterminante que l'erreur qu'il pourrait juger telle, et dans la pensée du demandeur, et dans l'opinion commune (ou au moins d'après celle du groupe social, de la famille spirituelle du

32. Par là ce système se rapproche de la thèse qui admet les erreurs sur les éléments constitutifs de la personne civile, de l'état des personnes. Il s'en distingue pourtant par son critère coutumier, et beaucoup moins juridique. Dans l'appréciation du juge, une qualité peut être substantielle sans être un élément de l'état des personnes (grossesse des œuvres d'un tiers), et réciproquement, un élément de l'état des personnes n'être pas qualifié de substantiel (l'âge, le nom, la nationalité, selon les circonstances).

33. Ou encore une combinaison originale du système de l'erreur déterminée et de l'erreur déterminante, le législateur excluant expressément certains types d'erreur d'après leur objet (erreur sur les qualités purement physiques ou morales) pour admettre toutes les autres erreurs sur les qualités de la personne à la condition que le juge puisse les qualifier de déterminantes.

demandeur). Si le législateur ne l'enfermait pas dans une liste limitative d'erreurs déterminées, la Cour suprême, le cas échéant, n'aurait pas grand peine, dans le vague actuel de l'art. 180, pour y acclimater cette thèse souple et modérée, qui laisse assez de pouvoir au juge, sans lui en donner trop ; à moins, encore, que le législateur ne l'y invite lui-même, espoir fragile.

LA PHOTOGRAPHIE ET LE DROIT D'AUTEUR

1960

Henri Desbois

Professeur à la Faculté de droit et des sciences économiques de Paris

Il est, à l'art. 3 de la loi du 11 mars 1957, dans la liste non exhaustive des œuvres de l'esprit, comme telles investies des droits d'auteur, une formule qui ne manquera pas d'attirer et de retenir l'attention des commentateurs : « les œuvres photographiques de caractère artistique et documentaire ». Le Parlement a-t-il obéi à une heureuse inspiration, en subordonnant la protection des photographies à une condition alternative ? Telle est la question que le lecteur de l'art. 3 se posera, non sans quelque anxiété. Encore doit-il avoir pris la précaution de faire le point, en se représentant, aussi exactement que possible, quel était l'état de la jurisprudence à la veille de la loi nouvelle ; cette évocation du passé n'a, d'ailleurs, pas seulement un intérêt rétrospectif, car il n'est pas certain que la formule de l'art. 3 soit applicable à tous les litiges qui concerneront les clichés reproduits sans autorisation avant le 14 mars 1958, date à laquelle le nouveau statut est entré en vigueur.

La jurisprudence antérieure à la loi du 11 mars 1957

Une vision d'ensemble révèle des variations, des contradictions, qui semblent déceler un état de « mauvaise conscience ». Le silence du législateur portait la responsabilité d'un tel état d'esprit. Il apparut aux tribunaux que la reproduction des clichés appelait le blâme, et, d'instinct, ils recoururent à l'action en contrefaçon, qui protège les œuvres d'art. Sinon, ils craignaient d'être conduits, au mépris de la justice, à se désintéresser d'initiatives qui, à juste titre, leur paraissaient appeler la censure et une sanction judiciaire.

Et cependant, l'assimilation, sur laquelle ils ont fondé leurs condamnations, n'échappe pas à la critique, car, à vrai dire, la méthode qu'ils ont suivie, est irrationnelle : que les photographies doivent être placées sous l'égide d'un statut apparenté à celui des œuvres d'art, il est vain de le nier ; mais que les unes et les autres soient soumises à un seul et même régime, voilà qui va à l'encontre des résultats d'une analyse impartiale de la genèse des clichés, menée par comparaison avec les traits essentiels de l'élaboration des créations artistiques. Une prise de vue donne lieu à des manifestations de goût et de talent ; l'opérateur peut faire preuve de qualités artistiques, en même temps que de connaissances et d'expérience d'ordre technique : il choisit le sujet et parfois le compose au gré de son imagination ; il détermine ensuite l'angle sous lequel il le fixera, ainsi que l'éclairage le plus propice à le mettre en valeur. Mais, lors de l'enregistrement, instantané ou non, une servitude lui est imposée, dont le peintre et le sculpteur n'ont pas à subir les contraintes : l'artiste a la possibilité de substituer à la vision, qu'il a sous les yeux, une composition imaginaire… au risque d'offusquer son modèle; le photographe est incapable d'une telle transposition, car, après l'achèvement des préparatifs, il s'en remet, à l'appareil, à des forces mécaniques, physiques et chimiques, qui reproduiront fidèlement, servilement, « inhumainement », le sujet. Sans doute, des retouches pourront être ultérieurement apportées aux épreuves, et la personnalité de celui qui les effectuera aura l'occasion de se manifester, comme au cours des préparatifs. Mais, les lois naturelles interdisent de reconnaître au fait primordial, essentiel, qui constitue un enregistrement photographique, les caractères de « l'exécution personnelle », qui fournit la pierre de touche de la création artistique. En raison, les photographies appellent un statut autonome, qui soit édifié à l'image et en marge de celui des œuvres artistiques. Mais, seul, le législateur a qualité pour élaborer un tel dispositif; l'indigence de la loi française expliquait les variations, les contradictions des juges, qui se sont évertués à résoudre une équation mal posée.

Deux tendances se sont affrontées, l'une marquée au coin d'un esprit absolu, l'autre tout imprégnée de nuances. La première a eu jadis des partisans, mais déjà les esprits, qui s'en réclamaient, se répartissaient en deux camps, où ils occupaient respectivement des positions symétriques et inverses. Un avocat général des Cours impériales, Thomas (Cf. *Ann. propr. litt., artist. et industr.*, 1865, p. 405) développa une argumentation, qui refusait à toutes les photographies l'accès du cercle des œuvres de l'esprit : « tout le travail intellectuel et artistique du photographe est antérieur à l'exécution matérielle. Là où le photographe pourrait être assimilé à un peintre par la création de son œuvre dans son imagination, il n'y a pas encore protection de la loi, et, quand l'idée va se traduire en un produit, toute assimilation devient impossible. La lumière a fait son œuvre… un agent splendide mais indépendant a tout accompli… l'homme a pu disparaître dès le début de l'opération; celle-ci se fera quand même sans le concours de son intelligence et de son esprit. La personnalité aura manqué au produit au seul moment où cette personnalité pouvait lui accorder protection. » – En réaction contre une mesure aussi brutale, une autre voix s'était élevée, pour réclamer l'assimilation pure et simple des photographies aux œuvres d'art et les placer toutes, sans distinction ni réserve, sous l'égide des droits d'auteur; l'avocat général Bachelier, s'exprimait en ces termes : « Ce que la loi protège, c'est le dessin, c'est l'œuvre. Or l'œuvre photographique a pour résultat un dessin, quel que soit le procédé employé pour l'obtenir » (*Ann. propr. litt., artist. et industr.* 1864, p. 230). Une telle affirmation contrevenait à la logique, ne tenant pas compte du fait que l'exécution personnelle est la première des conditions de la vocation à la qualité d'auteur dans le domaine des arts figuratifs : une différence irréductible oppose aux simples décalques les dessins, et même les copies, faites à la main, d'œuvres préexistantes, car le crayon ou la plume obéit à une intelligence, appelée à opérer des choix qui révèlent un tempérament, des goûts, une personnalité.

En présence des défauts de ces deux conceptions, qui péchaient, l'une par un excès de rigueur, l'autre par une erreur d'analyse, les juges se sont tournés vers un autre horizon : ils ont donné leur préférence à un *système éclectique*. Un arrêt de la cour d'Orléans, du 4 févr. 1925 (D. H. 1925. 336) peut être cité comme l'un des exemples de cette méthode, qui abandonne à l'appréciation des juges du fond, à leurs préférences individuelles, une sélection, affranchie de toute entrave, « … les reproductions photographiques rentrent dans la catégorie des œuvres protégées par la loi de 1793, dès que l'opérateur a fait preuve de goût, d'habileté, de discernement dans ses productions ».

Les tentatives, esquissées pour refréner la diversité des appréciations, étaient condamnées à l'échec, car aucune catégorie de photographies ne doit, d'un point de vue esthétique, être *a priori* éliminée : certains clichés d'amateurs, même novices, soutiennent la comparaison avec les œuvres de professionnels chevronnés. Le 11 mars 1935 (*Ann. propr. litt., artist. et industr.* 1935. 1. 173), la cour de Paris infirmait un jugement du tribunal correctionnel de la Seine qui, le 16 mars 1932 (D. H. 1932. Somm. 39), avait refusé l'accès des droits d'auteur à des vues, prises en avion, de « paysages parisiens » sous le prétexte que de tels clichés portaient surtout l'empreinte des « qualités sportives » de l'aviateur : toute solution, qui implique une sélection par catégories, doit être évitée; quelles que soient les circonstances, dans lesquelles le cliché a été pris, quel qu'ait été l'opérateur, l'appréciation est affaire contingente, laissée à la discrétion des juges du fond.

Les photographies d'actualité, elles-mêmes, ne doivent pas être, comme telles, mises au ban; sans doute, à une époque, où pressés par le temps, les acheteurs de journaux et périodiques se précipitent d'abord vers les images, la tentation pourra venir à l'esprit de prétendre que, comme les nouvelles, par opposition aux articles de fond, de tels clichés échappent aux droits d'auteur; mais, ce serait là succomber aux attraits de la facilité, et oublier que les photographies ont pour raison d'être, dans les publications, d'apporter une illustration, un complément, aux nouvelles du jour, non d'en tenir lieu. (Cf., Civ., 1re sect. civ., 5 mai 1959, D. 1959. 221, note G. Holleaux, S. 1959. 81).

Mais le refus de procéder à une classification, à des éliminations par séries, ne suffit pas à remédier aux inconvénients de la méthode éclectique. Non seulement, en fait, les justiciables ne peuvent compter sur une ligne de conduite ferme et constante, mais, en droit, la loi du 11 mars 1902 a interdit aux juges de tenir compte de la destination et du mérite : les appréciations de caractère esthétique font fi d'une telle prohibition, qui tend à éviter que les tribunaux se transforment en écoles d'art ou en académies.

Aussi bien, les juges du fond ont manifesté la volonté de rompre avec des errements, contre lesquels convergeaient, en une puissante coalition, les objections de fait et de droit. La cour de Lyon, le 5 févr. 1954 (D. 1954. 227; J. C. P. 1955. II. 8564, note R. Plaisant, *Rev. trim. dr. com.* 1955, p. 837, avec nos observ.) a fait un judicieux départ entre l'appréciation de la valeur, qui implique la mise en jeu de critères variables, ondoyants au gré des époques, des écoles, des réactions individuelles, de l'idéal que chacun porte en soi, et la simple constatation de l'*originalité*, autour de laquelle les esprits, venus de tous les points de l'horizon, ont vocation à s'entendre, pourvu qu'ils se prononcent sans préjugés, et, de bonne foi : « ... il apparaît... qu'après une période de tâtonnements la jurisprudence... a dégagé des règles simples, qui l'affranchissent de la tâche délicate, et parfois dangereuse, consistant à apprécier la valeur artistique de l'objet qui lui est soumis... ; est digne de protection... toute photographie, lorsqu'il apparaîtra que son auteur a su obtenir, notamment par le choix du sujet, de sa pose, du cadre dans lequel il est présenté, de l'éclairage, une image qui, *par son caractère personnel*, peut être considérée comme une véritable création de l'esprit ». – En deux arrêts, rendus le 1er avr. 1957 (D. 1957. 436; *Rev. trim. dr. com.* 1957, p. 659, avec nos observ.), la cour de Paris (4e ch.) faisait écho à cette proposition. Selon l'un des deux, le cliché relève du domaine des Beaux-Arts, même s'il est dépourvu de caractère artistique ou documentaire, pourvu qu'il porte une empreinte personnelle; selon l'autre, point n'est suffisant qu'il présente l'un de ces deux caractères, encore doit-il être l'expression de la personnalité de celui qui l'a tiré. Malgré leurs nuances, ces deux décisions élèvent l'originalité, l'empreinte personnelle, au premier rang; elles en font la pierre maîtresse du critère. C'est à juste titre que, dans leurs décisions récentes, les cours de Paris et, de Lyon ont fait abstraction du mérite, pour ne retenir que l'expression de la personnalité. Car, une œuvre d'art peut être originale, sans répondre aux normes esthétiques : la difformité, l'anomalie elle-même sort par définition de la banalité !

Mais, le courant de pensée, qui substitue l'originalité, la personnalité, au mérite, ne conduit-il pas quiconque en accepte le développement logique, à ouvrir les portes de la propriété artistique *à toutes les photographies, sans exception ni réserve* ? Car le moindre choix, heureux ou malheureux, porte la marque des préférences de celui qui l'a fait, et par conséquent, de sa personnalité; seuls, les clichés tirés par un inconscient ou ceux qui résulteraient d'un déclic involontaire, fortuit, seraient privés du bénéfice des droits d'auteur. Dès lors, le système, dit éclectique, rejoint celui des systèmes absolus, qui, jadis, admettait à la protection indistinctement toutes les photographies. Il suffira, en effet, de constater que des options ont été exercées dans la phase des préparatifs : le 31 mai 1944 (D. 1946. 117, avec notre note) le tribunal civil de la Seine avait considéré comme une œuvre d'art une photographie prise en avion « à cause de la personnalité qui s'attache au choix d'un angle de vue ».

Toutefois, l'interprète de la jurisprudence présenterait une vision incomplète de l'évolution, s'il s'arrêtait à cette conclusion : un arrêt, rendu par la chambre civile (1re sect. civ.) le 23 juin 1959 (D. 1959. 384) réveille l'inquiétude, parce que le raisonnement, qui y a pris place, contient tout au moins l'amorce d'un cheminement qui conduirait à l'exclusion de toutes les photographies. Le tribunal civil de Thonon avait rejeté les conclusions de la veuve d'un photographe, qui agissait en contrefaçon contre l'éditeur d'une brochure de publicité touristique, dont les illustrations reproduisaient des clichés d'Aix-les-Bains et du lac du Bourget, pris et publiés par son mari sous forme de cartes postales; le jugement déniait tout cachet personnel à ces vues. Le pourvoi éleva un double grief : « la protection légale est la conséquence nécessaire de l'effort personnel de création que comporte toute photographie »; puis « les juges du fond, tout en admettant implicitement le travail personnel de l'auteur des clichés, ont retenu, pour le contester, dans des motifs contradictoires, des circonstances dénuées de pertinence ». La chambre civile n'a pas, tout au moins directement, exprimé son opinion sur le premier moyen; elle a repoussé l'allégation, déduite d'une prétendue contradiction : « en déclarant que la seule présence de six voiliers sur le lac, au moment de la prise de vue, caractérise seulement le choix heureux fait par l'opérateur du sujet à photographier, sans, pour autant... conférer à l'œuvre l'empreinte de la personnalité de son auteur, en l'absence de toute manifestation d'effort personnel, le tribunal n'a fait qu'exercer, sans se contredire, son pouvoir souverain d'appréciation ».

N'est-ce pas là faire le départ entre les préparatifs d'une prise de vue et l'enregistrement proprement dit ? Les juges ne se sont pas contredits, parce qu'ils ont traité différemment les deux phases. Peu importe que le choix du site, de l'éclairage, de l'angle de vue approprié, voire les apprêts du sujet, révèlent des qualités exceptionnelles qui ne peuvent échapper aux regards les moins exercés. La manifestation de personnalité, qui donne naissance aux droits d'auteur, doit se situer dans la phase d'exécution. Mais, alors, l'interprète sera enclin à déduire qu'aucune photographie n'a accès à la propriété artistique, puisque l'enregistrement, qui correspond à l'exécution d'une œuvre d'art, a un caractère impersonnel, mécanique. Si tel était le véritable sens de l'arrêt du 23 juin 1959, la Cour de cassation dresserait un barrage contre le courant libéral, qui tendait à investir des droits d'auteur indifféremment tous les clichés, en partant de l'idée que les options, qui précèdent la prise de vues, sont autant d'expressions de la personnalité de l'opérateur, de ses préférences et de ses dispositions d'esprit. Un tel résultat ne serait pas illogique, puisqu'il est arbitraire d'assimiler les photographies aux œuvres d'art, l'exécution personnelle leur faisant toujours défaut. Cependant, les intéressés seraient fondés à désespérer d'obtenir quelque jour la tranquillité d'esprit : ils en seraient revenus après un siècle au point de départ de l'évolution, au temps des systèmes absolus : tout ou rien, jamais ou toujours. – Mais, une telle vision n'est que le fruit d'un mauvais rêve, dira-t-on, car la loi nouvelle est venue mettre un terme aux hésitations et réaliser l'harmonie. Acceptons-en l'augure, sans toutefois nous abandonner à des illusions que l'expérience des réalités risque de démentir.

La loi du 11 mars 1957

Dès l'abord, le lecteur de l'art. 3 acquiert la conviction que le législateur s'est rallié à la méthode éclectique en prescrivant aux juges de procéder à une sélection entre les clichés litigieux : la protection sera refusée à ceux qui n'auront ni caractère artistique ni caractère documentaire; *a contrario*, il suffira que les photographies présentent l'une de ces deux propriétés pour avoir vocation aux droits d'auteur; la locution de l'art. 3 joue le rôle d'une condition alternative.

Mais encore, convient-il de préciser le sens de chacune des deux épithètes. Sous peine d'avoir commis une contradiction flagrante, le législateur, en faisant état du « caractère artistique », n'a pu confier, dira-t-on, aux tribunaux la mission de porter un jugement de valeur artistique : sinon, il aurait oublié que, fidèle au précédent de la loi du 11 mars 1902, il venait de déclarer à l'art. 2 en termes impératifs que « les dispositions de la présente loi protègent les droits d'auteur sur toutes les œuvres de l'esprit, quels qu'en soient le genre, la forme d'expression, le mérite ou la destination ». Mais, il ne paraît pas s'être contenté d'une empreinte personnelle, ce, ajoutera-t-on, qui est le propre de toute option : s'il avait employé l'une de ces expressions, il aurait placé sous l'égide de la propriété artistique toutes les photographies, puisque toutes, au stade des préparatifs, donnent lieu à une série de choix, heureux ou malencontreux; le principe même d'une sélection exclut une telle hypothèse.

L'idée viendra à l'esprit de scruter les intentions de l'opérateur. Celui-ci a-t-il eu pour seul but de fixer une impression fugitive, de conserver l'image d'une vision qui l'a frappée, indépendamment de toute préoccupation d'ordre esthétique, ou bien, s'est-il proposé une fin artistique ? Les regards devraient se porter, non plus sur les traits du cliché, mais vers les mobiles de celui qui l'a tiré. Vaine tentative : dans la plupart des cas, le moins expérimenté des amateurs s'est efforcé, ou tout au moins a eu le ferme propos, non seulement de matérialiser un souvenir, mais aussi de plaire aux regards de ceux qui observeraient les épreuves ; en définitive, toutes les photographies seraient promues au rang d'œuvres d'art.

Les juges du fond, conscients des difficultés d'une interprétation qui les éloignerait des chemins battus, en reviendront peut-être bon gré mal gré à la méthode éclectique, qui fait entrer en ligne de compte la valeur artistique. Pour apaiser leur conscience, ils se souviendront du vieil adage *specialia generalibus derogant*. Si, en principe, le mérite doit être négligé, par voie d'exception, il serait pris en considération à l'égard des photographies, qui diffèrent des œuvres d'art en raison des particularités de leur genèse, du caractère impersonnel, mécanique de l'exécution.

N'est-ce pas dans cette voie que s'est engagée la cour de Lyon le 7 nov. 1958 (D. 1959. Somm. 46 ; *Gaz. Pal.* 1959. 1. 159 ; *Rev. trim. dr. com.* 1959, p. 115, avec nos observ.) dans un procès correctionnel, par le premier arrêt qui, à notre connaissance, ait statué en contemplation de la loi nouvelle ? Le prévenu avait, sans l'autorisation d'un photographe renommé, agrandi des portraits de famille avant la mise en vigueur du nouveau statut ; il fut acquitté par les premiers juges sous l'ancien régime, mais l'affaire vint en cause d'appel après le changement de législation. La cour posa le dilemme suivant : « il importe de rechercher si cette loi exige pour la constitution du délit des éléments nouveaux, et si elle peut en conséquence être considérée comme rétroactive ». Si elle s'était prononcée en ce sens, elle eût acquitté l'agrandisseur, puisque la loi nouvelle aurait introduit dans la définition de l'infraction des éléments qui n'y figuraient pas autrefois. Mais elle a, tout au contraire, admis l'application de la loi nouvelle aux faits, accomplis avant le 11 mars 1958 : « il apparaît qu'en exigeant que les photographies aient un caractère artistique, le législateur de 1957 n'a pas ajouté un élément nouveau, mais s'est borné à confirmer la jurisprudence ». Puis, l'arrêt exclut les photographies obtenues par des procédés automatiques, en une allusion implicite à un passage du rapport, présenté à l'Assemblée nationale au nom de la commission de la Justice : « Pourquoi des photographies purement commerciales (photographies d'identité) seraient-elles protégées par la propriété artistique ? » (Doc. parlem. 1956, Ass. nat., n° 556, p. 3). Combien il est regrettable que, pour couper court à toutes controverses, le rapporteur n'ait pas suggéré de frapper d'ostracisme les photographies d'identité, et elles seules ? Une telle élimination eût été simpliste et arbitraire : du moins, les usagers auraient échappé aux inconvénients d'une sélection soumise à l'aléa des appréciations individuelles et contingentes. Il suffira d'évoquer l'un des motifs de l'arrêt du 7 nov. 1958, pour mesurer l'ampleur des fluctuations imprévisibles, auxquelles seraient exposés les justiciables, si la méthode éclectique devait s'épanouir de nouveau : « … est artistique ce qui est relatif aux Beaux-Arts, c'est-à-dire aux arts qui ont pour objet la représentation du Beau, et le beau étant ce qui est conforme à l'idéal que chacun porte en lui ». Une telle définition a l'avantage de soustraire les jugements d'ordre esthétique, que les tribunaux seraient appelés à porter, aux servitudes d'une doctrine officielle, mais les litigants demeureront anxieux quant au sort de leurs intérêts. Vérité en deçà, erreur au-delà !

Par bonheur, les incertitudes et les contradictions, auxquelles risque de livrer passage la recherche du caractère artistique, ne semblent pas, en définitive, devoir tourner à la confusion. Car, les clichés, auxquels sera refusé le brevet d'ordre esthétique, ne seront pas pour autant voués de toute nécessité à la libre reproduction : pour échapper aux droits d'auteur, encore faudra-t-il qu'ils soient dépourvus de caractère documentaire. – Aussi périlleux que puisse être le jeu des pronostics, n'est-il pas tentant de penser que le second terme de l'alternative permettra de sauver les clichés que le premier n'aurait pas laissé prendre en bonne garde ? Comme la marche se démontre en marchant, tous les clichés feront figure de documents, par le seul fait que quelqu'un s'avisera de les reproduire : une telle initiative révélera, tout au moins pour celui qui l'a prise, l'intérêt documentaire.

On objectera peut-être que le caractère documentaire ne peut dépendre d'une initiative du défendeur, ni être imprimé rétrospectivement par le cours du temps aux clichés : il doit apparaître dès l'instant où le sujet a été enregistré. Ne serait-ce pas là faire un départ arbitraire ? – En réalité, le Parlement a eu tort, pensons-nous, de recourir à un tel critère, car l'intérêt ou le caractère documentaire concerne le fond, non la forme : les informations, que contiennent les documents, sont de libre parcours à l'égal des idées. – Mais, cette réserve faite, ne faut-il pas savoir gré à l'opérateur d'avoir tiré un cliché, qui prend valeur de document, à quelque moment que ce soit ? (Comp., les observations de M. le conseiller G. Holleaux, note précitée, p. 223, col. 2, *in fine*; celles de M. le doyen Savatier, dans le commentaire de la loi du 11 mars 1957, J.C.P. 1957. I. 1398, n° 18, et les nôtres, D. 1957. Lég., p. 355, col. 3).

Si ces observations ne sont pas dénuées de tout fondement, toutes les photographies recevront en définitive aide et protection grâce à la loi nouvelle, si bien que les initiatives de la jurisprudence libérale, qui s'était instaurée sous le signe de l'empreinte personnelle, abstraction faite du mérite, et tendait à protéger tous les clichés, recevraient une éclatante confirmation, en même temps que les intéressés verraient la fin de leurs incertitudes et de leurs tourments. Quant aux clichés qui auraient été tirés et reproduits sans autorisation avant le 14 mars 1958, s'ils donnaient prise aux droits d'auteur en raison de leur caractère documentaire, non artistique, ils échapperaient, semble-t-il, aux poursuites correctionnelles, car la loi nouvelle a créé, à vrai dire, un nouveau délit : jadis, les documents, comme tels, ne pouvaient être placés sous l'égide des droits d'auteur.

Si tel devait être l'avenir, une malfaçon subsisterait néanmoins dans le dispositif applicable aux photographies. Aussi longtemps que l'exécution personnelle demeurera la pierre de touche de la propriété artistique, les photographies ne pourront, d'un point de vue rationnel, en raison du caractère mécanique de l'enregistrement, être assimilées aux œuvres d'arts figuratifs. Le dessin le plus fruste d'un adolescent se prête aux droits d'auteur, à la différence d'un simple décalque, car cet ignorant l'a exécuté de sa main, en voulant y mettre une part de lui-même. Il n'a pas réussi, mais son échec n'est pas dirimant, puisque l'appréciation du mérite demeure interdite. Par voie de réciprocité, aucune photographie ne devrait relever de la propriété artistique en raison du caractère mécanique de l'opération : malgré la meilleure volonté, l'opérateur ne peut faire que la matière sensible reçoive une impression différente de celle qu'il a offerte à l'appareil.

Le Parlement français aurait pu s'inspirer des précédents législatifs, de plus en plus nombreux à l'étranger, qui différencient le statut des photographies de celui des œuvres d'art. En Grande-Bretagne, l'art. 3, § 4, de la loi du 5 nov. 1956 contient la disposition suivante : « le copyright afférent à une photographie continuera d'exister jusqu'à la fin d'une période de cinquante ans à compter de la fin de l'année civile au cours de laquelle la photographie aura été publiée »; le délai de cinquante ans, qui est applicable aux œuvres littéraires et artistiques a, au contraire, comme point de départ la mort de l'auteur. L'art. 92 de la loi italienne du 22 avr. 1941 applique aux photographies une protection, dont la durée est de vingt ans à partir de la production du cliché. La Convention de Berne reflète la différence de nature qui existe entre les photographies et les œuvres d'art : l'art. 7, § 3, dispose que « pour les œuvres photographiques... la durée de la protection est réglée par la loi du pays où la protection est réclamée, sans que cette durée puisse excéder la durée fixée dans le pays d'origine de l'œuvre », alors que, selon l'art. 1er, pour les œuvres artistiques, les droits d'auteur durent, uniformément, dans les relations unionistes, pendant toute la vie de l'auteur et cinquante ans après sa mort. – Ces exemples auraient pu inciter le législateur français à distinguer le statut des photographies de celui des œuvres d'art, ne serait-ce que par le calcul de la durée du monopole (Cf., pour une étude comparative, R. Gourion, *La photographie et le droit d'auteur*, Libr. gén. de droit et de jurispr., Paris, 1959). Une telle méthode aurait présenté l'avantage d'investir, sans exception ni réserve, toutes les photographies... même celles d'identité, d'un régime tutélaire, qui différerait de celui des créations artistiques, mais offrirait la sécurité aux intéressés; elle eût évité les dangers d'une formule aux contours imprécis, qui risque de susciter des interprétations diverses et d'entretenir l'incertitude, comme dans le passé.

SÉCURITÉ SOCIALE ET MÉDECINE EXPÉDITIVE

1960

Jean-Jacques Dupeyroux

Professeur agrégé à la Faculté de droit et des sciences économiques de Toulouse

« Le temps ne fait rien à l'affaire… » Peut-être lorsqu'il s'agit d'apprécier les mérites d'un sonnet. Mais la Sécurité sociale n'entend nullement reprendre à son compte la célèbre réplique d'Alceste lorsque les relevés d'honoraires de ses caisses établissent que, même en travaillant jusqu'à douze heures par jour, certains praticiens n'ont pu consacrer que quelques minutes à chaque malade, et lorsqu'elle doit, pour la même journée et pour le même praticien, rembourser plus de cent feuilles de maladie ! On comprend aisément sa mauvaise humeur : le système français repose sur deux rapports bilatéraux, entre le médecin et le malade d'une part, entre l'assuré social et la Sécurité sociale d'autre part; encore faut-il que les règles du jeu soient respectées par le corps médical, que l'existence d'un « tiers garant » ne les incline pas à se départir d'une rigueur sans laquelle l'édifice ne peut subsister, n'encourage point une certaine désinvolture dans la multiplication des actes médicaux; le système n'a point été organisé dans l'intérêt du médecin, mais dans celui du malade !

La Sécurité sociale est-elle sans défense, ou peut-elle, d'une façon ou d'une autre, se mettre à l'abri des répercussions financières entraînées par des activités médicales aussi déraisonnables ? Ces questions évoquent immédiatement les deux difficultés classiques soulevées par la superposition d'un système de remboursement aux structures de la médecine libérale. Si en effet, théoriquement, le praticien et le tiers garant doivent s'ignorer, un dialogue ou un conflit directs doivent se nouer entre médecins et organismes de Sécurité sociale au moins dans deux hypothèses fondamentales : d'une part, dialogue pour l'estimation des actes médicaux qui servira de base au remboursement; d'autre part, conflit en cas de fraude visant au remboursement d'actes médicaux inexistants. Le problème de la médecine expéditive ne peut-il être rattaché soit à celui de l'*estimation* des actes médicaux, soit à celui de la *fraude ?*

À première vue, on est tenté de penser que ces actes médicaux hâtifs ont une valeur réduite et que les tarifs ordinaires conviennent mal à cette médecine « au rabais ». Est-il d'ailleurs bien logique de verser des honoraires presque toujours identiques pour un examen attentif ou pour le renouvellement d'une ordonnance ? Évidemment non. Il serait cependant difficilement concevable que les conventions conclues entre les organismes de la Sécurité sociale et les syndicats de médecins fixent une relation *directe* entre la durée de la consultation et son prix. Ne faut-il pas alors tenir pour inexistant un acte trop rapide et considérer comme frauduleuse une activité professionnelle démesurée ? Séduisante au premier abord, l'idée se heurte en fait à des difficultés plus grandes encore que la précédente et conduirait la Sécurité sociale à une autre impasse : l'accusation de fraude est d'une extrême gravité; or des actes médicaux expéditifs ne sont pas inexistants tant que leur durée n'est pas réduite à *zéro* : il faudrait pour cela qu'ils soient multipliés à l'*infini*... ce qui n'est pas le cas.

Le problème de la médecine expéditive se situe bien à mi-chemin entre ces deux difficultés inévitables, estimation et inexistence des actes médicaux; il est cependant original.

C'est sur le terrain disciplinaire que la Sécurité sociale doit trouver les armes défensives nécessaires. L'ordonnance du 19 octobre 1945 lui a donné la possibilité de saisir les juridictions professionnelles des « fautes, abus, fraudes et *tous faits* intéressant l'exercice de la profession relevés... à l'occasion de soins dispensés aux assurés sociaux » (art. 403 c. sécur. soc.), c'est-à-dire les Conseils régionaux de discipline et, en appel, le Conseil national de l'Ordre[1]. Le Conseil d'État, juge de cassation dans ce contentieux disciplinaire, a été ainsi amené à rendre l'an passé cinq décisions relatives à des conflits opposant des organismes de Sécurité sociale à des praticiens auxquels était reprochée une activité excessive[2].

Les plaintes formulées par la Sécurité sociale contre des praticiens sont de la compétence des juridictions professionnelles, mais le contentieux auxquelles elles donnent lieu n'en est pas moins fort différent du contentieux disciplinaire ordinaire[3]. Son particularisme apparaît notamment aux points suivants :

Sur le plan *organique*, le Conseil régional est différemment composé selon qu'il s'agit du contentieux disciplinaire ordinaire ou du contentieux relatif aux assurances sociales[4], et surtout, en appel, le procès sera de la compétence de la section disciplinaire du Conseil national de l'Ordre dans un cas, de sa section des assurances sociales dans l'autre[5], formations si différentes que l'on peut se demander s'il s'agit réellement de la même juridiction, problème très délicat que nous nous bornerons à évoquer.

Sur le plan *procédural*[6], les personnes auxquelles est conféré le droit de saisir les juridictions professionnelles ne sont pas les mêmes dans les deux cas; l'action de la Sécurité sociale est enfermée dans une prescription de trois mois; et lorsqu'il s'agit du contentieux relatif aux assurances sociales, le débat est contradictoire.

Enfin, les *peines* prononcées en matière de discipline générale, qui vont de l'avertissement à l'interdiction temporaire d'exercer la médecine et à la radiation, diffèrent profondément de celles auxquelles conduit le contentieux relatif aux assurances sociales et qui peuvent, au maximum, être constituées par une interdiction temporaire ou permanente du droit de donner des soins aux assurés sociaux[7]; encore convient-il de remarquer que si le praticien enfreint cette interdiction, il devra seulement rembourser à la Sécurité sociale le montant des

1. V. sur tous ces points l'ouvrage fondamental de MM. R. et J. Savatier, Auby et Péquignot, *Traité de droit médical*, 1956, notamment n°s 131 à 173.
2. Cons. d'Ét. 5 juin, 15 juill. (trois arrêts) et 30 sept. 1959.
3. V. R. et J. Savatier, Auby et Péquignot, *op. cit.*, n°s 142 et s.
4. V. R. et J. Savatier, Auby et Péquignot, *op. cit.*, n° 142.
5. V. R. et J. Savatier, Auby et Péquignot, *op. cit.*, n° 32.
6. V. R. et J. Savatier, Auby et Péquignot, *op. cit.*, n° 138.
7. V. R. et J. Savatier, Auby et Péquignot, *op. cit.*, n°s 156 et s.

prestations qu'elle aura dû servir aux assurés sociaux soignés au mépris de la condamnation disciplinaire[8]. La sauvegarde des intérêts propres à la Sécurité sociale est donc l'unique fin de ce contentieux; le débat contradictoire qui oppose le service public au praticien est uniquement destiné à dresser, sur le plan financier, une barrière protectrice entre l'activité de celui-ci et les intérêts de celui-là.

Cette relativité des sanctions applicables lorsque c'est un organisme de Sécurité sociale qui a déclenché les poursuites, et, d'une façon plus générale, cette dualité de contentieux disciplinaires se comprendraient parfaitement si l'on opérait préalablement un partage entre les fautes, entre les manquements aux devoirs envers les malades et les confrères d'une part, les manquements aux devoirs envers la seule Sécurité sociale d'autre part, délimitant ainsi le domaine respectif des deux contentieux. Cette idée n'a point prévalu et, de ce fait, la cohérence de l'ensemble s'est peut-être altérée. Des juridictions professionnelles saisies par un organisme de Sécurité sociale et qui reconnaissent que l'activité d'un praticien est préjudiciable à ses malades, ne pourront prononcer que des interdictions « relatives », uniquement protectrices des intérêts patrimoniaux de la Sécurité sociale; ces sanctions paraîtront *insuffisantes* si elles ne s'accompagnent d'aucune autre, le débat n'ayant pas été porté sur le plan du contentieux disciplinaire ordinaire par les personnes ou organismes habilités, *inutiles* au cas contraire et si des interdictions « absolues » sont alors prononcées. Autrement dit, lorsque ce sont des manquements aux devoirs envers les malades qui sont reprochés à un praticien, il paraît anormal que la nature de la sanction varie selon la personne qui a saisi de ces fautes les juridictions professionnelles.

Pour qu'une certaine logique soit conservée, peut-être faudrait-il que le comportement du praticien soit apprécié plus sévèrement dans le contentieux disciplinaire relatif aux assurances sociales que dans le contentieux disciplinaire ordinaire, afin que certaines fautes médicales justifient le prononcé d'une interdiction « relative » de donner des soins aux assurés sociaux sans cependant justifier une interdiction « absolue ». Mais une telle divergence soulèverait par ailleurs bien des difficultés et la section des assurances sociales du Conseil national n'entend point entrer dans cette voie; les critères employés par ces deux formations du Conseil national paraissent être les mêmes. Or l'organisation d'un contentieux disciplinaire particulier relatif aux assurances sociales apparaissait comme un compromis entre, d'une part, les intérêts des praticiens qui refusent d'être jugés par des juridictions propres à la Sécurité sociale et, d'autre part, les intérêts de cette dernière qui redoute la bienveillance systématique des juridictions professionnelles; mais dans la mesure où la section des assurances sociales du Conseil de l'Ordre est aussi sévère que sa section disciplinaire, la balance n'est plus égale, les espoirs des organismes de Sécurité sociale sont déçus.

Ainsi l'attitude des juridictions professionnelles à l'égard de la « médecine expéditive » nous donne un exemple caractéristique d'une bienveillance qui n'est pas sans susciter d'importantes réserves (I); n'appartient-il point alors au Conseil d'État, juge de cassation, de redresser les appréciations erronées des juges du fond

8. V. R. et J. Savatier, Auby et Péquignot, *op. cit.*, n° 157.

et de faire respecter de façon plus rigoureuse les dispositions impérieuses du code de déontologie ? (II).

I. Les juridictions professionnelles et la médecine expéditive

A. – Le point de vue des juridictions professionnelles semble être différent selon que l'activité excessive reprochée à un praticien s'accompagne ou non de fautes particulières.

a) Si certaines fautes précises dans le diagnostic ou les soins sont établies, les juridictions disciplinaires auxquelles il est demandé de prendre une sanction contre leur auteur ne refusent pas de prendre en considération l'activité excessive de ce praticien, même si la plainte ne faisait point état de cette circonstance défavorable.

Une décision du conseil régional de discipline de Nancy en date du 18 déc. 1958 est particulièrement caractéristique. Différentes négligences médicales et erreurs de tarification étaient reprochées au docteur X... Le Conseil régional rappelle préalablement, en se référant à un arrêt du Conseil d'État du 8 juin 1958, qu'il entre bien dans la compétence des conseils disciplinaires d'apprécier le comportement professionnel du médecin poursuivi « dans toutes ses manifestations et sous tous les rapports, quitte même à déborder le cadre de la plainte reçue »; il relève ensuite « qu'en dehors des cas particuliers envisagés isolément », il est retenu contre le prévenu une série de griefs « d'ordre général » ainsi que « la pratique habituelle d'une activité démesurée qui l'amenait à voir ou à visiter à domicile soixante à cent malades par jour ». Il n'est pas douteux que ce soit là l'un des motifs principaux de la sanction prononcée; il est en effet précisé que cette activité exagérée était « incompatible avec une saine médecine » et de nature à provoquer « outre un gain exorbitant au détriment des malades et de la Sécurité sociale, de très nombreuses négligences ». On remarquera, d'un autre côté, que dans les deux cas faisant l'objet de la plainte, « l'intention frauduleuse n'était ni démontrée, ni même probable ». Le conseil régional de Nancy a donc pu, à l'occasion d'une poursuite qui n'en faisait nulle mention, invoquer l'activité démesurée d'un praticien et la considérer comme incompatible avec une médecine de qualité.

b) Si en revanche « la plainte... est exclusivement fondée sur le nombre jugé excessif des actes accomplis au cours d'un certain nombre de mois... et n'articule aucune critique contre un acte particulier ou une série d'actes », les juridictions professionnelles se refusent à prononcer une sanction fondée sur ce seul grief.

Sans doute toutes les décisions ne sont-elles point aussi catégoriques que celle rendue le 21 mars 1957 par le conseil régional de Paris; cette juridiction affirma en effet « qu'on ne saurait trouver une preuve ni même une simple présomption dans ce seul élément statistique ». Les décisions de la section des assurances sociales sont plus nuancées : la juridiction d'appel ne nie point « que le seul nombre des actes puisse dans certains cas être considéré par lui-même comme une preuve suffisante d'un exercice médical de mauvaise qualité » (attendu que l'on retrouve dans plusieurs décisions du 19 juin et du 16 oct. 1957), mais estime toujours qu'une telle présomption ne peut être retenue dans le cas dont elle est saisie, et ceci pour des motifs très variables. Elle relève, dans une décision du 28 janv. 1959, que deux médecins seulement devaient faire face aux besoins médicaux d'une agglomération de 7000 habitants dont une large proportion bénéficiait d'un système de tiers payant; dans une décision du 19 juin 1957, qu'un grand nombre de clients du docteur poursuivi étaient examinés auparavant par d'autres praticiens; dans deux décisions du 16 oct. 1957, « que toutes les consultations et toutes les visites ne correspondent pas à l'exécution d'un examen prolongé et à l'établissement d'un diagnostic, alors que celui-ci a été effectué précédemment », etc. Bref, de ces motifs très divers, de valeur très inégale, se dégage la volonté très nette de ne point tenir compte du seul « élément statistique » aussi longtemps que la précipitation du praticien n'a point entraîné de fautes précises dans l'exécution d'actes médicaux.

B. – Cette distinction traduit le désir des juridictions professionnelles de ne voir dans l'activité excessive d'un praticien qu'une circonstance aggravante de fautes particulières dans les soins donnés à tel ou tel malade. Une telle attitude est certainement légitime si la preuve de ces fautes particulières est établie : l'examen du comportement général de leur auteur pourra éclairer la religion des juges et constituer un élément d'appréciation déterminant. En revanche, la réciproque est extrêmement douteuse : ce n'est pas parce qu'aucune faute dans les rapports avec un malade n'a pu être établie que l'activité excessive d'un praticien est insusceptible d'entraîner une sanction.

On admettra sans peine qu'une insuffisance du corps médical dans un secteur géographique donné peut constituer une justification suffisante; mais l'argument le plus fréquemment employé par les juridictions professionnelles pour rejeter la plainte de la Sécurité sociale consiste à dire que « toutes les consultations et toutes les visites ne correspondent pas à l'exécution d'un examen prolongé et l'établissement d'un diagnostic », les actes de petite chirurgie et les actes de radiologie pouvant notamment être exécutés, disent-elles, en un laps de temps très court. Cette justification recouvre, en somme, l'idée suivante : il faut comparer la durée moyenne des actes médicaux du praticien poursuivi pour activité excessive à une durée minima au-dessous de laquelle ils seraient certainement fautifs; or, cette durée, nous dit-on, peut être très brève, et par conséquent il sera difficile de reconnaître que ces actes soient fautifs et qu'*indirectement* l'activité du praticien le soit aussi.

Ce raisonnement soulève deux critiques : d'abord, une rapide réflexion montre qu'il est très dangereux pour le praticien, contre lequel il peut aisément être retourné; il est, d'autre part, aussi inacceptable que le principe général dont il relève implicitement et selon lequel une activité excessive ne pourrait faire l'objet de sanctions disciplinaires en l'absence de fautes prouvées dans l'exécution des actes médicaux.

1. – Supposons qu'il soit établi qu'un praticien a reçu cent clients dans la même journée et n'a pu consacrer qu'environ six minutes à chacun d'entre eux. Admettons que ce laps de temps soit à la rigueur suffisant pour l'exécution des actes médicaux de certains types, ceux qui requièrent le moins de temps de la

part d'un praticien. Encore faudrait-il démontrer que tous les actes exécutés par ce praticien appartenaient à cette catégorie ! Or, lorsque la section des assurances sociales se borne à déclarer que tous les actes exécutés par le praticien ne correspondaient pas à l'établissement d'un diagnostic et ne nécessitaient point un examen prolongé du patient, l'argument peut être retourné : on peut en effet, renversant cet attendu, dire que toutes les consultations et visites ne correspondant point à des actes médicaux pouvant être exécutés en six minutes, il y a *forcément* eu exécution expéditive et fautive de certains actes ! « L'élément statistique » se retourne irrésistiblement contre le praticien car il est parfaitement absurde de comparer la durée moyenne d'actes de toutes sortes à celle exigée pour les actes médicaux particuliers qui peuvent être exécutés dans le laps de temps le plus bref.

2. – D'autre part, cette référence à l'existence de fautes dans les soins est de toute façon inacceptable : elle conduit en réalité à poser le problème de façon à ce que seule une solution favorable au praticien puisse lui être donnée.

a) Notons d'abord que toute confusion entre le plan disciplinaire et le plan délictuel doit être éliminée. Une faute délictuelle ou quasi délictuelle n'est ni la condition suffisante, ni la condition nécessaire d'une sanction disciplinaire : le contentieux disciplinaire n'a pas pour fin la protection des intérêts particuliers de tel ou tel malade, mais la défense des intérêts généraux de la profession. L'art. 403 c. sécur. soc. dissipe toute équivoque : « Les fautes, abus, fraudes *et tous faits intéressant l'exercice de la profession*... sont soumis en première instance au conseil régional de discipline... ». Puisque ce texte mentionne distinctement les « abus » et « tous faits intéressant l'exercice de la profession », il suffit que le comportement général d'un praticien soit sujet à critique pour que les juridictions disciplinaires puissent prononcer des sanctions; la preuve de fautes dans les soins est inutile.

b) Mais comment le comportement d'un praticien peut-il être coupable si aucune faute particulière dans les diagnostics ou les soins n'est établie à son encontre ? L'art. 4 du code de déontologie médicale nous le dit de la façon la plus catégorique : « *En aucun cas* le médecin ne doit exercer sa profession dans des conditions qui puissent compromettre la qualité des soins et des actes médicaux ». On ne saurait être plus clair : le problème n'est pas de savoir si le praticien a effectivement commis telle ou telle faute dans ses rapports avec les malades, mais si « les conditions » dans lesquelles il exerce sa profession sont susceptibles d'altérer la qualité des soins.

On voit alors que les juridictions professionnelles, dans un esprit de bienveillance à l'égard du praticien, faussent les termes du problème en les renversant. Elles ont en effet tendance à apprécier l'activité générale du praticien à partir de la durée moyenne de ses actes isolément envisagés, alors que l'art. 4 du code de déontologie exige une démarche *exactement inverse* : c'est l'activité générale du praticien qui doit être directement qualifiée selon qu'elle est ou non susceptible de compromettre la qualité des soins, c'est-à-dire la qualité de chaque acte médical. C'est de l'appréciation de l'activité à celle des actes qu'il faut passer et non, comme le font les juridictions disciplinaires, de celle des actes à celle de l'activité !

Que cela aboutisse à des résultats entièrement différents, il est aisé de le montrer. Reprenons le même exemple du praticien qui a reçu ou visité dans la même journée cent clients et qui n'a pu consacrer que quelques minutes à chacun d'entre eux, et supposons, ce qui est évidemment une hypothèse d'école particulièrement favorable au praticien, que ces cent actes médicaux étaient d'un type pouvant être exécuté en quelques minutes; les juridictions professionnelles en déduiront que cette activité n'a dès lors rien d'anormal. Cette conclusion est évidemment fantaisiste, car aucun compte n'est tenu de la *multiplication* des actes qui bouleverse les données du problème : additionner les actes individuellement envisagés comme si chacun d'eux n'était accompagné d'aucun autre est dépourvu de toute signification si c'est l'activité *globale* du praticien qui doit être appréciée. Or, lorsqu'un praticien reçoit ou visite cent malades par jour il importe peu de savoir s'il a pu consacrer un laps de temps *théoriquement* suffisant à chaque malade : il serait difficile de contester sérieusement qu'une activité aussi exténuante est susceptible d'entraîner des confusions, erreurs, négligences et en un mot, de « compromettre la qualité des soins ». Un examinateur pourrait-il vraiment interroger chaque jour une centaine de candidats sans compromettre le sérieux et la valeur des interrogations ?

Il conviendrait donc que les juridictions disciplinaires abandonnent une attitude doublement indéfendable : sur le plan *juridique* parce que le texte de l'art. 4 du code de déontologie est rédigé en des termes qui ne laissent place à aucune équivoque et sur le plan *pratique* parce qu'elle encourage les excès les plus scandaleux.

Sans doute la fixation d'un nombre maximum d'actes médicaux quotidiens est fort malaisée et il faut prendre garde de ne point tomber dans l'erreur commise par les juridictions de l'Ordre en fixant une durée minimum pour chacun : il semble néanmoins que si, en l'absence de directives précises données par le corps médical lui-même, le doute sera souvent permis, il ne l'est point lorsqu'un praticien reçoit ou visite plus de cinquante clients par jour : une telle activité est certainement susceptible de compromettre la qualité de ses soins. À plus forte raison lorsqu'il s'agit de soixante et jusqu'à cent actes médicaux quotidiens comme dans les cas soumis par la Sécurité sociale à l'appréciation des juridictions disciplinaires : une sanction, à tout le moins un avertissement, s'impose alors.

Étant donné la prudence de la section des assurances sociales, n'appartenait-il point au Conseil d'État, juge de cassation, d'imposer un plus grand respect de l'art. 4 du code de déontologie ?

II. L'attitude du Conseil d'État, juge de cassation

A. – La confrontation de l'activité d'un praticien à l'art. 4 du code de déontologie est une opération de qualification, et il n'est plus guère contesté de nos jours que toute opération de qualification est une question de droit, qui tombe de ce fait sous le contrôle de la juridiction de cassation. Cependant le Conseil d'État ne s'est pas clairement prononcé sur la question de savoir si une activité excessive est de nature à justifier une sanction sur la base de cet article 4. Le problème lui a été soumis, mais les pourvois formés contre les décisions trop bienveillantes du Conseil national de l'Ordre des médecins n'ont invoqué qu'une insuffisance de motivation. Or le contrôle de la motivation est un contrôle préalable de la *forme* de la décision attaquée, alors que le contrôle de la qualification des faits litigieux est un contrôle du *fond*, c'est-à-dire de la *valeur juridique* de la solution[9] ; sans doute sont-ils unis par un lien de connexité et une cassation pour insuffisance des motifs traduira fréquemment le désir de la juridiction de cassation de vérifier l'exactitude d'une qualification ; mais un rejet est souvent énigmatique : il pourra impliquer une approbation, donc un contrôle implicite de la qualification des faits litigieux, ou au contraire, signifier plus simplement que l'appréciation des juges du fait est tenue pour souveraine. Les cinq arrêts rendus en 1959 par le Conseil d'État ne précisent point clairement si la Haute autorité administrative entend se réserver un droit de contrôle sur la qualification de l'activité des praticiens poursuivis : tous déclarent suffisante la motivation pourtant bien sommaire des décisions attaquées.

Cette attitude appelle deux remarques :

D'abord il paraît difficile de considérer comme suffisante une motivation qui se recommande d'un principe erroné. Il en va ainsi lorsque les juridictions professionnelles se bornent à répondre que les actes médicaux d'un certain type peuvent être exécutés en un laps de temps très bref : ces juridictions passent du plan de l'activité globale du praticien à celui de ses actes isolément envisagés en faisant abstraction d'un élément essentiel, leur multiplication ; elles ne répondent donc pas à la question qui leur est posée et leur motivation est certainement insuffisante. On peut regretter que le Conseil d'État s'en contente.

D'autre part, et d'une façon plus générale, on peut, semble-t-il, déduire de l'unanimité des arrêts du Conseil d'État qu'il se désintéresse en réalité de cette question de motivation parce qu'il s'en remet à l'appréciation des juridictions professionnelles, tacitement tenue pour souveraine ; il s'agirait là de questions de fait et non de droit. Or, il n'en est rien.

B. – Quelle est l'étendue des pouvoirs que se reconnaît le Conseil d'État, juge de cassation, dans le contrôle du fait[10] ? Quoique les auteurs ne soient pas unanimes dans leurs analyses, il faut certainement distinguer trois choses : le contrôle de l'*existence* des faits, de leur *appréciation*, de leur *qualification*.

Le Conseil d'État, qui, sur ce point, va beaucoup plus loin que la Cour de cassation, contrôle l'*existence* matérielle des faits, et, d'un autre côté, l'exactitude de la *qualification* juridique qui leur est conférée par la juridiction inférieure ; en

9. V. notamment Peiser, *Le recours en cassation en droit administratif français*, thèse, Nancy, 1957, p. 339 et s.

10. Il existe sur ce point une très importante bibliographie. Citons notamment les notes de M. le doyen Colliard, D. 1945. 269, et de M. L'Huillier, S. 1946. 3. 9 ; l'étude de M. Barjot, « Des recours en cassation devant le Conseil d'État », *Études et doc.* 1951. 64 ; et les thèses les plus récentes : Peiser, thèse précitée ; Jacquemart, *Le Conseil d'État, juge de cassation*, thèse, Lille, 1957.

matière de contentieux disciplinaire, il se prononce expressément sur le point de savoir si les faits incriminés sont ou non « de nature » à justifier une sanction[11].

Mais entre ce contrôle de la matérialité des faits et celui de leur qualification se situerait le fameux « angle mort du contrôle juridictionnel »[12] : l'*appréciation* des faits par les juges du fond serait souveraine. À vrai dire, on chercherait en vain une définition précise de cette « appréciation » et les auteurs sont d'autant moins à l'aise sur ce terrain que les décisions du Conseil d'État ne semblent point toujours s'inspirer de principes très fermes : parfois la Haute juridiction administrative déclare que cette appréciation est souveraine, parfois au contraire l'angle mort semble se refermer au point de disparaître et le contrôle est alors total, de l'existence des faits à leur qualification[13].

Sans prétendre le moins du monde éclaircir en quelques lignes une question particulièrement obscure nous proposerons les observations suivantes :

La qualification juridique des faits correspond à leur confrontation à une règle juridique et, à première vue, on voit mal quelle opération intermédiaire d'« appréciation » peut se glisser entre la constatation des faits et cette confrontation à la règle juridique. Très souvent d'ailleurs cette « appréciation » relève en réalité de l'une ou de l'autre de ces deux opérations, et dans certains arrêts l'emploi de cette notion n'est pas d'une utilité évidente. Cependant, parfois, cette confrontation directe est effectivement impossible sans une certaine « préparation » préalable des faits : entre leur constatation et leur qualification, doit intervenir une opération intermédiaire à laquelle on peut donner le nom d'« appréciation », et qui correspond elle-même à une *première qualification;* il y a alors deux qualifications successives, la qualification juridique impliquant une qualification préalable des faits par rapport à une norme non juridique. Le contentieux disciplinaire médical fournit les illustrations les plus claires de cet enchaînement. Parfois, la confrontation directe des faits reprochés au praticien poursuivi à la règle disciplinaire est possible et le Conseil d'État contrôle alors l'exactitude des conclusions qui en sont dégagées[14]; mais il en va différemment dans d'autres hypothèses, notamment lorsque la querelle porte sur les thérapeutiques utilisées : le Conseil d'État ne peut se prononcer sur le point de savoir si telle ou telle prescription est « de nature » à entraîner une sanction sans que ces prescriptions aient été préalablement confrontées à une norme purement médicale, sans que le comportement du praticien ait été mis en parallèle avec celui qui aurait dû être le sien en l'état actuel de la médecine : les faits doivent d'abord faire l'objet d'une *qualification médicale,* et c'est ensuite seulement et à partir de cette première qualification qu'il peut être procédé à la confrontation des faits ainsi « préparés » à la norme disciplinaire. Le Conseil d'État déclare que

11. V. p. ex. les arrêts suivants, particulièrement caractéristiques, à propos de décisions du Conseil national de l'Ordre des médecins : Cons. d'Ét. 30 janv. 1953, *Rec. Cons. d'Ét.*, p. 46; 12 juill. 1955, *ibid.*, p. 423; 16 janv. 1957, *ibid.*, p. 36; 2 févr. 1957, *ibid.*, p. 82.

12. Colliard, note précitée.

13. V. Peiser, thèse précitée, p. 386 et s.

14. La confrontation directe des faits et des exigences du code de déontologie est possible lorsqu'il s'agira de diffamation du corps médical par un praticien (Cons. d'Ét. 4 janv. 1952, *Rec. Cons. d'Ét.*, p. 13), de viol du secret professionnel (12 avr. 1957, *Rev. prat. dr. admin.* 1957, n° 191), de refus de donner des soins (26 févr. 1958, *Rec. Cons. d'Ét.*, p, 129), etc.

l'appréciation des juridictions professionnelles « sur le caractère abusif ou non » des prescriptions litigieuses est souveraine, car c'est au regard d'une norme non juridique que ces prescriptions sont appréciées. Mais il contrôlera l'exactitude de la deuxième qualification; certains faits peuvent être condamnables sur le plan médical sans être forcément « de nature » à entraîner une sanction disciplinaire[15]. La Cour de cassation adopte une attitude voisine[16].

C. – Ne portons aucun jugement de valeur sur cette jurisprudence et reprenons le problème de la médecine expéditive : le comportement du praticien peut-il être directement confronté à l'art. 4 du code de déontologie ou doit-il auparavant faire l'objet d'une qualification purement *médicale ?* La réponse dépend de la façon dont est posé le problème.

Lorsque les juridictions professionnelles se retranchent derrière une appréciation de la durée convenable des actes médicaux, certains pouvant être exécutés en un laps de temps très court, elles procèdent à une confrontation de chaque acte médical du praticien incriminé à une norme médicale; s'il reste fidèle à sa politique jurisprudentielle actuelle, le Conseil d'État se refusera à contrôler l'exactitude de cette qualification médicale; à vérifier par exemple si un acte de radiologie doit ou non excéder cinq minutes : il s'en tiendra à l'appréciation souveraine des juridictions professionnelles.

Mais le problème est ainsi très mal posé et ce détour par l'appréciation préalable de chaque acte médical au regard d'une norme médicale est inutile : c'est l'activité générale, globale, du praticien qui est en cause et elle seule. C'est elle qui devra être mise en parallèle avec l'activité d'un praticien « normalement prudent et diligent », confrontation qui n'implique point cette fois la prise en considération de normes spécifiquement médicales.

Pour déclarer en effet qu'une activité excessive est susceptible de compromettre la qualité des soins, bien des considérations extra-médicales et ne faisant appel qu'au pur bon sens peuvent être mises en avant : précipitation et surmenage multipliant les risques d'erreur, de confusions et de négligences, impossibilité pour le praticien de tenir à jour ses connaissances scientifiques, etc. Ainsi, une activité excessive peut sans aucun doute être directement confrontée à l'art. 4 lorsque les excès inadmissibles relevés par les organismes de Sécurité sociale sont atteints.

Le Conseil d'État, juge de cassation, peut et doit donc, sans renoncer à sa politique jurisprudentielle actuelle dans le problème général du contrôle du fait, intervenir efficacement pour obtenir une application plus rigoureuse de l'art. 4 du code de déontologie et contribuer ainsi à lutter contre « une dégradation de la morale et de la conscience médicale »[17] dont les juridictions disciplinaires semblent prendre trop souvent et trop aisément leur parti.

15. V. p. ex. Cons. d'Ét. 30 janv. 1953, *Rec. Cons. d'Ét.*, p. 46; 12 juill. 1955, *ibid.*, p. 423; 16 janv. 1957, *ibid.*, p. 36; 2 févr. 1957, *ibid.*, p. 82, etc.
16. Sur l'attitude de la Cour de cassation, v. R. et J. Savatier, Auby et Péquignot, *op. cit.*, n° 315 *bis*.
17. V. décision du conseil régional de Nancy, précitée.

LA RELIGION DE L'ENFANT

1960

Jean-Denis Bredin

Professeur agrégé à la Faculté de droit et des sciences économiques de Rennes

Voici l'un des grands silences de la loi civile. Qui peut choisir la religion d'un enfant, et décider des actes de sa vie religieuse ? Ce n'est pas le seul domaine où se manifeste cette discrétion, ou ce désintérêt du législateur, à propos des grands problèmes auxquels, de la naissance à la mort, s'affronte la personne humaine. Un nom, une nationalité, une filiation, un domicile, voici sans doute les éléments irréductibles de l'état, qui classent, repèrent et situent. Les règles de vie sont abandonnées aux mœurs, et quand éclatent les conflits, au juge. Sauf de rares exceptions (c. civ., art. 312, art. 371) la loi ne propose aucune ligne de conduite. Que ce soit sagesse, pudeur, indifférence, incapacité, elle se tait. De l'éducation des enfants le droit civil ne fixe aucun principe. Il n'en connaît que la déchéance au détriment du père indigne, et la correction au profit du père mécontent. De la vie conjugale le Code ne retient que le devoir de fidélité (le moins respecté et, qui n'est peut-être pas socialement le plus essentiel) et le devoir d'assistance qu'il réduit aux proportions d'un secours matériel. La morale des époux, et au jour du divorce celle du juge, doivent dire le reste. L'honneur (seul le droit pénal s'y intéresse), la vie privée (droit de s'enfermer chez soi, de chasser les intrus, de cacher son visage et sa vie), la plupart des relations familiales et sociales, restent ignorées de la loi civile. Ainsi en est-il de la foi religieuse, et de la pratique religieuse.

Que l'on approuve ce silence, parce qu'il tient les éducations et les vies à l'abri de la puissance publique, et qu'il évite à la loi de se mesurer à une tâche impossible, ou qu'on le condamne parce qu'il constitue une abdication, et remet la morale à l'inspiration du juge, il faut admettre que celui-ci est bien, en droit privé, le vrai souverain. La doctrine ne s'y trompe pas, qui se voue, par nécessité, à l'exégèse de sa décision.

Le problème posé par la religion des enfants et leur éducation religieuse illustre cette carence, en droit civil, de la loi que l'on dit par ailleurs envahissante. Sans doute le problème ne naît-il à la vie juridique qu'en cas de conflit grave, et, dans la majorité des cas, le conflit aura été résolu de concessions, ou de convictions communes. Mais quand le juge doit intervenir, la loi ne lui est d'aucun secours. Certains droits étrangers (mais sans doute ce problème était-il plus aigu là qu'ailleurs) ont légiféré en ce domaine. L'art. 277 c. civ. suisse décide que l'enfant âgé de 16 ans révolus a le droit de choisir lui-même sa confession. La loi allemande du 15 juill. 1921 accorde ce droit à l'enfant mineur de quatorze ans (Coulombel, « Le droit privé français devant le fait religieux », *Rev. trim. dr. civ.* 1956. 46). Le code civil soviétique de 1923 disposait qu'en cas de conflit des parents sur la religion de leur enfant, celui-ci n'appartiendrait à aucune religion, jusqu'à ce qu'il ait atteint l'âge du libre choix. Voici une solution qui semble très respectueuse de la liberté de conscience de l'enfant. En réalité, c'est déjà faire un choix que d'élever un enfant sans religion, et, sous le prétexte de garantir sa liberté, cette solution choisit pour lui l'irréligion. Or le conflit entre deux parents est, le plus souvent, le conflit de deux religions. Ce n'est pas le principe d'une foi et d'une éducation religieuse qui est en cause, mais leur détermination. L'irréligion ne, satisfait personne et compromet tout. Cependant, que la solution adoptée par les droits étrangers soit ou non critiquable, il nous suffit de constater qu'ils n'ont pas ignoré le problème.

I. La conception classique : l'éducation religieuse prérogative de puissance paternelle

Dans le silence de la loi française, le litige soulevé par la religion de l'enfant pose un problème de qualification. Or cette qualification paraît avoir été instinctive, et unanime (sauf les efforts récents de renouvellement dont il sera reparlé). L'éducation religieuse est un aspect de l'éducation en général, et le droit de choisir la religion d'un enfant, et de fixer sa pratique, rentre donc dans le cadre des prérogatives de puissance paternelle (En ce sens, Aubry et Rau, *Cours de droit civil*, 5e éd., par Bartin, t. 9, § 550 ; Julliot de la Morandière, *Traité de droit civil de Colin et Capitant*, 11e éd., t. 1, n° 697 ; Josserand, *Cours de droit civil positif*, t. 1, n° 1092 ; Planiol et Ripert, *Traité prat. de droit civil français*, 2e éd., t. 1, par René et Jean Savatier, n° 334, p. 410 ; Marty et Raynaud, *Droit civil*, n° 549, p. 731. Tous ces auteurs traitent de la religion des enfants à propos de leur éducation. – V. aussi H., L. et J. Mazeaud, *Leçons de droit civil*, t. 1, n° 1148 : « le choix de la religion est une prérogative qui ne peut être séparée de celle de l'éducation ». L'ensemble des décisions qui seront ci-dessous rapportées est en ce sens). Et sans aucun doute est-il vrai que dans une société chrétienne les principes moraux et religieux se confondent, de telle manière qu'il est impossible de séparer éducation et religion. On ajoutera peut-être que la société bourgeoise mêle ainsi éducation et religion, parce qu'elle tient la religion pour un procédé d'éducation, quand ce n'est pas l'éducation qui sert la cause d'une religion. Dans un cas et dans l'autre, éducation et religion se réconfortent mutuellement. L'évidence affirme la solidité de leurs liens. Le problème serait de savoir si cela autorise à tenir la religion pour un aspect de l'éducation, si l'on peut, sur une connexité, construire une identité de régimes juridiques. Mais le principe étant affirmé et très généralement approuvé, demeurent les difficultés de son application. Des divergences éclatent, où les raisons de droit risquent de se soumettre aux opinions et aux croyances.

a) Durant le mariage, les difficultés que peut susciter entre les époux la religion de leurs enfants n'appartiennent pas au domaine du droit. La tolérance réciproque, à moins que ce ne soit la force, ou la ruse, assure une solution. Au jour où le litige passera sur le plan judiciaire, le mariage n'y résistera pas, et la religion des enfants sera l'occasion, puis l'aliment de la querelle conjugale (Comp. Trib. civ. Briançon, 6 janv. 1948, D. 1948. 579, note Carbonnier ; Paris, 14 févr. 1958, D. 1958. Somm. 67). La puissance paternelle étant exercée durant le mariage par le père, quoiqu'elle appartienne, selon un principe qui n'est alors qu'idéal, au père et à la mère (c. civ., art. 373), c'est le père qui, dans le système proposé, doit, durant le mariage, fixer la religion des enfants et diriger l'éducation religieuse (v. outre les auteurs déjà cités, note René Savatier sous Trib. civ. Pontoise, 8 juin 1959, J.C.P. 1959. II. 11477). Sans doute l'art. 213 c. civ. précisant que « la femme concourt avec le mari à assurer la direction morale et matérielle de la famille... à élever les enfants... » consacre-t-il, dans les textes, son intervention dans l'éducation religieuse de ses enfants, et le rôle de la femme, plus proche de ses enfants, souvent plus proche de sa religion, est en fait prépondérant. Mais l'art. 213 c. civ. appartient-il à la suite des textes qui, dans le Code civil, souhaitent traduire la réalité, sans être capables de la contraindre ? Le droit, reconnu à la femme par l'art. 213, peut-il, dans le domaine qui nous occupe, lui ouvrir un recours judiciaire contre les décisions de son mari, ou serait-il sans sanction, quand bien même le « concours » de la femme resterait illusoire, ou déçu ?

La forte partie de la doctrine qui s'attache, en toutes circonstances, à consolider l'autorité paternelle, conteste obstinément tout droit à recours. M. Savatier estime qu'« au cas de dissentiment, le père choisit la confession religieuse sans recours possible de la mère » (Planiol et Ripert, *op. cit.*, t. 1, n° 334, p. 410), et de nombreuses décisions ont implicitement reconnu au père, durant le mariage, un véritable droit discrétionnaire pour décider des actes de la vie religieuse de son enfant (droit du père de s'opposer à la première communion de son enfant mineur et baptisé, Paris 13 déc. 1934, S. 1935. 2. 168. Droit du père de faire administrer ou non les sacrements de l'Église, Trib. civ. Poitiers, 5 juill. 1928, S. 1929. 2. 79. Droit du père d'enseigner l'athéïsme à son enfant baptisé, Riom, 13 nov. 1933, *Gaz. Pal.* 1933. 2. 981. M. Coulombel juge « excessifs » les droits que le droit civil français accorde au père sur la conscience de ses enfants mineurs). L'audacieux jugement du tribunal de Briançon (6 janv. 1948, D. 1948. 579, note Carbonnier; J.C.P. 1948. II. 4163, note Vouin) qui a affirmé que les époux disposaient de droits égaux quant à la direction spirituelle de l'enfant, fut généralement critiqué pour cette affirmation excessive « indéfendable dans le droit civil français actuel » (Coulombel, *op. cit.*, p. 15. – En ce sens Carbonnier, note précitée; Vouin, note précitée; Lagarde, *Rev. trim. dr. civ.* 1948. 205; Pottier, *L'éducation religieuse des enfants et le droit de la famille*, thèse, Rennes 1951, p. 25 et s.; Planiol et Ripert, *op. cit.*, t. 1, par R. Savatier, p. 410, note 3). Cette décision, qui semble avoir été sans avenir, suggérait un recours de la mère sur le fondement de l'abus des droits. Si le recours serait théoriquement admissible, et nous croyons qu'il le serait sur le fondement des art. 213 et 373 c. civ., il demeure que notre conception de la famille y répugne profondément. Pour nous, tout recours à la justice traduit ou provoque un déchirement irréparable. Ce « juge de la famille » que certains pays étrangers ont institué pour tenter de donner aux conflits familiaux, au terme d'une procédure simple et conciliatrice, une solution qui préserve l'unité familiale, il heurte à la fois le sens chrétien de la famille, qui fonde encore notre droit laïc, et aussi notre conception du rôle du juge, qu'exprime une procédure compliquée, solennelle, et beaucoup plus capable d'aggraver les litiges que de les apaiser. Le lien conjugal ne résisterait pas à un conflit judiciaire sur l'éducation religieuse des enfants. Le droit ne sait d'autre remède aux difficultés des époux que de les séparer.

b) C'est quand se désagrège la famille, frappée par la mort ou le divorce, que le problème prend sa gravité, et en jurisprudence sa réalité.

La mort du père transférant à la mère la plénitude d'exercice de la puissance paternelle, celle-ci pourra-t-elle modifier le rattachement religieux de son enfant ? Elle le pourra sans conteste, si l'on admet dans toutes ses conséquences le système reçu par la doctrine et la jurisprudence. Le même droit discrétionnaire que l'on attribuait au père vivant, il appartient désormais à la mère survivante, plus absolu encore, s'il est possible, puisqu'il ne se trouve plus personne pour en partager avec elle le principe. Or la jurisprudence, exprimant en cela un sentiment très instinctif, répugne à admettre, dans le cadre de la puissance paternelle, la libre mutabilité du rattachement religieux après décès du père. Un ancien arrêt de la cour de Colmar (19 nov. 1857, D. P. 59. 2. 36) a autrefois affirmé, en termes vigoureux, que le choix de la religion décidé par les parents s'imposait au tuteur après leur mort. Qu'il s'impose au tuteur, cela ne saurait faire de doute. Mais s'impose-t-il aussi au conseil de famille, investi de la puissance paternelle ou de ses vestiges ? S'impose-t-il à l'époux survivant ? De nombreuses décisions traduisent, sans aborder le problème de front, la méfiance des tribunaux à l'encontre des changements de religion imposés aux enfants, même s'ils sont fondés sur les meilleures intentions (Colmar, précité ; Trib. civ. Briançon, précité ; Civ., sect. civ., 8 juill. 1952, D. 1953. 217, note Savatier ; Civ., 1re sect. civ., 23 juin 1953, S. 1954. 1. 37, note Nerson). Dans ces deux derniers arrêts le problème religieux n'était pas directement posé, mais il était sous-jacent et la Cour suprême prend un intérêt remarquable à la « réalisation des désirs du père » après sa mort, ce qui semble, remarque, M. Carbonnier, comme une « consécration de la puissance paternelle posthume » (*Droit civil*, t. 1, p. 654). Une part importante de la doctrine, celle-là même qui entend préserver la gravité du rattachement religieux, serait tentée d'affirmer sa permanence, et elle est manifestement contrariée dans ce souci par l'opinion classique qui tient le rattachement religieux pour un aspect de l'éducation (Carbonnier, D. 1948. 579 ; Coulombel, *op. cit.*, p. 17). Force est alors pour affirmer l'immutabilité du lien religieux de situer le problème sur un autre-terrain.

c) La confusion est plus frappante encore lorsque les difficultés sur l'éducation religieuse des enfants surgissent entre parents divorcés. Cela tient à ce que si la notion de puissance paternelle souffre déjà d'équivoque, la notion de « garde » est abandonnée à la plus totale incertitude. Elle se remplit ou se vide selon les auteurs, et selon les arrêts. Dans un sens étroit, elle n'est que le droit de « retenir l'enfant chez soi » (Carbonnier, *Droit civil*, t. 1, p. 647 ; Marty et Raynaud, *Droit civil*, n° 547, p. 731. C'est alors la stricte application des art. 108 et 374 c. civ.). Dans un sens large elle s'enfle jusqu'à englober l'éducation (Julliot de la Morandière, *op. cit.*, p. 464, n° 579), et, selon une définition curieusement empruntée à la garde des choses, tout ce qui concerne « la direction et le contrôle de l'enfant ». Pendant le mariage la détermination du contenu du droit de garde est généralement sans conséquence. Ce que le père peut abandonner, ce n'est que la garde au sens étroit, la détention (Vouin, note précitée ; Trib. civ. Pontoise, 8 juin 1959, J. C. P. 1960. II. 11477, note R. Savatier). Mais la nature de la garde après divorce est incertaine. L'art. 302 c. civ. ne l'éclaire pas, quand il dispose que « les enfants seront confiés à l'époux qui a obtenu le divorce ». Si le texte pouvait être interprété, il suggérerait un simple dépôt, sans prérogative spéciale. Mais l'art. 303 dispose que l'autre conjoint conserve le droit de *surveiller* l'entretien et l'éducation des enfants. Si son droit reste de surveillance c'est, semble-t-il, qu'il n'est plus de plein exercice. La jurisprudence a compris le droit de garde, dans le cadre du divorce, comme emportant le droit d'éducation et, plus que le droit d'éducation, un droit de direction très large qui en fait ne se brise que sur les règles légales (consentement au mariage : art. 347, al. 2, c. civ.), ou sur des abus trop criants. Cette jurisprudence trouve sa justification non dans une analyse juridique de la notion de garde, mais dans d'impérieuses nécessités. La direction suppose la présence, et toute solution qui contesterait cette évidence conduirait à des tiraillements néfastes. En fait, sinon en droit, toute la substance de la puissance paternelle a été introduite dans la garde après divorce. Que reste-t-il de son droit au conjoint, fut-il innocent, qui ne fait plus que « visiter » son enfant, et faut-il même souhaiter qu'il puisse exercer une surveillance qui suppose, pour chacune de ses manifestations, les déchirements d'un procès ?

Si l'éducation religieuse n'est qu'un aspect de l'éducation en général, elle doit, après, divorce, être dirigée par l'époux auquel est confiée la garde de l'enfant, tandis que le conjoint non investi de la garde conserve le droit de surveillance dont il vient d'être parlé (Req. 9 juin 1857, D. P. 57. 1. 401 ; Civ. 13 avr. 1937, D. H. 1937. 281 ; S. 1938. 1. 8 ; Barbier, « La religion de l'enfant et l'exercice de la puissance paternelle », *Gaz. Pal.* 1957. 2. Doctr., p. 52). Le problème est à nouveau posé de savoir si l'époux chargé de la garde (et de l'éducation) peut modifier le rattachement religieux (car le droit de surveillance de l'autre conjoint, mal informé, placé devant le fait accompli, parfois indifférent, toujours contraint au procès, restera le plus souvent théorique). Si le droit de modifier le rattachement religieux est reconnu à l'époux innocent auquel l'enfant est confié en vertu de l'art. 302 c. civ., le sera-t-il aussi à l'époux coupable ? Ou faudrait-il admettre que le contenu de la garde varie selon qu'elle appartient à l'époux innocent ou à l'époux coupable, distinction qui serait juste dans le principe, mais ajouterait à la grave incertitude de l'institution ? Le tribunal de la Seine paraît avoir été tenté par cette distinction dans son jugement du 11 févr. 1959 (D. 1959. 274). Il admet que le père innocent, privé de la garde (avec son consentement il est vrai) tire de ses prérogatives de puissance paternelle le droit de faire baptiser ses enfants sans le consentement de l'époux coupable quoique gardien. Mais on discerne mal comment s'est formée la conviction du tribunal. Affirme-t-il, en ce domaine, la supériorité du père sur la mère ? De l'époux innocent sur l'époux coupable ? De la religion sur l'irréligion ? Ou tout cela à la fois ? Quoi qu'il en soit, cette décision traduit, parmi d'autres, la gêne des tribunaux à maintenir la qualification classiquement attribuée à la religion des enfants.

d) Voici, dans une espèce ci-dessous rapportée (en sous-note), la question résolue par le tribunal de Versailles à propos des enfants naturels. La mère avait en l'espèce la première reconnu son enfant, et avait donc l'exercice plein et exclusif de la puissance paternelle (c. civ. art. 383). Le père, demandant au tribunal que sa fille soit élevée dans la religion catholique, pouvait être débouté au seul motif que, n'étant investi d'aucune part de la puissance paternelle, il n'avait aucun droit à critiquer l'éducation civile ou religieuse donnée à son enfant. Le tribunal ne cède pas à cette solution de facilité. Il décide que si le père ne peut, en ce qui concerne le *choix d'une religion* « faire prévaloir sa volonté contre la décision positive ou négative de la mère », il lui appartient en revanche de critiquer, dans l'intérêt de l'enfant, les dispositions prises par la mère « dans le cadre choisi par cette dernière en matière d'*éducation religieuse* ». Le tribunal ne dit pas le fondement du droit généreusement reconnu au profit de celui des parents naturels qui n'est pas titulaire de la puissance paternelle. Est-ce une sorte de puissance paternelle « virtuelle » qui tirerait notamment argument de l'alin. 1er de l'art. 383 c. civ., et suffirait à justifier un tel droit de contrôle ? Est-ce par contagion des règles de la famille légitime ? Est-ce simplement parce que les liens du sang suffisent à fonder l'intervention d'un père en face des actes les plus graves de la vie ? Du moins faut-il retenir de ce jugement d'une part la résistance du juge à tenir le problème religieux pour un simple aspect de l'éducation, d'autre part la distinction, rarement faite, entre le choix de la religion et l'éducation religieuse. Or cette distinction nous paraît essentielle.

II. Recherche d'une qualification qui préserve, durant la minorité, l'immutabilité du lien religieux

a) Si l'on hésite, dans les principes et dans les faits, à consentir que le changement de puissance paternelle puisse autoriser un changement de religion, comment fonder en droit l'immutabilité du rattachement religieux ? M. Carbonnier a ébauché, pour y parvenir, une théorie fort ingénieuse (note D. 1948, p. 579). Pour lui la religion demeure, sous un état laïc, un élément de l'*état* de l'enfant. « L'appartenance confessionnelle continue à former un aspect de l'état des personnes » (*op. cit.*). Or, constate M. Carbonnier, un principe nulle part formulé, partout impliqué, est qu'en matière d'état l'enfant suit la condition de son père (ex. : nationalité, nom patronymique). Pas plus que le changement de puissance paternelle n'autorise une modification de la nationalité ou du nom, il ne pourrait permettre un changement de religion. Ainsi sera préservée l'immutabilité du rattachement religieux, et restaurée, dans les qualifications mêmes, la gravité du problème qu'il pose.

M. Coulombel (« Le droit privé français devant le fait religieux depuis la séparation des Églises et de l'État », *Rev. trim. dr. civ.* 1956, p. 16 et s.) a mis en évidence les arguments qui, selon lui, pourraient être opposés à l'idée suggérée par M. Carbonnier. D'une part les décisions de jurisprudence invoquées à l'appui de cette thèse parce qu'elles marqueraient la parenté secrète du problème religieux et des questions d'état (compétence préférentielle des tribunaux judiciaires, rôle de la pratique, du culte dans la possession d'état, obligation d'interroger la loi de l'Église pour déterminer le rattachement religieux) ne paraissent pas convaincantes à M. Coulombel, parce qu'elles se réfèrent à des circonstances exceptionnelles et dépassées, où la religion était tenue pour un élément de l'état (lois édictées à l'encontre des israélites. – V. cependant Paris, 18 oct. 1955, D. 1955. 766, qui fait encore allusion au « statut religieux d'un enfant »).

Mais surtout il paraît impossible à M. Coulombel qu'un droit « inspiré par les principes de laïcité et d'égalité civile » considère la religion comme un élément de l'état. Cette objection, dont la portée est évidente, ne nous paraît cependant pas décisive. La notion d'état est suffisamment imprécise pour qu'elle puisse, sans subir grand dommage, englober un élément facultatif, et la loi laïque peut s'accommoder du fait religieux – M. Coulombel l'a fort bien démontré – sans pour autant se soumettre à la loi religieuse.

À l'idée suggérée par M. Carbonnier, on opposera aussi que tous les éléments de l'état ne sont pas immuables, et qu'il ne suffit donc pas de rattacher la religion à l'état pour assurer son immutabilité. Le domicile, fixe mais non immuable, est généralement tenu pour un élément de l'état. Mais peut-être sont-ce les livres, plutôt que des raisons profondes, qui classent le domicile dans l'état des personnes. Ce n'est pas à proprement parler un « élément révélateur de la personnalité », ou ce n'en est qu'un élément secondaire. Essentiellement l'état se ramène au *status civitatis* (rattachement à une nation) et au *status familiae* (rattachement à une famille). Ne peut-il alors paraître naturel d'y ajouter un troisième rattachement, qui affirmerait l'appartenance spirituelle à une religion et achèverait d'éclairer les supports sociaux et moraux de l'individu (il faut négliger le rattachement à une classe, souvent le plus réel, mais si néfaste). Ainsi la raison ne récuse pas une conception de l'état, plus vaste que la conception généralement proposée, plus exacte peut-être, et qui comprendrait la religion. Une fois la religion choisie pour l'enfant, la puissance paternelle se briserait sur un élément acquis de l'état. Mais précisément, objectera-t-on encore, le rattachement religieux procède d'un choix librement effectué, alors que les éléments juridiques de l'état sont fixés par la loi à la naissance. Cette différence ne nous paraît pas suffisante pour rejeter la qualification proposée. Les circonstances peuvent faire que le père opte, au nom de son enfant, en faveur de la nationalité française (Ord. 19 oct, 1945, art. 53) et celle-ci n'en demeure pas moins un élément de l'état.

Plus utilement opposera-t-on que la solution proposée affirme exagérément en matière religieuse la prépondérance du père (mais la conception classique qui livre la religion à la puissance paternelle aboutit au même résultat) et que, satisfaisante quand un enfant a reçu, en venant au monde, la religion de son père, elle devient de mise en œuvre plus subtile si l'enfant prend à la naissance la religion de sa mère, ou s'il reçoit du consentement des parents une autre religion. L'immutabilité du choix religieux ne serait d'ailleurs que relative, M. Carbonnier admettant qu'une volonté commune des deux époux puisse imposer un changement de religion à l'enfant. Et cela se concilie mal avec notre conception de l'état. Sans doute est-il donc difficile de traiter comme un élément de l'état un rattachement dont la loi civile ignore à la fois les conditions et les effets. Mais toutes ces objections, si elles enferment une part de vérité, ne sont pas déterminantes. Car il ne s'agit pas tant d'affirmer une identification impossible, parce que la loi civile la refuse, qu'une similitude d'où l'on puisse tirer une concordance de solutions. Cette prépondérance de la volonté du père, de la religion du père, et l'immutabilité qui devrait en découler, elles ont certainement tenté la jurisprudence, et de nombreuses décisions, par un chemin ou par un autre, s'efforcent de parvenir à ce résultat (Colmar, 10 nov. 1857, D.P. 59. 2. 36; Civ., 1re sect. civ., 23 juin 1953, S. 1954. 1. 37, note Nerson; Trib. civ. Seine, 11 févr. 1959, D. 1959. 274, note Barbier, et même Trib. civ. Briançon, 6 janv. 1948, précité, qui, après avoir affirmé dans le principe l'égalité de droit des époux de religion différente, admet cependant en la circonstance la prépondérance de la religion du père). Et le jugement du tribunal de Versailles pourrait, dans sa solution, se rattacher à ce système. Celui des parents qui le premier a reconnu l'enfant naturel non seulement dispose de la puissance paternelle, mais encore donne à l'enfant sa condition juridique (son nom, par application de l'art. 1er de la loi du 25 juill. 1952, et sa nationalité, celui des parents connu le premier jouant, en cette matière, le rôle que tient le père dans la famille légitime). De même décide-t-il de son rattachement religieux. On voit qu'à qualifier ce rattachement non comme un aspect du droit de garde et d'éducation, mais comme un élément de l'état, on ne contrarie pas les solutions jurisprudentielles. On leur donne un support plus vigoureux. Surtout on leur fournit le moyen d'affirmer l'immutabilité du lien religieux.

b) Renonçant à l'idée suggérée par M. Carbonnier, M. Coulombel a cherché à assurer, par d'autres voies, une certaine stabilité religieuse chez l'enfant à l'encontre du titulaire de la puissance paternelle. M. Coulombel propose de ranger la religion de l'enfant parmi les droits de la personnalité (ce pourrait être un aspect du droit à l'intégrité morale). Mais outre que la théorie des droits de la personnalité est trop imprécise (Perreau, « Les droits de la personnalité », *Rev. trim. dr. civ.* 1901. 501 ; Nerson, *Les droits extra-patrimoniaux*, thèse, Lyon 1939), leur sanction trop incertaine pour que les tribunaux trouvent une utile réponse aux problèmes posés par l'éducation religieuse, on voit mal comment cette qualification conduirait à affirmer la permanence du lien religieux. Elle imposerait au moins de rechercher, dans chaque espèce, si la modification du lien religieux blesse ou non la personnalité morale de l'enfant, recherche difficile, arbitraire, et qui engendrerait des combats désastreux. M. Coulombel pense de même que l'on pourrait en droit français opposer aux droits de la puissance paternelle l'art. 1er de la loi de séparation proclamant que « la République assure la liberté de conscience » (Coulombel, *op. cit.*, p. 47). Mais outre la difficulté qu'il y aurait pour les tribunaux à déterminer l'âge à partir duquel la liberté de conscience de l'enfant serait opposable au père, le problème resterait posé, durant la « minorité religieuse », de décider si le titulaire de la puissance paternelle peut ou non modifier le rattachement religieux.

Les théories très séduisantes qui ont été soutenues, ont sans doute en commun leur irrémédiable fragilité parce qu'elles sont, dans un domaine inconnu de la loi, des constructions juridiques destinées à justifier un résultat tenu pour souhaitable. Ce qui est essentiel, c'est la recherche de ce résultat, c'est le souci, que traduisent la jurisprudence et la doctrine, de défendre contre l'autorité du titulaire de la puissance paternelle la permanence du lien religieux de l'enfant, et sans doute la conscience même de l'enfant.

c) Cette permanence étant affirmée, par un moyen ou par un autre, cela retire-t-il à la mère, investie du droit de garde, ou même privée de ce droit, les prérogatives qu'elle tenait d'une conception qui considérait la religion comme un aspect de l'éducation ? Et le rattachement de la religion à l'état des personnes risque-t-il, se mettant en contradiction avec la réalité, de contester les droits de la mère dans l'éducation religieuse de ses enfants ? Ici nous paraît se proposer une distinction, dont nous avons cru pouvoir remarquer l'importance, qui pourrait concilier la théorie classique, et les efforts récents entrepris pour assurer l'immutabilité du lien religieux : distinction entre la religion et l'éducation religieuse, entre la foi et la pratique, entre ce que le bon sens populaire appelle « avoir une religion » et ce qu'il appelle « avoir de la religion » distinction que la société fait volontiers à contresens (les rites observés l'intéressent plus que la foi donnée) mais que les religions marquent vigoureusement en affirmant la permanence du lien religieux à travers les défaillances de l'éducation et de la vie religieuse (le rituel du baptême catholique insiste sur le caractère ineffaçable, indélébile du sacrement). Si la religion est tenue pour un élément de l'état des personnes, cette qualification ne concerne que le rattachement religieux proprement dit, non l'éducation qui en est la suite. De même que la mère serait fondée à critiquer l'éducation civique reçue par un enfant auquel son père seul a donné sa nationalité, de même pourrait-elle concourir durant le mariage à l'éducation religieuse (c. civ., art. 213, art. 373), et après dissolution du mariage, la diriger, ou tout au moins la surveiller sur le fondement de l'art. 303 c. civ., car l'éducation religieuse, nettement distincte de l'existence du lien religieux, rentre bien, croyons-nous, dans le cadre de la puissance paternelle. La conciliation proposée des théories en présence n'a pas pour seul objet d'emprunter à chacune son avantage (au système classique le contrôle de celui des parents non investi de la garde, aux systèmes nouveaux la permanence du rattachement religieux). Elle nous paraît marquer, le moins mal possible, les deux aspects du problème religieux.

Et telle est la solution que suggère, à travers l'équivoque des termes, le jugement, rapporté en sous-note, du tribunal de Versailles. Il marque heureusement la distinction entre le « *choix* » de la religion qui appartient à un seul et devrait, durant la minorité religieuse, rester immuable, et « les dispositions prises dans le cadre de ce choix pour l'*éducation religieuse* » qui peuvent être critiquées par celui auquel n'appartient pas ce choix.

Un tel système ne devrait décevoir ni la loi civile ni la loi religieuse.

Il demeure que la solution la meilleure aux difficultés qui viennent d'être évoquées serait que la loi fixe une majorité religieuse, et peut-être affirme durant la minorité l'immutabilité du rattachement religieux. L'éducation religieuse pourrait alors sans mal être abandonnée à la puissance paternelle, et le recours serait inutile à des constructions juridiques dont l'ingéniosité ne peut qu'habiller l'artifice. Tant d'efforts vains, en doctrine et en jurisprudence, seraient économisés si la loi ne manquait à son rôle.

LE HURON AU PALAIS-ROYAL
ou réflexions naïves sur le recours pour excès de pouvoir

1962

Jean Rivero

Professeur à la Faculté de droit et des sciences économiques de Paris

C'était un Huron, mais un Huron juriste; assis au pied d'un hêtre pourpre, dont une feuille, parfois, détachée par le vent, venait poser sur son épaule comme l'amorce d'une épitoge rouge, il enseignait le droit public aux futurs guerriers de sa tribu. Les cœurs sensibles de ces jeunes hommes bons et vertueux s'exaltaient lorsque sa parole savante leur retraçait les merveilleuses inventions par lesquelles des Sages, de l'autre côté du grand Océan, avaient réussi à protéger les hommes contre les excès du pouvoir. Il rêvait de se rendre en pèlerinage à la ville d'où rayonnait sur le monde le flambeau du contentieux administratif. Une bourse d'études offerte par l'Unesco lui permit de réaliser son rêve. Il s'envola vers Paris.

À Orly, où j'allais l'accueillir, ses premiers mots furent : « Conduisez-moi, s'il vous plaît, au lieu où siège votre grand Conseil. » Lorsque nous fûmes dans la cour du Palais-Royal, il se prosterna la face contre terre en disant : « Je baise la terre sacrée dans laquelle s'enracine le grand arbre du recours pour excès de pouvoir, "la plus merveilleuse création des juristes, l'arme la plus efficace, la plus pratique, la plus économique qui existe au monde pour défendre les libertés" comme l'a écrit votre Gaston Jèze[1] ; rempart de l'opprimé, terreur de l'oppresseur qui, au moment où son bras va s'abattre, s'arrête en entendant la voix redoutable du juge clamer : "Tu n'iras pas plus loin !" »

Je l'interrompis doucement : « Ne perdez pas de vue, mon cher collègue, que la sagesse du législateur n'a pas voulu accorder, au recours, le caractère suspensif; il n'appartient donc pas au juge d'arrêter le bras de l'Administration au moment où elle exécute; c'est après coup qu'intervient sa censure redoutée. »

« Je ne l'ignore point, répondit-il; mais vous, oublieriez-vous le droit que possède le juge d'ordonner le sursis à l'exécution ? – Non certes; mais la loi enferme ce pouvoir dans des limites bien étroites. » Un sourire malicieux plissa son visage : « Je le sais; mais je sais aussi quelle merveilleuse ingéniosité votre juge sait mettre, contre la lettre d'une loi oppressive, au service de la liberté; là où le texte relatif au sursis ne laissait passage qu'au rat musqué, la jurisprudence a dû, j'imagine, élargir la brèche pour qu'un troupeau de bisons la franchisse à l'aise. »

« Des juges inférieurs – dis-je – tentèrent naguère de s'engager dans cette voie; mais le juge suprême, dans sa sagesse, a reconnu leur imprudence; il ne s'est pas contenté d'assurer le strict respect des conditions mises par les textes à

1. Rapport à l'Institut international de droit public, *Annuaire de l'Institut*, 1929, p. 162.

l'octroi du sursis, il leur a ajouté quelques exigences supplémentaires[2] ; on l'en a généralement loué. »

Il parut déçu, mais se reprit aussitôt : « Qu'importe, après tout ! L'essentiel n'est-il pas cette décision finale qui, d'un mot, annihile l'acte injuste, efface toutes ses conséquences comme le soleil fond la glace sur nos grands lacs, et donne à la victime tout ce que le droit lui accorde, tout ce que l'Administration lui refusait ? »

Un scrupule me fit reprendre la parole : « Attention ! Le pouvoir du juge ne saurait aller jusque-là ! De manière générale, vous le savez, il ne lui est pas permis d'imposer à l'Administration une obligation de faire, ni, à plus forte raison, de substituer sa décision à celle qu'il a censurée ; même dans le plein contentieux, il ne peut la condamner qu'à payer ; dans le contentieux de l'excès de pouvoir, il lui est interdit d'aller au-delà de la pure et simple annulation de l'acte. »

« C'est une interdiction rigoureuse, soupira-t-il ; quel est donc le texte qui l'a édictée ? »

Je souris : « Il n'est pas besoin d'un texte lorsque la nature des choses commande ; et la nature des choses veut que la fonction de juger soit, au sein de l'exécutif, distincte de celle d'agir. Où irions-nous si le juge administratif tirait, de l'annulation, les conséquences nécessaires, dictait à l'Administration la conduite à tenir pour rétablir le droit, ou osait substituer lui-même, à la décision annulée, une décision juridiquement correcte ? »

« Ainsi, dit-il, aucune barrière autre que la nature des choses n'interdit au juge d'enjoindre, voire de statuer à la place de l'Administration ? » Je ne pus qu'en convenir. Il réfléchit un instant, puis il reprit : « La nature des choses... On la peut entendre de bien des façons ! Chez nous, on pense que la nature de la fonction du juge est, en toute matière, de dire ce que le Droit exige ; lorsque notre juge décide lequel des deux chasseurs qui se disputent le corps d'un élan dont chacun prétend l'avoir tué a vraiment tué l'élan, et doit l'emporter, selon les lois de la chasse, nous pensons qu'il reste juge, et ne devient pas chasseur d'élans. Vous raisonnez différemment, il me semble, lorsqu'il s'agit, non plus d'élans, mais d'actes administratifs. La nature des hommes l'impose-t-elle ? Je n'en suis pas sûr. Au demeurant, chez vous comme chez nous, sans doute, ce que le plaideur souhaite, me semble-t-il, c'est que, dans la réalité de sa vie quotidienne, quelque chose, au terme du recours, se trouve changé, en mieux : qu'il puisse faire ce qui lui était interdit à tort, occuper la fonction qu'on lui refusait illégalement. Est-ce l'annulation, cette abstraction, qui l'intéresse ? Non pas, mais bien les fruits qu'il en attend. Dès lors, n'est-ce point méconnaître la nature des choses que de dissocier l'annulation de ses conséquences ? Mettre à néant l'acte, mais se refuser à dire ce qui doit nécessairement découler de cette disparition, n'est-ce point, pour le juge, s'arrêter à mi-chemin, sans aller au bout de sa tâche ? Et que dirait-on du bûcheron qui couperait les racines de l'arbre, mais se refuserait à l'abattre, laissant ce soin à la tempête d'hiver ? Passe encore lorsque la définition de la situation nouvelle fait une part à ce que vous appelez, je crois, le pouvoir discrétionnaire : cela n'est point du domaine du juge – encore que je me sois laissé

2. Cons. d'Ét. 18 juin 1954, *Préfet du Var*, D. 1955. Somm. 32 ; S. 1954. 3. 93, note G. Braibant ; Long, Weil et Braibant, *Les grands arrêts de la jurisprudence administrative*, p. 411, avec l'analyse de l'évolution jurisprudentielle.

dire que le vôtre n'était pas sans s'y aventurer parfois, lorsqu'il le juge bon. Mais quand tout découle de l'annulation en vertu de la nécessité juridique, pourquoi votre juge, si hardi, n'a-t-il pas osé substituer sa décision à l'acte annulé, ou dire à l'Administration ce qu'elle est tenue de faire ? »

« Il le lui indique, quelquefois, rétorqué-je; non de façon impérative dans le dispositif, mais à titre de conseil bénévole dans les motifs. Les auteurs citent un arrêt où cette tendance se manifeste[3]; sans doute, en cherchant, en trouverait-on quelques autres. Au demeurant, ne sous-estimez pas la sage prudence de notre juge : si, adressant une injonction, il la voyait rester lettre morte, s'il n'était pas obéi, qu'en adviendrait-il de son prestige et de son autorité ? En se cantonnant dans la simple annulation, il a sauvegardé la dignité du juge, fondement de l'ordre juridique. »

La stupeur se peignit sur le visage de mon compagnon : « Eh quoi ! votre juge serait-il pareil à ce faible sachem dont ma tribu, quelques années, connut le règne misérable, et qui, sachant son autorité contestée, n'a trouvé d'autre solution pour régner en paix que de ne jamais user de son pouvoir de chef, sûr de n'être pas désobéi dès lors qu'il ne commandait rien ? Je ne puis le croire; d'ailleurs, l'obéissance n'est-elle pas plus facile lorsque l'ordre est plus précis ? Si le juge, chez nous, disait seulement aux guerriers chargés des services de la tribu : « Votre acte est nul », l'embarras se peindrait sur leur visage; ils attendent, pour obéir, de savoir ce qu'ils doivent faire; car, différents en cela de vos fonctionnaires, à coup sûr, ils n'aiment pas les initiatives et se sentent plus légers lorsqu'entre les responsabilités et eux s'interpose une décision précise, comme ces abris de toile qui protègent de la grande pluie d'automne. Je ne doute pas, quant à moi, que, si votre juge commandait, votre juge prestigieux et puissant, sa propre autorité, jointe à celle du Droit ne réduisissent à une immédiate obéissance le plus récalcitrant des administrateurs. »

Ici, je courbai la tête : « Hélas ! ce qui me fait douter que, s'il s'engageait dans la voie de l'injonction, le juge fût obéi, c'est que, sur le terrain de la simple annulation, déjà… » Il m'interrompit : « N'insinuez pas que l'Administration brave les décisions d'annulation, et ne procède pas, même sans injonction, au rétablissement du Droit ! Je sais qu'il n'en est rien, et que l'exécution des décisions d'annulation ne pose aucun problème, puisque le plus savant des ouvrages consacrés au recours[4] n'en traite nulle part, et que la plupart des auteurs ne s'attardent pas sur cette question »[5].

« Et qu'en pourraient-ils dire, m'écriai-je ? De deux choses l'une : ou l'Administration accepte de tirer les conséquences de l'annulation, si tant est que ce soit matériellement possible malgré l'écoulement du temps, ou elle s'y refuse; et dans ce cas, que peut le juge ? Est-ce lui qui dispose de la force armée ? Le voyez-vous mobilisant un peloton de gardes pour contraindre à l'exécution

3. Cons. d'Ét. 26 déc. 1925, *Rodière*, S. 1925. 3. 49, note M. Hauriou.

4. Il s'agit sans doute de l'ouvrage classique de R. Alibert, *Le contrôle juridictionnel de l'Administration au moyen du recours pour excès de pouvoir*, Payot, 1926, qui, en effet, ne consacre pas, au problème des effets du recours, un chapitre distinct.

5. Notre collègue ignore évidemment le livre de P. Weil, *Les conséquences de l'annulation d'un acte administratif pour excès de pouvoir*, 1952.

Monsieur le préfet de police, leur chef, ou même Monsieur le ministre des Affaires culturelles, si par hasard ils n'obtempéraient point ? »

Je le vis près de chanceler. « Et quoi ? Aucune loi ne fait, de la désobéissance au juge commise par un fonctionnaire, un délit puni de l'amende ou de la prison ? À tout le moins, celui qui bafoue ainsi le Droit ne saurait-il en répondre, vis-à-vis de sa victime, sur ses biens, dût-il se trouver ruiné, juste châtiment d'un aussi grand forfait ? »

« La jurisprudence, répondis-je, a tenté de remédier à la déficience des textes. Celui qui n'a pu obtenir que l'Administration s'exécute dispose d'une voie simple et pratique : il lui demande réparation du dommage qu'elle lui cause ce faisant; sur son refus, il forme un nouveau recours devant le juge, par la voie du plein contentieux, cette fois, et par le ministère non gratuit d'un savant avocat. Le juge, alors, condamnera l'Administration à verser l'indemnité demandée; et si la condamnation est confirmée en appel, l'Administration, un jour ou l'autre, s'acquittera, presque à coup sûr. »

« Ainsi, si j'ai bien compris, moyennant le payement d'une rançon qui lui sera d'autant plus légère qu'elle sera, je pense, prélevée sur le Trésor public qu'alimentent de leurs offrandes les citoyens contribuables, l'Administration acquerra définitivement sa liberté, et le droit de ne pas respecter le Droit... Et si la victime est pauvre, ou mal informée, ou lasse de plaider ? Car, de recours en recours, le temps, me semble-t-il, s'écoule ? Et si elle ne s'engage pas dans la seconde instance ? Que se passe-t-il alors ? »

« Que voulez-vous qu'il se passe ? Le juge, en annulant, a rempli tout son office; il est dessaisi; sa décision sera publiée; les exégètes en apprécieront la haute portée doctrinale, en pèseront les nuances. Voudriez-vous qu'ils dussent suivre, dans ses démêlés ultérieurs, et souvent mesquins, avec l'Administration, ce modeste comparse qu'est le requérant ? D'ailleurs, l'inexécution pure et simple est-elle si fréquente ? Nulle statistique ne permet de l'affirmer; l'Administration, soucieuse de régularité, dispose, lorsqu'elle le juge nécessaire, de voies qui suppriment le scandale : elle peut remplacer le règlement auquel contrevenait l'acte annulé par un texte nouveau sur la base duquel elle pourra, demain, reprendre régulièrement la même décision : je pourrais, sans chercher plus loin que ce Théâtre-Français que vous voyez d'ici, vous en citer un tout récent exemple; et, si elle entend sauvegarder aussi le passé, il lui suffit d'obtenir une loi qui efface les effets de la chose jugée, et rétablisse l'ancien état de choses, en le revêtant de l'autorité suprême; elle l'obtient, le plus souvent, sans grande difficulté[6]; et le règne du Droit, par là, reprend son empire. »

Le visage candide du Huron reflétait la stupeur : « Résumons-nous, dit-il : une décision administrative apparemment arbitraire vient frapper un individu : elle reçoit exécution, si l'Administration le veut, sans que le juge y mette obstacle. Si cette exécution produit tout son effet dans l'instant, tout est donc dit, et l'annulation, après coup, ne pourra faire que ce qui a été n'ait point été. Si elle se prolonge dans le temps, l'annulation laisse, à l'Administration, le soin de décider

6. Cf. les nombreux exemples cités par M. Lesage, *Les interventions du législateur dans le fonctionnement de la justice*, 1960. – Comp. Cons. d'Ét. 1er déc. 1931, *infra*, jurisprudence, p. 89, et les conclusions de M. Dutheillet de Lamothe.

elle-même des moyens propres à rétablir le droit, sans que le juge ose, sur ce point, faire autre chose que lui suggérer de rares et timides directives, sans qu'il accepte, ni d'enjoindre, ni de décider lui-même. Et si elle refuse de tirer les conséquences de l'annulation, la victime n'a d'autre recours que l'obtention lointaine d'une éventuelle indemnité. Mais alors, pourquoi dit-on parfois, de votre grand juge, qu'il se comporte, à l'égard de l'Administration, comme un chef hiérarchique ? On l'affirme audacieux, il me semble timide. J'avoue, certes, qu'il ne saurait brandir la hache de guerre contre l'autorité qui la porte à la ceinture; mais, la part faite à cette impossibilité, ne pourrait-il donner quelque vigueur à cette annulation platonique, qui laisse l'Administration maîtresse, au fond, de faire peser, sur les citoyens, le plus implacable arbitraire sans que nul puisse l'entraver ? »

Je l'interrompis avec véhémence : « Ne blasphémez pas ! C'est une grande et glorieuse institution que le recours pour excès de pouvoir; même lorsqu'il n'apporte pas à celui qui l'exerce avec succès une satisfaction concrète – et il la lui apporte, malgré tout, dans nombre de cas –, il maintient, au-dessus des contingences, le principe que l'Administration est soumise au Droit; il procure, au particulier, d'abord, un moyen de protester contre l'arbitraire, une issue à son indignation, ensuite, au minimum, la satisfaction de s'entendre dire qu'il avait raison contre le pouvoir : cette victoire morale, la comptez-vous pour rien ? Et comptez-vous pour rien les services rendus au Droit, la définition, sans cesse plus exigeante et plus rigoureuse, de la légalité ? Dois-je vous rappeler tout ce qui a grandi dans le cadre du recours : la théorie des principes généraux, le contrôle des motifs… »

Ce fut à son tour de m'interrompre : « Nous autres, bons sauvages, nous sommes des esprits simples : nous pensons que la justice est faite pour le justiciable, et que sa valeur se mesure en termes de vie quotidienne. Ce n'est pas le développement du Droit qui nous intéresse, c'est la protection efficace qu'en tire le particulier. Je pensais que votre grand recours lui assurait cette protection. Ai-je fait un si long voyage pour apprendre qu'il n'en est rien ? »

Il y avait un tel abattement sur son visage que je tentais de le réconforter : « Ne désespérez pas ! Les progrès accomplis sont le gage des progrès futurs; le recours n'a pas dit son dernier mot, et l'avenir reste ouvert : faites confiance au libéralisme du juge. »

Il hocha la tête : « Mais pourquoi serait-il tenté de remettre sur le chantier un ouvrage dont chacun, à l'envi, lui dit qu'il est un chef-d'œuvre accompli ? Comment ne craindrait-il pas, en y touchant, de le dénaturer ? Lorsque l'artiste de notre tribu a sculpté, dans le secret, un nouveau mât-totem, elle s'assemble tout autour, et regarde; et si l'œuvre est jugée digne du dieu qu'elle entend honorer, défense est faite à l'auteur d'y toucher encore, de peur que le dieu s'irrite. Si j'étais de votre nation, et si j'admirais, comme vous tous, votre grand Conseil, et son recours, je ne cesserais, me semble-t-il, non de lui en chanter les louanges, mais de lui en dénoncer les faiblesses, pour l'inciter à se dépasser lui-même et à l'égaler à ce grand dieu que vous nommez le règne du Droit. »

« Sage conseil, lui dis-je; mais d'aucuns soutiendront que le temps présent est mal choisi pour pousser plus avant la lutte contre l'arbitraire, et donner, à l'évolution du recours pour excès de pouvoir, un nouveau départ, sur la voie de l'efficacité. Pourtant, il faut faire confiance à l'avenir. »

« Je reviendrai, dit-il, lorsque l'avenir aura répondu à votre confiance, et que le citoyen trouvera, dans le recours, les satisfactions effectives auxquelles nous autres, modestes Hurons, attachons un prix sans doute excessif. »

Le soir même, sans un regard pour la Tour Eiffel illuminée, il reprenait tristement le chemin de son hêtre pourpre et de son wigwam.

Quand le reverrons-nous ?

LE SERMENT DES JURÉS DE LA COUR D'ASSISES

1962

Fernand Chapar

Président de chambre à la cour d'appel de Paris

Un incident récent a replacé dans l'actualité une question qui depuis longtemps ne donnait pas lieu à des difficultés et qui n'intéressait plus les spécialistes du droit criminel : le serment des jurés de la cour d'assises.

Dans un département du Midi où la cour d'assises était appelée à juger une affaire d'attentat par explosif, des jurés ont refusé de prêter le serment prévu par la loi sous le prétexte qu'ayant été l'objet de menaces ils siégeaient « sous la contrainte » ont-ils dit, et ne pouvaient s'engager à « n'écouter ni la haine ou la méchanceté, ni la crainte ou l'affection ». L'attitude de ces hommes qui, publiquement, reconnaissaient ainsi qu'ils ne se sentaient pas assez de fermeté d'âme pour remplir sans défaillance leur devoir civique a été justement et unanimement critiquée. À la fin du siècle dernier, à une époque troublée, les jurés de Paris et de Province qui, eux aussi, avaient été menacés, avaient eu à juger les auteurs des attentats anarchistes : aucun d'eux ne s'était dérobé.

Aussi bien la jurisprudence n'a-t-elle jamais eu, à ma connaissance, à s'occuper d'un cas semblable ; et si, parfois, des jurés ont refusé de prêter serment, ils ont obéi à des scrupules de conscience, estimant que les termes de ce serment étaient contraires à leurs opinions philosophiques.

Il n'est pas dans mes intentions de commenter ici l'attitude des jurés nîmois ; la presse a relaté les déclarations justement sévères faites à ce sujet par de très hauts magistrats. Je voudrais seulement rechercher s'il existe des moyens de remédier à une pareille situation, heureusement exceptionnelle.

*
* *

Le serment des jurés est une formalité substantielle ; c'est lui qui donne au juré sa qualité et le jury n'est valablement constitué que lorsque chacun de ses membres à prêté le serment exigé par la loi.

La formule de ce serment est sacramentelle ; elle constitue un tout indivisible et ne peut faire l'objet d'aucune restriction, d'aucune réserve, d'aucune modification.

La seule difficulté qui s'était produite à ce sujet concernait la formule « devant Dieu », certains jurés ayant estimé que, n'appartenant à aucune religion et ne croyant pas en Dieu, ils ne pouvaient prêter serment en ces termes. Leur attitude ne saurait être assimilée sur le plan moral à la dérobade des jurés du Gard, mais au point de vue juridique la situation est la même. La Cour de cassation a estimé que le juré qui refusait de prêter serment dans les termes de la loi se mettait dans l'impossibilité de remplir sa mission et ne pouvait valablement siéger (Crim. 13 févr. 1886, D.P. 86. 1. 430 ; 27 août 1914, *Bull. crim.*, n° 376).

Que faire en pareille circonstance ?

Il existe, évidemment, deux remèdes préventifs qui peuvent être employés lorsque l'attitude de certains jurés est prévisible et à condition que ces récalcitrants ne soient pas trop nombreux : le ministère public peut, en exerçant son droit de récusation, éliminer les jurés qui sont susceptibles de se livrer à une semblable manifestation ; et, de son côté, la cour peut, par application de l'art. 296 c. pr. pén., ordonner qu'il soit tiré au sort un ou plusieurs jurés supplémentaires qui seront éventuellement appelés à siéger en remplacement de ceux qui, en refusant de prêter serment, se seront mis dans l'impossibilité de remplir leurs fonctions.

Mais lorsqu'en l'absence de renseignement sur le comportement probable des jurés, aucune de ces mesures préventives n'a été prise et que, contre toute attente, le jury ayant été formé de neuf jurés à l'exclusion de tout juré supplémentaire, l'un des jurés refuse de prêter serment dans les termes de la loi, la situation devient difficile et, je le crois, sans autre issue que le renvoi de l'affaire.

Évidemment, le juré récalcitrant encourt la peine prévue par l'art. 288 c. pr. pén. (Crim. 13 févr. 1886, D.P. 86. 1. 430 ; S. 86. 1. 235) mais après que cette amende aura été infligée, la situation restera la même et le jury ne comprendra que huit membres pouvant valablement siéger au lieu des neuf exigés par la loi.

J'ai lu avec surprise dans un journal du soir (*Le Monde*, 13 févr. 1962) qu'au cours d'un important colloque de juristes il avait été dit que « en cas de refus de quelques jurés seulement la cour peut en tirer d'autres au sort ; et en cas de refus collectif elle pourrait, par une procédure analogue à celle de la contumace, retenir l'affaire et la juger sans le jury. »

La solution proposée dans la deuxième hypothèse est étonnante ; la cour n'a certainement aucune qualité pour juger seule, contradictoirement, une affaire qui doit être soumise à la cour d'assises. Mais si, comme le conditionnel employé permet de le supposer, l'auteur de cette intervention a seulement voulu suggérer une réforme, celle-ci, serait pour le moins originale puisqu'elle aboutirait à soustraire, suivant l'humeur des jurés, les accusés à leurs juges naturels et à créer en fait une nouvelle juridiction d'exception à une époque où les juristes se plaignent généralement de la multiplication de celles-ci. Cette innovation ne paraît pas devoir être sérieusement retenue et il ne semble pas utile d'en discuter davantage dans un article qui n'a pour but que de rechercher s'il y a, dans l'état actuel de la législation, des remèdes pratiques à une situation délicate.

Il était en outre affirmé au cours de cette même réunion qu'« en cas de refus de quelques jurés seulement, la cour peut en tirer d'autres au sort. »

Il ne paraît pas possible de procéder ainsi.

Aux termes de l'art. 297, § 3, c. pr. pén. « le jury de jugement est formé à l'instant où sont sortis de l'urne neuf noms de jurés non récusés, et, s'il y a lieu, les noms des jurés supplémentaires prévus par l'art. 296. »

Si la cour n'a pas pris la précaution de tirer au sort des jurés supplémentaires, le jury est donc formé lorsque le neuvième nom de juré non récusé est sorti de l'urne. Ce jury ne peut plus faire l'objet de modifications quelconques. Si au moment de prêter serment, l'un des jurés se dérobe, il est trop tard pour que la cour ordonne le tirage au sort de jurés supplémentaires. L'art. 296 précise en effet que cette décision doit être prise « avant le tirage de la liste des jurés ».

Puisqu'elle ne peut pas compléter le jury, la cour peut-elle annuler le tirage au sort dont ce jury est issu et procéder à un nouveau tirage, soit sur-le-champ soit à une autre audience de la même session ? Pas davantage.

Les jurés désignés par le sort sont, en effet, irrévocablement acquis à l'accusation comme à la défense. Dès que le nom d'un juré est sorti de l'urne et n'a été l'objet d'aucune récusation, ce juré est définitivement investi, dans la cause pour laquelle le sort l'a désigné, du caractère de juge, dit la Cour de cassation. Le tirage au sort ne peut être annulé que dans le cas où cette opération serait affectée d'un vice qu'il serait impossible de réparer autrement (Crim. 9 juin 1905, *Bull. crim.*, n° 299; 2 janv. 1931, S. 1931. 1. 359; *Bull. crim.*, n° 1). Tel n'est pas le cas lorsqu'il y a refus de serment, car le tirage au sort a été régulier, n'est affecté d'aucun vice, et la difficulté ne s'est produite que plus tard.

D'ailleurs et en tout état de cause, même si le tirage au sort est susceptible d'être annulé, il ne peut être recommencé au cours de la même session que si le ministère public et l'accusé y consentent expressément. La jurisprudence estime en effet, que le droit de récusation, qui est un droit essentiel de la défense, pourrait être gêné si on procédait à la formation d'un deuxième jury de jugement sur la même liste qui a déjà servi à la même opération et sous l'influence des récusations alors exercées et que toute mesure qui contrarie ces dispositions ne peut être tolérée qu'autant que toutes les parties intéressées y consentent (Crim. 12 déc. 1850, *Bull. crim.*, n° 416; 19 janv. 1883, *ibid.*, n° 13; 23 mai 1908, *ibid.*, n° 220; S. 1909. 1. 115).

Il n'existe donc aucun moyen permettant de juger une affaire lorsque l'un des jurés refuse de prêter serment et qu'il n'a pas été prévu de juré supplémentaire.

La cour ne peut que condamner le juré à l'amende prévue par l'art. 288 c. pr. pén. et renvoyer l'affaire à une autre session.

C'est ce qu'ont fait les magistrats nîmois; ils ne pouvaient agir autrement.

LE PRIX D'UNE ESPÉRANCE DE VIE

1962

Paul Esmein

Professeur honoraire à la Faculté de droit et des sciences économiques de Paris

Il est des hommes qui, par suite de leur malchance et d'un tempérament malheureux, estiment que la vie, réservant plus de souffrance que d'agrément, ne vaut pas d'être vécue. Ceux-là devraient estimer que leur rend service le tiers qui, par son fait, les délivre de ce fardeau ou en abrège la durée.

Mais un sentiment plus optimiste se rencontre généralement, même chez ceux qui escomptent une autre vie, toute de béatitude, et estiment la mériter. La vie sur la machine ronde est considérée comme un bien en soi. Un menuisier dont la vie n'a pas été facile, et qui craint, prenant de l'âge, d'être dans sa vieillesse sans ressources suffisantes, me disait : « Nous n'avons pas demandé à vivre; mais puisque nous sommes là, restons-y le plus longtemps possible ». Goût de la vie ou peur de la mort, ou l'un et l'autre combinés ? En tout cas, c'est bien le point de vue courant (H. et L. Mazeaud et Tunc, *Traité de la responsabilité civile*, t. 2, n° 1913). Toutefois, pour rejeter la position pessimiste, ces auteurs recourent finalement à un raisonnement purement formel : « À juste titre on peut considérer la vie comme le plus précieux des biens de la terre, puisqu'elle est le bien sans lequel les autres ne sont que néant. »

Si le fait de vivre est en soi un bien, la privation ou l'abrégement de la vie par un fait dont un tiers est responsable, semble justifier une indemnité à la charge de celui-ci. Il ne s'agit pas d'une indemnité en considération des souffrances causées par une blessure ou découlant d'une invalidité ou des mutilations qu'elle entraîne, ni des dépenses et du manque à gagner qui en résultent. Il s'agit du fait même de la perte ou de l'abrégement de la vie. Comme, dans les catégories juridiques actuellement en cours, il s'agit là d'un dommage moral, il faut, pour l'octroi d'une indemnité de ce chef, une législation admettant les indemnités pour préjudice moral. Or il n'est sans doute pas de législation l'admettant plus largement que la jurisprudence française. Cependant il ne semble pas que les juges français aient envisagé spécialement ce genre de dommage. Ils ont bien pris en considération la durée probable de la vie d'un homme, mais pour apprécier le montant des gains dont il a été privé par son invalidité, montant qui est fonction du temps pendant lequel il aurait pu travailler dans les conditions antérieures à l'accident; et, en cas de décès, le montant de la part des gains du défunt dont auraient profité, s'il avait vécu, ses proches parents aux besoins desquels il subvenait ou aurait pu subvenir. Mais c'est autre chose qu'une allocation d'indemnité pour compenser le fait de la privation de la vie.

Or les juges anglais allouent des dommages-intérêts de ce chef. À côté de ceux qu'ils accordent pour compenser la perte de gains de travail résultant d'une invalidité temporaire ou définitive, les souffrances ressenties, la privation d'une activité agréable (sport ou musique, par exemple) rendue impossible par une mutilation ou une invalidité, ils en allouent pour compenser la perte de l'espérance de vie (*expectation of life*) que pouvait avoir le défunt, c'est-à-dire pour compenser l'abrégement de la vie qui résulte de l'accident (Salmond, *Law of torts*, 13e éd., 1961, par Heuston, § § 27; 95 [3]. – Clerk and Lindsell, *Torts* 1954, nos 436 et s. – J. Munkman, *Damages for personal injuries and death*, 1956, p. 71 et s.). D'où vient qu'en France, où l'on est aujourd'hui à l'affût de tous les préjudices moraux susceptibles d'être invoqués, où l'on proclame que la personne humaine a une valeur première, on n'ait pas prétendu que l'abrégement de la vie mérite une compensation ? On l'apercevra peut-être en scrutant la jurisprudence anglaise.

* * *

Lorsque la victime, survivante, demande elle-même une compensation pour l'abrégement de sa vie qu'entraînent les lésions causées par l'accident, on pourrait croire que cet abrégement va être retenu comme un chef fondamental de préjudice. Il est bien pris en considération depuis l'arrêt *Flint* v. *Lovell*, 1935, de la cour d'appel, dont la doctrine a été confirmée par la Cour des Lords dans *Rose* v. *Ford*, 1937. Dans *Flint* v. *Lovell*, la Cour estima que le blessé, âgé de 69 ans, n'avait plus, par suite de l'accident, qu'un an à vivre. En fait il vivait encore trois ans après V. Salmond, § 95 (3). Mais Munkman, p. 77, constate que ce sont davantage les souffrances et la privation des activités donnant du prix à la vie qui sont retenues pour allouer des dommages-intérêts importants en raison de dommages causés à la personne. Et il estime que la meilleure méthode consiste à allouer une somme globale pour couvrir ces divers préjudices. Il n'envisage guère une indemnité importante pour abrégement de la vie que si, en raison précisément de cet abrégement, on réduisait l'indemnité compensant les souffrances, dont la durée se trouverait réduite.

Cette place secondaire faite à l'abrégement de la vie tient-elle au fait qu'on s'est avisé d'en tenir compte après qu'on avait pris l'habitude de tenir compte des souffrances subies ? Il semble qu'elle a aussi pour cause la difficulté d'apprécier le préjudice en question, pour lequel il faut escompter l'avenir.

Même si l'on estime que la vie en soi est un bien, elle l'est plus ou moins pour l'individu, suivant qu'il est plus ou moins chanceux. À certains elle réserve plus de peines que de satisfactions. Réalistes, les juges anglais en ont tenu compte. Dans l'arrêt capital de la Chambre des Lords, *Benham* v. *Gambling*, 1941, le juge Simon s'exprimait ainsi : « Ce qu'il faut évaluer ce n'est pas la perspective d'un nombre de jours, c'est la perspective d'une vie comportant une prédominance de satisfaction… Avant d'allouer une indemnité en considération de l'abrégement de la vie d'un individu déterminé, il est nécessaire que la Cour soit convaincue que les circonstances de la vie de cet individu soient de nature à la conduire, dans l'ensemble, à un degré positif de bonheur » (Salmond, p. 327. – Clerk and Lindsell, p. 286. – Munkman, *op. cit.*, p. 75).

Comment apprécier si les perspectives d'avenir étaient bonnes ou non ? D'après le juge Simon il faut tenir compte du caractère de la victime, sans cependant s'en rapporter à la croyance qu'elle avait elle-même d'un avenir heureux ou malheureux; le test est *objectif*, non subjectif. D'ailleurs il ne faut pas considérer que c'est la richesse et une belle position sociale qui font le bonheur. Il n'est pas admissible qu'on alloue, du chef considéré, plus d'argent à une victime riche, en raison de sa richesse et de sa position sociale. Mais, comme celles-ci contribuent pour une large part, au sentiment général, à ce que les hommes soient satisfaits de leur sort, on comprend que les juges n'allouent pas des sommes importantes à la victime pour abrégement de sa vie, se réservant de le faire quand c'est l'accident qui a rendu la vie malheureuse par les souffrances et les privations qui en résultent.

*
* *

On comprend encore mieux que l'abrégement de la vie ne donne lieu qu'à une indemnité très modérée, quand celle-ci est demandée pour les héritiers, la victime étant morte des suites de l'accident.

Mais il faut relater la façon très particulière dont la question s'est présentée en droit anglais.

Suivant une jurisprudence établie, au début du XIXe siècle, une demande de dommages-intérêts pour préjudice réalisé dans la personne ne pouvait être introduite après son décès. *Actio personalis moritur cum persona.* Elle ne pouvait l'être par sa succession, le droit à réparation ayant disparu avec elle. D'autre part, on ne reconnaissait pas à son conjoint et à ses proches parents un droit à indemnité en raison du chagrin que leur causait la mort et de la privation des secours et services qu'ils pouvaient attendre du défunt (v. sur ce dernier point les arrêts *Baker* v. *Bolton*, 1808; *Admiralty Com.* v. *S. S. Amerika*, 1917. Arrêts analysés dans Clerk and Lindsell, p. 279).

D'importantes exceptions à ces principes ont été apportées par deux lois de 1846 et de 1934.

Le *Fatal Accidents Act*, 1846 (*Lord Campbell's Act*) décide que, quand une personne est morte par suite de faits qui, si elle avait survécu, lui auraient ouvert une action en indemnité contre leur auteur, une action en indemnité est ouverte à son conjoint, à ses parents et à ses enfants (y compris les grands-parents et les petits-enfants, les enfants naturels et adoptifs, les beaux-parents, beaux-fils et belles-filles). Le *Fatal Accidents Act* 1959 a ajouté les frères et sœurs, les oncles et tantes et leurs descendants.

L'action ainsi ouverte aux parents n'est pas, disent les autorités, l'action du défunt. C'est une action nouvelle. Mais les arrêts décident qu'elle n'existe pas si le défunt a accepté une clause de non-responsabilité, ou a transigé après l'accident, ou a laissé prescrire son action; que toutefois il en est autrement s'il avait consenti une clause simplement limitative de responsabilité. Et l'indemnité est réduite si une faute du défunt a contribué à l'accident. La nouveauté de l'action des parents consiste en ce que ceux-ci ne peuvent demander réparation que d'un dommage qui leur est personnel. Ce dommage est d'ailleurs uniquement celui qui résulte de la privation des secours pécuniaires ou des services gratuits qu'ils pouvaient raisonnablement escompter du défunt. Il ne peut rien leur être alloué en considération du chagrin que leur cause la mort (v. sur tous ces points Clerk and Lindsell, p. 97 et s.; Munkman, p. 84 et s.; Salmond, § 183).

Il n'est donc pas question ici d'une indemnité pour compenser l'abrégement de la vie du défunt. La durée qu'aurait eue vraisemblablement celle-ci est prise en considération pour apprécier le montant global des secours que les parents pouvaient escompter. Mais c'est là autre chose.

Du caractère limité des dommages dont l'*Act* de 1846 permet la réparation, et du maintien par ailleurs des règles antérieures, il résultait qu'après la mort de la victime nul ne pouvait demander des dommages-intérêts en considération de ses souffrances et de l'abrégement de sa vie. Cela parut choquant, spécialement quand les automobiles multiplièrent les accidents mortels. On lança le slogan : il coûte moins cher de tuer que de rendre invalide.

Ainsi fut amené un *Act* de 1934, décidant qu'à la mort d'une personne toutes les actions nées contre elle ou à son profit survivent, à la charge ou au profit de sa succession. Cette loi déborde donc la question de la réparation des dommages subis par la personne. D'autre part elle exclut de la survivance les actions pour diffamation, séduction, incitation d'une femme mariée à abandonner son mari et demandes de dommages-intérêts pour adultère. Et, quand un dommage personnel du défunt peut être invoqué, il ne peut être alloué de ces dommages-intérêts substantiels, appelés *exemplary* ou *vindictive damages*, qui peuvent être alloués en Angleterre dans des cas de grave atteinte à la dignité de la victime, et qui ont un caractère de peine privée.

Les dommages dont la succession peut obtenir réparation comprennent celui, consistant dans l'abrégement de la vie. Il en peut être alloué de ce chef si bref soit le temps pendant lequel la victime a survécu après l'accident, et même si elle a perdu et n'a pas repris connaissance (*Rose* v. *Ford*, 1937. – *Benham* v. *Gambling*, 1941). On a rompu des lances sur le point de savoir si un droit peut naître au profit d'une personne au moment précis où elle cesse de vivre. On l'a fait en France, quand on se demande si les héritiers peuvent demander réparation des souffrances subies par le défunt (Mazeaud et Tunc, *Traité de la responsabilité civile*, n° 1912). Le problème s'apparente à cet autre, célèbre : qui fut premier, l'œuf ou la poule ? On ne le résout pas en disant que le coup qui a entraîné la mort lui est nécessairement antérieur. S'agissant de décider si la mort donne un droit, on peut aussi bien dire qu'un droit à réparation du dommage causé par la mort suppose celle-ci. Et quant à une indemnité en raison des souffrances, il faut savoir, en cas de mort instantanée, s'il y a eu souffrance, ce qu'on ignore.

En ce qui concerne l'abrégement de la vie, il n'est pas raisonnable de distinguer le cas où la victime a perdu connaissance lors de l'accident, mais a survécu quelque temps sans reprendre conscience, du cas où elle a survécu quelques jours en restant lucide; ni de distinguer le cas où il y a eu mort instantanée et celui où la victime est entrée aussitôt dans le coma pour mourir sans en sortir. Le vrai problème est de savoir si l'on admettra les héritiers à présenter une note à payer en raison du préjudice qui est résulté pour elle de l'abrégement de sa vie. Il est le même quand il s'agit d'une indemnité en raison des souffrances du défunt.

En édictant l'*Act* de 1934 le législateur anglais a pris parti pour l'affirmative. Mais le slogan grâce auquel on l'a obtenu : « Il est moins onéreux de tuer que de rendre invalide » recèle une équivoque. On donne son assentiment à charger celui qui a tué quand l'acte est intentionnel. Mais quand il y a eu seulement imprudence ou négligence, et, encore mieux, responsabilité sans faute, on ne peut méconnaître que les éléments du problème sont différents suivant que l'indemnité est demandée par la victime ou par ses héritiers, ceux-ci faisant valoir, pour encaisser, une souffrance ou une privation qui n'est pas la leur.

Et si les juges anglais ont pensé que l'*Act* de 1934 les obligeait à accueillir, de la part de la succession, la demande qu'aurait pu présenter le défunt, s'il avait vécu, pour abrégement de sa vie, ils ont, par divers moyens, minimisé le montant des indemnités manifestant par là le sentiment qu'ils les considèrent comme imparfaitement justifiées. Peut-être auraient-ils été encore plus réticents s'ils n'avaient trouvé dans ces indemnités un moyen d'allouer en fait aux parents une indemnité en raison du préjudice moral que peut leur causer la mort d'autrui, indemnité que, d'après les arrêts, l'*Act* de 1846 ne leur permet pas de réclamer.

C'est surtout quand la demande est faite au nom de la succession de la victime qu'une modération du montant de l'indemnité pour abrégement de la vie a paru nécessaire. Le ton a été donné par l'important arrêt de la Chambre des Lords de 1941, *Benham* v. *Gambling*, relatif à un enfant de deux ans et demi, heurté par une voiture et mort dans la même journée sans avoir repris connaissance. C'est à cette occasion que le juge Simon, dans des attendus cités par tous les auteurs, et que j'ai relatés plus haut, dit que seule la perspective d'une vie heureuse justifie une compensation et que l'appréciation des chances de bonheur et de malheur doit être faite objectivement. Il faut tenir compte de tous les aléas, et, comme ils sont d'autant plus grands que la perspective de durée de la vie de l'intéressé est plus grande, on doit apprécier avec circonspection les perspectives de bonheur d'un jeune enfant. Cela conduit à allouer une indemnité très modérée, dont la médiocrité jure avec la valeur attribuée à la vie. Dans l'espèce *Benham* v. *Gambling*, la Chambre des Lords a réduit à £ 200 l'indemnité de ce chef pour un enfant vivant dans un village dans des conditions modestes, mais dans l'ensemble favorables. Et à la suite de cet arrêt les indemnités allouées de ce chef sont généralement de £ 200 pour les jeunes enfants, et, dans les autres cas, inférieures à £ 500, sauf à tenir compte de la dépréciation de la monnaie depuis 1941 (Clerk and Lindsell, p. 286; Munkman, p. 75; Salmond, § 95 [3]).

*
* *

Si finalement l'idée qu'il y a lieu d'allouer une indemnité pour abrégement de la vie n'a pas donné en Angleterre ce qu'on pouvait en attendre *a priori*, c'est, je crois, parce qu'il n'est pas réaliste d'envisager sous cet angle une réparation.

Si la victime survit, aucune somme ne peut compenser le fait de l'abrégement en soi. On peut seulement, par de l'argent, lui permettre d'atténuer la détérioration de ses conditions de vie, tant qu'elle est vivante. C'est à cette fin qu'il faut évaluer l'indemnité. Ce qui est d'ailleurs préoccupant, car il n'est rien de pire que la perte de la joie de vivre, mais d'autre part on hésite à réduire à la misère le responsable quand il n'est pas gravement fautif.

Quand la victime est morte, quelle valeur a l'attribution à sa succession d'une somme compensant l'abrégement de sa vie ? C'est pour les héritiers un pur gain, injustifié puisque ce préjudice leur est étranger. Les Anglais ont admis cette attribution parce qu'ils limitent strictement à une compensation de la perte des secours attendus du défunt les dommages-intérêts pour préjudice subi personnellement par les héritiers. Mais, si une façon aussi équivoque de donner satisfaction à un besoin ressenti a été couramment pratiquée par les juges en tous pays, elle s'apparente à ce qu'on appelle fraude à la loi quand elle est pratiquée par les justiciables.

Et si les tribunaux français allouent actuellement des sommes d'argent, en considération des souffrances subies par le défunt, aux héritiers auxquels elles sont étrangères, on peut penser qu'ils ne le feront pas toujours, alors surtout qu'ils allouent une indemnité aux mêmes héritiers en raison du chagrin que leur cause le décès en tant que parents ou conjoint, sans d'ailleurs vérifier l'existence de ce chagrin et son intensité.

Si, sous prétexte que, pour le défunt lui-même, s'il avait survécu, la réparation du dommage corporel aurait eu lieu par le payement d'une somme d'argent, et que l'argent, comme on dit, n'a pas d'odeur, on admet les héritiers à réclamer les indemnités qu'aurait pu réclamer le défunt, ne devrait-on pas leur allouer la totalité des sommes que lui, vivant, aurait obtenues pour invalidité totale permanente, et non pas seulement la partie de ces sommes qu'il aurait probablement consacrées à satisfaire leurs besoins ? On ne le fait cependant pas.

D'autre part, si on ne considère que l'argent, et non ce pourquoi on l'octroie, il serait logique, en regard des avantages d'ordre pécuniaire dont le décès prive les proches du défunt, de placer ceux que le décès leur procure, et de faire la balance. C'est le cas quand les proches recueillent par héritage des biens du défunt dont les revenus ne leur profitaient pas de son vivant, le bénéfice d'une assurance sur la vie, une pension à laquelle le décès leur donne droit. Ce sont des avantages que leur procure le décès, du moins dans la mesure où ils les obtiennent plus tôt qu'il ne serait advenu si la mort n'avait pas eu lieu. Et peut-être n'auraient-ils jamais obtenu la somme assurée ou la pension. Les juges anglais ont mis en œuvre cette idée, dont l'application est d'ailleurs délicate. Mais des lois ont écarté la déduction qu'ils faisaient, sur les dommages-intérêts, des sommes assurées et des pensions (Salmond, p. 656; Munkman, p. 97).

On n'a pas envisagé en France de faire de telles déductions. Spécialement pour l'assurance sur la vie, on a considéré que l'assurance est la contrepartie des primes versées. Mais si l'on tient uniquement un compte de sommes d'argent, il est indéniable que la mort, dans les cas visés, peut apporter aux proches un avantage pécuniaire. Et, comme c'est ce qu'on fait en permettant aux héritiers de s'engraisser grâce aux souffrances du défunt, il serait logique de déduire de la note à leur payer les sommes que le décès leur permet d'obtenir. On notera qu'en Angleterre, où, comme il a été exposé, les proches de la victime peuvent faire valoir à la fois les dommages subis personnellement (*Act* de 1846) et ceux subis par le défunt (*Act* de 1934), les tribunaux déduisent l'indemnité allouée en vertu de l'*Act* de 1934 de celle octroyée en vertu de l'*Act* de 1846 (Salmond, *loc. cit.*, Munkman, p. 102).

L'IRRESPONSABILITÉ DE L'ÉTAT LÉGISLATEUR
Évolution et avenir

1962

G. Morange

Professeur à la Faculté de droit et des sciences économiques de Caen

Le titre de cette chronique risque d'étonner, de prime abord, plus d'un lecteur. N'est-il pas généralement admis, depuis le célèbre arrêt *La Fleurette*, rendu par le Conseil d'État le 14 janv. 1938[1], que la responsabilité de l'État peut être engagée du fait du législateur ? Tous les traités ou manuels, publiés ou réédités depuis cette date, ne contiennent-ils pas, suivant l'importance de leurs développements, une section ou un paragraphe consacré, précisément, à la « Responsabilité du fait des lois »[2] ou à la « Responsabilité à l'occasion de la fonction législative »[3] ?

Aucune volonté du paradoxe n'explique, cependant, le choix d'un tel titre ; il traduit très exactement, selon nous, la situation telle qu'elle se présentait au lendemain de l'arrêt *La Fleurette*, et, mieux encore, l'état de la matière à la date où nous écrivons. L'arrêt *La Fleurette* permettait de parler, tout au, plus, d'une pseudo-responsabilité de l'État législateur ou, ce qui aurait été, sans doute, plus exact, d'une simple limitation, sur le plan pratique, d'une irresponsabilité, maintenue en principe. La jurisprudence de ces vingt-quatre dernières années devait très largement revenir sur le léger progrès réalisé en 1938, et même, sur certains points, étendre l'irresponsabilité de l'État législateur telle qu'elle avait été conçue avant cette date. La question se pose, toutefois, de savoir si l'entrée en vigueur de la Constitution du 4 oct. 1958 n'aurait pas dû conduire à repenser le problème.

I.

La situation antérieure à l'arrêt *La Fleurette* est exposée avec suffisamment de précision dans les traités et manuels, et, surtout, dans les monographies consacrées à la responsabilité de l'État législateur, pour qu'il soit nécessaire de la rappeler longuement. La réparation des préjudices, consécutifs à l'entrée en vigueur d'une loi nouvelle, ne pouvait être assurée que dans la seule hypothèse où le législateur en avait prévu l'indemnisation, et suivant les modalités déterminées par lui. Aucune indemnité ne pouvait être, utilement, réclamée au juge dans le

1. Cons. d'Ét. 14 janv. 1938, *Soc. La Fleurette*, D. P. 1938. 3. 41, concl. Roujou, note L. Rolland ; S. 1938. 3. 25, note P. L.
2. V. notamment, J. Rivero, *Droit administratif*, Précis Dalloz, p. 251 ; G. Vedel, *Droit administratif*, coll. Thémis, 2e éd., p. 290 et s. ; M. Waline, *Droit administratif*, 8e éd., p. 751.
3. A. de Laubadère, *Traité élém. de droit administratif*, 2e éd., p. 490.

silence de ce même législateur et, *a fortiori*, dans l'hypothèse où celui-ci avait, explicitement, exclu toute réparation.

L'irresponsabilité ainsi consacrée valait pour les seules lois *stricto sensu*, c'est-à-dire les textes qui étaient l'œuvre des assemblées législatives.

L'explication de cette irresponsabilité, se trouvait, pour la plupart des interprètes, dans la notion, alors bien vivante, de souveraineté parlementaire. L'évolution de nos régimes constitutionnels avait, petit à petit, conduit à considérer le Parlement comme le seul organe d'expression de la volonté nationale. Certes, cette souveraineté parlementaire était la négation même de l'idéologie démocratique dans la mesure où elle conduisait à une véritable aliénation, limitée dans le temps, de la souveraineté, dont le peuple est titulaire, au profit des assemblées. Mais, si critiquable soit-elle, sur le plan des principes, elle n'en constituait pas moins une donnée de notre droit positif.

Il en résultait que, dans un système de responsabilité dont le fondement de principe restait la faute de service, la réparation des préjudices consécutifs à l'entrée en vigueur d'une loi nouvelle ne pouvait avoir lieu que dans les seules hypothèses prévues par le législateur, et suivant les modalités déterminées par lui. Il aurait fallu, pour pouvoir accorder une indemnité en dehors de ces hypothèses, que le juge relève une faute à la charge de ce législateur. C'était doublement impensable. Le Souverain ne peut commettre de fautes et, de toute façon, notre tradition constitutionnelle plaçait le juge dans une position trop inférieure vis-à-vis du pouvoir législatif pour qu'il puisse se livrer à un contrôle, de quelque nature que ce soit, sur les actes de celui-ci.

Un assouplissement de l'irresponsabilité de l'État législateur devenait, toutefois, possible lorsque s'est développé le sentiment que le véritable fondement de la responsabilité administrative ne se trouvait pas dans la théorie de la faute mais dans le principe de l'égalité de tous les citoyens devant les charges publiques. Ce sentiment devait prendre corps, avec une force grandissante, après le premier conflit mondial et se traduire par des applications, de plus en plus nombreuses et de plus en plus larges, de la théorie du risque. Le juge pouvait, dès lors, accorder une indemnité dans l'hypothèse où le législateur avait gardé le silence sur la réparation des préjudices consécutifs à l'entrée en vigueur d'une loi nouvelle, ce silence étant, précisément, interprété comme exprimant la volonté de ne pas écarter, au détriment de certains, le principe d'égalité qui était son œuvre.

De fait, après quelques arrêts précurseurs (v. notamment Cons. d'Ét. 16 mars 1934, *Soc. Amann-Firmery, Rec. Cons. d'Ét.*, p. 354), le Conseil d'État devait infléchir sa jurisprudence antérieure dans le célèbre arrêt *La Fleurette*.

Cette décision est trop connue pour qu'il soit nécessaire de procéder à un exposé complet des faits. Il suffira de rappeler que la Société La Fleurette a obtenu, le 14 janv. 1938, la reconnaissance d'un droit à indemnité en compensation du préjudice que lui avait fait subir une loi qui, pour soutenir le marché des produits laitiers, avait interdit la fabrication de certains produits alimentaires possédant une faible teneur laitière, ladite société fabriquant, précisément, un produit qui tombait sous le coup de la nouvelle prohibition légale.

Le considérant essentiel, qui traduit le revirement de jurisprudence survenu à cette date, était ainsi libellé :

« Considérant que l'interdiction ainsi édictée en faveur de l'industrie laitière a mis la société requérante dans l'obligation de cesser la fabrication du produit qu'elle exploitait antérieurement sous le nom de "Gradine", lequel entrait dans la définition donnée par l'article de loi précité et dont il n'est pas allégué qu'il présentait un danger pour la Santé publique ; que rien, ni dans le texte même de la loi ou dans ses travaux préparatoires, ni dans l'ensemble des circonstances de l'affaire, ne permet de penser que le législateur a entendu faire supporter à l'intéressée une charge qui ne lui incombe pas normalement ; que cette charge, créée dans un intérêt général, doit être supportée par la collectivité »

Il était impossible d'affirmer, comme le rappelle, à juste titre, M. Vedel, en présence d'une décision ainsi rédigée, que l'activité législative de l'État rentrait, désormais, dans le droit commun en matière de responsabilité. Il était, même, bien difficile de parler, sans abus de mots, d'une « responsabilité du fait des lois ».

Un régime de responsabilité, digne de ce nom, suppose que l'auteur d'un dommage ne saurait, sur sa seule décision, se soustraire à toute obligation de réparation à l'égard de la victime. Or, si l'arrêt *La Fleurette* accueille une interprétation du silence du législateur favorable aux victimes éventuelles, il maintient, de toute évidence, la possibilité, pour ce même législateur, d'écarter toute réparation des préjudices consécutifs à l'entrée en vigueur d'une loi nouvelle[4].

Il s'agissait donc bien, comme nous l'avons affirmé en abordant cette étude, d'une simple limitation, sur le plan pratique, d'une irresponsabilité, maintenue en principe.

Il était à prévoir, au surplus, que cette limitation serait de portée très réduite, le préjudice lié à la survenance d'une loi nouvelle ne présentant que très exceptionnellement les caractéristiques traditionnelles du préjudice indemnisable. La lecture des conclusions de M. Roujou et des commentaires prudents que le professeur Rolland et M. Laroque avaient consacrés à l'arrêt. *La Fleurette* aurait dû mettre en garde contre des illusions que l'on s'explique mal.

Le préjudice, consécutif à l'entrée en vigueur d'une loi nouvelle, est, d'abord, rarement spécial. Les dispositions insérées dans une loi étant, presque toujours, de portée générale et impersonnelle intéresseront au moins toute une catégorie sociale ou professionnelle et non des individualités (Cons. d'Ét. 3 déc. 1948, *Soc. aéro-maritime de l'Atlantique, Rec. Cons. d'Ét.*, p. 460 ; 17 juill. 1950, *Ménoreau, ibid.*, p. 448).

La situation que supprime la loi nouvelle, ou l'activité à laquelle elle met fin, présente, souvent, en second lieu, un caractère illégitime qui exclut toute réparation[5]. C'est l'appel à cette notion d'illégitimité, plus ou moins largement

4. Dans le même esprit, l'adoption, par le législateur, d'un régime particulier de réparation, – la plupart du temps forfaitaire et, donc, partiel, – exclut toute application de la jurisprudence *La Fleurette*. V. pour un exemple récent, Cons. d'Ét. 16 déc. 1960, *Adam et Soc. civile du personnel du Petit Parisien, d'Excelsior et de la Société des revues et publications diverses, Rec. Cons. d'Ét.*, p. 710.

5. G. Morange, *La notion de situation illégitime dans le contentieux de la responsabilité administrative*, D. 1953. Chron., p. 27. – Au demeurant, le Conseil d'État, avant de se prononcer, en 1938, en faveur de l'indemnisation de la Société *La Fleurette*, avait pris soin de relever : « … il n'est pas allégué qu'il (le produit dont la fabrication était désormais interdite) présentait un danger pour la santé publique… ».

entendue, qui a motivé le rejet dans l'arrêt *Compagnie générale de la grande pêche*, rendu le même jour que l'arrêt *La Fleurette*, ainsi que dans un certain nombre de décisions postérieures (Cf., notamment, Cons. d'Ét. 1er mars 1940, *Soc. Chardon et Cie*, *Rec. Cons. d'Ét.*, p. 82 ; 6 janv. 1956, *Manufacture française d'armes et cycles de Saint-Étienne*, *ibid.*, p. 3).

Enfin, le préjudice découlant d'une loi sera difficilement considéré comme présentant le caractère de certitude requis. L'arrêt d'assemblée *Lacombe*, rendu le 1er décembre dernier[6], en fournit un nouvel exemple en constatant que : « ... il ne résulte pas de l'instruction qu'en fait le sieur Lacombe qui n'avait aucun droit, mais seulement vocation à être intégré en 1949 dans le Corps des ingénieurs de la navigation aérienne, ait à cette date réuni des chances suffisamment sérieuses d'être effectivement admis dans ce corps pour que l'intervention de la loi du 31 déc. 1954 puisse être regardée comme lui ayant causé un préjudice certain ».

La question se pose, toutefois, de savoir si l'affirmation, dans ce dernier arrêt, du défaut de certitude du préjudice allégué ne constitue pas une nouvelle manifestation de la volonté du Conseil d'État de combler, à tout prix, la brèche timidement ouverte, en 1938, dans le mur de l'irresponsabilité de l'État législateur. Le commissaire du Gouvernement pouvait faire observer, en effet, dans ses conclusions, que la perte de possibilités favorables, sur lesquelles une personne peut légitimement compter, a été considérée, depuis longtemps, comme constitutive d'un préjudice certain (Cf., outre les exemples cités par M. Dutheillet de Lamothe ; Cons. d'Ét. 3 févr. 1937, *Hospices civils de Montpellier*, *Rec. Cons. d'Ét.*, p. 149 ; 20 mai 1949, *Biret*, *ibid.*, p. 231). Les chances d'intégration dont le requérant pouvait faire état étaient apparues suffisamment sérieuses à M. Dutheillet de Lamothe pour le conduire à proposer de retenir, en l'espèce, la responsabilité de l'État du fait de la loi.

II.

Le Conseil d'État n'a manqué aucune occasion, en effet, depuis 1938, de réduire la portée de l'assouplissement de sa jurisprudence antérieure, auquel il avait consenti dans l'arrêt *La Fleurette*. La mise en jeu de la responsabilité du fait des lois s'est heurtée à des obstacles que le libellé, très libéral, de cette décision de principe ne laissait point prévoir.

Le requérant doit, tout d'abord, pour solliciter une indemnité avec quelque chance de succès, apporter la preuve qu'il a subi, du fait de la loi, un préjudice d'une gravité particulière (Cf. Cons. d'Ét. 27 janv. 1961, *Vannier*, D. 1961. Somm. 69 ; *Rec. Cons. d'Ét.*, p. 60 ; *Act. jurid.*, févr. 1961. 74, note Galabert-Gentot, ainsi que les arrêts *Société aéro-maritime de l'Atlantique* et *Ménoreau*, précités). Si le préjudice dont la réparation était demandée, dans l'affaire *La Fleurette*, présentait, effectivement, un tel caractère, force est bien de constater qu'une telle exigence n'était pas formulée dans l'arrêt. Or, cette exigence est, selon nous, fort peu en harmonie avec le principe de l'égalité de tous les citoyens devant les charges

6. Cons. d'Ét. 1er déc. 1961, *Lacombe*, D. 1962. 89, concl. de M. Dutheillet de Lamothe ; S. 1962. 57.

publiques, sur lequel la plupart des auteurs font reposer la pseudo-responsabilité du législateur admise, en 1938, par le Conseil d'État[7].

Notre Haute juridiction administrative a, ensuite, exclu toute indemnisation pour des préjudices consécutifs à des lois prises dans l'intérêt général. Le lecteur trouvera, dans le court mais excellent commentaire d'un arrêt du 31 mai 1961, *Compagnie française des cuirs*, signé C.M., publié par l'*Actualité juridique* (1962. 64), de nombreux exemples d'arrêts où le rejet de toute indemnisation est justifié par le fait que les lois génératrices du préjudice sont intervenues dans cet intérêt général. Les pertes, dont la Société La Fleurette faisait état, en 1938, lui avaient, certes, été causées par une loi inspirée, simplement, par le souci de protéger l'industrie laitière, mais le Conseil d'État, s'élevant, semble-t-il, au-dessus des contingences de l'affaire, avait alors admis l'indemnisation d'une charge « créée dans un intérêt général ». Il semble que notre Haute juridiction administrative ait été quelque peu effrayée, après coup, de la position de principe ainsi adoptée, devant le développement, à partir de 1940, d'une législation d'inspiration dirigiste et interventionniste, susceptible de multiplier les applications d'un principe considéré, à l'origine, comme pouvant être invoqué, seulement, dans de rares cas d'espèce (En ce sens, MM. Weil, Long et Braibant, *Les grands arrêts de la jurisprudence administrative*, 3e éd., commentaire de l'arrêt *La Fleurette*, p. 230).

Enfin, s'il était clairement admis, dès le départ, que la volonté contraire du législateur mettrait obstacle à toute indemnisation, – ce qui nous a permis d'affirmer que l'arrêt *La Fleurette* n'avait pas renversé le principe de l'irresponsabilité de l'État du fait de la loi, – nul ne pouvait pressentir la bonne volonté que mettrait le Conseil d'État à établir, ou à présumer, cette volonté contraire. Les requérants n'auront pas manqué de trouver quelque peu excessif le zèle qu'a souvent manifesté notre Haute juridiction administrative pour la déduire du texte lui-même, de ses travaux préparatoires, voire de ses circonstances d'élaboration, alors que le doute était vraiment permis (cf., à titre d'exemples, Cons. d'Ét. 7 juin 1940, *Syndicat du commerce des blés*, S. 1941. 3. 38; *Rec. Cons. d'Ét.*, p. 193; 16 mai 1941, *Caumont*, *ibid.*, p. 89; 23 déc. 1947, *Erhart*, *Rec. Cons. d'Ét.*, p. 492; 8 déc. 1950, *Soc. Berty et Cie*, *Rec. Cons. d'Ét.*, p. 603).

Tout s'est donc passé, en fait, comme si le Conseil d'État avait voulu paralyser, dans son application, le principe d'interprétation, d'inspiration libérale, qu'il avait lui-même dégagé en 1938[8]; à tel point que les particuliers, découragés, n'invoquent plus guère, depuis quelques années, la jurisprudence *La Fleurette* (cf. *Les grands arrêts de la jurisprudence administrative*, p. 230)[9].

Le Conseil d'État ne s'en est pas tenu là. Il a fait, partiellement, de l'irresponsabilité de l'État du fait de la loi, – maintenue dans son principe, mais atténuée

7. Le libellé des arrêts les plus récents apporte la preuve que cette opinion doctrinale traduit, pourtant, exactement le sentiment du Conseil d'État (Cf., notamment Cons. d'Ét. 1er déc. 1961, *Lacombe*, précité). M. Vedel se sépare, toutefois, sur ce point, de la majorité des auteurs (G. Vedel, *op. cit.*, p. 290 et s.). Nous retrouverons son opinion ci-dessous.

8. Les conclusions de M. Roujou (D.P. 1938. 3. 41) et la note de M. Laroque (S. 1938. 3. 25), sous l'arrêt *La Fleurette*, laissaient toutefois, pressentir de telles restrictions.

9. La pseudo-responsabilité de l'État législateur n'a été mise en œuvre, effectivement, qu'une seule fois, depuis 1938, dans un arrêt déjà ancien (Cons. d'Ét. 21 janv. 1944, *Caucheteux et Desmont*, D.A. 1944. 65; S. 1945. 3. 13, note A.B.).

dans ses conséquences, en 1938, – une irresponsabilité du fait de l'exercice de la fonction législative.

C'est, nous semble-t-il, la conclusion qu'impose l'arrêt du 22 oct. 1943, *Soc. des Établissements Lacaussade* (S. 1945. 3. 13, note A. B.; *Rec. Cons. d'Ét.*, p. 231). Le juge devait admettre, dans cette décision, le droit, pour le Gouvernement lui-même, agissant par décret-loi, dans le cadre d'une loi d'habilitation, d'écarter le principe de toute responsabilité de l'État pour les dommages consécutifs à l'entrée en vigueur dudit décret. Or, il semble bien qu'une telle décision n'ait rien d'un arrêt d'espèce comme le prouve, notamment, un arrêt du 21 juin 1957 (*Banque commerciale privée et sieur Étienne, Rec. Cons. d'Ét.*, p. 412).

La raison profonde de tous les obstacles imaginés, depuis 1938, pour paralyser l'application du principe d'interprétation, affirmé dans l'arrêt *La Fleurette*, se trouve, sans doute, dans le fait que le juge a pris conscience, après coup, du fondement le plus sérieux de l'irresponsabilité de l'État législateur. Celle-ci tient bien davantage à la mission même de la loi qu'à une soi-disant souveraineté parlementaire, notion contingente et, au demeurant, périmée.

La loi était, dans notre tradition constitutionnelle, – et elle reste partiellement, même sous l'empire de la Constitution actuelle, – la manifestation la plus élevée de la puissance gouvernante. Elle doit, à ce titre, réaliser, dans le cadre de l'État, d'incessants arbitrages entre groupes d'intérêts opposés. Il a été dit, fort justement, que gouverner, c'était choisir. Admettre le principe de l'indemnisation de ceux qui ont été sacrifiés dans de tels arbitrages, ce serait, bien souvent, remettre en cause l'arbitrage lui-même et introduire l'anarchie dans l'État en le paralysant.

La prise de conscience de ce rôle fondamental de la loi ne conduit pas, d'ailleurs, à remettre entièrement en cause l'interprétation bienveillante du silence du législateur que le juge avait cru devoir adopter en 1938. Une distinction s'impose; mais, le Conseil d'État attache aux deux hypothèses principales, qu'il a clairement dégagées, des conséquences diamétralement opposées à celles que les principes et la logique nous paraissent commander.

Les sacrifices imposés à certains peuvent l'être au profit de tous (ou, à tout le moins, du plus grand nombre) ou au bénéfice de quelques-uns (d'une catégorie sociale ou professionnelle, tout au plus). Le Conseil d'État se refuse à interpréter le silence du législateur dans un sens favorable aux victimes dans le premier cas. Il paraît toujours disposé, dans le second, à allouer, éventuellement, des indemnités à ces mêmes victimes (v. la jurisprudence abondante citée dans le commentaire publié par l'*Actualité juridique* 1962. 64)[10].

M. Vedel, qui est, sur ce point, l'interprète le plus fidèle de la jurisprudence, a défendu le choix du juge en ces termes : « … S'agissant en effet de savoir si, vraisemblablement, psychologiquement, pourrait-on dire, le législateur a ou non exclu le droit à réparation, il faut tenir compte des buts de la loi. Il est vraisemblable

10. V., parmi les décisions les plus récentes qui font application d'une telle directive : Cons. d'Ét. 14 oct. 1955, *Soc. Piscine Lutétia, Rec. Cons. d'Ét.*, p. 479; 21 juin 1957, *Soc. d'exploit. des Etabl. Pathé-Cinéma, ibid.*, p. 415; 15 juill. 1957, *Soc. de décorticage S. O. D. E. C., ibid.*, p. 485; 16 nov. 1960, *Soc. d'exploitation des chantiers d'Ajaccio, ibid.*, p. 621; *Dr. soc.* 1961. 205, concl. de M. Henry; 31 mai 1961, *Compagnie française des cuirs, Act. jurid.* 1962. II. 64, note C. M.

que, en édictant tel régime général des prix pour répondre à des nécessités nées de la guerre ou de la crise, le législateur n'a pas entendu entrer dans la voie de l'indemnisation, dont les effets risquent de neutraliser la fin qu'il poursuit (par exemple indemnités accordées aux industriels et commerçants victimes du blocage des prix); le sacrifice imposé est de ceux qui naissent de la nécessité, toujours injuste. Au contraire, interprétant de façon quelque peu idéalisée l'intention du législateur, le Conseil d'État ne peut pas estimer naturel que telle entreprise fasse les frais de la protection accordée à d'autres entreprises » (G. Vedel, *op. cit.*, p. 290 et s.).

C'est un point de vue que nous ne partageons pas.

La réparation des préjudices consécutifs à l'entrée en vigueur d'une loi nouvelle, survenue dans l'intérêt général (loi élaborée dans l'intérêt de la défense nationale, loi inspirée par la sauvegarde de la santé publique, loi de réglementation économique, etc.), ne saurait être envisagée, dans la plupart des cas, ces préjudices ne présentant pas un caractère spécial ou bien la situation ou l'activité atteinte devant être considérée comme illégitime. Mais, dans les hypothèses – rares – où il n'en va pas ainsi, il nous paraît très contestable d'interpréter le silence du législateur comme impliquant la volonté d'exclure toute réparation.

Il ne fait aucun doute, tout d'abord, qu'une telle interprétation va directement à l'encontre de l'évolution de nos sociétés modernes vers la socialisation des risques individuels que le doyen Savatier notait, dans ce *Recueil*, il y a plus de trente ans[11], évolution qui n'a cessé de se renforcer et de s'accélérer. L'opinion accepte de plus en plus difficilement que les sacrifices qui naissent de la nécessité restent à la charge des victimes. Au demeurant, le principe de la socialisation des risques a été inscrit dans le Préambule de la Constitution de 1946, qui a toujours valeur constitutionnelle, et l'on comprendrait mal que l'on prête systématiquement au législateur la volonté de le violer.

Il est bien certain, d'autre part, que l'indemnisation de quelques victimes d'une législation d'intérêt général n'est aucunement en contradiction avec les buts poursuivis par celle-ci. L'efficacité des nouvelles dispositions adoptées, pour la défense nationale ou pour la sauvegarde de la santé publique, ne sera nullement mise en cause par l'allocation de quelques indemnités au profit des victimes de la nouvelle réglementation.

L'octroi d'une indemnité aux victimes de la loi nouvelle nous apparaît, au contraire, comme étant en contradiction avec les buts poursuivis par le législateur lorsque celui-ci a rendu un arbitrage, c'est-à-dire lorsque les sacrifices imposés à certains le sont au bénéfice de quelques autres. Tout doit logiquement donner à penser que le législateur a voulu ce transfert, réalisé sous une forme ou sous une autre, pour rétablir un équilibre injustement rompu, au profit de certains, et au détriment d'autres, par l'évolution de la conjoncture économique, par exemple. L'indemnisation des prétendues victimes enlèverait tout sens à l'opération réalisée. De toute façon, une telle opération est de nature politique, et le juge ne saurait en paralyser les effets sans sortir de son rôle.

11. R. Savatier, « Vers la socialisation de la responsabilité et des risques individuels », D.H. 1931. Chron., p. 9.

Il est vrai que l'on pourrait nous reprocher de raisonner sur une hypothèse idéale, celle où l'arbitrage du législateur est commandé par des considérations d'équité et par le souci de rétablir un équilibre injustement rompu. Il ne fait aucun doute que, dans le cas d'une loi qui impose, par exemple, des sacrifices à certaines entreprises au profit d'autres entreprises, la situation est, parfois, beaucoup moins favorable, la décision prise s'expliquant, simplement, par la pression, plus ou moins justifiée, de certains intérêts particuliers. C'est à de tels errements que faisait, de toute évidence, allusion M. Odent, dans son *Cours de contentieux administratif* (année 1953-1954, t. 3, p. 470), lorsqu'il écrivait, à propos des arrêts *La Fleurette* et *Caucheteux et Desmont* : « Il s'agissait dans, les deux premières de ces affaires, les seules à ma connaissance où le droit à indemnité résultant de l'intervention d'une loi ait été reconnu, de dispositions législatives arrachées à des assemblées trop enclines à céder aux pressions de certains intérêts particuliers ».

Le Conseil d'État n'aurait donc fait jouer la pseudo-responsabilité de l'État législateur, affirmée dans l'arrêt *La Fleurette*, que pour sanctionner de véritables abus des assemblées parlementaires.

Si telle est bien l'explication réelle de l'arrêt *La Fleurette*, le juge administratif aurait fait preuve, à cette occasion, d'une particulière audace, car une telle censure indirecte de l'action du législateur était, avant 1958, directement contraire aux principes de notre droit public.

La Constitution du 4 oct. 1958 n'a-t-elle pas, de ce point de vue, modifié les données du problème ?

III.

L'avenir de l'irresponsabilité de l'État législateur peut, à vrai dire, laisser perplexe. La Constitution du 4 oct. 1958 contient des éléments qui, s'ils étaient pris en considération par le juge, seraient susceptibles de conduire à cette véritable « Responsabilité du fait des lois » qu'affirment, bien à tort, à l'heure actuelle, les traités de droit administratif. Il est, par contre, dans nos institutions actuelles, d'autres éléments susceptibles de donner à cette irresponsabilité une portée particulièrement redoutable pour les particuliers.

La Constitution de 1958 a, de l'aveu de tous, porté un rude coup à la conception, fortement enracinée en France, de la souveraineté parlementaire. Le Parlement est descendu du piédestal sur lequel l'avait placé une tradition aussi longue que contestable du point de vue démocratique[12]. La situation du juge, vis-à-vis du législateur, s'en est, par contrecoup, trouvée rehaussée.

Tout contrôle de légalité de l'œuvre législative reste, certes, interdit au juge administratif – et, *a fortiori*, au juge judiciaire, – sous le régime actuel, comme

12. L'apport de la Constitution de 1958 serait, de ce point de vue, entièrement positif si le régime n'avait, *en fait*, transféré au titulaire de l'Élysée la souveraineté enlevée au Parlement. Or, la reconnaissance, au profit du Chef de l'État, d'une sorte de souveraineté déléguée est, du point de vue démocratique, plus inadmissible dans son principe et plus dangereuse dans ses conséquences que l'ancienne souveraineté parlementaire.

sous les régimes précédents. Si le principe d'un tel contrôle a bien été retenu, celui-ci a été confié, dans des conditions très contestables, d'ailleurs, à un organe spécial : le Conseil constitutionnel, ce qui exclut, *ipso facto*, toute intervention, sur ce point, du juge ordinaire, qu'il soit administratif ou judiciaire.

Mais, du fait, cependant, que le principe du contrôle de légalité a été admis, le juge administratif, seul compétent, sauf exceptions, pour mettre en jeu la responsabilité de l'État, pourrait se sentir plus à l'aise pour indemniser les préjudices consécutifs à l'entrée en vigueur d'une loi nouvelle, non seulement dans le silence du législateur mais, également, le cas échéant, *contre* la volonté de celui-ci. Le Parlement est, en effet, désormais, tenu de respecter les principes constitutionnels, au premier rang desquels le principe de l'égalité devant les charges publiques. La Constitution de 1958 offre, donc, au juge, la possibilité, s'il entend la saisir, de réparer les préjudices consécutifs à l'application d'une loi nouvelle qui méconnaîtrait l'égalité de tous les citoyens devant les charges publiques, quelle que soit la volonté manifestée, sur ce point, par les assemblées parlementaires.

Nous croyons, toutefois, devoir attirer, à nouveau, l'attention du lecteur sur le fait qu'une telle violation du principe d'égalité n'existe, selon nous, que dans les seules hypothèses où des sacrifices particuliers sont imposés à certains administrés dans l'intérêt de tous, et non dans les hypothèses où le législateur arbitre, – tant bien que mal, – entre groupes d'intérêts opposés. Il y a, dans ces derniers cas, un effort du législateur pour rétablir un équilibre mis en cause par l'évolution de la conjoncture. Le juge ne saurait, même indirectement, par l'allocation éventuelle d'indemnités, exercer un contrôle sur ces actes du pouvoir politique sans sortir dangereusement du cadre normal de sa mission.

L'abandon de l'irresponsabilité de l'État législateur, que certains principes de la Constitution de 1958 pourraient, ainsi, faciliter, impliquerait un juge administratif doué de la volonté de tirer de cette Constitution toutes les possibilités favorables qu'elle recèle. Si cette volonté n'existe pas, – comme les arrêts les plus récents semblent bien en apporter la preuve, – il est à craindre que les éléments défavorables, également inclus dans la Constitution de 1958, l'emportent, en définitive, et ne donnent à l'irresponsabilité de l'État législateur une portée qu'elle n'avait jamais eue auparavant.

La loi *stricto sensu*, c'est-à-dire le texte délibéré et adopté par les assemblées parlementaires, suivant la procédure prévue par la Constitution, a cessé d'être, en droit français, depuis 1958, le seul acte initial et inconditionné, analysé, jadis, avec tant de finesse, par Carré de Malberg[13]. Il résulte de la combinaison des art. 34 et 37 de la Constitution actuelle que le même caractère doit, désormais, être reconnu aux règlements autonomes que le Président de la République ou le Premier ministre sont appelés à prendre dans le secteur qualifié de réglementaire. Si le Conseil d'État s'en tient à sa position actuelle, le régime qui est, sur le plan de la responsabilité, celui de la loi, risque d'être étendu, également, aux règlements autonomes, c'est-à-dire que l'indemnisation des préjudices consécutifs à l'entrée

13. Carré de Malberg, *Contribution à la théorie générale de l'État*, t. 1, p. 334 et 578 et s.; *La loi, expression de la volonté générale*, p. 86 et s., et 161 et s.

en vigueur de l'un de ces règlements pourrait toujours se trouver exclue par la volonté, expresse ou présumée, de son auteur.

Deux observations conduisent à penser que de telles craintes ne sont pas sans fondement.

Le Conseil d'État n'avait pas hésité, nous l'avons vu, à étendre, en 1943, l'irresponsabilité du fait de la loi, au sens strict du mot, à un décret-loi, pris en vertu d'une loi d'habilitation. Or, il était, à notre avis, logiquement plus difficile, dans le cadre constitutionnel de la IIIe République, de faire bénéficier un décret-loi d'un privilège, traditionnellement attaché aux seules lois, que d'attribuer, aujourd'hui, les mêmes effets à un règlement autonome, pris dans le secteur délimité par l'art. 37 de la Constitution.

Le tribunal administratif de Paris a, d'autre part, dans un tout autre domaine, il est vrai, manifesté une fâcheuse propension à assimiler les décrets pris dans les matières visées par l'art. 37 aux lois qui sont appelées à intervenir dans le secteur délimité par l'art. 34 (Trib. admin. Paris, 14 févr. 1961, *Horrie*, D. 1961. 729, note B. Rouyer-Hameray).

La responsabilité de l'État pourrait se trouver exclue, au terme de l'évolution défavorable que nous envisageons, si elle se réalise, pour toute une série d'actes (lois *stricto sensu*, décisions prises au titre de l'art. 16, ordonnances élaborées dans le cadre d'une loi d'habilitation et décrets autonomes intervenus dans le secteur visé par l'art. 37), sauf volonté d'indemnisation, expresse ou tacite, du Parlement, du Président de la République ou du Premier ministre, suivant les cas. Ce serait, pratiquement, la disparition de la responsabilité de l'État pour la plupart des actes de portée générale et impersonnelle, c'est-à-dire un énorme recul par rapport à la situation que déplorait, jadis, Duguit, à une époque où la loi *stricto sensu* comportait, seule, le privilège d'exclure toute mise en jeu de la responsabilité de l'État.

La porte serait, alors, ouverte aux pires abus, aux plus inadmissibles violations du principe d'égalité, éventuellement inclus dans des actes qui ne bénéficient pas de l'irremplaçable garantie que constitue la publicité des débats parlementaires. La Ve République, en moins de quatre ans d'existence, nous a, en effet, un peu plus convaincu de la profonde vérité de cette boutade, que nous rappelions dans une chronique consacrée à l'une de ses plus contestables innovations[14] : « La plus mauvaise des Chambres sera toujours supérieure à la meilleure des anti-chambres ».

14. G. Morange, *La hiérarchie des textes dans la Constitution du* 4 *oct.* 1958, D. 1959, Chron., p. 21.

L'ÉQUIVALENCE EN DROIT INTERNATIONAL PRIVÉ

1962

Philippe Malaurie

Professeur à la Faculté de droit et des sciences économiques de Poitiers

Une des marques de la vérité est, nous dit-on, la rigueur : qu'elle soit scientifique ou humaine, mathématique ou philosophique, elle est ou elle n'est pas, et ne se contente pas d'approximation : un plus un égale deux, et non pas à peu près deux. Elle ne tolère pas davantage l'illusive identité des mots : il n'y a aucune équipollence entre le Dieu des païens polythéistes, le Dieu solitaire de l'Islam et le Dieu éternellement trinitaire qu'adorent les chrétiens, pas plus qu'entre la démocratie des peuples bourgeois et celle des sociétés communistes. Pourtant, la vérité n'est pas l'apanage d'un système, le Dieu d'Abraham est aussi celui de Pascal, et des voies différentes mènent à l'orthodoxie ; de surcroît, l'on nous enseigne aujourd'hui, et fortement, que toutes les vérités sont relatives.

Plus que tout autre, l'esprit juridique goûte la précision et a horreur du syncrétisme. Une règle n'est pas susceptible d'à-peu-près, elle s'applique ou ne s'applique pas : ce contrat est valable ou il est nul, ce couple est marié ou concubin, et une vie dissolue n'est pas l'équivalent d'une conduite légère. Le formalisme remplit pleinement cet idéal d'une totale précision, puisque l'existence d'un droit est alors subordonnée à l'accomplissement des seules formalités prévues par la loi, et qu'aucun équipollent ne peut les remplacer. Mais ce n'est que dans des hypothèses exceptionnelles que subsistent ces exigences d'un droit strict ; hors le formalisme, la conformité d'une situation juridique à la loi s'apprécie non par les voies suivies où les formes exprimées, mais par son résultat : reste correct un acte qui n'aurait pas accompli les formes prévues par la loi, mais qui remplirait la fin pratique qu'elle poursuit, en produisant des résultats équivalents à ceux qu'elle recherchait. Refus d'un légalisme formel, appréciation d'une situation par ses résultats, mécanisme de contrôle *a posteriori*, élargissement du domaine de l'activité juridique, la théorie de l'équivalence a en droit civil une portée importante qui a déjà été fortement soulignée ; mais son domaine d'élection est le droit international privé. Ayant à connaître de personnes, de biens ou d'institutions *étrangères*, il lui faut bien en effet avoir un commun dénominateur qui ne soit pas exclusivement formel, qui juge l'arbre à ses fruits, l'institution à ses résultats, qui apprécie *a posteriori* l'équivalence.

Il y a ainsi équivalence lorsque le juge estime que, malgré les différences de forme entre la règle étrangère et la règle française, il y a une similitude de résultats. On ne peut pas véritablement parler d'équivalence lorsque le passage du système étranger au système français se fait par des critères prédéterminés, d'une exactitude quasi mathématique. La précision la plus absolue est obtenue par un mécanisme de *conversion* qui permet d'aller d'un système à un autre par une simple opération arithmétique ; par exemple, la conversion des poids et mesures ;

par exemple aussi, les monnaies : l'équivalence entre la monnaie étrangère et la monnaie française est fixée par un taux de conversion quasi mécanique : si, par hypothèse, la contre-valeur était chiffrée par la législation des changes, le juriste devrait considérer que le calcul est d'une exactitude absolue. L'équivalence administrative peut aussi parvenir à ces mêmes assimilations parce qu'elle résulte d'une autorité discrétionnaire : tel le cas des grades et diplômes universitaires : l'« équivalence » que des règlements établissent entre des diplômes étrangers et français exclut toute discussion, et comme dans le cas précédent, il serait vain de rechercher si elle est réaliste ou fictive; telle aussi la clause d'assimilation au national stipulée dans certains traités internationaux : *a priori*, et sans possibilité de discussion, l'étranger a des droits identiques à ceux du Français (mais les traités fondés sur les réciprocités mettent en cause une véritable équivalence, appréciée *a posteriori*). Au contraire, la *traduction linguistique* n'a ni la précision mathématique, ni l'autorité administrative : le passage d'un système terminologique à un autre ne peut jamais être rigoureusement fidèle, il doit se contenter d'équivalents. De même, la compréhension de ce qui juridiquement nous est étranger.

Tout ce qui vient de l'autre côté de la frontière est toujours plus ou moins dissemblable de ce qui est ici; parce qu'ils sont des étrangers, useraient-ils même du même langage que nous, les différences de passé, de territoire, de solidarité interdisent que ce qu'ils font soit complètement identique à ce que nous faisons. Mais d'être différents n'empêche pas que l'on puisse être analogues, et cette considération par le Droit international privé de l'équivalence des législations va croissante depuis une trentaine d'années : elle permet de reconnaître à la loi étrangère une place de plus en plus importante.

Ce rôle est remarquable, car toutes les grandes théories qui se sont jusqu'ici élaborées en Droit international privé pour écarter les rattachements normaux, ordre public, fraude à la loi, renvoi, intérêt français, toutes revenaient avec des détours divers à écarter la loi étrangère normalement compétente et à permettre au juge français d'appliquer sa propre loi. Peut-être aujourd'hui sommes-nous incités à rechercher non pas tellement ce qui diffère d'entre les législations, mais ce qu'elles ont ensemble de commun, ce qu'elles ont d'équivalent.

La considération de cette équivalence a pour effet d'élargir le domaine de la loi étrangère, qu'elle soit préalable à la solution des conflits, qu'elle en soit la solution ou qu'elle intervienne lors de l'exequatur. Trois exemples le montreront : l'équivalence assouplit la qualification (I), rend indifférent aux règles de forme lorsque leurs résultats sont identiques (II), facilite l'exequatur (III).

I. Équivalence et qualifications

Situant des institutions étrangères dans des concepts et des catégories de la loi du for, la qualification ne peut jamais être réglée par le principe de l'identité au sens strict du terme : une institution étrangère ne peut pas être rigoureusement conforme à une institution de la *lex fori*, précisément parce qu'elle est étrangère; cela ne suffit pas pour dire qu'on utilise alors la méthode de l'équivalence, car généralement les mêmes institutions des différentes sociétés sont suffisamment semblables pour que la qualification puisse se faire aisément. Mais parfois, les civilisations en cause sont si différentes que la qualification doit se contenter de l'analogie des résultats, et quelque peu transformer les institutions de la *lex fori* pour en porter le nom; en ce cas, la méthode de l'équivalence est utile car la qualification se fera, non pas d'après les structures formelles ou même conceptuelles des institutions étrangères, mais selon leur sens fonctionnel. Devant certaines situations cosmopolites, les principes philosophiques[1] ou les techniques juridiques[2] du for doivent s'adapter sans rigorisme. Selon son effet habituel, l'admission de l'équivalence accroît alors le domaine de la loi étrangère en reculant les exigences de l'ordre public[3]; une institution que l'on juge équivalente à nos propres structures ne saurait bien évidemment être contraire à notre ordre public[4].

L'ordre public réapparaît lorsqu'un seuil d'hétérogénéité entre l'institution de la *lex causae* et son analogue de la *lex fori* est dépassé : il n'y a plus équivalence. Malgré l'adaptation qu'elle fait subir aux institutions de la *lex fori*, la qualification ne peut en effet complètement les dénaturer et abdiquer devant la *lex causae*. Quel que soit le libéralisme souple de la jurisprudence, les juges n'ont pas voulu qualifier de mariage ou de divorce tous les modes d'union ou de désunion des sexes prévus par des législations si étrangères qu'elles doivent rester extérieures à nos concepts juridiques. Deux exemples illustres, les arrêts *Cousin de Lavallière*[5] et *de Ferrari*[6], montrent que, malgré l'identité des termes, une institution

1. Sont qualifiées de mariage des unions polygamiques musulmanes (Civ., 1re sect. civ., 28 janv. 1958, *Chemouni*, D. 1958. 265, note R. Lenoan; S. 1958. 199; J.C.P. 1958. II. 10488, note Louis-Lucas) ou annamites de deuxième rang (Hanoï, 24 mars 1949, *Rev. crit. dr. internat. privé* 1950. 399) qu'admettaient les statuts personnels tunisiens ou vietnamiens, bien que notre hiérarchie des valeurs ne puisse aucunement admettre que la polygamie soit équivalente à la monogamie.

2. Le simple prononcé du divorce est équivalent à l'ordonnance fixant la résidence séparée des époux à partir de laquelle on peut présumer, au regard des règles du désaveu, que les époux n'ont pas eu de relations (Civ. 4 nov. 1958, *De Ferrer y Vidal Aloy, Rev. crit. dr. internat. privé* 1959. 303).

3. Ex. La *paternité naturelle* à effets simplement alimentaires prévue par la loi allemande : en la qualifiant d'état des personnes, les juges d'avant 1940 en subordonnaient la réclamation à l'ordre public de l'art. 340 c. civ. fr. (Civ. 26 mars 1935, *Rohmann*, D.P. 1935. 1. 57, note R. Savatier; S. 1936. 1. 89, note J.-P. Niboyet; 30 nov. 1938, *Marchal*, D.P. 1939. 1. 57, note E. Silz; S. 1939. 1. 63), en la qualifiant d'action alimentaire, la Cour de cassation la soustrait aujourd'hui à l'ordre public (Civ., 1re sect. civ., 10 févr. 1960, *Muller, Rev. crit. dr. internat. privé* 1961. 341, note Francescakis. – Comp. Civ., 1re sect. civ., 10 mai 1960, *Imbach*, D. 1960. 548); les *divorces confessionnels* : au temps où l'ordre public de la laïcité était particulièrement vigilant, l'arrêt *Levinçon* qualifiait de règle de fond l'intervention sacerdotale dans la rupture du lien conjugal et en impliquait ainsi la contrariété à l'ordre public (Civ. 29 mai 1905, D.P. 1905. 1. 353; S. 1906. 1. 161, note A. Pillet); la jurisprudence ultérieure qui la qualifie de règle de forme permet de faire de la procédure judiciaire française l'équivalent de mécanismes canoniques (Paris, 9 janv. 1943, D.C. 1944. 56, note J. Basdevant; S. 1943. 2. 29, note J.-P. Niboyet).

4. Par ex. (en matière d'exequatur) n'est pas contraire à notre ordre public, parce qu'elle est également prévue par notre droit civil, la cause allemande de divorce pour manquements graves aux devoirs conjugaux rendant intolérable le maintien du lien conjugal (Civ. 18 oct. 1957, *Gielsdorf*, J.C.P. 1957. IV. 161).

5. Le minimum requis par la notion française de mariage doit être rempli pour que l'union africaine des petites épouses puisse encore être qualifiée de mariage (Req. 14 mars 1933, D.P. 1933. 1. 28, rapport Pilon; S. 1934. 1. 161, note H. Solus).

6. Principalement, parce qu'elle est inconvertible en divorce, la séparation de corps italienne n'est pas équivalente à la séparation de corps française (Civ. 6 juill. 1922, D.P. 1922. 1. 137, rapport Ambroise Colin; S. 1923. 1. 5, note Ch. Lyon-Caen).

étrangère n'a pas nécessairement la même qualification que l'institution française homonyme.

Pour l'application de la règle de conflit, ce qui donne donc sa vraie nature à une institution, ce n'est pas son apparence extérieure, mais la réalité du résultat qu'elle poursuit ; de même, en s'appliquant, la règle de conflit est aussi indifférente aux règles qui ne sont que de forme, n'attachant véritablement de prix qu'à leur *ratio legis*.

II. L'équivalence entre les formes des actes juridiques

C'est à l'égard de la forme des actes juridiques qu'en matière de conflit de lois l'idée d'équivalence des législations a surtout triomphé, malgré le sens tyrannique que les statutaires avaient prétendu, au XVIIIe siècle, donner à la maxime *locus regit actum*. Lorsque Boullenois avait voulu justifier le caractère impératif de la règle *locus*, il avait imaginé une quasi-souveraineté du lieu : « Les actes sont les enfants de la loi, citoyens du lieu où ils sont nés, et qui doivent être vêtus à la manière du pays ». Sans doute, pensait-il qu'il est obligatoire de suivre la mode vestimentaire, et peut-être à la fin du XVIIIe siècle, les mœurs se soumettaient-elles à ce singulier conformisme ; ce fut même, en un autre temps, le prétexte de la condamnation de Jeanne d'Arc. Mais aujourd'hui les perspectives ont bien changé, chacun est libre de s'habiller comme il lui plaît, et c'est une vérité d'évidence que les prescriptions de la mode vestimentaire n'ont aucun caractère contraignant, sauf toutefois – mais l'exception est d'importance – pour les modes considérées comme impudiques qu'interdisent décence et moralité publique. Ce qui vaut pour la tenue du corps vaut pour celle des actes juridiques : ils peuvent s'habiller comme ils veulent, prendre les formes que leur auteur désire, sauf, encore une fois, à prohiber que ces formes vêtissantes soient contraires à des idées que nous jugeons essentielles, à ce qu'on appelle, d'une technique paresseuse « l'ordre public » ; c'est alors que cesse le caractère facultatif de *locus regit actum*, car les lois de forme en cause ne sont plus entre elles pleinement équivalentes.

Le caractère facultatif de *locus regit actum* et les limites qui lui sont apportées traduisent ainsi l'indifférence du droit international à la teneur des lois de forme, l'équivalence qu'il leur reconnaît, sauf, mais ce n'est là qu'une exception, si en fait ont été blessés les intérêts de fond que la loi de forme devait sauvegarder. Cette limite qui est ainsi apportée à l'équivalence absolue entre les lois de forme ne peut se justifier que par les buts qu'elles poursuivent, par leur *ratio legis*. À l'égard du droit international, le simple fait qu'une règle de forme ait été violée est en lui-même assez indifférent ; ce qui est essentiel, c'est qu'aient été respectés les intérêts de fond que cette loi de forme avait pour objet de sauvegarder ; ce qui compte, ce qui est le véritable office du juge, c'est de vérifier si l'emploi d'autres formes a ou non porté atteinte à ces intérêts. Pour prendre l'exemple initial et classique du testament, lorsque la loi française soumet les dispositions testamentaires à un formalisme, elle entend garantir la liberté, le sérieux ou la sincérité de la volonté du testateur ; si donc une autre forme étrangère remplit également cette finalité de la *ratio legis*, elle est satisfactoire aux intérêts de fond en cause, et doit être jugée pleinement équivalente[7]. En matière de formes, l'équivalence des lois est donc le principe, sauf à examiner si le but des formes remplit les protections minimales requises par le formalisme français; elle n'a donc pas besoin d'être érigée en théorie, elle s'est déjà énoncée en une règle – le caractère facultatif de *locus regit actum* –; elle est d'application extrêmement générale aussi bien lorsqu'il s'agit d'apprécier devant un tribunal français la validité d'un acte juridique comportant un élément international (conflit de lois proprement dit) que s'il s'agit d'exequatur.

III. L'équivalence et l'exequatur

Dans l'exequatur, c'est d'abord au profit du divorce que la jurisprudence a utilisé l'équivalence, pour sauver des décisions étrangères qui n'avaient pas formellement appliqué la loi désignée par notre système de conflits (A); plus récemment, elle s'en est servie pour maintenir des décisions qui ne répondent pas à nos canons de la forme des jugements, parce qu'elles sont dépourvues de motifs (B).

A. Équivalence des divorces

Lorsque l'action en divorce est directement déférée à un tribunal français, l'appréciation de l'analogie entre la loi étrangère et la loi française prend cette dernière comme terme de référence et tend donc à en élargir le domaine aux dépens de la loi étrangère (1); au contraire, au niveau de l'exequatur, c'est le domaine de la loi étrangère qu'elle élargit parce que c'est elle qu'elle prend comme base de comparaison (2).

1° Lorsque l'action en divorce est directement portée devant un tribunal français et qu'elle est soumise à une loi étrangère, l'équivalence n'apparaît que de manière diffuse, ce qui empêche d'en faire une catégorie véritablement autonome. Il ne peut se poser qu'un problème négatif d'« inéquivalence » : la loi applicable est-elle si différente de la loi française qu'elle est contraire à l'ordre public français ? Là encore l'appréciation de l'équivalence n'a pas besoin d'être érigée en une théorie, puisqu'elle est énoncée en une règle connue.

L'appréciation positive de l'équivalence ne se pose guère au juge français du fond puisqu'il doit appliquer la loi que désigne la règle française de conflit et non une autre qui lui serait équivalente : l'à-peu-près n'est pas admissible, et le juge n'a pas à considérer les résultats produits par les différentes lois en présence pour fixer son choix ou apprécier leur équivalence : ce serait mettre la charrue avant les bœufs. Toutefois, même ici, une rigueur trop rigide n'est pas de mise : si la loi étrangère applicable est plus extensive que la loi française, les juges, à raison de leur pouvoir d'appréciation, ne retiendront que les faits qualifiés par la loi française de motifs de divorce[8], et certains auteurs fondent ces solutions sur

7. Application extrême de cette méthode pour un testament verbal dit devant un seul témoin, Civ., 1re sect. civ., 21 avr. 1959, *Veuve Dufrêne*, D. 1959. 521; S. 1960. 34, note J. Prévault.
8. Paris, 30 avr. 1925, *Chiger* (S. 1926. 2. 89, note J.-P. Niboyet) : pour appliquer la loi soviétique admettant le divorce par consentement mutuel, la cour exige la preuve d'une injure grave; Req. 5 janv. 1943, *Époux Picasso* (S. 1943. 1. 59) : pour prononcer une séparation de corps, les juges du fond ont vérifié que l'application de la loi espagnole ne heurtait pas l'art. 232 c. civ. fr.

l'équivalence en remarquant que l'on substitue la cause française à une cause étrangère analogue mais non identique (Francescakis, *Juris-classeur internat.*, fasc. 547 B, n° 129); mais on peut tout aussi bien faire appel à d'autres théories pour justifier le même résultat : l'application cumulative des lois comme le font les Allemands, ou mieux encore, car la théorie est une coutume française et dispense d'user d'analyses nouvelles moins élaborées, l'ordre public : les juges français écartent la loi étrangère plus extensive que la loi française si l'application concrète qui en serait faite à l'espèce dépassait le maximum autorisé par la liste française des causes du divorce; derechef il n'est pas besoin de faire de l'équivalence une catégorie autonome : la théorie de l'ordre public suffit encore.

L'admission de l'équivalence pourrait plus naturellement apparaître au niveau de la cassation puisque précisément son objet est de tempérer les formalismes d'un contrôle; pourtant la Cour de cassation y paraît hostile[9]; le contrôle de la Cour de cassation en effet, est en matière de causes de divorce, purement formel : ne vérifiant pas la qualification que les juges du fond ont donnée à l'injure, elle ne peut pas se substituer à eux pour constater la gravité et l'intolérabilité des injures qu'ils ont relevées. Pour qu'une décision fondée sur une loi étrangère au mépris de la loi française compétente pût être maintenue, il faudrait qu'elle ait expressément sacrifié aux rites français en déclarant que les faits constatés « constituaient une violation grave ou renouvelée des devoirs du mariage et rendaient intolérable le maintien du lien conjugal », comme si, en d'autres termes, la loi étrangère avait été appliquée en remplissant entièrement les règles françaises. Autant dire que la Cour de cassation n'admet pas, même pour motifs d'équivalence, que les juges du fond puissent élargir, aux dépens de la loi française, le domaine de la loi étrangère. Il serait en effet difficile à cette cour qui de sa vocation a horreur du fait, d'apprécier des circonstances se rapportant à des lois ou à des milieux étrangers, ce qu'impliquerait l'appréciation de l'équivalence. En tout cas, la conjonction de l'ordre public et du refus de l'équivalence amène la Cour de cassation à exiger qu'un divorce prononcé en France ne le soit que pour des causes françaises.

2° L'office du juge de l'exequatur est plus libéral et moins formel; l'objet même de cette instance a pour fin une équivalence : il permet d'admettre qu'une décision étrangère produise les mêmes résultats qu'une décision française. Mais même limité au niveau juridique du contrôle en excluant l'appréciation des faits de la révision, il reste soumis à un luxe de précautions – contrôle des compétences législative et judiciaire, absence de contrariété à l'ordre public et de fraude à la loi – tendant, dans sa conception initiale, à éviter qu'un juge français n'approuve un divorce étranger qu'il n'aurait pas lui-même prononcé s'il avait été saisi par voie principale. Les conditions auxquelles il reste subordonné rendent théoriquement certain que la loi appliquée par le juge sera toujours la même quel

9. En censurant des juges du fond qui avaient fondé un divorce sur les injures graves prévues par la loi polonaise, alors que la loi française était applicable, impliquant ainsi qu'elle ne vérifiait pas si ces injures graves à la polonaise étaient équivalentes à des injures graves à la française, Civ., 1re sect. civ., 15 mars 1955, *Lewandowski* (D. 1955. 540, note M. Chavrier; *Rev. crit. dr. internat. privé* 1955. 320, note Batiffol).

que soit le tribunal saisi, puisqu'elle sera toujours déterminée à l'aide des mêmes critères (Comp. Maury, *Juris-classeur internat.*, fasc. 532 B, n° 140).

Le strict respect de la compétence législative connaît aujourd'hui par le jeu de l'équivalence un tempérament important : il suffit, dit-on généralement, que la teneur de la loi appliquée par le juge étranger soit analogue à celle que désigne notre système de conflit de lois pour que la compétence législative soit satisfaite (Batiffol, *Traité de droit international privé*, n° 760).

Mais le juge ne peut pas limiter son appréciation de l'équivalence à comparer deux *textes législatifs* : c'est l'analogie des solutions qu'il doit rechercher. Si l'on parvenait à admettre qu'il pût y avoir une quelconque équivalence entre des lois étrangères, l'usage très répété qui, depuis une trentaine d'années se fait de la notion d'équivalence, pourrait à première vue traduire un quasi-universalisme de certaines causes du divorce et l'on pourrait ainsi goûter l'illusion que le monde du divorce tend à l'uniformité, que les barbares se policent en même temps que les peuples policés se corrompent. À la loi française des causes du divorce ont, en effet, été jugées équivalentes les lois d'un grand nombre de pays[10]. Et parfois même, il a été jugé par un tribunal français de l'exequatur que deux législations étrangères étaient équivalentes entre elles[11]. Mais il serait abusif de voir dans cette énumération une sorte de concordance entre les divers systèmes juridiques du divorce; elle ne comprend pas seulement en effet des pays dont le régime de divorce a été influencé par le droit français, mais aussi des législations qui n'ont pas de traditions communes, et dont les conceptions du divorce sont hétérogènes : le divorce sanction n'est pas équivalent au divorce faillite. Le choix d'entre les divers remèdes que l'on peut apporter aux difficultés de la vie conjugale dépend tellement d'options fondamentales que la politique juridique qu'il traduit est d'un ordre exclusivement national; toutes les différences qu'il peut y avoir entre eux – fussent-elles apparemment de détail ou non inscrites dans les textes – sont essentielles, parce qu'elles reflètent les structures familiales. À l'égard des causes de divorce, il ne peut pas y avoir d'équivalence entre des textes législatifs[12].

10. Allemande (Civ. 29 juill. 1929, *Drichemont*, D.H. 1929. 458; S. 1930. 1. 20; *Rev. crit. dr. internat. privé* 1931. 334), autrichienne (Trib. civ. Seine, 23 mars 1959, *Gogué*, D. 1959. Somm. 87), suisse (Paris, 16 nov. 1936, *Rosti*, D.H. 1937. 104; *Gaz. Pal.* 1937. 1. 181; *Clunet* 1937. 292; Toulouse, 18 déc. 1950, *Coulouma*, S. 1951. 2. 129, note approbative J.-P. Niboyet; J.C.P. 1951. II. 6367, note critique Delaume et Flattet), roumaine (Trib. civ. Seine, 31 mai 1949, *Guillemin*, S. 1950. 2. 21, note J.-P. Niboyet; *Rev. crit. dr. internat. privé* 1950. 631, note Loussouarn), vénézuélienne (Trib. civ. Seine, 22 juin 1959, *Aubouin, Clunet* 1960. 160), uruguayenne (Trib. civ. Seine, 4 nov. 1954, *Oppenheimer, Clunet* 1955. 650), congolaise (Trib. civ. Seine, 23 mai 1960, *Lauer*, inédit), new-yorkaise (Trib. civ. Seine, 14 mai 1956, *Cureau, Clunet* 1957. 146; 9 mai 1956, *Delarue*, D. 1956. Somm. 167; *Gaz. Pal.* 1956. 2. 236; 17 oct. 1961, *Mason, Clunet* 1962. 708, note Ponsard); espagnole, pour la séparation de corps (Paris, 6 juin 1958, *Cruheras Teran, Clunet* 1959. 831); new-yorkaise pour les causes de nullité de mariage (Trib. civ. Seine, 4 avr. 1951, *Dyan*, J.C.P. 1953. II. 7408; *Rev. crit. dr. internat. privé* 1953. 586, note signée H.B.).

11. Équivalence entre les législations cubaine et autrichienne (Paris, 4 févr. 1958, *Lundwall, Rev. crit. dr. internat. privé* 1958. 389, note signée H.B.; D. 1958. Somm. 126; *Clunet* 1958. 1028, note Ponsard; J.C.P. 1958. II. 10612, note Francescakis). Comp. l'équivalence entre les lois américaines, roumaines et françaises sur la pension alimentaire due à l'épouse innocente (Trib. civ. Seine, 17 mai 1961, *Scharf, Clunet* 1962. 440).

12. *Contra* Trib. civ. Seine, 31 mai 1949, *Guillemin*, précité : équivalence entre les dispositions des codes civils français et roumain.

Plus souvent c'est la *cause* du divorce dont les magistrats de l'exequatur admettent l'équivalence : l'adultère, estiment-ils, est toujours identique à lui-même[13], si bien que le jugement étranger qui a fondé le divorce sur l'adultère pourra aisément bénéficier de la théorie de l'équivalence puisque toutes les législations qui énumèrent les causes du divorce inscrivent en première ligne l'adultère (Le Bras, préface à *Divorce et séparation de corps dans le monde contemporain*, p. VII) ; en outre, il a même été admis qu'il pouvait y avoir une analogie suffisante entre l'injure grave française et des causes étrangères touchant à la paix conjugale[14]. Cette méthode est condamnable ; se borner à comparer des concepts juridiques en s'en tenant à la périlleuse traduction des mots est la caricature du droit comparé, et multiplie les risques de contresens : des termes identiques n'ont pas nécessairement des sens identiques. L'adultère n'est pas défini de la même manière par le Français, l'Allemand, le Belge ou l'Américain[15]. À plus forte raison, la notion de faute conjugale, manquement aux obligations du mariage, dépend de facteurs multiples – religieux, géographiques, sociaux, historiques, économiques, etc. – et la terminologie juridique ne peut pas, à elle seule, rendre compte des subtilités qui distinguent la cruauté mentale du Névada et l'injure grave du code Napoléon.

Aussi la tendance jurisprudentielle actuelle est-elle à une plus grande prudence et examine, d'une part, si les *faits* qualifiés par le juge étranger de cause de divorce au regard de la loi incorrectement appliquée eussent pu l'être aussi au regard de la loi applicable[16] et, d'autre part, si le juge étranger n'a pas admis un mode de *preuve* contraire à la loi applicable au fond[17].

13. Équivalence entre l'adultère français et l'adultère new-yorkais (Trib. civ. Seine, 14 mai 1956, *Cureau*, précité) ou helvétique (Toulouse, 18 déc. 1950, *Coulouma*, précité).

14. Équivalence entre les injures françaises et les mauvais traitements allemands (Civ. 29 juill. 1929, *Drichemont*, précité), les rixes et querelles uruguayennes (Trib. civ. Seine, 4 nov. 1954, *Oppenheimer*, précité), l'abandon de domicile conjugal congolais (Trib. civ. Seine, 23 mai 1960, *Lauer*, précité), vénézuélien (Trib. civ. Seine, 22 juin 1959, *Aubouin*, précité) ou autrichien (Trib. civ. Seine, 23 mars 1959, *Gogué*, précité).

15. Par exemple, il n'est chez nous une cause de divorce que s'il est imputable à son auteur, en Allemagne que s'il a contribué à détruire l'union conjugale ou été ressenti comme tel : divorce sanction, divorce faillite ; en Belgique, il n'est pas péremptoire, et maintient l'ancienne différence napoléonienne entre celui du mari et celui de la femme ; à New York, la preuve n'en est pas libre.

16. Bien que le juge ait à tort appliqué la loi suisse, les conditions dans lesquelles cette décision étrangère a été rendue sont analogues à celles que prévoient les art. 230, 231 c. civ. fr. (Paris, 16 nov. 1936, *Rosti*, précité) ; les faits qui ont justifié le jugement étranger auraient en tout état de cause constitué un motif de divorce selon la loi française (Trib. civ. Seine, 23 mars 1959, *Gogué*, précité) ; l'application de la loi étrangère aurait conduit à des résultats semblables à ceux que la loi française eût entraînés (Trib. civ. Seine, 22 juin 1959, *Aubouin*, précité).

17. Le raisonnement a surtout été utilisé contre les divorces du Névada fondés sur l'*extreme cruelty*. Par eux-mêmes, les faits constitutifs de l'*extreme cruelty* peuvent être équivalents aux injures graves françaises (concl. Dupin sous Paris, 15 déc. 1948, *Weiller*, D. 1949. 461, note R. Savatier ; S. 1949. 2. 69, note G.-R. Delaume ; *Rev. crit. dr. internat. privé* 1949. 115 ; Trib. gr. inst. Seine, 6 juin 1962, *Foure*, D.P. 1962, *infra* ; *Contra* Paris, 15 déc. 1948, précité, qui reste attaché au critère formel de ce que l'intolérabilité n'est pas constatée) : la cruauté mentale, comme beaucoup de notions anglo-saxonnes a, pour Pothier, une origine française dans la notion de sévices (Carbonnier, *Droit civil*, t. 1, n° 130). Mais quand ils sont retenus par des juges du Névada, ils ne sont plus jugés équivalents à une cause française de divorce, parce qu'ils sont établis par l'aveu ou le serment du demandeur, ce qui contrevient à une règle de fond française (principe posé par Civ., 1re sect. civ., 17 juin 1958, *Figue*, D. 1959. 65, appliqué à Paris, 15 déc. 1948 et Trib. gr. inst. Seine, 6 juin 1962, précités).

Ce double examen de la qualification des faits et de l'admissibilité des preuves que doit assurer le juge de l'exequatur pour que l'équivalence soit correctement exercée, ne paraît guère compatible avec la limitation de ses pouvoirs à un simple contrôle juridique, mais semble impliquer une révision au fond, et entraîne ainsi à un dilemme aussi regrettable que difficile (note Loussouarn, *Rev. crit. dr. internat. privé* 1950. 641 ; Ponsard, *Clunet* 1958. 1028) : on ne peut accorder au juge de l'exequatur le pouvoir d'apprécier l'équivalence qu'en lui accordant la révision au fond, on ne peut lui retirer le pouvoir de révision qu'en lui retirant le pouvoir de juger des équivalences.

Donner et retenir ne vaut; pour éviter le dilemme, gageons que ses termes sont excessifs; l'opposition entre révision et contrôle est du même ordre que celle du fait au droit, et aussi nuancée : ce sont deux grands panneaux lumineux et simples entre lesquels existent des positions intermédiaires. Plus qu'un contrôle, moins qu'une révision, l'office du juge de l'exequatur s'apparente à celui d'un juge de cassation (Comp. M. Batiffol qui, dans les premières éditions de son *Traité*, n° 750, comparaît la théorie de l'équivalence avec la faculté qu'a la Cour de cassation de substituer des motifs exacts en droit aux motifs erronés des juges du fond) : le rôle du juge de l'exequatur est de vérifier, non pas si le juge étranger a appliqué la loi formellement désignée par notre système de conflit, mais s'il n'a pas violé cette loi; l'admission de l'équivalence incite toujours à l'indifférence envers les critères exclusivement formels, à ne s'attacher qu'à la substance de la règle; aussi, pour mesurer des équivalences législatives, n'a-t-il pas à examiner de nouveau tous les faits invoqués, leur existence ou leur gravité, ni à apprécier leur bien-jugé, ce qui en effet ruinerait complètement la limitation de son office à la vérification de la rectitude juridique de la décision étrangère; mais il peut, car ce sont là des questions de droit, contrôler la qualification des faits et l'admissibilité de la preuve. Le contrôle de qualification des fautes invoquées risque donc d'être assez formel, comme l'est celui de la Cour de cassation en droit interne; celui de l'admissibilité des moyens de preuve implique seulement l'examen de la loi invoquée par le juge étranger et non pas tellement l'application qu'il en avait faite à l'espèce.

3° Quoi qu'il en soit, il y a ainsi discordance entre les conditions auxquelles un divorce est soumis selon qu'il est prononcé en France ou acquis à l'étranger; les deux théories de l'effet atténué de l'ordre public et de l'équivalence se conjuguent pour que deux époux puissent avoir en France par voie d'exequatur un divorce qu'ils n'auraient pu obtenir par voie principale, et ainsi élargir le domaine de la loi étrangère plus que ne le prévoit la règle de conflit[18]. Or, la compétence judiciaire française n'étant généralement pas exclusive dans les cas internationaux (Francescakis, *Juris-classeur internat.*, fasc. 547 B, n° 104), un plaideur pourra avoir intérêt à fuir les tribunaux français, et néanmoins, les mêmes tribunaux français accorderont leur exequatur à une décision qu'ils n'auraient pas rendue.

18. Comme ex. de la combinaison des deux procédés, Trib. gr. inst. Seine, 23 mai 1960, *Defreins* (D. 1960. 714) : *première proposition* : le divorce par consentement mutuel n'est pas contraire à l'ordre public lorsqu'il est prononcé à l'étranger; *deuxième proposition* : selon les conditions de fait où elle intervient une répudiation unilatérale peut équivaloir à un consentement mutuel.

Le succès croissant qu'a la théorie de l'équivalence dans l'exequatur du divorce, s'explique peut-être par le sentiment qu'ont les juges qu'un divorce acquis crée une situation établie très difficilement réversible ; tout en se refusant à une complète abdication, ils n'entendent pas exercer une politique de combat contre des divorces dont des juges étrangers ont assumé la responsabilité – sauf lorsque la fraude est trop patente, comme dans le cas des divorces du Névada. Il y a des juges qu'on suspecte, et d'autres qu'on respecte tant que l'on admettra, grâce à l'équivalence, leurs jugements non motivés.

B. Équivalence des motifs

Exiger comme on y inclinait naguère que l'exequatur ne fût accordé qu'aux seules décisions étrangères motivées, traduisait une foi intolérante en notre raison cartésienne, le refus d'admettre toute autre logique judiciaire ou quelqu'autre garantie des justiciables contre l'arbitraire du juge, ce qui nous paraît aujourd'hui un nationalisme intellectuel étroit et difficilement admissible : il est d'autres manières de justifier le pourquoi de la condamnation qu'une motivation faisant corps avec le jugement, et exiger de tous les systèmes juridiques le respect de notre formalisme judiciaire, est un mythe incompatible avec la coordination des relations internationales. Ce qui est essentiel dans cet ordre international, est non une forme procédurale, si impérative soit-elle, mais les raisons qui la justifient : non pas exactement celles qui jouent dans l'ordre interne – contrôle de la Cour de cassation et exercice des voies de recours, valeur exemplaire du jugement, discipline intellectuelle des juges, justifications accordées au condamné –, mais leur transposition dans l'ordre international : garantie du justiciable contre l'arbitraire du juge et mise à la disposition du juge de l'exequatur des moyens d'exercer son contrôle. La jurisprudence contemporaine[19] approuvée par toute la doctrine[20] tend progressivement à admettre qu'il puisse y avoir une équivalence suffisante entre la forme procédurale des motifs du jugement français et celles différentes des jugements étrangers si leurs résultats sont analogues.

La disparition du formalisme n'entraîne pas celle de sa raison d'être : l'équivalence avec les motifs français doit être prouvée, mais elle peut l'être par toute espèce de document – pièce de procédure isolée, ensemble du dossier, speech d'un juge –, et elle doit établir qu'a été rempli le double but que satisfait la forme française : garantie du justiciable, et mise à la disposition du juge de l'exequatur des moyens d'exercer son contrôle. En d'autres termes, il faut que soient prouvés *d'une part* la sauvegarde des droits de la défense en montrant que le jugement a été précédé d'un débat loyal et contradictoire ayant examiné

19. La Cour de cassation l'a décidé pour des ordonnances sarroises de taxe (Civ., 1re sect. civ., 11 juill. 1961, 2 arrêts, *Rœchlingsche et Adam*, D. 1961. 577) et pour une sentence arbitrale anglaise (Civ., 1re sect. civ., 14 juin 1960, *Elmassian*, J. C. P. 1961. II. 12273) ; Cf. aussi pour des jugements anglais, Trib. civ. Corbeil, 5 mars 1952, *Rev. crit. dr. internat. privé* 1952. 519, note Francescakis ; Trib. civ. Seine, 6 févr. 1961, *Rev. crit. dr. internat. privé* 1961. 762 [l'infirmation de Paris, 9 févr. 1962, *Gaz. Pal.* 29 août, ne le contredit pas sur ce point], et pour un jugement new-yorkais ; Trib. civ. Seine, 4 avr. 1951, J. C. P. 1953. II. 7408 ; *Rev. crit. dr. internat. privé* 1953. 586, note H. B.).

20. Batiffol, *Traité de droit international privé*, n° 759 ; Francescakis, notamment *Rev. crit. dr. internat. privé* 1960. 297 ; C. Gavalda, *ibid.* 1960. 297 ; G. Holleaux, D. 1961. 577 ; Y. Loussouarn, D. 1957, Chron. 191 ; Motulsky, *Rev. crit. dr. internat, privé* 1961. 815.

complètement l'ensemble des prétentions respectives des parties, *d'autre part* le respect de la loi ou plus précisément de la règle française de conflit en indiquant quelle est la loi que le juge étranger a appliquée à l'espèce.

Cet assouplissement du formalisme alourdit la charge de la preuve du demandeur à l'exequatur, voire même l'office du juge. Car, comme en matière de divorce, l'appréciation de l'équivalence au niveau de l'exequatur paraît devoir dépasser le niveau du simple contrôle et inciter le juge à user de certains pouvoirs de révision : pour permettre d'établir la régularité d'un jugement non ou mal motivé, le juge est bien obligé de reprendre partiellement l'examen au fond de l'affaire. Pourtant la tendance générale – doctrine, jurisprudence et traités – refuse ce choix douloureux, et entend cumuler la double simplification de la limite de l'office du juge au contrôle, et la possibilité d'exequaturer des décisions étrangères non motivées : il est singulier que les cas où l'exequatur leur a été le plus fréquemment accordé soient précisément ceux où le pouvoir de révision est exclu par un traité (jugement anglais : Convention franco-britannique du 18 févr. 1934; jugements sarrois : Convention de Luxembourg du 27 oct. 1956) ou par une coutume jurisprudentielle (sentences arbitrales étrangères). Là encore, le dilemme peut être évité par un compromis : devant une décision étrangère non motivée, le juge de l'exequatur n'a pas à systématiquement en vérifier le bien-jugé : il doit seulement examiner les documents – mais ceux-là seulement – qui lui permettront d'apprécier si ont été respectés les droits de la défense et la règle française de conflit.

*
* *

Le rôle de l'équivalence ne s'épuise pas en ces quelques illustrations, qui ne sont évidemment pas une liste exhaustive, puisque chaque fois qu'une situation, née sous l'emprise d'un droit étranger, doit être appréciée selon la loi française interne, ce qu'il faut juger par-dessus les frontières n'est pas les apparences formelles d'une loi, d'un jugement ou d'un acte, mais les conséquences qu'ils produisent réellement. Excluant impérialisme et abdication, la méthode est une panacée susceptible de nouveaux développements : si par exemple, on estime qu'il y a lieu de subordonner la compétence interne des tribunaux étrangers aux règles françaises, ce ne serait pas pour imposer une impossible tracasserie, mais pour juger satisfactoire toute décision étrangère, qui, quels que soient ses motifs énoncés, se serait en fait conformée à l'une des règles françaises de la compétence judiciaire, voire même à l'esprit de ces règles (Comp. Francescakis, *Juris.-classeur internat.*, fasc. n° 547 C, n° 56).

Entre n'importe laquelle des législations de la planète, une équivalence est ainsi concevable : il n'y a plus aujourd'hui de pays aux lois si barbares que ses solutions ne puissent *a priori* jamais être analogues aux nôtres; peut-être même qu'en un temps où les distances entre les peuples diminuent, des différences que l'on aurait autrefois jugées essentielles tendent à s'estomper; mais il n'en reste pas moins qu'entre des civilisations hétérogènes, l'équivalence de solutions n'est le plus souvent que partielle, et son emploi est plus un artifice juridique qu'une réalité. Mais là où il est le plus naturel de l'attendre, où elle peut même parvenir à une similitude véritable, c'est entre législations provenant d'un même fonds juridique commun, ou plutôt, pour éviter de mettre encore en cause les structures extérieures du droit, au sein d'un même cercle de civilisations, entre ces lois d'un même espace humain, où se manifestent une communauté de destin et une solidarité de problèmes.

REMARQUES POUR SERVIR À UNE DÉFINITION DU DROIT COMMERCIAL

1962

Paul Didier

Professeur à la Faculté de droit et des sciences économiques de Lyon

La définition du droit commercial est un problème qui reste posé. Périodiquement, des auteurs s'y essaient. Hier, la doctrine se partageait entre l'idée de circulation et celle de spéculation, celle-là soutenue par Thaller et celle-ci esquissée par Lyon-Caen et Renault. Aujourd'hui, c'est entre un système dit « objectif » et un système aussitôt qualifié de « subjectif » par opposition au précédent, que l'interprète hésite. Le doyen Ripert s'était fait le champion de cette seconde conception, combattu, jusque dans les *Mélanges* qui lui furent offerts, par le doyen Hamel qui voyait dans le droit commercial le droit commun des affaires. Un peu en marge, Escarra proposait la notion d'entreprise comme critère du droit commercial. Et un auteur, dans un brillant essai, déploya une dialectique qui fut jugée marxiste, pour démontrer en somme que le droit commercial était l'un des aspects juridiques du capitalisme moderne[1].

Assurément, cette grande diversité de théories et l'éclat de leurs auteurs manifestent l'intérêt tenace que la doctrine porte au problème. Mais, le nombre même des thèses soutenues prouve qu'aucune n'a été véritablement acceptée par la commune opinion des juristes et que toutes, après un temps de succès, ont connu le sort qu'elles avaient d'abord infligé à leurs devancières. Nous voudrions, dans cette chronique, non point certes proposer une nouvelle théorie ou une nouvelle définition après tant d'autres, illustres, mais poser le problème, rappeler les opinions actuellement en circulation, indiquer en quoi elles ont échoué à rendre compte de la réalité et tenter de dire pourquoi, à notre sens, elles y ont échoué.

*

* *

L'énoncé du problème est connu et il est simple. Il existe dans le droit positif français un ordre juridique partiel, appelé droit commercial, qui régit à peu près les mêmes actes que le droit civil (par exemple les contrats de vente, de société, de gage, ou les voies d'exécution), mais les soumet à des règles qui diffèrent, plus ou moins, de celles formant le droit privé commun. Quel est le critère de la compé-

1. Thaller, *Traité de droit commercial*, 8e éd., revue par Percerou, 1931 ; Lyon-Caen et Renault, *Manuel de droit commercial*, 15e éd. revue par Amiaud, 1928; Ripert, *Traité élém. de droit commercial*, 4e éd. revue par Durand et Roblot, 1959; Hamel et Lagarde, *Traité de droit commercial*, 1re éd., 1954; Hamel « Droit civil et droit commercial en 1950 » *Le droit privé français au milieu du xxe siècle*, p. 261 ; G. Lyon-Caen, « Contribution à la recherche d'une définition du droit commercial », *Rev. trim. dr. com.* 1949. 577; Escarra, *Cours de droit commercial*, 1952, Suppl. 1er oct. 1953.

tence législative de cet ordre juridique commercial ? De même, il existe dans le droit positif français des juridictions exceptionnelles, appelées tribunaux de commerce, qui connaissent de procès analogues à ceux soumis aux juridictions civiles ordinaires; mais, les tribunaux de commerce sont organisés selon des principes et fonctionnent selon une procédure qui ne sont point ceux des tribunaux civils de grande instance. Quel est le critère de compétence juridictionnelle de ces tribunaux d'exception ?

Un premier point paraît acquis. Les juridictions commerciales sont apparues dans le même temps que le droit commercial; elles sont chargées de l'appliquer et réciproquement celui-ci est souvent né de leur jurisprudence : l'opinion commune admet sans discussion – et nous admettrons avec elle – que les critères de compétence législative et juridictionnelle, distincts à l'analyse, coïncident dans les faits et que les deux problèmes énoncés ci-dessus peuvent être traités ensemble d'une manière indivise. Mais, les difficultés commencent aussitôt qu'il s'agit d'une part de déterminer, d'autre part de définir ces critères de compétence législative et juridictionnelle. La doctrine hésite pour savoir si le droit commercial est le droit des actes de commerce ou celui des commerçants et, ce premier choix fait, elle demeure incertaine sur le sens exact qu'il faut attacher aux mots d'acte de commerce ou de commerçant. Car le code de commerce est ambigu et cette ambiguïté a été exploitée de manière divergente par la jurisprudence et par la doctrine.

Une lecture ingénue du code donnerait à penser tout d'abord... que celui-ci a retenu non pas un mais deux critères de la compétence législative et juridictionnelle : selon les cas, la nature de l'acte en cause ou la qualité de son auteur. Ainsi, l'article 109 du code de commerce vise explicitement un acte, l'article 437 une personne. De même la compétence juridictionnelle se détermine en considération soit de la nature de l'acte litigieux (art. 631, al. 3) soit de la qualité des personnes parties au litige (art. 631 – I°). Mais il n'y a là qu'une apparence, dit-on, et les deux critères aperçus n'en forment qu'un. En effet, dans le code de commerce, il existe, entre ces deux critères, une relation de subordination : l'une des notions est seule originaire, l'autre n'est que dérivée. Plus précisément, l'une se définirait par l'autre et c'est la notion mère qu'il importe seule d'isoler. Malheureusement, ici les choses se compliquent car l'analyse du code ne permet pas de discerner avec certitude quelle est la notion mère, quelle est la notion dérivée. Certaines dispositions semblent faire de la notion d'acte de commerce celle d'où se déduit l'autre. Ainsi, le code donne à l'article 632 une liste des actes de commerce et dispose par ailleurs que les commerçants sont ceux qui « exercent des actes de commerce et en font leur profession habituelle » (art. 1). Du rapprochement de ces deux textes il résulte que le critère de compétence est constitué par la nature de l'acte en cause et que cette nature se définit mécaniquement par référence à la liste légale considérée comme limitative, sinon comme d'interprétation stricte. Hélas ! ce schéma ne rend pas compte de toutes les dispositions du code. Il en est d'autres qui s'inspirent d'un modèle apparemment contradictoire. Ainsi, dans les articles 631, al. 1er, 632, *in fine*, 638, al. 1er, c'est la notion d'acte de commerce qui apparaît comme subordonnée à celle de commerçant. Il est vrai que pour être complet, ce système d'exposition devrait comporter au départ une liste des commerçants ou des activités commerciales, liste qui occuperait dans cette deuxième construction la position tenue dans la première par la liste des actes de commerce qui figure à l'article 632. Or cette liste manque au code de commerce et la deuxième méthode d'exposition ne se développe pas jusqu'à son terme. Il reste cependant qu'elle explique seule nombre de dispositions du code et que l'interprète ne peut la négliger.

Et pourtant, c'est précisément un choix que la doctrine a voulu faire entre les deux systèmes législatifs et elle s'est aussitôt divisée. Une conception dite « objective » estime que la construction rationnelle du droit commercial devrait se fonder sur la liste des actes de commerce, d'où se déduirait ensuite la notion de commerçant, cependant qu'une conception dite « subjective » part d'une liste des professions commerciales pour définir ensuite l'acte de commerce comme celui fait par le commerçant pour les besoins de son activité. Et comme le code de commerce utilise tour à tour ces deux procédés ainsi qu'on l'a dit, l'une et l'autre théorie y puisent des arguments mais y rencontrent des objections et toutes deux s'accordent finalement à reconnaître que la matière est remplie « d'incohérences et d'obscurités ». La querelle méthodologique se nourrit d'ailleurs d'arrière-pensées politiques. La théorie subjective, qui maintient ferme la distinction du droit civil et du droit commercial, rêve de restituer à ce dernier la forme d'un droit corporatif ou professionnel, qui fut la sienne, semble-t-il, sous la Monarchie. La théorie objective, au contraire, fidèle aux intentions du législateur révolutionnaire, veut ouvrir à tous ce droit devenu le droit des affaires et travaille finalement à réaliser à son profit l'unité du droit privé.

Plus empirique, plus réaliste aussi et finalement plus hardie, la jurisprudence s'est refusée à tout choix explicite. Mais sur deux points essentiels, elle a innové ou, du moins, elle a su développer avec habileté certaines idées ébauchées par le code. D'une part, elle a jugé que des actes ne figurant pas dans la liste de l'article 632 pourraient être considérés comme des actes de commerce si leur auteur était commerçant et avait agi dans l'intérêt de son activité professionnelle. D'autre part et réciproquement, elle a estimé que des actes inscrits à l'article 632 pourraient être cependant traités comme des actes civils si leur auteur les avait fait accidentellement et sans avoir à l'ordinaire le comportement d'un véritable commerçant. Double innovation connue sous le nom de théorie de l'accessoire et qui apporte à l'ensemble du problème des lumières dont la doctrine n'a peut-être pas su profiter complètement.

Telles sont les sources, avec leurs incertitudes, et ce sont ces sources qu'il nous faut analyser pour en tirer quelques remarques que nous voudrions faire servir à la détermination et à la définition des critères de la compétence législative et juridictionnelle du droit commercial et des juridictions consulaires.

*
* *

Donc, deux conceptions s'opposent en doctrine et leurs divergences portent sur deux points. La théorie « objective » enseigne que le caractère commercial d'un acte réside dans sa nature intrinsèque ou, si l'on préfère, qu'un contrat isolé peut être qualifié d'acte de commerce à raison du particularisme de ses éléments constitutifs. Au contraire, c'est dans les conditions extrinsèques de leur conclusion et plus précisément dans le fait que certains actes, unis à d'autres, sont les éléments d'une activité qui les intègre mais les dépasse, que la théorie subjective trouve la raison des différences de régime qui séparent les actes civils et les actes de commerce, dont elle affirme, au contraire, l'identité intrinsèque. À quoi il faut ajouter que la théorie objective conteste au droit commercial le caractère de droit professionnel que la théorie subjective lui reconnaît.

I.

C'est, à notre sens, l'immense mérite de la théorie subjective et du doyen Ripert que d'avoir établi solidement cette idée qu'il n'existe point d'actes de commerce par nature, mais seulement des actes de commerce par accessoire et d'avoir affirmé que les actes juridiques reçoivent leur qualification de leur appartenance à un ensemble d'actes ou, mieux, à une activité. Et, c'est la grande faiblesse de la théorie objective de n'avoir pas compris qu'une variation dans le nombre des contrats avait une incidence directe sur leur qualification ou, encore, que l'activité est une réalité d'un autre ordre que les actes qui la constituent. En vérité, les mêmes actes juridiques sont qualifiés d'actes civils ou commerciaux selon qu'ils sont isolés ou intégrés à une activité et ce n'est pas dans leur texte, mais dans leur contexte, que se trouve la raison des différences de leur qualification. Ce contexte, c'est précisément l'activité commerciale qui consiste au minimum dans la répétition d'un même acte, le plus souvent dans un ensemble d'actes variés et complémentaires et toujours dans une multiplicité sinon qualitative du moins quantitative. Cette notion d'activité commerciale, par rapport à laquelle se définit déjà le commerçant (art. 1er c. com.), est aussi le véritable support de la notion d'acte de commerce.

Aux arguments avancés par le doyen Ripert, qu'il nous soit permis d'en ajouter quelques autres. La théorie objective entend s'appuyer sur le code de commerce et plus particulièrement sur son article 632. Or, l'expression d'acte de commerce, dans cet article, est incertaine. Elle désigne parfois un acte juridique au sens technique et précis du terme : ainsi lorsque l'article 632 parle de courtage, de change ou de lettre de change. Mais les hypothèses où le mot d'acte est pris dans son sens étroit sont l'exception. Dans la majorité des cas, le mot est entendu comme synonyme d'activité. Cela est clair chaque fois qu'il est question d'entreprise, mais cela demeure vrai même dans d'autres cas. Ainsi, l'achat pour revendre n'est certainement pas un acte juridique au sens technique du terme : il est la somme de deux actes successifs, l'achat d'une part et la vente d'autre part, c'est-à-dire qu'il constitue un commencement d'activité, d'autant plus qu'entre l'achat et la vente peuvent intervenir d'autres contrats nécessaires à la transformation de la chose. De même, les opérations de banque s'analysent pour la plupart, soit en un dépôt soit en un prêt. Mais il n'y a opération de banque que si ces deux actes juridiques sont liés entre eux et si le montant du dépôt est utilisé pour l'acte de prêt. Et comme tous les économistes enseignent qu'une telle utilisation du dépôt n'est possible que dans la mesure où le nombre de ceux-ci est élevé, il en résulte très directement que les opérations de banque impliquent une activité (Comp. la définition contenue dans l'art. 1er de la loi du 13 juin 1941). À quoi l'on pourrait ajouter, bien sûr, tous les articles du code qui se rattachent directement à la construction subjective et les réserves que l'incertitude des textes fait peser sur leur autorité. Mais laissons là ces querelles d'exégète. La jurisprudence dite de l'accessoire – qui n'est pas une jurisprudence accessoire –

traduit cette idée qu'il n'y a d'acte de commerce ou d'acte civil qu'à raison de l'activité commerciale ou civile de leur auteur. Car la jurisprudence de l'accessoire ne juge pas, comme on a tendance à le dire quelquefois, que les actes sont civils ou commerciaux parce qu'ils sont faits par des commerçants ou par des non-commerçants. Elle affirme avec beaucoup plus d'exactitude que la qualification d'un acte dépend de l'activité à laquelle il s'intègre, tout comme la qualité d'une personne dépend de l'activité à laquelle elle se livre[2]. Aujourd'hui cette idée commence à être reçue dans la doctrine. C'est elle qui inspire à Escarra son critère tiré de l'entreprise. Un texte en fait foi : « La notion véritable, celle qui l'a toujours emporté traditionnellement, c'est la notion de profession, celle à laquelle même les rédacteurs du code n'ont pu renoncer. Cette notion beaucoup plus large que celle d'acte de commerce, se caractérise par l'existence de faits extérieurs attestant qu'un individu accomplit des actes de commerce, non pas à titre accidentel mais d'une manière habituelle et concertée, professionnelle, méthodiquement agencée ». Et récemment M. Houin écrivait : « En réalité, la commercialité est liée à la répétition de l'acte et à l'activité professionnelle de l'auteur de cet acte; les différents actes énumérés par l'article 632 du code de commerce ne sont commerciaux que s'ils sont faits habituellement par un professionnel; la chose est certaine pour les entreprises, mais elle l'est aussi pour l'achat pour revendre ou pour les opérations de banque, de change ou de courtage; seule la signature d'un effet de commerce peut être un acte de commerce isolé, mais l'article 632 le dit expressément en précisant que c'est un acte de commerce pour "toute personne" ». De même M. Rodière écrit : « Dans la conception objective, ces actes devraient conserver leur caractère commercial même s'ils étaient faits par un non-commerçant. Telle n'est pas la solution. » Et l'éminent auteur ajoute : « D'une part, certains de ces actes qualifiés d'entreprises ou d'établissements par la loi supposent qu'ils sont faits à titre professionnel par des commerçants. D'autre part ceux pour lesquels cette condition n'est pas exigée... ne sont pratiquement jamais considérés comme actes de commerce quand ils sont faits à titre isolé par un non-commerçant »[3]. Cette convergence de la loi, de la jurisprudence et de la doctrine se comprend aisément. Les différences de régime établies entre l'acte de commerce et l'acte civil, entre le commerçant et celui qui ne l'est pas, correspondent exactement aux différences qui séparent l'activité de l'acte isolé. Par exemple, la preuve écrite requise pour un acte civil, c'est-à-dire un acte isolé, devient trop lourde lorsque les contrats sont appelés à se multiplier. Et les précautions probatoires qui se justifient lorsque les parties sont inexpertes, n'ayant point l'habitude de passer des actes juridiques, deviennent inutiles lorsque ces mêmes parties font métier de contracter. Le doyen Hamel

2. Req. 21 mars 1892, D.P. 92. 1. 228; S. 93. 1. 229 : « Attendu, en droit, qu'alors même qu'une convention n'aurait pas, par sa nature propre, un caractère commercial, il suffit qu'elle se rattache à l'exploitation d'un commerce et en soit l'accessoire ou le moyen pour qu'elle affecte le caractère commercial et que les contestations auxquelles elle donne lieu soient de la compétence des tribunaux de commerce ». Req. 29 janv. 1883, D.P. 83. 1. 314; S. 85. 1. 482 : « Qu'en droit, lors même que l'obligation n'a pas par sa nature propre un caractère commercial, il suffit qu'elle se rattache à un commerce et en soit l'accessoire pour qu'elle affecte le caractère commercial ».

3. Escarra, *op. cit.*, n° 91; Houin, *Les grands arrêts de la jurisprudence commerciale*, p. 23; Julliot de la Morandière, Rodière, Houin, *Droit commercial*, 2ᵉ éd., n° 22. – V. Giverdon « Le droit commercial, droit des commerçants », J.O.P. 1949. I. 770.

caractérisait l'esprit du droit commercial par le désir de rapidité et le besoin de sécurité. Mais le désir de rapidité naît du nombre des actes à accomplir et le besoin de sécurité des risques de la rapidité.

II.

Est-ce là donner son adhésion à la conception dite subjective ? À notre avis non. Tout d'abord parce que cette conception est mal nommée et n'a pris son titre que pour mieux s'opposer à la conception dite objective. Or, si le propre de la prétendue conception subjective est de substituer la notion d'activité commerciale à celle d'acte de commerce, cette théorie mérite le qualificatif d'objective autant et peut-être même plus que ne le méritait la théorie qu'elle combat. Et surtout, il y a dans la théorie du doyen Hamel, une idée politique qui nous paraît extrêmement forte : c'est que la plupart des personnes sont de nos jours gagnées à la vie des affaires, que le droit commercial pénètre « aujourd'hui dans toutes les activités économiques des pays civilisés » et qu'il n'est donc pas et ne doit pas devenir un droit professionnel.

Le doyen Ripert prétendait le contraire : « Du moment que l'on admet l'existence d'un droit commercial distinct du droit civil, écrivait-il, on est *nécessairement* conduit à donner à ce droit le caractère d'un droit professionnel »[4]. L'affirmation est équivoque car elle n'a pas le même sens ni la même portée selon que l'on donne du droit professionnel une définition matérielle ou formelle. Si l'on retient une définition matérielle de la profession, l'affirmation précitée signifie simplement que le droit commercial régit les seules personnes qui se livrent à une activité commerciale d'une manière un peu suivie, par opposition à celles qui font un prétendu acte de commerce d'une manière accidentelle ou occasionnelle. Au contraire, si l'on prend la notion de profession dans son sens formel, le droit commercial devient en outre un droit corporatif réservé aux seuls membres de professions définies et juridiquement structurées. Corrélativement, le droit civil apparaît comme le régime propre aux professions civiles et la dualité actuelle de notre droit privé se trouve fortifiée par la dualité des types d'organisation professionnelle. La première de ces deux propositions nous paraît exacte comme nous l'avons dit plus haut et nous convenons volontiers que le droit commercial est un droit professionnel au sens matériel du terme. Mais c'est la seconde proposition qui traduit la pensée profonde du doyen Ripert et cette seconde proposition, qui n'est pas toujours très bien distinguée de la première et fait son chemin à la faveur de l'équivoque ainsi entretenue, nous paraît fort contestable, car elle ne correspond ni à notre droit positif[5] ni

4. Ripert, *op. cit.*, n° 9.

5. Comme illustration de cette idée que le droit commercial peut être le droit des commerçants sans être pour autant un droit professionnel on rappellera la jurisprudence qui qualifie de commerçant le spéculateur en bourse. Ripert écrit (n° 126) : « Celui qui gère ses capitaux afin d'en recueillir les revenus est dit sans profession. Cette gestion comporte des actes de nature commerciale, ventes et achats de valeurs, souscriptions d'actions, dépôts de fonds en banque, et, si la fortune est considérable, elle peut suffire à occuper l'activité d'un homme. On ne doit pas pour autant déclarer cette personne commerçante et les tribunaux se trompent quand ils le font. » À notre sens, cette jurisprudence manifeste que le droit commercial n'est pas un droit professionnel. L'opinion ici critiquée nous paraît du même ordre que celle qui confond Église et Religion.

surtout au mouvement général de l'Histoire. La Révolution, en supprimant, les corporations, a brisé le lien qui unissait peut-être, sous l'Ancienne Monarchie, le droit commercial au corporatisme et, de nos jours, le divorce est allé s'aggravant, malgré un certain renouveau de l'organisation professionnelle. Car le droit commercial n'a cessé d'étendre son empire. « Alors qu'il contenait seulement autrefois les règles de la profession de commerçant et des opérations que les commerçants étaient seuls à pratiquer, il a conquis un rôle prépondérant et tend à réduire par son expansion l'application des règles générales du droit civil... Il est aujourd'hui le droit de toutes les relations économiques. Il a imposé son esprit et sa technique au droit civil. On a pu dire que le droit civil se commercialise et qu'il faut désormais avoir la conception d'un droit nouveau qui a été dénommé "droit des affaires" ou "droit économique" ». C'est le doyen Ripert lui-même qui a écrit ces lignes magistrales dans sa préface au *Répertoire de droit commercial* dont il assurait, avec M. Vergé, la direction. Mais, s'il en est bien ainsi, il y aurait manifestement plus d'inconvénients que d'avantages à fermer la frontière qui sépare le droit civil du droit commercial. À l'instar des législations étrangères, c'est à l'unité du droit privé plus qu'à sa division qu'il nous faut travailler et pour cela il importe que le droit commercial ne devienne pas un droit professionnel au sens que le doyen Ripert donne à ce mot. C'était l'idée du doyen Hamel et, nous semble-t-il, la vérité de la théorie objective.

Nous avons fait un long détour pour résoudre le problème de la détermination du critère de compétence. Ce détour nous a montré que les notions de commerçant et d'acte de commerce n'étaient pas en relation de subordination, comme l'affirmait la doctrine unanime sans d'ailleurs pouvoir préciser le sens de cette subordination. Ces deux notions nous sont apparues placées sur un même plan et subordonnées, l'une et l'autre, à une même troisième notion qui est celle d'activité commerciale. Dès lors le droit commercial peut être considéré indifféremment comme le droit des commerçants et comme celui des actes de commerce et l'on comprend que le code ait eu recours, selon les besoins, à l'un ou à l'autre critère, comme nous l'avons signalé plus haut. Il a retenu la notion de commerçant quand la règle édictée concerne l'ensemble de l'activité, ainsi des règles de faillite, car la personne du commerçant est le support de cette activité avec laquelle elle se confond pour partie. Au contraire, il a fait appel à la notion d'acte lorsque la règle, ainsi des règles de preuve, concerne telle ou telle manifestation juridique concrète. Et il a utilisé indifféremment l'un ou l'autre critère, ainsi dans l'article 631, lorsqu'il n'y avait aucune raison particulière de choisir.

*
* *

Reste alors à définir les concepts de commerçant et d'acte de commerce et, pour commencer, celui d'activité commerciale d'où les deux précédents dérivent.

Une question se lève aussitôt. Tenter de définir le critère de compétence, c'est admettre implicitement que les actes de commerce obéissent à une idée d'ensemble et forment un système cohérent. Car, s'il en était autrement, toute tentative de définition serait vaine et il faudrait bien se contenter d'une liste par hypothèse arbitraire. Or, ce système cohérent existe-t-il ? La doctrine dans son ensemble en doute. Le doyen Ripert écrit : « Le domaine du droit commercial est délimité d'une façon arbitraire. Il ne saurait en être autrement. Le droit commercial n'est que la réunion des exceptions apportées aux règles du droit civil dans l'intérêt du commerce. Il est composé de pièces distinctes… La doctrine fait appel à des idées abstraites ; et comme elle propose de reconnaître les commerçants aux actes qu'ils font, elle a cherché dans tous les actes de commerce soit une idée de spéculation soit une idée de circulation. Mais ce sont là des notions économiques. Comment peut-on trouver la conception commune d'opérations si différentes que celles qui sont faites par des marchands détaillants, des banquiers ou des transporteurs ? Aucune idée générale ne couvre la vaste étendue des opérations commerciales. Il existe des opérations commerciales très variées mais pour lesquelles il n'y a pas de notion commune. Les articles 632 et 633 en donnent une énumération qui est fort mal présentée et fort incomplète. L'usage est d'un plus grand secours ; encore que parfois il soit lui-même indécis. »[6] Une idée analogue se trouve chez Lyon-Caen et Renault. « (Il y a) des actes qui, peu différents les uns des autres au fond, sont considérés par la loi les uns comme des actes de commerce, les autres comme des actes civils ; la distinction ne s'explique que par l'utilité plus grande qu'il y avait aux yeux du législateur à soumettre les premiers aux règles du droit commercial »[7]. Au contraire, Thaller, qui seul se pose la question clairement, y répond par l'affirmative. Il le fait d'ailleurs en des termes remarquables car il admet à la fois l'existence d'une structure logique sous-jacente et qu'elle demeure inconsciente à tous et même au législateur qui l'officialise. « On a essayé de rattacher les actes multiples réunis dans cet article (art. 632) à une notion systématique… Quand il serait vrai que le législateur a été exempt de cette pensée et que l'énumération légale ne procède d'aucune idée générale dont ses rédacteurs aient été conscients, il reste néanmoins exact, à l'analyse, que tous les actes énoncés dans la loi se plient à (une) notion et qu'ils en remplissent entièrement le cadre »[8].

Cette dernière affirmation nous paraît, au départ, la seule acceptable et cela pour trois raisons au moins. En premier lieu, amputons par la pensée l'article 632 de la moitié de son contenu, par exemple de toutes les opérations de banque et de bourse qui seraient déclarées de droit civil. Chacun sent bien que la physionomie générale du droit commercial serait bouleversée. Supposons une opération inverse et qu'un contrat du droit civil, par exemple le contrat de donation, soit ajouté à l'article 632 : ici encore nous sentons confusément qu'une telle décision serait difficilement acceptable. Autrement dit, nous voyons bien que l'article 632 ne peut pas être modifié arbitrairement et, s'il en est ainsi, c'est qu'il n'est pas arbitraire lui-même, au moins dans son principe. Les activités commerciales constituent donc un système, mais dont nous avons si peu conscience que nous en venons à douter de son existence. C'est ce que Thaller disait, en d'autres termes. En second lieu, si l'article 632 était arbitraire, il resterait encore à expliquer cet arbitraire. Car l'article 632 n'est pas né de la fantaisie d'un homme : il est l'œuvre du temps. Lyon-Caen fait allusion à l'utilité qu'il y avait aux yeux du législateur à soumettre tel ou tel acte, aux règles du droit commercial. Mais ce n'est pas le législateur qui a décidé ces choses, c'est l'usage, comme dirait le doyen Ripert, ou plutôt la raison de l'usage, car par lui-même l'usage manifeste et impose mais ne

6. Ripert, *op. cit.*, n° 13, *in fine*, et n° 134.
7. Lyon-Caen et Renault, *op. cit.*, n° 20.
8. Thaller, *op. cit.*, n° 14.

justifie pas. Enfin, – considération générale – la science n'a progressé que parce que des hommes ont parié en faveur de la rationalité de l'objet étudié. Et il serait curieux que la raison ne se retrouve pas dans des constructions qui sont ses œuvres, alors qu'elle se meut à l'aise dans les phénomènes de la nature, qui lui sont extérieurs. S'il faut parier, c'est le pari de Thaller qu'il est fécond d'engager. La chose est si vraie que les auteurs, dans leur majorité, ont multiplié les tentatives, même sans y croire tout à fait, pour présenter un système où toutes les activités commerciales viendraient s'ordonner naturellement et d'où les activités non commerciales se trouveraient rejetées tout aussi naturellement. Trois tentatives méritent un examen particulier.

A. La définition du droit commercial tirée de l'idée de circulation

Elle est l'œuvre de Thaller dont l'exposé, que nous suivrons pas à pas, nous paraît se décomposer en trois étapes. Thaller commence par écrire : « En droit comme en économie politique, le commerce consiste dans la circulation des produits, de l'argent, des titres fiduciaires. Le droit commercial est la branche du droit qui gouverne cette circulation. Chez le producteur le produit n'est pas encore dans le commerce. Chez le consommateur il n'y est plus. Entre ces deux hommes s'établit toute une filière d'actes. Ces actes constituent le commerce ». Notons ici que Thaller avance le mot de circulation mais ne le définit point ? Il est vrai que ce mot peut paraître suffisamment explicite par lui-même. Ne chicanons donc pas, d'autant plus que si Thaller ne précise pas le sens qu'il donne au mot de circulation, il laisse très clairement apercevoir le rôle qu'il lui attribue. Pour Thaller, le critère de circulation traduit l'idée que le commerce se définit par la nature des tâches qui le constituent. Dans l'ensemble des opérations par lesquelles l'homme impose sa volonté à la nature et la soumet à ses besoins, Thaller isole celles qui consistent dans le transport matériel et le transfert juridique de la propriété de produits finis et, à cette première étape du raisonnement, prend le mot de commerce comme synonyme de « distribution » ou, si l'on préfère, de commerce par opposition à l'industrie.

Ici Thaller se heurte à une difficulté : c'est que précisément le commerce au sens juridique du terme inclut l'industrie, et cela cause quelque gêne à l'auteur. « On est de prime abord surpris, écrit-il, de voir le commerce comprendre l'industrie dans son champ légal d'application : les économistes opposent plutôt entre elles ces deux formes d'activité. » Mais cette gêne avouée, Thaller s'empresse de surmonter l'obstacle. « Le désaccord entre le droit et l'économique politique n'existe qu'à la surface. D'abord quoique la nature du service rendu à la société ne soit pas identique chez celui qui échange le produit et chez celui qui le façonne cela ne les empêche pas tous deux de recourir au crédit. » On remarquera aussitôt que cette première raison, si elle était seule retenue, fausserait le système de Thaller. En effet ce système repose sur la considération de la nature des tâches à effectuer et pas du tout sur la manière dont ces tâches sont accomplies. Justifier l'intégration de l'industrie dans le commerce par la considération du recours au crédit, c'est évidemment changer de critère en cours de raisonnement. Mais Thaller poursuit : « Puis l'industriel ou le manufacturier a deux rôles. Cette fonction n'est pas la même lorsqu'on le suppose en rapport avec le marché du produit sur lequel son industrie s'exerce, ou bien avec le personnel de main-d'œuvre qu'il emploie. Au premier point de vue (le seul qui nous intéresse ici) il concourt à faire parvenir le produit à sa destination dernière : c'est une fonction de commerce non seulement parce que la loi le dit mais parce qu'il est logique de le décider ainsi. » Ce deuxième argument n'est pas négligeable; mais il aurait besoin d'être précisé. Car s'il suffit à un producteur pour devenir commerçant de faire parvenir ses produits à leur destination dernière, on ne voit pas de producteurs qui ne méritent d'être appelés commerçants. Or Thaller n'ignore pas que les professions agricoles sont des professions civiles.

Aussi, et c'est la troisième étape de son raisonnement, tente-t-il de justifier leur exclusion du monde commercial. « La vente cesse d'être un acte de commerce, écrit-il, lorsqu'elle n'a pas besoin d'un achat comme première partie. Il y a des personnes qui vendent des produits sans avoir à les acheter. Elles écoulent alors des produits de leur propre fonds. L'opération demeure civile. Il en est ainsi des exploitations agricoles. Le cultivateur, propriétaire ou fermier, qui vend ses récoltes, ses blés, ses produits d'industrie maraîchère, n'accomplit pas un acte de commerce, il n'est pas commerçant (art. 638, al. 1er) ». On pourrait objecter tout d'abord qu'un agriculteur achète des semences et des engrais, tout comme un industriel achète des matières premières et que la description des faits présentée par Thaller est inexacte. Mais surtout, on observera que Thaller ne propose, en fait, aucune explication de l'exclusion des agriculteurs du monde du commerce ou plutôt l'explication consiste dans la référence à l'article 638. Cette démarche est surprenante de la part d'un auteur qui a commencé par affirmer que la liste des actes de commerce formait un tout cohérent : s'abriter derrière la lettre des textes après avoir admis que ces textes tiraient leur autorité de la nature même des choses est assurément l'aveu d'un échec. Thaller a commencé par donner une définition trop étroite du commerce, définition qui excluait l'industrie; puis il lui a substitué une définition trop large qui inclut l'agriculture : la vérité finalement lui a échappé[9].

B. La définition tirée de l'idée de spéculation

Elle a été proposée par Lyon-Caen et Renault : « D'une façon générale, écrivent-ils, au point de vue de nos lois, le commerce est l'ensemble des opérations ayant pour but de réaliser des bénéfices en spéculant sur la transformation des matières premières ou des produits manufacturés, sur leur transport ou sur leur échange. Le droit commercial est l'ensemble des règles juridiques applicables à ces opérations, les actes de commerce, et aux personnes qui font profession de s'y livrer, les commerçants ». Le critère proposé par Lyon-Caen diffère profondément de celui suggéré par Thaller. Ce dernier définissait les opérations commerciales d'après leur fonction économique. Au contraire Lyon-Caen les caractérise par l'esprit dans lequel leur auteur les accomplit. Le critère de Thaller est économique, celui de Lyon-Caen est psychologique. C'est à notre sens une faiblesse car la psychologie des hommes est incertaine et offre un fondement peu solide à une

9. Thaller, *op. cit.*, n° 14, n°s 6 et 7, 27 et 10.

construction aussi complexe que celle du droit commercial. Mais laissons parler Lyon-Caen. En effet, il écrit un peu plus loin : « On a souvent essayé d'indiquer les caractères distinctifs communs à tous les actes de commerce. On a dit que ce qui caractérise ces actes, c'est qu'ils sont des actes de spéculation, c'est-à-dire ayant pour but la réalisation d'un bénéfice en argent. Ce but se rencontre il est vrai dans presque tous les actes de commerce. Mais il n'y a pas là un élément essentiel se trouvant seulement dans les actes de commerce et se trouvant même dans tous les actes de commerce. D'un côté, il y a de nombreux actes n'ayant rien de commercial qui impliquent une spéculation. Ainsi le fermier, en prenant à bail un fonds rural, spécule en ce sens qu'il se propose de réaliser des bénéfices grâce à la différence entre ce qu'il est obligé de débourser pour le fermage et pour les frais d'exploitation, et ce qu'il retirera de la vente des produits de la terre. Il est pourtant certain qu'il ne fait acte de commerce ni en louant la ferme ni en vendant les récoltes. D'un autre côté, si presque tous les actes de commerce sont des actes de spéculation, il en est qui n'ont pas pour but la réalisation d'un bénéfice; tels sont la souscription et l'endossement d'une lettre de change ». Est-il utile d'entreprendre la critique d'une théorie qui reconnaît elle-même, avec de si bons arguments, son mal-fondé ?[10]

C. La définition tirée de l'idée d'entreprise

Elle est l'œuvre d'Escarra. Le souci de cet auteur est de déterminer un critère *juridique* de la commercialité, par opposition aux critères économique ou psychologique des auteurs précédents. Ce critère serait pour Escarra la notion d'entreprise, qu'il emprunte à l'article 632 du code de commerce et définit « en somme comme la répétition professionnelle d'actes de commerce, reposant sur une organisation préétablie ». Escarra n'indique pas les raisons qui l'ont conduit à cette conclusion; mais la démarche est claire. Escarra veut faire entendre qu'il n'y a d'acte de commerce que là où se rencontre une répétition de certains actes juridiques. L'idée « d'organisation préétablie » qui paraît d'abord comme une réserve destinée à exclure du droit commercial les activités de petite importance et qui, sous cette forme, ne trouverait aucun fondement dans notre droit positif, nous semble plutôt destinée à renforcer l'exigence d'une répétition sans y apporter réellement d'élément nouveau. Sur l'idée elle-même nous nous trouvons pleinement d'accord avec Escarra, comme nous l'avons dit plus haut. Mais, si cette idée nous a paru nécessaire à la détermination du critère de compétence, elle laisse sans solution le problème de définition qui nous occupe ici. En effet, il n'y a d'acte de commerce que par la répétition; mais cette répétition n'est pas la répétition de n'importe quoi et toutes les entreprises humaines ne sont pas des entreprises commerciales. Il importe donc de définir avec précision les éléments constitutifs des activités commerciales. De surcroît, l'activité commerciale consiste-t-elle seulement en une somme d'actes ? Or, sur ces deux points, Escarra est muet. Il parle bien de répétition d'actes de commerce. Mais nous tournons dans un cercle vicieux, car les actes de commerce se définissent par leur répétition qui est précisément la répétition d'actes de commerce et le critère tiré de la notion

10. Lyon-Caen et Renault, *op. cit.*, n°s 3 et 20.

d'entreprise est donc un critère, comme l'écrivait Escarra, dont « l'insuffisance n'échappe pas »[11].

*
* *

Nous l'avons dit aussitôt : la définition du droit commercial est un problème qui reste posé et les trois opinions que nous venons de rapporter se retrouvent toutes dans une commune incapacité de le résoudre. Une idée – et parfois un simple mot – sont avancés sans que nous soyons toujours informés de la démarche intellectuelle qui y a conduit. L'accent est mis sur une fonction économique ou sur un élément psychologique, voire sur une institution encore à organiser, comme au hasard. Un scepticisme vrai nuance les prises de position et l'auteur ne paraît pas croire lui-même à ses propres affirmations. Tout se passe comme s'il considérait que le problème est extérieur aux préoccupations du juriste technicien ou que, la jurisprudence se tirant d'affaire tant bien que mal, il suffisait d'incriminer l'incohérence du code et de passer.

Il est utile à notre sens, de chercher les raisons de ces défaillances et nous croyons les trouver principalement dans la méthode utilisée, qui prétend définir le droit commercial par rapport à lui-même, sans référence aucune aux autres parties de notre ordre positif. Or, le droit dit commercial n'est pas tel en soi. Si on le distingue par exemple du droit civil ou, plus exactement, si les relations commerciales constituent une catégorie particulière des relations humaines, c'est moins à raison de leurs propriétés intrinsèques que de l'ensemble des différences qui les opposent aux autres relations ou, d'une manière plus rigoureuse, leurs propriétés communes sont constituées par l'ensemble de ces différences dont le système constitue précisément la définition des relations commerciales.

À notre sens, c'est par la méthode comparative que ce système pourrait être établi. Ainsi, par exemple, on comparerait, en les opposant, les relations commerciales et celles qui unissent, disons : un médecin et son client, relations qui sont de droit civil. Par quoi se distinguent ces deux catégories de rapports ? Risquons une hypothèse. L'industriel et le commerçant échangent des choses considérées comme équivalentes et le vendeur reçoit, en contrepartie de la chose livrée, un prix qui représente la valeur de la marchandise vendue. Au contraire, dans le contrat médical, le service rendu à son client par le médecin est jugé inappréciable en argent : la somme versée par le client prend le nom d'honoraires et elle est moins un prix que l'expression de la gratitude du client. D'une certaine façon, l'acte médical n'est pas un échange mais la succession de deux libéralités[12].

11. Escarra, *op. cit.*, n°s 91 et s. – V. la thèse désormais classique de M. M. Despax, *L'Entreprise et le Droit*, L. G. D. J. 1956. 4.

12. « La distinction entre l'honoraire et le salaire rappelle au malade qu'il n'y a pas d'ordinaire, pleine et entière équivalence entre le service reçu et l'argent dont il honore le médecin. Le recouvrement de la santé et, à plus forte raison, la prolongation de la vie, au prix quelquefois de risques très sérieux courus par le médecin exposé à la contagion, ne sauraient être mis en balance avec quelques pièces de monnaie. Aussi le client doit-il à la vérité et se doit-il à lui-même, d'abord de ne pas marchander cette juste rétribution qui est la première manière d'honorer le médecin ; ensuite, de ne pas se croire, après compensation pécuniaire, absolument quitte envers le médecin ; il doit avoir conscience de demeurer encore son obligé en quelque mesure en l'honorant. » P. Legendre, *La vie du médecin*, p. 383, cité par P. Durand, *La politique contemporaine de la sécurité sociale*, n° 199, p. 445.

➤

Au contraire, on dira que les actes de commerce consistent ordinairement en échanges et, dans la très grande majorité des cas, en échanges monétaires. Mais ce caractère ne suffit pas à définir les actes commerciaux, car il se retrouve, par exemple, dans les rapports qui unissent à son client l'artisan même non commerçant. Il faut donc analyser ce nouveau couple d'oppositions. Est-ce parce que l'artisan civil, dont la condition est proche de celle du salarié, est sous la dépendance du maître de l'ouvrage qu'il échappe à l'empire du droit commercial ? Si tels étaient les faits, les relations commerciales apparaîtraient constituées par les seuls échanges égalitaires. Il faudrait alors opposer l'agriculteur et le commerçant, qui procèdent l'un et l'autre à des échanges égalitaires mais ne sont pas soumis au même statut. Et ainsi, de comparaison en comparaison, verrait-on sans doute se préciser peu à peu la définition des activités commerciales en même temps que se dessinerait la structure juridique de notre économie, avec son secteur capitaliste qui correspond à peu près au secteur commercial des juristes, et des secteurs que l'on qualifie les uns de précapitalistes et les autres d'anticapitalistes faute de mots meilleurs. Mais, une telle recherche outrepasse, sans doute, le cadre d'une simple chronique et assurément l'objet que nous avons assigné à celle-ci.

Comp. pour les avocats : « Les avocats de jadis disaient : "L'honoraire est le tribut spontané de la reconnaissance du client." Ils refusaient de considérer leurs conseils, leur dévouement et leur éloquence comme "une marchandise" dont l'argent peut être la contrepartie. Noble conception assurément. Elle s'inspirait des pratiques du patronage et de la clientèle en honneur dans l'ancienne Rome… En résumé, comme l'a fort bien dit le tribunal de la Seine, en se référant, il le déclare, "aux constitutions les plus anciennes de l'ordre", les honoraires étaient "un présent par lequel les clients, qui éprouvaient de la reconnaissance pour leur avocat" reconnaissaient en effet les peines que celui-ci avaient prises ». Payen et Duveau, *Les règles de la profession d'avocat et les usages du barreau de Paris*, Pedone, n° 439, p. 382.

LA CONDITION DE L'ANIMAL AU REGARD DU DROIT

1963

Roger Nerson

Professeur à la Faculté de droit et des sciences économiques de Lyon

Que l'animal fasse partie de notre univers, qu'il ne soit pas possible de l'en expulser, il est aisé de le démontrer ! Dans les journaux, nous retrouvons périodiquement les rubriques traditionnelles consacrées au gavage des oies, à la protection de l'isard ou à l'édification par un ami des bêtes d'un riche mausolée à la mémoire de son chien fidèle, trop tôt disparu. De nombreuses expressions du langage se rapportent à la vie animale ou, plus exactement, traduisent le sentiment qu'éprouve l'homme à l'égard de telle ou telle espèce (faim de loup, fièvre de cheval…). Le mystère du monde animal est une source constante d'inspiration pour les arts : une vaste comédie animale se déroule dans la littérature, en sculpture, en peinture et même dans certaines œuvres musicales; dans les contes, tout un symbolisme animalier nous environne et dans le bestiaire cinématographique, figurent non seulement les animaux de chair mais surtout les animaux imaginaires, notamment ceux dessinés par Walt Disney. Ainsi, aux côtés de l'homme, l'animal est partout présent, réel ou fantastique, familier ou inquiétant[1].

Curieuse et paradoxale attitude que celle de l'homme envers les animaux, envers ces êtres à lui associés, ou tolérés, ou pourchassés, avec lesquels en définitive il cohabite sur cette planète depuis cent mille ans[2] ! L'homme a adoré l'animal-Dieu, qu'il s'agisse du cerf solaire, dont le culte régna depuis les steppes eurasiennes jusqu'à la Bretagne, ou du serpent, Dieu de l'Amérique aztèque, auquel est consacré le plus grand temple de Tehotihuacan. Pendant des siècles, en France, l'animal, qui a cessé d'être vénéré comme une divinité, conservera cependant un certain caractère sacré, puisqu'il sera considéré parfois comme un instrument de la colère divine ou de la malice du démon et les animaux meurtriers ou nuisibles seront cités en justice[3]. Mais l'homme a surtout considéré l'animal comme une bête à tout faire; animer de sanglants spectacles, nourrir et vêtir l'humanité, véhiculer des matériaux, servir de cible ou permettre les expérimentations. L'animal est un produit, une chose, utile ou nuisible.

Et pourquoi l'homme aurait-il mauvaise conscience, alors que de grands philosophes viennent apporter à cette conception l'appui de leur autorité ? Descartes affirme que les animaux ne pensent pas, ne veulent pas, ne jouissent pas, mais déjà Mme de Sévigné observait que ces « machines » aiment, ont une

1. Cf. R. Nerson, « L'animal et le Droit », *Le Tout-Lyon et le Moniteur judiciaire*, 19 nov. 1962.
2. Cf. *L'homme et l'animal, leur cent mille ans de vie commune*, coll. Panoramas de l'Histoire, éd. du Pont-Royal, 1962.
3. Cf. Gérard Dietrich, *Les procès d'animaux du Moyen-Âge à nos jours*, thèse médecine vétérinaire, Lyon, 1961, Bosc frères éd. 1961. On trouvera dans cet ouvrage une bibliographie mal classée, mais complète.

élection pour quelqu'un, sont jalouses, craignent. Il est hors de doute, aujourd'hui, que la formule de Descartes, laquelle contient une part de vérité, puisque chez l'animal le mieux doué, la faculté de combiner des mouvements nouveaux semble strictement limitée, est tout à fait excessive : l'animal n'est privé ni de sentiment ni même de raison; il appartient au monde vivant, au grand tout biologique. Mieux que les philosophes, zoologues et biologistes ont modifié l'opinion que l'homme se fait de l'animal et il n'y a pas beaucoup plus de cent ans, l'homme a appris avec étonnement qu'il y avait une genèse des espèces animales, une genèse dans laquelle il se trouvait pris. Est-ce à dire que l'homme soit simplement « le dernier venu parmi les animaux » ? Il ne se trouve pas découronné par le transformisme, avec lequel d'ailleurs le dogme chrétien s'est réconcilié. Rien n'empêche de penser que l'homme, dont les facultés mentales diffèrent immensément de celles de l'animal, est évolutivement en tête des animaux et le problème demeure posé de savoir quelle différence, de nature ou de degré, sépare l'homme du reste de l'animalité.

*
* *

Puisque le Droit est « toute la vie »[4], il ne lui était pas possible d'ignorer ce fait, la présence du monde animal, dont l'influence est grande sur le comportement de l'homme; mais quelle est donc la place de l'animal dans notre système juridique ? La controverse philosophique que nous venons d'évoquer permet de comprendre pourquoi le Droit, miroir et expression de la civilisation humaine, ne s'est préoccupé à peu près exclusivement jusqu'à nos jours que de l'animal-chose, objet d'appropriation ou cause de dommages. Ce n'est qu'à une époque relativement récente que le législateur a été amené à protéger l'animal contre les mauvais traitements. Il serait intéressant de décrire cette évolution de l'ensemble du Droit animalier et dans le temps, sur le plan de l'histoire du Droit, et dans l'espace, sur le plan du Droit comparé; nous nous contenterons, dans le cadre de cette chronique, de brosser un tableau du Droit français positif et nous ouvrirons successivement les deux volets du diptyque : l'animal n'est pas une personne, mais il est un être vivant et sensible.

I. L'animal-chose

Les lois sont faites pour les hommes vivant en société; or, constatation digne de M. de La Palice, l'animal n'appartient pas à l'espèce humaine; derrière les règles juridiques concernant les animaux, c'est donc l'homme qui apparaît. Distinct de l'être humain, l'animal n'est pas sujet mais objet de droits, il est un bien.

A. – L'animal n'est pas un être humain et de cette évidence, découlent diverses conséquences sur le plan juridique.

Il convient, tout d'abord, de ne jamais oublier la nature « humaine » d'un interlocuteur car c'est porter atteinte à sa dignité que de le traiter de « bougre

4. *Sic* : G. Ripert, préface de la 12e éd. du *Traité élém. de droit civil de Marcel Planiol*, p. VII, Libr. gén. de Droit, Paris 1939.

d'animal »[5], de « bête »[6], « d'âne »[7] ou de « cochon »[8]. Nous trouvons une remarquable application de la règle dans l'histoire du camelot qui, interpellé par un agent, estima nécessaire d'avoir le dernier mot; ce mot était « ta gueule » et le camelot fut condamné à six mois de prison. Ayant fait appel, le parleur sollicita alors le secours d'un expert et de la consultation rédigée par Ferdinand Brunot, le célèbre auteur de l'*Histoire de la langue française*, nous détacherons le passage suivant : « l'expression me paraît du même genre que « ferme-ça », elle veut dire « assez », elle ne signifie nullement que le parlant attribue à l'agent une gueule *ni qu'il le qualifie d'animal* »... En foi de quoi, la cour d'appel porta la peine à un an ferme.

La ségrégation « raciale », d'autre part, c'est-à-dire le fait de mettre l'animal hors de la communauté humaine, n'est pas contraire à notre ordre public. Licites, par exemple, sont les clauses interdisant au preneur de posséder des animaux dans son logement[9] et de même, aucun animal, en principe, n'est admis dans les voitures servant au transport des voyageurs[10]. La séparation de l'animal et de l'homme se poursuit après la vie et l'enfouissement des animaux ne doit pas être confondu avec l'inhumation des hommes. Les règles relatives à l'enfouissement des bêtes mortes sont contenues dans le Code rural[11], les cimetières, en revanche, sont réservés aux cadavres des humains. Certes aucun des art. 442 à 460 du Code de l'administration communale ne prohibe explicitement l'inhumation d'un animal dans un cimetière et puisque l'art. 447 prévoit que tout particulier peut, sans autorisation, faire placer sur la fosse d'un parent ou d'*un ami* une pierre sépulcrale, on pourrait englober parmi les amis de l'homme les chiens fidèles et

5. Cf. Angers, 22 juin 1863, D. P. 63. 2. 219.
6. Cf. Crim. 2 févr. 1871, D. P. 71. 1. 71.
7. Cf. Crim. 2 févr. 1871, précité.
8. Cf. Amiens, 19 janv. 1883, D. P. 83. 2. 214; Pau, 16 août 1890, D. P. 91. 2. 147.
9. Cf. *Encyclopédie Dalloz, Rép. civ.*, v° *Louage*, par A. Tunc, n°s 802 et 803; Civ. 26 févr. 1953, *Bull. civ.* 1953. 2. 39; Civ., sect. soc., 28 mai 1953, *Gaz. Pal.* 1953. 2. 139; S. 1954. 1. 179; Soc. 4 mars 1955, *Bull. civ.* 1955. IV. 157; Civ., sect. soc., 7 mars 1957, D. 1957. Somm. 107; *Gaz. Pal.* 1957. 1. 403; 24 avr. 1959, *Bull. civ.* 1959. IV. 433.
10. Cf. Décr. 22 mars 1942, portant règlement d'administration publique sur la police, la sûreté et l'exploitation des voies ferrées d'intérêt général et local (*J. O.* 23 août, B. L. D. 1942. 423), art. 79. – Cons. Rodière, *Droit des transports*, t. 3, fasc. 1, Sirey, éd. 1960, n°s 1277, 1294 et 1295.
11. Les cadavres des animaux morts ou abattus comme atteints de *maladies contagieuses* doivent, au plus tard dans les 24 heures, être détruits par un procédé chimique ou par combustion, ou à défaut enfouis, préalablement recouverts de chaux vive et de telle sorte que la couche de terre au-dessus du cadavre ait au moins 1 m d'épaisseur (art. 241, al. 3). En ce qui concerne les animaux morts de *maladies non contagieuses*, le propriétaire est tenu de faire transporter le cadavre dans les 24 heures à un atelier d'équarrissage régulièrement autorisé, dès lors que le cadavre pèse plus de 75 kilogrammes (art. 241, al. 1er et art. 265, mod. en 1955, al. Ier). Les cadavres d'animaux moins lourds ne peuvent être enfouis que dans un enclos communal, spécialement affecté à cet usage (art. 274, alin. Ier). L'obligation d'enfouir les cadavres d'animaux dans les enclos communaux ne s'applique pas aux cadavres de chiens, chats, porcs au-dessous de six semaines, agneaux, chevreaux et animaux de basse-cour (art. 274, al. 4). Il est défendu de jeter ces bêtes mortes dans les bois, dans les rivières, dans les mares ou à la voirie, et de les enterrer dans les étables, dans les cours attenantes à une habitation, ou à proximité des puits, des fontaines et des abreuvoirs publics (art. 241, al. 2); le propriétaire de l'animal mort peut donc soit détruire le cadavre par un procédé chimique ou par combustion, soit le faire enfouir dans une fosse située autant que possible à 100 m des habitations, de telle sorte que le cadavre soit recouvert d'une couche de terre ayant au moins 1 m d'épaisseur (art. 241, al. Ier).

les chats familiers[12]. Mais l'amour des animaux ne doit pas conduire à des excès qui peuvent heurter gravement les sentiments religieux de ceux de nos concitoyens qui rangent les sépultures parmi les lieux sacrés : on comprend donc que le maire des Artigues de Lussac, après avoir imprudemment accordé au sieur Blois l'autorisation d'inhumer son chien *Félix* dans le caveau de famille, ait invité l'intéressé à faire exhumer le cadavre et le tribunal administratif de Bordeaux, le 22 nov. 1961, a rejeté le recours formé par le propriétaire de *Félix*, en vue d'obtenir l'annulation de l'arrêté individuel, lui ordonnant de procéder à l'exhumation[13].

B. – Il ne suffit pas de dire que l'animal ne peut être assimilé à l'être humain car, sur le plan technique, rien ne fait sérieusement obstacle à une organisation juridique où l'animal serait directement traité en sujet de certains droits[14] mais sur le terrain du droit positif, on peut affirmer que les animaux n'ont pas juridiquement de personnalité[15] : ils ne sont pas titulaires de droits car les lois sont taillées sur le patron de la nature humaine et les bêtes ne sont pas plus protégées pour elles-mêmes que les fleurs alpestres ou les monuments historiques ; encore moins conçoit-on les animaux comme sujets d'obligations : quand un animal cause un dommage, la loi établit la responsabilité de l'homme qui en a l'usage[16].

Parce que l'animal n'est pas une personne, il ne peut être donataire ou légataire : pour être gratifié, encore faut-il posséder la personnalité juridique. Cette règle a été rappelée dans l'affaire du chien *Costaud*[17]. Un animal ne peut donc être directement gratifié d'une libéralité mais rien n'empêche, en revanche, de le considérer comme le bénéficiaire d'une charge, et spécialement d'une charge de soins, imposée par le disposant à la personne gratifiée[18].

C. – L'animal n'est pas une personne ; pour le Droit, il est une chose qui, dans la classification des biens, appartient à la catégorie des meubles par nature, un meuble qui se meut par lui-même, selon la formule naïve de l'art. 528 c. civ., à

12. Cf. Jean Lamarque, note, II, B, D. 1961. 503, sous Trib. pol. Libourne, 26 sept. 1960 (aff. *Félix*).
13. Cf. Trib. admin. Bordeaux, 22 nov. 1961, D. 1962. 159 ; S. 1962. 248 ; J. C. P. 1961. II. 12407, concl. de M. E.-P. Luce, commissaire du Gouvernement.
14. Cf. E. Picard, *Le Droit pur*, Flammarion, éd. Paris 1908, paragr. 40, p. 70 ; R. Demogue, *Les notions fondamentales du droit privé*, Rousseau éd. Paris 1911, p. 328, texte et note 3, 331, 337-339, 341, 358-360 ; R. Brugeilles, « Le droit et l'obligation », *Rev. trim. dr. civ.* 1909. 301.
15. Cf. R. Saleilles, *De la personnalité juridique*, Rousseau éd. 1910, p. 573, texte et note 1, p. 593, texte et note 1, p. 598, texte et note 1, p. 604, p. 609, texte et note 1, p. 616 ; F. Gény, *Science et technique en droit privé positif*, t. 3, Sirey, 1921, p. 224, texte et note 3 ; A. Gorovtseff, « La lutte autour de la notion de sujet de droit », *Rev. trim. dr. civ.* 1926. 933 ; L. Michoud, *La théorie de la personnalité morale*, t. 1, 3e éd. mise au courant par L. Trotabas, Libr. gén. de Droit, 1932, paragr. 48 *bis*, p. 108, p. 109, texte et note 1.
16. Cf. Planiol et Ripert, *Traité prat. de droit civil*, t. 1, 2e éd. par R. et J. Savatier, Libr. gén. de Droit, 1952, n° 7, p. 7, texte et note 3.
17. Cf. Trib. civ. de Saint-Étienne, 8 juill. 1957, D. 1958. 143, note R. Nerson (2e partie, B) ; Lyon, 20 oct. 1958, D. 1959. 111, note R. Nerson.
18. Cf. Marc Garnot, *Les animaux bénéficiaires de libéralités* (contribution à l'étude de la conciliation de la situation civile et de la protection pénale de l'animal, actuelles et futures, avec les droits et les privilèges de l'homme), thèse, – Rennes, 1934.

moins qu'il ne soit attaché à l'exploitation d'un fonds, auquel cas une fiction légale permet de le classer parmi les immeubles par destination[19].

Les règles juridiques applicables à l'animal-chose varient selon qu'il s'agit d'un animal sauvage ou d'un animal vivant à l'état domestique.

L'animal sauvage est une *res nullius*, quand il vit à l'état libre. L'appropriation privée du gibier ou du poisson s'opère essentiellement par le mode d'acquisition appelé occupation, réalisée elle-même au moyen d'un acte de chasse ou de pêche, et les règles du droit civil sont ici dominées par la réglementation pénale et administrative de la chasse et de la pêche[20].

Par définition, les *animaux domestiques* sont susceptibles de propriété privée : ils sont l'objet de contrats et la vente d'animaux est soumise à des règles spéciales[21], au cas où l'animal vendu était atteint d'un vice rédhibitoire (art. 284 c. rur.).

L'animal sauvage et même l'animal domestique, qui s'enfuit et divague, peuvent causer des dommages soit aux biens soit aux personnes. Alors que le propriétaire du terrain giboyeux n'est responsable des dégâts occasionnés par le gibier que s'il y a de sa part négligence apportée soit à la destruction des bêtes nuisibles soit à la protection des héritages voisins[22], la responsabilité du « gardien » de l'animal domestique qui a causé un dommage, est engagée par application d'un texte spécial, l'art. 1385 c. civ.[23] Le plus souvent, c'est le propriétaire de l'animal qui est gardien et il demeure tenu de réparer les dommages causés par l'animal perdu ou égaré; en revanche, si l'animal est volé, le voleur devient gardien et donc responsable du dommage causé par l'animal dont « il se sert ». En bref, pour devenir gardien, le détenteur doit exercer sur l'animal un pouvoir de commandement : tel est le cas, d'après la jurisprudence, du fermier ou métayer mais non des simples préposés du propriétaire, le berger ou le cocher par exemple, du matador, gardien du taureau qu'il doit mettre à mort, de l'entrepreneur chargé de débarquer les bestiaux qu'il conduit à la gare au marché ou à l'abattoir, de l'entraîneur de chevaux de courses, pendant les périodes d'entraînement, du jockey aussi[24], du moins s'il n'a reçu du propriétaire ni instructions ni directives formelles pour la conduite de la course, du maréchal-ferrant[25] ou du vétérinaire, sauf si le propriétaire, accompagnant l'animal chez le professionnel, a conservé

19. Cf. *Nouv. Rép. Dalloz*, v° *Animaux*, n° 2; *Encyclopédie Dalloz, Rép. civ.*, v° *Animaux*, et v° *Biens*, par J. Larguier, n°s 119 et s.

20. Cf. *Encyclopédie Dalloz, Rép. civ.*, v° *Chasse*, par G. Gabolde, v° *Pêche;* J. Guilbaud, *La chasse et le droit*, 7e éd., Libr. techn. 1962.

21. Cf. Planiol et Ripert, *op. cit.*, t. 10, 2e éd., Libr. génér. 1956, *Vente*, par J. Hamel, n°s 362 et s. (v. p. 463, note 1, l'abondante bibliographie citée); M. de Juglart, *Droit rural spécial*, Libr. gén. de Droit, 1950, n°s 256 et s.

22. Cf. H. et L. Mazeaud et A. Tunc, *Traité théor. et prat. de la responsabilité civile*, t. 1, 5e éd., Montchrestien éd., Paris 1957, n° 598, p. 682 et s.; Michel Aillot, *Contribution à l'étude de la responsabilité civile en matière de dégâts causés par le gibier*, préface L. Mazeaud, thèse, Paris, 1951, Dalloz éd. 1952; M. Bouché, note D. 1961. 416. – Sur la procédure, v. Orléans, 12 juin 1962, *Gaz. Pal.* 21 déc. 1962.

23. Cf. H. et L. Mazeaud et A. Tunc, *op. cit.*, t. 2, 5e éd., 1958, n°s 1071 et s.

24. Comp. Trib. grande inst. Seine, 20 juin 1962, *Gaz. Pal.* 5-7 déc. 1962.

25. Cf. Civ., 2e sect. civ., 4 oct. 1962, D. 1962. 724. – Comp. pour un marchand de bestiaux, Civ., 2e sect. civ., 2 mars 1962, D. 1962. 628; J. C. P. 1962. II. 12668, note P. Esmein.

un pouvoir de direction sur l'animal ferré ou soigné. Le gardien de l'animal ne pourra être exonéré de la responsabilité qui pèse sur lui qu'à la condition de démontrer une cause étrangère, à lui non imputable : cas de force majeure, faute de la victime[26] ou d'un tiers.

Parmi les dommages causés par le fait de l'animal, il faut faire une place à part au *bruit*, lequel peut constituer un trouble de voisinage, véritablement insupportable. Le coq coquerique, le porc grogne, le cheval hennit, le chien aboie mais le voisin se plaint. En 1882, Paul Bert fut condamné à verser des dommages-intérêts aux personnes que troublaient les cris déchirants des chiens écorchés dans le laboratoire de vivisection[27]; en 1933, le tribunal de paix de Saint-Denis, relevant que si rien n'interdit de le faire, il n'est pas normal d'élever des coqs dans l'appartement d'un immeuble urbain, condamna le propriétaire de cet animal qui avait le tort de réveiller les colocataires[28] et le 16 nov. 1961, la Cour de cassation a admis que le propriétaire d'un chien qui, par des aboiements incessants, trouble la quiétude des voisins, est responsable de plein droit, en vertu de l'art. 1385 c. civ., comme gardien de l'animal[29].

Si le propriétaire est responsable du dommage causé par l'animal, inversement, il est protégé, en sa qualité de propriétaire, contre l'atteinte portée à l'animal, donc à sa propriété : à plusieurs reprises, par exemple, les éleveurs de renards argentés ou de visons ont obtenu réparation de la perte par eux subie à la suite du passage d'un avion à réaction, dont le « bang » avait provoqué l'affolement dans l'élevage et entraîné la mort de nombreuses bêtes[30]. Le propriétaire réclamera à l'auteur du dommage la valeur patrimoniale que représente l'animal, mais pour la première fois dans les annales judiciaires, un propriétaire a obtenu réparation du préjudice moral à lui causé par la mort d'un animal[31] : le 16 janvier 1962, en effet, le propriétaire d'un cheval de courses, nommé « *Lunus* », s'est vu accorder, d'une part 350 000 F correspondant à la valeur vénale du cheval, 150 000 F d'autre part, destinés à compenser le préjudice que lui causait la perte d'un animal auquel il était attaché ! Même si nous rappelons la mémoire de la jument *Lisette* qui sauva le général Marbot, son maître, il nous est impossible d'approuver cette décision. Certes la peine causée par la perte d'un animal fidèle peut être réelle et profonde et toute douleur, il est vrai, mérite compassion; certes le paysan, dans la chanson du poète lyonnais Pierre Dupont, aimerait mieux voir mourir sa femme que ses grands bœufs blancs, marqués de roux; certes Crébillon aux êtres humains préférait les chiens, car, disait-il, « je connais trop les hommes »... Mais

26. Comp. Civ., 2e sect. civ., 10 nov. 1961, D. 1962. 202.

27. Cf. Paris, 31 mars 1882, *Gaz. Trib;* 1er avr. 1882.

28. Cf. Trib. paix de Saint-Denis, 2 juin 1933, *Gaz. Pal.* 1933. 2. 559. – V. aussi, Trib. civ. Tours, 29 mars 1904, D. P. 1905. 2. 199; Req. 5 déc. 1904, D. P. 1905. 1. 77; Civ. 4 déc. 1935, D. H. 1936. 70; S. 1936. 1. 208.

29. Cf. Civ., 2e sect. civ., 16 nov. 1961, D. 1962. Somm. 82.

30. Cf. par exemple Trib. admin. Clermont-Ferrand, 15 déc. 1961, D. 1962, Somm. 45; Cons. d'Ét. 10 janv. 1962, *Act. jurid.* 1962. II. 230. – Comp. Trib. com. Marseille, 10 janv. 1939, *Gaz. Pal.* 1939. 1. 335.

31. Cf. Civ., 1re sect. civ., 16 janv. 1962, D. 1962. 199, note R. Rodière; J. C. P. 1962. II. 12557, note P. Esmein; *Rev. trim. dr. civ.* 1962. 316, no 16, obs. Tunc. – V. également Trib. civ. Caen, 30 oct. 1962, J. C. P. 1962. II. 12954.

le Droit doit maintenir une hiérarchie naturelle qui correspond aux sentiments de l'homme normal.

Alors qu'il a fallu endiguer, lorsqu'il y a eu mort d'homme, le flot des pleureurs intéressés, il serait dangereux de s'engager dans la voie imprudemment tracée par la Cour de cassation.

Notre position est d'autant plus ferme qu'il ne s'agit, après tout, que d'une question pécuniaire, alors que l'essentiel est de protéger l'animal, le mieux possible, tant qu'il est vivant, puisque, s'il n'est pas une personne, il est pourtant un corps animé et donc un être sensible.

II. L'animal-être vivant

Il n'est pas réaliste, croyons-nous, de réclamer, comme le font certains hommes généreux[32], une déclaration universelle des droits des animaux. Michelet, déjà, rêvait d'une démocratie qui comprendrait les animaux ! Mais pour faire punir ceux qui les maltraitent, les animaux auront toujours besoin des hommes. Si l'on veut que le Droit s'exprime afin que vienne au monde la justice qu'il fonde, alors il faut opérer une distinction parmi les animaux, car si les boudhistes orthodoxes filtrent leurs boissons afin d'éviter d'avaler le moindre insecte, il paraît impossible d'interdire à l'homme moyen la destruction de la plus humble existence animale : un brin d'herbe contient des millions d'êtres vivants mais le psychisme d'un insecte n'est pas celui d'un vertébré et le monde des moustiques nous est étranger, comme le reconnaît un ami des bêtes, le docteur Méry, alors qu'une communication existe entre l'homme et le chien, le singe, le cheval, le chat ou l'oiseau. Il serait utopique aussi d'oublier que l'homme poursuit contre les animaux nuisibles une lutte incessante, que réglemente d'ailleurs le Code rural[33], sans parler de divers textes sur l'organisation de la louveterie.

En revanche, il n'est pas admissible de faire souffrir l'animal sans nécessité : les mauvais instincts de l'homme percent aisément sous la mince pellicule de civilisation et selon la pertinente remarque de Montaigne, les naturels sanguinaires à l'endroit des bêtes témoignent d'une propension naturelle à la cruauté.

A. – Dans le Code pénal de 1810, divers articles punissaient ceux qui avaient tué un animal domestique sans nécessité, c'est-à-dire hors le cas de la légitime défense actuelle de la personne ou des biens et une disposition générale visait les blessures volontaires faites à un animal domestique[34]. À l'imitation de la Royal Society for the Prevention of Cruelty to Animals (R. S. P. C. A.) créée en Grande-Bretagne dès 1824 par Richard Martin, plusieurs personnalités parisiennes[35]

32. Cf. L. Lespine, « À propos de chartes et lois universelles en faveur des animaux », *Bull. jur. intern. de la protection des animaux*, 1956, p. 51 et s. Comp. L. Lespine, *Le Droit des animaux*, 1931 et de Beneditty, « Le soi-disant droit des animaux », *Rev. dr. publ.* 1931 ; E. Bougault, *La protection des animaux et le droit international*, thèse, Paris, 1937.

33. Cf. Code rural, art. 348 et s., 393 et s.

34. Cf. l'art. 30 de la loi du 28 sept. 1791, non abrogé par le code pénal (Cons. Goyet, Rousselet et Patin, *Droit pénal spécial*, 5e éd., p. 784, Sirey 1945).

35. Parmi lesquelles, on trouvait le vicomte de Valmer, Gabriel Delessert, ce préfet de police qui interdisait aux cochers de frapper leurs chevaux, et le général de Grammont.

fondent en 1845 la Société protectrice des animaux et le 2 juill. 1850, Grammont, au milieu des railleries de l'Assemblée nationale (on crie ouah, ouah, coin, coin) obtient le vote d'une loi punissant d'amendes ceux qui auront exercé publiquement et abusivement des mauvais traitements envers les animaux domestiques. Cette loi, qui venait compléter les articles du code pénal, entendait réprimer dans la brutalité envers les animaux l'influence néfaste qu'elle peut avoir sur l'esprit des hommes, puisque seuls les sévices *publics* étaient punissables[36].

En 1958, le législateur est intervenu pour simplifier les incriminations prévues par le code pénal, lequel opérait une distinction selon le lieu où l'infraction avait été commise[37] et surtout, par le décret du 7 sept. 1959[38], il a abrogé la vénérable loi Grammont et l'a remplacée par l'alin. 12° de l'art. R 38 du code pénal, dont les dispositions apparaissent excellentes : désormais, tout auteur de sévices, encourt les sanctions prévues et les sévices sont punissables même s'ils ont été commis en un lieu privé.

Ce texte est donc satisfaisant et on peut y voir le signe d'un affinement de notre sens moral, d'autant que parallèlement un arrêté du 21 octobre 1959, émanant du ministre de l'Agriculture, interdit l'emploi de l'aiguillon pour le maniement des animaux domestiques[39].

B. – Encore faut-il noter que le nouveau texte, reprenant les dispositions de la loi du 24 juill. 1951, déclare l'art. R 38 inapplicable aux courses de taureaux, lorsqu'une tradition locale ininterrompue peut être invoquée. Le temps n'est plus où Charles Dupuy révoquait Milliès-Lacroix, maire de Dax, pour avoir autorisé une course de taureaux ! Dans la pratique, nous avons assisté à une offensive des « corridas » qui se sont introduites dans des régions, à Vichy par exemple[40], où elles n'avaient jamais été pratiquées. Lumière ! Couleurs ! Le spectacle est attirant, avouons-le, mais le jeu est sanguinaire car bien que l'homme risque sa vie, bien que traditionnellement la foule siffle les picadors, c'est le taureau, en définitive, qui est immolé.

Il convient aussi d'évoquer un problème plus angoissant, celui posé par la vivisection, ou pour employer une expression adoucie, par la chirurgie d'expérimentation sur l'animal. Il y a certes beaucoup d'éloquence et quelque naïveté dans les réquisitoires dressés contre ces expériences mais on compte aussi d'authentiques savants parmi les adversaires de la physiologie expérimentale[41]. De monstrueux hypocrites figurent parmi les défenseurs des animaux puisque

36. Cf. R. Vouin, *Droit pénal spécial*, Dalloz 1953, n° 131, p. 121. – E. Bocquet, *La protection pénale des animaux dans les législations française et étrangères*, préf. du bâtonnier Henri Robert (Nouvelle Collection de l'Institut de criminologie de l'Université de Paris), Sirey éd. 1934.

37. Cf. Pageaud et R. Vouin, Chronique législative, *Rev. science crim.*, 1959, n° 24, p. 396.

38. Cf. Arpaillange et R. Vouin, Chronique législative, *Rev. science crim.* 1960, n° 3, p. 97.

39. Cf. Arpaillange et Vouin, Chron. précitée, *Rev. précitée*, 1960, n° 4, p. 300.

40. Comp. Crim. 23 mars 1937, D.H. 1937. 271 ; S. 1941. 1. 105, note J.-A. Roux ; Trib. simple pol. Bayonne, 9 août 1950, D. 1950. 671, note P. Mimin ; Crim. 14 mai 1958, S. 1958. 266, note M. Bouché ; Cons. d'Ét. 4 nov. 1959, S. 1960. 25, note P. Mimin (affaire de Vichy) ; Crim. 15 janv. 1958, D. 1958. Somm. 68 ; *Gaz. Pal.* 1958. 1. 324 (coqs). Depuis le décret de 1959, v. Trib. pol. Maubeuge, 14 déc. 1960, D. 1961, Somm. 83, Conf. Bruas, *Aspects juridiques de la tauromachie*, thèse médecine vétérinaire, Lyon, 1960.

41. Cf. Stephen Macsay, *La vivisection, ce crime* (Éd. de la Ligue française contre la vivisection).

les nazis interdisaient le gavage des oies dans le Troisième Reich et prohibaient l'expérimentation sur l'animal dans ce même camp d'Auschwitz où des hommes servaient de cobayes ! Mais des hommes d'élite, des poètes[42], ont fait alliance avec les animaux... D'après le rapporteur de la proposition de loi, qui a été à la base du texte nouveau de 1959[43], la commission de la justice de l'Assemblée nationale aurait, sur le plan de la morale, implicitement condamné la vivisection. En réalité, le droit positif autorise tacitement l'expérimentation sur l'animal, laquelle, disent les spécialistes, est nécessaire pour permettre à la chirurgie, science expérimentale, de progresser grâce à la réalisation d'expériences que l'éthique interdit de tenter sur l'homme. Le chirurgien ne peut se borner à écouter la nature, il doit « l'interroger, la forcer à se dévoiler ».[44].

Le juriste n'a plus rien à dire : il entre dans un domaine où il ne peut avancer, sans être saisi d'effroi. Le Droit n'est pas fait pour les héros ou pour les saints mais il est plus facile de légaliser que de légitimer. Il ne reste plus qu'à faire appel à la conscience des expérimentateurs. De grâce, ne dîtes pas que des hommes souffrent aussi joli prétexte à ne rien faire ni pour les animaux ni pour les êtres humains. Nous vous faisons confiance pour éviter toute souffrance inutile. Faites-le en l'honneur de la vie et par respect de l'homme. Arrachons la gangue d'anthropomorphisme qui, trop souvent, enveloppe le sentiment d'affection que l'homme éprouve pour l'animal : ne décorons pas le chien héroïque ou le pigeon de Verdun[45], mais ne refusons pas la charité aux êtres qui vivent sous le même ciel que nous.

42. Cf. Maurice Bouchor, *La vie profonde (xixe siècle)*, Delagrave éd. 1927, p. 90 à 107 à propos de Lamartine; du même auteur, *La vie profonde (Victor Hugo)*, Delagrave éd. 1923, p. 59 et 60.

43. Cf. Discours de M. Grousseaud, *Bulletin de la Confédération nationale des sociétés protectrices des animaux de France*, oct. 1955, p. 2, col. 2 et p. 3, col. 1.

44. L'expression est de Cuvier. Elle a été utilisée par M. le doyen R. Fontaine dans le discours prononcé lors de l'inauguration, à l'hôpital Edouard-Herriot de Lyon, de l'Unité de Recherches de l'Institut national d'hygiène (prof. Pierre Mallet-Guy), le 9 mai 1959.

45. Cf. Alain, *Propos*, Bibliothèque de la Pléiade, 1956, p. 846 (Le pigeon décoré).

LA LOI ÉTRANGÈRE À LA COUR DE CASSATION

1963

Phocion Francescakis

Maître de recherches au Centre national de la recherche scientifique

Dans le dernier état de sa jurisprudence, la Cour de cassation se refusait à exercer son contrôle sur l'interprétation donnée par les juges du fond à la loi étrangère. Or, un arrêt de la 1re chambre civile du 21 nov. 1961 (*Montefiore* C. *Colonie du Congo belge*)[1] remet en question ce refus. Il le fait en ce qu'il accueille le pourvoi pour *dénaturation* de la loi étrangère en cause.

Qu'est-ce que la dénaturation de la loi étrangère ? Puis, à supposer que l'on soit d'accord sur les limites d'un contrôle exercé de ce chef, est-on sûr que la Haute juridiction entend s'en tenir là ? Ou bien doit-on penser qu'elle est prête à saisir la première occasion, pour assimiler, purement et simplement, au point de vue du contrôle qu'elle y exerce, la loi étrangère à la loi française ?

Doit-on supposer et doit-on souhaiter cela ?

Ces questions paraissaient devoir se poser à qui connaissait tant soit peu l'ambiance doctrinale dans laquelle cet arrêt a éclos. Elles l'ont été effectivement dans les commentaires qu'il a suscités.

La controverse bat maintenant son plein. Disons que l'enjeu est d'envergure. À une époque de croissante intensification des relations internationales, il s'agit de savoir si le débat sur le contenu de la loi étrangère (reconnaît-elle un état, établit-elle une incapacité, considère-t-elle un contrat comme résolu…) continuera à être tranché plus ou moins souverainement par les juges du fond ou bien si, et dans quels cas, ce débat pourra être élevé au niveau de la Cour régulatrice, avec tout ce que cela comporte de garanties, mais aussi de délais et de frais pour les justiciables.

La marge de discussion que laisse la lettre de l'arrêt invite à prendre parti. C'est ce que nous, n'hésiterons pas à faire ici. Après avoir présenté deux observations qui nous paraissent dominer le débat (I), nous examinerons successivement l'état du droit antérieur à l'arrêt du 21 nov. 1961 (II), les particularités de cet arrêt (III), enfin la manière dont il engage l'avenir (IV).

I. Le cadre du débat

Il y a lieu tout d'abord d'observer que les hypothèses dans lesquelles le juge français est appelé à tenir compte d'une loi étrangère sont diverses. Elles se ramènent à, au moins, deux types différents.

1. Rapporté *infra*, jurisprudence, p. 37 ; J. C. P. 1962. II. 12521, note Louis-Lucas ; *Rev. crit. dr. intern. privé* 1962. 329, note Paul Lagarde ; *Clunet* 1962. 680, note Goldman.

Tantôt l'application de la loi étrangère apparaît comme une *condition d'application* de la loi française. Voici des exemples de ce type : en matière de nationalité, la perte de la nationalité française peut dépendre de l'acquisition d'une nationalité étrangère, aux termes de la loi étrangère (c. nationalité, art. 94, al. 3) ; en matière de brevets d'invention, la durée en France du brevet déjà pris à l'étranger dépend de la durée prévue par la loi étrangère (L. 5 juill. 1844, art. 29) ; en droit criminel, le délit commis à l'étranger par un Français n'est, en règle générale, punissable que s'il l'est également selon la loi étrangère du lieu de commission (c. pr. pén., art. 689).

Tantôt, au contraire, la loi étrangère est appelée à régir *directement* les faits du litige. Cette hypothèse est celle des *règles de conflit de lois.* Elles prescrivent, le cas échéant, d'appliquer la loi étrangère à *la place de la loi française*, pour régler, par exemple, le statut personnel d'un étranger ou les conditions de fond d'un contrat.

Dans la première de ces hypothèses, il ne s'agit en somme que de considérer la loi étrangère comme une sorte d'événement extérieur, auquel est subordonnée l'action de la loi française. Dans la seconde hypothèse, au contraire, il s'agit, du moins au départ, d'appliquer bel et bien la loi étrangère, à la suite d'une opération de l'esprit apparemment à tous égards semblable à celle qui préside à l'application de la loi française. Sous ce rapport précis, il est permis de distinguer entre application de la loi étrangère « directe » ou « indirecte ». Il est aussi permis de croire que la vocation de la loi étrangère se présente dans des conditions différentes de l'un à l'autre cas.

Il se pourrait donc que cette distinction soit fort utile; elle est néanmoins, sinon ignorée, en tout cas négligée par la doctrine. Il en résulte que les auteurs raisonnent en considérant, indifféremment et parfois exclusivement, la loi étrangère dans le cadre de l'une ou de l'autre de ces hypothèses. Quand il s'agit en particulier de rendre compte de la jurisprudence, les décisions concernant la première hypothèse sont données comme valant également pour la seconde. C'est ce qui est précisément arrivé avec l'arrêt du 21 nov. 1961. Bien qu'il concerne, on le verra, notre hypothèse d'application « indirecte » de la loi étrangère, sa solution a été considérée d'emblée comme s'étendant également à l'hypothèse d'application « directe ».

Mais nous ne nous embarrasserons pas davantage ici de cette distinction. Nous admettrons avec la doctrine dominante que le problème de l'opportunité du contrôle de la Cour de cassation reste le même quelle que soit la manière dont la loi étrangère se trouve impliquée dans les décisions des juges du fond. De même, nous admettrons que la jurisprudence qui pourrait être tirée de l'arrêt du 21 nov. 1961 s'étend à l'hypothèse où la loi étrangère est applicable en vertu d'une règle de conflits de lois. Nous raisonnerons même désormais exclusivement sur cette hypothèse d'application « directe », la plus délicate sans doute et aussi la plus pratique.

Une seconde observation générale n'est pas moins utile pour suivre sans trop s'égarer dans les détails la discussion actuelle sur le sujet. L'opportunité du contrôle de la Cour de cassation en cette matière est couramment présentée comme relevant d'une idée plus générale, celle de *l'assimilation* de la loi étrangère à la loi française au point de vue de son traitement procédural. On parle en ce sens de *condition* de la loi étrangère, un peu en personnifiant celle-ci et se préoccupant de l'accueil qui lui est réservé en France. Or, cette vue généralisatrice englobe également d'autres et importants problèmes : celui, essentiellement, du caractère impératif de la compétence de la loi étrangère (intéresse-t-elle l'ordre public ?) et celui de son application d'office par le juge (la maxime *jura novit curia* a-t-elle cours en ce qui la concerne ?). On peut dès lors se demander si les solutions données à ces problèmes doivent influer sur celle à donner au problème du contrôle de la Cour et de cassation. L'affirmative s'impose à qui voudrait – et très légitimement – que cette « condition » de la loi étrangère soit quelque chose d'unitaire, de logiquement cohérent. Nous l'admettrons donc également ici. Mais nous n'oublierons pas pour autant que le problème du recours en cassation dépend *en outre* de considérations propres à l'organisation de la Cour suprême et à sa mission, et que ces considérations peuvent conduire à rompre la symétrie avec les solutions données aux autres problèmes.

II. L'état du droit antérieur à l'arrêt du 21 nov. 1961

Les remarques qui précèdent supposées présentes à l'esprit, on commencera par faire succinctement le point de la jurisprudence telle qu'elle se laissait systématiser à la veille de l'arrêt du 21 novembre 1961.

Après une assez longue période d'hésitations – et plutôt à vrai dire de confusion[2] – la Cour de cassation avait pris une position qui paraissait établie. Elle proclamait que la violation ou la fausse interprétation par les juges du fond de la loi étrangère *échappe à son contrôle*[3].

Cette position de principe ne paraissait entamée ni par un arrêt de l'Assemblée plénière du 20 décembre 1950 qui, à propos d'ailleurs d'un cas d'application « indirecte » de la loi étrangère, a pu passagèrement paraître relever de la position contraire[4], ni par un arrêt dans lequel la chambre sociale, s'agissant encore d'application « indirecte », s'est, spontanément semble-t-il et sans y prendre garde, penchée sur le contenu de la loi étrangère en cause avant de rejeter le pourvoi[5].

Ces dernières années, toutefois, la chambre civile avait, en termes exprès, laissé entendre dans certains arrêts qu'elle était prête à accueillir le pourvoi pour dénaturation de la loi étrangère. Mais avant de mentionner ces arrêts, qui sont les

2. En 1930 encore, Bartin qualifiait la jurisprudence sur le « caractère d'application de la loi étrangère » d'« incohérente » *(Principes de droit international privé*, t. 1, 1030, § 104, p. 2). On a constaté que cela *tenait* surtout à ce que la Cour de cassation confondait encore deux notions que la doctrine a depuis nettement distinguées : celle de règle de conflit conduisant à l'application de la loi étrangère et celle de loi étrangère rendue applicable par la règle de conflit.

3. Pour le relevé de cette jurisprudence, v. les travaux cités *infra*, note B.

4. Cf. Weill et Virally, *Rev. crit. dr. intern.* privé, 1052. 253 ; Batiffol, *Traité de droit international privé*, 3e éd., n° 344 ; Weill, *Jurisolasseur international*, fasc. 539 « Loi étrangère Application en France » n° 539.

5. Civ., sect. soc., 10 janv. 1957, *Rev. crit. dr. intern. privé* 1957. 657, et la note en ce sens de Mme Simon-Depitre. Il s'agissait de la constatation, dans les rapports avec l'Italie, de la « réciprocité législative », à l'existence de laquelle la loi française du 28 mai 1943 subordonne la jouissance par les étrangers des droits réservés aux nationaux en matière de baux à loyer. On voit que dans cette hypothèse aussi, la consultation de la loi étrangère apparaît comme une condition d'application de la loi française.

antécédents immédiats de celui du 21 novembre 1961, il convient de parler de la doctrine[6]. Elle aide à comprendre ce tournant de la pensée de la chambre civile en raison des constants rapports d'attention réciproque qu'elle entretient (en cette matière comme en d'autres du droit international privé) avec la doctrine.

Comme il a été déjà suggéré plus haut, deux séries d'arguments ont cours ici. Les uns tiennent à la *nature* de la loi étrangère, d'où on entend tirer la conviction sur sa plus ou moins grande assimilation à la loi française. Les autres sont en rapport avec *l'organisation judiciaire* française et le rôle de la Cour de cassation.

A.

La discussion fondée sur la nature de la loi étrangère est trop copieuse pour qu'il soit possible de la rapporter ici. Schématiser, toutefois, cette discussion, comme l'imposent les dimensions de cette chronique, n'est pas après tout une mauvaise chose, puisqu'il faut ainsi aller à l'essentiel.

Pour ce faire, nous proposerons d'abord d'éliminer du débat deux éléments qui s'avèrent aussi encombrants qu'inutiles.

Le premier est le point de savoir si la loi étrangère doit ou non être considérée comme *du fait*, ainsi que paraissent le dire un peu partout dans le monde les textes ou la jurisprudence – et en France celle de la Cour de cassation elle-même. Approuver cette solution, cela a paru et paraît encore à certains revenir à admettre que la loi étrangère soit effectivement du fait. Or, amorcé sur cette imputation, le débat tient de la logomachie. Car aucun juriste sensé n'a réellement prétendu pousser ce rapprochement jusqu'à la métaphysique identité des essences entre l'« être » que serait le fait et le « devoir être » que serait la loi, même étrangère[7]. On veut seulement dire par là que la loi étrangère est soumise au même traitement procédural que les faits du procès, tout comme le sont, d'ailleurs, en France, les clauses contractuelles. L'assimilation ou la transposition n'a rien à faire avec la prétendue nature de la loi étrangère et ne renseigne en rien sur celle-ci. Ce qui nous conduit à un second élément inutile de la discussion.

Il s'agit de ce qu'on pourrait appeler l'argument *sentimental.* On invoque le respect dû à la loi étrangère, émanation de la souveraineté étrangère, pour réclamer qu'on ne lui fasse pas une « condition » inférieure à celle de la loi

6. La magistrale communication que fit M. le doyen Maury au Comité français de droit international privé (« La condition de la loi étrangère en droit français », *Travaux du comité*, 1953, p. 97 et s.), fait le point de la doctrine à cette date. Voici les principaux travaux parus depuis en langue française : Dolle, « De l'application du droit étranger par le juge interne », *Rev crit dr. intern.* privé 1955. 233; Zajtay, *Contribution à l'étude de la condition de la loi étrangère en droit international privé français*, Paris, 1958; Alex Weill, *Jurisclasseur international*, fasc. 539, « Loi étrangère – Application, en France », 1060; Motulsky, « L'office du juge de la loi étrangère », *Mélanges Maury*, 1960, t. 1, p. 337; Guliano, « Le traitement du droit étranger dans le procès civil dans les systèmes juridiques continentaux » *Rev. int. dr. compare* 1962. 5.

7. En France, c'est surtout la doctrine de M. Batiffol qui a pu donner prise à ce malentendu, en ce qu'elle accepte que l'on parle de la loi étrangère comme d'une question de fait. Il suffit cependant de lire de près les développements de l'auteur pour se convaincre que si, chez lui, la formule traditionnelle est maintenue, elle l'est pour servir de support à une doctrine qui est loin de reléguer la loi étrangère au rang de fait. – V. son *Traité*. 3e éd., n° 328 et *Aspects philosophiques du droit international privé*, 1956, p. 114.

française. Cet argument psychologique porte parce qu'il « fait internationaliste ». Il n'est pourtant pas sûr – pourrait-on dire en paraphrasant une boutade bien connue – que les bons sentiments suffisent pour faire du bon droit international. Les États étrangers, cela est bien connu, se désintéressent généralement de cette politesse qu'on veut bien leur réserver. Pour eux comme pour la France, l'essentiel est de rendre une bonne justice. La loi étrangère ne souffrira point dans son prétendu prestige si elle est appliquée dans des conditions autres que la loi française[8].

On en arrive ainsi aux éléments pertinents de la discussion.

Ils peuvent être réduits, pensons-nous, à l'affrontement de deux conceptions fondamentales sur *la raison d'être* de l'application de la loi étrangère.

Pour l'une de ces conceptions, les règles de conflit de lois, même si elles émanent du législateur français, sont de véritables règles de droit international, départageant la compétence législative des États. À ce titre, même l'application quotidienne, par le juge français, aux rapports internes, de la loi interne française serait, théoriquement même si elle ne l'est qu'imperceptiblement, commandée par une règle de conflit de loi attribuant compétence au législateur français.

Pour l'autre conception, au contraire, le recours à la loi étrangère, décision internationalement *libre* de chaque État, n'aurait jamais pour but que la meilleure réglementation des intérêts en cause eu égard aux impératifs habituels du droit privé.

Il est clair, que pour la première de ces conceptions, la loi étrangère, parce qu'elle s'applique *proprio vigore*, en vertu d'une attribution de compétence proprement internationale, devrait, par rapport à la loi interne, échapper à tout traitement discriminatoire. Mais – et c'est par cela, nous semble-t-il, que la discussion sur cette base se révèle infructueuse – on ne peut pas dire pour autant que la seconde conception soit indifférente à ce traitement. Car on ne voit pas pourquoi la tutelle des intérêts privés ne voudrait pas, elle ainsi, que la loi étrangère soit appliquée dans des conditions satisfaisantes. Si bien que, spécialement quant au problème du contrôle de la Cour de cassation, c'est sur les conditions d'exercice de ce contrôle que se porte le poids de la discussion.

B.

Les arguments produits dans ce cadre sont divers.

Le premier et le plus important concerne proprement la compétence d'attribution de la Cour de cassation. La Haute juridiction, affirme-t-on, a été instituée pour assurer l'unité d'application de la loi française. Le contrôle de l'application de la loi étrangère est une mission différente, qui ne lui a pas été dévolue.

8. Cela est si vrai qu'à propos de la nécessité de prouver la loi étrangère un éminent auteur anglais a pu récemment renverser l'argument. Pour lui, la différence dans le traitement de la loi étrangère « est nécessaire pour réaliser l'égalité de fond » ; loin de diminuer le droit étranger, la nécessité d'en fournir la preuve « lui permet au contraire d'être démontré de la manière la plus efficace » (Graveson, « Aspects philosophiques du droit international privé anglais » *Rev. crit. dr. intern. privé* 1962. 411).

L'affirmation néglige pourtant, nous semble-t-il, la circonstance qu'avec les années la Cour de cassation, en marge ou au-delà des textes organiques dont elle relève, s'est érigée en institution coutumière, traçant elle-même les limites de son rôle, dans l'ensemble d'une légalité dont, au moins en droit privé, elle reste par la force des choses le gérant souverain. Rien donc, ni dans les textes ni dans l'esprit du rôle qu'elle se reconnaît, ne l'empêcherait, si elle le désire, de mettre en pratique le contrôle de l'interprétation de la loi étrangère sur le fondement de n'importe quelle raison théorique. Rien sinon, bien entendu, l'interdiction formelle du législateur.

Apparaît ensuite, sous un autre aspect, le fâcheux argument de prestige. Accepteriez-vous, dit-on, de voir la Cour de cassation de France, justement célèbre dans le monde par la science et l'élégance de ses arrêts, se tromper grossièrement sur tel point de droit étranger ? Qu'en dira-t-on hors de France et spécialement dans le pays dont la loi aura été ainsi, par hypothèse, déformée, caricaturée ?

Deux points sont à examiner sous cet argument : le risque d'erreur et sa portée. Quant au risque, il faut le tenir pour certain et nous y reviendrons. Mais il est non moins certain que l'on s'en exagère les conséquences. Car le sens donné à une loi étrangère en France l'aura été non à l'usage interne du pays étranger mais à l'usage français. Il l'aura été, et nous reviendrons également sur ce point important, dans une espèce internationale, compte tenu des autres circonstances de celle-ci. Il ne peut donc être question que cette interprétation donnée par la Haute juridiction française prétende exercer une quelconque influence normative dans le pays étranger en cause, qu'elle y revête une quelconque valeur de précédent.

L'argument de l'*encombrement du rôle* de la Cour de cassation est autrement sérieux. Les chiffres sont, en effet, éloquents sur la croissance du nombre des pourvois et la crainte est légitime de les voir un jour un peu trop rapidement « expédiés ». On objecte que le nombre d'affaires de droit international jugées dans l'année est faible et que l'importance de ces affaires imposerait que la Cour de cassation en connaisse plutôt que de telle autre matière – de droit social, par exemple – où elle est trop souvent sollicitée pour compléter la pensée du législateur, ce qu'après tout celui-ci devrait avoir à faire lui-même.

Mais il se pose alors la question des *difficultés* particulières que comporte l'accès au contenu de la loi étrangère. Si bien que la faible proportion numérique des pourvois devrait être corrigée compte tenu du temps relativement plus long – et sans doute parfois trop long – qu'exigerait des hauts magistrats une information satisfaisante sur le droit étranger en cause.

Il reste à signaler que, dans le même ordre d'idées, on a aussi invoqué l'argument du *respect des droits de la défense*. On a dit que la procédure devant la Cour de cassation – en ce que, notamment, elle ne comporte pas la possibilité d'interpeller les plaideurs sur tel point de droit étranger qui demeurerait obscur – n'est pas faite pour assurer à la défense les garanties auxquelles elle a droit dans un débat de ce type. À voir cependant les choses de près, cet argument ne porte pas. En effet, si le contrôle aboutit au rejet du pourvoi, les droits de la défense n'auront pas été, bien entendu, moins respectés que s'il n'y avait pas eu de contrôle. Si, au contraire, le contrôle aboutit à la cassation, le débat sera appelé à reprendre devant la juridiction de renvoi. La possibilité pour celle-ci de ne pas s'incliner et la perspective ultérieure de la saisine des Chambres réunies offriraient à la défense, dans les mêmes conditions qu'en droit interne, la possibilité de faire valoir ses droits supposés méconnus.

C.

C'est dans l'ambiance de cette discussion aussi touffue qu'indécise que s'est formée l'opinion favorable à l'accueil du moyen de cassation pris de la dénaturation de la loi étrangère.

L'idée consiste à transporter, ou transposer, dans notre domaine la prérogative que la Cour de cassation s'est reconnue elle-même (et cela rappelle ce qui a été dit plus haut de son rôle coutumier) de casser les décisions qui, soit en matière de *contrats*, soit en matière d'actes de *procédure*, méconnaissent le sens « clair et précis » du document en cause, au point d'en « dénaturer » ce sens.

Ce système revient, on le sait, en droit interne à un cas exceptionnel de censure de l'interprétation des clauses contractuelles, considérées cependant par la Cour suprême (et, de nouveau, de son propre gré) comme relevant souverainement des juges du fond en tant que questions de fait.

La transposition de cette jurisprudence au domaine de la loi étrangère n'a pas de quoi mécontenter ceux qui préconisent la soumission globale de la loi étrangère au régime des faits du procès. Et pourtant, l'idée de cette transposition a fini par rallier également les partisans eux-mêmes de l'assimilation, également globale de la loi étrangère à la loi française. Pour les premiers, c'était, très légitimement étendre à l'administration de la loi étrangère une garantie dont bénéficient en droit interne les contrats – qui sont eux-mêmes la « loi » des parties. Pour les seconds c'était faire bénéficier la loi étrangère d'au moins cette protection. En attendant mieux ? Sans doute, et c'est en ce sens que l'on a pu parler d'un « compromis de mauvaises consciences »[9]. Toujours est-il, que l'opinion a fini par paraître pratiquement unanime en faveur de cette solution.

Que la chambre civile ait été conquise par cette opinion, on était en droit de le penser en la voyant opérer un net revirement par rapport à sa jurisprudence immédiatement antérieure et ce sur le principe même de l'admissibilité du moyen pris de la dénaturation. En 1953[10] elle affirmait encore en substance qu'on ne saurait reprocher aux juges du fond d'avoir dénaturé la loi étrangère, alors qu'il leur appartient de l'interpréter souverainement. En 1958[11], elle relève, au contraire, formellement que, dans l'espèce jugée, la cour d'appel ne *dénature aucun des documents produits*. Enfin, en 1960[12], elle formule le principe avec encore plus de netteté en parlant de l'interprétation « souverainement donnée d'une loi étrangère dont la dénaturation n'est pas alléguée ».

Il est vrai que, sur le plan du précédent judiciaire, ces références au contrôle pour dénaturation auraient pu paraître d'autant plus anodines qu'il existait déjà

9. Paul Lagarde, note précitée.
10. Civ., 1re sect. civ., 8 déc. 1953, *Rev. crit. dr. intern. privé*, 1955. 133, note Motulsky.
11. Civ., 1re sect. civ., 4 nov. 1958, *Rev. crit. dr. intern. privé* 1959. 303, et notre note.
12. Civ., 1re sect. civ., 13 juin 1960, D. 1960. 597, note Ph. Malaurie.

un arrêt cassant pour dénaturation de la loi étrangère. Il s'agit de l'arrêt de la chambre civile du 18 juill. 1876[13]. En l'espèce, l'interprétation d'un contrat dépendait de celle d'un décret du bey de Tunis accordant une concession de terres. L'arrêt attaqué avait été cassé, notamment, parce que « dénaturant le caractère de ce décret ». Il était, toutefois, admis que ce précédent, bien que proposé toujours à l'attention par M. Batiffol (*Traité*, n° 344), remonte à une époque où les idées étaient encore peu claires, aussi bien sur la notion de loi étrangère (v. *supra*) que sur celle de dénaturation (les premiers témoignages certains du contrôle pour ce motif datant de 1872. – Cf. Besson, *loc. cit.*, n°s. 1513 et s.).

Mais, pas plus que ce précédent discutable, les arrêts précités de 1958 et 1960 ne pouvaient témoigner de manière irréfutable de la religion actuelle de la chambre civile sur ce point. Il s'agit, en effet, d'arrêts de *rejet*, dans lesquels il n'est pas permis de dire que le motif se rapportant à la dénaturation ait joué un rôle déterminant. Sur cette religion de la chambre civile seul un arrêt *cassant* de nouveau pour dénaturation pouvait désormais éclairer. C'est ce que fait l'arrêt du 21 nov. 1961. Le moment est venu de l'aborder de près.

III. Les particularités de l'arrêt du 21 nov. 1961

La cassation a été prononcée par cet arrêt dans un cas se rapprochant de ce qui a été appelé plus haut l'application « indirecte » de la loi étrangère. La loi belge n'était en cause en l'espèce qu'en tant que créant une personne morale étrangère de droit public et par là influant sur le jeu du principe français de l'immunité de juridiction des États étrangers[14]. Nous avons dit plus haut pourquoi et sous quelles réserves on peut admettre que sa jurisprudence s'étend au cas de la loi étrangère applicable en vertu d'une règle de conflit de lois.

Mais l'arrêt est aussi intervenu dans une hypothèse à vrai dire privilégiée quant à la *facilité d'accès* au contenu de la loi étrangère. Il s'agissait (et à cet égard il se rapproche du précédent de 1876) d'une loi étrangère écrite, portant une mesure de caractère en un sens individuel, la création de la colonie du Congo belge.

Enfin et surtout, l'arrêt reflète une application pure et simple du système du contrôle pour dénaturation des contrats et actes de procédure, sans égard aux problèmes particuliers que pourrait poser l'emploi de ce système en matière de loi étrangère.

On remarquera, en effet, que dans cet arrêt, la chambre civile :

1° vise, pour en retenir la violation, l'art. 1134 c. civ. sur l'effet des conventions ;

2° précise qu'il s'agissait d'une loi écrite étrangère, qu'elle qualifie même de *document législatif* ;

3° relève encore que ledit document a été versé *aux débats* ;

13. S. 76. 1. 451.

14. Sur la manière dont le contrôle pour dénaturation a été mis en jeu dans cette affaire, v. la note sous l'arrêt, D. 1963. 37.

4° tout cela d'ailleurs en se passant d'affirmer expressément le principe même de la recevabilité du moyen pris de la dénaturation de la loi étrangère.

Toutes ces particularités sont certes propres à intriguer qui ne serait pas au courant de la discussion sur l'opportunité de faire fonctionner ici une « machine » conçue pour un autre usage. Mais elles posent surtout la question de la portée de l'arrêt.

IV. Où l'arrêt du 21 nov. 1961 doit-il conduire ?

La question de la portée de ce nouvel arrêt ne relève pas de la simple exégèse de son texte, bref et elliptique, comme on l'a vu. Elle se pose eu égard aux intentions futures de la Haute juridiction. On se souviendra, en effet, à ce propos que l'évolution marquée par cet arrêt a déjà été amorcée par des arrêts précédents et que de cette sorte de « stratégie » de la Cour suprême, consistant à préparer les esprits – à commencer par le sien propre – à l'admission d'une solution nouvelle, la chambre civile a donné ces dernières années d'autres exemples[15]. Or, on a vu que, pour une partie au moins du mouvement doctrinal auquel la chambre civile s'est montrée attentive, le contrôle pour dénaturation n'était qu'une étape provisoire vers le contrôle pur et simple de l'interprétation. Faut-il souhaiter que la Haute juridiction s'engage dans cette voie ? Telle est la question à laquelle il nous incombe maintenant de répondre. Mais, il nous faut également répondre à une deuxième question qui, à juste raison, a préoccupé les commentateurs de l'arrêt. Il s'agit de savoir si, à supposer que la chambre civile veuille s'en tenir définitivement au contrôle pour dénaturation, celui-ci peut, à partir de l'exemple fourni par le présent arrêt, s'exercer dans des conditions satisfaisantes.

A.

Le contrôle généralisé de l'interprétation de la loi étrangère ne paraît pas souhaitable. Mise à part la décevante controverse sur la nature juridique de la loi étrangère importée, l'application de la loi étrangère en France n'est pas en effet comparable à celle que cette loi reçoit dans son pays d'origine. La loi étrangère n'est jamais appliquée telle quelle en France ne serait-ce que – comme M. Batiffol l'a souligné – parce qu'elle est détachée du système d'ensemble pour lequel elle a été conçue et dans lequel elle revêt la plénitude de son sens. Elle n'est jamais, ajouterons-nous devant le juge français, appliquée seule, ne serait-ce que parce que, dans tous les cas, elle est combinée au moins avec une autre loi, la loi

15. Nous n'en évoquerons ici que le plus remarquable, celui du fameux arrêt *Rivière* du 17 avril 1953 (*Rev. cric. dr. intern. privé* 1953. 412, note Batiffol; S. 1953. 1. 181). La compétence de la loi du domicile commun pour régler le divorce d'époux de nationalité différente, solution proprement « révolutionnaire » eu égard à l'interprétation traditionnelle de l'art. 3 du code civil, y est discrètement affirmée comme si elle allait, de soi., Deux ans plus tard, l'arrêt *Lewandowski*, du 15 mars 1955 (D. 1955. 540, note M. Chavrier; *Rer. crit. dr. intern. privé*, 1955. 320, note Batiffol) érige cette compétence en principe exprès. Des arrêts ultérieurs aménagent sur la base de ce principe tout un système, Rue la chambre civile se montre encline à étendre aux effets du *mariage d'abord, puis à tous les rapports* du *droit* de la famille mettant en cause des personnes de nationalité différente (Cf. pour la filiation légitimer Civ., 1re sect. civ., 4 nov. 1958, *Rev. crib. dr. intern.* privé, 1959: 303, et notre note).

française régissant la procédure. C'est pourquoi, Bartin voyait dans la solution d'une espèce internationale un « échantillonnage » ou une « marqueterie » de lois. Nous dirons dans le même ordre d'idées que la loi étrangère interne est *utilisée plutôt qu'appliquée* pour la réglementation satisfaisante des relations internationales. Elle l'est pour la satisfaction d'intérêts qui ne sont pas ceux du droit interne. Cela justifie *a priori*, nous semble-t-il, une éventuelle déformation de la loi étrangère appliquée hors de son ressort.

Il faut invoquer en second lieu les difficultés de connaître la loi étrangère. On a tendance à les sous-estimer quand on les regarde de l'extérieur. Mais on change d'avis quand – et cela est arrivé : à maint comparatistes – on a parfois perdu soi-même un temps démesuré à la recherche de tel point de droit étranger et que tôt ou tard on s'est laissé démontrer que l'on s'est trompé.

À cela il est objecté parfois qu'un organisme public pourrait, plus ou moins officiellement, renseigner les juges sur la teneur des droits étrangers. Mais cet organisme n'existe pas encore et l'on commence seulement à se faire une idée de l'exceptionnelle ampleur des moyens matériels dont il devrait disposer pour être efficace. Un tel organisme existerait-il d'ailleurs, comme on en connaît à l'étranger, qu'il faudrait encore ne pas oublier de se méfier du caractère bureaucratique que risqueraient de présenter les renseignements qu'il donnerait, coupé qu'il serait par hypothèse de la pratique vivante du droit dans le pays en cause.

B.

Le particularisme du régime de la loi étrangère tiendrait donc ainsi moins à d'incertaines considérations théoriques qu'à la pression même des choses.

La Cour de cassation en a une si nette conscience que, sur d'autres points concernant dans son ensemble la « condition » de la loi étrangère, elle a donné récemment des solutions fort remarquées, qui accentuent ce particularisme.

Elle a, en effet, d'abord, à diverses reprises, confirmé la solution selon laquelle la preuve du contenu de la loi étrangère incombe à celui qui s'en prévaut, sauf toutefois la faculté pour le juge de l'appliquer d'office[16].

Mais elle a surtout affirmé dans ce domaine une solution nouvelle et propre, soit dit en passant, à faire reconsidérer le fondement même de l'application de la loi étrangère en France. Cette solution consiste à déclarer irrecevable, lorsqu'il est présenté pour la première fois devant la Cour de cassation, le moyen pris de la compétence de la loi étrangère, autrement dit de la violation de la règle de conflit de lois quant elle conduit à la loi étrangère[17].

Cette dernière solution revient jusqu'à nouvel ordre[18] à faire de l'application de la loi étrangère une *faculté* exercée dans le cadre des juridictions du fond par les parties et, le cas échéant, par le juge.

16. V. en dernier lieu, Civ., 1re sect. civ., 2 mars 1960, *Rev. crit. dr. intern. privé* 1960. 97. note H.B.
17. Civ. 1re sect. civ., 12 mai 1059, *Bisbal*, D. 1960. 610. note Ph. Malaurie; *Rev. crit. dr. intenr. privé* 1960. 62, note Battifol; J. C. P. 1960 II. 11733, note Motulsky; Civ., 1re sect. civ., 11 juill. 1961, *Bertoncini, Rev. crit. dr. intern. privé*, 1962, 124, note Batiffol.
18. Car une restriction de la règle paraît souhaitable. V.; Batiffol, note précitée.

Assumer dans tous les cas le contrôle de l'interprétation, cela serait certainement pour la Cour de cassation, se mettre en contradiction avec ces solutions qu'elle vient elle-même de donner[19]. En revanche et de manière assez inattendue, le « visa », en matière de dénaturation de la loi étrangère, de l'art. 1134 c. civ. s'harmonise avec le caractère facultatif que paraît maintenant revêtir aux yeux de la Cour de cassation l'application de la loi étrangère.

C.

Mais nous ne voulons pas voir dans la cohérence théorique du régime de la loi étrangère un argument décisif. Ce qui nous paraît militer le plus contre le contrôle de l'interprétation, c'est que la Cour de cassation risque avec lui de s'embarrasser régulièrement de dossiers touffus, aux données souvent incertaines, imposant parfois une gymnastique intellectuelle (que l'on songe par exemple aux particularités du droit anglo-américain) incompatible avec les habitudes d'esprit exigées pour la tutelle de l'administration du droit français, laquelle reste tout de même, la mission primordiale de la Cour suprême.

D.

En revanche, et si artificiel que puisse paraître à première vue son transport dans notre domaine, le contrôle pour dénaturation nous paraît propre à remédier de manière satisfaisante aux inconvénients que révèle *dans certains cas* le refus du contrôle de l'interprétation.

Mais avant d'évoquer ces cas, jetons un coup d'œil sur les commentaires qui, à la veille de l'arrêt du 21 nov. 1961[20] ou à, l'occasion de celui-ci[21] ont dit en substance – et l'ont dit avec beaucoup de pénétration – que cela n'irait pas en somme tout seul et que la doctrine s'était peut-être faite quelques illusions en préconisant cette transposition sans en avoir d'abord examiné de près la convenance.

Il a donc d'abord été question des difficultés de systématisation de la jurisprudence de droit interne elle-même sur la dénaturation. Il a été rappelé que la discussion sur ce point demeure ouverte depuis le travail devenu classique de M. Marty[22].

Qu'il nous soit cependant permis de prétendre déborder cette discussion en nous plaçant dans une hypothèse extrême, celle selon laquelle le contrôle pour dénaturation[23] pourrait revenir à une pure et simple reconsidération des faits du procès et donc qu'en notre matière, sous couleur de contrôle pour dénaturation, c'est en réalité à un contrôle de l'interprétation que la Cour de cassation aurait à se livrer. Le contrôle pour dénaturation ne se distinguerait, dans cette hypothèse

19. En ce sens, Paul Lagarde, note précitée, p. 377.
20. Note précitée de M. Malaurie.
21. Notes, précitées de M. Goldman et de M. Lagarde.
22. *La distinction du fait el du droit*, thèse, Toulouse, 1929.
23. L'idée d'un « sens clair et précis » (héritage des écoles du droit naturel ?) met en cause les rapports, fort délicats à cerner, entre la langue du droit et le langage commun. V. en dernier lieu un point de vue allemand sur cette notion, spécifiquement *française* semble-t-il, Clauss Helmut, « Zum Begriff eindeutig », *Juristenzeitung* 1961. 660.

extrême, du contrôle de l'interprétation que par le caractère *discrétionnaire* de son exercice.

Or cela n'est pas fait pour nous déplaire. Nous estimons même qu'un contrôle laissé à la discrétion de la Cour de cassation, lié à sa mission de haute tutelle sur l'administration du droit en France, satisfait au mieux cette conception *empirique* qui doit être jusqu'à preuve du contraire celle du régime de la loi étrangère.

Ce n'est pas dire, cependant, que la doctrine n'a aucun vœu à formuler sur l'occurrence précise dans laquelle la Cour suprême aurait à exercer ce contrôle discrétionnaire.

Nous pensons qu'il devrait en être ainsi d'abord lorsque, selon la forte expression de M. Goldman[24], ce contrôle serait « la sauvegarde contre le scandale d'une décision tournant le dos à l'évidence ». On suppose qu'une erreur grossière (et non pas seulement une solution discutable sur tel point prêtant à controverse subtile) a infléchi la décision des juges du fond. Déclencher le mécanisme de la cassation en vue de faire redresser cette erreur, ce sera pour la Haute juridiction à la fois rendre justice à la partie victime de l'erreur[25] et signifier aux juges du fond qu'elle entend les voir manier la loi étrangère avec toute la conscience et tout le sérieux voulus.

Il devrait en être de même dans le cas d'une loi étrangère dont les occasions d'application en France apparaissent à la longue fréquentes[26]. Préconiser cela, ne serait-ce pas, pourtant, admettre qu'une espèce ait droit à être mieux jugée que celles qui l'ont précédée, qui n'auront pas bénéficié du contrôle de la Cour de cassation ? Cela est vrai mais n'est que l'effet nécessaire et habituel du caractère de source du droit que revêt en France la jurisprudence : le droit jurisprudentiel est essentiellement perfectible et c'est d'une espèce à l'autre que se réalise le progrès.

E.

Une autre objection contre la généralisation de la jurisprudence de l'arrêt du 21 nov. 1961 est que, comme on l'a relevé plus haut, cet arrêt concerne une loi étrangère écrite et la vise même expressément sous la forme d'un document écrit. Comment donc les choses devront-elles se passer quand il faudra, comme il se doit, tenir également compte de la coutume, de la jurisprudence ou de la doctrine

24. Note précitée.

25. Cf. l'image de M. Motulsky sur la transformation, en matière de fausse interprétation, du « quantitatif » en « qualificatif », article précité des *Mélanges Maury*, p. 372.

26. L'idée a été suggérée par M. Batiffol, raisonnant par analogie avec ce qui se passe en droit interne pour les contrats-type. Elle a été reprise par M. Zajtay *(op. cit.*, notamment p. 104) qui parle opportunément, quant à la loi étrangère, de « cas typiques ». En voici un que poserait à notre avis la pratique actuelle : les espèces relatives à la filiation naturelle de droit allemand se sont multipliées *ces dernières années*. Or, au début, les juridictions du fond ont montré qu'elles comprenaient mal ce type de filiation à effet alimentaire, exclusif de l'établissement du lien entre le père et l'enfant. La jurisprudence la plus récente montre au contraire une bonne intelligence de cette question. En présence d'une décision qui interpréterait encore mal la loi étrangère, l'intervention de la Cour de cassation devrait être souhaitée. La matière est pratique et son importance sociale incontestable. Au surplus, la discussion devant la Cour de cassation serait facilitée par les travaux que les espèces déjà jugées ont suscités (pour leur relevé, v. Jacques Foyer, thèse, Paris, 1962, polyc.).

étrangères, voire quand le droit étranger émane exclusivement d'une ou de plusieurs de ces sources non écrites ? Nous dirons sur ce point, d'abord que l'application intégrale du droit étranger imitant en tout point celle qui en aurait été donnée dans son pays d'origine est dans une certaine mesure un mythe[27]. Nous dirons aussi que cette ambition ne correspond pas à l'image qui a été présentée ici du juge, *construisant* la solution de l'espèce internationale en ayant recours à des droits internes différents.

De toute manière, le système est parfaitement concevable qui exige que les éléments d'une contestation sur la teneur de la loi étrangère figurent expressément dans les écritures du procès. L'exigence serait propre à améliorer sensiblement le traitement habituel de la loi étrangère devant les tribunaux et cours d'appel. Les parties seraient incitées à s'en expliquer clairement dans leurs conclusions et surtout à obtenir des certificats de coutume satisfaisants. Rappelons que ces derniers, qui sont le moyen habituel de preuve du contenu du droit étranger, émanent de jurisconsultes étrangers ou « internationaux », profession non organisée, apparemment sans déontologie. Il arrive, paraît-il, assez souvent que ces documents soient tendancieux ou confus. La perspective que la Cour de cassation ait à les contrôler en tant que pièces produites serait susceptible d'en rehausser le niveau moyen.

Reste une dernière objection, en rapport avec un argument déjà examiné, le danger de l'afflux de pourvois. Nous dirons d'un mot qu'avec le contrôle pour dénaturation ce danger se trouve écarté : si, comme il faut s'y attendre, le moyen tiré de la dénaturation devient un moyen de style, son rejet non motivé pourra le devenir également.

*
* *

Interprété de la sorte, dans un esprit qui reste en fin de compte aussi près que possible de ses énonciations expresses, l'arrêt du 21 nov. 1961 conduirait à formuler le droit français sur ce point d'une manière fort claire. On pourrait dire que :

La Cour de cassation de France ne contrôle pas en principe l'interprétation de la loi étrangère donnée par les juges du fond. Elle se réserve, toutefois, d'exercer ce contrôle dans des cas exceptionnels. Tels seraient notamment le cas d'une erreur flagrante ou d'une loi étrangère qui trouve en France de fréquentes occasions d'application. De toute manière, la Cour de cassation reste maîtresse de l'opportunité de ce contrôle. Celui-ci s'exerce selon les normes élaborées pour le contrôle du sens des clauses contractuelles, et des énonciations des actes du procès. Il se peut que ces normes aboutissent à un véritable contrôle de l'interprétation de la loi étrangère. Il est, en tout cas, exigé que les éléments du litige relatifs au contenu du droit étranger figurent dans les pièces soumises à la Cour de cassation.

Ainsi, à notre sens, l'arrêt du 21 nov. 1961 si peu qu'il le dise, exprime une doctrine qui se suffit à elle-même. Loin de constituer une machine de guerre

27. Sur ce point quelques pages de M. Jean Carbonnier « Loi étrangère et jurisprudence étrangère », *Clunet* 1935. 473) ont gardé tout leur intérêt.

contre la jurisprudence précédente, il vient préciser celle-ci dans un sens qui avait réuni tous les suffrages de la doctrine. Loin d'imposer le glissement vers le contrôle généralisé de l'interprétation, il doit au contraire freiner définitivement – et en tout cas le temps d'un essai qui vaut absolument la peine d'être tenté – le mouvement vers cet indésirable contrôle généralisé.

LE DIVORCE PAR CONSENTEMENT FORCÉ

1963

Henri Mazeaud

Professeur à la Faculté de droit et des sciences économiques de l'Université de Paris

Dans une récente chronique très documentée (*Le divorce par consentement mutuel*, D. 1963, Chron., p. 95), M. Guy Chesné a exactement exposé la situation du droit français quant au divorce par consentement mutuel, soulignant le paradoxe d'une législation qui non seulement prohibe cette forme de divorce, mais entend lutter contre tous les procédés indirects permettant d'y parvenir, et d'une pratique qui l'admet sans restriction. Conflit entre le droit et le fait, l'un des plus apparents parmi bien d'autres, mais aussi l'un des plus graves, car le fait n'est pas seulement l'œuvre de praticiens rémunérés qui cherchent, dans l'intérêt de leurs clients, à tourner la loi, mais – et M. Chesné le souligne – de magistrats dont la mission est cependant d'appliquer les textes.

À cette chronique, il n'y aurait rien à ajouter s'il était possible de se borner à une analyse purement objective du droit positif. Mais le droit est une science sociale. Ce qui signifie que la « mission » des juristes, bien plus que de préciser les règles telles qu'elles s'appliquent, est de porter sur ces règles un jugement de valeur, de dire s'il faut les maintenir ou les réformer (Cf. H., L. et J. Mazeaud, *Leçons de droit civil*, t. 1, 3e éd., n° 17).

M. Chesné le sait bien. Pour discrète et voilée que soit son opinion sur le divorce par consentement mutuel, il la suggère au lecteur, affirmant que « sur le plan sociologique » ce divorce « n'est pas dépourvu d'intérêt » et concluant : « Ainsi le conflit entre le fait et le droit dénoncé au début de cette étude ne peut être plus évident, l'échec des principes formulés par le législateur en matière de divorce mieux établi. Mais, les principes juridiques peuvent-ils prétendre résoudre la question du divorce ? En réalité, les mœurs plus que les lois dominent ce problème. » Faut-il donc « au nom des mœurs », consacrer dans notre droit la pratique, actuellement illégale, du divorce par consentement mutuel ?

L'argument tiré de l'existence de fait du divorce par consentement mutuel est, en lui-même, sans valeur : nul n'a jamais prétendu que, parce que la plupart des contribuables qui le peuvent, fraudent en matière d'impôts, il convient de ne pas lutter contre ces fraudes ! La seule question est de savoir si l'institution est bonne ou mauvaise sur le plan social et moral. Si elle est bonne, il faut demander au législateur de l'admettre ; si elle est mauvaise, on doit examiner comment on peut en combattre la pratique.

*
* *

Que vaut donc, socialement et moralement, le divorce par consentement mutuel ?

M. Chesné s'est efforcé d'en montrer les avantages et les inconvénients. Il a été ainsi amené à rechercher pourquoi les époux ont recours à cette forme de divorce et à distinguer deux situations. Tantôt mari et femme n'ont aucun motif de se séparer, sinon leur volonté commune ; l'un et l'autre considèrent le mariage comme un état temporaire ; ce que leur volonté a fait, elle veut le défaire ; quand « ils ont assez » de vivre ensemble, ils entendent retourner au célibat ou tenter « une nouvelle expérience » avec un autre partenaire. Tantôt, au contraire, des motifs sérieux de mettre fin à la vie commune existent, des fautes graves ont été commises par l'un des époux ou par les deux époux ; il leur serait donc possible d'obtenir régulièrement un divorce fondé sur ces griefs sérieux ; mais pourquoi révéler leurs turpitudes à leurs juges, à leur famille, au public ? Mieux vaut se mettre d'accord et se séparer sans scandale.

Même si le divorce par consentement mutuel n'était utilisé dans la pratique que dans ces deux situations, les inconvénients qu'il peut présenter ne seraient pas inexistants : il ferait du mariage un état voisin du concubinage ; il multiplierait les divorces en permettant à chacun des époux de céder à un entraînement qu'il est susceptible de regretter plus tard, mais trop tard s'il a divorcé ; il enlèverait aux tribunaux tout contrôle dans ce domaine. Du moins, comme le fait remarquer M. Chesné, faudrait-il mettre en balance les avantages du divorce par consentement mutuel. D'abord sa discrétion. Et cet autre mérite qui lui est attribué : « le consentement mutuel permet d'espérer le respect et l'exécution loyale » des décisions prises quant à la garde des enfants, à la pension, etc. Sur ce dernier point, il est d'ailleurs permis de se montrer plus réservé : la pratique révèle trop souvent que les conventions passées au moment du divorce, même avec la ferme intention de les respecter, sont vite oubliées, surtout par l'époux qui se remarie.

Il n'en reste pas moins vrai que les avocats du divorce par consentement mutuel trouveraient dans leur dossier quelques raisons « qui ne battraient point la campagne », s'il n'existait pas une situation dans laquelle se pratique fréquemment ce divorce, situation qu'a ignorée M. Chesné.

Tous les juristes qui sont en contact avec la pratique, savent bien que le consentement mutuel au divorce est loin d'exister toujours. Souvent, c'est l'un des époux qui veut le divorce, fréquemment – et ce sera généralement le mari – afin de pouvoir se remarier. S'il s'agissait seulement de conflits qui rendent la vie commune difficile ou même impossible, les époux se contenteraient d'une séparation de fait, surtout lorsqu'il y a des enfants auxquels ils épargneraient la situation peu enviable d'enfants de divorcés. Quand l'un des époux veut le divorce, spécialement quand le mari désire se remarier, il faut qu'il obtienne le consentement de l'autre. Car, sans ce consentement, au moins s'il n'a rien de grave à reprocher à son conjoint sinon d'avoir vieilli et qu'il en est las, il ne peut obtenir un jugement de divorce. Sans doute a-t-il la ressource de susciter de faux témoignages ; mais le procédé est périlleux : le tribunal de la Seine, le 9 nov. 1962 (*Gaz. Pal.* 23 avr. 1963) a condamné à 15 jours de prison avec sursis et 500 F d'amende (outre 250 F de dommages-intérêts) pour faux témoignage un témoin complaisant qui avait mensongèrement déclaré qu'une chaste épouse avait fait admirer ses seins par un honorable peintre, et pour « usage d'attestation inexacte » (art. 161 c. pén. : L. 27 août 1948) un ami secourable qui avait versé à la procédure une attestation, qu'il savait contraire à la vérité, où il était affirmé que cette femme avait eu une conduite « choquante » avec un passager à bord d'un transatlantique. Alors, comment l'époux qui veut le divorce obtiendra-t-il le consentement de son conjoint ?

C'est ici le drame véritable des divorces, particulièrement douloureux pour la femme dont on veut arracher le consentement. Celle-ci, pour défendre son honneur, pour sauvegarder les intérêts de ses enfants, souvent aussi pour des motifs religieux (le respect de la parole solennellement donnée devant Dieu), refuse le divorce. Mais les praticiens savent bien qu'il est rare qu'elle puisse résister longtemps. Car tous les moyens sont employés pour la contraindre. Qu'elle accepte, et on obtiendra un jugement prononçant le divorce aux torts et griefs exclusifs du mari; mais qu'elle refuse, et on trouvera bien un grief à lui imputer pour faire prononcer un jugement aux torts et griefs réciproques. Qu'elle accepte, et on lui laissera la garde des enfants; qu'elle refuse, et on demandera au tribunal de partager les enfants ou même de les confier au mari. Qu'elle accepte, et on lui versera une pension élevée; qu'elle refuse, et on discutera le taux de cette pension, ou même elle n'obtiendra rien si l'on a pu arracher au tribunal un divorce aux torts et griefs réciproques.

Voilà l'odieuse pratique du divorce par consentement mutuel, qui n'est, en réalité, qu'un « divorce par consentement forcé », car il faut un courage singulier à l'époux qui subit ces menaces, pour ne pas céder. Les conseils qui cherchent à défendre l'indissolubilité du mariage, hésitent eux-mêmes à inciter l'époux innocent à la résistance : ils savent au-devant de quelles difficultés ira cet époux, s'il fait rejeter la demande en divorce de son conjoint adultère, combien il lui sera difficile de se faire verser les subsides nécessaires pour vivre et faire vivre ses enfants, par un conjoint qui se sera créé un nouveau foyer et en supportera les charges; encore restera-t-il à celui-ci la possibilité de vaincre les dernières résistances en se prévalant de sa qualité de chef de famille pour exiger que les enfants lui soient remis; faudra-t-il alors le faire condamner pour « abandon de famille » afin de pouvoir lui refuser les enfants ? L'Église catholique, elle-même, n'ignore pas cette tragédie; aussi ne s'interdit-elle pas d'autoriser un époux à accepter un soi-disant divorce par consentement mutuel; encore faut-il qu'elle ait la certitude que cet époux n'en profitera pas, à son tour, pour se remarier; mais pareille certitude est-elle susceptible d'exister ?

Le « divorce par consentement mutuel », d'aucuns peuvent le défendre : ceux qui ne croient pas à l'indissolubilité du mariage. Le « divorce par consentement forcé », nul ne peut plaider pour lui, à moins d'admettre le divorce par volonté unilatérale de l'époux coupable. Or le soi-disant divorce par consentement mutuel n'est bien souvent qu'un divorce par consentement forcé.

Mais, dira-t-on, comment l'empêcher ? Peut-on protéger l'époux innocent qui refuse le divorce ? Peut-on lutter contre la pratique du divorce par consentement mutuel ? *Quid leges sine moribus ?*

*
* *

Pour difficile que soit la lutte, elle n'est pas impossible.

Il faut, d'abord, se tourner vers les praticiens. Certes, on se ferait beaucoup d'illusions si l'on espérait qu'un simple appel à leur conscience professionnelle soit de nature à les empêcher de prodiguer à leurs clients de mauvais conseils; le législateur le sait bien, qui punit les « rabatteurs » du divorce. Du moins peut-on demander aux juridictions disciplinaires des différents ordres de se montrer vigilantes. Combien d'avocats reçoivent les deux parties, le mari et la femme, et cherchent à convaincre l'époux récalcitrant qu'il est préférable, dans son propre intérêt, de « s'arranger », alors qu'ils savent pertinemment que tout « arrangement » est nul et sera, le plus souvent, renié ? Est-ce bien conforme aux règles de l'Ordre ?

Il faut, avec, sans doute, plus de chances de succès, s'adresser aux tribunaux. Certes, il leur est difficile de démêler, parmi les griefs qui sont invoqués, ceux qui sont vrais et ceux qui sont imaginés pour obtenir un divorce d'accord ; encore n'est-ce pas tout à fait impossible : le juge qui dirige l'enquête n'est pas sans intelligence, ni celui auquel on produit des lettres fabriquées pour les besoins de la cause ; en réalité, comme le relève M. Chesné, le juge est « rarement dupe ». En tout cas, est-il admissible qu'il signe des jugements dits « convenus », préparés par les avoués des deux parties ? Un magistrat qui a une conscience, peut-il, ainsi, ouvertement violer la loi ? Prétend-il à la fausse célébrité du soi-disant « bon juge », le président Magnaud, qui avait, au moins, le mérite d'une candide sincérité quand il écrivait dans un jugement du tribunal civil de Château-Thierry (12 déc. 1901) : « Attendu que si le divorce par consentement mutuel n'est pas encore inscrit dans la loi, le tribunal, pour bien apprécier la situation respective des parties, ne doit pas moins tenir le plus grand compte de cette volonté de deux êtres ne pouvant être enchaînés l'un à l'autre » (Cf. H., L. et J. Mazeaud, *op. cit.*, t. 1, 3e éd., no 1411). Est-ce trop demander au juge que d'écouter, lors de la tentative de conciliation, l'époux qui résiste au divorce – bien souvent il ne lui est même pas loisible d'ouvrir la bouche –, et surtout d'essayer sérieusement de conseiller patience et pardon, usant au besoin du délai de réflexion que la loi met à sa disposition ? Le législateur n'a pas fait du juge conciliateur une machine à enregistrer les demandes en divorce ; il lui a confié une belle mission ; encore faut-il qu'il veuille la remplir. N'est-il pas possible d'obtenir des juges d'instance qu'ils allouent aux épouses abandonnées des pensions leur permettant, à elles-mêmes et à leurs enfants, de mener un train de vie qui serait celui dont elles jouiraient si le mari ne les avait délaissées ?

Enfin demandera-t-on au législateur d'intervenir ? Peut-être, en raison des passions politiques que suscite le problème du divorce parce qu'il engage les sentiments religieux, des réformes fondamentales auraient-elles assez peu de chances d'aboutir à l'heure présente. Mais on peut penser que le législateur accepterait de prendre des mesures destinées à sauvegarder la liberté de l'époux innocent qui refuse le divorce, et à lutter contre le divorce par consentement forcé.

Quelles mesures ?

Essentiellement, permettre à la femme de vivre en état de séparation de fait. Dans notre droit, cette situation est illégale, et le législateur contraint l'époux que l'attitude de son conjoint met dans l'obligation de rompre la vie commune, à aller jusqu'au divorce ou la séparation de corps. Cet époux a pu obtenir du président, dans l'ordonnance contenant permis de citer et dans l'ordonnance de non-conciliation, une résidence séparée, une provision alimentaire, la garde des enfants, mais il s'agit là de « mesures provisoires », et s'il n'assigne pas son conjoint en divorce ou séparation de corps dans les vingt jours, les mesures provisoires « cessent de produire effet » (art. 238, al. 11, c. civ.). De telle sorte que cet époux ne peut pas s'arrêter à la séparation de fait réglementée par le président.

Plusieurs juridictions, se fondant sur le texte de l'art. 238, al. 11, c. civ., qui ne vise que les mesures provisoires ordonnées au profit de l'époux demandeur, ont décidé que celles qui ont trait à la garde des enfants et à la pension relative à leur intention, parce qu'elles ne sont pas prévues dans l'intérêt de l'époux, survivent à l'expiration du délai de vingt jours; mais la jurisprudence n'est pas unanime et la Cour de cassation ne paraît pas favorable à cette interprétation (Crim. 28 oct. 1958, D. 1959. 257, note P. Bouzat; S. 1959. 125; *Gaz. Pal.* 1958. 2. 362, rejetant le pourvoi formé contre Paris, 5 juill. 1957, D. 1957. Somm. 141; *Gaz. Pal.* 1957. 2. 224. – Cf. H., L. et J. Mazeaud, *op. cit.*, t. 1, 3e éd., no 1467) ; en tout cas, la provision alimentaire relative à l'épouse disparaît. Il faut donc supprimer ce délai de vingt jours, comme l'a demandé la Faculté de droit de l'Université de Paris, consultée sur le projet de la Commission de réforme du code civil, projet qui maintient le régime actuel. Ainsi l'époux qui ne veut plus du divorce pourra résister aux pressions et obtenir du juge la possibilité de vivre décemment et d'élever ses enfants, sans être tenu de faire prononcer le divorce ou la séparation de corps.

On pourrait également souhaiter la promulgation d'un texte disposant que le rejet d'une demande en divorce n'entraîne pas suppression des mesures provisoires lorsque l'époux demandeur refuse de reprendre la vie commune ou rend cette reprise impossible par son attitude (entretien d'une concubine, etc.). Quelques juridictions l'avaient décidé, mais la Cour de cassation, après avoir hésité, a refusé de les suivre (Civ., 2e sect. civ., 10 juill. 1958, D. 1958. 620; *Gaz. Pal.* 1958. 2. 124; H., L. et J. Mazeaud, *op. cit.*, t. 1, 3e éd., nos 1463 et 1504).

Une autre réforme est susceptible d'être réalisée pour protéger l'époux qui refuse le divorce. S'il laisse former contre lui une demande en divorce sans se porter reconventionnellement demandeur, il risque – car le juge peut retenir contre lui des griefs légers ou se laisser abuser par des témoignages malveillants – de voir le divorce prononcé à ses torts et griefs exclusifs. Mais s'il forme une demande reconventionnelle, il court un autre danger : être le responsable du divorce, car sa demande reconventionnelle, fondée sur l'adultère de son conjoint, sera certainement admise, alors que la demande principale formée contre lui sera peut-être repoussée. Dans l'état actuel de notre droit, il existe un moyen d'éviter ce résultat : attendre que soit rendue la décision du tribunal accueillant la demande principale du conjoint, et se porter demandeur reconventionnel en appel, pour se désister de cette demande reconventionnelle dans le cas où la cour, la recevant, rejetterait la demande principale (Cf. H. L. et J. Mazeaud, *op. cit.*, t. 1, 3e éd., 75e leçon, Lectures II; Paris, 1er mars 1956, D. 1956. 341; *Gaz. Pal.* 1956. 2. 288). Mais plutôt que de contraindre un époux à recourir à ces artifices de procédure, sur l'efficacité desquelles la Cour de cassation ne s'est pas encore prononcée, il serait préférable qu'un texte permette expressément au demandeur reconventionnel de limiter son action au cas où la demande principale serait admise.

Réformes mineures, mais nécessaires si l'on veut mettre fin au chantage pratiqué par l'époux qui entend imposer le divorce à son conjoint. Et comment ne souhaiterait-on pas mettre un terme à d'aussi odieuses pratiques ?

On est ainsi conduit à condamner tout divorce par consentement mutuel, car un tel divorce dissimule trop souvent un divorce par consentement forcé. Les dirigeants de l'Église d'Angleterre, de l'Église catholique romaine et des Églises libres (du Pays de Galles et d'Écosse) l'ont bien compris en Grande-Bretagne. Par une déclaration commune récente, ils s'élèvent contre la proposition, que discute le Parlement britannique, autorisant le divorce par consentement mutuel après sept années de séparation de fait (Cf. *La France catholique*, 26 avr. 1963).

Élevant le débat, ne convient-il pas, pour conclure, de rappeler avec cette déclaration, témoignage de l'œcuménicité de l'Église, « le sens fondamental du mariage comme union pour la vie » ?

LA NATURE JURIDIQUE DU PAS-DE-PORTE*

1963

Yvonne Lambert-Faivre

Chargée de cours des Facultés de droit

Le 14 nov. 1962, la Cour de cassation, chambre civile, section commerciale, a rendu cinq arrêts sur « le pas-de-porte » (D. 1963. 305). Ce n'est pas là un sujet nouveau, et diverses décisions de jurisprudence ont suscité de nombreuses études doctrinales sur ce problème. Mais, les solutions proposées par les juges du fait étaient jusqu'ici contradictoires, et on pouvait espérer que la Haute juridiction allait rendre en cette occasion des décisions de principe, dont les motifs de droit devraient ultérieurement guider les juges du fond.

En effet, alors qu'il semblait généralement admis que le pas-de-porte versé au bailleur par le locataire entrant, était une indemnité forfaitaire dont la nature restait d'ailleurs à préciser, un arrêt de la cour de Rennes du 13 juill. 1956[1], suivi d'un arrêt fortement motivé de la cour de Paris du 21 févr. 1957[2] analysèrent le pas-de-porte en un simple supplément de loyer.

Depuis ce revirement de la cour de Paris, les juges du fait restaient divisés. Tandis que certaines décisions[3] demeuraient fidèles à l'ancienne conception du pas-de-porte – sorte de contrepartie du droit à la propriété commerciale – d'autres se ralliaient à la nouvelle définition présentée[4]. Aussi, par cette série de cinq arrêts rendus le même jour sur une matière qui faisait l'objet de controverses depuis plusieurs années, la Cour de cassation se devait-elle de prendre parti sur la nature juridique du pas-de-porte en faisant abstraction des contingences de fait qui pèsent sur la juridiction des juges du fond.

* Sur le pas-de-porte, v. R. Martin, R. Maus et P. Lafarge, *Manuel des baux commerciaux; Rép. com. Dalloz*, v° *Louage baux commerciaux*, n°s 21, 36, 294; F. Givord, *Jurisclasseur commercial*, « Baux commerciaux »; J. C. P. 1956. I. 1293; Archevêque, Legrand et de Belot, *Le statut des baux commerciaux*, 1956; A. Jauffret, « Le nouveau statut des baux commerciaux », *Rev. trim. dr. com.* 1953. 833; J. Archevêque, *Gaz. Pal.* 1956. 2. Doctr., p. 39 et 1957. 1. Doctr., p. 14; B. Boccara, « Le pas-de-porte versé au propriétaire d'un local commercial », J. C. P. 1963. I. 1741; Marion, « La nature juridique du pas-de-porte », *Rev. loyers* 1955. 229 et 1958. 241; Blaise, « Réflexions sur le pas-de-porte », *Études Hamel*, p. 350; Brisac, « La cession de pas-de-porte consentie par le propriétaire de l'immeuble » *Gaz. Pal.* 1948. 2. Doctr., p. 19; Fau et Debeaurain, « Sur la nature juridique du pas-de-porte dans les baux commerciaux », *Ann. loyers* 1957. 526; Lalou, *Le pas-de-porte*, D.H. 1931, Chron., p. 65.

1. Rennes, 13 juill. 1956, D. 1957. 28; *Gaz. Pal.* 1956. 2. 392; *Rev. trim. dr. com.* 1957. 98, n° 16.

2. Paris, 21 févr. 1957, D. 1957. 329; S. 1957. 229; *Gaz. Pal.* 1957. 1. 428; J. C. P. 1957. II. 10053; *Rev. trim. dr. com.* 1957. 630, n° 13.

3. Trib. grande inst. Seine, 20 févr. 1962, *Gaz. Pal.* 1962. 1. 374; 2 oct. 1961, *Gaz. Pal.* 1961. 2. 253; *Rev. trim. dr. com.* 1962. 47, n° 23; 27 avr. 1959, *Rev. trim. dr. com.* 1959. 698, n° 29; Nancy, 8 mars 1962, D. 1962. 460.

4. Paris, 7 juin 1958, J. C. P. 1958. II. 10842; *Rev. trim. dr. com.* 1959. 87, n° 48; 9 févr. 1961, *Rev. trim. dr. com.* 1961. 595, n° 26; Trib. grande inst. Seine, 18 mai 1961, *Gaz. Pal.* 1961. 2. 49; *Rev. trim. dr. com.* 1961. 819, n° 24; 19 juin 1959, *Gaz. Pal.* 1959. 2. 284.

Or, la Cour de cassation n'a pas rendu ces arrêts de principe que l'on attendait d'elle. Trois décisions rejettent les pourvois en s'en remettant aux appréciations contradictoires des juges du fond, les deux autres cassent les arrêts de cour d'appel mais seulement pour insuffisance de motifs.

Le pas-de-porte, issu d'une « pratique » commerciale, ne peut-il donc s'affranchir des circonstances qui l'ont créé pour accéder à une autonomie juridique ? Car le pas-de-porte est issu d'une certaine situation de fait, de la nature des choses. Le pas-de-porte n'est pas une notion juridique *a priori*, mais une création empirique dont l'importance pratique est considérable. L'existence du pas-de-porte se révèle dans deux séries d'hypothèses :

- tantôt par le versement d'un certain capital du preneur au bailleur lors de la conclusion du bail ;
- tantôt par l'évaluation du droit au bail, lors de la cession d'un fonds de commerce : le pas-de-porte est donc payé par le nouveau locataire à l'ancien locataire.

Il est très important de souligner que, dans cette hypothèse, le pas-de-porte est stipulé au bénéfice du titulaire du droit au bail, et non pas au bénéfice direct du bailleur.

*
* *

Si le droit au bail a acquis un tel prix, il faut en trouver l'explication dans un certain contexte économique et juridique. Contexte économique tout d'abord[5] : le droit au bail s'est trouvé affecté d'un coût élevé en raison de la rareté de locaux commerciaux disponibles. La loi de l'offre et de la demande a joué : celui qui est titulaire d'un droit au bail d'une longue durée a une valeur précieuse dans son patrimoine, valeur qui se déprécie au fur et à mesure que le bail approche de sa fin. Dans un régime de droit commun, le propriétaire n'est pas tenu de renouveler le bail, et pour passer un bail nouveau, il sera d'autant plus enclin à réclamer le versement d'un « pas-de-porte », que le locataire devient, par là même, titulaire d'un droit au bail négociable.

Or, le jeu économique de la loi de l'offre et de la demande a été encore aggravé par les prescriptions légales. En effet, en droit commun, le prix du bail était plus ou moins élevé selon la durée qui en restait à courir. Or, depuis la loi sur la propriété commerciale du 30 juin 1926, le droit au bail comporte une garantie de durée supplémentaire avec la probabilité d'un renouvellement. Dès lors, le propriétaire qui donne à bail un local libre, sait qu'il en perd l'usage pour de longues années. Juridiquement, le preneur n'est titulaire que d'un droit personnel ; en fait il acquiert sur l'immeuble loué des pouvoirs si solides que la signature du contrat de bail consacre une sorte de démembrement de la propriété. Si l'orthodoxie juridique refuse d'analyser le droit du preneur en un droit réel, du moins le propriétaire a-t-il conscience d'amputer son immeuble d'une grande partie de sa valeur en le donnant à bail : un local commercial libre ne se vend-il pas beaucoup plus cher qu'un local loué ?

5. Cf. Martin, D. 1957, Chron., p. 1 ; B. Boccara, J.C.P. 1963. I. 1741.

Le pas-de-porte exigé par le propriétaire est donc la contrepartie de cette perte de valeur.

Pour le preneur, la somme versée trouve sa justification dans la valeur mise dans son patrimoine par un droit au bail à la durée pratiquement illimitée, et qu'il pourra lui-même négocier.

*
* *

Telle est donc la pratique du pas-de-porte telle qu'elle s'est instaurée.

Si la loi sur la propriété commerciale a consolidé ses assises, nul texte légal ne le définit, nul texte légal ne le réglemente. Ce silence, même a paru suspect : le pas-de-porte est-il licite ?

On peut répondre affirmativement à cette question en présentant plusieurs arguments :

Tout d'abord, si la loi ignore la pratique des pas-de-porte, il faut bien reconnaître qu'elle n'est point prohibée. Or, on sait que la loi est la garantie de la liberté, et que tout ce qui n'est pas expressément interdit est licite.

Encore faut-il réserver le cas de fraude à la loi. En effet, tous les textes sur la propriété commerciale ont été refondus par un décret-loi n° 53-960 du 30 sept. 1953. Celui-ci prévoit, dans son art. 8, remanié par la loi du 5 janv. 1957, que, même sans justes motifs, le bailleur peut refuser le renouvellement du bail, à condition de payer au locataire évincé une indemnité d'éviction égale au préjudice causé par le défaut de renouvellement. Enfin, l'art. 34 sanctionne par la nullité « les clauses, stipulations et arrangements qui auraient pour effet de faire échec au droit de renouvellement ».

On a donc prétendu que la pratique du pas-de-porte devait tomber sous le coup de cette nullité car le propriétaire peut être incité à refuser le renouvellement du bail à l'ancien locataire, s'il peut exiger d'un nouveau preneur un pas-de-porte supérieur à l'indemnité d'éviction à laquelle il sera condamné.

Il convient cependant de remarquer que le renouvellement du bail n'est pas pour le propriétaire une obligation d'ordre public puisqu'il peut s'y soustraire en payant une indemnité.

La licéité du pas-de-porte semble si évidente à tous, qu'aucun preneur n'a jamais excipé de l'art. 34 pour demander la nullité de la stipulation de pas-de-porte, et n'a jamais exercé à ce sujet la répétition de l'indu.

Au contraire, la pratique du pas-de-porte paraît véritablement officielle puisque la Caisse des dépôts et consignations elle-même, lorsqu'elle procède à la vente de locaux commerciaux dans les grands ensembles immobiliers qu'elle finance, met parfois les pas-de-porte en adjudication !

*
* *

La pratique du pas-de-porte se présente donc comme une stipulation empirique, issue d'un certain contexte économique et juridique. C'est une pratique courante et qui a pris une importance considérable dans la vie commerciale. Elle est licite, mais la loi l'ignore. L'analyse juridique doit donc dégager de la pratique et des circonstances de la cause propres à chaque cas, la véritable nature du pas-de-porte. Il convient d'examiner les arguments présentés à l'appui des deux thèses, soutenues tour à tour par la jurisprudence :

Le pas-de-porte est-il un supplément de loyer ou le prix du contrat de bail ?

I. Le pas-de-porte est-il un supplément de loyer ?

Deux des arrêts soumis à la Cour de cassation le 14 nov. 1962 mettent en relief les principaux intérêts d'une telle analyse :

1° La première opposait la Société Coframet à la Compagnie internationale des wagons-lits dans les circonstances suivantes :

La Société Coframet, locataire de locaux à usage commercial dans un immeuble appartenant à la Compagnie internationale des wagons-lits, s'étant vu refuser le renouvellement de son bail, avait assigné sa bailleresse en payement d'une indemnité d'éviction. Or, l'indemnité d'éviction comprend notamment, aux termes de l'art. 8 du décret du 30 sept. 1953, modifié par la loi du 5 janv. 1957 « la valeur marchande du fonds de commerce, déterminée suivant les usages de la profession, augmentée éventuellement des frais normaux de déménagement et de réinstallation, ainsi que des frais et droits de mutation à payer pour un fonds de même valeur, sauf dans le cas où le propriétaire fait la preuve que le préjudice est moindre ».

Or, la Société Coframet avait dû payer un nouveau pas de porte de 19 500 000 AF pour se réinstaller. Elle prétendait inclure ce pas-de-porte dans le montant de l'indemnité d'éviction qui lui était dû. Mais l'ancien bailleur, analysant ce pas-de-porte comme un supplément du nouveau loyer, donc ayant sa contrepartie dans la jouissance des nouveaux locaux, refusait de l'inclure dans sa dette. La cour d'appel de Paris admit, dans un arrêt du 7 juin 1958, que le pas-de-porte litigieux n'était qu'un élément de calcul du loyer afférent au nouveau local, et la Cour de cassation rejeta le pourvoi en se référant à l'appréciation souveraine de la volonté des parties par les juges du fond.

Ce problème de l'inclusion du pas-de-porte nouveau dans l'indemnité d'éviction due par l'ancien bailleur, est l'un des plus constamment soumis à la jurisprudence (Cf. également l'affaire *Honoré C. Biaggi*, tranchée le même jour par la Cour de cassation), et il semble que les juges concluent volontiers à un supplément de loyer pour rejeter cette prétention.

2° Mais il est un autre type de litige qui oppose souvent bailleur et preneur sur la portée du pas-de-porte : c'est celui de la révision du prix du loyer, illustré par l'une des espèces soumises à la Cour de cassation le 14 nov. 1962, dans laquelle s'affrontent la Société immobilière de la rue Louis-le-Grand et la Société Lebel.

Voici les faits : la Société immobilière de la rue Louis-le-Grand avait donné à bail, en 1950, à la Société Lebel, un appartement à usage commercial situé boulevard des Italiens pour un loyer de 300 000 AF par an, contre versement d'un pas-de-porte de 3 200 000 AF. Le même jour elle donnait à bail un autre appartement du même immeuble à la Société commerciale des Sucreries réunies, pour un loyer de 350 000 AF par an et moyennant un pas-de-porte de 3 500 000 AF.

Quelques mois plus tard, en 1951, la Société commerciale des Sucreries réunies cède son bail à la Société Lebel, qui s'est ainsi trouvée locataire unique de l'ensemble des deux appartements, après avoir évidemment racheté à l'ancien preneur le pas-de-porte afférent au second appartement.

En 1953, la société bailleresse demande la révision des loyers, conformément à la loi sur la révision triennale des baux commerciaux (actuellement les art. 26 et 27 du décret du 30 sept. 1953, modifiés par la loi du 12 mars 1956). Une ordonnance du président du tribunal civil fixe, après expertise, la valeur locative des deux appartements réunis, à 3 200 000 AF par an. Sans contester ce chiffre, la Société Lebel prétendit alors que les deux pas-de-porte versés devaient s'analyser en un supplément de loyer, et le bail étant de neuf ans, le neuvième de ces pas-de-porte devait être imputé, chaque année, sur le prix du loyer et entrer ainsi en ligne de compte pour la fixation, du loyer révisé.

La cour d'appel de Paris rendit, le 7 déc. 1959, un arrêt au profit de la Société Lebel, analysant le pas-de-porte conformément à sa nouvelle jurisprudence, en un supplément de loyer.

Dans un arrêt du 14 nov. 1962, la Cour de cassation estima que le sens à donner au payement d'un pas-de-porte dépendait de l'intention des parties, et l'arrêt d'appel ne fut cassé que parce qu'il n'avait pas suffisamment établi que le versement litigieux avait, dans la volonté des parties, le caractère de loyer. C'est une fois de plus refuser de trancher le débat sur le terrain des principes en éludant la réponse à donner au problème par le biais de l'intention des parties.

Quant à nous, l'intention des parties nous semble dans tous les cas être la même lors de la conclusion du contrat : le pas-de-porte pallie à une certaine dévaluation de l'immeuble loué. Mais une fois le litige né, on a trop l'impression que l'une ou l'autre partie ramène la somme versée à un supplément de loyer, soit, de la part du bailleur, pour diminuer le montant de l'indemnité d'éviction, soit, de la part du preneur, pour minimiser le chiffre du loyer révisé.

Dans ces conditions, l'intention des parties, qui n'est pas explicitée au moment du contrat, et qui devient fort suspecte lors du procès, ne semble pas fournir une assise sérieuse à l'analyse du pas-de-porte.

Il convient donc d'examiner de manière objective et abstraite quels arguments peuvent être présentés à l'appui de cette thèse, et quelles objections ils soulèvent.

A. Les arguments en faveur de la thèse d'après laquelle le pas-de-porte est un supplément de loyer

1° Il est un premier argument, d'ordre fiscal, donc en marge de l'analyse juridique : en effet, pour les contributions directes, le pas-de-porte est considéré comme un loyer, c'est-à-dire comme un revenu imposable. Mais c'est un argument bien fragile, car les considérations fiscales sont trop contingentes pour être convaincantes. En effet, le fisc change de conception lorsqu'il liquide les droits d'enregistrement en matière de vente de fonds de commerce ou de cession de bail. Il perçoit alors un droit de mutation de 16 p. 100 sur tous les éléments du fonds y compris le pas-de-porte, considéré ici, non comme un loyer, mais comme un élément du prix. Le taux très élevé de ces droits explique d'ailleurs le procédé secret employé par les parties qui, le plus souvent, n'insèrent pas la clause dans le bail – ce qu'elles feraient, semble-t-il, si elles considéraient vraiment le pas-de-porte comme un supplément de loyer – mais préfèrent un payement comptant contre un simple reçu, pour éviter les droits de mutation;

2° Si les considérations fiscales paraissent davantage dominées par un souci de rendement que par un souci d'objectivité scientifique, il faut cependant reconnaître que le Conseil d'État adopte l'analyse des contributions directes pour intégrer le pas-de-porte dans le revenu imposable : « Considérant qu'il résulte de l'instruction que la dame D… a reçu de son locataire le sieur G… un pas-de-porte de 850 000 AF prévu par l'acte de location; que le fait que le bail commercial donne certains droits au locataire ne saurait modifier le caractère du versement effectué qui, étant la contrepartie des avantages que le locataire tire de l'occupation de l'immeuble, doit être regardé comme un supplément de loyer; que, comme tel, ledit versement a été à bon droit compris dans le calcul des revenus imposables de la dame D… »[6];

3° Les références aux solutions fiscales et à la jurisprudence administrative constituent un argument en faveur de cette première thèse, car il est bon qu'une institution ait une définition unique pour toutes les disciplines; encore faut-il que cette définition soit justifiée. Or, ceux qui la défendent trouvent leurs arguments les plus convaincants dans l'analyse du mot « loyer ». Aux termes de l'art. 1709 c. civ., « le louage de chose est un contrat par lequel l'une des parties s'oblige à faire jouir l'autre d'une chose pendant un certain temps et moyennant un certain prix que celle-ci s'oblige de lui payer ».

La cour d'appel de Paris, dans son arrêt du 7 déc. 1959 à propos de l'affaire de la Société immobilière de la rue Louis-le-Grand, en déduit ceci : « Considérant qu'il ressort de cette disposition que toute somme versée par le preneur à l'occasion d'un tel contrat doit être présumée constituer la contrepartie de la jouissance de la chose objet du bail, à moins que le bailleur établisse que le versement a une autre cause ».

Nous avons là un syllogisme : toute somme versée à l'occasion d'un contrat de bail est un loyer, le pas-de-porte est versé à l'occasion d'un contrat de bail, donc c'est un loyer.

Dans cette optique, le loyer n'est pas seulement la redevance périodique versée au fur et à mesure de la jouissance, car il englobe toutes les sommes payées au bailleur. Bailleur et preneur peuvent d'ailleurs convenir qu'une partie du loyer sera payable d'avance, au début du contrat : le pas-de-porte serait seulement la capitalisation d'une partie du loyer.

C'est là un dernier argument, d'ordre financier.

4° Dans l'affaire Coframet, le tribunal civil de la Seine, dans son jugement du 9 mars 1956, avait longuement exposé ce point de vue : « Attendu, en ce qui concerne le « pas-de-porte », que, d'après les experts, il représente la capitalisation de la différence qui existe entre le cours des loyers tel qu'il résulte de la combinaison

6. *Rec. Cons. d'Ét.* 1955, p. 247.

du prix judiciaire et des prix amiablement fixés, prix réagissant réciproquement les uns sur les autres, et le prix qui aurait pu être obtenu si le local libre avait été loué au plus offrant sans pas-de-porte, c'est-à-dire mettant pratiquement le loyer aux enchères, le montant de l'enchère étant à la fois fonction de la plus ou moins grande pénurie des locaux libres, de l'abondance de la demande et des capacités financières de celle-ci ».

C'est là une analyse subtile du pas-de-porte, mais qui ne paraît pas pouvoir être maintenue devant un certain nombre d'objections.

B. Critique de la thèse d'après laquelle le pas-de-porte est un supplément de loyer

1° L'argument financier de la capitalisation du loyer paraît singulièrement fragile à un double point de vue :

a) Lors de la conclusion du contrat, le bail commercial est *libre* : les parties fixent donc le loyer en fonction de la valeur réelle de la jouissance des locaux et de la loi de l'offre et de la demande. Le pas-de-porte ne saurait donc représenter une sorte de « marché noir » face à un loyer officiel et sous coté ;

b) Le décret-loi du 30 sept. 1953, modifié par les lois du 12 mars et du 4 août 1956, a prévu une révision triennale du prix des baux commerciaux. Mais il s'agit toujours d'ajuster le cours de l'ancien loyer au « juste prix », éventuellement sous le contrôle du juge.

Si, en pratique, on constate une certaine sous-évaluation du prix des loyers, notamment de ceux fixés judiciairement, en l'absence de toute taxation d'ordre public il ne semble pas que le pas-de-porte puisse être considéré comme une sorte de marché parallèle des loyers. Et si les loyers étaient taxés, ce supplément de loyer serait alors indubitablement illicite.

Ainsi on ne voit pas pourquoi le loyer, libre lors de la conclusion du contrat, puis révisé en cours de bail en fonction de la conjoncture économique, serait affecté d'un « supplément » capitalisé sous la forme d'un pas-de-porte, « supplément » dont on décèle mal la contrepartie.

2° Assimiler le pas-de-porte à un loyer est méconnaître la nature du contrat de louage de chose (dont le bail commercial n'est qu'une forme particulière).

En effet, le louage est le contrat par lequel une personne s'engage à fournir à une autre la jouissance temporaire d'une chose, moyennant un prix – le loyer – qui est *proportionnel au temps.*

Ainsi, il est de la nature même du loyer d'être *successif*, et si les loyers sont stipulés expressément être payables d'avance dans la convention, le preneur est, par là même, libéré d'un certain nombre d'échéances.

Le loyer est par nature proportionnel au temps ; or le pas-de-porte est versé en une seule fois, et ce versement couvre une période indéterminée de jouissance, puisqu'il sera normalement renouvelé tous les trois, six ou neuf ans.

3° D'après l'art. 24 du décret du 30 sept. 1953, les loyers payés d'avance, sous quelque forme que ce soit, portent intérêt au profit du locataire... Or, en payant un pas-de-porte, les nouveaux preneurs ont bien conscience de payer autre chose qu'un loyer, puisqu'aucun d'eux n'a jamais demandé au bailleur le payement d'intérêts de ce chef !

4° Ramener le pas-de-porte à un simple loyer, c'est oublier que, dans la pratique, le pas-de-porte est souvent versé, lors de la cession d'un fonds de commerce, par l'acquéreur au cédant. Mais le cédant n'est pas propriétaire, n'est pas bailleur, et nul ne peut prétendre que l'acquéreur lui verse ainsi un loyer. Or, le pas-de-porte, qu'il soit versé par le preneur ou bailleur lors de la conclusion du contrat, ou de l'acquéreur au cédant lors de la cession du droit au bail, doit garder une même nature, car dans tous les cas il représente le prix du droit au bail. Il est donc inadmissible qu'il change de caractère selon les circonstances, et c'est là la condamnation absolue de la thèse qui prétend assimiler le pas-de-porte à un loyer.

5° Enfin cette analyse entraîne inéluctablement certaines conséquences en contradiction absolue avec les solutions admises par les tribunaux et la pratique. En effet, si le pas-de-porte est un loyer, celui-ci est définitivement acquis au bailleur : il pourrait donc refuser le renouvellement du bail sans qu'entre en ligne de compte la valeur du pas-de-porte afférent au local perdu, pour le calcul de l'indemnité d'éviction. Le pas-de-porte – supplément de loyer – a en effet pour seule contrepartie la jouissance des lieux loués pendant la durée du bail.

Or, depuis qu'existe la propriété commerciale, l'un des éléments de préjudice les plus élevés est précisément la perte du droit au bail représenté par l'ancien pas de porte. Le droit au bail est en effet l'un des éléments les plus précieux du fonds de commerce que la loi du 5 janv. 1957 (art. 8 du décret du 30 sept. 1953) inclut expressément dans l'indemnité d'éviction[7].

6° De même le commerçant qui veut réaliser son fonds de commerce ne pourrait plus inclure le pas-de-porte dans le prix de vente s'il s'agissait d'un supplément de loyer, donc acquis au bailleur par le seul fait de la jouissance des lieux loués pendant la durée du bail.

Ces diverses objections, à la fois théoriques et pratiques, s'opposent à l'admission de la thèse en vertu de laquelle le pas-de-porte n'est qu'un supplément de loyer. Il convient donc d'examiner la seconde analyse proposée :

II. Le pas-de-porte est-il « le prix du contrat » ?

Cette expression « prix du contrat » est assez vague et souple pour recouvrir plusieurs interprétations qui ont néanmoins un point commun essentiel : le pas-de-porte représente un capital, totalement distinct des redevances périodiques et successives qui caractérisent le loyer.

7. La Cour de cassation le rappelle dans l'un de ses arrêts du 14 nov. 1962, *Quillien* C. *Dutto* (D. 1963. 305) : « Attendu que la valeur intégrale du fonds de commerce, remboursée à la locataire évincée, incluant nécessairement la valeur du droit au bail, élément de ce fonds… ».

Mais la question qui se pose est alors de savoir quelle est la contrepartie de ce capital, car s'il n'existait aucune contrepartie licite, la stipulation de pas-de-porte serait dépourvue de *cause*, donc nulle. Il est symptomatique de noter qu'à notre connaissance aucun arrêt n'a jamais annulé une telle stipulation pour absence de cause, ce qui entraînerait par voie de conséquence la répétition de l'indu.

Notons d'ailleurs qu'en vertu de l'art. 1132 c. civ., la convention n'est pas moins valable quoique la cause n'en soit pas exprimée. Or, si la convention de pas-de-porte prend souvent des formes très discrètes dans la pratique, nous savons que c'est pour des raisons fiscales. La cause est donc présumée, mais cette présomption n'est pas irréfragable et si le débiteur pouvait prouver l'absence de contrepartie, donc l'absence de cause, il serait libéré.

On peut déceler dans les arguments de la doctrine et de là jurisprudence trois conceptions légèrement différentes et complémentaires de cette contrepartie qui est, soit d'ordre légal, soit d'ordre commercial, soit d'ordre économique.

A. Le pas-de-porte a une contrepartie légale

D'une manière simple et abrupte, la contrepartie du pas-de-porte serait tout d'abord le bénéfice de la législation sur les loyers commerciaux. Présentée de cette manière, cette assertion est fausse. Ce n'est pas le bailleur qui octroie la propriété commerciale moyennant payement d'un pas-de-porte : c'est le législateur qui a senti depuis 1926 la nécessité de protéger les locataires de baux commerciaux, et les avantages de la propriété commerciale sont octroyés par la loi[8].

B. Le pas-de-porte a une contrepartie commerciale

Dans une variante qui paraît plus exacte, de la thèse précédente, le pas-de-porte a pour contrepartie « les avantages commerciaux » qui résultent de la propriété commerciale.

On trouve cette expression dans de nombreuses décisions de jurisprudence, et la Cour de cassation s'y est d'ailleurs expressément référée dans son arrêt du 14 nov. 1962 « Société immobilière de la rue Louis-le-Grand C. Lebel » : « Attendu qu'en statuant ainsi, alors que le versement d'un pas-de-porte, que ne prohibe aucune disposition des textes régissant les baux commerciaux, peut être, dans l'intention des parties, soit un supplément de loyer payé d'avance, soit la contrepartie d'éléments de nature diverse notamment d'avantages commerciaux, sans rapport avec le loyer… ».

Le même jour elle a employé la même expression dans l'affaire Établ. Bernes C. Dame Rouzaud, dont les faits étaient les suivants : La dame Rouzaud, propriétaire, avait consenti au sieur Bernes un bail venant à expiration le 15 août 1953. Conformément au bail qui l'y autorisait, Bernes avait alors sous-loué la plus

8. Cf. Paris, 9 janv. 1961, *Quot. jur.* 6 juin 1961, n° 63, p. 7, et Paris, 19 mars 1962, *Actual. jur.* 1962. 662, note Legrand : « Le bénéfice (de la propriété commerciale), s'il est certes la conséquence du bail, est conféré au locataire non par le bailleur, mais par des dispositions impératives de la loi ; il s'ensuit que le bailleur ne saurait valablement obtenir le versement d'une somme pour laquelle il ne fournit lui-même aucune contrepartie et qui, de ce fait, aurait été ou serait payée sans cause ».

grande partie des locaux à différents preneurs, en percevant chaque fois un certain pas-de-porte. En vertu de l'art. 24 de la loi du 30 juin 1926, la dame Rouzaud, propriétaire, assigna alors Bernes, en payement de la différence entre le loyer principal et les loyers perçus des sous-locataires notamment sous forme de pas-de-porte. La cour d'appel de Toulouse se contenta d'affirmer, dans son arrêt du 10 juin 1958, « qu'il est évident au point de vue juridique, que le pas-de-porte pratiqué entre locataires principaux et sous-locataires ne peut être considéré autrement que comme un supplément de loyer dont le législateur n'a pas entendu laisser le bénéfice au locataire principal ».

Or, la Cour de cassation se prononça pour la cassation de l'arrêt, le 14 nov. 1962, car le pas-de-porte « est susceptible de constituer dans l'intention des contractants, la contrepartie d'éléments de nature diverse, notamment d'avantages commerciaux sans rapport avec le loyer ».

En se référant à l'intention des parties, la Cour de cassation ne donne une fois de plus à son arrêt que la portée limitée d'un cas d'espèce : ici la sous-location avait été expressément prévue dans le contrat de bail global de l'immeuble, dont elle était une des causes déterminantes pour le preneur.

L'expression « avantages commerciaux » n'en est pas moins vague. Pour les sous-locataires la contrepartie du pas-de-porte versé au locataire principal peut résider dans la possibilité de faire le commerce dans un local bien situé par exemple. Il faut reconnaître que l'on a quelque peine à discerner la réalité d'une contrepartie de ce pas-de-porte prélevé en intermédiaire par un locataire. Il ne semblerait vraiment justifié que par un apport quelconque du locataire à cet immeuble destiné au commerce, sous la forme de travaux d'aménagement quelconque, et d'installations commerciales, faute desquels ces avantages commerciaux ne seraient que spéculation. Sinon, le pas-de-porte ne pouvant pas, à nos yeux, être supplément de loyer, nous serions tentés de le considérer sans cause. Il pourrait alors y avoir répétition de l'indu de la part des sous-locataires. Quant au bailleur, il a reçu ce qu'il avait stipulé dans le contrat de bail à l'occasion duquel il pouvait légitimement lui-même demander un pas-de-porte, et s'il prétend avoir subi un appauvrissement du fait de l'attribution de la propriété commerciale aux sous-locataires, celui-ci trouvait sa cause juridique dans le contrat de bail principal : l'action *de in rem verso* nous semble donc inapplicable.

C. Le pas-de-porte a une contrepartie économique

Nous avons vu que la pratique du pas-de-porte s'est généralisée et amplifiée à partir de la loi sur la propriété commerciale, car les baux commerciaux devenant perpétuellement renouvelables, sauf cas exceptionnels, les immeubles ainsi grevés perdaient par là même, une bonne partie de leur valeur vénale. C'est cette perte que les propriétaires ont légitimement cherché à compenser par la stipulation d'un pas-de-porte élevé, lorsqu'ils donnaient à bail un local commercial se trouvant libre.

La contrepartie n'existe pas moins du côté du preneur; il acquiert par la signature du contrat de bail un « droit au bail » négociable qui est l'un des éléments les plus précieux de son fonds de commerce. Ce droit au bail payé par un pas-de-porte peut être cédé : le pas-de-porte est la valeur patrimoniale du droit au bail[9].

On sait que le preneur n'est titulaire que de droits personnels à l'égard du bailleur. Néanmoins la terminologie de « propriété commerciale », couramment employée par le législateur lui-même, montre que la cession par le propriétaire d'un bail commercial sur son immeuble tend à opérer un démembrement de la propriété. Il ne garde qu'une sorte de propriété dévaluée, amputée de cette propriété commerciale, en échange de laquelle il a reçu un pas-de-porte, prix du droit au bail.

Un arrêt de la cour de Douai du 28 janv. 1955[10] adopte expressément cette conception.

Notons que dans l'affaire *Coframet*, le pas-de-porte avait été qualifié par les parties « indemnité de bail », ce qui traduit assez bien la réalité : une indemnité est la somme allouée en réparation d'un préjudice. Or, le bailleur souffre un préjudice en supportant la perte de la valeur vénale de son immeuble donné à bail. Le pas-de-porte est bien l'indemnité qui compense ce préjudice.

*
* *

Le pas-de-porte, valeur patrimoniale du droit au bail, représente donc un capital totalement distinct des loyers, et dont la nature juridique reste identique dans les rapports de bailleur à locataire (en cas de nouveau bail) ou dans les rapports d'ancien à nouveau locataire (en cas de cession du droit au bail, notamment lors de la vente du fonds de commerce). Mais il reste, pour conclure, à rechercher quelles seront les conséquences de cette analyse dans les deux types de litiges les plus fréquemment soumis à la jurisprudence : indemnité d'éviction et révision des loyers.

a) Lorsque le bailleur, refusant le renouvellement du bail sans justes motifs, est condamné à verser une indemnité d'éviction, celle-ci est susceptible de couvrir deux pas-de-porte différents : le pas-de-porte représentant le droit au bail de l'immeuble dont le locataire est évincé, et le pas-de-porte qu'il doit payer pour entrer dans un nouveau local.

Pour l'ancien pas de porte, il n'y a aucune difficulté : le bailleur reprend le droit au bail, il doit le rembourser. Aux termes de la loi du 5 janv. 1957, « l'indemnité d'éviction comprend notamment la valeur marchande du fonds de commerce », et nous savons que le droit au bail en est l'un des éléments déterminants.

9. Cf. Trib. grande inst. Saint-Malo, cité par M. B. Boccara, article précité, J. C. P. 1963. 1. 1741, note 20 : « Économiquement et juridiquement (la cause du pas-de-porte) existe dans le fait que l'accord du bailleur, aussi bien que celui d'un précédent preneur, crée en matière commerciale dans le patrimoine du locataire un élément nouveau, chiffré ou chiffrable, de valeur très variable, mais certaine, figurant à son actif, s'incorporant à son fonds, concret, négocié ou négociable, droit au bail s'il vient d'un précédent preneur, innomé s'il vient directement du bailleur, mais dans les deux cas de même essence et nature, ce qui n'est d'ailleurs que justice ».

10. *Gaz. Pal.* 1955. 1. 352; *Rev. loyers* 1955. 340.

Au contraire il nous paraîtrait totalement injustifié d'inclure le nouveau pas de porte dans l'indemnité d'éviction, car ce serait condamner le bailleur à payer deux pas-de-porte alors qu'un seul fonds de commerce est en question[11].

Le commerçant qui paie un nouveau pas de porte enrichit son patrimoine d'un nouveau droit au bail, parfaitement négociable, et dès lors est-il inutile de qualifier ce nouveau pas de porte « supplément de loyer » pour en refuser le remboursement.

Tout au plus, le commerçant peut-il subir un certain préjudice d'ordre financier en soustrayant de sa trésorerie des capitaux importants pour cette acquisition et qu'il appartiendrait alors aux juges du fond d'évaluer[12]. Mais cette même trésorerie peut se trouver renflouée par la réception de l'indemnité d'éviction, et alors le préjudice financier paraît négligeable.

b) En ce qui concerne la révision des loyers il nous paraît inadmissible de faire entrer en ligne de compte le pas-de-porte, qualifié alors « supplément de loyer », pour diminuer d'autant le loyer révisé. En effet, le loyer a pour contrepartie la jouissance successive des lieux loués, et le pas-de-porte représente la valeur patrimoniale du droit au bail. Ce sont deux choses totalement différentes et l'une ne saurait venir en déduction de l'autre.

*

* *

Une analyse juridique du pas-de-porte menée à partir de la réalité des faits nous paraît donc conduire aux solutions claires et dépourvues d'ambiguïté qui seules peuvent guider le justiciable. La Cour de cassation n'a pas saisi l'occasion qui lui était donnée le 14 nov. 1962, de rendre une série d'arrêts de principe en prenant nettement parti pour l'une des deux thèses qui s'affrontaient. Il faut le regretter, car il est clair qu'en se référant obstinément à la seule intention des parties qu'il appartient aux juges du fond de révéler, elle laisse place à toutes les hésitations et à tous les conflits sur l'interprétation d'une clause que chacun qualifiera toujours *a posteriori* au mieux de ses intérêts, la logique juridique dût-elle souffrir de sentences aussi contradictoires qu'inconciliables.

11. Cf. Montpellier, 7 nov. 1957, D. 1958. 300 et *Rev. trim. dr. com.* 1958. 531, n° 35.
12. Cf. Paris, 7 juin 1958, J. C. P. 1958. II. 10842.

LE NEZ DE CLÉOPÂTRE OU LES AFFRES DE LA CAUSALITÉ

1964

Paul Esmein

Professeur honoraire à la Faculté de droit de Paris

« Le nez de Cléopâtre : S'il eût été plus court, eût changé la face du monde. » (Pascal).

« Que je méprise ces philosophes qui, mesurant les conseils de Dieu à leur pensée, ne le font auteur que d'un certain ordre général d'où le reste se développe comme il peut. » (Bossuet, *Oraison funèbre de Marie-Thérèse d'Autriche*).

1. – J'ai écrit, il y a déjà longtemps que c'est par sentiment que les juges décident si la réalisation d'un dommage est une conséquence trop imprévisible d'un acte pour que son auteur en soit responsable. C'est là, a-t-on dit, un moyen commode d'éviter la difficulté (Mazeaud et Tunc, *Traité de la responsabilité civile*, t. 2, n° 1422), sauf à écrire, quelques pages plus loin, que personne n'a proposé un système clair et satisfaisant (n° 1439), et à citer un auteur américain réputé en matière de *law of torts*, Prosser : « Tout ce qui méritait d'être dit à ce sujet a déjà été dit de nombreuses fois, ainsi qu'un grand nombre de paroles qui ne méritaient pas d'être dites… L'abondance stupéfiante de la littérature sur le sujet du lien de causalité va à l'encontre même du dessein qu'elle se propose et ne fait qu'ajouter de la fumée au brouillard ». Le brouillard est tel que je reprends tout de même la plume et rallume mes phares.

Que le rapport de causalité soit apprécié par sentiment, l'opposition des solutions suivantes le fait apparaître : il a été jugé que l'automobiliste, qui est responsable de la blessure causée par sa voiture, est responsable de la mort de la victime, due non à la blessure, mais à un traitement malencontreusement pratiqué par le médecin (Crim. 15 janv. 1958, J.C.P. 1959. II. 11026, note Esmein). Mais l'automobiliste dont la voiture a été volée alors qu'il a commis la faute de la laisser sur la voie publique sans la fermer, n'est pas déclaré responsable de l'accident causé par le voleur (Civ. 6 janv. 1943, D. 1945. 117, note Tunc ; S. 1943. 1. 51 ; Civ. 17 juin 1946, S. 1948. 1. 83 ; Civ., 2e sect. civ., 21 janv. 1959, D. 1959.208 ; S. 1959. 81 ; 20 févr. 1963, D. 1963. Somm. 54 ; *Gaz. Pal.* 1963. 2. 51).

Il est probable que, si l'on a exclu la responsabilité du propriétaire de la voiture volée c'est parce qu'il a paru trop rigoureux de le rendre responsable alors que c'est lui d'abord la victime du vol, et qu'on a donc, pour cette raison, écarté la présomption de responsabilité ; si l'on avait maintenu la responsabilité dans tous les cas où la voiture n'a pas été fermée, il n'eût valu la peine d'exclure la présomption. Mais le fait capital permettant la solution est l'intervention du voleur, responsable direct de l'accident. Or la faute du médecin, qui a été cause de la mort du blessé, a le même caractère de cause directe de cette mort. Si le juge en rend responsable l'auteur de la blessure, il fait de celui-ci la victime de la faute du médecin, alors qu'il ne veut pas que le propriétaire de la voiture volée soit victime de la faute du voleur. La divergence des solutions n'est pas rationnelle.

L'idée de blessure suggère la mort plus que l'idée de vol celle d'accident. Est-ce cela qui a amené la divergence des solutions ? En tout cas c'est par sentiment que les juges ont statué. Alors il faut au moins savoir à quel sentiment ils obéissent. On est conduit à repenser le problème de la causalité dans la responsabilité civile.

2. – D'après la méthode d'observation qui a permis à l'homme de commander à la nature en lui obéissant, un fait est considéré comme la cause d'un autre quand on vérifie de façon constante que, les mêmes circonstances étant réunies, le premier est suivi du second. Quand un corps dur est projeté sur la chair d'un homme ou qu'un corps très chaud entre en contact avec elle ou en approche, elle est détériorée. On dit qu'il est cause de la blessure.

Mais, pour qu'un homme soit blessé, il a fallu que se produisent des séries d'autres faits sans lesquels il n'eût pas été blessé, et qui, par suite, sont causes également de sa blessure. Il a fallu, par exemple, qu'une branche tombe d'un arbre, ou une pierre d'une maison. Si c'est un vent violent qui l'a fait choir, on dira indifféremment que c'est le vent ou la pierre qui est la cause. Mais, pour que l'homme ait été blessé par cette pierre, il a fallu encore qu'il passe à proximité de la maison. Les circonstances qui ont fait qu'il est passé là juste au moment où la pierre tombait, sont aussi des causes de la blessure. Il en est de même, si la blessure est faite par un animal, des circonstances qui ont fait qu'il passe en ce lieu au même moment, et, si la pierre est tombée d'une maison, des circonstances qui ont fait qu'elle a été construite en ce lieu, et, le cas échéant; qu'elle a été mal entretenue. On dira, cette fois *a posteriori*, que si l'absence ou le déplacement dans le temps d'un de ces faits avait eu pour conséquence que le passage de l'homme au lieu et au moment où est tombée la pierre eût été avancé ou retardé, la blessure ne serait point advenue. Tous ont été au même degré les antécédents nécessaires de la blessure; ils en ont tous été la cause.

3. – Mais, si parmi ces antécédents nécessaires d'un dommage se trouve l'acte d'un homme remplissant certaines conditions, tout change : On paraît ne plus tenir compte que de cet acte. On dit qu'il est la seule cause du dommage. Cela traduit une conception de la causalité très différente. Elle implique encore une succession dans le temps. Mais elle est conçue comme une génération. Comme l'homme se sent le père des enfants qu'il a engendrés (du moins quand il a compris que les enfants sont produits par les rapports sexuels), il se sent l'auteur des mouvements qu'il a accomplis, et généralement de tout ce qu'il a fait, et par suite des dommages qu'il a causés par ses agissements.

Cependant on s'est mis à estimer que de ces dommages causés par son fait, l'homme n'est responsable que si, en portant un jugement sur sa conduite, on peut lui faire un reproche. Alors, bien que son acte ait été en fait l'antécédent nécessaire du dommage, on dit qu'il n'en est pas la cause quand il n'est pas sujet à reproche. S'il est sujet à reproche on le rend responsable pour le tout, bien que son acte ne soit qu'une des causes du dommage.

Il est patent qu'on mélange deux conceptions de la causalité très différentes : notion d'antécédent nécessaire et jugement sur la conduite. Dans le premier cas il s'agit d'une simple constatation des faits; dans le second d'un jugement de valeur. Un tel mélange, si l'on n'y prend garde, ne peut qu'entraîner des solutions irrationnelles.

J'ai proposé d'appeler la causalité, sous son premier aspect, *causalité matérielle*. Ma proposition n'a guère été suivie. Cependant plusieurs auteurs l'ont employée récemment, en particulier M. B. Béraud dans un article intitulé *Les mythes de la responsabilité civile* (J. C. P. 1964. I. 1837), où l'auteur partage mes préoccupations. Je l'emploierai de nouveau. Elle accentue bien la différence avec l'imputabilité.

4. – L'expression *cause génératrice* du dommage ou de l'accident est aujourd'hui couramment employée par la Cour de cassation pour prononcer ou exclure la responsabilité d'une des parties. Ainsi un arrêt récent, pour débouter un cycliste heurté à un carrefour par une voiture, dit que la manœuvre perturbatrice du cycliste est la cause génératrice unique de l'accident (Civ., 2e sect. civ., 21 nov. 1963, *Gaz. Pal.* 1964. 1. 240). Mais il est remarquable que c'est d'une chose inanimée que la Cour a dit d'abord et surtout qu'elle est ou n'est pas, suivant les circonstances, la cause génératrice du dommage (Civ. 19 févr. 1941, D. C. 1941. 85, note Flour; S. 1941. 1. 49), ajoutant que la chose est présumée en être ladite cause génératrice. C'est en même temps, et corrélativement, qu'elle a imaginé de dire que la chose peut avoir joué un rôle actif ou un rôle passif, la responsabilité du gardien étant exclue dans le second cas, bien que la présence de la chose ait été nécessaire pour que se produisent l'accident et le dommage.

Dire que la chose peut jouer un *rôle actif* ou *passif*, être ou n'être pas la cause génératrice c'est l'assimiler à un homme. De celui-ci on dit qu'il n'est pas cause du dommage quand, bien que matériellement il ait contribué à sa réalisation, il est jugé irréprochable. Dire cela d'une chose est dénué de sens. Il est dénué de sens de parler d'un rôle actif ou passif de la chose quand on décide, comme le fait la Cour, qu'une voiture en stationnement a pu jouer un rôle actif dans une collision (Civ. 5 mars 1947, D. 1947. 296; Civ., 2e sect. civ., 20 avr. 1961, *Bull. civ.* 1961. II, p. 211, n° 291, et beaucoup d'autres arrêts). Il est clair, en lisant les arrêts, que si le gardien de la voiture en stationnement est déclaré responsable, c'est parce qu'il a commis une faute, consistant à avoir laissé sa voiture à un endroit où elle ne devait pas être, ou en tout cas ne devait pas être aussi longtemps, ou ne l'a pas éclairée régulièrement pendant la nuit (Civ., 2e sect. civ., 14 mai 1956, *Bull. civ.* 1956. II, p. 171, n° 262; 15 juin 1961, *ibid.* 1961.11, p. 325, n° 455).

Ces manières de parler engendrent et entretiennent la confusion dans l'appréciation de la causalité. La Cour de cassation semble vouloir rectifier le tir en parlant de la chose comme ayant été ou non suivant les cas, *l'instrument du dommage*, expression qui ne suggère pas la possibilité d'une animation de la chose (Civ., 2e sect. civ., 28 oct. 1960, *Gaz. Pal.* 1961. 1. 53; 20 avr. 1961, *Bull. civ.* 1961. II, p. 211, n° 291). Il faut, bien entendu, constater un rôle matériel joué par la chose dans l'accident pour que le gardien soit responsable, ce qui manque, par exemple, quand un piéton a été renversé, mais sans qu'on sache par quelle voiture (Req. 24 nov. 1930, *Gaz. Pal.* 1930. 2. 953; D. H. 1930. 601; Civ., 2e sect. civ., 21 mars 1961, *Bull. civ.* 1961. II, p. 189, n° 260), ou quand on ignore si un corps était encore vivant quand il a été écrasé (Civ., 2e sect. civ., 14 févr. 1964, *Gaz. Pal.* 1964. 1. 360). La jurisprudence décide que la chose peut être l'instrument du dommage par la seule frayeur ou le mouvement instinctif que cause sa présence, mais une responsabilité dans ce cas n'est acceptable qu'après examen de la conduite du demandeur, et aussi de celle du défendeur (Civ. 22 janv. 1940, D. C.

1941. 101, note R. Savatier; S. 1940. 1. 19; 30 mai 1944, D.A. 1944. 105; Req. 19 juin 1945, D. 1946. 6; S. 1945. 1. 114; Civ., 2e sect. civ., 26 janv. 1961, *Bull. civ.* 1961. II, p. 59, no 84). Il s'agit donc d'un jugement sur la conduite et non d'une question de causalité entendue comme il est dit plus haut.

5. – L'appréciation de la conduite des parties est donc déterminante, sous réserve qu'au cas où le dommage a pour origine un vice de la chose, le caractère irréprochable de la conduite du gardien n'exclut pas sa responsabilité, de sorte qu'il y a responsabilité sans faute (Req. 2 mai 1933, D.H. 1933. 281; Civ. 11 mars 1940, *Gaz. Pal.* 1940. 2. 15, Req. 22 janv. 1945, S. 1945. 1. 57; *Gaz. Pal.* 1945. 1. 84; Civ., 2e sect. civ., 6 mars 1959, *Gaz. Pal.* 1959. 2. 12). Hors ce cas, la présomption de responsabilité a pratiquement une grande importance, entraînant la responsabilité même d'un gardien irréprochable s'il ne peut prouver l'existence d'une cause étrangère. Mais, quant aux principes, puisque l'absence de faute peut être prouvée utilement, cela reste une responsabilité fondée sur la faute, bien que, dans le système de la jurisprudence, où foisonnent et s'enchevêtrent les contradictions, la présomption de responsabilité puisse encore être invoquée par la victime quand l'action en dommages-intérêts est prescrite en application des dispositions du code de procédure pénale ou quand le gardien ou son préposé qui avait la direction de la chose au moment de l'accident a été acquitté par le juge criminel comme n'ayant commis aucune faute susceptible d'entraîner une responsabilité civile.

On ne parle plus, comme on avait fait pendant un temps, du fait de la chose, parallèlement au fait de l'homme, comme si on pouvait les placer sur le même plan, et la Cour de cassation emploie moins souvent les expressions de rôle passif et rôle actif. Mais on ne semble pas renoncer à mettre sur le même plan la causalité et l'appréciation de la conduite. Ceux mêmes qui disent que « le lien de causalité constitue un élément de la responsabilité civile distinct de la faute » (Mazeaud et Tunc, *Traité de la responsabilité civile*, nos 1425 et 1426), écrivent (no 1442) : « Tous les événements qui jouent un rôle dans la réalisation d'un préjudice n'y jouent pas un rôle décisif, un rôle véritablement créateur ». – « Les différentes fautes n'ont pas le même *pouvoir causal.* » – « La nécessité apparaît d'affirmer qu'il ne suffit pas qu'un événement ait joué un rôle dans la réalisation d'un dommage pour qu'il soit retenu, au point de vue de la responsabilité civile, comme cause du dommage, de rejeter tous ceux qui n'ont pas joué un rôle vraiment prépondérant, qui, par suite, n'ont pas vraiment produit le dommage, qui n'en sont pas la cause génératrice. » Sans doute ces auteurs entendent exprimer par là que, bien qu'une chose ait été l'instrument du dommage ou qu'une faute ait été l'antécédent nécessaire du dommage, le gardien de la chose ou l'auteur de la faute peuvent ne pas être responsables. Mais, en disant que ces faits ne sont pas créateurs du dommage tout en étant des causes de celui-ci, ils privent le mot cause de tout sens utile. Cette confusion a conduit M.M. Mazeaud a décider qu'en cas de faute de la victime ayant contribué à l'accident, la responsabilité doit être partagée par parts viriles (no 1511), par le motif que la faute du défendeur et celle du demandeur ont joué, au point de vue de la causalité, un rôle égal. Elle persiste chez M. Tunc *(ibid.)* qui n'approuve la jurisprudence, laquelle fait le partage en fonction de la gravité des fautes, que parce qu'il pense que la gravité d'une faute est souvent l'élément fondamental de sa causalité, et que, par suite, pratiquement, les arrêts font le partage d'après la part de chaque faute dans la production du dommage.

Il est possible que les juges aient le sentiment, quand ils font le partage en fonction de la gravité des fautes, qu'elles ont été inégalement causes du dommage. L'emploi de l'expression cause génératrice paraît l'indiquer. Mais, comme dans l'appréciation de la causalité matérielle et dans le jugement sur la conduite on procède de façon très différente, c'est là une illusion. On verra les conséquences qu'elle a entraînées. Mais auparavant il faut faire apparaître nettement la différence. Elle apparaît quand on constate que des fautes qui sont les antécédents nécessaires du dommage sont déclarées parfois n'entraîner aucune responsabilité.

6. – En premier lieu, il arrive que la faute du défendeur soit certaine et la dernière en date, de sorte qu'elle doit être qualifiée cause directe, et que cependant les juges n'en tiennent pas compte parce que c'est une faute du demandeur qui a entraîné ou rendu possible la faute du défendeur.

C'est ainsi qu'un banquier a été déclaré non responsable du payement fait par ses services d'un chèque portant une fausse signature, bien qu'il ait été payé sans vérification de celle-ci, quand le chèque a été présenté au banquier par un employé du client chargé de lui présenter habituellement des effets (Civ. 2 mars 1942, D.C. 1942. 57; *Gaz. Pal.* 1942. 1. 223; Civ., sect. com., 5 janv. 1957, D. 1957. Somm. 83; *Gaz. Pal.* 1957. 1. 284). Un arrêt récent décide qu'un automobiliste n'est pas responsable de l'accident causé par sa faute à une femme qu'il transportait quand l'accident est la suite de libations faites ensemble et probablement des agissements de la femme dans la voiture (Paris, 7 févr. 1964, J.C.P. 1964. II. 13593, note Esmein). La faute du défendeur, dit cet arrêt, après celui du 9 janv. 1957, se trouve *absorbée par celle du demandeur.* Sans elle cependant il n'y eut pas eu de dommage.

7. – En second lieu, les arrêts déclarent le défendeur, qui a commis une faute, non responsable d'un accident quand il apparaît que l'accident aurait eu lieu même si la faute n'avait pas été commise, auquel cas elle n'est pas un antécédent nécessaire. En voici des exemples : la collision entre un véhicule débouchant d'un chemin privé aurait eu lieu même si la voiture avec qui il s'est rencontré avait été à sa place sur la route et n'avait roulé à une vitesse excessive (Civ., 2e sect. civ., 2 mars 1956, D. 1956. 341), – l'absence d'attache supplémentaire d'une remorque à un tracteur, prescrite si la remorque n'a pas de frein, peut n'être pas cause du renversement du tracteur (Civ., 2e sect. civ., 22 févr. 1962, *Bull. civ.* 1962. II, p. 159, n° 228. Cpr. Req. 31 oct. 1933, D.H. 1933. 537; Civ., 2e sect. civ., 15 mai 1961, *Bull. civ.* 1961. II, p. 260, n° 358), – le défaut d'éclairage de la bicyclette de la victime n'empêche pas la responsabilité entière du conducteur qui l'a heurtée si l'éclairage public permettait de la voir (Civ., 2e sect. civ., 28 juin 1956, D. 1956. Somm. 159; *Gaz. Pal.* 1956. 2. 187).

Mais on voit aussi les juges ne pas tenir compte d'un fait fautif en l'absence duquel l'accident n'aurait pourtant pas eu lieu. – C'est le cas de celui qui sort une voiture sans être muni du permis de conduire et qui heurte un piéton ou une voiture alors que, sa conduite étant correcte, on peut attribuer l'accident à une cause étrangère à lui non imputable (Civ. 20 oct. 1931, S. 1932. 1. 83. Rappr. dans le cas d'un bateau circulant sans autorisation, Req. 9 nov., 1936, S. 1936. 1. 376).

L'accident, cependant n'aurait pas eu lieu si la voiture n'avait pas été sortie. – L'employeur qui fait travailler une étrangère non munie de la carte d'identité exigée n'est pas responsable d'un accident qui lui est survenu; cette faute n'a été, dit la Cour, que l'occasion de l'accident (Civ., sect. soc., 7 mai 1943, D. A. 1943. 51; S. 1943. 1. 106). Cependant l'accident n'aurait pas eu lieu s'il n'avait pas commis la faute d'embaucher une étrangère en situation irrégulière. – Quand un tracteur stationnant de nuit, éclairé d'un seul côté, mais à l'extrême droite de la route, est heurté par un autocar, roulant en sens inverse, débordant sur la gauche dans le sens de sa marche, il a été jugé que la responsabilité du tracteur ne pouvait être mise en jeu, la faute n'étant pas en relation directe avec le dommage (Civ., 2e sect. civ., 3 juin 1957, *Gaz. Pal.* 1957. 2. 203). Cependant on peut penser que, s'il avait été éclairé des deux côtés, le conducteur de l'autocar n'aurait pas autant débordé sur la gauche.

Il n'est pas douteux que c'est le sentiment du rapport plus ou moins étroit entre la faute et l'accident qui entraîne les décisions des juges. Il est non moins douteux que, pour prendre parti sur ce point, ils se demandent si un accident était ou non prévisible. Il suffit pour le constater de parcourir les recueils de jurisprudence. C'est la question d'imprévisibilité que constamment la Cour de cassation exige que se posent les juges du fond quand le défendeur présumé responsable invoque, pour combattre la présomption, une cause étrangère (fait de la nature, fait d'un tiers ou fait de la victime). Si on estime, en général, insuffisant le critère de la prévisibilité, c'est parce qu'on le comprend mal et aussi parce qu'on confond deux problèmes qui ne sont pas exactement semblables. Celui de savoir si une personne est responsable d'un accident, et celui de savoir, sa responsabilité étant affirmée, de quels dommages divers et successifs en découlant elle doit répondre. L'un des buts de la présente étude est de montrer que le rapport de causalité est compris de façon quelque peu différente dans les deux cas.

I.

8. – S'agissant de savoir si le défendeur est responsable de l'accident, envisagé en lui-même et non dans ses conséquences, il ne faut pas se demander si un accident *peut* être prévu. Quelle que soit l'activité à laquelle on se livre, quelle que soit la chose dont on est le gardien, un accident est susceptible d'en découler et est donc, en un sens, prévisible. Ce qu'il faut se demander, c'est si l'on *devait* prévoir la possibilité d'un accident.

On doit la prévoir quand la loi ou un règlement établit une règle précise sur la conduite à tenir dans une circonstance déterminée. Celui qui la viole est responsable au moins des dommages initiaux qui en résultent, quelle que soit leur nature, et sans qu'il soit besoin qu'ils soient prévisibles dans leur nature.

Par exemple le code de la route du 15 déc. 1958 contient des dispositions plus ou moins précises sur le stationnement des voitures (R. 36 et s.); des règlements municipaux peuvent en contenir de plus précises. Celui qui ne les respecte pas sera responsable d'une collision : par exemple s'il s'est arrêté du mauvais côté (Civ., 2e sect. civ., 3 janv. 1962, D. 1962. 628; *Gaz. Pal.* 1962. 2. 102), ou s'il ne s'est pas garé sur l'accotement, quand il y en a, à moins qu'il soit constaté que l'accident aurait eu lieu même s'il avait stationné sur le bas-côté.

L'art. R. 37 prescrivant que tout véhicule en station doit être placé de façon à gêner le moins possible la circulation, il a pu être jugé, par une interprétation rigoureuse, mais non inexacte, que le conducteur d'automobile qui l'arrête à 0,50 m du trottoir est responsable du fait de son passager qui ouvre brusquement une porte de l'autre côté, à laquelle se heurte un cycliste (Civ., 2e sect. civ., 1er juin 1961, D. 1962. Somm. 5; *Bull. civ.* 1961. II, p. 293, nº 405). Et on a pu qualifier *abusif* au sens de l'art. R. 36 le stationnement sur la route, même sur la droite et éclairé, quand le conducteur s'était arrêté pour dormir (Crim. 22 déc. 1958, *Bull. crim.*, nº 1364. – Cpr. Crim. 29 avr. 1958, *Gaz. Pal.* 1958. 1. 460).

Peu importe qu'on puisse discuter en fait le caractère prévisible de la réalisation de l'accident dans les circonstances où il a eu lieu. De même quand il y a excès de vitesse, dépassement non autorisé, mépris du droit de priorité, etc. toujours sauf s'il est constaté que l'accident aurait eu lieu même si les règlements avaient été exactement respectés. Le règlement oblige à prévoir un accident.

9. – À défaut de disposition légale ou réglementaire précisant la conduite à tenir, il incombe au juge de dire si, eu égard aux circonstances, la personne considérée devait agir ou s'abstenir, contrairement à ce qu'elle a fait, en considération de la possibilité d'un accident provoqué par son comportement. Que le jugeait cette mission, cela résulte du pouvoir qui lui est donné par les art. 1382 et 1383 c. civ. de décider ce qui est défendu et ce qui est commandé pour éviter de nuire à autrui ou à soi-même (faute de la victime) quand le législateur ne l'a pas précisé lui-même. Peu importe que la question soit une question de prévisibilité. C'est aussi une question d'existence d'une obligation, d'autres diront d'un devoir, de faire ou de ne pas faire. Certes il n'est pas toujours facile pour le juge de décider si elle existe ou non. Mais il faut bien que quelqu'un le dise, à moins qu'on ne décide que les seules mesures de prudence qui s'imposent sont celles précisées par le législateur.

Ainsi, par exemple, il a été jugé que celui qui a concédé à une société l'exploitation d'un procédé breveté de construction, est responsable des défauts du procédé ayant entraîné des dommages aux clients de la société qui l'utilisent, s'il a insuffisamment renseigné les utilisateurs éventuels sur les précautions à prendre dans l'emploi du procédé (Civ., 2e sect. civ., 23 févr. 1961, *Bull. civ.* 1961. II, p. 112, nº 156). Celui qui immobilise soudain sa voiture sans avertir ceux qui le suivent est responsable de la collision (Civ., 2e sect. civ., 19 juill. 1960, *Bull. civ.* 1960. II, p. 344, nº 498), et l'automobiliste qui démarre au feu vert à un carrefour encore encombré (Crim. 5 févr. 1964, *Gaz. Pal.* 1964. 1. 416). On sera, je crois, d'accord pour dire que l'accident *devait* être prévu.

Il a été jugé, d'autre part, que le propriétaire d'une voiture sans éclairage n'est pas responsable de son utilisation après la fin du jour par celui à qui il l'a prêtée (Civ., 2e sect. civ., 21 juill. 1960, *Bull. civ.* 1960. II, p. 362, nº 528); – que le fait d'avoir aidé un conducteur inexpérimenté à mettre en marche une voiture ne rend pas responsable de l'accident causé par celui-ci (Civ., 2e sect. civ., 8 févr. 1957, *Bull. civ.* 1957. II p. 87, nº 139); – qu'il ne suffit pas pour que celui qui, devenu locataire d'un local précédemment occupé par un locataire condamné par une cour de justice, soit responsable de la vente par les Domaines des meubles séquestrés de ce locataire, qu'il ait demandé et obtenu leur enlèvement par les Domaines en excipant d'un congé irrégulièrement donné par ledit locataire (Civ., 2e sect. civ., 22 nov. 1957, *Bull. civ.* 1957. II, p. 466, nº 725). Dans ces diverses hypothèses, déclarer le défendeur responsable impliquerait l'obligation pour lui de gouverner ou de contrôler la conduite d'une personne qui n'est pas sous sa dépendance. Il faudrait, pour condamner le premier cité, constater une faute telle que celle d'avoir prêté une voiture pour toute la journée sans avertir que l'éclairage ne fonctionnait pas. Ces exemples montrent qu'il s'agit bien de fixer la conduite à tenir.

10. – Un bon exemple se rencontre dans le cas qu'on peut appeler le *coup de frein de l'autobus*. Quand le conducteur d'un autobus a dû donner un fort coup de frein pour éviter une collision avec un véhicule qui brusquement se présente devant lui en position irrégulière, est-il responsable envers un passager que le brusque arrêt a projeté contre la paroi ou sur le plancher ? La Cour de cassation approuve les arrêts qui déclarent le transporteur non responsable, mais à condition que le juge du fond, constate que l'irruption de l'autre véhicule a été imprévisible et irrésistible (Civ., 1re sect. civ., 30 nov. 1960, D. 1961. 121, note Tunc; S. 1961. 142; 10 juin 1963, D. 1964. Somm. 9; 12 févr. 1963, D. 1963. Somm. 53). Le même problème se pose quand, pour éviter une collision certaine avec un autre véhicule, un conducteur fait une manœuvre de sauvetage qui entraîne un autre heurt, à son dommage ou au dommage d'un tiers. Sa responsabilité est en général exclue (Crim. 12 mai 1950, S. 1951. 1. 144; Civ., 2e sect. civ., 19 janv. 1962, D. 1962. Somm. 101; *Bull. civ.* 1962. II, p. 60, nº 88; 14 déc. 1962, D. 1963. Somm. 62; S. 1963. 231, note Plancqueel; *Bull. civ.* 1962. II, p. 585, nº 799).

Il semble que, quand le réclamant est une personne transportée, les juges admettent plus difficilement l'exonération du transporteur qui a fait la manœuvre nécessaire pour éviter la collision, peut-être à cause de la remarquable préoccupation des juges à mettre à la charge du transporteur tout ce qui peut arriver de fâcheux au voyageur avant, pendant et après le transport. On peut certes dire qu'il serait commode et avantageux pour le voyageur que le transporteur soit toujours responsable des accidents, étant promu d'autorité assureur, comme le propose M. Tunc. Mais c'est modifier le caractère de, ses obligations à peu près comme on a, en 1898, modifié le caractère de celles de l'employeur à l'égard des accidents du travail, et comme on modifierait le caractère des obligations d'un bailleur d'immeuble à l'égard de ses locataires si on le rendait responsable des dommages causés par un incendie communiqué ou allumé par malveillance, par la chute d'un avion ou par un tremblement de terre.

Pour revenir au coup de frein de l'autobus, dans une espèce où il avait été donné au moment où, après avoir tourné à droite dans un carrefour, l'autobus s'était trouvé devant un camion circulant à gauche, la cour d'appel, pour déclarer le transporteur responsable envers le voyageur blessé, avait dit qu'un conducteur de transport en commun diligent doit prévoir qu'à l'arrivée d'un carrefour un automobiliste imprudent peut ne pas être à sa place, qu'il doit donc réduire sa vitesse *à une allure lui permettant de s'arrêter presque sur place.* Si la Cour de cassation qui a rejeté le pourvoi contre cet arrêt (Civ., 1re sect. civ., 8 janv. 1964, D. 1964. Somm. 61; *Gaz. Pal.* 1964. 1. 168) adopte vraiment les attendus qu'elle reproduit, elle impose l'obligation précise de réduire la vitesse à l'extrême quand, à un carrefour, on change de direction. Alors, si on ne l'a pas fait, on est responsable sans qu'il soit besoin d'examiner si la rencontre d'un autre véhicule était prévisible ou imprévisible.

11. – On peut se demander si la prévisibilité doit être appréciée de la même façon quand la faute doit être prouvée et quand elle est présumée. La présomption dispense de juger la conduite, et j'ai montré qu'il faut parler d'obligation de prévoir et non de possibilité de prévoir. L'appréciation de l'existence d'une obligation ou d'un devoir de prévoir se retrouve quand une cause étrangère est invoquée. Le juge du fond doit, pour éviter la cassation quand il admet cette cause étrangère, constater qu'elle a été imprévisible et irrésistible. Mais son affirmation à cet égard n'est pas censurée plus souvent que l'affirmation de l'existence ou de l'absence d'une faute. Et elle est bien, en l'occurrence, l'affirmation en fait de cette absence.

Au cas de responsabilité sans faute, ainsi au cas de dommage dû à un vice de la chose, il n'est évidemment pas besoin de prouver l'obligation de prévoir. Mais il n'est pas exclu qu'une cause étrangère atténue la responsabilité, auquel cas la question d'imprévisibilité se pose comme ci-dessus.

*
* *

12. – La distinction entre la causalité matérielle (recherche des antécédents nécessaires) et l'imputabilité est importante non seulement parce qu'elle conduit à préciser la notion de prévisibilité, mais parce que leur confusion, couramment faite, a entraîné ou fait maintenir des solutions qui ne s'imposent nullement.

Dire qu'une faute ou une chose est la cause exclusive, la cause génératrice, d'un accident, a un sens si l'on entend dire par là qu'aucune faute de la victime ou d'un tiers n'y a contribué. Mais si l'on prétend qu'elle a été le seul antécédent nécessaire, on dit une chose inexacte. On l'affirme implicitement quand on décide que l'auteur de la faute ou le gardien de la chose doit réparer intégralement le dommage causé. Cette solution est admissible sur le plan de l'imputabilité, comme étant une sanction, mais seulement sur ce plan. Elle est sévère quand la faute est légère et surtout quand elle est seulement présumée.

13. – Elle était cependant considérée par beaucoup comme allant de soi jusqu'au jour ou la Cour de cassation, statuant sur la réparation des dommages causés aux personnes par le naufrage du *Lamoricière*, a décidé que le transporteur n'était responsable que pour un cinquième, la tempête d'une extrême violence et l'attribution faite d'autorité d'un charbon défectueux étant causes du naufrage pour quatre cinquièmes (Civ., sect. com., 19 juin 1951, D. 1951. 717, note G. Ripert; S. 1952.1. 89, note R. Nerson; J. C. P. 1951. II. 6426, note Becqué). La solution a, bien entendu, été critiquée. Mais la Cour a réitéré : Dans le cas où une digue détournant les eaux pluviales de leur cours naturel avait rendu possible une inondation, elle a admis, par le motif que seul un orage d'une violence exceptionnelle avait amené l'inondation, que la responsabilité du propriétaire de la digue ne soit prononcée que pour une partie du dommage (Civ., 2e sect. civ., 13 mars 1957, D. 1958. 73, note Radouant; S. 1958. 77, note R. Meurisse; J. C. P.

1957. II. 10084, note Esmein). La Cour distingue donc bien dans ces arrêts la causalité et l'imputabilité.

14. – C'est la confusion entre la causalité et l'imputabilité qui a conduit à décider que tous ceux qui, par leur faute, prouvée ou présumée, ont contribué à l'accident, sont tenus *in solidum* de réparer la totalité du dommage.

La condamnation solidaire de plusieurs personnes à réparer un dommage que leurs agissements combinés ont contribué à causer a été, dès le début du XIXe siècle, prononcée contre ceux qui, de concert, avaient voulu le causer. On décidait ainsi, quand il n'y avait pas condamnation pénale, par analogie de l'art. 55 c. pén., lequel reproduisait une règle de l'ancien droit (Denisart, *Collection de décisions nouvelles*, 1771, v° *Solidaire*, n° 7).

Ultérieurement on a appliqué la solidarité, même en l'absence de concert frauduleux, sous prétexte qu'on ne pouvait distinguer la part de chacun des défendeurs dans le dommage causé (v. par exemple Req. 26 nov. 1907. S. 1908. 1. 183). Finalement on a décidé, comme l'avaient proposé Aubry et Rau (§ 298 *ter*, note 6) et d'autres auteurs, de n'admettre en pareil cas qu'une obligation *in solidum*, et non la solidarité, avec les effets secondaires attribués à celle-ci (Civ. 21 déc. 1943, D. C. 1944. 38, note Lerebours-Pigeonnière; S. 1944. 1. 96; Civ., sect. com., 6 mars 1957, D. 1957. Somm. 135; *Gaz. Pal.* 1957. 2. 5; Civ., 2e sect. civ., 18 juin 1962, *Bull. civ.* 1962. II, p. 439, n° 605).

La solution est moins rigoureuse. Mais le motif invoqué, à savoir l'impossibilité d'attribuer seulement une part du dommage à l'auteur d'un fait qui en est l'antécédent nécessaire, est entaché d'une confusion flagrante entre la causalité et l'imputabilité. Sur le plan de la causalité matérielle, bien d'autres faits que les fautes des défendeurs sont des antécédents nécessaires, et parmi ces faits se trouvent la présence, au temps et au lieu de l'accident, de la victime ou de la chose endommagée. Sur le plan de l'imputabilité, il s'agit d'allouer une somme d'argent à titre de réparation : Rien n'est plus facile que de condamner chacun à une part de cette somme. On peut sans doute, puisqu'il s'agit d'une sanction, prononcer contre chacun la condamnation *au tout* à titre de peine; mais, si cela peut paraître juste quand il y a concert frauduleux, ou lorsqu'il y a une faute jugée très grave, il en est autrement quand la faute est légère et surtout quand elle est seulement présumée. La jurisprudence ne voit aucune difficulté à partager la responsabilité entre le demandeur et la victime quand une faute de celle-ci a contribué à l'accident. Elle ne pourrait le faire si une impossibilité logique s'y opposait. En tout cas elle ne pourrait faire qu'un partage par moitié. Or elle partage en fonction de la gravité des fautes.

Si la Cour de cassation persiste à prononcer habituellement une condamnation *in solidum* (Civ., 2e sect. civ., 21 déc. 1962, *Bull. civ.* 1962. II, p 609, n° 833), elle a cessé de le faire dans un arrêt. En disant que le gardien d'un animal, qui a causé un dommage, peut être exonéré partiellement si la preuve est faite qu'il a été causé par le fait, même prévisible d'un tiers, elle a cassé l'arrêt qui déclarait le propriétaire d'un chien entièrement responsable parce que la faute de celui à qui il avait, sans lui transférer la garde, confié momentanément le chien n'était pas imprévisible (Civ., 2e sect. civ., 15 janv. 1960, D. 1961. 681, note Radouant; S. 1962. 2, note R. Meurisse). Le rejet de la condamnation *in solidum* est patent, puisque l'arrêt prononce la cassation. – Rappr. Civ., 2e sect. civ., 9 mai 1963 (D. 1963. Somm. 113 ; 8 1963. 313, note Plancqueel ; *Gaz. Pal.* 1963. 2. 223, et les observations de M. Tunc, *Rev. trim. dr. civ.* 1964. 325).

II.

15. – Je suppose maintenant qu'un accident a eu lieu, dont le défendeur est reconnu responsable, et qui a entraîné des dommages. Ces dommages peuvent s'additionner ou se succéder en une suite indéfinie. En cas de mort de la victime d'un accident, on admet les membres de sa famille à réclamer réparation du préjudice à eux causé par son décès peut-être aussi d'autres personnes, telles qu'un employeur, un employé, ce qui va être discuté. Cependant il n'est personne qui ne pense qu'il faut apporter une limite à ces demandes d'indemnisation.

Ici encore, quand il apparaît comme certain que, sans l'accident, le dommage invoqué ne se serait pas produit, c'est seulement dans un ordre d'idées autre que le rapport de causalité qu'on peut trouver une raison de le déclarer trop éloigné, auquel cas on le qualifie indirect.

On songe, pour ce faire, à un élément psychologique. Cet élément joue bien, pour étendre les dommages dont on répond, dans le cas de *dommage intentionnellement causé*. On n'hésitera pas à condamner le responsable à réparer tous les dommages qu'il a voulu causer, quelque compliqués que fussent les moyens employés pour les causer.

16. – Hors ce cas, pour limiter la série des dommages en chaîne qu'on obligera à réparer, on songe à l'idée d'imprévisibilité. Mais est-il possible de circonscrire l'appréciation de la prévisibilité, comme quand on demande si l'on est responsable d'un accident, auquel cas il s'agit de savoir si on *doit* prévoir un accident ? Dans la pratique actuelle, on ne fixe pas de limites à l'étendue des dommages directs que le responsable d'un accident est condamné à réparer, même quand ils sont si exceptionnels qu'on peut les dire imprévisibles. Si, par malchance, celui qu'on blesse légèrement avait une faiblesse ou une tare exceptionnelle, qui fait que cette blessure entraîne la mort, on est déclaré responsable de celle-ci. Si celui qu'on rend invalide ou qu'on tue avait des revenus d'origine professionnelle considérables, une femme et des enfants à sa charge, on ne peut dire que le responsable devait le prévoir. Il sera cependant responsable de la perte des revenus.

Il faudrait, pour qu'il en soit autrement, une limitation légale des indemnités, comme pour les indemnités de sécurité sociale, ou celles versées par le Fonds de garantie automobile. Nous n'en sommes pas encore là. Ou, il faudrait qu'on donne à l'idée de l'acceptation des risques une place plus importante, je veux dire qu'on en fasse découler non pas seulement une exclusion de la responsabilité, mais aussi un partage de responsabilité, ce qui permettrait d'admettre cette acceptation dans des cas plus nombreux.

Dans la pratique actuelle on voit allouer des indemnités pour des préjudices non seulement indirects, mais futurs et hypothétiques. Pour fixer l'indemnité allouée à la veuve d'un fonctionnaire, on a tenu compte de l'éventualité de nomination future à un emploi supérieur s'il avait vécu (Civ., 2e sect. civ., 13 juill. 1961. *Gaz. Pal.* 1961. 2. 216). Il faut citer surtout un arrêt qui a alloué une indemnité à un fils dont le père avait été tué, en considération du fait que, s'il avait survécu, le fils aurait pu recueillir le bénéfice du legs fait à ce père par sa seconde femme, en supposant que le père ait survécu à sa femme et lui-même à son père (Req. 30 avr. 1940, *Gaz. Pal.* 1940. 2. 37).

17. – Pour citer quelques exemples de préjudices en chaîne, on a vu donner lieu à indemnité : la perte du logement de fonction par un fonctionnaire mis prématurément en retraite (Civ., 2e sect. civ., 14 déc. 1962, *Bull. civ.* 1962. II, p. 586. n° 800) ; la perte, par un mari, dont la femme et le fils unique ont été tués, de la jouissance du domaine qui avait été donné à sa femme par ses parents avec une clause de retour conventionnel (Civ., 1re sect. civ., 5 mars 1963, *Gaz. Pal.* 1963. 1. 376) ; – la perte d'une chance d'obtenir un emploi déterminé en vue duquel la victime s'est préparée par des études continues (Civ., 2e sect. civ., 17 févr. 1961, D. 1961. Somm. 61 ; *Gaz. Pal.* 1961. 3. 400).

Celui qui avait causé des blessures par imprudence a été déclaré responsable de la mort du blessé due à un traitement malencontreux (Crim. 15 janv. 1958, J. C. P. 1959. II. 11026, note Esmein). Quand un camion a si gravement endommagé un immeuble soumis à alignement qu'il doit être démoli et que la reconstruction ne peut être faite sur place, de sorte qu'un locataire qui y exploitait un fonds de commerce perd en partie celui-ci, le responsable de l'accident doit l'en indemniser (Civ., 2e sect. civ., 23 janv. 1959, J. C. P. 1959. IV. 23. Cpr. Civ., 2e sect. civ., 1er avr. 1963, D. 1963. 453, note Molinier S. 1963. 318 ; J. C. P. 1963. II. 13408, note Esmein : nécessité pour le propriétaire d'acheter un nouveau terrain). – On a vu le gardien d'un tracteur qui, attelé à une moissonneuse, avait mis le feu à la pièce de terre par lui moissonnée, déclaré responsable de l'incendie d'une autre pièce, allumé par un lièvre en flammes sorti de la première pièce (Amiens, 14 nov. 1951. D. 1952. 90, note Lalou), avec le motif que le fait n'était pas imprévisible !

Il n'est même pas fréquent, en dehors des hypothèses, spécialement étudiées plus loin, de dommage répercuté sur un autre que la victime, que l'on rencontre des arrêts déclarant qu'un dommage, qui n'aurait pas existé sans la faute du défendeur, n'a pas avec celle-ci de relation de cause à effet. En voici cependant des exemples.

Il a été jugé que l'épouse trompée, qui peut obtenir des dommages-intérêts de la maîtresse de son mari en invoquant l'adultère, ne peut en obtenir en invoquant le préjudice qui résulte de la privation de l'usufruit légal qu'elle pouvait espérer avoir sur le mobilier de son mari, donné par lui à sa maîtresse (Paris, 25 mars 1955, D. 1955. 444) ; – ni en raison du fait que les sommes données par le mari à sa maîtresse, pour ses besoins et ceux de ses enfants et pour qu'elle entreprenne un commerce, diminuent la pension alimentaire sur laquelle elle comptait (Crim. 17 oct. 1956, D. 1957. 245, note Breton ; S. 1957. 209, note Bouzat). Les raisons suivantes ont probablement été évoquées : le conjoint n'est pas héritier réservataire ; les rapports entre époux se déroulent dans un cadre de devoirs réciproques très particulier ; enfin le mari doit des aliments à ses enfants adultérins.

Il a été jugé que si, après la consolidation de la blessure, la Sécurité sociale entreprend de faire donner au blessé une éducation nouvelle lui permettant l'exercice d'un nouveau métier, les frais engagés à cette fin ne peuvent être mis à la charge du responsable (Caen, 2 juill. 1958, D. 1958. Somm. 146, *Gaz. Pal.* 1958. 2. 178).

18. – La chambre criminelle a une conception restrictive de l'action civile. Mais elle tend davantage à restreindre le nombre de personnes susceptibles de se porter parties civiles qu'à limiter les dommages dont il est dû réparation (v. Brunet, note sous Crim. 2 mai 1956, J. C. P. 1958. II. 10724). Par exemple, au cas de dommage causé par un animal à des personnes, la présomption de l'art. 1385 c. civ. ne peut être invoquée devant les tribunaux répressifs (Crim. 27 févr. 1963, *Gaz. Pal.* 1963. 2. 56). Elle n'admet pas l'assureur de dommages à se porter partie civile contre le responsable de ceux-ci, bien qu'il soit subrogé dans les droits de l'assuré par l'art. 36 de la loi du 13 juill. 1930 (Crim. 10 oct. 1957, D. 1958. 386, note Meurisse; S. 1958. 264).

Cependant c'est elle seule qui admet l'octroi de dommages-intérêts à une concubine au cas de mort du concubin par accident (Crim. 20 nov. 1962, D. 1963. Somm. 49; *Gaz. Pal.* 1963. 1. 141 ; – en sens contraire : Civ., 2e sect. civ., 10 janv. 1963, D. 1963. 404). Et c'est elle qui a déclaré l'auteur d'un accident ayant entraîné une blessure responsable du décès de la victime, dû à un traitement malencontreux (Crim. 15 janv. 1958, J. C. P. 1959. II. 4.1026, note Esmein). Sa jurisprudence n'est pas parfaitement cohérente. Mais on ne trouve pas non plus de ligne directrice dans la jurisprudence des sections de la chambre civile.

*
* *

19. – Quelles lignes d'arrêt peut-on proposer ?

On pense d'abord au cas où un dommage, causé par une personne, a été aggravé par le fait d'une autre. Ainsi dans le cas déjà cité où un individu, simplement blessé par un automobiliste, meurt par la faute d'un médecin (Crim. 15 janv. 1958, J. C. P. 1959. II. 11026, note Esmein). La blessure est sans doute l'antécédent nécessaire qui a amené l'intervention du médecin. Mais la solution qui rend l'auteur de la blessure responsable de la mort n'est pas justifiée au point de vue de l'imputabilité. Comme dans le cas de condamnation *in solidum* elle confond la causalité matérielle et l'imputabilité. On ne peut prétendre que l'auteur de la blessure *devait* prévoir l'éventualité d'un mauvais médecin. Le déclarer responsable de la mort, comme a fait la chambre criminelle, c'est faire de lui un garant de la solvabilité du médecin, qui, bien entendu est responsable de la mort. C'est encore plus injuste que l'obligation *in solidum*, parce qu'il y a deux dommages nettement distincts, et que le second est réalisé par des actes entièrement nouveaux.

20. – On pense ensuite au cas où l'on est en présence d'un dommage que l'on peut qualifier *indirect*, non par fantaisie, comme font les auteurs et les tribunaux, pour justifier verbalement la solution qui leur plaît, mais conformément au sens du mot *direct* dans le langage courant, du moins le seul des sens du mot applicable ici, à savoir *sans intermédiaire.*

Un dommage doit être dit indirect quand la personne qui en demande réparation le subit par répercussion d'un autre dommage subi par une autre personne.

Il ne va d'ailleurs pas de soi qu'en aucun cas on ne puisse obtenir réparation d'un tel dommage. La jurisprudence française alloue des dommages-intérêts au conjoint et aux proches parents d'une personne morte par accident en réparation du dommage que leur cause cette mort. Des réserves seront faites plus loin sur le caractère indirect en pareil cas. Mais il n'est pas douteux qu'il y a là au moins apparence d'un dommage indirect, et cette jurisprudence a puissamment contribué à faire admettre l'obligation de réparer un dommage subi par répercussion.

Mais il faut montrer d'abord que, hors le cas dont il vient d'être parlé et un autre qui a donné lieu à débats à l'intérieur même de la Cour de cassation, c'est rarement et avec hésitation que la jurisprudence alloue des dommages-intérêts pour un préjudice subi par répercussion.

21. – Il a été jugé par une cour d'appel que celui qui a causé la mort d'un joueur professionnel de football, membre important de l'équipe d'un club, et engagé envers lui par contrat, doit indemniser le club de cette perte, mais l'arrêt déclare qu'une baisse des recettes du club n'est pas prouvée et que, si elle l'était, le lien de causalité avec le décès ferait défaut. Il n'envisage comme préjudice éventuel que la somme à décaisser pour obtenir le concours d'un autre professionnel ou celle que le club aurait pu encaisser en consentant le transfert d'un joueur professionnel à un autre club (Colmar, 20 avr. 1955, D. 1956. 723, note Savatier; S. 1957. 20).

La Cour de cassation a cassé un arrêt qui condamnait le responsable d'un accident survenu à un ténor à indemniser l'Opéra où il devait chanter; l'Opéra avait dû le remplacer et prétendait que ce fait avait diminué ses recettes (Civ., 2e sect. civ., 14 nov. 1958, *Gaz. Pal.* 1959. 1. 31). La cassation est prononcée par le motif que l'arrêt avait dit lui-même que l'échec d'une œuvre théâtrale peut dépendre de circonstances et incidents autres que la défaillance d'un interprète de talent.

La réclamation d'un associé contre le tiers responsable d'un accident ayant rendu son coassocié inapte à collaborer, a été rejetée par le tribunal de la Seine le 29 juill. 1929 *(Sem. jur.* 1930. 1279); par celui de Brive le 8 juill. 1931 (*Gaz. Pal.* 1931. 2. 817); par la cour de Colmar le 20 avr. 1956 (J.C.P. 1956. IV. 128); par la cour de Paris le 23 mars 1960 *(Journ. spécial des sociétés*, 17 déc. 1960, p. 9). C'est seulement dans le cas où l'associé était une concubine que des arrêts favorables à la demande peuvent être cités : Lyon, 31 mars 1930 (D.P. 1930. 2. 64); Crim. 22 nov. 1956 (D. 1957. Somm. 75; *Gaz. Pal.* 1957. 1. 175).

Un employeur a été débouté de sa demande fondée sur le trouble apporté à son entreprise pour l'indisponibilité de son employé (Trib. Bordeaux, 1er mai 1935, *Gaz. Trib.* 15 mai). MM. Mazeaud (no 277-6) disent que la jurisprudence donne une action au patron privé des services de son employé, mais ne citent aucune décision. Paris, 26 mars 1930 (*Gaz. Pal.* 1930. 2. Table, vo *Responsabilité civile*, no 13), accueille la demande d'un patron privé de son voyageur de commerce, mais à condition de prouver une diminution de son chiffre d'affaires.

M. Savatier (D. 1956. 723), pour se persuader lui-même que le préjudice causé à l'employeur est direct, dit, l'envisageant comme créancier de services : « La perte d'une créance par la faute de celui qui en rend le payement impossible n'a rien d'un préjudice indirect. C'est une atteinte directe au patrimoine du créancier ». À ce compte aucun préjudice pécuniaire n'est indirect.

22. – Je ne pense pas que, comme le prétendent MM. Mazeaud, n° 277-6 et 1875, le créancier ait une action en réparation du dommage que lui cause l'invalidité ou la mort du débiteur, ou la perte d'un bien de celui-ci. Il peut seulement exercer l'action du débiteur, en vertu de l'art. 1166 c. civ., si le débiteur s'en abstient. Si le débiteur obtient des dommages-intérêts en réparation de la perte de ses gains professionnels ou de son bien, en allouer au créancier non payé par le débiteur nanti des sommes ainsi obtenues serait faire payer le tiers deux fois pour le même préjudice. Si le débiteur est mort par la faute d'un tiers et que ses héritiers ne veulent ou ne peuvent payer, je doute que le créancier puisse prétendre à des dommages-intérêts en faisant valoir que si le débiteur avait vécu, il aurait probablement payé grâce à ses gains. Il peut seulement, en invoquant l'art. 1166 c. civ., obtenir les dommages-intérêts pour préjudice pécuniaire qu'aurait obtenus le débiteur. Il en est de même si un tiers détruit un bien du débiteur sur lequel le créancier comptait pour se payer, même s'il avait sur lui obtenu une sûreté réelle.

23. – À l'appui de la thèse d'après laquelle celui, à qui un autre avait promis des services qui ne peuvent être fournis par la faute d'un tiers qui l'a rendu invalide, peut demander pour ce motif des dommages-intérêts au tiers, on a invoqué les arrêts relatifs à une chose vendue ou louée comportant des défauts cachés. Quand ces défauts ont eu pour conséquence qu'entre les mains de l'acheteur ou du preneur elle a causé des dommages à un tiers, il a été décidé que celui-ci peut demander des dommages-intérêts au vendeur ou au bailleur (Savatier, note au D. 1956. 723; *Traité de la responsabilité civile*, 2e éd., n° 140).

La jurisprudence est bien en ce sens : Civ. 22 juill. 1931, D. H. 1931. 506; *Gaz. Pal.* 1931. 2. 683 (explosion d'une bouteille de gaz). – Req. 7 oct. 1940, D. H. 1940. 180 (accident causé par un vice d'une voiture). Mais la question est autre que celle actuellement examinée : c'est celle de savoir si celui qui met en circulation une chose que ses vices rendent dangereuse, est responsable des dommages qui en résultent pour des tiers. Ce n'est pas un dommage par répercussion d'un dommage causé à une autre personne.

24. – Plus proche est l'hypothèse où sont volées des marchandises entre les mains d'un transporteur, qui en est responsable envers l'expéditeur. Alors que la chambre criminelle s'en tient à une notion très restrictive de l'action civile, elle admet la S. N. C. F. à se porter partie civile contre le tiers qui a volé des marchandises à elle confiées (Crim. 19 juill. 1951, *Gaz. Pal.* 1951. 2. 334; J. C. P. 1951. IL 6438).

Mais c'est la S. N. C. F. qui est la victime du vol, et même la seule victime, puisqu'il s'agit d'un dommage pécuniaire et qu'elle est responsable de plein droit envers l'expéditeur, à moins de prouver la force majeure, qui n'est pas reconnue en cas de vol simple. L'expéditeur n'a pas besoin d'introduire une poursuite pénale; il est plus simple de faire sa réclamation à la S. N. C. F., qui sera sage de payer sans procès. Il est juste alors de dire que pour elle le préjudice est direct. Au surplus, n'est-ce pas en réalité l'action de l'expéditeur qu'exerce la S. N. C. F., action que celui-ci ne peut refuser de lui céder, étant indemnisé par elle ? La chambre criminelle n'admet pas qu'un subrogé se porte partie civile. En fait elle l'admet dans ce cas.

25. – Il n'est donc pas vrai qu'une jurisprudence bien établie ouvre une action personnelle à celui qui souffre un préjudice pécuniaire par répercussion de celui souffert par un autre. Elle lui serait sans doute utile quand l'exercice de l'action de la victime directe ne lui est pas ouverte ou ne suffit pas. Mais la charge risque d'être insupportable : pour le tiers responsable, en s'ajoutant, au cas de décès de la victime, aux indemnités dues à ses parents.

Et il faut se rendre compte, par des exemples faciles à imaginer, s'ajoutant à ceux déjà donnés, à quelles conséquences conduirait la consécration d'une action personnelle au profit de ceux qui souffrent un dommage par répercussion de celui souffert par un autre.

La caution personnelle ou réelle, obligée de payer la dette par suite de la mort du débiteur principal, qui l'aurait payée grâce à ses gains, pourra s'en prendre au tiers responsable de sa mort.

Le salarié privé d'emploi par la mort de son patron, pourra recourir contre le tiers responsable de celle-ci.

L'automobiliste privé de sa voiture par le retard de la réparation demandée à son garagiste, dû à la blessure de celui-ci par un tiers, pourra s'en prendre à celui-ci.

L'abonné à un réseau d'électricité privé de courant par suite d'une grève décidée pour des motifs illicites par un syndicat ouvrier pourra demander des dommages-intérêts à ce syndicat.

Celui qui, par suite du blocage d'une ligne de tramways par un camion renversé, a manqué un rendez-vous important, pourra s'en prendre au tiers qui a bloqué la ligne en renversant son camion par sa faute.

*
* *

26. – Il faut examiner trois hypothèses importantes où une personne demande des dommages-intérêts à la suite d'un dommage d'abord subi par une autre et où il y a débat sur le point de savoir si elle peut seulement exercer les droits de cette dernière, à elle transmis par subrogation, ou si elle peut invoquer un droit à réparation d'un dommage qui, étant subi par répercussion, est typiquement un dommage indirect.

27. – A. – La première hypothèse est celle de la mort par accident d'un homme dont la perte éprouve gravement sa famille. Le droit de celle-ci à demander réparation ne fait pas difficulté en France, quant au principe, sauf à déterminer les membres de la famille qui possèdent ce droit. Mais ce dommage n'a pas été conçu originairement comme subi par répercussion, donc indirect. Sous l'ancien droit c'était la famille, prise globalement, qui pouvait et *devait* poursuivre celui qui avait causé la mort d'un de ses membres. Les auteurs du XVIIIe siècle le montrent encore de façon éclatante (v. la note P. Esmein sous Req. 10 avr. 1922, S. 1924. 1. 153).

Aujourd'hui, quels sont les dommages d'ordre pécuniaire dont les parents du défunt peuvent demander la réparation ? D'abord les frais de maladie et de sépulture, le manque à gagner pendant son temps de vie, à quoi la jurisprudence ajoute irrationnellement le *pretium doloris*. Ce sont là des droits personnels du défunt, transmis avec son patrimoine. Les dommages-intérêts qu'on alloue ensuite aux membres de la famille du défunt qui étaient à sa charge, en réparation de la perte des secours sur lesquels ils pouvaient compter, profitent bien aux parents qui les reçoivent. Mais ils sont mesurés sur les gains qu'aurait faits le défunt s'il avait vécu. N'est-ce pas dire que chaque réclamant exerce par subrogation les droits du défunt contre le tiers responsable, dans la mesure où ils lui sont transmis en considération des devoirs du défunt à son égard ?

Il reste le dommage moral causé par le décès aux parents survivants. Tel qu'il est conçu aujourd'hui, où il donne lieu à réparation, c'est un préjudice personnel à chaque parent. L'action, par laquelle le parent la demande n'est plus, comme sous l'ancien droit, l'exercice d'un devoir de venger le mort. Mais, les dommages-intérêts étant alloués sans une vérification (qu'on ne peut demander au juge de faire) de l'intensité de la douleur, leur allocation, pour laquelle chaque juridiction établit en fait un tarif, apparaît comme une sorte d'héritage, donc de droit transmis par le défunt, présentant quelque analogie avec le capital-décès des assurances sociales.

28. – B. – La deuxième hypothèse est celle où une *administration publique*, en cas de blessure ou de mort d'un de ses agents ou d'un militaire, doit, conformément au statut desdits agents, fournir des secours à l'agent ou à sa famille.

La jurisprudence a décidé que, quand un tiers est responsable du dommage, la victime ou ses ayants droit ne peuvent obtenir de lui plus que la part du dommage non encore réparée par l'Administration publique (Civ. 14 mai et 6 nov. 1923, S. 1925. 1. 9, note Esmein; D.P. 1923. 1. 127; Crim. 22 nov. 1951, D. 1952. 4; Civ. 26 avr. 1952, D. 1952. 471). À cumuler les deux indemnités la victime obtiendrait plus que le montant du préjudice. Devait-il en résulter que, les secours de l'Administration étant généralement fournis sans procès, donc avant la condamnation du tiers, la dette de celui-ci en serait allégée d'autant ? On ne l'a pas point pensé.

La solution consistait alors à donner à l'Administration, par subrogation dans les droits de la victime, le droit de recouvrer du tiers le montant des secours fournis à celle-ci. Mais on ne se trouvait pas dans un cas de subrogation légale littéralement prévu par le code civil.

Par les mots *tenu avec d'autres ou pour d'autres* (art. 1251, 3°) on a voulu entendre seulement une dette ayant dans sa source un lien avec une autre. On a cependant admis le recours par subrogation au cas où deux personnes sans aucun rapport entre elles se sont trouvées concourir à un même accident, en établissant entre elles une solidarité qui, on l'a dit plus haut, ne s'imposait pas. Au lieu d'admettre une cession implicite d'actions parfaitement concevable et conforme à l'intention des parties (note P. Esmein, sous Paris, 16 mai 1928, S. 1930. 2. 17), et que la jurisprudence a admise en matière d'assurances maritimes et dans le cas d'assurance-crédit (Civ. 14 déc. 1943, D.C. 1944. 81, note Besson; S. 1945. 1. 41, note Houin), on a recouru à l'idée d'une action personnelle de l'Administration, fondée sur les art. 1382 et s. c. civ. Cette solution avait été d'abord adoptée par la jurisprudence pour le recours de l'assureur contre le responsable du sinistre, par suite de la même interprétation restrictive de l'art. 1251, 3° (Civ. 22 déc. 1852, S. 53. 1. 109; D.P. 53. 1. 193). Mais elle a été rejetée dès avant la loi du 13 juill. 1930

(Req. 18 avr. 1932, D.H. 1932. 282; *Gaz. Pal.* 1932. 2. 207). Et la loi de 1930 a consacré la solution de la subrogation (art. 36), en l'excluant toutefois dans les assurances de personnes (art. 55) pour des raisons de simple opportunité qui, en matière d'assurances sociales, ont trouvé obstacle dans les nécessités du financement. On a voulu permettre à ceux qui peuvent payer de grosses primes de procurer, en cas de décès ou d'accident, des capitaux correspondant à ces primes, et de les cumuler avec des dommages-intérêts.

Les recours de l'Administration contre le tiers responsable de l'accident rendant un agent invalide, a donc été admis sur le fondement des art. 1382 et s. C'est du moins la solution qu'adopta la chambre civile (Civ. 14 mars 1934. D.P. 1934. 1. 59, note Savatier). La chambre criminelle refusa de la suivre, déclarant que l'obligation de l'Administration avait sa source dans le statut des agents et non dans la faute du tiers (Crim. 21 nov. 1931, D.P. 1932. 1.153, note Capitant; 24 oct. 1957, D. 1959. Somm. 3; J.C.P. 1958. II. 10484, note Meurisse; *Gaz. Pal.* 1958. 1. 71).

29. – Mais, à partir de 1956, la *seconde section civile* de la Cour, considérant que la loi du 20 sept. 1948, art. 27, a subrogé l'État de plein droit à la victime dans ses droits contre le tiers pour le remboursement des prestations versées (Civ., 2e sect. civ., 19 déc. 1956, S. 1957. 127, note Meurisse; J.C.P. 1957. II. 9780. note Esmein), a décidé que l'État n'a de recours contre le tiers qu'en qualité de subrogé dans les droits de l'agent. Et l'*ordonnance n° 59-76 du 7 janvier 1959* a décidé que l'action qu'elle donne à l'État par subrogation dans les droits de l'agent contre le tiers est *exclusive de toute autre action*. L'ordonnance n'a pas confirmé toutes les conséquences que la seconde section civile tirait de l'absence d'action directe. Ainsi elle a admis le recours pour le capital-décès qu'avait refusé la seconde section civile (1er juill. 1960, *Gaz. Pal.* 1960. 2. 234) par interprétation stricte de la loi antérieure. Mais elle a continué à décider que l'État n'a pas de recours en ce qui concerne les augmentations de pensions d'invalidité ou de décès intervenues après la décision définitive fixant le montant de l'indemnité à la charge du tiers. La jurisprudence décide en effet qu'il y a chose jugée à cet égard entre le responsable et la victime, empêchant celle-ci d'obtenir une augmentation de l'indemnité, si ce n'est au cas d'aggravation de son invalidité.

30. – C. – La troisième hypothèse est celle où un salarié est victime d'un *accident du travail* et celle où un *assuré social* est victime d'un accident de droit commun, dont un tiers est responsable. Je retiens ici seulement le cas où la victime subit une invalidité temporaire. Pendant celle-ci, les caisses de sécurité sociale lui versent une indemnité correspondant à une fraction seulement du salaire. La caisse qui l'a versée a un recours contre le tiers en vertu soit de l'art. 397 (accident de droit commun) soit de l'art. 470 (accident du travail) du code de sécurité sociale. Dans les deux cas, c'est l'action de la victime que la caisse exerce par subrogation. Seul l'art. 397 emploie ce terme; mais l'art. 470, en ouvrant à la caisse une action contre le tiers, dit que la victime ne conserve son action contre le tiers que dans la mesure où elle n'est pas indemnisée par la caisse. C'est donc bien l'action de la victime que la caisse exerce.

Mais il est des employeurs qui se sont engagés à verser à l'ouvrier, pendant l'invalidité temporaire, une indemnité supplémentaire, de façon à lui procurer l'équivalent du salaire intégral. La question alors a été posée de savoir si, pour cette indemnité supplémentaire, l'employeur a un recours contre le tiers responsable.

Dans le cas où l'accident est survenu à un agent de l'E. D. F. ou du G. D. F., la question se pose dans les conditions suivantes. Le statut des employés de ces entreprises promet le payement du plein salaire (Déc. 22 juin 1946, art. 22). L'art. 4, § 6 de l'annexe III du décret subroge l'E. D. F. dans les droits de la victime contre le tiers ; et, bien que cet article ne concerne que les pensions, il est interprété comme s'appliquant aussi à la dépense consistant dans le payement du salaire. On pratique ici l'interprétation extensive rationnelle qu'on a refusée pour l'art. 1251, 3°, c. civ. – Enfin, il se trouve que les litiges relatifs aux assurances sociales et aux accidents de droit commun sont du ressort de la seconde section civile et les litiges relatifs aux accidents du travail sont du ressort de la section sociale.

31. – La seconde section civile, à partir de 1956, a estimé que comme le recours de l'Administration en cas d'accident survenu à un de ses agents, le recours de l'E. D. F. ou de la S. N. C. F. ne peut avoir lieu qu'à titre de subrogation. C'était rationnel, le problème étant le même dans les faits. La section sociale a maintenu la possibilité d'un recours fondé sur les art. 1382 et s. (Civ., sect. soc., 29 mars 1957, D. 1957. Somm. 136 ; *Gaz. Pal.* 1957. 2. 26).

En ce qui concerne le recours pour le montant du salaire, le débat a été clos par les arrêts d'une assemblée plénière civile du 30 juin 1960 (D. 1961. 1, conclusions Lindon ; S. 1960. 249, note Meurisse ; J. C. P. 1960. II. 11814). Il y est dit que l'E. D. F. peut obtenir du tiers le remboursement des prestations ayant un caractère indemnitaire pour l'agent. Le montant du salaire a ce caractère. C'est donc un recours subrogatoire.

Mais d'autres dépenses que le payement du salaire intégral sont actuellement occasionnées à l'E. D. F. par l'invalidité temporaire d'un agent. Ce sont les charges sociales et fiscales établies en pourcentage du salaire, entraînant le versement de sommes à des caisses diverses et à l'État, qui ne profitent pas à l'agent, de sorte qu'elles n'ont pas le caractère indemnitaire visé par l'assemblée plénière de 1960. Il s'agit des cotisations de sécurité sociale et d'allocations familiales, des cotisations aux œuvres sociales, aux caisses mutuelles complémentaires, aux caisses de retraite, enfin de l'impôt de 5 p. 100 sur les salaires.

La question d'un recours pour récupérer ces dépenses se posait déjà dans les espèces soumises à l'assemblée plénière de 1960, mais elle n'avait pas nettement pris parti en disant qu'en dehors du recours pour les prestations de caractère indemnitaire l'E. D. F. « ne peut éventuellement obtenir réparation du dommage subi par elle qu'à condition de prouver une relation de cause à effet entre le dommage et la faute du tiers ».

Alors la section sociale a décidé, comme auparavant, qu'il y avait la relation directe nécessaire. Mais la seconde section civile (Civ., 2e sect. civ., 9, 16 et 18 nov. 1960, D. 1961. 17, note L. Mazeaud ; S. 1961. 80 ; J. C. P. 1961. II. 12126, note Bradin) a statué en sens contraire comme auparavant.

32. – Une nouvelle assemblée plénière, le 30 avr. 1964 (J. C. P. 1964. II. 13734, note Esmein) a, par deux arrêts de rejet, approuvé la position prise par les cours d'appel décidant que les charges sociales et fiscales dont il s'agit sont des accessoires du salaire ; que leur payement est obligatoire ; que cette charge, comme celle du salaire, est la contrepartie du travail fourni par l'agent ; et que l'E. D. F. se trouvant tenue de payer bien qu'elle soit privée, par la faute du tiers, du travail de l'agent, subit un préjudice qui est en relation directe avec cette faute.

Ce raisonnement soulève de graves objections que j'ai exposées dans la note précitée et me bornerai à résumer ici.

1° Il suppose que les sommes versées à l'invalide temporaire par l'employeur ont le caractère de salaire, contrepartie du travail. Or, précisément parce qu'il est cette contrepartie la jurisprudence décide, conformément aux règles fondamentales des contrats synallagmatiques, que si le travail n'est pas fourni il n'est pas dû de salaire ; c'est la section sociale qui le dit (Civ., sect. soc., 18.déc. : 1947, J. C. P. 1948. II. 4167, note G. B. ; 5 juin 1953, D. 1954. 74). Les sommes versées par l'E. D. F. à l'agent invalide sont des indemnités et non un salaire. Les charges sociales et fiscales, axées sur le salaire et établies en pourcentage de celui-ci, ne peuvent, comme accessoires, participer d'un caractère faussement attribué au principal.

Au surplus, le demi-salaire versé par la sécurité sociale ordinaire et le surplus versé par l'E.D.F. n'ont pas un caractère différent. Or les charges sociales et fiscales ne sont pas versées à l'occasion du demi-salaire.

2° Elles sont déclarées par la Cour *obligatoires*, comme incluses dans le statut, et en considérant le statut comme un règlement émanant des pouvoirs publics. Mais le statut joue ici le rôle de contrat. Il équivaut au règlement intérieur établi par un employeur personne privée, qui contient les clauses du contrat individuel de travail. On peut dénoncer les différences entre les contrats d'adhésion et les autres contrats, mais ils restent des contrats et les engagements qu'ils contiennent sont obligatoires parce qu'ils ont été acceptés. Cela vaut pour les promesses contenues dans le statut des agents de l'électricité.

Quant à soutenir qu'il en est autrement parce que le statut est approuvé par un décret, c'est oublier que dans les entreprises publiques, qu'elles soient qualifiées établissements publics, offices ou sociétés, l'employeur est l'État, et que par suite, même si les clauses du contrat sont établies par décret, ce n'en sont pas moins des clauses contractuelles. Il n'est pas contesté que les rapports entre l'E.D.F. ou la S.N.C.F. et leurs agents soient des rapports contractuels et soient régis par le droit civil. Et c'est le législateur lui-même qui, dans l'art. 79 de l'ordonnance du 30 déc. 1958, article relatif aux clauses d'indexation des dettes d'argent, *accole* les dispositions statutaires aux dispositions conventionnelles pour les opposer aux dispositions législatives et réglementaires.

3° Imposer au tiers responsable le remboursement des charges sociales et fiscales dont s'agit laisse pantois celui qui recherche à qui profite la surcharge de dommages-intérêts qui en résulte pour le tiers, s'ajoutant à ce qui est dû à la victime ou au subrogé.

Les cotisations de sécurité sociale vont aux caisses de celle-ci. Les cotisations aux mutuelles complémentaires et aux caisses de retraite vont à ces organismes, profitant à leurs adhérents. L'impôt sur les salaires va à l'État. L'E.D.F. ou la

S.N.C.F. ne jouent que le rôle de collecteurs, comme les commerçants pour les impôts sur la consommation. Les susdites caisses et l'État souffriraient, non d'une perte, mais d'un manque à gagner, si, l'invalidité d'un salarié l'empêchant de gagner un salaire, les charges axées sur le salaire, n'étaient pas versées. Je ne pense pas qu'il se trouve quelqu'un pour dire qu'il y a là pour elles un préjudice en relation directe avec la faute qui a entraîné l'invalidité. Si on l'admettait, il faudrait dire aussi que, quand les gains d'un individu, et par suite ses revenus soumis à l'impôt, sont réduits par une invalidité dont un tiers est responsable, l'État pourrait se faire indemniser par le tiers de la réduction de l'impôt. Est-il légitime, s'agissant de l'impôt sur les salaires, de parvenir à ce résultat grâce à une fausse qualification de l'indemnité remplaçant le salaire ?

*
* *

33. – Si, dans l'hypothèse qui vient d'être relatée, les juges se sont laissés convaincre de condamner à réparer un préjudice par répercussion alors que, comme on l'a vu, ils sont en général assez réticents en présence d'un tel préjudice, c'est probablement parce que le préjudice était présenté, par une fausse analyse des faits, comme constitué par les sommes déboursées par le réclamant, alors que, dans les autres hypothèses, il fallait manifestement prouver une perte ou un manque à gagner. Il s'ensuit que les arrêts de l'assemblée plénière, à supposer que la position prise soit maintenue, ne semblent pas de nature à exercer, sur la jurisprudence relative au préjudice indirect, autant d'influence qu'on pourrait d'abord le supposer. On a vu (n°s 21 et s.), dans les espèces citées la difficulté de déterminer le montant du préjudice, et spécialement la part de ce préjudice prétendu qui peut être attribuée au responsable de l'accident, par exemple la part de la diminution des recettes qui peut être attribuée à l'absence d'un ténor d'opéra où au repos forcé d'un commis-voyageur. Mais la difficulté de déterminer le préjudice n'est pas considérée en général comme un obstacle.

Finalement si on se demande quelles raisons permettent de mettre un point d'arrêt dans la série des dommages successifs que peut entraîner un accident, alors que la causalité matérielle met en présence d'une chaîne sans fin, ou quelles raisons permettent au moins de limiter la charge, on les trouve d'abord dans la combinaison des deux aspects de la causalité, la causalité matérielle et l'imputabilité. S'il ne faut pas les confondre, il n'en résulte pas qu'on ne puisse tenir compte des deux points de vue.

L'appréciation de l'imputabilité est un jugement de valeur. On prononce une sanction. C'est cela qui permet de condamner le défendeur à la réparation de tout le dommage bien que sa faute soit seulement une de ses causes au point de vue de la causalité matérielle. Mais, précisément pour cette dernière raison, la condamnation à réparer tout le dommage, si elle est concevable, ne va pas de soi. Et on a vu que la Cour de cassation a commencé à condamner à réparer seulement une partie du dommage soit quand des faits de la nature ont contribué à l'accident (n° 13), soit quand plusieurs personnes y ont contribué (n° 11). Et elle a toujours fait de même quand la victime y a elle-même contribué.

Or quand après l'accident se succèdent des dommages en chaîne, souvent des faits nouveaux contribuent aux dommages nouveaux. Si un dommage est nettement nouveau, seul celui à qui il est imputable en doit être responsable, et s'il n'est imputable à personne, nul n'en aura à répondre. Ainsi la mort du blessé par la faute du médecin ne doit pas être imputée à celui qui n'est responsable que de la blessure. S'il y a doute sur la part de l'un et de l'autre dans la survenue de la mort, il y aura lieu à un partage de responsabilité entre eux (nº 14).

34. – Il faut insister sur le caractère de peine attribué aux dommages-intérêts. Il est classique de les opposer à la peine privée depuis qu'il est affirmé que, sauf dans des cas exceptionnels, ceux-ci ne doivent pas dépasser le montant du dommage. Mais, pour celui qui doit les payer, c'est bien une peine, quand par l'acte dommageable il ne s'est pas enrichi. L'équivalence de la réparation au dommage paraît relever de la justice commutative, et les philosophes grecs l'envisageaient ainsi. Mais elle fait songer aussi à la loi du talion, simple limitation à la vengeance. Quand le dommage est grand et la faute légère, l'équivalence n'existe pas dans la perspective des sanctions. En considérant les dommages-intérêts comme une peine – ce qu'ils sont réellement – on pourra accorder ou refuser la réparation de dommages se succédant en chaîne, en considération du degré de gravité de la faute. On objectera les difficultés d'appréciation de la gravité des fautes. Mais on la pratique couramment. Et je ne pense pas qu'on puisse proposer d'apprécier la part matérielle d'un fait comme source d'un autre fait, par rapport à celle d'autres faits qui sont avec lui les antécédents nécessaires du premier fait.

35. – Quand la faute est seulement présumée, on ne peut apprécier son intensité. On ne peut la qualifier grave, alors qu'il y a souvent responsabilité sans faute. On ne peut non plus la qualifier légère. On se trouve ici dans la situation incommode résultant de la jurisprudence qui fait de la présomption de responsabilité un Janus à deux faces. Sur l'une d'elles elle admet la preuve contraire, laquelle peut d'ailleurs être impossible en fait. L'autre refuse tout effet à cette preuve. Notre régime de responsabilité civile se trouve désaxé et incohérent par le fait que la responsabilité est tantôt la sanction d'une faute, tantôt une responsabilité sans faute. Les conséquences de la déclaration de responsabilité ont été établies au temps où on n'envisageait guère que la faute comme fondement de celle-ci. Quand on a admis des responsabilités sans faute on a appliqué à leurs conséquences les règles déjà établies, d'autant plus facilement qu'on n'a pas présenté ces responsabilités franchement comme ayant ce caractère. Mais on se trouve incertain quand il s'agit de savoir quelle sera l'étendue de la responsabilité et qu'on est en présence de règles où un rôle important est donné à l'appréciation de la faute.

Si l'on veut un système cohérent de responsabilité et une limitation des conséquences dans le cas de responsabilité sans faute, il faudra établir dans ce cas une responsabilité forfaitaire. Mais il faudrait commencer par établir des cas francs de responsabilité sans faute, qui devront être en nombre limité, de façon à ce que la sécurité puisse être procurée aux responsables éventuels par l'assurance et non pas seulement aux victimes éventuelles par la responsabilité sans faute.

36. – On pourrait aussi, pour atténuer l'étendue de la responsabilité, faire une plus grande place à l'idée d'acceptation des risques. Les arrêts lui font place assez souvent, mais ne le font guère que pour supprimer toute responsabilité (v. Civ., 1re sect. civ., 26 avr. 1963, D. 1963. 440. S. 1964. 33, note. Tarabeux; J. C. P. 1963. II.

13307, note Esmein; 26 juin 1963, D. 1964. Somm. 62; *Gaz. Pal.* 1963. 2. 342). On pourrait fort bien en faire découler un partage de responsabilité. Il n'y a pas de frontière précise entre la faute de la victime et l'acceptation des risques et l'idée d'acceptation des risques se combine très bien avec la présomption de responsabilité ou la responsabilité sans faute pour permettre de décider un partage de responsabilité.

Alors qu'il fut un temps où l'on ne concevait la responsabilité que comme la sanction d'une faute, on s'est peu à peu habitué à l'idée d'une responsabilité sans faute. Mais dans ce cas la relation de cause à effet, qui reste évidemment nécessaire, est exclusivement ce que j'ai appelé la causalité matérielle. Sous cette perspective la présence et l'activité de la victime sont causes de l'accident et des dommages qui ont suivi, au même degré que celles de l'autre partie. Celle-ci a créé le risque, mais la victime a accepté de s'y exposer. Par le fait que je traverse une voie où roulent licitement des véhicules, j'accepte de m'exposer au risque d'une rencontre. On peut, en présence d'activités particulièrement dangereuses pour autrui, estimer qu'il est opportun de négliger cette équivalence de causalité. La perspective d'une entière responsabilité n'incline pas toujours à la prudence. Mais cette responsabilité est utile pour les victimes dénuées de ressources. On peut aussi, dans un cas tel que le transport de personnes, estimer qu'une assurance contre les accidents est nécessaire, et qu'il est commode qu'elle soit combinée par le transporteur plutôt que par le transporté, sauf à en inclure le coût dans le prix du transport. Mais, hors les cas où l'une de ces raisons conduit à ne pas tenir compte de l'acceptation des risques, l'appréciation de la causalité laisse en présence de ce qu'on appelle l'équivalence des conditions. Or chacune des parties est au même degré la cause de l'accident. De ces considérations il résulte d'ailleurs que l'application à toutes les choses de la présomption de responsabilité; donc implicitement de la responsabilité sans faute, n'est pas justifiée.

La responsabilité civile opère une redistribution de la charge des dommages, comme aujourd'hui on utilise et aménage l'impôt en vue d'une redistribution des revenus. Dans la mesure où la responsabilité n'est pas une peine, l'idéal d'une société bien organisée serait la répartition de la charge entre tous les membres de cette société. Par la sécurité sociale cette mise en commun est amorcée. Mais si les caisses récupèrent le montant de leurs dépenses sur le responsable même quand il y a responsabilité sans faute, la mise en commun est annulée.

PROSPECTIVE DE L'INFORMATIQUE DANS LES SCIENCES JURIDIQUES

1967

Jean-Paul Buffelan

Ingénieur O.S.T.,
Juriste au Centre National de la Recherche Scientifique

Dans le monde moderne, les sciences connaissent un essor sans précédent. Elles exigent des besoins de documentation toujours croissants. Pour faire face à cette augmentation extraordinaire du volume de l'information, une spécialisation approfondie s'est révélée nécessaire. La communauté universitaire internationale qui mettait autrefois en contact, par-dessus les frontières, les savants de toutes les disciplines s'est largement étendue. Elle s'est en même temps cloisonnée à tel point qu'il est plus facile aujourd'hui de connaître le savant ou universitaire étranger qui poursuit les mêmes recherches que vous, que le collègue de la même nationalité et de la même faculté ou du même organisme mais qui est spécialisé dans une branche différente.

Dans la civilisation de la machine, il n'est pas étonnant que certains aient eu recours à cette dernière pour les décharger de besognes matérielles. C'est aux États-Unis que les premières expériences en ce domaine ont eu lieu. Transplantée ensuite en Europe, la mécanisation a été regardée avec un certain dédain par les hommes de science. Néanmoins l'utilisation des machines s'est progressivement imposée dans les sciences exactes en matière d'information et de documentation, grâce notamment à la présence d'un vocabulaire technique propre.

En revanche, les sciences sociales n'ont guère bénéficié jusqu'ici de l'automatisation et pourtant l'exploitation rapide et systématique d'une série de documents revêt une importance particulière aussi bien pour les sociologues, les historiens, les philologues, que pour les juristes, les politistes, les internationalistes, etc. L'utilisation de machines électroniques a été introduite par des chercheurs indépendants, ainsi pour la reconstitution des manuscrits bibliques de la Mer Morte, pour l'exploration systématique de la Somme Théologique de Saint Thomas d'Aquin, etc. Plus récemment, l'utilisation des ordinateurs a été révélée au grand public, dans l'exploitation des sondages d'opinion, lors des élections présidentielles de décembre 1965 et, tout dernièrement, par les travaux de l'Institut Français d'Opinion Publique et de la Société Française d'Enquêtes par Sondage au moment des élections législatives.

D'après les statistiques publiées, par l'Unesco, il paraît dans le monde, en 65 langues, entre 50 000 et 100 000 revues techniques ; deux nouvelles apparaissent, en moyenne, chaque jour. Il est certain que le savant auquel serait livrée en vrac la totalité de la bibliographie existante sur sa discipline, succomberait devant le tri qualitatif à opérer. Pourtant, ne serait-il pas précieux de pouvoir demander à une machine de vous indiquer en quelques instants tout ce qui a été écrit sur un sujet donné ? Il ne s'agit pas d'une simple vue de l'esprit. D'ores et déjà, certaines machines sont en usage, qui fonctionnent sur ce principe. Toutefois, plus que de véritables réalisations, il s'agit surtout d'expériences en cours ; de projets à l'étude, à l'exception des services de documentation des notaires qui sont déjà en fonctionnement. La relation sommaire de ces expériences et réalisations constituera notre premier point.

À la suite de ce tableau descriptif, il a paru intéressant de décrire en détail une méthode nouvelle, d'origine américaine, et qui s'applique à l'utilisation du microfilm combinée avec des machines à mémoire pour le traitement de l'information juridique. Nous tenterons d'en résumer les principes dans la deuxième partie.

*
* *

Première partie
Expériences et réalisations en cours

C'est aux États-Unis, du fait de la complexité du système juridique anglo-saxon et aussi de l'audace de ses chercheurs juristes, que s'est fait jour pour la première fois la nécessite d'utiliser de tels moyens d'automatisation. Dans ce pays, dont les crédits de recherches sont extrêmement importants, une expérience a été tentée à l'Université de Pittsburgh en Pennsylvanie ; elle est à l'origine d'une méthode, appliquée et en progrès à ce jour, qui permet l'étude, de façon mécanique, des sources de droit d'origines législative et jurisprudentielle[1].

Sect. 1re. Les expériences

La France s'est également intéressée à cette automatisation.

Il y a plus de dix ans, je présentais à *l'École d'Organisation Scientifique du Travail*, un rapport portant sur les difficultés posées par la constitution d'une documentation encyclopédique et des moyens de solution apportés par l'utilisation systématique de la classification décimale universelle. En 1957, j'étais lauréat du Cercle national des jeunes agriculteurs pour un mémoire sur l'organisation d'un service de documentation mécanographique appliquée aux sciences agronomiques, dont le principe résidait dans le traitement de l'information sur cartes perforées par mécanographie tel que j'avais vu ce système fonctionner dans des organismes comme l'*Institut National de la Statistique et des Études économiques.*

Récemment, ce problème a attiré tout à la fois des chercheurs de la Faculté de droit et de la Faculté des sciences de Montpellier ; une équipe mixte a pu se former et le travail qu'elle accomplit, grâce à des contacts étroits et fréquents des juristes et des scientifiques, mais aussi grâce aux conseils des ingénieurs de la Compagnie I.B.M. permet de constater des progrès sensibles dans l'élaboration de la méthode.

1. Cette expérience a été décrite en détail par M. Jean-Paul Gilli, dans *Le juriste et l'ordinateur*, D. 1967. Chron., p. 47, notamment p. 48 et 49.

Une première expérience a donc été entreprise sous la direction conjointe de M. Pierre Catala, professeur à la Faculté de droit, et de M. Jean Falgueirettes, professeur à la Faculté des sciences, et son objet a été la jurisprudence de la chambre civile de la Cour de cassation. En effet, celle-ci était préférable, d'une part parce que les décisions de la Cour suprême ont plus d'autorité que celles des juridictions de fond; d'autre part parce qu'il existe un recueil très complet, le *Bulletin des arrêts de la Cour de cassation* qui assure un maximum de rigueur juridique à la documentation ainsi utilisée. Le recueil de 1963 a été choisi et la finalité de l'expérience a consisté dans l'obtention par l'ordinateur d'une sélection des arrêts concernant une certaine question dans un temps très bref[2].

Naturellement, pour que de telles expériences soient positives, la formation d'un personnel qui ait déjà une culture juridique est indispensable. À cet effet, la Faculté de droit et des sciences économiques de Montpellier a décidé la création d'un Centre d'Études pour le Traitement de l'Information Juridique (C.E.T.I.J.) dont la transformation en Institut est espérée. Ainsi seront formés les premiers spécialistes et poursuivies les recherches en liaison étroite avec la Faculté des sciences et le futur Institut universitaire de technologie de Traitement de l'Information.

Il faut encore noter d'autres expériences en cours; la jurisprudence administrative et les sources législatives en matière fiscale font actuellement l'objet d'une étude d'automatisation au Conseil d'État, par l'équipe de chercheurs[3], dirigée par M. Lucien Mehl, maître des requêtes au Conseil d'État et spécialiste de cybernétique[4].

Au barreau, un projet de centre de documentation par ordinateur auquel s'attache Maître Lussan, qui sera le prochain bâtonnier de l'Ordre des avocats à la cour d'appel de Paris, se limite pour l'instant à la nouvelle loi sur les sociétés.

À la Chancellerie, si le fichier central de la jurisprudence et le centre de documentation de la Cour de cassation utilisent encore des procédés classiques de fiches alphabétiques, M. le Garde des Sceaux s'est préoccupé du problème de la mécanisation de la recherche documentaire juridique. À cet effet, une commission de l'informatique a été créée au ministère de la Justice par arrêté ministériel en date du 7 févr. 1967 (*J.O.* 23 févr., p. 1915). Présidée par M. Aydalot, procureur général près la Cour de cassation, elle a pour objet d'étudier les moyens scientifiques, techniques, administratifs et financiers qui permettraient d'appliquer les méthodes de traitement de l'information aux problèmes de la documentation juridique, de la police judiciaire, des statistiques et, d'une manière générale, aux problèmes de l'administration de la justice. Elle comprend 23 membres choisis dans la magistrature, l'université, le Conseil d'État, la justice militaire, la gendarmerie, la police judiciaire, la sûreté nationale et la préfecture de police. On note la présence de représentants de la Société d'électronique et

2. V. P. Catala et J. Falgueirettes, *Le traitement de l'information juridique sur ordinateurs*, J. C. P. 1967. I. 2052.
3. Un arrêté ministériel conjoint du garde des Sceaux et du ministre de l'Économie et des Finances en date du 23 févr. 1967 (*J. O.* 9 mars, p. 2331) prévoit la « rétribution des étudiants appelés à participer au Conseil d'État à des travaux de recherche appliquée à l'automatisation de la documentation juridique ».
4. M. Lucien Mehl prépare un ouvrage intitulé *Éléments de science administrative*, collection *L'Administration nouvelle;* il y développe une théorie cybernétique de l'action administrative.

d'automatisme et, naturellement, des délégués à l'informatique et à la recherche scientifique.

Dans le notariat, des *centres de recherches, d'information et de documentation notariales* (C.R.I.D.O.N.) ont été créés à Paris, en 1964, et à Lyon dès 1962. Leur service de documentation est fondé sur l'utilisation de procédés mécanographiques à base de cartes perforées, suivant la méthode anglaise mise au point par la Société International computer and tabulator (I.C.T.).

Enfin, au ministère des Armées, la direction de la justice militaire et de la gendarmerie met en place, dans chaque région militaire, un *centre de rapprochement de renseignements judiciaires* sur le modèle de celui récemment créé à Paris et installé au fort de Rosny-sous-Bois. Ce dernier applique un système photo-électronique de microfiches pour emmagasiner, exploiter et diffuser sa documentation.

La caractéristique commune à toutes ces recherches réside dans leur caractère expérimental et dans la faible ancienneté de la mise en service des premiers organismes de documentation en matière juridique. Au contraire, dans d'autres domaines, distincts des sciences juridiques, les réalisations sont plus avancées et les méthodes plus au point.

Sect. 2. Les réalisations

Il serait fastidieux d'énumérer les organismes au siège desquels des réalisations intéressantes ont été mises sur pied, depuis le Centre national de la recherche scientifique jusqu'à la Société nationale des pétroles d'Aquitaine. On se reportera, pour le recensement des centres officiels de documentation, au répertoire des laboratoires scientifiques français, édité par l'office national des universités et écoles françaises. Une liste des établissements privés figure dans le volume consacré à la « recherche industrielle française » publié par le ministère de l'industrie et du commerce. Il existe également une Union française des organismes de documentation qui a pour objet d'établir un lien permanent entre les personnes morales ou physiques qui participent à l'élaboration, à la collecte, à la conservation, à la diffusion et à l'utilisation de la documentation en France et à l'étranger.[5]

Les réalisations existantes peuvent être approximativement regroupées selon les méthodes utilisées. Celles-ci sont de deux sortes : les procédés cartographiques et les procédés photographiques. Une troisième méthode combine ces deux procédés par l'invention de la « carte à fenêtre », carte mécanographique qui contient, dans un logement libre, un élément de microfilm.

Les procédés cartographiques, c'est-à-dire à base de cartes perforées reposent sur le principe de la transcription des informations à enregistrer sous la forme de perforations faites dans des cartes spéciales (qui sont le seul élément de classement normalisé de manière universelle).

Les perforations sont encochées d'après un code préétabli sous forme de tables de classification ou de dictionnaires de mots-clés. Le travail le plus délicat

5. Siège social de l'U.F.O.D. : 65, rue de Richelieu, Paris (2e).

et qui commande toute la suite des opérations, consiste donc dans l'établissement des tables de classification, soit en adoptant le système de la classification décimale universelle, soit en créant une classification juridique originale. On saisit immédiatement la difficulté d'une telle entreprise et la part inéluctable d'arbitraire que cela comporte.

On peut distinguer les procédés manuels, les procédés mécaniques, les procédés mécanographiques et les procédés électroniques.

Les procédés manuels sont les plus simples et les moins onéreux. Le matériel, sommaire, se réduit à un stock de cartes à perforations marginales, une pince encocheuse, une broche (en forme d'aiguille à tricoter) et un fichier de rangement. Les fiches possèdent une ou deux rangées de perforations disposées en lignes parallèles à leurs bords. Ces perforations sont identifiées par des chiffres, des lettres ou des signes qui leur confèrent des valeurs indicatives conventionnelles, mais celles-ci ne correspondent à aucune signification tant que l'utilisateur ne leur a pas fait enregistrer des valeurs. Cet enregistrement s'effectue par l'encochage du bord, c'est-à-dire par l'ouverture d'une perforation représentant la valeur que l'on veut inscrire sur la carte. Ces entailles sont exécutées à l'aide d'une pince à main. Pour sélectionner les fiches dont les données répondent à une indication déterminée, on enfonce la broche de tri dans le tunnel des perforations correspondant à l'indication cherchée. Cette opération libère vers le bas les cartes encochées à la position analysée, tandis que les cartes non encochées restent suspendues à la broche de tri tenue à la main.

Les procédés mécaniques, plus élaborés, consistent dans l'établissement de cartes perforées et dans l'utilisation tant pour la création que pour l'exploration de ces cartes perforées, d'un matériel mécanique ou électrique simple et peu coûteux. Chaque carte correspond à une unité dans un ensemble homogène (du genre bibliographie – effectif du personnel, etc.) et chaque perforation représente une caractéristique de cette unité, déterminée par les tables de classification. Les principes de fonctionnement sont les mêmes que dans les procédés manuels : enregistrement d'un document sous forme de mots-clés représentatifs de son contenu et mots-clés traduits par une combinaison de perforations. Pour le tri, les fiches sont extraites mécaniquement par un trieur-sélecteur en un seul passage, à raison de plusieurs dizaines de milliers de fiches à l'heure.

Les procédés mécanographiques nécessitent trois machines de base : une perforatrice, une trieuse, une tabulatrice. Cette dernière exploite les renseignements contenus dans les fichiers de cartes triées et imprime le résultat sur des états. Pour des travaux plus complexes, on ajoute à cet équipement d'autres machines, telles que la reproductrice, l'interclasseuse, la calculatrice et la vérificatrice.

Les procédés électroniques sont ceux qui reposent sur l'utilisation d'ordinateurs, machines plus puissantes, plus automatisées et plus rapides, qui utilisent des impulsions électriques pour véhiculer, à l'intérieur des appareils, des informations préalablement miniaturisées. Le traitement de l'information juridique sur ordinateurs a fait l'objet d'une chronique déjà citée, au Recueil Dalloz Sirey, et nous nous permettons d'y renvoyer le lecteur.

L'intermédiaire entre les procédés à base de cartes perforées et les procédés utilisant les microfilms est *la carte à fenêtre*. Cette carte mécanographique contient dans un logement la copie du document original sur microfilm. Elle peut être conservée dans une machine mécanographique ou classée dans un fichier alphabétique classique. Elle sera consultée sur un appareil lecteur qui permettra également la reproduction. Ainsi, Sud-Aviation remet aux acheteurs de la Caravelle une copie microfilmée des 200 000 plans relatifs à l'« aéronef » pour faciliter révisions ou réparations. Toutefois, le prix de revient de la carte à fenêtre reste encore relativement élevé; il est environ dix fois supérieur à celui de la microfiche.

Les procédés photographiques sont d'un intérêt particulier tenant à leur double avantage de reproduire exactement l'original et de le « miniaturiser » grâce au microfilm. Celui-ci, séparé sous forme d'éléments découpés dans un film, aboutit à la microfiche (système Filmorex). L'utilisation du film entier, en magasins, est la base du système américain Miracode.

Deuxième partie
Un nouveau procédé : le traitement de l'information codifiée sur microfilm

Il y a trois ans a été présenté en France un procédé nouveau, d'origine américaine, dit Miracode, qui « permet de retrouver en moins de 15 secondes, dans une documentation microfilmée, une page sur 900 000 ».

Appliquée, par exemple, à la Bibliothèque de la Faculté de droit de Paris, ou à celle de la Fondation nationale des Sciences politiques, une telle méthode révolutionnerait les habitudes classiques de recherches bibliographiques, simplifierait la vie de l'étudiant et apporterait un gain de temps considérable aux professeurs pour la préparation de leurs cours et de leurs ouvrages scientifiques.

Quel est le principe de cette recherche automatique de l'information ?

Miracode est une abréviation de « Microfilm Information Retrieval Access Code », c'est-à-dire : procédé de recherche sur microfilm de l'information codifiée, La documentation à exploiter est enregistrée sur film, chaque document étant assorti d'un numéro de codification. L'enregistrement s'opère au moyen d'un appareil de prises de vues « Recordak Miracode » qui comprend un dispositif de codification binaire sur microfilm de 16 millimètres. L'établissement d'un langage codifié par un nombre à plusieurs chiffres constitue *l'indexage* qui est une opération capitale commandant l'utilisation ultérieure du système. Chaque unité de recherche comprend une filmothèque, un lecteur-agrandisseur, une machine à mémoire.

Chaque unité de recherche utilisée à plein offre à l'utilisateur la possibilité de retrouver, en moins de 15 secondes, un document sur 900 000 pages microfilmées, comme il est dit plus haut.

Le principe essentiel de ce nouveau procédé consiste dans l'indexation du microfilm par des damiers de rectangles blancs et noirs, lus par un jeu de cellules photo-électriques et interprétés en numération binaire. Ce système de recherche automatique de l'information a été conçu pour des applications dans lesquelles il est souhaitable de caractériser des documents par le sujet dont ils traitent ou par un numéro de classement.

L'opérateur a sous la main l'ensemble de la filmothèque et commande l'apparition sur l'écran, ou l'impression sur papier, de tous les documents qui répondent à sa demande. Seuls vont être localisés et sélectionnés ceux des documents qui correspondent aux caractéristiques fournies : mais l'utilisateur a la possibilité de s'assurer que tous les documents susceptibles de l'intéresser ont bien été repérés et sélectionnés. Une présentation rapide du procédé depuis l'indexage jusqu'à la recherche fait apparaître l'intérêt de ce système comme moyen de recherche automatique de l'information en matière juridique.

Sect. 1re. La phase de préparation

La phase de préparation comprend l'indexage des documents, leur enregistrement sur film et l'archivage des bobines de film dans un appareil dit poste de recherche.

A. *L'indexage des documents*

L'indexage est un point capital dans tout système de recherche automatique de l'information. L'utilisateur doit faire une étude du vocabulaire juridique. Son choix des index sera fonction des critères utilisés ultérieurement pour la sélection des documents. On peut avoir recours ici à deux méthodes d'indexage qui seront utilisées soit indépendamment et séparément, pour une documentation élémentaire, soit simultanément et en combinaison pour satisfaire à des exigences plus poussées.

La première méthode est inspirée du classique répertoire alphabétique, dont elle constitue la transposition et la transformation en système numérique. L'indexage s'effectue par numéro de référence de document, par exemple cote de bibliothèque, numéro de documentaire, matricule de l'agent géré par le service du personnel. C'est le procédé le plus simple et le plus rudimentaire.

La deuxième méthode est l'indexage d'après la nature des sujets traités dans le document. C'est le système des descripteurs ou de la table analytique, plus perfectionné et plus délicat.

La combinaison de ces deux méthodes est possible et aboutit à un troisième procédé, qui emprunte les modalités d'application matérielle des deux premières, mais qui réalise un important progrès sur le plan de l'éventail du classement et des recoupements.

Quant à la mise en œuvre matérielle, elle nécessite l'établissement d'une fiche-brouillon de codification, pour chaque document.

Dans la première méthode, on inscrit simplement, sur cette feuille, le numéro de référence considéré. Du bon personnel d'exécution suffit à cette besogne qui demande seulement soin et attention.

Dans la deuxième méthode, on procède d'abord à une analyse du document (livre, article, note d'arrêt), ce qui exige des spécialistes qualifiés. Le documentaliste doit avoir à sa disposition une table de codification donnant pour chaque sujet intéressant, un numéro qu'on appelle son descripteur. Dans le procédé Miracode, on dispose pour chaque descripteur d'un nombre à trois chiffres, c'est-à-dire d'un système de référence allant de 0 à 1 000. Soit un article qui traite de « L'action en désaveu de paternité pour stérilité consécutive à une maladie ». Si le sujet « Filiation légitime » a pour référence 365, le sujet « désaveu de paternité » 127, et le sujet « impossibilité physique de cohabiter » 562, l'article aura pour descripteur : 1. – 365 – 2. – 127 – 3. – 562. Les documents et la ou les feuilles de codification sont ensuite transmis à l'opérateur pour enregistrement sur microfilm.

L'intérêt de cette formule réside dans la solution qu'elle apporte au difficile problème d'introduction dans la mémoire de la machine des documents juridiques bruts. Il ne s'agit pas de constituer un super-répertoire alphabétique ou une nouvelle encyclopédie juridique, mais d'emmagasiner les documents juridiques de base : chronique doctrinale, copie de jugement, commentaire d'arrêt ou texte de loi aussi bien que thèses, manuels d'enseignement, ouvrages de praticiens, et recueils législatifs. Ici, la fiche comportant le mot-clé est remplacée par un numéro descripteur codifié. On évite ainsi l'écueil qui consiste à sélectionner des notions de base qui risquent de se révéler rapidement insuffisantes ou artificielles. En somme, la valeur du procédé se mesure à la richesse et à la souplesse du système de références codifiées. La mise sur pied de ce dernier est le travail le plus délicat.

B. *L'enregistrement sur film*

L'appareil de prises de vues utilisé est un nouvel ensemble fixe de 16 millimètres spécialement conçu en fonction des impératifs suivants : rapidité de fonctionnement, réglage exact de l'éclairement, facilité d'utilisation, Les documents à microfilmer sont placés sur la table d'exposition dans l'emplacement délimité par l'encadrage lumineux. Pour l'enregistrement du code, on dispose de 9 sélecteurs numériques à un chiffre. Ceux-ci sont colorés par groupes de trois pour permettre, dans chaque colonne, l'inscription de nombres à trois chiffres.

L'opérateur fixe simplement les sélecteurs sur les chiffres portés sur la feuille de codification. Il peut ensuite vérifier l'exactitude de sa sélection en comparant un chiffre témoin qui apparaît sur l'appareil, au chiffre porté sur la feuille de codification. Il est assisté, dans la suite des opérations, par toute une série de dispositifs de sécurité visuels et sonores.

Lorsqu'une bobine de film est terminée, elle est développée et éventuellement reproduite par contact en autant de copies que nécessaire. Les films sont montés dans des cassettes en matière plastique dites « magasins » qui sont facilement étiquetées par sujet ou groupes de sujets.

C. *Le poste de recherche*

Au centre de ce procédé est l'unité de recherche. On y a prévu l'archivage, à portée de main de l'opérateur, de 490 magasins dont chacun a un contenu moyen de 2 000 vues : l'unité de recherche est constituée par des éléments séparés décrits ci-dessus et qui peuvent être groupés de différentes manières, selon les besoins et la place dont on dispose. Au milieu, un lecteur-agrandisseur explore le microfilm à grande vitesse et déchiffre les indications codifiées. Ses caractéristiques essentielles sont les suivantes : accès rapide à l'image cherchée; possibilité de tirages sur papier; extrême souplesse dans l'interprétation de la codification du film. Le temps moyen d'accès à un document cherché est de 8 secondes seulement entre le moment où l'opérateur presse le bouton commandant la recherche et l'apparition sur l'écran de l'image voulue pour lecture sur écran ou tirage sur papier. Ce lecteur-agrandisseur est connecté à un tableau de commande et à des claviers dont le nombre peut aller jusqu'à 15, et varie en fonction du système d'indexage adopté et du degré jusqu'auquel doit aller l'analyse. Une unité logique équipée de transistors complète l'ensemble. C'est une machine à mémoire qui enregistre l'entrée des données numériques constituant les questions.

Sect. 2. La phase de recherche

La phase de recherche se déroulera différemment selon que l'utilisateur connaît la référence exacte du document à consulter ou qu'il cherche les documents répondant à certains critères. Dans le premier cas, il s'agit d'une simple exploration; dans le second, d'une recherche par tâtonnements. Celle-ci est rendue possible grâce à la capacité considérable du procédé décrit.

A. *L'exploration*

L'opérateur, préposé à la station de recherche, presse, sur les claviers, les boutons correspondant au numéro du document cherché, introduit dans le lecteur-agrandisseur un magasin dont le contenu correspond à la catégorie du document qui l'intéresse et commande la recherche. Le microfilm est exploré à la vitesse de 3 mètres à la seconde, c'est-à-dire que l'ensemble de la bobine de 30 mètres défile en dix secondes seulement. L'appareil localise et fait automatiquement apparaître, sur l'écran, la première page du premier document qui comporte dans son code l'un des chiffres portés sur le clavier. Après lecture, et, éventuellement tirage sur papier des vues intéressantes, l'opérateur presse à nouveau sur la commande de recherche : les vues suivantes, portant le même numéro de code, sont, à leur tour, repérées et apparaissent sur l'écran.

Pour une catégorie de documents qui nécessitent l'exploration de 5 « magasins » de films dont le contenu peut aller jusqu'à 10 000 images, le temps de recherche sera inférieur à deux minutes et demie. Ce temps sera bien sûr ramené à 10 secondes si la recherche porte seulement sur un « magasin ». Le tableau de commande comporte tous les boutons nécessaires : au déclenchement de la recherche; au passage d'une image à l'autre à l'intérieur d'un article; au passage d'un film positif à un film négatif, et inversement.

Il permet de s'assurer du bon fonctionnement de l'appareil et de commander automatiquement l'impression sur papier, selon quatre modalités différentes (impression de toutes les pages, de toutes les premières pages, etc.).

B. *La recherche par tâtonnement*

L'un des avantages essentiels du procédé étudié réside dans la possibilité qu'il offre de procéder à la recherche de sujets qui ne sont pas classés dans un ordre déterminé. Supposons, par exemple, qu'on souhaite repérer les documents d'une catégorie X correspondant aux descripteurs ci-dessous. Supposons également que pour l'un des documents la codification ait été faite dans l'ordre ci-dessous :

sujet	descripteur
M	365
C	150
J	031
P	130
A	081

Lorsqu'il formule sa demande, l'utilisateur n'a pas connaissance de l'ordre dans lequel les descripteurs ont été enregistrés, il pourra donc formuler sa demande de la façon suivante : (1) J, (2) C, (3) P, (4) M. le lecteur sélectionnera automatiquement tous les documents contenant ces quatre descripteurs quel que soit l'ordre dans lequel ceux-ci ont été enregistrés.

Il peut arriver que l'opérateur définisse le document cherché d'une façon trop précise : aucun document n'est sélectionné en réponse à sa question. Il fera alors marche arrière en annulant celui des descripteurs qui est le moins significatif. Il remontera ainsi du particulier vers le général. On peut trouver des exemples semblables dans le domaine du droit civil, du droit commercial, du droit administratif, etc. En fait, le procédé est utilisable dans toutes les applications où il est souhaitable de caractériser un document par les sujets dont il traite ou un produit par les éléments qui entrent dans sa composition.

En raison de sa grande souplesse, tant au niveau de la codification qu'au niveau de la recherche, le procédé de traitement sur microfilm permet de traiter l'information selon plusieurs critères distincts; il est possible, par exemple, d'indexer un document en utilisant les numéros de code descripteurs des sujets traités ou bien encore en lui attribuant simplement un numéro de référence arbitraire. Les deux systèmes de codification peuvent éventuellement être utilisés simultanément pour le même document sur la même bobine de film. Si nous prenons, comme référence, conventionnelle, un numéro à 3 chiffres, on disposera au minimum, pour une bobine, de 1 000 références, ce qui semble satisfaisant.

C. *Capacité du procédé*

Chaque colonne contient, en codification binaire, l'équivalent de 3 caractères numériques. Trois colonnes de code correspondant à 9 caractères numériques occupent approximativement le même espace sur le film qu'un document de format 21 × 27 réduit au rapport 24. Voici un exemple concret de la capacité du procédé étudié : en supposant quatre colonnes de codification par document et pour chaque document, une moyenne de 6 pages, une bobine de 30 mètres, dans un « magasin » contiendra, avec leurs codes, l'équivalent de 2 000 pages.

À chacun des claviers de sélection, on peut commander de limiter sa recherche à une colonne de codification déterminée. On peut aussi lui commander la recherche dans toutes les colonnes, ce qui est la position à adopter obligatoirement pour une recherche de documents par descripteurs. Chaque clavier contenant trois rangées de 11 boutons chacune (de 0 à 9 plus la position d'effacement) offre la possibilité d'explorer la totalité d'une colonne de codification. On peut monter en série jusqu'à 15 claviers de sélection. En principe, une installation exigera autant de claviers de sélection qu'il y aura de critères ou éléments de choix possibles pour une recherche donnée. Il est courant qu'un document exige 12 à 15 descripteurs pour rendre compte de son contenu total. Cependant, dans une recherche normale, on fera rarement appel à plus de 5 ou 7 de ces descripteurs.

Conclusions

Devant les diverses expériences précitées, entreprises isolément et en ordre dispersé, une première constatation doit être faite : les recherches poursuivies dans les conditions présentes peuvent être seulement considérées comme des travaux préparatoires dont la coordination s'impose d'urgence, sous peine d'aboutir à une impasse.

Sans mettre en cause la compétence et le dévouement des chercheurs qui s'y adonnent, il est hors de question pour un organisme isolé de prétendre dépasser le stade de l'amateurisme et de l'expérimentation. Le stade de l'exploitation sur ordinateur exige, en effet, un appareil d'une capacité importante dont le prix peut être de l'ordre de dix millions de francs, soit un milliard d'anciens francs. Une telle machine entraîne en outre la présence d'un personnel spécialisé comprenant, pour la partie technique, des ingénieurs compétents dans le fonctionnement, l'entretien et la réparation de l'ordinateur, et, pour l'aspect juridique, de juristes capables de préparer la « matière première » législative, jurisprudentielle ou doctrinale destinée à l'alimentation de la machine, et à même d'exploiter les réponses fournies par l'ordinateur. Certes, les machines décrites plus haut et utilisées pour le traitement de l'information juridique par microfilm sont moins onéreuses que des ordinateurs, mais restent néanmoins d'un prix élevé et le coût de l'exploitation semble dépasser le seuil de l'organisme artisanal[6].

La deuxième constatation à laquelle nous sommes amenés, concerne le problème de la structure d'accueil. Sans entrer dans des précisions qui seraient prématurées, on peut retenir un certain nombre de critères à respecter, faute desquels l'entreprise serait vouée à un échec probable. L'organisme auquel serait confiée cette tâche et qui pourrait, peut-être, servir de point de départ à un futur Centre national de la documentation juridique[7], devra faire face à des frais considérables d'installation et de préparation avant que le fonctionnement des machines documentaires devienne rentable. L'addition de crédits publics et de subventions du secteur privé permettrait de disposer d'une masse de manœuvre au départ. Plus tard, la commercialisation des renseignements bruts constituera une source de recettes appréciable. Du point de vue de sa nature juridique, l'établissement à créer pourrait donc être un service public industriel et commercial.

6. À titre indicatif, et, sous toutes réserves, un ensemble Filmorex nécessiterait un crédit d'environ 100000 F et un ensemble Miracode, 250000 F.

7. La création d'un tel centre et les problèmes posés par l'utilisation des différents systèmes de recherche documentaire ont été examinés au cours d'un séminaire d'études organisé les 29 et 30 avril 1967, au Centre culturel de Royaumont, par le Centre national de productivité et d'expansion des professions libérales et l'Association française pour l'accroissement de la productivité.

La question de concurrence avec les entreprises privées existantes et spécialisées dans la diffusion d'informations juridiques se posera et c'est une troisième observation. Il faudra vraisemblablement s'orienter vers une division du travail et une nouvelle répartition de l'exploitation de l'information juridique. Dans cette perspective, on pourrait envisager d'associer les maisons d'édition au nouvel organisme selon une proportion de capitaux à déterminer. On serait, cette fois, en présence d'une société d'économie mixte. Celle-ci pourrait limiter son activité à la vente d'informations brutes, c'est-à-dire de textes législatifs, jurisprudentiels ou doctrinaux, à l'exclusion de consultations proprement dites. Autrement dit, on pourrait distinguer un domaine quantitatif (renseignements sans commentaires) et un domaine qualitatif (réservé à l'intervention du juriste). La reproduction des chroniques ou des notes d'arrêts devrait permettre l'attribution d'honoraires aux titulaires du droit de propriété littéraire.

Enfin, une vue prospective de l'avenir tiendra compte des moyens les plus modernes de diffusion des informations en les mettant à la portée des utilisateurs. Un seul organe centralisé, siégeant soit à Paris, soit dans la région parisienne ou même éventuellement en province, sera mis à la disposition des usagers par la création d'un réseau de postes télex installés dans les bibliothèques des cours d'appel, des facultés de droit, des instituts de recherche et chez les usagers importants. La transmission et la reproduction à distance des documents peuvent être réalisées par phototélégraphie sur ligne téléphonique, selon le système du bélinogramme, couramment utilisé dans la presse quotidienne. Est-ce faire de la science-fiction que d'évoquer le jour où des liaisons internationales seront assurées au moyen d'émetteurs d'ondes électriques, par relais terrestre et, à longue échéance, par l'intermédiaire de satellites artificiels gravitant autour de la terre ?

Dans l'immédiat, nous suggérons la création d'un laboratoire central de recherches qui devrait disposer d'un local suffisant, peut-être dans une dépendance de la Fondation Thiers, et des crédits, nécessaires au paiement des frais de personnel (traitement des chercheurs et employés de secrétariat) et de matériel (loyer, fournitures, téléphone, transport, etc.). Cet organisme pourrait être, du point de vue administratif, placé temporairement sous l'égide du Centre National de la Recherche Scientifique. Dans ce cadre, une petite équipe d'une dizaine de chercheurs, les uns juristes de toutes les disciplines, les autres ingénieurs en cybernétique, établirait un programme quinquennal de recherches, coordonnerait les études en cours çà et là et disposerait, avec l'aide du secteur privé, de machines photo-électriques et, peut-être, d'ordinateurs électroniques simples pour effectuer leurs premiers travaux. Tel serait, pensons-nous, l'essentiel de la première mission qui serait assignée à ce centre de recherches.

CONTRIBUTION À LA DÉFINITION DU DROIT ÉCONOMIQUE[1]

1967

Claude Champaud

Professeur à la Faculté de droit et des sciences économiques de Rennes,
Directeur de l'Institut d'Administration des Entreprises de l'Université de Rennes

1. – Depuis une dizaine d'années, les juristes français, et spécialement les commercialistes, sont attentifs à la montée de disciplines nouvelles qui semblent vouloir vider de leur substance les disciplines traditionnelles, et spécialement le droit commercial. C'est ainsi que le « Droit des Affaires »[2] et le « Droit Économique » paraissent de plus en plus décidés à se substituer au Droit Commercial. Tel Gargantua, les commercialistes ne savent s'ils doivent se réjouir de la naissance et de la vigueur de ces nourrissons aux appétits de géants ou se désoler de voir se flétrir et dépérir l'amour de leur jeunesse.

Les conservateurs de l'antique droit des marchands ne s'avouent d'ailleurs pas vaincus. Ils ne manquent pas d'arguments et demandent aux tenants des matières nouvelles d'accorder leurs violons. Ils leur font remarquer qu'ils sont incapables de dire ce qui distingue le « Droit des Affaires » du « Droit Économique »[3] et de préciser clairement ce que l'un et l'autre apportent, représentent et contiennent

1. La présente chronique reprend l'essentiel d'un article paru sous le même titre dans « *Il Diritto Dell' Economia* » (1967.141). L'auteur et la Rédaction du Recueil Dalloz remercient vivement la Direction de cette Revue qui a aimablement autorisé cette seconde publication.

2. Parmi les ouvrages dont les titres révèlent cette évolution en France, on peut citer le *Droit des Affaires* de R. Savatier (2e éd., 1967 par R. et J. Savatier et J.M. Leloup, Librairie Sirey) dont la préface et la 1re section montrent bien qu'il consiste plus en une approche particulière et synthétique de problèmes juridiques qu'en une discipline proprement dite et le *Dictionnaire Permanent de Droit des Affaires* par J. Sarrut et C. Champaud, ouvrage essentiellement pratique, dont la conception, la table des matières et les règles de rédaction sont également très révélatrices de la nature exacte de ce « droit nouveau ».
Il faut signaler également comme représentative de cette tendance et de la filiation qui existe entre le Droit Commercial et le Droit des Affaires, les travaux de l'*Association Internationale du Droit Commercial et du Droit des Affaires* dont le groupe français est présidé par le Doyen R. Houin.

3. On peut penser que ces « droits nouveaux » ne sont, en réalité, que deux versions différentes d'un même phénomène et la plupart des développements qui vont suivre pourraient s'appliquer à la définition du Droit des Affaires. Ce qui paraît le distinguer du Droit Économique c'est que le Droit des Affaires procède d'une prise de conscience par les dirigeants d'entreprises de l'importance et de la nature du rôle du Droit dans les affaires. Faire du droit des affaires c'est essentiellement faire du droit (sans en distinguer les disciplines) une technique de gestion de l'entreprise au même titre que la comptabilité, la gestion financière, le marketing, etc., en lui permettant notamment de s'intégrer à ces dernières en s'y adaptant. Il en résulte que le droit des affaires représente l'aspect pratique du droit économique. Débarrassé au maximum de tout dogmatisme, il s'efforce d'être une règle d'action alors que le droit économique aborde les mêmes problèmes sous un angle beaucoup plus spéculatif. En quelque sorte le Droit des Affaires serait au Droit Économique ce que la technique d'application est à la recherche fondamentale. La liaison permanente et intime du Droit des Affaires et du Droit Économique est de ce fait une nécessité naturelle et vitale pour l'un comme pour l'autre.

➤

en tant que disciplines juridiques nouvelles. Les réponses qu'ils obtiennent sont fort embarrassées. Il ne saurait guère en être autrement car il est plus facile de dire le passé des vieillards que l'avenir des nouveau-nés dont les traits demeurent longtemps indécis.

C'est parfaitement conscient des limites qui bornent actuellement toute recherche sur la définition du Droit Économique que nous allons lui apporter notre contribution. Toutefois, la lucidité n'est pas le scepticisme et nous sommes convaincus que le fondement du Droit Économique que nous proposons, avec d'autres auteurs, constitue, actuellement, la seule base qui puisse être retenue pour la construction d'un édifice théorique que l'évidence des faits rend chaque jour plus impérieuse.

2. – Deux tendances générales partagent les auteurs qui ont tenté de définir le Droit Économique. Classiquement, banalement presque, on trouve en présence des conceptions larges et des conceptions étroites.

Certains auteurs voient dans le Droit Économique une discipline nouvelle, autonome et originale, vouée à l'étude des problèmes posés par l'intervention de l'État dans l'Économie[4]. Selon que l'économie d'un pays est socialiste ou libérale, il en résultera un droit économique envahissant ou peu fourni de règles. C'est la conception restrictive, bien qu'elle laisse place à l'existence de droits économiques importants.

D'autres auteurs estiment qu'une règle est de droit économique dès lors qu'elle régit des relations humaines proprement économiques. De ce point de vue le droit commercial, une partie du droit civil, ou du droit public, sont des branches du droit économique dont l'existence a précédé de long temps la conscience qu'en ont prise les juristes[5].

C'est une définition identique de l'essence du Droit des Affaires que propose Clive M. Schmittof pour les pays anglo-saxons (Cf. *Business law and Administration*, éd. Stevens and Sons 1951).
Parmi les actions qui relèvent de cette conception du Droit des Affaires il faut mettre au tout premier plan la « Commission Droit et Vie des Affaires » de la Faculté de Droit de Liège, animée par Ch. Del Marmol et L. Dabin, dont le rôle et l'influence dans l'adaptation des sciences juridiques à la « Société Industrielle » ne sauraient être trop soulignés.

4. Dans cette école on peut ranger (sans que cette liste soit exhaustive) :
Pour l'Allemagne : G. Rick, *Wirtschaftsrecht*, Cologne, 1963; au Colloque de Droit économique organisé par l'Institut de droit comparé de l'Université de Paris (25-26 nov. 1966), in *Il Diritto Dell' Economia*, 1966; Huber, *Wirtschaftverwaltungsrecht*, 1953-1954.
Pour *la Belgique :* J. Van Houtte, *De vrijheid van de handel en het economist recht*, 1935-1936.
Pour la France : F.-C. Jeantet, *Aspects du droit économique*, in *Études* de droit *commercial offertes à J. Hamel*, Paris, 1961.
Pour l'Italie : Amorth et Cansacchi, *L'insegnamento del diritto dell' economia*, hi *Il Diritto Dell' Economia*, 1957.
Pour la Grande-Bretagne : Clive M. Schmittof, *Le concept de droit économique en Angleterre*, rapport au colloque précité, in *Il Diritto Dell' Economia*, 1967.

5. Dans cette école on peut ranger (sans que cette liste soit exhaustive) :
Pour la Belgique : J. Van Ryn, *Principes de droit commercial*, Bruxelles, 1954; G. Baeteman, *Het economischrecht en de exonomische openhare orde* in *Studies en voordrachten van de vrije universiteit te Brussel*, t. 1, p. 8, Bruxelles, 1964; R. Henrion, Ministre des Finances, in *Journal des Tribunaux*, 1965, 685; Limpens, *Contribution à l'étude du droit économique*, rapport au Colloque précité, in *Il Diritto Dell'Economia*, 1966.

➤

Entre ces deux théories extrêmes on rencontre un arc-en-ciel de conceptions que l'on peut répartir plus ou moins arbitrairement dans les classes extensive ou restrictive[6].

À l'encontre de la doctrine restrictive, on fait remarquer que notre siècle a vu, voit et verra se multiplier les règles de droit dont le contenu est spécifiquement économique et dont l'esprit et les mécanismes sont particuliers sans pour autant relever toutes de l'intervention de l'État, dans la vie économique. On insiste sur ce qu'il est évident que ces problèmes juridiques nouveaux reçoivent un ensemble de solutions dont le lien de parenté procède directement des données fondamentales de l'économie industrielle qui s'est instaurée et se développe depuis plus d'un siècle. On fait également valoir que la doctrine restrictive conduit à laisser dans l'ombre, et sans solution, des problèmes majeurs de notre époque considérés également comme hors du champ d'étude des disciplines traditionnelles.

En revanche, les partisans des conceptions restrictives estiment que la conception extensive revient à rebaptiser inutilement d'anciens problèmes et lui reprochent de procéder d'une volonté de synthèse qui édulcore la réalité en effaçant le particularisme des problèmes de l'intervention étatique. Ils mettent surtout en doute la possibilité de donner une définition large du Droit Économique sans y faire entrer, par contagion, des matières non spécifiques ou sans omettre, par souci de logique, des problèmes au contraire spécifiques de notre monde économique. Bref, le Droit Économique *lato sensu* serait condamné à n'être qu'un fourre-tout hétéroclite ou une ébauche mutilée.

Bien que ces derniers arguments ne soient pas négligeables, nous avouons être partisan d'une conception large pour des raisons qui apparaîtront au cours des développements consacrés à l'esprit et au corps du Droit Économique. La véritable difficulté nous paraît résider dans la découverte d'une notion fondamentale apte à servir de critère au Droit Économique. C'est sur ce point que nous ferons porter nos efforts en reprenant d'ailleurs, ce faisant, des thèses qui ont déjà été avancées par d'éminents auteurs[7], mais avant même de les développer, et pour mieux les comprendre, il importe de tenter de dire pourquoi il existe un Droit économique et de définir sa nature.

3. – L'apparition de disciplines juridiques nouvelles et, spécialement du Droit Économique, est liée à la grande mutation économique que nous vivons, sans que nous en prenions pleine conscience, bien qu'elle s'accomplisse à un rythme

---

Pour la France : J. Hamel, *Vers un droit économique*, in *Économie contemporaine*, nov. déc. 1951; J. Hémard, Les sanctions en droit pénal économique, *in Études de droit contemporain*, p. 541; M. Vasseur, *Le droit de la réforme des structures industrielles et des économies régionales*, Paris, 1959, p. 516; R. Savatier, *La nécessité de l'enseignement d'un droit économique*, D. 1961. Chron. XXII.

Pour l'Italie : Mossa, *Diritto commerciale, Diritto dell'economia, diritto sociale*, in *Nuavo Rivista di dirritto commerciale, diritto dell' economia, diritto sociale*, 1947, I, p. 1 s.; M. Longo, *La situation du droit économique en Italie*, rapport au Colloque précité, in *Il Diritto Dell'Economia* 1966.

6. C'est notamment le cas pour les auteurs des pays socialistes du fait même de l'emprise de l'État sur l'économie qui peuvent, dans une optique restrictive, aboutir à une conception large : Cf. B. Buczkowski, *La conception du droit économique en Pologne*, rapport au Colloque précité; V. Knapp, *La conception du droit économique dans la science juridique tchécoslovaque*, rapports au Colloque précité.

7. Notamment : Ch. Del Marmol, *Cours de droit commercial terrestre*, Fasc. E, Liège, 1953, p. 19 et s.; S. Fredericq. *De cenmaking van het bugerlijk recht en het handelsrecht*, Gand, 1957, p. 502 et s.

qu'aucune autre mutation économico-sociale antérieure n'avait connu. Depuis qu'il a cherché à s'affranchir des limites de survie que la nature lui imposait, comme à tout animal, l'homme a franchi plusieurs étapes du chemin qui doit le conduire, du moins l'espère-t-il, à l'économie d'abondance qui le libérera des contingences physiques en fournissant à tous ce dont chacun ressentira le besoin. En tant qu'économistes, juristes ou sociologues, nous devons prendre ce phénomène comme un fait et comme un mouvement irrépressible et irréversible, même si, en tant que philosophes ou moralistes, nous contestons la valeur de la course au bonheur matériel qui en résulte et qui agite les hommes.

C'est donc un fait qu'une nouvelle étape a commencé, il y a un peu plus d'un siècle, avec une révolution économique et sociale qui a bouleversé les anciennes structures pour préparer l'avènement de l'économie et de la civilisation industrielles.

Ce qui semble caractériser cette ère nouvelle c'est avant tout la mise en place de *techniques de production et de distribution de masse*, par une concentration des moyens de production et de distribution qui, seule, leur permet de réussir. C'est sous l'empire de ce phénomène économique et pour le servir qu'un droit nouveau s'élabore. Certes il reprend les anciennes techniques, mais c'est pour les réformer et les combiner dans un effort d'adaptation qui les rend méconnaissables. Comme elles ne peuvent pas tout résoudre, il en invente de nouvelles. Rénovées ou innovées, toutes les techniques juridiques qui sont mises au service du développement de l'économie industrielle sont étroitement apparentées par leur affectation. Elles forment un corps et l'esprit qui préside à leur application est un et original.

Telle nous semble être la cause de l'apparition du droit économique et ceci quel que soit le régime politico-économique du pays considéré. Si l'État joue un rôle primordial dans la constitution et dans la vie des grandes unités de production et de distribution de masse, le Droit Économique est essentiellement composé de règles régissant les rapports de l'État et de ces unités ou les rapports de l'État et des consommateurs ou utilisateurs des biens ou services produits par ces unités. Le Droit Économique apparaît alors comme un Droit Public. Si leur création et leur animation sont, pour l'essentiel, laissées à l'initiative privée, le Droit Économique est presque exclusivement formé de règles régissant des rapports entre « particuliers ». Il apparaît alors comme un Droit privé. Dans les pays, et c'est spécialement le cas en France, où le système économico-politique, le Droit Économique, se trouve à mi-chemin entre le droit privé et le droit public, sa nature n'apparaît pas clairement[8]. De toute façon, la qualification qui lui est donnée à cet égard n'a guère d'importance. Il s'agit d'une coloration beaucoup plus que d'une nature. Il faut, nous semble-t-il, admettre que le droit économique n'est ni « privatiste » ni « publiciste ». Il se situe précisément hors de ces anciennes catégories et c'est ce qui justifie aussi bien la reconnaissance de son existence

8. Certains auteurs estiment au contraire qu'il existe à la fois un droit économique public et un droit économique privé. Ils le montrent en donnant en exemple le droit de la concurrence qui est certainement une partie du droit économique exemplaire (Cf. J. Hémard, L'évolution de la règlementation de la concurrence, *Études Julliot de la Morandière*, p. 203) on remarquera cependant que la réglementation des pratiques rectrictives, de certaines formes de ventes et de la publicité tend à estomper la distinction au sein même du droit de la concurrence.

qu'une conception large de son domaine. Tel paraît bien en tout cas le raisonnement fondamental de tous les partisans d'une conception large.

Si l'on suit cette opinion, le Droit Économique se présente comme le droit de l'organisation et du développement économique que ceux-ci relèvent de l'État, de l'initiative privée, ou du concert de l'un et de l'autre.

Dans ces conditions, aussi diverses que puissent être les règles qui les composent et l'esprit dans lequel elles sont appliquées, les Droits Économiques des différents pays voient fondre leur opposition et s'effriter leur originalité par une convergence profonde, plus réelle que leurs divergences, d'autant mieux apparentes qu'elles sont superficielles.

4. – Les causes de l'apparition du Droit Économique nous permettent de mieux saisir la nature du phénomène juridique qu'il représente. L'erreur est probablement de vouloir le définir en tant que discipline juridique, c'est-à-dire comme un corps de règles particulières et homogènes dont l'étude et l'enseignement constitueraient une spécialité.

En réalité, plus qu'une discipline, *le Droit Économique est un ordre juridique* répondant aux normes et, aux besoins d'une civilisation encore en voie de formation. Si l'on adopte ce point de vue, on doit admettre que le Droit Économique n'est pas une nouvelle branche du Droit mais un Droit nouveau qui coexiste avec le corps des règles juridiques traditionnelles de la même façon que l'ordre social industriel qui s'élabore, cohabite avec les institutions de l'ordre social précédent qui ne saurait s'éteindre brusquement. Bon nombre de ces règles survivront encore longtemps au travers des institutions nouvelles comme cela s'est déjà passé lors des précédentes mutations économiques et sociales. La Société et le Droit répugnent aux solutions de continuité. Il serait vain de le regretter, il est même consolant qu'il en aille ainsi.

Toutefois, si cette approche de la question nous permet de mieux saisir la nature du phénomène, elle n'en fixe pas pour autant les traits essentiels et ne nous précise pas le contenu du Droit Économique. À ce stade, elle laisserait la question de sa définition, sinon intacte, tout au moins à l'état d'ébauche. Nous allons donc tenter d'aller plus loin, jusqu'à proposer un critère de détermination de son domaine, mais c'est cette approche qui nous servira de guide.

5. – Considéré comme un droit original, mais à vocation générale, le Droit Économique se présente donc comme un esprit juridique particulier appliqué à un corps de règles diverses. Seul l'esprit est vraiment nouveau. Le corps est fait de règles anciennes et de règles nouvelles assemblées à raison de l'objet qu'elles doivent régir.

Or, il est certain que c'est également cet objet même, ses caractères et ses besoins qui ont forgé l'esprit du Droit Économique. De toute évidence, c'est donc cet objet qui peut seul constituer le critère du Droit Économique puisqu'il en détermine l'esprit et le corps. Si l'on admet que l'apparition du Droit Économique est liée au passage à la « civilisation industrielle », cet objet est nécessairement la cellule fondamentale de cette civilisation. Il va alors dépendre du type d'économie auquel est confié le passage de l'économie agricole et artisanale à l'économie de production et de distribution de masse. Dans les pays où l'essentiel des moyens de production et des appareils de distribution est confié à la Puissance publique, l'objet du Droit Économique n'est pas exactement le même que dans les pays où ces moyens et ces appareils relèvent d'unités autonomes, appelées Entreprises, même si certaines d'entre elles sont contrôlées par l'État et si celui-ci intervient pour diriger leur concert économique et proposer les partitions.

Le régime économique français, comme celui des autres pays de l'Europe occidentale relève du second type. C'est donc l'Entreprise, unité de décision économique et cellule de base du système économique et social servant de cadre à notre civilisation industrielle, en son état actuel, qui se présente comme *l'objet fondamental de notre Droit Économique*. Dans un type d'économie, précisément appelé « Économie d'Entreprise », c'est à cette notion fondamentale qu'il faut demander de fournir le critère du Droit Économique, la pierre de touche de son esprit et le révélateur de sa substance[9].

6. – Si l'on fait de l'Entreprise le centre du Droit Économique, son domaine se construit aisément. Il peut alors être représenté par le schéma proposé ci-après (v. *infra*, n° 8) et inspire trois remarques fondamentales.

Tout d'abord, on notera que ce domaine comporte trois secteurs :

- Le secteur des structures et du fonctionnement internes de l'entreprise, lui-même divisé en deux sous-secteurs concernant respectivement les rapports entre les personnes qui concourent à la création de l'entreprise, à l'activité ainsi qu'à la gestion du patrimoine qui lui est affecté.
- Le secteur des relations entretenues avec les autres entreprises, que celles-ci relèvent de la collaboration ou de la compétition qui peuvent l'une et l'autre servir, de base à deux sous-secteurs distincts.
- Le secteur des relations avec la Puissance Publique divisé également en deux sous-secteurs selon que l'État intervient en tant que gardien de l'Ordre Public ou en tant que « directeur » de l'Économie.

Ensuite, on soulignera que ces trois secteurs constituent *grosso modo* les domaines qui correspondent aux différentes conceptions du Droit Économique. C'est ainsi que le troisième secteur, celui des relations avec la Puissance Publique correspond aux conceptions restrictives, tandis que l'addition des deux autres secteurs correspond à des conceptions de plus en plus larges. C'est donc une conception très large que nous proposons. Elle résulte des prémices de notre démonstration qui tendaient à montrer que le droit économique est beaucoup plus la projection juridique d'un ordre économique nouveau qu'une discipline juridique nouvelle.

Enfin, on remarquera que certains groupes de problèmes, et non des moindres, chevauchent la ligne de partage de deux secteurs ou de deux sous-secteurs. L'observation de la réalité montre également que certains problèmes ressortissant à des portions de secteurs différents, et apparemment non mitoyens, peuvent avoir des liens évidents et parfois étroits. C'est ainsi, par exemple, que les règles d'incitation fiscale ont des répercussions aussi réelles que profondes sur les structures juridiques des entreprises ou la gestion des patrimoines qui leur sont affectés. Il est difficile de représenter graphiquement ces interférences si l'on veut

9. C'est précisément ce que proposent les auteurs précités à la note 6, ci-dessus.

rester clair, car la réalité est trop riche et trop complexe pour se laisser dessiner en quelques traits.

Nous voulons cependant attirer l'attention sur l'importance de ces liens entre des problèmes apparemment étrangers et ceci pour deux raisons. La première c'est que les chevauchements et les interférences en question montrent pertinemment, à notre avis, le défaut d'une conception restrictive du droit économique qui sera condamnée soit à franchir perpétuellement les limites qu'elle s'est elle-même assignées, soit à ne saisir qu'une partie, et pas toujours la plus importante, des données des problèmes qu'elle prétend résoudre.

La seconde, c'est que toutes ces connexions et mitoyennetés résultent du fait, et prouvent, que l'Entreprise est bien le centre de ces problèmes qui naissent de la complexité de sa nature même. Par là, se trouve également justifiée à nos yeux la conception qui en fait le centre du droit économique et le critère de la détermination de son domaine.

7. – L'esprit du Droit Économique s'explique lui aussi, tout naturellement, par la nature et les caractères des problèmes juridiques qui se posent à l'Entreprise.

En premier lieu, on remarquera que, contrairement aux droits classiques, le Droit Économique n'a plus à résoudre des conflits surgissant entre deux intérêts distincts, mais des conflits mettant aux prises trois intérêts de nature particulière. En effet, le Droit Public, d'une part, le Droit Privé, d'autre part, ont traditionnellement à résoudre des conflits opposant respectivement l'intérêt général et des intérêts particuliers, d'une part, et des intérêts particuliers entre eux, d'autre part. Il en résulte que le premier, admettant la prééminence de l'intérêt général, s'efforce de le satisfaire au mieux sans opprimer les intérêts particuliers; le second, lui, doit simplement maintenir la balance égale entre les légitimes intérêts particuliers.

Le Droit Économique, dans une Économie d'Entreprise, se trouve en présence de trois intérêts : l'intérêt général, l'intérêt propre de chaque entreprise et les intérêts particuliers des individus qui concourent à sa réalisation. Il doit donc établir un « équilibre triangulaire » et, pour ce faire, il doit tenir compte, d'une part, de la prééminence de l'intérêt général d'autre part, de l'autonomie de l'intérêt propre de l'Entreprise et de sa supériorité sur les intérêts particuliers dans la mesure où il se présente également comme un intérêt général par rapport à ceux-ci. En outre, il doit s'efforcer de trouver également un équilibre entre ces intérêts particuliers fort divergents parfois.

Le problème des équilibres à réaliser par le Droit Économique est donc singulièrement plus compliqué à résoudre que ceux qui se posent aux droits publics et aux droits privés traditionnels. Cette difficulté est liée à son objet même car l'intérêt de l'Entreprise est un intérêt général par rapport aux particuliers et un intérêt particulier par rapport à l'État.

Cette ambiguïté, née d'une nouvelle hiérarchie et de la redistribution des intérêts en présence, apparaît en pleine lumière aussi bien lorsqu'il s'agit de déterminer la répartition du profit effectué par les entreprises[10], que lorsqu'il

10. Le problème posé par la répartition de la richesse nouvellement créée par les entreprises et connue sous le nom de « profit » est particulièrement révélateur de la complexité et de l'ampleur des problèmes juridiques fondamentaux de notre Société. Il est aussi un bon exemple du rôle joué par la notion ➤

s'agit de déterminer, le « sort fiscal » de ses décisions de gestion, que lorsque se pose le problème de l'emploi dans certaines régions ou de leur développement économique, etc. Ni « l'esprit privatiste », ni « l'esprit publiciste » ne peuvent permettre d'en maîtriser les aspects juridiques. C'est un esprit nouveau qui doit inspirer les juristes et qui se rattache à l'esprit d'entreprise.

En second lieu, on notera que dans une « économie industrielle » la survie des entreprises est liée à leur capacité d'innovation et d'adaptation. L'esprit du Droit Économique en est profondément marqué. C'est un esprit de mouvement et de progrès. Toutefois, le droit a une fonction stabilisatrice et ordonnatrice dont cet esprit doit également s'inspirer, Le Droit Économique doit assurer le mouvement et le progrès dans l'ordre et dans la stabilité des équilibres réalisés. Cet autre impératif suscite de nouvelles difficultés aux juristes. Sans mettre en cause le caractère normatif de la règle de droit, ils doivent lui restituer pleinement sa nature, de technique en service d'une finalité qui, dans ce domaine, est proprement économique. L'esprit du Droit Économique est guidé par l'idée que cette science est la servante de l'économie et non sa maîtresse.

Enfin, et en troisième lieu, il faut prendre une claire conscience de la complexité des problèmes posés par la vie des entreprises. Leur solution exige le recours à des sciences ou à des techniques aussi diverses que les mathématiques, la psychologie, la comptabilité, la planification, la statistique, le droit, etc. Il en résulte que non seulement, les problèmes de Droit Économique ne sont jamais simples, mais surtout qu'ils ne peuvent être résolus par l'application des seules techniques juridiques et par un raisonnement purement juridique. Le « spécialiste » du Droit Économique ne saurait être seulement un juriste. Chargé d'expliquer et d'améliorer les structures juridiques de la vie économique, il doit en saisir toutes les données et toutes les nuances. Il doit toujours se fonder sur une connaissance aussi exacte que possible de la situation économique pour expliquer et pour appliquer la règle de droit adéquate.

Or, la règle de droit adéquate peut relever de disciplines juridiques traditionnelles extrêmement différentes : droit administratif, droit civil, droit commercial, droit pénal, etc. Mieux même, elle peut relever de plusieurs d'entre elles à la fois. Le spécialiste du Droit Économique n'est donc un spécialiste d'aucune de ces disciplines, son rôle est d'en faire la synthèse. L'esprit humain ne pouvant tout connaître sur chaque chose, le juriste de Droit Économique aura tendance à se spécialiser soit dans l'approfondissement de l'un de ses secteurs, soit dans la synthèse et la coordination.

Il résulte, à notre avis, de cette double particularité : symbiose étroite avec d'autres sciences et techniques, nécessité de synthèse des disciplines juridiques

---

d'Entreprise en tant que lien formé entre des règles juridiques ressortissant apparemment à des disciplines différentes bien qu'indissociables. En effet, actuellement, la détermination de la *part de l'État* incombe au droit fiscal, jaloux de son autonomie; la détermination de la *part de l'Entreprise* (autofinancement de ses investissements) revient cumulativement au droit fiscal, au « droit comptable », au droit des sociétés et à ce corps de règles abondantes et particulières qui régit le crédit et les aides financières; la détermination de la *part des bailleurs de fonds* (capitalistes) est du ressort du droit fiscal et du droit des sociétés, de même que la détermination de la *part des « directeurs »*; enfin, la *part des « travailleurs »* est déterminée par le jeu complexe du « droit social », du droit fiscal et parfois du droit des sociétés.

traditionnelles, que l'étude du Droit Économique – et son enseignement – ne peuvent être qu'un travail d'équipe de même que la vie et la croissance d'une entreprise sont le fruit d'une œuvre collective.

Ce dernier caractère spécifique de l'esprit du Droit Économique s'oppose évidemment à l'esprit traditionnel des juristes, naturellement portés à l'individualisme et à la recherche solitaire dans la paix et la quiétude de leur cabinet. L'esprit du Droit Économique exige donc d'un juriste une profonde réforme de lui-même.

8. – À l'issue de cette étude, qui est beaucoup plus une suite de réflexions qu'une recherche proprement dite, nous voulons insister sur le caractère d'hypothèse de travail que nous entendons donner aux opinions qu'elle exprime. Seuls de longs et patients travaux pourront la vérifier et permettre de construire, sur cette base, un édifice juridique rationnel et harmonieux, à la mesure des problèmes qui se posent.

Toutefois, elle permet d'ores et déjà de proposer une définition du droit économique, qui peut être conçu comme le « Droit du développement et de l'organisation de l'économie industrielle » (entendu comme un système de production et de distribution de masse). Si l'on retient l'hypothèse d'un système économique fondé sur l'Entreprise, qui est celle de nos pays, elle a également le mérite de fournir un critère précis et fécond de détermination de son domaine. À cet égard, si l'on restitue verticalement le schéma proposé ci-après, celui-ci s'établira comme suit, sauf à parfaire ou à retrancher, à la lumière de nouvelles recherches :

I. – Structures et fonctionnement internes de l'entreprise.

1. – Rapports entre les personnes qui concourent à l'entreprise.

a) Rapports Entreprise-Travailleurs.

b) Rapports Entreprise – Directeurs (au sens de « managers »).

c) Rapports Entreprise-Bailleurs de capital (apporteurs ou prêteurs particuliers de fonds).

2. – Structures d'affectation patrimoniale.

a) Techniques d'affectation patrimoniale (entreprises individuelles et sociétés).

b) Règles de représentation du patrimoine (droit comptable).

c) Gestion et contrôle (au sens de domination patrimoniale) (Ces problèmes débouchent sur ceux de la concentration et de l'intégration des entreprises, v. II, 1, *a* et *b*).

II. – Relations avec les autres entreprises.

1. – Activités liées.

a) Structures de concentration (fusion, scission, apports partiels, groupes de sociétés, holding, sociétés de sociétés ou filiales communes, etc.).

b) Contrats et pratiques d'intégration (concession, sous-traitance, contrat d'intégration, services communs, etc.) (Ces problèmes débouchent sur ceux que posent certains contrats spécifiques entre entreprises, v. II, 2 *a* et sur les questions de concurrence, v. III, 1 *a*).

2. – Activités concurrentes.

a) Contrats spécifiques des relations industrielles et commerciales (marchés, ventes spéciales, louages spéciaux, crédit-bail, engineering, licence, factoring, etc.).

b) Réglementations professionnelles, contrats types et collectifs, règles de concurrence loyale.

(Ces problèmes débouchent sur ceux de la concurrence, v. III, 1).

III. – Relations avec la puissance publique.

1. – Ordre public économique.

a) Réglementation de la concurrence.

b) Monopoles et abus de puissance économique.

c) Réglementations d'entreprises à raison de leur objet (fabrications interdites, contrôlées ou réglementées, contrôle sanitaire ou anti-fraudes, etc.).

(Les problèmes *a* et *b* débouchent sur ceux de 2 *a*).

2. – Direction de l'économie.

a) Réglementation des prix.

b) Réglementation du crédit.

c) Règles fiscales d'incitation économique.

d) Réglementation de l'établissement et de l'investissement (liberté d'établissement, contrôle des investissements étrangers, incitation à l'investissement, décentralisation, industrialisation, etc.).

e) Politique des revenus (règles, visant à une croissance harmonieuse des revenus et du pouvoir d'achat).

(Ce dernier problème débouche sur celui des rapports entre les travailleurs et l'entreprise, v. I, 1 *a*).

ENTREPRISE
I
II
III
Structures et fonctionnement internes
Relations avec les autres entreprises
Relations avec la puissance publique
Structures des rapports internes
Structures d'affectation patrimoniale
Activités liées
Activités concurrentes
Ordre public économique
Direction de l'économie
Rapports entreprise/apporteurs de capital
Rapports entreprise/directeurs
Rapports entreprise/travailleurs
Techniques d'affectation patrimoniale (entreprises individuelles et sociétés)
Règles de représentation du patrimoine (droit comptable)
Gestion et contrôle (au sens de domination)
Structures de concentration des entreprises
Contrats et pratiques d'intégration
Contrats spécifiques des relations industrielles et commerciales
Règlements professionnels
Contrats-types, contrats collectifs
Réglementation de la concurrence
Monopoles et abus de puissance économique
Réglementation d'entreprises à raison de leur objet
Réglementation des prix
Réglementation du crédit
Règles fiscales d'incitation économique
Réglementation de l'établissement et des investissements
Politique des revenus

SOUS-ÉQUIPEMENT JURIDIQUE DE LA FRANCE

1967

Jean Rivero

Professeur à la Faculté de droit et des sciences économiques de Paris

C'est une vérité reçue, le Français est juriste. Il suffit d'énoncer cette quasi-évidence pour qu'aussitôt surgisse toute une imagerie propre à la confirmer : les Légistes de Philippe le Bel, le Bâtonnier Poincaré plaidant, Traité de Versailles en main, le dossier de la France dans les conférences internationales du premier après-guerre, les batailles poursuivies, à propos de bornage ou de servitudes, par des dynasties de paysans, et Bridoison, et Chicaneau. Au lendemain des effondrements de 1940, la dénonciation des dirigeants, politiques et administratifs, que leur juridisme étroit avait condamnés, et la France avec eux, à l'inefficacité, a fait figure de lieu commun, Vichy et Alger se retrouvant d'accord sur ce point. Face à tant de références, le titre de cette chronique apparaît comme un paradoxe si peu soutenable qu'il n'est même plus amusant.

Que la France terrienne et bourgeoise du XIXe siècle ait eu le souci de donner à la décision, en tous domaines, une base juridique solide, c'est possible, et on n'entend pas s'engager ici dans un débat rétrospectif. Mais la France urbaine et industrielle, la France planificatrice et technocratique, la France de 1967, enfin, n'a guère conscience que le Droit puisse lui être d'un secours quelconque pour résoudre les problèmes nouveaux qui se posent à elle. On voudrait le prouver, avant de réfléchir sur les causes de cette curieuse situation.

I.

Le phénomène se manifeste à la fois dans le secteur privé et dans le secteur public.

Toute entreprise privée de quelque importance fait une petite place, dans ses bureaux, à des juristes : elle possède un service du contentieux, chargé de suivre les procès dans lesquels elle peut se trouver engagée. Contentieux : voilà le mot-clé pour définir la situation du Droit en France. Le Droit, c'est le Procès. Le juriste, c'est l'homme du procès, celui sur lequel on compte pour tenter de trouver les arguments de fond, ou les astuces de procédure, qui permettront soit de gagner soit de retarder le moment où l'on aura perdu. On s'est mis dans un mauvais cas : au juriste d'en écarter les conséquences. Le contrat, mal rédigé, laisse soudain apparaître une contestation capitale sur son sens, sa portée, voire sa nature : au juriste d'obtenir, par la vertu du contentieux, que le juge fasse produire au contrat l'effet même qu'on en attendait, et non celui qui découle nécessairement des formules et des silences que la maladresse ou la légèreté y ont inclus. La porcelaine s'est cassée, parce qu'il y avait un défaut de fabrication : au juriste de recoller, s'il se peut, les morceaux.

C'est lui faire trop de confiance, après ne pas lui en avoir fait assez. Le chef du contentieux n'est pas un thaumaturge : il ne peut faire que la situation qui va entraîner infailliblement la condamnation soit, aux yeux du droit, sans fissure. Mais, si on lui avait, alors qu'il était encore à l'état de projet, communiqué le texte du contrat malencontreux, peut-être aurait-il, à ce stade, prévenu le défaut de fabrication : il n'aurait pas à tenter de recoller les morceaux, parce que le vase aurait tenu.

Que la fonction essentielle du juriste ne soit pas curative, mais préventive, c'est une idée qui est étrangère à la plupart des entreprises privées françaises. Que le juriste doive être associé à l'élaboration de la décision, pour que la forme ne trahisse pas l'intention, pour que des effets imprévus ne naissent pas de formules mal venues, c'est une nécessité dont très peu, parmi ceux qui prennent les décisions, ont conscience. Que la fonction du Droit soit, avant tout, d'engendrer la sécurité, de clarifier les relations humaines en rendant prévisibles les effets de l'attitude qu'on a arrêtée, c'est une vérité qui ne tient guère de place dans les esprits. La tradition qu'on évoquait en commençant confirme cette observation : toutes les images que l'on a prises dans l'histoire ou dans les lettres à l'appui du mythe du « Français né juriste » sont des images contentieuses, qui ne prêtent pas au Droit d'autre visage que celui du plaideur, du juge, de tous les célébrants de cette Grand-messe du Droit dont le Palais est la Cathédrale et qui se nomme le Procès. Encore la complexité de cette liturgie, l'obscurité de la langue dans laquelle elle se célèbre, sa lenteur, raréfient-elles les fidèles, qui préfèrent la paraliturgie plus souple de l'arbitrage, souvent assorti d'une clause d'amiable composition par laquelle on espère exorciser les exigences du Droit.

Le sous-équipement du secteur privé français résulte de la confusion très générale qui s'établit dans l'entreprise entre service juridique et service contentieux, ou plutôt dans la réduction au seul contentieux de l'activité des juristes de la maison, et encore à un contentieux qui se voudrait de moins en moins juridique.

On aura plus de peine, sans doute, à admettre que l'État puisse, lui aussi, se voir taxé de sous-équipement juridique. Peut-être concédera-t-on que les entreprises publiques ont en général copié sur ce terrain les habitudes de l'entreprise privée, et réduisent trop souvent le rôle de leurs juristes, pour l'essentiel, au seul contentieux. Mais comment soutenir que les administrations traditionnelles – et, par exemple, les administrations centrales des ministères, les préfectures, les municipalités –, pêchent à l'égard du Droit, elles aussi, par omission ?

C'est un fait, pourtant; il y a dans chaque ministère un contrôleur financier, il n'y a pas obligatoirement, dans tous, un contrôleur – ni même un conseiller – juridique. Le projet de décision, que ce soit à l'échelon des bureaux ou à l'échelon du Cabinet, ne sera pas soumis, tant qu'il est encore malléable, en quête de son équilibre, à l'examen d'un juriste, appelé à dire, non seulement si les mots choisis définissent bien la règle qu'on veut poser, l'institution qu'on entend fonder, mais si les mécanismes mis en place sont susceptibles de jouer harmonieusement, ou sont exposés au contraire à des grippages que seul le technicien des rouages juridiques peut déceler à l'avance.

Objectera-t-on que les bureaux ministériels sont riches en licenciés, voire en docteurs en droit, et que la plupart des cabinets empruntent au Conseil d'État quelque auditeur ou maître des requêtes ? Sans doute. Mais ni les uns ni les autres ne sont appelés à connaître du projet en tant que juristes et sous l'angle tant de sa conformité au Droit que de sa cohérence juridique. Ils ne sont pas responsables de cet aspect particulier du problème qu'entend résoudre le texte en gestation, et ils n'ont aucune raison de centrer leur attention sur lui. Que souvent – grâce au ciel ! – leur formation première les incite à tenir compte des données juridiques, c'est évident. Est-ce suffisant pour assurer, aux textes établis par les ministères, la cohérence et la clarté favorables tant à la sécurité des administrés qu'à l'efficacité de l'administration ? Trop de textes, d'avant-hier, d'hier ou d'aujourd'hui, ne permettent malheureusement pas de répondre par l'affirmative.

On objectera encore que le Conseil d'État, par ses formations administratives, est précisément fait pour donner, aux projets essentiels, l'indispensable rectitude juridique. Mais il n'est pas toujours consulté. Même lorsqu'il l'est, c'est sur un texte entièrement élaboré, reflet, souvent, d'équilibres difficilement réalisés entre services ou entre ministères, dont la remise en cause poserait bien des problèmes. Il est trop tard, à ce stade, pour reprendre l'œuvre à la base, et d'ailleurs, dans bien des cas, le temps imparti à la Haute assemblée ne lui permet pas l'examen en profondeur qu'elle souhaiterait. Ce n'est pas l'effet du hasard si l'art. 62 du décret du 30 juill. 1963 est venu offrir aux ministres la possibilité de « demander au vice – président du Conseil d'État que des membres du Conseil d'État apportent leur concours aux travaux de leur administration », au besoin par la constitution d'une mission assurant « la liaison nécessaire » entre la section compétente et le ministère. Le texte précise même que les membres du Conseil d'État ou les missions « peuvent être chargés de donner leur avis sur les questions juridiques intéressant le ministère ou les organismes qui en dépendent ainsi que sur les projets de textes préparés par ses services et notamment sur ceux qui doivent être soumis à l'examen du Conseil d'État, de l'assister dans la présentation au Parlement des projets de lois et plus généralement de lui faire des propositions sur la solution du problème qu'il leur soumet ». Derrière ces formules, on peut déchiffrer en filigrane les constatations faites plus haut, touchant l'insuffisance du contrôle exercé par le Conseil au dernier moment et le sous-équipement juridique des administrations centrales. C'est à la gestation du projet que le juriste doit être associé, c'est au stade de l'élaboration qu'il doit intervenir. À défaut, il risque de se trouver désarmé. La définition de comédie selon laquelle un conseiller d'État est « un monsieur qui conseille l'État » est plus profonde qu'il n'y paraît : car que peut un conseiller dont on ne prend pas conseil ? Ceux de l'État français jouissent d'un prestige inégalé. Mais, paradoxalement, ce personnel d'élite qui pourrait donner, à l'action administrative, l'encadrement juridique le plus efficace, risque de souffrir d'une sorte de sous-emploi.

Confirmation mélancolique : depuis l'entrée en vigueur de l'article 62 précité, il ne semble pas que les ministres aient abusé des possibilités qui leur étaient ainsi offertes, et que le Conseil ait eu à faire face, comme on aurait pu le craindre, ou l'espérer, à un excès de sollicitations. Pas plus que les dirigeants d'entreprises privées, nombre de responsables de l'administration et du secteur public ne semblent conscients des services que peut rendre la collaboration du juriste. Il s'agit bien d'un état d'esprit général, qui réduit à une simple constatation l'apparent paradoxe du titre de cette chronique.

II.

Comment cet état d'esprit s'explique-t-il ?

Une première cause tient sans doute à l'absence de formation juridique de nombre de dirigeants de l'économie, voire de certains secteurs de l'administration. Pour savoir ce que le droit peut apporter à la décision, encore faut-il savoir ce qu'est le droit.

Or, deux des milieux dans lesquels se recrutent ces dirigeants l'ignorent. Les grandes écoles scientifiques fournissent, tant à l'entreprise privée qu'au secteur public industriel et commercial, notamment à travers les grands corps d'ingénieurs de l'État, l'essentiel de leur encadrement. On ne peut demander, à ceux qu'elles ont amenés au niveau technique élevé qui fonde leur autorité, d'ajouter, à leur formation scientifique, l'intelligence d'une discipline avec laquelle ils n'ont pratiquement eu aucun contact. Parfois, le contact a été pris, mais si superficiellement que mieux vaudrait peut-être l'ignorance totale : ceux qui croient savoir sont, en matière juridique; plus redoutables que ceux qui savent du moins qu'ils ne savent pas.

Un autre milieu, plus récent, n'est pas plus enclin à la collaboration avec le juriste : on songe à nombre d'économistes, qui, d'un éventuel passage dans les Facultés de droit, ne semblent avoir retenu qu'un certain dédain pour les enseignements qui les détournaient de leur vocation essentielle – vite oubliés, au demeurant. Un fait est révélateur : il n'y a pas, au Commissariat au Plan, un Conseiller juridique attitré, parce que les équipes dirigeantes qui s'y sont succédé n'en ont pas senti le besoin.

L'absence de formation juridique n'explique pas tout. Il y a autre chose : un état d'esprit diffus, qui voit, dans le Droit, non un appui pour l'action, mais un frein. Le juriste c'est, aux yeux de beaucoup, l'empêcheur d'agir en rond, l'homme des objections et des scrupules, qui dresse, devant chaque initiative hardie, les obstacles de la légalité, ou ceux d'une soi-disant cohérence qui échappe au non-spécialiste. En présence d'un projet, son oui s'assortit immanquablement d'un mais. L'efficacité suppose qu'on aille de l'avant, sans s'occuper de lui : comme l'intendance, il suivra, s'il peut.

Là encore, il faut faire intervenir, pour expliquer cet état d'esprit, la confusion qui s'établit dans la tradition française entre le contentieux et le Droit. Celui qui voit le juriste sous les traits de Chicaneau ne peut évidemment en attendre un grand secours pour l'action. Et l'esprit technocratique, qui ne supporte pas la contestation d'une décision dont il entend faire la conclusion nécessaire d'une élaboration scientifique, n'est pas fait pour améliorer les choses.

Les dirigeants des grandes entreprises d'Outre-Atlantique, quant à eux, n'ont pas lu *les Plaideurs*. On leur reconnaît par contre, en général, un certain souci de l'efficacité. Or, le juriste est, auprès de l'entreprise américaine, un conseiller, non seulement consulté, mais écouté. Il n'est pas de contrat de quelque importance qui ne soit étudié sous l'angle du droit, dont les clauses ne soient examinées, non seulement de manière à couper court à d'éventuelles contestations, mais encore afin de découvrir les mécanismes permettant d'aboutir dans les meilleures conditions aux résultats souhaités. Il ne semble pas que ce souci du droit se soit révélé paralysant, et qu'il ait, en quoi que ce soit, entravé le dynamisme de ceux qui y cédaient. On ferait des remarques analogues sans franchir l'Atlantique : en Allemagne, aux Pays-Bas, en Suisse, l'exemple américain a porté ses fruits. La Belgique, notamment grâce à la Commission Droit et vie des affaires de l'Université de Liège, forme des juristes d'entreprise. Les concurrents directs de l'entreprise française abordent le Marché commun avec un équipement juridique qui surclasse le sien.

Est-ce alors que le juriste français n'est pas capable de rendre, aux hommes d'action, les mêmes services que ses collègues étrangers ? Peut-être faut-il, ici encore, faire sa place à la prépondérance, dans notre formation juridique, du point de vue contentieux. Il se retrouve jusque dans la structure des professions judiciaires, mal adaptées aux tâches de préparation et de conseil. Si, pour le notariat, ces tâches sont essentielles, et s'il s'en acquitte en général à son honneur, ce n'est que dans un champ d'action limité. Les autres corps judiciaires sont essentiellement centrés sur le Palais : « Auxiliaires de la justice », la formule qui les englobe définit, certes, une très haute mission. Mais c'est une mission contentieuse. Le juriste, dans l'intérêt de la vie économique et sociale, pourrait en assurer une autre.

Lui reprochera-t-on de s'y dérober par sa propre faute, en raisonnant en fonction de catégories archaïques, et en se contentant trop souvent, face aux créations spontanées de la pratique, de leur jeter l'anathème au nom des principes ? Il y a quelque fondement dans ce grief. Le juriste est peut-être insuffisamment attentif aux formes neuves qui échappent à ses cadres de pensée. Lorsqu'il les découvre, sa tentation est de les analyser, non en elles-mêmes, en fonction des besoins auxquels elles répondent mais par référence à des catégories qui reflètent la civilisation du XIXe siècle, non la nôtre. Mais le grief, dans la mesure où il est fondé, trouve son explication, précisément, dans cette mise à l'écart du juriste à l'appui de laquelle on révoque, enfermant ainsi la discussion dans un cercle vicieux : coupé des problèmes concrets, des besoins réels, comment le juriste y appliquerait-il sa pensée, alors que nul ne l'y invite et ne lui donne l'occasion de les connaître ?

III.

Bien entendu, il y a, en tout pays, des sous-équipements plus graves que le sous-équipement juridique. Mais il en est peu, par contre, auquel on puisse remédier à si peu de frais. Il n'y faut point de machines coûteuses en effet, mais seulement quelques hommes, et quelques livres.

L'effort mérite d'être consenti. Il est rentable. Qu'on le veuille ou non, il y a une logique interne, des institutions, des règles, des actes. Qui veut obtenir tel effet en empruntant les voies du droit ne peut emprunter n'importe laquelle de ces voies. S'il se trompe, il se retrouvera loin du but, trahi par la technique qu'il a choisie. L'adéquation des moyens à la fin poursuivie est une directive qui vaut pour les moyens juridiques comme pour tous les autres. C'est en cela d'abord que le droit est pour l'action, facteur d'efficacité.

Il l'est aussi en ce que la précision et la propriété des termes employés dans la décision préviennent le litige. L'acte qui ouvre un contentieux est, normalement, un acte mal fait, susceptible d'interprétations divergentes, ou présentant quelque faille qui permet d'en contester la régularité.

Le litige n'est pas le sommet de l'activité juridique, mais au contraire le signe que, dans cette activité, il y a eu un défaut. Le Droit n'a pas pour fin première de préparer au procès un principe de solution, mais de prévenir le procès en donnant aux rapports entre les hommes une base incontestable. Et lorsqu'on songe à ce que le procès, devant quelque juridiction qu'il soit porté, judiciaire ou administrative, publique ou privée, requiert de frais et surtout de temps, on comprend que le réalisme des chefs d'entreprise américains leur fasse choisir de saisir le juriste au stade de l'élaboration de l'acte. Ils se sont aperçus que l'erreur juridique – comme l'erreur des autres techniciens – coûtait cher, aussi bien sous la forme, à laquelle on songe le plus souvent, de la non-conformité au Droit, que sous celle, plus subtile, de la mauvaise qualité juridique : imprécision des termes, d'où naît la contestation, manque de cohérence dans les mécanismes, d'où naissent le désordre et l'imprévisibilité. Il ne serait pas difficile d'avancer plus d'un exemple à l'appui de chacune de ces formules.

Pour l'entreprise, publique ou privée, le sous-équipement juridique se solde par un risque de perte financière, directe ou indirecte, soit dépense évitable, soit manque à gagner : il ne faut pas, en effet, sous-estimer ce dernier aspect, car nombre d'opérations, notamment vers les marchés étrangers, requièrent une infrastructure juridique solide; qui ne la possède pas doit y renoncer.

Pour l'État, le sous-équipement juridique tombe sous le coup de griefs qui se situent à un bien autre niveau que le niveau financier. Non qu'on le sous-estime ! Lorsque les déficiences d'un contrat ont des conséquences fâcheuses sur les finances publiques, on ne peut les prendre à la légère. Or, s'il est vrai que les contrats classiques, fruit d'une longue tradition, peuvent passer pour des modèles d'élaboration juridique, la multiplication des contrats répondant à des problèmes nouveaux, à des techniques inédites, appelle un effort semblable. Mais, lorsqu'il s'agit, non plus des contrats, mais des actes unilatéraux, surtout lorsqu'ils ont une portée générale, la qualité juridique du texte, sa précision, intéressent, en définitive, la sécurité des personnes face au pouvoir. L'État de droit ne mérite ce nom, dans lequel se résume la seule garantie qu'on ait inventée contre l'arbitraire, que si le droit que l'État crée, et qui le lie, est assez précis pour jouer son rôle protecteur. Peu importe qu'une règle s'impose à l'action du pouvoir si elle est incertaine et imprécise au point de laisser, à cette action, une totale liberté de fait. C'est la qualité du droit qui donne à l'État de droit son sens et sa valeur.

L'exigence libérale ne contredit d'ailleurs pas le souci de l'efficacité. Combien de textes restent lettre morte, parce que leurs imprécisions, ou leurs brutalités, découragent l'application ! Rassurer, inspirer confiance à l'administré, est une technique d'efficacité supérieure à la constitution, grâce à des mots vagues qui ne lient pas, d'une réserve de puissance au profit de l'Administration.

Encore le vague n'est-il pas toujours systématique – brouillard derrière lequel l'arbitraire peut dissimuler son jeu. Parfois, il résulte de la maladresse de rédacteurs qui connaissent mal le vocabulaire du droit : à l'application, des problèmes se révèlent, que le texte est impuissant à résoudre, que souvent il suscite lui-même : lenteurs, flottements, auxquels l'efficacité ne gagne rien. Et plus redoutable encore que le vague est l'insuffisante cohérence, qui pose à l'administré des problèmes sans fin, et impose à l'Administration des exercices de haute voltige pour parvenir au but à travers un texte mal fait.

Certes, la qualité juridique ne suffit pas à garantir la sécurité des personnes. On peut la mettre au service de la plus abominable entreprise de destruction et de mépris de l'homme. Mais, si elle n'est que servante, elle est, du moins, une servante nécessaire : on ne peut, sans elle, donner au pouvoir, tout à la fois, les instruments efficaces dont il a besoin pour servir la communauté, et les barrières qui l'empêcheront de l'opprimer.

IV.

Réclamer, pour le droit, une place accrue dans l'élaboration des décisions publiques ou privées dont dépend l'avenir des hommes peut sembler paradoxal à une époque technocratique, qui tend à demander à l'ordinateur la solution de ses problèmes.

Mais les problèmes que l'ordinateur résout ne sont que ceux qu'on veut bien lui soumettre. Il n'est pas exclu qu'il puisse, non certes remplacer le juriste – car il entre autant d'art que de science dans la démarche juridique –, mais lui fournir une aide appréciable, ainsi que l'ont montré de récents travaux. Encore faut-il savoir si la question juridique mérite d'être posée parmi toutes celles que soulève la prise de la décision. Et c'est là un problème de civilisation et d'efficacité tout à la fois.

Certains commencent à en prendre conscience. À deux reprises, durant la précédente année scolaire, les thèmes qu'on vient d'évoquer ont fait l'objet, à la Faculté de droit et des sciences économiques de Paris, de fructueux débats entre dirigeants de l'économie privée et professeurs. L'exemple de l'étranger, la pression des nécessités, les développements du Marché commun, tout concourt à faciliter une double prise de conscience : celle, par les dirigeants responsables, des services que le Droit peut rendre à l'action, celle, par les juristes, de leurs responsabilités sur ce terrain de l'action.

Il serait paradoxal qu'une époque où se multiplient et s'élargissent les rapports entre les hommes et les groupes, dans le cadre de l'État, dans celui des échanges et des institutions internationales, oubliât la vieille sagesse romaine du *Ubi societas, ibi jus*..., et abandonnât ces rapports au désordre qui naît de l'insuffisance des règles, au lieu de mettre son droit, et son équipement juridique, à la mesure de cette société élargie.

POUR UNE DÉLIMITATION PLUS PRÉCISE DE L'AUTORITÉ DE LA CHOSE JUGÉE EN MATIÈRE CIVILE

1968

Henri Motulsky

Professeur à la Faculté de droit et des sciences économiques de Dijon

1. Dans une étude antérieure[1], nous avons attiré l'attention, d'une part sur l'importance pratique, en procédure civile, d'un maniement correct de la notion de « cause » et, d'autre part, sur le risque de confusion qui découle d'un emploi non différencié de cette notion. Il nous est apparu, en particulier, que celle-ci ne pouvait pas avoir la même signification quand il s'agit de délimiter *l'office du juge* et lorsqu'il faut circonscrire *l'autorité de la chose jugée*. Dans le premier cas, la question essentielle est en effet de savoir quels sont *les pouvoirs et les devoirs du juge* face au principe lui interdisant de modifier la cause de la demande; dans le second, on doit rechercher *l'étendue du jugement* qui a été précédemment rendu, afin de pouvoir décider si le procès nouvellement intenté se heurte ou non à l'autorité de la chose jugée.

On voit d'emblée ce que peut avoir de périlleux l'emploi du même vocable à propos de situations aussi différentes. Il est *a priori* certain, notamment, que le critère fondamental que nous croyons avoir décelé pour la détermination de l'office du juge au regard de la « cause de la demande » et qui est constitué par *l'opposition tranchée du fait et du droit*, ne peut jouer aucun rôle dans la délimitation de l'autorité de la chose jugée : il va de soi; en effet, que lorsqu'on s'interroge sur « ce qui a été jugé », on ne peut qu'entendre par là « *ce qui a été jugé en fait et en droit* ».

2. Et c'est là effectivement tout ce qui compte. Le texte de l'art. 1351 c. civ. – tiré de Pothier et qui ne se rattache que d'une manière fort approximative au droit romain[2] – masque assurément la différence essentielle que nous venons d'évoquer : s'il dit, d'un côté, que « *l'autorité de la chose jugée n'a lieu qu'à l'égard de ce qui a fait l'objet du jugement* », il a remplacé, dans le sillage de Pothier, la formule simple de Julien et d'Ulpien (*inter easdem personas eadem quaestio*)[3] par la fameuse règle des « trois identités » : « *il faut*, porte-t-il, *que la chose demandée soit la même; que la demande soit fondée sur la même cause* » et – point que nous laissons de côté ici – que les parties soient les mêmes et agissent dans la même qualité.

1. *La cause de la demande dans la délimitation de l'office du juge*, D. 1964. Chron., p. 235 et s.
2. Jean Foyer, *L'autorité de la chose jugée*, thèse, Paris, 1954, notamment p. 29, 66.
3. Foyer, *op. cit.*, p. 19.

Or, cette règle – on l'a souvent fait remarquer[4] – est de nature à provoquer des erreurs. C'est que la tentation est grande d'en déduire la nécessité de confronter la « *chose* » nouvellement « *demandée* » avec l'objet de la *demande précédente*, alors que le terme de comparaison est le contenu du *jugement*. La même observation vaut *a fortiori* pour la notion de « *cause* » : celle-ci est doublement mal venue ici ; d'une part parce que, comme on l'a indiqué[5], elle suggère d'une manière trompeuse un parallèle inexistant avec la notion de cause de la demande au regard de l'office du juge, et d'autre part parce que la cause de la première demande n'est pas à considérer « en soi », mais présente un intérêt uniquement dans la mesure où le jugement doit être tenu pour l'avoir *accueillie ou écartée*. Seuls s'affrontent donc, en réalité, *l'étendue du jugement et le contenu de la nouvelle demande.*

3. C'est le mécanisme de cette confrontation qu'il s'agit de préciser. Or, d'après ce qui vient d'être dit, l'utilisation, dans ce travail, des notions d'objet et de cause n'apparaît, à vrai dire, pas particulièrement heureuse.

Cet inconvénient ne serait certes pas grave si la jurisprudence avait réussi à élaborer des critères propres à trancher d'une manière satisfaisante les problèmes soulevés par la matière. Or, tel n'est point le cas : on a pu dénoncer, au contraire, le manque de « cohérence » des solutions adoptées[6] ; on doit formuler des réserves sur la manière dont les questions les plus délicates (telles que celles de la « *chose implicitement jugée* »[7] ou du classement des problèmes en « *catégories* »[8]) sont tranchées sans prévisibilité pour les plaideurs ; et toute tentative de systématisation[9] se heurte à des obstacles tels que cette dernière doit souvent céder le pas à la simple description du droit prétorien[10].

C'est donc pour des raisons à la fois théoriques et pratiques que la délimitation de la chose jugée nous semble devoir être reprise. Nous signalerons d'abord les difficultés actuelles, quitte à suggérer ensuite des solutions d'où les notions d'objet et de cause auront disparu.

I. Les difficultés actuelles de la délimitation

4. Le fait de prendre pour base de la recherche le principe de la triple identité a eu pour effet de mettre l'accent sur le point de savoir si, dans un cas d'espèce donné, l'objet et la cause de la demande se retrouvaient dans les deux procès.

4. V., par ex., Aubry et Rau, *Droit civil*, t. 12, 6e éd., par Esmein, § 769, p. 359 ; Planiol et Ripert, *Traité prat. de droit civil*, t. 7, 2e éd., par Gabolde, no 1560, p. 1031, Glasson. Tissier et Morel, *Traité de procédure civile*, t. 3, 3e éd., no 774, p. 101 ; Vizioz, *Études de procédure*, p. 251, no 56 ; p. 258, no 58.

5. *Supra*, no 1.

6. Vizioz, *op. cit.*, p. 259, no 59.

7. Hébraud, obs. *Rev. trim. dr. civ.* 1953. 376 ; 1956. 585 ; 1965. 852.

8. *Infra*, nos 17 et s.

9. V. notamment *Rép. pr. civ. Dalloz*, vo *Chose jugée*, par Perrot.

10. Cf., précisément pour les « catégories de procès » évoquées au texte, Aubry et Rau, *op. cit.*, p. 359 et s., 365 ; Planiol, Ripert et Gabolde, *op. cit.*, no 1560, p. 1032 ; Perrot, *op. cit.*, nos 173 et s.

D'autre part, comme il est malgré tout impossible – en présence notamment du texte même de l'art. 1351 – de faire abstraction de l'objet *du premier jugement*, le problème de *l'étendue* de celui-ci a dû être abordé et résolu par la jurisprudence.

Les difficultés ne manquent ni dans l'un ni dans l'autre de ces domaines.

A. Objet et cause

5. Ainsi qu'il vient d'être rappelé[11], l'attention de la jurisprudence se porte essentiellement vers l'objet et la cause des deux *demandes* en présence.

La simple juxtaposition de ces deux notions donne déjà lieu à des difficultés; et celles-ci deviennent franchement insolubles en tant que l'extension du concept de cause est en jeu.

1° *Objet ou cause ?*

6. Les deux notions comportent une différenciation théoriquement nette : l'une vise la « *chose prétendue* » (*quid ?*), tandis que l'autre s'en tient (pour éviter d'entrer dans des controverses à nos yeux sans intérêt ici, il vaut mieux employer un terme vague) aux raisons qui étayent la prétention (*cur ?*). Mais on se rend vite compte que la distinction n'est pas toujours respectée et n'est effectivement pas aisée à respecter en la matière.

Certes, on est d'accord, conformément à la tradition romaine, pour considérer qu'il n'y a identité d'objet que si la réclamation concerne *le même droit sur la même chose*[12]. Mais il est souvent délicat de déterminer ce qu'il faut entendre par là. Lorsqu'un arrêt remarqué nie l'identité de *l'objet* entre une demande en nullité d'un acte de partage formée en qualité de successible et une demande tendant aux mêmes fins mais fondant la nullité sur une fraude commise au détriment des droits découlant d'une association de fait[13], il paraît certain qu'il y a là une confusion entre objet et cause. Lorsque, en revanche, on déclare relever une différence de *cause* entre une demande en indemnité d'éviction et une demande en nullité d'un refus de renouvellement[14], il semble bien que ce soit plutôt la notion d'objet qu'il conviendrait de mettre en avant.

7. Les inconvénients de l'exigence cumulative de l'identité de l'objet et de celle de la cause apparaissent, enfin, très clairement dans plusieurs espèces récentes. Un arrêt de la chambre commerciale a, en effet, admis que les demandes d'un locataire en réintégration dans les lieux et en paiement d'une indemnité pour privation de jouissance avaient « *le même objet, l'exécution du bail en ce qui concerne la jouissance* »[15]; mais, d'un autre côté, la deuxième chambre civile a cassé une décision qui, *mutatis mutandis*, avait mis en œuvre la même idée. Le jugement attaqué avait en effet estimé que la partie condamnée, à la suite d'une collision, à la réparation des dommages causés au véhicule de l'autre partie ne

11. Nº 4; Cf. nº 3.
12. Planiol, Ripert et Gabolde, *op. cit.*, nº 1559, p. 1028; Cornu et Foyer, *Procédure civile*, p. 410.
13. Civ. 14 mai 1935, D.H. 1935. 427; S. 1935. 1. 267; *Gaz. Pal.* 1935. 2. 51.
14. Com. 5 oct. 1966, *Bull. civ.* 1966. III, nº 379, p. 333.
15. Com. 7 juill. 1959, *Bull. civ.* 1959. III, nº 310, p. 269.

pouvait pas, sans se heurter à l'autorité de la chose jugée, demander, dans un nouveau procès, à son adversaire la réparation des dommages subis par sa propre voiture, parce que les deux instances avaient le même objet, à savoir *la détermination de la responsabilité de l'accident*. Dans un arrêt important[16], la Cour suprême désapprouve cette solution, en déclarant que, le premier procès ayant porté sur les dégâts causés à la voiture de l'une et le second sur le préjudice subi par l'autre des parties, « *l'objet des deux demandes*[17] *était différent* ».

8. On aperçoit aussitôt le péril inhérent à la terminologie usuelle et l'importance d'une clarification. « L'objet » du premier procès était-il constitué par l'exécution du bail et par la responsabilité de l'accident, ou se ramenait-il à l'avantage réclamé, donc à la réintégration dans les lieux et à la réparation du véhicule, en sorte que l'identité tenant à l'exécution du bail et à la responsabilité de l'accident se trouve rejetée vers la notion de « cause », insuffisante *à elle seule* (c'est-à-dire en l'absence d'une identité *d'objet*) à conférer l'autorité de la chose jugée ?

La réponse ne fait pas de doute quand il s'agit de l'objet de la demande au regard de la délimitation de l'office du jugé : c'est l'avantage réclamé qui est alors visé[18]. Mais la situation est loin d'être aussi nette en matière d'autorité de la chose jugée. Ici, la solution est dictée par la vocation même de l'institution de la chose jugée, qui est d'éviter que l'on reprenne un procès terminé par une décision. Seul, on ne le soulignera pas assez, le contenu *de celle-ci* est donc en jeu; et il s'ensuit, encore une fois, que la réponse à la question posée ne peut pas être calquée sur celle qui s'impose dans le domaine de l'office du juge. Il faut rechercher, tout bonnement, si, oui ou non, l'exécution du bail ou la responsabilité de l'accident ont été *jugées* dans le premier procès. Les critères devant présider à cette recherche ont lieu d'être précisés[19]; mais ce qui est dès à présent certain, c'est que le chevauchement des notions d'objet et de cause les rend inaptes à servir à cette fin; elles n'aident en rien, dans les espèces évoquées, à trancher la controverse au profit de l'une des solutions en présence.

Le concept de cause, on l'a fait pressentir, accuse encore son inaptitude à servir de critère par le caractère insaisissable qu'il faut se résigner à lui reconnaître.

2° *Extension du concept de cause*

9. Il convient de souligner, une fois de plus, que la notion de cause n'est prise, ici, que dans ses rapports avec l'autorité de la chose jugée et que les problèmes qu'elle soulève dans ce cadre sont complètement distincts de ceux qui se posent à propos de la délimitation de l'office du juge. La question est maintenant de savoir si le

16. Civ. 2e, 18 juill. 1963, *Bull. civ.* 1963. II, n° 545, p. 408; J.C.P. 1964. II. 13538, note Esmein; *Gaz. Pal.* 1964. 1. 51.
17. On notera que la confrontation vise toujours les « deux *demandes* » au lieu d'opposer la demande nouvelle au *jugement* antérieur; Cf. *supra*, n° 3. La même imprécision se rencontre un peu partout : V. Aubry et Rau, *op. cit.*, p. 356; Planiol, Ripert et Gabolde, *loc. cit.* Elle est évidemment due au texte même de l'art. 1351, qui est ambigu; mais l'illogisme qui entache cette manière de présenter les choses n'en est pas moins flagrant.
18. V. notre chronique précitée (note 1), p. 244, n° 29, texte et note 91.
19. V. *infra*, n° 35 et s.

fondement – *de fait et de droit*[20] – de la demande nouvelle peut être tenu pour avoir déjà été jugé par la décision dont l'autorité doit être définie. Le souci de couper court à des tentatives détournées de rouvrir un débat clos explique qu'ainsi que nous l'avons noté ailleurs[21], la jurisprudence considère parfois qu'il est de bonne justice de traiter comme résolu un problème – soit de fait, soit de droit, soit les deux – dont il est pourtant certain qu'il n'avait pas été envisagé par le juge saisi en premier lieu.

Cette pratique se fonde sur deux idées conjuguées : d'une part, la distinction entre « cause » et « moyens » et, d'autre part, le classement des problèmes en catégories à composantes interchangeables.

a) Cause et moyen

10. On a accoutumé d'opposer la cause – « *fondement direct et immédiat du droit invoqué* » – aux moyens – simples « *instruments de la cause* »[22] ou « *raisons de fait et de droit qui justifient la cause* »[23]. Mais la difficulté apparaît aussitôt; car la distinction peut s'opérer de deux manières : selon qu'on se fait de la cause une *conception générale ou abstraite* ou, au contraire, une conception *spéciale ou concrète*[24] (nous préférerions dire : conception *large* et conception *étroite*), on est amené à attribuer à un facteur déterminé, soit la qualité de cause, soit celle de moyen. L'exemple classique est celui de la demande en recherche de paternité : si, sur la base d'une conception générale, on qualifie cause de cette demande la *filiation naturelle*, les cas d'ouverture prévus à l'art. 340 c. civ. apparaissent comme de simples *moyens*, ce qui a pour conséquence d'autoriser le père prétendu à opposer, après un premier jugement ayant rejeté la demande fondée sur l'un de ces cas, à toute demande future procédant d'une *autre* ouverture la fin de non-recevoir de la chose jugée[25] pour identité de cause; en revanche, si l'on opte pour la conception spéciale et que l'on voie donc une *cause distincte* dans chacun des

20. Cf. *supra*, n° I. La demande nouvelle a, en effet, nécessairement un fondement de droit; mais il importe peu pour le problème de l'autorité de la chose jugée, que ce fondement soit *invoqué* par la partie ou décelé par le juge; d'où la différenciation, déjà soulignée, de la notion de cause dans les deux matières.

21. Chron. préc. (note 1), p. 235, n° 2.

22. Civ. 1re, 27 nov. 1963, *Bull. civ.* 1963. I, n° 518, p. 435; Rappr. Soc. 3 juill. 1963, *Bull. civ.* 1963. IV, n° 553, p. 456; Cf. Glasson, Tissier et Morel; *op. cit.*, t. 3, n° 774; Cuche et Vincent; *Procédure civile*, 13e éd., n° 435; Cornu et Foyer, *op. cit.*, p. 407; Perrot, *op. cit.*, nos 158 et s.; *id. Juriscl. Procédure civile*, art. 116 à 148, 4e app. fasc. A, nos 186 et s.; Aubry et Rau, *op. cit.*, 5e éd., par Bartin, § 769, p. 441, note 87 avec référence à la distinction opérée par le jurisconsulte Neratius entre la *causa proxima* (cause) et les *causae remotae* (moyens); Normand, *Le juge et le litige*, nos 146 et s.

23. Req. 21 déc. 1897, D.P. 98. I. 487.

24. Cornu et Foyer, *op. cit.*, p. 410; Normand, *op. cit.*, n° 88.

25. Bien qu'il ne s'agisse ici que de *délimiter* la chose jugée, il est peut-être permis de souligner que l'objection tirée de la chose jugée constitue une *fin de non-recevoir* (c'est-à-dire est destinée à entraîner la dénégation du *droit d'action*) et non pas, comme on le dit fréquemment en souvenir du droit romain, une *exception*, terme qui devrait être réservé aux critiques visant la *régularité de la procédure*. Sur la concordance des deux trilogies procédurales (*d'un côté régularité de la procédure, droit d'action et bien-fondé de la demande*, de l'autre côté *exception, fin de non-recevoir et défense au fond*), v. notre étude J.C.P. 1963. II. 13191. La différence de régime des divers moyens de défense (Cf. Solus et Perrot, *Droit judiciaire privé*, t. 1er, n° 302 et s.) commande une qualification précise.

cas d'ouverture, la chose jugée ne couvre que l'ouverture qui a été jugée, ce qui rend possible des procès en cascade (« à tiroirs »).

11. Y a-t-il une possibilité de trouver un critère permettant de savoir si un « facteur déterminé » constitue une cause ou un simple moyen, ce qui postulerait principalement la faculté de déceler quand il y a lieu de faire prévaloir la conception générale ou au contraire la conception spéciale ? Quelques exemples suffiront à montrer que la réponse ne peut qu'être négative.

Le premier est celui de la *responsabilité civile*. Dans une conception « abstraite », la « cause de la demande » serait constituée – et voici déjà une incertitude – par la *responsabilité pour le fait dommageable en général* ou par la *responsabilité, soit contractuelle, soit délictuelle*. Dans une conception « concrète », chaque complexe de fait ou de droit propre à engager la responsabilité constituerait une cause distincte, d'où il suit notamment que si le complexe de fait a donné lieu à une décision de rejet sur la base de l'article 1382 c. civ., une nouvelle demande fondée sur l'article 1384 demeure possible. C'est dans ce dernier sens que se prononce la jurisprudence[26], sans que l'on puisse, semble-t-il, déceler dans les arrêts les raisons précises de cette position[27].

Il faut en dire autant des incertitudes, variations et divergences des solutions que l'on rencontre dans les arrêts. Étant donné le nombre de ces derniers, l'on ne peut choisir que quelques espèces.

12. Un employé ayant été débouté de sa demande en dommages-intérêts fondée sur une prétendue *faute* de l'employeur consistant dans un renvoi à tort prononcé pour *incapacité professionnelle*, un arrêt de la chambre sociale en date du 3 juill. 1963[28] a écarté pour identité de cause une nouvelle demande invoquant *l'irrégularité formelle* du licenciement, en approuvant les juges du fond d'avoir décidé que la cause de la demande consistait dans le « *renvoi soi-disant abusif* » et que l'allégation de l'irrégularité ne constituait qu'un moyen.

Dans le même ordre d'idées, la chambre commerciale a admis, le 6 janv. 1960[29], qu'une première décision ayant refusé à un locataire le bénéfice de la

26. Req. 9 juin 1928, D.P. 1928.1.153, note R. Savatier; Civ. 3 janv. 1940, D.H. 1940.61. – Cf., pour le cas inverse (absence d'identité de cause entre la première demande formée sur la base de l'art. 1384 et la seconde procédant de l'art. 1382), par ex. Civ. 14 nov. 1934, D.H. 1935. 52; S. 1935. 1. 136; *Gaz. Pal.* 1935.1.54. – V. les nombreuses références chez Perrot, *Rép. pr. civ.* Dalloz, v° cit., n°s 173 et s.

27. M. Jean Savatier, dans son importante note au J.C.P. 1953.11.7601, estime que la clef des positions jurisprudentielles peut être trouvée en recherchant si la demande nouvelle vise un simple « *exemple* » d'un même « *principe d'équité* » (identité de cause), ou si elle se rapporte, soit à des *principes d'équité différents*, soit à des « *applications exceptionnelles ou limitées* » *du même principe* (différence de cause). Le critère paraît bien fluctuant; s'il peut à la rigueur justifier la solution adoptée au regard des art. 1382 (faute prouvée) et 1384 (présomption de responsabilité), on ne voit pas, en revanche, comment utiliser ces idées à propos des rapports entre les § 1er et 3 de l'art. 1384, traités comme donnant lieu à des causes distinctes (Req. 23 nov. 1927, D.P. 1928.1.121, note A. Besson) bien que les deux cas apparaissent plutôt comme des « exemples » d'un même fondement d'équité (présomption de responsabilité ou risque). En tout cas, l'antithèse : « exemple » – « application exceptionnelle », qui n'est pas sans évoquer celle qui oppose l'argument d'analogie à l'argument *a contrario*, postule un nouveau critère permettant *d'exercer le choix* et qui n'est, à son tour, pas facile à découvrir.

28. *Bull. civ.* 1963. IV, n° 553, p. 456.

29. *Bull. civ.* 1960. III, n° 15, p. 12.

« propriété commerciale » en raison de sa nationalité italienne, l'autorité de la chose jugée avait à bon droit été opposée, pour identité de cause, à une nouvelle demande fondée sur ce que le preneur avait « la qualité d'ancien combattant des armées alliées » (art. 38 du décret du 30 sept. 1953). La conception dite générale de la cause prévaut ici nettement, ce qui est d'autant plus remarquable que, les deux demandes ayant eu pour *objet*, non pas l'octroi d'une indemnité d'éviction, mais bien la reconnaissance du droit au renouvellement, la *qualité* en laquelle ce droit était réclamé paraissait bien constituer, non pas la « *causa remota* » mais bien, comme le dit la jurisprudence[30], « le fondement direct et immédiat du droit invoqué », donc la cause au sens usuel, c'est-à-dire la « *causa proxima* ».

À l'opposé, se place un arrêt de la chambre sociale en date du 28 nov. 1958[31]. Une première demande en déchéance du droit au maintien dans les lieux pour occupation insuffisante (art. 10, al. 7, de la loi du 1er sept. 1948) ayant été repoussée, la Cour suprême a estimé qu'une nouvelle demande tendant « aux mêmes fins » mais fondée « sur la modification de l'usage des lieux » (art. 4 de la même loi) ne se heurtait pas à l'autorité de la chose jugée. Conception étroite de la cause, puisque *chacun des motifs de la déchéance est considéré comme une cause distincte* et non pas comme un moyen.

13. Pour rester dans le domaine du contrat de bail, on notera que la jurisprudence traite également comme des *causes* distinctes les divers motifs susceptibles d'être invoqués à l'appui d'une demande en *reprise de logement :* non seulement la prétention tendant à une reprise avec offre d'un local de remplacement (art. 18 de la loi du 1er sept. 1948) et celle procédant d'une insuffisance de logement du propriétaire (art. 19 de la même loi) ont été considérées comme ayant une cause différente[32], mais encore la même qualification a été appliquée *à l'intérieur* même de la notion de « reprise pour absence d'un logement correspondant aux besoins normaux du propriétaire » (art. 19) : la chambre sociale a proclamé « que la cause juridique de l'action du propriétaire ne saurait être (dissociée) des *raisons* justifiant l'absence d'une habitation suffisante chez le bénéficiaire de la reprise »[33]. Cela revient à dire que la cause de la demande n'est pas l'absence d'un logement normal, qui est pourtant la « *causa proxima* » de la reprise, mais bien la raison pour laquelle cette absence est invoquée et qui apparaît pourtant comme la « *causa remota* » de la demande en reprise.

On recherche en vain le critère permettant d'expliquer pourquoi les motifs d'un renvoi abusif donnant lieu à des demandes en dommages-intérêts seraient de simples moyens si les motifs d'une absence de logement normal donnant lieu à des demandes en reprise ont droit à l'appellation de cause...

14. On éprouve la même perplexité devant les positions prises par la jurisprudence à propos de *la survenance d'un événement postérieurement à la première décision*. Un point semble ici certain : c'est que la découverte d'un *moyen de preuve*

30. *Supra*, n° 10.
31. *Bull. civ.* 1958. IV, n° 1272, p. 975.
32. Soc. 12 juin 1958, *Bull. civ.* 1958. IV, n° 715, p. 532.
33. Soc. 5 juill. 1962, *Bull. civ.* 1962. IV, n° 607, p. 495 ; *Gaz. Pal.* 1962. 2. 227 ; *Rev. trim. dr. civ.* 1963. 140, obs. Hébraud.

(quittance) relatif à un facteur antérieurement éliminé (paiement) ne peut pas être considérée comme créatrice d'une cause nouvelle[34] : le *fondement* de la prétention n'est pas nouveau. Mais il en est différemment lorsque ce facteur lui-même ne *prend naissance* qu'après le premier jugement : alors on devrait reconnaître l'existence d'une cause nouvelle. Tel est effectivement le principe généralement admis[35] ; et une application particulière en a été faite dans l'hypothèse où, postérieurement à la première décision, une *loi nouvelle* octroie à une partie un *droit nouveau*[36]. Toutefois, la solution contraire a été consacrée par la première chambre civile dans un arrêt du 10 févr. 1964[37]. Malgré le laconisme de l'arrêt[38], il apparaît que la Cour suprême a entendu dénier à un élément de fait survenu postérieurement à la précédente décision la qualité d'une cause nouvelle. À s'en tenir aux données résultant de l'arrêt et de son commentaire, la décision paraît critiquable[39] ; elle n'est en tout cas évoquée ici que pour illustrer les divergences jurisprudentielles résultant de l'utilisation de la notion de cause.

15. Des variations tenant aux différences des conceptions de cette notion se retrouvent encore en matière de *divorce*. On a déclaré, d'un côté, que la cause, en matière de divorce, réside « *moins dans les faits matériels allégués... que dans l'atteinte profonde et permanente que ces faits ont portée au lien matrimonial* »[40], formule qui révèle une conception très large et relègue les griefs au rang de simples moyens. Mais plus récemment, la Cour suprême a adopté la conception étroite, en décidant « *qu'à défaut de preuve de la similitude des motifs du divorce..., la nouveauté des griefs invoqués dans la (seconde) instance exclut toute identité de cause entre celle-ci et une précédente procédure* »[41] : c'est donc, à l'opposé de la solution antérieure, dans les *griefs* que la Cour de cassation estime maintenant trouver la cause de la demande en divorce, sans fournir, ici encore, d'explication sur les motifs du revirement. De fait, une telle explication semble malaisée quand on part des définitions traditionnelles : c'est une simple différence de perspective

34. Civ. 1re, 6 juill. 1961, *Bull. civ.* 1961. I, n° 382, p. 303 ; Soc. 16 févr. 1965. *ibid.* 1965. IV, n° 151, p. 123 ; *contra* : Com. 15 nov. 1948, *Bull. civ.* 1948. II, n° 241, p. 977. L'arrêt en apparence également contraire de la chambre commerciale en date du 28 janv. 1963 *(Bull. civ.* 1963. III, n° 65, p. 52) s'explique par le fait que la première décision avait été rendue « *en l'état du dossier* » et réservait par là la faculté de compléter celui-ci.

35. Req. 19 juin 1889, S. 90. 1. 292 ; Com. 23 déc. 1947, S. 1948. 1. 62 ; *Bull. civ.* 1947, n° 69, p. 221 ; Aubry et Rau, *op. cit.*, p. 361 ; Planiol, Ripert et Gabolde, *op. cit.*, n° 1560, p. 1031 ; Perrot, *Rép. pr. civ.*, v° cit., n° 160 ; Rappr. Cons. d'Ét. 24 févr. 1961, *Evraud*, D. 1961. 758, note Gilli ; *Rev. trim. dr. civ.* 1962. 155, obs. Hébraud.

36. Civ. 1re, 13 juin 1960, D. 1961. Somm. 10 ; *Bull. civ.* 1950. I, n° 140, p. 106 ; 5 déc. 1951, *ibid.* 1961. I, n° 338, p. 265 ; 16 nov. 1960, *ibid.* 1960. I, n° 500, P. 408.

37. D. 1965. 118 ; *Bull. civ.* 1964. I, n° 78, p. 57 ; J.C.P. 1964. II. 13603, note R.L.

38. « *Nonobstant l'existence d'une situation nouvelle* ».

39. Ce qui était en jeu était le *départ d'un locataire* après la première décision, alors que, selon le demandeur à la cassation, cette décision avait été fondée sur la *présence* dudit locataire, élément retenu pour déclarer l'immeuble impartageable en nature. Le commentateur au J.O.P. approuve l'arrêt en établissant un parallèle avec la production d'une *pièce* nouvelle ; à tort, semble-t-il, car, dans cette dernière hypothèse, il s'agit de la survenance d'un *moyen de preuve concernant une circonstance antérieure* (v. *supra*) et non pas de la survenance d'une « *situation nouvelle* ».

40. Civ. 14 mars 1928, S. 1929. 1. 92 ; *Gaz. Pal.* 1928. 1. 743 ; Cf. Carbonnier, « La notion de cause de divorce », *Rev. trim. dr. civ.* 1937. 281 et s., notamment p. 291.

41. Civ. 2e, 21 déc. 1965, *Bull. civ.* 1965. II. n° 1064, p. 751.

sans base rationnelle bien précise que de voir dans les griefs invoqués à l'appui d'une demande en divorce, soit le « fondement direct et immédiat » de cette dernière, soit, au contraire, en intercalant à titre de fondement le concept global d'atteinte au lien matrimonial, de simples « raisons » ou « éléments » destinés à justifier la mise en œuvre de ce concept.

16. La situation est identique en ce qui concerne la demande, déjà évoquée[42], en *recherche de paternité naturelle*. À une conception unitaire (la cause de la recherche est constituée par la filiation)[43] s'oppose une conception étroite, considérant chaque cas d'ouverture comme une cause distincte[44]. Pour quelle raison ? La jurisprudence ne le révèle pas plus ici que dans les autres matières : on peut seulement conjecturer que le désir d'éviter la multiplicité des procès a cédé devant celui d'élargir l'accès du prétoire dans une matière où la tendance libérale a fini par l'emporter.

b) Classement en catégories

17. Des exemples que l'on vient de passer en revue, il apparaît que la conception large de la cause se relie à la seconde idée jurisprudentielle annoncée ci-dessus[45] et qui est « *le classement des problèmes en catégories à composantes interchangeables* » : lorsqu'on estime que la cause réside dans la responsabilité pour le fait dommageable, dans le renvoi abusif, dans l'atteinte au lien matrimonial ou dans la filiation naturelle, on opère, par là même, dans les domaines en jeu, un tel classement, masqué seulement par le fait que la catégorie correspond à *l'ensemble* du domaine. Il devient, en revanche, plus aisément perceptible lorsque la conception large de la cause se limite à certains *secteurs* d'un domaine (la responsabilité *délictuelle*, par exemple).

Mais l'application la plus nette du classement en catégories est constituée par le traitement des demandes *en nullité*. Ici, en effet, s'il n'a jamais été question d'ériger la notion même de nullité en cause *unique* des demandes, les catégories *en sous-ordre* jouent un rôle d'autant plus important et perturbateur que – contrairement à ce qui s'est passé pour les autres domaines, où l'évolution est souvent allée de la cause « générale » vers la cause « spéciale » – les conceptions large et étroite coexistent.

18. Le classement en catégories n'est, en effet, pratiqué en la matière qu'au regard de deux groupes de problèmes, à savoir les nullités pour *vices de forme* et celles pour *vices du consentement*. Il signifie donc que si une demande en nullité pour une irrégularité formelle quelconque est introduite contre un acte juridique, toute demande nouvelle faisant valoir une *autre* de ces irrégularités se heurte à la fin de non-recevoir de la chose jugée pour identité de cause, et qu'il en est de

42. *Supra*, n° 10.
43. Civ. 12 nov. 1935, D.H. 1936. 1 ; S. 1936. 1. 105 ; *Gaz. Pal.* 1936. 1. 59 ; Cf. Civ. 18 févr. 1930, D.H. 1930. 193 ; S. 1931. 1. 41, note Gény.
44. Req. 21 juill. 1930, S. 1931. 1. 132 ; 29 oct. 1934, S. 1935. 1. 5 ; Civ. 1re, 10 mars 1953, *Bull. civ.* 1953. I. n° 95, p. 81 ; S. 1953. 1. 194 ; *J.C.P.* 1953. II. 7601, note Jean Savatier (Cf. *supra*, note 27).
45. n° 10.

même lorsque, la demande en nullité pour cause de *dol* ayant été rejetée, une demande nouvelle est fondée sur *l'erreur* ou sur la *violence*[46].

Le procédé est à la fois incertain et irrationnel[47].

19. Il est vrai que le critère suffit fréquemment pour permettre de prévoir le résultat. C'est ainsi qu'il s'applique sans difficulté lorsqu'une demande en nullité d'une assemblée générale pour cause de *dol* ayant été rejetée, une autre demande invoquant une nullité pour *défaut de la majorité requise* est déclarée recevable[48] (le défaut de la majorité légale n'entre pas dans la catégorie des vices du consentement), ou lorsque la demande en nullité d'une surenchère pour *absence de formalités et de consignation* est admise, pour différence de cause, après le rejet d'une demande en nullité fondée sur *l'insolvabilité notoire du surenchérisseur*[49] (l'insolvabilité n'entre pas dans la catégorie des vices de forme).

Mais de graves incertitudes sont inévitables avec ce système : on peut hésiter à considérer comme faisant partie du groupe des vices du consentement *l'insanité d'esprit* (c'est-à-dire le *défaut total* du consentement) *de la testatrice*, invoquée par une première demande en nullité du testament et dont la négation par le jugement a été victorieusement opposée, en raison d'une identité de cause, à une seconde demande faisant valoir des « manœuvres dolosives réalisant une *captation* », grief qui présuppose clairement l'absence d'une aliénation mentale[50]. Et que décider lorsque, un partage ayant été attaqué sans succès en nullité pour cause *d'erreur*, une demande en rescision pour cause de *lésion* est formée par la suite ? La réponse dépend uniquement du parti que l'on prend dans la querelle sur la nature de la lésion (vice du consentement ? absence partielle de cause au sens civiliste du terme ?)[51], ce qui est loin de faciliter la solution.

20. Quoi qu'il en soit (une certitude totale ne peut de toute façon pas être escomptée en la matière), le classement tel qu'il est opéré paraît difficilement justifiable. On affirme que le dessein de la jurisprudence est de décourager les manœuvres dilatoires[52]. Mais ce vœu est-il mieux respecté par la création de catégories que par une recherche individuelle, scrutant le cas d'espèce ? Est-il sûr que le fait de demander la nullité d'un testament pour défaut d'approbation d'un renvoi après avoir succombé dans une demande fondée sur l'absence des témoins à la rédaction et à la lecture de l'acte[53] soit *nécessairement* le signe d'une intention d'éterniser le litige, et qu'une telle intention fasse *nécessairement* défaut chez un

46. Aubry et Rau, *op. cit.*, 5e éd., par Bartin, § 769, p. 442, texte et n° 90 ; 6e éd., par Esmein, § 769, p. 365 ; Planiol, Ripert et Gabolde, *op. cit.*, n° 1560, p. 1033 ; Perrot, *Rép. pr. civ.*, v° cit., n°s 179 et s. et les références.

47. Dans le même sens, Glasson, Tissier et Morel, *op. cit.*, n° 774, p. 102.

48. Com. 8 mars 1967, *Bull. civ.* 1967. III, n° 106, p. 107.

49. Civ. 2e, 26 mai 1965, *Bull. civ.* 1966. II, n° 441, p. 305.

50. Civ. 1re, 20 juill. 1964, *Bull. civ.* 1964. I, n° 399, p. 310. À noter qu'en droit international privé, la Cour de cassation soumet l'*insanité d'esprit* à la loi *personnelle* et les *vices du consentement* à la loi *du contrat* (Civ. 1re, 25 juin 1957, *Rev. crit. dr. internat. privé* 1957. 680, note Batiffol).

51. V. Planiol, Ripert et Gabolde, *loc. cit.*, p. 1031 ; Perrot, *op. cit.*, n° 184 et, pour la controverse, toujours ouverte, sur la conception *subjective* ou *objective* de la lésion, par ex. Marty et Raynaud, *Droit civil*, t. 2, vol. 1, n° 155, p. 142 et les réf.

52. Aubry et Rau, *op. cit.*, t. 12, 5e éd., par Bartin, p. 442, note 89 ; Perrot, *Rép. pr. civ.*, v° cit., n° 185.

53. Pau, 21 avr. 1868, sous Req. 13 avr. 1869, D. P. 70.1.124.

plaideur qui, après une première décision ayant rejeté sa demande en nullité fondée sur ce que la vente incriminée dissimulerait un pacte de « *quota litis* » prohibé, vient soutenir dans une nouvelle instance que cette même vente serait nulle pour absence de prix sérieux[54], ou chez celui qui – dans un domaine différent, où la catégorie n'a jusqu'ici pas pénétré – voit rejeter sa demande en reprise pour insuffisance de logement et forme ensuite une autre demande *de même nature* fondée seulement sur des *raisons* différentes[55] ?

Nous ne disons pas que l'idée d'une forclusion – car c'est de cela qu'il s'agit[56] – soit à bannir absolument en la matière ; mais il nous semble, d'une part, qu'elle ne peut pas trouver sa justification dans une création hasardeuse de catégories, ces dernières devant tout au moins être clairement définies, et, d'autre part, qu'une telle forclusion devrait en tout cas être aménagée de manière à permettre de tenir compte des circonstances de chaque espèce[57].

21. Les notions d'objet et de cause, telles qu'elles sont entendues avec leur double défaut de la fausse analogie avec l'immutabilité du litige et du rattachement aux deux *demandes* (alors que la confrontation doit s'effectuer entre le premier *jugement* et la seconde *demande*), se révèlent ainsi inaptes à fournir un véritable critère. Il faut, par conséquent, pour trouver une solution, se tourner – nous l'avons dit[58] – vers la détermination de *l'étendue du jugement*. Là encore, le chemin est hérissé de difficultés.

B. L'étendue du jugement

22. En ce qui concerne le point de savoir ce qui, à l'issue de la première instance, doit être tenu pour véritablement jugé, deux problèmes retiennent l'attention : celui de savoir dans quelle mesure les *motifs* du premier jugement bénéficient de l'autorité de la chose jugée, et celui de la « *chose implicitement jugée* ».

1° *Autorité de la chose jugée et motifs*[59]

23. Selon un principe jurisprudentiel qui a perdu beaucoup de sa force, seul le *dispositif* des jugements acquiert l'autorité de la chose jugée[60]. Mais l'idée s'est fait jour, à juste titre, que ce qui compte est l'existence d'une *décision*, laquelle

54. Civ. 1re, 11 juin 1958, *Bull. civ.* 1958. I, n° 302, p. 239.
55. Soc. 5 juill. 1962, précité (*supra*, note 33).
56. Dans le même sens, à propos du problème de la « chose implicitement jugée », Hébraud, obs. *Rev. trim. dr. civ.* 1953.375 ; Cf. *infra*, nos 40 et s.
57. V. *infra*, nos 40 et s.
58. V. *supra*, nos 2 et 3.
59. Cf. Richou, article J. C. P. 1962. I. 1692.
60. Jurisprudence longtemps constante ; Cf. Aubry et Rau, *op. cit.*, t. 12, 6e éd., par Esmein, p. 332 et les références, note 43 ; Planiol, Ripert et Gabolde, *op. cit.*, n° 1554, p. 1020 et les références ; Glasson, Tissier et Morel, *op. cit.*, n° 773, p. 99 ; Perrot, *Rép. pr. civ.*, v° cit., nos 79 et s. ; J. Laroque, note D. 1965. 462.

peut se trouver dans les motifs aussi bien que dans le dispositif[61]. Depuis toujours, la jurisprudence a d'ailleurs admis que certains motifs s'incorporaient, en quelque sorte, dans le dispositif[62] : c'est la fameuse doctrine du « *motif, soutien nécessaire du dispositif* ». Les deux questions méritent d'être revues d'un peu plus près.

a) Le motif décisoire

24. Il est aujourd'hui acquis que la solution assortie de l'autorité de la chose jugée peut résulter d'un motif : il suffit que celui-ci *tranche* un point du litige. L'expression même de « motif décisoire » tend à s'implanter[63]. Mais de nombreux arrêts ont consacré la même idée sans faire appel à cette notion spéciale[64] et parfois en la confondant avec celle du motif-soutien nécessaire ou avec la décision implicite[65]. La différenciation est pourtant nette : tout motif tranchant à *lui seul* un point du litige a un caractère décisoire et acquiert, pour cette raison, l'autorité de la chose jugée.

Lorsqu'un arrêt précise, dans ses motifs, qu'une femme a droit à une pension alimentaire[66]; lorsqu'un motif affirme la compétence de la juridiction saisie[67]; lorsqu'il déclare qu'une association en participation s'est formée entre les parties[68], il ne s'agit pas d'un « soutien nécessaire » au dispositif – ce qui présuppose que seul ce dernier est pris en considération et que le motif ne sert qu'à le conforter –, mais bien d'une *décision autonome résidant dans le motif considéré indépendamment du dispositif*. Dans ces mêmes hypothèses, il ne s'agit pas davantage, quoique l'on en ait dit[69], *ipso facto* d'une solution implicite : cette notion doit être considérée à part, car elle peut se rencontrer aussi bien dans le dispositif que dans le motif, caractérisée qu'elle est par la seule idée *d'implication*

61. Com. 17 oct. 1951, *Bull. civ.* 1951. II, n° 282, p. 209; D. 1953. 145, note Minvielle; *Gaz. Pal.* 1951. 2. 341; J. C. P. 1951. II. 6584; *Rev. trim. dr. civ.* 1953. 386, obs. Raynaud. La même évolution s'est réalisée quant à l'obligation du juge de répondre à toutes les conclusions : là, la « superstition du dispositif » a incité bien des praticiens à reproduire à peu près leurs conclusions sous forme d'un dispositif dont toutes les énonciations étaient précédées de la formule : « dire et juger »; on espérait ainsi ménager des possibilités d'un pourvoi pour défaut de motifs. V., contre une telle exigence formaliste (encore mentionnée par Besson, *Rép. pr. civ.* Dalloz, v° *Cassation*, n° 2124), Faye, *La Cour de cassation*, n° 91; Le Clec'h, article J. C. P. 1951. I. 939; Voulet, article J. C. P. 1965. I. 1912 et de nombreux arrêts (par ex. Civ. 17 déc. 1930, S. 1931. 1. 213; D.H. 1931. 100; Com. 14 mars 1950, *Bull. civ.* 1950. II, n° 100, p. 68; Soc. 27 mai 1952, *ibid.* 1952. IV, n° 473, p. 344; 17 juill. 1962, *ibid.* 1962. III, n° 372, p. 305; Soc. 25 mars 1966, *ibid.* 1966. IV, n° 308, p. 262).

62. Vizioz, *op. cit.*, n° 56, p. 255.

63. Civ. 1re, 18 mai 1960, D. 1960. 529, noté Holleaux; 7 mars 1962, *Bull. civ.* 1962. I, n° 145, p. 129; Soc. 24 mai 1966, *ibid.* 1966. IV, n° 509, p. 426.

64. Civ. 30 mai 1944, D. A. 1944. 85; Com. 29 nov. 1948, *Bull. civ.* 1948. II, n° 262, p. 989; 17 oct. 1951, préc.; Civ. 1re, 24 janv. 1955; *Bull. civ.* 1955. I, n° 38, p. 33; Civ. 2e, 3 juin 1955, *ibid.* 1955. II, n° 301, p. 186; Soc. 13 déc. 1957, D. 1958. Somm. 53; *Bull. civ.* 1957. IV, n° 1243, p. 888; 24 mai 1966, *ibid.* 1966. IV, n° 509, p. 426; Civ. 1re, 13 juin 1966, D. 1966. 714; J. C. P. 1966. II. 14806, note R.L.

65. Civ. 1re, 4 janv. 1954, J. C. P. 1955. II. 8458, note Astima; Civ. 2e, 22 mars 1957, *Bull. civ.* 1957. II, n° 245, p. 164; Ch. réun. 19 mai 1965, *Miniconi*, D. 1965. 461, note Laroque; Civ. 1re, 13 juin 1966, préc.

66. Civ. 2e, 3 juin 1955, préc.

67. Civ. 1re, 13 juin 1966, préc.

68. Ch. réun. 19 mai 1965, préc.

69. V., par ex., Ch. réun. 19 mai 1965, préc.

sans énonciation[70] : elle se place sur un terrain tout à fait différent de celui actuellement exploré.

b) Le motif-soutien nécessaire du dispositif

25. Au risque de passer pour iconoclaste, nous croyons devoir affirmer que cette notion, bien que fort usitée, manque de contours précis. Elle mérite néanmoins, à notre avis, d'être maintenue, mais à la condition d'être ramenée à sa signification véritable, c'est-à-dire que la notion doit être détachée à la fois de celle de motif décisoire et de celle de décision implicite. Comme on vient de le dire, la première exige simplement que la solution d'un point litigieux soit contenue dans un motif au lieu de l'être dans le dispositif; la seconde procède d'une *lacune :* rien n'est précisé quant à la solution; mais celle-ci découle nécessairement de la décision prise, sans préjuger du point de savoir si celle-ci se trouve dans le dispositif ou dans un motif[71].

Que les motifs puissent être invoqués afin *d'interpréter* et de *préciser* la portée du dispositif, c'est ce qui paraît d'emblée indiscutable[72] : ce n'est pas pour cette conjoncture qu'il fallait recourir à une notion spéciale.

Celle-ci intervient lorsque, le dispositif étant parfaitement clair, il existe cependant des motifs qui y sont « *indissolublement liés* ». Les arrêts ayant utilisé cette formule ou une expression analogue (« *soutien nécessaire* », « *support nécessaire* », « *lien nécessaire* », « *lien de dépendance nécessaire* », motif « *inséparable* » du dispositif) sont fort nombreux : il n'est pas possible d'en dresser une liste exhaustive[73]. Mais l'idée directrice est (ou, de toute façon, devrait être) que, sans atteindre à la dignité de motif décisoire, la réflexion retenue doit participer à l'autorité du dispositif dès lors que celui-ci y trouve son fondement. Il en est ainsi lorsque le premier jugement procède d'une qualification[74], de la

70. *Infra*, n°s 28 et s.

71. La différenciation entre ces divers concepts ne présente pas seulement un intérêt théorique : le *pourvoi en cassation* peut être dirigé contre un motif décisoire isolé (Com. 17 oct. 1951, préc.), mais non pas contre un motif-soutien nécessaire du dispositif, qui est inséparable de ce dernier; quant à la recherche de la décision implicite, elle exige l'interprétation d'un *silence*.

72. Perrot, *Rép. pr. civ.*, v° cit., n° 86 et les réf.; Glasson, Tissier et Morel, *op. cit.*, t. 3, n° 773, p. 99.

73. V., par ex., Req. 21 nov. 1899, D.P. 1900. 1. 18; Req. 1er juill. 1930, D.H. 1930. 442; S. 1930. 1. 351; 28 nov. 1938, S. 1939. 1. 8; 12 janv. 1942, S. 1943. 1. 7; Com. 21 mars 1950, D. 1950. 381; 21 oct. 1953, *Bull. civ.* 1953. III, n° 313, p. 220; Civ. 1re, 4 janv. 1954, *ibid.* 1954. I, n° 2, p. 2; J.C.P. 1955. II. 8458, note Astima; 15 févr. 1954, *Bull. civ.* 1954. I, n° 58, p. 49; 20 juill. 1955, *ibid.* 1955. I. n° 317, p. 264; Civ. 2e, 7 janv. 1956, *ibid.* 1956. II. n° 16, p. 10; D. 1956, 214; Civ. 1re, 21 mars 1956. *Bull. civ.* 1956. I, n° 146, p. 117; 5 nov. 1956, *ibid.* 1956. I, n° 383, p. 307; Com. 15 janv. 1958, J.C.P. 1958. II. 10487, note Dalimier; Civ. 2^{e}, 13 mars 1958, *Bull. civ.* 1958, II, n° 193, p. 126; Civ. 1re, 12 mai 1958, J.C.P. 1958. IV. 94; 18 juill. 1960, *Bull. civ.* 1960. I, n° 403, p. 329; Civ. 2^{e}, 8 mars 1961, *ibid.* 1961. II, n° 196, p. 142; J.C.P. 1962. II. 12942; Civ. 1re, 19 juill. 1961, *Bull. civ.* 1961. I, n° 420, p. 330; 14 nov. 1961, *ibid.* 1961. I, n° 525, p. 414; 6 mai 1964, *ibid.* 1964. I, n° 236, p. 184; Soc. 7 juill. 1964, *ibid.* 1964. IV, n° 611, p. 501. – *A contrario :* Civ. 1er, 13 juin 1966, préc. – À rappeler que la distinction entre motif décisoire et motif-soutien nécessaire n'est pas toujours respectée…

74. Civ. 1re, 18 juill. 1960, précité.

constatation d'une qualité[75], d'énonciations qui déterminent la base juridique des relations des parties[76].

26. Mais la netteté du principe n'empêche pas l'incertitude dans l'application. C'est ainsi notamment, comme nous l'avons indiqué, que la jurisprudence éprouve de graves difficultés à dissocier le motif décisoire du motif-soutien nécessaire[77] ; et souvent, des hésitations se font même jour quant à l'octroi même du bénéfice de l'autorité de la chose, jugée, que ce soit au titre de motif décisoire ou à celui de motif-soutien nécessaire.

Lorsque, par exemple, un arrêt déclare que la qualification, dans les motifs d'un jugement, d'un écrit comme acte unilatéral n'étant pas assujetti à la formalité du « bon pour » n'avait pas acquis l'autorité de la chose jugée parce que cette considération n'était pas le soutien nécessaire du dispositif impartissant un délai pour l'inscription en faux contre l'acte[78], cette observation, exacte en soi, incite néanmoins à poser la question de savoir si le motif ainsi écarté n'avait pas, en réalité, un caractère *décisoire* le rendant inattaquable et devait donc bénéficier de l'autorité à ce titre. On demeure tout aussi perplexe devant un arrêt où, en présence de la décision d'un juge des loyers se déclarant incompétent en raison du caractère commercial du bail, la Cour de cassation a estimé que, dans un nouveau procès (en nullité du congé), la cour d'appel ne pouvait pas admettre qu'il s'agissait d'un bail à usage professionnel, parce qu'il y avait « chose définitivement jugée » sur la qualification du bail[79]. Identité de cause[80] ? Motif décisoire ? Motif-soutien nécessaire ? Il est impossible de prendre parti.

À son tour, l'énoncé d'une *qualité* laisse ouverte la question de l'autorité de l'affirmation. À plusieurs reprises, on a déclaré que la reconnaissance d'une « qualité accidentelle » ne constituait pas une chose jugée, de sorte, par exemple, qu'une décision retenant la qualité de commerçant en vue d'admettre la compétence de la juridiction consulaire pourrait être remise en question[81]. Mais

---

75. Civ. 1re, 12 mai 1958, précité.
76. Civ. 1re, 13 mars 1958, précité. Il convient de souligner que, la présente étude se limitant au problème de l'étendue du jugement en général, il est impossible d'examiner ici la question particulière de savoir si les qualifications ou constatations de qualité doivent ou non être considérées comme ayant l'autorité de la chose jugée *quand bien même les énonciations litigieuses n'auraient que le caractère d'éléments déterminants pour une décision statuant sur la seule compétence*, ou si, en raison de la structure spéciale des incidents de compétence, la portée de ces énonciations relatives au fond (qualification d'un bail comme étant de nature commerciale) doit être limitée au litige concernant la compétence et peut être remise, en cause dans le procès touchant au fond. On notera simplement que la tendance jurisprudentielle va, bien qu'avec des nuances, vers l'admission de la chose jugée (Soc. 13 mars 1963, *Bull. civ.* 1963. IV, n° 249, p. 202; 11 mars 1964, *ibid.* 1964. IV, n° 226, p. 187; 21 juin 1966, *ibid.* 1966. IV, n° 636, p. 530; 20 déc. 1966, *ibid.* 1966. IV, n° 981, p. 821; Cf. Hébraud, obs. *Rev. trim. dr. civ.* 1964. 799; 1966. 146 et s.; 1967. 460), et que cette solution – unité de la chose jugée – nous paraît préférable à une scission, à la condition que toutes garanties d'un jugement véritable du « problème de fond entraînant la compétence » soient réunies.
77. *Supra*, n° 24; Cf. les arrêts cités note 71.
78. Soc. 27 févr. 1958, *Bull. civ.* 1958. IV, n° 314, p. 227.
79. Soc. 24 févr. 1966, *Bull. civ.* 1966. IV, n° 213, p. 181.
80. Conception large ou étroite; v. *supra*, nos 10 et s.
81. Aubry et Rau, *op. cit.*, 6e éd., p. 370, texte et note 188; Planiol, Ripert et Gabolde, *op. cit.*, n° 1559, p. 1029 et les réf.,; Perrot, *Rép. pr. civ.*, v° cit., n° 150 et les réf.

le contraire a également été jugé, et encore très récemment[82]; la divergence s'explique aisément, car on n'arrive pas à déterminer à quelles conditions l'affirmation (ou la négation) d'une qualité possède ou non le caractère d'un « motif-soutien nécessaire ». M. Hébraud[83] a bien essayé de donner un critère en suggérant de limiter la chose jugée à l'identité du « rapport de droit » dans lequel s'insère la qualité litigieuse; mais il nous semble que l'appréciation du caractère « nécessaire », « indispensable » ou « inséparable » du motif au regard du dispositif est d'ordre purement logique, linguistique, intrinsèque, et ne saurait donc changer selon le « cadre » du litige.

27. Il faut enfin relever les variations qu'accuse la jurisprudence quant à l'étendue de l'autorité du jugement ayant statué, soit sur une *prétention fractionnelle* (réclamation du paiement d'une partie de la créance), soit, dans l'hypothèse de *prestations successives*, sur le litige concernant l'une de celles-ci (salaire dû pour une certaine période). Une distinction doit ici être pratiquée selon que le bien – (ou le mal) fondé du principe est *affirmé* dans les motifs ou qu'il est *passé sous silence*. Seul le premier cas intéresse au stade actuel de l'étude, le deuxième se rattachant au problème de la chose implicitement jugée[84].

Quand le principe est-il retenu ou écarté ? Aucune difficulté ne devrait se présenter à cet égard si le motif proclamant, par exemple, la validité du titre a un caractère décisoire, donc peut être isolé du surplus du jugement[85]. Mais le chevauchement commence lorsque le motif figure dans l'ensemble du raisonnement : on rencontre alors des arrêts qui estiment que le jugement concernant une période déterminée ne s'oppose pas à remettre en question, dans un nouveau procès relatif à une autre période, les bases de cette décision[86], mais aussi bien d'autres arrêts admettant, au contraire, que, même affirmées à propos d'une seule période, l'existence ou l'interprétation du titre comme tel doivent être considérées comme définitivement consacrées[87].

Une fois de plus, on ne peut que juxtaposer les solutions : elles ne relèvent pas d'un critère discernable. Lorsque, d'un côté, la deuxième chambre, civile dénie l'autorité de la chose jugée à une décision ayant prononcé, à partir d'une certaine date, la radiation du régime général de la sécurité sociale *en raison du caractère agricole de l'activité*, au motif que seule la période postérieure à la date indiquée avait été en jeu et que le caractère – inchangé – de l'entreprise pouvait être contesté à nouveau pour une période antérieure[88], et lorsqu'à l'inverse la chambre

82. Com. 5 janv. 1966, *Bull. civ.* 1966. III, n° 1, p. 1; Cf. Soc. 7 avr. 1967, *ibid.* 1967. IV, n° 270, p. 225 (absence de qualité de salarié).
83. *Rev. trim. dr. civ.* 1948. 499.
84. *Infra*, n° 28 et s.
85. Req. 3 juill. 1889, D. P. 90. 1. 384.
86. Civ. 10 juill. 1901, D. P. 1901. 1. 550; Civ. 2e, 1er juill. 1955, *ibid.* 1955. II, n° 373, p. 232; 15 nov. 1961, *ibid.* 1961. II, n° 753, p. 528; Soc. 5 janv. 1962, *ibid.* 1962. IV, n° 14, p. 11; Civ. 2e, 22 oct. 1965, *ibid.* 1965. II, n° 783, p. 551; 19 nov. 1965, *ibid.* 1965. II, n° 918, p. 648.
87. Req. 4 nov. 1863, D. P. 64. 1. 38; Civ. 8 févr. 1886, D. P. 87. 1. 22, 2e esp.; Req. 3 mai 1922, S. 1922. 1. 379; Soc. 13 déc. 1957, *Bull. civ.* 1957. IV, n° 1243, p. 888; J C. P. 1958. II. 10468; *Rec. gén. lois* 1958. 179, obs. Boyer; *Gaz. Pal.* 1958. 1. 161; Cf. Civ. 29 janv. 1940, *Gaz. Pal.* 1940. 1. 430, 2e esp. (différentes tranches d'un marché).
88. Civ. 2e, 19 nov. 1965, préc.

sociale reconnaît cette autorité à une décision ayant alloué un rappel de salaires pour une certaine période *en raison de l'appartenance de l'employé à une catégorie* et qu'elle interdit, en conséquence, de classer, dans un nouveau procès relatif à une autre période, l'intéressé dans une catégorie inférieure[89], il est malaisé d'apercevoir le dénominateur commun qui permettrait de concilier ces deux décisions.

Mais la situation est encore plus singulière quand on se penche sur le problème de la chose implicitement jugée.

2° La chose implicitement jugée

28. Que la solution d'un point du litige puisse résulter d'une implication, il n'y a, à cela, rien que de tout naturel : tout raisonnement peut comporter des facteurs implicitement inclus dans ceux qui sont expressément énoncés. Encore faut-il qu'un lien puisse être établi entre les deux éléments : la réflexion logique doit pouvoir procéder à la mise à jour de ce qui peut passer pour avoir été dit virtuellement.

En ce qui concerne la chose jugée, cette opération est doublement délicate; car il faut prendre garde que tout ce qui est *sous-entendu* n'est pas pour autant implicitement jugé; il peut ne s'agir que d'un *préjugé :* c'est précisément là la portée de la célèbre maxime selon laquelle « *l'interlocutoire ne lie pas le juge* »[90].

29. Cette observation fait comprendre la difficulté qu'offrent les jugements dits « mixtes »[91]. La maxime « *l'interlocutoire ne lie pas le juge* » signifie que la position que le jugement avant dire droit laisse apparaître quant au fond (et qui distingue le jugement interlocutoire du jugement préparatoire[92]) peut être remise en question dans la suite de la procédure[93]. Mais la jurisprudence admet, à juste titre, que cette maxime ne peut pas jouer à l'égard des *dispositions définitives* que peut comporter un jugement en apparence interlocutoire et qui lui impriment alors un caractère mixte[94] : sans qu'il y ait lieu de s'appesantir ici sur le régime de cette catégorie de jugements, il convient de souligner que l'autorité de la chose jugée joue à l'égard de ces dispositions[95].

89. Soc. 13 déc. 1957, préc.

90. Req. 3 nov. 1915, D.P. 1918. 1. 60; Civ. 23 déc. 1926, S. 1926. 1. 125; Req. 29 nov. 1932, S. 1933. 1. 71; Cf. Glasson, Tissier et Morel, *op. cit.*, t. 3, n° 734, p. 14 et s.; Perrot, *Rep. pr. civ.*, v° cit., n°s 59 et s., 80.

91. Durry, « Les jugements dits mixtes », *Rev. trim. dr. civ.* 1960. 5 et s.; Meurisse, « Les dispositions définitives et avant faire droit d'un même jugement », *Gaz. Pal.* 1954. 1. Doctr., p. 10.

92. Sur cette distinction, v. Morel, *Traité élém. de procédure civile*, 2e éd., n° 550; Cuche et Vincent, *op. cit.*, n° 353; *Rép. pr. civ.* Dalloz, v° *Jugement avant dire droit*, par J. Petit, n°s 6 et s.; Cf. Y, Lobin, note D. 1967. 242, II.

93. Civ. 28 août 1865, D.P. 65. 1. 352; S. 65. 1. 453 jurispr. constante; v. par ex., Com. 15 oct. 1956, J.C.P. 1956. IV. 157; Cf. Morel, *op. cit.*, n° 552; Cornu et Foyer, *op. cit.*, p. 499; Vizioz, *op. cit.*, p. 272, n° 75.

94. Morel, *op.* et *loc. cit.*; Vizioz, *op. cit.*, p. 271 et s., n°s 74 et s.; Civ. 2e, 19 juill. 1962, *Bull. civ.* 1962. II, n° 608, p. 442; 21 déc. 1964, *ibid.* 1964. II, n° 843, p. 618; D. 1965. Somm. 60.

95. Perrot, *Rép. pr. civ.* Dalloz, v° cit., n°s 65 et s. et les réf.; Vizioz, *loc. cit.* et les réf.; Durry, *op. cit.*; Meurisse, *op. cit.*

Il est donc important – mais difficile – de déterminer quelles sont les énonciations qui méritent d'être considérées comme définitives. Elles peuvent être de trois sortes. La plus simple à découvrir est évidemment la décision *figurant au dispositif* : lorsqu'un arrêt déclare, *dans ce dernier*, « qu'en acceptant de ferrer un cheval, un maréchal-ferrant contracte une obligation de moyen » et lorsqu'il ordonne une expertise, la qualification de l'obligation acquiert l'autorité de la chose jugée[96]. En second lieu vient le *motif décisoire*, qui peut se retrouver en matière de jugements mixtes aussi bien que dans toute autre décision[97] : lorsque la nature des relations juridiques entre les parties est véritablement *fixée* dans les motifs d'un jugement interlocutoire, cette affirmation bénéficie elle aussi de l'autorité de la chose jugée[98]. La dernière catégorie, celle qui se place maintenant au premier plan, est constituée par la solution *implicite*. Elle consiste en un *silence significatif d'où* – on l'a indiqué – *le raisonnement permet de déduire une décision virtuelle.*

Or, l'étude de la jurisprudence amène à constater que celle-ci admet souvent – trop souvent, nous l'ajoutons tout de suite – une solution implicite là où le raisonnement ne conduit *pas* à une telle déduction. C'est là un des points les plus ardus mais aussi les plus importants de la matière ; il faudra y prêter une attention particulière[99]. Pour l'instant, dans la phase descriptive des difficultés actuelles, il importe seulement de montrer que la chose implicitement jugée obéit à deux considérations distinctes : à l'implication réelle s'oppose ce que l'on ne peut pas appeler autrement que l'implication fictive.

a) L'implication réelle

30. L'implication est réelle lorsque l'analyse de la décision autorise la conclusion qu'en tranchant un problème déterminé, la juridiction a nécessairement entendu résoudre un autre, bien que – et c'est le critère sur lequel il faut insister pour la différenciation d'avec le motif décisoire et le motif-soutien nécessaire – *par simple prétérition*. C'est ainsi qu'il paraît tout à fait juste de dire qu'en accordant au locataire commercial le droit à l'indemnité d'éviction, le tribunal juge « implicitement mais nécessairement » que ce locataire est propriétaire du fonds de commerce qu'il exploite dans les lieux[100]. De même, la condamnation au paiement de frais médicaux implique nécessairement l'admission du principe de la garantie[101]. De même encore, une décision ayant fixé l'ancienneté d'un employé et condamné le patron à payer le salaire sur cette base s'oppose nécessairement à la tentative d'obtenir après coup la soustraction de certaines périodes de

96. Civ. 2e, 7 janv. 1956, D. 1956. 214 ; *Bull. civ.* 1956. II, n° 16, p. 10.

97. Cf. *supra*, n° 24.

98. Ch. réun. 19 mai 1965, *Miniconi*, D. 1965. 461, note Laroque ; J. C. P. 1965. II. 14347, note J. A. ; *Bull. civ.* 1965, n° 1, p. 1 ; *Rev. trim. dr. civ.* 1965. 850, obs. Hébraud ; Cf., par ex., Civ. 2e, 3 juin 1955, *Bull. civ.* 1955. II, n° 301, p. 186 ; Civ. 1re, 20 juill. 1955, *ibid.* 1955. II, n° 317, p. 264 ; 4 juill. 1966, *ibid.* 1966. I, n° 401, p. 309. On rappellera que les arrêts ne font pas toujours la distinction entre le motif décisoire, le motif-soutien nécessaire et la solution implicite (Cf. *supra*, n° 24, note 63).

99. *Infra*, nos 32 et s., 37.

100. Com. 5 nov. 1952, *Bull. civ.* 1952. III, n° 338, p. 261.

101. Civ. 1re, 24 mai 1966, D. 1966.483, note R. L.

services[102] : l'implication consiste alors à déduire, de la condamnation fondée sur l'ancienneté, *l'impératif, non exprimé, mais certain, que cette ancienneté doit être traitée comme intégrale.*

Mais parfois, le doute s'insinue dans l'esprit. Lorsqu'un jugement a constaté l'accord des parties sur un point donné, cette décision comporte-t-elle une chose implicitement jugée sur la *validité* de l'accord ? La première chambre civile a répondu affirmativement[103], tandis que la chambre sociale a estimé que la licéité de la convention pouvait être discutée dans un procès subséquent[104].

31. On se trouve là à l'intersection des problèmes : entre l'implication réelle et le préjugé, s'intercale l'implication fictive : la décision n'a rien dit, même implicitement; mais on fait *comme si* le préjugé, c'est-à-dire le *présupposé logique*[105] de la solution, avait la portée d'une décision tacite.

b) L'implication fictive

32. Nous ne pensons pas, pour notre part, que l'idée de l'antécédent ou du présupposé logiques puisse justifier l'admission d'une autorité de la chose jugée. Dans l'exemple qui vient d'être évoqué (la constatation d'un accord vaut ou ne vaut pas affirmation de sa validité), le présupposé (admission de la validité) paraît évident : comment tirer des *conséquences* d'un acte juridique sans affirmer, par là même, qu'il est *de nature à en produire ?* Néanmoins, on l'a vu, la solution demeure controversée. La même considération s'impose dans le cas fréquemment rappelé de l'enfant accepté comme copartageant aux termes d'une première décision et dont la Cour de cassation à permis d'invoquer, dans une nouvelle instance, le caractère adultérin[106] : comment nier que la première décision ait pour « antécédent logique » inéluctable la *qualité de successible* de l'enfant, donc l'absence de son caractère adultérin, et que la théorie de l'autorité conférée à cet antécédent devrait donc aboutir à accorder le bénéfice de la chose implicitement jugée à cette qualité ?

Il nous semble certain qu'en s'en tenant à cette notion de l'élément logiquement nécessaire à la solution[107], la différence entre simple préjugé et chose implicitement jugée s'estompe complètement et que, par suite, *la catégorie des jugements interlocutoires devrait disparaître, parce que, du moment où préjugé et chose implicitement jugée deviennent des synonymes, il ne peut plus y avoir que deux groupes de jugements avant dire droit*[108], à savoir ceux qui ne comportent pas de

102. Soc. 13 avr. 1967, *Bull. civ.* 1967. IV, n° 294, p. 245. Cf. également – implication réelle – Civ. 27 avr. 1864, S. 64. 1. 208; Req. 22 mars 1882, S. 83. 1. 175; 1er févr. 1939, *Rec. Penant* 1940. 1-3, art. 5942, note Vizioz; Cf. *id., op. cit.*, p. 250, n° 56; Civ. 1re, 6 avr. 1965, *Bull. civ.* 1965. I. n° 254, p. 186.

103. 2 Juill. 1963, D. 1964. Somm. 8; *Bull. civ.* 1963. I, n° 360, p. 311.

104. 10 mars 1966, *Bull. civ.* 1966, IV, n° 259, p. 223.

105. C'est Vizioz qui a avancé la notion de « *l'antécédent logique* » afin de donner un critère à la chose implicitement jugée (*Études de procédure*, p. 256, n° 56); Cf. Perrot, *Rép. pr. civ.* Dalloz, v° cit., n° 147; Hébraud, obs. *Rev. trim. dr. civ.* 1956. 177; Cornu, note D. 1961. 243.

106. Civ. 22 nov. 1938, S. 1939. 1. 29; Cf. Perrot, *op. cit.*, n° 150; Hébraud, obs. *Rev. trim. dr. civ.* 1948. 500.

107. M. Cornu (*loc. cit.*) parle, d'une manière beaucoup plus Juste, des éléments nécessaires *du raisonnement.*

108. Les jugements *provisoires* mis à part.

préjugé et qui sont donc *préparatoires*, et ceux qui comportent un présupposé logique et qui sont donc, *non pas interlocutoires, mais bien toujours mixtes*[109].

33. Que la jurisprudence se lance dans cette voie, du moins dans certaines matières, c'est ce qui n'est pas douteux.

Le terrain d'élection de cette manière de concevoir les choses est celui de la *compétence*. Dans toute une série d'arrêts, la Cour de cassation a déclaré qu'en ordonnant une mesure d'instruction ou en statuant sur le fond, une juridiction retient « implicitement mais nécessairement » sa compétence, en sorte qu'il est interdit de contester celle-ci, fût-elle d'ordre public, dans la procédure nouvelle ou dans celle s'ouvrant à la suite de la mesure d'instruction[110]. Le fond fixe donc la compétence *même si la décision ne souffle mot de cette dernière*. Il y a là un exemple topique de l'incidence reconnue à la simple *prétérition*, situation, il faut y insister[111], qu'il est indispensable de distinguer nettement de celle où l'on peut déceler, dans le jugement antérieur, un motif décisoire ou un motif-soutien nécessaire.

D'autres exemples se rencontrent dans la jurisprudence. Il en est ainsi notamment des rapports entre le jugement d'instruction ou de fond et *la recevabilité* de la demande : la Cour suprême a admis que, du seul fait qu'il ordonnait une expertise, un tribunal décidait « *implicitement mais nécessairement... que l'action dont il était saisi était recevable* »[112], et de même qu'une cour d'appel qui confirme le jugement à elle déféré reconnaissait « *implicitement la recevabilité de l'appel* », insusceptible d'être remise en question par la suite[113].

34. Mais les arrêts ne vont pas toujours aussi loin. On a pu voir un « frein » à l'évolution[114] dans l'un des arrêts des chambres réunies en date du 19 mai 1965[115] : la Cour suprême y refuse, en effet, de trouver, dans une décision interlocutoire ordonnant une mesure d'instruction « à deux branches » (à savoir une expertise destinée à rechercher si un fermier sortant pouvait réclamer le règlement des arrières-fumures « *soit parce qu'il les avait payées lui-même..., soit parce qu'il avait pris une ferme à l'abandon* »), l'exclusion implicite de tout autre moyen de preuve (en l'occurrence celle de l'existence d'une convention expresse et d'usages

109. Contre cette transformation des Jugements interlocutoires en jugements mixtes, v. Hébraud, obs. *Rev. trim. dr. civ.* 1956. 178; Durry, *op. cit.*

110. Civ. 15 nov. 1904, S. 1907. 1. 397, *ad notam*, Civ. 12 juin 1907, S. 1907. 1. 397; Civ. 1re; 28 janv. 1953, D. 1953. 222; *Rev. trim. dr. civ.* 1953. 373, obs. Hébraud; Soc. 15 juill. 1953, *Bull. civ.* 1953. IV, n° 569, p. 408; 30 avr. 1954, D. 1954. 592; *Bull. civ.* 1954. IV, n° 277, p. 210; Civ. 1re, 14 juin 1957, *ibid.* 1957. I, n° 263, p. 213; 13 nov. 1957, *ibid.* 1957. I, n° 432, p. 349; 5 mars 1963, D. 1963, 313, note Lindon; J. C. P. 1963. II. 13454, note Pépy (où la condamnation, dans une première instance en responsabilité, du médecin d'un hôpital a été considérée comme s'opposant *ipso facto* à l'exception d'incompétence tirée, lors du procès concernant l'aggravation de l'état du malade, du caractère administratif du litige). Cf. également, Paris, 18 mars 1955, D. 1955. 620; Trib. civ. Saint-Mihiel, 12 juill. 1955, J. C. P. 1955. II. 8879, note Meurisse; *Rev. trim. dr. civ.* 1955. 704, obs. Hébraud.

111. *Supra*, nos 24, 25 et s.

112. Civ. 2e, 19 juill. 1962, *Bull. civ.* 1962. II, n° 609, p. 443.

113. Com. 3 juill. 1962, *Bull. civ.* 1962. III, n° 386, p. 278.

114. Hébraud, obs. *Rev. trim. dr. civ.* 1965. 852.

115. *Maerten*, D. 1965. 485, note P. P.; *Bull. civ.* 1965, n° 2, p. 2. L'arrêt *Miniconi*, rendu le même jour, se rapporte, malgré l'emploi des termes « implicitement mais nécessairement », à un jugement interlocutoire comportant un motif décisoire (Cf. *supra*, n° 24, note 63 et 66).

locaux). Il est pourtant difficilement niable que la recherche prescrite aux experts et dont la formulation liait clairement le droit au remboursement à une alternative (« *soit parce que..., soit parce que...* ») avait pour « antécédent logique » la subordination du droit litigieux à la preuve de l'une des deux éventualités énoncées.

L'arrêt – que nous approuvons volontiers – montre à notre avis que l'implication fictive est à son tour un outil à maniement trop incertain pour que son utilisation puisse être recommandée.

Il faut donc se mettre à la recherche de critères plus sûrs.

II. Suggestions en vue d'une délimitation future

35. Les critères à retenir sont d'ores et déjà perceptibles : il suffirait de leur assurer la prédominance sur le principe trop flou des trois identités. Mais ils sont insuffisants à satisfaire au légitime désir de la jurisprudence tendant à éviter un foisonnement des procédures, qui serait inéluctable avec une conception précise mais restreinte de l'autorité de la chose jugée. Il semble donc opportun d'apporter aux *critères de base* un certain nombre de *tempéraments*, qui doivent répondre à une double exigence : ils doivent être de nature à faire échec aux manœuvres dilatoires, et ils doivent être d'une précision suffisante pour permettre aux plaideurs d'évaluer le risque de se voir opposer la fin de non-recevoir de la chose jugée.

A. Les critères de base

36. Nous croyons avoir montré la nécessité de renoncer à l'utilisation de la règle de la triple identité : en dépit de son caractère vénérable et de l'élégance de sa structure, elle est trop décevante pour assurer ce qui est un des postulats d'une bonne justice, à savoir *la prévisibilité des résultats*. En ce qui concerne *l'objet*, on a vu que la confusion est permanente entre l'objet *de la demande* et celui *du jugement rendu en premier lieu;* pour ce qui est de la notion de la *cause*, elle est sujette à cette même confusion; de plus, elle est insaisissable, puisque tributaire de deux conceptions opposées, parmi lesquelles le choix ne peut pas s'exercer à partir de bases rationnelles[116]. Par ailleurs, ni l'étendue de l'autorité susceptible d'être reconnue aux *motifs* de la décision, ni la signification du silence au regard de l'idée d'une *chose implicitement jugée* ne peuvent être déterminées avec tant soit peu de certitude.

37. La recherche doit donc remonter aux données élémentaires du problème. L'autorité de la chose jugée ne peut s'opposer au nouveau procès que si, dans ce dernier, il s'agit de « *eadem quaestio* »[117]. C'est à juste titre que Vizioz a insisté sur la « *question litigieuse* »[118]. Cette notion, certes, est à son tour imprécise[119]; mais

116. *Supra*, n°s 10 et s.
117. *Supra*, n° 2, texte et note 3.
118. *Études de procédure*, p. 253, n° 56; p. 258, n° 58.
119. *Études de procédure*, préc., p. 272, n° 74; Hébraud, obs. *Rev. trim. dr. civ.* 1948. 500.

un grand principe permet de la circonscrire : c'est celui qui constitue à nos yeux la base de toute justice et qui est le principe du *respect dû aux droits de la défense*[120]. La question litigieuse, au regard de la chose jugée, c'est *tout point qui a été contradictoirement débattu*[121] devant le juge. Il faut en second lieu que ce point ait été *véritablement tranché* par ce dernier. *Contestation et solution :* tels sont donc les facteurs nécessaires et suffisants[122] ; tels sont les seuls critères sûrs.

Il faut ajouter que cette double exigence n'exclut pas la possibilité d'une solution *implicite*[123] ; mais ce qu'il y a lieu de souligner, c'est qu'il doit s'agir d'une implication *réelle*[124] ; l'implication *fictive*, elle, doit être bannie : c'est même là un des résultats essentiels de l'utilisation du double critère.

38. Lorsqu'on examine la pratique jurisprudentielle au regard de ce dernier, on relève deux positions.

Une fraction importante de la jurisprudence consacre le double critère, en exigeant que le point revêtu de l'autorité de la chose jugée ait été spécialement discuté et tranché par le tribunal[125]. L'arrêt du 2 juillet 1958 précise notamment « *que le dispositif d'un jugement ne peut revêtir l'autorité de la chose jugée que si les parties ont conclu sur la question qu'il a tranchée et si cette question a été spécialement contestée* » ; et celui du 24 janvier 1966 proclame, quant à lui, que « *l'autorité de la chose jugée ne s'étend pas aux affirmations du juge sur un point qui n'a pas été contesté dans les conclusions des parties* ». Cette dernière décision est particulièrement remarquable ; car elle permet de s'en prendre, dans un second procès, à la validité d'une convention bien que cette validité eût été implicitement admise dans l'instance antérieure : c'est bien sur la seule absence d'un *débat* que se fonde la Cour suprême pour écarter l'autorité de la chose jugée.

Mais à ces arrêts, « orthodoxes » à notre avis, s'oppose toute une série de décisions faisant bon marché de l'exigence d'une contestation, voire de celle d'une solution véritable.

C'est ainsi qu'un arrêt du 3 juin 1955[126] a reconnu l'autorité de la chose jugée à un point du litige tranché par le tribunal mais qui « *n'était pas expressément soumis* » à ce dernier, et que le problème de la qualification d'une convention a été considéré comme « nécessairement » soumis « à l'appréciation du tribunal » « *par la nature même du litige* » (ce qui signifie : en l'absence de toutes conclusions

120. V., pour ce principe, les références données dans notre étude antérieure (D. 1964. Chron., p. 238, note 33).

121. Comme toujours, il faut englober dans le débat contradictoire la contradiction virtuelle que suppose le jugement par défaut.

122. Vizioz, *loc. cit.* ; Hébraud, obs. préc. et *Rev. trim. dr. civ.* 1955. 703 ; 1956. 177 et 585 ; 1957. 568 ; 1963. 141 ; Aubry et Rau, *op. cit.*, t. 12, 6e éd., § 769, p. 360 ; Perrot, *Rép. pr. civ. Dalloz*, v° cit., n° 83 et note J. C. P. 1953. II. 7636, I, 8 ; Foyer, *op. cit.*, p. 316 et s., 320.

123. Vizioz, *op. cit.*, p. 255 ; Foyer, *loc. cit.*

124. *Supra*, n° 30.

125. Civ. 5 nov. 1890, D. P. 91. 1. 149 ; S. 92. 1. 556 ; Req. 1er juill. 1930, S. 1930. 1. 351 ; Civ. 22 nov. 1938, S. 1939. 1, 29 ; 27 janv. 1942, D. A. 1942. 107 ; 19 janv. 1949, *Bull. civ.* 1949. I, n° 23, p. 16 ; Civ. 1re, 2 juill. 1958, *ibid.* 1958. I, n° 352, p. 284 ; Soc. 11 mars 1964, *Bull. civ.* 1964. IV, n° 226, p. 187 ; Com. 24 janv. 1966, *ibid.* 1966. III, n° 46, p. 39 ; Soc. 10 mars 1966, *ibid.* 1966. IV, n° 259, p. 223.

126. *Bull. civ.* 1955. II, n° 301, p. 186.

débattant la question)[127]. Il convient de ranger dans la même catégorie les arrêts ayant consacré l'implication fictive[128] : c'est à eux que nous songeons en disant que même le critère d'un « point tranché » fait parfois défaut; car, encore une fois, *admettre que la décision ordonnant une expertise statue* ipso facto *sur la recevabilité de la demande revient à confondre jugement et préjugé.*

En tout cas, l'absence de toute discussion préalable entache, à nos yeux, ce genre de décision d'atteinte aux droits de la défense : à partir des critères de base à retenir, *l'autorité de la chose jugée doit, en principe, être refusée aux « présupposés logiques » du jugement lorsqu'ils n'ont pas fait l'objet d'un débat*[129].

Il serait donc souhaitable que l'exigence du double critère soit une bonne fois affirmée par un texte et qu'elle vienne remplacer celle des trois identités.

39. Mais une objection vient à l'esprit : l'extension actuellement donnée à la chose jugée procède, on l'a dit, en grande partie du désir de couper court à des contestations tardives. Ce désir est assurément légitime; il n'empêche que les résultats auxquels aboutit une partie de la jurisprudence heurtent de front les principes généraux de la procédure; et c'est si fâcheux qu'une solution satisfaisante ne paraît pas praticable en l'état actuel des choses.

Elle ne peut pas résider dans une négation hasardeuse d'un double critère qui s'impose : il faut donc la rechercher dans la création d'un système d'aménagement.

B. Les tempéraments à apporter aux critères de base

40. Il s'agit de trouver un équilibre entre le respect des principes et les impératifs pratiques : nous ne croyons pas, pour notre part, qu'il soit possible d'y parvenir sans modifier, ici encore, les dispositions légales mêmes qui régissent l'autorité de la chose jugée. Puisqu'il est hérétique d'étendre, sans texte, la chose jugée à des facteurs non débattus, et puisqu'il est indispensable de contenir la tentation de se servir du principe du contradictoire pour refaire impunément le même procès, il faudrait, nous semble-t-il, consacrer franchement une série d'exceptions, à la fois précises et souples, aux principes qui viennent d'être préconisés.

Les règles à élaborer à cet égard au vu des préoccupations jurisprudentielles devraient avoir à leur base deux idées : celle d'une *forclusion substantielle*, découlant d'une concentration de la matière litigieuse, et celle d'une *forclusion procédurale*, consécutive au seul déroulement de la procédure. Les deux notions ne sont peut-être pas à traiter exactement de la même manière; mais dans les deux cas, il semble que, le système ne pouvant en lui-même tenir compte des circonstances de chaque espèce, il y ait lieu de prévoir des « soupapes » afin de donner au juge la possibilité d'adapter la solution à ces circonstances.

127. Civ. 2e, 7 janv. 1956, D. 1956.214; *Rev. trim. dr. civ.* 1956.585, obs. Hébraud.
128. *Supra*, nos 32 et s.
129. Contre l'extension de la chose jugée à l'implication fictive ne correspondant à aucun débat, v. également Hébraud, obs. *Rev. trim. dr. civ.* 1953.376; 1963.141. – Durry, *op. cit.* (*supra*, note 89).

1° La forclusion substantielle

41. Nous avons vu[130] que la distinction entre la conception étroite et la conception large de la notion de cause a abouti à de graves incertitudes, et qu'il en est de même de la solution jurisprudentielle qui consiste à classer les problèmes dans des « catégories à composantes interchangeables »[131] : comment justifier que la jurisprudence nie un jour et admette un autre que l'autorité de la chose jugée sur l'un des cas d'ouverture de la recherche en paternité naturelle s'étende automatiquement à tous les autres[132]; qu'elle interdise la reprise d'un procès pour un vice du consentement autre que celui qui a déjà été écarté[133], mais permette cette reprise lorsque la demande en nullité pour vice du consentement succède à une autre, ayant invoqué un vice de forme[134] ?

42. Il n'y a, à nos yeux, que trois solutions rationnelles à ces difficultés.

a) Ou bien, le législateur croit être en mesure de donner une *énumération* satisfaisante des catégories de procès dans lesquelles on peut et doit consacrer une véritable « *charge de concentrer la matière litigieuse* »; et, dans ce cas, une disposition spéciale doit, dans les matières choisies, attacher à l'introduction de la demande une *présomption irréfragable d'intégralité :* il faut dire clairement que, dans telle ou telle catégorie, l'introduction d'une demande fondée sur un élément faisant partie de la catégorie (par exemple, un vice du consentement) est censée avoir déduit en justice tous les autres qui sont inclus dans la même catégorie. Une telle énumération serait alors limitative et contraignante pour le juge. Le procédé n'est pas inconnu du droit positif : en matière prud'homale, « *toutes les demandes dérivant du contrat de travail entre les mêmes parties doivent faire l'objet d'une seule instance, à peine d'être déclarées irrecevables* »[135].

Mais cette « *charge de la concentration* » ne peut, sans injustice, être absolue. Il faut en exempter le cas – également prévu, à l'heure actuelle, pour la procédure prud'homale[136] – où la partie intéressée établit que les circonstances servant de fondement à la demande nouvelle n'étaient pas nées ou n'avaient, sans faute de sa part, pu être invoquées par elle lors de la première instance.

Cette solution supprimerait des querelles comme celle de savoir si, après élimination d'un premier cas d'ouverture de recherche de paternité, un procès fondé sur un autre cas est possible ou non[137] : la négative serait certaine, sauf si l'une des hypothèses d'exemption pouvait être retenue. D'autre part – à supposer que l'on maintienne une catégorie « vices de forme » –, la situation actuelle[138] serait assouplie; car le rejet d'une première demande en nullité n'empêcherait plus nécessairement une autre demande fondée sur un vice du même ordre, cette conséquence pouvant être écartée dans un cas d'exemption.

130. *Supra*, n°s 10 et s.
131. *Supra*, n° 17 et s.
132. *Supra*, n° 16.
133. *Supra*, n° 18.
134. *Supra*, n° 19.
135. Art. 86 du décret n° 58-1292 du 22 déc. 1958.
136. Même article.
137. *Supra*, n° 16 et les références, notes 43 et 44.
138. *Supra*, n° 18.

43. *b*) Dans un second système, on renoncerait au classement en catégories. Le double critère du débat et de la solution jouerait donc dans tous les cas; mais la « charge de la concentration » apparaîtrait indirectement dans la faculté pour le tribunal de décider que si effectivement le facteur invoqué dans la seconde instance n'avait pas été discuté ni tranché dans la première, il aurait *pu et dû* être soulevé; qu'il ne l'a pas été *dans un but dilatoire ou du moins par suite d'une négligence grave de la partie intéressée*, et que, par conséquent, il doit être réputé avoir fait partie de la matière litigieuse de la première procédure.

Cette manière de concevoir les choses permettrait d'abord de « panacher » les catégories. Pourquoi limiter la charge de la concentration à l'appartenance à une même catégorie ? Si, en matière de nullité de surenchère, seule l'absence d'une formalité a été invoquée, il doit être possible d'admettre qu'il y a chose jugée à l'égard d'une nouvelle demande en annulation pour insolvabilité du surenchérisseur[139], dès lors que l'abstention du demandeur de faire état de cette cause de nullité a été gravement fautive. Il serait ensuite possible, par ce moyen, de conférer ou de dénier à bon escient l'autorité de la chose jugée à « l'antécédent logique » non débattu, élément dont on a vu le caractère critiquable et en plus difficilement utilisable en l'état actuel des choses[140] : *la constatation d'un accord ne comporte, en principe, chose jugée sur sa validité que si celle-ci a fait l'objet d'une discussion*[141] ; *mais l'abstention volontaire ou la négligence grave de la partie niant cette validité dans un second procès doit permettre de lui refuser le droit de bouleverser après coup une situation qui n'a pu se créer qu'en raison de sa défaillance*, voire même d'un attentisme calculé…

44. *c*) Pour mettre les parties en garde et augmenter la prévisibilité de la solution, on pourrait envisager – et c'est là la troisième éventualité – de combiner les deux systèmes qui viennent d'être évoqués. Une « liste » indiquerait les situations les plus fréquentes où la concentration apparaît comme *a priori* souhaitable; mais une clause générale investirait le tribunal du pouvoir d'utiliser partout l'extension de la chose jugée comme une sanction de la charge de la concentration. Nous ne pouvons qu'amorcer l'idée : l'établissement de la « liste » mériterait à lui seul une étude à laquelle il est impossible de se livrer ici.

2° *La forclusion procédurale*

45. Ainsi qu'on l'a indiqué, la « charge de la concentration » – qui est actuellement prétorienne et imprécise et que nous souhaiterions voir devenir légale et acquérir des contours plus fermes – entraîne une forclusion d'ordre *substantiel* : elle se rattache, d'une manière plus ou moins convaincante, à la notion de cause et découle en tout cas d'une organisation de la matière litigieuse.

Mais, dans le domaine de la « chose implicitement jugée », il y a, sous-jacente à la jurisprudence actuelle, une autre forclusion, d'ordre *procédural*. Elle se rencontre surtout en matière *d'implication fictive*[142] : décider que, dès qu'un

139. *Supra*, n° 19, texte et note 48.
140. *Supra*, n°s 30, 31, 32.
141. V. les décisions divergentes *supra*, notes 101 et 102.
142. *Supra*, n°s 32 et s.

jugement a ordonné une mesure d'instruction ou a statué au fond, *la compétence* de la juridiction et la *recevabilité de la demande* ont été affirmées avec autorité de la chose jugée, et ce, *en l'absence de tout débat et même de toute énonciation* dans le jugement considéré[143], c'est, on ne saurait le nier, prononcer, purement et simplement, une forclusion consécutive au stade auquel la procédure est arrivée[144].

46. Nous estimons, dans ces conditions, conformément à la position de principe que nous avons adoptée, qu'à tant faire que de se résigner à faire découler une forclusion d'une simple prétérition, il vaut mieux que la situation soit également *précisée* à cet égard et que cette forclusion, actuellement choquante parce que sans texte, reçoive une consécration législative. Celle-ci pourrait prescrire que *toute décision interlocutoire ou de fond couvre de son autorité les contestations qui auraient pu être élevées quant à la compétence de la juridiction saisie, quant à la recevabilité de la demande et – peut-être – quant aux nullités de la procédure antérieure à la décision* (dans la mesure, bien entendu, où celles-ci ne seraient pas déjà couvertes par les conclusions).

47. – Mais ici encore, une « soupape » – actuellement inexistante – paraît nécessaire.

Certes, nous ne croirions pas opportun d'ajouter, comme en matière de forclusion substantielle, à l'énumération, une clause générale procédant d'une idée de faute. Les forclusions procédurales doivent être connues d'avance ; et l'implication fictive est si difficile à déceler (nous dirions : à deviner) ici qu'il vaudrait mieux s'en tenir aux deux ou trois hypothèses qui viennent d'être indiquées. Il ne faut pas oublier d'ailleurs que toute menace de voir admettre une chose implicitement jugée a comme contrepartie la multiplication des *recours* « préventifs » contre la décision implicite, supputée par surcroît de précaution[145] ; or, si l'on peut exiger des parties de présenter, d'une manière complète, la matière de leur litige, il semble excessif d'attendre d'elles qu'elles prévoient tous les prolongements possibles de la situation procédurale.

En revanche, *l'automatisme* de la forclusion heurte le sens de l'équité. Cette forclusion a pour objectif de prévenir des exceptions et fins de non-recevoir tardives au regard du stade de la procédure (il est normal d'interdire d'attendre l'achèvement de la mesure d'instruction pour soulever l'incompétence du tribunal) ; mais le fait même qu'il s'agit d'une sanction commande un assouplissement dans le cas où celle-ci est imméritée. C'est pourquoi il paraîtrait souhaitable de transposer ici la réserve déjà préconisée à propos de la forclusion substantielle et qui consiste à relever dans certains cas la partie intéressée de la forclusion[146]. Seulement, une telle mesure de clémence n'a de sens ni pour l'incompétence, ni pour les nullités, puisque, dans les deux domaines, la vigilance suffit pour dicter une réaction : on proposerait donc de limiter l'assouplissement aux *fins de non-recevoir* et de prévoir, en conséquence, que la forclusion ne jouera pas si « la partie intéressée établit que les circonstances servant de fondement à la

143. N° 33.

144. Dans le même sens, Hébraud, obs. *Rev. trim. dr. civ.* 1953. 375 ; Durry, *op. cit.* (note 89), p. 18.

145. Hébaud, obs. *Rev. trim. dr. civ.* 1956. 178.

146. *Supra*, n° 42.

fin de non-recevoir n'étaient pas nées ou n'ont, sans faute de sa part, pu être invoquées par elle avant le jugement ».

*
* *

48. On peut résumer en quelques propositions les enseignements des réflexions qui précèdent.

La formule classique des trois identités s'est, à l'usage, « révélée pleine d'embûches et d'obscurités »[147] et, par là même, impropre à permettre une délimitation précise de l'autorité de la chose jugée : le rapprochement entre l'objet et la cause des deux demandes en présence ne pouvait pas aboutir à des résultats satisfaisants, parce que les notions sont vagues et ambiguës et parce que le caractère controversé, fluctuant et surtout changeant en droit prétorien de celle de cause (conception générale ou spéciale ?) rend impossible toute certitude dans le pronostic; l'utilisation de la règle a, par ailleurs, été faussée par la confusion persistante entre le contenu de la première *demande* et celui – qui importe seul – du *jugement* qui a statué sur elle.

Il a, de surcroît, été impossible de trouver des critères assez nets pour distinguer le *motif décisoire* du *motif-soutien nécessaire du dispositif*, comme il a été impossible de distinguer les deux de la notion de *chose implicitement jugée*, et le tout des *« antécédents » ou « présupposés » logiques* de la solution ou du raisonnement. Les deux dernières idées offrent d'autant plus d'inconvénients qu'elles tendent à supprimer la catégorie pourtant utile des jugements interlocutoires, exposée à être remplacée totalement par celle des jugements *mixtes*, et que cette évolution est choquante, parce que les *droits de la défense* sont méconnus et que les plaideurs sont dans l'incapacité de prévoir, dans un cas donné, si l'autorité de la décision précédente ne sera pas étendue à des facteurs qui n'ont pas été soumis au premier juge et qui n'ont même pas été envisagés par lui.

C'est pourquoi il semble souhaitable de « remodeler » l'institution de manière à la rendre moins divinatoire, à restituer la primauté qui lui appartient au grand principe du respect dû aux droits de la défense et à concilier la nécessité de couper court aux manœuvres dilatoires avec le droit des plaideurs à voir examiner par le juge l'intégralité des prétentions qui les opposent.

Il ne faut pas oublier, en effet, que l'institution de l'autorité de la chose jugée, socialement indispensable pour éviter que les procès s'éternisent, n'en est pas moins entachée d'un vice congénital : elle fait triompher la valeur de Sécurité sur la valeur de Justice. Le moins que l'on doive exiger d'elle est donc la certitude, et celle-ci postule le devoir d'informer, aussi clairement que possible, les parties des conditions auxquelles un nouvel accès au prétoire est subordonné.

Pour toutes ces raisons, il serait opportun, à notre avis, de préciser que l'interdiction de retourner devant le juge est, en principe, limitée aux facteurs qui ont été *débattus* devant le tribunal et *tranchés* par lui – ce qui n'exclut d'ailleurs pas, quant à la seconde de ces conditions, qu'une décision puisse comporter une « implication réelle »[148] –, mais de créer en même temps des *forclusions* comportant

147. Vizioz, *op. cit.*, p. 251, n° 56.
148. *Supra*, n°s 30 et 37.

à la fois une « charge », générale ou spéciale, de « concentrer » la matière litigieuse[149] et une élimination par prétérition de certains éléments procéduraux[150], étant entendu que le pouvoir demeure réservé au juge de relever les parties de ces forclusions dans les conditions que nous avons cru pouvoir définir.

La situation présente justifie-t-elle la consécration de ces suggestions par le droit positif ? Nous le pensons ; et nous avons, en tout cas, voulu ouvrir le débat à ce sujet.

149. *Supra*, n°s 41 et s.
150. *Supra*, n°s 45 et s.

LA MORT DES ATTENDUS ?

1968

Adolphe Touffait

Procureur général près la Cour de cassation

Louis Mallet

Président de chambre à la Cour d'appel de Paris

« La mort des attendus », « Révolution au Palais de Justice », « Contre le jargon juridique »... : c'est ainsi que la presse a salué deux arrêts rendus le 14 février 1968 par la première chambre de la cour d'appel de Paris, qui, rompant avec la présentation traditionnelle de ses décisions, adoptait le style direct pour l'exposé préliminaire de l'objet de la demande et des moyens des parties, et ne reprenait les considérants que pour la discussion proprement dite de la cour.

Dans le monde judiciaire, cette tentative expérimentale n'a pas manqué d'éveiller le bienveillant intérêt de certains, et de susciter les critiques, souvent passionnées, de beaucoup.

Il n'est guère possible de se faire sur elle une opinion éclairée sans analyser d'abord les raisons qui ont poussé la première chambre de la cour de Paris à modifier la disposition habituelle de ses arrêts (I) et sans préciser ensuite en quoi consiste exactement la présentation suggérée (II). L'examen des objections qui lui sont adressées permettra enfin d'apprécier si cette méthode doit être écartée, ou si, au contraire, ses avantages se révélant supérieurs à ses inconvénients, les recherches doivent être poursuivies dans la voie ainsi frayée (III).

I. Pourquoi une présentation nouvelle ?

Magistrats, avocats, avoués, huissiers, congrès et colloques juridiques proclament à l'envi que les plaideurs se détournent des prétoires, recherchent des moyens parallèles pour régler leurs différends, et préfèrent notamment transiger ou recourir à l'arbitrage. Et l'on trouve à cette fuite de nombreuses causes, dont la publicité des audiences, le terme incertain du procès, la rigidité de la procédure, la cherté, la lenteur et l'archaïsme de la justice française (v. à ce sujet les rapports du colloque organisé en mai 1965 par l'Association de la magistrature sur « la Justice dans le monde moderne »). Et l'on sollicite l'intervention du législateur pour une réforme de la procédure et de l'organisation des professions judiciaires. Depuis plusieurs années se multiplient ainsi les commissions et groupes de travail chargés d'élaborer les textes d'où doit surgir une Justice peu coûteuse, rapide, rajeunie, et adaptée aux besoins du siècle.

N'est-il pas cependant des domaines où, quels que soient les lois et règlements en vigueur, une simple modification des usages peut apporter le renouvellement nécessaire ? Tel est, parmi beaucoup d'autres, le cas de la présentation et du langage des actes judiciaires.

> « Depuis longtemps des plaintes se sont élevées au sujet de la difficulté qu'éprouvent les plaideurs pour comprendre le sens et la portée des actes de procédure qui leur sont remis.
> « Cette difficulté tient tant à l'écriture défectueuse trop souvent employée dans ces actes et au peu de clarté de leur disposition matérielle, qu'à l'emploi de termes archaïques et à l'absence de tout commentaire pouvant guider le justiciable peu au courant des choses de la procédure.
> « Lorsque, avec beaucoup de peine et de temps, le plaideur qui a reçu un acte judiciaire est parvenu à le déchiffrer, lorsqu'il a réussi à faire le départ entre ses parties essentielles et ses parties accessoires, il se heurte à des formules surannées, à des expressions qui ont cessé depuis longtemps d'être en usage dans le langage courant et dont il ne peut pénétrer la signification. Arrive-t-il, à force de soins, à saisir le sens des mots, il n'est nullement renseigné sur la portée du document et ne sait ni ce qu'on attend de lui, ni ce dont il est menacé. »

C'est par ces phrases que, le 29 février 1908, le garde des Sceaux Aristide Briand commençait une circulaire faisant connaître aux chefs de cour les nouveaux modèles proposés pour les actes d'huissier les plus usuels.

Soixante ans ont passé et cette instruction pourrait être reprise aujourd'hui dans son ensemble, la recommandation de l'emploi de la machine à écrire étant simplement remplacée par celle de l'utilisation des appareils à photocopier.

Le 16 septembre 1959, dans le discours de rentrée qu'il prononçait à la cour d'appel de Paris, M. le procureur général Aydalot, en même temps qu'il invitait ses collègues à se mêler à la vie de la cité, relevait, dans le tableau offert au plaideur par la Justice, « l'ésotérisme du vocabulaire, qui n'a pourtant besoin d'aucun artifice lorsqu'il est logique et clair ».

Dans son « Style des jugements », M. le premier président Mimin écrit : « L'hermétisme a pu aider au succès de quelques œuvres poétiques ; on admettra difficilement qu'un document judiciaire garde, en une ou plusieurs parties, un sens inintelligible ».

Plus récemment encore, et à plusieurs reprises, la Chancellerie appelait l'attention des présidents des associations et chambres nationales des compagnies judiciaires sur « l'intérêt qui s'attacherait à ce que les actes destinés aux plaideurs soient toujours rédigés et présentés de façon à être compris par le plus grand nombre,… le public (étant), bien souvent, désorienté par les formules archaïques et ésotériques trop fréquemment employées… ».

Répondant à ces appels, les compagnies judiciaires se sont mises à la besogne, et l'on souhaite que les fruits de leurs travaux voient prochainement le jour.

Si les actes des huissiers et des avoués doivent offrir aux plaideurs la plus grande clarté, ne doit-il pas en être, *a fortiori*, de même pour l'acte final vers lequel tendent tous les actes de procédure antérieurs, à savoir la décision judiciaire ? Et les magistrats ne doivent-ils pas être les premiers à donner l'exemple ?

Il est légitime qu'un plaideur désire comprendre les raisons pour lesquelles le jugement rendu dans « son » affaire le condamne ou lui donne gain de cause. La justice n'est faite ni pour les juges, ni pour ses auxiliaires. *Service public*, – et l'un des plus nobles qui soient –, *la Justice est*, selon la formule employée par M. le conseiller Le Roux, dans son discours de rentrée de 1962 à la cour d'appel d'Orléans, consacré au langage judiciaire, *au service du public*.

De ce postulat découle la conséquence immédiate que la *forme* de la décision judiciaire doit faciliter au maximum la compréhension de celle-ci par ceux qui, pour la protection de leurs personnes ou de leurs biens, ont demandé à la justice de trancher leurs différends.

S'il n'en était pas ainsi, l'œuvre de justice ne serait plus que « jeux savants, subtils et distrayants d'initiés, d'esthètes ou de mandarins » (Le Roux), et, tel le héros de Kafka, le plaideur, perdu dans ce qui lui paraîtrait un impénétrable maquis, n'aurait plus qu'à subir, sans en saisir le pourquoi, l'issue, favorable ou non, de son Procès.

Sans doute les juges resteront-ils contraints d'employer les termes juridiques techniques, et le justiciable, quelle que soit sa culture générale, ne comprendra-t-il que rarement le sens exact de mots tels que novation, subrogation, antichrèse, envoi en possession, intervention forcée, appel provoqué... Autrement dit, bien que, dans les affaires les plus courantes, divorces, accidents de la circulation..., ce risque soit faible, il arrivera souvent que le plaideur ne pourra suivre dans sa totalité le raisonnement du juge. N'est-ce pas là précisément un motif supplémentaire pour que la forme de la décision soit la plus claire possible ?

Tel est l'état d'esprit qui anime depuis plusieurs années certains magistrats de la cour d'appel de Paris, et telle est la raison fondamentale qui les a conduits à donner, le 14 février 1968, à deux arrêts, une disposition qu'ils estimaient à la fois plus claire pour les justiciables et d'une rigueur tout aussi satisfaisante pour le juriste.

La seconde raison, davantage inspirée des circonstances, qui les a guidés vers cette solution, est l'application, à plus ou moins brève échéance, dans le ressort de la cour de Paris, des dispositions du décret du 13 oct. 1965 relatif à la mise en état des causes, modifié par le décret du 7 déc. 1967. L'introduction de ce nouveau régime dans une cour d'appel aussi importante risquerait de provoquer de sérieuses perturbations si elle n'était précédée de mesures adoptées longtemps à l'avance.

Les circulaires de la Première présidence de cette cour, des 10 juill. 1963 et 16 sept. 1964, concernant le nouveau mode d'expédition des affaires, leur placement dans les chambres, leur appel à l'audience, leur fixation, ont marqué un premier pas dans cette préparation. La nouvelle présentation des arrêts pourrait en être un second.

L'article 81-6 du code de procédure civile, tel que rédigé selon les décrets précités, prévoit, en effet, que le juge rapporteur établit un rapport écrit qu'il présente à l'audience avant les plaidoiries et dans lequel il expose l'objet de la demande et les moyens des parties, en précisant, s'il y a lieu, suivant les difficultés du litige, les questions de fait et de droit soulevées par celui-ci ainsi que les éléments propres à éclairer les débats.

Si l'on rapproche ce texte de l'article 141 du code de procédure civile, selon lequel tout jugement contient « l'objet de la demande, l'exposition des moyens, les motifs et le dispositif », on ne peut qu'être frappé de la similitude du contenu du rapport et de la première partie de la décision : objet de la demande, moyens des parties.

Pourquoi, alors, ne pas faire l'économie d'une rédaction et ne pas introduire au début du jugement le rapport même du conseiller rapporteur ?

N'est-ce pas, du reste, la voie ouverte par le législateur lui-même qui, dans sa circulaire relative à l'application de la réforme du 22 déc. 1958, écrivait : « Rien dans les textes ne s'oppose à ce que l'exposé précédant les motifs et le dispositif soit la reproduction du rapport présenté par le juge chargé de suivre la procédure ».

Or, un rapport n'est pas écrit avec des attendus ou considérants; il est rédigé en langage direct.

La cour d'appel de Montpellier, qui est l'une de celles devant lesquelles les décrets sur la mise en état des causes sont applicables, a adopté ce système et présente ainsi ses arrêts : « La Cour, vu le rapport lu à l'audience et ci-après transcrit : (suit le rapport rédigé en style direct). Attendu que (... suit la discussion de la Cour) ».

Faisons cependant abstraction de ces nouveaux textes, non encore applicables devant la cour d'appel de Paris, et voyons quelle disposition la première chambre de cette cour a donné à ses deux arrêts du 14 février 1968 (v. Annexe).

II. En quoi consiste cette présentation nouvelle ?

Et d'abord, ne confondons pas « rédaction » et « présentation ». La rédaction pose le problème, bien souvent évoqué, et qui ne fait pas l'objet de cette chronique, de la « langue judiciaire ». Dans la mesure où la « langue » de la décision judiciaire est claire, légère, concise, évite les expressions non techniques surannées, rien ne doit y être changé. Les propositions, les tournures de phrases, les locutions, les termes seront les mêmes que ceux actuellement employés, et, pour rédiger correctement un jugement ou arrêt, il sera toujours conseillé de mettre en œuvre les principes dégagés par M. le premier président Mimin dans son « Style des jugements ».

Notons encore que la disposition proposée devrait subir des adaptations pour les décisions rendues en matière pénale. Elle ne concerne que les décisions des juges du fond statuant en matière civile. S'agissant, en l'espèce, d'arrêts de la cour d'appel de Paris, nous ne retiendrons ici que l'hypothèse de l'arrêt.

La nouvelle construction se traduit, à titre principal, par la suppression des considérants dans la partie préliminaire de l'arrêt, qui contient, en général, l'exposé des faits non contestés de la cause, le résumé de la procédure de première instance et l'énoncé des demandes et moyens des parties devant la cour, et, à titre secondaire, par une mise en page plus schématique et plus lisible de l'en-tête de l'arrêt, que le jargon judiciaire a baptisé le « chapeau ».

1. – En réalité, l'élimination partielle des considérants n'est pas chose nouvelle. La cour d'appel de Paris a été précédée dans cette voie par d'autres cours, en particulier celles de Rennes et de Toulouse qui, sous l'impulsion de M. le premier président Guary, ont, depuis longtemps, adopté les mêmes principes. Le tribunal de commerce de Paris, également, supprime parfois les attendus en totalité ou en partie.

La cour de Toulouse, par exemple, rédige en style direct, sous la rubrique « objet de la demande et moyens des parties », tout ce qui précède la discussion de la cour, celle-ci étant annoncée par les termes « Sur quoi... la Cour ».

La cour de Paris a pensé que si, pour les affaires simples, la présentation toulousaine était excellente, il pouvait être utile, pour les litiges plus complexes, de décomposer la rubrique « objet de la demande et moyens des parties », et d'insérer dans la partie rédigée en langage direct des intitulés tels que « faits de la cause », « procédure de première instance », « prétentions et moyens des parties devant la cour ».

De façon schématique et presque caricaturale, un procès-type se déroule, en effet, comme une pièce de théâtre classique en cinq actes. Ce sont d'abord les faits qui sont à l'origine du drame et qui ont pu se produire des années ou quelques jours seulement avant que le conflit ne soit porté sur la scène judiciaire. Vient ensuite le litige tel qu'il est soumis à la juridiction du premier degré et tranché par elle. En troisième lieu, le plaideur mécontent expose à la cour l'objet de sa demande et les raisons pour lesquelles il estime que le jugement doit être réformé. Sur quoi, la cour délibère sur les moyens qui lui sont présentés, en apprécie la valeur, les admet ou les rejette. Elle rend enfin sa décision en confirmant ou en infirmant en tout ou en partie le jugement attaqué.

Cet enchaînement chronologique, que la présentation de l'arrêt va, en principe, respecter et traduire en cinq parties, procède; malgré son apparence simpliste, d'une logique rigoureuse. Le dispositif de l'arrêt ne trouve sa justification que dans les motifs qui ont déterminé la cour. Ces motifs répondent nécessairement aux moyens mis en œuvre par les parties. Ces moyens tendent à réfuter ou à conforter les motifs retenus par le tribunal. Et le tribunal n'a pu statuer qu'au su des faits qui sont à l'origine du différend.

Pour les trois premiers actes, la cour n'est que le narrateur objectif de la genèse de l'instance. Aux 4e et 5e, elle intervient, au contraire, de façon personnelle; elle justifie son opinion et prononce sa décision; c'est l'arrêt proprement dit.

Autant il apparaît normal que, pour la discussion de la cour, les considérants soient conservés, puisque c'est « en tenant compte », « au vu » des divers chefs de son raisonnement que la cour va prendre sa décision, autant il ne semble pas indispensable de maintenir ces considérants pour la partie descriptive de l'arrêt. Le style direct, en lui donnant une clarté plus grande, ne satisfera-t-il pas davantage le plaideur, et peut-être même le juriste, lecteur des recueils de jurisprudence ?

En annexe à cette chronique, se trouve reproduit l'un des deux arrêts du 14 février 1968, dans sa forme « classique » d'abord, dans sa présentation nouvelle ensuite.

Nous observons que la seconde rédaction est exactement la même que la première, les « considérant que » et les « que » qui en dépendent ayant seuls été éliminés du début de la décision. L'actuel considérant devient un paragraphe comportant un certain nombre de phrases principales, et la partie préliminaire de l'arrêt un ensemble de paragraphes séparés par des sous-titres. La phrase unique de l'arrêt qui, aujourd'hui, englobe même le « chapeau » ne commence qu'après le « Sur quoi la Cour ».

Bien entendu – et ceci est fondamental – la suppression des considérants ne doit modifier en rien la rédaction de l'arrêt. Celle-ci restant la même que dans l'actuelle présentation, la concision restera également la même.

Il est, d'autre part, évident que le schéma de présentation d'arrêt suggéré ne constitue pas un modèle préfabriqué de nature à recevoir une application systématique.

Dans les affaires simples, où les faits de la cause n'ont pas à être analysés en détail et où les demandes et moyens des parties sont exposés et discutés en même temps par la cour, l'arrêt conservera sa présentation habituelle avec considérants.

Il en ira de même dans les affaires particulièrement complexes où les faits eux-mêmes sont contestés, où chaque chef de demande ou chaque moyen appelle une réponse immédiate de la cour, où, en un mot, la cour doit prendre personnellement parti dès le début de sa décision. Mais d'autres rubriques, destinées à clarifier la présentation, pourront être imaginées, comme il est, du reste, déjà pratiqué dans beaucoup de décisions : « Sur la recevabilité de l'appel », « Sur la demande de résolution du contrat », « Sur la demande de dommages et intérêts », etc. En tout état de cause, les intitulés retenus par la première chambre de la cour de Paris n'ont rien de sacro-saint, et, selon les espèces, seront fusionnés en tout ou en partie, remplacés par d'autres, multipliés ou supprimés. Le seul objectif reste la meilleure compréhension possible de la décision par le plaideur.

2. – Le « chapeau » de l'arrêt doit indiquer l'identité et la qualité des parties, les dates des audiences, la date de l'arrêt, la nature de celui-ci : contradictoire, par défaut, réputé contradictoire, rendu en audience publique, en chambre du conseil, etc.

Actuellement, incorporé dans la phrase unique de l'arrêt, il est, en fait, l'œuvre des greffiers, et sa rédaction varie avec chacun de ceux-ci.

Une présentation nouvelle du « chapeau » offrirait un double intérêt.

D'une part, conçue selon un cadre préétabli, elle éviterait ces divergences. D'autre part et surtout, dès lors que serait admis le report de la phrase unique à la motivation de la cour, elle offrirait, grâce à des phrases séparées ou même à des énoncés schématiques, une forme plus aérée, plus lisible pour le lecteur profane, aujourd'hui noyé dès le départ dans une phrase interminable dont il ne pénètre pas le sens. Il serait, bien entendu, nécessaire, mais il suffirait de veiller à ce que cette partie « administrative » de l'arrêt contienne bien toutes les mentions prévues par le code de procédure civile et les textes régissant la matière.

La cour de Toulouse divise cette partie administrative en trois. En tête de l'arrêt figurent la date de l'audience à laquelle est prononcée la décision, la désignation de la chambre de la cour qui statue, ainsi que celle des parties et de leurs conseils. Après la partie de l'arrêt rédigée en style direct et entre les termes « Sur quoi » et « la Cour » se trouvent les indications relatives au déroulement de la procédure; dépôt des conclusions, jours des débats, audition du conseiller rapporteur, des avocats, du ministère public, mention du délibéré de la cour. À la fin de l'arrêt est portée la composition de la cour.

Le 14 février 1968, la cour de Paris a voulu éviter la dispersion de ces mentions et les a toutes regroupées de façon schématique au début de l'arrêt : dans la marge de gauche, en caractères majuscules, la date de l'arrêt et la désignation sommaire de l'affaire : « affaire X contre Y »; puis, annoncées par des rubriques bien détachées dans une deuxième colonne, les indications concernant la composition de la cour, la décision attaquée, le jour des débats avec ses actes procéduraux, le jour du prononcé de l'arrêt, l'identification de l'appelant et celle de l'intimé.

Cette présentation est probablement imparfaite. En particulier, la composition de la cour serait peut-être mieux à sa place habituelle, à la fin de l'arrêt. Mais tout ceci n'est que réglementation de détail. Il importe seulement de concilier le respect des prescriptions du code de procédure civile avec une présentation intelligible pour le justiciable.

III. Les critiques faites à la nouvelle présentation

Le seul problème réel est celui de la suppression des considérants. Cette suppression soulève des objections dont il importe de savoir si elles sont de nature à faire renoncer au système envisagé.

1. – Passons d'abord en revue *les critiques mineures* qu'il semble facile de réfuter.

a) Cette présentation ne présente aucun intérêt. – Les avoués et les avocats ne communiquent aux parties que les extraits topiques de l'arrêt et leur expliquent ce qu'elles ne saisissent pas.

C'est là une erreur. Une enquête sommaire, faite auprès de MM. les avoués et avocats, montre que ceux-ci, dans la plupart des cas, adressent à leurs clients la photocopie, demandée au greffe, de la minute même de l'arrêt, et que, le plus souvent, ils n'ont pas le loisir ou l'occasion de leur commenter chaque passage de la décision. De toute façon, même si l'arrêt lui a été expliqué, le justiciable sera heureux de pouvoir le relire seul en en comprenant la structure.

b) Ces arrêts vont être cassés. – Telle a été la réaction spontanée de beaucoup de magistrats. On peut répondre à coup sûr que, si ces arrêts doivent être cassés, ils le seront pour des raisons de fond, mais certainement pas à cause de leur forme renouvelée. Aucun texte n'impose l'usage des attendus ou considérants, et l'abandon partiel de ceux-ci n'a jamais conduit la Cour suprême à casser pour ce motif les arrêts des cours de Rennes, Toulouse, Montpellier, etc. La cassation pourrait, sans doute, être prononcée si le nouveau « chapeau » ne contenait pas toutes les mentions prescrites par la loi. Mais, dès lors que ces mentions se trouvent toutes portées, sous quelque forme que ce soit, dans la partie administrative de l'arrêt, un tel risque est inexistant.

c) C'est la résurrection des « qualités ». – Non. Rien n'est changé au système actuel commandé par les dispositions de l'article 141 du code de procédure civile selon lequel « tout jugement contiendra… l'objet de la demande, l'exposition des moyens, les motifs et le dispositif ». Simplement, la partie de l'arrêt exposant l'objet de la demande et les moyens des parties, et qui, selon la circulaire d'application du décret n° 58-1289 du 22 déc. 1958, peut reproduire le rapport du juge chargé de suivre la procédure, se trouve, comme tout rapport, rédigée en style direct, sans considérants.

En fait, ne renoue-t-on pas ainsi avec la plus pure tradition des jugements et arrêts du XIXe siècle et du début du XXe siècle ? Les décisions judiciaires étaient alors précédées des « qualités », établies par les avoués et exposant « les conclusions et les points de fait et de droit » ; la décision proprement dite commençait directement par la discussion de ces points de fait et de droit, œuvre de la juridiction saisie. Rédigées dans un style étrange en général sous la forme interrogative (Fallait-il que X… ? Devait-il… ?), ces « qualités » devinrent peu à peu tellement incompréhensibles et inutilisables que les cours et tribunaux prirent l'habitude de les résumer au début de leurs décisions. Le décret du 22 déc. 1958 n'a fait que normaliser une pratique depuis longtemps suivie, en éliminant les qualités au profit de ce résumé, mais a dû, corrélativement, par modification de l'article 79 du code de procédure civile, obliger le greffier de la juridiction saisie d'un appel ou d'un pourvoi en cassation à demander la communication du dossier pour que cette juridiction soit à même de vérifier si l'exposé exprime fidèlement les prétentions et les moyens des parties.

M. Mimin, après avoir rappelé que « la suppression des « qualités » implique, de la part des juges, un développement plus complet des faits de la cause et des prétentions des parties », suggère lui-même à ce sujet : « … le législateur eût pu prévoir un exposé de la procédure et des conclusions établi par le tribunal sur une feuille distincte, placé au « dossier du tribunal » et expédié en même temps que la minute du jugement dans les grosses et expéditions ». En quoi l'utilisation des attendus est-elle nécessaire pour cet exposé établi sur une feuille distincte ?

d) Cette présentation, qui rompt avec une tradition séculaire, *est bâtarde* : les considérants doivent être ou partout maintenus, ou totalement supprimés.

Tout ce qui vient d'être dit sur les « qualités » montre qu'il s'agit là d'un faux problème. En réalité, l'arrêt proprement dit garde tous ses considérants et se trouve ramené à ses dimensions exactes selon la tradition la plus classique. La partie préliminaire n'est que l'introduction de l'arrêt, et, selon la suggestion de M. le premier président Mimin, pourrait fort bien être présentée sur une feuille séparée.

La seule question qui se pose est celle de savoir s'il convient d'aller plus loin que dans le système proposé et de supprimer les considérants dans l'arrêt *stricto sensu* lui-même. Nous y reviendrons.

e) Les sous-titres introduits dans la partie préliminaire de l'arrêt donnent à celui-ci une allure primaire. – Rappelons le critère de base : la présentation de la décision doit faciliter au maximum sa lisibilité par le justiciable. Celui-ci, qui, la plupart du temps, ignore tout de la construction des arrêts, sera à coup sûr satisfait de pouvoir suivre le *plan* de la décision et, partant, de la mieux comprendre, en découvrant les jalons plantés à son intention.

Conçoit-on une chronique juridique d'une certaine ampleur sans divisions ni rubriques ? Pourquoi un arrêt de 10 ou 15 pages devrait-il être une masse compacte dont le seul aspect rebute tout lecteur quel qu'il soit ?

Qui d'entre nous, juristes, n'a eu affaire à un profane, même de haut niveau intellectuel, qui recourait à nos lumières pour que lui soit expliqué le mystère par lequel le tribunal ou la cour, après avoir adopté sa thèse, lui faisait perdre son procès ? Le malheureux, égaré au milieu des attendus ou considérants, n'avait pas saisi que ce qu'il prenait pour les motifs lui donnant raison, n'était que l'exposé de ses propres moyens.

Primaire ? Peut-être, mais alors délibérément primaire pour le meilleur service du justiciable.

2. – Restent *les objections majeures*, dirimantes pour certains.

a) La disparition de la phrase unique va retirer à l'arrêt son élégance et sa solidité. – Il est exact, nul ne le conteste, que la lecture d'un arrêt bien construit et rigoureusement motivé, avec le sujet de sa phrase, « la Cour », placé en tête, et sa ou ses propositions principales suivant le « Par ces motifs » final, procure au juriste un plaisir non seulement intellectuel, mais même d'ordre esthétique. Est-il souhaitable de renoncer à la beauté de la phrase unique au profit d'un émiettement confus de propositions ?

Là encore, reprenons notre postulat de départ : le service du justiciable. Faut-il sacrifier la meilleure compréhension, par la masse des plaideurs, des décisions qui les concernent personnellement, à la satisfaction d'un petit groupe de techniciens qui, en réalité, se complaisent dans le langage stéréotypé auquel leur pratique judiciaire les a habitués, beaucoup plus qu'ils ne contemplent la froide beauté d'une phrase unique ?

Sans hésiter, nous répondons : non, et ce, même si nos techniciens du Droit doivent faire un très léger effort d'adaptation.

N'oublions pas, du reste, que la suppression des considérants n'affecte que la partie préliminaire de l'arrêt. L'arrêt proprement dit ne trouve-t-il pas, au contraire, un relief nouveau, avec sa phrase unique, dès lors qu'il se trouve allégé de tous les impédimenta descriptifs contenus dans le rapport du conseiller rapporteur ? L'arrêt concis du XIXe siècle, qui débutait directement par la discussion de la Cour, n'était-il pas plus beau et tout aussi solide que l'arrêt actuel dont souvent la moitié, sinon les deux tiers, sont consacrés au rappel des faits, de la procédure antérieure, et des demandes et moyens des parties ?

b) Le système proposé va favoriser une rédaction des arrêts longue et anarchique : libérés du moule du considérant, les magistrats laisseront couler leur plume et les arrêts prendront l'allure des décisions germaniques ou anglo-saxonnes, diffuses, mal structurées, inadaptées à la rigueur cartésienne de l'esprit français.

Voilà l'objection fondamentale, la seule sérieuse à vrai dire.

Est-elle déterminante ?

Nous avons déjà montré que rien n'est changé pour la partie de la décision qui constitue l'arrêt proprement dit et qui conserve les considérants.

Le risque ne porte donc que sur la partie préliminaire de l'arrêt, sur le résumé objectif des données du litige.

Faut-il croire que, pour la présentation en style direct de cette partie, les magistrats ne seront pas capables de donner à leur pensée la même rigueur d'expression que s'ils utilisaient les considérants ? S'ils craignaient de ne pouvoir le faire, serait-ce leur demander une tâche intellectuelle trop lourde que de rédiger mentalement avec les considérants, mais de supprimer ceux-ci sur le papier ?

Nous ne leur ferons pas l'injure de retenir un seul instant les dires de certaines méchantes langues prétendant qu'ils répandraient les « considérant que » et les « que » essentiellement pour donner à leur pensée une présentation pseudo-scientifique.

Nous sommes convaincus que l'habitude de la concision dans le style direct serait prise très vite et sans la moindre peine. Ceux des magistrats qui, hostiles au départ au système envisagé, ont bien voulu tenter l'expérience, ont été étonnés tant de la facilité avec laquelle ils éliminaient les « considérant que » sans rajouter le moindre mot inutile, que de la clarté qu'acquérait, même pour eux-mêmes, leur exposé.

Dans les arrêts de la cour de Toulouse qu'il nous a été donné de connaître, la partie préliminaire rédigée en style direct ne contient pas un terme qui ne soit indispensable. Il suffirait de rajouter au début de chaque paragraphe le « considérant que », et, avant chaque phrase du paragraphe, le « que » intermédiaire, pour retrouver la présentation habituelle, mais avec quelle perte de limpidité et de légèreté !

Le risque serait-il plus grand si la suppression des considérants affectait non seulement la partie introductive de l'arrêt, mais également la motivation de la cour ? Dans cette deuxième partie où il traduit la pensée de la cour, le rédacteur de l'arrêt n'aurait-il pas la tentation de conforter ses déductions par des phrases ou incidentes en réalité superfétatoires ? C'est possible, sans être probable. D'aucuns pensent que l'élimination des considérants, outre qu'elle redonnerait à l'arrêt entier son unité de style, serait encore plus utile dans la discussion que dans l'exposé préliminaire, le plaideur pouvant suivre plus facilement le raisonnement même de la cour s'il n'est pas perturbé par des « considérant que » et des « que » qui lui font perdre le fil du discours.

La question mérite examen. Mais dans l'immédiat, la sagesse ne serait-elle pas de conserver les considérants dans la discussion de la cour ?

Il paraît, de toute façon, certain que concision ou relâchement de l'expression sont bien davantage fonction du tempérament et de la volonté du rédacteur de l'arrêt que de l'emploi ou de l'abandon des considérants. Tel magistrat, utilisant les considérants, aura besoin de trente pages pour mettre au point une décision que tel autre, avec ou sans considérants, rédigera parfaitement en cinq pages.

La vraie solution ne consiste-t-elle pas à enseigner aux jeunes magistrats, dès leur entrée au Centre national d'études judiciaires, la façon de rédiger les jugements avec rigueur et concision ?

Rigueur du raisonnement, concision de l'expression, précision des termes, voilà les vraies colonnes du temple. Si elles s'élèvent, pures et droites, les attendus et considérants, traditionnel stuc décoratif qui cache souvent les lignes de l'édifice, pourront être abandonnés, pour le plus grand profit de la sobriété et sans que la solidité de l'ouvrage en soit le moins du monde compromise.

*
* *

Il apparaît bien, finalement, que la présentation des deux arrêts du 14 février 1968 n'a de révolutionnaire que l'apparence. Personne n'a crié au scandale lorsque les cours de Rennes, Toulouse, Montpellier, etc., ont adopté un système analogue. Actuellement, un groupe de travail constitué à la cour de Paris, sous la direction de M. le premier président Dechezelles, examine s'il est possible et s'il est opportun de permettre l'emploi, dans la plus grande cour d'appel de France, d'une formulation des arrêts écartant les considérants en tout ou en partie. Si les conclusions de ce groupe sont affirmatives, la mise au point des modalités pratiques de la nouvelle présentation n'offrira pas de difficultés.

D'un côté, maintien d'une prétendue tradition, sans doute respectable, mais surannée et dépassée dans certains de ses aspects secondaires; de l'autre, service du justiciable qui a droit à la plus grande facilité de compréhension des décisions le concernant. Quel sera le plus lourd de ces deux plateaux dans la balance d'une Justice qui se pèse elle-même ?

À une époque où les institutions les plus anciennes et les plus vénérables, poussées par l'évolution des esprits vers de nécessaires préoccupations sociales, s'efforcent à un rajeunissement destiné à les rapprocher de leurs « usagers », la Justice resterait-elle la seule, sur le terrain des coutumes et de la pratique, à se dérober à une indispensable révision ?

Annexe

I. Arrêt de la Cour de Paris Présentation ancienne

La Cour saisie de l'appel numéro G 6021 d'entre la S. A. R. L. « The Olympia Press », dont le siège est à Paris, 7, rue Saint-Séverin, représentée par ses représentants légaux, appelante ayant Maître Varin pour avoué :

1°) Le sieur Vladimir Nabokov, demeurant à Montreux (Suisse), Palace Hôtel, intimé, ayant Maître Teytaud pour avoué;

2°) La dame Maria Schebeko, demeurant à Paris, 56, rue de Miromesnil, intimée, ayant Maître Gaultier pour avoué.

Après avoir entendu à l'audience publique du vingt-cinq janvier mil neuf cent soixante huit en la lecture de son rapport écrit Monsieur le conseiller Vassogne, chargé de suivre la procédure, en leurs conclusions et plaidoiries respectives Matarasso, avocat de la S. A. R. L. « The Olympia Press », assisté de Varin, son avoué; Schirmann, avocat du sieur Nabokov, assisté de Teytaud, son avoué; Mercier, avocat de dame Schebeko, assisté de Gaultier, son avoué, ensemble en ses conclusions le Ministère public; La cause mise en délibéré ayant été renvoyée à l'audience publique de ce jour pour prononcer arrêt et après en avoir délibéré conformément à la loi; – Statuant sur l'appel régulièrement interjeté par la Société « The Olympia Press » d'un jugement rendu le 15 avril 1967 par le tribunal de grande instance de la Seine qui a fait droit à la demande principale de Nabokov en déclarant résilié, au 14 décembre 1964, le contrat d'édition conclu entre lui et la Société, en ordonnant que les droits conférés à la Société éditrice feraient retour à l'auteur à compter de la date de résiliation et en déclarant le jugement opposable à dame Schebeko ; – Considérant que, les 6 et 20 juin 1955, a été conclu à Paris et à New York entre Nabokov, écrivain de nationalité américaine, domicilié en Suisse, et la Société à responsabilité limitée « The Olympia Press », dont le siège est à Paris, un contrat en vertu duquel la Société acquérait le droit exclusif d'imprimer, publier et vendre en langue anglaise l'œuvre de Nabokov, intitulée « Lolita » ; que l'article huit de la convention disposait qu'en cas de faillite de l'éditeur le contrat serait automatiquement nul et non avenu et que les droits conférés à l'éditeur feraient retour à l'auteur ; que le 14 décembre 1964, un jugement du tribunal de commerce de la Seine a prononcé la faillite de la Société « The Olympia Press » ; que, le 15 janvier 1965, Nabokov a signifié au syndic de la faillite qu'il entendait se prévaloir des dispositions de l'article huit du contrat ; que, le 31 mai 1965, le tribunal de commerce de la Seine a prononcé la clôture de la faillite pour défaut d'intérêt de la masse ; Considérant qu'en cet état de fait et de droit, Nabokov a assigné la Société « The Olympia Press », ainsi que dame Schebeko, cette dernière mandataire de ladite Société pour la perception des redevances d'édition à l'étranger, à l'effet de faire déclarer résilié au 14 décembre 1964, sur le fondement de son article huit, le contrat d'édition en cause ; que, très subsidiairement, il demandait au tribunal de prononcer la résiliation du contrat dont s'agit aux torts et griefs de la Société « The Olympia Press » pour avoir conservé à la tête de ses affaires un sieur Kabane, dit Girodias, malgré l'interdiction d'exercer les fonctions de directeur d'une entreprise d'édition, prononcée à l'encontre de celui-ci par décision de justice ; Considérant que la Société « The Olympia Press » sollicite la réformation de la décision entreprise ; que Nabokov conclut à sa confirmation ; que dame Schebeko conclut, banalement, aux mêmes fins que Nabokov ; Considérant que les parties ne contestent pas que, le contrat litigieux ayant été conclu en France et aux États-Unis entre un citoyen des États-Unis domicilié en Suisse et une personne morale de droit français domiciliée en France, pour recevoir sa principale exécution en France, la loi française s'applique au litige qui les oppose ; Considérant que pour demander la réformation du jugement, la Société « The Olympia Press » reprend deux moyens de droit qu'elle avait déjà mis en œuvre devant les premiers juges, qui les ont écartés, et qui sont pris, l'un de l'article 606 du code de commerce, l'autre de l'article 61 de la loi du 11 mars 1957 ; Considérant, sur le premier moyen, que la Société appelante soutient que l'article 606 du code de commerce aux termes duquel le jugement de clôture de là faillite pour défaut d'intérêt de la masse… « met définitivement fin à la procédure, en rétablissant le débiteur dans tous ses droits et en le déchargeant de toutes les échéances qui avaient pu le frapper », est applicable à la déchéance que constitue le jeu de la clause résolutoire ; Mais considérant que les dispositions sus-rapportées de l'article 606 du code de commerce, si elles déchargent le débiteur au profit duquel intervient un jugement de clôture de faillite pour défaut d'intérêt de la masse, des déchéances que la loi attache à la faillite, elles n'affectent point les effets que, comme c'est le cas en l'espèce, les parties ont contractuellement entendu faire produire à la survenance de la faillite ; Considérant, sur le deuxième moyen, que la Société « The Olympia Press » fait valoir que l'article 61, alinéa 1er, de la loi du 11 mars 1957, qui est venu disposer que « ni la faillite, ni le règlement judiciaire de l'éditeur n'entraînent la résolution du contrat », a un caractère d'ordre public le rendant applicable à la situation dont se prévaut Nabokov et qui résulte à la fois de la convention de juin 1955 et du jugement de faillite du 14 décembre 1964 ; Mais considérant qu'aucune raison d'intérêt social ou de protection de l'édition ne justifie que la disposition législative dont se prévaut l'appelant déroge à la règle selon laquelle une loi nouvelle ne peut porter atteinte aux effets d'un contrat passé sous l'empire de la loi ancienne, alors même que ces effets seraient subordonnés à une circonstance non encore réalisée au jour de la mise en vigueur de la loi nouvelle ; que l'article 61, alinéa 1er, de la loi du 11 mars 1957, n'a donc pu paralyser les effets de la clause résolutoire insérée au contrat d'édition conclu entre Nabokov et la Société « The Olympia Press » en juin 1955 alors même que l'événement auquel les parties avaient subordonné la mise en jeu de cette clause, savoir la faillite de l'éditeur, ne s'est produit que le 14 décembre 1964 ; Considérant qu'eu égard aux constatations et énonciations qui précèdent, d'où il résulte que le contrat s'est trouvé résilié de plein droit depuis le 14 décembre 1964, il n'y a lieu d'examiner la demande subsidiaire de Nabokov tendant à faire prononcer judiciaire la résolution dudit contrat ;

Par ces motifs : Déclare la Société « The Olympia Press » recevable mais mal fondée en son appel ; Confirme le jugement du 15 avril 1967 ; Condamne la Société « The Olympia Press » aux dépens de l'appel dont distraction au profit de Teytaud et de Gaultier, avoués, sur leurs affirmations qu'ils en ont fait l'avance ;

Fait et prononcé à l'audience publique de la première chambre de la Cour d'appel de Paris à la date du mercredi 14 février 1968 où étaient présents et siégeaient Monsieur le Premier Président Touffait, Monsieur Ronsin, Président ; Messieurs Monegier du Sorbier, Vassogne et Pinot, Conseillers, en présence de Monsieur Toubas, avocat général, assistés de Maître Lavergne, Greffier.

II. Arrêt de la Cour de Paris Présentation nouvelle

COUR D'APPEL DE PARIS	1re Chambre – Section A
Affaire Sté « *The Olympia Press* » *C. Nabokov Schebeko*	Arrêt du 14 février 1968
Composition	Messieurs Adolphe Touffait, Premier Président de la Cour d'Appel qui a signé l'arrêt avec le Greffier ; Ronsin, Président de chambre ; Monegier du Sorbier, Conseiller ; Vassogne, Conseiller Rapporteur chargé de suivre la procédure ; Pinot, Conseiller.
Ministère public	Monsieur Toubas, Avocat Général.
Greffier	Monsieur Lavergne.
Décision attaquée	Jugement du Tribunal de Grande Instance de la Seine (3e chambre) du 15 avril 1967.
Jour des débats	Vingt cinq janvier mil neuf cent soixante-huit où ont été entendus, en audience publique, Monsieur le Conseiller Rapporteur en la lecture de son rapport, en leurs conclusions les Avoués de la cause, en leurs plaidoiries les Avocats des parties, en ses conclusions Monsieur l'Avocat Général, et où l'affaire a été mise en délibéré.

➤

Arrêt	Contradictoire, prononcé le quatorze février mil neuf cent soixante-huit en audience publique après délibération de la Cour.
Appelante	S. A. R. L. « The Olympia Press » dont le siège est à Paris, 7, rue Saint-Séverin, représentée par ses représentants légaux. Avoué : Me Varin. Avocat : Me Matarasso.
Intimés	1° Vladimir Nabokov, demeurant à Montreux (Suisse), Palace Hôtel. Avoué : Me Teytaud. Avocat : Me Schirmann. 2° Dame Maria Schebeko, demeurant à Paris, 56, rue de Miromesnil. Avoué : Me Gaultier. Avocat : Me Jacques Mercier.

A. *Faits de la cause*

Les 6 et 20 juin 1955, a été conclu à Paris et à New York entre Nabokov, écrivain de nationalité américaine, domicilié en Suisse, et la Société à responsabilité limitée « The Olympia Press », dont le siège est à Paris, un contrat en vertu duquel la Société acquérait le droit exclusif d'imprimer, publier et vendre en langue anglaise l'œuvre de Nabokov intitulée « Lolita » ; L'article huit de la convention disposait qu'en cas de faillite de l'éditeur le contrat serait automatiquement nul et non avenu et que les droits conférés à l'éditeur feraient retour à l'auteur. Le 14 décembre 1964, un jugement du tribunal de commerce de la Seine a prononcé la faillite de la Société « The Olympia Press ». Le 15 janvier 1965, Nabokov a signifié au syndic de la faillite qu'il entendait se prévaloir des dispositions de l'article huit du contrat. Le 31 mai 1965, le tribunal de commerce de la Seine a prononcé la clôture de la faillite pour défaut d'intérêt de la masse ;

B. *Procédure de première instance*

En cet état de fait et de droit, Nabokov a assigné la Société « The Olympia Press », ainsi que dame Schebeko, cette dernière mandataire de ladite Société pour la perception des redevances d'édition à l'étranger, à l'effet de faire déclarer résilié, au 14 décembre 1964, sur le fondement de son article huit, le contrat d'édition en cause. Très subsidiairement, il demandait au tribunal de prononcer la résiliation du contrat dont s'agit aux torts et griefs de la Société « The Olympia Press » pour avoir conservé à la tête de ses affaires un sieur Kabane, dit Girodias, malgré l'interdiction d'exercer les fonctions de directeur d'une entreprise d'édition prononcée à l'encontre de celui-ci par décision de justice ;

Par jugement du 15 avril 1967, le tribunal de grande instance de la Seine a fait droit à la demande principale de Nabokov en déclarant résilié, au 14 décembre 1964, le contrat d'édition en cause, en ordonnant que les droits conférés à la Société éditrice feraient retour à l'auteur, à compter de la date de résiliation, en déclarant le jugement opposable à dame Schebeko ;

C. *Prétentions et moyens des parties devant la Cour*

La Société « The Olympia Press » a régulièrement interjeté appel de ce jugement dont elle sollicite la réformation. Nabokov conclut à la confirmation de la décision entreprise. Dame Schebeko conclut, banalement, aux mêmes fins que Nabokov ;

Les parties ne contestent pas que le contrat litigieux, ayant été conclu en France et aux États-Unis entre un citoyen des États-Unis, domicilié en Suisse, et une personne morale de droit français, domiciliée en France, pour recevoir sa principale exécution en France, la loi française s'applique au litige qui les oppose ;

Pour demander la réformation du jugement, la Société « The Olympia Press » reprend deux moyens de droit qu'elle avait déjà mis en œuvre devant les premiers juges, qui les ont écartés, et qui sont pris, l'un de l'article 606 du code de commerce, l'autre de l'article 61 de la loi du 11 mars 1957 ;

Sur quoi la Cour :

Considérant sur le premier moyen, que la Société appelante soutient que l'article 606 du code de commerce aux termes duquel le jugement de clôture de la faillite pour défaut d'intérêt de la masse… « met définitivement fin à la procédure, en rétablissant le débiteur dans tous ses droits et en le déchargeant de toutes les déchéances qui avaient pu le frapper », est applicable à la déchéance qui constitue le jeu de la clause résolutoire ;

Mais considérant que les dispositions sus-rapportées de l'article 606 du code de commerce, si elles déchargent le débiteur au profit duquel intervient un jugement de clôture de faillite pour défaut d'intérêt de la masse, des déchéances que la loi attache à la faillite, elles n'affectent point les effets que, comme c'est le cas en l'espèce, les parties ont contractuellement entendu faire produire à la survenance de la faillite ;

Considérant, sur le deuxième moyen, que la Société « The Olympia Press » fait valoir que l'article 61, alinéa 1°, de la loi du 11 mars 1957, qui est venu disposer que « ni la faillite, ni le règlement judiciaire de l'éditeur n'entraînent la résolution du contrat », a un caractère d'ordre public le rendant applicable à la situation dont se prévaut Nabokov et qui résulte à la fois de la convention de juin 1955 et du jugement de faillite du 14 décembre 1964 ;

Mais considérant qu'aucune raison d'intérêt social ou de protection de l'édition ne justifie que la disposition législative dont se prévaut l'appelant déroge à la règle selon laquelle une loi nouvelle ne peut porter atteinte aux effets d'un contrat passé sous l'empire de la loi ancienne, alors même que ces effets seraient subordonnés à une circonstance non encore réalisée au jour de la mise en vigueur de la loi nouvelle ; que l'article 61, alinéa 1er, de la loi du 11 mars 1957, n'a donc pu paralyser les effets de la clause résolutoire insérée au contrat d'édition conclu entre Nabokov et la Société « The Olympia Press » en juin 1955 alors même que l'événement auquel les parties avaient subordonné la mise en jeu de cette clause, savoir la faillite de l'éditeur, ne s'est produit que le 14 décembre 1964 ;

Considérant qu'eu égard aux constatations et énonciations qui précèdent, d'où il résulte que le contrat s'est trouvé résilié de plein droit depuis le 14 décembre 1964, il n'y a lieu d'examiner la demande subsidiaire de Nabokov tendant à faire prononcer judiciairement la résolution dudit contrat ;

Par ces motifs :

Déclare la Société « The Olympia Press » recevable mais mal fondée en son appel ; Confirme le jugement du 15 avril 1967 ;

Condamne la Société « The Olympia Press » aux dépens de l'appel dont distraction au profit de Teytaud et de Gaultier, avoués, sur leurs affirmations qu'ils en ont fait l'avance.

VERS LE SELF-SERVICE PUBLIC

1970

André Demichel

Professeur à la Faculté de droit et des sciences économiques de Lyon

La notion de service public, envisagée du point de vue technique, conserve, malgré un début de saturation, une place éminente dans les manuels de droit administratif et dans les revues juridiques. Rares sont les spécialistes qui n'ont pas « fait leurs gammes » ou affirmé leur maîtrise en traitant de la place de cette notion dans la théorie générale du droit administratif ou de ses mérites comparés par rapport à tel autre concept fondamental comme celui de la puissance publique.

Du point de vue politique, d'autre part, on entend parler de plus en plus de la grande misère de certains services publics, misère que les discussions budgétaires mettent périodiquement en lumière. Et l'on évoque la dégradation de la situation des usagers, d'autant plus voyante qu'elle affecte des services dont la perfection était incontestée, tel celui des postes et celui des hôpitaux.

Sans doute ces discussions ont-elles encore de beaux jours. La notion de service public n'a certainement pas fini de constituer un thème privilégié de disputatio juridique et une belle occasion de combat politique. Mais que l'on y prenne garde : ces joutes risquent quelque jour de se terminer faute d'objet. Car la notion de service public est peut-être en train de mourir, tandis que nous délibérons.

Le moment est en effet venu de faire le point de l'évolution contemporaine du contenu même de cette notion. Et le problème se résume en deux questions cruelles auxquelles il fait essayer de répondre : s'agit-il toujours d'un *service public* (I) ? Et s'agit-il toujours d'un *service* ? (II).

I. Un service public ?

La découverte émerveillée du service public industriel et commercial, de ses problèmes et de ses mérites – réels ou supposés – a tenu la doctrine de noter avec suffisamment de force que l'accident du Bac d'Eloka avait ouvert la voie à l'altération non seulement du régime juridique des services publics, mais de la notion même de service public. Longtemps, il est vrai, cette brèche ouverte dans la théorie classique a été relativement peu dangereuse, dans la mesure où les activités industrielles, recevant la qualité de service public, étaient, du fait de ce baptême juridique, soumises aux trois grandes lois : continuité, équité, efficacité. Mais, depuis peu, les perspectives changent. C'est le service public, fût-il absolument administratif, qui est contaminé par les habitudes du commerce et de l'industrie. En somme, jusqu'aux dernières nationalisations de 1946, inclusivement, l'industrie prenait le visage du service public. Nous voyons désormais les services publics prendre le visage de l'industrie.

C'est dans cette perspective qu'il faut comprendre la redoutable privatisation des services publics les plus classiques. Cette privatisation affecte le financement (A), la gestion (B), voire la destination de ces services (C).

A. Le financement privé

Il faut entendre par financement privé, non seulement le financement non budgétaire, mais, au sens strict, le financement par des capitaux privés. À l'époque classique ce financement était celui des grands services publics concédés. Mais en aucun cas, il ne s'appliquait aux services publics gérés par l'administration. Or, cette barrière juridique est depuis quelques années, en train de céder.

Tout a commencé lorsque le Gouvernement a décidé de faire participer les industriels et les commerçants au financement de l'O.R.T.F. – c'est-à-dire du service public de l'information – en leur vendant des minutes d'écoute. Le Conseil constitutionnel consulté sur les modalités juridiques selon lesquelles devait se faire cette innovation, rendit une décision confuse d'où il résultait cependant que la détermination des ressources de l'Office était réglementaire dans la mesure où « elles n'ont rien de contraire aux règles constitutives de cette catégorie d'établissement public »[1]. Le financement capitaliste ne répondait certainement pas à cette condition : seule la loi pouvait donc l'établir. Pourtant c'est le Gouvernement qui prit la décision d'introduire la publicité de marques. Il le fit d'ailleurs de manière informelle, donc sans aucune réglementation précise[2].

Certes, les recettes de la publicité ne représentent pour l'instant que 9 p. 100 à peine des ressources de l'office. Et dans la Régie française de publicité, qui assure la gestion commerciale de cette publicité, l'O.R.T.F. et la S.O.F.I.R.A.D. – donc des organismes d'État, – possèdent respectivement 51 p. 100 et 16 p. 100 des actions. Le contrôle public reste donc très strict. Mais la part des ressources publicitaires est appelée à progresser. Et surtout l'expérience sera amenée à servir de modèle, ce qui rend d'autant plus dangereuse l'incertitude de ses fondements juridiques[3].

Le service des postes va, lui aussi, avoir recours au financement privé. La loi de finances rectificative pour 1969 (L. n° 69-1160 du 24 déc. 1969, D. 1970. 3) institue en effet dans son art. 1er « pour assurer le financement de l'acquisition d'immeubles et d'équipements destinés aux télécommunications » des sociétés ayant le statut d'établissements financiers. L'agrément leur sera donné, et leurs conditions de fonctionnement seront réglées par arrêté conjoint du ministre des Finances, et du ministre des Postes. Ces « sociétés de financement des télécommunications » apportent leurs concours à l'administration sous forme de crédit-bail, sur la base de conventions signées avec le ministère des Postes.

Ce financement privé, ne doit pas, en théorie, affecter les principes de fonctionnement du service public. Les droits et obligations de l'administration des postes, prévus dans le code des P.T.T., ne sont pas modifiés (art. 1 *c*) ; les

1. Décision du 30 janv. 1968, *Act. jur.* 1968. II, p. 110, note de Laubadère.
2. J. Chevalier, « Le problème de la réforme de l'O.R.T.F. en 1968 », *Act. jur.* 1969. I. 217.
3. Pour l'O.R.T.F. lui-même, il s'agit d'un engrenage qui peut amener rapidement à une troisième chaîne purement privée, voire à une évolution vers la conception américaine de la télévision.

installations financées par les sociétés agréées ont le statut des biens de l'État (art. 1 *a*). Et l'agrément emporte désignation d'un commissaire du gouvernement, ce qui constitue une garantie (art. 1 *b*).

Mais, en contrepartie, les sociétés bénéficient d'exemptions fiscales fort importantes. Et le loyer payé par les P. et T. sera, d'après les experts du ministère des Postes, conçu de manière à ce que « les distributions de dividendes aux actionnaires soient tout à fait satisfaisantes » (I)[4]. En somme, le contribuable paiera cher à la fois en sorties d'argent, et en moins-prenant, le droit de voir l'État *ne pas assurer entièrement le service public.*

Et peut-être le domaine du financement privé est-il appelé à s'élargir. Lors de la récente discussion du budget de l'équipement, le ministre proposait notamment une « nouvelle politique portuaire » en vertu de laquelle le financement des équipements des grands ports (grues, engins divers) serait laissé aux capitaux, les ports autonomes reportant leur effort sur l'infrastructure. Il proposait par ailleurs d'élargir l'appel au financement privé pour la construction des autoroutes. De fait, la loi de finances pour 1970 (L. n° 69-1161 du 24 déc. 1969, D. 1970. 9) étend la possibilité d'appel à l'épargne privée[5].

B. La gestion privée

La notion de gestion privée des services publics est devenue l'une des plus classiques du droit administratif. Mais tout n'est pas dit à ce sujet car la matière se renouvelle.

En effet, l'idée de gestion privée tend désormais à s'appliquer non seulement aux services publics industriels et commerciaux, mais encore aux services publics administratifs, et cela dans la double acception du terme gestion privée : il y a gestion privée *du* service public et il y a gestion privée *dans* le service public.

1° Il y a gestion privée du service public dans la mesure où *l'organe* de gestion est une personne privée. Il en est ainsi pour la construction des autoroutes; le service des Ponts et chaussées est relayé par des organismes qui peuvent avoir le statut de sociétés d'économie mixte.

2° Il peut même y avoir gestion privée dans le service public, si les *méthodes* de gestion se rapprochent de celles du commerce. Cela est logique pour les services publics industriels et commerciaux. Pour les services administratifs, cela paraît aberrant, mais ne semble pas totalement exclu. Lors du débat budgétaire, le ministre des Postes déclarait que « l'administration des P. et T. doit se considérer comme une *entreprise commerciale*[6] au service du public, et non pas comme une administration de l'État parmi d'autres. Cela exigera un *esprit commercial*[7]

4. « *Combat* », 12 déc. 1969.

5. L'art. 74 de la loi dispose que « les emprunts émis en vue de financer les opérations de construction d'autoroutes inscrites aux plans d'amélioration du réseau routier national pourront bénéficier de la garantie de l'État ». Or la loi du 18 avr. 1955 ne prévoyait cette garantie que pour les emprunts des organismes publics ou des sociétés d'économie mixte dans lesquelles l'État était majoritaire. La même loi édictait que la loi de finances fixerait annuellement le montant maximum de ces emprunts; cette disposition a été supprimée par l'art. 74.

6. C'est nous qui soulignons.

7. C'est nous qui soulignons.

nouveau chez nos cadres d'exploitation ou d'inspection. Cela supposera aussi une mentalité nouvelle… inspirée par le sentiment de notre spécificité, de l'originalité de la personne morale[8] que nous constituons… ».

Sans doute faut-il ici faire la part de la mode qui veut que toute entreprise privée ou publique se mette à l'heure du « management ». Cette commercialisation des services publics nous paraît néanmoins recéler un immense danger. Cette fois, on nous change vraiment notre État.

C. La destination privée

Il reste évident, même depuis la fin des grandes concessions, qu'il ne peut y avoir en régime capitaliste de cloison absolument étanche entre le service public et les entreprises privées. Il existe de nombreuses entreprises annexes à des services publics, qui sont à la fois indispensables et fructueuses : la Compagnie internationale des wagons-lits n'en est qu'un exemple parmi d'autres. Bien plus, on sait que le Conseil d'État se montre depuis quelques années assez libéral en ce qui concerne les créations d'entreprises purement commerciales, mais qui sont le « prolongement indispensable », voire un simple « supplément utile » du service public[9].

Mais peut-on aller plus loin ? Peut-on concevoir que les moyens mêmes du service soient, dans certaines hypothèses officiellement reconnues et réglementées, destinés à fournir un profit aux agents du service ou à de simples particuliers ?

Le régime juridique des cliniques ouvertes dévoile à cet égard de curieuses perspectives. Ce régime, on le sait, présente deux particularités notables par rapport au droit commun de l'admission à l'hôpital[10]. D'une part, le malade choisit son médecin éventuellement hors de l'hôpital. D'autre part, les honoraires sont fixés par entente directe entre le malade et le médecin, ce dernier étant seulement tenu de reverser à l'hôpital une somme destinée à couvrir l'amortissement du matériel mis à sa disposition.

Car le service public met son matériel et son personnel à la disposition du médecin opérant en clinique ouverte. Or, précisément pour cette raison, l'hôpital va être déclaré responsable d'un accident survenant au cours de l'une de ces opérations.

C'est ce qui résulte de l'arrêt *Mathieu*[11]. La requérante était entrée en 1957 à l'hôpital de Pont-à-Mousson, pour une opération en clinique ouverte. À la suite d'une piqûre mal faite, son bras, atteint de gangrène, avait dû être amputé. Elle avait alors attaqué l'hôpital. Le Conseil d'État estimant que le médecin responsable n'agissait que pour son compte personnel avait d'abord déclaré la juridiction administrative incompétente[12]. Mais quatre ans plus tard, il devait revenir sur

8. Cette erreur juridique, venant d'un non-spécialiste n'est pas catastrophique. Mais elle est sans doute révélatrice d'une volonté autonomiste.

9. Cons. d'Ét. 2 nov. 1956. *Biberon, Rec. Cons. d'Ét.*, p. 403, et jurisprudence constante.

10. M. Dran, « Un exemple de collaboration entre service public et secteur privé : les cliniques ouvertes », *Act. jur.* 1967. I. 514.

11. *Act. jur.* 1969, p. 567.

12. *Époux Mathieu*, 4 juin 1965, *Rec. Cons. d'Ét.*, p. 351 ; D. 1965. 746, note M. Piquemal ; *Act. jur.* 1965, p. 410, concl. Galmot.

sa décision, l'expertise ayant fait apparaître que l'accident était dû à la négligence d'une infirmière mise à la disposition du chirurgien par l'hôpital. Celui-ci est dès lors responsable des actes de son auxiliaire.

En logique juridique, cette solution est déjà discutable. Car au moment de l'accident, l'infirmière agissait sous la surveillance directe du chirurgien, donc sous sa responsabilité. En équité, elle aboutit à des résultats aberrants : l'hôpital fournit les moyens et endosse la responsabilité des opérations en clinique ouverte ; le médecin en retire des bénéfices. En définitive, le service public hospitalier est ici l'auxiliaire du capitalisme médical privé pour ménager la sensibilité des malades fortunés qui veulent bénéficier des installations techniques de l'hôpital et de la compétence de ses médecins tout en évitant de se mélanger avec le vulgaire.

La possibilité de recherches effectuées par un organisme universitaire, ou dépendant du ministère de l'Éducation nationale pour le compte d'organismes privés[13], sur la base d'un contrat, constitue, du point de vue de la politique administrative, un renversement des perspectives traditionnelles. Il est classique – et normal – de voir les entreprises privées travailler pour l'État ; il est beaucoup plus inhabituel de voir l'État travailler pour le compte d'entreprises privées. Du point de vue juridique, d'autre part, ces contrats de recherche font apparaître à plusieurs égards l'idée de destination privée.

D'abord cela résulte du principe même de la rétribution. Certes il n'est pas anormal de payer un prix au service public. Mais à partir du moment où le prix est fixé comme en matière commerciale, à la fois dans son établissement et dans son montant, *l'usager se transforme en client*. Dès lors, c'est non seulement la gratuité – traditionnelle pour l'Éducation nationale – qui est atteinte, mais également l'égalité : seule l'entreprise qui peut payer aura droit à certaines prestations du service. En outre, il y a destination privée dans la mesure où les agents du service consacrent une partie de leurs heures de travail *normales* à une activité qui leur sera payée *en supplément*. Et la recherche pure se trouvera sacrifiée en définitive à la recherche appliquée : cela constitue, à la limite, un véritable détournement du service public de l'enseignement et de la recherche, au profit de l'industrie privée.

II. Un service ?

Dans la définition des fonctions de l'État, l'idée de prestige tend à supplanter de nouveau celle de prestations. Dans la notion de service public, le « service » est dès lors entendu d'une façon de plus en plus restrictive. Le service est de plus en plus congru (A), de plus en plus payant (B) ; à la limite, il y a un véritable self-service (C).

13. Décr. 28 déc. 1967, *J. O.* 3 janv. 1968, p. 32.

A. Un service congru

Le constat de pénurie est fait depuis longtemps, pour les grands services publics civils, notamment par les ministres eux-mêmes à l'occasion de la discussion budgétaire. Plus intéressante, plus inquiétante aussi est la reconnaissance légale de cette pénurie, tant par le juge que par l'administration elle-même.

1° La jurisprudence prend acte de la congruité. Cela résulte au moins de deux arrêts curieux rendus à propos de la responsabilité des hôpitaux par le Conseil d'État dans l'affaire *Hawezack* et par le tribunal administratif de Nantes dans l'affaire *Perherin*[14].

Les deux espèces étaient malheureusement banales. À la suite d'une hospitalisation pour dépression nerveuse (Hawezack) ou pour « cause d'origine indéterminée » (Perherin), des malades, malgré les calmants administrés et une surveillance relativement sérieuse, se suicident ou tentent de se suicider en se jetant par une fenêtre de l'hôpital. Dans les deux cas, le juge rejette la demande d'indemnité des ayants droit. Il estime en effet que les victimes ont été correctement soignées et suffisamment surveillées eu égard au fait que rien ne laissait raisonnablement prévoir leur geste. Et il ajoute que dès lors et « compte tenu des moyens dont disposait l'hôpital » aucune faute de service ne peut être relevée à sa charge.

C'est cette dernière formule qui doit retenir l'attention. Cette référence à la limitation des moyens dont dispose l'hôpital paraît étrange, car de deux choses l'une :

- ou bien, il n'y a, dans l'absolu, aucune faute, même simple[15] de l'hôpital, et l'évocation des moyens de celui-ci est superfétatoire ;
- ou bien le juge estime qu'il y a faute par rapport au comportement de « l'hôpital idéal », mais que cette faute disparaît si on apprécie le fonctionnement des hôpitaux en cause non de ce point de vue, mais d'une façon relative, compte tenu des moyens qui sont les siens.

Cette hypothèse étant la plus vraisemblable, la solution nous paraît appeler les remarques suivantes. En équité, elle n'est pas sans mérites car elle aboutit simplement à constater que les dirigeants et le personnel d'un hôpital ne sont pas en faute s'ils utilisent de leur mieux les moyens – insuffisants – qui sont les leurs. Mais en logique juridique, cette solution n'est guère défendable. Car le fonctionnement d'un service public doit être apprécié par rapport au type abstrait du « bon service public » et non compte tenu d'une insuffisance, même si elle ne lui est pas imputable. Au surplus c'est en définitive la victime – donc le contribuable – qui, au bout du raisonnement, paie la pénurie de personnel et même deux fois : elle lui a peut-être occasionné un accident, et elle l'empêche en tous cas d'en être indemnisé.

14. D. 1966. 317 et 640, notes Moderne.
15. Car les tribunaux semblent appliquer ici désormais le schéma général de la responsabilité hospitalière. Une faute lourde est toujours exigée pour un acte médical, mais une faute simple suffit si le dommage est dû à l'organisation défectueuse du service. – V. notes Moderne précitées et Cons. d'Ét. 4 oct. 1968, *Act. jur.* 1969. 368, note Moreau.

Dans une hypothèse de cet ordre, la solution pourrait être, à notre sens, de déclarer le service responsable sans rechercher la faute, et en lui permettant de se retourner contre l'État, responsable en dernier ressort de l'insuffisance des moyens.

Quoi qu'il en soit, les arrêts *Hawezack* et *Ferherin* sont révélateurs : le juge considère la congruité du service public comme un fait acquis dont il lui faut tenir compte comme d'un phénomène *normal*.

Sans doute n'appartient-il pas aux tribunaux de s'ériger en censeurs d'une carence. Mais doivent-ils pour autant tenir cette carence pour un élément de leur raisonnement juridique ?

2° L'Administration organise la congruité. Elle pratique en effet ce que l'on peut appeler le système des transferts : devant la pénurie d'un service, les usagers sont invités à orienter leurs activités et leurs besoins de façon à ne pas surcharger ce service.

Généralement, le transfert a lieu vers un autre service public. Ainsi un ministre des postes a-t-il conseillé aux usagers de téléphoner au lieu d'écrire. Et le « ramassage scolaire » dont on fait généralement grand cas (Décr. 7 déc. 1965) n'est le plus souvent qu'un palliatif à l'insuffisante densité des établissements d'enseignement.

Mais le transfert peut également avoir lieu vers une activité privée équivalente. Les textes de 1959 sur les établissements d'enseignement privé s'expliquent certes par un souci d'apaisement politique. Mais ils sont également fondés sur la volonté de voir les écoles privées relayer un service public insuffisamment pourvu de moyens. Et cette préoccupation n'était sans doute pas non plus étrangère à l'arrêté – illégal et annulé[16] du 25 avr. 1969 créant des équivalences de diplômes en faveur des facultés libres.

B. Un service payant

Il est normal que l'usager paie les prestations d'un service public industriel et commercial. Le fait que la S.N.C.F. ou *Air France* soient des services publics n'implique évidemment pas que l'usager puisse prendre gratuitement le train ou l'avion. La notion de commerce suppose un prix; la notion de service public amène simplement à calculer ce prix sur des bases qui ne soient pas celles de la simple rentabilité. Mais il en va autrement pour les services publics administratifs ou sociaux pour lesquels il existe, au bénéfice des usagers, un véritable droit d'accès au service. Car il ne s'agit pas de commerces transformés en services publics, mais d'institutions assurant les services minima qu'un État démocratique doit à tous les citoyens. Tel est le cas de la santé et de l'éducation.

Et cela implique la gratuité de ces services[17].

16. Cons. d'Ét. 25 juin 1969, *Syndicat autonome du personnel enseignant des facultés de droit, Rec. Cons. d'Ét.*, p. 335.

17. Les « droits » ou « taxes » payés pour l'accès à certains services, ne sont pas un prix, donc ne sont pas juridiquement contraires à la gratuité; mais ils peuvent être source d'abus (v. *infra*) et leur justification théorique est nulle; la gratuité *totale* (par exemple pour l'enseignement) serait beaucoup plus logique et démocratique. Quant aux prix payés pour d'autres services (poste) il est pratiquement ➤

Or cette gratuité devient, dans bien des hypothèses, de plus en plus théorique. La journée d'hôpital coûte entre 100 et 200 F. Bien sûr, la Sécurité sociale paie une partie de cette somme. Et en cas d'indigence, la commune paie, ce qui d'ailleurs obère lourdement les finances des communes qui sont précisément les plus pauvres. Mais cela ne fait, de toute façon, que déplacer le problème : les contribuables de la commune paient le service une seconde fois, alors qu'ils l'ont déjà théoriquement payé en tant que contribuables de l'État.

Les droits universitaires s'élèvent, depuis leur récente augmentation, à près de 100 F. Si on y ajoute le prix des cours polycopiés[18] on arrive à un chiffre qui varie entre 250 et 500 F[19] pour le coût strictement « universitaire » d'une année de licence.

La justice est théoriquement gratuite. Mais il n'est plus rentable de plaider pour moins de 2 000 F.

Enfin, certains services administratifs sont payants, on ne sait trop pourquoi.

Ainsi depuis quelques années la réexpédition du courrier pendant les vacances coûte 5 F.

Et l'on sait que les autoroutes de liaison sont à péage. C'est la conséquence logique du financement privé de leur construction. Mais c'est aussi une régression juridique par rapport au principe, pourtant fort ancien, qui veut que la construction des routes fasse partie des tâches de l'État : depuis le XVIIe siècle l'administration monarchique n'avait jamais mis en cause ce principe.

C. Un self-service

L'Administration a récemment découvert une méthode simple qu'elle a tendance à utiliser dans des hypothèses de plus en plus nombreuses. Cette méthode consiste à faire faire par les usagers le travail du service, à les transformer en somme en autant de collaborateurs forcés. Le contribuable qui passe des soirées à calculer sa T.V.A. est un collaborateur forcé du Fisc. De même le contrevenant qui remplit consciencieusement le « papillon » trouvé sous le pare-brise de sa voiture fait une partie du travail de la police. Et il y a plus grave; les plaideurs qui transigent et ont recours à un arbitre parce que la justice est trop lente assurent leur propre service public dans un domaine des plus essentiels.

Dans toutes ces hypothèses l'usager se sert lui-même. C'est un palliatif bien commode au manque d'agents publics. Et il n'est pas interdit de penser que le système ne demande qu'à se généraliser. Quand demandera-t-on aux usagers d'aller chercher leur courrier au bureau de poste pour ne plus avoir à payer les préposés ?

Cette dégradation généralisée du service public n'est pas accidentelle malheureusement. Elle comporte en effet une double explication.

---

justifié parce que, pour ces services, des abus sont possibles et ne manqueraient pas de se réaliser en cas de gratuité. D'ailleurs le prix payé est hors de proportion avec le coût réel du service.

18. Des étudiants de plus en plus nombreux *doivent* les acheter faute de pouvoir assister régulièrement aux cours. Cet instrument de travail devient, de ce fait, un élément essentiel du service.

19. Selon le mode de gestion du service des polycopiés. Lorsque ce service est purement privé et commercial, on atteint le prix d'un livre de luxe.

a) L'évolution contemporaine est la résultante de la conception capitaliste du service public. Sans doute n'y a-t-il là aucune nouveauté. Et cette conception n'a jamais été mieux illustrée que par les grandes concessions conclues au XIXe siècle, et qui ont vécu jusqu'à la seconde guerre mondiale. Mais au moins le législateur et le juge de la IIIe République avaient-ils eu le mérite de *dégager une notion « essentielle » permanente de service public, indépendante de cette liaison entre pouvoir économique et pouvoir politique.* Aucun État, quelle que soit son idéologie, ne peut récuser les trois grands principes : équité (égalité et neutralité), efficacité, continuité. Or il n'y a plus de neutralité lorsque l'O.R.T.F. sert seulement non à « informer » les citoyens[20], mais à les éclairer sur les avantages comparés de deux marques de petits pois en conserve. Il n'y a plus d'efficacité surtout : soixante ans après la décision de principe condamnant les services publics au progrès technique[21], le constat de misère incidemment dressé par les arrêts *Hawezack* et *Perherin* a quelque chose de navrant. Seule la continuité survit véritablement, dans la mesure où elle constitue une précieuse barrière juridique, opposée à la grève des agents publics. Ainsi le néo-capitalisme technocratique va-t-il jusqu'au bout de la logique du système, jusqu'à la conception « américaine » selon laquelle le service public n'est en somme qu'une entreprise comme une autre, soumise à la loi du marché, de la rentabilité et du profit.

b) Mais à cet élément permanent, se surajoute une conception nouvelle du rôle de l'État, qui tend à redevenir le Prince, investi d'une mission strictement politique dont le secret échappe au citoyen. Il y a là une sorte de revanche du politique sur l'administratif, alors que toute l'évolution démocratique avait précisément consisté à enlever au phénomène politique son caractère de jeu ésotérique entre initiés, à en faire le service des citoyens, *donc à donner au service public les caractères d'un but ultime de l'organisation sociale.*

Désormais, le service public est de plus en plus considéré comme une charge, un fardeau budgétaire justiciable de toutes les austérités. Et l'on en arrive concrètement à la conception suivante : désormais, ce n'est plus le service qui doit s'adapter aux besoins des usagers ; ce sont les usagers qui doivent restreindre leurs besoins en fonction des moyens du service[22].

De nombreux théâtres subventionnés réclament, pour remplir leur mission, le statut de service public, ce qui est une belle marque de confiance dans la force des principes juridiques. Mais il est à craindre que cette confiance ne soit déçue, et que la qualification de service public, si elle leur est accordée, ne serve qu'à justifier une emprise politique. Chercher les principes, en ce domaine, c'est, de plus en plus, tenter d'étreindre des fantômes.

---

20. Si l'on peut dire. Le caractère unilatéral de l'information télévisée constitue, on l'a maintes fois noté, une violation permanente du principe de neutralité et d'objectivité.
21. Cons. d'Ét. 10 janv. 1902, *Compagnie nouvelle du gaz de Déville-lès-Rouen, Rec. Cons. d'Ét.*, p. 5.
22. Certains services publics sont privilégiés : ceux, dont le travail peut fournir quelque prestige. C'est vrai pour beaucoup de secteurs de la recherche scientifique, pour lesquels la bourse publique est toujours ouverte. C'est d'ailleurs très bien ainsi, notamment parce que cela permet une mise à jour technique de l'ensemble des services publics Mais il y a décalage entre cette mécanisation et la pénurie de personnel qui aboutit à un sous-emploi de l'équipement technique. De même qu'il y a décalage entre les services publics classiques condamnés à la pauvreté et ceux qui se consacrent à la fabrication du « littératron ».

NOTES SUR DES NOTES D'ARRÊTS
Chronique pour le cinquantième anniversaire de l'entrée du Doyen René Savatier au Dalloz

1970

Jean Carbonnier

Professeur à la Faculté de droit et des sciences économiques de Paris,
Doyen honoraire de la Faculté de droit de Poitiers

« Vous sanctifierez la cinquantième année ! » *Le Recueil Dalloz* a eu l'heureuse idée, écoutant l'exhortation, de marquer d'une page la pause jubilaire. Une page qui aurait pu symboliquement rester blanche si le jubilé n'était que loisir et fête. Mais de tout temps il fut davantage : l'occasion sans pareille de composer une chronique, de rappeler quarante-neuf moissons, et les labours et les semailles. Nous tous ici, lecteurs ou collaborateurs du *Dalloz*, nous devons trop à ce que M. René Savatier y sema pour ne pas donner à notre gratitude envers l'ouvrier le sens d'une réflexion sur l'œuvre.

*
* *

En 1920 apparaît pour la première fois au *Dalloz* (D.P. 1920. 2. 41) la signature d'un jeune docteur en droit de Poitiers, chargé de cours à cette Faculté – sous des arrêts de Poitiers, précisément –. Il est assez indiqué de faire son apprentissage de chasseur sur le gibier de son village – et un gibier pas trop mobile, des questions de droit bien classiques (celle-ci, la distinction du louage d'ouvrage et du louage de services, était tellement classique qu'elle l'est restée). Mais, à quelques numéros de là, le chargé de cours est devenu agrégé, et la Cour de cassation a été mise entre ses mains. Quel arrêt ! C'est la fameuse affaire des résines (D.P. 1920. 1. 169). L'annotateur pressent la montée de la théorie du risque, et déjà il s'interroge sur le mélange de bien et de mal qui pourra en advenir. La surface du droit était d'ailleurs tranquille. L'excellence technique des juristes faisait, au besoin, office de brise-lames. C'était, au *Dalloz*, l'époque de M. de Rigny, de Gaston Griolet, de Charles Vergé fils.

Maintenant, feuilletez le volume de 1970, tel qu'en lui-même l'actualité le change. Vous y retrouvez la même signature. Un demi-siècle l'a rendue illustre, l'a comme revêtue d'un magistère scientifique et moral. Mais les ans ne l'ont point fait fléchir. Notre vieillissement, à nous juristes, se trahit le jour où nous n'apercevons plus que le droit a changé, le jour où nous commençons à ne plus connaître, à ne plus vouloir connaître les lois nouvelles. Apprendre les anciennes nous avait déjà coûté tant de mal ! Et puis ce que nous avons envie d'oublier, c'est plutôt l'avenir.

Le Doyen Savatier est bien trop passionné d'avenir pour ne pas s'intéresser aux lois les plus récentes. Nous songeons à cette note (D. 1970. 181) où, avec des curiosités que n'ont pas eues de plus jeunes, il s'amuse à démonter le mécanisme encore tout neuf de l'évaluation des récompenses. Et que l'on remarque où tendent ses analyses : ce qu'en somme il reprocherait le plus à ces nouvelles qu'il aime à taquiner, ce n'est point d'avoir servi on ne sait quel dessein révolutionnaire ; ce serait, juste à l'opposé, de s'être montrées presque aussi conservatrices que tous les Français réunis (Comp. D. 1969. Chron., p. 199).

Entre ce *dies a quo* et cet aujourd'hui qui ne sera pas, qui ne peut pas être un *dies ad quem*, sept sabbats d'années d'une collaboration innombrable. Sur le double registre des commentaires d'arrêt et des chroniques de fond (dont quelques-unes sont devenues, mieux que célèbres, proverbiales : « *Beati possidentes* ! », D.H. 1937. Chron., p. 61 ; *Prolétarisation du Droit civil*, D. 1947. Chron., p. 161 ; *Une institution civile en euphorie : l'adoption devant le Parlement français*, D. 1949. Chron., p. 117 ; *Impérialisme médical sur le terrain du droit*, D. 1952. Chron., p. 157), il est peu de secteurs du droit civil que Monsieur Savatier n'ait explorés. On discerne, néanmoins, des sortes de galeries principales, successivement ouvertes et approfondies : la tutelle, la filiation, la responsabilité, les baux ruraux, le droit médical. Dans leur juxtaposition même se laissent apercevoir d'un seul coup d'œil les préoccupations majeures qui, à des heures différentes, sont venues traverser la vie de l'auteur. Des préoccupations, parfois des anxiétés : à creuser ces matières privatistes, les tensions d'une société s'y découvraient. Cette époque fut, pour le droit civil, crise, mise en question, mutation accélérée, éclatement (on reconnaîtra ces expressions). Par le Doyen Savatier, le *Dalloz* fut toujours très présent à l'événement. N'est-ce pas un paradoxe que, dans notre mémoire, sur une période aussi agitée, plane l'ombre charmante d'Amédée Campiot ? Dans aucune rédaction on n'aurait pu rencontrer homme plus inaltérablement calme – ni plus souriant, habile et sincère à persuader chacun de nous, et par des preuves fort circonstanciées, que sans l'article qui venait d'être apporté, il eût manqué au *Recueil* un fleuron de sa couronne.

* * *

Monsieur René Savatier a dû se l'entendre dire. Seulement, pour lui, c'était plus vrai que pour d'autres, car ses notes d'arrêt ont toujours eu valeur de modèles. Il peut être pédagogique de chercher pourquoi.

Observons tout de suite que la forme y est pour beaucoup. La forme, c'est d'abord la rigueur de la construction. Les arrêtistes du début du siècle ne s'interdisaient point la ligne sinueuse. Les notes Savatier, au contraire, sont de celles qui ont le plus contribué à répandre le goût (passé maintenant en coutume) de la note fortement charpentée – poutres, solives, chevrons –, ce jeu de la division qui nous est venu de la leçon d'agrégation et qui, retournant vers elle, lui a sans doute imprimé une rigidité accrue. Ce qui a naguère motivé des accusations de formalisme – comme si ce formalisme n'avait pas une fonction, ne serait-ce que de substituer des perceptions distinctes et claires à une vision globale et diffuse. Mais la forme, c'est également le style. Les lecteurs du *Dalloz* ont-ils besoin qu'on leur expose que Monsieur Savatier n'écrit pas banalement ? Les futurs historiens de notre littérature juridique montreront comment cette écriture s'est constituée et que, si elle était dès le premier jour éminemment ferme, ce n'est qu'un peu plus tard qu'elle a conquis le brillant, les formules, les métaphores. Quand bien même le style ne serait pas simplement une nécessité dans la nature de l'homme (pour s'exprimer comme l'énigmatique Buffon), ce serait une nécessité toute spéciale – et trop méconnue – de la note d'arrêt. Plus qu'un autre public, les praticiens du droit, rassasiés de lectures ennuyeusement documentaires – exploits et grimoires, tables et répertoires, jugements et lois – ont faim de vif et de piquant. Outre l'utilité d'avoir en réserve, pour les insérer opportunément dans la plaidoirie, quelques notes éclatantes, et qui réveillent.

Mais il n'est pas de juristes sérieux qui se dispenseraient du fond pour la forme. D'un commentaire, deux qualités de fond sont attendues, qu'au demeurant il est rare de cumuler : une transparence qui rende l'arrêt plus clair que nature; un pouvoir d'invention qui fasse sortir de la boule de cristal des développements inédits.

On peut entendre avec plus ou moins d'exigence la fidélité de la note à son objet. Il va de soi, aujourd'hui, qu'une note d'arrêt ne saurait être une dissertation épinglée à un arrêt. Il faut qu'elle fasse corps avec celui-ci, qu'elle le pénètre. Mais, bien souvent, on ne compte, pour cette pénétration, que sur une dissection du texte, plus précisément des motifs de droit de la décision, rapprochant ainsi de façon révélatrice le commentaire d'arrêt du commentaire de loi. Cependant, un véritable réalisme requiert davantage : qu'au texte on ajoute le contexte, et à l'exégèse juridique de l'arrêt une sorte de sociologie compréhensive appliquée aux faits de l'espèce. Ce qui aura pour conséquence remarquable qu'un jugement, déclaration de volonté étatique, sera interprété par référence à des faits purement privés – en quoi l'on voit bien que la jurisprudence, ne fût-ce que par les modes d'interprétation qu'elle appelle, est tout autre chose que la législation. Mais comment l'annotateur connaîtra-t-il les faits, alors que les motifs en parlent si peu, surtout au sommet de la hiérarchie judiciaire, et que le dossier lui est d'ailleurs fermé ? C'est ici qu'est irremplaçable, pour donner une signification au demi-mot de la décision, une expérience concrète des relations humaines dans le milieu litigieux, qu'il s'agisse de famille ou de médecine, d'automobilistes ou de fermiers.

Il faut pourtant qu'il y ait dans la note d'arrêt plus qu'une élucidation, *de jure et de facto*, de l'affaire. Sinon, les recueils de jurisprudence ne seraient plus que des documents historiques. Or, leurs usagers les reçoivent comme des moyens d'action. C'est que chaque arrêt est le point de départ de divers possibles, y compris son contraire.

Autant de possibles, autant de systèmes, autant d'argumentations, dont pourra se nourrir l'indispensable rhétorique judiciaire. L'art de l'arrêtiste est de suggérer tous ces possibles et d'en mettre un en relief comme le plus probable, la probabilité s'introduisant parfois d'une nuance très légère : l'arrestographie (comme on disait audacieusement au siècle dernier) ne se conçoit plus sans ce supplément de pronostics.

Mais l'art suprême n'est-il pas de faire que ce probable rejoigne le souhaitable ? L'arrêtiste est juriste, et comme tel, participant au combat pour le droit, ou même pour le juste, a vocation à orienter la jurisprudence. L'annotation implique ainsi un devoir de conseil, partant un pouvoir de remontrance. De ce pouvoir, toutefois, l'usage est discret, et la critique judiciaire demeure, pour le mordant, très en deçà de la critique littéraire. C'est un peu autosuggestion : la doctrine, ayant poussé les arrêts à un rang quasi législatif parmi les sources du droit, les a mis elle-même hors de la portée de ses flèches. Mais c'est beaucoup plus désir d'être efficace : un censeur trop radical ne serait pas écouté. L'annotation utilement progressiste, qui fait jurisprudence, est celle qui réussit à convaincre les juges que la suite est déjà dans le précédent.

*
* *

Il nous semble que nous venons de décrire assez exactement la méthode du Doyen René Savatier, arrêtiste.

Lui est-il arrivé de méditer sur le devenir de ce genre littéraire qu'il a porté si haut ? Peut-être nous en entretiendra-t-il quelque jour. Lui-même a démontré (Observations sur les modes contemporains de formation du droit positif, *Mélanges Jean Dabin*, 1963, t. 2, p. 293-315) que la jurisprudence est entrée dans une phase nouvelle où sa puissance sera moins exclusive. Mais des changements pourraient aussi se manifester dans la manière de traiter ce qui subsistera de jurisprudence (et il en subsistera beaucoup). Réservons (quoique la réserve soit de taille) la part d'innovation qui viendra de l'informatique, comme instrument d'information, voire de prédiction jurisprudentielle. Longtemps encore, sans doute, les arrêtistes resteront des artistes, c'est-à-dire des artisans faiblement outillés.

Mais pourquoi ne sauraient-ils se créer des outils nouveaux ? Ainsi, exploitant le principe si juridique du contradictoire, au lieu de l'éternel monologue la note dialoguée en équipe ? Ou bien le test, au sens sociologique, qui passerait l'arrêt au crible d'un questionnaire en langue vulgaire, soumis à un échantillon national d'ignorants, ce qui ne serait que redécouverte du jury civil[1] ? Ou même l'analyse sauvage, de contestation pure, l'anti-décision, qui dégagée de tout souci d'utilisation immédiate par la pratique, expliquerait – sauf le respect de cour, bien entendu, et celui de l'art. 226 c. pén. – comment le problème eût été posé et réglé en partant de l'un quelconque de ces *a priori* politiques, sociaux, philosophiques, sur lesquels se divisent nos contemporains ?

1. Paul Esmein a raconté (note au J. C. P. 1961. II. 12078) comment, suivant cette méthode, mais sans y mettre la rigueur mathématique d'un sondage, il avait testé sur un échantillon de sa façon (dont un éleveur normand) le curieux arrêt du 24 janv. 1961, où la Cour de cassation déclare un bailleur garant, envers ses locataires, des conséquences explosives d'un suicide survenu dans l'immeuble.

DE L'ERREUR SUR LA SUBSTANCE

1972

Philippe Malinvaud

Professeur à l'Université de Paris-Sud

1. – L'erreur, et spécialement l'erreur sur la substance, est une matière sur laquelle on a beaucoup et excellemment écrit (v. par exemple, R. Célice, *L'erreur dans les contrats*, thèse, Paris, 1922 ; J. Ghestin, *La notion d'erreur dans le droit positif actuel*, préf. J. Boulanger, 2e éd., 1971, et Dalloz, *Encyclopédie juridique*, *Répertoire de droit civil* 1971-1972, v. *Dol* et *Erreur; La réticence, le dol et l'erreur sur les qualités substantielles*, D. 1971. Chron., p. 247 ; Y. Loussouarn, *L'erreur*, Cours de droit civil, D.E.S. droit privé, Paris 1968-1969 ; J. Maury, « L'erreur sur la substance dans les contrats à titre onéreux », *Études Capitant*, p. 491).

Pourtant l'esprit demeure insatisfait. Compte tenu de l'abondante jurisprudence en la matière et des nombreux commentaires qui lui sont consacrés, l'erreur devrait depuis longtemps avoir conquis le rang de science exacte. Il suffit hélas d'avoir à l'enseigner à des étudiants de licence pour déchanter. L'erreur ne serait-elle pas en voie de rejoindre dans un Panthéon de l'ésotérisme des matières, lien de causalité ou autres, qu'on n'ose plus exposer ailleurs qu'en doctorat ?

2. – Notre propos n'est pas de suivre des sentiers déjà battus dont les frondaisons ne laisseront jamais filtrer qu'un clair-obscur. On souhaiterait lever ici une ambiguïté qui découle d'un certain décalage entre doctrine et jurisprudence, la première s'obstinant à chercher du droit là ou la seconde n'en met pas. Trompés par le nombre d'arrêts de la Cour suprême, on croit avoir affaire à du droit, sans remarquer qu'à de rares exceptions près (par ex. Civ 1re, 25 janv. 1965, D. 1965. 217) les décisions sont toutes de rejet, et fondées sur le pouvoir souverain d'appréciation des juges du fond (v. en dernier, Soc. 4 mai 1956, D. 1957. 313, note Ph. Malaurie ; Civ. 1re, 16 déc. 1964, D. 1965. 136 ; *Gaz. Pal.* 1965. 1. 251 ; Com. 14 janv. 1969, D. 1970. 458, note M. Pédamon ; *Gaz. Pal.* 1969. 1. 205 ; 17 juin 1970, J.C.P. 1970. II. 16504 ; 20 oct. 1970, J.C.P. 1971. II. 16916, obs. J. Ghestin ; *Gaz. Pal.* 1971. 1. 27 ; *Rép. notariat* 1971. 582, obs. J.-L. Aubert ; Civ. 1re, 26 janv. 1972, J.C.P. 1972. II. 17065 ; v. aussi J. Voulet, *L'interprétation des arrêts de la Cour de cassation*, J.C.P. 1970. I. 2305).

Dès lors, à vouloir tirer, au plan du droit, des enseignements des solutions données, on s'essouffle à suivre les méandres bariolés et changeants de faits dont l'analyse relève de l'ordinateur et non pas du juriste. Pareille démarche ne peut apporter que déceptions.

3. – D'où l'intérêt d'aborder la question sous un angle tout à fait différent.

Il faut se faire à l'idée que, par suite d'une mutation aussi lente qu'insidieuse, l'erreur sur la substance n'est plus désormais qu'une question de pur fait.

Voilà une donnée qui, pour surprenante qu'elle soit, n'en est pas moins certaine en jurisprudence. Ne manqueront pas de s'en étonner tous ceux qui ont voulu rapprocher l'erreur sur la substance de la garantie des vices (M. Fournier,

La protection des parties dans les ventes d'antiquités et d'objets d'art, thèse, Dijon, 1936; D. Tallon, « Erreur sur la substance et garantie des vices dans la vente mobilière », in *Dix ans de conférences d'agrégation*, *Études Hamel*, p. 435; J. Ghestin, *op. cit.*, p. 321), laquelle n'est pourtant pas sans soulever quelques problèmes de droit.

Ce qu'il est intéressant de savoir, c'est comment on en est arrivé là, sans même s'en rendre compte, et comment y remédier.

I. Des observations

4. – Pour retracer le processus, revenons aux sources, à l'art. 1110, al. 1er, c. civ. : « L'erreur n'est une cause de nullité de la convention que lorsqu'elle tombe sur la substance même de la chose qui en est l'objet ». Il faut comprendre que, pour être admissible, l'erreur doit porter sur la chose – objet de la convention – et, plus précisément, sur la substance de cette chose.

Le contrat sera annulé à la demande de la victime si elle rapporte la triple preuve :

- de son erreur;
- portant sur la substance de la chose;
- et ayant déterminé son consentement.

La preuve de deux de ces éléments, la croyance erronée et la détermination du consentement, a pour objet l'état d'esprit de la victime lors de la conclusion du contrat. Cette recherche porte sur un fait, non pas matériel mais psychologique, dont l'appréciation relève de toute évidence du pouvoir souverain des juges du fond.

En revanche, le point de savoir si l'élément sur lequel on s'est trompé est ou non de la substance de la chose aurait dû être une question de droit. Alors seulement la Cour de cassation aurait pu exercer son contrôle sur les juges du fond.

5. – L'évolution a été tout autre (Marty et Raynaud, t. 2, vol. 1, n° 123; Mazeaud, *Leçons*, t. 2, n° 163).

La conception de départ, dite objective, était en réalité matérielle (erreur sur le métal ou le bois dont la chose est faite; ex. des chandeliers de Pothier) et par cela même beaucoup trop étroite.

Avec la conception subjective, on est tombé d'un excès dans l'autre : il y a erreur sur la substance « lorsqu'elle est de telle nature que sans elle l'une des parties n'aurait pas contracté » (Civ. 28 janv. 1913, S. 1913. 1. 487). Si les arrêts récents ne reprennent pas la même formule, l'idée est néanmoins sous-jacente que l'erreur sur la substance, c'est celle qui a emporté le consentement (sauf erreur inexcusable).

Par suite de cette évolution, la notion de substance a complètement perdu son sens. Elle n'est plus un élément intrinsèque de la chose, mais extrinsèque : c'est la représentation que l'errans se fait de la chose, autant dire un état d'âme.

6. – Cette conception conduit à une extension considérable du domaine de l'erreur sur la substance puisqu'elle englobe l'erreur sur les motifs déterminants.

Au plan de la politique juridique, cette protection accrue du consentement nous paraît tout à fait justifiée, sauf à ne pas nuire injustement à l'autre cocontractant. À cet égard, est bien venue la règle jurisprudentielle suivant laquelle le caractère substantiel attaché par la victime de l'erreur à telle qualité de la chose ou à telle considération qui l'a amené à contracter doit être connu de son cocontractant (Marty et Raynaud, *op. cit.*, t. 2, vol. 1, n° 129).

Au plan de la technique juridique, la substitution d'une conception purement subjective à une conception trop étroitement matérielle de l'erreur présente quant à la preuve de sérieux inconvénients, qui se retournent contre la victime de l'erreur que l'on voulait avantager.

Le demandeur doit en effet prouver :

- qu'il a attaché un caractère substantiel à tel élément qui n'existait pas en fait;
- mais dont l'existence supposée a déterminé son consentement.

Même pour un vice du consentement, cela fait beaucoup d'états d'âme dont la démonstration ne peut guère être faite autrement que par des présomptions dont on sait qu'elles « sont abandonnées aux lumières et à la prudence » (art. 1353 c. civ.) des juges du fond.

7. – Dans ces conditions, il ne faut pas s'étonner que soient déclarées tantôt substantielles, tantôt non, l'authenticité d'un tableau ou d'un meuble (Civ. 1re, 23 févr. 1970, D. 1970. 604, note J.-M. Etesse; J.C.P. 1970. II. 16347, note P. A.; *Gaz. Pal.* 1970. 1. 341, et Civ. 1re, 26 janv. 1972, J.C.P. 1972. II. 17065), la monnaie de compte d'un paiement (Com. 14 janv. 1969, D. 1970. 458, note M. Pédamon; *Gaz. Pal.* 1969. 1. 205; *Rev. trim. dr. civ.* 1969. 556, obs. Loussouarn, et Civ. 1er, 27 oct. 1970, J.C.P. 1971. II. 16710), ou la constructibilité d'un terrain (Rouen, 19 mars 1968, D. 1969. 211; *Rev. trim. dr. civ.* 1969. 556, obs. Loussouarn, et Toulouse, 10 déc. 1968, D. 1969. 466, 1re esp.).

Comme le dit sans ambages la cour de Montpellier (2 janv. 1963, *Gaz. Pal.* 1963. 1. 193 D. 1963. Somm. 77), « le problème de savoir si une qualité est substantielle se résout en une question de fait, dont la solution sera bien souvent commandée par des considérations d'équité »; la formule qui exprime tout haut ce que chacun pense tout bas n'est pas exempte d'une certaine imprudence qui lui a valu la cassation (Civ. 1re, 25 janv. 1965, D. 1965. 217).

8. – Alors, si l'erreur n'est plus qu'une question de fait, on peut s'autoriser à établir des statistiques. Or que constate-t-on ? Si l'on s'en tient aux dernières années, il apparaît que cours et tribunaux rejettent neuf fois sur dix les demandes en nullité pour erreur sur la substance, faute par l'errans de démontrer qu'il a entendu faire de tel élément la qualité substantielle ayant déterminé son consentement.

On observera au passage que cette sévérité s'exerce tout spécialement à l'encontre des victimes d'erreur sur l'authenticité ou l'origine d'objets d'art. Cette constatation donne d'autant plus matière à réflexion que c'est précisément pour secourir les victimes de ce type d'erreur qu'on a jadis abandonné la conception objective. Curieux retour des choses…

Ainsi, l'arrêt de la cour de Lyon du 18 mars 1931 (D.H. 1931. 276; D.P. 1933. 2. 25, note Waline), partout cité comme le symbole d'une intransigeance révolue, se retrouve 40 ans plus tard dans le droit fil de la jurisprudence moderne : « l'intention des parties, et notamment celle de l'acquéreur, d'envisager l'ancienneté comme une qualité substantielle de la chose et comme la condition déterminante de l'achat, doit se déduire des circonstances de la cause… sans que le chiffre élevé du prix, ni le libellé de la quittance délivrée par le vendeur, soient à eux seuls déterminants ».

Ces mêmes principes ont, semble-t-il, été retenus par la cour de Paris dans un arrêt rendu le 22 sept. 1969 (pourvoi rejeté par Civ. 1re, 26 janv. 1972, D. 1972. 517, *infra*) à propos de la vente d'un faux Magnasco. Les juges du fond ont en effet « estimé qu'en raison des fluctuations du cours des œuvres de Magnasco passées en ventes publiques, le prix payé par Boccara (90 000 F, nouveaux bien entendu) n'était pas de nature à emporter la conviction ». Voilà qui laisse perplexe lorsqu'on sait qu'un faux, Magnasco ou autre, ne vaut que le prix du cadre, et non pas une fraction quelconque du prix d'un vrai.

9. – Quels modes de preuve faut-il alors présenter pour convaincre les juges ?

S'agissant de démontrer une disposition d'esprit, il ne devrait s'agir que de présomptions ou indices. Dès 1936, un auteur, analysant avec un soin scrupuleux une jurisprudence fuyante, avait distingué comme pouvant être retenus les indices résultant du prix élevé ou modique, de la qualité des parties contractantes, de l'aspect de l'objet et des circonstances qui ont accompagné sa présentation, de l'attitude des parties avant et après la vente (M. Fournier, *op. cit.*, p. 215 et s.).

À consulter la jurisprudence récente, il apparaît que ces indices ne suffisent plus.

Il ressort des décisions que la qualité objet d'erreur doit être « entrée dans le champ contractuel » (Y. Loussouarn, obs, sous Com. 20 oct. 1970, *Rev. trim. dr. civ.* 1971, p. 131, n° 2); ou, suivant une formule encore plus forte, l'erreur doit porter sur une « qualité convenue » (J. Ghestin, obs. sous le même arrêt, J.C.P. 1971. II. 16916).

Ces formules rendent parfaitement compte d'une fraction importante de la jurisprudence; s'agissant en effet de la vente d'objets d'art, les tribunaux en arrivent à subordonner la nullité pour erreur (sur l'authenticité ou l'ancienneté) à l'existence d'une stipulation de garantie, expresse ou tacite.

En fait, les juges exigent de l'errans non pas tant la preuve d'une erreur que celle d'une clause tacite relative à la qualité substantielle. Ils opèrent ainsi un déplacement de l'objet de la preuve, d'un fait juridique (l'erreur) à un acte juridique (le contenu de la convention quant à la qualité substantielle). Et, tout naturellement, on en vient à exiger sinon une preuve écrite, du moins quelque chose qui s'en rapproche, en tout cas pas de simples présomptions.

10. – Si cette jurisprudence devait se maintenir, il faudrait lui donner dans le grand public toute la publicité possible. Pour l'heure, l'importance du contentieux démontre que les dupes sont plus nombreuses que jamais, qui achètent à prix d'or à des marchands ou à des amateurs éclairés ce qu'ils croient être des œuvres d'art.

L'erreur sur la valeur n'étant pas une cause de nullité, ces victimes ne peuvent trouver leur légitime protection que dans l'erreur sur la substance. En exigeant d'eux la preuve que la qualité substantielle a été convenue, on les étrangle alors que c'est pour les secourir qu'on a adopté la conception subjective de l'erreur.

Il serait de bonne justice de les en prévenir, ne serait-ce que pour les mettre sur un pied d'égalité avec d'habiles vendeurs qui, eux, connaissent la jurisprudence.

Il faut qu'ils sachent que l'art est le domaine de l'antiphrase, que « attribué à » ou « signé de » exprime les plus grands doutes sur l'authenticité d'un tableau (M. Fournier, *op. cit.*, p. 386 et s.), qu'un meuble Louis XV peut être de l'année dernière ou encore, suivant la boutade célèbre, que Corot (comme hélas tous les peintres connus) a peint 3 000 tableaux dont 10 000 ont été vendus en Amérique.

Il faut qu'ils sachent qu'ils doivent exiger une stipulation expresse de garantie, faute de quoi on leur répondrait que leur erreur n'a pas porté sur une qualité convenue, ou encore qu'ils ont conclu un contrat aléatoire.

11. – Les dupes ne sont pas seules à souffrir de cette évolution, dans laquelle l'équité n'a pas toujours son compte (à moins de ne ranger toutes les victimes parmi les snobs ou les jobards et de considérer que snobisme et jobardise sont la faute exclusive de la victime).

Elle sonne aussi le glas de l'erreur sur la substance. Qu'on veuille bien excuser l'impertinence, mais que reste-t-il de l'erreur sur la substance lorsqu'on limite son domaine aux qualités convenues ou entrées dans le champ contractuel ?

L'erreur sur les qualités convenues est une antinomie. Si les qualités exigées de l'objet ont été convenues et ne se retrouvent pas dans la chose livrée, il ne s'agit plus d'erreur ou d'un quelconque vice du consentement, mais d'inexécution d'un contrat. Si c'est cela l'erreur, l'art. 1110 c. civ. fait manifestement double emploi avec l'art. 1184 c. civ., avec la résolution pour inexécution.

Pour prospérer, l'erreur suppose au contraire un certain flou dans la définition contractuelle de l'objet, un brouillard des mots au travers duquel elle se fraiera un passage dans l'esprit de l'une des parties. À cet égard, la terminologie en usage dans le commerce des objets d'art est une merveille du genre, et de même la transmutation des anciens francs en nouveaux francs. En bref, il n'y a place pour l'erreur que là où il y a ambiguïté. Se refuser à l'admettre, c'est dénier à l'erreur sur la substance tout rôle spécifique dans notre droit positif.

II. Des propositions

12. – Force est de constater une contradiction interne dans l'évolution de l'erreur sur la substance : comme on le dit parfois en d'autres domaines, « plus ça change, et plus c'est toujours la même chose ».

Ainsi, pour échapper à une application trop étroite de l'erreur sur la substance, on a abandonné la conception objective pour une conception subjective. Mais, cette substitution ayant entraîné des développements jugés excessifs, la jurisprudence a établi sur le plan de la preuve une barrière quasi infranchissable (*supra*, n°s 6 à 9).

En raison de ces obstacles de preuve, il est aujourd'hui plus difficile d'obtenir la nullité pour erreur sur la substance que du temps de la conception objective. Ah ! les beaux jours pour les marchands hardis qui savent ne pas appeler un chat un chat, ni Rollet un fripon. La sécurité du commerce est devenue un impératif catégorique au regard de la protection du consentement.

Achète-t-on un Magnasco pour quelques 90 000 F qu'on vous demande très sérieusement si vous avez entendu faire de la personnalité du peintre une qualité substantielle déterminante de votre achat.

Sans doute, on nous expliquera savamment qu'un vrai Magnasco peut atteindre un prix supérieur. À quoi on répondra qu'un faux Magnasco ne vaut rien, le prix du cadre au mieux, et que le cours des faux est toujours invariable, tandis que celui des vrais est fonction d'une cote variable selon la loi de l'offre et de la demande.

Doit-on pour autant en conclure, comme on le devine en filigrane des arrêts, que celui qui paie un prix à mi-chemin du zéro et de l'infini conclut un contrat aléatoire ? Ce serait oublier qu'en la matière le risque est unilatéral, que dans pareil contrat l'un des protagonistes connaît toujours la vérité, laissant l'autre se bercer d'illusions (quand il ne les entretient pas). C'est au surplus poser en règle que la vente des objets d'art est par nature aléatoire. Pourquoi alors ne pas le dire clairement et l'afficher à la porte des magasins d'antiquités ou de brocante : « La maison ne répond ni de l'ancienneté, ni de l'authenticité des objets exposés, toute vente devant se faire aux risques et périls de l'acheteur ».

Le jour où tous les acheteurs dupés sauront qu'ils ne peuvent se plaindre de leur erreur pour se faire restituer, comment les empêcher d'entretenir au détriment d'autrui la même ambiguïté dont ils ont été victimes et d'essayer de revendre des objets douteux ? Ils seraient bien nigauds ou masochistes ceux-là qui s'adresseraient à la justice pour faire claironner dans les prétoires qu'ils ont acheté un faux, se mettant ainsi dans l'impossibilité de s'en défaire « de bonne foi ».

13. – À notre sens, tout le mal vient de ce que, au lieu de combiner conception objective et conception subjective de l'erreur, on a abandonné l'une pour l'autre.

Or, qu'on le veuille ou non, il est des éléments qui sont « de la nature des choses », de leur substance dirait-on en droit. Cela ne se borne pas à la matière dont la chose est faite ainsi qu'on l'a d'abord interprété. Comme le disait Bartin (Aubry et Rau, 6e éd., t. 4, § 343 *bis*, p. 433), « par substance de la chose, on doit entendre non seulement les éléments matériels qui la composent, mais encore les propriétés dont la réunion détermine sa nature spécifique, et la distingue, d'après les notions communes, des choses de toute autre espèce ».

Serait alors substantiel tout élément dont l'absence dénaturerait la chose à un point tel qu'elle serait autre chose, ou encore (critère d'utilisation) qu'elle serait impropre à son usage naturel. Il appartiendrait à la Cour suprême d'en donner une définition à l'usage des juges du fond, et d'en contrôler l'exacte application. Un tel contrôle mettrait les juges en garde contre les tentations souvent trompeuses d'une équité qui varie suivant la latitude.

14. – La tâche n'est pas impossible, les hypothèses d'erreur sur la substance se ramenant à un très petit nombre. En fait, dans la jurisprudence actuelle, hormis quelques situations exceptionnelles ou passagères (par ex. confusion entre NF et AF), il s'agit d'erreur sur la constructibilité d'un terrain, et surtout d'erreur sur l'authenticité ou l'ancienneté d'un objet d'art.

Or, comment peut-on douter que la constructibilité soit de la nature du sol ! À quoi sert le sol sinon à planter ou à construire ? Il suffit de lire le code civil pour s'en convaincre. Alors, pourquoi en imposer la preuve à l'acheteur qui invoque une erreur sur ce point et qui, compte tenu de l'apparence, pouvait normalement s'attendre à retrouver ces qualités dans le terrain acheté.

Ce n'est pas à dire que l'acheteur soit dispensé de toute preuve : le caractère substantiel de la constructibilité étant indiscutable, encore devra-t-il démontrer qu'il y a cru; mais cette croyance erronée résultera du seul prix payé, s'il est nettement trop élevé pour un terrain non constructible. Belle occasion d'ailleurs, pour la jurisprudence, de compenser au profit de l'acheteur l'action en rescision pour lésion de plus des 7/12es que la loi, pour des raisons aujourd'hui dépassées, n'accorde qu'au vendeur.

15. – Comment surtout peut-on douter que l'authenticité ou l'ancienneté soit de la substance de l'œuvre d'art ?

En 1942, Bartin tenait un langage contraire : « Quant à l'erreur portant sur l'origine, sur l'ancienneté, ou sur telle ou telle autre qualité plus ou moins importante de la chose, elle ne vicie point le contrat, à moins que, les parties ayant traité en vue d'une pareille qualité, indiquée ou précisée, elle ne soit devenue une condition de la convention. C'est ainsi que la vente d'un tableau... » (Aubry et Rau, 6e éd., t. 4, § 343 *bis*, p. 434). Il n'est point irrévérencieux d'affirmer qu'un tel propos révèle que l'éminent juriste ne se doublait pas d'un amateur d'art averti.

Prenons l'exemple d'un tableau. Chacun sait que l'élément essentiel, qui lui confère sa valeur, est la notoriété de l'artiste qui l'a peint. Hormis la Joconde, l'Angélus et quelques autres où le sujet représenté a pris le pas sur l'artiste, on dira d'un tableau qu'il est un Signac, un Modigliani, etc. Et que lit-on sur les catalogues sinon le nom de l'auteur, le titre de l'œuvre, sa date et ses dimensions; mais, mis à part les œuvres majeures, la valeur du point ne dépend que de la qualité du peintre. Ceci explique l'intérêt que les acheteurs éventuels, les moins éclairés surtout, portent à la signature de l'œuvre.

Autant dire que, comme les personnes, les tableaux ont un état civil; le nom de leur auteur en est l'élément substantiel en ce qu'il révèle leur filiation. En définitive, l'erreur sur l'origine d'un tableau, plus encore qu'une erreur sur la substance, c'est une erreur sur l'identité civile dont on sait que, portant sur la personne, elle entraîne la nullité du mariage.

16. – Les vendeurs, il est vrai, feront remarquer qu'ils ne trompent pas leurs clients lorsqu'ils présentent un tableau douteux comme « attribué à » ou « signé de », puisque dans la terminologie artistique ces expressions expriment l'incertitude. Qu'il n'y ait pas dol, soit, mais il n'empêche qu'à raison de l'ambiguïté les acheteurs font erreur. Sinon, jamais ils n'accepteraient de verser une forte somme pour une peinture sans valeur marchande.

Il ne faut pas oublier en effet que, depuis un certain temps déjà, les objets d'art se vendent non pas tant pour leur valeur artistique que pour leur caractère de valeur refuge. On aurait quelques longueurs de retard à considérer l'achat d'un tableau comme un contrat aléatoire alors qu'il est un placement de père de famille, aussi sûr et moins voyant que la pierre. Alors, il faut moraliser le marché des œuvres d'art au même titre que le marché immobilier. Chaque jour la rubrique des faits divers montre l'urgente nécessité d'une réforme en ce sens, et les professionnels eux-mêmes réclament une réglementation.

Faute pour le législateur d'y procéder, la jurisprudence se devrait d'y veiller. Pour ce faire, il n'y a que deux voies.

17. – La première est celle suivie par la jurisprudence actuelle. Elle consiste à sanctionner, par le refus de la nullité, les victimes d'erreurs, le plus souvent les acheteurs; le tout dans l'espoir qu'un jour ou l'autre le public, ayant parfait son éducation artistique, ou bien saura distinguer le vrai du faux, ou bien exigera une garantie expresse d'ancienneté ou d'authenticité. Malheureusement, il faut croire que les enseignements de la jurisprudence ne parviennent pas jusqu'au public car le nombre des acheteurs trompés va toujours croissant; à preuve qu'il est difficile de faire de l'enseignement de masse…

18. – La seconde serait sans doute plus efficace. Si toute ambiguïté entretenue par l'un des contractants (y compris par son silence) sur l'authenticité ou l'ancienneté d'un objet d'art était sanctionnée par la nullité, cela se saurait très vite dans le petit cercle des marchands et des amateurs éclairés, d'autant que les revues professionnelles propageraient la nouvelle. Cela reviendrait en fait à imposer aux personnes averties une obligation de renseignement au profit de celles qui ne le sont pas, et à ne pas tolérer dans ce marché un dolus bonus aux conséquences trop graves (M. de Juglart, « L'obligation de renseignement dans les contrats », *Rev. trim. dr. civ.* 1945. 1; J. Ghestin, *La réticence, le dol et l'erreur sur les qualités substantielles*, D. 1971. Chron., p. 247).

Ainsi seraient d'emblée éliminés un certain nombre de spécialistes trop habiles. Et de même certaines techniques nouvelles; on signalera à cet égard qu'aux Amériques fleurissent de superbes lithographies de Toulouse-Lautrec, Picasso et autres, qui, en dépit de leur numérotation, ne sont que de très belles photographies de l'original. Autant il serait souhaitable que ces splendides reproductions soient diffusées à leur juste prix (100 F peut-être) à ceux qui ne peuvent s'offrir le luxe de l'original, autant il serait regrettable de les voir présentées en France en vedette… américaine, et à leur prix américain (de 1 500 à 3 000 F).

Chacun devrait appeler un vrai un vrai, et un faux un faux. Pour les meubles et objets, il faudrait préciser en outre les éventuelles restaurations. Enfin, les objets dont l'authenticité résiste à l'examen, présentés comme douteux, seraient les seuls à faire l'objet d'un véritable contrat aléatoire.

19. – Mais, là encore, cela signifie seulement que le caractère substantiel de l'ancienneté ou de l'authenticité est hors de discussion; l'errans n'est pas pour autant dispensé de démontrer son erreur, de prouver qu'il a cru à l'ancienneté ou à l'authenticité.

Par exemple, apparaît bien rendu l'arrêt de la Cour de cassation du 20 oct. 1970 (Com. 20 oct. 1970, *Gaz. Pal.* 1971. 1.27; J.C.P. 1971. II. 16916, obs. J. Ghestin;

Rev. trim. dr. civ. 1971. 131, obs. Y. Loussouarn; *Rép. notariat* 1971, 582, obs. J.-L. Aubert) qui rejette la demande en nullité formulée par une décoratrice contre un antiquaire relativement à la vente d'un lot de trente-et-un tableaux, dessins et reproductions, avec « signature », dont certains se sont avérés être des faux. En effet, compte tenu des circonstances de l'espèce et de la qualité respective des parties, il apparaissait clairement que l'acheteur ne s'était pas mépris sur le caractère aléatoire du contrat passé. En déclarant non sans imprudence « que leur prix était trop élevé pour en retirer un bénéfice en les revendant », c'est contre la loi du commerce que s'insurgeait l'acheteur qui, acquérant un lot, réalisait de toute évidence une opération spéculative (Mazeaud, *op. cit.*, p. 141). L'absence d'erreur étant patente, il était donc inutile et regrettable à notre sens, d'ajouter que l'authenticité des tableaux et dessins n'était pas une qualité substantielle dans l'esprit de l'acheteur.

En pratique, l'existence d'une obligation de renseignement devrait restreindre l'erreur sur la substance aux seuls cas d'erreur commune aux deux cocontractants. Ne subsisterait plus que l'erreur sur la valeur qui, n'étant pas prise en considération par la jurisprudence, permettrait encore à certains de réaliser de substantiels bénéfices.

20. – Le retour à une conception objective de la substance ne devrait pas cependant marquer un recul par rapport à la conception subjective et aux avantages qui y sont attachés. La combinaison des deux conceptions est non seulement possible, mais souhaitable. Elle s'articulerait suivant le schéma suivant :

1) Certains éléments sont de la substance objective de la chose (par ex. la constructibilité d'un terrain, l'authenticité ou l'ancienneté d'un objet d'art) ; leur qualification relève du contrôle de la Cour suprême. La nullité sera accordée à l'errans s'il démontre par de simples présomptions (résultant notamment du prix payé) qu'il a cru à l'existence de telle qualité substantielle.

2) Certains éléments, étrangers à la substance objective de la chose, ont pu déterminer le consentement de l'acheteur (par ex. le fait que le tableau représente tel personnage : Trib. paix Nantes, 23 janv. 1947, D. 1947. 220 ; ou a orné la chambre de l'artiste : Trib. civ. Seine, 8 déc. 1950, D. 1951, 50). Alors la nullité ne sera accordée que si l'errans rapporte la preuve que cet élément est entré dans le champ contractuel et qu'il a entendu en faire « la qualité substantielle ayant déterminé son consentement », c'est-à-dire la condition du contrat. S'agissant de prouver le contenu de la convention, le recours aux présomptions et indices dépendrait de l'existence d'un commencement de preuve par écrit ; telle est en fait la preuve qu'exige la jurisprudence actuelle de manière générale, et qui serait ainsi limitée à l'erreur, sur les motifs personnels déterminants.

LE CŒUR DE LA COUR DE CASSATION
Le droit à réparation de la concubine adultère
1973

François Chabas
Agrégé des Facultés de droit,
Professeur à l'Université de Paris-Est

Une femme adultère perd son concubin dans un accident. La Cour de cassation admet que l'auteur de l'accident doit réparer le préjudice réfléchi causé à la concubine par la mort de celui qui l'entretenait.

Le premier réflexe du juriste est de penser que la Cour de cassation a eu du cœur et peut-être pour des raisons que la raison juridique ne connaît pas parfaitement. Mais que peut juger l'analyste dans le confort ouaté et le silence de son cabinet, loin du dossier, loin des victimes ? Il voudrait que la Cour de cassation soit une machine froide et cérébrale au prétexte qu'elle n'apprécie pas les faits. Mais voici que, derrière un arrêt collectif, se profile l'image des hommes qui l'ont rendu. Le rondeau n'est pas une danse de machines juridiques. Les conseillers à la Cour de cassation sont des juges.

Mais alors pourquoi un arrêt si satisfaisant pour le cœur – et qui le niera à la lecture des faits navrants qu'il relate – déconcerte-t-il la raison ? Ne serait-ce pas parce qu'entre la justice humaine que tout le monde souhaite et une justice d'équité à base d'arrêts d'espèce, il y a plus qu'une nuance ?

Nul ne sait ce qui se passe dans l'âme des juges et par conséquent nul n'a le droit de les critiquer. Mais la Cour de cassation a la tâche immense de créer des règles de droit ; l'autorité de ses précédents est grande. Qu'elle le veuille ou non, la portée d'un de ses arrêts s'étend au-delà du litige en cause.

À travers la critique d'un arrêt étonnant (I) nous voudrions rechercher les axiomes qui doivent guider l'interprétation d'un texte, l'article 1382 (II), et quelles sont les limites de la création jurisprudentielle (III).

I.

Même au regard du droit positif que représente la jurisprudence habituelle de la Chambre criminelle[1] et l'arrêt de la Chambre mixte du 27 février 1970[2], l'arrêt du 20 avril 1970[3] ne peut trouver de justification.

---

1. Crim. 24 févr. 1959, J.C.P. 1959. II. 11095 ; 20 janv. 1966, D. 1966. 184, rapport Combaldieu ; 5 févr. 1969, *Bull. crim.*, n° 62, p. 142, etc.
2. Ch. mixte, 27 févr. 1970, D. 1970. 201, note R. Combaldieu ; J.C.P. 1970. II. 16305, concl. Lindon et note Parlange. – *Adde* J. Vidal, J.C.P. 1971. I. 2390.
3. Crim. 20 avr. 1972, J.C.P. 1972. II. 17278 et note Vidal : D. 1972. Somm. 129 ; *Bull. crim.*, n° 134, P. 333.

Cet arrêt est en contradiction avec la jurisprudence antérieure puisque, jusque-là, le concubinage, pour entrer en ligne de compte ne devait pas être délictueux. Or son caractère adultérin, au rebours de ce qu'écrivent les rédacteurs de l'arrêt, ne fait pas de doute : la preuve du mariage, du divorce, du décès, se fait par les actes de l'état civil. Or aucune de ces preuves n'était apportée.

On rejoint d'ailleurs ici une remarque de M. Vidal : l'épouse délaissée, infirme, avec un enfant à charge, aurait fort bien pu arguer d'une injure grave et obtenir un divorce par défaut. A-t-on voulu une fois de plus ne pas accabler une personne qui s'était montrée négligente dans la recherche des voies de droit qui s'offraient à elle ?[4].

Peut-être aussi faut-il comprendre l'arrêt comme ne visant pas le délit civil d'adultère mais le délit pénal. Dans ce cas-là, la présomption d'innocence, les originalités de la procédure qui permet à l'époux seul de faire déclarer l'adultère, expliqueraient la solution[5].

Ce raisonnement n'est pourtant pas convaincant. Il est fort douteux que la Chambre mixte ait, en 1970, songé au délit pénal. De plus, les arrêts antérieurs de la Chambre criminelle concernaient sûrement des cas où aucune condamnation pénale n'avait été prononcée. Or si la qualification de délit civil est ainsi retenue, on ne manquera pas de mentionner la particulière sévérité dont fait preuve la jurisprudence pour reconnaître la bonne foi de l'épouse adultère. En témoignent, en matière de divorce, les arrêts qui considèrent que l'adultère est réalisé alors qu'une décision non définitive ayant été rendue, l'un des époux se croyait sincèrement divorcé[6].

En l'espèce donc, le caractère délictueux des relations paraît beaucoup moins incertain qu'on ne l'a dit. Mais quand bien même il ne l'aurait pas été, on peut douter de la valeur de l'arrêt, comme de toute la jurisprudence dont il est issu. Nombreux sont ceux qui continuent à croire que seul un intérêt légitime juridiquement protégé peut, s'il est compromis par un tiers, obliger celui-ci à réparation. Mais c'est déjà aborder l'interprétation de l'article 1382.

II.

Dans les arrêts qui font preuve de laxisme en matière de recevabilité d'une action en dommages-intérêts on trouve invoquée la généralité des termes de l'article 1382. Et il est bien vrai que ce texte ne distingue pas.

---

4. On pourrait penser également que la Cour a été influencée par les principes qui gouvernent la validité d'un second mariage en cas d'absence déclarée du premier conjoint (art. 139 c. civ.).

5. Ce raisonnement s'appliquerait aussi à l'adultère du mari car dans les hypothèses visées il y a entretien de la concubine au domicile conjugal, du moins de l'avis des juridictions répressives.

6. Civ. 29 janv. 1936, D. P. 1937. 1. 15 ; S. 1936. 1. 312 ; *Rev. trim. dr. civ.* 1936. 453 et obs. Lagarde ; 1er mai 1939, D. C. 1941. 56 et note Carbonnier.

D'où vient alors le malaise que l'on ressent à la lecture de décisions, tel l'arrêt « Lunus »[7], qui justement reprend ce motif ou – tout autre rapprochement étant évidemment banni – l'arrêt du 20 avril 1972 ?

Les articles 1382 et suivants ne peuvent faire l'objet d'une interprétation exégétique. Cela s'est vérifié pour l'article 1384 ! Mais d'ailleurs vouloir appliquer l'article 1382 chaque fois qu'une faute cause un préjudice, n'est-ce pas l'interprétation littérale qui va encore plus loin que l'exégèse ?

La jurisprudence l'avait compris qui, pendant des décennies avait limité le champ d'application du texte.

1° On a souvent dit, alors, que cette jurisprudence, relative au préjudice réfléchi, surtout, était en réalité motivée par les impératifs de la preuve. Tel serait le cas des arrêts qui exigeaient que la victime fît état d'un lien de parenté ou d'alliance avec la victime initiale. Cela n'est pas niable. D'ailleurs la Cour de cassation l'a souvent montré par la suite en ne retenant le lien de parenté ou d'alliance qu'au service d'une présomption simple de préjudice moral par ricochet et en ne soumettant plus le droit à réparation à la démonstration de ce lien de parenté ou d'alliance. Elle admet couramment l'indemnisation de personnes qui n'ont aucun lien de droit avec la victime initiale pourvu que soit apportée la preuve du préjudice.

Sont donc de faux critères ceux qu'on prétend voir dans les arrêts qui concernent la preuve : ces décisions ne restreignent pas vraiment le champ d'application de l'article 1382.

On remarquera d'ailleurs que tant l'arrêt « Lunus » que celui du 20 avril 1972 fait une place au problème de la preuve. Pour le premier, la mort d'un animal « peut être pour son propriétaire la cause d'un préjudice d'ordre… affectif ». Dans le second, c'est sur l'incertitude de la preuve de certains caractères du préjudice que l'on se fonde principalement.

2° Or justement, parler des caractères du préjudice, c'est déjà restreindre le champ d'application de l'article 1382. C'est poser des limites, des conditions à son application et des conditions qui sont autres que de preuve.

Et, au fond, pourquoi ces conditions, puisque la loi ne distingue pas ?

La victime qui, par sa faute – et tout aussi bien pénale – *a participé au dommage* dont elle se plaint n'est pas obligatoirement privée de tout droit à réparation. Pourquoi le serait-elle si sa faute *a créé la situation* dont la disparition, du fait du défendeur, lui est préjudiciable; autrement dit, si elle a accepté un concubinage adultérin.

Pourtant, pour la Cour de cassation – du moins jusqu'au 20 avril 1972 – il y a une limite et cette limite est le délit. L'atteinte à une situation délictueuse n'est pas sanctionnée par le droit. Dans leur majorité les auteurs approuvent ce point de vue.

---

7. Civ. 1re, 16 janv. 1962, D. 1962. 199 et note Rodière; S. 1962. 281 et note Mme Poulon-Piganiol (d'ailleurs rendu sans doute sur la base de l'art. 1147). Dans cette affaire, le propriétaire d'un cheval de course, Lunus, avait obtenu réparation du préjudice d'ordre affectif que lui causait la mort de l'animal.

Peut-être y a-t-il un certain arbitraire dans le choix de cette limite qu'aucun texte n'impose de placer là plutôt qu'ailleurs.

Pourtant, il faut une limite. L'arrêt du 20 avril 1972 est dangereux. D'autres ont écrit que l'arrêt « Lunus » avait été rendu dans un « moment d'aberration ». Dans le domaine contractuel – où s'applique comme dans l'affaire « Lunus » l'article 1147, mais la question du préjudice, du moins s'il est prévisible, est bien partout la même – les arrêts qui rendaient la S.N.C.F. responsable de tout dommage survenu dans l'enceinte de la gare ont été jugés excessifs.

Le tout est de savoir à quel endroit placer le barrage.

Si nous considérons l'arrêt de 1972 comme un cas d'espèce (car, avec lui, il n'y aurait plus de limite du tout), le choix est possible dans une ligne arrêtée par deux points extrêmes. À un extrême, le préjudice réparable serait celui qui porte atteinte à un droit subjectif de la victime[8]. À l'autre extrême, ce préjudice serait exclusivement celui qui heurte une situation licite ou morale.

Le premier critère est trop sévère. Le second nous paraît trop laxiste. Il l'est surtout si l'on songe au contenu que prend de nos jours la notion d'immoralité. N'a-t-on pas pu écrire pour justifier l'arrêt de la Chambre mixte que le concubinage n'est pas immoral ![9].

C'est évidemment faire beau jeu de toute la jurisprudence sur les libéralités entre concubins. On sait que ne trouvent grâce aux yeux de nos tribunaux que les libéralités qui tendent *à réparer* le tort causé à la concubine par la situation dans laquelle on l'a faite vivre[10]. L'idée de faute est sous jacente.

L'argument essentiel n'est pas là. La solution nous semble être dans le retour à l'excellente formule de « l'intérêt légitime juridiquement protégé »[11]. Elle est un peu négligée nos jours car on lui a fait dire trop de choses contradictoires. Elle nous paraît pourtant devoir être interprétée dans le sens que voici : Est un intérêt légitime juridiquement protégé celui qui, sans peut-être donner un droit subjectif à son titulaire n'est pas oublié, voire délibérément écarté, par *la loi* ou *la coutume*. Cela ne veut pas dire que la loi ou la coutume doit avoir prévu le préjudice en question, mais prévu *la situation* à laquelle une atteinte constitue le préjudice réparable.

Nous ne croyons pas en revanche qu'il soit suffisant que la situation en question ait parfois été envisagée par la jurisprudence car celle-ci, en l'absence d'une loi ou d'une coutume préexistante dont elle applique ou complète les dispositions ne peut créer *ex nihilo* une institution juridique. À ce titre, par exemple, les quelques solutions qu'elle apporte, au problème du concubinage ne sont que des palliatifs, des correctifs exceptionnels à un vide législatif et coutumier.

Il n'en va pas de même pour les fiançailles qui, si elles ne sont pas réglementées, appartiennent à une coutume immémoriale dont les règles sont finalement

8. Henri Mazeaud, La lésion d'un « intérêt légitime juridiquement protégé », condition de la responsabilité civile, D. 1954. Chron., p. 39.
9. Lindon, conclusions précitées.
10. Mazeaud et de Juglart, *Leçons de droit civil*, t. 4, vol. 2, n° 1390 et les références citées.
11. Civ. 27 juill. 1937, S. 1938. 1. 321 et note Marty; H. Mazeaud, *op. cit.*

connues et précise. Et c'est pour cela que cette situation peut, lorsqu'elle vient à être brisée par un tiers, donner un droit à réparation au fiancé survivant.

La jurisprudence peut interpréter, aménager des textes ou des usages relatifs à une situation juridique mais là doit se cantonner son rôle normatif, son rôle de source du droit. Elle ne peut créer une situation à partir de rien ou à *partir de bribes provenant de quelques palliatifs apportés à un vide juridique voulu par la loi et la coutume.*

C'est ici que la distinction proposée par M. Carbonnier[12] entre droit et non-droit prend toute sa valeur. M. Carbonnier estime qu'il y a du non-droit « objectivement donné par la société » et du non-droit « subjectivement choisi par l'individu ». Le concubinage paraît revêtir à la fois ces deux caractéristiques.

Si nous faisons abstraction de son caractère immoral aux yeux de beaucoup, le concubinage doit quand même être un *no man's land* juridique. La loi ne peut pas réglementer une situation qui est celle de la facilité et qui, par cela même offre une redoutable concurrence à une institution à laquelle tiennent les nations civilisées, savoir, le mariage. Mais, et c'est peut-être la grandeur du silence de la loi, celle-ci respecte la liberté individuelle. Quelle liberté ? Justement celle de ne pas choisir la voie contraignante de la loi.

Les concubins ont voulu la liberté. Ils ont voulu être en marge de la loi – certains diront au-dessus d'elle. Quand ils y ont été contraints c'était alors que leur situation était illégale. Chacun sait que les deux grandes causes du concubinage sont l'une un premier mariage non dissous de l'un des concubins et qui en empêche un second, l'autre une considération financière, tel le maintien d'une pension.

En gardant leur liberté, les concubins ont accepté que la loi la leur laisse... jusqu'au bout[13]. Cette situation n'est pas juridiquement protégée, bien qu'on invoque en sens contraire un texte sur les « compagnes » des militaires morts pour la France et les « règlements intérieurs des caisses d'allocations familiales » ! Les textes comme la loi du 1er septembre 1948 qui visent les personnes à charge ou celles qui vivent avec telle autre n'utilisent pas un euphémisme. Nous n'en sommes pas encore au stade où cohabitation implique concubinage.

Ce système peut être généralisé pour l'interprétation des textes relatifs à la responsabilité.

On comprend que dans le domaine familial, le droit à l'affection, réglementé de toute part (autorité parentale, droit de visite, etc.) et qui est une de ces situations prévues par le droit soit un intérêt légitime ; que la fiancée, oubliée par

12. *Flexible droit*, chap. II, p. 20 et s. – Cf. spécialement, p. 29 : « Il est (des) éventualités où dès l'origine, les intéressés se sont installés dans la situation de fait : ils ont emménagé en concubinage là où l'on aurait attendu le mariage... Il se peut que leur choix n'ait pas été purement potestatif... Mais... c'est bien par leur volonté qu'a été prise, au départ des événements la décision qui les a mis hors du droit. Ici, la situation de fait... est situation de fait à titre originaire. Il est légitime de l'analyser comme phénomène de non-droit ».

13. Au demeurant n'y a-t-il pas quelque chose de foncièrement illogique dans le fait d'obliger l'auteur de l'accident à payer les conséquences (au sens propre du terme) du non-mariage des concubins. Le célibat de la concubine la prive d'un droit de succession, la prive des bénéfices d'un régime matrimonial. Elle les a refusés par avance. C'est le défenseur à l'action en responsabilité qui en supportera les Mines financières.

la loi mais non par la coutume, puisse se prévaloir d'une véritable institution juridique et en cas de rupture brutale des fiançailles (du fait du fiancé ou d'un tiers) ait droit (du moins à coup sûr devant l'une des chambres de la Cour de cassation) à une indemnisation.

En revanche, de quel intérêt légitime pourrait se prévaloir celui qui, propriétaire d'un animal, se plaint du chagrin de ne plus le voir ? La loi pénale protège peut-être ceux qui aiment les animaux (et cela justifie l'action de la Société protectrice des animaux). Nul texte, nul usage ne réglementent l'affection de telle personne pour ses animaux, n'y font même allusion. Le droit de propriété ne contient pas une telle prérogative. C'est une situation oubliée du droit.

Ainsi croyons-nous que le critère pour la détermination du préjudice réparable est la mention par la loi ou la coutume de la situation qui par la suite a été lésée.

L'article 1382 – parfois l'article 1147 – doivent être interprétés. Les interpréter sur d'autres bases serait la voie à des solutions d'équité, à la multiplication des arrêts dits d'espèce. La création jurisprudentielle a ses limites.

III.

C'est le danger des textes aussi flous que l'article 1382 (ou même l'article 1147) et qui s'appliquent à tant d'espèces que de pouvoir tout permettre au juge.

Pourtant de tels textes se réfèrent tacitement à des principes ou en tout cas pour être interprétés en postulent la recherche. Des solutions d'équité ne contreviennent pas à leur lettre et peuvent être matériellement justifiées par leur seul visa; elles risquent de compromettre leur esprit et à la longue de le leur enlever. La norme législative disparaîtra pour ne pas même être remplacée par une norme jurisprudentielle. Or si jurisprudentiel qu'il soit, notre droit de la responsabilité doit être normatif et seule la Cour de cassation peut le rendre tel. Mais son interprétation qui a pour but de compléter une loi assurément fort peu loquace ne peut se fonder que sur des principes issus de la raison et identiques pour tous les justiciables.

Par la force du précédent un arrêt dit d'espèce sera invoqué au profit d'une autre concubine adultère et moins intéressante que « celle du 20 avril 1972 »; une jurisprudence qui concerne la riche S.N.C.F., de surcroît presque son propre assureur, vaudra à l'encontre du transporteur ordinaire; tel arrêt qui condamne *in solidum* « au bénéfice du doute » deux chasseurs dont un seul a tiré au prétexte, inavoué qu'ils ont le même assureur, vaudra lorsque plus tard, dans une situation identique, l'un des chasseurs ne sera pas couvert par l'assurance[14]. Et que beaucoup d'arrêts ne soient pas publiés ne change rien à l'affaire.

14. Rappr. Gény, analysant le « phénomène Magnaud » : « appliquant à la particule "de" les règles du nom patronymique; négligeant une indemnité sévère au séducteur qui n'exécute pas une promesse de mariage, même avec la circonstance d'entraînement réciproque; condamnant rigoureusement les patrons, en cas de brusque congédiement d'un employé ou de son renvoi pour fait de grève ou à la suite d'accidents industriels survenus à leurs ouvriers; admettant une large responsabilité, à la charge des compagnies de chemin de fer, prises comme entrepreneurs de transport » (*Méthode d'interprétation et sources en droit privé positif*, p. 295, n° 198).

Enfin et surtout si nul ne conteste le droit et le devoir pour la Cour régulatrice d'interpréter la loi, si, à tant d'égards, la construction jurisprudentielle apparaît harmonieuse, humaine, en un mot admirable, n'y a-t-il pas danger pour la jurisprudence à se substituer trop nettement au législateur ?

Dans l'affaire Franck, la Cour de cassation n'a pas eu de cœur et grâce à cela quelques années plus tard le fonds de garantie allait être créé qui devait soulager – et plus vite que par un procès terminé devant la Cour de cassation – tant de misères. À l'inverse, si la petite Lise Jand'heur avait été sacrifiée – à l'avantage des plus riches Galeries belfortaises – et si le législateur s'était ému de ce scandale, quel gaspillage d'intelligence et de réflexion[15] aurait été épargné, que de procès, peut-être, évités.

Mais aussi, comme il est facile de reprocher à la Cour de cassation de dissuader le législateur d'intervenir quand celui-ci se montre aussi inerte; comme il est facile de lui reprocher de statuer suivant son cœur quand le texte est quasi muet et alors que le déni de justice lui est interdit; comme il est facile de lui reprocher de juger. Nous ne sommes pas des juges.

15. Suivant l'expression de M. Carbonnier.

DU NON-EXERCICE IMMORAL DU DROIT MORAL

1973

Raymond Lindon

On sait que, consacrant une création prétorienne, la loi du 11 mars 1957 sur la propriété littéraire et artistique dispose, dans son article 6 : « L'auteur jouit du droit au respect de son nom, de sa qualité et de son œuvre – Ce droit est attaché à sa personne – Il est perpétuel, inaliénable et imprescriptible – Il est transmissible à cause de mort aux héritiers de l'auteur – L'exercice peut en être confié à un tiers en vertu de dispositions testamentaires ».

Le droit ainsi défini et réglementé est, on le sait aussi, couramment désigné comme étant le « droit moral » de l'auteur.

Sa transmissibilité aux héritiers est fondée sur la présomption que ceux-ci éprouveront naturellement le devoir de défendre, comme un patrimoine moral, l'intégrité et le caractère de l'œuvre de celui qui en fut le créateur et qui – dans le sens successoral du mot – est leur auteur.

On peut, à cet égard, se poser une question, celle de savoir qui il faut entendre par « héritiers ».

Un problème apparemment identique est posé par l'article 42 de la loi du 11 mars 1957 en matière de droit de suite et l'arrêt rendu par la Cour de cassation le 9 février 1972 (D. 1972. 289 et mes conclusions) a apporté à cet égard un important éclaircissement. Mais si, comme je l'ai souligné dans lesdites conclusions, l'emploi de ce même mot « héritiers » fait apparaître que le droit moral, comme le droit de suite, est un bien appartenant à la famille de l'auteur ou de l'artiste, il ne faudrait pas en conclure que les règles de la dévolution de l'un et l'autre sont les mêmes. Comme je l'ai indiqué également, ce mot « héritiers » comporte déjà, dans le code civil, au moins deux acceptions; on peut admettre qu'il en a une différente dans l'article 6 et dans l'article 42 car il y a évidemment une différence entre le droit de suite, droit patrimonial, dont la durée est de cinquante ans après la mort de l'artiste et le droit moral, perpétuel et imprescriptible.

Et on peut, dans la même perspective, considérer que l'interprétation du mot « héritiers » dans l'article 6 doit être plus large que celle du même mot dans l'article 42; que, de même que le droit de défendre un nom patronymique a été reconnu à des descendants lointains de celui qui l'avait porté et illustré, mais qui ne le portent plus eux-mêmes (Civ. 1re, 5 févr. 1968, J.C.P. 1968. II. 15670, note P.N.), le droit moral puisse, lorsque l'auteur de l'œuvre littéraire ou artistique n'a pas ou plus de descendants directs, être exercé par des collatéraux plus ou moins éloignés. Le droit moral de l'auteur d'une œuvre littéraire ou artistique ne fait-il pas partie du patrimoine moral de la famille, au même titre que le nom patronymique auquel un ancêtre a donné quelque éclat ?

À cet égard, une décision du tribunal de grande instance de Paris, du 22 janvier 1971, parue en sommaire dans ces colonnes (D. 1971. Somm. 167) est intéressante. Il s'agissait du fameux personnage de Lagardère (« Et si tu ne vas pas à Lagardère, Lagardère ira à toi ») créé par Paul Féval, l'auteur du Bossu. À son décès, Paul Féval laissait un fils qui, reprenant à son compte la création de son père, écrivit des romans mettant en action ce même personnage. Féval fils décède à son tour, laissant son épouse survivante donataire universelle. Et quand celle-ci disparaît, c'est une nièce qui se trouve être instituée sa légataire universelle. Enfin cette nièce meurt, laissant pour unique héritière sa fille, Mademoiselle Lacaille. Or, des auteurs et éditeurs ayant exploité le personnage de Lagardère, cette demoiselle engagea une action à l'appui de laquelle, notamment, elle faisait valoir qu'elle avait qualité pour exercer le droit moral de Paul Féval. Ce point ayant été contesté par ses adversaires, le tribunal de grande instance de Paris déclara que « l'article 6 de la loi du 11 mars 1957 dispose que le droit moral est perpétuel et imprescriptible, que ce droit qui tend « post mortem » à la défense de la mémoire de l'auteur, constitue pour ses titulaires successifs comme un dépôt, dont la transmission, sauf volonté contraire de l'auteur revêt un caractère familial ; qu'en disposant que le droit moral serait dévolu "aux héritiers" de l'auteur, sans d'ailleurs que le texte impose d'en limiter l'effet aux premiers ayants droit de celui-ci, l'article 6 précité tend, aussi longtemps qu'il est possible, à conserver un titulaire à ce droit ; que la loi ne prend pas en considération l'existence ou le défaut de relations proches entre l'auteur défunt et les titulaires successifs du droit moral ». Et le tribunal concluait que la demoiselle Lacaille, « *petite nièce par alliance* de Paul Féval père, et, au surplus, descendante de la dernière titulaire du droit patrimonial afférent à l'œuvre de ce dernier, a qualité pour exercer le droit moral ». La cour d'appel (Paris, 14 juin 1972, R.I.D.A. oct. 1972, p. 135) a confirmé avec une motivation analogue.

Il faut rapprocher de cette décision le jugement rendu par la même juridiction le 15 avril 1964 (D. 1964. 746, note H. Desbois) dans une affaire concernant les Misérables, de Victor Hugo. Un éditeur ayant fait paraître de cet ouvrage un arrangement, comme on dit pour les œuvres musicales, où l'auteur, selon le tribunal, a non seulement coupé les développements politiques et sociaux qui ont été, dans l'esprit de [Victor Hugo] la raison déterminante de son œuvre, mais où il a, en outre, modifié les phrases des éléments romanesques conservés et même supprimé totalement des parties du récit. La Caisse nationale des lettres ayant jugé qu'il s'agissait là d'une déformation scandaleuse, assigna l'éditeur en dommages-intérêts et confiscation de l'ouvrage litigieux. Mais le tribunal la déclara non recevable à agir. Si, dit-il, la Caisse nationale des lettres a, entre autres missions, celle d'assurer le respect des œuvres littéraires, quel que soit leur pays d'origine, après la mort de l'auteur et même après leur chute dans le domaine public, il résulte cependant de l'art. 6 de la loi du 11 mars 1957 qu'après la mort de l'auteur, ses héritiers ou la personne désignée par son testament sont, au premier chef, qualifiés pour poursuivre la réparation des atteintes portées à son œuvre ; les termes de la loi, dit-il encore, marquent fortement le caractère personnel du droit du vivant de l'auteur et ce caractère subsiste au profit des héritiers ou légataires de l'auteur quant à la faculté de s'opposer à toute atteinte portée au respect du nom, de la qualité et de l'œuvre ; et la Caisse ne peut agir dans ce domaine lorsque des héritiers sont vivants et connus et n'ont été ni mis en cause ni invités à faire valoir leurs droits.

À la lumière de ce jugement, on est amené à se poser alors une nouvelle question : n'y a-t-il pas à redouter, dans certains cas, le silence abusif des héritiers d'un auteur ?

Assurément, dans le cas des héritiers de Victor Hugo, rien n'indique ni même ne laisse supposer que leur abstention ait été intéressée. Mais n'arrivera-t-il pas que d'autres héritiers, devenus, après le décès d'un auteur, titulaires de son droit moral, monnayent celui-ci ? Que, parfois, ils acceptent telle trahison, telle mutilation, telle déformation d'une œuvre tombée dans le domaine public, parce qu'en échange, on leur aura assuré un succédané de droits d'auteur ? Mascarille avait imaginé de mettre l'histoire romaine en rondeaux. Quelque directeur de journal ne va-t-il pas rechercher les descendants de Choderlos de Laclos (il en existe, paraît-il) en vue de s'entendre avec eux sur les conditions auxquelles ils consentiraient à ce que (si cela n'a déjà été fait) Les Liaisons dangereuses fussent mises en bandes dessinées ?

Le péril n'est pas imaginaire. Tout récemment, un ouvrage a paru, sous la signature d'un personnage parfaitement imaginaire (dans le genre de Lagardère) né de toutes pièces de l'imagination et du talent d'un homme de lettres aujourd'hui décédé, la page de garde de cet ouvrage annonçant que les héritiers dudit homme de lettres avaient donné leur accord à cette opération.

Beaucoup de lecteurs s'y sont trompés. Ils ont cru qu'il s'agissait d'une œuvre posthume authentique. Et il est possible que certains aient estimé que celle-ci n'était pas digne de celui qu'ils croyaient en être l'auteur.

Laissons de côté l'aspect de tromperie sur la marchandise. Le lecteur abusé ne pourrait demander que le remboursement du volume et peut-être la publication de la décision.

Mais considérons la renommée de l'auteur. Peut-être les héritiers se sont-ils mépris sur la qualité de l'œuvre qu'ils ont accepté de laisser paraître sous la signature du héros créé par ledit auteur. Mais il arrivera que d'autres ne se soucieront que secondairement de cette question de qualité. Le titulaire d'une chronique quotidienne dans un de nos grands journaux assure que l'opération doit se répéter chaque année. Et il ajoute : « du travail en perspective si on applique cette fructueuse méthode à Flaubert, à Hugo et à Zola ». Et cette énumération pourrait être complétée. Quel succès n'auraient pas des ouvrages signés « Comte de Monte-Cristo » ou « d'Artagnan » si on découvre des titulaires du droit moral d'Alexandre Dumas et qu'on les intéresse à l'opération ?

J'ai déjà eu l'occasion de montrer comment le droit à l'image, analysé jusque-là comme un des droits de la personnalité de caractère extrapatrimonial, était devenu, dans le cas des vedettes du théâtre ou de l'écran dont les traits ou sur le plan de la publicité, une valeur marchande, un droit patrimonial (Civ. 1re, 20 juin 1966, J.C.P. 1966. II. 1489).

C'est à un phénomène semblable que nous sommes en passe d'assister. Mais peut-être moins justifié car, dans la situation présentement étudiée, ce n'est pas l'exercice du droit qui change sa nature, mais son non-exercice. Ce n'est pas du droit moral que l'on bat monnaie, c'est du consentement à ne pas l'exercer, le profit matériel des héritiers se réalisant au détriment de la gloire ou de la renommée de leur auteur.

Y a-t-il des remèdes ?

J'en aperçois, en l'état actuel du droit, deux. D'une part, utilisant le dernier alinéa de l'art. 6 de la loi du 11 mars 1957, les auteurs qui craindraient l'esprit de lucre de leurs héritiers et le respect insuffisant de ceux-ci pour l'intégrité et le caractère de leurs œuvres, pourraient, par voie de dispositions testamentaires, confier l'exercice de leur droit moral à la Caisse nationale des lettres ou à la Société des gens de lettres (voire, s'ils en ont été membres, à l'Académie Française).

D'autre part, la Caisse nationale des lettres pourrait peut-être utiliser la jurisprudence des Misérables qui, au soutien de l'irrecevabilité, a retenu que les descendants de Victor Hugo n'avaient été ni mis en cause ni invités à faire valoir leurs droits. En exerçant une action en justice quand elle estimerait qu'il y a atteinte au droit moral d'un auteur, et en mettant en cause les titulaires naturels de ce droit, elle les obligerait à expliquer leur silence.

Enfin, *de lege ferenda*, on pourrait penser à une modification de la loi du 11 mars 1957, confiant l'exercice du droit moral aussi bien à la Caisse nationale des lettres qu'aux héritiers, de façon que l'action de cette Caisse perde le caractère subsidiaire dont l'a affecté la jurisprudence.

De même que certaines veuves dont de Monzie a raconté les excès dans un ouvrage célèbre, il peut y avoir des héritiers abusifs.

L'AUTONOMIE DU DROIT À RÉPARATION DE LA VICTIME PAR RICOCHET PAR RAPPORT À CELUI DE LA VICTIME INITIALE

1974

Geneviève Viney

Professeur à l'Université de Paris 1

En affirmant, le 27 févr. 1970, que « l'art. 1382 c. civ… n'exige pas, en cas de décès, l'existence d'un lien de droit entre le défunt et le demandeur en indemnisation »[1], la Chambre mixte de la Cour de cassation entendait évidemment mettre un point final aux tentatives faites, durant les quarante années antérieures, pour soumettre l'appréciation de l'existence du préjudice par ricochet à une condition concernant les rapports entre victime médiate et victime immédiate[2]. La Cour suprême renforçait, par là même, le principe de l'autonomie du dommage par ricochet et répudiait la conception qui fait de ce préjudice un simple reflet de celui infligé à la victime initiale.

Or, bien qu'entraînant des conséquences importantes quant à l'établissement de la liste des personnes habilitées à demander réparation, ce principe d'indépendance paraît surtout essentiel pour définir l'étendue des droits reconnus à ces personnes. Si en effet on admet que le dommage invoqué est autonome, la victime par ricochet doit disposer d'une action complètement distincte de celle de la victime directe et les dommages-intérêts qu'elle peut obtenir ne sauraient être mesurés qu'à son propre dommage, sans aucune référence à ceux qui sont dus à la victime immédiate. En revanche, dans la conception qui fait du dommage par ricochet un simple reflet du dommage initial, la victime médiate apparaît comme un « ayant droit » de la victime immédiate : la première ne peut donc agir en responsabilité que dans les conditions où la seconde aurait pu le faire et ne peut obtenir de dommages-intérêts supérieurs à ceux que la personne initialement lésée aurait pu exiger. Étant donné que le problème se présente généralement en cas d'accident mortel, et que les victimes par ricochet ont, le plus souvent, la qualité d'héritiers, le droit à réparation du dommage réfléchi apparaît alors très proche de celui que les héritiers recueillent dans la succession du défunt pour le préjudice qu'il a lui-même subi.

Les deux conceptions du dommage réfléchi commandent donc des solutions largement divergentes quant à l'aménagement de sa réparation. Or si les tribunaux n'ont guère hésité à poser en principe que le préjudice par ricochet est autonome

1. D. 1970. 201, note R. Combaldieu; *Gaz. Pal.* 1970. 1. 163; J.C.P. 1970. II. 16305, concl. Lindon, note Parlange. La même formule a été reprise par Civ. 2e, 5 janv. 1973, *Bull. civ.* II, n° 5, p. 4.

2. V. J. Dupichot, Les préjudices réfléchis nés de l'atteinte à la vie ou à l'intégrité corporelle, Paris, L.G.D.J. 1969.

et indépendant du dommage initial (I), ils n'ont pas tiré toutes les conséquences logiques de cette position que le législateur a, sur certains points, infirmée (II).

I.

Le principe de l'autonomie du dommage par ricochet par rapport au dommage initial, depuis longtemps affirmé par la jurisprudence[3], est admis aujourd'hui par la majeure partie de la doctrine[4]. Il nous apparaît comme la garantie d'une juste indemnisation des victimes par ricochet. Ainsi que nous venons de le souligner, en effet, la négation de ce principe conduirait inéluctablement à l'assimilation de l'action en réparation du dommage par ricochet à l'action que les héritiers recueillent dans la succession du défunt ou que ses créanciers peuvent exercer, de son vivant, par la voie oblique.

Or une telle assimilation retirerait évidemment une grande part de son utilité à l'admission du principe de la réparation du dommage réfléchi ; si les victimes médiates n'étaient admises à agir que dans les cas où pouvait le faire la victime initiale et si elles ne pouvaient obtenir que la somme due à celle-ci, la prétendue indemnisation du dommage par ricochet serait souvent illusoire. L'application au droit à réparation du principe général de la transmissibilité à cause de mort de tous les droits et actions non exclusivement attachés à la personne du défunt aboutirait à peu près au même résultat. L'admission du droit à réparation des victimes par ricochet n'aurait d'utilité réelle que pour celles d'entre elles qui n'ont pas la qualité d'héritiers, ce qui est le cas le moins fréquent. Et même, pour celles-ci, on ne voit pas du tout comment le juge pourrait, par référence au dommage subi par le défunt, apprécier des chefs de préjudice tels que l'atteinte aux sentiments d'affection ou la perte des subsides reçus.

Il nous semble donc évident que l'indemnisation du dommage par ricochet n'a de signification qu'à la condition de reconnaître la totale indépendance de ce préjudice par rapport à celui que subit la victime immédiate. Sur de nombreux points d'ailleurs, les tribunaux ont tiré les conséquences de cette règle de bon sens.

1° En ce qui concerne les conditions du droit à réparation, elles diffèrent complètement selon que les victimes par ricochet agissent en réparation de leur dommage personnel ou, en qualité d'héritiers du défunt, en réparation du dommage subi par celui-ci.

- Dans le premier cas, elles n'ont pas à faire la preuve de leur qualité d'héritiers alors qu'elles y sont obligées pour exercer l'action successorale. En revanche, la preuve du dommage subi par le défunt suffit à justifier l'action héréditaire, tandis que l'action personnelle suppose celle du dommage par ricochet[5].
- Si les proches agissent en réparation de leur dommage personnel, ils ne sont pas nécessairement soumis aux règles de responsabilité qui gouvernent le

3. Req. 4 mars 1872, D. 72, 1. 327.
4. H., L. et J. Mazeaud, *Traité de la responsabilité civile*, t. 2, 6e éd., n° 1901 ; B. Starck, *Droit civil, Obligations*, n°s 160 et s. ; G. Marty et P. Raynaud, *Obligations*, n° 499.
5. M. Nast, note D. 1934. 2. 77.

droit à réparation de la victime initiale alors qu'ils ne peuvent y échapper s'ils exercent l'action successorale[6]. Ce principe emporte des conséquences importantes notamment lorsque la responsabilité du tiers était engagée vis-à-vis du défunt sur le plan contractuel. Dans cette hypothèse en effet, l'action de celui-ci, transmise à ses héritiers, est soumise à toutes les règles de la responsabilité contractuelle : son succès suppose la preuve de la faute contractuelle, elle obéit aux règles de compétence et se trouve soumise aux délais de prescription spécialement édictés pour certaines actions en responsabilité contractuelle, elle se heurte aux clauses du contrat supprimant ou modifiant la responsabilité ainsi qu'aux forfaits légaux de responsabilité prévus au profit de certains contractants. Toutes ces règles sont, en revanche, écartées si la victime par ricochet demande réparation de son dommage personnel : étant donné qu'elle n'a pas été partie au contrat, la responsabilité du tiers à son égard est extra-contractuelle et obéit donc, en principe[7], au régime des articles 1382 et s., c. civ.[8], à moins qu'elle ne soit réputée bénéficier d'une stipulation pour autrui à laquelle elle n'a pas renoncé[9].

- De toute façon, enfin, l'action en réparation du dommage par ricochet demeure, sur le plan procédural, entièrement distincte de celle qui tend à la réparation du dommage initial : « ... la transaction intervenue à propos de l'une n'éteint pas l'autre. La solution judiciairement donnée à propos de l'une n'a aucune autorité de chose jugée à l'égard de l'autre. La personne qui exerce l'une en première instance ne peut exercer l'autre en appel sans former une demande nouvelle... »[10].

2° Mais, plus encore que les conditions du droit à réparation, le montant et les garanties de l'indemnisation sont appréciés de façon différente selon que la victime par ricochet invoque son dommage personnel ou celui qu'a subi le défunt.

- l'évaluation de l'indemnité est d'abord faite en fonction du dommage dont la réparation est demandée. Or il n'y a aucune commune mesure entre le préjudice infligé à la victime immédiate de l'accident et celui que subiront personnellement ses proches.
- lorsque l'action est menée par plusieurs victimes par ricochet en réparation de leurs dommages personnels, le produit de la condamnation est réparti

6. V. H., L. et J. Mazeaud, *Traité*, t. 2, n° 1901, 2°.

7. V. *infra*, les exceptions apportées à ce principe par les dispositions propres aux transports aériens et maritimes.

8. Notamment, la victime par ricochet peut utiliser l'article 1384, al. 1er, c. civ. : V. Civ. 1re, 1er avr. 1968, D. 1968. 653, note R. Savatier; 25 mai 1971, D. 1972. 534, note J. Penneau (motifs).

9. Cependant, une telle stipulation pour autrui tacite au profit des proches n'a été admise pratiquement que dans le transport de personnes (Civ. 6 déc. 1932 et 24 mai 1933, D. P. 1933. 1. 137, note Josserand; Req. 19 juin 1933, D. H. 1933. 429). Les tribunaux ayant d'ailleurs généralement interprété l'attitude des victimes par ricochet comme impliquant leur renonciation (Com. 19 juin 1951, *Lamoricière*, D. 1951. 717, note G. Ripert; S. 1952. 1. 89, note R. Nerson; Civ. 2e, 23 janv. 1959, *Vizioz*, D. 1959. 101, note R. Savatier; 23 janv. 1959, *Messageries maritimes*, D. 1959. 281, note R. Rodière).
La stipulation pour autrui tacite au profit des proches a en revanche été écartée dans le contrat de vente (Civ. 2e, 24 nov. 1955, J.C.P. 1955. II. 8 565, note H.B.) et ne paraît pas avoir été jamais admise dans d'autres contrats (v. notamment, Civ. 1re, 7 nov. 1973, J.C.P. 1973. IV. p. 412).

10. H., L. et J. Mazeaud, *Traité*, t. 2, n° 1901, p. 1022.

entre elles en fonction de l'importance respective de chaque préjudice. En revanche, s'ils intentent l'action recueillie dans la succession du défunt, les héritiers se partagent les dommages-intérêts en proportion de leurs parts successorales[11].

- les créanciers de la victime initiale exercent leur droit de gage général sur l'indemnité allouée en réparation du dommage subi par celle-ci, tandis que la créance de réparation appartenant aux victimes par ricochet pour leur dommage personnel échappe à cette emprise[12].
- enfin, la garantie résultant de l'assurance de responsabilité s'apprécie de façon distincte à l'égard de la victime initiale et des victimes par ricochet. Cette solution présente un grand intérêt pratique en ce qui concerne notamment l'assurance automobile. Bien que le législateur ait imposé cette assurance il a maintenu la possibilité de stipuler une exclusion de garantie pour les dommages subis par certaines personnes, en particulier le propriétaire du véhicule et le souscripteur du contrat (art. 1er, al. 1er, 2 et 8 du décret du 7 janv. 1959). La question s'est alors posée de savoir si, dans le cas d'un accident mortel survenu à l'une des personnes ainsi exclues, les proches agissant en réparation de leur dommage personnel pouvaient bénéficier de l'assurance. La réponse affirmative, particulièrement souhaitable en équité, s'impose, à notre avis, non seulement au regard du principe de l'indépendance du droit à réparation du dommage par ricochet par rapport à celui du dommage initial, mais aussi en application de l'art. 5 du décret du 7 janv. 1959 qui interdit, en matière d'assurance automobile, toute exclusion non expressément autorisée par la loi. Si la Cour de cassation a d'ailleurs marqué une hésitation lorsqu'elle a eu à résoudre le problème à propos d'affaires qui étaient soumises au Droit antérieur au décret de 1959[13], elle a explicitement pris parti dans le sens souhaité lorsqu'elle a statué sous l'empire de ce texte nouveau : les victimes « par ricochet » profitent donc de l'assurance lorsqu'elles demandent réparation de leur dommage personnel, même si la victime initiale était exclue du bénéfice de la garantie[14].

Sur de nombreux points par conséquent, les tribunaux ont tiré les conséquences logiques du principe d'autonomie du dommage par ricochet par rapport au dommage initial. Il est regrettable que, sous l'influence de certaines dispositions législatives, ils aient parfois perdu de vue cette règle essentielle, compromettant ainsi non seulement l'harmonie des solutions juridiques, mais également la protection des victimes « par ricochet ».

---

11. H., L. et J. Mazeaud, *op. cit.*, n° 1901, p. 1023.
12. H., L. et J. Mazeaud, *op. cit.*, n° 1901, p. 1023.
13. Comp. à cet égard, Civ. 30 juin 1959 (*Rev. gén. assur. terr.* 1960. 191), favorable à la garantie des victimes par ricochet, et Civ. 1re, 29 janv. 1962 (*ibid.* 1962. 381 ; J. C. P. 1962. II. 12873, note A. Besson), favorable à leur exclusion du bénéfice de l'assurance.
14. Civ. 1re, 28 févr. 1968, *Rev. gén. assur. terr.* 1968. 404; 12 mars 1970 (*ibid.* 1971. 108); 30 mai 1973, *Compagnie gén. d'assurances*, D. 1973. *inf. rap.*, p. 190 : 9 janv. 1973, D. 1973. 553, note C.J. Berr et H. Groutel; Civ. 1re, 9 oct. 1973, 2 arrêts, J.C.P. 1973. IV, p. 369, 370. – Dans le même sens, Trib. grande instance Orléans, 15 mai 1970. J.C.P. 1972. II. 17042, note J. Bigot. – *Contra*, Paris, 29 oct. 1970, *Rev. gén. assur. terr.* 1971. 109, note A. B.

II.

Plusieurs dérogations au principe de l'indépendance du droit à réparation des victimes médiates par rapport à celui de la victime immédiate ont en effet été inspirées au législateur par certaines considérations particulières. Et ces dispositions législatives ont favorisé un courant jurisprudentiel dissident.

1° Les interventions législatives défavorables à l'autonomie du droit à réparation du dommage « par ricochet » sont assez disparates.

a) On doit signaler d'abord que lorsque le législateur a octroyé, par une disposition particulière, aux organismes chargés d'indemniser la victime d'un dommage, un droit de recours contre le tiers responsable, il a généralement choisi de soumettre cette action au procédé de la subrogation personnelle : il en est ainsi pour le recours de l'assureur de dommages (L. 13 juill. 1930, art. 36), celui de la sécurité sociale (c. sécur. soc., art. L. 397), celui de l'État et des établissements publics (Ord. 7 janv. 1959), celui du Fonds de garantie automobile (L. 31 déc. 1951, art. 15) etc.[15].

Or le droit du subrogé dépend, dans une très large mesure, de celui du subrogeant[16]. Toutefois, cet emprunt de la technique subrogatoire s'explique alors par la nature particulière du dommage subi par l'organisme d'indemnisation : celui-ci a dû, en effet, faire les frais d'une partie au moins de la réparation que, sans lui, le responsable aurait été contraint d'assumer entièrement. Cette situation est donc très proche du « paiement pour d'autres » qui justifie, en application de l'art. 1251-3° c. civ., la subrogation légale. C'est donc le particularisme de ce dommage qui justifie l'entorse faite ici à l'indépendance des droits à réparation du dommage immédiat et du dommage réfléchi.

b) Aucune justification de cet ordre n'explique en revanche les dérogations manifestes qui lui ont été apportées en matière de transport aérien, maritime et ferroviaire par plusieurs lois récentes. Après avoir réglementé, dans un sens favorable au transporteur, la responsabilité de celui-ci, ces textes affirment que toutes les actions en responsabilité civile exercées contre le transporteur par quiconque et « à quelque titre que ce soit » sont soumises aux conditions et limites prévues par « la présente loi ».

Une disposition de cet ordre figure dans la loi du 2 mars 1957 relative au transport aérien interne (art. 2, al. 2, modifiant l'art. 123 c. de l'aviation civile et commerciale), dans la Convention de Bruxelles, du 29 août 1961 sur les transports maritimes internationaux (art. 10), dans la loi du 18 juin 1966 sur les transports maritimes internes (art. 42) et dans la Convention additionnelle à la convention internationale sur le transport des voyageurs et des bagages par chemin de fer du 25 févr. 1961 (art. 12)[17].

15. V. H. et L. Mazeaud et A. Tunc, *Traité de la responsabilité civile*, t. 1, n° 261 ; G. Viney, « *Le déclin de la responsabilité individuelle* », n°s 54 et s.
16. V. G. Viney, *op. cit.*, notamment n°s 103 et s.
17. V. le décret du 25 juin 1973, portant publication de cette convention, D. 1973. 259.

En application de ces textes, les victimes par ricochet se heurtent donc désormais, comme la victime initiale, aux plafonds légaux de responsabilité ainsi qu'à toutes les dispositions qui adoucissent le régime de la responsabilité du transporteur par rapport au droit commun.

Il n'est guère besoin d'insister ici sur les inconvénients de telles dispositions qui compromettent gravement l'indemnisation des dommages par ricochet ni sur les motifs qui ont pu les inspirer. Sous l'hypocrite prétexte de favoriser le progrès d'activités réputées dangereuses, ce sont, en réalité, les intérêts des transporteurs, aujourd'hui étroitement liés à ceux de l'État et puissamment organisés qui ont prévalu sur ceux des victimes. On peut d'autant plus le regretter que ces interventions législatives ont brutalement anéanti tous les efforts que la Cour de cassation avait intelligemment déployés auparavant afin d'imposer les conséquences du principe de l'autonomie des droits de la victime par ricochet, aussi bien en matière de transport maritime[18] qu'en matière de transport aérien[19].

2° Or, entre autres inconvénients, cette réaction législative a eu pour effet de favoriser, au sein même de la jurisprudence, certaines tendances qui remettent en cause, sur plusieurs points, cette règle fondamentale.

- l'une d'elles a aujourd'hui perdu son intérêt du fait d'un revirement récent de jurisprudence : il s'agit du problème de l'opposabilité à la victime par ricochet du caractère gratuit du transport au cours duquel la victime initiale avait été tuée. On sait que, jusqu'en 1968, le transporté bénévole ne pouvait se prévaloir contre son transporteur de la présomption de responsabilité de l'art. 1384, al. 1er. Or la jurisprudence avait fini par admettre que les victimes par ricochet agissant en réparation de leur dommage personnel ne pouvaient pas non plus le faire[20]. Mais depuis que l'application de l'art. 1384. al. 1er, a été étendue au transporteur bénévole[21], le problème ne se pose plus.
- présente, en revanche, un très grand intérêt pratique la question de « l'opposabilité » à la victime par ricochet de la faute commise par la victime initiale lorsque cette faute a contribué à la réalisation du dommage. On s'est en effet demandé si l'effet partiellement exonératoire de cette faute dans les rapports du responsable avec la victime immédiate doit ou non diminuer l'indemnisation des victimes par ricochet. Au terme d'une évolution très mouvementée, qui a opposé plusieurs formations de la Cour suprême, les chambres réunies ont fini par se prononcer, le 25 nov. 1964, en faveur de la thèse de l'opposabilité[22]. Cette prise de position s'explique en partie par la crise qui a affecté, entre 1951 et 1968, l'institution de l'obligation *in solidum* dont cet arrêt limite, de façon contestable, le domaine. Il n'en reste pas moins

18. Y. Lambert-Faivre, *Le dommage par ricochet*, thèse dactyl. Lyon, 1959, p. 267 et s.
19. Affaire *Vizioz*, Civ. 2e, 23 janv. 1959, D. 1959. 101, note R. Savatier; Y. Lambert-Faivre, *op. cit.*, p. 297 et s.
20. Y. Lambert-Faivre, *op. cit.*, p. 186 et s.
21. Ch. mixte, 20 déc. 1968, *Gaz. Pal.* 1969. 1. 62; D 1969. 37, concl. Schmelck; J. C. P. 1969. II. 15756; *Rev. gén. assur. terr.* 1969. 223.
22. Ch. réun., 25 nov. 1964, D. 1964. 733, concl. Aydalot; J. C. P. 1964. II. 13972, note P. Esmein; obs. R. Rodière, *Rev. trim. dr. civ.* 1965. 56.

qu'elle porte également une atteinte grave au principe de l'indépendance des droits des victimes par ricochet par rapport à ceux de la victime initiale.

– or la brèche ainsi ouverte a été élargie par une décision plus récente[23]. La Cour de cassation a en effet appliqué la présomption de mauvaise foi édictée par le décret du 30 juin 1952 relatif au Fonds de garantie automobile au détriment des personnes transportées dans un véhicule volé aux proches des passagers agissant en réparation de leur dommage par ricochet.

Cet arrêt a inspiré à un commentateur des « craintes pour la solidité véritable d'un monument qui souffre de lézardes aussi importantes »[24] et cette réflexion désabusée rejoint les conclusions auxquelles est parvenue Madame Lambert-Faivre dans la thèse qu'elle a consacrée au dommage par ricochet : « Le dommage subi par la victime médiate », dit-elle, « est bien distinct par son objet de celui de la victime initiale et son montant peut être différent… Les demandeurs ne sont pas les mêmes ou, s'ils sont physiquement les mêmes, ils n'agissent pas au même titre, mais cela n'empêche pas que la source du préjudice dont il est demandé réparation est une et, dès lors, la responsabilité encourue doit être appréciée de façon identique ». Et l'auteur en déduit que l'autonomie du dommage par ricochet, complète en ce qui concerne la détermination des victimes habilitées à agir, doit être nuancée sur le plan de l'aménagement du droit à réparation, le caractère médiat du préjudice impliquant la projection des conditions de l'indemnisation du dommage initial sur celles du dommage réfléchi.

Nous ne saurions, pour notre part, souscrire à une telle conclusion : les quelques restrictions apportées aujourd'hui par la loi et la jurisprudence à l'autonomie du droit à réparation des victimes « par ricochet » ne nous semblent pas remettre en cause le principe lui-même dont les applications demeurent quotidiennes. Nous n'hésitons pas d'ailleurs à souhaiter l'interprétation restrictive et même la disparition de ces dérogations qui nous paraissent en contradiction profonde avec l'admission de la réparation du dommage par ricochet. L'argument, constamment invoqué par ceux qui affirment qu'il est illogique que les victimes médiates « reçoivent davantage » ou « soient mieux traitées » que la victime immédiate car « l'ayant cause ne doit pas avoir plus de droits que son auteur » nous paraît en effet radicalement faux. La victime « par ricochet » n'est pas un « ayant cause » de la victime initiale car le propre de l'« ayant cause » consiste à tenir ses droits de son auteur. Or la victime par ricochet ne reçoit pas son droit à réparation de la victime immédiate. L'une et l'autre subissent des dommages distincts qui n'ont pas la même consistance, ne naissent pas toujours simultanément[25] et peuvent coexister[26]. Nier cette indépendance conduit indirectement mais sûrement à revenir sur le principe de l'indemnisation de dommage réfléchi. Il est grand temps d'accepter sans réserve le caractère « personnel » du dommage « par ricochet ».

23. Civ. 2e, 6 oct. 1966, *Gaz. Pal.* 1966. 2. 337 ; obs. G. Durry, *Rev. trim. dr. civ.* 1967. 401.

24. Obs. G. Durry, précitées, *Rev. trim. dr. civ.* 1967. 402.

25. Par exemple, en cas de suicide consécutif à un accident, il y a décalage chronologique entre l'apparition de chacun des deux dommages (v. en particulier Crim. 24 nov. 1965, D. 1966. 104 ; *Gaz. Pal.* 1966. 1. 293).

26. C'est le cas si la victime immédiate survit à ses blessures.

L'INFLATION LÉGISLATIVE ET L'INDIGESTION DU CORPS SOCIAL

1977

René Savatier

Doyen honoraire de la Faculté de droit de Poitiers

1. – *Vue générale.* – De même que l'inflation monétaire, l'inflation législative actuelle a ses excuses, qui ne sont pas des justifications. Elle s'explique en partie par l'amplification du rôle du législateur, à travers les tâches que lui ouvrent le progrès des connaissances de l'homme, et le continuel perfectionnement de ses techniques, dans l'accélération de l'histoire.

De ce fait, le volume de la législation française de 1976 n'a évidemment plus rien de comparable aux XII tables ayant contenu le premier droit romain, ou aux tables de la loi que gardait précieusement le tabernacle d'Israël.

Mais la valeur d'une législation ne se mesure pas à l'intensité du débit coulant de ses sources. Elle s'apprécie à partir de l'esprit et des méthodes du législateur, dont le rôle est de donner, à ses sujets, un ensemble coordonné, compréhensible et assimilable de règles de conduite. C'est pourquoi nous osons entreprendre ici une critique des désordres de la législation de notre temps. Le juriste qui va tracer ces lignes recherchera d'abord les manifestations et les causes, puis les effets, de ces désordres. Il décrira donc, en premier lieu, le siège de l'inflation législative, avant d'analyser les réactions du corps social, et d'esquisser prudemment une thérapeutique.

I. Siège de l'inflation législative

A. Dans ses causes générales

2. – *Limites naturelles de la tâche du législateur.* – Le bien commun des hommes exige des institutions établies et garanties par la loi. Mais il postule, en même temps, un climat de liberté. Appesantir un univers de contraintes autour de l'homme n'est sûrement pas l'objectif normal de la loi. Au-delà d'une certaine limite, et quelle que soit l'excellence des intentions du législateur, cet homme a l'impression, nullement infondée, de ne plus être libre, en même temps que de risquer de perdre le fil conducteur qu'il attendait de ses lois.

Rien qu'à soupeser le code de l'urbanisme, le code des fraudes, le code de la santé publique, le code de la sécurité sociale, pour ne pas parler du code des impôts, sur lequel nous reviendrons, nous avouons être partagé entre un sentiment de protection et un sentiment d'accablement.

Et l'impression d'accablement l'emporte de plus en plus !

3. – *L'aggravation progressive de l'inflation.* – Cette aggravation ne paraît pas due, actuellement, à l'accélération du rythme législatif. Depuis 1959, ce point peut être aisément contrôlé. Car, chaque année, un compte est fait des lois promulguées. Elles y sont numérotées, de sorte que la dernière loi de décembre porte un chiffre qui permet de connaître le total des lois sorties dans l'année. Or, après avoir dépassé 1 500 lois en 1959, ce total est descendu, depuis, aux environs de 1 150 à 1 200, – rythme de croisière actuel.

L'inflation a une autre cause. C'est que la natalité des lois n'est nullement balancée par leur mortalité. Le législateur abolit beaucoup moins qu'il ne légifère.

Quand l'objet d'une loi est nouveau, les abrogations qu'elle prononce sont presque inexistantes. À peine si deux ou trois articles sont piqués au vol dans les lois antérieures pour être abolis. Encore faut-il que le législateur s'aperçoive à temps qu'ils sont inconciliables avec la loi nouvelle. Pensons, par exemple, à la législation sur la pollution !

Quand une loi fait l'objet d'une simple réforme, un fait d'expérience – bien rarement démenti – veut que la loi nouvelle qui sort de cette réforme ait plus d'articles que la précédente, et que ses articles soient plus étendus. De plus en plus, l'addition d'articles nouveaux se traduit par un chiffre ou une lettre indiciaire, – séparé du chiffre principal par un trait, – pour doubler ou tripler l'article antérieur. De réforme en réforme, cela se multiplie indéfiniment, de nouveaux chiffres indiciaires s'ajoutant aux lettres, et de nouvelles lettres indiciaires s'ajoutant aux chiffres, pour grossir les textes. Ainsi de la loi du 31 décembre 1976 sur l'indivision.

Ainsi, quand on fait le compte des textes applicables aux Français à la fin d'un exercice, le poids de la législation passée est continuellement et sensiblement accru par le poids de la législation présente.

4. – *La croissance de la complication.* – Ce qui vient d'être constaté matériellement doit l'être aussi idéalement.

Chaque année, notre droit ne s'enrichit pas simplement dans le volume des textes, mais dans les objets poursuivis par la loi. Ces objets concernent, soit des cas nouveaux d'intervention du législateur, soit, davantage, des variétés, distinguées et sous-distinguées des cas qu'il prévoyait déjà.

Ainsi progresse continuellement une législation de plus en plus touffue. Et, de même que, matériellement, on ajoute plus de textes qu'on n'en abolit, de même, intellectuellement, on complique plus aisément leur contenu de commandements et de défenses qu'on ne le simplifie. Une simplification valable exige en effet un effort plus lourd que l'adjonction et la subdivision. Aussi, le penchant du législateur est hostile à cette simplification ! Nous en donnerons trois exemples que nous nous excusons de prendre parmi nos déceptions personnelles.

a) Il était certainement nécessaire, vers 1955, de moderniser la publicité foncière. Mais c'est en vain que, dans une chronique au Dalloz (1959, p. 221 s.), nous nous sommes élevé contre l'idée-directrice que les conservateurs des hypothèques doivent collectionner *tous* les actes et *tous* les faits concernant *tous* les immeubles de leur ressort, notamment en matière de succession et de partage.

Car ce n'est pas dans les documents de la « conservation des hypothèques » que le public s'informera des vocations héréditaires, ou de la répartition des biens successoraux, d'ailleurs indivisible entre meubles et immeubles. Il est donc sans intérêt d'en alourdir les « conservations », *en tant que mesure de publicité.* Et la preuve de cette inutilité saute aux yeux, puisque ces faits sont opposables aux tiers, indépendamment de toute publication !

À cet égard, l'historiographie que l'on dépose chez le conservateur présentera, sans doute, des facilités pour l'historien. Mais on est effrayé de la démesure qu'un faux et vain instinct de collectionneur introduit, sans essai d'un tri utile, dans « le musée de la publicité foncière », inutilement pour ceux à qui cette publication est destinée, *et qui la paient* !

Cette chronique nous a valu plusieurs adhésions doctrinales. Mais elle n'a pas décidé le législateur à diminuer l'encombrement des conservations !

b) Dans un second ordre d'idées, et au moment où le budget de la sécurité sociale a commencé à devenir écrasant, il nous est arrivé de faire la critique du dogme voulant que cette administration soit directement et durablement débitrice *principale* des prestations qu'elle fournit aux victimes d'accidents, même quand elles couvrent la responsabilité de *tiers assurés.* Sans doute, en principe, sa dette envers la victime diffère, par sa cause, de la responsabilité de l'assuré. Il s'agit cependant de réparer, au profit de la même personne, la même infirmité. Et rien n'exige que la sécurité sociale tienne absolument à payer elle-même ce qu'elle se fait ensuite rembourser par le responsable, en se portant, nécessairement, pour cela, demanderesse au procès de responsabilité.

Ainsi double-t-elle, à ses dépens, les frais d'opérations où elle joue simplement le rôle d'un organe de transfert de dommages. Une fois le responsable condamné à réparer tout le préjudice subi par la victime, pourquoi tient-elle tant à continuer à payer elle-même une part de ce préjudice, dont elle se fera rembourser, après coup, par l'assureur du responsable ? Ne devrait-elle pas seulement lui demander une reddition de comptes concernant l'emploi de la somme à laquelle il a été condamné ?

Or cette suggestion est restée vaine, en dépit de l'insistance que nous avons mise à la présenter, d'abord dans notre chronique au *Dalloz* 1962 sur *La surabondance des débiteurs de réparation autour de la victime d'accident, et l'enchevêtrement de leurs dettes*, D. 1962, p. 173, puis dans celle intitulée *Comment repenser la conception française actuelle de la responsabilité civile*, D. 1966, p. 149, spécialement n° 28.

c) Enfin, dans une troisième matière, nous avons naguère proposé un remède simple à la spéculation sur les terrains à bâtir, universellement reconnue comme néfaste, et contre laquelle se sont multipliées et compliquées les mesures législatives. Dans notre chronique sur *La propriété de l'espace* (D. 1965, p. 213) nous avions, en effet, souligné les dimensions irréalistes que revêtirait – si elle n'était pas corrigée dans son étendue – la formule de l'article 552 c. civ., selon laquelle « la propriété du sol emporte la propriété du dessus et du dessous ». Nous avions donc proposé, – réserve faite des droits acquis, – de la rétrécir, en limitant la hauteur jusqu'à laquelle appartiendrait, au propriétaire du sol, la propriété de l'espace dominant. Au-dessus de la hauteur qui lui serait ainsi laissée pour ses travaux et constructions, l'espace aérien serait propriété collective, de sorte que le propriétaire du sol n'en pourrait disposer pour construire que par convention avec l'urbanisme, et en remboursant la collectivité.

Or il a fallu attendre la proposition récente d'une loi foncière pour qu'une partie de cette idée simple soit ramassée par le législateur.

Heureusement, l'identification de l'immeuble à un volume, qui constituait une autre face de notre vision de l'espace, est, aujourd'hui, de plus en plus largement accueillie par la pratique, économisant en cela, comme nous l'avons recommandé, une nouvelle intervention du législateur (v. notre chronique sur *La propriété des volumes dans l'espace et la technique juridique des grands ensembles immobiliers*, D 1976, p. 103 et P. de Besombes-Singla, *Droit de superficie et construction en volumes*; rapport au 73e Congrès des notaires de France, Stras bourg, mai 1976). Mais il faudra bien, un jour, repenser, et *simplifier* le code de l'urbanisme en fonction de cette idée qu'il légifère moins sur des « territoires » que sur des « volumes ».

Simplifier les exigences du législateur, en les rationalisant, est son premier devoir !

B. Dans ses points chauds

5. – *L'invasion des règlements.* – Auprès de nos contemporains, les mots « règlement » et « réglementaire » ont pris mauvaise presse : l'embrigadé y flaire l'adjudant ! Et le Parlement lui-même légifère souvent en forme de règlements ! Il se guérit difficilement du reproche que le Montesquieu de *L'Esprit des lois* adressait aux législateurs contemporains, dans *Les Lettres persanes* (32e lettre) : « Ils se sont jetés dans les détails; ils ont donné dans les cas particuliers, ce qui montre un esprit étroit, qui ne voit les choses que par parties, et n'embrasse rien dans une vue générale ».

Il serait pourtant injuste, croyons-nous, de reprocher un manque d'idées générales au législateur français d'aujourd'hui. L'esprit public – tel, du moins, que le comprennent les enquêtes d'opinion – exerce sur lui de fortes impulsions. Cependant, les méthodes parlementaires restent effectivement favorables aux amendements ou sous-amendements, traduisant, chez chaque député, la prévalence de cas particuliers à lui confiés par ses électeurs, et dont la multitude et la diversité orientent le législateur vers un grand nombre de dispositions de détail. On y sent le souci du praticien, axé sur le cas de ses clients, et soucieux de les satisfaire par sa loi ! Celle-ci en est alourdie; son équilibre et sa clarté souffrent des contradictions que multiplie cette casuistique.

La Constitution française du 4 octobre 1958 avait pourtant désiré réserver au Parlement les hautes tâches, en laissant la poursuite des détails au « pouvoir réglementaire », qui en bâtit les décrets. Mais dans le domaine qu'on lui abandonne, celui-ci s'en donne à cœur joie.

Car, sauf intervention du Conseil d'État, le rédacteur du décret est lui-même un praticien, immédiatement sensible aux suggestions de son expérience limitée, et des milieux qu'il fréquente. Il met sa volupté et croit mettre sa conscience à exercer personnellement son pouvoir d'autorité sur beaucoup de cas particuliers. Et c'est dans la multiplication des « règlements' » ainsi bâtis que se situent, en général, les procédures, les formalités, les délais, les exigences d'autorisations, bref les causes d'impuissance ou, d'inefficacité qui agacent ou exaspèrent les « sujets » de l'Administration (v. *infra*, n° 11).

6. – *Les lois de procédure, exemple d'un désordre législatif.* – Il s'agit d'une inflation législative d'une autre catégorie, mais qui se rattache aussi au pouvoir réglementaire, quand ce pouvoir met en vigueur une nouvelle législation sans respecter ses liens avec l'ancienne.

Telle fut l'origine du désarroi éprouvé chez les procéduriers, devant ce qu'un magistrat, au cours d'articles à la *Gazette du Palais*, appelle ironiquement « leur grand Noël », – prolongé d'ailleurs au-delà des fêtes liturgiques !

Profitant de ce que la législation des procédures est, constitutionnellement, dévolue au pouvoir réglementaire, un groupe doctrinal, critiquant – d'ailleurs à bon droit – la vétusté du code de procédure civile napoléonien, a obtenu, du Gouvernement, la délégation de le refaire. Au cours même de cette réfection, le nouveau code a été mis en vigueur par quartiers successifs, parfois remaniés dans les intervalles séparant les décrets qui les promulguent. Un décret du 5 déc. 1975 avait tenté de souder cet ensemble, juxtaposé, dans un nouveau code incomplet. Mais avec de tels vices qu'un décret du 19 juill. 1976 a été nécessaire pour les corriger 1 En attendant la nouvelle « toilette » du décret du 28 déc. 1976 (v. *infra*, n° 16)...

Les réformateurs avaient trop facilement méconnu qu'une procédure déjà ouverte est inséparable de celle qui la continue, et que l'ancien code, si imparfait qu'il fût, formait, lui aussi, un tout, assimilé par la jurisprudence. Les palais n'oublieront pas de si tôt le désordre qui s'en est suivi, et qu'a marqué une grève des avocats, sans exemple, jusqu'ici, dans leurs annales !

7. – *La prolifération du droit social.* – Son importance, dans le fourmillement des textes récents, est considérable, encore que la définition du mot *droit social* le limite difficilement.

Dans le sens le plus large, ce mot désigne l'ensemble des dispositions législatives – la plupart d'ordre public – tendant spécialement à remédier aux injustes inégalités sociales d'une civilisation capitaliste. On peut alors y comprendre une importante partie de la législation sur le logement, sur la santé publique, sur les formes d'exploitations agricoles ou artisanales, sur le rééquilibrage des revenus, et, bien entendu, sur l'aide sociale.

Dans un sens plus étroit, la *législation sociale* a pris, spécialement, en charge la protection des *travailleurs salariés*, en tant que classe sociale mal armée pour sa défense. Deux codes, celui du travail et, dans son architecture initiale, celui de la sécurité sociale, s'en préoccupent particulièrement.

Le développement privilégié de telles lois (et décrets) se fonde sur l'humanisme que les pays économiquement développés doivent à leur population. Il est impossible d'en critiquer le principe et d'en nier le bienfait.

Pourtant, si les voies et moyens de ces législations sociales soulèvent encore tant de problèmes, n'est-ce pas en partie à raison des vices dénoncés plus haut dans les lois et décrets de caractère réglementaire ?

L'abondance et la complication de cette législation, faite par ajouts successifs et mal coordonnés, ne devient-elle pas si embrouillée que les bénéficiaires eux-mêmes ont peine à y découvrir, – et à y comprendre, – les dispositions qui les intéressent !

Quant aux obligés et cotisants, ils sont, dans cet ensemble législatif, séparés des bénéficiaires par le poids même des règlements et des papiers qui le mettent en œuvre, au moyen de questionnaires, de déclarations à remplir, à répéter, et à rectifier, sur des formules compliquées, dont ils comprennent difficilement le langage et le calcul, mais qui s'escortent de délais rigoureux, et, au bout du compte, de pénalités.

De sorte que cette législation, essentiellement humaine par son but, risque, en définitive, de déshumaniser les contacts humains.

Un symbole en apparaît dans la pesanteur du volume (nécessairement incomplet) du « petit code Dalloz réunissant simplement ceux de la Sécurité sociale, de la Mutualité, et de la Mutualité agricole ».

8. – Avènement de la législation économique : Sa coïncidence avec l'instabilité de son étalon monétaire devient source d'inflation législative.

a) Par comparaison avec la législation sociale, ainsi comprise, la législation économique semble, d'abord, courte dans son volume. En dehors des « ordonnances économiques », déjà anciennes, du 30 juin 1945, elle n'englobe, en propre, que les textes touchant la monnaie et les prix, le crédit, les marchés et les bourses, la banque et les changes. Car nous n'y comprendrons ni le *plan économique*, qui n'est pas une loi, ni la protection du consommateur, inspirée, plutôt, d'un souci social, ni, bien entendu, les règlements et directives de la C.E.E, qui sont supranationaux.

La pénétration, dans le gouvernement de la France, des techniques économiques, est pourtant primordiale. Mais elle se marque plutôt par les décisions et directions du plus puissant des ministères : celui de l'Économie et des Finances. Elle a un caractère politique, dans le sens le plus élevé du terme. Loin de se cantonner dans les lois budgétaires, elle inspire aujourd'hui, l'ensemble du « Gouvernement », non seulement de la France, mais, parallèlement, de tous les pays.

b) Cela est récent. – Le bien commun poursuivi par le « Droit », et qui avait « la loi » pour instrument, était conçu comme de nature morale et sociale. Il le reste, sans doute, en son sommet. Mais le développement éclatant des sciences et techniques économiques a fait apparaître la nécessité, pour l'atteindre, d'équiper le pays, – suivant les leçons des économistes, – des ressources nécessaires. Celles-ci ne seront, sans doute, que des moyens de réaliser un but plus lointain et plus haut. Mais cet équipement prend une importance immédiate, puisqu'il commande tout le reste !

Et le caractère adulte des sciences économiques leur vaut aujourd'hui la foi, qui commande le *consensus* du corps social à un *droit économique* (v. pour ne s'en tenir qu'à la bibliographie française, R. Savatier, *La nécessité de l'enseignement d'un droit économique*, D. 1961. Chron. p. 117 ; *Métamorphoses économiques et sociales du droit privé d'aujourd'hui*, spéc. 2e série, chap. IV ; *La théorie des obligations, vision juridique et économique*, nos 123 s. ; Ripert, L'ordre économique et la liberté contractuelle, *Mélanges Gény*, 1934 ; de Kiraly, Le droit économique, branche indépendante de la science juridique, *Mélanges Gény*, t. 3, p. 111 ; Farjat, *Droit économique* et *Droit privé de l'économie*, 1973 et 1975 ; Malinvaud, *Le cadre juridique des relations économiques*, 1970 ; Champaud, Contribution à la définition du droit économique, D. 1967. Chron., p. 215 ; Jacquemin et Schrans, Collection *Que sais-je*, 1970 ; Vasseur, Un nouvel essor du concept contractuel : les aspects juridiques de l'économie concertée et contractuelle, *Rev. trim. dr. civ.* 1964.1).

Or ce droit est différent, dans ses caractères, du droit classique.

Nous avons tenté de marquer à quel point il s'en distingue, dans la chronique que nous consacrions, en 1965, à *L'ordre public économique* (p. 37).

L'ordre public classique servait directement les biens essentiels qu'exige la transcendance de l'homme.

En particulier, les lois d'ordre public assuraient la permanence de sa liberté, comme de sa sécurité, en lui permettant de connaître d'avance, par leurs dispositions, les suites juridiques de ses actes.

L'ordre public économique a une mission plus spéciale, celle de faire face, à tout moment, à *la conjoncture*, c'est-à-dire, à un ensemble de faits économiques changeants, qu'en général le législateur n'a pas voulus, et qui appellent, chez lui, beaucoup plus de souplesse et de rapidité dans les initiatives.

Les mesures économiques qu'il inspire directement seront donc elles-mêmes *mouvantes*, pour s'adapter, selon ses changements, à cette conjoncture nationale et internationale.

Par là même, l'ordre public économique se veut *plastique* : car le commandement et l'interdiction légales devront être donnés de telle sorte qu'ils soient modifiables, d'après leurs résultats.

Et cela, de manière *empirique*, car l'expérience est reine dans la direction suscitée par une conjoncture favorable, et dans la réaction opposée à une conjoncture défavorable.

Nous ne reviendrons pas ici sur les nombreux et tangibles exemples que nous avons donnés de ces caractères propres des contraintes économiques, dans notre chronique précitée. En définitive, les interventions économiques décidées par le Gouvernement répondent, aussi efficacement que possible, à une succession *d'opportunités* favorables ou défavorables. Elles tendent ainsi à une prospérité nationale extérieure et nécessaire à la réalisation d'un Bien commun idéal.

c) Encore faut-il que de telles mesures ne trichent pas à l'égard de cet idéal lui-même. Et le grand désordre de la direction économique de notre Pays, comme de l'ensemble des pays étrangers d'aujourd'hui, consiste dans une tricherie généralisée à l'égard de l'étalon monétaire.

La législation économique actuelle accepte, et même crée cette tricherie, en accueillant comme normale la falsification de son unité comptable, qu'elle cherche seulement à doser.

Nous y avons insisté depuis longtemps (v. nos *Métamorphoses*, 3e série, nos 496 et s. ; notre *Droit comptable au service de l'homme*, nos 48 et s. ; notre chronique D. 1972.1, Dépréciation monétaire et vie juridique des contrats ; notre *Précis de la théorie des obligations*, vision juridique et économique, nos 82 et s. ; et, plus dernièrement, notre étude à la *Rev. fr. de comptabilité*, mars 1975, *Fausseté mathématique de toute comptabilité en monnaie fondante et esquisse d'une tentative de rectification).*

Le pouvoir régalien fabrique ainsi, consciemment, pour mesurer la valeur comptable, de la fausse monnaie. Et c'est un étalon sciemment mensonger qu'il impose aux calculs économiques de valeur, en égalisant faussement le franc légal d'aujourd'hui au franc légal du passé et à celui de l'avenir. Alors qu'une règle mathématique fondamentale prescrit de n'additionner les unes aux autres, ou de ne soustraire les unes des autres, que des quantités chiffrées dans le même étalon.

Cependant, l'un des organes du même pouvoir régalien, l'I.N.S.E.E., calcule périodiquement l'amplitude du mensonge. De sorte qu'il serait possible de redresser celui-ci dans les comptes : la monnaie de compte ainsi rectifiée redevenant, dans le temps, et par cette indication générale, un étalon constant de la valeur, même si la monnaie de paiement reste « flottante », au moment du règlement qu'elle effectue.

De fait, l'État, qui n'a pas le courage de corriger, de la sorte, dans la comptabilité qu'il impose, le mensonge dont il profite en fabriquant cette fausse monnaie, n'a pas bonne conscience. En même temps qu'il consolide en gros ce mensonge, il traduit ses scrupules en le rectifiant en détail au profit des groupes de créanciers assez forts pour s'imposer, ou assez misérables pour attirer une pitié particulière.

Du même coup apparaît toute une inflation législative directement provoquée par l'inflation monétaire dont elle rectifie, partiellement, mais lourdement, le mensonge. Les notaires en sont, pour leur plus grand tourment, les instruments légaux dans les communautés conjugales et les successions (v. not. art. 833-1 860, 868, 869, 922, 1075-2, 1469 nouveau c. civ.).

De semblables rectifications compliquent singulièrement le Code de la sécurité sociale et le Code des pensions. Elles s'imposent maintenant dans les rentes indemnitaires relatives à la réparation, par les responsables et leurs assureurs, du dommage causé aux victimes d'accidents corporels (v. notre note et le rapport de M. Gégout sous Cass. Ch. mixte 6 nov. 1974, J.C.P. 1975.11.17978). Les indexations sont permises et deviennent usuelles dans les contrats de rente viagère (v. sur l'indexation de ces contrats, notre *Commentaire de la loi du 13 juill. 1963*, J.C.P. 1963.1.1792, n° 19). Et les barrières qu'avait voulu imposer, aux indexations conventionnelles, l'ordonnance du 27 déc. 1958, complétée par celle du 4 févr. 1959, se sont effondrées devant l'offensive des syndicats ouvriers, effondrement que ceux-ci entendent maintenir au moment même où le pays cherche à redresser la « chute » accélérée du franc. Parallèlement, tout prêteur d'argent entend rejeter sur les emprunteurs, sous forme d'intérêts légalement tolérés, la dépréciation de capital que l'inflation lui impose (L. 28 déc. 1966, sur l'usure). N'est-ce pas ce que faisaient déjà les banquiers dans le cadre tracé par la Banque de France ? À travers cette pagaille, l'inflation économique dégénère donc fatalement en inflation législative. Et il en sera ainsi tant qu'on n'aura pas rectifié, dans les comptes qui s'établissent, à travers le temps, en monnaie légale, la « flottaison » de l'étalon monétaire !

9. – *L'inflation législative dans le droit fiscal.* – Le Code général des impôts est l'expression et le témoignage suggestif de cette inflation. Il la marque, à la fois, par la longueur de ses articles et la micronisation de ses numérotages. Que de progrès, depuis l'antique simplicité de l'impôt de capitation, dans l'art de faire payer le contribuable ! Et aussi, dans les méthodes destinées à chloroformer l'effort exigé de lui, sans perdre tout à fait de vue que cet effort se limite à ses facultés !

Telle nous apparaît l'œuvre du Parlement, car on est ici au cœur des « conquêtes » de la « démocratie » : faire voter l'impôt par les représentants des contribuables, à qui l'on assure que le rejet du budget serait le naufrage de l'État.

Ainsi, les articles actuels du Code des impôts sont virtuellement assortis de la lettre L, représentant la signature du législateur. Ils dépassent le chiffre de 2000, artificiellement multiplié par la méthode que nous avons décrite, mais qui s'y développe de plus en plus largement. On interfère, avec les quelques articles qui portent un numéro nu, d'autres articles enrichissant ce numéro d'un second chiffre, lui-même additionné d'un suffixe en *er* ou en *ies*, à consonance faussement latine, avec faculté de faire suivre le tout d'une lettre distinguant l'article désigné de ceux qui le précèdent et le suivent. Ainsi arrive-t-on, pour désigner un article du Code des impôts, à une architecture du type « article 2016 *quater* C ».

À moins que le rédacteur n'ait préféré une architecture comprenant des minuscules à côté de majuscules, du type « 1635 *bis*-A-a ». Et il va sans dire que ces articles peuvent se diviser eux-mêmes en paragraphes : I, II, III... 1°, 2°, etc.

Grâce à quoi règne, dans la législation des impôts, une complication indéfiniment multipliable, tenant compte d'un nombre illimité de cas particuliers.

Et nous n'avons pas tenu compte, dans cette description, des annexes à ce code, portant les numéros I, I *bis*, II, III et IV, comprenant chacune (sauf l'annexe I *bis)*, une nouvelle série d'articles, groupés en livres, titres et chapitres. Par un raffinement sur les méthodes de numérotation du code principal, ils ne craignent pas d'utiliser des décimales. Ainsi, l'annexe I, dans son livre premier, intitulé *Assiette et liquidation de l'impôt*, débute par les articles 0,1, 0,2 et 0,3.

L'ensemble des annexes est d'ailleurs plus épais que le code principal. Il couvre près de 800 pages, en petites lettres, de l'édition du Code des impôts réalisée par la maison Dalloz.

C'est dire la « richesse » de cette législation fiscale dans sa codification continuellement grossie. Et cela alors que la pratique des codifications avait été instaurée, comme on le verra (*infra*, n° 11) pour simplifier nos lois et en faciliter la consultation !

II. L'indigestion du corps social

10. – *Le mécanisme de l'indigestion.* – La survenance de cette indigestion n'étonnera sans doute nullement le lecteur des observations qui précèdent. Car la description du phénomène de l'inflation législative faisait déjà prévoir le mécanisme du phénomène.

Une digestion normale, par le corps social, des lois qui le gouvernent, supposerait ces lois assimilables pour les hommes qui composent ce corps collectif.

Or l'excès des dimensions des lois qu'on lui impose exclut une convenable assimilation. L'intelligence humaine est rebelle à saisir et à enregistrer une masse trop considérable de commandements et de défenses ; la mémoire humaine est inapte à la retenir ; la volonté humaine est incapable de l'effort nécessaire pour l'observer dans sa totalité.

Cette allergie va progresser en chaîne. Car la mauvaise assimilation du corps social incline, comme on l'a dit, le législateur inobéi à multiplier les définitions et les explications, au risque de s'embrouiller dans les détails, à répéter ses ordres ou ses défenses d'une manière qui révèle, de plus en plus manifestement, son impuissance, et à les assortir de sanctions dont le nombre et la minutie deviennent de plus en plus insupportables à ses sujets.

À moins qu'il ne se décide à concéder des exceptions accroissant la complication de sa loi, et créant des inégalités et des jalousies peu favorables au respect de celle-ci.

11. – *Le dépérissement des institutions.* – Ainsi se vérifie la vieille maxime *Corruptissima respublica, plurimae leges*, le mot *corruptissima* étant entendu comme désignant une décomposition plutôt qu'une malhonnêteté. Et ainsi s'amplifie le déclin des institutions que « vomit » le corps social. De sorte que, plus prolifie la législation régissant ces institutions, plus elles s'affaiblissent, et plus l'indiscipline sociale s'installe.

12. – *La contamination des codifications.* – Ce fut pour essayer de réordonner ce désordre qu'on imagina d'avoir, de plus en plus souvent recours à des codifications. Le propre de celles-ci est de réunir et de classer, dans une suite aussi logique que possible, l'ensemble de la législation relative à une matière déterminée du droit.

Dans la pratique actuelle, cela se fait après coup, pour une législation déjà établie, quand les administrations elles-mêmes commencent à désespérer de se retrouver dans son ampleur et sa complexité. C'est un changement par rapport à ce que furent les codes napoléoniens, votés, après discussion, par le Parlement lui-même, sortant ainsi, dans leur ordre normal, de la volonté du législateur constitutionnel.

Du moins, dans la conception nouvelle de ces codifications, elles devaient être claires et d'une relative simplicité. Comme l'Administration elle-même, l'usager devait être capable de s'y retrouver ! Et ce fut initialement le résultat obtenu. Seule, alors, la correction constitutionnelle de la technique suivie était fort contestable, bien qu'on prît l'habitude de faire intervenir, après coup, le Parlement pour homologuer en bloc les codifications qui se multipliaient et suppléer à leurs éventuelles infidélités aux lois codifiées. Ainsi procéda une loi du 3 avr. 1958 pour une quinzaine de codes. Et une même approbation rétrospective fut l'œuvre du 2 janv. 1973 pour le code du travail. Plus de quarante « codes » bénéficient actuellement de cette « légitimation » dont la correction constitutionnelle est douteuse.

Mais, déjà, la mission attribuée à ces codes cesse d'être satisfaite. Leur simplicité relative, leur facilité de consultation subissaient la contagion des vices frappant la législation parlementaire ou réglementaire directe. Nous en avons fait la constatation suggestive (*supra*, n° 9) à propos du Code des impôts.

Cela était presque fatal. Car il fallait bien que la codification, pour remplir son rôle, absorbât, – en l'intercalant à son emplacement logique à travers la numérotation de ses articles, toute la législation parlementaire (sous la lettre L), ou réglementaire (sous la lettre R), publiée au fur et à mesure des années. Encore a-t-il parfois paru nécessaire de joindre à cette législation, sous la lettre A, certains arrêtés ministériels, voire préfectoraux 1 Ainsi, automatiquement, l'indigestion devient chronique dans les codes eux-mêmes.

13. – *La présentation moderne de la doctrine juridique.* – De son côté, la doctrine juridique – œuvre des auteurs qui, à travers les lois successives et les décisions de jurisprudence, dégage, dans sa logique, l'état présent de notre droit – s'est trouvée en face de problèmes nouveaux.

Nous les avons décrits à la fin de l'étude qui nous avait été demandée, de l'*Histoire de la doctrine juridique française depuis la codification napoléonienne*, parue dans l'ouvrage de *Droit comparé* publié sous la direction de Mario Rotondi (1976) (*Inchieste di diritto comparato – La scienza del diritto nell'ultimo secolo*, p. 315 s.).

Sans doute, les représentants de la *doctrine* continuent à publier des ouvrages méthodiques sur les matières juridiques actuelles, spécialement quand elles sont inscrites aux programmes d'enseignement et d'examens des facultés de droit.

Mais il est impossible aux auteurs de méconnaître, par ailleurs, les impératifs financiers des éditeurs. Or les ouvrages doctrinaux vieillissent si vite, dans l'abondance des arrêts, et surtout des textes nouveaux, que ces éditeurs sont pris entre deux périls ; celui de n'offrir à leurs lecteurs que des livres de droit dépassés, et celui de se ruiner en éditions si proches, dans le temps, les unes des autres, que chacune aura un tirage trop faible pour couvrir le prix de sa fabrication.

C'est comme un remède à ce double péril qu'un nombre croissant d'ouvrages est édité, sur feuillets mobiles, dans une reliure qui les encadre provisoirement. Les pages dont le contenu sera dépassé par l'évolution du droit pourront ainsi être remplacées par des feuillets neufs.

Ainsi procède la Librairie Dalloz dans les *Répertoires* composant son *Encyclopédie juridique*. L'exemple lui avait été donné par les *Jurisclasseurs* tenus à jour aux *Librairies techniques*. Chaque article s'y termine par la signature d'un auteur.

Cette méthode est difficile à concilier avec l'unité d'inspiration et de synthèse convenant aux livres de doctrine. Et elle tombe, pour les jurisclasseurs, dans une technique si complexe qu'elle exige l'initiation de l'usager par un personnel spécial. Car « l'initiation après vente » existe maintenant pour les livres de droit comme pour les machines « sophistiquées ».

14. – *Inaptitude partielle de l'informatique.* – Dans cette initiation, l'informatique peut jouer son rôle. La pratique des maîtres-mots permet d'établir un programme de tables. Puis un travail de classement et de connexions élémentaires peut utiliser l'inépuisable mémoire des ordinateurs.

Mais nous pensons que, si un recours aux techniques de mécanisation, et, à la pointe de ces techniques, aux ordinateurs, peut, sans doute, aider et diffuser les travaux de l'esprit humain, le péril serait grand d'oublier qu'elles ne gardent, par rapport à lui, qu'un rang simplement auxiliaire. En particulier, l'esprit juridique, fait, sans doute, de logique, mais dans un climat de finesses et de nuances, ne pourra jamais être traduit par des machines, dans une réelle et complète fidélité. Notre vœu est qu'on n'imagine pas trouver une vraie parade à l'encombrement de la prolifération législative dans cet impossible remplacement.

15. – *La reviviscence de l'exégèse.* – Plus que jamais s'impose donc, à chaque pas de la vie juridique, l'effort des juristes professionnels, vers une pratique intelligente de l'exégèse des textes.

Ce qui remplit aujourd'hui les recueils et les revues juridiques, ce sont des commentaires, souvent pertinents, tendant à canaliser et à ordonner le flux des lois récentes, pour tenter d'en réintégrer les dispositions dans la complexité générale d'une législation sans cesse en crue. Et cela devient de plus en plus nécessaire, en dépit des périls que signale M. Husson (*Rev. trim. dr. civ.* 1976, nº 3).

Il y a donc un curieux paradoxe, de la part des auteurs juridiques contemporains, à continuer à se délecter dans la satire de « l'École de l'exégèse », alors que le législateur contemporain les y ramène autoritairement, et continuellement, à propos de sa production de textes. Quelle mine d'exégèse notre doctrine ne trouve-t-elle pas, par exemple, dans les « grandes lois » qui « rajeunissent » le code civil napoléonien, en l'allongeant et en le compliquant. A-t-on jamais autant parlé d'*arguments a contrario* et *d'arguments d'analogie* qu'à propos de l'article 334-9 nouveau du Code civil ?

Nous l'avons constaté dans notre étude précitée, en comparant l'évolution récente du droit français à celle de l'ensemble des droits étrangers. Notre législation est de celles qui se renouvellent et se modifient le plus vite, avec beaucoup d'idées neuves, mais dans un élan improvisé, provoquant les discussions, nécessitant les repentirs et multipliant les remaniements nécessaires !

16. – *L'inconvénient de débarbouiller les lois nouvelles par des « toilettes » postérieures et successives.* – Une des insécurités dont souffre l'usager de la loi consiste dans les repentirs du législateur, constatant, après coup, ses oublis ou ses malfaçons. Il les répare alors en faisant ce qu'il appelle « la toilette » de sa loi. Et il est bien certain que cette toilette est parfois nécessaire. Mais le législateur ne devrait-il pas plutôt s'imposer de ne sortir sa loi qu'après l'avoir déjà débarbouillée ?

Quand la loi du 3 janv. 1972 a décidé, dans l'article 340-4, que l'action en recherche de paternité adultérine « doit à peine de déchéance, être exercée dans les deux années après la naissance », ou « dans les deux ans après la majorité de l'enfant » – cette déchéance n'exceptant que les enfants d'un concubinage stable et ceux que le père prétendu avait contribué à entretenir – le législateur a négligé cette évidence qu'il refusait par là, à la plupart des enfants adultérins déjà vivants, la réhabilitation qu'il souhaitait pourtant accorder à tous ! C'est en constatant quel grand nombre d'enfants étaient ainsi privés de père, qu'il s'est décidé à revenir sur ce coup de peigne malencontreux par un autre coup de peigne, soigneusement, mais tardivement donné à la loi de 1972. Ce fut l'œuvre d'une loi du 15 nov. 1976. Mais il lui a fallu, pour cela, mettre à néant un grand nombre de décisions judiciaires déjà définitives, dont plusieurs émanant de la Cour suprême, en obligeant les intéressés aux frais d'un nouveau procès (v. H. Mazeaud, « L'enfant adultérin et la super-rétroactivité des lois », D. 1977. Chron., p. 1 ; D. Huet-Weiller, « La loi du 15 nov. 1976 complétant les dispositions transitoires de la loi du 3 janv. 1972 », D. 1977. Chron., p. 7). Alors qu'il eût suffi, au législateur de 1972, pour être alerté, de lire les débats de la loi du 14 nov. 1912, dont il empruntait le texte, saisissant par là la différence entre les situations de 1912 et 1972 (v. R. Savatier *La recherche de la paternité*, 1927, n° 9). Et une plus grande attention lui eût également évité d'introduire, dans le Code civil, une flagrante contradiction, contre laquelle nous l'avions pourtant mis en garde, entre l'article 311-7 et l'article 2226, contradiction qu'il faudra bien effacer, quelque jour, grâce à un nouveau coup de peigne (v. notre étude « Parenté et prescription civile », *Rev. trim. dr. civ.* 1975.1, succédant à la mise en garde que nous avions faite au J.C.P. 1971.1. 2402, n°s 18 s.).

17. – *Une autodiscipline du législateur n'est-elle pas possible* ? – Cette autodiscipline est difficile à des hommes imbus, comme nos parlementaires, de leur toute puissance.

Pourtant, il faut distinguer ici entre le pouvoir réglementaire et le véritable pouvoir législatif. Car il y a, entre eux, une hiérarchie.

Rien ne paraît s'opposer constitutionnellement à ce que le législateur, lorsqu'il a besoin de l'exécutif pour compléter réglementairement la loi votée par lui, limite les dimensions et les objets du décret qui complétera cette loi, opération qui l'assujettira à un propre examen de conscience.

Il est vrai que cette prémonition est psychologiquement difficile. Ses difficultés tiennent, notamment, à la puissance de fait des bureaux ministériels. Il est d'autant plus difficile de freiner leur pouvoir paralégislatif que ses bureaux ne se bornent pas, d'ordinaire, à guider l'exécution de lois déjà votées. En réalité, bien avant leur vote, les bureaux préparent, d'ordinaire, la tâche du Parlement. Cela ne les prédispose pas à se laisser passer, ensuite, autour du corps, une ceinture de sécurité !

Mais c'est au Parlement lui-même, véritable dépositaire du pouvoir législatif, que nous voudrions suggérer la conscience d'une nécessaire autodiscipline.

Il a bien accepté, en matière financière, un traitement chirurgical de ses penchants dissipateurs, puisqu'il s'est interdit de voter une dépense sans la compenser par une recette budgétaire. Or il ne serait pas inconcevable qu'il imposât pareillement des bornes générales à sa production législative.

Quand, par exemple, au moment où s'achève la rédaction d'une réforme légale, on constaterait qu'elle a augmenté (v. *supra*, n° 3) la dimension de l'ancienne au-delà d'une saine mesure, le président de l'assemblée le ferait remarquer à ses membres en les invitant, en nouvelle lecture, à manier les ciseaux à travers les textes provisoirement adoptés.

Et l'on se remettrait au travail pour rédiger en moins de mots, et avec moins de détails, une loi plus aisément digestible, donc meilleure. Car il faudra bien que, comme les autres hommes, les législateurs prennent conscience de leur mesure, et acceptent la nécessité de ne pas la dépasser.

18. – *La conscience, chez l'homme, de sa mesure, et le respect de cette mesure par le législateur.* – Notre temps est malade d'avoir perdu la conscience de cette mesure de l'homme. Dans l'élan où l'entraîne le merveilleux progrès de ses connaissances et de ses techniques, sa tentation est grande de se croire tout possible.

Se donner des lois reste un noble et essentiel attribut de l'homme. Pourtant, il ne saurait user de cet attribut que selon sa condition. Perdre conscience de celle-ci le pousse à sortir de sa mesure.

Certes, cette mesure a été, sur bien des points, élargie par les techniques que la civilisation moderne met à la disposition du législateur, pour la diffusion des textes légaux, comme dans les moyens de les faire observer.

Et le développement d'une saine sociologie doit lui fournir une meilleure connaissance du corps social qu'il est appelé à régir.

Mais cette sociologie devrait aussi donner conscience au législateur des conditions nécessaires à l'audition de ses lois par le corps social ; et, une fois cette conscience prise, l'inviter à la mettre en pratique sur tout le front de la législation qu'il élabore.

Car il est certain – nous l'avons constaté (*supra*, n° 8 C) – qu'il n'est pas au pouvoir du législateur de prétendre imposer une égalité de valeur entre la monnaie d'hier et celle d'aujourd'hui ou de demain, tant qu'il continue à favoriser la consommation, par ses nationaux, de biens supérieurs à leur production et à leurs gains, grâce à la fabrication indéfinie, par l'État lui-même, de signes monétaires.

Il est pareillement certain qu'il ne peut exiger de, ses contribuables une rigoureuse fidélité fiscale à des textes trop nombreux et trop compliqués pour que ceux-ci puissent les connaître et les comprendre ! Pire encore, ce nombre et cette complication entraînent, chez les contribuables, des réflexes rebelles à leurs devoirs fiscaux élémentaires.

Et ces deux exemples ne sont que les manifestations les plus voyantes du climat d'incivisme qu'engendre le dépassement de la mesure de l'exercice du pouvoir législatif.

Caveant consules !

L'ENGAGEMENT D'HONNEUR

1979

Bruno Oppetit

Professeur à l'Université de Paris XI

1. – Engagement d'honneur : l'expression semble désuète et détonne dans un monde contemporain peu enclin au romantisme et à la gratuité, épris de sécurité et d'efficacité; s'engager sur l'honneur, est-ce vraiment s'engager, dans une société technicienne dominée par les impératifs de la croissance économique et les doctrines du *welfare state* et glissant inexorablement, sous l'effet de l'inflation législative et réglementaire, vers le panjurisme ? L'honneur, en tant que principe et mesure d'une obligation, n'appartiendrait-il pas plutôt aux seules civilisations reposant sur des valeurs héroïques ou aristocratiques ? On pourrait le penser, à première vue : le droit moderne n'intègre pas le sentiment dans ses concepts, pas plus le droit civil, pour qui le consentement, élément constitutif de l'acte juridique, reste un facteur d'ordre intellectuel et « n'est pas fait d'un sentiment »[1], que le droit des affaires, qui « demeure fondé sur la raison » et échappe « aux infiltrations du sentiment ou du ressentiment »[2]. Dès lors, faire place au « sentiment de l'honneur dans un droit qui ne confond pas l'engagement d'honneur avec l'obligation civile » se conçoit aussi peu qu'« un retour au système des vœux dans une législation qui n'a plus de divinité pour recevoir les promesses »[3].

Et de fait, la formule « sur l'honneur », loin de conférer à un engagement un caractère plus solennel et plus contraignant pour celui qui l'a souscrit, paraît avoir plutôt pour effet, selon l'opinion commune, d'en minorer la valeur et la portée : la doctrine, d'une extrême rareté sur cette question, se borne en général à indiquer qu'un tel engagement ne saurait produire des effets de droit[4]. Dans la perspective tracée par le Doyen Ripert, l'engagement d'honneur relèverait du « devoir de conscience que le juge ne peut connaître tant qu'il reste un sentiment de l'âme... Il n'est pas d'autre obligation que l'obligation civile, car il ne peut y avoir d'obligation qui n'oblige pas : toute la question est de savoir comment le devoir moral peut se transformer en obligation civile; si impérieux que soient les devoirs de conscience, ils ne parviennent pas toujours à la vie juridique, parce que le législateur ou le juge n'osent pas exiger par la force leur accomplissement : il arrive alors quelquefois que ces devoirs moraux se présentent seulement sous la forme atténuée d'une obligation naturelle »[5]. C'est d'ailleurs à la notion d'obligation naturelle, seule variété de devoir de conscience à avoir suscité une impor-

---

1. G. Cornu, Du sentiment en droit civil, *Ann. Faculté de droit de Liège* 1963, p. 189 s., spéc. p. 191.
2. G. Lagarde, Le droit des affaires, droit sentimental ? *Mélanges Savatier*, Dalloz, 1965, p. 491 s., spéc. p. 510.
3. J. Carbonnier, *Droit civil*, t. 4, P.U.F., 8e éd., 1976, no 10, p. 37.
4. A. Weill et F. Terré, *Droit civil, Les obligations*, 2e éd., Dalloz, 1975, no 31; H., L. et J. Mazeaud, *Leçons de droit civil*, t. 2, vol. 1, 6e éd. par F. Chabas, Montchrestien, 1978, no 55. – Comp. L. de Naurois, Obligation juridique et obligation morale, *Mélanges Faletti (Ann. Université de Lyon* 1971.II), p. 423 s.
5. *La règle morale dans les obligations civiles*, L.G.D.J., 4e éd., 1949, nos 194 et 197, texte et note 4.

tante littérature, que certains auteurs[6] identifient l'engagement d'honneur, au même titre que d'autres devoirs moraux; mais Ripert[7] a justement dénoncé l'artifice d'une telle construction, en relevant que le mot d'obligation naturelle n'avait été employé que parce que l'on avait peur d'introduire la considération du devoir moral dans la vie civile : contraints de faire une place aux devoirs de conscience, les jurisconsultes les avaient baptisés obligations; aussi bien la doctrine moderne[8] marque-t-elle nettement la distinction des deux notions.

2. – Irréductible à l'obligation civile comme à l'obligation naturelle, l'engagement d'honneur ne serait-il alors rien d'autre qu'un archaïsme, une promesse de pure forme, sans portée juridique réelle et dépourvue même du rôle subsidiaire que sont parfois appelées à jouer, dans le droit des obligations, des institutions telles que l'obligation naturelle ou l'enrichissement sans cause ?

- Archaïsme ? Certainement pas : il suffit, pour s'en convaincre, d'observer la diversité de ses manifestations; connu de longue date, comme en témoigne une jurisprudence déjà ancienne, mais beaucoup plus riche qu'on ne pourrait le croire, car peu exploitée, l'engagement d'honneur, souvent aussi désigné de nos jours par l'anglicisme de *gentlemen's agreement*[9], apparaît aujourd'hui comme un phénomène très courant qui couvre un important domaine, allant des rapports inter-étatiques aux relations entre sujets du droit privé et, parmi ces dernières, de celles qui se nouent entre proches, parents ou amis, à l'intérieur d'un groupe familial ou social restreint, jusqu'à celles du monde du travail ou de la profession, en passant par les nombreuses illustrations qu'en offre la vie économique et commerciale sous la forme de protocoles d'actionnaires, de présidents ou de banquiers, de conventions hors statuts, d'engagements comportant des promesses de révision de prix ou de remboursement d'un créancier dans la mesure des possibilités ou en cas de retour à meilleure fortune ou même d'accords de non-concurrence; selon un observateur averti[10], la fréquence de ce type d'accords dans les relations d'affaires s'expliquerait par leur flexibilité et leur adaptabilité, permettant les rajustements nécessaires, et aussi par leur valeur obligatoire finalement plus forte aux yeux des parties que celle d'un contrat en bonne et due forme.
- Engagement sans portée juridique ? La faible, quoique réelle, comme on le verra, positivité du sujet n'a pas jusqu'ici incité la doctrine à l'esquisse d'une théorie générale de l'engagement d'honneur, et on s'en tient en général à l'idée que ce dernier ne recouvre que des obligations non juridiques, car non

6. Aubry et Rau, *Droit civil*, 6e éd., par E. Bartin, t. 4, § 297, p. 13.
7. *Op. cit.*, n° 193.
8. Cf. Michelle Gobert, *Essai sur le rôle de l'obligation naturelle*, Sirey, 1957 (préface J. Flour), p. 35, qui montre bien l'inutilité de tout recours à la notion d'obligation naturelle pour déterminer la portée de la clause de retour à meilleure fortune souscrite sur l'honneur par le failli concordataire (sur ce point, v. *infra*, n° 14), la question ne se posant en termes d'obligation naturelle qu'au cas où le concordat ne contient aucune clause particulière.
9. Curieusement, les auteurs anglo-saxons, sauf en droit international public, usent peu de cette terminologie et emploient plutôt des expressions telles que *binding in honour only* ou *honour clause*, ou encore *non-contractual agreement*.
10. V. Stewart Macaulay, Non-contractual relations in business : a preliminary study, 28 *Amer. Sociological Rev.* 1963, p. 55 s., spéc. p. 55-61.

sanctionnées. Or il paraît utile, dans une recherche menée sans a priorisme, de vérifier le bien-fondé de cette proposition ; à cette fin, on s'efforcera d'apprécier la portée exacte de la manifestation de volonté émise lors d'un engagement d'honneur en répondant à une double interrogation :

- la volonté des parties a-t-elle pour *but* de placer l'engagement d'honneur en dehors du droit ? (I).
- la volonté des parties a-t-elle pour *effet* de faire échapper au droit l'engagement d'honneur ? (II).

I.

3. – Il peut paraître oiseux, de prime abord, de soulever la question du but poursuivi par des personnes qui déclarent ne s'engager que sur l'honneur, car la réponse ne semble pas faire de doute : à l'évidence, les parties ont entendu maintenir hors du droit la relation envisagée. Mais, à y regarder de plus près, on est conduit à nuancer cette affirmation et à se demander si l'engagement d'honneur, parfois exclusivement cantonné dans l'infra-juridique (A), ne relève pas en certains cas d'une zone gouvernée par le droit, même s'il s'agit alors d'un droit différent (B).

4. – A. – L'engagement d'honneur se trouve parfois projeté dans un domaine où ne s'exerce aucune coercition de quelque sorte que ce soit. En effet, certaines relations humaines, par leur nature même ainsi que par la qualité ou les liens de leurs protagonistes, paraissent devoir échapper totalement à l'emprise du droit, ce qui expliquerait que les engagements s'y rapportant n'y soient pas sanctionnés et n'y relèvent que des simples devoirs de conscience. Il en irait ainsi des actes de pure complaisance ou de courtoisie, ainsi que des accords intervenus dans le cours de relations mondaines, telles qu'une invitation lancée et acceptée[11], ou même encore de certains rapports familiaux : selon un texte souvent cité de Pothier[12], la promesse d'un père à son fils de lui offrir un voyage en cas de succès à ses examens ne constituerait pas un engagement à proprement parler. Toute cette zone correspondrait à l'empire du non-droit, si admirablement décrit par le Doyen Carbonnier[13].

On peut alors penser que les engagements contractés sur l'honneur dans ce type de relations dénotent bien l'intention des parties de se situer résolument hors du droit. En Angleterre, selon certains auteurs[14], de tels accords (*social,*

11. V. E. H. Perreau, Courtoisie, complaisance et usages non obligatoires devant la jurisprudence, *Rev. trim. dr. civ.* 1914.481 s. – Comp. D. Mayer, L'amitié, J.C.P. 1974.1.2663, n° 8, qui n'exclut pas la compatibilité de rapports amicaux avec de véritables relations contractuelles.
12. *Traité des obligations*, n° 3.
13. *Flexible droit*, L.G.D.J., 4ᵉ éd., 1979, p. 20 s., spéc. p. 31-32.
14. *Ansons's law of contract*, 23ᵉ éd. par A.-G. Guest, Oxford, Clarendon Press, 1969, p. 31-32. – Comp. Cheshire, Fifoot and Furmston, *The law of contract*, London, Butterworths, 8ᵉ éd., 1972, p. 97, qui estiment qu'il appartient aux tribunaux en pareil cas de déceler l'intention réelle des parties d'après les termes employés ou les circonstances de l'accord, alors que l'intention de s'engager juridiquement doit toujours être présumée dans les accords commerciaux.

family or other domestic agreements) devraient être présumés comme ne comportant pas de véritable obligation juridique.

Et de fait, les tribunaux paraissent portés à refuser toute valeur juridique aux engagements d'honneur intervenus dans un tel contexte, sur la considération, parfois d'ailleurs sous-jacente à la décision et non formulée explicitement, que l'intention affirmée des parties de ne se lier que sur l'honneur se trouve corroborée par la nature de leurs rapports : on en verra des exemples dans la jurisprudence tant française qu'anglaise[15].

5. – B. – Lorsque l'on quitte le terrain des rapports familiaux ou amicaux pour aborder celui des relations professionnelles, commerciales ou même inter-étatiques, l'intention réelle des parties à un engagement d'honneur paraît plus difficile à pénétrer, car elle se nourrit de mobiles complexes et parfois contradictoires.

Que les parties aient souhaité placer leur accord en dehors du droit étatique, c'est certain, indiscutablement; ont-elles pour autant pensé qu'un tel acte ne les engageait pas réellement du fait qu'il n'était en principe pas susceptible d'exécution judiciaire ? Qu'ont-elles voulu exactement en contractant ? La référence à l'honneur minore-t-elle à leurs yeux la promesse pour n'en faire qu'un propos en l'air, sans véritable portée ? La réponse n'est guère facile : mais lorsque l'on scrute la psychologie des contractants, on parvient à déceler un certain nombre de constantes dans leur motivation.

6. – *a)* La pratique des *gentlemen's agreements* procède souvent du souci des parties de laisser l'État en dehors de leurs affaires : elle traduit en général l'aspiration d'un milieu professionnel homogène et structuré à l'autonomie et se fonde sur la technique de l'*abstention of the law.* Le droit du travail, notamment en Grande-Bretagne, jusqu'à l'*Industrial Relations Act* de 1971, offre une bonne illustration d'un développement des relations collectives du travail en marge du droit positif de l'État; mais, comme on l'a justement observé[16], de ce que les conventions collectives conclues entre organisations professionnelles et employeurs fussent privées de force obligatoire, en tant que *gentlemen's agreements,* résultait « finalement moins une absence totale de réglementation qu'une auto-réglementation » : loin de déboucher dans l'anarchie, ces accords ont « lentement et progressivement secrété *un autre droit,* différent » qui, sans être du droit positif étatique, reste du droit effectif quoique spontané, dans la mesure où les parties entendent bien se lier et respecter leur parole et leur signature.

15. Sur cette jurisprudence, Cf. *infra,* n° 13, texte et notes.
On ne saurait manquer de rapprocher cette jurisprudence de décisions intervenues en matière de transport bénévole, à propos duquel les tribunaux, pour rejeter l'action en responsabilité exercée par le transporté, ont parfois estimé (v. Paris, 5e ch., 3 mai 1929, Gaz. *Pal.* 1929.2.588, en sous-note) que « la formation de toute convention présuppose de la part des parties la ferme volonté de se lier, volonté évidemment absente dans des rapports de complaisance ou de serviabilité… qui ne constituent point des rapports susceptibles d'engendrer le *vinculum juris* générateur d'une obligation au sens spécial et précis de cette expression… ».
16. G. Lyon-Caen, Anomie, autonomie et hétéronomie en droit du travail, *Études en hommage à Paul Horion,* 1972, p. 173 s., spéc. p. 176-177.

7. – *b*) Très voisine apparaît l'attitude des professionnels du commerce ou de l'industrie qui contractent sous la forme de *gentlemen's agreements*. Mais, ici, cette démarche n'est pas toujours due à un *vacuumjuris* : elle provient aussi, dans bon nombre de cas, du rejet de la règle existante; très souvent, l'honneur n'a que faire dans de telles opérations : s'il y est fait appel, c'est moins par un hommage à ce noble sentiment que pour indiquer que l'accord engage tout de même les parties, même si ce n'est que sur le seul plan de la conscience, car la loi et les tribunaux se refuseraient vraisemblablement à le sanctionner lorsque la règle ignorée est d'ordre public. Mais, même lorsque ce n'est pas le cas, les parties contractent parfois en marge du droit étatique lorsqu'elles estiment ce dernier inadéquat au résultat qu'elles poursuivent en raison de la rigidité du régime juridique qui s'appliquerait alors à l'opération en cause.

Dans toutes ces hypothèses, le recours à l'engagement d'honneur comme moyen d'écarter un système juridique renoue avec la signification sociologique qu'a revêtue historiquement la renonciation au bénéfice de la loi, conçue exclusivement aujourd'hui comme une renonciation à des prérogatives individuelles, mais qui prenait au Moyen Age la forme d'une renonciation globale aux règles du droit objectif, traduisant de la sorte le désir des assujettis de refouler un droit inadapté[17]. Cette motivation est très évidente pour bon nombre de *gentlemen's agreements* de la vie commerciale interne et internationale : ainsi certains accords innomés anti-concurrentiels tombant sous le coup de prohibitions légales, ou encore des protocoles hors statuts comportant la répartition de sièges au sein du conseil d'administration d'une société ou l'attribution « tournante » d'une présidence entre groupes d'actionnaires, qui seraient frappés de nullité par les tribunaux comme conventions de vote illicites, reflètent bien le refus par les milieux d'affaires de règles légales jugées gênantes et inadaptées à leurs besoins; mais, quoiqu'elles sachent parfaitement ces accords conclus en marge ou en violation de la loi, les parties entendent bien les appliquer et se considèrent comme liées : bien souvent d'ailleurs, en l'absence de tels protocoles, elles refuseraient de s'engager dans l'opération en cause; il peut alors sembler curieux de voir des professionnels mettre en jeu des intérêts parfois considérables sur la seule garantie d'une parole d'honneur : c'est qu'en réalité ils savent fort bien qu'au-delà du sentiment de l'honneur qui peut l'animer, le débiteur s'expose, en cas d'inexécution, aux pressions et aux sanctions d'un milieu puissant au sein duquel s'exerce souvent une véritable autorégulation[18].

De ce point de vue, on ne saurait manquer de rapprocher cette signification du *gentlemen's agreement* de celle qu'il revêt en droit international privé lorsqu'il se présente sous la forme d'un contrat dit sans loi[19]; en effet, on sait que, dans la controverse qui oppose les adversaires de l'admission du contrat sans loi à ceux

---

17. Sur cette évolution, v. J. Carbonnier, La renonciation au bénéfice de la loi en droit privé, Rapport général, *Trav. Assoc. H. Capitant* (Journées de Paris-Dijon, 24-27 mai 1960), t. 13, Dalloz, 1963, p. 283 s., spéc. p. 284, 291 s.

18. Macaulay, *loc. cit.*

19. V. sur ce point l'intervention de Me Lepaulle dans le cours de la discussion qui suivit la communication au Comité français de Droit international privé le 27 mai 1966 de P. Level, Le contrat dit sans loi, *Travaux*, 25e à 27e années, Dalloz, 1967, p. 209 s., 240, qui souligne l'efficacité des *gentlemen's agreements*, plus réelle même, à ses yeux, que celle des véritables contrats.

qui le tolèrent, ces derniers[20] nuancent leur position en distinguant entre le contrat *sans droit*, dépourvu de tout lien avec un système de droit quelconque, qui leur paraît interdit, et le contrat *sans loi*, seulement privé d'un rattachement à une loi étatique, tout en s'insérant dans un autre système juridique de type non étatique, tel qu'un droit marchand spontané et coutumier, et qui, lui, leur semble parfaitement concevable.

Dans le même ordre d'idées, on pourrait également invoquer la portée généralement reconnue aujourd'hui à la clause d'amiable composition : théoriquement forme de renonciation globale aux règles du droit objectif (sous réserve de l'ordre public), elle apparaît de plus en plus pour l'arbitre, selon des analyses d'ailleurs fortement étayées de l'observation de la pratique arbitrale[21], non comme le moyen de se réfugier derrière sa seule appréciation subjective de l'équité ou son intime conviction, mais comme la possibilité de disposer d'une liberté totale dans le choix de règles de droit auxquelles il ne pourra guère, en fait, se dispenser de se référer pour satisfaire à son obligation de motiver sa sentence : rien ne l'empêchera de faire application de droits nationaux, ou au contraire de les écarter, ou même d'en combiner les dispositions, ou encore de faire appel à des principes généraux, à des usages ou à des règles professionnelles ou corporatives qui, pour n'être pas du droit étatique, n'en paraissent pas moins composer un système juridique cohérent et organisé.

8. – *c*) Le recours aux *gentlemen's agreements* semble enfin utilisé lorsque les parties hésitent ou répugnent à s'engager en bonne et due forme, dans les termes du droit commun, en raison soit de leur qualité, soit des pratiques ordinairement suivies, soit des conditions d'exercice de leur activité. Ce comportement est observable tant dans la vie professionnelle, du fait d'entités financières, commerciales ou industrielles, que dans les relations internationales, de la part de sujets du droit international. Mais, dans tous les cas, on constate que les intéressés, sans vouloir ou pouvoir se lier en droit strict, ne s'en considèrent pas moins comme engagés, quoique sur un plan purement moral, et appliquent effectivement leur accord. Plusieurs exemples l'attestent.

- Le premier, tiré de la vie des affaires, correspond à une pratique née au cours de ces dernières années et d'un usage extrêmement courant aujourd'hui : par un document, qualifié de lettre d'intention, adressé à un banquier, une société-mère entend apporter à ce dernier certaines assurances ou garanties quant à l'exécution des engagements contractés auprès de lui par la société

20. V. B. Goldman, Frontières du droit et *lex mercatoria*, *Arch. philo. Droit* 1964, t. 9, p. 177 s.; *Adde*, du même auteur : Le contrat international, *La renaissance du phénomène contractuel*, Commission Droit et vie des affaires, Liège, 1970, n° 35; Ph. Kahn, L'essor du non-droit dans les relations commerciales internationales et le contrat sans loi, *L'hypothèse du non-droit*, Commission Droit et vie des affaires, Liège, 1977, p. 231 s., spéc. p. 258.

21. Ph. Fouchard, *L'arbitrage commercial international*, Dalloz, 1965, n° 582; P. Lalive, Le droit applicable au fond du litige en matière d'arbitrage, *Rassegna dell'arbitrato*, anno XVII, 1977, p. 1 s., spéc. p. 16 et 17; E. Loquin, L'obligation pour l'amiable compositeur de motiver sa sentence, *Rev. arb.* 1976. 223 s., spéc. 229, et, du même auteur, *L'amiable composition en droit comparé et international : contribution à l'étude du non-droit dans l'arbitrage commercial*, thèse ronéotée, Dijon, 1978, n°s 432 s., 558 s.

qu'elle contrôle[22] ; ces assurances peuvent connaître une intensité variable : elles vont de la simple indication donnée au banquier par la société-mère que les engagements de sa filiale sont connus d'elle jusqu'à la garantie formelle que les obligations de la filiale seront de toute façon exécutées, en passant par des degrés intermédiaires consistant pour la société-mère à garantir le maintien de sa participation dans le capital de sa filiale pendant toute la durée de l'engagement de celle-ci ou même à faire en sorte que sa filiale s'en acquitte. Cette pratique nous intéresse ici en ce qu'elle illustre bien le thème développé : plutôt que de cautionner purement et simplement, dans les termes du droit privé, l'engagement de sa filiale, la société-mère préfère recourir à ce procédé, plus expéditif et non soumis à certaines exigences du droit des sociétés ; quant au banquier, qui risquerait de se heurter à un refus s'il exigeait une véritable sûreté, il se contente de la lettre d'intention en sachant bien que la société-mère ne désavouera pas sa signature. En somme, sans s'engager en droit strict, les parties souhaitent bien néanmoins se lier, l'effectivité de leur lien étant garantie par la réputation dont elles jouissent dans le milieu auquel elles appartiennent. Cette psychologie des parties se trouve parfaitement exprimée dans un parère relatif aux lettres d'intention publié par l'Association professionnelle des banques en annexe à son rapport à l'assemblée générale du 29 avr. 1974[23] et rédigé dans les termes suivants :

« Je soussigné Rodolphe Hottinguer, Président de l'Association professionnelle des banques, atteste et certifie que, dans les usages bancaires français, la lettre par laquelle une société de renom indiscuté sur le plan tant de la morale commerciale que de l'assise financière parraine une société qu'elle contrôle pour l'obtention ou le maintien d'un crédit constitue *un engagement moral d'assurer la bonne fin du crédit et est considérée comme présentant en pratique une sécurité comparable à celle d'un engagement de caution* » (c'est nous qui soulignons).

- Un second exemple de ce comportement nous est fourni par les relations internationales contemporaines. Le droit international public connaît depuis un certain temps déjà la pratique des *gentlemen's agreements* : il désigne sous ce vocable « les accords internationaux dépourvus d'effets juridiques obligatoires », généralement conclus en forme simplifiée et interprétés comme « des engagements d'honneur ne comportant aucune obligation juridique directe pour les parties tout en les liant moralement »[24] : et la doctrine insiste en général, pour opposer ces accords aux traités, sur l'absence d'intention de leurs auteurs de créer une norme, ces *gentlemen's agreements* étant souvent conclus par des représentants gouvernementaux en leur nom personnel sans

22. Nous n'envisageons ici qu'une modalité de la lettre d'intention, car ce procédé donne lieu à des utilisations très variées dans la vie des affaires.
23. Note n° 75/187 A du 2 juill. 1975. – V. également le texte de ce parère dans le Bulletin de la C.N.M.E. 1975, n° 68.
24. Ch. Rousseau, *Droit international public*, t. 1, Sirey, 1971, n° 47. – *Adde*, J.-P. Jacqué, *Éléments pour une théorie de l'acte juridique en droit international public*, L.G.D.J. 1972, p. 126-127 ; Lauterpacht, Gentlemen's agreements, in *Internationales recht und wirtschaftsordnung, International Law and economic order, Festschrift für A. Mann*, Verlag G.-H. Beck, München, 1977, p. 381 s.

intention d'engager leurs États respectifs[25] ou bien, quoique conclus entre États, ne constituant qu'une déclaration d'ordre politique ou programmatique et comportant seulement une direction dans laquelle les gouvernants s'engagent à orienter la politique de leur pays[26] ou bien encore n'étant destinés qu'à permettre de dénouer certaines difficultés de fonctionnement éprouvées par des organisations ou des conférences internationales du fait de blocages; mais certains auteurs[27] estiment que l'absence de caractère juridique contraignant de ces accords ne suffit pas à réduire l'obligation morale à une obligation purement potestative et qu'au contraire « le lien de l'engagement moral, quoique plus lâche que celui de l'engagement juridique, lie celui qui l'a pris » : il traduit simplement la prudence autant que la bonne foi d'un État qui, en présence d'une situation dont il ne peut prévoir tous les développements futurs, ne peut souscrire un engagement juridique.

Mais ce sont surtout les relations internationales économiques qui offrent de multiples illustrations de la pratique des *gentlemen's agreements* intervenant aussi bien entre des entités telles que les banques centrales pour le bon fonctionnement du système monétaire international[28] que dans les rapports inter-étatiques à l'occasion d'arrangements informels conclus sous l'égide d'organisations internationales, tels le G.A.T.T. et l'O.C.D.E. Parmi ces derniers, il convient de citer le *gentlemen's agreement* organisant le marché des laits en poudre conclu le 15 févr. 1963 et renouvelé d'année en année depuis cette date; dépourvu de valeur juridique formelle, il présente le grand avantage de pouvoir être adopté plus facilement par les États qu'un accord en bonne et due forme; mais, en réalité, il en est très proche, car il comporte un ensemble de dispositions parfaitement comparables à celles que l'on trouve dans les accords classiques de produits[29] : destiné à stabiliser le marché par l'application de prix planchers que les États participants s'engagent à respecter, son application est assurée par une institution permanente, et il prévoit même, dans son article VI, et ce n'est pas le moins intéressant, la mise en œuvre de sanctions à l'égard des États qui n'exécuteraient pas leurs obligations ! Aussi s'explique-t-on qu'une doctrine autorisée[30], sur la considération de son effectivité, lui reconnaisse une véritable positivité, beaucoup plus qu'à « un accord formel classique dont le formalisme serait parfaitement respecté (notamment du point de vue de la procédure de ratification), mais qui ne serait pas effectivement appliqué ».

25. P. Reuter, *Introduction au droit des traités*, A. Colin, coll. U, 1972, n° 73.

26. L'Acte final de la Conférence sur la sécurité et la coopération en Europe fait à Helsinki le 1er août 1975 relève pour partie de ce type de *gentlemen's agreements*, comme l'a expressément déclaré depuis le ministre des Affaires étrangères : … « ce document a valeur d'engagement moral et politique mais il n'est pas un traité dont la non-observation pourrait être considérée comme une infraction au droit international » (Réponse à Mme Scellier, sénateur, *J.O.* débats Sénat 19 août 1976, p. 2447).

27. M. Virally, La deuxième décennie des Nations Unies pour le développement : essai d'interprétation para-juridique, *Ann. fr. dr. internat.*, t. 16, 1970, p. 9 s., spéc. p. 29-30.

28. V. D. Carreau, Th. Flory et P. Juillard, *Droit international économique*, L.G.D.J., 1978, p. 225.

29. Sur le contenu détaillé de cet accord, v. P. Vellas, *Droit international économique et social*, t. 1, Sirey, 1965, p. 344-348.

30. P. Vellas, Les sources informelles du droit international public, *L'élaboration du droit international public*, VIIIe Colloque de la Société française pour le droit international, Toulouse, 16-18 mai 1974, Pédone, 1975, p. 70 s., spéc. p. 71-72.

9. – Développée dans cet esprit, la pratique des *gentlemen's agreements* se rattache à des formes nouvelles de régulation des comportements des opérateurs économiques qui se sont multipliées ces dernières années en marge du droit strict et qui dénotent une démarche tout à fait similaire.

- C'est ainsi qu'en Droit administratif, entre le procédé unilatéral autoritaire de l'acte administratif et la négociation bilatérale du contrat, la gamme des moyens d'action de l'Administration s'est enrichie de nouvelles formules, et notamment d'accords conclus par l'Administration avec des agents économiques pour obtenir de ces derniers une prestation ou un comportement dans le sens souhaité par l'État pour la réalisation de sa politique économique. Ces mécanismes d'incitation, substituts de l'acte unilatéral, n'apparaissent pas pour autant comme de véritables contrats, car « en réalité, les parties n'ont pas entendu se lier par de véritables engagements précis et impératifs, mais ont seulement souscrit à ce que l'on appelle parfois de simples promesses de comportement, dotées de valeur plutôt morale que juridique »[31]. Le contentieux de ces promesses a soulevé des problèmes de qualification : tout en refusant d'en tirer les conséquences juridiques attachées à un acte unilatéral ou à un contrat, le juge administratif ne leur a cependant pas dénié toute valeur juridique et a parfois considéré qu'elles constituaient un fait juridique, c'est-à-dire un agissement susceptible de produire des effets de droit, dans la mesure où l'Administration, par un comportement traduisant de sa part une intention de mettre en œuvre son activité dans un sens déterminé, avait pu laisser supposer à l'administré qu'elle s'engageait réellement et causer ainsi un préjudice à ce dernier[32].
- C'est dans cette même perspective que s'inscrit la notion de code de conduite, institution très caractéristique de ce souci assez neuf des autorités de provoquer les comportements recherchés par l'adhésion volontaire à des principes plus que par la contrainte du droit strict tout en veillant à ce que des normes privées de sanction juridique soient cependant effectivement suivies. L'actualité de ces dernières années en offre plusieurs exemples : citons notamment *The City Code on take-overs and mergers* (élaboré en 1969 sous l'égide des principales institutions financières de la Cité pour assurer la régulation des opérations boursières de concentration et refondu en 1976)[33], le Code de conduite des conférences maritimes adopté en 1971[34], les projets de Codes de conduite élaborés dans le cadre de la C.N.U.C.E.D. et consistant en principes directeurs pour le transfert international des techniques, proposés à Genève le 24 novembre 1975[35], et les principes directeurs à l'intention des entreprises multinationales, figurant en annexe à la Déclaration faite le 21 juin 1976 par les gouvernements membres de l'O.C.D.E. sur l'investissement international et les entreprises multinationales. Ces codes

31. A. de Laubadère, *Droit public économique*, Dalloz, 2e éd., 1976, n° 315.

32. Sur cette jurisprudence des incitations économiques, assez restrictive au demeurant, v. J.-M. André, La responsabilité de la puissance publique du fait de diverses formes d'engagements non contractuels de l'Administration, *Act. jur.*, D.A. 1976, p. 20 s.

33. Sur ce code, v. A. Tunc, *Le droit anglais des sociétés anonymes*, Dalloz, 2e éd., 1978, n° 149.

34. V. R. Rodière, *Traité gén. de droit maritime*, t. 1, Introduction générale, Dalloz, 1976, n° 364.

35. V. J. Touscoz, *Transfert de technologie et développement* (Litec, 1977), p. 197 s.

exprime nt bien l'objectif ci-dessus énoncé ; ainsi, selon *The City Code*, « … dans l'opinion des autorités de la Cité qui ont conçu le Code, il est préférable que les règles qui régissent les fusions découlent de principes acceptés librement plutôt que d'être prescrits par des lois ; les autorités sont cependant fermement résolues à ce que le système volontaire fonctionne efficacement et soit respecté par toutes les parties » ; de même, le texte de l'O.C.D.E. précise que « le respect des principes directeurs est volontaire et ne constitue pas une obligation susceptible d'être sanctionnée juridiquement » ; enfin, selon le Groupe de personnalités désignées au sein de l'O.N.U. pour s'occuper de la question des entreprises multinationales, « un code de conduite peut être un ensemble global de recommandations qui sont élaborées progressivement et qui peuvent être révisées lorsque l'expérience ou les circonstances le justifient ; bien que de telles recommandations n'aient pas de caractère obligatoire, elles jouent le rôle d'un instrument de persuasion morale, renforcées qu'elles sont par l'autorité des organisations internationales et par la force de l'opinion publique »[36].

*

* *

10. – Une investigation destinée à tenter de déceler les mobiles exacts qui animent ceux qui ne se lient que sur l'honneur ou en conscience conduirait donc à conclure avec certitude qu'ils ont voulu échapper au droit étatique ; en revanche il paraît beaucoup moins certain qu'ils aient délibérément entendu situer leurs relations dans le non-droit : il semble plus probable qu'ils aient souhaité se placer dans une sphère d'auto régulation, qui obéit à ses propres lois, sans être pour autant une zone d'anomie. Mais, naturellement, une telle interprétation du but poursuivi par les parties présuppose le rejet d'une identification totale du Droit avec le seul droit étatique et l'admission d'une conception pluraliste du Droit, selon laquelle le Droit, loin d'être un tout homogène, recèlerait, outre le système étatique, des ordres juridiques subsidiaires[37] ; mais on connaît les objections adressées au pluralisme, vision sociologique de l'ordonnancement juridique[38] : ou bien le système juridique global refuse d'intégrer ces phénomènes de prétendu autre droit, et ces derniers restent cantonnés dans l'infra-juridique, ou bien il les prend en compte, mais c'est alors le monisme qui l'emporte et qui élimine par absorption ces soi-disant manifestations d'un autre droit. Et c'est alors à une seconde interrogation que nous amène le dilemme du pluralisme : quel que soit le *but* qu'elles aient véritablement poursuivi quant à la sphère dans laquelle elles désiraient situer leurs relations (non-droit ou droit différent), les parties ont de toute façon voulu placer leur engagement en dehors du droit étatique : mais leur seule volonté peut-elle atteindre ce *résultat* ?

36. V. Cl. Lazarus, L'O.N.U. et les entreprises multinationales, *L'entreprise multinationale face au droit*, Recherche de l'Université de droit de Paris sous la direction de B. Goldman et Ph. Francescakis, Litec, 1977, p. 407 s., spéc. p. 417.
37. Sur la variété des doctrines et la diversité des phénomènes de pluralisme, v. J. Carbonnier, *Sociologie juridique*, P.U.F., coll. Thémis, 1978, p. 208 s.
38. J. Carbonnier, *op. cit.*, p. 213.

II.

11. – Une doctrine quasi unanime[39] définit le contrat comme l'accord de volontés destiné à créer des effets juridiquement obligatoires : dans cette perspective, on doit donc logiquement admettre qu'un accord, tel l'engagement d'honneur, auquel fait défaut une telle intention, se trouve dépourvu de valeur juridique et n'est pas sanctionné par le droit objectif; selon cette conception du contrat, la volonté des parties serait dotée d'une force absolue, puisque c'est d'elle seule (sous réserve de l'ordre public, bien entendu) que dépendrait la soumission d'un engagement au droit étatique, et donc la possibilité de l'exécuter judiciairement, ou au contraire son exclusion du champ d'application de la loi en le réputant pris seulement en conscience.

C'est cette proposition qu'il convient de vérifier par une analyse du droit positif (A), qu'il y aura lieu ensuite d'apprécier (B).

12. – A. – L'intention des parties de maintenir leur accord hors de la sphère du droit étatique s'impose-t-elle à ce dernier ? La réponse à cette question suppose un recensement de solutions jurisprudentielles ou légales éparses en droit positif, car non systématisées en raison du caractère atypique et faiblement conceptualisé de la notion étudiée, et qui, pour la commodité de l'exposé, seront regroupées par branche du droit privé.

13. – *a) En droit civil*, il semblerait, à travers les intéressantes décisions intervenues en la matière, que le juge ne se considère pas comme automatiquement lié par l'intention proclamée par les parties de priver leur accord de toute valeur obligatoire et donc de sanction judiciaire : et, de fait, les espèces témoignent d'une totale liberté du juge dans l'appréciation de la portée des engagements pris sur l'honneur.

- Certaines décisions refusent tout effet à l'engagement d'honneur : mais elles ne paraissent pas se fonder sur la seule intention des parties. L'une[40] semble

39. H., L. et J. Mazeaud et F. Chabas, *op. cit.*, n° 52; Carbonnier, *Droit civil, op. cit.*, n°s 7 et 14; Weill et Terré, *op. cit.*, n° 23; Marty et Raynaud, *Droit civil*, t. 2, vol. 1, Sirey, 1962, n° 26; Flour et Aubert, *Droit civil, Les obligations*, vol. 1, A. Colin, coll. U, 1975, n° 129; Colin, Capitant et Julliot de la Morandière, *Traité de droit civil*, 1959, t. 2, n° 556; Ripert et Boulanger, *Droit civil*, L.G.D.J., 1957, t. 2, n° 32; *Rép. civ.* Dalloz, 2e éd., 1978, v° *Contrats et conventions*, par L. Boyer, n° 5. – Même les juristes sociologues insistent sur cette idée de la volonté productrice d'effets de droit dans le contrat (cf. F. Terré, Sociologie du contrat, *Arch. philo. droit*, 1968, t. 13, p. 73.
En ce sens également : Cheshire, Fifoot and Furmston, *op. cit.*, p. 96 s.; Anson and Guest, *op. cit.*, p. 34; G.H. Treitel, *The law of contract*, 4e éd., Stevens, 1975, p. 98; *Murray on contracts*, 2e éd. révisée du *Grismore on contracts*, The Bobbs Merril, New York, 1974, § 20, p. 31, texte et note 17; René David, *Les contrats en droit anglais*, L.G.D.J., 1973, n° 102.
Certains auteurs, toutefois, se bornent à qualifier le contrat d'accord productif d'obligations : P. Esmein, *Traité prat. de droit civil de Planiol et Ripert*, 2e éd., 1952, t. 6, n° 7; Starck, *Obligations*, Litec, 1972, n° 1008.
40. Req. 25 févr. 1835, aff. *Calvimont*, D.P. 38.1.439.

s'attacher surtout au cadre familial dans lequel a été souscrit l'engagement[41] : dans une hypothèse où un frère, dans le but de garantir ses sœurs contre tout avantage indirect à son profit de la part de leur mère commune, leur avait promis sur l'honneur de ne pas acquérir les biens de celle-ci pour un prix inférieur à une somme déterminée, il fut jugé qu'on ne saurait voir un déni de justice dans le refus, de la part des juges, de prononcer la nullité d'un acte qui, de l'aveu même de toutes les parties, ne renfermait qu'un engagement d'honneur et ne formait aucun lien civil : or, d'un engagement d'honneur ne peut résulter aucune action civile.

Dans une autre espèce[42], à propos de l'engagement pris sur l'honneur par un débiteur à qui il avait été fait remise de son titre de rembourser la dette « quand il en aurait les moyens », le refus de la sanction judiciaire tenait sans doute d'abord au fait que, à la suite de la remise de dette, l'engagement du prétendu débiteur ne correspondait plus à aucune dette réelle, et aussi à la considération que la clause *quand je voudrai, quand cela me sera possible*, valable si elle ne vise qu'à exprimer un terme incertain, ne traduit plus qu'une obligation imparfaite si son accomplissement demeure subordonné à la volonté purement potestative du souscripteur.

- En revanche, les tribunaux n'ont pas hésité à qualifier d'obligations de droit strict des engagements pris sur l'honneur et à récuser l'intention parfois expressément affirmée par les parties de situer leur accord en dehors du droit.

Un arrêt ancien, mais très net, a considéré que la clause par laquelle un débiteur, à qui un créancier a fait remise de sa créance, « déclare sur sa conscience qu'il le désintéressera si la fortune vient à lui sourire » engendre une obligation civile, et « qu'il appartient au tribunal de décider que le débiteur est en mesure de payer sa dette, bien qu'il soutienne que sa situation de fortune n'est point assez belle encore pour que sa conscience lui fasse un devoir de se libérer »[43]. Il paraît difficile, ici, d'expliquer cet arrêt en voyant simplement dans l'engagement une obligation conditionnelle, car le caractère purement potestatif de la condition aurait conduit à l'annulation de l'engagement, non à sa pleine efficacité.

---

41. La jurisprudence anglaise va dans le même sens et maintient en dehors du droit les arrangements conclus entre parents et enfants ou entre mari et femme, par exemple un pacte de séparation amiable entre époux (*Balfour* v. *Balfour* [1919] 2 K. B 571), mais peut-être davantage sur la seule constatation que les parties n'ont pas voulu s'engager juridiquement.

42. Bordeaux, 31 mai 1848, D.P. 48.2.180.

43. Aix, 11 juin 1872, D.P. 73.2.177. – Comp. Req. 13 déc. 1875, D.P. 76.1.417, qui n'exclut pas qu'un débiteur qui s'est obligé moralement à rembourser, en cas de retour à meilleure fortune, une dette ainsi remise puisse l'être également sur un plan civil, mais à charge pour le créancier de le prouver; cette curieuse décision paraît bien discutable, car, lorsque l'existence d'un engagement est incontestée, dans le doute sur la question de savoir si l'obligation est civile ou morale, il semble que l'on doive plutôt, jusqu'à preuve contraire par l'obligé, présumer que l'obligation est civile. Et de toute façon, à supposer même que les termes de l'acte témoignent de l'intention du débiteur de ne s'engager qu'en conscience, les tribunaux, en d'autres occasions, ne se sont pas contentés de cette affirmation : ainsi, on lit dans l'arrêt de la cour d'Aix : ... « Attendu... que le mot *conscience*, qui figure dans l'acte, ne peut à lui seul prohiber l'existence d'une obligation civile » ; mais c'est sans doute le signe que l'on passe du plan de la preuve à celui du fond du droit : les tribunaux, en réalité, toutes les fois que l'existence de l'engagement est certaine, ne s'estiment pas liés par l'intention du débiteur de se placer sur le seul terrain de la morale.

Il a encore été jugé[44] que l'adhésion par un particulier à une souscription publique ouverte par la municipalité d'une commune en vue d'un service de bienfaisance ne donnait pas seulement naissance à un engagement d'honneur, mais encore à un engagement juridiquement valable et civilement sanctionné constituant non une donation, mais un contrat innomé; notons toutefois que, pour reconnaître à cet acte d'adhésion le caractère d'un engagement ferme, la cour de Nancy et, avant elle, le tribunal civil de la même ville[45] n'avaient pas évoqué spécialement la question de l'intention du souscripteur de se lier juridiquement : ils avaient plutôt relevé soit que « la condition impulsive et déterminante » de la souscription procédait de mobiles généreux, soit au contraire que l'intéressé avait « trouvé un équivalent de son engagement dans les avantages que lui procurait la ville » : c'était se placer sur le terrain de la cause; or l'existence de la cause justifiait suffisamment la qualification de contrat civil retenue par les juges.

D'autres décisions, dans un contexte plus moderne, ont sanctionné judiciairement des engagements pourtant formellement pris sur l'honneur par un locataire de ne pas se prévaloir ultérieurement du droit au maintien dans les lieux : la violation d'engagements de départ, quoique pris sous cette forme, a été considérée comme une faute contractuelle ouvrant droit à réparation sous forme de dommages-intérêts[46], ce qui revenait à reconnaître à ces engagements une portée juridique; or ces décisions prennent d'autant plus de relief que ce n'était pas seulement en dehors du droit que les parties avaient contracté dans ces deux espèces, mais bien contre le droit, en l'occurrence la loi du 1er septembre 1948.

Plus indirectement, un arrêt plus récent[47] n'a annulé que pour indétermination du prix un acte par lequel des parties à un contrat de vente prenaient l'engagement sur l'honneur de réviser le prix de vente au moment de la signature de l'acte authentique en cas de dévaluation de 10 % du coût de la vie, ce qui semblait impliquer, ou tout au moins ne pas exclure, que cet acte puisse produire par lui-même des conséquences juridiques.

14. – *b) En droit commercial*, une jurisprudence assez fournie, pas toujours très bien motivée, en particulier du fait d'un mélange fréquent dans l'argumentation des notions d'obligation naturelle et d'engagement d'honneur ou de l'intervention dans le raisonnement d'autres concepts, tel celui de cause, analyse la plupart du temps les engagements d'honneur en obligations juridiques pures et simples en relevant l'intention commune des parties de s'obliger et en ignorant le plan purement moral sur lequel se situait pourtant cette volonté de se lier. Ce faisant, les tribunaux français font preuve de plus de rigueur que la jurisprudence britannique; celle-ci, en effet, dans une affaire célèbre qui alla jusque devant la

44. Nancy, 17 mars 1920, D.P. 1920.2.65, note Appleton, confirmé sur pourvoi par Civ. 5 févr. 1923, D.P. 1923.1.20.

45. V. le jugement du 30 juill. 1919 reproduit avant l'arrêt de la cour de Nancy, *toc. cit.*

46. Amiens, 13 janv. 1953, D. 1953. Somm. 51; Trib. paix Paris, 16e arr., 14 juin 1957, *Rev. trim. dr. civ.* 1958.70, obs. H. et L. Mazeaud; *ibid.*, p. 105, obs. Carbonnier.

47. Civ. 1re, 6 oct. 1965, D. 1966. Somm. 35; *Gaz. Pal.* 1966.1.53; *Rev. trim. dr. civ.* 1966.311, obs. Cornu.

Chambre des Lords[48], refusa de considérer comme un contrat juridiquement obligatoire pour les parties un accord par lequel une société anglaise concédait à une société américaine la représentation exclusive de ses produits en Amérique du Nord et qui contenait la clause suivante : « *This arrangement is not entered into, nor is this memorandum writter, as a formal or legal agreement, and shall not be subject to legal jurisdiction in the Law courts... but is only a definite expression and record of the purpose and intention of the parties concerned, to which they each honourably pledge themselves* » ; ce primat reconnu à la volonté de se placer hors du droit, discutable en ce qu'il s'appliquait à une opération commerciale conclue par des professionnels, s'expliquait peut-être en l'espèce par la circonstance qu'il s'agissait d'un accord entre contractants placés sur un pied d'égalité[49].

- En matière de faillite, une jurisprudence déjà ancienne (l'extrême rareté, de nos jours, des concordats et des retours à meilleure fortune l'explique sans doute...), mais constante, considère comme civilement obligatoire l'engagement d'honneur pris par le failli, soit dans le concordat, soit dans un acte postérieur, de payer, au cas de retour à meilleure fortune, la totalité des créances vérifiées et affirmées[50], et ce, généralement, au terme d'une interprétation de l'intention des parties ou des circonstances de la cause.
- De la même manière, en matière bancaire, la Cour de cassation[51] a approuvé des juges du fond d'avoir estimé que « l'engagement pris sur l'honneur par un débiteur de rembourser le solde débiteur du crédit consenti par une banque dans la mesure de ses possibilités ne pouvait être considéré comme une simple obligation naturelle » (la confusion des deux notions est fréquente, comme on l'a vu ; or l'obligation naturelle ne saurait naître d'un engagement volontaire, car de deux choses l'une : ou bien elle lui préexiste, sous la forme d'une obligation civile avortée ou dégénérée ou d'un devoir moral, peu importe, et l'engagement la nove en obligation civile, ou bien elle n'existait pas, et elle ne saurait naître d'un engagement : la seule question est de savoir si ce dernier a une valeur juridique ou seulement morale), et par suite d'avoir condamné le débiteur à payer après avoir souverainement apprécié qu'eu égard à ses disponibilités il était en mesure de régler sa dette.
- En matière de sociétés, une intéressante décision[52] a jugé que l'engagement sur l'honneur pris par les cessionnaires des actions d'une société d'assurer la pérennité de cette dernière avait un caractère solennel, qui ne pouvait qu'en

48. *Rose and Frank* v. *Crompton Brothers* [1925] A.C. 445.
Sur cet arrêt, v. Treitel, *op. cit.*, p. 98 ; Cheshire, Fifoot and Furmston, *op. cit.*, p. 102-103 : ces auteurs estiment (p. 97) que, dans les contrats commerciaux, l'intention de créer des relations juridiques doit être présumée.
49. René David, *op. cit.*, nº 105.
50. Civ. 29 avr. 1873, D.P. 73.1.207 ; Req. 26 janv. 1874, D.P. 75.1.23 ; Nancy, 21 juin 1902, D.P. 1902.2.471, confirmé sur pourvoi par Req. 4 juill. 1904, S. 1905.1.37.
51. Com. 23 déc. 1968, *Bull. civ.* IV, nº 374, p. 334 ; *Rev. trim. dr. com.* 1969.555, obs. Cabrillac et Rives-Lange ; D. 1969. Somm. 71.
52. Colmar, 5 déc. 1969, dont les motifs sont reproduits dans le corps de l'arrêt rendu sur pourvoi par Com. 10 janv. 1972, J.C.P. 1972.II.17134, note Y. Guyon ; D. 1972. Somm. 180.

accroître la portée obligatoire : et, tout en déclarant ce motif surabondant[53], la Cour de cassation, pour rejeter le pourvoi formé contre cet arrêt, a cependant reconnu à cet engagement une efficacité suffisante pour approuver les juges du fond d'avoir, sur sa base, ordonné au profit des bénéficiaires de cette promesse des mesures destinées à sauvegarder l'existence de la société pendant la durée de l'instance en cours jusqu'à décision définitive sur la validité de la cession d'actions.

15. – *c) Le droit commercial européen* témoigne d'une approche identique du phénomène des *gentlemen's agreements* : une importante affaire lui a donné l'occasion de préciser sa position. La Commission de la C.E.E.[54] n'a pas hésité à considérer comme des accords entre entreprises, au sens de l'art. 85, § 1er, du Traité de Rome, deux écrits non signés, intitulés « *gentlemen's agreements* », et étendant aux pays du Marché commun un accord de fixation des prix, de quotas de livraison et de restrictions de fabrication conclu, pour les pays tiers, entre les principaux producteurs de quinine et de quinidine de la Communauté ; au soutien de sa décision, la Commission a notamment relevé (II, n° 19, *b*) que ces accords prévoyaient expressément « des dispositions obligatoires pour les parties concernant leur comportement sur le marché, dispositions au respect desquelles ces parties pouvaient être contraintes par la voie d'un recours à la procédure d'arbitrage ». Cette décision a été confirmée par la Cour de justice des Communautés européennes[55], devant laquelle M. l'avocat général Gand, dans ses conclusions[56], avait à son tour souligné le caractère obligatoire que les parties avaient conféré aux *gentlemen's agreements*, notamment en convenant que leur transgression constituerait *ipso facto* une violation de la convention d'exportation à laquelle ils se rapportaient. C'est à ce propos que l'on a mis en doute[57] qu'un *gentlemen's agreement* qui se bornerait à exprimer des intentions sans créer d'obligations proprement dites puisse être considéré comme un accord au sens de l'article 85 ; mais, à notre sens, la question a peu de chances de se poser en ces termes, dans la mesure où l'article 85 ne vise que les accords ou pratiques concertées qui ont pour *objet* ou pour *effet* d'empêcher, de fausser ou de restreindre le jeu de la concurrence, et, dans ces conditions, de deux choses l'une : ou bien le *gentlemen's agreement* se contente d'exprimer des intentions qui ne sont ni assorties d'obligations ni suivies d'effets, auquel cas il n'a ni pour objet ni pour effet de contrevenir aux règles de la concurrence (mais, en pratique, on conçoit mal la rédaction en ce domaine d'une simple déclaration d'intention sans objectif précis), ou bien ces intentions, sans imposer d'obligations, ont pour effet de déterminer des comportements anti-concurrentiels, et ces derniers

53. On sait que la Cour de cassation use habituellement de cette formule à l'égard des motifs qu'elle n'entend pas reprendre à son compte des arrêts qu'elle maintient cependant (Cf. Voulet, L'interprétation des arrêts de la Cour de cassation, J.C.P. 1970.1. 2305, n° 11).

54. Décision n° 69/240/C.E.E. de la Commission du 16 juill. 1969 relative à une procédure au titre de l'art. 85 du Traité (IV/26.623. Entente internationale de la quinine) (J.O.C.E. n° L. 192, 5 août 1969, *Journ. dr. int.* 1970.196).

55. Cour de justice, 15 juill. 1970, 3 arrêts (Aff. 41/69, Chemiefarme ; 44/69, Buchler ; 45/69, Boehringer), *Rec.* 1970, p. 661, 733, 769.

56. *Rec.* 1970, p. 707 s., spéc. p. 718-719.

57. B. Goldman, *Droit commercial européen*, 3e éd., Dalloz, 1975, n° 267.

constitueraient alors des pratiques concertées; cette dernière éventualité a d'ailleurs été envisagée par la Commission (§ 20 de sa décision), qui a estimé que le fait pour les parties de « mettre en sommeil » les obligations contenues dans ces accords ne les a pas pour autant empêchées de s'y conformer, ce qui établissait à leur charge une pratique concertée.

16. – *d) Le droit du travail et le droit professionnel* n'ignorent pas non plus le problème des engagements contractés en dehors du droit et même surtout contre le droit.

- En droit professionnel, c'est spécialement en matière médicale que l'on a vu la question se poser au contentieux de la manière suivante : deux médecins concluent un accord, réputé souscrit sur l'honneur car manifestement contraire au code de déontologie, comportant un partage qualitatif et géographique de la clientèle, puis cet accord est méconnu par l'une des parties, qui est alors poursuivie par l'autre pour manquement à ses engagements devant les instances disciplinaires de l'Ordre des médecins. Statuant comme juridiction de cassation d'une décision d'un conseil de l'Ordre, le Conseil d'État[58], en jugeant que la question de savoir si la violation d'un engagement pris sur l'honneur par un médecin constituait ou non pour l'application d'une loi d'amnistie une faute contre l'honneur devait être résolue en tenant compte tant de l'objet même de l'engagement que des conditions dans lesquelles il avait été violé, a admis implicitement qu'un tel engagement, en tant que source d'obligations, pouvait produire des conséquences juridiques au regard du système de droit étatique.
- En droit du travail, un phénomène d'ampleur croissante affecte de plus en plus l'effectivité des textes et confirme d'ailleurs une évolution plus générale qui menace la matière elle-même[59] : c'est le problème du travail « noir »[60]; sans doute l'engagement « au noir » ne se souscrit-il pas sur l'honneur, en général, mais en tant qu'accord conclu hors du droit et même contre le droit, dans la mesure où les parties (ou tout au moins l'une d'entre elles) entendent bien échapper aux obligations légales impératives qui se greffent sur le contrat de travail, il présente une grande analogie avec les accords étudiés ici. Cette pratique traduit une fuite devant le droit du travail, les parties voulant expressément que leur accord ne produise pas d'effets de droit au regard de cette législation; mais le droit positif a réagi vivement et s'est efforcé de réintégrer ces situations dans sa sphère d'application : le législateur, par la loi n° 72-648 du 11 juill. 1972 (art. L. 324-9 s., c. trav.), a interdit et sanctionné le travail clandestin; le juge, pour sa part, ne manque pas de rétablir la qualification juridique exacte d'une activité prétendue indépendante ou artisanale pour éluder l'application de la législation de la sécurité sociale : dans cet effort pour démasquer le recours au travail « noir », le juge n'hésite

58. Cons. d'Ét. 13 juill. 1962, D. 1962.587, concl. comm. Gouv. Nicolay; S. 1962.278, concl. Nicolay. – V. également sur cette jurisprudence et spécialement sur les possibilités d'envisager une notion juridique de l'honneur, J. Savoye, La notion de « manquement à l'honneur, à la probité et aux bonnes mœurs », D. 1968. Chron., p. 103.

59. G. Lyon-Caen, L'effondrement du droit du travail, *Le Monde*, 31 oct. 1978.

60. G. Lyon-Caen, Observations sur le travail « noir », *Dr. social* 1963.281.

d'ailleurs pas, le cas échéant, à élargir le critère de la dépendance ou de la subordination qu'implique la notion de contrat de travail ou d'assujettissement à la sécurité sociale[61].

17. – B. – Lorsque l'on tente de dégager des orientations d'ensemble dans l'attitude du droit positif à l'égard de l'engagement d'honneur, une constatation s'impose immédiatement : la plupart du temps, le juge ne s'estime nullement lié par l'intention des parties de placer leur accord en dehors du droit étatique; que ce soit par simple interprétation de la volonté des parties ou pour tout autre motif de droit ou de fait, les tribunaux, lorsqu'ils ont à se prononcer sur l'efficacité d'un tel engagement, acceptent de le sanctionner et de lui attacher des effets de droit, et cela même lorsque les parties ont formellement manifesté une volonté contraire. Une telle conclusion ne laisse pas de surprendre, si l'on se souvient que, selon une opinion unanime, le *gentlemen's agreement* ne saurait créer d'obligations juridiquement sanctionnées dès lors que les intéressés ont entendu se situer sur un plan purement moral : aussi est-elle riche de plusieurs enseignements.

18. – *a)* En infirmant l'idée généralement reçue selon laquelle l'engagement d'honneur n'a pas en droit de valeur obligatoire, la réaction du droit positif comporte une première leçon.

Elle tend bien à démontrer, au fond, que lorsque l'État laisse se développer, en marge de ses propres lois et règlements, des zones d'activité gouvernées par d'autres règles de droit (si l'on accepte l'hypothèse pluraliste) ou totalement étrangères au droit (si l'on adopte la conception moniste), c'est bien parce qu'il le tolère, soit de propos délibéré, parce qu'il juge plus utile de ne pas intervenir (phénomène de l'*abstention of the law*, assez évident aujourd'hui dans ce qu'il est convenu d'appeler la renaissance de la *lex mercaloria* ou *new law merchant*)[62], soit par indifférence, compte tenu du caractère négligeable, socialement ou économiquement parlant, des comportements qui entendent s'exprimer en dehors de ses normes. En revanche, toutes les fois qu'il estime ses intérêts ou sa vocation même compromis de ce fait, il ne manque pas de réintégrer dans son orbite les activités qui prétendaient s'y soustraire. En s'efforçant toujours, d'une manière ou d'une autre, de donner une valeur juridique à un engagement pourtant pris en conscience, les tribunaux témoignent à l'égard de la fuite devant le droit étatique d'une attitude comparable à celle qu'ils avaient très anciennement adoptée, avant les interventions du législateur, à l'égard de la clause compromissoire, fuite devant la justice étatique : l'État moderne, par ses organes d'expression que sont le législateur et le juge, ne saurait accepter, autrement que sur un plan limité et au bénéfice de justifications particulières, une mise en échec systématique de sa souveraineté législative et juridictionnelle; en outre, chargé d'arbitrer le jeu des intérêts antagonistes des divers groupes socio-économiques, il ne peut davantage admettre que, par l'élision des règles qu'il édicte, soit ruinée

61. V. par ex. Agen, 21 mai 1962, *Dr. social* 1963.283; Soc. 29 mars 1966, *Bull. civ.* IV, n° 347, p. 296; D. 1966.437.

62. V. Ph. Fouchard, L'État face aux usages du commerce international, Communication au Comité français de droit international privé, 20 mars 1974, *Travaux*, 34e à 36e années, 1973-1975, Dalloz, 1977, p. 71 s., spéc. p. 79-80.

la protection qu'il assure au contractant le plus faible : en ramenant les engagements extra-juridiques dans la sphère du droit étatique, le législateur ou le juge procèdent souvent d'un esprit très proche de celui dont ils font preuve à l'égard des contrats d'adhésion; de plus, quand les accords conclus en dehors du droit l'ont été en réalité *contre* ce droit, la réaction étatique trouve une évidente justification. Enfin, certaines considérations morales ne sont sans doute pas étrangères à l'attitude du juge, choqué que celui qui a violé une parole donnée en termes particulièrement solennels puisse se prévaloir d'une volonté de ne pas s'engager au regard de la loi civile.

Sans doute pourrait-on alors songer, pour paralyser cette réaction, à faire usage d'un texte très novateur du nouveau code de procédure civile, quoique pratiquement encore ineffectif : l'art. 12, al. 2, aux termes duquel « ... les parties peuvent, pour les droits dont elles ont la libre disposition et en vertu d'un accord exprès, lier le juge par les qualifications et points de droit auxquels elles entendent limiter le débat »; ne serait-il pas concevable que des plaideurs, sur le fondement de ce texte, réputent un engagement conclu exclusivement sur l'honneur et stipulent expressément que la qualification de *gentlemen's agreement* s'imposera au juge, ce qui empêcherait ce dernier de le déclarer juridiquement obligatoire ou d'en tirer quelque effet de droit ? À notre sens, une réponse positive ne fait pas de doute, et ce texte permettrait pratiquement aux parties d'éviter la réintégration d'un tel engagement dans la sphère du droit étatique; mais, sur le plan de la théorie juridique, un tel résultat n'infirmerait aucunement les observations ci-dessus exposées, car, en pareil cas, c'est bien d'une autorisation générale, expresse et préalable du législateur, contenue dans l'art. 12, al. 2, que l'engagement d'honneur tirerait la possibilité de se placer en dehors du droit étatique, et non de la seule volonté des parties, qui ne saurait, à elle seule, produire un tel effet.

Le droit anglais confirme cette analyse et fournit une bonne illustration de ces réactions possibles du droit étatique aux engagements conclus en dehors de lui; c'est ainsi qu'une loi de 1971[63] dispose que les conventions collectives intervenues entre employeurs et syndicats, considérées jusqu'alors comme des *gentlemen's agreements*, seront désormais présumées conclues par les parties dans l'intention d'y attacher des effets de droit, sauf volonté contraire expresse de leur part : ce texte montre bien que le *gentlemen's agreement* ne peut exister que si le droit étatique l'accepte et que la volonté des parties reste toujours subordonnée à ce dernier.

19. – *b*) De ce que l'engagement d'honneur puisse produire des effets de droit en l'absence d'intention du souscripteur de se lier juridiquement découlent alors d'importantes conséquences sur le plan de la théorie de l'acte juridique et de la notion de contrat.

En effet, selon les conceptions très généralement admises dans la doctrine civiliste, un contrat se définit comme l'acte conclu par les parties dans l'intention de créer des effets juridiquement obligatoires. Dans cette perspective

63. Industrial Relations Act 1971, sect. 34 : « Every collective agreement which (a) is made in writing after the commencement of this Act and (b) does not contain a provision which (however expressed) states that the agreement or part of it is intended not to be legally enforceable, shall be conclusively presumed to be intended by the parties to it to be a legally enforceable contract ».

d'identification de la volonté psychologique à la volonté juridique, on est alors amené à distinguer les engagements qui obligent le promettant de ceux qui n'ont pas cet effet sur la base de la notion de *considération* ou de la théorie de la cause ou bien par une interprétation pragmatique de l'intention réellement poursuivie par les parties, selon la méthode propre à chaque système juridique[64].

Mais les enseignements qu'apporte l'analyse du droit positif quant à l'attitude de ce dernier à l'égard des engagements pris en conscience et hors du droit conduisent à récuser cette approche traditionnelle du phénomène contractuel et rejoignent les conclusions résultant d'importants apports doctrinaux de ces dernières années. Certains auteurs[65], étudiant la distinction entre actes juridiques et accords extra-contractuels, ont mis en doute que la volonté des parties, visant ou non à produire des effets de droit, en soit le critère décisif, car certains accords, sans présenter le caractère de véritables actes juridiques, ne sont pas pour autant dépourvus de portée juridique (*rechtliche Relevanz*) et produisent des effets juridiques indépendants de la volonté des parties : il faut sans doute y voir le signe que l'ordre juridique étatique ne se considère pas comme lié par la volonté des parties et se réserve d'attacher des effets de droit à tel ou tel accord, quoiqu'aient voulu les parties, dès lors que ces dernières ont entendu s'engager sur un plan quelconque. Mais c'est surtout à la faveur des travaux fondamentaux de MM. Gorla et Rouhette qu'un profond renouvellement de la notion même de contrat a été apporté. M. Gorla[66], dans une pénétrante critique du consensualisme menée d'un point de vue historico-comparatif, a développé l'idée que le seul consentement n'a en réalité jamais obligé dans nos droits continentaux, pour lesquels seul engage le pacte vêtu soit par une certaine forme, soit par une certaine cause, cette dernière étant entendue non pas comme le but ou le motif de la volonté de s'obliger, mais comme une donnée objective justifiant la reconnaissance, par le droit, de l'obligation. M. Rouhette[67], pour sa part, s'est attaché à démontrer comment la définition généralement reçue du contrat comme accord de volontés tendant à produire des effets de droit confond le plan procédural du *contrahere* (c'est-à-dire la manière dont se conclut le contrat) avec le plan normatif du *contractas* (c'est-à-dire le contenu du contrat envisagé dans sa signification juridique) : or la doctrine de l'autonomie de la volonté, en énonçant que la volonté de l'individu se trouve à l'origine des effets juridiques du contrat, n'explique pas pour autant le passage de la volonté psychologique à la volonté juridique; en réalité, la force obligatoire du contrat procède, non de la seule volonté du promettant, mais des conséquences que le droit tire de l'accord intervenu : ce dernier se borne à créer une situation objective, à laquelle le droit confère un caractère juridique en accordant une action au créancier.

64. Sur cette démarche, v. K. Zweigert, Du sérieux de la promesse. Remarques de droit comparé sur la distinction des actes qui obligent de ceux qui n'obligent pas, *Rev. int. dr. comp.* 1964.33 s.

65. D. Willoweit, *Abgrenzung und rechtliche Relevanz nicht rechtsgeschäftlicher Vereinbarungen*, Berlin, Duncker et Humblot, 1969, G.R. par I. Zajtay, *Rev. int. dr. comp.* 1970.631.

66. *Il contralto, problemi fondamentali trattati con il metodo comparativo et casistico*, Milano, Giuffre, 2 vol., 1954.

67. *Contribution à l'étude critique de la notion de contrat*, thèse ronéotée, Paris, 1965, spéc. n° 179, n. 541 s., pour le problème posé par l'absence d'intention de se lier juridiquement.

L'étude de l'engagement d'honneur semble bien confirmer la justesse de ces thèses : le juge, en présence d'un engagement expressément dépourvu de l'intention de produire des effets de droit, n'hésite pourtant pas à lui attribuer une valeur juridique et à le sanctionner : n'est-ce pas la preuve que le mécanisme de la production des effets de droit, que la théorie classique du contrat fait découler de la seule volonté des contractants, provient en réalité d'un jugement de valeur porté par le droit objectif sur une situation donnée ?

*
* *

20. – Phénomène riche de portée théorique, l'engagement d'honneur recèle de multiples paradoxes : paradoxe que le comportement contradictoire révélé par ces pratiques insolites consistant à s'engager sans s'engager, paradoxe que des promesses voulues en marge du droit soient finalement sanctionnées par ce même droit. Au-delà des enseignements doctrinaux qu'il comporte, son traitement par le droit positif traduit peut-être la pénétration dans l'ensemble du droit des obligations de la morale des affaires, qui fait « un impératif catégorique de la parole donnée, car c'est question d'honneur pour elle »[68].

68. J. Carbonnier, *Droit civil, op. cit.*, n° 3.

LE RÉFÉRÉ, THÉÂTRE D'APPARENCE*

1979

Raymond Martin

Avocat au barreau de Nice,
Chargé d'enseignement à la Faculté de droit

1. – Le référé, tel que décrit dans l'ancien code de procédure, s'articulait sur deux principes : l'urgence et le provisoire[1].

L'urgence justifie qu'un juge puisse s'en tenir aux apparences pour prendre certaines mesures (édicter des commandements en vertu de son *imperium*) sans dire le droit. Il faut parer au plus pressé.

Le caractère provisoire de l'ordonnance est attaché au fait qu'il n'a pas été jugé. La voie de jugement reste donc ouverte. Le référé ne peut préjudicier au principal. Cette formule de l'art. 809 de l'ancien code ne manifestait pas autre chose que le caractère provisoire de l'ordonnance (repris très explicitement dans les art. 484 et 488 du nouveau code).

Mais la pratique était allée au-delà, par le biais de la notion de « difficulté sérieuse », laquelle ne figurait pas dans l'ancien code. On lit dans Garsonnet et Cézar-Bru (t. 8, n° 3007) : « Dire que les ordonnances de référé ne font aucun préjudice au principal ne signifie pas qu'il n'en puisse résulter un préjudice irréparable…

« Ces deux formules (le provisoire et le préjudice au principal) n'ont qu'un sens : elles signifient que les ordonnances de référé laissent nécessairement intacte l'appréciation du fond du droit qui n'appartient qu'à la juridiction ordinaire, *et que le président doit se déclarer incompétent et dire n'y avoir lieu à référé toutes les fois que la difficulté soulevée devant lui est de telle nature qu'il ne pourrait la résoudre sans statuer en même temps sur le fond* ».

Il y a un glissement de la pensée, qui se retourne sur la première proposition, afin de la limiter : pour ne pas préjudicier au principal, il suffit que la décision soit provisoire, mais pour que la décision soit vraiment provisoire, il faut qu'elle ne passe pas au-dessus d'une difficulté sérieuse.

Urgence, difficulté sérieuse, nous allons voir ce que ces notions et leur rapport sont devenus dans le nouveau code de procédure.

* La présente chronique était écrite lorsque nous avons pris connaissance de la note de M. R. Tendler, parue au D. 1978.664. On se référera à l'abondante jurisprudence citée et commentée qui illustre excellemment notre propos.

1. Nous négligeons le second cas de référé posé à l'art. 806 ancien : la difficulté d'exécution. D'ailleurs ce cas se rattache à l'urgence, car la difficulté d'exécution a normalement un caractère d'urgence. Au surplus, le nouveau code de procédure civile n'a rien innové sur ce point.

I.

2. – L'urgence figure toujours à l'art. 808 du nouveau code, le premier du chapitre sur les « ordonnances de référé » : « Dans tous les cas d'urgence, le président du tribunal de grande instance peut ordonner en référé toutes les mesures qui ne se heurtent à aucune contestation sérieuse ou que justifie l'existence d'un différend ».

Il semble donc à première vue que l'urgence continue de régner sur la matière des référés. Mais, après l'art. 808, vient un nouvel article : « Le président peut *toujours* prescrire en référé les mesures conservatoires ou de remise en état qui s'imposent[2], soit pour prévenir un dommage imminent, soit pour faire cesser un trouble manifestement illicite.

« Dans le cas où l'existence de l'obligation n'est pas sérieusement contestable, il peut accorder une provision au créancier ».

Cet article paraît, de prime abord, un développement du précédent. En réalité, il est le véritable texte nouveau qui absorbe le précédent, lequel est une survivance de l'état antérieur du droit. Il se suffit parfaitement à lui-même et rend l'autre inutile ; il l'exclut.

L'ordonnance de référé édicte des mesures conservatoires ou de remise en état (donc des mesures provisoires dans leur contenu, et pas seulement dans leur conséquence), soit pour prévenir un dommage imminent – l'idée d'urgence est incluse dans l'imminence – soit pour faire cesser un trouble manifestement illicite ; dans cette deuxième branche, l'idée d'urgence disparaît pour laisser la place seule à l'idée d'apparence : il n'est pas nécessaire que la cessation du trouble soit urgente, il suffit que ce trouble soit manifestement illicite. L'urgence se détache de l'apparence, et cette dernière se soutient toute seule par le seul effet de l'appréciation du juge ; car ce qui est manifeste pour l'un peut ne pas l'être pour l'autre. L'apparence n'a plus à être justifiée par l'urgence. Le domaine du référé est étendu à toute la « voie de fait », sans référence à l'urgence.

3. – Le trouble manifestement illicite se reconnaît négativement, par son exclusion de tout fondement légal, ou plus exactement il aurait fallu dire de tout fondement légitime, conforme au droit, car le trouble qui peut se recommander de l'exécution d'un contrat, d'un principe général du droit ou d'un usage n'est pas « illicite ». La loi est ici confondue avec la règle de droit, suivant une habitude bien française.

L'existence de l'obligation non contestable se reconnaît positivement. C'est l'affirmation d'une existence, non d'un manque ; existence d'un droit, et pas seulement d'un fait. Il s'agit de faire produire des effets à l'apparence d'un droit posé par anticipation à titre provisoire. Dire une hypothèse vraisemblable et en tirer des conséquences provisoires, comme si elle existait. Le provisoire n'est pas dans l'acompte sur une créance certaine, il se loge dans la créance elle-même. L'ordonnance de référé devient une apparence de jugement provisoire, ayant la force exécutoire d'un vrai jugement. La dialectique est subtile. On a parlé de

2. L'expression « qui s'imposent » est curieuse. Elle a un faux air d'objectivité, comme si la mesure s'imposait en dehors de l'appréciation subjective du juge. Le terme « mesure » indique bien qu'il s'agit d'un commandement du juge et non d'un jugement.

référé au fond à son propos, ce qui allie bien des propositions contradictoires[3]. Il faut le mouvement du concept pour surmonter cette contradiction.

Nous verrons comment cette institution renverse la problématique de la « contestation sérieuse ».

Observons, pour le présent, que l'urgence n'y intervient pas. La question est celle du contestable, non celle de l'urgent. Ce n'est pas un remède à une situation de péril dans laquelle se trouve le créancier apparent, c'est un droit provisoire donné à un créancier sur sa bonne apparence.

La Cour de cassation l'a bien entendu ainsi. Elle a exclu la condition de l'urgence[4].

Cette solution vaut aussi pour l'alin. 1er du même article. On doit lire l'art. 809 séparément de l'art. 808, donc cantonner la règle de l'urgence au champ de cet article, qui risque fort d'être un lieu vide (cf. II).

L'urgence a été également expulsée de l'art. 145 du nouveau code, qui consacre la possibilité pour le juge des référés d'ordonner toutes mesures d'instruction *in futurum*. Il faut et il suffit qu'il existe « un motif légitime de conserver ou d'établir avant tout procès une preuve », formule qui laisse au juge toute liberté de décision (v. note 4).

On peut donc affirmer que l'urgence, comme principe général de la compétence du juge des référés, a vécu. Elle n'est plus qu'un élément parmi d'autres de la délimitation de cette compétence. Elle ne s'articule plus à l'apparence pour justifier la prise en compte par le juge de celle-ci. Il y a là une transformation profonde de la matière.

II.

4. – La notion de « contestation sérieuse » figure dans l'art. 808 du nouveau code, alors qu'elle ne figurait pas dans l'ancien, mais jouait un rôle important dans la pratique (v. *supra*, n° 2)[5].

À la vérité on perçoit mal sa fonction dans ce malheureux article. Rappelons que, dans la pratique ancienne, le caractère provisoire de l'ordonnance de référé interdisait au juge de prendre des mesures, même provisoires, quand celles-ci impliquaient qu'il prenne parti sur une difficulté sérieuse. La notion de sérieux marquait une limite au provisoire ; celui-ci ne jouait pas seulement *a posteriori* pour retirer à la décision de référé l'autorité de la chose jugée, mais *a priori* pour

3. J. Vincent, *Procédure civile*, 19e éd., n° 423, p. 317.

4. Civ. 1re, 4 nov. 1976, *Bull. civ.* I, n° 330, p. 264 ; *Gaz. Pal.* 1977.1.352 ; *Rev. trim. dr. civ.* 1977.36, obs. J. Normand et références citées. – Jurisprudence confirmée par Civ. 2e, 27 avr. 1977, *Bull. civ.* II, n° 112, p. 77 ; D. 1977.I.R.414, obs. P. Julien ; D. 1978.664, note R. Tendler ; *Rev. trim. dr. civ.* 1977.599, obs. J. Normand. – Ce dernier arrêt retient aussi l'urgence implicite pour ordonner une mesure d'instruction « avant que les indices matériels ne disparaissent ou ne se transforment ». La 2e chambre s'est arrêtée en chemin, elle aurait pu viser seulement l'art. 145 du nouveau code de procédure civile introduit par le décret du 17 déc. 1973.

5. Rappelons le texte de l'art. 808 nouveau : « Dans tous les cas d'urgence, le président du tribunal de grande instance peut ordonner en référé toutes mesures qui ne se heurtent à aucune contestation sérieuse ou que justifie l'existence d'un différend ».

lui interdire certaines anticipations risquées. La difficulté sérieuse se rattache au préjudice au principal, et non à l'urgence, comme le fait maladroitement l'art. 808 nouveau.

On ne perçoit pas non plus comment la contestation sérieuse peut être la branche d'une alternative, dont l'autre est l'existence d'un différend. Dire qu'il faut un différend (ou encore un litige) pour fonder la compétence du juge des référés, c'est dire que l'instance des référés est contentieuse, ce dont personne n'a jamais pu douter[6]. Le balancement entre l'existence du différend ou l'absence de contestation sérieuse est proprement inconcevable. On pourrait lire que le différend ne doit pas contenir de contestation sérieuse, mais ce ne serait pas sérieux à l'égard du rédacteur. Il faut se résoudre à l'évidence, cet art. 808 est composé d'une mosaïque de notions anciennes (l'urgence, la contestation sérieuse) et nouvelle (l'existence d'un différend) qui ne s'articulent pas visiblement dans une construction cohérente.

Nous avons vu que la jurisprudence lisait l'art. 809 séparément de l'art. 808, en ce qui concerne l'urgence. En doit-il être de même en ce qui concerne la contestation sérieuse, si bien que celle-ci n'aurait aucune place dans l'application de l'art. 809 ?

5. – Ce dernier texte vise le trouble manifestement illicite, et l'obligation qui n'est pas sérieusement contestable, en un mot ce que nous avons appelé l'apparence (une situation apparente). Encore faut-il essayer de déterminer le seuil à partir duquel l'apparence peut produire des effets provisoires.

L'apparence est une « présentation », en tant qu'elle est considérée comme différente de l'objet réel correspondant. La présentation est entendue comme tout ce qui se présente à l'esprit, comme objet de connaissance[7]. Le sens commun ajoute que cette présentation est probable ou vraisemblable.

La présentation n'est pas l'objet, le référé n'est pas le fond, là est la différence; mais encore la présentation doit avoir une certaine dose de certitude qui s'appelle probabilité, ou de vérité qui s'appelle vraisemblance. Le problème est de la reconnaître sous les attributs manifestes et sérieusement contestables de l'art. 809. C'est, renouvelé, le problème classique de la « difficulté sérieuse » sur lequel existent bientôt deux siècles de pratique judiciaire.

Reprenons sous ce jour le cas du référé-provision. Le juge ne peut accorder une provision sur créance que dans la mesure où le principe de cette créance n'est pas sérieusement contestable; ce qui veut dire le plus souvent, le débat étant contradictoire, que la contestation élevée par le débiteur n'est pas de force à impressionner le juge, à l'amener au doute. Le doute doit, ici, bénéficier au débiteur. Si la demande pose question au juge des référés, alors il doit s'abstenir.

C'est la limite traditionnelle tracée par la pratique judiciaire au domaine du référé. Elle variera évidemment avec l'esprit personnel de décision du juge, mais elle trouve son point d'ancrage dans la conception commune que les juristes se font de l'évidence à l'intérieur de leur technique.

---

6. L'art. 25 du nouveau code de procédure civile définit la matière gracieuse par distinction avec la contentieuse, selon le critère de l'absence de litige.

7. V. Vocabulaire de la philosophie, de Lalande, à ce mot.

6. – Ainsi avons-nous délimité le pouvoir du juge des référés à anticiper sur le fond, à surmonter la contradiction du provisoire et de l'effectif.

Paradoxalement, nous avons, dans le même temps, accru l'autorité de fait du préjugé.

Si l'ordonnance de référé doit avoir la force de l'évidence, comment imaginer ensuite que le juge du fond puisse renverser cette évidence ? C'est théoriquement concevable, ce l'est beaucoup moins pratiquement. On peut se rassurer en observant que le juge du fond sera plus complètement éclairé par un débat plus approfondi et la production nécessaire de preuves.

Mais une telle variation entre le juge de l'apparence et le juge de la vérité rebute la psychologie. Si bien qu'on peut penser que le juge de la vérité tendra à s'aligner sur le préjugé de l'apparence, par confort mental et par respect de l'ordre. Ainsi sera réalisé ce que le sens commun appellerait un préjudice au principal.

III.

7. – L'ancien référé s'articulait autour de deux notions : l'urgence et le préjudice au principal. L'urgence était le fondement premier, c'est elle qui justifiait la mesure provisoire, ordonnée avant que le droit ne soit dit. Le préjudice au principal jouait comme une limite supplémentaire : la mesure urgente ne devait pas compromettre le jugement à venir et, pour ce faire, il ne fallait pas qu'elle amène le juge à trancher une difficulté sérieuse.

L'urgence a disparu comme fondement du nouveau référé. Le coup de chapeau qui lui est donné par l'art. 808 du nouveau code est purement formel. Le nouveau et unique fondement est l'opportunité justifiée par l'apparence. La mesure doit reposer sur la violation ou l'existence d'un *droit* apparent.

Nous avons constaté que cette notion d'apparence n'était que la reprise de l'ancienne « difficulté sérieuse ». Mais séparée de l'urgence, dont elle n'était qu'une correction, son fonctionnement est foncièrement différent. Elle tend à installer l'apparence comme autorisation d'anticiper sur le jugement.

Puisqu'il est vraisemblable qu'on jugera ainsi, faisons comme si c'était déjà jugé, et tirons-en des conséquences théoriquement provisoires, pratiquement définitives. C'est la consécration de fait du préjudice au principal, dont la « difficulté sérieuse » tendait justement à garder l'ancienne pratique. La notion a été retournée dans son effet, elle autorise ce qu'elle interdisait, en étant séparée de l'urgence. Le rapport urgence-apparence a été désarticulé, ce qui a renversé le mode de fonctionnement de la notion d'apparence.

8. – Le nouvel état est-il en progrès sur l'ancien ? Sur le plan de la qualité intrinsèque de la technique juridique, certainement pas. L'urgence, le péril dans lequel est placé un droit que ne pourrait réparer adéquatement une condamnation future, peut seul justifier que le juge prenne des mesures d'opportunité avant d'avoir dit le droit. Lui permettre de prendre ces mesures sur la seule appréciation de l'apparence du jugement futur, c'est renverser le cours des choses, c'est faire prévaloir la « présentation » sur l'objet réel, c'est transformer la justice en théâtre d'apparences.

L'apparence du droit se réfère à une apparence du fait; car le juge des référés se décide à partir d'une allégation succincte et d'une preuve imparfaite. Il n'est pas besoin de rappeler que la procédure est orale, le débat plus succinct encore que rapide. Apparence sur apparence, droit probable d'un théâtre d'ombres.

Alors pourquoi cette marche à rebours ? Le motif en est évident, sinon avouable. Le réformateur n'a pas cherché à perfectionner la technique du référé, il l'a utilisé pour essayer de pallier l'engourdissement de l'appareil. C'est la lenteur à se mouvoir, non institutionnelle mais occasionnelle, de l'appareil judiciaire, qui a fait chercher des raccourcis, et le référé s'offrait en recours commode. Il est dommage que les insuffisances de la machine aient contribué à pervertir le système.

9. – L'art. 487, al. 1er, nouv. c. pr. civ. rappelle que « le juge des référés a toujours la faculté de renvoyer l'affaire en état de référé devant la formation collégiale à une audience dont il fixe la date ».

Qui se souvient de ce coup de chapeau donné à la juridiction collégiale ? Existe-t-il, dans un seul tribunal, une chambre qui prenne les « affaires en état de référé » ? C'est que cela est contraire à la fin réelle du référé, qui est de décharger le tribunal sur le juge unique du provisoire, avec l'attente secrète que la mesure provisoire soit reçue comme définitive.

Cet hommage théorique a été oublié quand le juge de la mise en état prolonge le juge des référés pour prendre les mêmes mesures, avec, en sus, l'exclusivité à l'égard de la formation collégiale dont il émane : (art. 771 nouv. c. pr. civ.). Dans ce cas, l'appel immédiat est même retiré aux parties (art. 776), ce qui contribue à rendre définitif le provisoire. Curieux et involontaire aveu de la véritable nature du référé moderne, ce nœud de contradictions qui n'ose pas dire son nom.

LE CRÉDIT GRATUIT

1979

Christian Gavalda

Professeur à la Faculté de droit de Paris I

« Crédit malin, enchantement des facilités qui comble les désirs, crédit tout puissant, petite semaine magicienne, providence et esclavage ».
(Elsa TRIOLET, *Les roses à crédit, L'âge du nylon*).

« À titre gratuit, sans qu'il en coûte rien ».
(Littré, *Dictionnaire de la langue française*, 1875).

1. – La juxtaposition même des deux termes choque. L'essence du crédit n'est pas la gratuité. Et pourtant force est de constater que le crédit consenti aux acquéreurs – particuliers et/ou commerçants – n'est souvent pas (directement) rémunéré. Le slogan « *crédit gratuit* » est d'actualité. Sans pouvoir disposer de statistiques, le phénomène a pris, depuis quelques années, une telle ampleur que le ministre de l'Économie a estimé devoir éclairer dans une récente circulaire[1] les consommateurs, de plus en plus sollicités par une offre semblable. Eu égard au coût supposé élevé du crédit[2], pareille sollicitation constitue une publicité commerciale très (trop ?) suggestive[3]... Encore convient-il de mettre en garde le consommateur pour éviter qu'il ne soit victime de clairs-obscurs économico-financiers. Le temps est à la défense du consommateur et à sa pleine information sur toutes les formes les plus séduisantes d'incitation à consommer.

Or, le crédit gratuit s'apparente aux ristournes ou rabais. Le système ne revient-il pas en définitive, pour le commerçant, à prélever sur son prix de vente un pourcentage qu'il affecte à ce type subtil de publicité ?...

2. – Un effort – peut-être discutable mais indéniable – a été fait pour éclairer l'acquéreur à crédit sur le coût exact d'un financement des ventes à tempérament ou d'un financement immobilier (L. 13 juill. 1979). Il serait regrettable que l'information financière de ce consommateur soit incomplète et qu'il soit circonvenu par l'avantage apparent d'un crédit « sans frais ». Aux « pièges » du crédit onéreux ne doivent pas se substituer les « habiletés » du crédit gratuit. Ceci

1. Circ. du 2 mai 1979 relative à l'application de la loi n° 78-22 du 10 janv. 1978 sur l'information et la protection des consommateurs dans certaines opérations de crédit (D. 1979. 192; J.C.P. 1979. éd. C.I. 48519).

2. D'une manière générale, le droit commercial n'est ni sentimental (v. G. Lagarde, « Le droit des affaires, droit sentimental » ? *Mélanges R. Savatier*, Dalloz 1965, p. 491 s.), ni philanthropique. La méfiance à l'égard des « présents » ou « cadeaux » des entreprises commerciales s'est encore exprimée dans l'art. 40 de la loi n° 73-1193 du 27 déc. 1973 (Comp. pour les loteries gratuites, *Rev. concurrence des prix et de la consommation*, juin 1977, n° 1; V. Grua, *L'acte gratuit en droit commercial*, thèse, Paris I, 1978; J.P. Chudet, *Cahiers entrepr.*, n° 49, 6 déc. 1979).

3. La circulaire Monory du 2 mai 1979 serait-elle un lointain écho à l'interrogation à l'Assemblée nationale le 6 oct. 1977 de M. Louis Darinot (*J.O.* Déb. Ass. nat., p. 5920) : « Combien de consommateurs savent que, pour pouvoir offrir une formule aussi alléchante, les prix ont été augmentés de façon à tenir compte des frais financiers et que ce sont les acheteurs au comptant qui financent les crédits gratuits, très intéressants, bien sûr, pour les organismes financiers » ?

dit, il serait paradoxal de freiner par des analyses juridiques un procédé *a priori* propice pour le consommateur.

3. – Un effort de clarté s'impose toutefois touchant ce crédit gratuit pour trois raisons au moins. En premier lieu, le consommateur « bénéficiaire » doit pouvoir apprécier si l'avantage proposé est réel ou illusoire voire déceptif. De seconde part, la loyauté et l'effectivité de la concurrence commerciale entre les distributeurs appellent et impliquent la réalité de cette publicité, qui suscite de gros courants d'achats. Enfin – et pourquoi pas ? – la correction de la concurrence interbancaire[4] exige une appréciation rigoureuse de la gratuité de ce financement. On ajoutera, sur le plan économique et social, que l'incitation à consommer – déclenchée dans la vente à crédit onéreuse par la perspective de disposer immédiatement de biens dont on ne pourrait jouir s'il fallait en payer le montant au comptant – n'est même plus freinée par la crainte de frais financiers ultérieurs[5].

4. – À la vérité, la nouveauté est surtout dans le slogan « crédit gratuit » et dans son aménagement systématique, mais certains négociants, notamment le petit commerce à clientèle « personnalisée » ont depuis bien longtemps consenti des « facilités » de règlement qui s'analyseraient aussi financièrement et juridiquement comme du « crédit gratuit »[6]. Toute modalité de règlement différé de l'acquéreur d'un bien ou d'un service n'est-il pas un geste « libéral » au sens vulgaire ? Ce n'est pas à dire que ce soit pour autant en droit un « acte gratuit ». Le paiement comptant (cash), si répandu aujourd'hui dans des relations de masse d'entreprises commerciales « dépersonnalisées » et « anonymes » n'est pas la règle absolue... Quels sociologues et quels statisticiens recenseront les arrangements et les facilités de paiement encore consentis en 1979 par le petit commerce ?[7].

4. Le financement gratuit peut être fait de plusieurs manières. Le distributeur peut soit en faire lui-même son affaire – hypothèse rare – soit faire consentir sans coût apparent le crédit par un établissement financier spécialisé (v. *infra*, n° 25). La généralité des vendeurs agit ainsi. En somme, le vendeur se substitue au client pour verser les agios du crédit à l'établissement financier.

5. Le crédit gratuit présente autant – sinon plus – de danger d'aggraver un processus inflationniste. C'est là un dernier motif de surveiller ce type de crédit (Comp. Ripert et Roblot, *Traité élém. de droit commercial*, t. 2, 8e éd., n° 2157).

Comp., en ce sens, les justes observations du Rapport Association professionnelle des Établissements financiers 1979, p. 51 : « Quant à la conception suivant laquelle il appartiendrait au constructeur d'aider l'écoulement de ses produits en subventionnant le financement des ventes à crédit, elle soulève des critiques plus fortes encore que celles du crédit gratuit tant contesté. En effet, la subvention entraîne une augmentation de prix non négligeable qui pourra soulever des problèmes au niveau de l'exportation eu égard aux règles du Marché commun. Elle risque, en outre, de créer des habitudes dont la généralisation pourrait être dangereuse.

6. Le crédit gratuit présente autant – sinon plus – de danger d'aggraver un processus inflationniste. C'est là un dernier motif de surveiller ce type de crédit (Comp. Ripert et Roblot, *Traité élém. de droit commercial*, t. 2, 8e éd., n° 2157).

Comp., en ce sens, les Justes observations du Rapport Association professionnelle des Établissements financiers 1979, p. 51 : « Quant à la conception suivant laquelle il appartiendrait au constructeur d'aider l'écoulement de ses produits en subventionnant le financement des ventes à crédit, elle, soulève des critiques plus fortes encore que celles du crédit gratuit tant contesté. En effet, la subvention entraîne une augmentation de prix non négligeable qui pourra soulever des problèmes au niveau de l'exportation eu égard aux règles du Marché commun. Elle risque, en outre, de créer des habitudes dont la généralisation pourrait être dangereuse.

7. Ceci, sans remonter à la taille de bois des « boulangers » de campagne, qui consentaient à être payés aux dates de certaines foires ou de fêtes de saints.

À leur tour, les grands distributeurs ont peut-être reconnu les séductions publicitaires des facilités de paiement… Après avoir multiplié les modèles de crédit à la consommation (à titre onéreux), ces firmes se tournent donc vers une formule à première vue simple et fort attrayante : le crédit gratuit. Il importe d'en tracer le cadre juridique et les exigences au regard de la loi n° 78-22 du 10 janv. 1978 (I).

Mais l'occasion est propice pour évoquer une forme moins spectaculaire mais répandue : le *crédit gratuit* – plus ou moins forcé – *entre commerçants* (II).

I. Le crédit gratuit aux consommateurs

5. – Aucun principe juridique n'interdit *a priori* la gratuité d'un acte commercial[8]. L'opération de crédit peut donc, en principe, être, comme du reste tout acte de commerce, gratuite ou à titre onéreux[9].

En ce qui concerne le crédit à la consommation, la loi n° 78-22 du 10 janv. 1978 en a même proclamé la licéité (art. 2), en spécifiant que « ses dispositions s'appliqueraient notamment aux opérations de crédit *consenties à titre gratuit* » (v. Circ. préc. du 5 mai 1979)[10].

Encore cette offre de crédit doit-elle respecter une série de dispositions en matière de publicité commerciale, de publicité des prix et rabais, tout en satisfaisant au dispositif protecteur de tous les acquéreurs à crédit relevant de la loi n° 78-22 du 10 janv. 1978.

6. – *Crédit gratuit sanction.* – On laisse de côté l'hypothèse d'un crédit semi-gratuit forcé. Elle se réalise en l'occurrence si le prêteur, n'ayant pas saisi l'emprunteur d'une offre préalable, est déchu du droit aux intérêts conventionnels. Il sera seulement tenu du remboursement du capital selon l'échéancier convenu (Bey, *op. cit.*, n° 120)[11].

Faut-il évoquer d'autres hypothèses de déchéance des stipulations d'intérêts à titre de sanction qui aboutissent à une forme de crédit gratuit (ainsi, en cas d'omission des formalités d'offre préalable de la loi sur l'information et la

8. Les libéralités en période suspecte sont inopposables à la masse des créanciers mais ne sont pas nulles (art. 29, alin. 2-1°, L. 13 juill. 1967).

9. Un certain nombre sinon d'opérations bancaires du moins de « services bancaires » (conseils, renseignements…) sont sinon gratuits, du moins « à titre intéressé ». La gratuité de l'acte n'est pas sans incidence sur son régime juridique.

10. V. sur la loi n° 78-22, dite loi Scrivener, El Moktar Bey, J.C.P. 1978. éd. C.I. 12845 ; Gavalda, D. 1978. Chron., p. 189 ; D. Martin, *Banque* 1978.469 s. ; *Jurisci. Banque et Bourse*, Fasc. 30 *ter*, par Mme M.-H. Girard.

11. On pourra signaler un cas assez voisin de prêt « gratuit ». Il s'agit de l'hypothèse où le prêteur aurait méconnu la loi du 28 déc. 1966 sur l'usure et omis de faire mention suffisamment précise du T.E.G. dans le contrat. Au plan civil, cette omission avait été jugée comme entraînant la nullité de la convention. L'emprunteur restait redevable du capital, mais « sans intérêts ». Le crédit devenait donc gratuit. La cour d'appel a également considéré (8e ch., 4 mai 1979, *Banque* 1979.982, obs. Martin) que la convention d'intérêt était nulle, mais usant d'un pouvoir (très discutable) de réfaction, elle fait, après annulation des intérêts conventionnels, application des intérêts légaux.

protection de l'emprunteur d'un crédit immobilier, L. n° 79-596 du 13 juill. 1979, art. 31, dernier alin.) ? La déchéance peut être totale ou partielle.

Il valait la peine de signaler ces cas pathologiques de « crédit gratuit sanction » ; mais les hypothèses aujourd'hui de plus en plus répandues sont celles du crédit *gratuit volontaire*[12].

7. – L'octroi d'un crédit gratuit par un commerçant à ses clients pour une durée, d'un, deux et/ou trois mois est *libre*[13]. La loi Scrivener ne s'applique pas, rappelons-le, aux prêts d'une durée égale ou inférieure à trois mois[14].

8. – On pourrait croire que le crédit de très brève durée est le plus conciliable avec la gratuité... Il n'en est rien. Il semble même que le crédit gratuit soit en pratique souvent offert pour une durée supérieure à trois mois (neuf mois dans de nombreux cas). Plusieurs formules sont concevables. Ainsi un mixage de crédit gratuit (pour les neuf premiers mois) et de crédit onéreux (au-delà) a-t-il été proposé par Citroën Eurocasion[15].

S'agissant de crédit gratuit libre (v. *supra*, n° 7), on observera que le commerçant demeure, selon le droit commun, libre d'accorder ou de refuser cette facilité. Aucune motivation n'est à donner sur le refus éventuel de le consentir à certains acheteurs.

9. – Mais, même si l'offre doit obéir au régime de la loi Scrivener, le vendeur peut la subordonner à diverses conditions et ne consentir le crédit gratuit qu'après « acceptation du dossier » du client éventuel[16]. Il ne peut aussi exiger un acompte minimum d'un pourcentage du prix[17] limiter le crédit à un certain nombre de

12. Un autre cas de crédit judiciaire gratuit peut être trouvé dans la loi n° 79-596 du 13 juill. 1979 sur l'information et la protection des emprunteurs dans le domaine immobilier (art. 14). Ce texte permet au juge des référés d'accorder dans certains cas (notamment de licenciement) une suspension du remboursement sur la base de l'art. 1244 c. civ. et de décider que, « durant le délai de grâce, les échéances reportées ne produiraient aucun intérêt ».

13. *Banque* 1979.1104, Courrier des lecteurs. On notera que le commerçant vendeur peut, en contrepartie d'un crédit inférieur ou égal à trois mois, faire signer des traites ou billets pour matérialiser sa créance. Ce qui est interdit pour les crédits soumis à la loi n° 78-22.
Une autre forme plus subtile de « crédit » ne découle-t-elle pas dans les cartes de paiement du règlement fin de mois après relevé des paiements ? Le paiement par carte est cependant considéré comme un paiement comptant au regard du décret du 20 mai 1955 (Paris, 1re ch., 9 mars 1978, *Cofinoga*, J.C.P, 1979. éd. C.I. 13122, n° 106; Comp. décision gén. C.N.C. n° 67-06 du 28 juin 1967).

14. Bey, art. cité. Un crédit gratuit de courte durée est inclus dans le système des cartes de paiement fin de mois comme la carte bleue. Les porteurs de cartes reçoivent, en effet, un relevé de leurs achats quelques jours avant le débit automatique de leur compte de chèque. Or les achats réalisés en fin de mois figurent non point sur le relevé à venir mais sur le suivant. Un *crédit gratuit* de deux à cinq semaines résulte de ce décalage entre la date (fixe) du prélèvement et celle de l'achat. – V. Rapport Bellanger sur les cartes de paiement au Colloque de l'Université de Paris I du 15 nov. 1979.

15. *Le Monde*, 20 oct. 1979, p. 40. Il est vrai que l'offre attrayante ainsi faite pour des voitures d'occasion vendues par Eurocasion n'est offerte que pour une très courte période (18 au 31 oct. 1979).

16. V. Aubert, thèse préc., p. 48.

17. Le C.N.C. vient certes pour relancer la consommation d'assouplir la réglementation des ventes à crédit (décision générale C.N.C. n° 79-01 du 24 avr. 1979) et de supprimer l'obligation administrative de verser un acompte cash. Mais le commerçant restait toujours libre d'exiger un versement supérieur. La suppression de l'acompte minimum obligatoire dans les ventes à crédit n'exclut pas, bien entendu, l'exigence contractuelle par le vendeur d'un minimum d'acompte, que le crédit soit onéreux ou gratuit.

mensualité et à un certain montant d'achat. On peut hésiter davantage sur le droit d'exiger une assurance obligatoire ?

10. – Soulignons enfin que la réglementation des ventes à crédit du décret du 20 mai 1955 s'applique même si le crédit est gratuit[18].

A. Conformité du crédit gratuit avec la législation relative à la publicité mensongère

11. – L'apparence fallacieuse de gratuite de cette offre est le point le plus sensible. Le consommateur est toujours attiré par la possibilité de « régler plus tard », même au prix de frais financiers importants. Comment résisterait-il, dès lors, à un règlement différé, *exempt de toute rémunération* ? Encore faut-il que cette forme d'appel soit loyale et sérieuse. La circulaire du 5 mai 1979 s'est précisément efforcée de dégager des critères d'appréciation du « caractère véridique de la gratuité énoncée ».

Le mensonge publicitaire[19], prévu et réprimé par l'art. 44 de la loi Royer du 27 déc. 1973 (D. 1974.30, *Red.* 74) serait caractérisé si l'acheteur au comptant n'était pas mis sur le même pied que l'acheteur à crédit et bénéficiait d'un autre avantage. Le prix à crédit ne doit d'aucune façon dépasser le prix « cash ». Ce prix est celui *réellement* réglé par l'ensemble des acheteurs, après déduction de « tous rabais et remises »... sous quelque forme qu'ils se présentent (discount, services complémentaires, etc.).

12. – L'un des risques du procédé dénoncé par les organismes de défense des consommateurs est aussi que – sous une certaine forme – les acheteurs au comptant ne paient « en tout ou en partie » l'avantage (publicitaire) de la gratuité consentie à ceux qui règlent « à crédit »... En termes clairs et concrets, les acheteurs comptant supporteraient les frais de ce type de campagne publicitaire. Or, l'art. 44 de la loi n° 73-1193 du 27 déc. 1973 interdit toute publicité « comportant sous quelque forme que ce soit des allégations fausses... ou de nature à induire en erreur »[20].

L'arrêté n° 77-105/P relatif à la publicité des prix contient les règles destinées à éviter des distorsions. L'offre de crédit gratuit s'analyse, en effet, en une proposition d'*avantage de prix*, puisque le crédit est, par essence, coûteux. C'est une variété de *rabais* qui doit respecter les règles régissant les rabais (arrêté précité) si elle est faite hors des lieux de vente (journaux, radio, T.V., affiches...).

18. *Juriscl. Banque et Bourse*, Fasc. 30 *ter*, n°s 56 et 64, par Mme M.-H. Girard; Com. 4 oct. 1971, *Bull. civ.* IV, n° 226, p. 212; J.C.P. 1972.II.17112, note A.S.G.; 15 mai 1974, *Bull. civ.*, IV, n° 161, p. 129; D. 1974.I.R.220; Douai, 1re ch. civ., 25 janv. 1978, *Gaz. Pal.* 1978.2. Somm. 401.
À l'époque où un acompte minimum était obligatoire, il était exigible en matière de crédit gratuit.

19. V. sur une affaire récente, « Crédit gratuit, crédit total », *Cahiers entrepr.*, n° 26, 28 juin 1979, p. 14.

20. Faut-il souligner que l'interdiction de la publicité mensongère tend ici à éviter des discriminations entre les divers consommateurs d'un même produit ? L'égalité des consommateurs n'est cependant pas un principe juridique général du droit de la consommation. Il n'y a pas de délit de pratiques discriminatoires à l'égard des particuliers consommateurs. Le délit de l'art 37, § 1, de la loi du 27 déc. 1973 (*adde* Circ. Scrivener, 10 janv. 1978) ne concerne que les ventes effectuées par les entreprises à d'autres entreprises. À l'égard des particuliers, la non-discrimination ne joue pas. Il suffit de songer aux importants rabais publicitaires offerts *from time to time* par les grands magasins.

L'annonce publicitaire doit spécifier (de Roux et Voillemot, *Le droit français de la concurrence et de la consommation*, 1979, p. 313 s.) l'importance de la réduction, les produits ou services concernés, les modalités des avantages annoncés et notamment la *période* d'offre à prix réduit.

Pour ne pas être une publicité déceptive, l'annonceur doit donc – rappelle justement la circulaire – spécifier la durée exacte de l'offre de gratuité (Circ. 4 mars 1978)[21].

13. – Le « prix de référence » permet de mesurer l'avantage. Il est défini par l'art. 3 de l'arrêté du 2 sept. 1977 : « C'est le prix le plus bas effectivement pratiqué par l'annonceur pour un article ou une prestation similaire dans le même établissement de vente au détail au cours des trente derniers jours précédant le début de la publicité » (Voillemot et de Roux, *op. cit.*, p 313) Le vendeur doit donc pouvoir établir ce prix de référence de l'ensemble de ces prix effectifs par divers documents (notes, bordereaux, bons de commande, tickets de caisse, etc.)[22].

B. Respect du régime protecteur de l'offre préalable aménagé au profit du consommateur par la loi n° 78-22

14. – Le crédit gratuit peut d'abord, on l'a dit, se situer en dehors du champ d'application de la loi n° 78-22 s'il est consenti par un commerçant à ses clients pour une période inférieure ou égale à trois mois. La durée à prendre en considération est la durée effective du prêt. La loi Scrivener ne joue pas en pareil cas (*Banque* 1979.1104), Les raisons sont d'ordre général.

15. – Si l'offre correspond aux conditions d'application de la loi n° 78-22, la gratuité du crédit ne saurait la faire échapper au respect du mécanisme protecteur de ce texte[23].

Tout au plus, la rédaction de l'offre préalable – imposée par la loi Scrivener – doit-elle être « adaptée » au particularisme du crédit proposé.

---

21. Il en résulte que l'offre *permanente* d'un crédit gratuit constitue une allégation mensongère.

22. L'art. 6 de l'arrêté du 2 sept. 1977 interdit d'indiquer dans la publicité des réductions qui ne sont pas effectivement accordées à tout acheteur. Mais ici l'offre de crédit gratuit est ouverte à tous (*a priori* du moins)...

Il semblerait à la lecture de la circulaire Monory du 2 mai 1979 qu'un vendeur, s'il offre un crédit gratuit, ne peut consentir pour le même article un rabais quelconque à un client acheteur comptant et lui ristourner le montant d'agios équivalent... Cette solution ne peut qu'inciter l'acheteur à un achat à crédit, même s'il a la faculté de payer comptant et n'a pas besoin de crédit. La politique officielle souvent prônée de « vérité des coûts » n'est ici guère respectée !

23. *Juriscl. Banque et Bourse*, Fasc. 30 *ter*, n° 121. L'acheteur bénéficiaire d'une offre de crédit gratuit peut ainsi user de la faculté de rétractation (art. 7, L.), refuser de souscrire ou avaliser des traites ou billets à ordre (art. 17); obtenir, s'il éprouve des difficultés de remboursement du capital, le délai de grâce spécial de l'art. 8 de la loi.

Quelques difficultés de transposition peuvent se présenter. En cas de défaillance du bénéficiaire (art. 20 et 21, L.) d'un crédit onéreux, le prêteur peut réclamer outre, le remboursement immédiat du capital restant dû, les intérêts échus et non payés. Ces sommes, jusqu'à la date de leur règlement, portent des intérêts à un taux égal à celui du prêt. En cas de crédit gratuit, aucun intérêt ne sera donc dû ? Cette conséquence n'a sans doute pas été aperçue par le législateur.

16. – La circulaire distingue très clairement les deux situations possibles. Le vendeur fait lui-même ce crédit gratuit. Ce sera une hypothèse fréquente. Dans les rubriques consacrées selon le modèle d'offre adéquat au coût total du crédit, il mettra la mention o en face des mentions intérêts du prêt ; perceptions forfaitaires ; coût total du crédit. Certaines sommes sont cependant parfois à verser pour cette « commodité ». Il peut s'agir d'une assurance (facultative), de frais d'ouverture de dossier, etc.

À part cela, le droit de rétractation du client[24] pourra jouer aussi bien que la faculté de l'offrant de se dédire. Une caution pourra être exigée, selon le même régime que pour le crédit onéreux.

17. – Seconde hypothèse, le crédit gratuit est accordé par un établissement spécialisé, distinct du vendeur.

Ce dernier fera son affaire personnelle du coût du crédit, que n'aura pas à régler, ni directement, ni indirectement, le client bénéficiaire.

Le client doit cependant (v. *circulaire*) *être informé dans l'offre des modalités de remboursement* (montant, durée des échéances, clauses de déchéance, etc.) *qui le concernent personnellement, malgré la gratuité.*

La circulaire fait également allusion à une mention du coût d'une assurance facultative. Ce qui semblerait *a contrario* exclure l'assurance obligatoire, précieuse garantie pourtant, de remboursement.

Enfin, l'Administration estime « utile » mais non obligatoire d'informer l'usager sur le coût du financement gratuit pour son vendeur (T.E.G., montant des intérêts, perceptions forfaitaires). Cette spécification lui permettrait de mieux mesurer l'avantage qui lui est procuré.

18. – Un lien analogue existe enfin, malgré la gratuité, entre le contrat de vente et la convention de crédit gratuite.

II. Le crédit gratuit interentreprises

19. – On ne reprendra pas ici le volumineux dossier du crédit interentreprises, ouvert par les économistes mais à peine « feuilleté » par les juristes[25]... Ce crédit n'est pas gratuit, même s'il est parfois plus souple et moins cher que le crédit bancaire.

Il vaut cependant la peine d'évoquer, parmi les multiples formes de ce crédit, le *crédit commercial*, financement par le fournisseur à court terme, c'est-à-dire le paiement différé du client. C'est une exception juridique au principe de l'art. 1651 c. civ. Cette pratique s'est hissée à la dignité de « procédé de financement » de tout

24. Bey, article cité, n° 131 à 134.

25. V. cependant, Pastré, *Les financements interentreprises*, thèse, Paris I, 1976 ; « Les prêts sans intérêts consentis par une entreprise », *Rev. fiduc.*, n° 516, mai 1971. – Sur les aides bénévoles entre sociétés, v. Grua, thèse préc., p. 84, n° 56 ; *adde Le crédit interentreprises et les aspects économiques de la réserve de propriété*, Rapport en exécution d'une Convention de recherche passée entre le ministère de la Justice et l'Institut Jupiter, *Rev. droit et affaires*, févr. 1979, n° 363.

ou partie des stocks. Elle concurrence les facilités de caisse et les découverts bancaires, refusés parfois par les banquiers en période d'encadrement.

Ce crédit commercial, nécessité commerciale, est aussi bien un instrument de promotion des ventes de premier choix pour attirer et retenir la clientèle. Il reste souvent à la charge du vendeur quand les clients refusent d'accepter des traites.

20. – Une forme plus subtile de crédit consiste à régler « comptant » le jour de l'exigibilité par un chèque, encaissable quelques jours après. En droit strict, il n'y a pas règlement du vendeur, mais l'usage commercial tolère cette façon de régler... qui, statistiquement, finit par n'être pas négligeable.

21. – Le crédit commercial proprement dit constituait[26] une « vente à crédit » soumise à diverses conditions de forme par le décret du 20 mai 1955.

On s'est demandé autrefois si, pour qu'une vente appelle cette qualification et implique soumission à la réglementation précitée, elle ne devait pas, d'une part, donner lieu à une « *rémunération* se traduisant par un intérêt ou par une majoration du prix, et s'il ne fallait pas, d'autre part, que le délai de paiement soit suffisamment étendu » ?

M. Ghislain Pastré[27] posait clairement la question : « Peut-on considérer que le fournisseur, qui accorde à ses clients un simple délai de paiement conforme aux usages (soixante jours par exemple) pour répondre ainsi uniquement à une politique commerciale[28] et sans exiger ni intérêts, ni majoration du prix au comptant, doive être astreint à demander le versement d'un acompte minimum[29] et à respecter certaines conditions de forme ? »

La Cour de cassation a refusé de subordonner à la rémunération du crédit l'application éventuelle de la réglementation d'ordre public du décret du 20 mai 1955[30]. Mais le Conseil national du crédit a considéré qu'il fallait distinguer « *vente à crédit* » et « *crédit commercial* ».

L'absence d'intérêts, explicable dans la perspective d'une mercatique commerciale, ne disqualifie pas en droit l'opération qui reste un crédit.

Le commerçant, compte tenu du coût du crédit, incite néanmoins son correspondant à régler au plus vite. Pour l'y incliner il lui accorde donc une réduction de prix au cas de prompt paiement. La diminution de prix ainsi consentie est ici encore à apprécier avec attention, pour mesurer l'avantage du délai de règlement. Par ce délai, l'acquéreur s'exclut, en effet, de la réduction de prix La gratuité du crédit peut donc n'être qu'apparente.

26. Pastré, *op. cit.*, p. 77.

27. Pastré, p. 81.

28. On ne revient pas ici sur la limitation impérative de certains délais excessifs de règlement imposés à certains commerçants par leurs partenaires, v. art. 41 de la loi Royer du 27 déc. 1973 et Circ. Scrivener du 10 janv. 1978, chap. II.

29. Exigence aujourd'hui suspendue; décision générale C.N.C. n° 79-01 du 24 avr. 1979.

30. V. implicitement en ce sens, Com. 4 oct. 1971, J.C.P. 1972.11.17112, note A. S. G.; puis explicitement, Com. 5 mars 1973, *Quot. jur.* 7 juill. 1973, n° 79, p. 10.

L'*escompte de prompt paiement* apparaît dès lors comme l'arme dissuasive contre un appel excessif (et inconsidéré) au crédit commercial gratuit[31]. La seconde formule est maintes fois la plus onéreuse en fait… Les quelques calculs économiques effectués à cet égard montrent l'incohérence de certaines routines commerciales.

*

* *

22. – La sévérité du temps n'incite guère aujourd'hui au laxisme en matière de crédit. Si le crédit reste dans une société de consommation une nécessité, il convient de ne pas en mésestimer le prix et l'usage. Le crédit a un coût comme tout produit. Il est dangereux de laisser l'illusion au consommateur qu'il peut vraiment être délivré gratuitement[32]. Il est malsain de pénaliser le client épargnant avant de consommer et qui, lui, règle comptant… sans même profiter éventuellement de l'érosion monétaire.

En clair, il convient de protéger le consommateur contre les « vertiges » plus intenses du crédit gratuit que du crédit onéreux…

31. V. sur cette pratique, les développements précités de G. Pastré, *op. cit.*, 101. – *Adde*, L. 13 juin 1968. Le fournisseur, reste maître, en cas d'indignité financière ou commerciale de l'acheteur, de refuser le crédit de vente, mais à charge, en cas de paiement comptant, d'accorder l'escompte de prompt paiement consenti aux autres; *Bull. inf. C.N.M.E.*, Le crédit fournisseur, n° 52, 11, A, 2.

32. Cette politique de laxisme envers ces pratiques de crédit gratuit laisserait supposer au consommateur non éclairé que le coût du crédit dit onéreux est injustifié et que les autorités de surveillance des taux d'intérêts n'assument pas leur responsabilité monétaire. Ce qui est, à l'évidence dès lors, doublement faux !

PROGRÈS ÉCONOMIQUE OU PROGRÈS SOCIAL
ou les contradictions du droit de la concurrence[1]

1980

Antoine Pirovano

Professeur à la Faculté de droit et des sciences économiques de l'Université de Nice

« La concurrence doit se charger d'expliquer tout ce que les économistes ne comprennent pas alors que ceux-ci auraient inversement pour mission de nous expliquer la concurrence ».
Karl Marx[2].

Il existe plusieurs approches de la concurrence, au moins deux. Une approche pragmatique, tout d'abord, celle qui est directement perceptible par les acteurs du jeu concurrentiel. C'est ainsi que l'on décrit les bienfaits et les dangers de la lutte économique. Pour les uns, la concurrence incarnerait, dans la vie économique, « le principe de la liberté démocratique »[3]. Elle constituerait, dans une société libérale décentralisée « le mode de régulation qui permet d'offrir à la collectivité le bien-être maximum »[4]. Dans leur ouvrage, « La concurrence capitaliste », MM. Cartell et Cosse décrivent l'idéologie de la concurrence, âprement défendue par ceux qui voient dans le phénomène « une morale économique et sociale, véritable règle d'hygiène dont le respect conditionne la bonne santé du corps social »[5].

Mais la concurrence a pourtant des effets redoutables, que nul ne peut nier. La compétition économique c'est aussi le gaspillage, la production de biens inutiles, une publicité anesthésiante, les licenciements consécutifs à la disparition d'entreprises victimes de la bataille concurrentielle et, parfois, la crise. Sous l'effet de la « concurrence internationale » des branches entières d'industrie sont en péril : sidérurgie, construction et réparation navales, textiles, chaussures, etc.[6].

L'idéologie de la concurrence se trouve d'ailleurs entachée d'une contradiction qui paraît irréductible. La concurrence, en effet, engendre la concentration. Par la compétition les entrepreneurs cherchent, chacun, à conquérir la plus grande part

---

1. La présente étude a été réalisée dans le cadre des activités de l'équipe de recherche « Forme juridique et actions économiques », intégrée au Laboratoire associé au C.N.R.S. L.A. 301 (Transformation de l'appareil productif et structuration de l'espace social). Que le directeur de ce laboratoire, M. Claude Berthomieu, soit ici remercié pour son action stimulatrice qui a conduit des juristes à s'associer avec des économistes et des sociologues au sein d'un laboratoire pluridisciplinaire.
2. *Le Capital*, Éd. sociales, Paris, 1976, t. 3, p. 780.
3. J. Vandamme, M. Guerrin, *La réglementation de la concurrence dans la C.E.E.*, P.U.F. 1974, p. 31.
4. F. Jenny et A. P. Weber, *L'entreprise et les politiques de concurrence*, Éd. d'organisation, Paris, 1976, p. 16.
5. Éd. Seuil 1973, p. 19.
6. V. J.C. Muller, *De la concurrence, un essai de démythification* Éd. Cujas, 1969.

du marché, c'est-à-dire, en fait, à accéder au pouvoir du monopole[7]. Ainsi, ils entraînent, par leur recherche même, la disparition progressive des conditions initiales de la lutte économique[8].

C'est sans doute parce que Stuart Mill n'avait pas entre ses mains toutes les données du problème qu'il croyait pouvoir affirmer, dans les *Principes d'économie politique* : « C'est grâce au principe de concurrence que l'économie politique peut avoir la prétention d'être une science ».

Ici nous quittons le domaine de la pratique pour aborder celui, tout aussi vaste, de la théorie. Les remarques ironiques de Marx n'ont pas empêché l'éclosion d'un nombre incalculable de doctrines qui, depuis Chamberlin jusqu'à Kirzner, en passant par Schumpeter et Clark, se sont efforcées de nous « expliquer la concurrence ».

Il n'est évidemment pas question de recenser toutes ces tentatives ni d'en apprécier les mérites. Il suffira simplement de rappeler que rejetant, comme irréaliste, le modèle de la concurrence parfaite, la plupart des économistes estiment que la concurrence doit s'établir à partir de l'oligopole. Chamberlin n'hésite pas à parler de « concurrence monopolistique », alors que les deux termes semblent antinomiques. En réalité toute entreprise détient un pouvoir de monopole[9] mais ce pouvoir, affirme-t-on, est toujours menacé par un produit différencié. Le marché apparaît, dès lors, comme un « agrégat de concurrence et de monopole »[10].

Il convient pourtant d'observer que la revendication d'une concurrence parfaite n'a pas totalement disparu. Mais elle « est le fait d'une partie de la classe dominante, celle qui a été lésée par la concentration monopoliste »[11].

Quoi qu'il en soit, la caractéristique la plus saillante des doctrines modernes est que le maintien d'un minimum de concurrence n'est plus une fin en soi. Ce n'est qu'un moyen. La concurrence n'est plus considérée isolément mais dans le contexte général de la politique économique : « elle doit être combinée et harmonisée avec les autres instruments de la politique économique »[12]. Il semble même que l'opposition traditionnelle entre les pays d'inspiration dirigiste, telle la France, et les pays d'inspiration libérale, tels les États-Unis[13] doive être corrigée. Aujourd'hui on peut affirmer, avec G. Farjat, « qu'un droit de la concurrence est toujours l'expression d'une politique et non la consécration d'un « principe intangible ». Les politiques de concurrence s'intègrent dans les politiques économiques d'ensemble »[14]. Certes, il ne faudrait pas tomber dans l'excès inverse et nier des différences qui subsistent encore. Simplement, étant donné les différences dans le degré de concentration atteint, les législations sont plus ou moins rigoureuses.

7. J. Houssiaux, *Le pouvoir de monopole*.
8. G. Farjat, *Droit économique*, Coll. Thémis, 1re éd., p. 120.
9. J. Houssiaux, *op. cit.*
10. Le Moal, *Contribution à l'étude d'un droit de concurrence*, thèse, Rennes, 1972, p. 105.
11. *Pour une critique du droit*, 1978, Éd. Maspero-P.U.G., p. 5.
12. J. Vandamme et M. Guerrin, *op. cit.*, p. 31.
13. Sur cette opposition, v. F. Jenny et A.P. Weber, *op. cit.*, p. 237 et s.
14. *Droit économique*, 2e éd., sous presse.

Nous nous bornerons, dans la présente étude, à souligner les difficultés et les contradictions du droit de la concurrence dans les réglementations française et communautaire.

À cet égard le caractère « dirigiste » de ces réglementations, surtout de la réglementation française, apparaît au premier coup d'œil. C'est ainsi que, suivant l'art. 4, al. 2, de la loi du 19 juill. 1977, « peut être soumise à contrôle la concentration qui est de nature à porter atteinte à une concurrence *suffisante* sur le marché ». Le mot « suffisant » est évidemment en retrait par rapport au mot « effectif », employé par le projet communautaire de 1976 relatif à la concentration économique[15]. La concurrence peut ne pas être effective mais être jugée suffisante par les autorités chargées d'appliquer la réglementation[16]. La terminologie n'est pas innocente : il ne s'agit pas d'autre chose que de « laisser le gouvernement en mesure de réaliser et de poursuivre une politique industrielle et de pouvoir tout de même introduire dans cette politique une possibilité de coup d'arrêt aux concentrations »[17].

La réglementation, plus ancienne, des ententes et positions dominantes laissait déjà apparaître que le maintien de structures concurrentielles n'est pas un objectif prioritaire. En droit français, le principe de la prohibition des ententes et des positions dominantes « abusives » connaît une dérogation importante au profit des situations ayant pour effet d'assurer le développement du progrès économique, sans oublier celles justifiées par un texte législatif ou réglementaire[18]. De même, l'art. 85-3 du Traité de Rome légitime les ententes susceptibles d'entraîner une amélioration de la production ou de la distribution des produits ou de promouvoir le progrès technique ou économique[19].

De la même manière, une opération de concentration qui ferait obstacle à une concurrence suffisante (pour le droit français), ou effective (pour le droit communautaire), peut être admise si elle apporte au progrès économique et social une contribution suffisante pour compenser les atteintes à la concurrence qu'elle implique[20], ou si elle est indispensable à la réalisation d'un objectif considéré comme prioritaire dans l'intérêt général de la Communauté[21].

Le doute n'est plus permis : « on quitte la notion de protection de la liberté de la concurrence pour aborder celle de contrôle économique »[22].

La mise en œuvre de ce contrôle peut-elle être réalisée en vertu de critères juridiques ? C'est la question fondamentale, celle qui provoque le désarroi

15. V. l'art. 1er-2, *Rev. trim. dr. europ.* 1979.188.
16. V. Plaisant, Lassier et Epstein, Le contrôle des concentrations en France, D. 1978. Chron., p. 104; A. Lyon-Caen, Le contrôle des concentrations : étude de la loi française et de la proposition européenne, *Rev. trim. dr. europ.* 1979.25.
17. Déclaration de M. Lasry, dans le rapport de M. Le Theule devant l'Assemblée nationale en juin 1977, cité par A. Lyon-Caen, *op. cit.*, p. 25.
18. Ord. 30 juin 1945, art. 51.
19. V. Ph. Laurent, La légitimation de l'entente par l'art. 85, § 3, du Traité de Rome, D. 1979. Chron., p. 197.
20. L. 19 juill. 1977, art. 4, al. 8.
21. Projet de règlement du Conseil de 1976, art. 4-3, al. 1er.
22. J.-C. Jeantet, Vers un contrôle européen des concentrations faisant obstacle à la concurrence, J.C.P. 1975.1.2675.

– certains diront la démission – des juristes. Le problème ne réside pas tellement dans l'incompétence que l'on pourrait être tenté de prêter au juriste quand il s'agit d'affronter les questions économiques « quand on sait comment fonctionne un esprit juridique »[23]. La difficulté provient de ce que la notion de progrès économique et social fait intervenir des appréciations d'opportunité qui semblent être aux antipodes de la norme juridique. « Disons-le nettement : une notion aussi vague ne peut être représentée comme une norme »[24].

Toute théorie normative de la concurrence se trouve... bannie[25]. Pour A. Hauriou, il y aurait incompatibilité entre la règle de droit et les phénomènes économiques[26]. J.-B. Blaise faisait déjà remarquer que, dans la mesure où le contrôle des ententes repose sur l'opportunité économique, l'incrimination pénale « est inadmissible »[27]. M. Jestaz va encore plus loin : « le droit pénal souffre d'une incapacité congénitale à résoudre ce genre de problème »; et de suggérer une dépénalisation, au moins partielle, de notre législation relative aux prix et à la concurrence[28].

Il est permis d'être plus nuancé. La « médicalisation » du système n'est pas exempte de dangers. Il ne faudrait pas que l'administration devienne, pour l'activité économique, ce que l'hôpital psychiatrique risque d'être pour le délinquant.

Certains, pourtant favorables à la prééminence de l'administration, estiment que la part du droit ne doit pas être réduite à la portion congrue[29]. L'émergence d'appréciations fondées sur l'opportunité ne traduit pas forcément un dépérissement de la forme juridique mais une mutation de celle-ci[30]. Le choix entre intérêts collectifs s'effectue toujours selon un arbitrage, qu'il soit judiciaire ou administratif. Or le recours à l'arbitrage peut être considéré comme un des critères possibles de la juridicité[31]. On peut même soutenir sans paradoxe que la matière n'a jamais été aussi juridique. Si, en effet, le juridique est lié à l'existence de conflits, le degré de juridicité atteint par la relation de concurrence est aujourd'hui très élevé. Comme l'a très justement démontré M. Le Moal[32], cette relation est pluridimensionnelle. Outre l'intérêt des entreprises concurrentes, il faut intégrer dans la relation de concurrence l'intérêt des consommateurs et l'intérêt des salariés. Or ces intérêts sont, au moins pour partie, antagonistes. Le règlement de ces conflits passe par le droit, à moins qu'on ne préfère la force. Que l'intervention d'éléments d'opportunité complique le problème, nul ne le niera et il est hors de question de prétendre le résoudre ici dans tous ces aspects. Simplement, il nous semble que la montée des contradictions interpelle le juriste

23. Schumpeter.
24. G. Farjat, *Droit économique*, 2e éd., sous presse.
25. A. Lyon-Caen, *Rev. trim. dr. europ.* 1979.26.
26. Le droit administratif de l'aléatoire, *Mélanges Trotabas*, 1969.
27. *Le statut juridique des ententes*, p. 141.
28. *Rev. trim. dr. civ.* 1977.842.
29. S. Aubertin-Fauchille, *Les relations entre les tribunaux et l'administration dans le contrôle des ententes*, thèse, Rennes, 1976, p. 228.
30. L. Boy, *L'intérêt collectif en droit français* (réflexions sur la collectivisation du droit), thèse, Nice, 1979.
31. J. Carbonnier, *Flexible droit*.
32. Thèse préc.

en ce qu'elle tend à un « dépassement du droit ». Le juriste se doit d'être particulièrement vigilant, sans craindre d'être soupçonné de vouloir gérer juridiquement la crise, comme on gère la pénurie.

Il est vrai que la crise accentue les contradictions. Le juriste n'aime pas opérer à chaud le tissu économique maladif. Cela l'oblige à jeter le masque, à l'instar des « nouveaux économistes » pour lesquels, « à moins que l'on ne veuille arrêter la croissance, il ne faut pas empêcher les plus faibles de faire faillite, contrairement à ce que fait le gouvernement »[33].

Cette dernière observation ne nous éloigne pas du sujet. Tout au contraire, elle nous y ramène puisque les phénomènes de concurrence, de redéploiement industriel et de défaillances d'entreprises sont étroitement liés[34]. En période de crise, le « laisser faire, laisser passer » tend à devenir le « laisser faire, laisser défaillir ». La « sélection naturelle » n'a jamais été autant à l'honneur. De toute façon une entreprise en difficulté est une proie facile pour être « restructurée ».

À cet égard la première application de la loi de 1977 en matière de concentration nous paraît exemplaire. Elle est en effet révélatrice des contradictions qui ne peuvent manquer de surgir dans l'appréciation du « progrès économique et social » que peut représenter l'opération. À la suite d'un avis favorable de la Commission de la concurrence du 22 mars 1979[35], le ministre de l'Économie a, par arrêté n° 79/29, autorisé la fusion de certaines activités de la Société Vallourec et de la Société Les Tubes de la Providence (fabrication de petits tubes ouvrés). Or, le résultat de cette opération est que le nouvel ensemble détient 80 % des capacités de productions françaises...

Comme en matière d'ententes ou de positions dominantes c'est la méthode du bilan que la Commission a, une nouvelle fois, soumise à l'épreuve des faits. Mais alors que dans le système antérieur à la loi de 1977, la Commission devait, du moins en théorie, s'interroger sur la seule notion de « progrès économique », le « progrès social » se trouve aujourd'hui expressément visé par les textes concernant le contrôle des concentrations.

Il n'est pas dans notre intention de nous livrer à des manipulations sémantiques. Le terme « économique » est assez vague pour qu'on puisse y intégrer, sans abus, des considérations d'ordre social (nous pensons évidemment, avant tout, à l'emploi). Mais la crise économique qui sévit depuis quelques années, avec son cortège de licenciements massifs et dramatiques, est venue souligner l'acuité du problème. Ce n'est donc pas un hasard si les notions de « progrès social », voire de « bilan social »[36] ont conquis quelques lettres de noblesse. Ce n'est pas un hasard non plus si la première application de la notion de progrès social, en matière de concentration, intéresse le secteur de la sidérurgie...

C'est en étant pleinement conscient du rapport dialectique existant entre « l'économique » et le « social » que nous voudrions tester, ici, la méthode du bilan. Pour cela nous nous efforcerons d'isoler, dans un premier temps, l'aspect

33. J.J. Rosa, « Face à face Attali-Rosa », *L'Express*, n° 1457, juin 1979, p. 183.
34. Luc Marco, *De la crise en France*, Mémoire pour le D.E.A. de sciences économiques, Nice 1979.
35. *B.O.S.P.* 1979.139.
36. L. 12 juill. 1977, D. 1977.315.

strictement économique ce qui pourrait laisser supposer une adhésion à l'idée de « rationalité économique », véritable concept opérationnel[37], dont il ne sera pas difficile de faire apparaître les tares (I). Il faudra ensuite, élevant la contradiction à un degré supérieur, introduire dans le problème l'exigence sociale et se demander comment cette exigence peut s'accommoder du progrès économique (II).

I. Le bilan économique

Une lecture superficielle des textes pourrait faire croire que la réglementation, tant française que communautaire, permet de distinguer les mauvaises et les bonnes pratiques restrictives. Cette vision n'a plus cours car trop schématique et manichéenne. La plupart des ententes, positions dominantes ou concentrations se caractérisent par des effets nocifs et des effets positifs. Il appartient aux autorités chargées d'appliquer la réglementation de la concurrence de rechercher si les avantages l'emportent sur les inconvénients. Après avoir mis en lumière les aspects positifs et négatifs, ces autorités se livrent à un « dosage » qui permettra d'aboutir au solde du bilan économique[38].

Cette méthode a d'ailleurs débordé le cadre du droit de la concurrence. Elle est ainsi utilisée par la jurisprudence administrative pour évaluer l'utilité des opérations d'expropriation[39].

Après avoir sommairement exposé les principaux aspects de cette technique (A), nous en soulignerons la relativité et les contradictions (B).

A. Contenu du bilan économique

Il n'est pas question de rendre compte de toutes les manifestations de la méthode du bilan qui, au demeurant, a fait l'objet d'études très pertinentes auxquelles nous renvoyons pour plus de détails[40]. Nous essaierons d'en faire ressortir, brièvement, les traits les plus caractéristiques, étant précisé que c'est d'une conception très large du bilan que nous nous réclamons. Il s'agit, au-delà des termes des art. 50 et 51 de l'ordonnance française du 30 juin 1945 et des art. 85 et 86 du Traité de Rome (textes auxquels il convient d'ajouter les dispositions sur le contrôle des concentrations), de mettre en balance avec les effets restrictifs le maximum d'éléments susceptibles de les compenser ou au contraire de les aggraver, tels la jurisprudence des « circonstances atténuantes et aggravantes », le comportement des pouvoirs publics, etc. Cet affinement interviendra dans la

37. H. Marcuse, *L'homme unidimensionnel.*

38. V. Laurent, L'entente : une catégorie juridique ambivalente, D. 1977. Chron., p. 307; Glais et Laurent, La Commission de la concurrence : premiers avis, *Gaz. Pal.* 1979.1. Doctr. p. 30; J. Vandamme et M. Guerrin, *op. cit.*, p. 104 s.; B. Goldman, *Droit commercial européen*, Éd. Dalloz, 3e éd. 1975, p. 299 s.

39. Cons. d'Ét. 28 mai 1971, *Ville nouvelle Est*, D. 1972.194, note Lemanissier; J.C.P. 1971.11.16873, note Homont; *A.J.* D.A. 1971.420. – V. cep. les limites de cette méthode dans Cons. d'Ét. 13 déc. 1978, D. 1979.497, note G. Quiot.

40. Cf. *supra*, note 37.

phase ultime, celle de l'établissement du solde (3), après qu'auront été déterminés le passif (1) et l'actif (2) du bilan.

1. – *Le passif du bilan économique* : l'entrave ou la possibilité d'entrave à la concurrence est évidemment le critère fondamental. Dans tous les cas, ou presque, les autorités investies de la mission d'interpréter les règles de concurrence s'efforcent de déterminer la part de marché détenue par l'entente ou la position dominante, ou bien acquise par l'opération de concentration. Ainsi, la fusion entre Vallourec et Les tubes de la Providence fait apparaître que les deux entreprises détiennent 53 % du marché national et 13 % du marché européen. Mais le passif du bilan apparaît surtout avec l'examen de l'objet de la pratique restrictive. On peut, à cet égard, classer les pratiques incriminées en trois grandes catégories.

a) Les pratiques restrictives portant sur les prix : l'offensive antiinflationniste par les armes du droit de la concurrence intéresse surtout le domaine des ententes, terrain d'élection des pratiques restrictives portant sur les prix. La jurisprudence des Commissions, française et communautaire, est déjà très abondante en ce domaine[41]. Il est difficile d'en mesurer l'efficacité, mais il est certain que le nombre d'accords qui échappent au contrôle doit être considérable, d'autant qu'aujourd'hui les ententes sur les prix se dissimulent davantage – notamment derrière le paravent des organisations professionnelles – et revêtent des formes très variées et subtiles (échanges d'informations sur les prix, barèmes de prix de revient, etc.). La multiplication de ces abus explique sans doute l'arrêté français du 31 mai 1978, qui est venu interdire la diffusion de barèmes de prix conseillés par les organisations professionnelles pour tous les produits industriels.

b) Les pratiques restrictives visent l'entrée ou le maintien dans la branche : la concurrence se trouve menacée lorsque se dressent des obstacles s'opposant à l'entrée de concurrents potentiels dans la branche. En matière d'ententes on relève de très nombreuses applications de cette idée. Elles concernent tout d'abord des accords horizontaux[42]. On rappellera par exemple l'avis du 9 févr. 1973 concernant la situation de la concurrence dans le secteur de la distribution des produits pétroliers : huit grands groupes pétroliers s'étaient fixés les parts de marché devant revenir à chacun d'eux. Des accords verticaux peuvent également aboutir à interdire l'entrée dans la branche. Tel est le cas des concessions exclusives qui ont donné lieu, tant en France que sur le plan communautaire, à des débats désormais célèbres[43]. On citera, comme exemple récent, l'affaire des briquets jetables[44].

L'éviction de la branche peut enfin être atteinte par certains « excès de concurrence » qui, sur ce point, rejoignent les pratiques restrictives. C'est ainsi

41. Cf. les exemples cités par Ph. Laurent, D. 1977. Chron., p. 309. – En droit communautaire, v. par ex., Commission C.E.E., décision 16 juill. 1969, *Entente internat, de la quinine, Rev. trim. dr. europ.* 1969.856.
42. Cf. les exemples cités par Ph. Laurent, D. 1977. Chron. p. 309. – En droit communautaire, v. par ex. Commission, décision 11 mai 1973, *Rev. trim. dr. europ.* 1974.18.
43. Cf. l'affaire *Brandt*, en France, et l'affaire *Grundig* sur le plan européen.
44. *B.O.S.P.* 1978.195.

qu'une amende de 1 million F a été infligée, pour abus de position dominante, à la Société Carboxyque à la suite de la plainte d'un petit producteur du Sud-Est qui refusait une entente sur la clientèle et sur les prix et qui fut, à titre de représailles, l'objet d'une sorte de dumping[45].

c) Les pratiques restrictives ayant pour objet d'entraver le développement technique ou commercial : il s'agit le plus souvent d'accords de type malthusien par lesquels, par exemple, plusieurs producteurs s'entendent pour ne pas lancer un nouveau produit car ils doivent écouler un stock, pour ne pas renouveler leur matériel car ils souhaitent amortir l'ancien, pour stériliser une invention, etc.

2. – *L'actif du bilan économique* : il s'agit de déterminer les faits justificatifs de l'entente, de la position dominante ou de l'opération de concentration. On doit relever ici des différences entre les textes français et les textes communautaires; mais ces différences sont aplanies par les jurisprudences et les pratiques respectives.

a) Principaux faits justificatifs.

- On ne retrouve pas, en droit communautaire, l'équivalent de la règle française exonérant les ententes et les positions dominantes « résultant de l'application d'un texte législatif ou réglementaire ». Mais il est certain que des principes analogues sont appliqués dans les domaines où les autorités européennes ont dû intervenir en vue de réduire les effets dévastateurs de la crise économique. Le plan « anticrise » adopté par le Conseil et la Commission est ainsi venu légitimer en quelque sorte certaines mesures restrictives – prix *minima* par exemple – adoptées par le cartel européen de l'acier. On a pu parler de « cartellisation d'ordre public »[46].
- Si l'on met à part l'art. 86 du Traité de Rome, qui n'admet pas expressément la possibilité de dérogations à l'interdiction des positions dominantes risquant de fausser le jeu de la concurrence, la légitimation des pratiques anticoncurrentielles fondées sur le « progrès économique » est assez générale, même si les formules employées sont très variables et plus ou moins ramassées. Ici encore nous ne pouvons que renvoyer aux décisions, françaises et communautaires, qui se sont évertuées à recenser les avantages économiques des pratiques qui leur étaient soumises : baisse des prix, améliorations de la qualité, rationalisation de la production et des approvisionnements, etc. C'est ainsi qu'ont pu être légitimés des accords de spécialisation, qui aboutissent pourtant à supprimer parfois toute concurrence[47], des accords de distribution exclusive, qui permettent une pénétration plus rationnelle des marchés et améliorent par conséquent la distribution[48]. Le progrès économique peut

45. *Le Monde* 15-16 juill. 1979.
46. *Le Monde*, 21 déc. 1977. – *Adde* G. Mathieu, Des pailles dans l'acier européen, *Le Monde*, 16 févr. 1979.
47. Il existe même, en droit communautaire, un système d'exemption par catégories de ce type d'accords en ce qui concerne les petites et moyennes entreprises : règlement du 21 août 1972, mod. le 13 août 1977.
48. Commission C.E.E., décision 9 juill. 1965. – D.R.U. Blondel, *Rev. trim. dr. europ.* 1966.159; 15 déc. 1975, *Saba, ibid.* 1978.777.

également résulter d'un « assainissement » d'une profession en difficulté, une entente étant plus facilement tolérée lorsqu'elle est « défensive ». La crise actuelle ne peut que renforcer cette impression et il est intéressant de noter que l'une des exceptions prévues par la jurisprudence américaine à la prohibition de certaines opérations de concentration vise précisément les entreprises en difficulté[49]. Cette considération n'a certainement pas été étrangère à la décision de la Commission de la concurrence qui, le 22 mars 1979, a émis un avis favorable à la fusion de la Société Vallourec et de la Société Les Tubes de la Providence. Les deux firmes font état du « retournement de conjoncture de 1974 ». La diminution importante de la demande, entre 1974 et 1977 a « contribué à rendre déficitaire la situation des principaux producteurs de petits tubes soudés et notamment celle des entreprises parties à la fusion ». Or juste avant ce retournement, les entreprises venaient de « se doter d'un outil industriel performant » qui avait nécessité d'importants investissements. Afin d'éponger les pertes il faut réduire les coûts de production : la fusion permet justement une baisse de ces coûts grâce à un allongement des séries de fabrication et une réduction du temps de montage. Ainsi il apparaît à la Commission que, dans un secteur où la concurrence reste très vive, « la constitution, par voie de concentration d'un groupe puissant, est de nature à améliorer la solidité[50] des entreprises parties à la fusion ».

b) Conditions d'admission des faits justificatifs.

- L'inspiration « libérale » du Traité de Rome apparaît tout d'abord dans l'art. 85-3, qui subordonne la validité d'une entente au fait que celle-ci n'élimine pas la concurrence pour une partie substantielle des produits en cause[51]. On ne retrouve cette exigence ni dans l'art. 51 de l'ordonnance de 1945, ni dans la loi du 19 juill. 1977. En fait la Commission française recherche systématiquement si toute concurrence n'est pas éliminée. Ainsi la décision Vallourec, après avoir constaté que l'entreprise issue de la fusion ne détiendra que 13 % du marché européen, affirme que « les chances d'augmentation de la concurrence devraient, à l'avenir, l'emporter sur les risques de sa réduction ». La Commission exige en outre le respect scrupuleux des règles de la concurrence par Vallourec.
- La pratique restrictive, d'autre part, n'est admise que s'il existe un rapport de nécessité entre la restriction de concurrence et le fait justificatif invoqué. Lorsque les avantages auraient pu être obtenus par d'autres moyens, le fait justificatif, en principe, n'est pas retenu. En matière d'ententes, par exemple, seules sont admises les clauses qui ne vont pas au-delà de ce qui est nécessaire pour atteindre l'amélioration invoquée[52].

49. V. Plaisant, Lassier et Epstein, D. 1978. Chron., p. 104.
50. Souligné par nous.
51. V. une application dans décision du 9 juin 1972, *Davidson Rubber Co, Rev. trim. dr. europ.* 1972.856, et les exemples cités par Ph. Laurent, D. 1979. Chron., p. 202.
52. V. Commission C.E.E., décision 13 mars 1969, *Exposition europ. des machines outils*, et d'autres décisions citées par Laurent, D. 1979. Chron., p. 201.

Cette même idée explique que l'exonération résultant d'un texte législatif ou réglementaire, voire d'un règlement communautaire, doit être interprétée strictement. Or l'on constate que les entreprises ont souvent tendance à suivre des pratiques qui vont au-delà de ce qui leur est permis limitativement par les textes. La constatation a pu être faite, notamment, dans le secteur du pétrole.

- À la différence de l'art. 85 du Traité de Rome, l'art. 51 de l'ordonnance de 1945 n'exige pas expressément que l'entente réserve « aux utilisateurs une partie équitable du profit qui en résulte ». Mais, ainsi qu'on l'a fait observer[53], la jurisprudence de la Commission française tient compte de cet élément, ce qui ne doit pas surprendre puisque la satisfaction de l'intérêt des consommateurs est une composante du progrès économique. La mise en œuvre de cette condition est néanmoins très délicate car l'intérêt des consommateurs doit être apprécié au regard d'autres intérêts avec lesquels il peut entrer en conflit. « L'intérêt économique général » peut permettre le sacrifice de l'intérêt des consommateurs comme en témoigne l'opération de concentration intervenue entre Vallourec et Les tubes de la Providence. On a pu déplorer que la fusion n'ait prévu aucune amélioration de la satisfaction des consommateurs « puisque ne sont envisagées ni innovation technique, ni baisse du prix de vente »[54]. Pour éponger les pertes, il fallait évidemment que les prix ne diminuent pas.

3. – *L'établissement du solde du bilan économique* : afin d'atténuer l'impression d'arbitraire, de « navigation à l'estime »[55], les autorités chargées d'appliquer le droit de la concurrence s'efforcent de se référer à des critères objectifs lorsqu'elles procèdent au dosage qui permettra d'aboutir au solde du bilan.

C'est ainsi qu'elles s'interrogent sur la proportionnalité des coûts et des avantages de la pratique soumise à leur examen (règle de la proportionnalité), qu'elles s'efforcent de « mesurer » les atteintes à la concurrence en recherchant l'impact de la pratique sur le marché. Elles seront plus ou moins tolérantes suivant l'importance de la part du marché contrôlé, les moyens utilisés (caractère provisoire ou définitif de l'entente, par exemple, système de sanctions), le degré de nocivité des atteintes. Parfois cependant le passif du bilan apparaît tellement lourd que le mécanisme de la compensation entre actif et passif ne peut plus fonctionner. MM. Glais et Laurent, analysant les derniers avis de la Commission française de la concurrence, ont ainsi mis en lumière une innovation : le recours à la notion d'infraction *per se*[56], issue du droit antitrust américain. Il s'agit des ententes sur les prix, et plus particulièrement du problème des remises cartellisées. L'avis prononcé dans l'affaire des feutres de papeterie[57] affirme qu'un tel comportement « est en lui-même répréhensible… quels qu'aient pu être ses effets ». Une telle sévérité s'explique à l'évidence par le contexte inflationniste actuel, par la volonté de réprimer les atteintes à la concurrence par les prix. Mais

53. Ph. Laurent, D. 1977. Chron., p. 312.
54. Glais et Laurent, La commission de la concurrence et le contrôle de la concentration, Premier avis, *Gaz. Pal.* 1979.2. Doctr., p. 477.
55. G. Farjat, *Droit économique*, 2e éd., sous presse.
56. *Op. cit., Gaz. Pal.* 1979.1. Doctr., p. 30.
57. *B.O.S.P.* 1978.240.

il est tout aussi évident que la méthode du bilan économique et celle de l'infraction *per se* sont incompatibles.

De toute façon le dosage effectué en vertu de critères « objectifs et scientifiques » (règle de la proportionnalité, impact sur le marché... etc.) se trouvait déjà fortement altérée par des appréciations infiniment plus subjectives et connues sous le nom de « jurisprudence des circonstances atténuantes et aggravantes »[58] : au-delà des textes, la Commission française reconnaît qu'elle tient compte d'éléments « d'équité et d'opportunité »[59]. On notera également que l'équité est expressément visée par l'art. 85-3 du Traité de Rome.

Est ainsi considéré comme une circonstance aggravante le fait pour une entente de porter sur des articles de consommation courante ou d'affecter le marché des personnes publiques ou parapubliques[60]. Mais la Commission française fait surtout usage des circonstances atténuantes, au nombre desquelles elle relève : la bonne volonté de mettre fin aux pratiques d'entente dès le début de la procédure, le comportement des pouvoirs publics qui, par une réglementation inadaptée[61], une attitude laxiste quand elle n'est pas coopérative, favorisent les pratiques anticoncurrentielles[62], la situation économique générale, particulièrement en période de crise, qui peut excuser certaines ententes ou concentrations défensives et permettre ainsi le sauvetage de certaines entreprises.

Ce sont évidemment ces appréciations qui conduisent la plupart des interprètes à mettre en doute le caractère de norme juridique ou même économique de la règle de concurrence[63] et à souligner la « relativité »[64], les limites et les contradictions du bilan économique.

B. Relativité et contradictions du bilan économique

Les remarques qui suivent ne prétendent nullement rendre compte de toutes les limites, de toutes les contradictions du droit de la concurrence. Une telle tâche, compte tenu de la mission assignée à la réglementation de la concurrence – instrument de la politique économique globale – excéderait le cadre limité de cette étude. Il s'agit simplement de susciter quelques interrogations sur la cohérence du bilan économique. En fait, il convient de tenter de faire le « bilan du bilan » et pour cela il importe de situer celui-ci dans le contexte économique général ce qui conduira, *inéluctablement*, à tenir compte des exigences sociales et par conséquent politiques. « L'exquise modération des civilistes »[65] n'est plus de mise en ce domaine.

58. V. Jenny et Weber, *op. cit.*, p. 136 et s. ; Laurent, D. 1977. Chron., p. 314 ; G. Farjat, *Droit économique*, 2ᵉ éd., sous presse.
59. V. le rapport général pour les années 1960-1962, *J.O.* doc. adm. 7 févr. 1964, p. 13.
60. Rapport de la Commission technique, *J.O.* nº 2, 11 janv. 1974, p. 26.
61. Affaire du pétrole par exemple.
62. V. Jenny et Weber, L'administration va-t-elle continuer à encourager les pratiques anticoncurrentielles ? *Le Monde* 20 mai 1975.
63. Cf. *supra*, Introduction.
64. B. Derquenne, *Réflexions sur la commission technique des ententes*, Nice, 1979, p. 13.
65. L'expression est de M. Carbonnier, D. 1975. Chrim., p. 171.

Puisqu'il faut faire un choix nous parlerons plus des contradictions que des limites du droit de la concurrence. Les « limites » renvoient à la question très vaste de l'efficacité du système. Qu'il suffise de dire que la plupart des interprètes mettent sérieusement en doute cette efficacité[66]. Aux dires de certains experts il y aurait en France plusieurs milliers d'ententes occultes, ententes contre lesquelles les pouvoirs publics semblent désarmés. L'exemple des « groupements techniques » dans le domaine des assurances ou celui des associations professionnelles dans celui des banques est bien connu. La hausse concertée du prix des automobiles est dans toutes les mémoires. Et que dire des fabricants de verre plat « condamnés à s'entendre »[67] ? La concentration suit son train sans être sérieusement entravée. Mêmes constatations sur le plan européen où l'on ne croit guère que la C.E.E. fasse encore confiance aux forces du marché[68] et où l'on relève une spécialisation industrielle empirique[69]. De toute façon les réglementations nationales ou même européenne se trouvent largement dépassées par la mondialisation du mouvement de concentration. Presque rien n'a pu entraver le développement des groupes multinationaux. Il existe en outre plusieurs cartels internationaux (pétrole, matériel électrique, acier) qui éliminent toute concurrence ou du moins la réduisent notablement. « Nombre d'ententes intérieures sont le prolongement, le reflet d'ententes négociées au plan européen ou mondial »[70].

De telles insuffisances, pour employer un euphémisme, s'expliquent par les contradictions qui caractérisent les économies occidentales. Ces contradictions, accentuées par la crise, se situent à des niveaux très nombreux et divers qu'il est impossible d'analyser de manière exhaustive. Après avoir mis en lumière les plus significatives (1), nous les illustrerons en revenant à l'affaire *Vallourec* (2).

1. *Les contradictions « économiques » du droit de la concurrence*

a) Les limites du raisonnement économique

La toile de fond des développements qui suivent peut être trouvée dans certaines carences du raisonnement économique, stigmatisées à maintes reprises par divers économistes libéraux et, récemment, par MM. F. Jenny et A.P. Weber. Les politiques de concurrence, affirment ces auteurs, ont « trop souvent » eu pour support le lot des idées conventionnelles des technocrates[71]. Pareille appréciation laisse peser le soupçon d'incompétence, voire de cynisme, à l'égard d'experts qui seraient « au service des monopoles ». L'explication est à la fois plus simple et plus compliquée : *le raisonnement économique s'arrête là où les contradictions deviennent insurmontables.*

De la sorte nous renvoyons dos à dos juristes et économistes, ces derniers disposant d'un « arsenal normatif » qui ne paraît guère plus fiable que celui utilisé

66. F. Jenny et A.P. Weber, *op. cit.*
67. *Le Monde*, 12 oct. 1976.
68. V. A. Jacquemin, *Le Monde*, 18 mai 1976.
69. V. J.M. Quatrepoint, *Le Monde* 25 mai 1979.
70. F. Jenny et A.P. Weber, *op. cit.*, p. 131 en note.
71. *Le Monde*, 20 mai 1975.

par les juristes. Les deux sont « piégés » par la nécessité de se livrer, *en dernière instance*, à des appréciations d'opportunité.

Voici, en tout cas, les critiques les plus souvent formulées.

En ce qui concerne les ententes tout d'abord, l'évaluation de leur utilité économique repose souvent sur une connaissance très insuffisante de la situation des marchés. Ainsi la Commission technique a dû recourir à deux méthodes de raisonnement, soit la comparaison des faits avec les progrès qui auraient été enregistrés si le marché avait été concurrentiel, soit la comparaison avec l'étranger. La première méthode peut être critiquée « dans les domaines qui échappent aux prévisions de la théorie ». La deuxième également « si les marchés étrangers auxquels on se réfère ne sont pas eux-mêmes concurrentiels »[72]. De même certains accords de spécialisation sont légitimés alors que la Commission n'a « peut-être faute de moyens », aucune donnée précise pour apprécier si de tels accords réalisent des économies d'échelle.

La même indulgence se manifeste, au niveau communautaire, à propos des accords de coopération entre entreprises. Dans une communication du 29 juill. 1968 la Commission de la C.E.E. énumère une série d'accords qui, d'après elle, n'entrent pas dans le champ d'application de l'art. 85, pour la raison qu'ils n'affecteraient pas le jeu de la concurrence. Diverses décisions individuelles ont également exempté des accords de ce type[73]. Encouragées par l'attitude de la Commission, de grandes banques européennes ont conclu des accords de coopération[74].

On peut cependant observer que la coopération peut avoir des effets restrictifs sur la concurrence[75], compte tenu de la structure du marché ou de la nature du produit. Elle ne s'impose donc pas dans tous les cas. Par exemple le comportement des banques (unification des tarifs) a conduit certains à interroger la Commission[76].

En ce qui concerne la concentration, le reproche le plus grave, adressé notamment à la Commission française, est « d'avoir suggéré la constitution de positions dominantes, alors même qu'elle s'avérait incapable de contrôler efficacement de telles situations »[77]. Plus récemment a été mise en doute la fixation de seuils rigides par la loi du 19 juill. 1977 relative au contrôle des concentrations. D'autres facteurs que la part du marché peuvent être significatifs, tels que l'existence de barrière à l'entrée sur le marché, le nombre et la compétitivité des entreprises restantes[78].

Au demeurant les vertus que l'on attribue traditionnellement aux grandes unités économiques (économies d'échelle, innovation, etc.) sont sérieusement

72. F. Jenny et A.P. Weber, *op. cit.*, p. 122.
73. V. par ex. Commission C.E.E., décision 20 déc. 1974, *Shv-Chevron, Rev. trim. dr. europ.* 1976. 161.
74. Accord entre le Crédit Lyonnais et la Commerzbank, 14 oct. 1970; accord entre quatre autres banques européennes, fin octobre 1970 *(Le Monde*, ter-2 nov. 1970).
75. T.O. Moss, La communauté européenne n'a toujours pas de politique de la concurrence, *Le Monde* 15 déc. 1970.
76. V. question écrite n° 795, 13 janv. 1977, *Rev. trim. dr. europ.* 1977.341.
77. F. Jenny et A.P. Weber, *Le Monde* 20 mai 1975.
78. Plaisant, Lassier et Epstein, D. 1978. Chron., p. 103.

contestées. De récents travaux de l'I.N.S.E.E. sur notre système industriel « montrent que les grandes entreprises ne sont pas nécessairement les plus performantes »[79]. Des constatations analogues ont pu être faites aux États-Unis.

Pourtant, malgré ces objections, le mouvement de concentration se poursuit inexorablement et semble même s'emballer dans les domaines tels que celui de l'industrie automobile[80]. Les « nécessités de la concurrence internationale », la crise qui touche plus particulièrement la sidérurgie, la construction et la réparation navales ou le textile donnent d'ailleurs du phénomène une nouvelle image, à bien des égards tragique. Dans presque tous les pays les concentrations portant sur des entreprises en difficulté sont présentées comme des opérations défensives qui ne donnent lieu à aucun bilan économique sérieux quant à leurs effets sur la concurrence. C'est en réalité à une fuite en avant que l'on assiste.

Les carences du raisonnement économique s'expliquent à l'évidence par l'impossibilité de concilier le processus concentrationniste et l'impératif de concurrence, impossibilité qui fait apparaître au grand jour les contradictions qui minent le système.

b) Les principales contradictions économiques

Nous nous bornerons à relever les trois contradictions suivantes :

1° Contradiction entre politique « dirigiste » et politique « libérale ».

S'il est vrai que le droit de la concurrence est toujours l'expression d'une politique, que « la coloration "dirigiste" du contrôle paraît bien... universelle »[81], il n'en est pas moins vrai que le contrôle est plus ou moins rigoureux selon le degré de concentration atteint mais, aussi, selon l'état des rapports de force entre pouvoirs privés et pouvoirs publics. La renaissance d'un certain libéralisme offre à cet égard le spectacle étonnant d'une « valse-hésitation » entre politiques contradictoires, tant sur le plan interne que sur le plan communautaire[82].

Les exemples du pétrole et du pain, en France, sont très révélateurs. Après l'admonestation paternaliste lancée par la Commission technique en 1973 aux compagnies pétrolières, la Commission s'est de nouveau penchée sur l'attitude de ces compagnies en 1977 pour vérifier si elles avaient rectifié leur comportement. Elle a constaté que la guerre du Kippour, d'octobre 1973, avait bouleversé les données du problème. En effet, depuis cette guerre, l'administration est intervenue plus activement pour organiser et réglementer un marché dont on craignait qu'il ne fût sous-approvisionné. Cette organisation échappait donc à l'interdiction des quotas en vertu de l'art. 59 *ter* (devenu l'art. 51). Mais une libéralisation du marché a été instaurée progressivement par la suite[83]. Pour laisser plus d'initiative aux opérateurs et accroître la concurrence, les quotas qui accompagnaient auparavant les autorisations d'importation ont été supprimés. En fait cette liberté a une contrepartie : les sociétés importatrices doivent

79. F. Jenny et A.P. Weber, *Le Monde* 20 mai 1975.
80. V. Maurus, *Le Monde* 3 août 1979, p. 22.
81. G. Farjat, *Droit économique*, 1re éd., p. 262.
82. V. *Pour une critique du droit, Du juridique au politique*, Maspero et P.U.G. 1978, p. 56.
83. V. *Le Monde*, 1er sept. 1978.

soumettre des plans d'approvisionnement au Gouvernement et les respecter, ce qui revient à restaurer indirectement un certain dirigisme, au nom de l'intérêt national. D'autre part le ministre de l'industrie affirme que « la situation actuelle du marché pétrolier ne permet pas d'en libérer les prix », alors que le ministre de l'Économie vient de dire : « la libération du secteur pétrolier est inscrite dans les textes »... Comme on l'a dit, il paraît difficile de faire longtemps une politique dirigiste avec un dispositif libéral : « Il faut alors changer soit le texte, soit la politique »[84].

La situation de la concurrence dans le secteur du pain confine au surréalisme. La libération des prix a abouti à ce double résultat : d'une part taxation... privée, celle résultant de la hausse concertée autour de « prix-plafonds » proposés aux boulangers par le syndicat national – et ce ne sont pas les légères sanctions pécuniaires, inférieures à 5000 F, infligées à des syndicats départementaux qui enrayeront le phénomène ; d'autre part une concurrence « sauvage » de la part des hypermarchés qui pratiquent des prix de dumping (ou presque...) et mettent ainsi en péril la boulangerie artisanale.

Les tiraillements entre politiques contradictoires sont tout aussi évidents sur le plan communautaire. On se plaisait à souligner l'inspiration libérale du Traité de Rome. Le droit de la concurrence est de plus en plus utilisé, à Bruxelles, comme un instrument de la politique économique.

Cela n'a pas été sans reniements. Acculés par la concurrence internationale, rendue plus vive par la crise, les industries européennes se sont maintes fois tournées vers les autorités européennes pour solliciter l'accord de ces dernières pour la conclusion de cartels de crise.

L'exemple le plus éclairant est celui de la sidérurgie. L'adoption du plan anti-crise a donné lieu à de vifs affrontements entre les propositions « dirigistes » françaises et les options « libérales » allemandes[85]. Des mesures de restructuration ont été recommandées, qui ont abouti à de nombreuses fermetures d'entreprises. Un plan du même type a été adopté dans le domaine de la construction et de la réparation navales : le processus concentrationniste n'a pas été étranger à la faillite de l'entreprise Terrin[86].

Parfois les hésitations ont été plus vives, comme on a pu le voir à propos du cartel constitué par les producteurs européens de fibres synthétiques. Afin de ne pas créer de précédent, la commission européenne a refusé de modifier les règlements communautaires en matière de concurrence[87]. Mais quelque temps après elle indiquait qu'elle n'attaquerait pas devant la Cour de justice du Luxembourg le cartel de crise constitué par les groupes industriels qui fabriquent des fibres synthétiques dans la communauté.

84. D.B., Les ambiguïtés de la politique pétrolière, *Le* Mand*e* 15 *mai* 1979.
85. G. Mathieu Les pailles dans l'acier européen, *Le Monde* 16 févr. 1979.
86. M. Vidal, *Les difficultés du groupe Terrin à Marseille*, Les conséquences économiques régionales de la concentration de l'industrie navale française, Mémoire pour le D.E.A. de droit économique, Nice, oct. 1979.
87. *Le Monde*, 30-31 juill. 1978.

Des observations analogues ont pu être faites au sujet de la politique pétrolière[88] et sucrière[89].

Ces fluctuations de la politique communautaire trouvent leur explication dans « la difficulté, pour ne pas dire l'impossibilité, d'une option européenne entre, d'une part la confiance dans les forces du marché pour assurer une efficacité accrue au service de la collectivité et, d'autre part, le désir d'un contrôle direct portant sur le redéploiement industriel, les restructurations, les localisations d'entreprises ou plus simplement la sauvegarde des positions acquises »[90].

Il est vrai que l'élaboration d'une politique commune n'est guère facilitée par l'existence de politiques nationales divergentes.

2° Contradiction entre politiques nationales et politique communautaire.

Nous l'avons vu, les pratiques restrictives internes sont souvent le prolongement de cartels mondiaux. La Commission technique des ententes a souvent « déploré » cet état de fait. Une telle démarche est inefficace. Mieux, « faisant... preuve d'un nationalisme singulièrement étroit... la Commission technique et notre administration nationale se sont par principe refusé à toute collaboration active avec les services des Communautés européennes en ne jugeant pas opportun de susciter des enquêtes au plan européen chaque fois que des entreprises françaises semblaient participer à un cartel international »[91]. Ce n'est évidemment pas la crise qui fera régresser un tel « chauvinisme »[92], lequel n'est d'ailleurs pas l'apanage de notre pays. La montée du protectionnisme se traduit par une renaissance des politiques nationalistes[93].

La confrontation entre les dispositions de la loi du 19 juill. 1977 et les principes exposés dans le projet européen sur le contrôle des concentrations ne peut que confirmer cette impression.

La référence à une « concurrence effective » traduit malgré tout « une certaine foi dans les vertus de la concurrence »[94]. C'est au contraire une perte de toutes les illusions juridiques[95] qu'exprime la loi française lorsqu'elle attribue à l'administration le pouvoir discrétionnaire de décider si une concurrence est « suffisante ».

L'opposition paraît encore plus manifeste quand on compare les conditions dans lesquelles peut être justifiée une opération de concentration par trop attentatoire à la concurrence. Suivant le projet européen, l'objectif considéré comme prioritaire dans l'intérêt général de la Communauté doit conduire à prendre en considération « les impératifs des politiques communes ou, en l'absence de politiques communes en ces matières, les impératifs des politiques nationales notamment industrielle, technologique, sociale ou régionale *qui*

88. *Le Monde* 7 août 1976.
89. *Le Monde* 16 mai 1976.
90. A. Jacquemin, *Le Monde* 18 mai 1976.
91. F. Jenny et A.P. Weber, *op. cit.*, p. 254.
92. F. Jenny et A.P. Weber, *Le Monde* 20 mai 1975.
93. A. Jacquemin, *Le Monde* 18 mai 1976.
94. A. Lyon-Caen, *Rev. trim. dr. europ.* 1979.25.
95. Nous entendons par là la croyance dans l'impossibilité de concevoir la relation de concurrence en termes juridiques.

s'inscrivent dans l'intérêt général de la Communauté »[96]. En d'autres termes la Commission pourra s'ériger « en juge de la conformité d'une politique nationale à l'intérêt général de la Communauté »[97].

Quant à l'art. 4, al. 8, de la loi de 1977, il prévoit que pour apprécier si une concentration apporte une contribution au progrès économique et social, il faudra tenir compte « de la compétitivité internationale ». Traduisons : « pour que la France soit concurrentielle à l'extérieur, il faut qu'elle ne le soit pas à l'intérieur »[98]. Il paraît difficile que les autorités européennes et chacun des autres pays de la Communauté puissent accepter pareille discrimination.

3° Contradiction entre le « progrès économique » et l'intérêt public.

À l'époque du consumérisme triomphant, il n'est pas surprenant que l'intérêt public tende à s'identifier à l'intérêt des consommateurs. « Toute disposition du droit de la concurrence concerne, au moins indirectement, les consommateurs »[99]. Mais ce que la doctrine néo-classique attribue aux méfaits de la concentration il faut aussi l'étendre – et sur ce point la même doctrine est en général plus discrète – aux dangers de la concurrence.

Sur le premier point l'accord est presque unanime. « Des études récentes ont montré que les entreprises des secteurs concentrés n'hésitent pas à exercer leur pouvoir de monopole au détriment des consommateurs; la constatation illustre la vanité, voire la naïveté, de toute considération portant sur la possibilité d'établir un consensus entre ces entreprises et la collectivité »[100]. Ce thème est trop connu pour qu'il soit utile d'y insister longuement. Il est en tout cas plus actuel que jamais. La concentration dans l'industrie automobile n'a guère enrayé la hausse considérable des prix constatée en ce domaine. Les dangers de la concentration dans les secteurs du livre et de la presse n'ont pas besoin d'être soulignés. En tout état de cause la division internationale des tâches productives qui s'opère actuellement se fait par-dessus la tête des consommateurs, lesquels apparaissent comme les sujets passifs d'un jeu planétaire qui les dépasse complètement.

La contradiction paraît d'autant moins surmontable que si l'on se tourne vers les secteurs effectivement soumis à une concurrence vive, voire acharnée, les bienfaits de la concurrence ne sont pas toujours évidents pour le consommateur. De quel prix ce dernier paie-t-il les fabuleux budgets publicitaires ? Quelle part de liberté gagne-t-il en exerçant de multiple « choix » en vue de satisfaire les besoins les plus artificiels ?

Concentration ou concurrence ? La question peut paraître manichéenne. Elle traduit pourtant une réalité qui s'inscrit dans la problématique de la quadrature du cercle. En outre une constatation amère s'impose : les mesures qui, apparem-

96. Souligné par nous.
97. A. Lyon-Caen, *Rev. trim. dr. europ.* 1979.29.
98. J. Poperen, *J.O.* Ass. nat. 9 juin 1977, p. 3619, cité par A. Lyon-Caen, *op. cit.*, p. 31.
99. B. Dhaeyer et J. Thilmany, La protection du consommateur *et* le droit antitrust européen, *Rev. trim. dr. europ.* 1978.223.
100. F. Jenny et A.P. Weber, *Le Monde* 20 mai 1975.

ment semblent être bénéfiques pour la concurrence et pour le consommateur, favorisent, *en dernière instance*, le mouvement de concentration[101].

Les impasses auxquelles conduit l'économie de marché, dans sa phase de « concurrence monopolistique » expliquent sans doute le scepticisme affiché par certains à l'égard du « progrès économique » apporté par la fusion entre la société Vallourec et la société Les Tubes de la Providence.

2. Les contradictions du bilan économique de la fusion Vallourec-Tubes de la Providence

Comme nous l'avons vu, la fusion a été présentée par les parties à l'opération comme devant permettre une réduction des coûts de production destinée à éponger les pertes passées. Cette diminution des coûts proviendrait, essentiellement, d'une rationalisation des approvisionnements et de la production. En ce qui concerne le premier point la Commission de la concurrence manifeste quelques doutes car les entreprises n'ont fourni aucune étude précise permettant d'évaluer l'économie réalisée par un groupement des commandes. Elle accueille en revanche le second argument : l'opération permet un allongement des séries de fabrication et une réduction du temps de montage. Cette affirmation provoque le scepticisme de MM. Glais et Laurent qui s'interrogent sur les moyens techniques de parvenir au résultat escompté[102]. Seule une spécialisation des usines du groupe paraît pouvoir être envisagée mais cette spécialisation, outre qu'elle doit se traduire par une hausse des frais de transport, ne peut être efficace « qu'à la suite d'une augmentation très sensible des productions et des ventes des différentes séries. Or, en l'absence de baisse des prix de vente, il est douteux que cette augmentation soit importante »[103]. La Commission ne se fait d'ailleurs guère d'illusions sur le développement des ventes « dans le court terme » ; elle se contente d'affirmer sa foi dans le long terme. MM. Glais et Laurent n'hésitent pas à parler de « plan de redressement en trompe-l'œil ».

Le passif du bilan, en revanche, n'est pas hypothétique. En l'absence d'innovation technique et de baisse du prix de vente, le gain pour le consommateur est nul. L'observation économique révèle cependant que les petits producteurs subsistants, notamment les « petits tubistes italiens », ont des prix inférieurs. La Commission est pourtant très pessimiste à leur égard et ne croit pas qu'elles soient capables d'améliorer leur part de marché en raison de leur « vulnérabilité ». Les illusions perdues de la concurrence la conduisent donc à estimer préférable la concentration, ce qui fait bon marché de la volonté exprimée par les pouvoirs publics – même si elle est hypocrite – de favoriser les petites et moyennes entreprises qui sont censées représenter un atout pour la concurrence.

La dernière partie de la décision traduit cependant le souci, au moins formel, exprimé par la Commission de s'assurer que l'opération laisse subsister une concurrence « suffisante ». Vallourec et la société issue de la fusion doivent non

101. Ainsi la suppression des prix conseillés dans le secteur de la distribution du livre; ainsi le développement de « l'information critique » (G. Gourdet, Droit de critique et consommation, *Rev. trim. dr. com.* 1980, à paraître).

102. *Gaz. Pal.* 1979.2. Doctr., p. 477, spéc. p. 480.

103. *Ibid.*, p. 480.

seulement s'engager à respecter « scrupuleusement » les règles de concurrence mais aussi à faire disparaître des contrats qui les lient avec leurs distributeurs toute clause d'exclusivité. Cette dernière condition attire la critique la plus violente de la part des premiers commentateurs de la décision[104]. Le maintien des prix en vigueur est, nous l'avons vu, la condition *sine qua non* du redressement. Or ce que la Commission demande c'est l'abandon de pratiques concertées qui permettaient précisément la fixation des prix à un certain niveau. Elle « retire d'une main ce qu'elle... donne de l'autre »[105]. De toute façon, même si les clauses d'exclusivité sont supprimées, il est certain « que les grandes entreprises chercheront à s'entendre et que les liaisons financières de Vallourec avec certains grossistes atténueront beaucoup la portée de la disparition des contrats d'exclusivité »[106].

Le bilan paraît donc accablant. Doit-on, dès lors, avec MM. Glais et Laurent, parler de « marché de dupes » ? En réalité, dans l'affaire *Vallourec*, la Commission est allée bien au-delà d'un pur bilan économique.

Il faut en effet revenir au motif essentiel : la fusion « est de nature à améliorer la solidité des entreprises parties à l'opération, et, par conséquent, à atténuer sinon à faire disparaître le risque de réduction de leurs effectifs ». Pour laconique qu'elle soit cette motivation est déterminante. Mais alors le bilan économique bascule dans le champ plus vaste et plus aléatoire du bilan économique *et* social.

II. Le bilan économique et social

L'utilisation de la politique de la concurrence à des fins sociales a été vivement contestée[107]. Ainsi, à propos de l'affaire Vallourec, les premiers commentateurs de la décision de la Commission de la concurrence se déclarent « choqués » de voir « que certaines entreprises peuvent d'autant mieux transgresser les règles concurrentielles qu'elles peuvent plus efficacement utiliser le chantage à l'emploi »[108]. La décision du ministre de l'Économie est regardée comme une « décision de pure opportunité, motivée essentiellement par le désir d'éviter les licenciements dans un secteur et des régions déjà notablement touchées par le chômage ». Et de dénoncer la perversion du droit de la concurrence qui, « sous la pression d'événements à court terme », pourrait bien devenir « un instrument de politique économique au service d'une stratégie keynésienne de lutte contre le chômage ».

104. Glais et Laurent, *op. cit.*, p. 481.

105. *Ibid.*, p. 481...

106. *Ibid.*, p. 481.

107. Glais et Laurent, *Gaz. Pal.* 1979.2. Doctr., p. 477.

108. Dans le même esprit c'est le « chantage à l'emploi » qui explique que certaines grandes entreprises, *objectivement* en état de cessation des paiements, ne sont pas déclarées en règlement judiciaire ou en liquidation des biens, alors que les lois *objectives* du Marché auraient justifié de telles mesures. Cela tendrait à prouver que « l'impitoyable liberté du commerce et de l'industrie », dont parlait Marx dans le Manifeste, n'est pas aussi impitoyable que ce dernier voulait le dire... Mais les salariés espèrent autre chose que la pitié.

Nous voudrions montrer ici que l'accroissement des conflits ne permet plus d'occulter l'exigence sociale. Le progrès économique, qui n'est pas un concept technique neutre mais implique tout au contraire des choix idéologiques et politiques, doit nécessairement être articulé avec le progrès social (A). Cette constatation ne doit pas pour autant permettre d'entonner un chant de victoire. Si victoire il y a, il pourrait bien s'agir d'une victoire à la Pyrrhus (B).

A. La part de l'exigence sociale

Cette part devrait être au moins égale à celle de l'exigence « économique » si tant est que l'on puisse opposer les deux concepts. En réalité le progrès économique est un rapport social. D'autre part et surtout on doit, à moins de se réclamer d'un économisme primaire, considérer « que les problèmes les plus vitaux ne sont pas les problèmes économiques mais ceux du maintien de l'unité sociale en face des intérêts économiques »[109].

La linguistique a démontré depuis longtemps que les signes ne sont pas innocents. Ils ont une fonction sociale, plus précisément une fonction de reproduction des rapports sociaux. Nous conserverons néanmoins la terminologie traditionnelle pour mieux en faire apparaître le caractère mystificateur.

Cela étant il importe tout d'abord de démontrer pourquoi le progrès social peut être intégré dans les finalités du droit de la concurrence (1). Il conviendra ensuite d'en décrire quelques manifestations en droit positif (2).

1. *Fondement de l'intégration du progrès social dans le droit de la concurrence*

Cette analyse devrait logiquement être précédée d'une recherche sur la qualification juridique de « l'exigence sociale ». Par cette dernière expression nous entendons, essentiellement, le droit au travail, droit qui, il convient de le rappeler, est affirmé par le Préambule de la Constitution de 1946. Pourtant, si le droit de propriété inviolable et sacré imprègne toute notre idéologie juridique, le droit au travail, entendu comme le droit d'obtenir et de ne pas perdre un emploi, est loin d'être reconnu avec la même vigueur. Or, dans un monde où la force de travail est source de toute valeur, au sens économique du terme, on serait en droit de voir le « sacré » dans le travail plutôt que dans la propriété ou le « droit au profit » dont la presse se fait cyniquement l'écho[110]. En tout état de cause, même si l'idée d'un droit subjectif à l'emploi peut apparaître comme une duperie dans le cadre économique actuel, l'exigence sociale fondamentale n'en demeure pas moins une *exigence juridique* qui tend à amoindrir l'absolutisme de droits subjectifs antagonistes.

Mais, diront les idéologues du progrès économique, pourquoi l'exigence sociale, même juridiquement reconnue, doit-elle être prise en charge par le droit de la concurrence ? Simplement parce que la concurrence est « le phénomène essentiel de l'ordre économique »[111] et que rien de ce qui est essentiel, en matière

109. F. Knight, Risk Incertainty and profit, cité par Glais et Laurent, *Gaz. Pal.* 1979.2. Doctr., p. 481.
110. V. la publicité pour les fonds communs de placement parue dans *Le Monde* du 16 oct. 1979.
111. Le Moal, thèse préc., p. 262.

économique, ne peut être étranger aux travailleurs. La relation de concurrence est une relation multidimensionnelle qui n'intéresse pas seulement les « concurrents » mais tous les partenaires économiques. Il n'est plus concevable de couper cette relation de son environnement économique et social à une époque où les problèmes de concurrence, de concentration et de défaillances financières d'entreprises s'interpénètrent totalement[112]. Il existe entre ces problèmes un lien d'indivisibilité qui interdit d'extraire l'un d'entre eux en vue de le résoudre isolément. Si, comme l'affirme l'art. 1er de la loi Royer, la liberté du commerce et de l'industrie doit « contribuer à l'amélioration de la qualité de la vie », si la doctrine officielle est qu'une économie de concurrence[113] est le meilleur système social possible, il faut le prouver.

2. *Manifestations, en droit positif, de l'intégration du progrès social dans le droit de la concurrence*

On notera tout d'abord que même les droits réputés les plus « libéraux » ne sont pas insensibles à la dimension sociale. C'est ainsi que la loi allemande du 27 juill. 1957 qui interdit les cartels prévoit une dérogation au profit des ententes justifiées par le « bien commun ». De même, suivant la loi du 5 août 1973, une concentration même interdite par le Bundeskartellamt peut être autorisée par le Ministre fédéral de l'économie sous réserve que l'atteinte à la concurrence soit compensée par des avantages d'ordre économique général et « d'impérieuses raisons d'intérêt public ».

D'autre part si l'on admet, ce qui peut difficilement être contesté, que les « faillites » sont en étroite corrélation avec le processus de concurrence et de concentration[114], il n'est pas indifférent de rappeler que si « l'intérêt public... l'exige impérieusement », le tribunal peut autoriser, en cas de liquidation des biens, la continuation de l'exploitation qui pourtant n'est pas conforme, dans cette hypothèse, à la « logique économique ». De son côté, le projet de loi tendant à étendre le domaine de la suspension provisoire des poursuites réserve cette procédure, entre autres, aux entreprises dont la disparition serait de nature « à aggraver notablement la situation de l'emploi ». Dans l'ensemble, cependant, le droit actuel de la « faillite » se caractérise par sa timidité, laquelle contraste singulièrement avec le discours officiel sur la « permanence de l'entreprise » qui avait présidé à la réforme de 1967 : deux articles seulement sur 164 de la loi sont consacrés aux salariés, considérés d'ailleurs comme simples créanciers de salaires...[115].

Le droit de la concurrence, « stricto sensu », paraît donc, à cet égard, à l'avant-garde.

112. N. Luc Marco, *De la crise en France*, Mémoire pour le D.E.A. de sciences économiques, Nice 1979, p. 162.

113. Qui, ne l'oublions pas, engendre inéluctablement la concentration.

114. Cf. *supra*. – *Adde* le rapprochement suggestif fait par M. Laurent entre l'art. 59 *ter* de l'ordonnance de 1945 et l'ordonnance du 23 sept. 1967, qui a institué la suspension provisoire des poursuites, D. 1917. Chron., p. 313.

115. On a pu dire que « ce sont les syndics de faillite qui font en *France* la politique de l'emploi » (G. Lyon-Caen, « L'effondrement du droit du travail », *Le Monde* 31 oct. 1978).

Déjà l'ancienne Commission technique des ententes avait eu l'occasion de prendre en compte la continuité de l'emploi pour acquitter certains accords anticoncurrentiels[116]. L'interprétation extensive de la notion de « progrès économique » l'y autorisait. Ainsi dans le cas de l'entente dans l'industrie de la filature du coton cardé du Nord et de l'Ouest – secteur en difficulté –, la Commission retient qu'une condamnation au nom de l'impératif concurrentiel risquerait d'entraîner la disparition d'un certain nombre d'entreprises et pourrait « susciter un chômage qui accroîtrait, sans conséquences utiles, les difficultés sérieuses que rencontre l'emploi de la main-d'œuvre »[117].

En visant expressément le progrès social, l'art. 4, al. 8, de la loi du 19 juill. 1977 entérine en quelque sorte la jurisprudence de l'ancienne Commission[118]. Si un doute subsistait il serait entièrement levé par la circulaire du 14 févr. 1978[119] qui, parmi les éléments du bilan économique établi à l'occasion du contrôle d'une concentration, fait figurer « le nombre de créations et de suppressions d'emplois consécutifs à l'opération et éventuellement leur nouvelle localisation dans l'année à venir ». On ne peut donc faire grief à la Commission de la concurrence d'avoir, dans sa décision du 22 mars 1979, tenu compte des incidences sociales de la fusion entre la société Vallourec et la société Les tubes de la Providence, même si l'on peut émettre des doutes quant à l'efficacité de la solution[120].

Faute de place, il ne nous est pas possible de donner une idée exacte du rôle joué par les problèmes de l'emploi dans le droit communautaire de la concurrence. Si la jurisprudence de la Commission européenne, du moins telle qu'elle est analysée par la doctrine la plus autorisée[121] n'offre pas d'exemple de la prise en considération de l'intérêt des salariés pour justifier une entente, il est certain que le problème préoccupe depuis longtemps les autorités européennes. Déjà dans son Memorandum sur la politique industrielle de la communauté de 1970, la Commission estimait indispensable que l'extension de la solidarité communautaire en matière sociale s'exerçât par priorité au bénéfice des industries dont la restructuration était la conséquence de l'intégration communautaire[122]. Aujourd'hui, il est vrai, les salariés font les frais de cette « solidarité » puisqu'aussi bien dans les domaines de la sidérurgie, de la construction navale ou de l'industrie sucrière, la Commission prescrit la réduction des capacités de production...

Si la part de l'exigence sociale paraît, au total, aussi réduite c'est qu'il existe à l'évidence une grande difficulté à concilier cette exigence avec les « nécessités économiques ».

116. V. les exemples cités par Ph. Laurent, D. 1977. Citron. p. 312, note 61.
117. Avis 22 mars 1968.
118. A. Lyon-Caen, *Rev. trim. dr. europ.* 1979.30.
119. D. 1978.142.
120. Cf. *infra*, B.
121. B. Goldman, *Droit commercial européen*, p. 372 s.
122. Memorandum de 1970, p. 168 et 169.

B. La difficile conciliation du progrès économique et du progrès social

« La recherche de la sécurité semble-t-elle compatible avec les nécessités du développement économique dans les sociétés contemporaines ? ». Tel était le sujet proposé en 1979 aux candidats au concours d'inspecteur-élève des impôts. Si l'actuel Premier ministre avait été admis à présenter les épreuves, il lui aurait suffi, pour rédiger sa copie, de reproduire, mot pour mot, les déclarations qu'il faisait en présentant le projet du VIIIe Plan devant le Conseil économique et social : « On peut... se demander si (la) déstabilisation (de l'économie) n'a pas été principalement due à la rétention de main-d'œuvre par les entreprises dans des conditions telles que beaucoup d'entre elles, faute de procéder aux allégements effectifs nécessaires, ont failli disparaître. Nous en payons, à l'heure actuelle, certaines conséquences »[123].

Les salariés, c'est bien connu, manquent de réalisme en matière économique et ces affirmations sont là pour rappeler, si on l'avait oublié, que « le droit commercial n'est pas le droit du travail, mais celui du capital »[124]. Dans le combat inégal entre les deux disciplines, le droit du travail est en recul sur toute la ligne et certains décèlent les signes annonciateurs de son effondrement[125]. Pour une affaire *Vallourec*, combien de restructurations se font « sans aucune contrainte juridique ? »[126].

« La conquête sociale » représentée par cette dernière affaire ne doit d'ailleurs pas être surestimée : dans la longue décision du 22 mars 1979 trois ou quatre lignes, au total, sont consacrées, presque furtivement, à la question de l'emploi ! Un bilan digne de ce nom aurait mérité une analyse plus fouillée du « coût social ». Or la Commission se contente d'une « promesse apparemment évasive de maintenir l'emploi »[127]. À qui fera-t-on croire en effet qu'une concentration garantit le maintien de l'emploi alors que, jusqu'à maintenant, tout tend à prouver le contraire ? La réduction du temps de montage invoquée par les parties à l'opération ne laisse-t-elle pas supposer une réduction des effectifs ? De toute façon l'engagement des parties à la fusion n'a même pas les apparences d'un engagement moral.

Ainsi il apparaît que l'établissement d'un bilan fondé sur un double dosage économique et social se heurte à des difficultés considérables, certains diront insurmontables. Les difficultés proviennent à l'évidence de la nécessité de combiner des éléments de nature disparate, antagonistes. Pour parler en termes comptables, nous dirons qu'il s'agit de fusionner un bilan économique et un bilan social en vue d'établir un « bilan consolidé socio-économique ». Si nous reprenons l'exemple de la fusion entre la Société Vallourec et la Société Les Tubes de la Providence, il est clair que ce qui figure à l'actif du bilan social (le maintien de

123. R. Barre, Les principales options du Ville Plan, Supplément au n° 1623 de *Problèmes économiques*, mai 1969, p. 111.

124. G. Farjat, *Droit économique*. 2e éd., sous presse.

125. G. Lyon-Caen, L'effondrement du droit du *travail, Le Monde* 31 oct. 1978 ; Y. Dezelay, Le droit du travail mis en question, *Le Monde diplomatique*, nov. 1979, p. 2.

126. G. Lyon-Caen, *op. cit.*

127. Glais et Laurent, *Gaz. Pal.* 1979.2. Doctr., p. 477.

l'emploi) sera inscrit au passif du bilan économique (la non-réduction des coûts de revient en l'absence d'une réduction des effectifs qui serait commandée par la logique du profit). À l'inverse un licenciement collectif qui entrerait dans le cadre de mesures de « rationalisation » apparaîtrait à l'actif du bilan économique et au passif du bilan social.

Certains en déduiront que le bilan économique et social bute contre une impossibilité logique, la même que celle qui interdit d'additionner des pommes et des poires.

Il existe sans doute une « logique sociale », même si elle est souvent imprévisible dans ses manifestations, qui veut que lorsque les conflits sont irréductibles apparaisse une situation révolutionnaire ou se produise la rupture du système économique. Mais la question est, précisément, de savoir si le seuil de rupture est atteint. Deux discours diamétralement opposés tendent à le faire croire, même si leurs conclusions sont différentes. Selon le discours révolutionnaire « le droit à l'emploi et le droit de propriété (des moyens de production) sont exclusifs l'un de l'autre, en l'état actuel du capitalisme »[128]. Les détenteurs des moyens de production et, dans une large mesure, les pouvoirs publics occultent cette contradiction en tenant un discours fataliste : les licenciements sont une *nécessité* pour permettre la survie d'entreprises qui fonctionnent à perte et faciliter ainsi la solution de la crise (présentée, elle aussi, comme une fatalité).

Les choses ne sont évidemment pas aussi simples et la question subsiste de savoir si l'État, dont la fonction d'arbitrage est d'atténuer, sinon de supprimer, certaines contradictions pourtant réputées « irréductibles » peut encore faire reculer le seuil de rupture. Nous avouons humblement ne pas posséder toutes les données de ce problème fondamental. Pourtant il nous paraît possible de faire au moins deux observations susceptibles d'éclairer sous un jour moins « fataliste » la question de l'emploi dans le processus concentrationniste.

En premier lieu le bilan social pourrait être plus élaboré qu'il ne l'est actuellement. Alors que le « coût financier » d'une entente ou d'une concentration fait généralement l'objet d'une analyse assez fouillée, le « coût social – quand il est envisagé – est évacué en quelques lignes, voire en quelques mots. La raison en est simple, du moins lorsque l'opération concerne des entreprises en difficulté – hypothèse banale aujourd'hui : puisqu'il s'agit de réduire les coûts, le regard se tourne invariablement vers les salariés qui « acceptent » d'autant plus facilement d'entrer dans la « charrette » que le discours technocratique à toutes les apparences du discours scientifique[129].

C'est oublier un peu vite que dans les dépenses de fonctionnement d'une entreprise le coût du « capital variable » ne représente qu'une fraction du coût global. Si le discours officiel sur le maintien de l'emploi n'est pas une duperie, les organes chargés d'approuver, d'orienter les plans de restructuration, se doivent de rechercher *tous les domaines où une compression des coûts est envisageable*, ce qui est loin d'être le cas aujourd'hui car dans une économie fondée sur le profit, le

128. Luc Marco, *op. cit.*, p. 134; Edelman, *La légalisation de la classe ouvrière*, Éd. Bourgois, 1978.
129. Au point que les salariés « approuvent », parfois, par un vote, certains plans de redressement qui mettent nombre d'entre eux sur la paille (cf. le plan de redressement de British Leyland, *Le Monde* 3 nov. 1979).

coût du capital constant est évidemment plus difficile à connaître que le coût du capital variable[130]. Ainsi apparaîtraient les situations de rente, les bénéfices exorbitants, les déficiences dans l'organisation de la production et de la distribution.

Il peut néanmoins arriver – et cela va nous conduire à la deuxième observation – que la recherche des coûts se heurte à un mur[131] ou que les coûts une fois connus, il apparaisse qu'une partie des salariés doit être sacrifiée sur l'autel de la « nécessité économique ». Qui pourra alors décemment reprocher aux salariés de se tourner vers l'État pour lui rappeler les termes du Préambule de la Constitution de 1946 ? Qui aura pareillement le front de ressortir l'argument de « l'intérêt du contribuable » quand on sait que 80 % de la population active est composée de salariés et quand on sait surtout que le coût financier du capital défaillant est largement pris en charge par les collectivités publiques[132] ? Certes le coût social est aussi pris en charge, partiellement, sous la forme de l'indemnisation du chômage, du versement de pré-retraites ou de primes de départ, sans oublier « l'aide au retour » des immigrés... Mais de tels palliatifs ne satisfont nullement le besoin de dignité des travailleurs.

Il convient d'ailleurs de signaler que la prise en charge par les pouvoirs publics des « pertes sociales » ne passe pas forcément par une nationalisation de ces pertes, qu'elles qu'en soient les modalités. De tout temps, dans les pays capitalistes, l'État, dans sa fonction d'arbitrage, a pu imposer – sous la pression des salariés – des solutions juridiques destinées à atténuer certaines contradictions[133]. Ainsi dans l'établissement du bilan de la fusion entre Vallourec et Les Tubes de la Providence, on aurait pu parfaitement concevoir que le maintien des effectifs présenté à l'actif du bilan social par les parties à l'opération, *prenne la forme d'un engagement juridique assorti de modalités précises*. Le ministre détient en outre le pouvoir considérable de subordonner son autorisation « à l'observation de prescriptions de nature à apporter au *progrès économique et social* une contribution suffisante pour compenser les atteintes à la concurrence »[134]. C'est le moins que puissent exiger, à l'avenir, la Commission de la concurrence et le ministre chargé de l'économie, s'ils ne veulent pas être accusés de remplir une fonction mystificatrice.

Ce retour à la « juridicité » nous paraît d'autant plus justifiable qu'il pourrait être utilement relevé par le juge judiciaire dont la fonction, à notre sens, ne doit

130. Une telle évaluation des coûts devrait évidemment se faire sous le contrôle des salariés, ce qui justifierait une extension des attributions du comité d'entreprise dont les pouvoirs, en matière d'information, sont actuellement limités par une jurisprudence restrictive de la Cour de cassation.

131. Le secret des affaires est jugé indispensable dans une économie concurrentielle.

132. L'endettement considérable de la sidérurgie française envers l'État – endettement dont n'ont pas profité les seuls salariés – s'est terminé, comme on le sait, par un règlement judiciaire à l'amiable, un concordat à la charge de la collectivité avec une consolidation de la *dette* à la charge du Trésor pour un certain nombre d'années.

133. V. A. Jeammaud, Propositions pour une compréhension matérialiste du droit du travail, *Dr. social*, nov. 1976, p. 337 s.

134. L. 19 juill. 1977, art. 8. Le non-respect des prescriptions peut entraîner des sanctions pécuniaires (art. 9).

pas se borner à ramasser les miettes laissées par la puissance administrative[135]. S'il peut paraître anormal, comme nous l'avions souligné[136], que le juge s'attribue des compétences qui ressortissent au pouvoir législatif ou réglementaire, il n'en demeure pas moins vrai que le droit positif lui laisse une marge de manœuvre suffisante, notamment en matière de licenciements économiques, pour contrôler partiellement l'exercice de leurs droits par les détenteurs des moyens de production. L'entreprise capitaliste est certes une activité organisée en vue de la production des bénéfices. Mais cette organisation « doit tendre à ce but, par des moyens respectueux des droits fondamentaux des travailleurs »[137].

135. Nous pensons que le juriste de droit économique ne doit pas « scier la branche sur laquelle il est assis » en acceptant comme une fatalité le recul du pouvoir judiciaire au profit exclusif de l'administration (v. cep. G. Farjat, *Droit économique*, 2e édition, sous presse).

136. A. Pirovano, La fonction sociale des droits : Réflexions sur le destin des théories de Josserand, D. 1972. Chron., p. 67.

137. A. Lyon-Caen, note sous Soc. 13 oct. 1977, D. 1978.350 Même si notre optimisme est plus mesuré nous souscrivons aux remarquables conclusions de cet auteur lorsqu'il estime que la Méthode du bilan pourrait parfaitement pénétrer le contentieux judiciaire et nous considérons avec lui que « rien n'interdit au juge, intelligemment sollicité, de *retenir, par touches successives (souligné par nous)*, les grandes revendications légitimes des travailleurs parmi les critères de validité des décisions économiques ».

VERS UNE APPROCHE JURIDIQUE DU VIVANT

1980

Bernard Edelman

Docteur en droit,
Avocat à la cour de Paris

Un micro-organisme vivant, créé par l'homme, peut-il être breveté ? C'est par cette interrogation que s'ouvre la décision rendue le 16 juin 1980 par la Cour suprême des États-Unis (*Diamond* v. *Chakrabarty.* U.S. 103). Disons, d'emblée, que la Cour a répondu positivement à cette question.

Ainsi, et pour la première fois peut-être, les juristes sont appelés à réfléchir sur la « création » ; non point sur la création littéraire ou artistique, mais sur la création entendue dans son sens démiurgique de « donner l'existence » ou de « tirer du néant ». En deux mots, ils doivent définir, juridiquement, le concept de *vie.*

Certes, on le verra, ni la Cour suprême, ni les tribunaux français, l'ont abordé philosophiquement le problème et pourtant une philosophie latente soutient leurs décisions. Mieux même : cette philosophie leur permet de tracer une subtile frontière entre la *vie naturelle* et la *vie artificielle*, entre la nature naturante, comme disait Spinoza, et la nature humaine.

En réalité, par le biais de la brevetabilité du vivant, les tribunaux ont peu à peu élaboré un *modèle juridique du vivant*, où se représente l'idée que notre société occidentale se fait d'elle-même et de son rapport à la nature.

I. La nature ne s'invente pas

A. La nature et ses lois sont du domaine public

L'art. 7 de la loi du 2 janv. 1968, codifiant une jurisprudence séculaire, dispose que : « … Ne constituent pas, en particulier, des inventions industrielles : 1° Les principes, découvertes et conceptions théoriques ou purement scientifiques… »

À cette liste non limitative, manquent, bien évidemment, les *lois de la nature.* À moins, précisément, que le législateur n'ait visé *que* les lois de la nature !

Quoi qu'il en soit, les tribunaux n'ont jamais douté que les processus naturels ne sont pas appropriables ; ils n'ont jamais douté que la nature, appartenant à tous, n'appartienne à personne, que cela repose sur une conception théologique du monde – la nature appartient à Dieu – ou sur une conception scientifique de l'univers – la connaissance scientifique est universelle, et appartient au fonds commun du savoir humain.

C'est pourquoi, la « découverte » d'un produit naturel – par exemple de la cellulose qui entoure les fibres de l'enveloppe des noix de coco – ne peut être brevetée, puisqu'il s'agit d'une création de la nature qui existe indépendamment de l'homme (Civ. 27 févr. 1894, *Ann. propr. ind.* 94.166) et c'est pourquoi encore la « découverte » d'un champignon, le « Mucos Boulard n. 5 », ne peut faire l'objet d'un dépôt puisqu'il est, lui aussi, créé de toute éternité (Paris, 22 juin 1922, *Ann. propr. ind.* 1922.347).

De la même façon, d'ailleurs, et pour les mêmes raisons, la découverte d'une qualité particulière d'un corps, qui ne requiert aucune intervention industrielle, ne peut être brevetée. « Une qualité, ou une propriété nouvelle d'un corps connu n'est pas brevetable lorsqu'elle ne résulte pas de la main de l'homme, mais bien d'une simple découverte » (Casalonga, *Brevets d'invention*, p. 90).

Dans le même ordre d'idée, lorsqu'on découvre purement et simplement des propriétés nouvelles à certains corps déjà protégés, ces propriétés ne sont pas brevetables. En effet, puisque la *matière elle-même* contenait déjà ces propriétés, elles sont censées appartenir à la matière, ou, plus exactement, à sa structure. Ces propriétés nouvelles ne sont que des virtualités de la chose, et le brevet porte sur sa structure. Ainsi de la découverte des propriétés de résistance à la corrosion, dans certaines conditions, d'aciers spéciaux (Paris, 8 mai 1939, *in* Casalonga, *op. cit.*, p. 90, n° 1) ; ainsi encore, et s'agissant de la poudre D.D.T., le tribunal de la Seine déclarait qu'« en reconnaissant la propriété d'un corps chimique appartenant à une famille de composés qui déjà tous possèdent la même propriété, l'auteur ne fait pas une invention nouvelle valablement brevetable » (Trib. civ. Seine, 28 avr. 1949, *Ann. propr. ind.* 1951.144).

Ainsi, lorsqu'une matière nouvelle a été inventée, l'invention protège la structure même de la matière ; *a contrario*, on conçoit bien mieux que c'est la structure même de la *nature* qui n'est pas brevetable, et que les effets qui découlent de cette structure ne le sont pas non plus.

Un arrêt de la Cour de cassation a parfaitement opéré la distinction entre la *loi naturelle* et les *procédés industriels* qui mettent cette loi en action. D'une part, elle a approuvé une cour d'appel qui avait accueilli l'action en contrefaçon d'un brevet décrivant des *procédés de fermentation* permettant d'obtenir de la vitamine B 12 ; mais d'autre part elle a pris soin de préciser que *la fermentation* ne peut, « d'une manière générale et prise en elle-même, constituer un procédé de fabrication brevetable » (Com. 5 mai 1971, *Bull. civ.* IV, n° 123, p. 119).

Autrement dit si, d'un côté, on peut « inventer » un procédé fondé sur des lois naturelles, de l'autre côté on ne peut inventer la loi elle-même : on la « découvre ». Christophe Colomb a *découvert* l'Amérique, il ne l'a pas *inventée*.

S'agissant d'*êtres vivants*, on doit, logiquement, adopter les mêmes principes. Dans une affaire *Funk*, la Cour suprême des États-Unis devait se prononcer sur la brevetabilité d'un vaccin, composé de six bactéries différentes, et qui devait immuniser certaines plantes légumineuses. La Cour a refusé toute protection à ce vaccin, en relevant que « la combinaison de ces six espèces ne produit aucune nouvelle bactérie, ni aucune extension du champ de leur utilité. Chaque espèce produit l'effet qu'elle a toujours produit. Chaque bactérie se conduit selon sa voie naturelle. Son utilisation dans la combinaison ne modifie pas, de quelque façon que ce soit, son fonctionnement naturel. Les bactéries servent les mêmes fins auxquelles leur nature originelle les destinait et agissent tout à fait indépendamment des efforts du breveté ». *Funk Seed Co. v. Kalo CO.*, 333 U.S. 127.130 (1948).

En d'autres termes, la destination naturelle des bactéries n'avait pas été modifiée par leur mise en commun ; malgré cette cohabitation peut-être insolite, elles ne cessaient d'agir selon leur structure propre, selon leurs propres lois ou, mieux encore, selon les fins auxquelles la nature les avait destinées.

Il est alors possible de construire le modèle juridique de la nature.

B. Le modèle juridique de la nature

Qu'il s'agisse donc de la nature inanimée (règne minéral) ou animée (règnes végétal et animal), ce qui constitue sa structure n'est pas brevetable, dans la mesure où elle obéit à des lois indépendantes de l'homme. Autrement dit, ce qui est *indépendant* de l'homme – au sens où cela est conduit par des lois objectives –, ou encore, ce qui va selon sa nature à sa propre fin, n'est pas appropriable.

On a là un modèle de la nature tout à fait surprenant, dans la mesure où il se définit au regard de l'*activité humaine*. La nature apparaît dès lors non seulement comme un objet de connaissance, mais encore comme un donné en soi.

En tant qu'*objet de connaissance*, les lois de cet objet appartiennent au genre humain, et ne sont pas brevetables. En ce sens il n'existe pas de brevet… scientifique, et, par exemple, « le simple dépôt d'une formule chimique, sans indication d'un dérivé quelconque de ses caractéristiques physiques et de ses procédés de fabrication n'est pas brevetable. Pareille demande ne satisferait pas aux exigences de résultat industriel, d'effet technique, manifestées par la loi, et le problème posé serait moins de propriété industrielle que de propriété scientifique… s'il en existait une » (J.-M. Mousseron, note sous Paris, 17 mars 1965, J.C.P. 1967.11.15300).

En tant que *donné valant en soi*, la nature est « libre ». Elle va où elle va, ne répondant qu'à sa propre finalité, qui est différente de la finalité humaine. Et c'est pourquoi on ne peut breveter un micro-organisme sans intervenir sur son « destin ». Si un tel organisme se conduit selon son propre programme génétique, s'il obéit aveuglément à ses propres lois, le breveter reviendrait, tout simplement, à breveter la nature elle-même.

C'est à un tel modèle que se réfère la Cour suprême des États-Unis. « Les lois de la nature, les phénomènes physiques et les idées abstraites ne sont pas tenues pour brevetables. Ainsi, un nouveau minéral découvert dans la terre, ou une nouvelle plante trouvée dans un pays sauvage, ne tombe pas sous le coup de la loi sur les brevets. De la même façon Einstein n'aurait pu breveter sa célèbre loi $E = mc^2$; ni Newton breveter la loi sur la gravitation. De telles découvertes sont « des manifestations de… la nature, appartenant à tous les hommes et ne pouvant être appropriées par quiconque, cf. Funk » (*Diamond* v. *Chakrabarty*).

Ainsi se dessine une opposition entre l'activité humaine, qui modifie les lois de la nature et leur donne un *sens* différent, et la nature elle-même qui se borne à répondre à son programme.

Or, cette opposition va fournir une distinction juridique qui va permettre d'élaborer un modèle juridique du *vivant*.

II. Pour un modèle juridique du vivant

L'évolution jurisprudentielle et législative américaine – qui s'achève provisoirement par la décision *Diamond* – est exemplaire. Parti d'une conception *sacrée* du vivant, le droit positif américain est parvenu à une conception *instrumentale*, pour ne pas dire *industrielle*, de ce même vivant. On verra d'ailleurs, chemin faisant, que la jurisprudence française suit tendanciellement la même voie.

A. L'évolution du droit positif américain

La question de la nature juridique du vivant s'est posée tout d'abord dans le règne végétal. Avant que n'intervienne le Plant Act de 1930, la jurisprudence de la Cour suprême était claire : toutes les plantes, même celles obtenues artificiellement, étaient des « produits de la nature ». Dès lors, elles n'étaient pas brevetables. Ainsi, l'Office des brevets refusait l'enregistrement d'un brevet relatif à des fibres découvertes dans les épines du Pinus australis (Ex parte *Latimer*, 1889 C.D. 123). Le Commissaire auprès de cet office faisait valoir qu'admettre le contraire reviendrait à pouvoir breveter « les arbres des forêts et les plantes de la terre, ce qui, évidemment, serait déraisonnable et impossible » *(ibid.*, p. 126).

Autrement dit, aucune distinction n'est faite entre une nature « naturelle » et une nature « artificielle ». À telle enseigne que, lors de la discussion du Plant Act, le Secrétaire d'État à l'agriculture soutenait encore que la loi sur les brevets ne vise que « les inventions ou les découvertes qui ont lieu dans le domaine de la *nature inanimée* » (S. rep. n° 315,71 st Cong., 2nd Sess. 6-8 (1930) at Appendix A).

Ainsi, le « vivant », en tant que tel – et par là il fallait entendre aussi bien la vie végétale que la vie animale – était *exclu* du champ de la loi sur les brevets. L'homme n'avait pas le droit d'enfreindre les lois de la *nature animée* : tout ce qui était vivant était sacré.

Lors du vote du Plant Act, on fit observer devant le Congrès « qu'il existe une distinction claire et logique entre la découverte d'une nouvelle variété de plantes et certaines choses inanimées comme, par exemple, un nouveau minéral qui serait à la fois utile et naturel. Le minéral est totalement créé par la nature, sans l'aide de l'homme (unassisted by man)… De l'autre côté, la découverte d'une plante, qui résulte de la culture, est unique, isolée, n'est pas répétée par la nature et ne peut être reproduite par elle sans l'aide de l'homme… » (S. rep. n° 315, *op. cit.*, at 6).

Et le Congrès reconnut, commente la Cour suprême *(Diamond*, préc.) « que la distinction pertinente n'était point à faire entre les choses vivantes et inanimées, mais entre les *produits de la nature* – vivants ou non – et les *inventions de l'homme* (human-made inventions) ».

Il s'agissait là d'une mutation incroyable de la conception juridique du vivant, qui devait amener d'ailleurs à la solution aujourd'hui énoncée par la Cour concernant la brevetabilité d'un micro-organisme vivant, créé par l'homme.

En effet, l'opposition vivant/inanimé, qui prévalait jusqu'alors, excluait, par hypothèse même, toute intervention de l'homme sur le vivant. Cela tenait en fait à la structure même de l'opposition qui ne distinguait pas *dans* le vivant ce qui était humain, animal ou végétal. Ainsi, par l'effet même de son opposition à l'inanimé, le vivant était rangé du côté de l'humain. Plus précisément, l'essence du vivant était pensée sous la qualification de l'humain et participait de son caractère « divin ». Une plante, un animal, un micro-organisme possédaient une qualité vitale de même nature que la vie humaine. La vie apparaissait comme une *entité* au sein de laquelle on ne pouvait distinguer.

En revanche, le Plant Act déplaçait l'opposition. Il y avait d'une part les produits de la nature – vivants ou non – et, d'autre part, l'activité inventive de l'homme. À la nature on opposait non plus la vie humaine mais l'*activité* de l'homme. La nature est désormais un complexe : inanimé + vivant végétal ou animal, à quoi on oppose l'activité humaine, qui n'est même plus pensée sous le signe du vivant !

Il y a donc une dissociation homme/nature qui opère dans le champ du vivant lui-même, et qui rend possible la distinction vivant naturel et vivant artificiel.

Nous nous trouvons ici en présence d'une attitude typique de l'homme occidental. On sait que Descartes inventa les animaux-machine pour mieux les utiliser, suivant en cela Aristote qui inventa l'esclave-machine animée pour mieux l'exploiter (*Politique*, Liv. I, chap. II, § 4, 5, 6, 7). « Mon opinion », disait Descartes dans une lettre à Morus du 21 févr. 1649, « n'est pas si cruelle à l'égard des bêtes qu'elle n'est pieuse à l'égard des hommes, affranchis des superstitions des Pythagoriciens, car elle les absout du soupçon de faute chaque fois qu'ils mangent ou qu'ils tuent des animaux ».

Ainsi l'esclave, chez Aristote, l'animal pour Descartes, sont dévalorisés pour justifier l'homme de les utiliser comme instrument. La vie elle-même doit être théoriquement séparée de l'homme pour pouvoir être techniquement appropriée. « L'homme ne peut se rendre maître et possesseur de la nature que s'il nie toute finalité naturelle et s'il peut tenir toute la nature, y compris la nature apparemment animée, hors de lui-même ; pour un moyen » (G. Canguilhem, *La connaissance de la vie*, Vrin 1971, p. III).

Nous retrouvons cette attitude dans le droit positif américain. L'homme sépare la vie de lui-même ; de ce fait, il peut techniquement l'utiliser et, partant, la breveter.

La jurisprudence française a suivi le même cheminement. S'appuyant sur la Convention du 20 mars 1883 pour la protection de la propriété industrielle, plusieurs fois modifiée et, en dernier lieu à Lisbonne le 31 oct. 1958, et qui précise que la propriété industrielle protégée par cette convention doit s'entendre dans sa forme la plus large et notamment à tous produits fabriqués ou naturels, comme les fleurs, la cour d'Aix-en-Provence a jugé « que la variété florale pour laquelle brevet a été pris, doit être un produit nouveau, résultant de l'intervention de l'homme dans les phénomènes naturels, de telle manière qu'il soit impensable que cette nouvelle variété puisse être réalisée par le simple jeu des forces de la nature » (Aix, 27 janv. 1965, J.C.P. 1965.11.14263, note Delpech ; D. 1965. Somm. 93. – Cf. aussi, Chavanne, D. 1954. Chro. p. 95 ; Delpech, J. C. P. 1962.1.1878 ; Trib. civ. Grasse, 3 mai 1962, 1962.11.12823, obs. Delpech).

Ainsi, pour les tribunaux français, l'opposition pertinente est bien la même que dans le droit positif américain : d'une part il y a la nature (vivante et inanimée) régie par le simple jeu de ses propres lois, tu autre part l'intervention de l'homme, qui a pour effet de modifier ce jeu.

L'évolution législative américaine devait s'achever par le vote, en 1970, du « Plant variety protection Act », étendit le domaine de la protection à la *reproduction* des plantes. Ainsi, ce n'était plus seulement un exemplaire unique qui pouvait être breveté, mais bien une race ou une espèce ou, plus précisément, une chaîne génétique.

Ceci est tellement insolite qu'un membre de l'académie d'Agriculture, qui pressentait, dès les années 50, cette évolution, pouvait écrire : « C'est d'ailleurs cette faculté extrême d'auto-reproduction qui constitue en réalité l'objection la plus grave contre la brevetabilité des produits végétaux. Le droit de reproduire un végétal qu'on vient d'acheter contre argent comptant semble en effet tellement dans la nature des choses, que toute interdiction à ce sujet apparaît presque comme une absurdité, voire même comme une injustifiable brimade… » (Me Noilhan, Peut-on breveter une fleur ou une variété de blé ? *Rev. chambres d'agriculture*, 1er juin 1951, p. 5). Et la cour de Paris décidait que l'usage d'un produit contrefait ne devenait délictueux que s'il était fait dans un intérêt industriel ou commercial, laissant ainsi le champ libre à la recherche scientifique ou à… l'agrément (Paris, 14 avr. 1962, *Ann. propr. ind.* 1963.51).

Quoi qu'il en soit, la *protection de la reproduction* apportait un élément de plus au modèle juridique de la vie. Non seulement l'intervention de l'homme dans le monde animal lui permettait de breveter un produit, mais elle lui permettait de s'assurer la propriété de la structure sexuelle de ce produit. Il devenait le maître de l'essence même du vivant : la reproduction.

B. La décision *Diamond* v. *Chakrabartg*

On conçoit fort bien, dès lors, que la Cour suprême ait admis, selon cette logique juridique du vivant, la brevetabilité d'un micro-organisme créé par l'homme.

En l'espèce, deux chercheurs avaient découvert que les plasmides – unités héréditaires physiquement séparées des chromosomes de la cellule – possédaient la capacité de contrôler les pouvoirs de dégradation du pétrole, spécifiques de certaines bactéries. En particulier, ils avaient découvert des plasmides capables de dégrader le camphre et l'octane, deux composants du mazout. Partant de là, ils mirent au point un procédé qui leur permettait de transférer et de maintenir de façon stable, dans une simple bactérie du genre Pseudonomas, quatre plasmides différentes capables de dégrader quatre composés différents du pétrole. Il va de soi qu'une telle bactérie n'existe pas à l'état naturel.

Cette invention était du plus haut intérêt puisque, jusqu'alors, le contrôle biologique du pétrole s'effectuait par un mélange de bactéries « naturelles », chacune ne pouvant dégrader qu'un seul composant du pétrole. Bien mieux, pour différentes raisons fort complexes et qu'il n'est pas utile d'analyser ici, seules certaines bactéries de ce mélange résistaient à l'action de dégradation.

Cette bactérie était donc un micro-organisme vivant, génétiquement manipulé, et qui n'existait pas comme tel dans la nature.

Juridiquement, la question était la suivante : l'art. 101 de la loi sur les brevets (35.U.S.C.) qui dispose que « quiconque invente ou découvre tout procédé, machine, *produits fabriqués* (manufacture), ou *composition de matière* (composition of matter) nouveau et utile, ou toute amélioration nouvelle et utile qui en découle, pourra obtenir un brevet... », pouvait-il s'appliquer à cette bactérie ? En d'autres termes, pouvait-on la considérer comme un produit fabriqué (manufacture) ou une composition de matière (composition of matter) ?

La Cour avait à sa disposition deux précédents, qui avaient déjà défini ces deux notions. S'agissant de la *notion de produit fabriqué*, elle l'avait définie comme « la production d'articles utilitaires (articles for use), tirés de matières premières (raw materials), de façon à leur donner de nouvelles formes, qualités, propriétés ou combinaisons, que ce soit par le travail humain ou par le travail d'une machine » (*American Fruit Growers Inc. v. Brogdex Co.*, 283 U.S. I, II [1931]).

Quant à la définition de « composition de matières », elle était entendue comme « toute composition de deux ou plusieurs substances et... tout produit complexe, qu'ils soient le résultat d'une combinaison chimique ou d'un assemblage mécanique, qu'il s'agisse de gaz, de liquides, de poudres ou de solides » *(Shell Dev. Co. v. Watson*, 149 F. Supp. 279, 280 [D.C. 1957]).

Dans ces définitions, on peut remarquer deux choses : d'une part l'absence totale de la notion de *vivant*, d'autre part la présence implicite d'un *modèle industriel*, sinon du vivant, du moins de l'activité inventive humaine, qu'il s'agisse d'une *transformation de la matière* – entendue dans le sens économique de matière première (raw materials) – ou d'une *composition différente de la matière*, entendue dans un sens chimique ou mécanique.

Or, la Cour a appliqué ce *modèle industriel* au *vivant*. La demande des deux chercheurs, dit-elle, ne porte pas sur « un phénomène naturel inconnu, mais sur un produit fabriqué ou une composition de matière qui n'existent pas naturellement (nonnaturally) – un produit de l'activité humaine « ayant un nom, un caractère et un usage spécifiques (*Hartranfl* v. *Wiegmann*, 121 U.S. 609, 615 [1887])... Le breveté a produit une nouvelle bactérie, possédant des caractéristiques notablement différentes de toutes celles qu'on peut trouver dans la nature et ayant, potentiellement, une utilité évidente. Sa découverte ne relève pas d'une œuvre de la nature, mais de lui-même. » (*Diamond...*).

Ainsi, en définitive, la Cour a appliqué au vivant un *modèle industriel*, qui, lui-même, avait été rendu possible par la distinction produits de la nature/activité inventive de l'homme.

Le vivant peut être alors tenu pour un *moyen*, et produire à son tour le rapport vie naturelle/vie artificielle.

On peut alors résumer toute cette évolution dans une série de rapports, qui s'induisent les uns des autres. On a vu, tout d'abord, une distinction inanimé/animé; cette distinction elle-même a été modifiée pour devenir produits de la nature (vivants ou non)/inventions de l'homme; enfin, cette dernière distinction a donné naissance au rapport vie naturelle/vie artificielle. En d'autres termes, on a, à l'origine, tenu le vivant à l'écart de l'activité inventive; dans un deuxième temps, on l'a séparé de l'activité inventive; dans un troisième temps on a distingué les *catégories* du vivant.

Là encore, on se trouve en présence d'un processus typique de maîtrise de la nature. Lorsque l'homme veut utiliser l'homme, l'animal ou le vivant, il les ravale au rang de moyen. S'agissant du vivant, il lui confère la qualité d'*artificiel.*

« Artificiel veut dire qui tend à un but défini. Et s'oppose par là à *vivant.* Artificiel ou humain ou anthropomorphe se distinguent de ce qui est seulement vivant ou vital. Tout ce qui parvient à apparaître sous forme d'un but net et fini devient artificiel et c'est la tendance de la conscience croissante. C'est aussi le travail de l'homme quand il est appliqué à *imiter* le plus exactement possible un objet ou un phénomène spontané. » (Valéry, *Cahier* B. 1910).

Conclusion

Quelque peu anxieuse sur la portée de sa décision – prise à une majorité de 5 contre 4 – la Cour suprême a tenu à se justifier. « On nous a dit que les recherches génétiques et les développements technologiques qui en découlent peuvent étendre la pollution et les maladies, qu'il peut en résulter une perte de la diversité génétique, et que sa pratique peut tendre à *déprécier la valeur de la vie humaine.* Ces arguments sont très forts, même s'ils sont présentés avec passion. Ils nous rappellent qu'aujourd'hui l'ingéniosité humaine n'est pas capable de contrôler les forces qu'elle a créés – et que parfois il vaut mieux, avec Hamlet, « supporter les maux qui nous accablent que voler vers d'autres que nous ignorons. »

Dans leurs rêves biologiques, les sociétés occidentales ont déjà connu le fascisme et l'eugénisme. Elles connaissent aujourd'hui la dénaturation de la nature, la pollution des eaux, la dégradation du vivant.

Nous sommes entrés dans l'ère de l'*artifice* : nous fabriquons tout : des plantes, des animaux, des « mémoires », des « intelligences » ; nous inventons tout jusqu'à des porcs qui possèdent quelques côtelettes de plus. Et la dernière actualité nous apprend que des savants travaillent à la substitution des gènes de l'être humain lui-même.

L'Occident a réalisé son antique fantasme de maîtrise de la nature, et la nature, maîtrisée, a perdu son sens. C'est cette angoisse qui soutient la contestation écologique : nous avons besoin de retrouver la *gratuité* du vivant.

« Si la vie avait un but, elle ne serait plus la vie. » (Valéry, *op. cit.*).

L'UTILE ET LE JUSTE DANS LES CONTRATS*

1982

Jacques Ghestin

Professeur à l'Université de Paris I
(Panthéon – Sorbonne)

Il pourrait sembler plus exact, *a priori*, de dire dans le contrat puisque c'est naturellement de la théorie générale du contrat qu'il s'agit. Ce pluriel cependant rappelle utilement que cette théorie générale suppose aujourd'hui la prise en compte des règles particulières des divers contrats spéciaux[1], constituant l'essentiel de l'ordre public social et économique

L'effet principal du contrat est de faire naître, de transmettre ou d'éteindre des obligations. Il peut aussi créer ou transférer des droits réels, faire naître une personne morale. Cela n'a toutefois rien de spécifique puisque ces effets peuvent avoir une autre source que le contrat.

Ce qui est, en revanche, spécifique du contrat, ce qui est commun à tous les contrats et seulement à ceux-ci, c'est leur mode de formation, leur procédure selon la formule de Kelsen. Il s'agit d'accords de volonté. C'est donc sur ce terrain de la formation du contrat qu'il conviendra de se placer pour y rechercher le rôle de l'utile et du juste[2].

La théorie générale du contrat, en tant qu'accord de volonté, reste inspirée par le principe, le dogme, de l'autonomie de la volonté.

Fondé sur une analyse philosophique individualiste des droits subjectifs, le dogme de l'autonomie de la volonté s'est développé au XIXe siècle sous l'influence de la doctrine économique libérale[3].

C'est, semble-t-il, chez Grotius, au début du XVIIe siècle, et chez ses successeurs, qu'il faut trouver l'origine directe du principe d'autonomie de la volonté. Il est, dans cette conception, de l'essence abstraite des hommes d'être libres et égaux. Leur autonomie naturelle fait qu'aucune autre volonté que la leur ne peut les

---

* Cet article qui a fait l'objet d'un exposé au sein du Séminaire de philosophie du droit de Paris II, se borne à présenter sous une forme synthétique et dans les limites du sujet à traiter un certain nombre des principes directeurs et des idées essentielles d'un ouvrage sur « le contrat », publié en 1980 par la L.G.D.J. et constituant le tome II d'un *Traité de droit civil* qui a obtenu de l'Académie des Sciences morales et politiques le prix Dupin Aîné 1980. Il se réfère également à l'Introduction générale, tome I de ce même traité, écrit par l'auteur de ces lignes avec Gilles Goubeaux, professeur à Nancy, et publié en 1977. Afin d'éviter la répétition fastidieuse des références qui figurent dans ces deux ouvrages, les notes accompagnant le présent article se borneront, le plus souvent, à renvoyer aux passages correspondant de ces deux livres où le lecteur, qui souhaiterait une analyse plus approfondie et des justifications plus précises, pourra les retrouver facilement. Les citations se réfèrent donc à ces deux volumes : « Introduction générale » et « le contrat » en indiquant le ou les paragraphes dont s'inspire le texte correspondant.

1. *Le contrat*, n° 175.
2. *Ibid.*, nos 188 s., spéc. n° 192.
3. *Ibid.*, nos 32 s.

commander. Les relations sociales ne peuvent être organisées que sur un fondement volontaire, c'est-à-dire contractuel.

Dans une telle optique l'ensemble du droit positif peut se déduire d'un seul principe de droit naturel : *pacta sunt servanda*. Les institutions politiques elles-mêmes se déduisent d'un contrat social.

Selon Kant, la volonté source unique de toute obligation juridique est en même temps seule source de justice : « Quand quelqu'un décide quelque chose à l'égard d'un autre, dit-il, il est toujours possible qu'il lui fasse quelque injustice; mais toute injustice est impossible dans ce qu'il décide pour lui-même »[4]. C'est l'origine de la célèbre formule de Fouillée, dans la deuxième moitié du XIXe siècle : « qui dit contractuel, dit juste ».

Ces principes vont dans le sens de la doctrine économique libérale.

Au XVIIIe et plus encore au XIXe siècle, le développement du commerce et de l'industrie, la division du travail et la spécialisation ont multiplié les échanges. La doctrine économique du XVIIIe siècle considère « le contrat individuel d'échange » comme « le phénomène élémentaire de tout l'ordre social ».

Le principe d'autonomie de la volonté s'impose alors par son utilité sociale. La loi économique de l'offre et de la demande répondra nécessairement à l'intérêt général. Pour favoriser les échanges nécessaires au développement économique il faut écarter toutes les entraves à la liberté contractuelle. C'est le principe du « laisser faire, laisser passer », que complète implicitement le laisser contracter.

Selon cette doctrine la justice contractuelle, qu'exprimait auparavant la recherche du juste prix sous l'influence des théologiens et du droit économique, ne peut être déterminée de l'extérieur et de façon objective. Ce sont les conventions elles-mêmes, par le libre jeu de l'offre et de la demande, qui créent le juste. « La justice contractuelle est un fait naturel déterminé par la libre concurrence, non une exigence idéale à laquelle les faits doivent se plier », ce qui interdit toute intervention « dans les libres contrats sous prétexte d'y corriger, au nom d'une imaginaire équité, de prétendues injustices »[5].

À travers Domat et Pothier, qui ont subi de façon très nette l'influence de Grotius et de l'École du droit naturel, *ces principes ont orienté le Code civil vers une conception consensualiste, volontariste du contrat*[6].

Il faut bien voir cependant que cette orientation est beaucoup plus nette chez les commentateurs de la seconde moitié du XIXe siècle et de la première moitié du XXe, que dans le Code civil lui-même.

Les rédacteurs du Code civil ont incontestablement admis le principe de la liberté contractuelle. Mais ils l'ont subordonné, selon l'art. 6, « aux lois qui intéressent l'ordre public et les bonnes mœurs ». Portalis, dans son fameux discours préliminaire, observait que « la liberté de contracter ne peut être limitée que par la justice, par les bonnes mœurs, par l'utilité publique »[7]. Les termes

4. Kant, *Doctrine du droit*, trad. Barni, p. 169.
5. E. Gounot, *Le principe de l'autonomie de la volonté en droit privé; Contribution à l'étude critique de l'individualisme juridique*, thèse Dijon, 1912, p. 44-45.
6. *Le contrat*, nos 36 s.
7. Locré, t. 4, p. 302, no 84.

essentiels sont là : *liberté contractuelle, mais subordonnée à la justice et à l'utilité publique.*

L'art. 1134 selon lequel « les conventions légalement formées tiennent lieu de lois à ceux qui les ont faites » est, encore aujourd'hui, tenu pour une affirmation du principe de l'autonomie de la volonté. Mais, comme l'avait déjà montré Gounot, dans sa critique de ce principe, au début de ce siècle, ce texte se borne à affirmer le caractère obligatoire du contrat. Il ne dit pas pourquoi il est obligatoire. Il ne précise pas si c'est la volonté qui crée le contrat, ou si celui-ci est obligatoire parce qu'il est présumé coopérer à l'intérêt général, à l'utilité publique, ou encore en application d'un principe supérieur de justice objective.

En réalité c'est l'interprétation du Code civil à partir de la seconde moitié du XIXe *siècle qui a mis l'accent sur l'autonomie de la volonté.* Elle a déduit de ce principe l'ensemble du régime du contrat, avec le principe de la liberté contractuelle et son corollaire, quant à la forme, le consensualisme ; le principe de la force obligatoire du contrat ; et le principe de l'effet relatif du contrat[8].

Les faits cependant, devaient, dès le XIXe *siècle, contredire le postulat de l'égalité abstraite des parties sur lequel reposait les doctrines philosophiques et économiques, servant elles-mêmes de support au dogme de l'autonomie de la volonté.*

L'inégalité qui existe, en fait, entre les parties, n'est pas nouvelle. La société de l'Ancien Régime était fondamentalement inégalitaire. Elle n'ignorait ni la pénurie, ni les spéculations qui faussent le jeu de la concurrence et la détermination naturelle du juste prix. D'une façon générale, dans l'échange, celle des deux parties qui doit satisfaire un besoin vital est désavantagée. De même le vendeur, parce qu'il connaît mieux, normalement, l'objet vendu, est avantagé par rapport à l'acheteur.

Ces *inégalités* naturelles ont pris cependant des aspects nouveaux d'une importance considérable[9]. Il en est ainsi de l'inégalité bien connue du salarié en face de l'employeur, et plus récemment des professionnels divers, théoriquement indépendants, mais en fait économiquement et juridiquement soumis à la volonté de l'autre partie, à laquelle ils sont liés par un contrat d'approvisionnement exclusif, de concession, de sous-traitance ou d'intégration.

Il en est de même de l'inégalité des profanes en face des professionnels, et concrètement des consommateurs ou des épargnants.

Qu'il s'agisse de relations entre professionnels ou entre profanes et professionnels cette inégalité est très sensiblement aggravée par *la pratique des contrats types véritable réglementation unilatérale du contrat, que l'une des parties présente à l'adhésion de l'autre,* et que cette dernière ne peut guère, en fait, refuser, parce qu'elle est le plus souvent commune à toute une profession[10].

Cette inégalité a naturellement engendré l'injustice. Elle a aussi permis aux plus forts d'imposer leur loi qui visait à protéger leurs intérêts particuliers, sans souci de l'intérêt général, de l'utilité publique.

---

8. *Le contrat*, n°s 38 s.
9. *Ibid.*, n°s 54 s.
10. *Ibid.*, n°s 61 s.

Sous l'influence des doctrines socialistes et sociales chrétiennes, et sous la pression des syndicats d'abord, et plus récemment des associations de consommateurs l'État est intervenu[11].

Dès la fin du XIXe siècle il s'est efforcé de protéger les catégories les plus défavorisées, spécialement les salariés, mais aussi tous ceux qui, par leur nombre, parvenaient à se faire entendre : les commerçants, les agriculteurs, les locataires, les consommateurs enfin. Il s'agissait essentiellement de rétablir la justice dans les relations contractuelles, mais aussi de favoriser certaines catégories sociales dont l'utilité publique était ainsi reconnue, comme par exemple les agriculteurs.

Plus récemment, à partir de la seconde guerre mondiale, l'État s'est immiscé directement dans l'organisation de la production et de la distribution des biens et des services. S'est alors développé un nouvel ordre public économique et social qui ne visait plus à la protection de certaines catégories sociales au nom de la justice, mais qui tendait à diriger les échanges contractuels en vertu d'une certaine conception de l'intérêt général, de l'utilité publique.

Ce développement considérable de l'ordre public, passant du moral et du politique, au social et à l'économique, le déclin de la liberté contractuelle[12], de la force obligatoire des contrats[13] et même de leur effet relatif[14] n'ont pas manqué d'infléchir la conception du contrat dans la doctrine contemporaine[15].

La doctrine civiliste dominante cependant reste fermement attachée au principe de l'autonomie de la volonté[16]. On s'accorde sans doute à reconnaître que le législateur et le juge doivent pouvoir assurer la conformité du contrat à l'intérêt général, à l'ordre public, au bien commun, à l'utilité publique. On admet que ce pouvoir s'applique également à la vérification du point de savoir si le contrat concilie équitablement les intérêts particuliers, autrement dit s'il est conforme à la justice. On observe même que l'intérêt général, l'utilité publique, comme la justice, sont au-dessus de la liberté.

Mais la plupart des civilistes contemporains n'en maintiennent pas moins que « si l'autonomie de la volonté n'est plus absolue, elle demeure la règle »[17] et en déduisent que toute limitation à cette liberté de principe doit s'interpréter et s'appliquer de façon restrictive. D'une façon générale, l'autonomie de la volonté reste, malgré les restrictions qui lui sont aujourd'hui apportées, le principe explicatif dont on déduit le régime du contrat. Les solutions incompatibles avec ce principe sont présentées comme des exceptions, des atténuations ou des limitations.

Cette conception dominante repose sur cette idée que le contrat tirerait sa force obligatoire de la volonté des parties, et plus précisément de la volonté du débiteur. C'est l'idée classique selon laquelle seule la propre volonté d'une personne serait susceptible de l'engager de façon légitime.

11. *Ibid.*, n°s 114 s.
12. *Ibid.*, n°s 93 s.
13. *Ibid.*, n°s 148 s.
14. *Ibid.*, n° 155.
15. *Ibid.*, n°s 156 s.
16. *Ibid.*, n°s 160.
17. Flour et Aubert, *Obligations*, t. 1, n° 126.

Le dogme de l'autonomie de la volonté a été contesté dans ce fondement même par un courant positiviste, largement minoritaire. *Kelsen*[18] *a montré cependant que l'autonomie de la volonté ne pouvait constituer une explication suffisante de la force obligatoire du contrat.* Elle n'explique pas pourquoi, en effet, c'est la volonté passée, volonté morte, qui devrait prévaloir sur la volonté présente, volonté vivante, de celui qui refuse d'exécuter le contrat.

Pour expliquer ce phénomène il faut faire intervenir une règle extérieure à la volonté : *pacta sunt servanda*, qui, elle-même, dans la construction pyramidale bien connue de Kelsen, trouve sa légitimité dans sa conformité aux normes qui lui sont supérieures.

Kelsen a cependant dépassé cette construction formelle. La question portant sur la raison de la force obligatoire des contrats peut avoir pour lui un autre sens. On peut se demander, en effet, quelles sont les raisons qui ont amené le législateur à instituer (ou plus exactement sans doute, à sanctionner) la convention comme état de fait créateur de droit. « Il s'agit ici », pour lui « d'une question de politique juridique à laquelle il faut répondre : parce que le législateur veut laisser aux sujets de droit le soin de régler eux-mêmes leurs intérêts économiques et autres, et parce qu'il estime qu'une réglementation indépendante et autonome de ces intérêts est la solution la mieux indiquée et la plus juste »[19].

C'est finalement la recherche, par le droit objectif, de l'utile et du juste, qui justifie la force obligatoire du contrat, et qui du même coup, en fixe les conditions et les limites, autrement dit le régime du contrat, dans son ensemble.

Dans cette optique le juste et l'utile n'apparaissent plus comme des éléments objectifs, extérieurs au contrat, et permettant de le contrôler au nom de l'intérêt général et de la justice contractuelle. *Le juste et l'utile sont les fondements mêmes de la force obligatoire du contrat, d'où se déduira l'ensemble de son régime.*

Cette substitution de l'utile et du juste au dogme de l'autonomie de la volonté fait immédiatement apparaître une difficulté.

Ce qui est utile est-il toujours juste ? Ce qui est juste, est-il toujours utile ? Si la réponse est négative il devient nécessaire de concilier ces deux principes.

L'avantage du dogme de l'autonomie de la volonté est de masquer cette difficulté : le contrat voulu par les parties est tenu pour utile et juste. Mais c'est précisément le reproche majeur que l'on peut adresser à la théorie de l'autonomie de la volonté. Elle dissimule la véritable question législative en affirmant comme un principe de solution, général et abstrait, la nécessité de se référer à la volonté des parties. Or celle-ci n'est pas une fin en soi. Elle n'est qu'un instrument au service du droit objectif et, à ce titre, elle n'est qu'un simple élément, important certes, mais non essentiel, dont le droit tient compte[20].

L'essentiel pour le droit objectif c'est de ne sanctionner que des contrats justes et utiles. Lorsque ces deux impératifs ne concordent pas, il faut, et c'est là le véritable problème législatif du contrat, préciser le domaine qui revient à l'un et à l'autre.

18. Kelsen, *La théorie juridique de la convention*, Arch. philosophie du droit, 1940, p. 33 à 76.
19. Kelsen, préc., p. 48.
20. *Le contrat*, n°s 172 s., spéc. n° 187.

Le rejet du dogme de l'autonomie de la volonté et du principe de solution, général et abstrait qu'il apportait, conduit ainsi d'abord à faire de l'utile et du juste les principes fondamentaux de la théorie générale du contrat; puis à rechercher leurs domaines respectifs; autrement dit à en déduire la classification des règles régissant le contrat.

I. L'utile et le juste en tant que principes fondamentaux de la théorie générale du contrat

À partir des observations de Kelsen on peut dire que le contrat tire sa force obligatoire de la volonté du législateur de le sanctionner. On peut ajouter également que *le législateur, conformément au droit objectif qui le dépasse, ne sanctionne le contrat que parce qu'il est utile et à la condition qu'il soit juste.* Reprenons ces deux dernières propositions.

A. Le contrat est obligatoire parce qu'il est utile

A priori deux sens différents peuvent être donnés au terme utile. Il peut s'agir de *l'utilité particulière à l'une des parties*, ou de *l'utilité publique* très proche de l'intérêt général.

1. *L'utilité particulière*

Le droit des contrats fait une certaine place à l'utilité particulière du contrat lorsqu'il s'agit d'apprécier la *capacité* ou les *pouvoirs* de l'une des parties.

La loi du 3 janv. 1968, en créant l'art. 491-2, al. 2, c. civ., permet la rescision au profit de certains majeurs protégés. Elle laisse aux tribunaux un large pouvoir d'appréciation en les autorisant à prendre « en considération la fortune de la personne protégée, la bonne ou la mauvaise foi de ceux qui auront traité avec elle *l'utilité* ou l'*inutilité* de l'opération ».

De même, à l'égard du pouvoir de chacun des époux « pour passer seul les contrats qui ont pour objet l'entretien du ménage ou l'éducation des enfants » et d'engager ainsi l'autre conjoint solidairement, l'art. 220, al. 2, c. civ., dispose « que la solidarité n'a pas lieu, néanmoins, pour des dépenses manifestement excessives, eu égard au train de vie du ménage, à l'*utilité* ou à l'*inutilité* de l'opération, à la bonne ou mauvaise foi du tiers contractant ».

Ces solutions peuvent être rapprochées de celle qui est admise en matière de *gestion d'affaires*. Le maître de l'affaire devra rembourser au gérant d'affaires toutes les dépenses *utiles* qui ont été engagées à son profit mais sans qu'il y ait consenti. L'utilité de l'intervention, de même que l'utilité du contrat pour la personne concernée justifie qu'elle soit engagée, bien que son consentement n'ait pas été donné ou qu'il n'ait pas été donné par une personne pleinement capable de s'obliger.

Sous réserve de ce domaine des capacités et des pouvoirs, *il ne semble pas que l'utilité particulière du contrat pour chacune des parties soit une condition nécessaire de sa validité.*

C'est ainsi que la jurisprudence admet la validité d'un contrat qui ne présente aucune utilité pour l'une des parties parce qu'il fait double emploi avec un autre.

Pour la 1re Chambre civile de la Cour de cassation, dans un arrêt du 29 juin 1959, un cultivateur qui avait contracté deux assurances couvrant de façon illimitée sa responsabilité civile pour les accidents nés de son exploitation agricole n'a pu obtenir l'annulation de la seconde police faisant double emploi avec la première, et par là inutile.

La même 1re Chambre civile de la Cour de cassation a admis encore, dans un arrêt du 22 juin 1977, qu'étaient valables deux ventes portant sur des immeubles différents et à deux personnes différentes mais dont le prix avait été converti chaque fois en un bail à nourriture. L'exécution de l'un faisant double emploi avec celle de l'autre, l'un des deux contrats pouvait être tenu pour inutile[21].

L'utilité ou l'inutilité particulière d'un contrat déterminé ne joue donc qu'un rôle relativement limité dans la théorie générale du contrat. Il n'en va pas de même de l'utilité publique.

2. *L'utilité publique*

La philosophie utilitariste anglaise du XVIIIe siècle, dont Bentham est le représentant le plus connu, annexe le droit à l'économie politique pour en faire l'ensemble des règles de conduite permettant d'obtenir le plus grand bonheur pour le plus grand nombre avec le moins de peine possible[22].

Si l'on écarte les excès d'une conception trop exclusivement économique, on peut retenir l'idée que le contrat est sanctionné par le droit objectif en raison de son utilité sociale. Cette utilité même doit cependant faire une certaine place au rôle des volontés individuelles.

a) Le contrat n'est qu'un instrument que le droit sanctionne parce qu'il permet des opérations socialement utiles[23]

Dans cette optique ce qui est essentiel ce sont les besoins concrets que le contrat permet de satisfaire, et non pas les volontés qui se bornent à déterminer les conditions de l'opération, ni l'ordre public qui en fixe le cadre.

En droit positif l'importance de ces besoins concrets se traduit par celle des contrats spéciaux[24]. Comme on l'a observé la stabilité et l'universalité relative des principaux types de contrat, vente, bail, prêt, mandat, par exemple, serait incompréhensible si les contrats étaient le simple produit de volontés indéfiniment diversifiées. Elles s'expliquent aisément si l'on constate que ces types principaux de contrats permettent la réalisation « des besoins essentiels de l'homme et de la vie en société »[25].

21. *Ibid.*, n° 666.
22. *Introduction générale*, n° 24.
23. *Le contrat*, n° 174.
24. *Ibid.*, n° 175.
25. P. Hébraud, Rôle respectif de la volonté et des éléments objectifs dans les actes juridiques, *Mélanges Maurg*, t. 2, p. 435.

Or ces besoins correspondent essentiellement à l'échange des biens et des services dont le contrat est l'instrument privilégié. Historiquement d'ailleurs le contrat est né d'opérations d'échange qui se caractérisaient, indépendamment du consentement, simple modalité, par le déplacement d'un bien d'un patrimoine dans un autre[26].

Aujourd'hui encore, a-t-on observé, « que mon voisin me prête son échelle, ou que j'aie profité de son absence pour m'en servir à son insu, il me faudra la restituer à peu près de la même manière »[27].

Ces échanges sont en eux-mêmes socialement utiles. Il faut, en outre, qu'ils soient conformes à l'utilité publique, c'est-à-dire à l'intérêt général.

Cette observation est admise par tous. Il faut cependant en tirer une conséquence essentielle : la légitimité de principe de la subordination du contrat, c'est-à-dire de la volonté des parties, à l'intérêt général. Telle ou telle disposition d'ordre public peut être critiquée parce qu'inopportune ; mais dans leur principe, les dispositions impératives sont légitimes et l'affirmation d'un principe de liberté contractuelle n'autorise pas, comme on le fait encore parfois, à les contester globalement, ni à leur donner une interprétation restrictive[28].

La volonté des parties n'en conserve pas moins un rôle important, à raison de sa propre utilité sociale.

b) L'utilité sociale des volontés individuelles

Le contrat est, sur le plan individuel, l'instrument privilégié de la prévision, d'où résulte la sécurité juridique, et de la liberté et la responsabilité qui sont nécessaires à l'épanouissement de l'homme en société.

1° Le contrat est tout d'abord l'instrument indispensable des prévisions individuelles[29]. – Comme on l'a observé il assure une « emprise sur l'avenir »[30]. C'est là « l'utilité économique du contrat qui est un acte de prévision »[31].

C'est surtout dans sa fonction principale d'échange qu'apparaît cette utilité du contrat. Comme l'écrivait Gounot, « les hommes sentent le besoin d'embrasser l'avenir dans un acte de prévision et... d'obtenir contre des services actuels des avantages futurs, ou contre des avantages futurs des services actuels »[32]. Or une telle opération à terme, dont l'utilité est certaine, est inconcevable sans la force obligatoire du contrat. Sur le plan social et économique c'est la condition nécessaire du crédit sur lequel repose l'économie libérale moderne. Ainsi toute restriction à la force obligatoire du contrat diminue la confiance du créancier et porte atteinte au crédit dont dépendent de nombreuses opérations d'une utilité sociale incontestable.

---

26. *Le contrat*, n° 176.
27. M. Villey, *Seize essais de philosophie du droit*, 1969, p. 241.
28. *Le contrat*, n° 174.
29. *Ibid.*, n°s 179 s.
30. P. Hébraud, préc., note 26, p. 424, note 14.
31. G. Ripert et J. Boulanger, *Droit civil*, t. 2, 1957, n° 469, p. 183.
32. E. Gounot, préc., note 6, p. 354.

2° Le contrat est aussi l'instrument privilégié de la liberté et de la responsabilité des individus[33]. – La force obligatoire du contrat dépend du droit objectif et, concrètement, de la volonté du législateur. Mais au moins dans notre civilisation marquée par l'humanisme et le christianisme, cette volonté n'est pas arbitraire. Elle tient le bien de la personne humaine pour la valeur suprême. Il est alors légitime de tenir compte des aspirations fondamentales de l'homme à la liberté et à la responsabilité de ses actes.

Sur le plan strict de l'utilité publique il est d'ailleurs opportun de laisser aux individus un pouvoir d'initiative dont ils recueilleront les fruits sous forme d'avantages personnels. C'est un moyen de les faire collaborer volontairement à la recherche du bien commun[34].

Appliquée au contrat cette observation conduit à constater que lorsque l'engagement a été assumé librement, l'obligation de l'exécuter est ressentie par le débiteur comme un devoir de conscience, qui justifie à ses yeux la force obligatoire du contrat et renforce la contrainte étatique. La liberté de l'engagement, et la responsabilité qui en est le complément moral et psychologique, est ainsi un facteur de son exécution effective.

La règle morale du respect de la parole donnée peut être ainsi justifiée par son utilité sociale. Mais cette règle est également considérée comme juste.

La force obligatoire du contrat vient donc également de ce qu'il est juste. Mais si l'on précise le sens de ce dernier terme on est amené, nous allons le voir, à ajouter que le contrat n'est obligatoire que s'il est juste.

B. Le contrat n'est obligatoire que s'il est juste

Il faut ici essayer de préciser le sens et la portée des termes « juste » et « justice » appliqués au contrat, avant de montrer que celui-ci est soumis au principe de la justice contractuelle.

1. *Le juste dans le contrat*

Dans un sens premier le juste peut être défini comme *ce qui est conforme au droit.*

Les positivistes étatiques ajouteront que c'est ce qui est conforme au droit positif. C'est en ce sens que l'on peut expliquer l'art. 1134 c. civ., qui ne reconnaît de force obligatoire qu'aux contrats légalement formés, c'est-à-dire conformes au droit positif, autrement dit justes.

Il est permis de penser cependant que le droit positif, même si l'on y intègre, à côté des lois, la jurisprudence et la coutume, n'exprime pas la totalité du droit objectif. Même dans un système juridique fondé comme le nôtre sur la prééminence de la loi, le juge et l'ensemble des juristes, utilisent la marge de liberté que leur donne l'interprétation des textes, et, plus largement, toutes les ressources de la logique juridique, pour rechercher concrètement la solution conforme à la justice.

33. *Le contrat*, n° 178.
34. *Introduction générale*, n° 176.

On rejoint alors la définition du droit naturel qui s'inspire d'Aristote et de Saint Thomas. Le droit c'est ce qui est juste, c'est-à-dire ce qui sera tenu concrètement pour juste dans la situation considérée[35].

Pour essayer de préciser cette exigence il est possible de se référer plus précisément à Saint Thomas d'Aquin. Pour lui, la loi humaine doit être juste, c'est-à-dire orientée vers le bien commun du peuple auquel elle est destinée[36].

Cette conformité au bien commun, à l'intérêt général, rapproche singulièrement le juste de l'utile, à travers l'utilité publique.

Pour reconnaître au juste une signification spécifique il faut préciser l'analyse en utilisant la distinction déjà faite par les philosophes grecs entre la *justice distributive* et la *justice commutative*, ou, de façon plus exacte, la *justice corrective*, dont la justice contractuelle n'est qu'une application particulière[37].

La justice distributive[38] consiste à remettre à chacun la part qui lui revient, selon la nature diront les uns, selon les impératifs sociologiques et économiques ou selon la volonté de l'État diront les autres.

A priori, la justice distributive pourrait conduire à remettre à tous les membres du corps social une part égale. L'égalité est la forme la plus évidente de la justice, ou plus exactement la forme la plus apparente.

La réalité est plus complexe. En fait, parce que la situation de chaque individu dans la société est différente, cette distribution, pour être juste, est inégale. L'égalité consistera seulement à remettre la même part à tous ceux qui se trouvent dans la même situation.

Dans cette optique certains avantages, certains droits subjectifs, seront reconnus à certaines personnes, par exemple un droit de propriété sur certains biens. Ils bénéficieront d'un avantage, d'un droit de préférence, opposable aux autres. La cause de cette préférence sera leurs besoins, ou, plus souvent, leurs mérites propres. C'est ainsi que certains droits seront reconnus à ceux qui ont, ou qui ont eu, une utilité particulière pour la société.

Ainsi entendue la justice distributive ne s'oppose nullement à l'utilité sociale. Cette dernière apparaît, en fait, comme l'un des facteurs, et peut-être, pour la société, le facteur principal, qui justifie l'attribution à tel ou tel individu d'un avantage particulier.

Cette justice distributive joue un certain rôle en matière contractuelle. C'est elle, en particulier, qui peut inciter le législateur à accorder à une catégorie socioprofessionnelle un régime de protection d'ordre public. On peut lui rattacher, par exemple, au moins partiellement, les dispositions protectrices du statut du fermage visant à assurer, dans l'intérêt général, la survivance d'exploitations agricoles rentables.

Ce n'est pas cependant cet aspect de la justice qui est le plus spécifique du contrat.

35. *Ibid.*, n° 32.
36. *Ibid.*, n° 12.
37. *Ibid.*, n° 10, note 6.
38. *Ibid.*, n° 190.

En matière contractuelle c'est la justice commutative ou corrective qui joue le rôle le plus caractéristique.

Le contrat a pour principal effet de faire naître des obligations, autrement dit des droits de créances. Or en vertu de ces derniers le créancier peut exiger d'une personne déterminée, le débiteur, l'exécution d'une prestation. Il s'agit là d'une inégalité toute spéciale[39]. Comme l'observait Dabin, « du fait de l'obligation qui le lie au créancier, la liberté du débiteur subit non seulement restriction, mais emprise, sa personne est engagée »[40].

La légitimité d'un tel pouvoir a sa source dans le droit objectif, on l'a vu. Mais il reste à montrer pourquoi celui-ci admet cette « emprise », cette agression du créancier à l'égard du débiteur.

L'explication peut être recherchée dans la nécessité de maintenir ou de rétablir l'équilibre entre les droits, entre les patrimoines.

« C'est en ce sens que le droit de créance traduit l'antique concept de justice commutative »[41]. En lui-même il est extrêmement inégalitaire. Mais si l'on considère son fondement, le titre qui le légitime, on constate qu'en réalité le droit de créance vise à maintenir l'équilibre des patrimoines. Dans le contrat, ou bien le débiteur avait déjà reçu quelque chose du créancier, ou bien il bénéficie d'une créance symétrique contre le créancier, ou bien encore il tire de son engagement un profit d'ordre moral dans une donation par exemple (bien que l'on puisse se demander si les actes à titre gratuit se prêtent à une telle analyse).

Quoi qu'il en soit il ne s'agit plus ici « d'attribuer des avantages en fonction de justes causes d'inégalité (justice distributive), mais de maintenir ou rétablir en valeur l'état de choses préexistant entre le créancier et le débiteur sur une base d'égalité »[42].

C'est essentiellement en ce sens qu'est comprise aujourd'hui la justice contractuelle.

2. *Le principe de la justice contractuelle*

La justice contractuelle conduit à exiger que le contrat ne détruise pas l'équilibre qui existait antérieurement entre les patrimoines; ce qui implique que chacune des parties reçoive l'équivalent de ce qu'elle donne.

Comme on l'a observé, le juge, en France, « tout en refusant de se laisser entraîner au-delà des termes de la loi, s'est efforcé, dans la limite de ses pouvoirs, de réaliser dans toute la mesure du possible, la justice contractuelle »[43]. La jurisprudence qui réduit le prix excessif de certaines prestations de services, malgré les dispositions restrictives du Code civil sur la lésion, et la construction

39. *Ibid.*, n°s 191 s.
40. Dabin, *Le droit subjectif*, p. 181.
41. *Introduction générale*, n° 192.
42. *Ibid.*, n° 192.
43. B. Oppetit, Le rôle du juge en présence des problèmes économiques en droit civil français, *Trav. Ass. Capitant*, 1970, t. 22, p. 191.

jurisprudentielle des vices du consentement, suffisent donc à montrer le souci du juge de faire respecter la justice contractuelle[44].

Le dogme de l'autonomie de la volonté a habitué les esprits à voir dans l'intégrité du consentement une fin en soi. Il s'agit, dans cette optique, de veiller à la qualité de l'élément essentiel du contrat. La lésion, déséquilibre objectif des prestations, est alors comprise comme faisant présumer un vice du consentement[45].

En réalité la démarche doit être exactement inverse. Ce qui est essentiel dans le contrat, au regard du droit objectif, c'est la satisfaction des besoins qu'il permet de réaliser et sa conformité à la justice commutative. Il importe que chacune des parties reçoive l'équivalent de ce qu'elle donne.

Chacun étant normalement à même de défendre ses intérêts, il peut être présumé que l'accord des volontés a permis la satisfaction des besoins des parties conformément à la justice contractuelle. Mais il ne s'agit que d'une simple présomption[46], qui doit être écartée chaque fois que la volonté n'a pas rempli son office. Protéger le consentement n'est donc que le moyen de faire respecter la justice contractuelle[47].

C'est ainsi qu'en particulier la nullité fondée sur l'art. 1110 c. civ. à partir d'une erreur sur la substance est avant tout un instrument de la justice contractuelle. Certes la lésion n'est pas une condition suffisante, ni même nécessaire, de la nullité pour erreur. Mais, en pratique, très fréquemment, l'article 1110 permet de réparer une lésion.

Très souvent, d'ailleurs, les tribunaux prennent soin de constater celle-ci avant d'annuler le contrat, soit de façon incidente, soit comme un indice à partir duquel ils constatent l'existence d'une erreur substantielle. Parfois même, derrière l'erreur substantielle, qui constitue le fondement juridique de l'annulation, le juge vise en fait l'erreur d'appréciation économique et la lésion qui en est résulté. Réciproquement, certaines décisions refusent l'annulation d'un contrat, tout en constatant que le défendeur ne justifiait d'aucune lésion. Pratiquement il est extrêmement difficile d'obtenir l'annulation d'un contrat pour erreur lorsque celle-ci n'a pas entraîné un déséquilibre lésionnaire.

L'application de l'art. 1110 c. civ. permet ainsi d'annuler des contrats lésionnaires à travers la protection du consentement. Elle concourt à assurer la justice contractuelle[48].

C'est ce qui explique que l'accroissement contemporain des exigences de justice contractuelle ainsi que le souci de tenir compte des nouvelles inégalités, source d'injustice, spécialement entre professionnels et profanes ou consommateurs, ont accéléré l'élargissement des cas de nullité pour vice du consentement[49].

---

44. *Le contrat*, n° 182.
45. *Ibid.*, n° 567.
46. *Ibid.*, n° 187.
47. *Ibid.*, n° 355.
48. *Ibid.*, n°s 389 s.
49. *Ibid.*, n° 365.

La consécration par la jurisprudence de la notion de réticence dolosive[50], et, soit à travers elle, soit de façon plus directe, la reconnaissance d'une obligation positive de renseignements dans la période précontractuelle[51], traduisent cette préoccupation. Il en est de même d'une tendance jurisprudentielle à assimiler à un vice du consentement le fait d'abuser d'une position de force dans la négociation[52] pouvant aller, dans les contrats d'adhésion, jusqu'à l'absence de toute négociation réelle.

Mais cet élargissement des vices du consentement a paru insuffisant pour assurer de façon adéquate la justice contractuelle.

Une série de lois spéciales ont multiplié dans les contrats les mentions informatives, les formalités et les délais afin que la partie la plus faible, consommateur ou épargnant, puisse exprimer un consentement libre, éclairé et réfléchi[53].

Parallèlement le législateur a mis en place, dans la loi Scrivener, du 10 janv. 1978, une procédure visant à l'élimination des contrats d'adhésion des clauses abusives, c'est-à-dire des clauses qui apparaissent imposées aux consommateurs par un abus de la puissance économique de l'autre partie et confèrent à cette dernière un avantage excessif[54]. C'est encore, appliqué aux clauses accessoires du contrat, le déséquilibre, l'injustice du contrat qui est ici sanctionnée.

Il a été observé, dans une étude récente, qu'au moins dans les systèmes juridiques de l'Europe et du Proche-Orient, la justice contractuelle constituait, avec « l'accent nouveau mis sur la bonne foi contractuelle », les tendances dominantes que révélait « la convergence des législations nationales en la matière »[55].

C'est ainsi que, par exemple, la nouvelle loi du 6 déc. 1976 de la République fédérale allemande, sur les conditions générales du contrat, a pour objectif déclaré de « protéger surtout les consommateurs contre l'injustice des contrats préformulés unilatéralement »[56].

Parallèlement le Royaume-Uni s'est efforcé par la loi de 1977 sur les clauses abusives d'éliminer celles-ci des relations contractuelles.

De même le projet de Code civil du Québec, en cours de ratification, donne au juge de très larges pouvoirs afin de faire respecter la justice contractuelle. À cette fin il fait de la lésion une cause générale d'annulation des conventions, dispose que « la clause abusive d'un contrat est annulable ou réductible », et, admet, bien qu'à titre exceptionnel, la révision du contrat pour imprévision[57].

Ce courant législatif et jurisprudentiel mérite d'être rapproché des formules si différentes qu'énonçait encore Henri Capitant : « Le juge ne doit pas se laisser

50. *Ibid.*, n°s 432 s.
51. *Ibid.*, n°s 457 s.
52. *Ibid.*, n° 443.
53. *Ibid.*, n°s 455 s.
54. *Ibid.*, n°s 587 s.
55. G. Cornu, *Regards sur le Tit. III, Liv. III, du Code civil*, « des contrats et des obligations conventionnelles en général » *Cours D.E.A. droit privé* Paris II, 1976-77, p. 200, n° 260.
56. *Le contrat*, n° 183.
57. *Ibid.*

emporter par un vague sentiment d'équité car l'équité serait ici contraire à la justice; la justice (le terme est répété à dessein), la morale, l'ordre social, veulent que l'homme tienne la parole qu'il a donnée. Que le législateur intervienne au besoin dans les périodes extraordinaires de crise le juge ne doit connaître lui, qu'une règle : le respect de la foi promise »[58].

Ainsi en invoquant toujours la justice, il est possible d'interdire toute intervention du juge, ou au contraire de justifier, comme on le fait aujourd'hui, son action correctrice, afin qu'il veille à l'équilibre, au moins relatif, des prestations échangées. C'est que le mot justice, on l'a vu, a plusieurs sens. Il peut signifier simplement la conformité au droit, dont le respect de la parole donnée peut être considéré comme le fondement essentiel. Mais il peut être compris aussi comme la justice contractuelle qui exige que, dans un échange, chacun reçoive l'équivalent de ce qu'il donne.

Il est finalement permis d'affirmer que *le contrat n'est obligatoire que parce qu'il est utile et à la condition d'être juste, c'est-à-dire conforme à la justice contractuelle. L'utile et le juste apparaissent ainsi comme les principes fondamentaux de la théorie générale du contrat.*

Cette dualité des principes conduit alors à se demander quelles règles sont inspirées plus spécialement par la recherche de ce qui est utile et quelles règles visent à réaliser la justice contractuelle. Autrement dit, est-il possible de voir dans l'utile et le juste les principes d'une classification des règles régissant le contrat ?

II. L'utile et le juste en tant que principes de classification des règles régissant le contrat

L'évolution du rôle de l'État et le développement considérable de l'ordre public, économique et social ont amené aujourd'hui à distinguer, sur ce terrain, entre *l'ordre public de direction* et *l'ordre public de protection*[59].

Ce dernier vise à la protection de catégories de contractants se trouvant dans une position d'infériorité telle que l'exercice de leur volonté ne garantit plus la justice contractuelle, par exemple les salariés[60].

En revanche, l'ordre public de direction ne vise pas à protéger une catégorie de personnes, mais à imposer une certaine conception de l'intérêt général, de l'utilité publique, par exemple la réglementation des changes ou de la monnaie nationale[61].

Ainsi, les règles de l'ordre public économique et social pourraient être rattachées à l'utile lorsqu'il s'agit de direction, et au juste, lorsqu'il s'agit de protection. Après avoir développé cette hypothèse, il conviendra de se demander

58. Cités par H. Mazeaud, qui les reprend à son compte, Rapport sur la lésion dans les contrats, *Trav. Ass. H. Capitant*, 1945, t. 1, p. 198.
59. *Le contrat*, n° 113.
60. *Ibid.*, n°s 122 s.
61. *Ibid.*, n°s 117 s.

si la distinction ne peut pas être appliquée à l'ensemble des règles qui régissent le contrat.

A. L'utile et le juste et la distinction, en matière économique et sociale, entre l'ordre public de direction et de protection

La distinction, il ne faut pas s'y tromper, est *difficile*. Elle est cependant *possible* et elle semble *opportune*.

1. *La distinction est difficile*[62]

La distinction entre direction et protection correspond certainement à deux finalités différentes : l'une d'utilité publique, l'autre de justice sociale. En revanche on a pu s'interroger sur l'opportunité d'en déduire des conséquences pratiques importantes, en raison de la difficulté d'établir entre les deux finalités une séparation suffisamment nette, qui permette une répartition des règles concernées.

En droit du travail les dispositions protectrices des salariés, telles que, par exemple, la durée du travail, le salaire minimum, ou l'âge de la retraite, ont une incidence évidente sur l'économie. Réciproquement les mesures destinées à favoriser l'expansion économique sont favorables à l'emploi et jouent dans le sens de la protection des salariés.

Des observations semblables peuvent être faites quant à la protection des consommateurs. Comme l'observait le Secrétariat d'État à la consommation, à côté de cette protection « sur le plan de l'économie générale, le but d'une politique de la consommation est... de contribuer à un meilleur équilibre de l'économie de marché et à favoriser ainsi une utilisation plus judicieuse de nos ressources »[63]. La finalité est bien double : il s'agit d'assurer l'utile et le juste.

La même difficulté se retrouve si l'on envisage, non plus un corps de règles, mais des dispositions particulières. La réglementation des clauses d'indexation, par exemple, vise à protéger la monnaie nationale; mais elle tend également à protéger les débiteurs contre une revalorisation excessive de leur dette. La réglementation des ventes à crédit visait à protéger les emprunteurs, mais aussi à faire respecter une politique générale du crédit conforme à l'intérêt général, à l'utilité publique.

La difficulté d'une séparation tranchée entre direction et protection, entre utile et juste, est donc réelle.

Cette difficulté est d'ailleurs différente selon le sens exact que l'on donne aux termes juste, ou justice contractuelle.

L'opposition entre l'utile et le juste est plus nette lorsqu'il s'agit précisément de la justice commutative ou corrective. Par exemple, l'interdiction des clauses

62. *Ibid.*, n° 124.
63. *Bilan de la politique de la consommation*, Secrétariat d'État à la consommation, Diffusion 5/77/1, Notes bleues du ministère de l'Économie et des Finances, mai 1977.

abusives par la loi Scrivener vise expressément à éliminer l'avantage excessif que tire l'une des parties du contrat, c'est-à-dire le déséquilibre du contrat que mentionnait d'ailleurs, à l'origine, le projet gouvernemental. Il s'agit là de justice corrective et d'ordre public de protection.

L'opposition est moins nette lorsque la règle de protection est inspirée plutôt par la justice distributive. Le salaire minimum, d'abord inspiré par la justice corrective, semble aujourd'hui se rattacher davantage à la justice distributive selon laquelle chaque membre du corps social doit recevoir ce qui lui revient, c'est-à-dire, en l'espèce, le minimum nécessaire à une vie normale. Le versement d'allocations en période de chômage répond à la même idée, et cette fois semble-t-il de façon incontestable, puisque le chômeur, par définition, ne fournit aucun travail en contrepartie des allocations reçues.

Il en est de même du statut du fermage. Il vise à protéger les fermiers. Mais aujourd'hui la raison de cette protection n'est plus qu'ils recevraient moins que la valeur de leur travail. Il est permis de penser qu'au contraire, la fixation autoritaire des fermages aboutit ici à un déséquilibre des prestations au profit des fermiers. La raison de cette intervention doit être recherchée dans la justice distributive au nom de laquelle la part la plus importante des revenus agricoles doit revenir à ceux qui exploitent et non à ceux qui possèdent la terre.

La justice distributive rejoint ici l'utilité publique, qui exige le maintien d'exploitations agricoles suffisamment rentables pour ne pas aggraver le dépeuplement des campagnes.

Malgré ces réserves l'ordre public de direction, inspiré de l'utilité publique, et l'ordre public de protection visant à la justice peuvent être distingués.

2. *La distinction est possible*[64]

En présence d'une règle justifiée à la fois par la protection de l'une des parties, au nom de la justice contractuelle (corrective) ou sociale (distributive) et par la direction générale de l'économie, au nom de l'utilité publique, il appartiendra à l'interprète de dégager la finalité dominante.

C'est ainsi que, par exemple, la Cour de cassation a affirmé le caractère absolu de la nullité des contrats non conformes à la réglementation du crédit, ce qui revient à classer celle-ci dans l'ordre public de direction, autrement dit à la rattacher à l'utilité publique.

Cette distinction est d'autant plus nécessaire qu'elle permet d'essayer de systématiser le régime des règles qui constituent l'ordre public économique et social.

3. *La distinction est opportune*[65]

Les règles qui visent, au nom de la justice, à protéger certaines personnes, ne peuvent, en effet, être soumises au même régime que celles de l'ordre public de direction.

64. *Le contrat*, n° 124.
65. *Ibid.*, n° 125.

Tout d'abord, si une règle impérative vise à protéger l'une des parties contre l'autre, il semble difficile d'ouvrir à cette dernière l'action en annulation. Seule la partie protégée, par exemple le salarié ou le consommateur, peut se plaindre de la violation des règles qui assuraient cette protection.

Ensuite l'ordre public de protection constitue toujours un minimum, par exemple un salaire minimum, ou un maximum, par exemple un loyer maximum. Les contrats peuvent toujours y déroger à la condition que ce soit en faveur de la partie protégée. Un tel principe est inapplicable à l'ordre public de direction, qui vise à imposer une politique économique et sociale au nom de l'utilité publique.

Enfin il est logique de permettre à la personne protégée de renoncer au bénéfice des droits qu'elle a ainsi obtenus, une fois du moins que sa protection n'est plus nécessaire, par exemple, pour un salarié, une fois qu'il a cessé d'appartenir à l'entreprise. Une telle renonciation ne se conçoit guère pour l'ordre public de direction.

Une objection peut alors être formulée. L'ordre public de direction est ainsi sanctionné par une nullité absolue, tandis que l'ordre public de protection n'entraîne qu'une nullité relative. N'est-il pas choquant de voir l'utile recevoir une sanction plus forte que le juste, alors que la justice est la fin essentielle du droit ?

Une telle objection reposerait, semble-t-il, sur une conception périmée, des nullités. Il ne s'agit pas de savoir si le vice qui atteint le contrat est plus ou moins grave, ce qui justifierait une nullité absolue ou relative en fonction de cette gravité[66].

Il s'agit seulement de mettre en œuvre une sanction qui soit exactement adaptée au but de la règle à sanctionner.

Lorsque la règle, inspirée de la justice contractuelle, vise à protéger l'une des parties, il suffit qu'elle ait la faculté de critiquer le contrat si elle le désire : la nullité est relative.

Lorsqu'en revanche le contrat est en contradiction avec l'intérêt général, l'utilité publique, il doit disparaître, et le caractère absolu de la nullité multiplie de ce fait ses chances d'annulation, notamment en accordant aux deux parties le droit de réclamer celle-ci et en interdisant toute renonciation à ce droit de critique[67].

Ainsi, à travers la distinction entre l'ordre public de direction et celui de protection, l'utile et le juste peuvent servir de pôles à partir desquels le régime des règles constituant l'ordre public économique et social peut être systématisé, entre nullités absolues et nullités relatives[68].

N'est-il pas alors possible d'appliquer cette distinction à l'ensemble des règles qui régissent le contrat ?

66. *Ibid.*, n°s 731 s.
67. *Ibid.*, n° 745.
68. *Ibid.*, n°s 742 s., spéc. n°s 778 s.

B. L'extension de la distinction de l'utile-direction et du juste-protection à l'ensemble des règles régissant la formation du contrat[69]

Cette distinction fondée sur l'utile et le juste est-elle transposable aux éléments constitutifs du contrat, le *consentement*, l'*objet* et la *cause* ?

1. *Le consentement*

La justice contractuelle qui conduit à sanctionner les vices du consentement inspire également les lois d'ordre public visant à la protection des consommateurs ou des épargnants. Il s'agit de faire en sorte, par des mesures préventives, telles que les mentions informatives obligatoires, ou correctives, tels les vices du consentement, que le consentement soit libre, éclairé et réfléchi et qu'ainsi, chacune des parties ayant pu défendre ses intérêts le contrat soit conforme à la justice[70].

Cette préoccupation commune explique d'ailleurs l'évolution parallèle de ces dispositions. Il en est ainsi, par exemple, de la consécration relativement récente par la Cour de cassation de la nullité pour réticence dolosive[71] parallèlement au développement de l'obligation de renseignement résultant d'une série de lois spéciales d'ordre public[72].

2. *L'objet*

Toutes les dispositions qui exigent que l'objet soit licite se rattachent aisément à l'ordre public de direction.

Il s'agit, en effet, de la mise en œuvre de l'ordre public économique et social de direction, ou de l'ordre public moral et politique qui vise, lui aussi, à imposer une certaine conception de l'intérêt général, de l'utilité publique[73].

Inversement la lésion se rattache facilement à l'ordre public de protection et à la justice contractuelle[74].

En ce qui concerne la réalité de l'objet il y a lieu en revanche de distinguer entre l'utile et le juste, comme le montre la jurisprudence importante qui s'est développée, surtout depuis une dizaine d'années, sur la nullité pour indétermination du prix[75].

L'art. 1591 c. civ. exige que le prix dans la vente soit déterminé ou tout au moins déterminable à partir du contrat. La jurisprudence la plus récente a précisé qu'il s'agissait seulement d'une application particulière de l'art. 1129 c. civ., concernant tous les contrats, selon lequel l'objet doit être déterminé ou déterminable dans sa quotité.

---

69. *Ibid.*, n°s 127-128.
70. *Ibid.*, n° 355 et n°s 455 s.
71. *Ibid.*, n°s 43 s.
72. *Ibid.*, n°s 457 s.
73. *Ibid.*, n° 126 et n°s 579 s.
74. *Ibid.*, n°s 540 s.
75. *Ibid.*, n°s 521 s.

Cette exigence répond aujourd'hui dans la jurisprudence à deux finalités distinctes.

Tout d'abord, pour que le contrat soit utile, il faut que l'objet, et spécialement le prix en soit déterminé[76]. Pour les rédacteurs du Code civil l'indétermination du prix rend impossible toute exécution d'une vente qui, au sens strict du terme, ne s'est pas conclue, faute d'accord sur un élément essentiel.

Il en est ainsi, par exemple, pour la Cour de cassation, en présence d'une vague révision prévue en fonction de la dépréciation de la monnaie, d'une indexation de principe dépourvue de référence permettant de déterminer le prix, et aussi en l'absence de toute indication dans le contrat sur le mode de calcul permettant de fixer la valeur des parts sociales cédées à partir du bilan.

La détermination du prix, et plus largement de l'objet, correspond ici à une nécessité structurelle. Le contrat ne peut être exécuté, il est donc inutile, à défaut de cette détermination.

Mais il ne suffit pas que le contrat soit utile. Il faut encore qu'il soit juste. Lorsque le contrat fait dépendre le prix de la volonté de l'une des parties, son exécution est parfaitement possible. Mais le contrat sera cependant annulé afin de protéger celle des parties qui, plus ou moins volontairement, s'est placée, par l'effet du contrat, à la merci de son cocontractant[77].

Cette jurisprudence s'est particulièrement appliquée au profit des pompistes de marques opposés aux sociétés pétrolières, et des débitants de boissons en conflit avec les brasseries. Chaque fois que le prix des livraisons exécutées en application d'un engagement d'approvisionnement exclusif dépendait de la volonté arbitraire du vendeur, ces contrats complexes d'assistance et de fourniture ont été annulés.

Cette nullité pour indétermination du prix peut alors, en raison de sa finalité, se rapprocher de la rescision pour lésion ou de l'ordre public de protection. Il s'agit de rétablir quant au prix, c'est-à-dire à la valeur de l'objet, un équilibre contractuel qui risque d'être faussé en raison du pouvoir conféré à l'une des parties par le contrat. Cet aspect de la jurisprudence relative à l'indétermination du prix se rattache donc bien à la justice contractuelle ou corrective. Il s'agit de protéger celle des parties qui s'est mise en état d'infériorité. La nullité devrait être relative.

Inversement lorsque le prix ne peut être fixé en exécution du contrat, en raison de cette lacune structurelle, celui-ci ne répond pas à son utilité sociale, et la nullité devrait être absolue.

3. La cause

Les mêmes distinctions peuvent, semble-t-il, être faites à l'égard de la cause.

Tout d'abord la cause illicite ou immorale, sanction classique de la violation de l'ordre public traditionnel, moral et politique, s'intègre logiquement dans

76. *Ibid.*, n° 522.
77. *Ibid.*, n°s 525 s.

l'ordre public de direction[78]. Personne ne conteste qu'elle entraîne la nullité absolue du contrat[79].

L'analyse est plus délicate à l'égard de l'absence de cause.

Pour nous en tenir à l'application la plus simple, de cette notion complexe, nous prendrons l'exemple d'un contrat synallagmatique, la vente. Celle-ci est annulée, faute de cause, lorsqu'il apparaît que l'obligation du vendeur ou de l'acheteur était totalement dépourvue de contrepartie[80].

Pour la jurisprudence il s'agit là d'un vice qui entraîne la nullité absolue du contrat[81].

Cette solution est aujourd'hui contestée par de nombreux auteurs. Ils observent que la nullité sert ici à protéger l'une des parties contre l'autre et qu'ainsi seule la victime pourrait demander l'annulation du contrat. Il s'agirait donc d'une nullité relative.

La critique est justifiée dans la mesure où l'absence totale de contrepartie apparaît comme une lésion particulièrement importante. Un tel contrat n'est évidemment pas conforme à la justice contractuelle.

La jurisprudence peut toutefois trouver une justification si l'on considère, qu'au-delà de l'atteinte à la justice, un tel contrat, en outre, ne répond pas à son utilité sociale. En effet, faute de contrepartie, il ne réalise aucun échange réel. Cette absence de toute utilité sociale peut alors expliquer le caractère absolu de la nullité puisque, nous l'avons vu, c'est cette utilité qui justifie, en raison, la force obligatoire reconnue au contrat par le droit objectif.

Conclusion

Il est permis de penser que l'utile et le juste sont bien les principes fondamentaux de la théorie générale du contrat et qu'ils permettent, non sans difficultés d'ailleurs, une classification des règles essentielles du contrat, autour des deux notions d'ordre public de direction, justifiant une nullité absolue, et d'ordre public de protection, justifiant une nullité relative.

Que la construction ainsi proposée présente une part de schématisation non dépourvue d'arbitraire, cela n'est pas contestable. La réalité vivante et complexe des relations contractuelles se laisse difficilement enfermer dans des concepts.

Il semble cependant que la référence à ces deux notions, l'utile et le juste, soit plus féconde que l'application du principe trop simple de l'autonomie de la volonté, qui ne permet plus aujourd'hui de rendre compte du droit positif, et qui, surtout, à la différence de l'utile et du juste, ne contient pas les éléments de recherche et de progrès qu'impliquent ces deux notions[82].

---

78. *Ibid.*, n°s 690 s.
79. *Ibid.*, n° 705.
80. *Ibid.*, n°s 661 s.
81. *Ibid.*, n°s 776 s.
82. *Ibid.*, n°s 172 s., spéc. n° 187.

ACCIDENTS DE LA CIRCULATION : FAUTE OU RISQUE ?

1982

André Tunc

Professeur à l'Université de Paris I

Vieille question ! L'ouvrage prophétique de Sainctelette : *De la responsabilité et de la garantie. Accidents de transport et de travail*, ne date-t-il pas de près d'un siècle ?

Question dépassée et purement théorique ? Peut-être pas. Nous voudrions observer quelle réponse elle doit recevoir :

- dans les faits,
- dans le droit actuel,
- dans un droit rénové.

Sur les trois plans, à vrai dire, nous rejetterons l'alternative : « faute ou risque », pour répondre « risque, mais aussi faute ».

I. Les faits

Dans nos rues, sur nos routes, les accidents de la circulation sont-ils la réalisation de risques ou la conséquence de fautes ?

Il serait puéril de nier les risques de la circulation. Le langage populaire ne s'y est pas trompé. L'accident est, par définition, un événement fâcheux et essentiellement fortuit. C'est dire qu'il échappe largement à la volonté des intéressés : des accidents de la circulation, les conducteurs eux-mêmes et les membres de leur famille sont d'ailleurs les victimes les plus nombreuses. Les statisticiens peuvent dire combien de personnes seront tuées ou blessées tel jour, ou donner des chiffres alternatifs qui dépendront de la pluie ou du beau temps. Ils dénoncent les heures dangereuses, les « points noirs ». Ils classent les conducteurs sur le risque qu'ils créent selon leur âge, leur sexe, leur statut matrimonial, leur appartenance socio-professionnelle, leur expérience.

Il y a donc dans les accidents de la circulation un très fort élément de fatalité, de risque inévitable. Il serait pourtant inexact et très dangereux de s'arrêter à cet aspect des choses. Certains « accidents » sont le résultat d'un comportement fautif, coupable et parfois criminel. Le conducteur qui traverse un village à 130 km à l'heure au moment de la sortie des écoles, celui qui conduit en état d'ivresse ou avec un véhicule défectueux acceptent le risque de tuer. Leur comportement est une faute intentionnelle, même s'ils ne cherchent pas à tuer.

À vrai dire, un grand nombre d'accidents ont des causes intermédiaires entre l'erreur ou le moment inattention qui peut être le fait du conducteur le plus prudent, et le comportement criminel. C'est l'erreur ou l'inattention d'un maladroit ou d'un distrait – à qui pourtant la société a délivré le permis de conduire. C'est l'erreur que l'on aurait évitée si l'on n'avait pas eu autant confiance en soi, si l'on n'avait pas pris tel médicament, si l'on n'avait pas absorbé un repas trop copieux ou si, au contraire, on n'avait pas été à jeun. C'est aussi l'erreur que l'on aurait évitée si l'on n'avait pas été aussi fatigué – parce que, mère de famille, on supporte de trop lourdes tâches familiales, parce qu'ingénieur, on a passé la journée dans un laboratoire, parce que, médecin, on a reçu de trop nombreux clients et que l'un d'eux donne des soucis.

Le tableau est donc complexe, et l'analyse devrait être poussée plus loin encore pour élaborer une politique de prévention sur le plan pénal. Sur le plan civil, on peut s'arrêter ici : on voit que les accidents résultent de causes allant du pur cas fortuit ou de l'erreur statistiquement inévitable aux fautes les plus graves, en passant par tous les intermédiaires.

Notre droit, en ne considérant ici que l'indemnisation des dommages corporels, tient-il compte de cette diversité ?

II. Le droit actuel

Notre droit est manifestement hybride.

Pour l'essentiel, il reconnaît les risques de la circulation. C'est bien l'idée de risques qui explique :

- l'arrêt *Jand'heur*, par lequel la Cour de cassation, en 1930, a fait peser sur le gardien une « présomption de responsabilité », qui deviendra une « responsabilité de plein droit » puis une responsabilité sans nom ni qualificatif;
- la loi de 1958 imposant aux conducteurs de véhicules à moteur de faire couvrir par l'assurance leur responsabilité éventuelle;
- la loi de 1981 visant à couvrir automatiquement contre les risques de la circulation les personnes transportées, victimes passives de ces risques;
- la politique de la Cour de cassation tendant à rendre exceptionnelle l'exonération du gardien, politique énoncée dans les deux derniers rapports au Garde des Sceaux, bien que mise en œuvre de manière très hésitante.

Notre droit fait pourtant place à l'idée de faute. L'arrêt *Jand'heur* s'affaiblit, mais s'impose encore malgré son demi-siècle d'âge. Le gardien – ou, pour être réaliste, l'assureur du conducteur – est déchargé par la preuve de la force majeure, du fait du tiers ou de la faute de la victime.

Notre droit fait donc place à la fois au risque et à la faute.

Mais de quelle manière ? De la manière la plus étrange, bien que nous y soyons habitués. On s'interroge beaucoup sur la faute possible de la victime, et c'est là une des causes des 100 000 procès par an – plus de 250 par jour –, portés devant les tribunaux en ce domaine. On oublie trop que cette distinction est en réalité, dans notre droit, secondaire et accessoire.

La grande distinction de notre droit en ce domaine est la distinction entre celui qui cause un dommage à autrui et celui qui subit un dommage. Celui qui cause un dommage à autrui en conduisant un véhicule à moteur n'en répond jamais, quel qu'ait été son comportement : il est obligatoirement couvert par l'assurance. On lui accorde donc sans réserve le bénéfice de l'idée de risque : on admet qu'on ne peut conduire sans créer de risques et qu'on ne doit pas répondre du dommage que l'on cause.

En revanche, celui qui subit un dommage est soumis au régime de la faute. On va essayer de reconstituer l'accident – vaine entreprise, d'ailleurs – pour rechercher si on ne peut lui reprocher quelque faute – ou même un fait – qui le rendrait responsable et le priverait d'indemnisation.

Comment justifier cette opposition, si évidemment paradoxale, entre l'auteur du dommage et la victime ? Une collision survient, par la faute d'un conducteur. Si l'autre conducteur est tué, l'accident est la réalisation d'un risque et l'assurance couvrira le dommage sans aucun recours. Mais si le premier est tué, c'est la conséquence de sa faute. Si légère qu'ait été son erreur, si excusable qu'ait été son réflexe malheureux, l'assurance ne jouera pas. Peu importe qu'il laisse une veuve et des enfants : nous le traitons comme s'il avait mérité la peine de mort. Et comme c'est le hasard qui veut qu'un conducteur soit tué et l'autre indemne, c'est le hasard qui décide si une collision sera soumise au régime du risque ou à celui de la faute[1].

« Ne tuez jamais, disait Alphonse Allais. Car le meurtre vous conduirait à des mensonges, qui risqueraient de vous rendre dissimulé ».

Notre discours, à nous juristes de droit civil, est différent : « Tuez, blessez ! Tant que vous vous bornez à tuer ou blesser, nous vous garantissons l'impunité et même l'immunité : nous vous protégerons sans réserve et vous n'aurez même pas à venir au tribunal.

« Malheur à vous, en revanche, si vous êtes victimes ! Comment oseriez-vous parler de risques de la circulation ? Perdez toute espérance. Nous examinerons votre comportement avec la plus grande minutie, et toute erreur sera retenue contre vous. Les plus hauts magistrats de la nation seront couramment appelés à examiner et qualifier votre comportement. Le cas du piéton qui a les pieds sur le trottoir, mais dont l'épaule dépasse sur l'aplomb de la chaussée, a retenu leur attention et ils lui ont refusé droit à indemnisation.

« Si vous êtes tués, nous nous sommes demandé si vos ayants cause agissant à titre personnel ne doivent pas se voir opposer votre faute. Des centaines de pages ont été écrites sur le sujet, des centaines ou des milliers de décisions rendues, la Cour de cassation a été deux fois convoquée en Assemblée plénière et les commentaires de ses décisions sont devenus si subtils qu'ils sont pratiquement réservés à quelques initiés. Mais la sévérité l'a emporté ».

1. L'affirmation est, bien entendu, simpliste. Le dommage subi par les conducteurs obéit aux strictes lois de la physique et de la médecine. Mais ces lois sont totalement indifférentes aux mérites des conducteurs. Elles tiennent compte notamment de l'énergie cinétique des véhicules, donc de leur poids et du carré de leur vitesse. Elles tiennent compte également de la résistance des véhicules aux chocs, donc de l'épaisseur des tôles et des aménagements de sécurité intérieure. On peut noter encore que la rondeur d'un conducteur le protège. Ainsi, on peut dire, très schématiquement, qu'un *conducteur a d'autant plus de chances de bénéficier de la théorie du risque lors d'une collision qu'il est plus gros et qu'il conduit plus vite un véhicule plus coûteux*. Il est regrettable, mais inévitable, que la vie humaine dépende de tels facteurs. Il est plus singulier que les juristes leur abandonnent le choix de la règle de droit applicable.

Toute la science juridique et toute la pratique judiciaire concentrent leur attention sur la victime – et non pas pour elle, mais contre elle. La victime « en faute » : voilà l'être anti-social, voilà celui d'où vient tout le mal ! Quant à celui qui a tué ou blessé, il est en quelque sorte escamoté. Quoi qu'il ait fait, quoi qu'il arrive, il n'aura rien à payer. Il n'a même pas à se soucier de se choisir un avocat : l'assurance s'occupe de tout.

Sommes-nous conscients de ce que nous faisons tous les jours ? Sur le plan de la justice, nous offrons une admirable illustration du reproche que le Christ adressait aux légistes : « Ils filtrent le moucheron et laissent passer le chameau ».

Sur le plan de la prévention des accidents, nous dissuadons, non de tuer ou blesser, mais – bien inutilement ! – de se faire tuer ou blesser. Notre droit civil est aussi efficace en ce domaine qu'un droit pénal qui, systématiquement, déférerait devant le tribunal correctionnel, non l'auteur du dommage, mais la victime et ses héritiers.

On n'a jamais voulu cela. Personne n'aurait imaginé un droit aussi injuste et aussi inefficace. Des mesures successives non coordonnées ont conduit à ce système, paradoxal.

Ne déstabilisez pas notre vieux droit des obligations, objecte-t-on parfois aux réformateurs. Hélas ! Ce ne sont pas les réformateurs qui le « déstabilisent ». Que reste-t-il de l'article 1382 lorsque l'assurance de responsabilité joue sans réserve ? Le droit actuel, c'est, à tous points de vue, le monde à l'envers.

Si l'on veut rendre au droit sa cohérence, il faut, très exactement, le remettre à l'endroit : faire bénéficier la victime de la théorie du risque et, peut-être, appliquer la théorie de la faute à ceux qui ont causé un dommage.

III. Un droit rénové

On peut concevoir de deux manières un droit rationnel des accidents de la circulation.

Aux États-Unis, l'*American Insurance Association*, une puissante fédération d'assureurs, a procédé à une étude approfondie des causes d'accidents de la circulation. Elle n'a trouvé de fautes – au sens exact du terme : un comportement que n'aurait pas eu une personne consciente de ses devoirs – que dans moins de 5 % des cas de collisions, moins de 10 % des cas de heurts d'un obstacle fixe. Pour elle, la conclusion s'impose : il faut abandonner l'illusion d'une justice absolue, source de frais, de lenteurs et finalement d'aléas, pour indemniser sans contestation toutes les victimes.

C'est une thèse qui s'impose, au moins en principe. Dans un monde où l'on ne considère pas la faute de celui qui blesse ou tue, il est extravagant de rechercher la faute de celui qui est blessé ou tué. Deux raisons complémentaires militent en faveur de cette solution.

À supposer, en premier lieu, que la victime ait commis erreur ou même faute, elle en est punie par l'accident, même, souvent d'une manière cruellement disproportionnée à l'importance de sa faute. C'est un fait quotidien qu'un moment d'inattention coûte la vie. Mais le rôle du droit – en particulier de l'assurance – est-il de ratifier les tragédies ou de les atténuer ?

D'autre part, parce que notre droit rejette l'idée de risque de la circulation en ce qui concerne la victime, nos tribunaux nient la notion même d'accident. Ils sont obligés, sauf cas exceptionnel de force majeure, de toujours qualifier fautes les causes des accidents. Pourtant, la faute est le comportement que n'aurait pas « le bon père de famille ». Et, selon l'*American Insurance Association*, 95 % des collisions résultent d'erreurs et d'inadvertances qui peuvent être en permanence – de nombreuses enquêtes l'ont montré – le fait des conducteurs les plus prudents et les mieux doués. Nos tribunaux sont donc constamment condamnés à la contradiction interne – une contradiction poussée à son plus haut point quand, en 1971, un arrêt de la Cour de cassation a considéré comme une faute le fait pour un piéton d'obéir à un « réflexe naturel » devant un danger soudain.

La justice demande donc qu'en principe, toutes les victimes soient indemnisées sans contestation. Mais faut-il s'arrêter là ? Convient-il de ne jamais prendre en considération les fautes commises ? Tout en partageant le souci de simplicité et de rapidité dans l'indemnisation de l'*American Insurance Association*, il nous semble possible d'affiner le droit rénové.

Il faut d'abord souhaiter que le juge répressif prenne sa tâche plus au sérieux. C'est encore un paradoxe que le juge civil recherche avec soin la faute de la victime, mais que le juge pénal, sauf exception, semble un adepte sans réserve de la théorie du risque. Trop souvent, il semble résigné à ce qu'il y ait 35 morts et 1 000 blessés par jour. On l'a dit et il est trop facile de le constater : si nul conducteur n'est à l'abri du risque de blesser ou tuer, certains accidents sont la conséquence de comportements criminels. On voudrait une répression plus attentive et, par l'intermédiaire du ministère public, mieux coordonnée.

Or, le rôle du juge pénal est de rechercher une culpabilité. Quand un conducteur a été reconnu gravement coupable, est-il juste qu'il soit couvert par l'assurance des conséquences civiles de sa faute ? L'assurance ne doit pas couvrir les fautes intentionnelles. Comment qualifier la faute de celui qui conduit à une vitesse très gravement excessive ou avec un véhicule qu'il sait défectueux et dangereux ?

On concevrait donc que, lorsque le juge pénal prononce une peine d'une certaine gravité (par exemple une peine d'emprisonnement ferme), il puisse, à la requête de la partie civile, du ministère public ou même spontanément après avis à l'avocat, priver le coupable du bénéfice de l'assurance, dans une mesure qu'il apprécierait en tenant compte de toutes les circonstances, y compris ses charges familiales. Si le coupable est en même temps victime, il pourrait n'être pas totalement indemnisé. Quant aux autres victimes, elles seraient bien sûr intégralement indemnisées par l'assureur mais celui-ci serait par le juge autorisé à se retourner pour partie contre l'assuré. Quelques cas d'utilisation, même très modérée, d'une telle mesure, auraient certainement un grand retentissement dans l'opinion publique et pourraient être un facteur non négligeable dans une politique – difficile – de dissuasion des comportements dangereux.

On ne discutera pas davantage la mise en œuvre de cette réintroduction de la responsabilité pour faute dans un droit qui fonderait l'indemnisation sur le risque. Nous sommes persuadé que le système peut très bien fonctionner. Mais c'est un fait qu'on ne peut actuellement le proposer sans choquer les esprits, et qu'il n'est pas essentiel.

C'est à l'essentiel qu'il faut en revenir en conclusion. Pourquoi la possibilité d'une déchéance, même partielle, du bénéfice de l'assurance se heurte-t-elle à une opposition quasi unanime ? Que ceux qui la rejettent soient lucides. Ils rejettent par là même la responsabilité pour faute : ils ne veulent pas que le conducteur réponde – *jamais* – du dommage qu'il a causé. Alors, comment peuvent-ils défendre la responsabilité de celui qui a subi le dommage ? C'est vraiment trop paradoxal.

LE CONTRAT DE SUBSTITUTION DE MÈRE

1986

Christian Atias

Professeur à la Faculté de droit et de science politique d'Aix-Marseille

I. Une nullité incontestable

La rumeur publique – Calomniez ! Calomniez ! Il en restera toujours quelque chose – affirme que des contrats sont actuellement conclus pour attribuer, à une femme, l'enfant d'une autre. Ce contrat par lequel une femme enceinte s'engage à remettre son enfant à un couple qui le déclarera comme s'il était le sien, est évidemment nul. Il l'est, qu'une rémunération soit prévue ou non. Il l'est parce qu'il méconnaît l'ordre public le plus impérieux en disposant d'un être humain reconnu comme tel par toute la tradition juridique française et par la loi (art. 1er de la loi du 17 janv. 1975, disposition à valeur constitutionnelle, D. 1975.48). Il l'est parce qu'il constitue une fraude manifeste aux dispositions légales impératives fixant les conditions de l'adoption. Il l'est surtout parce que l'indisponibilité de la personne humaine – quelle que soient les critiques encourues par cette formulation – est une règle fondamentale qui ne peut être ignorée sans que les conséquences les plus graves et les plus inattendues se produisent. Il serait dommage qu'après des siècles d'efforts déployés pour marquer nettement la différence radicale entre le régime des personnes et celui des choses, une telle régression reçût l'aval des juristes.

II. De quelques responsabilités encourues par les rédacteurs

La rédaction d'un contrat de substitution de mère n'engagerait pas seulement la responsabilité des parties, de la mère promettant d'abandonner l'enfant et de la femme demandant la substitution. Toute personne participant à l'établissement de l'acte commettrait des fautes évidentes dont elle devrait réparation. Ce serait le cas, en particulier, si un professionnel, un notaire par exemple, acceptait de collaborer à une telle opération. Pour imaginaire qu'elle soit, l'hypothèse mérite d'être évoquée !

A. Responsabilité civile

Il est clair que le rédacteur d'un contrat dit, à tort, de mère porteuse, engagerait sa responsabilité civile envers le couple demandeur en particulier. Une indemnité pourrait, par exemple, être demandée en compensation du préjudice résultant de la perte de la somme versée à la femme enceinte qui s'aviserait tout à coup que son enfant n'est pas une marchandise cessible. En particulier, « le notaire est un juriste professionnel qui doit connaître le droit positif. Il doit veiller au respect de la loi dans la rédaction d'un acte » (Ph. Le Tourneau, *La responsabilité civile*, Dalloz, 3e éd. 1982, no 1665, p. 523 et les références citées). Il paraîtrait difficile d'admettre qu'une mention attirant l'attention des parties sur ce risque suffirait à exonérer le notaire de sa responsabilité. Cet officier public n'en aurait pas moins accompli délibérément un acte illicite dépourvu de la moindre garantie pour les parties. Il faut aller plus loin. L'enfant arraché à sa mère dans les heures suivant sa naissance pourrait subir de graves troubles ultérieurs; à l'évidence, il pourrait, pour cette raison, engager la responsabilité du rédacteur de l'acte, notaire ou non, qui aurait contribué à la réalisation de son préjudice.

B. Responsabilité pénale

Le rédacteur du contrat de substitution de mère se trouverait également complice de plusieurs infractions pénales. En particulier, les conditions d'application de la qualification de « supposition d'enfant à une femme qui ne sera pas accouchée » (art. 345 c. pén.) sont généralement réunies; rappelons que la sanction encourue est actuellement la réclusion criminelle à temps de cinq à dix ans. Selon certains interprètes, la qualification de proxénétisme ne serait pas exclue; il suffirait de remarquer que la mère, pendant sa grossesse, traite son propre corps comme un objet utilisable au profit d'autrui. La prostitution n'est-elle pas l'attitude qui consiste à employer son corps, moyennant rémunération, dans une activité de caractère sexuel et pour la satisfaction d'autrui ? Le rédacteur du contrat, en contribuant à cet arrangement, tombe sous le coup de l'art. 334 c. pén. Passons sur les éventuelles fausses déclarations au service de l'état civil (art. R. 40-6° c. pén.). Une incrimination beaucoup plus grave correspond encore à l'attitude du rédacteur du contrat de substitution de mère. En vertu de l'art. 353-1 c. pén., « sera puni de dix jours à six mois d'emprisonnement et de 500 à 20 000 F d'amende : 1° Quiconque aura, dans un esprit de lucre, provoqué les parents ou l'un d'eux à abandonner leur enfant né ou à naître; 2° Toute personne qui aura fait souscrire ou tenté de faire souscrire, par les futurs parents ou l'un d'eux, un acte aux termes duquel ils s'engagent à abandonner l'enfant à naître, qui aura détenu un tel acte ou aura tenté d'en faire usage; 3° Quiconque aura, dans un esprit de lucre, apporté ou tenté d'apporter son entremise pour faire recueillir ou adopter un enfant ».

III. Conclusion

Ce sera l'honneur des professions juridiques que de s'être refusées à collaborer à de telles exactions. Leurs traditions leur apprennent que, là où de véritables découvertes médicales apportent de véritables progrès, aucune reconnaissance juridique n'est généralement nécessaire. Les lois sur les prélèvements d'organes, par exemple, ont seulement organisé la mise en œuvre de principes qui pouvaient être préalablement dégagés du droit positif. Les professions juridiques sauront résister à la tentation perverse d'avoir l'air « à la page ». « Ceux qui n'ont pas eu d'autre souci que de « marcher avec leur temps », épousant ses goûts, ses idées, ses passions, ses préjugés, ses engouements, ses manies, – ceux-là seront vite vieillis, dépassés. Ils sont, comme on dit, « à la page » : mais une page est vite tournée » (H. de Lubac, *Paradoxes*, suivi de *Nouveaux Paradoxes*, Paris, Seuil, 1983, p. 79). Ceux qui songeraient ainsi à « marcher avec leur temps » devraient bien penser qu'en favorisant l'utilisation de faux remèdes à la stérilité, ils retardent inévitablement la recherche des vrais.

LE PRINCIPE DE CONFIDENTIALITÉ DE L'ARBITRAGE COMMERCIAL INTERNATIONAL

1987

Emmanuel Gaillard

Professeur à l'Université de Lille II,
Avocat au barreau de Paris

Il est devenu de bon ton de prendre l'exact contre-pied des qualités que l'on prêtait volontiers à l'arbitrage international et d'insister sur le fait que ce mode de résolution des différends est long, coûteux et qu'il ne préserve guère plus la sérénité des relations commerciales des parties que le procès porté devant les juridictions étatiques. Aussi, dans une vision désabusée du droit, lui reconnaît-on surtout aujourd'hui le mérite de n'avoir, dans l'ordre international, aucun concurrent sérieux, faute de juridiction supranationale susceptible de connaître de litiges de droit privé[1].

Ce scepticisme affiché est assurément fondé pour le coût et la durée. En revanche, il n'est pas de mise à l'égard de deux des avantages que continue de présenter l'arbitrage par rapport aux juridictions étatiques : la confidentialité et le fait qu'il reste, paradoxalement, beaucoup plus facile d'exécuter une sentence arbitrale dans le monde qu'il ne l'est d'exécuter à l'étranger une décision émanant d'une juridiction étatique[2].

S'il convient d'insister sur la confidentialité de l'arbitrage international, c'est que ce caractère, qui, traditionnellement, avait valeur de principe, a récemment subi des atteintes que l'on peut estimer dangereuses pour l'institution (I) et qu'une réaction se fait jour, qui mérite d'être mise en lumière et, selon nous, encouragée (II).

I. Les atteintes à la confidentialité

On comprend assez bien les raisons qui expliquent le souci de cantonner, de diverses manières, la confidentialité de l'arbitrage.

La connaissance de la teneur des sentences est, en effet, la condition première de la formation d'une véritable « jurisprudence arbitrale internationale ». Or, si la légitimité et l'existence même d'un tel phénomène de création du droit par les arbitres du commerce international sont très vigoureusement contestées en

1. Comp. Ph. Fouchard, *L'arbitrage commercial international*, Dalloz, 1965, n°s 2 s.
2. Cela tient à l'existence de conventions internationales limitant les chefs de contrôle des sentences arbitrales au stade de l'*exequatur* et notamment à la Convention de New York du 10 juin 1958 sur la reconnaissance et l'exécution des sentences arbitrales étrangères, très largement ratifiée, ainsi qu'au relatif échec des tentatives analogues en matière de jugements.

doctrine[3], des forces également puissantes tendent à voir dans la formation prétorienne du droit une source privilégiée de la création d'un droit réellement international[4]. Sans qu'il soit besoin de se prononcer à cette place sur cette controverse, il suffit de constater, pour que la question de la confidentialité se pose, qu'en *fait* les arbitres se montrent très soucieux des précédents, que ce soit pour s'en démarquer ou pour se rallier au courant dominant[5]. Il en résulte une tendance, parfois excessive, des arbitres à l'*obiter dictum* et un souci répandu de « faire jurisprudence »[6]. On aurait tort de minimiser l'importance du phénomène. C'est toute la conception de l'arbitrage international – chose des parties ou mécanisme supra-national de résolution des différends – qui se trouve ici en cause.

C'est cette aspiration d'une partie de la communauté internationale à la formation d'un droit prétorien qui nous paraît constituer le facteur le plus puissant de limitation des effets d'ignorance à laquelle pourrait conduire une conception trop rigide de la confidentialité de l'arbitrage[7].

Les limitations – et parfois les atteintes – à la confidentialité qui en résultent empruntent des voies diverses.

A. Il arrive que la dérogation résulte du système d'arbitrage choisi par les parties

Toutes les institutions d'arbitrage n'ont pas la même conception du point d'équilibre idéal entre la confidentialité et l'effet d'enseignement, sinon d'entraînement, susceptible de résulter d'une meilleure connaissance du fonctionnement de l'institution et de sa jurisprudence arbitrale. La Chambre de commerce internationale (C.C.I.) se fait de la confidentialité une conception justement rigoureuse. Les sentences arbitrales rendues sous son égide ne sont connues, sous leur seul numéro, que par la publication d'extraits auxquels le nombre assure un anonymat absolu[8]. Le Centre international pour le règlement des différends relatifs aux investissements (C.I.R.D.I.), créé sous les auspices de la Banque mondiale, a adopté une politique différente. Il diffuse régulièrement des informations sur la composition des juridictions arbitrales constituées sous son égide, l'identité des parties et l'état des procédures en cours[9]. Seule la teneur des sentences est gardée secrète en application de l'art. 48 de la Convention de

3. V. spéc. A. Kassis, *Théorie générale des usages du commerce*, L.G.D.J., 1984, n°s 782 s.

4. V. par exemple, B. Goldman, La *lex mercatoria* dans les contrats et l'arbitrage internationaux : réalité et perspectives, *Clunet* 1979.475.

5. V. dans le contexte de l'arbitrage C.C.I., Derains et Jarvin, obs. *Clunet* 1983.889, et dans le contexte de l'arbitrage C.I.R.D.I., nos obs. *Clunet* 1986.199 et 1987.157.

6. V. *Clunet* 1986.200 et les développements, manifestement adressés à l'institution arbitrale, sinon au législateur international, plutôt qu'aux parties en cause, dans la décision prise par le comité *ad hoc* constitué dans l'affaire *Amco Asia* c. *République d'Indonésie, Clunet* 1987.145.

7. Comp. Ph. Fouchard, *op. cit.*, n°s 630 s.

8. V. la chronique régulière des sentences arbitrales C.C.I. assurée au *Clunet* depuis 1974 par M. Derains, puis par MM. Derains et Jarvin. L'existence de cette chronique a puissamment contribué à la formation d'une véritable « jurisprudence arbitrale ».

9. V. not. la publication semestrielle du Centre, *News from ICSID*.

Washington du 18 mars 1965[10] qui a mis en place ce système d'arbitrage entre États souverains et investisseurs étrangers. Dans sa version révisée au 26 sept. 1984, le règlement d'arbitrage pris en application de l'art. 6 de la Convention accentue la possibilité de connaître la « jurisprudence arbitrale » du C.I.R.D.I. En y adhérant, les parties sont en effet censées donner implicitement au Centre la possibilité d'« inclure dans ses publications des extraits des règles juridiques appliquées par le tribunal »[11].

B. Parfois, la dérogation – ou l'atteinte – au principe de la confidentialité résulte de l'attitude des parties elles-mêmes

Il arrive que les parties consentent l'une et l'autre à la publication de la sentence[12], mais, le plus souvent, si accord il y a, c'est au contraire pour ne pas divulguer la teneur de l'accord auquel elles sont parvenues sur le fond. Ainsi, même si cet accord est incorporé dans une sentence – ce qui lui ouvre le bénéfice de la Convention de New York du 10 juin 1958 – cette sentence est le plus souvent tenue secrète. De ce fait, les voies de la connaissance des sentences par la doctrine résultent fréquemment de l'attitude unilatérale de l'une des parties au litige, que l'on n'a aucune peine à imaginer être la partie sortie victorieuse de l'instance arbitrale. Certaines sentences ont été publiées sans indication de la source par laquelle elles sont parvenues à la connaissance de l'éditeur[13]. Parfois, la publication est ouvertement unilatérale[14]. Il arrive que celle-ci soit accompagnée de l'avertissement du conseil d'une partie indiquant l'intérêt de la publication

10. L'art. 48 dispose que « Le Centre ne publie aucune sentence sans le consentement des parties ». – V. le texte de cette Convention, *Clunet* 1966.50 avec le commentaire de G. Delaume, p. 26 s.

11. Aux termes de l'art. 48 du règlement, « le centre ne publie pas la sentence sans le consentement des parties ». Le règlement révisé au 26 sept. 1984, applicable aux arbitrages nés de clauses postérieures à cette date, ajoute : « Toutefois, le centre peut inclure dans ses publications des extraits de règles juridiques appliquées par le tribunal ». – V. *Clunet* 1986.314. Naturellement, en raison de la valeur supplétive du règlement (v. Civ. 1re, 18 nov. 1986, *Clunet* 1987.125 et la note), les parties pourraient exclure une telle publicité en manifestant, à tout moment, leur volonté commune en ce sens.

12. V. par ex., dans le contexte de l'arbitrage C.I.R.D.I., la « sentence anonyme de 1984 sur la compétence » publiée au *Clunet* 1986.221.

13. V. par exemple la publication de l'original français de la sentence rendue par MM. Trolle, président, Dupuy et Rouhani, le 30 nov. 1979 dans l'affaire *A.G.I.P.* c. *Rép. populaire du Congo, Rivista di diritto internazionale*, vol. LXIV, 1981.868. – V. ensuite, *Rev. crit. dr. internat. privé* 1982.92, note H. Batiffol.

14. V. par exemple la publication, autorisée par le demandeur, de la sentence C.C.I. rendue le 11 mars 1983 dans l'affaire *S.P.P.* c. *République arabe d'Égypte*, par MM. Bernini, président, et Littmann, M. El Ghatit étant le troisième arbitre. Cette sentence a été ultérieurement annulée par Paris, 12 juill. 1984, *Clunet* 1985.130, note B. Goldman ; *Rev. arb.* 1986.75, commentaire Ph. Leboulanger, p. 3. – V. également la traduction anglaise de l'original français de la sentence C.C.I. rendue le 5 mars 1984 sur la compétence par MM. Bücher, président, Bellet et Mangard, arbitres, dans l'affaire *Westland* c. *A.O.I. et autres*, publiée 24 *International Legal Materials* 1022 (1985) ; v. aussi *Clunet* 1985.232. – Parfois une sentence est publiée sous une forme anonyme, puis de façon intégrale (v. par exemple la sentence *Kowait* c. *Aminoil*, rendue le 24 mars 1982 par MM. Reuter, président, Sultan et Fitzmaurice, avec une opinion séparée de M. Fitzmaurice, publiée anonymement au *Clunet* 1982.867, commentaire de Ph. Kahn, p. 844, puis intégralement 21 *International Legal Materials* 976 [1982]).

pour l'évolution du droit international en général et pour la connaissance de l'institution arbitrale en cause[15].

Certaines des grandes affaires d'arbitrage international connaissent ainsi une publicité considérable, sinon une véritable guerre de publications, dont on ne serait pas en peine de donner de nombreux exemples[16].

L'intérêt de la connaissance de ces sentences par la doctrine est réel. Cependant, les inconvénients de la publication unilatérale des sentences arbitrales, de ses hasards ou de ses arrières-pensées, sont tels que la confidentialité de l'arbitrage mérite de conserver la valeur de principe qui lui était traditionnellement reconnue.

II. La permanence du principe de confidentialité

En l'absence de données statistiques, il n'est guère possible de prouver de façon scientifique l'attachement des opérateurs du commerce international à la confidentialité de l'arbitrage. Cependant, l'impression est très forte que les entreprises et les États – qui sont de plus en plus fréquemment parties aux grands litiges du commerce international – y demeurent extrêmement sensibles[17]. Ce serait sans doute une erreur de croire que cette préoccupation, réelle, des entreprises se limite au souci de ne pas divulguer tel secret de fabrication ou d'échapper à la curiosité du fisc. La publicité susceptible d'être donnée à l'échec de tel ou tel des grands « projets » du commerce international qui font l'objet du contentieux arbitral, est susceptible de causer, à l'une comme à l'autre des parties, un préjudice commercial réel. Ce dommage peut être réalisé avant même que la nature des responsabilités de chacun soit arrêtée par une décision définitive et l'on sait le temps que cela peut prendre. Les États sont plus attachés encore à la confidentialité et ce, tant en raison de l'ambivalence de leur activité que de la permanence de leur statut. S'ils agissent souvent aujourd'hui en qualité de

15. V. par exemple la publication des sentences rendues les 25 sept. 1983 et 20 nov. 1984 par MM. Goldman, président, Rubin et Foighel, dans l'affaire *Amco* c. *République d'Indonésie*, 23 *International Legal Materials* 351 (1984) et 24 *International Legal Materials* 1022 (1985), qui a été accompagnée d'une affirmation du conseil de la demanderesse que l'on peut traduire ainsi : « Nous croyons que la décision unanime du tribunal est le produit d'une analyse substantielle conduite par d'éminents juristes et que sa publication non seulement intéressera les avocats internationaux mais servira à faire avancer le droit et l'ordre international en général et plus particulièrement les litiges relatifs aux investissements entre États et ressortissants d'autres États » (La sentence du 20 nov. 1984 a été annulée le 16 mai 1986 par un comité *ad hoc* composé de MM. Seidl-Hohenveldern, Feliciano et Giardina. – Sur l'ensemble de la question, v. obs. *Clunet*, 1987.145).

16. V. par exemple, dans l'affaire *Klôckner* c. *République du Cameroun*, J. Paulsson, « Les obligations des partenaires dans un accord de développement économique : la sentence arbitrale *Cameroun* c. *Klöckner* », *Rev. arb.* 1984.19, et la réponse de F. Niggermann, « *The ICSID Klöckner* v. *Cameroon Award* : The Dissenting Opinion », 1 *J. Int. Arb.* (1984) et dans l'affaire *Amco* c. *République d'Indonésie*, W. Rand, « ICSID Arbitration award annuled for investment shortfall », *International Arbitration Report*, 1986.575, et la réponse de C. Lamm, Winning firm objects to summary of Amco Asia Dismissal, *ibid.* oct.1986.795.

17. V. en ce sens, R. David, *L'arbitrage dans le commerce international*, éd. Economica, 1982, n° 11 ; S. Mc Clendon et R. E. Goodman, *International commercial arbitration in New York*, New York, 1986, p. 4 ; B. Oppetit, « Les États et l'arbitrage international : esquisse de systématisation », *Rev. arb.* 1985.495.

commerçants et participent à ce titre aux procédures de règlement des litiges du commerce international, les États doivent également et surtout assumer leur fonction de puissance publique. C'est la raison pour laquelle ils se montrent généralement soucieux d'éviter que des différends purement commerciaux, quelle qu'en soit l'issue, puissent, par la publicité intempestive qui pourrait leur être donnée, ternir leur image de souverain. L'intégrité de cette image leur importe d'autant plus qu'à la différence de leurs partenaires privés, qui jouissent d'une très grande liberté dans le choix des formes juridiques destinées à structurer leur activité internationale, les États ne peuvent à l'évidence pas se restructurer, se dissoudre ou se mettre en sommeil pour exercer leurs activités sous d'autres formes ou d'autres noms commerciaux.

Ce simple constat de fait de l'attachement des parties à la confidentialité de l'arbitrage ne suffit sans doute pas à justifier sa valeur de principe. Cependant, même si dans la plupart des systèmes juridiques la règle de la confidentialité n'est pas écrite, la tradition est telle que les parties sont en droit de penser que, à défaut de stipulation contraire, la sentence ne fera l'objet d'aucune publicité sans leur consentement conjoint. Le règlement d'arbitrage de la C.N.U.D.C.I. le précise expressément en son art. 32[18] et l'art. 48 de la Convention de Washington mettant en place le C.I.R.D.I. va dans le même sens[19]. Cette convergence de la pratique internationale permet de voir dans la confidentialité un principe de droit supplétif et explique sans doute les réactions qui se sont fait jour récemment, tant dans la jurisprudence internationale qu'étatique, à l'encontre des atteintes portées à ce principe.

A. Le principe de confidentialité a tout d'abord trouvé un certain renfort dans la jurisprudence arbitrale elle-même

Dans l'affaire opposant le groupe allemand *Klôckner* à la *République du Cameroun* devant un tribunal arbitral constitué sous l'égide du C.I.R.D.I., la sentence du 21 oct. 1983 condamnant le groupe Klôckner en des termes assez sévères a été publiée à l'initiative de la société[20]. La sentence a ensuite fait l'objet d'un recours en annulation devant un comité *ad hoc* constitué en application de l'art. 52 de la Convention de Washington. Entre autres griefs, Klöckner alléguait le « manque évident d'impartialité » de la sentence. Bien qu'il refuse d'annuler la sentence de ce chef, le comité *ad hoc* prend soin de préciser que cela « ne signifie pas que la demande (en annulation) ait eu à cet égard un caractère téméraire, si l'on prend en considération notamment la sévérité des appréciations d'ordre moral portées par le tribunal à l'égard de la demanderesse *et le préjudice moral susceptible d'en résulter pour celle-ci (et ce d'autant plus que la sentence a fait ensuite l'objet d'une publication par les soins du conseil de la défenderesse)* ». Le comité *ad hoc*, composé de MM. P. Lalive, président, A. El Kosheri et I. Seidl-Hohenveldern,

18. Ce texte dispose : « la sentence ne peut être publiée sans le consentement des deux parties ».
19. V. *supra*, notes 10 et 11.
20. V. le texte de la sentence *Clunet* 1985.409, et nos obs. *Clunet* 1987.137, ainsi que les références citées *supra*, note 16.

marque ainsi, indirectement mais de manière très claire, son attachement au principe de confidentialité de l'arbitrage. En déniant au chef de demande d'annulation en cause tout caractère abusif, il en tire une conséquence de droit positif[21].

Dans l'affaire opposant la Soc. *Amco Asia*, société de droit de Hong Kong, à la *République d'Indonésie* devant un autre tribunal arbitral C.I.R.D.I., la publication, au cours de l'instance arbitrale, de propos tenus sur le différend donnés par les dirigeants de la Soc. Amco, à un journal de Hong Kong, a soulevé à nouveau la question de la confidentialité de l'arbitrage. Fondant sa requête sur l'art. 47 de la Convention de Washington, qui permet au tribunal de « recommander toutes mesures conservatoires propres à sauvegarder les droits des parties », l'Indonésie a demandé au tribunal arbitral d'enjoindre à Amco de s'abstenir de toute action susceptible d'exacerber le différend et notamment de s'abstenir de toute « propagande » tendant à présenter son point de vue en dehors de l'instance arbitrale, dans le but de « décourager les investissements étrangers en Indonésie ». L'Indonésie invoquait au soutien de sa demande l'« esprit de confidentialité » qui doit présider à l'instance arbitrale. Le 9 déc. 1983, le tribunal arbitral, composé de MM. Goldman, président, Rubin et Foighel, arbitres, a rendu une décision par laquelle il estime que l'article litigieux ne pouvait pas causer un préjudice effectif à l'Indonésie... qui avait elle-même largement décrit sa position dans des articles indonésiens. De ce fait, le tribunal n'a pas eu véritablement à se prononcer sur le principe de confidentialité pour rejeter la mesure conservatoire sollicitée par l'Indonésie[22].

B. Le principe de confidentialité a été consacré de manière plus nette encore par la jurisprudence française

N'ayant pas obtenu satisfaction à l'issue d'une instance arbitrale s'étant déroulée à Londres, un plaideur a intenté devant la cour d'appel de Paris une action tendant à voir prononcer la nullité de la sentence arbitrale rendue à Londres le 31 déc. 1983 par Lord Wilberforce. Par arrêt en date du 18 févr. 1986[23], la cour d'appel de Paris a estimé que le recours en annulation ainsi formé « doit être déclaré irrecevable dès lors qu'aucune disposition de la loi ne permet l'exercice d'une telle voie de recours qui est réservée par l'art. 1504 nouv. c. pr. civ. aux seules sentences arbitrales rendues en France en matière d'arbitrage international », les parties ne pouvant déroger à ces dispositions d'ordre public.

21. Sur l'ensemble de l'affaire, v. *Clunet* 1987.164.

22. V. l'original anglais (... publié avec l'autorisation unilatérale du conseil de la Soc. Amco... !) *in* 24 *International Legal Materials* 365 (1985). Il y a lieu de noter que la sentence ultérieurement rendue sur le fond dans cette affaire le 20 nov. 1984 a été annulée par un comité ad *hoc* composé de MM. Seidl-Hohenveldern, président, Feliciano et Giardina, le 16 mai 1986. – Sur l'ensemble de la question, v. notre chronique d'arbitrage C.I.R.D.I., *Clunet* 1987.135. On trouvera, ci-dessous en Annexe, en traduction non officielle française, la décision prise par le tribunal le 9 déc. 1983.

23. V. le texte de l'arrêt *infra*, p. 339 et *Rev. arb.* 1986.583 note G. Flécheux. L'auteur de cette chronique tient à signaler qu'il a participé à l'affaire comme conseil d'une partie. L'arrêt n'a pas fait l'objet d'un pourvoi en cassation.

Sur la demande reconventionnelle du défendeur, la cour d'appel a condamné le demandeur à d'importants dommages-intérêts pour avoir « permis un débat en audience publique de faits qui devaient demeurer confidentiels ». Pour ce faire, la cour pose, pour la première fois en droit français et de manière très solennelle, le principe qu'« il est de *la nature même de la procédure d'arbitrage* d'assurer la meilleure discrétion pour le règlement des différends d'ordre privé ainsi que les deux parties en étaient convenues ». Fondée sur la nature même de la procédure d'arbitrage, alors que le décret du 12 mai 1981, portant référence du droit français de l'arbitrage international, était resté muet sur ce point, cette décision audacieuse de la 1re chambre supplémentaire de la cour d'appel de Paris, spécialisée en matière d'arbitrage, fait ainsi entrer de plain-pied le principe de confidentialité de l'arbitrage international dans le droit positif français.

*

* *

L'examen de cette jurisprudence, tant arbitrale qu'étatique, conduit à conclure que la confidentialité de l'arbitrage conserve aujourd'hui encore une valeur de principe, susceptible de ne céder que devant la volonté commune des parties en sens contraire. Il est permis de s'en réjouir, dès lors que la publication d'extraits anonymes de sentences suffit à assurer une connaissance minimale d'une « jurisprudence arbitrale » en perpétuelle formation.

Annexe

Décision du 9 décembre 1983 (sur la requête de l'Indonésie tendant à la recommandation de mesures conservatoires) rendue dans l'affaire *Amco Asia* C. *République d'Indonésie*, par MM. Goldman, pr., E.-W. Rubin et I. Foighel, arbitres (original anglais, 24 *International Legal Materials* 365 [1985]) :

1. – Le 30 sept. 1983, la République d'Indonésie (la défenderesse) a formé une demande en recommandation de mesures conservatoires concluant qu'il « plaise au tribunal de recommander comme mesure conservatoire en application de l'art. 47 de la Convention C.I.R.D.I. que les demandeurs ne prennent aucune mesure d'aucune sorte qui soit susceptible d'exacerber ou d'étendre le litige soumis au tribunal et en particulier qu'ils s'abstiennent de promouvoir, stimuler ou susciter la publication d'articles de propagande présentant leur demande de façon tendancieuse en dehors de ce tribunal ou de toute autre manière dans le but de décourager les investissements étrangers en Indonésie ».

En fait, la défenderesse soutient que ces mesures conservatoires seraient justifiées par un article publié en première page d'un journal de Hong Kong, *The Business Standard*, le 27 juin 1983. Selon la défenderesse, un tel article, qui rapporte diverses allégations attribuées à M. J. K. Tan, « détenteur du contrôle des demanderesses », au sujet de la prétendue nationalisation de l'hôtel Kartika Plaza, de la procédure devant les juridictions de Djakarta et de la demande d'arbitrage formée devant le C.I.R.D.I., contenait une version tendancieuse de la position de la demanderesse « sur un ton destiné à porter atteinte à la perception internationale du climat d'investissement en Indonésie ». Tout en admettant que « la publication d'un seul article dans un journal à la publication si limitée pouvait difficilement constituer plus qu'un embarras pour elle », la défenderesse soutient également que cela « pouvait conduire à une sérieuse exacerbation du différend existant entre les parties et un préjudice irréparable à l'économie de l'Indonésie ».

En droit, la défenderesse se fonde sur l'art. 47 de la convention C.I.R.D.I. qui permet au tribunal de « recommander toutes mesures conservatoires propres à sauvegarder les droits des parties ».

De plus, la défenderesse soutient que les agissements des demanderesses sont incompatibles avec l'acceptation de l'arbitrage C.I.R.D.I. qui, selon l'art. 26 (de la convention), est faite « à l'exclusion de tout autre recours » et avec « l'exigence de bonne foi inhérente à toutes les procédures internationales et qui s'applique certainement à l'arbitrage C.I.R.D.I. ».

Enfin, sur le fondement de diverses dispositions de la convention (art. 48 [5]) et du règlement d'arbitrage (art. 48 [4], 37 [2], 6 [2], 15 et 31 [2]), la défenderesse soutient que « les agissements des demanderesses sont incompatibles avec l'esprit de confidentialité qui s'applique à ces procédures arbitrales internationales ».

2. – Le 28 oct. 1983, les demanderesses ont soumis au tribunal une réplique qui conclut que « le tribunal doit s'abstenir de prendre les mesures conservatoires sollicitées aux motifs qu'elles ne sont pas nécessaires, qu'elles seraient contraires au règlement, qu'elles seraient sans précédent et qu'elles seraient impossibles à faire respecter ».

En fait, les demanderesses produisent trois articles publiés en Indonésie en 1982 et 1983, soit antérieurement à la publication de l'article du journal de Hong Kong. Deux de ces articles sont produits avec des traductions partielles qui montrent qu'ils contiennent une description de l'affaire semblable à celle faite par la défenderesse dans la procédure arbitrale.

De plus, les demanderesses soutiennent que l'article du *Business Standard* n'a causé aucun dommage à l'Indonésie et affirment que l'Indonésie n'a subi aucun préjudice, qu'elles n'ont jamais eu aucune intention de décourager les investissements internationaux en Indonésie et n'en ont jamais eu le pouvoir.

En droit, elles soutiennent que la « convention et le règlement d'arbitrage n'interdisent pas à des individus de discuter l'affaire et l'état d'avancement de l'arbitrage, publiquement ou autrement ». Ils soulignent que la défenderesse n'a pas spécifié les droits qu'elle entendrait voir préserver pour les mesures conservatoires sollicitées, comme l'exige l'art. 39 (1) du règlement.

Enfin, revenant aux faits, les demanderesses soulignent que la décision sollicitée serait impossible à contrôler, étant donné que de nombreux membres du Gouvernement indonésien et de nombreux actionnaires d'Amco Asia et de Pan American connaissent l'affaire.

3. – Le tribunal estime, comme l'admet la défenderesse, que l'article publié dans le *Business Standard* ne pouvait avoir causé aucun préjudice réel à l'Indonésie, ni exacerbé ou aggravé le litige juridique porté devant le tribunal; de plus une lecture attentive de cet article montre que la description qu'elle contient est présentée comme fondée sur les propos supposés de M. Tan (sans être une *interview)* et dès lors qu'il ne relate pas de faits dont l'auteur garantirait la vérité.

À cet égard, il se pourrait bien que les descriptions faites par les articles indonésiens produits par les demanderesses aient pu avoir une influence plus grande sur la perception de l'affaire par les lecteurs.

De plus, les demanderesses soulignent justement que l'art. 39 (1) du règlement d'arbitrage, mettant en application la disposition générale de l'art. 47 de la Convention de Washington, requiert que les parties qui sollicitent des mesures conservatoires spécifient les droits que de telles mesures seraient destinées à protéger. À l'évidence, les droits que vise cette disposition sont les droits litigieux et aucun de ces droits ne peut être mis en péril par la publication d'articles tels que ceux qui sont produits par chacune des parties. Au surplus, il ne peut pas être sérieusement soutenu que l'article du *Hong Kong Business Standard* ait pu avoir une influence quelconque sur l'économie de l'Indonésie.

Il est possible qu'une large campagne de presse puisse avoir une telle influence. Mais, même dans une telle hypothèse, elle ne mettrait pas en cause les droits litigieux; et, en toute hypothèse, le seul article produit par la défenderesse ne permet pas de supposer que les demanderesses préparent une telle campagne.

Cet article ne prouve pas davantage la mauvaise foi des défenderesses dans la procédure arbitrale et, à l'évidence, un tel article, serait-il prouvé qu'il ait été suscité par les demanderesses, ne signifie pas que celles-ci aient eu recours à une autre voie de droit que l'arbitrage C.I.R.D.I.

4. – Enfin, quant à l'« esprit de confidentialité » de la procédure arbitrale, il est vrai que la convention et le règlement d'arbitrage n'interdisent pas aux parties de révéler leur affaire; là encore, il doit être observé que les articles publiés en Indonésie ont donné aux lecteurs plus de détails sur la procédure arbitrale que celui publié dans le *Hong Kong Business Standard*.

5. – Toutes ces remarques n'entendent affaiblir d'aucune manière la règle, saine et juste, selon laquelle les deux parties à l'instance doivent s'abstenir, dans leur propre intérêt, de faire quoi que ce soit qui puisse aggraver ou exacerber le litige, rendant en cela sa solution plus difficile. Cependant, dans les circonstances de l'espèce, le tribunal ne constate aucun indice de l'intention de l'une ou de l'autre partie de prendre des mesures qui pourraient avoir de telles conséquences. De ce fait, le tribunal n'estime pas approprié de faire une recommandation aux parties – qui, de plus, n'est pas sollicitée par les demanderesses –, une telle recommandation ne paraissant pas nécessaire en l'état.

6. – Par ces motifs, le tribunal rejette la demande tendant à la recommandation de mesures conservatoires.

Fait à Paris le 9 déc. 1983 au nom du tribunal arbitral,
le président du tribunal : B. Goldman

L'ADOPTION À TOUT FAIRE

1987

Jean Hauser

Professeur à la Faculté de droit de Bordeaux

1. – Avec une prescience aussi remarquable qu'habituelle M. Raynaud, commentant la réforme de l'adoption par la loi du 11 juill. 1966[1], notait dans une métaphore significative « qu'une nappe d'eau qui s'étend sur une plus vaste surface perd nécessairement de sa profondeur ». En 1987, et pour poursuivre sur cette image, l'adoption paraît bien arriver à l'étiage. La mode est à l'adoption « à tout faire ».

2. – Il est vrai que les avatars de l'adoption sont anciens. Technique à but successoral en droit romain, ce n'est qu'après une longue éclipse due au poids de la filiation biologique qu'elle va renaître, d'abord sous la forme romaine assez peu pratique, puis sous une forme très différente dans la perspective de donner un foyer à des enfants et des enfants à un foyer. Mais, dans tous les cas, l'adoption demeurait liée à un but, successoral ou familial, en général étranger à la filiation biologique. C'était même ce qui en faisait le mystère et expliquait bien des controverses désormais lointaines. Aussi bien, pour offrir plus de souplesse dans les moyens, a-t-on distingué entre adoption plénière (c. civ., art. 343 et s.) et adoption simple (c. civ., art. 360 et s.). Dans les deux cas, et sauf hypothèses marginales, il s'agissait bien d'établir une famille de force et d'étendue variables mais fondée sur une fiction juridique de parenté. L'adoption demeurait une technique intégrée à la notion de famille par décision de la loi[2].

3. – Il semble bien qu'il n'en soit plus ainsi sous l'influence de deux causes conjuguées. D'abord le modèle familial de référence s'est largement désagrégé. Il est vrai que, quant à l'adoption, le législateur y a largement contribué. En permettant l'adoption plénière par un célibataire sous la seule condition d'âge, il a accepté – au moins à titre symbolique – de ne plus se référer à un modèle donné d'organisation familiale et a encouragé implicitement un glissement de l'adoption. C'est encore le législateur qui, confronté à certaines difficultés, est intervenu par la loi du 22 déc. 1976 pour faciliter notamment l'adoption de l'enfant d'un conjoint[3], reconnaissant ainsi une nouvelle carrière à la technique adoptive. Encore quelques conditions d'âge, il est vrai parfois assouplies, marquaient-elles des bornes dans le cas de l'adoption plénière. Ces bornes, devenues bien fragiles, n'existant pas dans l'adoption simple, l'emballement sera vite inquiétant. Cet emballement a de plus été favorisé par un autre facteur extérieur à l'adoption. En effet, dans le même temps, le droit de la filiation a connu un changement profond lié à la modification des mentalités mais aussi à celle de la biologie de la

---

1. P. Raynaud, La réforme de l'adoption, D. 1967. Chron., p. 77 et 81.
2. Au sens où l'entendait M. Perrot, *L'influence de la technique sur le but des institutions juridiques*, Paris, 1953.
3. Sur ce point, v. not. P. Salvage-Gerest, L'adoption plénière de l'enfant du conjoint après la loi du 22 déc. 1976, J.C.P. 1982.I.2071.

reproduction. Alors, phénomène nouveau dans un droit jusque-là très normatif, on a assisté à une très forte demande de techniques nouvelles sans affectation préalable, en un mot de techniques indifférenciées. Comme le contrat des art. 1101 et s. c. civ., pourtant la plus vieille des techniques non intégrées, heurte encore les esprits dans son éventuelle application familiale[4], on a tout naturellement songé à l'adoption. De plus, le recours à une procédure faisant appel à un dosage raisonnable de volonté et de contrôle judiciaire pour « déréglementer » le droit des personnes et de la famille s'intégrait bien dans un mouvement d'ensemble. Vingt ans de changement bien tempéré de régime matrimonial, dix ans de pratique des divorces consensuels, constituaient autant de précédents rassurants. L'adoption en général est devenue lentement mais sûrement la technique à tout faire d'une pratique familiale et d'un droit de la filiation en crise.

4. – En deçà d'une étude exhaustive qui dépasserait le cadre de ces simples réflexions, c'est cette évolution déformante qui mérite qu'on réfléchisse en se bornant à quelques exemples. Car si le décrochage de l'adoption par rapport à son esprit d'origine et au modèle familial qui avait présidé à son développement conduit de plus en plus à lui faire produire des effets pervers, c'est jusqu'à un véritable détournement que l'on risque d'aller au détriment de l'image de l'adoption traditionnelle.

I. L'adoption pervertie

5. – Prévue à l'origine (au moins dans sa période moderne) pour donner à un enfant sans filiation ou abandonné un foyer créé par la seule volonté des adoptants, l'adoption, notamment l'adoption plénière, a connu un développement parallèle un peu imprévu en devenant un moyen aux mains de l'un des parents de l'enfant pour l'intégrer dans un nouveau foyer qu'il vient de créer. Substitut des reconnaissances de complaisance pour des enfants déjà nantis d'une filiation, l'adoption est alors curieusement devenue une sorte de contestation de filiation du parent défunt, et parfois une sorte de privilège à l'égard des autres enfants du couple, le tout soumis à l'étrange arbitraire du parent investi de l'autorité parentale.

A. La subrogation parentale

6. – Qui ne souscrirait à l'heureux schéma évoqué par l'article 343-2 c. civ. de la personne adoptant l'enfant de son conjoint pour lui donner ainsi le statut d'enfant du couple. Encore n'est-il pas sans intérêt de rappeler que le procédé a connu quelques sérieux déboires juridiques puisque finalement l'adopté perdant tout lien avec sa famille d'origine… cessait ainsi d'être l'enfant du conjoint de l'adoptant ! Il a fallu l'ajout de l'alin. 2 de l'art. 356 c. civ. pour que l'absurdité fût réglée. L'anicroche était significative. Tout de même on ne pouvait que se réjouir de cette famille fictivement reconstruite autour de l'enfant. Se réjouir, sans réserve si l'en-

4. Peut-être est-ce aussi une insuffisance de la réflexion sur les conventions ? C'est plus le droit de l'acte juridique qui serait en cause que le droit de la famille et des personnes.

fant naturel d'origine trouvait ainsi un parent qu'il n'avait pas eu ; mais était-ce si évident s'il s'agissait de remplacer un parent décédé par le second conjoint du parent survivant ? Hypothèse différente et à laquelle ne correspondaient guère ni les conditions posées par les textes, ni les effets prévus.

7. – Quant aux conditions, on pourrait après tout estimer qu'elles devraient être ici tout à fait spéciales. Le parent, parce qu'il a la chance d'être survivant, n'est pas pour autant « propriétaire » de l'enfant qu'il amènerait avec lui dans son nouveau mariage. Dans une situation équivalente, pour les biens de l'enfant, il sera soumis à l'administration sous contrôle judiciaire. Certes l'adoption est-elle soumise au contrôle du juge mais la pratique ne rassure guère et la capacité du juge à résister à une adoption proposée par le survivant n'est pas toujours évidente. On ne saurait le lui reprocher. Il n'est pas question de tomber dans un sentimentalisme hors de saison sur la mémoire du parent défunt, mais enfin on ne peut non plus faire qu'il n'ait pas existé et créer ainsi un enfant rétroactivement sans filiation sous prétexte de reconstruire l'avenir. Or curieusement rien n'est prévu, ce qui s'explique car le prototype sur lequel on a raisonné était celui de l'enfant naturel ou l'enfant conçu au cours d'une séparation de fait. Ainsi, d'après l'art. 348, al. 2, c. civ., si l'un des parents est mort... le consentement de l'autre à l'adoption suffit. Admettons-le encore si l'adoption s'intègre dans un heureux processus de reconstruction familiale, dans le respect du parent décédé et de sa propre famille. Mais il n'en est pas toujours ainsi et quelques espèces ont bien montré que l'adoption finale est parfois le dernier et triste épisode d'un divorce prononcé ou en cours, repris ou poursuivi mentalement *post mortem*. Admettons encore, il est dans la nature d'oublier. On ne peut toutefois en rester là car le défunt avait peut-être une famille par le sang et les effets de l'adoption plénière sont pour elle inquiétants.

8. – La difficulté n'a pas manqué d'apparaître pour les grands-parents ainsi privés d'une descendance dans le temps même où la loi reconnaît par ailleurs leur existence. Ils ont alors sollicité un droit de visite sur la base de l'art. 371-4, al. 2, c. civ. À titre de consolation, la Cour de cassation vient de le leur accorder[5] et on ne peut que s'en féliciter. Le prix à payer pour une telle solution mérite d'être néanmoins souligné. Qu'on le veuille ou non, il faut renier le principe cardinal de l'adoption plénière : la rupture avec la famille d'origine.

9. – On touche alors au fond de la difficulté : l'adoption n'est pas naturellement faite pour répondre à une telle demande, au moins telle qu'elle est conçue en droit français. La rupture avec la famille par le sang n'avait rien de choquant dans le schéma d'origine parce que, soit tout bonnement elle n'existait pas, soit elle avait abandonné l'enfant et se souciait peu du lien en question. Il faudrait donc aller plus loin[6] et solliciter des juges, en attendant une éventuelle modification des

---

5. Civ. 1re, 5 mai 1986, D. 1986.1.R.307; *Rép. Defrénois* 1986, p. 1035, obs. Massip; *Rev. trim. dr. civ.* 1986.737, obs. Rubellin-Devichi et les références citées. – V. aussi Pau, 21 avr. 1983, D. 1984.108 et notre note; *Rev. trim. dr. sanit. et* soc. 1984.418, obs. Raynaud; *Rev. trim. dr. civ.* 1984.418, obs. Rubellin-Devichi. – De même l'enfant adopté plénièrement conserverait le bénéfice d'une pension d'orphelin, pourtant liée à sa parenté d'origine : Soc. 21 juill. 1986, D. 1987.142, note Massip; *Rép. Defrénois* 1987.320. – Prendrait-on conscience des limites d'une fiction pourtant généreusement sollicitée comme on va le voir ?

6. En ce sens, Rubellin-Devichi, obs. préc. p. 738, et Massip, note préc.

textes, qu'ils ne prononcent dans un tel cas que l'adoption simple où à tout le moins qu'ils prennent toutes précautions et utilisent par exemple les ressources des art. 1171 et s. c. pr. civ.[7]. L'adoption plénière n'est pas un instrument de subrogation parentale dans les mains du parent survivant.

10. – Au-delà on peut s'interroger, dans le cadre de l'autorité parentale et de son exercice, sur l'opportunité de donner compétence pour un acte aussi grave au seul parent survivant. L'adoption plénière n'est pas le mariage. Certes, si l'enfant a plus de treize ans il aura son mot à dire (mais avant ?). Certes, les juges apprécient l'intérêt (mais apparemment cela ne suffit pas toujours). Quand les intérêts patrimoniaux du mineur sont en opposition avec ceux de son tuteur ou de son parent investi de l'autorité parentale, on admet bien l'intervention d'un tiers, tuteur *ad hoc*, subrogé tuteur. Pour un acte aussi grave que le consentement à l'adoption, il ne serait pas inconcevable d'être un peu plus exigeant alors que le parent remarié n'est pas forcément dans les meilleures conditions de liberté pour apprécier. Les ratés de l'adoption sortie de son cadre classique incitent à réfléchir.

B. Le privilège de l'adopté

11. – Les développements récents du droit des successions devraient inciter à plus de prudence encore tant les conséquences de l'adoption peuvent conduire à des effets pervers qui heurtent « la raison et le sens de l'équité »[8]. En résumant des situations complexes rappelons que, poussé à son extrême, le principe de l'égalité successorale des enfants légitimes et adoptifs permet à ceux, parmi les enfants adultérins d'un même individu, qui ont eu la chance d'être adoptés, pour des raisons diverses, de se prévaloir de cette « supériorité » pour diminuer la part successorale *ab intestat* et la part de réserve des autres enfants adultérins[9]. Il n'est pas dans notre objet de discuter du bien-fondé d'une telle jurisprudence qui peut s'autoriser d'une interprétation des textes. On constatera simplement, une fois de plus, que l'adoption, utilisée de plus en plus fréquemment pour tout faire, sécrète des conséquences imprévues qui heurtent le bon sens et permettent tous les calculs. La rupture des liens avec la famille d'origine et l'assimilation aux enfants légitimes, dans l'adoption plénière, se justifiaient dans une autre perspective et deviennent parfois absurdes dans cette nouvelle pratique. Mais la marche de l'adoption vers une technique indifférenciée d'établissement d'un lien entre les personnes peut conduire jusqu'au détournement pur et simple.

---

7. Tous n'ont pas les scrupules exprimés par Paris, 26 févr. 1985, J.C.P. 1986.11.20561, 1re espèce, note F. Boulanger.

8. L'expression est de M. Patarin, obs. *Rev. trim. dr. civ.* 1986.614.

9. Not., Paris, 26 juin 1981, J.C.P. 1983.11.19981 ; *Rev. trim. dr. civ.* 1982.452, obs. Patarin ; *Rép. Defrénois*, 1982.257, et sur pourvoi, Civ. 1re, 8 nov. 1982, *Rép. Defrénois* 1983, p. 443 ; *Rev. trim. dr. civ.* 1983.569, obs. Patarin ; v. les obs. Y. Flour et Grimaldi, *Rép. Defrénois*, préc. – V. encore, Paris, 20 mars 1984, J.C.P. 1985.11.20414, note Rémy et, sur pourvoi, Civ. 1re, 8 oct. 1985, *Bull. civ.* I, n° 249, p. 224 ; J.C.P. 1985.IV.359 ; *Rev. trim. dr.* civ. 1986.615, obs. Patarin. Un tel effet pervers s'était rencontré jadis dans l'arrêt *Bozzi*, Civ. 2 mars 1954, D. 1954.397 ; J.C.P. 1954.II.8021, où la rétroactivité invoquée par un adultérin légitimé avait empêché la légitimation des autres. Pour d'autres difficultés, v. obs. Rubellin-Devichi, préc. 1986.

II. L'adoption détournée

12. – L'adoption, conçue comme un modèle conventionnel, sous contrôle judiciaire, d'une relation de famille peut aller encore plus loin avec, corrélativement, une multiplication des difficultés de fonctionnement.

A. De l'adoption constitutive à l'adoption déclarative ou abdicative

13. – C'est à une sollicitation pressante que devrait encore répondre l'adoption chargée de résoudre l'importante question juridique posée par la pratique des mères porteuses ou de substitution. Afin d'établir un lien juridiquement inexistant entre la mère pour le compte de laquelle la gestation a eu lieu et l'enfant, c'est encore l'adoption qui serait sollicitée. Sans prétendre, et de loin, épuiser le problème, il n'est pas inutile de distinguer quelques cas.

14. – L'adoption semble bien adaptée au cas du couple « commandant » un enfant en vue précisément de l'adopter. Encore faut-il remarquer qu'on risque de tomber sous l'application des textes du code pénal et notamment l'art. 353-1. Le juge chargé de prononcer l'adoption risque de se trouver dans une étrange situation. Par contre, en dehors de ce cas, l'adoption apparaît comme un procédé limité, inadapté et souvent difficile à maîtriser. On peut prendre quelques exemples.

15. – Si la mère porteuse a un rôle limité, c'est-à-dire qu'elle a reçu un ovule de l'épouse fécondé *in vitro* avec le sperme du mari, contraindre la mère « d'origine » à recourir à l'adoption c'est l'obliger finalement à adopter son propre enfant c'est-à-dire recourir à une fiction pour prouver une réalité… Il est possible d'adopter son propre enfant mais ici est-ce de bonne logique ? Sans doute, juridiquement, la mère porteuse est celle qui a accouché, mais ne serait-il pas préférable de prévoir directement l'hypothèse en aménageant la preuve de la maternité[10] plutôt que de recourir à une procédure fictive, détournée de son but et de plus bien compliquée dans les cas où tout le monde est d'accord… et inefficace quand il y aura un désaccord[11] ?

---

10. Imaginons… Serait-il inconcevable, *de lege ferenda*, d'admettre ici une déclaration conjointe devant un juge ? De plus si l'on admet que l'accouchement n'a plus qu'une signification relative, ne faut-il pas, comme pour la paternité, accepter de donner effet à l'absence de possession d'état envers la mère porteuse et, au contraire, à l'existence d'une possession d'état envers les parents ? Le risque d'une contrainte de la parturiente serait exclu, d'abord parce qu'elle peut toujours déclarer l'enfant sous son nom, ensuite parce qu'il lui suffirait de le conserver pour bloquer l'effet de la possession d'état. On priverait l'accouchement de sa signification traditionnelle, mais dès lors qu'on admet le principe de la gestation pour autrui…

11. L'argument selon lequel la gestation pour autrui et l'adoption répondent à la même demande ne nous paraît pas vraiment convaincant (v. Mme Rubellin-Devichi, La gestation pour le compte d'autrui, D. 1985. Chron., p. 147). Le fait que deux techniques tendent au même but ne permet pas forcément de les employer indifféremment, précisément quand il s'agit de techniques intégrées à une institution précise, ce qui est le cas de l'adoption. Mais évidemment, sociologiquement, le rapprochement est très fructueux.

16. – Le recours à l'adoption ne serait-il justifié que par le désir de ne pas voir le législateur intervenir, ce qui peut se défendre, ou, ce qui est plus critiquable, par une certaine hypocrisie qui consisterait à dissimuler derrière une technique honorablement connue un procédé qui inquiète et trouble. Les enfants nés de telles pratiques seraient ainsi « naturalisés » adoptifs ! Mais, dans tous les cas, ce recours n'est imaginable que si la technique choisie convient vraiment. Or, dans cette perspective, à quoi va correspondre le pouvoir du juge, au moins dans le cas considéré ? Imagine-t-on un refus de l'adoption alors que tout le monde est d'accord ? Alors qu'à l'origine l'adoption était conçue pour être constitutive d'un lien, par définition fictif, elle devient déclarative d'un lien, par définition réel.

17. – Si la mère porteuse a eu un rôle beaucoup plus important en ce qu'elle a, à la fois, accepté de concevoir et de porter un enfant après insémination par le sperme du mari, tout devient encore plus délicat. En dehors même du fait que les cas de refus de remise de l'enfant risquent d'être encore plus fréquents, à quoi l'adoption ne pourra rien, la question du choix entre les deux formes d'adoption va alors souvent se poser. Plus précisément c'est le critère du choix, dans une telle occurrence, qui devient délicat. La question est clairement apparue dans une affaire jugée par le tribunal d'Aix-en-Provence le 5 déc. 1984[12] où la mère porteuse était la propre sœur de la mère « finale ». Le choix paraît au tribunal dépendre de l'intérêt moral de l'enfant : faut-il ou non maintenir des liens avec sa famille d'origine ? C'est en effet très important, mais le tribunal s'est-il avisé qu'en ne prononçant que l'adoption simple, pour éviter la rupture totale avec la mère de substitution, il laisse « aussi » à l'enfant tous ses droits successoraux envers elle (c. civ., art. 364) ? Ce ne serait que justice puisqu'il est tout de même son enfant, mais est-ce bien cela qu'on a voulu ? Que se passera-t-il si, celle-ci ayant eu par la suite des enfants (à elle), sa succession doit être ainsi partagée, et pense-t-on que ses vrais enfants, voire son conjoint, supporteront toujours sans discussion la présence d'un successible qui ne doit son titre qu'à un hasard de gestation et qui ensuite est devenu un étranger ? Enfin est-il bon de lui donner ainsi deux titres successoraux envers deux « mères » ? Le procédé est nouveau… et les problèmes successoraux sont loin, mais on n'oubliera pas que souvent les questions sont étroitement liées. Enfin on pourrait se demander si la mère de substitution, devenue mère d'origine, a conscience que, par ce procédé, elle se crée a *priori* un héritier quelle que soit sa vie future.

18. – Tout cela est si évident que, très souvent, la référence à l'adoption se fait plus au modèle abstrait qu'au régime juridique concret du modèle choisi, ou bien encore s'accompagne de propositions d'aménagement. Mais peut-on couper une technique de son statut juridique dans un domaine aussi réglementé ? Et puis, est-il du rôle de l'adoption de remplacer un contrat dans ses effets alors que certains pensent avec quelque vraisemblance qu'il est nul ?[13].

12. Trib. grande instance d'Aix-en-Provence, 5 déc. 1984, J.C.P. 1986.11.20561, note F. Boulanger, qui émet des réserves quant à l'aptitude du juge à apprécier un avenir familial aussi hypothétique : V. *contra*, Rubellin-Devichi, obs. préc.

13. En ce sens, Atias, Le contrat de substitution de mère, D. 1986. Chron., p. 67. – V. aussi, A. Sériaux, Droit naturel et procréation artificielle : quelle jurisprudence ? D. 1985. Chron., p. 53.

19. – Enfin on n'évitera évidemment pas le débat s'il y a désaccord entre les parties. Il n'y a pas d'adoption forcée en droit français encore qu'on puisse imaginer ici de pénibles discussions autour de la notion de désintérêt à l'égard de l'enfant, déjà fort discutée. Faute de concevoir une quelconque obligation sur un tel sujet, on s'en console en faisant remarquer que finalement c'est la mère légale qui gardera l'enfant[14]. En dehors du fait que la solution est peu satisfaisante si elle a seulement porté l'enfant, est-on sûr que là est le problème le plus grave ? Toutes les mères qui accouchent sont-elles donc soucieuses de garder l'enfant ? Demain, n'est-ce pas l'inverse qui risque de se produire avec des parents refusant d'assumer l'enfant non conforme à leur attente ou encore avec des parents ayant simplement changé d'avis. Là encore on n'évitera pas le vrai débat car l'adoption ne sera d'aucun secours[15].

20. – Pourtant il est parfois envisagé d'aller plus loin encore et, cette fois du côté du mari consentant à une insémination, en admettant qu'il serait adoptant par avance de l'enfant à naître. Ici encore on ne reprendra la question que sous le seul aspect de l'utilisation de la technique adoptive. Cette fois l'adoption serait essentiellement abdicative à l'égard d'une action future[16]. On remarquera l'étrange système qui conduit ici à refuser toute contestation au mari alors que, dans le même temps, l'interprétation de l'art. 322, al. 2, a *contrario* conduit à accorder à celui qui n'élève pas l'enfant une action très large. On serait donc finalement tenu plus sévèrement par un consentement ordinaire que par un mariage ! Certes l'action élargie de l'art. 322 s'explique par le fait (sinon se justifie) que le mari n'a pas donné de possession d'état à l'enfant du couple, mais précisément que décidera-t-on si le mari consentant à l'insémination change d'avis et ne donne pas de possession d'état à l'enfant qu'on lui a fait adopter par avance, ce qui est probable ? La jurisprudence de ces dernières années a manifesté son hostilité aux paternités fictives mais cette hostilité n'est pas divisible et le consentement à l'insémination n'est pas plus inattaquable que le consentement au mariage, même si l'un est à la mode et l'autre plus.

21. – En réalité tout ceci nous paraît découler de prémisses inexactes. Ce qui est possible entre parents et enfants étrangers, l'adoption traditionnelle, serait a *fortiori* possible entre parents et enfants unis par un lien de parenté implicite ou par l'intermédiaire d'un conjoint établissant ce lien. Cet *a fortiori* est parfois vrai, il ne l'est pas toujours, car entre étrangers il n'y a pas de « passé » alors qu'ici ce passé peut peser lourd. Enfin le drame supplémentaire que peut constituer le divorce pour l'enfant adopté devrait inciter à réfléchir avant de généraliser le

14. Mme Rubellin-Devichi (D. 1985 préc.) écrit « la mère qui accouche doit pouvoir garder l'enfant qu'elle a mis au monde si elle le désire, sans être sanctionnée ».

15. Après quelques autres affaires, la Cour suprême du New-Jersey a eu à connaître du refus de la mère porteuse de remettre l'enfant. Le tribunal l'ayant condamnée à le remettre... la Cour a accordé un droit de visite à la mère porteuse *(Le Monde*, 14 avr. 1987) (où l'on en revient au droit de visite... !). Pour le point de vue d'un économiste, v. l'article de P. Fabra, « Baby Market », *Le Monde*, 14 avr. 1987.

16. M. Gobert, Les incidences juridiques des progrès des sciences biologiques et médicales sur le droit des personnes, Rapport au colloque « Génétique, procréation et droit ». – C. Labrusse-Riou, La filiation et la médecine moderne, *Rev. int. dr. comp.* 1986.419 ; Rubellin-Devichi, obs. préc. 1986.572.

procédé, même si ce risque est en partie inévitable[17]. L'adoption, au-delà d'une simple facilité immédiate, paraît bien mal adaptée à un tel rôle, sauf à en changer profondément les règles.

B. L'adoption substitut d'un contrat immoral

22. – Cette inquiétante évolution de l'adoption vers une simple technique indifférenciée a sans doute trouvé son point ultime mais significatif avec le phénomène dénoncé par M. Raynaud des couples adoptifs. Utiliser l'adoption pour « quasi épouser » sa maîtresse ou son concubin de même sexe traduit une demande juridique, sur la légitimité de laquelle on ne se prononcera pas ici, mais dont il est intéressant de constater qu'elle s'est de nouveau portée sur l'adoption[18]. On aurait sans doute tort de croire que le phénomène est marginal donc provisoire car, pour reprendre une boutade célèbre, les bornes passées il n'y a plus de limite[19], ce qui s'applique parfaitement au droit extra-matrimonial de notre époque.

23. – L'adoption à tout faire remplirait dans notre droit de la famille le rôle que remplirent jadis successivement le contrat et la responsabilité civile dans notre droit des obligations : expliquer tout ce qui ne peut s'expliquer autrement. Le parallèle est sans doute plus fructueux qu'il n'y paraît. Dans les deux cas il s'est agi de pallier les insuffisances de la réflexion et de l'innovation juridiques en utilisant une technique connue, au besoin en la déformant gravement. La solution est défendable provisoirement, elle ne saurait s'éterniser sans graves désagréments. L'adoption d'un enfant du conjoint, favorisée en 1976, montre déjà, dans un cas pourtant favorable, les inconvénients d'une extension imprudente du procédé. Mais ce n'est rien auprès des risques futurs. Il faut alors dire de deux choses l'une ; ou bien l'on accepte de replacer la plupart des questions évoquées, (filiation, concubinage, etc.) sur leur terrain naturel qui nous semble être celui de la validité des conventions dans l'état des personnes, ou bien on persiste à se situer dans le cadre de l'adoption et on n'échappera pas alors à une réflexion globale sur l'utilisation de la technique adoptive et, probablement, à l'émergence d'un autre type d'adoption.

17. Dans les textes du Code, famille d'origine et parents par le sang sont employés dans un sens bien précis. Ce vocabulaire appliqué aux hypothèses nouvelles conviendrait-il ? La mère de substitution est-elle parente par le sang ?
18. P. Raynaud, Un abus de l'adoption simple. Les couples adoptifs, D. 1983. Chron., p. 39.
19. Dont la paternité et la formulation exacte sont discutées !

VERS UNE AUTRE LOGIQUE JURIDIQUE
À propos de la jurisprudence de la Cour européenne des droits de l'Homme

1988

Mireille Delmas-Marty

Professeur à l'Université de Paris-Sud

De la possibilité d'une argumentation logique, dépendent la sécurité juridique et aussi une qualité, essentielle à mes yeux, que je nommerai résistance juridique, qualité dynamique marquant la force de contestation et de refus offerte par les systèmes logiques alors qu'elle est exclue dans un système alogique de vérités révélées et non démontrées.

Or, c'est précisément cette possibilité d'une argumentation logique dont beaucoup de juristes viennent à douter quand il s'agit des droits de l'homme. Et c'est ici que la jurisprudence de la Cour européenne des droits de l'homme – si elle paraît dans un premier temps renforcer le doute – suggère aussi l'hypothèse du recours à une logique d'un type nouveau.

Le doute

Pour Michel Villey, le programme des Déclarations est contradictoire… « chacun des prétendus droits de l'homme est la négation d'autres droits de l'homme, et, pratiqué séparément est générateur d'injustice »[1]. Et, dans une perspective différente, D. Loschak, soulignant « l'extrême hétérogénéité de cette catégorie juridique », considère qu'ils « perdent leur dimension juridique » et deviennent « une problématique périmée »[2].

D'autres auteurs sont plus nuancés. Ainsi le philosophe J. Ladrière met l'accent sur « la vertu du concept de droit de l'homme ». Cette vertu c'est qu'il assure la médiation entre deux exigences, celle de la conviction et celle de la discussion. Ainsi les droits de l'homme occuperaient-ils une position intermédiaire : « inspirés par l'éthique, dont ils tentent de traduire l'exigence par rapport à certains aspects fondamentaux de la vie collective, ils sont en même temps étroitement liés au droit, c'est-à-dire à l'institution »[3].

Liés au droit, certes, mais sont-ils pour autant catégorie juridique ?

Si l'on attache à cette catégorie l'exigence d'une logique formelle fondée sur les trois principes aristotéliciens (identité, non-contradiction et tiers exclu), une

1. M. Villey, *Le droit et les droits de l'homme*, P.U.F., 1983, p. 12 et 13. – Également, sur les difficultés d'une hiérarchisation formelle, D. Turpin, Le traitement des antinomies des droits de l'homme par le Conseil constitutionnel, *Droits*, n° 2, 1985, p. 87 s.

2. D. Loschak, Mutation des droits de l'homme et mutation du droit, *Rev. interdisciplinaire d'études juridiques*, Bruxelles 1984.49 et s.

3. J. Ladrière, Droit naturel, droit, éthique, *Rev. interdisciplinaire d'études juridiques* 1984.90.

partie des raisonnements développés par les instances européennes seront qualifiés de non juridiques ou de faiblement juridiques.

Certes, la plupart des juristes admettent des limites à la logique formelle, limites que font apparaître certains travaux sur les techniques d'interprétation. Ainsi, selon Perelman, le système du droit utiliserait simultanément deux logiques : une logique de vérité – présentée sous la forme du syllogisme aristotélicien – et une logique plus souple de l'acceptabilité[4]. Cependant, G. Timsit démontre que les deux concepts se placent sur un plan différent : « si parler de logique de vérité, c'est esquisser un certain type de relations syllogistiques entre normes, parler d'une logique de l'acceptabilité, c'est désigner en revanche non plus des relations entre normes, mais entre normes et destinataires des normes ; c'est-à-dire que l'on change de principe de classification »[5].

En d'autres termes, la relation entre normes juridiques paraît devoir garder la rigidité du syllogisme selon lequel une norme juridique peut seulement appartenir ou ne pas appartenir à un système de droit.

Transposée aux relations entre les pratiques juridiques nationales et le système européen de protection des droits de l'homme, ce type de logique permet seulement deux cas de figures :

- soit l'absence de relation, autrement dit l'indépendance ou la souveraineté nationale ;
- soit une relation hiérarchique de dépendance impliquant la subordination de l'ordre national à l'ordre supranational, autrement dit la primauté du second sur le premier. Dans ce cas, le raisonnement juridique se construira autour du fait que la pratique nationale considérée appartient ou n'appartient pas à l'ordre juridique européen.

Or ces deux cas de figures sont mal adaptés à la réalité européenne : la souveraineté nationale est évidemment un frein à l'idée d'Europe, et la subordination suppose un abandon de souveraineté qui paraît difficilement acceptable au stade actuel de l'histoire – et qui n'est pas, au demeurant, évidemment souhaitable car il implique l'abandon d'une diversité qui fait sans doute la richesse et l'originalité de l'Europe. En outre ils n'expliquent qu'une faible partie des pratiques d'interprétation de la Cour européenne des droits de l'homme.

Deux au moins d'entre elles paraissent échapper aux exigences de la logique formelle : d'une part, l'interprétation de la notion de « matière pénale », qui marque une extension par rapport à la catégorie juridique de droit pénal[6] ; d'autre part celle de « restrictions nécessaires dans une société démocratique »

---

4. Ch. Perelman, *Logique juridique, nouvelle rhétorique*, Dalloz, 2e éd., 1979. – Également sous la direction de M. Van de Kerchove, *L'interprétation du droit, approche pluridisciplinaire*, Facultés universitaires Saint-Louis, Bruxelles, 1978.

5. G. Timsit, *Thèmes et systèmes de droit*, P.U.F., coll. Les voies du droit, 1986, p. 112.

6. V. Code pénal d'hier, droit pénal d'aujourd'hui, matière pénale de demain, D. 1986. Chron. 27. Pour une analyse plus détaillée, par le groupe de recherche Logiques juridiques et droits de l'homme, v. La matière pénale au sens de la Convention européenne des droits de l'homme, flou du droit pénal, *Rev. science crim.* 1987.819.

qui paraît dériver de la catégorie, à première vue plus politique que juridique, de l'État de droit ou de l'État-société démocratique.

Il peut sembler curieux de réunir ces deux exemples, alors qu'un commentateur aussi averti que M. Eissen[7] y voit au contraire l'illustration de deux tendances contraires de la jurisprudence européenne : tandis que la notion européenne autonome de « matière pénale » marquerait, avec l'extension du contrôle européen, la tendance « à la fermeté, voire à l'audace », en revanche pour les « restrictions nécessaires », la Cour reconnaît aux États une marge d'appréciation qui ne ressort pas clairement de la Convention, ce qui illustrerait « une nette propension à la circonspection, voire, au gré de certains, à un conservatisme excessif ».

Pourtant, ces exemples sont symétriques, en ce sens que, dans l'un et l'autre cas, le raisonnement juridique présente la particularité de mettre en relation la norme juridique nationale et la norme européenne sans imposer l'appartenance totale de l'une à l'autre. En somme, le contrôle du « décodage des normes » relève simultanément de deux champs juridiques différents[8].

Certes la symétrie n'apparaît qu'au terme de deux démarches apparemment inverses :

- s'agissant de la « matière pénale », le point de départ du raisonnement est la reconnaissance de la souveraineté nationale – chaque État restant maître en principe de choisir les incriminations et sanctions qu'il place dans la catégorie pénale – ; mais le travail d'interprétation des instances européennes conduit à introduire, pour limiter le risque de « fraude à la convention », un certain contrôle européen ;
- quant aux « restrictions nécessaires dans une société démocratique », il s'agit, à l'inverse, d'une notion qui relève de la Convention européenne mais à propos de laquelle les instances européennes n'imposent pas aux États une obligation d'absolue conformité, dès lors qu'elles admettent une « marge nationale d'appréciation ».

Il demeure que par rapport aux deux cas de figures imposés par la logique formelle – appartenance totale relevant du principe d'identité (donc primauté du droit européen et obligation de conformité des États) et appartenance nulle relevant du principe du tiers exclu (donc souveraineté des États ou violation de la Convention) –, surgit ainsi un cas nouveau, d'appartenance partielle. En effet dans les deux exemples cités, les instances européennes admettent la coexistence d'une marge nationale d'appréciation et d'un contrôle européen et se contentent d'une certaine proximité de la norme nationale par rapport au système européen[9].

Il s'agit là, me semble-t-il, d'une pratique originale de coordination qui paraît bien adaptée à la réalité européenne car elle exclut et la souveraineté absolue des États (négation de l'idée européenne) et leur subordination complète au système européen (négation de la diversité européenne). À côté de l'identité-conformité,

7. M. A. Eissen, La Cour européenne des droits de l'homme, *Rev. dr. pén*, 1986. 1539 s.
8. V. G. Timsit, Sur l'engendrement du droit, *Rev. dr. publ.* 1988, p. 39 s.
9. La notion de proximité paraît appelée à se développer en droit international : v. P. Lagarde, *Le principe de proximité en droit international privé contemporain*, Cours général de droit international privé, *Recueil des cours de l'Académie de droit international de La Haye*, t. 196, 1987.

traditionnellement associée à la pensée juridique, se développe ainsi un nouveau concept de la proximité-compatibilité qui pourrait suggérer une image beaucoup moins conformiste (au sens littéral) de la pensée juridique…

À la condition que le raisonnement demeure « juridique », donc obéisse à une logique.

Or, dans un cas comme dans l'autre, le raisonnement paraît échapper à la logique formelle, dès lors que la relation entre la norme nationale et la norme européenne ne se pose pas en termes binaires d'indépendance ou d'appartenance mais implique un certain degré d'appartenance (appartenance partielle) en deçà duquel la violation de la Convention sera constatée. Dès lors que, par conséquent, ne se retrouvent ni le principe d'identité – la norme nationale n'est pas identique à la norme européenne – ni le principe du tiers exclu – une norme différente de la norme européenne n'est pas nécessairement exclue –, ni le principe de non-contradiction – une même norme peut à la fois être et ne pas être pénale.

La question est de savoir si l'interprétation donnée dans ces deux séries d'exemples, en échappant à la logique formelle, se trouve échapper du même coup à toute logique – consacrant alors l'avènement redoutable d'un gouvernement des juges européens – ou si elle obéit à une autre logique.

L'hypothèse d'une autre logique

Il est vrai qu'accepter l'idée d'une logique juridique autre que formelle peut troubler le juriste, soucieux à juste titre de privilégier tout ce qui aboutit à dégager des règles sûres. Comme le rappelait le doyen Hauriou, « il est normal que dans leur ensemble, les techniques du droit cherchent à limiter la part d'incertitude qu'il y a forcément dans le déroulement des actions humaines; qu'elles s'efforcent de ramener l'aléatoire ou le conditionné à du déterminé ». Par-delà le calcul des probabilités et la théorie des jeux, invoqués par l'auteur à l'appui de son « droit administratif de l'aléatoire »[10], il faut aujourd'hui tenir compte du mouvement général des recherches philosophiques, psychologiques et logiques, récemment regroupées sous le nom d'intelligence artificielle. En effet, avec le développement de l'informatique et l'apparition des systèmes experts, les nécessités de la représentation des connaissances ont stimulé de telles recherches, mettant à jour différentes logiques dites « non standard », les unes se posant en rivales, les autres constituant une extension de la logique aristotélicienne.

Parmi ces logiques « non standard »[11] l'hypothèse de travail proposée ici consiste à considérer que l'interprétation de la Cour, en raison de la gradation qu'elle introduit, pourrait relever de la logique dite « logique floue ».

Certes, l'adjectif « flou » a pour le juriste une connotation malheureuse et peut apparaître comme une véritable provocation. Pourtant, il trouve son origine dans la traduction, généralement admise, du qualificatif anglais « fuzzy » apparu

10. Hauriou, Le droit administratif de l'aléatoire, *Mélanges Trotabas*, L.G.D.J., 1970, 199 s.
11. V. Cl. Rémy, Différentes logiques, *Micro-systèmes* 1987.117. – Également P. Corsi et Ph. Vignard, Comment s'y retrouver, 01 *Informatique*, n°s 931 et 932, nov. 1986.

d'abord dans un article désormais célèbre[12] et repris ensuite dans de très nombreuses publications inspirées par cet article[13].

Aussi faut-il accepter la terminologie existante, quitte à s'en expliquer. Comme on l'a fort bien dit[14], « une discussion sur l'élégance d'une terminologie n'offre aucun intérêt. Il faut aller au fond des choses. Si le mot n'était pas galvaudé, on pourrait parler d'une révolution scientifique puisqu'il s'agit de l'introduction du concept d'imprécision, d'abord dans la mathématique et la logique, puis dans tous les domaines du savoir. Ainsi est renversé le principe en vertu duquel la connaissance scientifique ne saurait porter que sur des données bien définies et même, dans les conceptions les plus strictes, sur des données mesurables. Étendre le champ de la connaissance scientifique aux données floues, c'est-à-dire imprécises, inexactes, mal définies, ne relève plus de l'impossible ou du paradoxe ».

Accepter la terminologie « floue » suppose néanmoins qu'on explique en quoi la logique floue se distingue de la logique formelle, et aussi en quoi elle se distingue du flou non logique.

Par rapport à la logique formelle, la logique floue est une logique de gradation. Elle consiste à admettre qu'entre l'appartenance (principe d'identité) et la non-appartenance (principe du tiers exclu), il y a place pour des situations intermédiaires correspondant à des degrés d'appartenance. Dépassant le principe de non-contradiction lié au raisonnement binaire, la logique floue admet l'appartenance partielle, enveloppant ainsi la logique formelle qui réapparaît aux deux extrémités de l'échelle de gradation (appartenance nulle ou totale). Ainsi s'éclaire la notion de matière pénale. Une même norme juridique peut ne pas appartenir à l'ensemble « droit pénal national » qui fonctionne selon une logique formelle de type binaire et pourtant être qualifiée par la Cour européenne de « matière pénale » parce qu'elle appartient, à un degré jugé suffisant par la Cour, à la tradition pénale commune des États membres.

De même, la protection de l'ordre (par exemple par le recours à des écoutes téléphoniques administratives, face au développement du terrorisme, aff. *Klass* C. *R.F.A.*, 6 sept. 1978) ; ou la protection de la morale (par exemple par le jeu d'une incrimination pénale applicable aux publications jugées « obscènes », aff. *Handisyde* C. *Royaume-Uni*, 7 déc. 1978) peuvent justifier l'ingérence de l'État, donc des restrictions au respect de la vie privée ou de la liberté d'expression. Restrictions qui seront admises à un degré plus ou moins élevé selon l'appréciation portée par chaque État sur la proportion jugée nécessaire entre la mesure d'ingérence et le but légitime invoqué.

---

12. L.-A. Zadeh, *Fuzzy sets, Information and Control*, vol. 8, 1965, p. 338, 352.
13. V. not. A. Kaufman, *Introduction à la théorie des sous-ensembles flous à l'usage des ingénieurs, Éléments théoriques de base*, t. 1, Masson, 2e éd. 1977. – Également Cl. Rémy, *L'intelligence dévoilée ou la logique floue;* Cl. Nédellec, *Conception d'un système expert, ibid.* 1987, p. 201 s. – Pour une application récente, en matière économique, à la théorie de l'équilibre partiel du consommateur, v. A. Billot, *Préférence et utilité floues*, P.U.F., 1987, Travaux et recherches de l'Université de Paris II, sciences économiques, n° 16 ; en politique criminelle, M. Delmas-Marty, *Le flou du droit, du code pénal aux droits de l'homme*, P.U.F., coll. Les voies du droit, 1986.
14. *Préférence et utilité floues*, préc., préface de Cl. Ponsard.

Encore faut-il expliquer en quoi la logique floue se distingue du flou non logique (le terme flou étant alors pris dans son acception courante de vague, indéterminé). En l'état actuel des connaissances, l'évaluation du degré d'appartenance qui caractérise la logique floue doit nécessairement se fonder sur une notion de référence spécifiable, autrement dit sur un concept précis, non flou ; exigence que l'on pourrait exprimer par la formule « flou sur flou ne vaut »[15].

En d'autres termes, si la Cour européenne se contentait de considérer qu'une pratique se rapproche de la tradition pénale commune ou s'éloigne de l'État-société démocratique, sans prendre la peine de spécifier le contenu de ces notions de référence, la qualification qu'elle en déduirait – de « matière pénale », ou de restriction « nécessaire dans une société démocratique » – échapperait à toute logique. Il s'agirait d'une création arbitraire du juge. Au mieux d'un raisonnement par analogie.

En revanche, dans la mesure où elle s'efforce – avec plus ou moins de rigueur et plus ou moins de succès, mais l'effort est indéniable – de spécifier les critères de la tradition pénale commune et ceux de l'État-société démocratique, on peut considérer que son raisonnement relève d'une certaine logique.

Or, précisément, au fil de la jurisprudence, s'affirme cette volonté de spécifier les critères de ces notions de référence implicites que sont la tradition pénale commune des États membres d'une part, la notion d'État-société démocratique, de l'autre.

À cet égard, il faut souligner la réalité et l'ancienneté de la tradition juridique européenne. Plus ou moins présents selon les époques, de grands courants d'échanges ont marqué l'histoire du droit en Europe[16]. Qu'il s'agisse d'influences proprement juridiques (droit romain, droit canon, coutumes germaniques, codifications au XIXe siècle), des courants de pensée philosophique (influence de la pensée grecque ou de la philosophie des Lumières) ou des échanges universitaires qui ont notamment marqué tout le Moyen Age et se sont poursuivis, malgré des éclipses, bien au-delà.

C'est parce que l'Europe n'est pas née avec le Conseil de l'Europe ou les Communautés économiques européennes qu'il est possible, dès à présent, de donner un contenu « européen » à des notions comme la tradition pénale commune ou l'État-société démocratique.

Pour la première notion, je renvoie au travail précité[17] comportant une « mise à plat » des trois critères composant cette tradition pénale européenne (qualification de l'infraction d'après la technique juridique interne, nature de l'infraction, sévérité de la sanction). Cette recherche, menée à partir de quatre

15. À cet égard, le flou se distingue, si j'ose dire, du mou, car les notions floues ne relèvent d'un raisonnement logique qu'à la condition de se référer à une notion spécifiable, donc précise. – Comp. M.-A. Lhermitte, Le rôle des concepts mous dans les techniques de déjudiciarisation, L'exemple des droits intellectuels, in *Techniques de déjudiciarisation*, Arch. philosophie du droit, 1986 (n° 30) p. 331 s.

16. V. not. O.F. Robinson, T.-D. Fergus et W.-M. Gordon, *An introduction to european legal history*, O.F. Robinson, 2e éd., 1987 ; *Adde*, Colloque L'identité culturelle européenne, 13 et 14 janv. 1988, *Le Monde*, 13 janv. 1988.

17. La matière pénale au sens de la Convention européenne des droits de l'homme, flou du droit pénal. V. note 6 ci-dessus.

arrêts de la Cour[18] et dix décisions de la Commission, fait apparaître de multiples sous-critères et éléments d'appréciation et montre que l'incertitude sur la « matière pénale » vient moins de la multiplicité de ces sous-critères que de la façon dont l'interprète (la Commission, la Cour, également certains juges dans leurs opinions dissidentes) les combine entre eux, retenant comme prépondérant tantôt le critère de la sanction (aff. *Engel* et *Campbell)*, tantôt celui de la nature de l'infraction (affaires *Ozturk* et *Lutz*).

Quant à la notion d'État-société démocratique, elle implique aussi trois critères : légalité, légitimité, nécessité[19].

La légalité est entendue au sens large de légalité « européenne », qui inclut le droit écrit et le droit non écrit, et au sens étroit de la légalité « démocratique » qui suppose la qualité de la loi, c'est-à-dire une loi accessible au citoyen et énoncée avec précision, de telle sorte que le citoyen « en s'entourant de conseils éclairés soit à même de prévoir à un degré raisonnable les conséquences de nature à dériver d'un acte déterminé » (arrêt *Malone* C. *Royaume-Uni*, 2 août 1984).

La légitimité, en revanche, fait la part belle à la raison d'État car la Convention donne une énumération très large des buts légitimes qu'un État peut invoquer à l'appui de restrictions aux droits de l'homme : ordre et prévention des infractions, sécurité nationale et sûreté publique, protection de la santé et de la morale, des droits et libertés d'autrui, garantie de l'autorité et de l'impartialité du pouvoir judiciaire, protection du bien-être économique du pays, protection de l'utilité publique.

En définitive le critère le plus original est bien celui de la « nécessité démocratique » qui implique non seulement la nécessité d'éventuelles mesures de restriction et leur proportionnalité par rapport au but légitime invoqué, mais aussi leur compatibilité avec ce que l'on pourrait nommer « l'esprit démocratique ». Selon la jurisprudence, celui-ci suppose la prééminence du droit (notion qui rejoint celle de légalité démocratique) et surtout le respect des principes propres à une société démocratique, tels que la tolérance liée au pluralisme et à l'esprit d'ouverture.

C'est ainsi que l'État-société démocratique devient une notion plus précise, au contenu progressivement spécifié. Sur cette base, les mesures restrictives adoptées par les États peuvent faire l'objet d'un certain contrôle juridique.

Certes, la Cour n'impose pas la conformité totale des normes nationales à cette notion de référence, puisqu'elle admet une marge nationale d'appréciation. Si son raisonnement échappe ainsi aux conditions de la logique formelle, il paraît se rattacher cependant à une logique floue car en deçà d'un certain degré d'appartenance à la notion d'État-société démocratique, la mesure restrictive fera l'objet d'une condamnation. Observons cependant que le degré d'appartenance exigé, autrement dit l'indice de flou acceptable, varie selon le but légitime invoqué à l'appui de la mesure : « Le pouvoir national d'appréciation n'a pas une

18. Arrêts *Engel* C. *Pays-Bas*, 8 juin 1976; *Ozturk* C. *R.F.A.*, 21 févr. 1984; *Campbell* et *Fell* C. *R.U.*, 28 juin 1984; *Lutz* C. *R.F.A.*, 25 août 1987.

19. Pour une analyse plus détaillée, v. *Raisonner la raison d'État*, Travaux du séminaire Politique criminelle et droits de l'homme, Institut de droit comparé de Paris et École des hautes études en sciences sociales (1986-87 et 1987-88), à paraître, 1989.

ampleur identique pour chacun des buts énumérés à l'art. 10, paragr. 2 » (aff. *Sunday Times* C. *Royaume-Uni*, 26 avr. 1979).

S'agissant de la protection de la morale (aff. *Handisyde* C. *Royaume-Uni*, 7 déc. 1976) : « L'idée, que les États contractants se font des exigences de cette dernière, varie dans le temps et dans l'espace, spécialement à notre époque ». Ainsi, « les autorités de l'État se trouvent en principe mieux placées que le juge international pour se prononcer sur le contenu précis de ces exigences ». C'est-à-dire que l'indice de flou acceptable sera élevé.

En revanche, il n'en va pas de même du but, considéré par la Cour comme beaucoup plus objectif, de protection de l'autorité du pouvoir judiciaire : « en la matière, une plus grande concordance de vue ressort du droit interne et de la pratique des États contractants (elle se reflète dans une série de clauses de la Convention, dont l'art. 6 qui n'a pas d'équivalent pour la morale). À une liberté d'appréciation moins discrétionnaire correspond ici un contrôle européen plus étendu » (aff. *Sunday Times*, préc.)[20].

Il est à noter que parallèlement la jurisprudence communautaire reconnaît l'existence de « droits fondamentaux » de la CEE et admet certaines restrictions à ces droits, fondées sur des buts légitimes évoquant d'assez près ceux de la CEDH. Elle reconnaît aussi une marge nationale d'appréciation, mais il semble que l'indice de flou acceptable soit moins élevé : « quoique limité à un domaine plus restreint et plus fonctionnel, le contrôle du juge communautaire est encore plus poussé, comme il est peut-être normal dans une société en voie d'intégration où il s'agit moins de respecter un standard minimum que d'appliquer un droit commun de manière uniforme ou quasi uniforme, la notion de société démocratique prend dans ce contexte un contenu encore plus homogène »[21].

C'est sur la base de cette hypothèse de l'existence d'une logique juridique non formelle – qui pourrait sans doute être améliorée par la prise de conscience des possibilités qu'elle offre et des exigences qu'elle impose – que se fonde le constat d'émergence de notions à la fois juridiques *et* floues : la matière pénale comme flou du droit pénal et les restrictions nécessaires dans une société démocratique comme flou de l'État de droit ou de l'État-société démocratique.

Il reste que le recours (même inconscient) à la logique floue ne marque pas l'abandon de la logique formelle de type binaire. On peut même avancer que les grands choix de société restent binaires (abolition de la peine de mort, interdiction

20. Dans l'arrêt *Dudgeon*, la Cour nuance le propos en ajoutant une autre variable de la marge d'appréciation : la nature des activités en jeu (aspects intimes de la vie privée) (par. 52). – Comp. aussi avec l'indice de flou plus large accepté dans le cas de l'utilité publique (art. 1er, protocole n° 5) invoquée à l'encontre du droit de propriété (*James et autres*, 21 févr. 1986, par. 46) : « grâce à une connaissance directe de leur société et de ses besoins, les autorités nationales se trouvent en principe mieux placées que le juge international pour déterminer ce qui est d'utilité publique... de plus la notion d'utilité publique est ample par nature. Estimant normal que le législateur dispose d'une grande latitude pour mener une politique économique et sociale, la Cour respecte la manière dont il conçoit les impératifs de l'utilité publique, sauf si son jugement se révèle manifestement dépourvu de bases raisonnables ». En d'autres termes « elle ne saurait substituer sa propre appréciation à celle des autorités administratives nationales, mais elle doit contrôler au regard de l'art. 1er du protocole n° 1 les mesures litigieuses et à cette fin étudier les faits à la lumière desquels lesdites autorités ont agi ».

21. Cf. Cohen Jonathan, La Cour des Communautés européennes et les droits de l'homme, *Rev. Marché commun*, n° 214, février 1978.

de la torture…). Mais la rigidité de la logique formelle marque aussi ses limites, face à la raison d'État, souple et multiforme.

Raisonner la raison d'État, autrement dit étendre l'encadrement juridique des pratiques nationales, notamment en politique criminelle, nécessite des méthodes elles-mêmes plus souples, mieux adaptées à la complexité des intérêts en jeu. Loin de marquer le recul ou la dégénérescence du droit, l'apparition de logiques non formelles (en particulier de logiques floues) peut être l'un des instruments nécessaires pour renforcer la capacité de résistance du droit par rapport à la politique de chaque État.

DU BON USAGE DES SOCIÉTÉS CIVILES IMMOBILIÈRES*

1994

Maurice Cozian

Professeur à l'Université de Bourgogne

1. – Les sociétés civiles immobilières exercent une véritable fascination chez certains contribuables dès qu'ils possèdent le moindre lopin de terre ou le moindre logement. Certes, elles ne manquent pas de charmes et, utilisées avec tact, elles peuvent se révéler d'excellents instruments de gestion patrimoniale. Elles ne constituent pas pour autant la pierre philosophale qui permettrait de régler comme par enchantement les problèmes d'imposition des revenus ou des plus-values, d'impôt sur la fortune ou de droits de succession qui assaillent les propriétaires fonciers. Là comme ailleurs, il faut savoir raison garder[1].

2. – Si l'on s'en tient aux statistiques à la date du 1er janv. 1993, sur 1 319 412 sociétés, les trois formes sociales les plus importantes sont les suivantes[2] : SARL : 591 102 (44,80 %) ; sociétés civiles : 459 029 (34,79 %) ; sociétés anonymes : 169 296 (12,83 %).

3. – Le bloc des sociétés civiles représente donc plus du tiers du total des sociétés : ce n'est pas rien. Il est vrai que toutes les sociétés civiles n'ont pas un objet immobilier ; certaines exercent une activité professionnelle à caractère civil, qu'il s'agisse d'une activité libérale (les sociétés civiles professionnelles notamment) ou d'une activité agricole (les sociétés agricoles d'exploitation ou les GAEC par exemple).

---

* L'origine de cet article remonte à une conférence sur les charmes discrets des sociétés civiles immobilières prononcée à Paris le 16 mars 1992 dans le cadre de l'Association « Droit et commerce », conférence reproduite dans la *Revue de jurisprudence commerciale* de 1992, p. 229. Il s'agit ici d'une version entièrement réécrite prenant en compte les nombreuses innovations fiscales des deux dernières années.

1. La bibliographie est importante : en négligeant les articles, fort nombreux, on citera les ouvrages suivants : G. Amoyel, J.-M. Moyse, R. Pouget et R. Delfaud, *L'immobilier d'entreprise : choix juridiques, financiers et fiscaux*, Delmas, 1991 ; J. Ancel, *La société civile immobilière*, éd. du Puits Fleuri, 1992 ; T. Andrier, *Guide pratique des sociétés civiles immobilières*, Litec, 1993, préf. M. Giray ; P. Bézard, *Sociétés civiles*, Litec, 1979, préf. R. Pléven ; M. Buhl, *Les sociétés civiles immobilières*, Delmas, 2e éd., 1990 ; C. Félix, *Le local d'entreprise*, Litec, 1988 ; A. Jonville, *L'investissement immobilier d'entreprise*, Nouvelles éd. fiduciaires, 1993 ; B. Mortier, *La fiscalité des sociétés civiles immobilières de gestion*, Centres de formation professionnelle notariale associés de Lille et Paris, 1993 ; V. Ripert-Jouvel, *Les sociétés civiles immobilières familiales*, Litec, 2e éd., 1993 ; *Sociétés civiles*, Mémento F. Lefebvre (rééd. annuelle). – On trouvera enfin d'excellents développements sur l'utilisation de la société civile immobilière comme instrument de gestion juridique et fiscale du patrimoine immobilier dans l'ouvrage publié à l'occasion du 87e Congrès des notaires de France consacré au thème suivant : *Patrimoine privé, stratégie fiscale*, 1991.

2. M. Cozian et A. Viandier, *Droit des sociétés*, Litec, 6e éd., 1993, no 1.

4. – Et encore, parmi les sociétés immobilières, il faut distinguer entre les sociétés de droit commun, celles dont la vocation générale est la gestion des immeubles qu'elles possèdent, et les sociétés à statut particulier ; au titre de celles-ci on citera notamment :

- *les sociétés civiles de placement immobilier (SCPI)* ; il s'agit de sociétés civiles autorisées à faire appel à l'épargne publique ;
- *les sociétés d'attribution et les sociétés de pluripropriété*, dont l'objet est d'assurer aux associés la jouissance d'une fraction d'immeuble, éventuellement partagée dans le temps.

5. – Il ne sera question ici que des sociétés civiles immobilières de droit commun, que l'on appelle parfois sociétés de gestion immobilière. On ne possède pas de statistiques précises sur leur nombre ; mais elles représentent certainement plus de la moitié du total des sociétés civiles ; et l'on en crée tous les jours ; il suffit de consulter les journaux d'annonces légales pour s'en convaincre. Leur objet consiste dans l'acquisition et la gestion d'immeubles, la gestion intervenant généralement sous forme de mise en location. Elles constituent ainsi pour les particuliers un instrument de gestion patrimoniale.

6. – On commencera par un exercice de reconnaissance juridique et fiscale qui permettra de dégager la nature exacte de ce type de société. Chacun le sait : les professeurs sont des maniaques du rangement ; un de leurs passe-temps favoris consiste à classer leurs trouvailles dans les différents tiroirs de leurs chiffonniers juridiques. Ce passe-temps, ils l'ont baptisé du nom savant de « taxinomie » ; même pour des fiscalistes, ce n'est pas la manie des taxes, mais la manie des classifications (en grec, *taxis* veut dire classification).

7. – On se livrera donc à un exercice de taxinomie juridique. Si l'on s'en tient aux classifications traditionnelles, les sociétés civiles immobilières présentent les caractères suivants :

- *ce sont des sociétés dotées de la personnalité morale*, donc immatriculées au registre du commerce et des sociétés ; elles ont perdu depuis 1978 leur caractère de clandestinité ;
- *ce sont des sociétés à risque illimité*, la responsabilité des associés est indéfinie, mais non solidaire ;
- *ce sont des sociétés de personnes* et non des sociétés de capitaux ; ce sont des sociétés fermées : on n'y entre et on n'en sort pas comme on veut ; elles sont cependant moins fermées que les sociétés en nom collectif ;
- *ce sont des sociétés à statut général*, par opposition aux sociétés à statut particulier comme les SCPI ou les GAEC par exemple ; elles sont régies par le titre IX du livre III du code civil, à la fois dans le chapitre Ier (art. 1832 et s.) pour les dispositions communes à l'ensemble des sociétés et dans le chapitre II (art. 1845 et s.) pour les dispositions particulières aux sociétés civiles.

8. – Signalons que la réglementation figurant dans le code civil n'est guère contraignante, ce qui laisse le champ libre aux adaptations conventionnelles. La contrainte essentielle tient au nombre des associés ; il faut être deux au moins, étant entendu que ce peut être deux conjoints, même mariés sous le régime de la communauté. Pour le reste, on n'est pas trop regardant. On peut ainsi se permettre des fantaisies qui ne seraient pas tolérées dans les sociétés anonymes ou les SARL :

- organiser une gérance à vie, voire héréditaire;
- prévoir des parts à vote plural;
- stipuler des clauses d'intérêt fixe;
- autoriser les associés à utiliser la trésorerie de la société sans encourir les foudres du délit d'abus de biens sociaux.

9. – Poursuivons par un exercice de taxinomie organisationnelle; s'il est vrai que les sociétés sont des techniques d'organisation et que les juristes sont des organisateurs, on peut distinguer entre les trois types suivants d'organisation[3] :

- *technique d'organisation du partenariat*; il en est ainsi lorsque plusieurs partenaires désirent exercer ensemble la même activité professionnelle; les sociétés civiles professionnelles dans le secteur libéral et les GAEC dans le monde agricole en sont des exemples;
- *technique d'organisation de l'entreprise*; par là, il est possible d'habiller son entreprise d'un vêtement juridique tel que l'EURL, la SARL ou la société anonyme;
- *technique d'organisation du patrimoine*; c'est la formule utilisée lorsque l'on souhaite isoler sur le plan juridique certains éléments de son patrimoine; c'est un moyen de casser le principe de l'unité du patrimoine; tel est notamment l'objet des sociétés civiles immobilières; elles n'ont pas pour vocation de réunir des partenaires désirant travailler ensemble; elles n'exploitent aucune entreprise; elles constituent un simple instrument de gestion patrimoniale; on trouve l'équivalent pour les valeurs mobilières avec les sociétés civiles de portefeuille.

10. – Terminons par un exercice de taxinomie fiscale :

- *les sociétés civiles immobilières relèvent de la fiscalité des ménages et non de la fiscalité des entreprises*; c'est logique puisque leur vocation est de gérer un patrimoine immobilier comme le ferait un simple particulier; en cela elles s'opposent aux sociétés civiles exploitant une entreprise et relevant de la fiscalité des entreprises, comme les sociétés civiles professionnelles du secteur libéral ou les GAEC du monde agricole;
- *elles relèvent par principe de l'impôt sur le revenu et non de l'impôt sur les sociétés*; elles sont dites semi-transparentes (ou translucides pour d'autres auteurs), par opposition aux sociétés opaques relevant de l'impôt sur les sociétés; mais on verra qu'elles sont autorisées à opter pour le régime de l'impôt sur les sociétés.

3. V. la thèse classique de J. Paillusseau, *La société anonyme, technique d'organisation de l'entreprise*, Sirey, 1967; du même auteur, « Le droit est aussi une science d'organisation (et les juristes sont parfois des organisateurs juridiques) », *RTD com.* 1989.1; v. également M. Cozian et A. Viandier, *op. cit.*, n° 50 s.

11. – Les conséquences principales de ce classement fiscal sont les suivantes :

- *l'imposition des revenus*, c'est-à-dire les loyers perçus, s'effectue selon le régime des revenus fonciers comme s'ils étaient perçus par une personne physique ; les revenus sont directement taxés au nom des associés sans distinguer selon qu'ils sont distribués ou mis en réserve ;
- *les plus-values de cession* sont imposées selon le régime applicable aux plus-values immobilières réalisées par les particuliers ; c'est vrai lorsque la société vend un immeuble ; c'est également vrai lorsqu'un associé cède ses parts ;
- *la taxe professionnelle n'est pas due*, puisque la société n'exerce aucune profession ;
- *l'impôt de solidarité sur la fortune* est dû par les associés, car les parts d'une société civile immobilière ne sauraient être exonérées en tant que biens professionnels ; elles ne constituent pas un outil de travail, mais un outil de gestion patrimoniale.

12. – Jusqu'ici on constate une réelle neutralité fiscale quant aux structures juridiques choisies ; les règles d'imposition sont en effet les mêmes que le contribuable gère directement les immeubles dont il est propriétaire dans le cadre de son patrimoine privé ou qu'il en assure la gestion dans le cadre d'une société civile immobilière ; dans les deux hypothèses, ce sont les règles de la fiscalité des ménages qui s'appliquent. Voilà un premier constat : on ne paie pas moins d'impôt parce que l'on a apporté un immeuble dont on est propriétaire à une société civile immobilière ; les sociétés civiles immobilières ne sont pas des instruments d'évasion fiscale[4].

13. – D'où vient donc leur succès ? Leur succès tient avant tout au fait que ce sont de merveilleux instruments de gestion patrimoniale ; ne soyons pas hypocrites, elles peuvent également être de merveilleux instruments de gestion fiscale. Il y a des montages qui ne sont pas possibles en cas de gestion directe d'un immeuble, mais qui sont concevables quand l'immeuble est apporté à une société civile immobilière.

14. – Quel est le secret de cette métamorphose ? Il tient essentiellement à la dématérialisation de l'immeuble ; on, parle parfois de « pierre-papier » du fait que l'on transforme la pierre en papier. L'immeuble sera désormais représenté par des droits sociaux ; et l'on va jouer avec les droits sociaux comme d'autres jouent aux cartes ; on pourra sans peine les battre, les distribuer, les combiner, les faire circuler… Les esprits imaginatifs pourront ainsi inventer des jeux juridiques et des jeux fiscaux, voire des jeux politiques ; les sociétés civiles, dit-on, présenteraient certaines vertus électorales ; voici ce qu'écrit un auteur à cet égard[5] : « Certains hommes politiques auront le souci de ne pas apparaître comme propriétaires de l'immeuble qu'ils souhaitent acheter. Ils l'achèteront donc sous couvert d'une société civile immobilière dont eux-mêmes et leur famille possèdent l'intégralité des parts. Cela pourra leur permettre d'affirmer à leur électorat qu'ils ne sont

4. J.-C. Brault, « La société civile, écran de fumée fiscal », *Defrénois* 1985.945 ; v. également, du même auteur, « Éclaircie sur les sociétés civiles », *Defrénois* 1990.266.
5. V. Ripert-Jouvel, *op. cil.*, p. 2.

propriétaires d'aucun bien immobilier, ce qui assurera les électeurs de la probité de l'homme politique de leur choix. » Et voilà comment on se fabrique à bon compte un brevet de pauvreté à usage politique...

15. – Après cette furtive incursion dans le monde politique, revenons-en à des considérations plus prosaïques de gestion fiscale puisque l'on s'intéressera désormais essentiellement aux jeux fiscaux. La gestion est l'art des choix. On suppose qu'un premier choix juridique a été réalisé, à savoir la création d'une société civile immobilière. À ce stade, le choix essentiel est le suivant : rester sous le régime de l'impôt sur le revenu (c'est la situation de droit commun) ou opter pour le régime de l'impôt sur les sociétés. Dans le premier cas, l'immeuble, au moins pour l'imposition des revenus, est soumis à la fiscalité des ménages ; dans le second, il relève de la fiscalité des entreprises. On mesure par là l'extrême libéralisme de notre système fiscal ; on peut dans une large mesure choisir son régime d'imposition ; en voici deux exemples fonctionnant en sens inverse ;

- l'immeuble qu'un commerçant affecte à l'exercice de son activité professionnelle, celui dans lequel il exploite son magasin par exemple, relève par principe de la fiscalité des entreprises ; mais il a le loisir de le placer sous l'égide de la fiscalité des ménages ; il suffit pour cela qu'il s'abstienne d'inscrire l'immeuble à l'actif du bilan de son entreprise ; au regard du droit fiscal, l'immeuble est censé, par la vertu d'une simple écriture comptable, être maintenu dans son patrimoine privé ;
- à l'opposé, l'immeuble de rapport que vient d'acquérir un simple particulier relève par principe de la fiscalité des ménages ; mais il est possible de le placer sous la coupe de la fiscalité des entreprises ; il suffit pour cela d'en faire l'acquisition par le biais d'une société civile immobilière qui aura opté pour le régime de l'impôt sur les sociétés.

16. – Une telle option était exceptionnelle autrefois du fait du caractère dissuasif du taux de l'impôt sur les sociétés à 50 %. Elle devient aujourd'hui plus attractive en raison de son abaissement à 33,1/3 %. Il faut en effet comparer ce taux avec le taux maximum de l'impôt sur le revenu qui atteint 56,80 % dans sa dernière tranche ; en réalité, il faut y ajouter d'autres suppléments comme la contribution sociale généralisée (2,40 %), la majoration sociale exceptionnelle (1 %), soit un total de 60,20 %... Pour les gros contribuables, l'écart frôle les 27 %, tant du moins que les revenus sociaux ne sont pas distribués (v. *infra*, n° 26).

17. – La volonté des pouvoirs publics est de baisser la pression de la fiscalité des entreprises ; mais comme la pression totale ne baisse pas, ce qui vient en moins d'un côté vient en plus de l'autre, conformément au principe des vases communicants. Il faut donc s'attendre à un alourdissement de la fiscalité des ménages ; d'où des mouvements de fuite prévisibles, lorsque cela est possible, vers la fiscalité des entreprises. Ceci démontre bien que les bons choix fiscaux d'hier ne sont pas nécessairement ceux d'aujourd'hui. Les jeux fiscaux qu'autorise la société civile immobilière sont à cet égard un bon exemple.

18. – Deux aspects sont à considérer : la société civile immobilière est à la fois un instrument de gestion et un instrument de transmission ; dans le premier cas, il s'agit d'assurer le mode d'imposition le mieux approprié pour les revenus que procure l'immeuble, c'est-à-dire les loyers pour l'essentiel; c'est un problème de fiscalité d'exploitation. Mais la transmission de l'immeuble ou plutôt des droits sociaux qui le représentent pose des problèmes fiscaux d'une autre nature, relevant de la fiscalité des structures. D'où le plan qui sera adopté : la société civile immobilière : instrument de gestion des immeubles (I); la société civile immobilière : instrument de transmission des immeubles (II).

I. La société civile immobilière : instrument de gestion des immeubles

19. – Les solutions vont varier selon que la société relève de l'impôt sur le revenu (application de la fiscalité des ménages) ou a opté pour le régime de l'impôt sur les sociétés (application de la fiscalité des entreprises).

A. La société civile relève de l'impôt sur le revenu

20. – Comme la société relève de la fiscalité des ménages, les loyers encaissés seront taxés selon le régime applicable aux revenus fonciers. Il suffit de le rappeler dans ses grandes lignes. Côté recettes, ne sont imposés que les loyers effectivement encaissés (régime de la comptabilité de caisse). Quant aux dépenses, le régime est plus complexe; dans l'ensemble, il est relativement favorable encore qu'il ait été durci ces dernières années; les principaux postes de déduction sont les suivants :

- *les intérêts d'emprunt*; c'est une différence appréciable par rapport aux revenus mobiliers; le contribuable qui se constitue un portefeuille de valeurs mobilières ne saurait déduire les intérêts de l'emprunt qu'il a dû contracter à cet effet;
- *les frais de réparation et même les frais de modernisation* si l'immeuble est à l'usage d'habitation;
- *les taxes foncières et les frais de gérance*;
- *les frais de gestion et d'amortissement*; contrairement aux dépenses précédentes qui sont déductibles pour leur montant réel, ce poste est évalué de façon forfaitaire; le forfait est actuellement de 10 % des loyers encaissés, ce qui est peu; on rappellera que le forfait était de 25 % jusqu'en 1976.

21. – En revanche, il faut signaler que les frais d'acquisition des immeubles (droits de mutation, honoraires de notaire...) ne constituent pas des charges déductibles; ils sont analysés (ce qui peut être critiqué) comme des frais d'acquisition du capital et non des revenus.

22. – Si les résultats sont bénéficiaires, ils sont imposés directement au nom de chaque associé à raison de la quote-part qui lui revient, sans distinguer selon qu'ils sont effectivement distribués ou selon qu'ils sont mis en réserve.;

23. – Si les résultats sont déficitaires, chaque associé a vocation à imputer directement la quote-part de déficit qui lui revient; mais, dans la pratique, les solutions diffèrent selon que l'on est en présence d'un gros contribuable ou d'un contribuable modeste :

- s'il s'agit d'un gros contribuable disposant d'autres revenus fonciers, les déficits viennent s'imputer sur ces revenus; il y a donc « consommation » immédiate du déficit;
- s'il s'agit d'un contribuable modeste ne disposant pas d'autres revenus fonciers, les déficits peuvent seulement s'imputer sur les revenus futurs de la SCI des cinq années suivantes (CGI, art. 156-1-3°); il y aura donc « consommation » échelonnée des déficits; ils seront même perdus si les résultats demeurent déficitaires pendant cinq années de suite; on rappellera qu'avant 1977 les déficits fonciers pouvaient s'imputer sur le revenu global imposable[6].

B. La société relève de l'impôt sur les sociétés

24. – L'option pour l'impôt sur les sociétés n'était au départ prévue que par de simples instructions administratives; elle est désormais confirmée par la loi (CGI, art. 206-3). Du coup, ce sont les règles de la fiscalité des entreprises qui s'appliquent, plus précisément celles des bénéfices industriels et commerciaux, lesquelles s'appuient sur les normes de la comptabilité commerciale. Conformément à la théorie des créances acquises, les loyers sont imposables dès qu'ils sont échus, même s'ils ne sont pas encaissés. Mais les différences les plus sensibles concernent les charges :

- *les frais d'acquisition* sont déductibles, soit en une seule fois, soit de façon échelonnée sur cinq ans, en tant que frais d'acquisition d'immobilisations;
- *les amortissements sont déductibles* pour leur montant pratiqué en comptabilité; cette méthode est désormais plus favorable que le forfait de 10 % qui a cours en matière de revenus fonciers; l'interposition d'une société civile immobilière présente en revanche l'inconvénient de geler la base d'amortissement; quand une entreprise achète un immeuble, elle peut l'amortir sur la valeur d'acquisition; quand elle achète des parts de société civile immobilière, ces parts ne sont pas amortissables; la société civile continue d'amortir l'immeuble, mais sur sa valeur d'origine; autrement dit, l'interposition d'une société civile immobilière interdit toute réévaluation de l'immeuble.

25. – Si les résultats sont déficitaires, le déficit, en raison de l'opacité fiscale de la société, ne peut jamais s'imputer sur les revenus personnels des associés; ils s'imputeront, sauf option pour le régime du *carry-back*, sur les bénéfices des cinq exercices suivants; la pratique des amortissements différés en période déficitaire permet de faire échec à ce délai de péremption de cinq ans.

26. – Si les résultats sont bénéficiaires, le régime d'imposition varie selon la politique choisie :

- *si les bénéfices réalisés sont mis en distribution*, ils sont imposés comme des dividendes assortis de l'avoir fiscal; l'avoir fiscal permet d'effacer entièrement

6. Signalons que depuis 1993 les déficits fonciers, hors intérêts d'emprunt, sont imputables sur le revenu global, mais seulement à concurrence de 50 000 F par an, à condition que la location soit consentie pour au moins trois années.

le poids de l'impôt sur les sociétés, si bien que l'imposition est identique à celle d'un propriétaire percevant des revenus fonciers ;

– *si les bénéfices sont mis en réserve*, l'imposition est plafonnée à 33,1/3 %, ce qui laisse une marge disponible de 66,2/3 % ; cette marge pourra être investie dans d'autres acquisitions immobilières ou dans des placements financiers ; l'option pour l'impôt sur les sociétés transforme ainsi la société en machine à capitaliser moyennant un prélèvement fiscal plafonné à 33,1/3 %.

27. – Mais on ne peut, sa vie durant, se contenter de thésauriser. Vient un moment où il faut casser la tirelire. Ce désinvestissement amène à s'interroger sur la société civile immobilière en tant qu'instrument de transmission des immeubles.

II. La société civile immobilière : instrument de transmission des immeubles

28. – Il faut poser le postulat suivant : une fois apporté à une société, l'immeuble est condamné à y rester. Sauf accident, on ne cédera pas l'immeuble à l'avenir ; encore moins, on ne dissoudra la société ; l'immeuble devient une sorte de bien de mainmorte, inaliénable comme les biens qui appartenaient autrefois à des communautés religieuses ou à des hospices. Il est entendu qu'à l'avenir on ne jouera plus avec les immeubles, on jouera avec les parts sociales dont elles sont la représentation juridique[7]. D'où le conseil suivant qu'il convient de respecter : il faut créer autant de sociétés que d'immeubles afin de favoriser le mécanisme des transmissions. C'est vrai à la fois pour les cessions à titre onéreux et pour les cessions à titre gratuit.

A. Les problèmes posés par les transmissions à titre onéreux

29. – Sur le plan juridique, il est plus facile de céder des parts sociales que des immeubles : pas de publicité foncière, pas d'intervention obligatoire d'un notaire (encore que ce soit recommandé). L'opération n'est cependant pas sans risques ; les précautions à prendre sont d'autant plus importantes que les garanties organisées par la loi sont déficientes[8]. En revanche, il n'y a plus d'angoisse à avoir quand on cède la totalité des parts sociales ; le risque de requalification fiscale en cession de l'actif social est désormais conjuré[9]. Ceci ne veut pas dire que tous les problèmes fiscaux soient évacués pour autant.

7. Sur le calcul des plus-values selon que l'on cède l'immeuble ou les parts sociales, cf. A. Delfosse, « Société civile immobilière et stratégies fiscales », *JCP éd. N* 1993.I.297.

8. Sur ce point, v. J.-C. Brault, « La cession de toutes les parts d'une société civile immobilière », *Defrénois* 1991.1281.

9. Sur l'impossibilité de requalifier une cession massive de parts sociales d'une société civile immobilière en cession d'immeuble, v. Cass. com., 15 oct. 1985, *BF Lefebvre*, mai 1986, n° 680.

30. – Face aux transmissions, le fisc est comme un chasseur aux aguets avec son fusil à deux coups ; dès que ça bouge, il tire : un coup pour le vendeur (imposition des plus-values), un coup pour l'acheteur (exigibilité des droits d'enregistrement).

1. *L'imposition des plus-values*

31. – La société qui ne possède que des immeubles de rapport est qualifiée de société à prépondérance immobilière ; en conséquence, les plus-values réalisées lors de la cession des parts sociales sont imposées selon le même régime que les cessions d'immeubles (CGI, art. 150 A *bis*). Ceci permet d'assurer une réelle neutralité en la matière puisque les cessions d'immeubles et les cessions de parts sociales, que la société relève de l'impôt sur le revenu ou de l'impôt sur les sociétés, sont soumises au même régime d'imposition quant aux plus-values dégagées. Le régime de calcul et d'imposition des plus-values n'est pas simple ; on rappellera seulement que l'exonération est acquise après un temps de patience de vingt-deux ans. Il faut cependant isoler le cas d'une cession immobilière réalisée par une société relevant de l'impôt sur les sociétés ; dans ce cas, la plus-value est soumise au régime d'imposition des plus-values professionnelles.

32. – *A priori*, le choix d'une société civile immobilière est sans incidence stratégique au regard de l'imposition des plus-values. Il est tout de même un point important qu'il ne faut pas négliger, c'est le montant du capital social. La loi n'impose en la matière aucun minimum à respecter ; à la limite, une société civile immobilière au capital d'un franc serait licite. Pendant longtemps, la mode fut de créer des sociétés au capital ridiculement bas, le financement étant assuré soit par des avances en compte courant des associés, soit par des emprunts bancaires. Cela a été cause d'amères déconvenues en cas de cession, puisque la plus-value se calcule à partir de la valeur de souscription, laquelle par hypothèse était insignifiante.

33. – La mode a donc changé ; il est désormais recommandé de constituer un capital couvrant à la fois la valeur de l'immeuble et le montant des frais d'acquisition[10] ; le conseil est judicieux si l'intention des associés est de tirer ultérieurement profit de la revente des parts sociales. Si, en revanche, ils ont en vue leur transmission gratuite à leur descendance, les stratèges préconisent un capital peu élevé souscrit par les enfants dans une proportion non symbolique ; de cette façon, ceux-ci s'approprieront à due concurrence la plus-value acquise par l'immeuble, ce qui réduira d'autant l'assiette des droits de mutation à titre gratuit[11].

34. – Reprenons maintenant l'hypothèse d'un capital élevé justifié par la perspective d'une cession à titre onéreux. La loi étant muette sur ce point, il n'est pas nécessaire que le capital soit immédiatement libéré. Elle ne fixe pas davantage de délai pour sa libération ; on peut donc très bien stipuler dans les statuts que la

10. C. Félix, « De l'importance du capital social dans certaines sociétés civiles immobilières, *JCP éd. N* 1984.I.13.
11. T. Andrier, *op. cit.*, n° 143.

libération sera progressive, au fur et à mesure des bénéfices que dégagera la société par exemple.

35. – La revente des parts sociales, alors que le capital n'est pas intégralement libéré, pose quelques difficultés[12]. Les associés d'origine ont une dette de libération envers la société civile ; en cas de cession des parts, la dette passe sur la tête des cessionnaires ; cette prise en charge d'une dette personnelle aux cédants constitue ce que l'on appelle une charge augmentative du prix : il doit en être tenu compte pour la détermination de la base de calcul des droits de mutation de 4,80 % (CGI, art. 683). Il faut de même en tenir compte pour la détermination du prix de vente au moment du calcul de la plus-value imposable (CGI, art. 74 D de l'annexe II). Le fait de céder des parts d'une société dont le capital n'est pas entièrement libéré n'entraîne donc aucune économie fiscale. Il ne constitue cependant pas une circonstance aggravante pour le calcul des abattements de 5 % par année de détention ; ces abattements se calculent, en effet, sur la valeur nominale des parts, la date d'acquisition à retenir étant celle de leur souscription[13]. En clair, les abattements à pratiquer ne sont pas affectés par la date de libération effective du capital.

2. *L'exigibilité des droits d'enregistrement*

36. – Le problème des droits d'enregistrement est bien connu ; il suffit de rappeler que les cessions de parts sociales sont soumises au droit de 4,80 % ; ce droit est à comparer au droit de mutation frappant les ventes d'immeubles : 18,50 % en moyenne (7,10 % s'il s'agit d'immeubles à usage d'habitation)[14]. La différence a souvent été dénoncée ; elle devrait être atténuée en des temps meilleurs. Il est vrai qu'il y a encore mieux à faire quand on sait que les cessions d'actions échappent à tout droit si elles ne sont pas constatées dans un acte et qu'elles sont soumises, dans le cas contraire, à un droit de 1 %, plafonné à 20 000 F. Ainsi, lorsque l'on est en présence d'immeubles de grande importance, destinés à circuler, il n'est pas incongru de songer à la société anonyme comme support juridique ; la société civile immobilière présente en effet des signes d'infériorité du fait de l'existence de ce droit de mutation de 4,80 %[15].

B. Les problèmes posés par les transmissions à titre gratuit

37. – Quand les parts sont cédées à titre gratuit, le problème de l'imposition des plus-values ne se pose pas puisque les plus-values immobilières réalisées par les

---

12. V. M. Deslandes, art. préc. ; *adde* B. Jadaud, « Les incidences fiscales des conditions de libération du capital des sociétés civiles immobilières », *Defrénois* 1992.545 ; v., enfin, l'étude très fouillée de J.-P. Garçon, « La libération différée du capital social des SCI de gestion, *JCP éd. N* 1993.I.431.
13. Cette solution favorable a été confirmée dans une réponse n° 12637 à M. Dhaille, *JOAN* (Q), 2 oct. 1989, p. 4371 ; *Dr. fisc.* 1989, n° 59, com. 2472.
14. Si la société relève de l'impôt sur les sociétés, il est possible de se livrer à d'autres jeux tels que la fusion, l'apport partiel d'actif, l'intégration…, ce qui n'est pas possible fiscalement lorsque la société relève de l'impôt sur le revenu.
15. P. Derouin, « La société de patrimoine : société civile ou société anonyme ? », *Petites affiches*, 24 avr. 1991.

particuliers ne sont taxables qu'en cas de cession à titre onéreux. C'est un avantage appréciable qui est réservé à la fiscalité des ménages ; une façon radicale de neutraliser une plus-value affectant un bien patrimonial, par opposition à un bien professionnel, consiste à en faire donation au profit de ses successibles.

38. – En revanche, les droits de mutation à titre gratuit demeurent exigibles. Ici, il n'est pas fait de distinction selon la nature des biens cédés ; autrement dit, les droits sont les mêmes, que l'on cède un immeuble ou des parts de société civile immobilière, que la cession ait lieu par donation ou à la suite d'une succession.

39. – En revanche, il est beaucoup plus facile de jouer avec des parts sociales qu'avec des immeubles, notamment lorsque le jeu se prolonge dans le temps. On peut organiser une véritable stratégie qui, si elle est menée avec intelligence, permet de réaliser de substantielles économies d'impôts[16]. Il suffit de combiner ensemble les ingrédients suivants :

- *donation-partage*, ce qui permet un abattement de 25 % si le donateur a moins de soixante-cinq ans, et de 15 % si son âge est compris entre soixante-cinq et soixante-quinze ans ;
- *réserve d'usufruit*, ce qui diminue d'autant la base taxable[17] ;
- *prise en charge des droits par le donateur*, car elle n'est pas considérée comme une libéralité imposable ;
- *remise à zéro du compteur des donations tous les dix ans.*

40. – Le tout est de s'y prendre à temps et de combiner savamment toutes ces figures juridiques ; il sera beaucoup donné aux contribuables les plus astucieux et les plus prévoyants ; c'est la récompense d'une véritable gestion fiscale.

Conclusion

41. – Indéniablement, la société civile immobilière ne manque pas de charmes. Très vraisemblablement, on en créera de plus en plus. Très probablement, alors qu'elles étaient exceptionnelles jusqu'ici, les options en faveur du régime de l'impôt sur les sociétés vont se multiplier. Mais il ne faudrait pas qu'un mouvement d'euphorie se traduise par la mise en société systématique et incontrôlée de tout ce qui peut ressembler à un immeuble, de la chambre de bonne que l'on vient d'acquérir au lopin de terre dont on vient d'hériter. La société civile, même si son fonctionnement est plus simple que celui des sociétés commerciales, reste tout de même un instrument juridique perfectionné qu'il convient de manier avec précaution. Voici, en guise de conclusion, quelques précautions élémentaires à respecter :

1° *Première précaution* : par principe, les sociétés civiles ne sont pas à recommander à l'égard des immeubles dont on se réserve la jouissance personnelle en tant que résidence principale ou en tant que résidence secondaire ;

16. M. Deslandes, « Société civile et gestion fiscale de la transmission de l'immeuble », *Petites affiches*, 24 avr. 1991 ; C. Jacquet et C. Patat, « Société civile et transmission de patrimoine », *Bull. Joly* 1991.581.

17. C. Patat, « Démembrement de propriété appliqué aux paris sociales », *JCP éd. N* 1990. *Prat.* 642 ; P. Warin, « La société civile comme outil de transmission et le démembrement de propriété », *Cah. gestion patrimoine*, avr. 1993.14.

ce fut la mode à une certaine époque, mais elle n'est pas sans risques ; lorsque la création de la société a pour objet l'imputation de déficits fonciers, l'administration, si le montage n'est pas parfait, peut soulever le spectre de l'abus de droit (v. *infra*, la quatrième précaution) ; les associés se privent en outre de certains avantages financiers et fiscaux réservés aux résidences principales (v. *infra*, la septième précaution) ; enfin, la cession des parts sociales risque ultérieurement de poser problème si les futurs acquéreurs ne sont guère alléchés par la structure sociétaire[18].

2° *Deuxième précaution* : on l'a déjà signalé, il est prudent de créer une société distincte par immeuble.

3° *Troisième précaution* : une fois créée, la société civile immobilière ne doit pas être considérée comme un vulgaire « chiffon de papier » ; la société, même civile, même patrimoniale, est un être juridique doté d'une vie autonome ; il faut donc faire vivre cette société et respecter scrupuleusement les rituels de cette vie juridique ; l'idéal est de confier l'ordonnancement de cette liturgie à un conseil extérieur qui veillera à l'organisation des assemblées annuelles et tiendra la minute des délibérations ; de la même façon, le gérant devra tenir une véritable comptabilité avec notamment des comptes de trésorerie spécifiques ; à défaut, la société civile risque d'être contestée dans son existence même, c'est-à-dire d'être considérée comme fictive ; il y a donc une discipline juridique, comptable et financière à respecter.

4° *Quatrième précaution* : la société n'est pas un instrument d'évasion fiscale permettant notamment de fabriquer de généreux déficits fonciers ; il y a des centaines et des centaines de décisions de justice condamnant pour abus de droit des constitutions fictives ou frauduleuses de sociétés civiles ; voici un exemple de ce qu'il ne faut pas faire, tiré d'un arrêt du 11 oct. 1991[19] ; une dame était locataire d'un bel immeuble situé dans l'île Saint-Louis à Paris ; elle achète cet appartement, plus l'appartement contigu qui se trouvait en vente à la même époque ; au lieu d'acheter directement à son nom les deux immeubles, elle crée en 1968 avec sa mère deux sociétés civiles immobilières au capital de 10 000 F dont elle possède 99 % des parts, la mère n'étant là que pour faire nombre ; la personne en cause se fait consentir un bail sur les deux appartements qui constituent désormais son habitation principale ; elle entreprend d'importants travaux de rénovation d'un montant de 800 000 F, ce qui permet de dégager d'importants déficits fonciers qui viennent s'imputer sur son revenu global imposable ; lors d'un contrôle fiscal, le vérificateur invoque l'abus de droit ; selon lui, les deux sociétés sont fictives et ont simplement servi de paravent pour une évasion fiscale ; le Conseil d'État a confirmé l'analyse faite par l'administration pour les motifs que voici :

- la mère (puis une tante au décès de la mère), avec 1 % du capital, remplissait à l'évidence le rôle d'un prête-nom, puisqu'il faut être au moins deux dans ce type de société ;

18. Cf. *Patrimoine privé – Stratégie fiscale*, 87e Congrès des notaires de France, 1991, n° 212, p. 469.
19. CE 11 oct. 1991, req. n° 65144, *Dr. fisc.* 1991, n° 49, *Comm.* 2386 ; *RJF* 1991, n° 12, p. 912. – V., d'une manière plus générale, P. Fernoux, « L'abus de droit dans la gestion de patrimoine », *JCP éd. N* 1991.I.185.

- le capital était ridicule par rapport aux travaux à entreprendre; la société n'a disposé d'aucune source de financement qui lui soit propre; c'est la prétendue locataire qui avait contracté les emprunts à son nom personnel et qui réglait elle-même tous les travaux de modernisation réalisés au nom de la société;
- la société n'avait pas plus de vie juridique que de vie financière; aucune assemblée n'était tenue, aucune décision sociale n'était prise; la société n'était à l'évidence qu'un chiffon de papier dont l'occupante n'avait que faire, sauf pour la fabrication de déficits fiscaux; la sanction a été redoutable : rejet de tous les déficits fiscaux jugés artificiels et amende fiscale de 200 % à l'époque.

5° *Cinquième précaution* : si la société relève de l'impôt sur le revenu, ce qui est l'hypothèse la plus courante jusqu'à présent, il faut se méfier comme de la peste de l'art. 206-2 du CGI, qui est le type même de l'article « bête et méchant » de notre code; il soumet à l'impôt sur les sociétés les sociétés civiles qui réalisent des opérations à coloration commerciale selon les critères particulièrement brumeux du droit fiscal; il y a une jurisprudence foisonnante sur ce point, qui ne cesse de prospérer; voici quelques pièges à éviter : ne pas meubler certains appartements (la location en meublé est une opération commerciale pour le fisc), ne pas indexer le loyer sur les résultats de l'entreprise locataire (la location deviendrait commerciale par ambiance), ne pas réaliser de multiples transactions immobilières au sein d'une même société civile immobilière (sinon, elle serait taxée, à tous les sens du terme, de marchand de biens)...

6° *Sixième précaution* : si une société civile immobilière, relevant aujourd'hui de l'impôt sur le revenu, décide d'opter pour le régime de l'impôt sur les sociétés, elle doit en apprécier le coût fiscal avec beaucoup d'attention; il faut notamment prendre garde aux deux points suivants :

- *en matière d'enregistrement*, si l'immeuble appartenant à la société a été apporté à l'origine par un associé avec application du simple droit d'apport (1 % avant 1992, 500 F aujourd'hui), la société devra acquitter des droits de mutation au taux de 13 % sur la valeur actuelle de l'immeuble (CGI, art. 809-11); aucune régularisation n'est en revanche à opérer si l'apport initial relevait de la TVA immobilière ou si l'immeuble a été acheté par la société elle-même;
- *en matière de plus-values*, la situation a été clarifiée par la seconde loi de finances rectificative pour 1993; l'art. 202 *ter du* CGI dispose désormais que l'option en faveur de l'impôt sur les sociétés exercée par une société de personnes non professionnelle vaut cessation d'entreprise, ce qui entraîne par principe l'imposition immédiate des plus-values latentes; le texte organise cependant un sursis d'imposition subordonné à la condition que la société maintienne à son bilan la valeur d'origine des immeubles sociaux et comptabilise les amortissements qui auraient été pratiqués si la société avait relevé de l'impôt sur les sociétés dès le départ; les amortissements ultérieurs se calculeront dans ce cas sur la valeur d'origine; quant aux plus-values de cession, elles devront prendre en compte les amortissements rétroactivement comptabilisés à la date de l'option.

7° *Septième précaution* : fiscalement, une société civile immobilière est sans doute une société semi-transparente ou translucide comme on voudra (v. *supra*, n° 10); ce n'est certainement pas une société transparente comme les sociétés de copropriété visées à l'art. 1655 *ter du* CGI; la société a une pleine personnalité fiscale et les parts sociales ne sauraient être assimilées à l'immeuble dont elles sont la représentation; c'est une différence essentielle avec les sociétés transparentes; les amateurs de défiscalisation devront avoir à l'esprit que certains avantages réservés à l'habitat sont refusés si l'opération est réalisée par le truchement d'une société civile immobilière; en voici quelques exemples :

- les personnes qui empruntent pour financer l'acquisition d'une résidence principale ou la réalisation de certains travaux bénéficient d'un crédit d'impôt; l'interposition d'une société civile immobilière fait obstacle à cet avantage fiscal, de même d'ailleurs qu'aux avantages financiers liés à des prêts bonifiés[20];
- en cas d'expropriation pour cause d'utilité publique, la plus-value est exonérée à la condition que le montant de l'indemnité soit remployé dans le rachat d'un bien de même nature dans les six mois de son encaissement (CGI, art. 150 E); mais, selon la doctrine administrative, des parts de sociétés civiles immobilières ne sont pas de même nature qu'un immeuble[21];
- l'exonération des droits de mutation à titre gratuit est refusée si l'immeuble classé monument historique est la propriété d'une société civile immobilière[22];
- de même, la réduction d'impôt pour investissement immobilier locatif de la loi Méhaignerie (CGI, art. 199 *nonies* et 199 *decies*) est refusée si l'investissement est réalisé dans le cadre d'une société civile immobilière[23];
- à l'opposé, le Conseil d'État a jugé, malgré les résistances de l'administration, que l'exonération des plus-values réalisées lors de la cession d'une résidence principale (CGI, art. 150 G-I) jouait même si ladite résidence était la propriété d'une société civile immobilière, que la cession soit réalisée sous la forme d'une cession de l'immeuble par la société ou d'une cession des droits sociaux par l'associé[24]; cette « transparence jurisprudentielle » implique toutefois que l'immeuble soit mis gratuitement à la disposition de l'associé qui en fait sa résidence principale; la solution n'est ni évidente, ni simple[25].

42. – Voilà quelques précautions à respecter si l'on veut prévenir d'amères déconvenues en cas de contrôle. On l'aura deviné, si l'on souhaite jouir en toute quiétude des charmes de la société civile immobilière, il faut être bon juriste et bon fiscaliste ou être assisté d'un bon conseil. Pour flâner en paix dans le jardin des sociétés civiles immobilières, il ne faut pas chausser de gros sabots, il faut enfiler des souliers de satin...

---

20. *Doc. adm.* 5 B-2421, n° 18.
21. Instr. 4 juill. 1991, *BOI* 8 M-4-91; *Dr. fisc.* 1991, n° 32-38, ID, 10381.
22. Rép. à M. Alphandéry, *JOAN* (Q), 9 mars 1992, p. 1120.
23. CAA Lyon, 17 nov. 1992, *Dr. fisc.* 1993, n° 43, Comm. 2028, concl. C. Chanel.
24. CE 17 mai 1989, req. 62678, *Dr. fisc.* 1989, n° 46-47, Comm. 2162, concl. Liébert-Champagne; *RJF* 1989, n° 7, p. 431; 30 avr. 1993, *RJF* 1993, n° 7, p. 587; 23 janv. 1993, req. 98477, *RJF* 1993, n°s 8-9, p. 677.
25. A. Chappert, « L'exonération de la plus-value lorsqu'un logement est détenu par une société civile immobilière », *Defrénois* 1993.1250.

L'HOMME, ÊTRE JURIDIQUE*
À propos des projets de lois sur la bioéthique
1994

Philippe Malaurie

Professeur à l'Université de Panthéon-Assas (Paris II)

1. – *La procréation artificielle.* – J'hésite sur le titre du colloque. Pour répandue qu'elle soit, l'expression de « procréation médicalement assistée » est contestable, au moins depuis que sont débattus devant le Parlement les projets de lois sur la bioéthique. L'Assemblée nationale parle bien de « procréation médicalement assistée », mais le Sénat a cru bon devoir utiliser l'expression d'« assistance médicale à la procréation », chaque fois qu'il s'agissait du code de la santé publique, réservant la « procréation médicalement assistée » au code civil. Ces subtilités de puristes sont des broutilles. Il est plus simple et plus clair de parler de « procréation artificielle ». Artificielle, parce que l'intervention des médecins et des laboratoires y est plus grande qu'à l'ordinaire.

Inutile de souligner l'extrême importance du sujet : la vie, le risque de la vie, le bonheur de la vie; les transformations foudroyantes de la médecine et de la génétique; le vertige devant les manipulations génétiques; le secret du génome, etc.

2. – *L'homme, être juridique.* – Je dois parler de « l'homme, être juridique », c'est-à-dire, si je comprends bien, le pouvoir du droit sur l'homme, sur sa naissance, sa vie, sa mort. Je ne parlerai ici que de la conception, et c'est un sujet terrible : la conception d'un homme, c'est la manière de transmettre la vie, c'est notre civilisation, l'avenir de l'humanité. Pour essayer de la maîtriser, j'appliquerai la troisième règle du *Discours de la méthode* : « conduire par ordre mes pensées, en commençant par les objets les plus simples et les plus aisés à connaître ». Je commencerai donc par une évidence.

3. – *Le droit et la nature.* – L'évidence, c'est que le droit remodèle la nature : toute la nature : les personnes, les choses et les actes. Les pigeons des colombiers, les lapins de garenne et les poissons des étangs sont des immeubles par l'effet de l'art. 524 c. civ. L'Assemblée plénière de la Cour de cassation est allée jusqu'à juger que les enfants privés de discernement sont susceptibles de commettre des fautes engageant leur responsabilité civile (Cass. ass. plén., 9 mai 1984, *D.* 1984.525, concl. J. Cabannes) : la faute de bébé ! « *Jamais poète n'a interprété la nature aussi librement qu'un juriste la réalité* » avait marivaudé Giraudoux. Et, plus sèchement, Savigny avait dit la même chose : « *le droit courbe les faits sous son joug* ».

---

* Cette chronique est une communication présentée au colloque *Aspects éthiques et juridiques de la procréation médicalement assistée* (Paris, 5 mars 1994). L'auteur remercie l'Institut de formation continue du barreau de Paris de l'avoir autorisé à la reproduire.

Mais le droit n'est pas omnipotent : il doit, la société doit, tous les hommes doivent, respecter la nature. C'est le grand message que nous transmet l'écologie contemporaine : la nature a ses lois.

4. – *La complexité de l'homme.* – L'homme, être juridique, est une réalité complexe : une réalité naturelle, une réalité familiale, une réalité sociale. Il est surtout une personne, qui est sacrée ; ni la terre, ni les arbres, ni les fleuves, ni les animaux ne le sont. Une distance infinie sépare les bébés d'hommes des bébés phoques.

La filiation en est l'illustration la plus nette : la volonté de l'individu, la vérité biologique, l'institution familiale, la politique législative y ont toujours, chacune, joué un rôle, mais leur importance respective a toujours varié selon les temps et selon les lieux.

On voit ainsi la dialectique de « l'homme, être juridique ».

Sur l'homme, le droit a un grand pouvoir (I), mais c'est un pouvoir pervers (II).

I. Le pouvoir du droit

Le pouvoir du droit sur l'homme est facile à justifier (A), difficile à exercer (B).

A. Justification du pouvoir

1. *Principe*

5. – *Le droit dit les principes.* – C'est au droit de dire quel pouvoir l'individu, le médecin, la société, la famille, la nature exercent dans la conception d'un enfant et quelle place la volonté et le droit ont dans la filiation. Car, comme dans toute la bioéthique, des principes fondamentaux sont en jeu : nos valeurs et notre avenir. Ces principes essentiels, c'est au droit de les dire : ni aux philosophes, ni aux théologiens, ni aux moralistes, ni aux médecins – le drame du sang contaminé ne l'a que trop montré – ni individuellement, ni en comité (C. Lombois, L'âme et le corps, *Journée René-Savatier*, 1993). Mon éthique, je ne la prends pas dans les comités d'éthique, fussent-ils nationaux.

2. *Limites*

6. – *Antigone.* – Le droit, ce n'est pas seulement le droit positif. Voici près de vingt-cinq siècles, la petite Antigone avait dit, pour toujours, qu'il existait des « *lois non écrites, inébranlables des dieux* ». Ce cri éternel, on le comprend mieux encore en le rapprochant du chœur qui le précède : « *Il est bien des merveilles en ce monde, il n'en est pas de plus grande que l'homme.* »

B. Exercice du pouvoir

7. – *Faut-il légiférer ?* – Le pouvoir du droit est difficile à exercer. Le droit, ce n'est pas seulement la loi écrite.

Il faut, avait dit Portalis, « *légiférer d'une main tremblante* ». Les projets de lois actuellement débattus devant le Parlement ont, sans doute, été très soigneusement préparés : la commission Braibant, la commission Lenoir, le rapport Mattéi. Et pourtant, je n'éprouve pas la même autosatisfaction que le Parlement a eue sur sa première lecture.

Il est, à mon sens, inopportun de légiférer car, fatalement, on se heurte à une impasse. Ou bien, la loi pose des principes très généraux, sans caractères normatifs ; ou bien, elle énonce une réglementation tatillonne et paperassière.

1. *Des truismes sans portée*

8. – *Le respect de la personne.* – Les projets de lois, tels qu'ils ont été adoptés par le Parlement en première lecture, énoncent des truismes sans portée. Par exemple, l'art. 16 c. civ. : « *la reconnaissance de la primauté de la personne étant un devoir de la société...* ». C'est du Joseph Prudhomme.

Mais rien sur l'embryon ; on aurait tout de même pu dire que l'embryon doit être respecté : la loi aurait eu alors une utilité.

9. – *Prohibition de l'eugénisme.* – De même, la prohibition de l'eugénisme (art. 16.4, al. 2). Pourquoi le dire ? Tout le monde est d'accord, comme tout le monde admire l'abbé Pierre : cela n'engage à rien. C'est du verbalisme, une manière de se donner bonne conscience à bon marché, dans une matière où on a facilement mauvaise conscience.

Mais des difficultés, on ne parle pas. Quelles sont les limites à la recherche médicale ? Quel est le sort des embryons surnuméraires ? Les projets de lois enfoncent les portes ouvertes et éludent presque toutes les questions délicates.

2. *Une réglementation tatillonne*

10. – *Les gauloiseries et les punitions.* – Ou bien, à l'inverse, les projets de lois énoncent des dispositions minutieuses et tracassières. Par exemple, le code de la santé publique (art. L. 673-2) disposerait que « les membres du couple » doivent donner leur consentement écrit à une procréation artificielle : les membres d'une procréation artificielle ! Comment une loi peut-elle écrire des gauloiseries aussi ridicules ? Par exemple encore, les projets ont prévu près de quarante incriminations pénales nouvelles, lourdement punies : quarante ! deux ans, cinq ans, sept ans de prison : vous avez de la chance, vous autres les médecins, on n'est pas allé jusqu'à vingt ans de prison. Il ne fait pourtant pas bon d'être médecin dans la France d'aujourd'hui ! La prison ou l'énorme amende vous encercle.

II. Pouvoirs pervers du droit

11. – « *Le mal est l'ombre du bien* ». – Beaucoup de lois contemporaines produisent des effets pervers, c'est-à-dire des effets mauvais, qui n'avaient pas été voulus, lents et souterrains, qui transforment les mœurs de manière irréversible. Simone Weil (la philosophe) en avait perçu la racine morale : « *le mal est l'ombre du bien* ».

J'en donnerai trois exemples : la filiation, le mariage, l'embryon.

A. La filiation

12. – *Les discriminations de la filiation artificielle.* – Notre droit positif de la filiation est fondé sur trois principes. La filiation repose sur la vérité biologique (L. 8 janv. 1993) ; l'enfant a le droit de connaître ses origines (Convention de New York du 26 janv. 1990 sur les droits de l'enfant) ; tous les enfants – légitimes et naturels – sont égaux (c. civ., art. 334-2).

L'insémination artificielle avec donneur bouleverse radicalement ces principes (projet, art. 311-20 c. civ.). Le droit devient incohérent. La filiation artificielle est soumise à un régime discriminatoire : sont abandonnés deux cents ans d'efforts difficiles pour qu'il n'y ait plus plusieurs catégories d'enfants : ils devraient, pourtant, être tous les enfants de Dieu, égaux devant la loi, qu'ils aient été naturellement ou artificiellement procréés.

B. L'artifice dans le couple

13. – *Le mariage et l'union libre.* – Le couple, pour les projets de lois, c'est le mariage ou c'est l'union libre. Les projets font donc de l'union libre une union concurrente au mariage. Chacun sait que la mauvaise monnaie chasse la bonne. Je ne crois pas que l'union libre soit le meilleur berceau de l'enfant artificiellement procréé.

J'ajoute que la preuve de l'union libre est impossible. Toutes les fraudes sont possibles : le certificat complaisant de concubinage, on connaît et on pratique. Il sera aussi commode pour un couple de lesbiennes ou une femme seule de procréer artificiellement que de sauter sur le portillon du métro parisien. Quand on pense à toutes les précautions prises par la loi pour que l'adoption soit faite dans l'intérêt de l'enfant !

C'est une nouvelle atteinte aux institutions familiales. Or, le droit contemporain de la famille ou ses dérives sont le témoin, l'effet et la cause des maux qui ravagent notre société. Ces maux sont accablants. Pourquoi les aggraver encore ?

C. L'embryon

14. – *L'embryon congelé.* – Sur l'embryon, le Sénat a amélioré le texte adopté par l'Assemblée nationale : quelques protections sont apportées à l'embryon. Elles sont insuffisantes : quelles différences entre l'expérimentation (prohibée) et l'étude (permise) sur l'embryon ?

Et l'embryon congelé qu'on va dégeler ? Les projets ne disent rien. Cette perspective me paraît ignoble.

Conclusion

15. – *Le crépuscule des dieux.* – Ma conclusion, je l'emprunte à la tétralogie wagnérienne. Au commencement de l'œuvre, Alberich le Nibelung (le nain) renonce à l'amour (c'est le grand sacrilège), il dérobe l'or du Rhin (il rompt l'équilibre de la nature) et forge l'anneau qui confère la domination mondiale. Wotan, le premier dieu de lumière, s'en empare et construit le Walhalla, le séjour des dieux.

À la fin du drame, les filles du Rhin reprennent l'anneau et c'est le dernier chant de Brunehilde :

> « Bague maudite/ Anneau effroyable/Je vais le rendre.../Voici l'heure du crépuscule des dieux/Je jette la torche sur le Walhalla ».

Le feu embrase le château orgueilleux. Brunehilde se jette dans les flammes. Le Rhin sort de son lit, inonde sa vallée. Une voix crie « laissez l'anneau ! ». C'est Hagen, le dernier des Niebelungen – nous en avons vu d'autres entre 1930 et 1945 et il y en a encore aujourd'hui qui recherchent l'anneau de la domination et refusent à l'amour toute place dans le monde.

Puis, aucune voix ne chante. Alors, on n'entend plus que l'orchestre. Les grands cuivres font éclater le leitmotiv solennel du Walhalla, le leitmotiv héroïque de Siegfried. Tout d'un coup, comme dans la fin de Tristan et Isolde, la musique devient douce et paisible, d'une immense douceur et d'une paix sereine. La nature a retrouvé son équilibre et l'amour sa puissance.

C'est la fin du crépuscule des dieux.

LA DESCENTE AUX ENFERS DE LA CESSION DE CONTRAT

2002

Christian Larroumet

Professeur à l'Université Panthéon-Assas (Paris)

Depuis cinq ans environ, encore qu'il ait pu y avoir quelques précédents dans la jurisprudence antérieure, la Cour de cassation a décidé d'instaurer un régime juridique de la cession de contrat qui est loin de faire l'unanimité parce que non seulement, d'un point de vue pratique, il alourdit considérablement les conditions de réalisation de cette opération, mais encore il manifeste un retour à une conception personnaliste du rapport d'obligation dont on pouvait penser qu'elle avait laissé la place à une conception beaucoup plus patrimoniale.

Passe encore que, par deux arrêts rendus en 1997[1], la Chambre commerciale de la Cour de cassation ait décidé, d'abord, que la cession de contrat suppose le consentement du cocontractant cédé et, ensuite, que lorsque ce consentement a été donné préalablement dans une stipulation appropriée du contrat cédé, il n'est pas nécessaire d'informer le cédé de la réalisation effective de la cession. L'exigence du consentement du cédé alourdit inutilement la réalisation cession, sans compter les lenteurs judiciaires pour vaincre un refus qui ne serait pas légitime. Seuls les contrats qui seraient conclus *intuitu personae* dans l'intérêt du cédé ne devraient pouvoir faire l'objet d'une cession qu'avec le consentement de celui-ci. Quant à l'absence d'obligation d'informer le cédé lorsqu'il a consenti préalablement à la cession, elle peut être lourde de conséquences pour le cédé qui ignorera qu'il a changé de cocontractant. En d'autres termes, dès lors que le cédé ne perd pas son débiteur initial tant qu'il ne l'a pas déchargé, il est inutile d'exiger son consentement à une cession du contrat, alors qu'il serait très utile de l'informer de l'existence de cette cession. La Cour de cassation a malencontreusement fait exactement le contraire. C'est contestable, mais cela ne dénature pas l'opération de cession qui, au-delà des exigences de la Cour suprême, peut être encore conçue comme une succession à titre particulier au rapport d'obligation.

En effet, ce qui caractérise la cession de contrat, exactement de la même façon que la cession de créance, c'est qu'elle réalise effectivement une succession dans le rapport d'obligation issu du contrat cédé. Le cessionnaire prend la place du cédant dans ce rapport, de la même façon que l'héritier prend la place du défunt dans les contrats que celui-ci a pu conclure. Certes, dans la seconde hypothèse, la succession est à titre universel, tandis qu'elle est à titre particulier dans la première. Cependant, du point de vue conceptuel, cela n'a aucune importance. Ce qui est essentiel, c'est que le cessionnaire du contrat soit l'ayant cause du cédant.

1. Cass. com., 6 mai 1997, *D.* 1997, Jur. p. 588, note Jamin et Billiau; Défrénois 1998, p. 977, obs. Mazeaud.

La cession de contrat n'atteint la plénitude de ses effets que par l'accomplissement de deux exigences. D'une part, il faut que le cessionnaire soit lié au cocontractant cédé et, d'autre part, il faut que le cédant soit libéré de ses obligations envers le cédé. En ce qui concerne le premier point, il n'est nullement nécessaire d'exiger le consentement du cédé soit pour permettre l'opération[2], soit pour la réaliser effectivement. La position contractuelle ou, si l'on préfère, les droits et les obligations résultant du contrat sont des choses qui sont dans le commerce et peuvent faire, par conséquent, l'objet d'un contrat de cession. En revanche, en ce qui concerne le second point, la libération du cédant, il est évident que celle-ci ne peut intervenir sans le consentement du cédé. Le créancier ne peut perdre son débiteur sans y consentir, cela serait contraire à l'article 1134 du code civil. En d'autres termes, si le consentement du cédé est indispensable pour dégager le cédant de ses obligations issues du contrat cédé, ce consentement n'est nullement nécessaire pour faire entrer le cessionnaire dans le rapport contractuel cédé. Cependant, il n'en résulte pas pour autant que si le cédé refuse de libérer le cédant, la cession du contrat est dépourvue d'effet. Le cessionnaire peut parfaitement entrer dans le contrat sans que le cédant en sorte. Il y aura, en ce cas, une cession imparfaite, par opposition à la cession parfaite, laquelle suppose la libération du cédant[3].

Par un arrêt de la troisième Chambre civile du 12 décembre 2001[4] la Cour de cassation, allant au-delà de sa déjà contestable jurisprudence de 1997, a dénaturé totalement la cession de contrat. Il s'agissait d'un contrat conclu entre un maître de l'ouvrage et des architectes pour la réalisation d'un projet de construction d'un ensemble immobilier. Une clause du contrat autorisait le maître de l'ouvrage à se substituer un tiers dans l'exécution de ses obligations. En d'autres termes, on était en présence d'une clause autorisant préalablement la cession du contrat. Le contrat fut effectivement cédé par le maître de l'ouvrage. Le projet de construction n'ayant pu être mené à bien alors que les architectes y avaient travaillé, ils ont demandé un complément d'honoraires au maître de l'ouvrage initial. La cour d'appel n'a pas fait droit à cette demande aux motifs que le contrat avait été cédé en application de la clause qui autorisait la cession. En d'autres termes, pour la cour d'appel, les cocontractants cédés devaient s'adresser au cessionnaire du contrat pour obtenir le paiement de leurs honoraires. La Cour de cassation a censuré les juges d'appel en considérant que « *la seule acceptation par le créancier de la substitution d'un nouveau débiteur au premier, même si elle n'est assortie d'aucune réserve, n'implique pas, en l'absence de déclaration expresse, qu'il ait entendu décharger le débiteur originaire de sa dette* ».

Si la Cour de cassation s'en était tenue à cette seule motivation, il n'y aurait eu rien à dire. En effet, en l'absence de libération du cédant par le cédé, on aurait été en présence d'une cession imparfaite de contrat, le cessionnaire étant entré dans le contrat. Cependant, la Cour de cassation ne s'en est malheureusement pas tenue là. Elle a cassé l'arrêt de la cour d'appel au visa de l'article 1275 du code civil, en reprenant dans l'arrêt la formule même de cet article, qui est le siège de

2. Sauf, bien entendu, l'hypothèse du contrat *intuitu personae*.
3. Cf. Marty, Raynaud et Jestaz, *Droit civil, Les obligations*, 2e éd., t. 2, n° 405 et 406.
4. *D.* 2002, Jur. p. 984, note Jamin et Billiau.

la délégation de créance. Or, la délégation n'a strictement rien à voir avec la cession de contrat, tout simplement parce qu'elle crée à la charge du délégué un engagement nouveau au profit du délégataire et qui, lorsqu'elle est imparfaite, vient se superposer à l'engagement du délégant envers le délégataire, tandis que, lorsqu'il s'agit d'une cession de contrat, le cessionnaire entre dans le rapport contractuel conclu entre le cédant et le cédé, ce qui veut dire qu'il est tenu de l'obligation même du cédant et qu'il ne peut donc s'agir d'un engagement nouveau. En d'autres termes, la délégation ne permet pas de réaliser une succession à titre particulier au rapport d'obligation[5]. C'est une hérésie de voir dans la cession de contrat une application de la délégation, qu'elle soit parfaite ou imparfaite. Il est affligeant [regrettable] de constater que la Cour de cassation dénature une opération simple en lui appliquant des textes qui ne sont pas faits pour elle et cela d'autant plus qu'il était parfaitement inutile de se fonder sur l'article 1275 du code civil pour faire du consentement du cédé une condition nécessaire de la libération du cédant. Le principe général du droit selon lequel un débiteur ne peut pas être déchargé envers son créancier sans le consentement de celui-ci était suffisant. Au demeurant, ce principe est implicitement contenu dans l'article 1134 du code civil car ce serait, à l'évidence, une méconnaissance du respect dû à la parole donné que de se libérer de son obligation sans le consentement du créancier.

5. Voir Aynès, Cession de contrat : nouvelles précisions sur le rôle du cédé, *D.* 1998, Chron. p. 25, n° 2 à 5.

LA MÉDITERRANÉE, SOURCE D'UN DROIT

2009

François Terré

Président de l'Académie des sciences morales et politiques

L'essentiel

La considération de la Méditerranée – notre mer, notre mère – occupe à nouveau la pensée politique, à des fins de coopération et d'équilibre entre les continents. Même si le droit n'est pas directement en cause, du moins dans un premier temps de l'actuelle réflexion des États intéressés, il n'en reste pas moins nécessaire de rappeler à quel point la « mer intérieure » de Rome a été et demeure la source même du droit occidental et de son influence dans le monde. Tout autour de la Méditerranée, la romanité a marqué sur toutes ses rives, dans toutes les mers qui composent l'ensemble, un fonds commun qui, en droit des obligations, malgré les ruptures de l'histoire, reste irremplaçable, au-delà des diversités culturelles et confessionnelles nées des trois religions dites du Livre. La terre et la mer ont créé un tout unique au monde. Ses fleuves, ses plaines, ses archipels, l'influence décisive des navigations et des ports, donc des thalassocraties, les migrations et les diasporas, tout cela a été et demeure source ou ressource d'un droit jamais abandonné – grâce notamment à Byzance – et peut servir aux demandes urgentes de notre temps, en matière d'eau, d'énergie, d'environnement et de migrations, sans oublier les secousses qui ont tellement agité cette mer dite sans marées, ni les séismes qui se rappellent, de temps à autre, à l'attention des peuples, de la Campanie à la Macédoine, du Maghreb à la Turquie. Europe, Asie, Afrique..., trois continents réunis pour la science et la conscience.

I. Leçons d'une histoire

Le cours des astres explique le mot Europe : c'est le couchant, le jour qui décline et disparaît, en attendant le retour du soleil. Un mot, mais aussi une figure féminine de la mythologie grecque. Sur le rivage de Tyr, Zeus s'éprend d'elle et, prenant la forme d'un taureau blanc, la séduit et l'enlève vers la Crète où, devenu un aigle, il la viole.

Dès cette aventure, les rives de la Méditerranée servent de berceau à l'Europe... et à son droit, car, de son union avec Zeus, sont nés deux fils, Minos certes, mais aussi Rhadamante, décrit par l'histoire comme un législateur sage et vertueux, père d'un code adopté par la Crète, avant de l'être par divers pays d'Asie Mineure. Eva Cantarella, dans une étude mémorable, met au premier rang la tradition homérique, plus précisément l'*Odyssée* dans la genèse du droit (*Ithaque, De la vengeance d'Ulysse à la naissance du droit*, trad. fr. 2002, éd. Albin Michel).

La romanité

La légende, puis l'histoire, se sont développées à l'aide d'autres sources venant les unes et les autres accentuer l'importance de la mer intérieure. Rome, plus que d'autres, a marqué à partir de la Méditerranée l'essor irremplaçable du droit romain, sur tout le pourtour du *mare nostrum*, après le passage des légions romaines et l'extension, en 212, par Caracalla, du *jus civile* à tous les sujets de l'Empire. La suite des temps n'a jamais cessé d'attirer pour l'essentiel cet héritage, même des siècles après les Invasions, le Moyen Age et les Temps modernes. Aujourd'hui encore, en Europe continentale, et bien au-delà sur tous les continents, en Asie, en Afrique, en Amérique, même concurrencée par d'autres cultures, cette prédominance s'est maintenue, voire renforcée, à la suite de conquêtes renouvelées, politiques, militaires ou culturelles. Ce que l'on appelle le droit européen est né sur les bords de la Méditerranée, pour étendre progressivement son rôle et son prestige en s'éloignant de ses rivages.

Les mouvements de l'histoire ont rompu cet ensemble, mais de manière variable et discontinue. Il y eut, à partir du ve siècle, une romanisation des coutumes germaniques, un métissage des droits, puis une renaissance du droit romain. L'histoire comparée des institutions juridiques est éclairante. La société wisigothique l'a montré dans la péninsule Ibérique avant l'essor de l'Islam. Une division nord sud s'est alors affirmée au fil de ses conquêtes. Et celles-ci provoquèrent une fermeture de la mer intérieure et un déplacement du centre de gravité politique de l'Europe vers le continent, en effaçant le *limes* romain (« Mahomet et Charlemagne »). Il est vrai que d'autres, plus précisément Fernand Braudel, situent bien en aval dans le temps le signe d'un déclin ou, du moins, d'une rupture : aux XVe et XVIe siècles.

Essentiel aura été « le rôle de la tradition romaniste dans la formation du droit moderne ». En citant le sous-titre de l'ouvrage de Gàbor Hamza (*Le développement du droit privé européen*, éd. L'Université Eötvös Lorand, Faculté de droit, Budapest, 2005), on ne peut que renvoyer aux grandes lignes d'une démonstration exhaustive et saisissante. Parce que le droit romain a exercé une influence, d'abord en Europe continentale puis, directement ou indirectement, sur tous les continents, il faut bien retenir que, sur la longue durée et en termes d'identité, la place de la Méditerranée aura été décisive. Bien avant la codification de Justinien, il avait influencé les lois barbares, celles des Wisigoths et des Burgondes. Son rayonnement fut accru vers 500, par l'*Edictum théodoricien*. Et le VIe siècle, grand siècle du droit romain, fut celui du *Code* de Justinien, des *Institutes*, du *Digeste*, des *Novelles*, appelés à un rayonnement qui, malgré des éclipses, a persisté jusqu'à nos jours. Apreuve, lorsqu'à la fin du XXe siècle la Chine communiste s'est ouverte au Marché, les autorités chinoises ont demandé aux historiens et comparatistes italiens – plus spécialement à l'Université Tor Vergata – d'assurer une coopération juridique par la traduction en chinois du *Digeste* de Justinien. Plus largement encore, Antonio Padoa Schioppa a retracé de manière inoubliable l'histoire du droit en Europe, du Moyen Age à l'époque contemporaine (*Storia del diritto in Europa, Dal medioevo all' età contemporanea*, éd. Mulino, 2007).

C'est au nord de la Méditerranée que, sur le continent européen, l'influence du droit romain a marqué l'Europe. D'inspiration sociologique avant la lettre, elle est éclairée par une méthode historico-comparative, car la survivance du droit romain s'est produite de diverses manières : ici une survivance proprement dite, une renaissance là où il avait été antérieurement appliqué, ailleurs une réception par des « systèmes juridiques locaux », soit par l'effet d'actes législatifs, soit « par une infiltration ou pénétration continue » (G. Hamza, *op. cit.*, p. 2 et 3).

La diversité des voies d'influence alla de pair avec l'évolution propre des règles déjà admises ou reçues, non sans que la notion de *jus civile* ait conservé en Europe continentale une portée assez généralement acceptée : au *jus civile* issu du *corpus juris civilis* et distinct du *jus commune*, s'est en quelque sorte substitué « le droit civil des Temps modernes (qui) n'est plus essentiellement autre que le droit privé » (*ibid.*).

De ce temps-là existent les origines d'une histoire qui se prolonge jusqu'à notre époque. En effet, tandis qu'en droit continental, le droit privé correspond dans une large mesure au *jus civile* romain, cette persistance ne suffit pas à désigner le *private law*; il faut ici user de cette dernière expression pour y englober tant le droit romain que « les systèmes juridiques modernes ayant évolué sur le droit romain (*civil law juridictions*) » (*ibid.*). Cette différence, plus que millénaire, explique les obstacles rencontrés sur le terrain de l'élaboration d'un droit privé européen.

L'on voit bien qu'à la lumière de celui-ci, en s'en tenant aux suites de la romanité, la Méditerranée a été au cœur de l'évolution, du fait de l'Empire byzantin et des influences du droit romain dans ce qui avait été la Grèce. À cet égard, contrairement à ce que l'on a constaté sur le terrain de la culture et de la philosophie, Rome a marqué, sinon Athènes, du moins Byzance – ce qui fut d'ailleurs à l'origine d'ultérieurs rayonnements de la romanité. Au VIIIe siècle, à partir de la codification de Justinien, une sélection de lois a été réalisée sur ordre des empereurs Léon III l'Isaurien et Constantin V. Dans le même temps, des recueils furent établis (« code rural », « code nautique », « code de la guerre »). Plus tard, sous Léon VI le Sage (886-911), le *Corpus Justinien* a été remplacé par un code très important appelé *Basiliques*, c'est-à-dire lois impériales. Plus tard encore, l'application de celles-ci, après d'importantes réformes judiciaires, a nécessité, au XIVe siècle, l'élaboration de Collections ou de Recueils, non sans influence des Pandectistes.

Si la tradition romaine s'est donc perpétuée à Byzance, la disparition de l'Empire d'Occident a entraîné de toutes autres conséquences, même si la reconquête de Justinien a marqué un reflux temporaire. Ainsi, au VIIe siècle, le texte du *Digeste* avait disparu, ce qui mit obstacle au maintien du droit de Justinien. Quand il fut retrouvé vers 1050, une résurgence du droit romain s'est produite, sous l'influence de l'Université de Bologne et de l'école des Glossateurs. Charlemagne et l'essor du Saint Empire romain germanique avaient d'ailleurs facilité ce retour. Après son déclin, une extension du champ d'application de la glose a été maintenue suivant le même esprit, au XIIIe siècle, par les post-glossateurs. Mélange de droit romain, de droit féodal et de droit canonique, ce *jus commune* s'est répandu presque partout en Europe. Si son contenu a varié dans le temps et dans l'espace, le lien avec le droit romain a marqué, avec d'autres influences, la survivance de ce droit dans le *jus commune*, y compris dans le droit commun de la France au sein duquel le droit écrit coexistait avec les coutumes, la jurisprudence et même la législation royale.

Le XIIe siècle est capital, en Allemagne – largement entendue – sous le règne de l'empereur Frédéric Barberousse (1152-1190). Il en résulta un accroissement durable de l'influence du droit romain dans une grande partie de l'Europe, d'autant plus que celui-ci – y compris en droit public (*jus publicum Romanum*) – a été largement mis à profit dans le conflit qui opposa l'Église et l'Empire. À quoi il faut ajouter que, par les chemins de la science juridique, les glossateurs et postglossateurs favorisèrent alors le recours au « droit savant » hérité du temps de Justinien.

Cette histoire montre bien, au sujet des modes de pénétration des modèles juridiques, l'importance des connaissances sur les aventures de la juridicité. La subsidiarité n'est pas nécessairement un prétexte; il lui arrive de prévaloir sur le principal. La fin du XVe siècle est, à ce sujet, des plus révélatrices. Lorsque, en 1495, la Diète impériale de Worms adopta l'ordonnance relative au Tribunal impérial statuant en dernière instance, il y fut précisé que le droit commun – entendons ici le droit romain – serait appliqué par cette haute juridiction au cas où les droits locaux seraient défaillants. La fortune du droit romain fut de la sorte consolidée jusqu'en 1806, tout simplement parce que les membres de cette haute instance n'étaient généralement au fait, du moins dans les premiers siècles, que des règles du droit de Justinien, étudiées par les glossateurs. Aux Pays-Bas, en Suisse, en Bohême ou en Moravie, l'influence du droit romain s'est aussi manifestée, mais de manière plus tardive, moins formalisée, plus liée au rôle des Universités (Louvain, Leiden, Bâle). Celles-ci ont, de manière plus générale, rempli un rôle majeur dans la réception du droit romain, par exemple en Hongrie, des étudiants étant notamment formés aux Universités de Padoue, de Bologne, de Cracovie, ce qui les avait initiés au droit romain.

Ce rappel historique de la romanité explique des constantes dont on discerne de multiples manifestations à notre époque. Malgré la vogue de termes nouveaux empruntés à la langue anglaise (*leasing, renting, factoring*...), c'est bel et bien sur des concepts et des termes hérités du droit romain que s'est développé et se développe le droit des affaires : novation, compensation, délégation, cession de créance.

L'Europe

Si l'on fait le tour de la Méditerranée dans le sens des aiguilles d'une montre en partant de l'ouest, l'on constate que, bien avant le flux et le reflux de l'Islam, les royaumes chrétiens de la Péninsule avaient marqué, sous les pressions de l'histoire et l'importance de la formation coutumière du droit privé, la persistance de l'approche romaniste. Au Portugal, de nombreux éléments du droit romain avaient marqué les coutumes, une semblable influence étant attestée dans les *Ordenaçoes Afonsinas* (1446-1447) renvoyant en cas de doute aux œuvres d'Accurse et de Bartole. Plus tard, un refoulement des sources traditionnelles s'opéra au profit de la *boa razão* (droit naturel). En Espagne, une romanisation plus forte s'est produite à partir du XIIIe siècle dans les diverses régions et leurs recueils coutumiers (*Fuero general en Navarre, Furs de Valencia*). En 1348, l'*Ordeniamento de Alcalâ* ordonna, à titre subsidiaire, le recours aux lois romaines. Quand, au XIXe siècle, dans la péninsule ibérique, la codification, avec sa signification issue des Lumières, s'est affirmée, ce ne fut pas sur le seul exemple du code civil français qu'elle s'est réalisé en Espagne et au Portugal (1868), ce modèle étant utilisé concurremment avec le code général des États prussiens (*Allgemeines Landrecht für die preussischen Staaten*, 1794) et le code civil général autrichien (*Allgemeines Bürgerliches Gesetzbuch*, ABGB, 1811). Le nouveau code civil portugais, de 1966, demeura fortement marqué par le droit allemand.

Il n'en demeure pas moins une parenté profonde avec les droits des autres sœurs latines, après la codification napoléonienne. Les liens existant à ce sujet entre la France et l'Italie ont fait l'objet de nombreuses et pénétrantes études. Antonio Gambaro et Attilio Guarneri l'ont bien montré (*La circulation du modèle juridique français*, Trav. Capitant, t. XLIV, 1993, p. 77 s.). Les étapes et les vicissitudes de la relation sont bien marquées : assimilation imposée des codes napoléoniens jusqu'en 1815, imitation des codes français dans les États italiens au XIXe siècle et par le code civil italien, puis déclin des modèles français – législatifs et doctrinaux – au profit des modèles allemands, surtout du BGB. Quant au nouveau code civil italien, de 1942, il repose sur une combinaison des influences.

En s'éloignant vers l'Europe du nord-est de la Méditerranée, c'est la tradition romano-byzantine qui sert de relais avec l'Antiquité. Mais, si les codes byzantins ont été reçus dans les Balkans, il convenait de tenir compte aussi du droit canonique. Là, probablement plus encore qu'en Occident chrétien, la donnée religieuse était présente, fournissant d'ailleurs l'occasion de comparaisons fructueuses avec d'autres religions. À quoi il faut ajouter le droit coutumier, largement entendu. En Serbie, l'influence rappelée s'est maintenue lorsque celle-ci devint autonome à la fin du XIIe siècle, une codification du droit privé (1349) étant appelée à durer même après la conquête ottomane. Après que la Serbie est devenue indépendante, au XIXe siècle, un code civil vit le jour en 1844 ; il avait été élaboré sur les modèles autrichien et français. La tradition occidentale devait, en droit privé, se maintenir ultérieurement, y compris en droit des obligations (1978).

Ce n'est pas la tradition romano-byzantine qui a marqué l'évolution hongroise. Et pas davantage, à la différence de l'Allemagne, une réception du droit romain, même si l'on discerne certaines influences de celui-ci à l'époque médiévale. L'histoire du droit hongrois est principalement marquée par le rôle prédominant des coutumes et une articulation originale de celles-ci avec les autres composantes du droit. La période importante se situe à cet égard au début du XVIe siècle, lorsque Istvam Werböczy procède à un recueil du droit coutumier féodal en latin, ce qui permet une pénétration plus formelle que réelle du droit romain. Il s'agissait d'un ensemble destiné à devenir un *decretum* général. Adopté par la diète, en 1514, approuvé par le Roi, il n'est pourtant pas devenu une loi obligatoire, sauf en Transylvanie (1691), faute d'adoption formelle. L'évolution ultérieure du droit hongrois est ensuite caractérisée principalement par les échecs des tentatives de codification, pour des raisons d'ordre politique ou économique. Cela n'a pas mis obstacle à la prise en considération de certains projets, en tant que tels, appliqués par les tribunaux.

Dans les principautés de Moldavie et de Valachie, l'influence du droit romano-byzantin ne s'est manifestée qu'à une époque relativement tardive (XVIe et XVIIe siècles), après quoi, malgré la domination ottomane, des projets ou des codes ont recueilli l'héritage byzantin. Bien plus tard, le code civil roumain voit le jour en 1865, principalement imité du code civil français. Il a conservé sa vigueur sous le régime communiste. L'évolution du droit grec, comparée à celle du droit roumain, apparaît comme étant inverse : une influence du droit romano-byzantin portant, dans un premier temps, à maintenir les règles en résultant, du moins en droit civil, puis, après l'accès au trône du prince Otto de Bavière et après une longue gestation, l'adoption en 1946 d'un code civil élaboré principalement sur le modèle du BGB.

Reste à évoquer l'évolution du droit bulgare. Là encore, l'influence du droit romano-byzantin est consubstantielle à l'histoire, d'autant plus qu'au Xe siècle, en 913, l'empereur Siméon Ier a pris le titre de tsar en qualité de cosouverain de l'Empire byzantin. Les textes traduisant cette influence, qui coexistaient avec les coutumes, furent ensuite utilisés sous la domination ottomane, jusqu'à ce que le *Medgellé* de 1877, applicable en Bulgarie, s'emploie à coordonner le droit musulman avec des principes issus principalement du droit français. Ultérieurement, des lois de 1892 sur les obligations et de 1904 sur les biens s'inspirèrent des codes civils italien (1865) et espagnol (1889).

En passant les détroits, la coexistence des religions allait évidemment faire davantage problème.

L'Asie

La combinaison des systèmes, déjà constatée dans les Balkans, est à l'évidence la donnée première de la question d'un droit méditerranéen. Il convient donc de continuer le parcours à partir de la destinée ottomane. Là encore, il devrait être possible de discerner un fonds commun dans la matière des obligations, en général, et des contrats, en particulier.

Entre la fondation de l'Empire ottoman (1299) et les réformes opérées au XIXe siècle, les règles juridiques applicables résultent de la *charia*. On ne parle pas encore de choc des civilisations ni, de manière principale, de coordination des règles. Une chose est de savoir si la *charia* comporte des prescriptions que la tradition romano-germanique peut comprendre, admettre et appliquer ; autre chose est de s'interroger sur les leçons qu'enseigne l'histoire sur la pénétration de règles et de pratiques juridiques en pays de l'Islam.

C'est pourquoi, le tournant pris en Turquie au XIXe siècle quand Abdülmecid succéda, en 1839, à Mahmud II est important. Il s'agissait de réaliser des réformes déjà envisagées dans le passé afin de remédier à deux maux : restaurer des institutions dégénérées, d'une part, rajeunir et moderniser une organisation sociale afin de placer la monarchie musulmane en meilleure situation politique et économique par rapport à ses rivales chrétiennes, d'autre part. De là date la période des réformes, des « *Tanzimat* », marquée tout particulièrement, parmi nombre de déclarations prolixes, par le rescrit *(Hatti- Cherif)* lu le 3 novembre 1839 au Kiosque de Gulhané (*Gülhane Hatt-i serifi*). En résultèrent de multiples réformes, notamment d'ordre administratif, militaire, fiscal, religieux, vestimentaire…, ainsi qu'un vaste mouvement législatif caractérisé par l'adoption de lois et de codes importants. Ainsi fut élaboré, entre 1868 et 1876, à partir des dispositions de celle des quatre interprétations du *cheri* officiel dans l'Empire, le rite hanéfite :

ce fut le *Medjellé* (1877) couvrant une partie du droit des obligations, des droits réels et de la procédure. Précédemment, un code de commerce avait été adopté ; c'était une imitation du code français de 1806.

Le *Medjellé* attestait la possibilité d'un « droit méditerranéen » en matière de droit des obligations, voire, pour partie, de droit des biens. La suite allait marquer, par les réformes d'Ataturk, une laïcisation et une occidentalisation assez systématiques, illustrées par l'adoption en 1926 du code civil et du code des obligations suisses (v. *La circulation...*, préc., spéc. *Turquie*, par R. Poroy, L. Duran, S. Dönmezer et N. Uluocak, p. 495). D'où l'affirmation suivante de ces auteurs : « Le trait fondamental de la troisième période est l'abrogation de la législation d'origine islamique, ce qui fait de la Turquie un membre à part entière de la famille des droits romanogermaniques » (p. 496).

Si cette affirmation n'est pas, dans son principe même, contestable, si les décennies suivantes ont aussi révélé la pénétration de solutions jurisprudentielles d'origine occidentale, il n'en faut pas moins tenir compte de réactions du milieu, qu'elles soient d'ordre géographique, politique ou culturel. L'existence de zones désertiques et la persistance du nomadisme avaient marqué un certain pluralisme. Les apports successifs de l'histoire ne permettent donc pas de considérer que le passé ainsi recouvert ne conserve pas une partie de son influence. Tout comme dans l'espace, les réceptions successives de règles ou d'institutions étrangères s'opèrent rarement sans mélange, les changements opérés dans le temps, fût-ce à la faveur ou à la défaveur de révolutions, font rarement, du moins en matière juridique, table rase du passé.

C'est bien pourquoi, les démentis de l'histoire incitent les juristes à une certaine circonspection : la Turquie d'Ataturk est aux prises aujourd'hui avec la résistance, voire le retour, de l'islamisme, en politique donc en droit. Les difficultés suscitées par l'application du code civil suisse en Turquie dans le domaine du droit de la famille ont illustré, depuis des décennies, les mésaventures d'une transplantation trop systématique (v. « Le colloque d'Istanbul », de septembre 1950, Ann. Fac. droit d'Istanbul, n° 6, 1956).

Dans un tel contexte, il est clair qu'une investigation par remontée dans l'histoire ne relève pas d'une sorte d'archéologie juridique à la recherche du droit dans les cités mortes, car cellesci ont souvent laissé, sur les rives et les pourtours de la Méditerranée, voire bien au-delà, spécialement en Amérique du Sud, des héritages d'une vitalité plus que millénaire.

Le destin de l'Empire ottoman le montre bien. Il conduit à revenir en arrière, c'est-à-dire en faisant abstraction de l'œuvre d'Ataturk, au temps où, suivant l'expression du tsar Nicolas 1er, la Turquie était « l'homme malade de l'Europe ».

L'époque des « capitulations » et d'une résurgence de la personnalité des lois et des juges avait depuis des siècles entraîné sur le pourtour oriental de la Méditerranée l'existence d'institutions et de règles inspirées soit par l'exclusivisme, soit par la mixité, ce qui impliquait une coexistence des droits, donc nécessairement, aux limites de leurs domaines respectifs, le discernement d'un accord possible, là où les zones d'influence marquèrent la présence durable des puissances d'Occident.

Tant que dura la souveraineté ottomane, les pays qu'elle recouvrait furent régis, en principe, par son droit. Après les réformes du conquérant Mahomet II, puis celles de Soliman le Magnifique (en arabe « *al Kamenni* », c'est-à-dire le législateur), ce fut, des siècles plus tard, le *Medjellé*, appliqué au Liban, en Syrie, en Jordanie, en Palestine, en Égypte, au Koweït. Bien qu'il se soit présenté non comme un code de type occidental, mais comme un recueil de cas, il conserva sa valeur dans les territoires issus du démantèlement de l'Empire ottoman après la Première Guerre mondiale jusqu'à l'élaboration de codes plus modernes. Ainsi, au Liban plus précisément, un droit des obligations et des contrats a, en 1932, opéré une adaptation des règles du droit, avec le concours du français Louis Josserand et la prise en considération du projet de code franco-italien des obligations (1927), ainsi que du BGB. Important a été, dans cette réforme, le recours aux concepts et aux catégories du droit français (v. *La circulation...*, préc., *Liban*, par P. Gannagé, p. 254 s., spéc. p. 258). Dans un esprit d'inspiration occidentale, ont aussi été adoptés un code de commerce (1942), puis d'autres textes.

Après son accession à une indépendance complète (1949) et surtout le coup d'État de Husni Zaïm en 1949, la Syrie s'est dotée de codes modernes, largement inspirés des codes libanais, ainsi que du code civil égyptien, quant au droit des contrats, des obligations et des preuves (v. *La circulation...*, préc., *Syrie*, par J. El Hakim, p. 257 s., spéc. p. 278). Non sans turbulence, quand on s'éloigne des rives de la Méditerranée, le code civil jordanien (1976) a été inspiré par les codes égyptien et syrien. Ses travaux préparatoires, observe le professeur libanais Chibli Mallat (*L'état de la recherche en droit musulman au Moyen-Orient, in* Travaux et journ. Univ. Saint-Joseph, 1998, p. 239), « constituent une des meilleures recherches en vue d'un code civil à la fois inspiré de la tradition légale musulmane et attentif à une structure et à une terminologie modernes ». Le commentaire résultant de ces travaux offre, suivant le même auteur, « une perspective unique sur l'amalgame des droits classique et européen, et chaque article est suivi d'une analyse fouillée, qui inclut certains des articles correspondants dans d'autres juridictions (législations) du Moyen-Orient, typiquement la *Majalla* et le code civil égyptien, ainsi que des commentaires des grandes collections du *fiqh* ». La Palestine a suivi, politiquement, une voie différente puisque, du moins sous l'empire du droit israélien, une pénétration des principes du droit occidental a été plus marquée, sans que les concepts du droit anglais et du droit américain y aient pris une influence significative (v. notamment C. Klein, *Le droit israélien*, PUF, 1990).

L'Afrique

Les précédents développements tenant à la rencontre des cultures se retrouvent au passage de l'Asie à l'Afrique. Mais le colonialisme en a accentué la complexité, le comportement des puissances mandataires en Syrie, au Liban, en Palestine et même en Jordanie étant sans commune mesure avec ce qui s'est produit sur les rives méditerranéennes de l'Afrique. Certes, l'Angleterre, la France et l'Italie n'ont pas conçu dans les mêmes conditions et les mêmes manières l'introduction de leurs droits entre Suez et Tanger, d'autant plus que ni les formes des transplantations de droits, ni l'esprit des puissances coloniales n'étaient à cet égard uniformes. Au surplus, les diversités de l'Islam ne furent pas indifférentes à l'évolution des influences.

Peu après le rescrit de Gulhané, il avait été prévu par le gouvernement ottoman l'adoption d'un code civil dont la rédaction fut confiée à un homme de lettres français (E. Engelhardt, *La Turquie et le Tanzimat*, I, p. 41). Mais le projet fut aussitôt abandonné, ce qui explique le *Medjellé* (v. *supra*). Latente dans les temps qui suivirent, l'entreprise se réalisa en Égypte, plus précisément après la fin du régime des capitulations qui avait apporté, spécialement dans la vallée du Nil, un pluralisme supplémentaire. Pourtant, avant leur disparition, la juridiction précéda l'action dans l'esprit des réformateurs égyptiens. Dans cette perspective, à l'ordonnancement clarifié des juridictions mixtes correspondit ensuite l'élaboration projetée de « lois mixtes », ou du moins de recueils. Implicitement, il fut alors considéré qu'en cas de doute la législation et même la jurisprudence française devaient, dans la mesure du possible, être appliquées par les nouvelles juridictions (P. Arminjon, *Le Code civil et l'Égypte*, *in Le Code civil, Livre du Centenaire*, t. I, rééd. 1969, p. 733 s., spéc. p. 746).

Cette préférence s'est maintenue parce que le droit français « sut profiter assez habilement du fait que le droit égyptien ne voulait pas trop se rapprocher ni d'une philosophie allemande abstraite et compromise par le nazisme, ni des tendances trop pragmatiques et jurisprudentielles des Anglo-Saxons » (v. *La circulation...*, préc., *Égypte*, par M. El Sayed Arafa, p. 230). Cette influence caractérise notamment le code civil égyptien de 1949, dit code Sanhuri du nom de son principal rapporteur, lequel fut ensuite imité en Syrie et en Libye. Ni la démarche casuistique traditionnelle du droit musulman, ni son attachement au rôle du juge, ne suffirent à empêcher l'emprise du droit français et, par l'intermédiaire des professeurs de droit en provenance du Caire, un rayonnement du « phénomène *Sanhuri* » (C. Mallat, art. préc., p. 238) dans les États du Golfe, en Jordanie et au Yémen, en dépit d'affirmations officielles de la prééminence de la *Charia* comme source du droit.

Le retour à la Méditerranée occidentale traduit naturellement une accentuation du rôle du modèle français dans les États du Maghreb, spécialement en droit des contrats, des obligations et même des biens. Citons, en Tunisie, le code des obligations et des contrats de 1906, au Maroc, le *dahir* de 1913 formant code des obligations et contrats, le code civil algérien de 1973 qui, en raison de divers textes distincts, notamment en matière de statut personnel, constitue, à proprement parler, un code des obligations. À partir de ces constatations, présentées au sujet de l'Algérie, Mohand Issad et Nacéra Saadi dégagent une conclusion profonde : « Excepté ce qui ressortit d'une sphère d'intimité, comme le statut personnel en Algérie, marqué par l'histoire ou la religion, le droit est devenu une technique fondée sur l'expérience et adaptable partout, et qui s'internationalise comme le commerce ou l'économie et comme les autres sciences sociales » (*La circulation...*, préc., *Algérie*, p. 233).

II. Leçons d'une géographie

Le rapide voyage autour de la Méditerranée, un de plus après l'itinéraire de Chateaubriand et de bien d'autres, révèle au premier regard, au sujet du droit des obligations, voire des biens, une rencontre des systèmes juridiques de nature à contribuer à la naissance, si ce n'est à la reconnaissance, d'une union méditerranéenne. Non point qu'il s'agisse d'imaginer une quelconque unification des droits, plus spécialement de celui qui régit les affaires, autrement que par l'orientation de ses pratiques, mais parce qu'il est toujours profitable de recourir à la méthode comparative pour discerner, malgré des différences de techniques et de concepts, une concordance des solutions bien plus fréquente qu'on ne l'imagine de prime abord (v. notamment, en dernier lieu, *La finance islamique à la française, un moteur pour l'économie, une alternative éthique*, dir. J.-P. Laramée, éd. Secure Finance, 2008). En allant des diversités de la géographie physique à celles de la géographie humaine, la mesure des constantes et des variables l'établit aisément.

Terre et mer

Ce *mare nostrum* des Romains, il faut bien l'envisager en lui-même à partir de ce qui l'environne. Son existence considérée par ce qui l'entoure mais aussi par les mers particulières – intérieures ? – qui la composent – Tyrrhénienne, Adriatique, Ionienne, Égée – oblige à tenir compte de la navigation dans le développement des relations entre les hommes et par conséquent des règles de droit qui les régissent. La vision de son histoire politique est notamment celle des thalassocraties athénienne et vénitienne, ce qui n'a pas été indifférent aux rapports juridiques des hommes entre eux et par rapport à leurs richesses. Longtemps après que les Phéniciens eurent fondé Marseille, les républiques marchandes italiennes furent le plus souvent maritimes. Longtemps après que Platon se fut interrogé sur l'emplacement des villes – Le Pirée ou Athènes ? –, le droit maritime sembla pendant assez longtemps avoir été le siège premier du commerce et du droit qui avait été illustré par la *lex rhodia de jactu*, ancêtre du régime des avaries communes pouvant accompagner l'aventure maritime. Que dire encore du droit maritime d'une mer sans marées notables, ce qui n'est pas sans incidence sur le droit des transports ?

> « C'est aussi à partir de la Méditerranée que les grands navigateurs de l'histoire sont partis à la découverte du monde, ce qui devait changer, à cause des océans, le destin de la « mer intérieure » et l'équilibre de ses richesses, sans détruire son rôle central, avec son vide créateur, la liberté étonnante de ses routes d'eau… avec ses terres diverses et semblables, ses villes issues du mouvement, ses humanités complémentaires, ses hostilités congénitales, est une œuvre sans cesse reprise par les hommes, mais à partir d'un plan obligatoire, d'une nature peu généreuse, souvent sauvage et qui impose ses hostilités et contraintes de très longue durée »
> (F. Braudel, *La Méditerranée et le monde méditerranéen à l'époque de Philippe II*, 6e éd., 1985, t. 2, p. 516).

La synthèse de la mer et de la terre est une marque originale de la Méditerranée et de tous ses archipels. Les conceptions politiques, juridiques et sociales sont liées aux modalités de leurs relations avec l'espace et à l'opposition historique entre « ceux qui vivent sur la terre ferme » et « ceux qui écument les mers » (C. Schmitt, *Terre et mer*, introduction et *postface* de J. Freund, trad. éd. Le Labyrinthe, 1985). Charles-André Julien écrit, au sujet de Carthage, que « tyrannique, féroce et soupçonneuse, son aristocratie ressemble, comme une sœur aînée, à la culture vénitienne, avec la culture et le goût en moins » (*Histoire de l'Afrique du Nord*, t. I, 2e éd., 1966, p. 84).

Les diversités des terres sur le pourtour de la mer intérieure relèvent de deux données, qui ne sont pas indépendantes l'une de l'autre. La première tient à la répartition des richesses qui a varié avec le temps. L'or en provenance du Soudan a marqué des siècles d'histoire au Maghreb. L'or du Mont Pangée fut une des causes de la guerre du Péloponnèse. La Sicile, puis l'Égypte, furent les greniers à blé de l'Europe. Au fil des fleuves, les plus riches plaines du monde – le Pô, le Nil – ont façonné la vie des peuples. Une prospérité particulière a caractérisé ces « mers intérieures », ces plaines telles que la Lombardie, dont parle Braudel. Ailleurs, les ressources furent rares et les paysans miséreux. L'existence de zones désertiques entraîna d'ailleurs des innovations juridiques étrangères à la tradition romaniste.

Le régime de l'accession immobilière constitue une preuve parmi d'autres. Dans la tradition du droit romain, une maxime domine à ce sujet : *superficies solo cedit* : ce qui est incorporé à la terre en devient l'accessoire, qui suit le principal – *accessorium sequitur principale* – de sorte que le propriétaire d'un terrain devient en principe propriétaire de tout ce qui s'y incorpore, qu'il s'agisse de constructions ou de plantations. Étant donné que, lorsqu'il y a des contestations, c'est la plupart du temps parce que ce qui est incorporé au sol a beaucoup plus de valeur que celui-ci, la disproportion des valeurs cède devant celle des matières.

En Occident, cet état du droit est secoué de diverses manières, car le régime des biens, spécialement en droit français, appelle un rajeunissement profond. Or, le droit de la Méditerranée orientale peut, dans cette voie, servir d'exemple. Ainsi, confronté aux duretés du désert et à une pénurie d'eau, datant des millénaires, le *Medjellé* a retenu une règle originale suivant laquelle celui qui, dans certaines conditions, plante un arbre, même sur le terrain d'autrui, en devient propriétaire. Certes, le droit comparé des biens montre l'existence de traditions différentes au sujet de l'appropriation du sol, compte tenu de la diversité des traditions religieuses, politiques et culturelles. Il n'en reste pas moins que les préoccupations présentes de l'environnement pourraient trouver, dans un ordre d'idées voisin, une piste de réflexion fructueuse dans l'assouplissement du système des droits réels et de la propriété unitaire.

L'existence de zones désertiques, à l'est comme à l'ouest, conduit à s'interroger sur l'importance d'un autre phénomène, le nomadisme. Si l'on s'en tient à son type terrestre, on ne saurait réserver les analyses aux seules provenances de Haute-Asie, car les Bédouins d'Arabie ont révolutionné le monde. Et s'il est difficile de distinguer à leur sujet le juridique du moral, il n'en reste pas moins chez eux un ensemble de règles de *orf* relatif à presque toutes les manifestations de la vie. « Il s'agit, en effet, d'un système coutumier dont les règles, inscrites dans la mémoire collective et retransmises de génération en génération, n'émanent pas d'un organisme spécialisé, mais semblent concrétiser en elles la sagesse des anciens » (J. Chelhod, *Le droit dans la société bédouine*, préf. J. Carbonnier, éd. Rivière, 1971, p. 73). Propre à renouveler les distinctions, classiques, mais incertaines, de la souveraineté et de la propriété, cette approche ne peut être indifférente à la compréhension des diasporas et des migrations qui n'ont cessé de marquer de leur empreinte durable la Méditerranée et ses pourtours. Est-ce d'ailleurs un hasard si, au XIVe siècle, Ibn Khaldoun a créé la sociologie du droit (v. *Mélanges Ben Halima*, 2005, p. 35 s.) ?

Trois religions dites du Livre

Du polythéisme de la Cité Antique se distinguent les trois religions dites du Livre. On laissera à d'autres le soin de contester à ce sujet la situation de l'Islam, par rapport au judaïsme et au christianisme. Dans la redistribution des classements traditionnels, d'aucuns rapprocheront la Bible et le Coran, où le divin exprime notamment la Loi, et les distingueront tant de la tradition gréco-romaine que du judaïsme. D'autres historiens observeront qu'à la différence de l'Ancien Testament, le Nouveau n'a jamais été source positive du droit, ce qui n'exclut aucunement une influence du christianisme sur le droit (v. *La Révélation chrétienne et le droit*, Trav. Fac. droit de Strasbourg, 1956).

Même si l'on néglige ici une analyse, pourtant si pénétrante, du fondement théologique du droit (J. Ellul), il est certain que le contact entre les systèmes juridiques en Méditerranée est lié aux différences confessionnelles. S'il en est ici question, c'est uniquement dans la mesure où la reconstruction d'un ensemble politique et juridique ne se heurte pas à l'obstacle infranchissable de la différence entre les religions considérées. À cet égard, les vicissitudes de l'État d'Israël montrent bien que du côté de la religion hébraïque, et sous réserve de milieux ultra-orthodoxes, il n'y a pas d'obstacles majeurs. Y compris, bien évidemment, lorsque l'analyse porte au-delà de l'influence des droits occidentaux, spécialement du droit anglais, sur les fonds religieux de la société israélienne. L'étude constamment améliorée de la Bible et spécialement du Deutéronome, de la Torah et du Talmud, qu'il soit de Babylone ou de Jérusalem, conduit à cette conclusion (v. notamment O. Artus, *Les lois du Pentateuque*, éd. du Cerf, 2005).

Dans le monde chrétien, la réflexion est facilitée, du moins de prime abord, par la distinction de ce qui est à Dieu et de ce qui est à César, ce qui a facilité le développement politique, économique et culturel de l'Occident. À cet égard, on ne s'attardera pas sur la contestation assez absurde des racines chrétiennes de l'Europe. Mais cela n'a pourtant pas évité les schismes, avec l'orthodoxie, notamment du fait du césaropapisme byzantin, dont les travaux de notre époque ont montré de manière très pénétrante les différences par rapport à l'Europe occidentale (v. G. Dagron, *Empereur et prêtre*, éd. Gallimard, 1996). Entre le pouvoir spirituel et le pouvoir temporel, il y a deux modes possibles d'émancipation : de l'Église par rapport à l'État, de l'État par rapport à l'Église. C'est seulement dans cette seconde voie que le concept de laïcité a pu naître et grandir. Il n'en a pas moins été marqué à tel point dans certains pays chrétiens par la politique, spécialement en France, que sa traduction même en langue anglaise est des plus problématiques. À l'évidence, le protestantisme a entraîné d'importantes conséquences en politique, en économie et en droit, spécialement en termes de capitalisme, avec toutes les conséquences qui lui sont attachées. Dans les mentalités et dans les cadres de vie, la relation à l'argent et au marché, aux forces divergentes du luthéranisme et du catholicisme, de l'Europe du Nord et de l'Europe du Sud est fondamentale. C'est pourquoi l'antagonisme – faute de coopération spirituelle – existe au sein même de l'Europe, restreinte, puis élargie. Il n'est pas propre à l'histoire de la Méditerranée. À partir du destin du prêt à intérêt, contrat spécial parmi d'autres, mais aussi ressort problématique du crédit, cet « intérêt », fruit de l'argent, source d'amples débats dans la tradition chrétienne, est aussi l'une des pierres de touche des relations avec l'Islam.

Si l'on veut à nouveau penser la Méditerranée, la retrouver dans son identité profonde, il faut dépasser le catalogue des législations d'inspiration occidentale introduites en pays d'Islam. Non point qu'il faille négliger leur existence durable, mais parce qu'il est justement indispensable de comprendre pourquoi un raccordement fut possible. À cette fin, une démarche de type phénoménologique est opportune, voire nécessaire. Il faut bien alors limiter le propos, en faisant abstraction des diversités entre les rites malédite, hanéfite, chaféiste, hanbalite, et de la distinction des sunnites et des chiites. Allons à ce qui, présentement, peut être considéré comme l'essentiel dans la construction du politico-juridique : l'accord, le contrat, le traité, disons l'obligation, générale ou en général. Les analyses servant ici de référence principale sont celles du grand islamologue Joseph Schacht (v. *An Introduction to islamic law*, Oxford University Press, 1964, trad. fr. éd. Maisonneuve, 1983).

Quelques citations s'imposent à ce sujet. L'une d'elles concerne la liberté contractuelle. Le droit islamique ne la reconnaît pas, car, dans cette région, elle mettrait obstacle au contrôle moral des transactions. Mais, souligne aussitôt Schacht (p. 123), « un moyen d'y parvenir existe dans l'obligation abstraite (*dayn mutlag*) qui est fondée sur la reconnaissance d'une dette sans considération de sa cause originelle. On peut l'utiliser pour assurer une compensation financière à n'importe quel type de transaction, même si elle n'a pas été envisagée dans les divers types de contrats prévus, mais elle n'a jamais été utilisée de façon constructive dans l'élaboration de la doctrine ». Autre exemple, relatif à ce que nous appellerions l'enrichissement sans cause, à partir du Coran : est notamment interdite l'acquisition d'un avantage monétaire sans fourniture de contrepartie, ce qui oblige celui qui l'obtient à en faire don charitable aux pauvres. Cela « s'applique, par exemple, à la souslocation à un prix plus élevé, ou à la revente à un prix plus élevé, d'un objet acheté, avant que le paiement n'en ait été effectué » (Schacht, préc., p. 124).

Il n'est donc pas douteux que certaines solutions comme celles qui viennent d'être évoquées s'accordent mal avec des opérations courantes dans le monde occidental, et précisément avec les mécanismes des opérations à terme sur les marchandises ou les valeurs mobilières. Mais là n'est pas l'essentiel. Bien plus importante est alors l'existence de concepts, de catégories, de qualifications et de techniques qui ne sont pas étrangères aux raisonnements des juristes occidentaux. L'expérience comparative montre souvent que la diversité juridique des solutions tient moins – dans une vision générale – à la consistance de celle-ci qu'aux démarches mentales permettant de les dégager, ce qui est affaire de logique, de sociologie et d'épistémologie.

Cela ne permet évidemment pas d'évacuer le problème central de la relation entre droit et religion, c'est-à-dire présentement entre *fiqh* et islam. Envisageant les multiples solutions évoquées il y a un instant, certains auteurs ont contesté le caractère juridique de ce droit laïque, de ce *jus civile* que constituerait le *fiqh*. Celui-ci ne serait qu'un ensemble théorique de devoirs, un prétendu système de caractère déontologique qui n'aurait jamais été pleinement appliqué en pratique. Chafik Chehata a critiqué cette conception de manière convaincante en observant que « les caractères communs aux règles de droit » sont présents dans le *fiqh* (*Études de droit musulman*, Trav. Fac. droit Paris, série Afrique, n° 7, 1971, p. 42), notamment en procédant à une distinction classique des sanctions. « Dans sa sanction, écrit-il, la règle posée par les docteurs de l'Islam revêt un caractère proprement juridique et se trouve distinguée en fait des règles de morale qui entraînent des sanctions purement religieuses… La nullité est la sanction d'une règle juridique, alors que le blâme est encouru par la personne qui contrevient à une simple obligation morale ».

Abstraction faite des dispositions de caractère rituel qui figurent dans les livres de *fiqh*, il n'est pas contesté que, comme dans la plupart des systèmes, des règles juridiques soient un prolongement direct d'exigences et de principes d'origine religieuse. Mais cela ne suffit pas à remettre en cause la place du droit dans la tradition musulmane. Dans sa dernière œuvre, Roger Arnaldez a superbement rappelé comment « le droit dit musulman, le *fiqh*, s'est constitué », étant observé qu' « on ne pouvait certainement pas voir dans le Coran un code de jurisprudence » (*L'homme selon le Coran*, Hachette Littératures, coll. Pluriel, 2002, p. 168). L'auteur ajoute, lecture faite d'ouvrages de droit et de la liste des questions traitées, que celles-ci « ne sont pas formulées en termes coraniques, mais en termes conventionnels transposés du vocabulaire du droit romano-byzantin ». Après quoi, le droit prit en Islam « une importance considérable à travers les différentes Écoles ou rites ».

Il pouvait bien arriver qu'implicitement, voire explicitement, la référence à la Révélation coranique exerçât une influence fondamentale. Implicitement en ce qu'elle explique « toute une littérature relative aux subterfuges, soit aux moyens détournés qui permettent de parer à la rigidité des règles » (C. Chehata, *Études de droit musulman*, préc., p. 43) ; explicitement, dans la mesure où une nécessaire remontée aux sources plaçait le juge dans l'obligation de suivre la Révélation coranique considérée comme une loi (*charîa*). Ce n'est d'ailleurs pas la première fois dans l'histoire que la loi était mise en relation avec le droit. L'on distingue dans une autre tradition la loi naturelle et le droit naturel.

Poursuivons l'investigation, au vu des diverses manifestations d'un retour à la *charîa* qui s'affirme de nos jours, spécialement dans les divers courants du fondamentalisme musulman. L'attachement à la *charîa* sert alors de référence constante, notamment mais pas uniquement, à l'appui des mouvements terroristes. Cette sorte de retour, envisagé indépendamment de ses horreurs, appelle des comparaisons multiples dans l'histoire des religions et des guerres souvent sanguinaires qu'elles ont provoquées.

Ainsi un retour à la Bible inspira le protestantisme, accompagné chez certaines sectes, par exemple les antinomiens, par une remise en cause des lois qui, même en s'en inspirant, en avaient dénaturé le sens. De là, une interrogation qui domine notre temps et laisse la porte ouverte – celle de « l'effort » peut-être – vers trois faces inversées de l'islamisme que distingue Jean-Paul Charnay : « Constituer un refuge pour réenchanter le monde après la désillusion des lenteurs du développement et des ratés du nationalisme : l'islam de compensation. – Être un instrument de contestation anti-occidentale, voire anti-judaïcosioniste, parfois même anti-chrétien : l'islam du ressentiment. – Fortifier un impérialisme intellectuel sur ses corrélationnelles : l'islam du pouvoir » (*La Charia et l'Occident*, éd. de l'Herne, 2001, p. 132).

Traits d'union méditerranéenne

Les considérations qui précèdent tendent à montrer que, parmi les composantes d'une Union méditerranéenne, une grande communauté juridique en droit des obligations peut être précieuse. Cette communauté forgée par l'histoire d'une mer intérieure unique au monde ne doit pas tendre nécessairement à quelque unification des systèmes, voire à une harmonisation du droit des affaires, déjà largement en œuvre, sans attendre des compilations de légistes. Plus important est le fait que, sur tout le pourtour de la Méditerranée, il existe, par-delà les obstacles d'ordre confessionnel, une communauté tenant à la civilisation du droit romain, puis du droit romano-byzantin, puis, quoiqu'on puisse en penser, du droit musulman et du droit français, etc.

Cette communauté peut surtout permettre de faire face aux questions de notre temps :

a) La question de l'eau, car toutes connaissances et les expériences des mers, des îles, des presqu'îles, des détroits sont concernées (v., à partir de l'Adriatique, le livre génial de Predrag Matvejevitch, *Bréviaire méditerranéen*, introd. de Claudio Magris, trad. éd. Fayard, 1992) ;

b) La question des richesses et de leur circulation, des voies de terre et de mer, des problèmes de sel, du poivre, des épices et des routes de la soie, des céréales et des mécanismes des échanges, de la territorialité ou de la personnalité des lois, des substituts du système des capitulations, notamment dans les Échelles du Levant, des canaux et des voies maritimes, du droit fluvial, etc. ;

c) La question de l'énergie, plus vitale que jamais et qui domine aujourd'hui le problème du pétrole caractérisant précisément le rapport Nord-Sud et son évolution prévisible, à l'horizon possible d'une quête d'autres sources d'énergie, même si l'énergie marémotrice ne peut être – dans le domaine considéré – d'un effet quelconque ; même si les souffles du mistral, de la tramontane, du foehn, du sirocco ou de la bora ne peuvent donner naissance, en l'état des techniques et des finances, à une énergie éolienne fallacieuse ;

d) La question de l'environnement, enfin ; s'il est d'ailleurs une histoire commune à tous les pays riverains de la Méditerranée, c'est celle des séismes qui ont frappé ceux-ci d'Ouest en Est, du Nord au Sud. Plus généralement, les diversités et les variations climatiques, mais aussi, en géographie humaine, les mouvements de population ont sans cesse obligé les États à adapter aux migrations, ainsi qu'aux conquêtes, leurs diverses législations. L'édit de Caracalla qui, en 212, étendit à tous les sujets de l'Empire la qualité de citoyen romain est à ce sujet le symbole durable des grandeurs de la latinité.

À cette communauté du passé et du présent peut correspondre une certaine union propre à favoriser les progrès de la coopération. Contentons-nous de citer Albert Camus : « L'absolutisme historique, malgré ses triomphes, n'a jamais cessé de se heurter à une exigence invincible de la nature humaine, dont la Méditerranée, où l'intelligence est sœur de la dure lumière, garde le secret » (*L'homme révolté*).

LE DROIT ET LE BONHEUR

2010

François Terré

Membre de l'Institut

Si, comme le pensait Saint-Just, le bonheur est une idée neuve en Europe, il faut bien que le droit l'ait précédé dans l'Histoire. Si la gloire est le deuil étincelant du bonheur, on ne sait plus trop où trouve sa place le droit. Né pour beaucoup d'anthropologues à la fois de l'échange entre les vivants, pacifiques ou non, pouvant en résulter dans la réputation des humains, et du culte des morts qui entretient l'Histoire, on hésite à le situer. C'est que la conscience de son existence a toujours varié au cours des temps et au hasard des continents. Et cette conscience elle-même, loin d'être un réceptacle ouvert à tous les vents, renvoie incessamment à la formule célèbre de Del Vecchio : « *Le droit est de toutes les sciences la seule qui doive connaître toutes les autres* ». Mais ce savoir véhicule tout à la fois le bonheur et le malheur de l'espèce humaine.

De cela, une ressemblance première négligeant tant de disparités évidentes : l'inachèvement. Du droit à la justice qui en fut la finalité première dans le monde, le parcours demeure sans aboutissement ultime. Quant à la quête du bonheur, contemporaine ou immémoriale, elle demeure permanente et toujours inachevée. Cette parenté suffit-elle à réfléchir un instant, en début d'année, à l'heure où les souhaits s'échangent et se multiplient ? Essayons de relever le défi offert par le *Recueil Dalloz*. Qu'en est-il du droit au bonheur ? Qu'en est-il du bonheur en droit ?

I. Le droit au bonheur

A. – Les finalités du droit se sont accumulées au cours de l'Histoire à partir d'une approche relativement simple. C'est d'ailleurs en relatant leurs vagues successives que l'on s'emploie tant bien que mal à dégager une définition juridique. Quant à son fondement, il n'est pas davantage à l'abri des incertitudes. Toujours est-il que, dans un premier temps, fort long, se déroulant au cours de millénaires, les finalités du droit généralement reconnues et recherchées ont été la justice et l'ordre. Cela ne signifiait pas que, du progrès, de la combinaison de l'une ou de l'autre, soit résulté un état de bonheur : de chacun, du plus grand nombre, voire de tous. On ne pouvait trop demander. Un bien-être désiré ne pouvait tenir lieu de bonheur, même par anticipation. Le droit s'accorde mal avec le songe.

L'individualisme des Temps modernes et les Lumières ont rapproché de l'objectif. La Déclaration d'indépendance américaine comporte, en 1776, l'affirmation du droit au bonheur. En France, aux finalités anciennes, l'héritage révolutionnaire a ajouté les exigences fameuses de la liberté, de l'égalité, de la fraternité, ainsi que de la propriété. Pouvait-on en attendre le bonheur ? Et celui-ci pouvait-il être le résultat de ces conquêtes ? Était-ce de la liberté ? Mais le Romantisme portait à une réponse plutôt négative, bien exprimée dans les œuvres romanesques (v. M. Ozouf, *Les aveux du romain*, Gallimard, 2007). Dans cette veine, Balzac s'inscrivit : « *en avançant dans la vie, vous apprendrez que les principes de liberté mal définis sont impuissants à créer le bonheur des peuples* » (*Le lys dans la vallée*). Quelle que soit même la définition, encore faut-il que le pessimisme de Dostoïevsky soit démenti, quant à l'incompatibilité de l'homme et de la liberté.

L'égalité suscite d'autres difficultés, du fait même que ses modes d'expression sont divers et souvent contradictoires : suivant les talents, suivant les mérites, suivant les vertus, suivant les besoins, suivant les œuvres. Le droit s'acharne depuis plus de deux siècles à tout satisfaire. Les textes succèdent aux textes, les déclarations aux déclarations. Si les progrès sont considérables, ils n'aboutissent pas à la réalisation d'une société heureuse. Le chemin est encore bien long qui mène au but défini par Aristote : « *L'égalité consiste à traiter également des choses égales et inégalement des choses inégales* ». À quoi s'ajoutent les connivences du droit avec l'équité, ce qui est tout autre chose.

Si l'on raisonne au sujet de la fraternité, à partir de la Déclaration de 1789, la mise en chantier juridique a été beaucoup plus tardive. C'est surtout à notre époque que les auteurs se sont intéressés à ses prolongements en termes de droit positif. Des investigations éparses ont porté sur l'existence des liens spécifiques existant notamment au sein des familles et dans les relations entre associés. L'idée même de la fraternité est souvent obscurcie voire absorbée par celle de solidarité (M. Borgetto, *La notion de fraternité en droit public français. Le passé, le présent et l'avenir de la solidarité*, thèse, Paris II, 1993). Mais le bonheur est encore loin à l'horizon (v. cependant R. Debray, *Le moment fraternité*, Gallimard, 2009).

Le droit s'est quand même rapproché du but évoqué lorsque de nouvelles garanties, d'ordre social ou économique, ont été reconnues, non sans interférences avec le droit de propriété. Après quoi le mouvement s'est amplement prolongé pour satisfaire des aspirations multiples et parfois contradictoires : à la protection des consommateurs, de l'environnement, et surtout à une meilleure qualité de la vie, à l'enfant mais aussi à l'avortement, au soleil et à la pluie, à la vie et à la mort. La diarrhée législative s'est accrue. On a même songé à affirmer dans la loi que « chacun a droit à respirer un air qui ne nuise pas à sa santé ».

Les intentions affirmées ne suffisent pas à la réalisation, même par morceaux, du bonheur. L'accumulation des droits nuit à leur sérieux. Elle crée une dissociation entre les situations et les règles qui les régissent. De surcroît le passage du *droit de...* au *droit à...* manifeste un changement radical de perspective, indépendamment d'expressions trompeuses servant tout au plus à entretenir des illusions (exemple : le droit au logement *opposable* ?). Le chemin du bonheur ne passe-t-il pas par le reniement des promesses illusoires et l'évitement des déceptions ?

Plus profondément, le changement des expressions (droit de..., droit à...) traduit une métamorphose étudiée aujourd'hui de manière approfondie par les auteurs (D. Cohen, *Le droit à...*, *Mélanges F. Terré*, 1999, p. 393 s. ; M. Pichard, *Le droit à..., Étude de législation française*, thèse, Paris II, 2004, préf. M. Gobert). La première expression traduisait la libération de contraintes injustifiées qui nuisaient aux développements des activités des personnes. Leur suppression ouvrait la voie à des comportements actifs des destinataires des droits, destinés à en user pour se rapprocher d'un état plus heureux. Il en va autrement, dans nombre de cas, des *droits à*…, qui consistent souvent à attendre passivement le bonheur que l'argent fait ou ne fait pas. Mais probablement la perplexité qui subsiste tient-elle plus profondément aux définitions possibles du bonheur, pas plus faciles à cerner que celles du droit.

B. – La recherche d'un rapport fondamental entre le droit et le bonheur implique d'emblée le sujet *a priori* d'un postulat d'incompatibilité radicale. À sa manière, en s'aventurant sur le terrain de la vertu pour la distinguer radicalement du bonheur, Kant est conduit à placer le droit du côté de la vertu, en tout cas à le distinguer essentiellement du bonheur. « *Ordonner à chacun de chercher à se rendre heureux serait une tâche insensée, car on ne commande jamais à quelqu'un ce que de lui-même il veut inévitablement* » (*Crit. rais. prat.*, § 3 ; scolie 2). C'est dire que le chemin de la vertu qui mène au bonheur évite les embarras et les exigences juridiques. C'est aussi considérer implicitement que le malheur peut engendrer la méchanceté et que le recours au droit, alors nécessaire, ne fait pas de lui un porteur de félicité.

Cette séparation n'est pas propre à répondre aux exigences du droit dès lors que l'on s'obstine, depuis la nuit des temps, à lui trouver un fondement transcendantal. C'est bien pourquoi, si commode soit-elle, ni le positivisme, juridique ou sociologique, ni le kelsénisme, cet onanisme, ne peuvent fournir une réponse.

Même si l'on quitte ces chemins étrangers à l'esprit même du droit, même si l'on s'écarte résolument de ce que Kant soutient dans « *La question des Facultés* », on doit bien constater que la question du bonheur occupe depuis l'Antiquité, sinon plus, la pensée des hommes. Cela ne condamne pas la formule de Saint-Just, inspirée justement par un certain contexte politique. Mais cela commande de se référer aux grands anciens.

« *N'est-il pas vrai que, nous autres hommes, désirons être heureux ?* » La question posée par Platon, dans *L'Euthydème*, est en réalité une affirmation déguisée. Mais elle n'apporte pas la définition du bonheur. Or, cette définition ne peut être d'essence dualiste. On est heureux ou on ne l'est pas. L'exigence unitaire ainsi relevée, mise en rapport avec les caractères du droit, nécessairement dualiste – justice et sagesse – apparaît encore plus nécessaire afin de déterminer la réalisation de ses fins, ainsi que les rapports circulaires du fait et du droit.

Comme il arrive souvent au juriste en difficulté, c'est chez Aristote qu'il cherche du secours. Et bien entendu dans l'*Éthique à Nicomaque*, non pas au livre V sur la justice, mais au livre I, qui traite du bonheur. Aussitôt, il est fait état de ce concept et des diverses opinions sur sa nature. « *Quel est de tous les biens, le Bien suprême ? Sur son nom, en tout cas, la plupart des hommes sont pratiquement d'accord : c'est le* ***bonheur****, au dire de la foule aussi bien que des gens cultivés ; tous assimilent le fait de* ***bien vivre*** *et de* ***réussir*** *au fait d'être heureux. Par contre, en ce qui concerne la nature du bonheur, on ne s'entend plus, et les réponses de la foule ne ressemblent pas à celles des sages.* » (1095, a).

Vertu, plaisir, prudence, autant de références nécessaires affirme le Stagirite qui met en évidence la recherche du Souverain Bien : « *S'il y a une seule chose qui soit une fin parfaite, elle sera le bien que nous cherchons, et s'il y en a plusieurs, ce sera la plus parfaite d'entre elles* » (1097, b). Aristote ne fait pas abstraction de l'honneur, du plaisir, de l'intelligence ou de toute vertu quelconque, sans que le bonheur soit « *jamais choisi en vue de ces biens, ni d'une manière générale en vue d'autre chose que lui-même* » (1097, b).

Par rapport au droit, cette approche, pluraliste par ses divers éléments, mais unitaire par la « notion de suffisance » qui l'accompagne – le bien parfait se **suffit à soi-même** –, rejoint les préoccupations des juristes, précisément en raison des finalités qui, par vagues successives, ont perturbé les ambitions et les résultats du droit. Mais celui-ci ne peut dépasser aussi facilement la considération des diverses données placées par Aristote en position seconde par rapport au principe de suffisance.

Qui n'a pas eu, au temps des études de philosophie, à en disserter sur les caractères respectifs du plaisir, du bonheur et de la joie. Laissons de côté la joie. C'est par rapport au plaisir que se place le débat. L'utilitarisme de Bentham – juriste tout autant que philosophe, comme Leibniz d'ailleurs – privilégiait quant aux finalités des actions humaines l'utilité, c'est-à-dire la propension d'une action humaine à produire le bonheur en tant que plaisir et absence de peine. Stuart Mill prolonge l'analyse : le bonheur est « *le plaisir et l'absence de peine, et par absence de peine on entend la privation de plaisir* » (*Utilitarisme*, II), ce qui n'exclut pourtant pas une hiérarchie des plaisirs.

De cette incursion du côté de l'utilitarisme, on ne peut pourtant pas sortir avec une pleine satisfaction. La conclusion peut être assez mélangée. L'utilitarisme satisfait l'esprit juridique parce qu'il suscite une adhésion par la considération nécessaire des situations concrètes propres à la nature humaine dans ses sensations, ses aspirations et ses idéaux, même s'ils sont inconstants et divers. Le juriste doit avoir les pieds sur terre, il doit, à partir du terrain, espérer pour entreprendre et réussir pour persévérer. Il ne vit pas dans l'empyrée. Il connaît le destin des règles vaines et des théories inutiles. Mais l'utilitarisme, serait-il aménagé ou corrigé, lui donne alors le sentiment que l'assimilation du plaisir, serait-il un moyen du bonheur – parfois même une simple mélodie –, ne permet pas de discerner une définition, même simplement opératoire de celui-ci.

Plus troublant est, en amont, le fait que les plaisirs varient selon les hommes, pour d'infinies raisons, et que, de leur multitude, résultent nécessairement des conflits innombrables que la société – on dit aussi l'État de droit – a pour obligation de régler. On dira que c'est l'État qui consacre les droits subjectifs et que, par là même, le droit n'est pas seulement irénique, mais polémogène. Reste que l'on s'éloigne alors nécessairement du bonheur recherché. On ne saurait oublier qu'il est porteur de limites. Or, le plaisir est par nature illimité. C'était un trait volontiers souligné dans la Grèce ancienne, en réponse aux corruptions des sophistes, notamment de Calliclès, apôtre de la seule satisfaction des désirs. Écoutons-le : « *Comment serait-on heureux quand on est esclave de qui que ce soit ?... Celui qui veut vivre droitement sa vie doit, d'une part, laisser les passions qui sont les siennes être les plus grandes possibles et ne point les mutiler; être capable, d'autre part, de mettre au service de ses passions, qui sont aussi grandes que possible, les forces de son énergie et de son intelligence; bref, de donner à chaque désir qui pourra lui venir la plénitude des satisfactions* » (*Gorgias*, 492).

En remontant du plaisir au désir, la distance par rapport au droit ne fait que s'accentuer et la nécessité du droit devenir vitale. Or, c'est précisément face aux démesures de notre temps qu'il révèle de profondes faiblesses. Aussi longtemps que les limites servant à sa réalisation ont été admises sans trop de résistance dans le passé, aussi bien suivant un courant traditionnel d'esprit libéral que dans le cadre des pensées de type marxiste, un consensus assez général permit d'assurer tant bien que mal la réalisation naturelle et souvent spontanée du droit. Mais, à partir du moment où les barrages de la mesure ont cédé face à la seule satisfaction des plaisirs, des licences, des transgressions et de l'attrait de la désobéissance civile, étudiée beaucoup plus de nos jours par les théoriciens du droit (V. not. *La désobéissance civile*, éd. D. Hies et Bruno Villalba, éd. Septentrion, 2008), le monde a changé. Protéger, garantir, satisfaire… Nous vivons en un temps où, comme l'écrit Carbonnier, « *tout besoin demande à être reconnu comme droit subjectif* » (*Droit et passion du droit sous la Vᵉ République*, 1996, p. 125). À cet égard, la puissance de l'argent et des désirs sans limite qu'il inspire apparaît comme le paroxysme des dérives d'un système de droit, en tout cas des métamorphoses du droit privé d'aujourd'hui, sans qu'il ne soit ni nécessaire ni opportun de faire trop vite état d'un déclin, car le droit a d'autres raisons de vivre que la nostalgie.

Le ressort qui l'anime ne peut répondre aux seuls postulats de la sociologie. Si sa difficulté d'être par rapport au bonheur suscite de temps à autre des interrogations d'ordre existentiel, c'est avant tout à la nature de l'homme qu'il faut en demander l'explication. Pas davantage à l'Odyssée en ce que le retour d'Ulysse à Ithaque exprime la véritable naissance du droit naturel (E. Campanella, *Ithaque, de la vengeance d'Ulysse à la naissance du droit*, Albin Michel, 2002). Importe surtout ce courant de pensée illustré après d'autres mais de si pénétrante manière par Pascal considérant le droit comme la suite nécessaire de la Chute et de l'imperfection originelle de la nature pécheresse de l'homme.

Si l'individualisme des derniers siècles a rejeté cette vision si sombre du droit, en faisant place à une approche laïcisée inhérente à la crise de la conscience européenne, c'est en exaltant l'individu par rapport au cosmos, qui servait de fondement à la philosophie antique du droit, mais aussi par rapport aux groupes sociaux, de dimensions et de tailles variables.

Reprenons la leçon aristotélicienne, la notion de suffisance dont il développe le sens : « *Par ce qui se suffit à soi-même, nous entendons non pas ce qui suffit à un seul homme menant une vie solitaire, mais aussi à ses parents, ses enfants, sa femme, ses amis et ses concitoyens en général, puisque l'homme est par nature un être politique* » (*Éthique à Nicomaque*, no 1097, b)… et juridique est-on tenté d'ajouter.

L'évolution des idées a été marquée par une accentuation de l'individualisme que le personnalisme de Mounier et de quelques autres n'a pas permis d'enrayer. Il en est résulté un déplacement du centre de gravité de l'aspiration se manifestant par une primauté du bonheur de chacun, ostensible dans de bruyants et trop efficaces courants de pensée, que la phénoménologie et l'existentialisme n'ont pas trop contrarié.

Il est apparu pendant longtemps qu'une corrosion des structures tardait à produire ses effets. Certes, le droit peut comporter, en lui-même, si l'on n'y prend garde, les outils de sa propre destruction. Parmi eux, le doute inhérent au juridique. Non pas le doute pyrrhonien, auquel Montaigne n'avait pas été insensible, pas davantage le doute cartésien, de caractère méthodique, mais ce « doute qui décide » en quoi consiste le juridique et qui fait du doute le préalable pertinent d'une décision obligée, notamment par le juge (art. 4 c. civ.). Or, il arrive que cette contrainte tenant à la précession des états d'esprit soit précisément la cause d'un état de malaise dans l'état d'esprit des agents du droit, mais aussi des profanes, un malaise dans la civilisation juridique.

Qui mieux que Sartre l'a écrit, décrivant dans *Les mots*, les souffrances ou l'impossibilité : « *Plus tard j'exposai gaîment que l'homme est impossible; impossible moi-même si je ne différais des autres que par le seul mandat de manifester cette impossibilité qui, du coup, se transfigurait, devenait ma possibilité la plus intime, l'objet de ma mission, le tremplin de ma gloire. J'étais prisonnier de ces évidences, mais je ne les voyais pas : je voyais le monde à travers elles. Truqué jusqu'à l'os et mystifié, j'écrivais joyeusement sur notre malheureuse condition. Dogmatique, je doutais de tout sauf d'être l'élu du doute; je rétablissais d'une main ce que je détruisais de l'autre et je tenais l'inquiétude pour la garantie de ma sécurité; j'étais heureux* » (Gallimard, 1964, p. 210).

II. Le bonheur en droit

On connaît la formule d'un grand auteur « *les gens heureux vivent comme si le droit n'existait pas* ». Sont-ils donc si heureux ? Il faudrait le leur demander. Et, si tant est qu'on y parvienne, se satisfaire de leurs réponses.

A. – Si ce sont des profanes, disons des gens qui n'ont pas eu affaire au droit, comment leur ignorance leur permettrait-elle de répondre, à supposer même qu'ils puissent, d'une manière ou d'une autre, dire ce qu'ils entendent par bonheur. Il en va d'eux comme de beaucoup qui trouvent dans la protection due à la distance, le moyen, sinon de leur bonheur, du moins d'une certaine félicité, ce qui n'est pas la même chose.

Il faut d'autant plus le relever que, en l'absence de connaissance du droit, on ne peut aussi abandonner la conscience de celui-ci. Ces deux états d'esprit doivent être distingués, dans la ligne des travaux du philosophe du droit hongrois Imre Szabo (V. F. Terré et A. Sayag, *Connaissance et conscience du droit*, *L'année sociologique*, 1975, p. 465 s.). Cette conscience peut expliquer des comportements naturels, disons même une attitude tenant plus à l'inné qu'à l'acquis, ainsi qu'aux ressorts de l'atavisme, source parmi d'autres, mais épisodique, de la spontanéité. À quoi s'ajoutent, pour qui succombe aux résultats et aux séductions de la psychanalyse, les leçons de l'inconscient : « Le programme que nous impose le principe de plaisir, devenir heureux, ne peut être accompli, et pourtant il n'est pas permis – non, il n'est pas possible – d'abandonner nos efforts pour le rapprocher d'une façon ou d'une autre de son accomplissement » (S. Freud, *Malaise dans la culture, in Œuvres complètes*, PUF, t. XVIII, 1994, p. 270).

Un pas est franchi lorsque le profane est, dans diverses circonstances de la vie, confronté au droit et à l'affirmation, de plus en plus corrigée à notre époque, qu'il n'est pas censé l'ignorer. Mais les situations envisagées ne sont généralement pas propres à le rapprocher du bonheur, tant et si bien qu'il ne trouve pas aisément son chemin face au policier, au percepteur ou au juge. De là, dans son esprit, une opinion négative et le sentiment que le droit est essentiellement fait de barrières. Cette réaction est d'ailleurs favorisée, plus ou moins consciemment, par l'appréhension du droit comme une règle de conduite, assortie de toutes les leçons de conduite – pas seulement automobile – qui l'accompagnent et paraissent, aux yeux de beaucoup, en accroître sans cesse la complexité. Pareille réaction peut sembler singulière et même contradictoire pour les juristes, car elle se manifeste souvent sous la forme d'un double reproche : vous êtes à la fois trop compliqués et trop éloignés du réel. Comme si le réel était simple !

La mesure incertaine de l'écart entre le fait et le droit, reposant sur la nécessité d'un maximum de différences, explique le reproche du profane confronté au droit, à ses pompes et à ses œuvres. Il ne serait donc pas le chemin du bonheur. On ne saurait croire que ce pessimisme soit une particularité des profanes. Dans un courant très puissant de la pensée et de la destinée humaine, le droit ne fait pas le bonheur. Tel est bien l'esprit même du confucianisme et de la pensée chinoise traditionnelle. Mais des courants de croyance et de pensée pessimistes ont aussi adhéré ailleurs à cette vue sombre, spécialement dans nombre de sectes protestantes.

B. – L'on sait bien pourtant qu'en Occident, malgré les horreurs du XXe siècle, le prestige du droit s'est maintenu. Mais il n'est pas nécessairement un fournisseur de bonheur, pas seulement lorsqu'il prend la forme du droit de la guerre. C'est là que se manifeste probablement la relation la plus intime. « Le bonheur est pour notre nature une fin dont elle ne possède pas les moyens » (H. Grenier, *La liberté heureuse*, Grasset, p. 249). Or, ce qui est vrai du bonheur l'est aussi du droit. Prolongeons cet appel nécessaire à la philosophie : « *La philosophie a ainsi pour origine une expérience malheureuse, mais c'est l'expérience d'un malheur étrange, d'un malheur étrangement ressenti ; d'un malheur paradoxal et inexplicable. C'est le malheur, en effet, que l'on éprouve au lieu et au milieu même de ce que l'on croyait être le bonheur. C'est le malheur même d'un certain bonheur. Tout se révèle manqué à celui qui croyait ne manquer de rien* » (*ibid.*).

Le malheur d'un certain bonheur ? Pour beaucoup, la quête de celui-ci peut être bonheur. L'analyse d'Aristote perdure. L'action qui tend au bonheur est parente de celle qui tend au juste sans jamais l'atteindre. En passant plus ou moins sous silence cette distance métaphysique, l'esprit et l'âme se replient, conscients de sa fragilité, écoutant néanmoins les « avocats du bonheur » : Teilhard de Chardin, Alain, Bertrand Russel (v. G. Minois, *L'Âge d'or, Histoire de la poursuite du bonheur*, Fayard, 2009, p. 454 s.).

Il est arrivé que cette poursuite du droit se mue en passion. Jean Carbonnier, dans une communication éblouissante à l'Académie royale de Belgique, a décrit et analysé « la passion des lois au siècle des Lumières » (rééd. *in Essais sur les lois*, Defrénois, 2e éd., 1995, p. 239). Il a spécialement analysé l'activité du club des Nomophiles, se demandant s'il s'agissait d'une passion d'**obéir** ou de **commander**. Contentons-nous d'observer qu'il est fait état de passions des lois, non de passions du droit. Mais comme celles-ci constituent la voie royale qui mène à son adaptation constante bien qu'hypothétique au réel, la distinction n'est pas dirimante. Elle l'est d'autant moins qu'une passion des lois est en elle-même passion du droit. Sa manifestation la plus notable se réalise par « l'invasion du droit bureaucratique » (J. Carbonnier, *Droit et passion du droit, op. cit.*, p. 30 s.). À vrai dire, l'inflation des lois a toujours été déplorée (Démosthène, Tacite, Montaigne...), ce qui conduit à minimiser les déplorations de notre temps, totalement oublieuses de l'œuvre de Max Weber. Reste plus intéressante l'affluence grandissante des textes issus de la société civile.

Convient-il d'en déduire la nécessité d'une confrontation avec une autre passion, non des moindres ? De prime abord, on fait état de « l'amour sans la loi ». Ici encore, c'est Carbonnier qui parle (*Coligny ou les sermons imaginaires, Lectures pour le protestantisme français d'aujourd'hui*, PUF, 1982, p. 104 s.). Il s'agissait, il est vrai, de l'amour humain, en tant qu'il est traité par le droit.

C'est une autre démarche qui a été menée par l'Université du Québec à Montréal, lors d'un colloque ayant pour intitulé : « L'amour des lois : renouvellement de la citoyenneté ou nouvelles citoyennetés ? » (avril 1994). Il s'agissait « de dégager les conditions de possibilité de reformulation du sens de la loi comme lien social ». On pourrait penser que le thème particulier ainsi indiqué éloigne de la recherche du bonheur, éphémère ou non, né de l'amour. Pourtant, en poursuivant la lecture du programme choisi et réalisé, il faut bien constater que l'ambition des promoteurs de la rencontre rejoint les présentes observations. « Le titre du colloque *L'amour des lois* témoigne de cette volonté d'investir l'aspect symbolique de la loi » L'explicitation de la réflexion est très éclairante : « La réflexion contemporaine sur les lois est sûrement en crise. D'un côté, on peut observer une indifférence sociale devant l'inflation des lois. D'un autre côté, on constate la sensibilité de l'État à une certaine critique qui prône la déjudiciarisation, la déréglementation et l'autorégulation. La question de la Loi ne semble plus le premier objet de réflexion dans notre société. Comment en sommes-nous venus à délaisser la réflexion sur cet aspect central de la modernité juridique et politique ? Quelles sont les causes de cette « décrédibilisation » de la loi et de ce phénomène de désacralisation ? L'amour des lois correspond à une signification socio-politique de la loi que le libéralisme économique, en voulant rabattre la loi juridique à une simple et docile formulation de la loi économique, et le marxisme, en développant et répandant l'idée que toute loi juridique n'est que l'expression pure et simple des intérêts de la classe dominante, ont chacun contribué à faire disparaître. Le colloque, en tentant de dégager la reformulation du sens de la loi comme lien socio-symbolique primordial, se présente comme un exercice de synthèse important de la réflexion interdisciplinaire de théorie et de philosophie juridiques ».

En changeant de continent, la relation du droit à l'amour disparaît. Ce grand juriste que fut Yosiyuki Noda est venu dire aux Français que « *les Japonais n'aiment pas le droit* ». À supposer que le droit soit un chemin de l'amour, et pas seulement de la liberté, l'attitude négative ainsi rappelée peut surprendre. Jean Carbonnier est plus nuancé quand il s'interroge sur ce que pourrait être une norme de droit à la française : « *Ce serait une sorte d'article zéro : l'amour du droit est réductible en cas d'excès* » (*Écrits*, p. 1228). Telle est la sagesse du « non-droit » – expression mal comprise par tant de juristes et dévoyée par les politiciens et les journalistes, car elle désigne une attitude du droit qui limite ses ambitions et laisse à d'autres modes de traitement des relations sociales la mission de tendre à l'harmonie et d'affronter les affres du bonheur impossible sur terre.

Qui dit autolimitation renvoie une fois de plus à l'idée de limite, commune à la recherche du juste par le droit et du bonheur par la vertu. Dans la vie, inconsciente ou consciente, à l'image des itinéraires des Universités, européennes ou non, la médecine et le droit poursuivent leurs aventures parallèles d'abord, puis parfois communes. Bénéfices ou maléfices les accompagnent et il y a toujours, comprise ou incomprise, une critique des hommes, des médecins ou des juges qui sert d'exutoire aux déceptions et aux rancœurs, en préservant l'irréductible quête de santé, de justice, sinon de bonheur. L'une et l'autre sont action, c'est-à-dire des existences précédant des essences, y compris l'essence finale où elles se retrouvent, sur la terre comme au ciel, là où certains espèrent que le bonheur fait place à la joie.

Ce n'est pas exactement cela que les temps présents illustrent, comme si la transcendance et le droit ne parvenaient pas à s'entendre. Celui-ci privilégie les plaisirs éphémères et illusoires de la consommation. Concluant sa magistrale histoire non du bonheur, mais de la recherche du bonheur, Georges Minois exprime son inquiétude, mieux : son angoisse. « L'histoire du bonheur, écrit-il (*op. cit.*, p. 494), c'est en fait l'histoire des modèles humains qu'élaborent les sociétés. Ces modèles évoluent en fonction du contexte culturel. Celui-ci se caractérise aujourd'hui par la perte des repères, par l'absence de perspective à long terme, par le changement permanent, par la dévalorisation de la raison et par l'emprise du consumérisme; le modèle de l'homme heureux est dans le consommateur qui vit au jour le jour, s'adapte facilement, suit toutes les modes et possède tous les gadgets indispensables tout en ne les prenant pas au sérieux. Faut-il constater que 87 % des Européens s'estiment à la hauteur de cet idéal ? ».

Il ne faut plus écrire, comme Zola, « *Au bonheur des dames* », mais « *Au bonheur des consommateurs* ».

LES INTÉRÊTS COMPENSATOIRES
La réparation de la dimension temporelle des préjudices économiques

2017

Suzanne Carval

Professeur à l'Université de Rouen, CUREJ EA 4703

1. Lorsque, par la faute d'un tiers, une entreprise ou un particulier subit un dommage économique en un instant *t*, sa perte ne se limite pas au montant de ce dommage. Elle comprend un préjudice additionnel, qui résulte de la privation de la somme pendant la durée qui sépare *t* du jour où le jugement de réparation est prononcé. En droit, ce préjudice ne reçoit pas d'appellation particulière, mais, dans la pratique, il est souvent qualifié de « préjudice financier » ou de « préjudice de trésorerie ».

2. Sa consistance dépend de la situation dans laquelle la privation des fonds a placé l'entreprise. Si elle a été obligée d'emprunter, son préjudice financier réside dans le coût des emprunts contractés. Si elle a été empêchée de faire des placements, il correspond aux gains qu'elle aurait retirés de ceux-ci. Si elle a dû renoncer à un investissement, le préjudice financier est la perte de rentabilité qu'elle pouvait en attendre.

3. Dans toutes ces hypothèses, il est possible de réparer le préjudice en appliquant sur le *quantum* de la perte principale un taux d'intérêt dont le montant est fonction de l'usage que la victime aurait fait de la somme concernée[1]. Ces intérêts, qui ne doivent pas être confondus avec les intérêts moratoires, sont qualifiés d'intérêts compensatoires[2].

4. L'enjeu financier varie selon la situation envisagée. Il dépend de trois facteurs : le montant du préjudice principal, la durée écoulée entre la date à laquelle il a été subi et celle où il est réparé, et le montant du taux appliqué. Une entreprise privée pendant cinq ans d'une somme de 100 000 € qu'elle aurait placée à un taux annuel de 1,5 % subit un préjudice financier d'environ 8 000 €. Si la durée est de dix ans et le taux de 8 %, son préjudice financier est d'environ 116 000 €, soit plus que la perte initiale[3].

5. La dimension temporelle des dommages économiques peut donc s'avérer un facteur de premier ordre dans l'évaluation des indemnités. Cela n'a pas échappé aux autorités de l'Union européenne, qui y sont très attentives.

6. À plusieurs reprises, la Cour de justice a énoncé que « les personnes ayant subi un préjudice doivent pouvoir demander réparation non seulement du dommage réel (*damnum emergens*), mais également du manque à gagner (*lucrum*

---

1. Selon les circonstances, ce taux d'intérêt peut être constant ou varier d'année en année.
2. V. *infra*, n° 13.
3. Le taux de 8 % retenu dans cet exemple est celui qui est aujourd'hui applicable à une entreprise déjà très endettée.

cessans) ainsi que le paiement d'intérêts »[4]. Dans l'affaire *Marshall*, elle a rappelé qu'une « réparation intégrale du préjudice subi du fait d'un licenciement discriminatoire ne saurait faire abstraction d'éléments, tels que l'écoulement du temps, susceptibles d'en réduire, en fait, la valeur ». Elle en a déduit que « l'octroi d'intérêts, selon les règles nationales applicables, doit être considéré comme une composante indispensable d'un dédommagement permettant le rétablissement d'une égalité de traitement effective »[5].

7. La directive 2014/104 du 26 novembre 2014, relative aux actions en dommages-intérêts des victimes de pratiques anticoncurrentielles, insiste elle aussi sur la nécessité de prendre en compte la durée du dommage[6]. Son douzième considérant souligne que : « Le paiement des intérêts est une composante essentielle de l'indemnisation visant à réparer les dommages subis en tenant compte de l'écoulement du temps, et il devrait être dû depuis le moment où le préjudice est survenu jusqu'à celui où les dommages-intérêts sont versés [...] ». Quant à son article 3.2, il dispose que : « La réparation intégrale du préjudice consiste à replacer une personne ayant subi un tel préjudice dans la situation où elle aurait été si l'infraction au droit de la concurrence n'avait pas été commise. Elle couvre dès lors le droit à une réparation du dommage réel et du manque à gagner, ainsi que le paiement d'intérêts ».

8. Le droit français de la responsabilité civile n'oppose aucun obstacle à l'octroi d'intérêts compensatoires, qui n'est qu'une application du principe de réparation intégrale. On constate pourtant que ces intérêts sont assez rarement demandés, même lorsque l'enjeu financier est substantiel[7]. Il y a donc peu de jurisprudence les concernant, ce qui contribue à les laisser dans l'ombre. Cet état des choses pourrait évoluer à la faveur de la transposition de la directive 2014/104, y compris dans les affaires qui ne relèvent pas de son champ d'application. Le préjudice financier doit, en effet, être réparé en toute matière, et non au seul profit des victimes de dommages concurrentiels visées par la directive.

9. Dans cette perspective, il semble utile de faire un point sur cette question des intérêts compensatoires, ce que l'on fera en présentant leur fondement (I), ainsi que leur régime (II). On donnera ensuite un aperçu de leur mise en œuvre par les tribunaux, tant en France que dans les autres pays de l'Union européenne (III).

4. En matière de pratiques anticoncurrentielles, v. *CJCE* 13 juill. 2006, aff. C-295/04, Manfredi, pt 100, *RTD eur.* 2008. 313, chron. J.-B. Blaise et L. Idot.

5. CJCE 2 août 1993, aff. C-271/91, Marshall, pt 31, *AJDA* 1998. 310, chron. H. Chavrier, H. Legal et G. de Bergues.

6. Dir. 2014/104/UE du Parlement européen et du Conseil, 26 nov. 2014 relative à certaines règles régissant les actions en dommages-intérêts en droit national pour les infractions aux dispositions du droit de la concurrence des États membres et de l'Union européenne. Ce texte est en cours de transposition.

7. Plusieurs facteurs semblent expliquer cette carence, parmi lesquels le manque de maîtrise des mécanismes financiers par certains avocats, la pauvreté de la jurisprudence à laquelle ils peuvent se référer, sans oublier la confusion qui peut exister entre les intérêts compensatoires et les intérêts moratoires alloués pour la période antérieure au jugement (v. *infra*, n° 17).

I. Leur fondement

10. Le principe de réparation intégrale. En matière de responsabilité civile, il existe quelques textes qui soumettent le calcul des dommages-intérêts à des règles spéciales. Dans leur champ d'application, ces règles priment tout autre mode d'évaluation. Mais, en dehors de ces hypothèses, l'indemnisation obéit au principe de la réparation intégrale.

11. La réparation du préjudice né de la privation d'une somme d'argent obéit à cette logique. Le préjudice qui résulte du retard de paiement d'une créance liquide fait l'objet de dispositions particulières. Il s'agit principalement des articles 1231-6 (art. 1153 anc.) du code civil et L. 441-6 du code de commerce, qui prévoient que le débiteur en retard doit payer un taux d'intérêt fixé par la loi, sans que le créancier ait à prouver un dommage[8]. Pour les condamnations à indemnité, c'est l'article 1231-7, alinéa 1er (art. 1153-1 anc.), du code civil qui s'applique; il dispose que la condamnation emporte intérêts au taux légal, même en l'absence de demande ou de disposition spéciale du jugement. Dans tous ces cas, la sanction est forfaitaire, et, comme elle sanctionne un retard de paiement, les intérêts alloués sont appelés intérêts moratoires.

12. Aucune de ces dispositions n'est applicable au dommage qui nous intéresse. Celui-ci ne résulte pas du retard de paiement d'une dette liquide, ni du retard d'exécution d'une condamnation à des dommages-intérêts. Il naît de la prolongation dans le temps d'un dommage économique. Il ne relève donc pas du régime spécial des intérêts moratoires, mais du droit commun de la responsabilité civile. L'entreprise qui doit attendre dix ans avant d'être indemnisée d'un manque à gagner est dans la même situation que celle qui est privée pendant dix ans de la jouissance d'un bien meuble ou immeuble. L'une et l'autre ont droit à la réparation intégrale de cet aspect de leur dommage.

13. Les intérêts compensatoires distingués des intérêts moratoires. La Cour de cassation veille à ce que les intérêts compensatoires ne soient pas confondus avec les intérêts moratoires. Par un arrêt du 29 mars 2001, sa deuxième chambre civile a rejeté un pourvoi qui prétendait que des intérêts alloués par une décision étaient moratoires. Pour cela, elle a relevé que la décision critiquée « avait assorti de ces intérêts non seulement la condamnation mais aussi l'évaluation des préjudices et [qu'elle] ne s'était pas fondée sur l'article 1153-1 du code civil pour les prononcer »; elle en a déduit qu'« ils avaient un caractère compensatoire »[9]. Le 13 janvier 1999, la chambre criminelle a jugé qu'une cour d'appel avait pu allouer à la victime d'un détournement de fonds des dommages-intérêts correspondant non seulement au montant des sommes détournées, mais aussi au « manque à gagner résultant de l'immobilisation des sommes détournées

8. L'art. 1231-6 c. civ. renvoie au taux légal, tel que défini par l'art. L. 313-2 c. mon. fin. On sait qu'il y a désormais deux taux légaux, selon que le créancier est une personne physique n'agissant pas pour des besoins professionnels, ou non. Quant à l'art. L. 441-6 c. com., il dispose qu'entre professionnels, le retard de paiement est sanctionné par un taux égal au taux d'intérêt appliqué par la Banque centrale européenne à son opération de refinancement la plus récente majoré de dix points de pourcentage.

9. Civ. 2e, 29 mars 2001, n° 99-15.818, *RDI* 2001. 343, obs. G. Durry. La confusion dans cette affaire venait de ce que la cour d'appel avait appliqué le taux d'intérêt légal; il n'en restait pas moins qu'elle l'avait fait à titre compensatoire, et sans se fonder sur l'art. 1153-1.

non productrices d'intérêts pendant la période correspondante ». Elle a énoncé que cette décision était justifiée « dès lors que les dommages-intérêts alloués en réparation de préjudices liés et parfaitement caractérisés, l'ont été à titre compensatoire »[10].

14. Il est vrai qu'un élément de complexité naît de ce que l'article 1231-7, alinéa 1er (art. 1153-1 anc.), du code civil permet au juge de faire courir les intérêts moratoires sur l'indemnité qu'il accorde à partir d'une date antérieure à celle du jugement. Ces intérêts pré-jugement ne se muent pas pour autant en intérêts compensatoires. La Cour de cassation affirme, en effet, que « les intérêts alloués à la victime en application de l'article 1153-1 du code civil pour une période antérieure à la date de la décision qui fixe l'indemnité ont nécessairement un caractère moratoire »[11]. Pendant cette période, les deux types d'intérêts peuvent certainement se succéder[12]. La question se pose de savoir s'ils peuvent se cumuler, mais elle est pour l'instant sans réponse[13].

II. Leur régime

15. Preuve d'un dommage. Parce qu'ils relèvent du droit commun de la responsabilité civile, les intérêts compensatoires sont alloués s'il apparaît qu'un dommage financier a été subi. Cette condition est généralement satisfaite, surtout si le demandeur est une entreprise, mais les circonstances particulières d'une espèce peuvent conduire le juge à constater qu'un tel dommage n'existe pas.

16. Montant du taux. Le taux des intérêts compensatoires est choisi en fonction de la nature du préjudice. Si l'entreprise a été obligée d'emprunter, le taux adéquat est celui des emprunts contractés. Si elle n'a pu faire des placements, il convient d'appliquer le taux de ceux qu'elle aurait effectués. Si elle a été empêchée de réaliser un investissement, le taux pertinent est celui de la rentabilité qu'elle pouvait en attendre[14]. Ces taux varient dans des proportions importantes ; selon la solidité de l'entreprise, le taux d'emprunt peut couramment aller du simple au quadruple.

S'il apparaît que les sommes auraient été affectées pour partie à un usage et pour partie à un autre, une combinaison de taux doit être envisagée[15].

10. Crim. 13 janv. 1999, n° 98-81.600.

11. Civ. 3e, 17 mars 2004, n° 02-17.165 ; Civ. 1re, 11 juill. 2001, n° 98-20.159, Bull. civ. I, n° 214 ; RDI 2001. 488, obs. G. Durry ; 17 nov. 1998, n° 97-15.222 ; 28 avr. 1998, n° 96-14.762, Bull. civ. I, n° 152 ; *D.* 1998. 140 ; *RTD civ.* 1998. 920, obs. P. Jourdain.

12. Lorsque le juge fait usage de la faculté qui lui est offerte par l'art. 1231-7 c. civ., il est fréquent qu'il fasse courir les intérêts moratoires du jour de l'assignation. Les intérêts compensatoires peuvent alors être accordés pour la période antérieure à celui-ci.

13. La Cour de cassation s'est seulement prononcée sur le cumul des intérêts moratoires et de la compensation de l'érosion monétaire. Elle en a admis le principe dans un arrêt du 16 mai 1995 (Civ. 1re, 16 mai 1995, n° 92-15.376, Bull. civ. I, n° 207 ; *RTD civ.* 1995. 910, obs. P. Jourdain). Selon cette décision, « l'actualisation compense la dépréciation monétaire entre le jour où la créance est évaluée et le jour du paiement, tandis que les intérêts moratoires indemnisent seulement le retard dans le paiement ».

14. En ce cas, on peut éventuellement envisager d'appliquer le taux du coût moyen pondéré du capital (CMPC) souvent désigné par son acronyme en anglais : *Weighted Average Cost of Capital* (WACC).

15. Ce qu'a décidé le Competition Appeal Tribunal dans la récente affaire Sainsbury's Supermarkets Inc. *vs* MasterCard *et alii*, sur laquelle, v. *infra*, n° 33.

17. S'ils sont correctement évalués, les intérêts compensatoires permettent aux victimes d'être indemnisées du préjudice financier qu'elles ont effectivement subi ; en cela, ils s'opposent aux intérêts moratoires, dont le taux est souvent très en deçà de la réalité des préjudices. En 2016, le taux légal était d'environ 1 % pour les créanciers professionnels, mais certaines entreprises considérées comme fragiles se finançaient à des taux beaucoup plus élevés, par exemple 6 % et au-delà.

Cet avantage s'accompagne d'une contrainte. Au contraire des intérêts moratoires, les intérêts compensatoires ne sont pas alloués de manière automatique. Le demandeur qui les réclame doit établir quelle a été la nature de ses pertes, afin de proposer au tribunal un taux adapté. Dans certaines affaires, ce travail peut s'avérer complexe et mériter l'intervention d'un expert financier.

18. Point de départ et point d'arrivée. Les intérêts compensatoires sont calculés sur une durée. La directive 2014/104 du 26 novembre 2014 énonce, en son douzième considérant, que le paiement des intérêts « devrait être dû depuis le moment où le préjudice est survenu jusqu'à celui où les dommages-intérêts sont versés [...] ». On peut se demander si le point d'arrivée pertinent au regard du droit français n'est pas plutôt le jour du prononcé de la décision, dans la mesure où les intérêts moratoires courent automatiquement à partir de cette date. En revanche, le point de départ mentionné par la directive est indiscutablement le bon. Le préjudice financier prenant naissance dès que la perte initiale est subie, les intérêts qui le réparent doivent courir dès cette date. Lorsque la condamnation à réparation intervient longtemps après le dommage[16], le dommage financier représente un enjeu considérable. Il peut égaler, voire dépasser, le montant de la perte initiale[17].

19. Une durée plus courte peut être retenue s'il apparaît que la victime a contribué, par sa faute, à la longueur du délai écoulé entre le dommage et sa réparation. Son comportement dilatoire en cours de procédure justifierait, par exemple, qu'elle garde à sa charge une partie du préjudice financier. Un tel partage de la responsabilité suppose qu'une faute soit caractérisée ; en effet, l'exonération partielle du responsable ne peut pas résulter du fait non fautif de la victime[18].

20. Capitalisation. Les intérêts compensatoires doivent, enfin, être capitalisés. Puisqu'ils sont un instrument de la réparation intégrale, ils doivent refléter la réalité des opérations financières dans lesquelles la capitalisation est la règle.

16. La situation se présente, par exemple, en matière de dommages concurrentiels. En effet, les actions en dommages-intérêts sont généralement exercées après la fin de la procédure devant l'Autorité de concurrence et la juridiction de recours. Dans le contentieux qui a opposé les sociétés du groupe Doux au producteur de lysine Ajinomoto Eurolysine, la condamnation définitive à réparation est intervenue en févr. 2014, alors que les pertes éprouvées du fait de l'entente anticoncurrentielle avaient été subies vingt ans plus tôt, de 1991 à 1995. V. Paris, pôle 5, ch. 5, 27 févr. 2014, n° 10/18285, *AJCA* 2014. 122, note M. Ponsard.

17. Même si les dommages-intérêts sont évalués avec un taux peu élevé, par exemple celui d'un placement sans risque, ils peuvent atteindre un montant important lorsqu'ils portent sur une longue période.

18. G. Viney, P. Jourdain et S. Carval, *Traité de droit civil, Les conditions de la responsabilité*, 2013, n° 434-3.

Dans ce contexte, l'anatocisme n'est pas soumis aux conditions de l'article 1343-2 (art. 1154 anc.) du code civil, qui ne concerne que les intérêts moratoires.

III. Leur mise en œuvre

21. Par les juridictions françaises. En France, la jurisprudence relative aux intérêts compensatoires n'est pas abondante. Les arrêts de la Cour de cassation sont peu nombreux et la plupart se bornent à les distinguer des intérêts moratoires[19]. On trouve cependant quelques décisions qui précisent certains aspects de leur régime. Un arrêt de la chambre commerciale du 18 octobre 1988 rappelle, par exemple, que le préjudice financier ne se confond pas avec la perte initiale et qu'il s'ajoute à elle; l'arrêt relève ainsi qu'« en accueillant la demande [...] de dommages-intérêts pour préjudice de trésorerie, en plus de la somme accordée en remboursement des travaux supplémentaires exécutés, la cour d'appel n'a pas réparé deux fois le même préjudice »[20]. Un arrêt rendu le 19 février 1991 par la première chambre civile applique aux intérêts compensatoires le principe bien connu selon lequel les juges du fond justifient l'existence du préjudice par l'évaluation qu'ils en font. L'arrêt attaqué avait assorti une condamnation à réparer d'intérêts au taux légal à compter du jour de l'assignation, « au besoin à titre de supplément de dommages-intérêts ». Le responsable lui reprochait de ne pas préciser en quoi ces intérêts avaient un caractère compensatoire. La Cour de cassation a rejeté son pourvoi, en rappelant que « les juges qui allouent des intérêts compensatoires constatent, par là-même, l'existence du préjudice qu'ils réparent »[21].

22. La jurisprudence du fond est plus riche. Plusieurs décisions récentes ont accepté de réparer des préjudices financiers, avec une motivation qui est parfois intéressante. On peut en donner quelques exemples[22].

23. Un arrêt de la cour d'appel de Paris, du 14 décembre 2016, a confirmé un jugement qui avait indemnisé le préjudice financier d'une victime de pratiques anticoncurrentielles. La cour a commencé par rappeler que, selon la Cour de justice de l'Union européenne, la réparation intégrale doit inclure la compensation des effets négatifs résultant de l'écoulement du temps depuis la survenance du préjudice causé par l'infraction, et que celui-ci inclut l'érosion monétaire, ainsi que l'indisponibilité du capital. Elle a ensuite relevé que le taux retenu par les premiers juges – il s'agissait du taux de capitalisation moyen dans le secteur d'activité du demandeur – était propre à assurer la réparation intégrale du

19. V. les arrêts cités *supra*, n° 13.
20. Com. 18 oct. 1988, n° 87-13.108.
21. Civ. 1re, 19 févr. 1991, n° 89-11.018; v. aussi, Crim. 25 juill. 1989, n° 88-86.720 : « [...] en l'état de ces motifs d'où il résulte que les juges ont entendu donner aux intérêts alloués un caractère compensatoire, l'arrêt attaqué n'a nullement méconnu [les articles 1382 et 1153-1 du code civil et 592 du code de procédure pénale] ».
22. Outre les décisions présentées ci-après, on signalera les suivantes : Paris, pôle 5, ch. 5, 27 févr. 2014, n° 10/18285, préc.; 1re ch., 23 juin 2004, n° 1996/85208; T. com. Paris, 15e ch., 1er févr. 2016, n° 2013/033034; 27 sept. 2011, n° 2005/049045.

dommage. Elle a ajouté que ce taux était plus adapté au cas d'espèce que le taux légal qu'avait proposé l'expert judiciaire[23].

24. Un jugement du tribunal de grande instance de Paris, du 26 août 2016, a réparé un préjudice financier en appliquant sur le montant des pertes subies par le demandeur le taux moyen de rendement de ses actifs placés. Le tribunal a relevé qu'il avait été privé de trésorerie du fait de certaines dépenses, ainsi que de gains manqués. Il a ajouté qu'en conséquence, la société n'avait pu placer les sommes concernées[24].

25. Le 18 octobre 2011, le tribunal de commerce de Paris a énoncé que le préjudice financier du demandeur était établi et qu'il devait être évalué en tenant compte des économies et des gains qu'auraient générés les sommes non encaissées. Il a ajouté que le montant d'un tel préjudice devait s'apprécier au jour du jugement et non au moment où les faits délictueux avaient pris fin, dès lors que le manque à gagner avait duré tant que la somme n'avait pas été encaissée[25]. Il a appliqué un taux de rendement dont il n'a pas précisé le montant.

26. On peut, enfin, citer une décision du tribunal de commerce de Paris, du 16 mars 2015, qui présente l'intérêt d'avoir indemnisé l'indisponibilité du capital d'une société de téléphonie mobile en appliquant un taux de 10,4 %, qui était celui de la rémunération du capital des activités mobiles, fixé par l'Autorité de régulation des communications électroniques et des postes (ARCEP)[26]. Le demandeur ayant également demandé à ce que les intérêts moratoires courent à compter de l'assignation, le tribunal a choisi d'arrêter le cours des intérêts compensatoires à cette date, le taux légal prenant alors le relais.

27. Dans les autres États membres de l'Union européenne. Une étude comparative effectuée en 2016 dans le contexte de la transposition de la directive 2014/104 montre que la réparation des préjudices financiers est pratiquée dans la plupart des États membres de l'Union européenne[27].

28. Parmi eux, on relève le cas de la Belgique, où les intérêts compensatoires ont donné lieu à plusieurs décisions importantes de la Cour de cassation belge. Celle-ci les définit comme « une indemnité complémentaire destinée à compenser le préjudice né de l'érosion monétaire et du retard de l'indemnisation »[28]; elle ajoute qu'ils « concernent l'étendue du dommage et forment un tout avec la somme principale allouée »[29]. Le taux en est fixé par le juge en fonction du préjudice qu'ils visent à réparer et leur point de départ est en principe le jour où le dommage est subi[30]. La Cour de cassation a également précisé que le juge peut

23. Paris, pôle 5, ch. 4, n° 13/08975. V. aussi, 1re ch., 23 juin 2004, n° 1996/85208.
24. TGI Paris, 6e ch., 26 août 2016, n° 13/11562.
25. T. com. Paris, 15e ch., 18 oct. 2011, n° 2002/084275.
26. T. com. Paris, 15e ch., 16 mars 2015, n° 2010/073867.
27. *EU law and interest on damages for infringement of competition law, A comparative report*, European University Institute, 2016/11, G. Monti.
28. Cass., 22 oct. 2003, *RGAR* 2004, n° 13885.
29. Cass., 13 janv. 2005, *RABG* 2005, 1096. V. aussi, 22 juin 2010, n° P.09.1912.N.
30. Cass., 18 janv. 1994, Pas., 1994, I, p. 59.

capitaliser les intérêts compensatoires « s'il considère que cela est requis pour une indemnisation complète du dommage »[31].

29. La situation au Royaume-Uni est également intéressante. En 2007, le sujet des intérêts compensatoires y a donné lieu à un important revirement de jurisprudence. Par l'arrêt *Sempra Metals Ltd vs Commissioners of Inland Revenue*[32], la Chambre des *Lords* a jugé que la réticence dont la *common law* faisait preuve à l'égard des intérêts compensatoires n'était plus adaptée aux réalités commerciales. Elle a jugé que celui qui subit un préjudice financier du fait de l'écoulement du temps a droit à sa réparation intégrale, sous réserve que les conditions de la responsabilité civile soient réunies. Le dommage doit donc être prouvé et les exigences relatives à la prévisibilité du dommage (*remoteness*), ainsi qu'à l'obligation de la victime de le limiter (*duty to mitigate*) doivent être remplies. Le choix du taux se fait en fonction du dommage effectivement subi.

30. Ces principes ont été mis en œuvre dans la récente affaire *Sainsbury's Supermarkets Ltd vs MasterCard Incorporated et alii*, où les pertes subies par le demandeur s'élevaient à plus de 60 millions de livres *sterling*[33]. Dans sa décision, le *Competition Appeal Tribunal* a insisté sur le fait que le préjudice financier devait désormais être traité comme n'importe quel autre dommage (« *A claim for interest is a loss like any other, recoverable according to the usual rules. There is not any "special" rule for interest* »[34]). Il a donc évalué le préjudice financier *in concreto*, ce qui l'a conduit à retenir que la société Sainsbury's avait été privée d'intérêts de placement et qu'elle avait dû augmenter son endettement. Pour calculer les intérêts, il a donc retenu deux taux : un taux de placement qu'il a appliqué sur 40 % du déficit de trésorerie du demandeur, et un taux d'emprunt qu'il a appliqué sur les 60 % restants[35].

31. Conclusion. Le temps, c'est de l'argent. Un préjudice qui dure, c'est un préjudice qui s'aggrave. Le droit de la responsabilité permet de réparer cet aspect du dommage. Pourquoi ne pas en profiter ?

31. Cass., 5 sept. 2013, n° C.12.0374.N. Sur les solutions du droit belge, v. C. Cauffman, Rapp. belge, in *EU law and interest on damages for infringement of competition law, A comparative report, op. cit.*, p. 59 ; C. Biquet-Mathieu et C. Delforge, Le régime juridique des intérêts, essai de synthèse, Dossiers JJP n° 9, éd. la Charte, 2008 ; C. Biquet-Mathieu, L'indemnisation du retard de paiement en présence d'une dette dont l'existence ou le montant nécessite une appréciation, *RGDC*, 2012/7, p. 287 ; J.-L. Fagnart, Les intérêts ou le prix de la patience, *Rev. gén. dr. civ. belge*, 2006, 191.

32. [2007] UKHL 34, [2008] 1 AC 561.

33. Sainsbury's Supermakets Ltd *vs* MasterCard Incorporated *et alii*, 14 July 2016, [2016] CAT 11. Le Competition Appeal Tribunal est la juridiction anglaise spécialisée dans les affaires de concurrence. Sur le droit anglais, v. K. M. Szreder, rapport anglais, in *EU law and interest on damages for infringement of competition law, A comparative report, op. cit.*, p. 312.

34. *Ibid.*, § 520.

35. *Ibid.*, § 546. Les intérêts ont été capitalisés. Dans l'affaire Sempra Metals, préc., l'un des Law Lords a rappelé que la capitalisation (compound interest) correspond à la pratique des affaires, et que le droit de la responsabilité ne peut l'ignorer : « We live in a world where interest payments for the use of money are calculated on a compound basis. Money is not available commercially on simple interest terms. This is the daily experience of everyone, whether borrowing money on overdrafts or credit cards or mortgages or shopping around for the best rates when depositing savings with banks or building societies. If the law is to achieve a fair and just outcome when assessing financial loss it must recognise and give effect to this reality » (§ 52).

PEFC/10-31-1895

723148 - (I) - OSB - P 60 - NC - (FC)
Couverture : Délia Préteux
Achevé d'imprimer en octobre 2024 par l'Imprimerie CHIRAT - 42540 Saint-Just-la-Pendue
Dépôt légal : novembre 2024 - N 202410.0136

Imprimé en France